Christian Solmecke, Sibel Kocatepe

Recht im Online-Marketing

Liebe Leserin, lieber Leser,

in vielen Unternehmen ist Online-Marketing mittlerweile der wichtigste Kommunikationskanal der PR- und Marketingarbeit. Doch so manche Kampagne kann Ihnen schlaflose Nächte bereiten: Durften Sie dieses Bild wirklich verwenden? War die Newsletter-Einwilligung rechtskonform? Wo beginnt eigentlich Schleichwerbung? Und was müssen Sie bei der Umsetzung der DSGVO berücksichtigen?

In diesem Buch erfahren Sie, wo die rechtlichen Fallstricke im Online-Marketing lauern und wie Sie sie umgehen: egal ob es um SEO, SEA, Social Media, E-Mail-Marketing, Content Marketing oder die Zusammenarbeit mit Influencern geht. Die beiden erfahrenen Juristen Christian Solmecke und Sibel Kocatepe begleiten Sie von Anfang an bei der rechtssicheren Planung Ihres Marketings und bei der Lösung der wichtigsten Rechtsfragen – jederzeit verständlich und nachvollziehbar. Zur DSGVO gibt es mittlerweile viele Entscheidungen und Musterlösungen, so dass Sie in diesem Buch auf aktuelle Praxisbeispiele zurückgreifen können.

Um Ihnen die Arbeit zu erleichtern, hat das Autorenteam direkt einsetzbare Mustertexte und Checklisten erstellt. Sie finden sie nicht nur in diesem Buch, sondern können sie auch unter *www.rheinwerk-verlag.de/4793* kostenlos herunterladen. Aktuelle Informationen finden Sie zusätzlich unter *www.wbs-law.de/news*. So bleiben Sie auf dem Laufenden und gehen Abmahnungen und Unterlassungsklagen auch weiterhin aus dem Weg.

Um die Qualität unserer Bücher zu gewährleisten, stellen wir stets hohe Ansprüche an Autoren und Lektorat. Falls Sie dennoch Anmerkungen und Vorschläge zu diesem Buch formulieren möchten, so freue ich mich über Ihre Rückmeldung. Ihre Fragen und Anregungen sind stets willkommen.

Und nun wünsche ich Ihnen viel Erfolg mit Ihren Online-Marketing-Maßnahmen!

Ihr Stephan Mattescheck
Lektorat Rheinwerk Computing

stephan.mattescheck@rheinwerk-verlag.de
www.rheinwerk-verlag.de
Rheinwerk Verlag · Rheinwerkallee 4 · 53227 Bonn

Auf einen Blick

Wir hoffen, dass Sie Freude an diesem Buch haben und sich Ihre Erwartungen erfüllen. Ihre Anregungen und Kommentare sind uns jederzeit willkommen. Bitte bewerten Sie doch das Buch auf unserer Website unter **www.rheinwerk-verlag.de/feedback**.

An diesem Buch haben viele mitgewirkt, insbesondere:

Lektorat Stephan Mattescheck
Korrektorat Friederike Daenecke, Zülpich
Herstellung August Werner
Typografie und Layout Vera Brauner
Titelbilder iStock: 7132136 © PazzazProductions; 499000583 © Aslan Alphan;
Fotolia: 207108037 © pixelkorn; Shutterstock: 435462526 © Kinga
Einbandgestaltung Nadine Kohl
Satz SatzPro, Krefeld
Druck C.H.Beck, Nördlingen

Dieses Buch wurde gesetzt aus der TheAntiquaB (9,35/13,7 pt) in FrameMaker.
Gedruckt wurde es auf chlorfrei gebleichtem Offsetpapier (90 g/m²).
Hergestellt in Deutschland.

Bibliografische Information der Deutschen Nationalbibliothek:
Die Deutsche Nationalbibliothek verzeichnet diese Publikation in der Deutschen Nationalbibliografie; detaillierte bibliografische Daten sind im Internet über *http://dnb.d-nb.de* abrufbar.

ISBN 978-3-8362-6689-5

3., aktualisierte und erweiterte Auflage 2018
© Rheinwerk Verlag, Bonn 2018

Informationen zu unserem Verlag und Kontaktmöglichkeiten finden Sie auf unserer Verlagswebsite **www.rheinwerk-verlag.de**. Dort können Sie sich auch umfassend über unser aktuelles Programm informieren und unsere Bücher und E-Books bestellen.

Inhalt

3 E-Mail- und Newsletter-Marketing 71

4   Mobile Marketing

5   App-Marketing

8   Influencer-Marketing

9   Content-Marketing

12 Affiliate-Marketing

14   Suchmaschinenwerbung (SEA)   677

15   Suchmaschinenoptimierung (SEO)   701

16   Der Onlineshop

18 Der Rechtsweg: Abwehr und Durchsetzung von Ansprüchen bei Rechtsverletzungen 893

19 Mustertexte 935

Geleitwort

Das Internet ist kein rechtsfreier Raum mehr! Diese Erkenntnis hat sich in den letzten Jahren immer weiter verbreitet. Dennoch gibt es zahlreiche Unternehmen, die ihre Online-Marketing-Aktivitäten zwar rechtssicher gestalten möchten, sich aber oftmals im Dschungel der verschiedenen Gesetze, Normen und Urteile verlaufen.

Dieses Übersichtswerk von Christian Solmecke und Sibel Kocatepe schafft hier Transparenz und deckt die relevanten Themenkomplexe kompetent, nachvollziehbar und umfassend ab. Insbesondere die aktuellen Entwicklungen im Zusammenhang mit der DSGVO stellen die Autoren ausgezeichnet dar, sodass auch für etablierte Online-Marketing-Instrumente ein passender Überblick zur neuen Situation entsteht. Viele Checklisten, Praxisbeispiele, Informationsboxen und Interpretationen von Urteilen vermitteln auch dem Rechtslaien einen guten und praktisch anwendbaren Wissensstand.

Als Unternehmer und aktivem Nutzer zahlreicher Online-Marketing-Instrumente hilft mir dieses umfassende Grundlagenwerk sehr gut dabei, die Rechtmäßigkeit von verschiedenen Marketing-Aktivitäten einzuschätzen. Die umfangreichen Erfahrungen der Autoren spiegeln sich im Buch an vielen Stellen wider und tragen zum Vertrauen bei. Die praktische Expertise sorgt außerdem dafür, dass dieses Buch kein analytisches Werk, sondern ein praxisorientierter Leitfaden geworden ist, der viele Diskussionen faktisch ergänzt.

Ich hoffe, dass diese dritte Auflage für Sie als Leser genauso hilfreich ist wie für mich und mein Team! Viel Erfolg bei der Umsetzung Ihrer rechtssicheren Online-Marketing-Aktivitäten!

Prof. Dr. Michael Bernecker
Geschäftsführer
Deutsches Institut für Marketing

Materialien zum Buch

Auf der Webseite zu diesem Buch stehen folgende Materialien für Sie zum Download bereit:

▶ **Mustertexte**

Gehen Sie auf *www.rheinwerk-verlag.de/4793*. Klicken Sie im Abschnitt MATERIALIEN ZUM BUCH auf den Link ZU DEN MATERIALIEN >. Es öffnet sich ein Fenster, in dem Sie die herunterladbaren Dateien samt einer Kurzbeschreibung des Dateiinhalts sehen. Klicken Sie auf den Button HERUNTERLADEN, um den Download zu starten. Je nach Größe der Datei (und Ihrer Internetverbindung) kann es einige Zeit dauern, bis der Download abgeschlossen ist.

Kapitel 1
Einführung

»Wer nicht mit der Zeit geht, geht mit der Zeit.«
– Josef C. Neckermann (1912–1992)

Marketing, das klingt zunächst nach aufwendigen Kampagnen großer Konzerne, nach Zielgruppenanalysen und Kundenbedürfnissen. Diese Einschätzung wird mit Blick auf viele Unternehmen auch der Realität entsprechen. Die Zeit hat jedoch bewiesen, dass das Internet Ihnen völlig neue Möglichkeiten im Marketing bietet. Während man bis vor ein paar Jahren als Unternehmer schon stolz war, wenn man eine Website oder einen Onlineshop hatte, gehören diese Marketinginstrumente nun schon zum Standard. Nutzer danken Ihnen diese Webpräsenzen nicht, sie sind vielmehr irritiert, wenn Sie nicht darüber verfügen – so mancher findet es schon fast dubios, wenn ein Unternehmen nicht im Internet zu finden ist.

Der Grund dafür ist einfach: Wen es im Internet nicht gibt, der existiert in der Wahrnehmung potentieller Kunden einfach nicht. Ein solches Ergebnis wäre für Gewerbetreibende fatal. Schließlich nutzen im Technologiezeitalter Unternehmen mehrere Kanäle gleichzeitig, um direkten Kontakt zu ihrer Zielgruppe zu haben: Website, Onlineshop, App, soziale Netzwerke und Co. sind nur ein Ausschnitt daraus. Tauchen Sie in keinem oder in nur sehr wenigen Kanälen auf, geraten Sie in Vergessenheit. Um es mit Josef C. Neckermanns Worten zu sagen: Sie gehen mit der Zeit – wenn auch ungewollt. Doch wenn Sie sich nun fragen, wie Sie das verhindern können, so können wir Ihnen sagen, dass die Antwort darauf ganz einfach ist: Betreiben Sie Online-Marketing.

Der Bereich der Werbung im Internet ist nun auch für kleine Unternehmen, Selbstständige und Privatpersonen einfach zugänglich. Nie zuvor war es einfacher, eine Idee, ein Hobby oder sogar die eigene Person einer Vielzahl von Menschen zugänglich und schließlich zu Geld zu machen. Ein Buch zum Online-Marketing muss sich daher an eine breite Palette von Adressaten richten – vom Großkonzern bis hin zum privaten Blogger.

1.1 An wen richtet sich dieses Buch?

Wenn Sie zur Kategorie der Unternehmer bzw. Gewerbetreibenden gehören, haben Sie sicherlich konkrete Vorstellungen davon, was Sie von diesem Buch erwarten. Entweder haben Sie bereits Marketingerfahrung und wollen diese im Online-Bereich ausbauen, oder Sie stehen noch am Anfang und überlegen, wie die ersten Schritte zu gestalten sind.

Der Fokus dieses Buches liegt auf dem geltenden Recht und darauf, wie Sie dieses sicher umsetzen. Rechtsverstöße auf Webseiten und in sozialen Netzwerken stellen einen Großteil der Arbeit von Rechtsanwälten dar, die sich mit dem Internetrecht befassen. Nutzen Sie dieses Buch daher auch zur Kontrolle und Überarbeitung Ihrer Internetauftritte. Schließlich ist das Internet dynamisch, und dasselbe gilt für rechtliche Regelungen, die sich auf das Internet beziehen.

> **Praxishinweis**
>
> Rechtsverstöße auf Webseiten betreffen nicht nur Urheberrechtsverletzungen. Auch fehlerhafte Impressen und Datenschutzerklärungen werden abgemahnt. Wissen Sie, welche Informationen Sie als Unternehmer in Ihr Impressum schreiben und wo Sie dieses platzieren müssen? Entspricht Ihre Datenschutzerklärung bereits den Anforderungen der neuen europäischen Datenschutz-Grundverordnung? Wenn nicht, finden Sie alle nötigen Informationen und Muster in diesem Buch!

Wir legen den Schwerpunkt dieses Buches auf die verschiedenen Instrumente des Online-Marketings und auf deren rechtswirksame Anwendung. Falls Sie noch nichts von Begriffen wie *Affiliate-Marketing*, *Content-Marketing*, *Influencer-Marketing* oder *Suchmaschinenoptimierung* gehört haben, ist das kein Problem. Denn wir beginnen jeweils bei den praktischen Grundlagen und arbeiten uns dann Schritt für Schritt bis zur rechtssicheren Realisierung vor.

Rechtliche Probleme thematisieren wir im Einzelnen, und wir verdeutlichen diese an Beispielen aus der Praxis. Zahlreiche Grafiken begleiten den Text und veranschaulichen somit nicht nur die angesprochenen Probleme, sondern erleichtern auch den Lesefluss. Auf diese Weise können wir Ihnen auch rechtlich komplexere Themen erklären, ohne eine juristische Vorbildung vorauszusetzen.

Allerdings werden auch medienrechtlich Interessierte, Rechtsanwälte und Unternehmensjuristen gut mit diesem Buch arbeiten können. Online-Marketing betrifft verschiedenste Rechtsbereiche, die sich im steten Wandel befinden. Wir bieten ein umfassendes Werk, das rechtliches und technisches Wissen verbindet und somit unverzichtbar für die Praxis ist.

Das Internet macht es auch für kleine Unternehmen und sogar Privatpersonen einfach, Inhalte ohne großen Aufwand einer beachtlichen Zahl von Menschen anzubieten. Allerdings fällt der Einstieg ins Internet-Marketing und dessen optimale Anwendung oft schwer. Hier wollen wir helfen – nicht nur dabei, wie eine Idee oder ein erstes Produkt seinen Weg ins Netz findet, sondern auch dabei, wie die verschiedenen Kanäle zur Verbreitung genutzt werden können.

Die letzten Jahre haben gezeigt, wie Menschen ohne übermäßigen Aufwand oder enormes Startkapital durch Blogs, soziale Netzwerke oder Plattformen wie YouTube erheblich an Einfluss gewinnen können. Auch neue Finanzierungsformen, zum Beispiel Crowdfunding, machen aus Start-ups respektable Marktteilnehmer. Online-Marketing hilft allen diesen Personen, ihre Reichweite zu vergrößern und vielleicht sogar ganz neue Wege zu gehen. Hier werden nicht immer herkömmliche Produkte und Dienstleistungen im Mittelpunkt des Marketings stehen, sondern auch Ideen, Persönlichkeiten, Erfahrungen, Hobbys und Meinungen. Genauso wie ein Getränkehersteller sein neuestes Produkt durch gezieltes Online-Marketing zum nächsten Trendgetränk machen möchte, ist ein Reiseblogger daran interessiert, immer mehr Menschen für seine Erfahrungsberichte zu begeistern.

Darüber hinaus bietet Online-Marketing auch die Möglichkeit, selbst zum Werbeträger zu werden. Für viele Blogger bedeutet ihre Tätigkeit auch einen willkommenen Nebenverdienst dadurch, dass sie Anzeigen platzieren oder aktiv für andere Unternehmen werben.

Praxishinweis

Werbeflächen auf der eigenen Website können Geld pro Klick einbringen. Beim Affiliate-Marketing kann zum Beispiel ein Blogger Provisionen erhalten, wenn seine Leser auf Werbelinks klicken und darüber Waren einkaufen. So kann das Blog zur Einnahmequelle werden.

Allerdings sind gerade Start-ups, Blogger und private Website-Betreiber auf rechtliche Hilfe angewiesen. Im Gegensatz zu größeren Unternehmen können sie nicht auf erfahrene Rechtsabteilungen oder kostspielige Beratungen zurückgreifen. Aus diesem Grund möchten wir mit diesem Buch auch Ihnen als Internet-Neuling, erfahrenem Blogger oder Existenzgründer im Bereich des Online-Marketings unter die Arme greifen.

Keines der in diesem Buch behandelten Themen ist ausschließlich auf einen bestimmten Personenkreis beschränkt. Jeder kann von den dargestellten Instrumenten und Handlungsformen profitieren, weshalb wir besonderen Wert darauf legen, die Problematiken allgemein verständlich zu erklären. Wir weisen auf die häufigsten Rechtsprobleme hin, bieten Lösungsvorschläge, klären Sie über Ihre jeweiligen Rechte und Pflichten auf und ermöglichen Ihnen somit, Ihr Ziel nicht nur tatsächlich, sondern auch rechtlich einwandfrei zu erreichen.

1.2   Warum ist rechtliche Hilfe im Online-Marketing unverzichtbar?

Eine Besonderheit des Internets ist, dass es zu jedem Thema Millionen von Erklärungen und zu jeder Frage Millionen von Antworten bereithält. Eine Google-Suche zum Begriff »Online-Marketing« liefert mehr als 1,7 Milliarden Ergebnisse. Warum also ein Buch zu diesem Thema, wenn es bereits so viele Informationen kostenfrei und jederzeit abrufbar gibt?

Abgesehen davon, dass oft unklar ist, wie vertrauenswürdig diese Informationen sind, konzentrieren wir uns in diesem Buch auf die rechtlichen Aspekte des Online-Marketings. Die Relevanz dieses Bereichs wird leider zu oft verkannt, und man endet dann im schlimmsten Fall vor Gericht.

In dieser dritten Auflage setzen wir uns zudem vertieft mit dem Thema auseinander, das Online-Marketer derzeit am meisten umtreibt: die europäische Datenschutz-Grundverordnung (DSGVO). Nachdem wir Sie in der zweiten Auflage bereits für die Probleme sensibilisiert hatten, die mit dieser Verordnung einhergehen, möchten wir Sie nun angesichts der Dynamik innerhalb dieses Rechtsbereichs auf dem neuesten Stand halten. Zudem möchten wir Ihnen Antworten auf die praktisch relevanten Fragen rund um die Datenschutz-Grundverordnung geben und Sie mithilfe weiterer Mustertexte bei der Umsetzung der neuen datenschutzrechtlichen Anforderungen unterstützen. Sie sehen: Rechtlich wie technisch müssen Online-Marketer mit der Zeit gehen und sich den Neuerungen anpassen, die wir Ihnen in den folgenden Kapiteln genau erläutern werden.

> **Hinweis**
>
> Das Thema Datenschutz-Grundverordnung wirft zahlreiche Fragen auf, die wir in diesem Buch gar nicht alle beantworten können – wir beschränken uns daher auf die marketingrelevanten Aspekte des Datenschutzes. Wenn Sie eine umfassende Darstellung der allgemeinen Grundsätze des neuen Datenschutzrechts benötigen, empfehlen wir Ihnen das von uns verfasste Praktiker-Handbuch »DSGVO für Website-Betreiber: Ihr Leitfaden für die sichere Umsetzung der EU-Datenschutz-Grundverordnung«, das 2018 ebenfalls im Rheinwerk Verlag erschienen ist (*http://wbs.is/dsgvo-buch*). Darüber hinaus halten wir Sie mit FAQs zur Datenschutz-Grundverordnung auf unserer Website *https://www.wbs-law.de/it-recht/datenschutzrecht/die-am-haeufigsten-gestellten-fragen-faq-zur-dsgvo/* auf dem Laufenden.

1.2.1   Einstiegsprobleme

Sie haben eine gute unternehmerische Idee und den Willen, diese auch umzusetzen? Dann lassen Sie sie nicht an der Angst vor rechtlichen Konsequenzen scheitern. Es

1.2   Warum ist rechtliche Hilfe im Online-Marketing unverzichtbar?

1

wäre eine Lüge zu behaupten, dass die rechtlichen Hintergründe einfach zu verstehen sind. Sie werden jedoch oft viel komplizierter dargestellt und wahrgenommen, als sie es tatsächlich sind.

Praxisbeispiel

Das deutsche Urheberrecht ist sehr streng und regelmäßig Grund für Abmahnungen. Das sollte Sie nicht davon abhalten, Ihre Website anschaulich zu bebildern. Dafür müssen Sie weder selbst künstlerisch tätig werden noch große Geldsummen für Lizenzen bezahlen. Mittlerweile gibt es viele kostenfreie Lizenzen, auf die wir in Abschnitt 6.1.4 genauer eingehen werden.

Um online Erfolg zu haben, sind Sie schon lange nicht mehr komplett auf Ihre eigenen Fähigkeiten angewiesen. Für fast jedes Vorhaben gibt es Dienstleister, die die Umsetzung erleichtern. Das beginnt bei der Wahl des Website-Hosters und geht bis hin zu Werbeplattformen, auf denen Werbende und Werbeträger durch wenige Klicks zusammengeführt werden. Die Wahl des richtigen Anbieters ist jedoch nicht immer einfach. Gerade die große Anzahl verschiedener Angebote kann Anfänger auf den jeweiligen Gebieten überfordern.

Auch diesem Einstiegsproblem widmen wir uns. Wir zeigen Ihnen, worauf Sie besonders achten müssen und welche Angebote für Ihr individuelles Vorhaben am besten geeignet sind. Dabei untersuchen wir nicht nur die vertraglichen Hintergründe verschiedener Plattformen, sondern klären Sie auch darüber auf, welche Klauseln zum Beispiel ein Vertrag im Affiliate-Marketing zwingend beinhalten muss.

So wollen wir Sie ermutigen, sich neue Tätigkeitsfelder zu erschließen und Ihre Vorhaben frei von Bedenken rechtskonform umzusetzen.

1.2.2   Rechtliche Unsicherheiten

Natürlich lässt sich nicht jeder von rechtlichen Problemen abschrecken. Das darf jedoch nicht so weit gehen, dass die rechtliche Seite des Internets vollkommen vernachlässigt wird. Dass das Internet kein rechtsfreier Raum ist, sollte mittlerweile jedem klar sein. Trotzdem wissen die wenigsten Internetnutzer, mit welchen rechtlichen Gefahren sie im Netz überhaupt konfrontiert werden.

Das Ergebnis ist, dass Rechtsstreitigkeiten um Vorfälle im Internet immer häufiger die Gerichte beschäftigen. Dabei werden die gleichen Fehler regelmäßig wiederholt: Fehlende oder fehlerhafte Impressen, geklaute Bilder, exzessives Datensammeln, Beleidigungen, Rufmord und unzulässige AGB sind nach wie vor an der Tagesordnung.

Viele Rechtsverstöße werden nicht einmal vorsätzlich begangen. Mangelnde Kenntnis und die Hoffnung, dass »es schon gut gehen wird«, sind vor Gericht jedoch keine wirksame Verteidigung. Recht und Internet sind schon seit vielen Jahren kein Neuland mehr – weder für die Nutzer noch für die Gerichte. Richter wissen sehr genau, wie sie vorgehen müssen, um die Hintergründe einer rechtswidrigen Handlung im Internet aufzuklären. Es existieren nur noch wenige rechtliche Grauzonen oder technische Tricks, die die Gerichte vor Argumentationsprobleme stellen. Die Vielzahl an rechtlichen Bagatellverstößen sorgt zudem dafür, dass Abmahnanwälte im Internet ein lohnendes Tätigkeitsfeld gefunden haben. Dies zeigt letztlich auch die Datenschutz-Grundverordnung. Nachdem diese am 25. Mai 2018 wirksam geworden ist, sind einige unserer Mandanten bereits mit Abmahnungen konfrontiert worden. Abgemahnt wurden dabei zum Beispiel die fehlende Einhaltung von Informationspflichten nach Art. 13 DSGVO (siehe Abbildung 1.1) oder der fehlende Hinweis auf die Verwendung von Google-Fonts in der Datenschutzerklärung (siehe Abbildung 1.2). Denn im Hinblick auf die Datenschutz-Grundverordnung herrscht noch erhebliche Unsicherheit innerhalb der Unternehmen, die sich gerade Konkurrenten zunutze machen.

JOACHIM MÜLLER
Rechtsanwalt

Telefon 0211/97630970
Fax 0211/97630975

RA Joachim Müller • Oststraße 76 • 40210 Düsseldorf

Brieffach 294

Bürozeiten:
9-13 14-17 Uhr: Mo, Di, Do
9-13 Uhr: Mi, Fr
Termine nach telefonischer
Vereinbarung, auch außerhalb der Bürozeiten

Düsseldorf 05.2018
Az.:

Sehr geehrte

hiermit zeige ich an, dass mich die Firma: ▓▓▓▓▓▓▓▓▓▓▓▓▓▓▓▓▓
▓▓▓▓▓▓▓▓▓▓▓ mit der Wahrnehmung ihrer rechtlichen Interessen beauftragt hat. Die entsprechende Vollmacht liegt hier im Original vor und kann jederzeit von Ihnen angefordert werden. Ich erlaube mir jedoch darauf hinzuweisen, dass nach der Rechtsprechung die Vorlage der Originalvollmacht nicht erforderlich ist.

Gegenstand meiner Beauftragung ist die von Ihnen auf Ihrer Website begangene Informationspflichtverletzung nach Artikel 13 EU-DSGVO, nach der die bisher in verschiedenen Gesetzen geregelten Informationspflichten zusammengefasst sind nun aufführt, welche Informationen den Betroffenen explizit zur Verfügung stehen müssen. Die neue Regelung der EU-DSGVO geht dabei weit über das bisher erforderliche hinaus.

Meine Mandantin steht in einem konkreten Wettbewerbsverhältnis zu Ihnen. Sie betreibt bundesweit ein Transportunternehmen zum Transport von Waren aller Art. Auf Ihrer Website bewerben Sie ebenfalls die Durchführung von Transporten. Ein Screenshot Ihrer Website mit der dazugehörigen URL liegt uns vor.

Abbildung 1.1 Ein Unternehmen lässt seinen Konkurrenten wegen einer angeblichen Verletzung von Informationspflichten abmahnen.

1.2   Warum ist rechtliche Hilfe im Online-Marketing unverzichtbar?

1

SPW

SP Wiediger & Partner

RECHTSANWÄLTE • STEUERBERATER

SP Wiediger & Partner mbB, Speditionstrasse 15, 40221 Düsseldorf

VOLKER HENN-ANSCHÜTZ
Rechtsanwalt
Fachanwalt für Handels- und
Gesellschaftsrecht

Datum: Ansprechpartner: ▓▓▓▓▓▓
Rechnungen: Sekretariat: ▓▓▓▓▓▓

Abmahnung

JENS WIEDIGER
Dipl. Finanzwirt (FH)
Steuerberater
Fachberater für Heilberufe

JULIA BLAICH
Rechtsanwältin

Sehr geehrte Damen und Herren,

hiermit zeigen wir an, die rechtlichen Interessen der ▓▓▓▓▓▓▓▓ zu
vertreten: ordnungsgemäße Bevollmächtigung wird anwaltlich versichert.

Gegenstand unserer Beauftragung sind die wettbewerbsrechtlichen Verstöße auf Ihrer
Website.

DÜSSELDORF
Speditionstrasse 15
40221 Düsseldorf
Tel 0211-863224-17
Fax 0211-863224-99

Bekanntermaßen ist seit dem 25.05.2016 die EU-Datenschutzverordnung (DSGVO) in
Kraft getreten. Insofern bestand eine Übergangsfrist bis zum 25.05.2018, innerhalb welcher die entsprechenden Richtlinien umzusetzen waren.

Unsere Mandantin betreibt ein Unternehmen zur gewerblichen Arbeitnehmerüberlassung
und Personalvermittlung. Sie betreiben ein Unternehmen derselben Branche und stehen
somit im direkten Wettbewerb zu unserer Mandantschaft. Bei dem Besuch Ihrer Internetseite ▓▓▓▓▓▓▓ am ▓▓▓▓▓▓▓ musste unsere Mandantin nunmehr
folgende Feststellungen machen:

STANDORTE
Düsseldorf
Ratingen
Mülheim a. d. Ruhr

Sie nutzen zur typografischen Optimierung Ihrer Internetseite den Dienst Google-Fonts
der Google LLC (kurz: „Google"), Amphitheatre Parkway, Mountain View, CA 94043,
USA.
Zur Nutzung dieses Dienstes werden die Nutzungsdaten Ihrer Homepagebesucher an
Google weitergeleitet. Diese Datenweitergabe erfolgt ohne Einverständnis. Der Weitergabe personenbezogener Daten (IP-Adresse, welche Webseite zu welchem Zeitraum
aufgerufen wurde) kann der Besucher nicht zustimmen, bevor die Daten weitergeleitet
werden. Auch ist es nicht möglich, Ihre Datenschutzerklärung zu lesen, bevor die Daten
weitergegeben werden. Dies stellt eine Verletzung gem. Art. 12 ff. DSGVO dar.

BANKVERBINDUNG
Sparkasse HRV

▓▓▓▓▓▓▓▓

info@spwp.de

▓▓▓▓▓▓▓▓

SP Wiediger & Partner mbB ist eine
eingetragene Partnerschaft mit be-

Abbildung 1.2 Auch diese Abmahnung erfolgt durch einen Konkurrenten, der den
fehlenden Hinweis auf Google-Fonts in der Datenschutzerklärung rügt.

Hinweis

Die erheblichen Unsicherheiten im Hinblick auf die Umsetzung der Datenschutz-
Grundverordnung führten dazu, dass in Unternehmen Angst vor einer neuen Ab-
mahnwelle aufkam: Man fürchtete ähnliche Probleme wie bei den Filesharing-Ver-
fahren, wo Urheberrechtsverletzungen abgemahnt wurden. Dies wollte die CDU/
CSU-Fraktion mit einer Initiative in Form einer Soforthilfe verhindern: Rechtsanwälte
sollten bei missbräuchlichen Abmahnungen auf Basis der Datenschutz-Grundverordnung keine teuren Gebühren mehr verlangen können. Mit diesem Vorschlag ist
die Fraktion jedoch gescheitert, da er nach Ansicht der SPD keinen dauerhaften Erfolg verspreche. Vielmehr bedürfe es einer gesetzlichen Deckelung der Rechtsanwaltsgebühren ähnlich wie im Urheberrecht. Dort ist der Streitwert in einfach gelagerten

Fällen gemäß § 97a Abs. 3 auf einen Betrag von 1.000 € gedeckelt, wodurch nur noch Abmahngebühren in Höhe von etwa 150 € entstehen. Auf diese Weise wollte der Gesetzgeber den Massenabmahnungen den Garaus machen.

Vertrauen Sie daher nicht einfach darauf, dass Ihre Handlungen im Netz keine rechtlichen Folgen haben werden. Nutzen Sie dieses Buch zur Information, und schaffen Sie selbst Rechtssicherheit. Wir erklären, wann eine Website abmahnsicher ist, wie Verträge und AGB in Onlineshops auszusehen haben und wie Sie die Rechte Ihrer Kunden und Follower gewährleisten.

Daneben widmen wir uns in jedem Kapitel auch dem Thema, wie Sie selbst Ihre Rechte wahren und durchsetzen können, schließlich sind an Rechtsverstößen immer zwei Parteien beteiligt. Denn bei der Durchsetzung eigener Rechte bestehen genauso rechtliche Unsicherheiten: Wann darf gegen einen Rechtsverstoß vorgegangen werden? Wie wird eine Abmahnung verfasst? Gibt es Alternativen zum Gerichtsprozess, und muss stets ein Rechtsanwalt eingeschaltet werden?

Wir widmen uns in diesem Buch allen rechtlichen Problemen und sorgen dafür, dass Sie sich Ihrer Rechte und Pflichten gleichermaßen sicher sein können.

1.2.3   Ungenutztes Potenzial

Wie bereits erwähnt, haben Sie vielleicht schon eine erfolgreiche Website, einen einflussreichen Social-Media-Account, einen ertragreichen Onlineshop und eine effektive Marketingkampagne. Aber egal, wie Ihr Status quo aussieht, Sie können noch mehr erreichen! Auf den folgenden Seiten erklären wir nicht nur die Grundlagen, sondern gehen auch ins Detail. Neue Technologien und Marketingstrategien entwickeln sich rasant und bieten aufgeschlossenen, flexiblen Nutzern einen erheblichen Vorteil gegenüber ihren Konkurrenten.

Wenn schon die technischen Hintergründe nicht immer einfach zu verstehen sind, so stellen die daraus resultierenden Rechtsfragen Laien vor unlösbare Probleme. Wir haben uns intensiv mit den verschiedenen Möglichkeiten im Online-Marketing beschäftigt und können Sie somit umfassend beraten. Holen Sie mehr aus Ihren Projekten heraus, lassen Sie sich nicht von vermeintlichen Problemen abschrecken, und seien Sie für neue Entwicklungen offen! Wir wollen mit diesem Buch die Grundlagen und das Selbstvertrauen für den nächsten Schritt schaffen.

1.2.4   Digitaler Wandel

Alle bisher angesprochenen Punkte betreffen Ihre gegenwärtigen Vorhaben und deren Umsetzung. Ein Blick in die Zukunft darf aber auf keinen Fall fehlen. Es wird niemandem entgangen sein, dass sich die technischen Möglichkeiten in den letzten

Jahren gewaltig verändert haben. Heute alltägliche Plattformen wie YouTube und Facebook existieren bloß seit etwas mehr als zehn Jahren. Erst im Laufe der 2000er-Jahre wurde das Internet als Marketingplattform relevant.

Mit den technischen Voraussetzungen ändern sich in gleichem Maße die rechtlichen Rahmenbedingungen. Der deutsche Gesetzgeber hingegen hängt oft Jahre zurück. Jede neue Technologie und jedes neue Geschäftsmodell wird daher von rechtlichen Unsicherheiten und widersprüchlicher Rechtsprechung begleitet. Verschärft wird das dadurch, dass sich nicht nur das deutsche Recht, sondern auch das europäische Recht ändert. Manchmal kommt es dann auch noch zu Diskrepanzen zwischen deutschem und europäischem Recht.

Eine Rechtsberatung kann somit in vielen Bereichen leider nicht abschließend sein. Eventualitäten müssen berücksichtigt, gerichtliche Klärung abgewartet werden.

Praxisbeispiel

Seit dem 1. Februar 2017 gelten neue Informationspflichten für Online-Händler, die sich aus dem Verbraucherstreitbeilegungsgesetz ergeben. Dieses Gesetz setzt die europäische *Richtlinie über alternative Streitbeilegung in Verbraucherangelegenheiten (2013/11/EU)* – auch »ADR-Richtlinie« genannt – um, die in Verbindung mit der europäischen *Verordnung über die Online-Beilegung verbraucherrechtlicher Streitigkeiten Nr. 524/2013* geschaffen wurde (sog. ODR-Verordnung). Das Ziel dieser europäischen Vorgaben ist es letztlich, den Verbrauchern bei Streitigkeiten mit Verkäufern schnelle, günstige und informelle Alternativen zu oft langwierigen und kostenintensiven Gerichtsverfahren zu bieten.

Was bedeutet das nun für Sie? Wenn Sie sich zum ersten Mal mit dem Thema Online-Marketing beschäftigen, dann lernen Sie mit diesem Buch die aktuellste Rechtslage kennen und werden auch auf zukünftige Änderungen vorbereitet, so gut es geht.

Sofern Sie bereits Erfahrungen auf diesem Gebiet gesammelt haben, können wir gemeinsam auf diesen Grundlagen aufbauen. Verlassen Sie sich jedoch nicht auf Ihr bisheriges Wissen, sondern beschäftigen Sie sich auch mit den Kapiteln zu vermeintlich bekannten Themen. Sie werden mit mehr neuen Dingen konfrontiert werden, als Sie denken!

Darüber hinaus wollen wir Ihr Bewusstsein für den digitalen Wandel schärfen. Die rechtliche Lage kann zu Beginn eines Projekts anders sein als am Ende. Bereits existierende Projekte können trotz früherer rechtlicher Kontrolle mittlerweile Mängel aufweisen, die bei fortdauernder Missachtung zu Rechtsstreitigkeiten führen können.

Mit Blick auf die rechtlichen Grundlagen können wir Sie allerdings beruhigen: Gerade weil der Gesetzgeber mit dem Erlass neuer Gesetze schon lange in Verzug ist, wird die bestehende Rechtsordnung immer wieder zur Lösung neuer Probleme herangezogen. Die meisten Rechtsbereiche verändern sich daher nur minimal, wobei dann allerdings genau diese Änderungen bekannt sein müssen.

> **Praxisbeispiel**
>
> Das Urheberrecht hat sich seit Jahrzehnten nicht groß verändert, wofür es aber auch stark kritisiert wird. Die Grundlagen im Vertragsrecht bleiben stets dieselben, werden gleichwohl von anderen Rechtsbereichen (wie zum Beispiel dem Verbraucherrecht) stark beeinflusst.

Die beste Vorbereitung ist folglich ein fundiertes Verständnis der elementaren Grundsätze. Dadurch können Sie sich nicht nur Ihres Status quo sicher sein, sondern bekommen auch einen Blick für Veränderungen und sind so in der Lage, rechtzeitig zu reagieren.

1.3 Welche rechtlichen Fallstricke gibt es im Online-Marketing?

Sie fragen sich jetzt sicherlich, wo denn genau die erwähnten Probleme liegen. Daher wollen wir Ihnen im Folgenden einen kurzen Überblick über die typischen rechtlichen Fallstricke im Online-Marketing geben und Ihnen somit einen ersten Eindruck vom Inhalt dieses Buches verschaffen.

1.3.1 Urheberrecht

Zu den bekanntesten Abmahngründen dürften Verstöße gegen das Urheberrecht gehören. Das mag zum einen daran liegen, dass tatsächlich ein Großteil der Abmahnungen auf der Grundlage von Urheberrechtsverletzungen erfolgt. Zum anderen ist das Thema in den Medien sehr präsent. Allerdings liegt der Fokus dort meist auf dem Filesharing, konkret auf der unerlaubten Weitergabe von Filmen und Serien, an denen die Verbreiter keine Rechte haben. Filesharing spielt im Online-Marketing keine Rolle, die Probleme liegen also woanders.

Das Urheberrecht schützt die Rechte des Urhebers an seinem Werk. Es versucht zu verhindern, dass sein Werk von anderen Personen verunstaltet, missbraucht oder als eigenes ausgegeben wird. Der Urheber soll von seiner Arbeit wirtschaftlich profitieren können und gleichzeitig für seine Mühen Anerkennung bekommen. Damit besteht ein bedeutender Unterschied zum US-amerikanischen »Copyright«. Wie der Name bereits verrät, steht dort nicht der Urheber als Person im Mittelpunkt, sondern das Werk selbst und die Möglichkeit, es zu kopieren, also gewinnbringend zu verwerten.

1.3   Welche rechtlichen Fallstricke gibt es im Online-Marketing?

1

Praxishinweis

Dieser Unterschied schlägt sich in den Verträgen zur Werknutzung nieder. Seien Sie sich darüber im Klaren, wenn Sie im Internet nach Bildern, Texten und Videos für Ihre Marketingkampagne suchen.

Das deutsche Urheberrechtssystem hat zur Folge, dass ein Urheber die Rechte an seinem Werk nie vollständig verkaufen kann. Wenn jemand anderes sein Werk nutzen will, um zum Beispiel damit zu werben, dann muss der Urheber ihm eine Lizenz einräumen.

Eine Lizenz ist ein Recht zur Nutzung eines Werkes und damit für Sie das wichtigste Instrument des Urheberrechts! Wenn Sie nicht selbst künstlerisch tätig werden wollen, sind Sie auf die Werke anderer Personen angewiesen. Das bedeutet, dass Sie Nutzungsrechte an diesen Werken erwerben müssen. Woher Sie Lizenzen bekommen und wo Sie mitunter sogar kostenfreie Nutzungsrechte finden, erklären wir im Laufe dieses Buches.

Lizenzen führen leider immer wieder zu Missverständnissen und vermeidbaren Fehlern. Wissen Sie, welche Rechte Ihnen eine Lizenz an einem Bild einräumt? Wenn Sie diese Frage nicht sofort beantworten können, dann muss das kein schlechtes Zeichen sein. Denn Lizenzen werden je nach Bedürfnis, Werk und Vertragspartei andere Inhalte haben. Selten jedoch räumt Ihnen eine Lizenz ein unbegrenztes Nutzungsrecht an einem Werk ein. Überschreitungen der Nutzungsrechte stellen ebenso eine Rechtsverletzung dar wie die Nutzung des Werkes komplett ohne Lizenz.

Praxisbeispiel

Angenommen, Sie lizenzieren eine Grafik für Ihr privates Blog. Ohne den genauen Inhalt der Lizenzvereinbarung zu kennen, stellen sich nun einige praxisrelevante Fragen: Dürfen Sie die Grafik in Werbeanzeigen für Ihr Blog verwenden? Dürfen Sie die Grafik im Hintergrund Ihres Newsletters zeigen? Dürfen Sie die Grafik verkleinern, zuschneiden und einzelne Elemente überdecken?

Wir werden an verschiedenen Stellen dieses Buches auf Ihre Rechte und Pflichten im Umgang mit Lizenzen eingehen. Anhand von Praxisbeispielen wollen wir Ihr Problembewusstsein schärfen, was in vielen Situationen sehr nützlich ist. Denn im Rahmen Ihrer Marketingkampagnen werden auch Sie anderen Parteien Nutzungsrechte einräumen müssen. Überlegen Sie beispielsweise, eine Anzeigenkampagne mit Google Ads zu starten, müssen Sie Google die Nutzungsrechte an Ihren Werbebannern einräumen. Ohne die entsprechenden Lizenzen wäre es Google rechtlich nicht möglich, die Werbebanner im Internet zu verbreiten. Sie können sich bestimmt jetzt schon denken, dass Probleme entstehen könnten, wenn der Urheber der in Ihren Werbebannern verwendeten Bilder mit einer Weitergabe seiner Werke an Google nicht einverstanden ist.

Weitere typische Probleme im Urheberrecht betreffen die Frage, was überhaupt alles vom Urheberrecht geschützt wird. Blogger beklagen häufig, dass ihre Texte ganz oder teilweise von anderen Bloggern oder Online-Portalen übernommen werden. Das wirft die Frage auf, ob Texte urheberrechtlich geschützt sind und ob es einen Unterschied zwischen einem bekannten Gedicht von Goethe und einem Kuchenrezept aus einem wenig beachteten Food-Blog gibt.

Dieses Thema hat auch für große Unternehmen spätestens dann eine Bedeutung, wenn es um die Frage der Schutzwürdigkeit von Werbeslogans und Produktbezeichnungen geht. Dürfen Sie einen Onlineshop mit dem Namen »adidas-store« betreiben und mit dem Slogan »Geiz ist geil« bewerben? Die Antwort werden Sie sich bereits denken können, allerdings liegt die Rechtsgrundlage hier eher im Markenrecht als im Urheberrecht.

Praxishinweis

Die Unterschiede zwischen Urheberrecht und Markenrecht haben für die Praxis teils erhebliche Folgen. Das Urheberrecht an einem Werk entsteht automatisch, während eine Marke grundsätzlich beim Deutschen Patent- und Markenamt eingetragen werden muss. Mit der Eintragung kann das Recht an einer Marke einfacher nachgewiesen werden als ein Urheberrecht an einem Werk. Allerdings muss ein Markenschutz alle zehn Jahre kostenpflichtig verlängert werden. Das Urheberrecht an einem Werk hingegen besteht bis 70 Jahre nach dem Tod des Urhebers.

Sie sehen also, dass Urheberrechtsprobleme auch mitunter andere Rechtsbereiche berühren. Wenn dann noch mehrere verschiedene Parteien an einem Rechtsproblem beteiligt sind, kann das Personen ohne vertiefte Rechtskenntnisse schnell überfordern. Damit sind zudem noch lange nicht alle urheberrechtlichen Fallstricke angesprochen worden. Insbesondere das Teilen fremder Werke in sozialen Netzwerken und die ungefragte Nutzung von Medien aus öffentlich zugänglichen Plattformen wie YouTube oder Facebook haben die Gerichte in der Vergangenheit schon oft beschäftigt. Das Urheberrecht beeinflusst fast alle Bereiche des Online-Marketings, weshalb wir an den jeweiligen Stellen in diesem Buch immer wieder darauf eingehen werden.

1.3.2 Persönlichkeitsrecht

Ebenfalls eng mit dem Urheberrecht verbunden ist das Persönlichkeitsrecht. Das Persönlichkeitsrecht ist im Grundgesetz verankert und beeinflusst dadurch eine Vielzahl von unterschiedlichen Rechtsgebieten. In der Nachrichtenberichterstattung und in der Werbebranche hatte das Persönlichkeitsrecht schon immer eine große Bedeutung. Diese Bedeutung hat sich durch das Internet noch weiter verschärft und sorgt dafür, dass immer mehr Rechtsstreite vor Gericht ausgefochten werden. Nicht nur hat die Anonymität im Netz eine geringere Hemmschwelle bei der Äußerung von Beleidigungen zur Folge, auch die Verbreitung von aus dem Kontext gerissenen Zitaten, ungünstigen Bildern und Videos ist durch das Internet so einfach wie nie zuvor.

Das Persönlichkeitsrecht schützt jeden Teil einer bestimmten Person, der für sie charakteristisch ist, also zum Beispiel Name, Stimme und Aussehen. Auch die Ehre eines Menschen ist über das Persönlichkeitsrecht geschützt.

Praxisbeispiel

In einem der bekanntesten Fälle zum Persönlichkeitsrecht, dem sogenannten »Herrenreiter-Fall«, hatte der Hersteller eines Potenzmittels ungefragt mit dem Bild eines prominenten Dressurreiters geworben. Dieser war damit überhaupt nicht einverstanden und sah sich in seinem Persönlichkeitsrecht verletzt.

Für den Bereich des Online-Marketings dürfte das Recht am eigenen Bild der relevanteste Teil des Persönlichkeitsrechts sein. Werbung ohne Menschen ist fast unvorstellbar. Ein lächelndes Gesicht ist einladend, persönlich und ansprechend. Eine Produktempfehlung klingt aus dem Mund einer realen Person glaubwürdiger als abgedruckt in einer Zeitschrift. Wenn Sie erfolgreich werben wollen, kommen Sie folglich nicht umhin, sich mit dem Persönlichkeitsrecht auseinanderzusetzen.

Rechtsfragen stellen sich zunächst bei der Erstellung von Werbematerial. Die Einwilligung des engagierten Models einzuholen ist unproblematisch. Wie aber müssen Sie mit den im Hintergrund abgebildeten Menschen verfahren? Müssen Sie jede Person in einer Menschenmenge kontaktieren und möglicherweise viel Geld für eine Zustimmung zur werblichen Verwendung des Fotos bezahlen? Viele Online-Portale bieten fertige Bilder an, die Sie zu Werbezwecken lizenzieren können. Ist das Einverständnis der abgebildeten Models in der erworbenen Lizenz enthalten?

Das oben erwähnte Beispiel des Herrenreiter-Falls hat Sie vielleicht vor weitere Fragen gestellt. Denn erfolgreiche Marketingkampagnen arbeiten gerne mit einem möglichst prominenten Gesicht als Werbeträger. Dieses Konzept schafft Vertrauen bei den Kunden: Wenn eine in der Öffentlichkeit stehende Person für ein Produkt wirbt, kann es doch nicht schlecht sein!

Wenn Sie es schaffen, einen derartig lukrativen Werbevertrag mit einer berühmten Person zu schließen, gehören Sie sicherlich zu den erfahreneren und bereits erfolgreichen Unternehmen. Aber auch für alle anderen dürfte es interessant sein, wie diese Art des Marketings funktioniert und wie die rechtlichen Voraussetzungen aussehen. Die Problematik der ungefragten Werbung mit Prominenten dürfte Ihnen bewusst sein. Wie sieht es jedoch aus, wenn sich ein Prominenter positiv über Ihr Produkt auf Twitter oder Facebook äußert? Dürfen Sie das Posting teilen, darauf verweisen oder es sogar in einer Anzeige als Zitat abdrucken?

1.3.3 Vertragsrecht

Bisher haben wir mehrmals auf »vertragliche Grundlagen« hingewiesen. Tatsächlich stellen Verträge die Basis für die meisten rechtlichen Handlungen dar. Ein gut durchdachter und formulierter Vertrag kann Sie vor jedem Rechtsstreit bewahren. Daher kommt auch ein Buch zum Online-Marketing nicht ohne Ausführungen zum Vertragsrecht aus.

Verträge, insbesondere »Allgemeine Geschäftsbedingungen«, werden von den meisten Menschen als ermüdendes und zähes Thema wahrgenommen. Daneben fehlt auch oft einfach die Zeit, all die vorformulierten Vereinbarungen wie Allgemeine Geschäftsbedingungen, Datenschutzerklärungen oder Nutzungsbedingungen zu lesen: Einer aktuellen Studie zufolge würde es Sie 76 Tage im Jahr kosten, wenn Sie all diese Vereinbarungen lesen würden, denen Sie im Laufe des Jahres häufig ohne nähere Prüfung zustimmen. Aus diesem Grund werden wir dieses Kapitel so anschaulich wie möglich behandeln und versuchen, Ihr Interesse für die nähere Auseinandersetzung mit Verträgen zu wecken.

Egal, ob Kaufvertrag, Werbevertrag, AGB, Widerrufsbelehrung, Lizenzvertrag oder Nutzungsbedingungen – der Inhalt dieser Vereinbarungen beeinflusst die gesamte nachfolgende Geschäftsbeziehung zwischen den Vertragsparteien. Einem Vertrag zuzustimmen, ohne ihn gelesen zu haben, ist für Privatpersonen ungünstig, für Geschäftsleute fatal. Während für Verbraucher noch einige hilfreiche Sonderregeln gelten, wird von Unternehmern stets erwartet, dass sie über ihre Geschäftsbeziehungen informiert sind und die zugrunde liegenden Verträge gelesen haben.

Wir werden uns in diesem Buch einer Vielzahl verschiedener Vertragstypen widmen und die wichtigsten Merkmale genauer betrachten. Unser Ziel ist es nicht, Sie selbst zum Verfassen von Verträgen zu bewegen, sondern Sie für bestimmte Klauseln und die häufigsten Probleme zu sensibilisieren, die Ihnen von Ihren Vertragspartnern vorgelegt werden. Sie sollen lernen, welche Klauseln für Sie von besonderer Bedeutung sind und bei welchen Vereinbarungen Sie vorsichtig sein sollten.

Praxisbeispiel

Natürlich stehen immer die Rechte und Pflichten der Parteien im Mittelpunkt des Vertrags. Ebenso wichtig sind ferner Haftungsausschlüsse, Kündigungsregeln, Vertragsstrafen und die Wahl des zuständigen Gerichts im Fall eines Prozesses.

Am Ende dieses Buches finden Sie in Kapitel 19 mehrere Mustertexte, die Ihnen die rechtssichere Arbeit in einigen Teilbereichen des Online-Marketings erleichtern werden. Viele der hier vermittelten Kenntnisse lassen sich gleichwohl auf Verträge außerhalb des Online-Marketings übertragen. Sie können von einer näheren Auseinandersetzung mit diesem Thema also nur profitieren.

1.3.4   Wettbewerbsrecht

Als Marketer nehmen Sie am wirtschaftlichen Wettbewerb teil. Sie nutzen Online-Marketing, um Internetnutzer auf Ihr Angebot aufmerksam zu machen und Ihren Absatz zu steigern. Das deutsche Wirtschaftsverständnis ist sehr liberal, kommt jedoch nicht ganz ohne Regeln aus. Viele dieser Regeln betreffen die Geschäftspraktiken untereinander und die Vermarktung von Produkten. Ihr Ziel ist es, einen fairen Wettbewerb zu schaffen, in dem alle Konkurrenten die gleichen Chancen haben.

Dementsprechend stellt eine Handlung dann einen Wettbewerbsverstoß dar, wenn die Mitbewerber dadurch unzulässig benachteiligt werden. Wenn Sie noch neu auf diesem Gebiet sind, könnte es Ihnen zu Beginn schwerfallen, wettbewerbswidrige Handlungen als solche zu erkennen. Das berücksichtigen wir, indem wir die Hintergründe von Wettbewerbsverstößen erläutern und anschauliche Beispiele aus der Praxis liefern.

Das Wettbewerbsrecht ist immer zu diskutieren, wenn Sie den Rechtskreis eines Ihrer Konkurrenten berühren. Das ist zum Beispiel dann der Fall, wenn Sie einen Artikel in Ihrem Blog mit den Metatags eines bekannteren Blogs markieren. Suchmaschinen zeigen dann bei der Suche nach dem bekannten Blog mit großer Wahrscheinlichkeit auch Ihren Artikel an. Ähnlich funktioniert die Nutzung fremder Markenbegriffe über Google Ads. Im Ergebnis profitieren Sie von der Bekanntheit Ihres Konkurrenten, was durchaus die Frage nach der Legitimität derartiger Praktiken aufwirft.

Daneben gibt es zahlreiche Möglichkeiten, den Konkurrenten direkt anzugreifen. So könnten Sie Szene-Blogger für schlechte Rezensionen bezahlen oder sich selbst abwertend über Ihren Konkurrenten in der Öffentlichkeit äußern. Ob das rechtlich zulässig ist, ist allerdings eine andere Sache.

Praxisbeispiel

Am Beispiel der negativen Äußerungen lässt sich auch die Bedeutung von Impressen erläutern. Stellen Sie sich vor, auf einem Blog wird regelmäßig und stets ohne Beweise von gravierenden Mängeln an Ihren Produkten berichtet. Ein Impressum ist nicht vorhanden. Sie wissen also weder, wer das Blog betreibt, noch, wie Sie gegen diese Person vorgehen können.

Denkbar ist es auch, die eigenen Produkte mit denen des Konkurrenten zu vergleichen, um die Überlegenheit gegenüber der Konkurrenz zu verdeutlichen. Ihre Kunden könnte das überzeugen, der betreffende Konkurrent hingegen wird das kritischer sehen.

Anstatt Ihre Konkurrenten anzugreifen, könnten Sie natürlich auch direkt auf Ihre Kunden einwirken: Rabattaktionen und Gewinnspiele erhöhen die Kundenaktivität und haben das Potenzial, die Reichweite Ihres Angebots erheblich zu vergrößern. Gleichwohl sind diesen Handlungen Grenzen gesetzt, deren Missachtung neben Abmahnungen auch teure Gerichtsprozesse zur Folge haben kann.

So zahlreich wie die unterschiedlichen Marketingideen sind auch die in Betracht kommenden Rechtsverstöße. Wir werden uns erlaubte und nicht erlaubte Praktiken genauer ansehen und Sie somit vor unwillkommenen Überraschungen bewahren.

1.3.5   Datenschutzrecht

Schließlich wollen wir noch ein paar Worte zum Datenschutz verlieren. Dieses Thema ist nicht erst seit ein paar Jahren in aller Munde, sondern primär durch die technischen Neuerungen des Internets im Mittelpunkt der gesellschaftlichen Diskussion. Spätestens seit dem 25. Mai 2018, dem Tag, an dem die europäische Datenschutz-Grundverordnung wirksam geworden ist, wird jeder mit dem Thema Datenschutz konfrontiert.

Ob Sie Besucherstatistiken für Ihre Website anlegen, Mitgliedskonten führen oder Kundendaten für Ihren Onlineshop erheben – Datenschutz ist ein Thema, das Sie durchaus ernst nehmen sollten. Abgesehen von Geldbußen haben Datenschutzverstöße häufig einen Imageverlust zur Folge. Durch übermäßige Datensammelwut und mangelnde Transparenz verspielen Sie das Vertrauen Ihrer Kunden. Datenlecks und Hackerangriffe suggerieren fehlende Professionalität und schlechte innerbetriebliche Organisation.

Persönliche Daten gehören zu den wichtigsten Dingen eines Menschen. Wenn Sie mit diesen Daten fahrlässig umgehen, werden Sie von Ihren Kunden abgestraft.

Zusätzlich müssen Sie mit rechtlichen Konsequenzen rechnen. Das deutsche Datenschutzrecht ist im Vergleich zu den Rechtssystemen anderer Staaten sehr streng – ein Weg, der auch auf europarechtlicher Ebene eingeschlagen wird. Datenschutzrechtliche Probleme sind oft eng mit den technischen Hintergründen verknüpft. Die Funktionsweisen von Cookies, Browsern und IP-Adressen beeinflussen maßgeblich die datenschutzrechtlich relevanten Handlungen.

Wenn ein Internetnutzer Ihre Website besucht, wird das im Regelfall durch eine Analysesoftware registriert. So erhalten Sie detaillierte Statistiken über Popularität und Reichweite Ihrer Internetpräsenz. Ohne entsprechende Informationen über die Website-Besucher ist das nicht möglich. In den jeweiligen Kapiteln, in denen wir uns mit

1.3   Welche rechtlichen Fallstricke gibt es im Online-Marketing?

1

dem Problem des Datenschutzrechts beschäftigen, sehen wir uns rechtliche und technische Hintergründe genauer an. Dabei werden wir uns auf die für das Verständnis erforderlichen Punkte beschränken, um uns nicht in unnötigen technischen Ausführungen zu verlieren.

Im Rahmen dieser Überlegungen werden wir uns allerdings auch einigen neueren Methoden widmen, die für Sie von großem Interesse sein dürften. *Tracking* und *Targeting*, also das Nachverfolgen der Nutzeraktivitäten auch über die eigene Website hinaus, revolutionieren das moderne Marketing. In der Rechtswissenschaft hingegen werden diese Praktiken leidenschaftlich diskutiert. Eine Auseinandersetzung mit der Materie ist Ihnen in jedem Fall zu empfehlen.

In jedem Falle aber müssen Sie sich mit der europäischen *Datenschutz-Grundverordnung* auseinandersetzen. Dieses neue europäische Gesetz muss seit dem 25. Mai 2018 von Online-Händlern in allen Mitgliedstaaten und damit auch in Deutschland unmittelbar umgesetzt werden.

Durch das neue EU-Gesetz wird das ehemalige *Bundesdatenschutzgesetz* (BDSG) jedoch nicht gänzlich obsolet. Denn der europäische Gesetzgeber hat den Mitgliedstaaten an zahlreichen Stellen Regelungsspielräume zugestanden, in deren Rahmen sie eigene Regelungen erlassen können. In diesem Zuge wurde ein neues Bundesdatenschutzgesetz verabschiedet, das ebenfalls seit dem 25. Mai 2018 gültig ist. Keine Anwendung mehr finden dagegen die im Kern datenschutzrechtlichen Vorschriften des Telemediengesetzes (TMG), die primär in den §§ 11 ff. TMG geregelt sind.

> **Achtung!**
>
> Zwar sollte ursprünglich ebenfalls am 25. Mai 2018 die europäische *Verordnung über die Achtung des Privatlebens und den Schutz personenbezogener Daten in der elektronischen Kommunikation und zur Aufhebung der Richtlinie 2002/58/EG* (kurz: e-Privacy-Verordnung) in Kraft treten, dies ist dem Gesetzgeber jedoch nicht gelungen. Vielmehr rechnet man nun mit einem Inkrafttreten frühestens Ende 2019.
>
> Diese Verordnung kann zahlreiche Änderungen für das Online-Marketing mit sich bringen. Nach derzeitigem Stand sollen diese Änderungen insbesondere die Regelungen zum E-Mail-Marketing betreffen. Womöglich wird auch eine Einwilligungspflicht für Tracking- und Targeting-Cookies sowie für vergleichbare Fingerprintingverfahren eingeführt – ein endgültiges Ergebnis lag bei Redaktionsschluss jedoch noch nicht vor. Eine bemerkenswerte rechtliche Einschätzung zum Thema »Tracking« nach der aktuellen Rechtslage gab es allerdings am 26. April 2018 von der Konferenz der unabhängigen Datenschutzbehörden (DSK). Die DSK-Mitglieder vertreten die zweifelhafte Rechtsauffassung, dass sämtliche Trackingmaßnahmen der vorherigen Einwilligung bedürfen (vgl. *http://wbs.is/dsk*). Da hier viel im Fluss ist und bevorstehende Änderungen für Sie als Online-Marketer von besonderem Belang sind, empfehlen wir Ihnen, unseren Newsletter auf unserer Webseite *www.wbs-law.de* zu

abonnieren und so immer auf dem Laufenden zu bleiben. Denn sobald die e-Privacy-Verordnung verabschiedet wird, werden wir die wesentlichen Änderungen auch auf unserer Webseite darstellen.

Das Ziel der 99 Artikel der Datenschutz-Grundverordnung ist zunächst ein weitestgehend einheitliches Datenschutzrecht innerhalb der EU. Darin sollen vor allem die Rechte und Kontrollmöglichkeiten derjenigen gestärkt werden, deren personenbezogene Daten verarbeitet werden, indem den Verantwortlichen mehr Pflichten auferlegt werden. So sollen neue Transparenz- und Informationspflichten die Betroffenen unterstützen.

Achtung!

Seit Juli 2018 prüft die Landesbeauftragte für Datenschutz in Niedersachsen (LfD) die Umsetzung der Datenschutz-Grundverordnung in Unternehmen. Dazu wurde an insgesamt 50 niedersächsische Unternehmen – davon 20 große und 30 mittelgroße Firmen – Fragebogen versandt, den sie über den Link *http://www.lfd.niedersachsen.de/startseite/allgemein/presseinformationen/querschnittspruefung_fragen_zur_dsgvo_an_50_unternehmen/fragen-zur-ds-gvo-an-50-unternehmen-166110.html* einsehen können.

Ziel der Querschnittsprüfung sei es, allgemeine Informationen dazu zu erhalten, welche Maßnahmen die Unternehmen zur Anpassung an das neue Datenschutzrecht vorgenommen haben. Dies solle Rückschlüsse darauf geben, wie gut die Wirtschaft des Landes die neuen Regeln der Datenschutz-Grundverordnung umgesetzt hat und ob es noch Nachholbedarf gibt. Außerdem solle mit dieser Prüfung das Bewusstsein für Datenschutz im Allgemeinen und für die Vorschriften der DSGVO im Speziellen gestärkt werden. Es gehe zum jetzigen Zeitpunkt also nicht vorrangig darum, möglichst viele Fehler zu finden und Bußgelder zu verhängen, sondern darum, aufzuklären, zu sensibilisieren und wertvolle Hinweise zu geben. Sofern jedoch während der Prüfung Verstöße gegen die DSGVO festgestellt werden, könne dies auch zu Bußgeldverfahren führen. Bis November 2018 sollen die Antworten ausgewertet und anschließend bei ausgewählten Unternehmen Vor-Ort-Termine wahrgenommen werden. Der Abschlussbericht der Prüfung soll dann im Mai 2019 vorliegen.

Rechte der Betroffenen

Der von der Datenverarbeitung Betroffene ist durch das neu etablierte Recht auf Datenübertragbarkeit (Datenportabilität) gemäß Art. 20 DSGVO befugt, seine Daten »mitzunehmen«. Das bedeutet, dass er ein Unternehmen anweisen kann, gewisse Daten von einer automatisierten Anwendung (etwa einem sozialen Netzwerk) auf eine andere Anwendung zu übertragen. Dieses Recht soll es Betroffenen erleichtern, zwischen den Anbietern zu wechseln, ohne Daten zu verlieren. Diese Daten müssen dann in einem strukturierten, maschinenlesbaren Format übermittelt werden. Die Datenportabilität betrifft aber nur solche Daten, die der Nutzer selbst zur Verfügung gestellt hat und nicht etwa sonstige erhobene personenbezogene Daten.

Außerdem wurde das bislang nur gerichtlich konstruierte sogenannte »Recht auf Vergessenwerden«, also das Recht auf Löschung personenbezogener Daten, nun mit Art. 17 DSGVO in Gesetzesform gegossen. Dieses Recht besteht, wenn die Speicherung der Daten nicht mehr notwendig ist, der Betroffene seine Einwilligung zur Datenverarbeitung widerrufen hat, die Daten unrechtmäßig verarbeitet wurden oder eine Rechtspflicht zum Löschen nach EU- oder nationalem Recht besteht. Zu beachten ist jedoch, dass davon auch Ausnahmen bestehen, beispielsweise bei der Datenspeicherung zur Erfüllung einer rechtlichen Verpflichtung. Während die Umsetzung der Löschpflicht bisher in weiten Teilen unklar war, sieht die neue Datenschutz-Grundverordnung nun eine detaillierte Prozedur vor. Macht der Betroffene dieses Recht geltend, müssen Sie die Daten gemäß Art. 17 Abs. 1 DSGVO »unverzüglich« löschen, das heißt »ohne schuldhaftes Zögern«. Die Löschung darf demnach nicht länger als unbedingt nötig hinausgezögert werden, wovon in der Regel auszugehen ist, wenn die Löschung länger als einen Monat dauert.

Ergänzend zu dem »Recht auf Vergessenwerden« sieht der europäische Gesetzgeber zudem in Art. 16 DSGVO ein »Recht auf Berichtigung« für den Betroffenen vor. Danach können Betroffene verlangen, dass unrichtige personenbezogene Daten berichtigt und unvollständige Daten vervollständigt werden.

Mit dem Recht zur Verarbeitung der Daten uneingeschränkt verbunden ist auch das Recht des Nutzers, der Datenverarbeitung zu widersprechen. Dass sich daran grundsätzlich auch durch die Datenschutz-Grundverordnung nichts ändert, zeigt der Blick in Art. 21 DSGVO – es gibt jedoch Änderungen in den Details.

Das Widerspruchsrecht ist in der Datenschutz-Grundverordnung an verschiedenen Stellen zu unterschiedlichen Konditionen geregelt. Von besonderer Relevanz ist dabei das Widerspruchsrecht, das der Betroffene in den Fällen hat, in denen der Unternehmer die Datenverarbeitung gemäß Art. 6 Abs. 1 lit. f DSGVO in Wahrnehmung seiner berechtigten Interessen vorgenommen hat, ohne die Einwilligung des Betroffenen einzuholen.

Hinweis: Pflicht zur Information

Gemäß Art. 21 Abs. 4 DSGVO müssen Sie den Nutzer rechtzeitig auf sein Widerspruchsrecht und dessen Umsetzung hinweisen – spätestens jedoch zu Beginn der ersten Kommunikation!

Dieses Widerspruchsrecht gilt jedoch zu Ihrem Vorteil nicht uneingeschränkt: Sie müssen dem Widerspruch nur dann stattgeben, wenn der Nutzer seine persönlichen Versagungsgründe darlegt und diese gegenüber Ihren berechtigten Interessen tatsächlich überwiegen. Fällt die Abwägung zugunsten des Nutzers aus, so müssen Sie fortan sicherstellen, dass keine Verarbeitung der personenbezogenen Daten mehr erfolgt. Andernfalls ist sein Widerspruch jedoch wirkungslos und Sie können die Datenverarbeitung fortsetzen.

Praxistipp: Widerrufserklärung

Sie können dem Betroffenen beispielsweise elektronisch Ihre Datenschutzerklärung zusenden, in der Sie ihn über sein Widerspruchsrecht und dessen Modalitäten informieren und mit der Sie ihm zugleich eine vorformulierte Widerrufserklärung zusenden, in die er nur noch seine persönlichen Daten eintragen muss. Diese Erklärung kann der Betroffene Ihnen dann im Widerspruchsfall per E-Mail zuschicken.

Zu der Frage, wie das Widerspruchsrecht technisch umgesetzt werden kann, schweigt die Datenschutz-Grundverordnung. Demnach ist es Ihnen selbst überlassen, welches Widerspruchssystem Sie einrichten. Diesbezüglich wird die Zeit zeigen, welche Verfahren sich im Interesse beider Seiten etablieren.

Ein besonderes Widerspruchsrecht sieht der europäische Gesetzgeber in Art. 22 DSGVO für Personen vor, die von automatisierten Einzelfallentscheidungen betroffen sind. Ein solches Recht ist Ihnen unter Umständen noch aus dem alten Bundesdatenschutzgesetz bekannt, das jedoch den Begriff »automatisierte Einzelentscheidungen« verwendete.

Hinweis: Alte Rechtslage

Diese neue Regelung unterscheidet sich erheblich von dem bisherigen § 6a BDSG. Die deutsche Norm hatte solche Entscheidungen bis auf enge Ausnahmen generell verboten, unabhängig von einem Widerspruch des Betroffenen. Wirft man nun einen Blick in die Datenschutz-Grundverordnung, wird klar, dass automatisierte Einzelfallentscheidungen nun unter den Voraussetzungen des Art. 22 DSGVO zulässig sind.

Zu automatisierten Einzelfallentscheidungen zählen dabei alle rechtlich relevanten oder sonst erheblich einschränkenden Entscheidungen, die nicht von einem Menschen getroffen wurden.

Praxisbeispiel

Automatisierte Einzelfallentscheidungen sind zum Beispiel die automatische Ablehnung eines Online-Kreditantrags, ein Online-Einstellungsverfahren oder andere Maßnahmen, bei denen persönliche Aspekte lediglich elektronisch ausgewertet werden. Dazu zählt aber auch das Profiling, das der Gesetzgeber explizit in den Wortlaut der Norm aufgenommen hat. Dabei werden Daten zur Analyse von Persönlichkeits-

1

merkmalen und zu Prognosezwecken verwendet. Typische Anwendungsfälle des Profilings sind Auswertungen der Arbeitsleistung, der wirtschaftlichen Lage, der Gesundheit, der persönlichen Vorlieben oder Interessen, der Zuverlässigkeit oder des Verhaltens.

Das Widerspruchsrecht gilt nach Art. 22 Abs. 2 DSGVO jedoch ausnahmsweise nicht, wenn eine automatisierte Entscheidung z. B. für den Abschluss oder die Erfüllung eines Vertrages mit dem Betroffenen oder mit ausdrücklicher Einwilligung des Betroffenen erfolgt. Außerdem enthält das neue Bundesdatenschutzgesetz in § 37 weitere Ausnahmen vom Widerspruchsrecht für den Fall, dass dem Begehren des Betroffenen uneingeschränkt stattgegeben wird, sowie für Krankenversicherer im Rahmen der Leistungsprüfung. Dem Betroffenen ist in diesen Fällen aber die Möglichkeit zu eröffnen, die automatisierte Entscheidung überprüfen zu lassen.

Achtung!
Weiterhin verboten bleiben automatisierte Einzelfallentscheidungen im Falle besonders sensibler Daten im Sinne des Art. 9 Abs. 1 DSGVO.

Pflichten für Verantwortliche

Wesentliche Elemente des ehemaligen Bundesdatenschutzgesetzes blieben zwar erhalten, dennoch gibt es nun einige Änderungen, die es zu beachten gilt – insbesondere für Unternehmen. Denn neben den bereits bekannten Pflichten stellt die Datenschutz-Grundverordnung auch weitergehende Anforderungen an den Datenschutz in Unternehmen. Neu ist beispielsweise die Pflicht, elektronische Geräte und Anwendungen datenschutzfreundlich voreinzustellen (Privacy by Default).

Ebenfalls neu eingeführt wurde die Pflicht zur Datenschutz-Folgenabschätzung bei besonderen Risiken für die erhobenen Daten, etwa durch neue Technologien. Erschwerte Bedingungen bei der Einholung der Einwilligung sind dabei nur eine Konsequenz, die die Datenschutz-Grundverordnung für Unternehmen nach sich zieht. Unternehmen, die die Datenverarbeitung im Rahmen eines Auftragsverhältnisses auf eine andere Stelle outsourcen, müssen nun beachten, dass dies zwar weiterhin nach Art. 28 und 29 DSGVO zulässig ist, dass sie aber neuerdings dazu verpflichtet sind, ein Verzeichnis der Verarbeitungstätigkeiten zu führen, worin eine Dokumentation und Übersicht aller Verfahren erstellt wird, bei denen personenbezogene Daten verarbeitet werden. Unter bestimmten Voraussetzungen können Unternehmen mit weniger als 250 Beschäftigten jedoch von dieser Pflicht ausgenommen sein.

Die Datenschutz-Grundverordnung hat jedoch nicht nur Erschwernisse für Unternehmen mit sich gebracht, sondern berücksichtigt auch wirtschaftliche Interessen der Unternehmen, indem Sie nun mit Mitteln der Pseudonymisierung und Aufklärung die Möglichkeit haben, die Interessenabwägung zu Ihren Gunsten zu entscheiden.

Außerdem gilt die Datenschutz-Grundverordnung auch für Unternehmen, die ihren Sitz außerhalb der EU haben, wenn sich ihre Angebote an EU-Bürger richten. Dies hat weitreichende Konsequenzen etwa für Unternehmen wie Facebook und Google mit Sitz in den USA.

> **Achtung: Es drohen hohe Geldbußen!**
>
> Die rechtskonforme Umsetzung der Datenschutz-Grundverordnung bedarf einer intensiven Prüfung und eines gewissen Aufwands. Hier kann rechtliche Unterstützung Gold wert sein und Sie vor hohen Geldbußen retten. Denn um eine effektive Umsetzung der neuen Standards zu erreichen, hat der Gesetzgeber den Rahmen für Bußgelder erheblich erhöht: Während die Obergrenze bei 20.000.000 € liegt, kann sie bei Unternehmen auch bis zu 4 % des weltweiten Umsatzes des vergangenen Jahres betragen – je nachdem, welcher Betrag höher ist. An dieser Stelle ist ganz entscheidend, wie der Begriff des Unternehmens in diesem Kontext genau zu definieren ist. In Anlehnung an Erwägungsgrund Nr. 150 zur Datenschutz-Grundverordnung ist der Begriff ähnlich wie im europäischen Wettbewerbsrecht zu definieren und setzt demnach nur eine wirtschaftliche Einheit voraus, wie sie bei Unternehmensgruppen und Konzernen gegeben ist. Grundlage der Berechnung des Bußgeldes ist demnach nicht nur der Umsatz des unmittelbar beteiligten Unternehmens, sondern der Umsatz des gesamten Konzerns. Dies führt zu einer erheblichen Steigerung des Geldbußenrahmens und ist damit als wirkungsvolle Sanktion durchaus geeignet, auch finanzstarke Konzerne zur Umsetzung der neuen Regelungen zu zwingen. Diese Konzerne ließen sich bisher von den nationalen Geldbußenrahmen mit Obergrenzen von 50.000 € im Telemediengesetz und 300.000 € im Bundesdatenschutzgesetz kaum abschrecken und haben daher auch häufig die deutschen Geldbußenrahmen als »zahnlose Tiger« bezeichnet.

1.4   Wie können Sie sich immer auf dem neuesten Stand halten?

Wir haben Ihnen nun einen groben Überblick über den Inhalt dieses Buches gegeben. Auf den folgenden Seiten werden wir Ihnen die einzelnen Instrumente des Online-Marketings noch etwas näherbringen, bevor wir uns danach endgültig den Einzelheiten eines jeden Themas widmen.

Trotz des Umfangs dieses Buches können wir natürlich nicht dafür garantieren, dass auch in den nächsten zehn Jahren noch jedes angesprochene Detail unverändert korrekt ist. Daher möchten wir Ihnen noch einige Tipps und Hinweise an die Hand geben, wie Sie über die nächsten Jahre stets mit den neuen Entwicklungen im Online-Marketing mithalten können.

Wenn Sie dieses Buch aufmerksam durcharbeiten, müssen Sie sich nahezu keinerlei Sorgen machen. Ein gutes Verständnis der Grundlagen und ein ausgeprägtes Problembewusstsein sind die besten Instrumente, um Veränderungen zu realisieren, zu verstehen und umzusetzen.

Hinweis: Adressen, um auf dem Laufenden zu bleiben

▶ *www.wbs-law.de* – Auf unserer Kanzlei-Website finden Sie täglich neue Artikel und Meldungen aus der Welt des Medienrechts. Dort können Sie auch unseren wöchentlichen Newsletter abonnieren und bekommen so alle aktuellen Themen per E-Mail geliefert.

▶ *www.wbs-law.de/rss-feeds* – Hier können Sie unsere aktuellen Beiträge bequem per RSS-Feed abonnieren.

▶ *www.wbs-law.tv* – unser YouTube-Kanal mit täglichen Updates

▶ *www.facebook.com/die.aufklaerer* – unser Auftritt bei Facebook

▶ *www.twitter.com/solmecke* – der Twitter-Feed von Christian Solmecke, der ständig mit neuen Updates und interessanten Links aufwartet

▶ *www.instagram.com/kanzlei_wbs* – der Instagram-Kanal der Kanzlei »Wilde Beuger Solmecke«

1.4.1   Dankeschön

Bevor wir nun in die Materie einsteigen und Ihnen in Kapitel 2 alles Wichtige über die Instrumente des Online-Marketings näherbringen, möchten wir uns bei einigen wichtigen Menschen bedanken, ohne die dieses Buch nicht zustande gekommen wäre.

Zuallererst sind dies die zahlreichen Nutzer unserer kanzleieigenen Social-Media-Angebote. Unsere mehr als 230.000 Abonnenten auf YouTube, knapp 25.000 Fans auf Facebook und die unzähligen Leser unseres Kanzlei-Blogs haben dafür gesorgt, dass uns die rechtlichen Themen für dieses Buch nie ausgingen. Viele der hier behandelten Fragen beruhen auf Kommentaren und Anregungen unserer treuen Leserschaft.

Ein besonderer Dank gilt auch unserem wissenschaftlichen Mitarbeiter Robin Schmitt, ohne dessen Unterstützung wir dieses Buchprojekt nicht in dieser kurzen Zeit hätten verwirklichen können.

Für das Geleitwort zu diesem Buch danken wir Prof. Dr. Michael Bernecker, Geschäftsführer des Deutschen Institut für Marketing.

Zuletzt möchten wir auch herzlich dem Rheinwerk Verlag und unserem Lektor Stephan Mattescheck danken. Seinen Anmerkungen und Tipps ist es zu verdanken, dass wir in diesem Buch eine klare und anschauliche Sprache gefunden haben, die auch für Nichtjuristen verständlich ist.

Kapitel 2
Instrumente des Online-Marketings

Wenn Sie noch nicht genau wissen, was Sie in diesem Buch alles erwartet, oder wenn Sie sich nicht unter jedem Punkt im Inhaltsverzeichnis etwas vorstellen können, bieten sich die folgenden Seiten für einen groben Überblick an.

In diesem Kapitel werfen wir einen Blick auf die verschiedenen Instrumente des Online-Marketings. Denn während sich viele beispielsweise durchaus etwas unter Newsletter- oder Social-Media-Marketing vorstellen können, sind Begriffe wie Influencer-Marketing oder Affiliate-Marketing für so manchen noch Marketing-Neuland.

Vielleicht wird Sie auch nicht jedes Instrument interessieren, und auch mag Ihnen nicht jedes Instrument den erhofften Nutzen bringen. Das ist nachvollziehbar, weshalb wir uns in diesem Buch mit einer möglichst breiten Auswahl an Marketingtools beschäftigen werden. Welches davon besondere Relevanz für Sie persönlich hat, hängt von Faktoren wie der Zielgruppe, dem konkreten Vorhaben oder dem verfügbaren Budget ab.

Allerdings sollten Sie auch nicht davor zurückscheuen, Neues kennenzulernen und auszuprobieren. Das bringt Sie auf neue Ideen, bietet vielleicht noch unbekannte Möglichkeiten und unerwarteten Nutzen.

2.1   E-Mail- und Newsletter-Marketing

Beginnen wir mit den E-Mails und der bekanntesten Form der Werbe-E-Mail – dem Newsletter. Dieses Mittel ist bei Unternehmen sehr beliebt, um regelmäßig Neuigkeiten an Kunden und Follower zu verbreiten. Newsletter haben eine gewisse Ähnlichkeit mit Postwurfsendungen in der analogen Welt: Entweder vom Zeitungsboten oder Mitarbeitern des Werbenden selbst ausgeliefert, finden sich Prospekte über Sonderangebote in Supermärkten und Speisekarten von Imbissbuden der näheren Umgebung im heimischen Briefkasten. Im Internet braucht man dafür keinen Boten. Die Belieferung von E-Mail-Postfächern kann rund um die Uhr und so oft Sie wollen mit nur einem Klick erfolgen. Dabei stellen sich aus rechtlicher Sicht selbstverständlich mehrere Fragen, die gerade mit Inkrafttreten der europäischen Datenschutz-Grundverordnung nur mehr und nicht weniger geworden sind.

Grundverordnung nur mehr und nicht weniger geworden sind.

Wenn Sie bereits E-Mail-Marketing betreiben, wissen Sie, dass es keineswegs so einfach ist, wie hier dargestellt. Und auch wenn Sie selbst noch nie einen Newsletter verschickt haben, so haben Sie bestimmt schon einmal einen bekommen.

Im Gegensatz zum Flyer des neu eröffneten Friseurs um die Ecke finden sich Newsletter in der digitalen Welt nicht regelmäßig ungefragt im Postfach. Wenn Sie einen Newsletter abonniert haben, wurden Sie zuvor nach Ihrer Einwilligung gefragt. Selbst wenn Sie Ihre Zustimmung erteilt haben, erhalten Sie zusätzlich eine E-Mail mit der Bitte um Bestätigung (siehe Abbildung 2.1). Und auch wenn Sie in der Vergangenheit der Bestätigungsaufforderung gefolgt sind, sind Sie sicher jüngst von einer Vielzahl Ihrer Newsletter-Versender zu einer erneuten Abgabe der Einwilligung aufgefordert oder über die Änderung der Datenschutzhinweise aufgeklärt worden. Dies war dem Umstand geschuldet, dass im Mai 2018 die europäische Datenschutz-Grundverordnung wirksam wurde. Diese hat die Anforderungen an die Protokollierung einer rechtskonformen Einwilligung erhöht, weshalb eine Vielzahl von Newsletter-Versendern die Einwilligungen ihrer Empfänger erneut einholen mussten, um auf Nummer sicher zu gehen.

Abbildung 2.1 Um den Newsletter der Kanzlei »Wilde Beuger Solmecke« zu erhalten, müssen Sie zunächst die eigene E-Mail-Adresse angeben und in einem zweiten Schritt auf den Button in der Bestätigungs-E-Mail klicken.

Diese für Außenstehende etwas befremdliche Systematik und rechtliche Problematik werden wir uns in Kapitel 3, »E-Mail- und Newsletter-Marketing«, sehr genau anschauen. Newsletter-Werbung unterliegt einigen Regeln, deren Nichtbeachtung sehr schnell mit einer Abmahnung in Ihrem richtigen Briefkasten endet.

Außer mit den formellen Anforderungen an die Einwilligung in den Erhalt von Werbe-E-Mails müssen wir uns auch mit der Frage beschäftigen, wann eine E-Mail überhaupt Werbung ist. Dass Ihr Newsletter mit den neuesten Sonderangeboten in Ihrem Onlineshop Werbecharakter hat, sollte Ihnen offensichtlich sein. Aber werben Sie bereits für Ihr Blog, wenn Sie Ihren Followern eine E-Mail mit Links zu ausgewählten Artikeln der letzten Woche schicken?

E-Mail-Werbung erfordert häufig die Akzeptanz Ihrer Adressaten. Niemand wird gern unfreiwillig mit Werbung zugeschüttet. In der analogen Welt kleben an Briefkästen des Öfteren kleine Aufkleber mit der Aufschrift »Keine Werbung«. Nur weil derartige Maßnahmen für das E-Mail-Postfach nicht ergriffen werden können, bedeutet das für Sie natürlich keine Narrenfreiheit.

Sie merken also, dass auch bei Werbe-E-Mails viele Dinge falsch gemacht werden können. Wenn Sie das Kapitel zum Thema lesen, werden Sie allerdings verstehen, dass die erforderlichen Vorkehrungen für die rechtssichere Nutzung dieses Marketinginstruments ebenso unkompliziert sind wie das Verschicken des Newsletters selbst.

2.2 Mobile und App-Marketing

Hätten wir dieses Buch ein paar Jahre früher geschrieben, wären wir wohl ohne Kapitel 4, »Mobile Marketing«, ausgekommen. Mittlerweile sind mobile Endgeräte aus dem Online-Marketing nicht mehr wegzudenken. Trotzdem dürfte dieser Bereich für viele kleinere Unternehmen und Blogger noch neu sein. Dabei ist zumindest die Erstellung von mobiler Werbung nicht besonders schwer (siehe Abbildung 2.2).

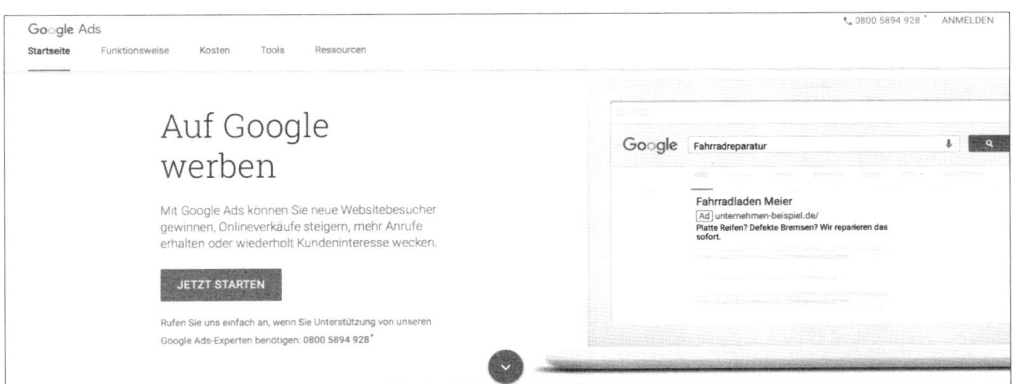

Abbildung 2.2 »Google Ads« ermöglicht es Ihnen, Werbung auf allen Endgeräten zu schalten.

Allerdings ergeben sich aus dem Umstand, dass kleine tragbare Geräte als Werbeträger dienen, einige nachvollziehbare Besonderheiten: Zunächst ist der Bildschirm eines Smartphones erheblich kleiner als ein herkömmlicher Computerbildschirm. Sie werden in diesem Buch lernen, dass Werbung bestimmte Voraussetzungen erfüllen muss. Allem voran sieht das Gesetz Informationspflichten über die Unternehmen hinter der Werbung vor.

Angesichts der sehr beschränkten Werbefläche dürfte es für Sie interessant sein, mehr über die äußerlichen Voraussetzungen von Werbung zu erfahren, um sie auf mobilen Endgeräten rechtskonform und gleichzeitig ansprechend zu gestalten.

Am Wichtigsten sind jedoch die sich Ihnen bietenden neuen Möglichkeiten beim Mobile Marketing. Hier sind Sie nicht nur auf Bannerwerbung beschränkt (siehe Abbildung 2.3). Auch der Einsatz von Videowerbung und natürlich die Nutzung von Apps stellen attraktive Alternativen zu herkömmlicher Werbung dar. Sie können sich bestimmt vorstellen, dass damit auch einige rechtliche Fragestellungen einhergehen, die wir selbstverständlich einzeln untersuchen und beantworten werden.

Abbildung 2.3 Verschiedene Arten von mobiler Werbung: als Pop-up, als zusätzliches Softwareangebot, als Empfehlung, als gesponserter Link

Bereits vor dem Aufkommen von Apps wurden mobile Endgeräte zu Werbezwecken genutzt. Werbung per SMS, MMS und Nachrichten per Bluetooth gibt es schon länger, und insbesondere Letzteres bietet noch immer innovative Einsatzmöglichkeiten. So ist zum Beispiel eine Verknüpfung von analoger und digitaler Welt möglich, indem Bluetooth-Nachrichten durch Sender in Kaufhäusern an Smartphones verschickt werden. Ähnliche Praktiken kennen Sie vielleicht von diversen Shopping-Apps, die mit dem Standort ihrer Nutzer arbeiten, um sie beim Betreten bestimmter Geschäfte an Einkaufslisten oder Sonderangebote zu erinnern.

Neben diesen rechtlich und technisch komplexeren Methoden bieten auch Apps selbst lukrative Werbeflächen, die je nach Art der App wiederum variieren.

Bannerwerbung innerhalb des Textes einer Nachrichten-App, Videowerbung vor Beginn eines Spiels oder Werbung über sogenannte »Push-Nachrichten«, die von der App direkt auf den Startbildschirm des Smartphones gesendet werden – technisch sind der Kreativität nur wenige Grenzen gesetzt. Aus rechtlicher Sicht sieht das anders aus, weshalb Sie das entsprechende Kapitel aufmerksam lesen sollten.

Werbung in Apps ist für die Nutzer meist ein Ärgernis, weshalb App-Entwickler eigene Ansprüche an die nutzbaren Werbeflächen haben. Hinzu kommen die Betreiber der großen App-Stores wie Google und Apple. Aufdringliche, betrügerische und grafisch unschöne Werbung ist bei ihnen nicht erwünscht. Die Voraussetzungen für das Schalten von Werbung sind meist in speziellen Werberichtlinien geregelt, was für Sie wiederum noch mehr Beschränkungen bedeutet. Daher müssen Sie stets gut vorbereitet sein und mit allen Beteiligten einen annehmbaren Mittelweg finden. Wie das funktioniert, erklären wir in diesem Buch.

Alternativ können Sie natürlich direkt Ihre eigene App entwickeln, was Ihnen in gewissem Maße mehr Freiheit bietet. Wenn Sie nicht zufällig selbst in der Lage sind, eine App zu programmieren, müssen Sie dafür jemanden bezahlen. In Kapitel 5, »App-Marketing«, werden wir uns detailliert mit der Gestaltung eines Vertrags auseinandersetzen, der die Entwicklung einer App zum Gegenstand hat.

Darüber hinaus werden wir uns auch den Inhalt einer werblichen App ansehen: Gibt es Besonderheiten bei der Verwendung urheberrechtlich geschützter Materialien in Apps? Welche datenschutzrechtlichen Anforderungen sind an eine App zu stellen – insbesondere in Zeiten der Datenschutz-Grundverordnung?

Schließlich muss die App auch vermarktet werden. Hohe Platzierungen und die damit verbundene Aufmerksamkeit in den großen App-Stores können nicht über Nacht erreicht werden. Das verleitet wiederum dazu, die eigene App künstlich aufzuwerten oder die App des lästigen Konkurrenten durch negative Bewertungen unten zu halten. Die rechtlichen Hintergründe dieser durchaus fragwürdigen Geschäftspraktiken untersuchen wir ebenfalls in Kapitel 5.

2.3   Social-Media- und Influencer-Marketing

Neben der eigenen Website stellen soziale Netzwerke ein weiteres Standbein für Ihre Existenz im Internet dar. In sozialen Netzwerken treten Sie mit Ihren Kunden in Dialog, beweisen Nähe und animieren zur Interaktion. Ein lebendiges Profil ist erfrischend und lässt Sie in einem positiven Licht erscheinen.

Darüber hinaus können Sie über Plattformen wie Facebook, Google+ und Twitter Nachrichten und Werbung verbreiten, ohne dafür zunächst Werbeflächen anmieten zu müssen (siehe Abbildung 2.4). Voraussetzungen für ein erfolgreiches Gelingen sind natürlich eine aktive Nutzerbasis und ein gewisses Gespür für die Bedürfnisse Ihrer Follower – beide Dinge entwickeln sich erst mit der Zeit. Was Sie allerdings sofort wissen müssen, ist, wie Sie sich rechtssicher in sozialen Netzwerken verhalten.

Abbildung 2.4 Die Kanzlei »Wilde Beuger Solmecke« ist in verschiedenen sozialen Netzwerken vertreten: Google+, Facebook und XING.

Die Anforderungen, die die Netzwerke an Unternehmensprofile wie Ihres stellen, unterscheiden sich mitunter stark. Wenn Sie auf einer oder mehreren Plattformen vertreten sein wollen, müssen Sie sich mit den dortigen Regeln vertraut machen und sich auch daran halten. Regelverstöße sind nicht unbedingt rechtswidrig – gleichwohl ziehen die Plattformbetreiber ihre eigenen Konsequenzen, zum Beispiel in Form von Profilsperren.

Wir geben Ihnen am Anfang von Kapitel 7, »Social-Media-Marketing«, einen umfangreichen Überblick über die verschiedenen Netzwerke, die sich Ihnen bietenden Möglichkeiten und die wichtigsten Verhaltensregeln. Besonderen Wert legen wir dabei selbstverständlich auf die Nutzungsbedingungen für Werbemaßnahmen als einen der für Sie wichtigsten Bereiche.

In sozialen Netzwerken verdichtet sich eine Vielzahl der rechtlichen Probleme des Online-Marketings: Urheberrechte an geteilten Bildern, Wettbewerbsrecht beim Platzieren des Impressums, Persönlichkeitsrechte bei verletzenden Kommentaren und auch das Arbeitsrecht, wenn Ihre Mitarbeiter soziale Netzwerke nutzen.

Wir fangen ganz vorne an und arbeiten uns von der Wahl des richtigen Profilnamens über den rechtssicheren Betrieb des Profils bis hin zu besonderen Marketingformen wie Direktwerbung und Gewinnspielen vor. Mit vielen der hier besprochenen Problemstellungen werden Sie in späteren Kapiteln erneut konfrontiert, weshalb Sie das Kapitel zu Social Media auf keinen Fall auslassen sollten.

Dabei werden wir uns auch mit verschiedenen Haftungsfragen beschäftigen. In sozialen Netzwerken sind Sie nie allein, was die Frage aufwirft, inwiefern Sie für rechtswidrige Inhalte auf Ihrem Profil haften. Eng damit verbunden sind wiederum Bewertungen. Die meisten sozialen Netzwerke ermöglichen es ihren Nutzern, Sie zu bewerten, was für Sie positive, aber auch negative Folgen haben kann.

Soziale Netzwerke bieten aber auch noch eine ganz andere Form des Marketings, die in den letzten Jahren verstärkt an Bedeutung gewonnen hat: das Influencer-Marketing. Im Unterschied zum klassischen Social-Media-Marketing sind dabei nicht Sie der Akteur der Marketingmaßnahme, sondern ein Influencer – ein Werbe-Testimonial aus sozialen Netzwerken. Im Mittelpunkt stehen dabei Idole vor allem der jüngeren Generation, die sich vermehrt auf Facebook, Instagram, Twitter oder YouTube bewegt. Diese Idole, also Influencer, schalten – mehr oder weniger unauffällig – Werbung für Sie oder platzieren Ihre Produkte in ihren Inhalten auf Facebook, Instagram oder YouTube (siehe Abbildung 2.5). Ihre Produkte werden damit dem breiten Follower-Kreis der Influencer positiv präsentiert.

Wenn Sie dabei auf den für Ihre Produkt- und Dienstleistungspalette richtigen Influencer setzen, können Sie gezielt eine bestimmte Zielgruppe ansprechen und verringern so Streuverluste, die regelmäßig mit klassischer Werbung in Fernsehen, Zeitung oder Radio einhergehen. Zudem ist auch die starke Zuschauerbindung in sozialen Netzwerken für Sie sehr attraktiv: Eine Kaufempfehlung oder Produktvorstellung durch einen YouTube-Star verschafft Ihnen unvergleichlich höhere Aufmerksamkeit als ein bloßes Werbebanner.

Abbildung 2.5 Die Influencerin »pamela_rf« wirbt in ihrem Instagram-Post für das Mode-unternehmen »gipsy.brand« und weist darauf mit dem Hinweis »Bezahlte Partnerschaft mit gipsy.brand« hin.

In Kapitel 8, »Influencer-Marketing«, beginnen wir daher mit der ganz grundsätzlichen Frage, wie eine Kooperation mit einem Influencer gestaltet werden kann bzw. muss. Anschließend gehen wir detailliert auf die rechtlichen Anforderungen ein, die an die Kennzeichnung von Werbung und Produktplatzierungen gestellt werden. Denn gerade beim Influencer-Marketing ist Schleichwerbung ein sehr wichtiges Thema. Dies betrifft nicht nur den Influencer selbst, sondern auch Sie als werbendes Unternehmen, da eine falsche Kennzeichnung auch auf Sie zurückfallen kann. Denn Schleichwerbung kann nicht nur rechtliche Konsequenzen nach sich ziehen, sondern auch zu Imageschäden führen. Wir möchten Ihnen daher dabei helfen, beides zu vermeiden.

Wenn Sie also von diesem relativ neuen Marketinginstrument Gebrauch machen möchten, sollten Sie an erster Stelle entscheiden, welcher Influencer der richtige für Sie ist, und sollten sich sodann genau überlegen, wie Sie sich den Werbebeitrag vorstellen, und dies auch konkret vertraglich regeln. Über die Art und Weise der vertraglichen Regelung werden wir Sie ebenso informieren wie über die detaillierten Anforderungen an die Kennzeichnung als solche sowie über deren genauen Modalitäten. Denn Influencer stehen gerade vermehrt im Fokus der Aufsichtsbehörden!

2.4   Content-Marketing

Content-Marketing dürfte schon zu den fortgeschrittenen Marketinginstrumenten gehören. Diese Form der Vermarktung gibt es schon seit längerer Zeit, allerdings haben sich durch das Internet ganz neue Möglichkeiten eröffnet, die das Content-Marketing zu einem der effektivsten Instrumente machen.

Im Gegensatz zu anderen Werbeformen wird beim Content-Marketing nicht durch überdimensionierte Plakatwände oder schrille Videoclips versucht, die Aufmerksamkeit der Kunden zu wecken. Vielmehr wird die Werbung unscheinbar verpackt und nur mittelbar gestreut. Meist werden dabei Werbeelemente mit nützlichen Dingen wie informativen oder unterhaltenden Inhalten verknüpft, um den Adressaten für die eigentliche Werbung aufgeschlossener zu machen. Beispiele für Content-Marketing sind das Food-Blog eines Lebensmittelherstellers oder die Reisereportage eines Reiseveranstalters (siehe Abbildung 2.6).

Abbildung 2.6 Der Käsehersteller »Hochland« präsentiert auf dem Kochportal »Chefkoch.de« eigene Rezepte.

Allerdings gibt es beim Content-Marketing ein großes Problem: Sie sind rechtlich dazu verpflichtet, Werbung so zu gestalten, dass der Adressat sie als solche erkennt. Damit stecken Sie in einer Zwickmühle, denn Sie wollen ja die Werbung so unscheinbar gestalten wie möglich. Content-Marketing bedeutet damit immer eine schmale Gratwanderung zwischen rechtlicher Zulässigkeit und wirtschaftlichem Erfolg. Hier sind also intelligente Ideen, Kreativität und unternehmerisches Geschick gefragt.

Sie können sich vielleicht schon denken, dass wir uns auch im Rahmen dieses Marketinginstruments verstärkt mit dem Thema Schleichwerbung befassen werden. Ungekennzeichnete Werbung wird Ihnen im Internet des Öfteren begegnen; insbesondere in sozialen Netzwerken wird viel getrickst (siehe Abbildung 2.7).

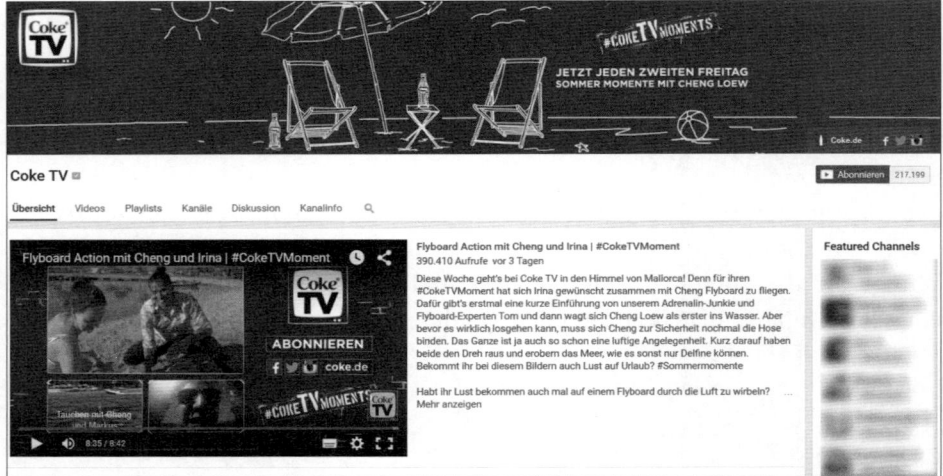

Abbildung 2.7 »Coca-Cola« ist bekannt dafür, in der Zielgruppe populäre Gesichter in die Werbung einzubinden. Mit »Coke TV« wurde ein eigener YouTube-Kanal gegründet, auf dem »Coca-Cola« direkt mit YouTubern zusammenarbeitet.

Der laxe Umgang mit den geltenden Gesetzen hat im letzten Jahr jedoch für viel Kritik gesorgt und neben Rechtsanwälten auch die Medienanstalten auf den Plan gerufen. Wenn Sie also mit dem Gedanken spielen, in dieses durchaus lukrative Geschäft einzusteigen, sollten Sie sich im Vorfeld sehr detailliert mit den rechtlichen Voraussetzungen auseinandersetzen. In Kapitel 9 befassen wir uns ausführlich mit den Möglichkeiten und Grenzen des Content-Marketings. Neben der Schleichwerbung behandeln wir dort selbstverständlich auch die rechtlich unbedenklichen Formen der Produktplatzierung und der Produkthilfe. Insgesamt werden wir Ihnen genug Hintergrundwissen und auch Ideen mit an die Hand geben, damit Sie Content-Marketing sorgenfrei einsetzen können.

2.5   Gewinnspiel-Marketing

Gewinnspiele sind wahrlich nicht das innovativste Marketinginstrument und werden Ihre Zielgruppe auch sicher nicht besonders überraschen – das ist aber auch gar nicht immer nötig! Werden Gewinnspiele rechtskonform umgesetzt, dann gilt das Sprichwort: »*Old, but gold!*« Denn Gewinnspiele lassen sich mit relativ wenig Aufwand und mit jedem Budget umsetzen und sind daher ein Marketinginstrument, das für jeden Unternehmer interessant sein kann.

Doch in der Praxis ist es nicht immer so einfach, ein Gewinnspiel zu veranstalten. Gewinnspielbedingungen, besondere Anforderungen bei Minderjährigen, die Veröffentlichung von Gewinnernamen und das Verbot der Koppelung bestimmter Handlungen mit Gewinnspielen sind Themen, die wir in Kapitel 10 eingehend erläutern werden.

Natürlich wissen wir auch, dass Gewinnspiele im Zeitalter sozialer Netzwerke besonders gern auf den Unternehmensseiten veröffentlicht werden (siehe Abbildung 2.8). Doch dies ist nicht immer im Sinne der sozialen Plattformen. Aus diesem Grund erläutern wir Ihnen am Beispiel von Facebook und Instagram, welche Besonderheiten Sie zu beachten haben – hier werfen wir gemeinsam einen Blick in die Nutzungsbedingungen der Plattformen.

Dass Gewinnspiele von werbetreibenden Unternehmen nicht nur veranstaltet werden, um den potenziellen Kunden positiv zu stimmen, sondern dass in einer Vielzahl von Fällen das eigentliche Interesse an den Daten der Gewinnspielteilnehmer zu Zwecken des Direktmarketings besteht, ist ebenso verständlich wie legitim – doch es ist nur unter bestimmten Bedingungen zulässig. Unter welchen Voraussetzungen Sie in welchen Konstellationen Daten von Gewinnspielteilnehmern verwenden können, werden wir Ihnen ebenfalls erläutern, um das Risiko rechtlicher Konsequenzen wie Abmahnungen und Klagen zu minimieren.

Abbildung 2.8 Das Unternehmen »Smartvie« veranstaltet auf seinem Facebook-Profil ein Gewinnspiel.

2.6   Werbeflächen im Internet und Affiliate-Marketing

Neben den etwas spezielleren Werbeformen dürfen die herkömmlichen Marketing-möglichkeiten des Internets nicht außer Acht gelassen werden. Noch immer gehört die Bannerwerbung als Werbefläche im Internet zu den meistgenutzten Arten des Online-Marketings, und das wird sich auch in Zukunft nicht so schnell ändern. Hier-zu finden Sie in Kapitel 11, »Werbeflächen im Internet«, ausführliche Informationen.

Allerdings fühlen sich Internetnutzer beim Surfen oft von den Werbebannern ge-stört. Besonders blinkende oder sich bewegende Banner können aufdringlich, nervig und ablenkend sein. Daher erfreuen sich sogenannte *Adblocker* großer Beliebtheit. Diese Browsererweiterungen blockieren jede Art von Werbung und machen Ihre In-vestitionen somit zunichte.

Noch ärgerlicher ist es für Sie, wenn Adblocker Werbung bestimmter Unternehmen gegen eine Geldzahlung zulassen. Derartige Praktiken könnten unter Umständen Ihre wirtschaftliche Position schädigen. Wir werden uns die rechtlichen Hintergrün-de der Adblocker genauer ansehen und Ihnen einige hilfreiche Tipps zum Thema geben.

Natürlich bietet das Internet noch mehr Werbeflächen als Bannerwerbung. Hier kön-nen Sie sämtliche optischen und akustischen Möglichkeiten nutzen, um ansprechen-de Werbung zu gestalten, wobei Sie doch ein wenig Kreativität mitbringen müssen, um sich von der Konkurrenz abzuheben (siehe Abbildung 2.9).

Abbildung 2.9 Auf der Website der »FAZ« nutzt das Logistikunternehmen »FedEx« die freien Flächen nicht nur für Bannerwerbung, sondern auch für Videowerbung.

Werbung im Internet unterliegt, wie auch die Werbung in der analogen Welt, mehre-ren gesetzlichen Regelungen. Im Internet kommen noch weitere rechtliche Bestim-mungen hinzu, vornehmlich im Bereich des Datenschutzrechts. Denn Werbebanner bieten auch eine hervorragende Möglichkeit, um Daten der Nutzer zu erheben oder Cookies auf deren Festplatte zu hinterlegen.

Mit fortschrittlichen Mitteln lassen sich die Nutzeraktivitäten nachverfolgen und passende Werbeanzeigen zielsicher platzieren. Rechtlich sind viele dieser Bereiche noch unklar, was zur Vorsicht mahnen sollte. Wir werden diesem Thema natürlich trotzdem ein wenig Aufmerksamkeit schenken, damit Sie das zugrunde liegende Prinzip verstehen und die Verfahren in einem rechtlich zulässigen Rahmen anwenden.

Werbung rechtssicher schalten zu können wird Ihnen aber so lange nichts nutzen, wie Sie nicht wissen, wie Werbebanner und -videos im Netz verteilt werden können. Zum einen werden wir uns Dienste wie Google Ads ansehen und eine rechtskonforme Nutzung beschreiben. Zum anderen werden wir nicht umhinkommen, auch einen Blick auf das Affiliate-Marketing zu werfen. Dieses Marketinginstrument hilft Ihnen als Werbendem, jemanden zu finden, der bereit ist, Ihre Werbung auf seiner Website zu platzieren. Um diese Kooperationen zu erleichtern, bieten verschiedene Online-Plattformen Vermittlungsdienste an. In Affiliate-Netzwerken finden Sie einfach und schnell passende Werbeträger für Ihre Zielgruppe (siehe Abbildung 2.10). Der Affiliate schaltet dann Ihre Werbung, und Sie zahlen ihm für Klicks oder erfolgreiche Vermittlungen eine Provision – eine Win-win-Situation.

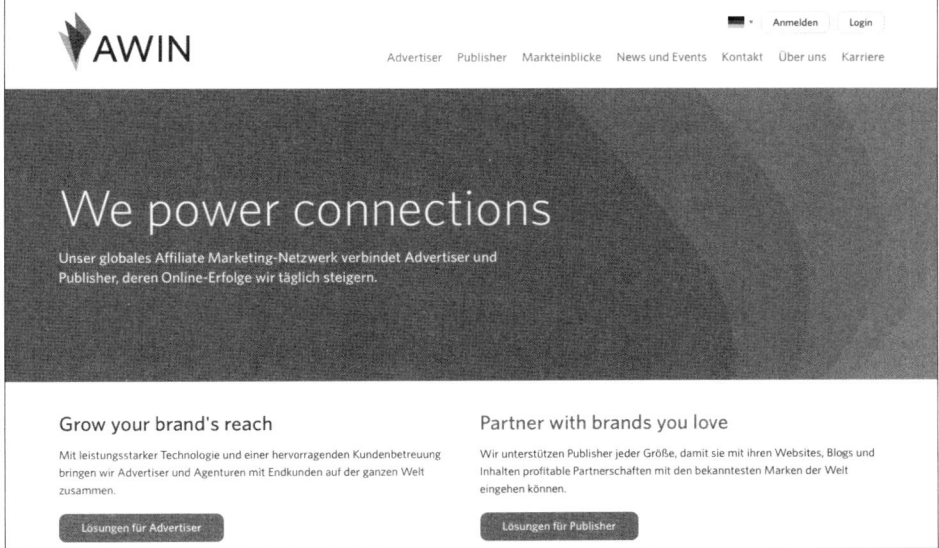

Abbildung 2.10 »Awin«, eines der größten deutschen Affiliate-Netzwerke, bringt Sie mit potenziellen Werbeträgern zusammen und ermöglicht eine umfangreiche Analyse Ihrer Marketingkampagnen.

In Kapitel 12, »Affiliate-Marketing«, legen wir einen besonderen Schwerpunkt auf die korrekte Vertragsgestaltung zwischen Ihnen und dem Affiliate bzw. dem Affiliate-Netzwerk. Ein ausführlicher Vertrag ist ein wichtiger Bestandteil des Affiliate-Marketings, denn dieses Instrument hat auch einige negative Aspekte. So gibt es Missbrauchsmöglichkeiten, um die Provision künstlich in die Höhe zu treiben. Derartige Manipulationen sind leider keine Seltenheit, weshalb technisches und rechtliches Hintergrundwissen für Sie gleichermaßen von Bedeutung sind.

Gleichwohl bietet Affiliate-Marketing eine gute Chance, um Werbeflächen im Internet optimal zu nutzen und Werbung nicht nur breit, sondern auch gezielt zu schalten.

2.7   Video-Marketing

Neben Bannerwerbung gehören Werbevideos zu den am häufigsten genutzten Werbeformen. Zwar ist die Produktion deutlich aufwendiger als bei Bannern, allerdings dürfen Sie bei Video-Marketing auch nicht sofort an Fernsehwerbung denken. Werbeflächen gibt es im Internet genug, sodass die Kosten für die Platzierung von Werbevideos erschwinglich sind.

Aus rechtlicher Sicht werden wir uns außer mit den Aspekten bei Live-Videos primär mit der Produktion von Werbevideos beschäftigen. Hier stellen sich viele Fragen hinsichtlich der Urheberrechte der einzelnen Bestandteile sowie der Persönlichkeitsrechte der Darsteller. Je mehr Personen an der Produktion beteiligt sind, desto mehr Nutzungsrechte und Einwilligungen müssen Sie einholen, um später Rechtsstreitigkeiten zu vermeiden. Dabei helfen Ihnen vor allem fundierte Vorkenntnisse und ein abstraktes Grundverständnis der Materie.

Auch der Inhalt eines Videos kann rechtliche Relevanz haben. Jugendgefährdende Inhalte sollten nicht für frei zugängliche Seiten produziert werden, und die meisten Werbepartner haben strenge Anforderungen diesbezüglich. Es wäre ärgerlich, wenn Sie ein teures Video produzierten, es aber nicht platzieren könnten. Darauf sollten Sie also noch vor der Produktion achten.

Ist das Video im Kasten, werden Sie mit weiteren rechtlichen Fragestellungen konfrontiert: Wo darf die Werbung geschaltet werden und welche Regeln müssen dabei beachtet werden? Viele Videoplattformen wie *YouTube* und *Twitch* schalten Werbevideos vor die eigentlichen Videos, um ihre Dienste zu finanzieren (siehe Abbildung 2.11). Hier haben Sie meist großen Einfluss auf die gewünschte Zielgruppe, müssen sich aber auch den jeweiligen Richtlinien unterwerfen.

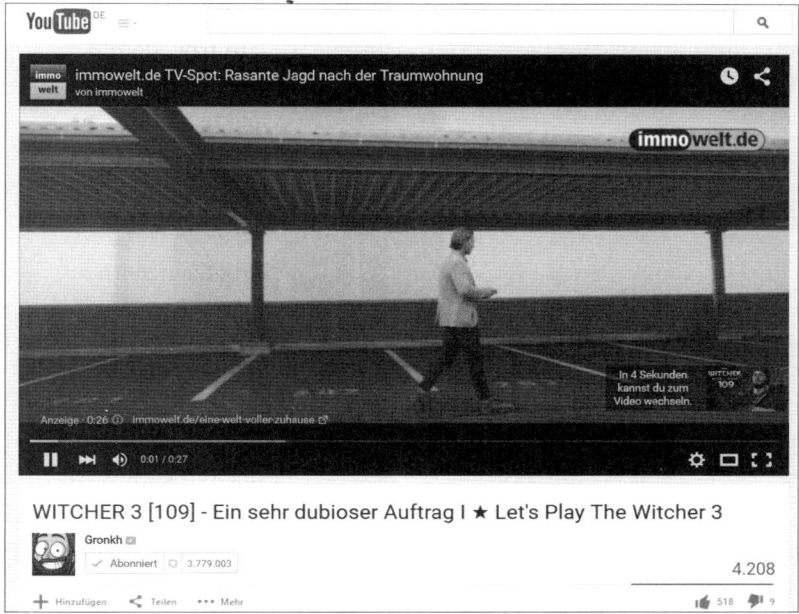

Abbildung 2.11 Werbevideos können auf »YouTube« vor dem
eigentlichen Video geschaltet werden.

2.8   Webanalyse

Weder Ihre Website noch Ihren Onlineshop können Sie mit Erfolg führen, wenn Sie
keinen Überblick darüber haben, wer Ihre Website besucht und warum. Viele Informationen, für die früher Umfragen und Studien erforderlich waren, können heute
automatisch über die Website ermittelt werden.

Gerade im Marketing ist es besonders wichtig, dass Sie Ihre Zielgruppe kennen und
wissen, welche Ihrer Angebote in welchem Maße angenommen werden. Stellen wir
uns vor, Sie betreiben ein Blog, in dem Sie täglich kurze Kommentare zur deutschen
Politik veröffentlichen. Jetzt spielen Sie mit dem Gedanken, in größeren Abständen
auch längere, aufwendig recherchierte Reportagen zu veröffentlichen. Das würde
sich für Sie natürlich nur lohnen, wenn diese Reportagen von Ihren Lesern auch entsprechend angenommen werden.

Mit der richtigen Webanalysesoftware könnten Sie nun die Klickzahlen sowie Kommentare, Bewertungen und Shares sammeln und zur Messung der Popularität einer
ersten Reportage verwenden (siehe Abbildung 2.12). Anhand dessen finden Sie heraus, ob sich eine Fortführung dieses Formats lohnen würde oder nicht. Darüber hinaus könnte der Einsatz der Webanalysesoftware offenbaren, dass Sie sehr viele Leser

aus Österreich auf Ihrem Blog haben. Dieses Ergebnis wiederum könnte dafür sprechen, das Thema Ihres Blogs auch auf die österreichische Politik auszuweiten.

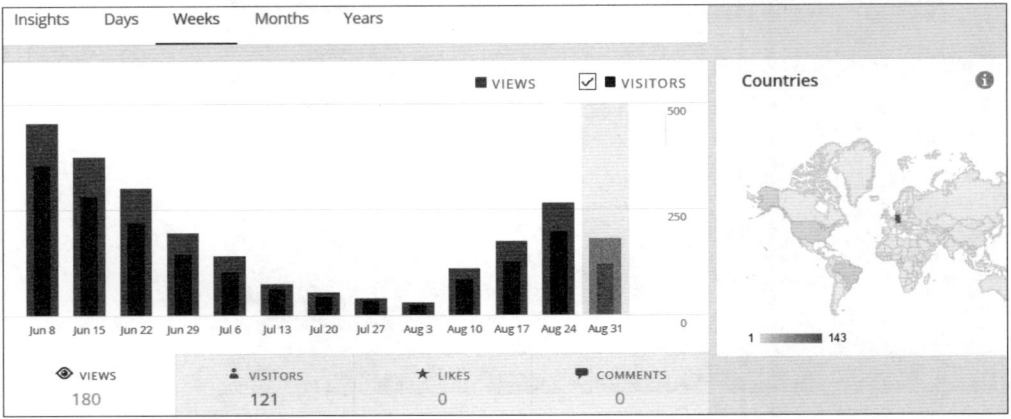

Abbildung 2.12 Webanalysesoftware zeigt nicht nur die Klickzahlen an, sondern informiert Sie auch über die Herkunft der Besucher.

Die Webanalyse ist also ein wichtiges Instrument, um die Ausrichtung Ihrer Projekte und die zielsichere Schaltung von Werbung zu verbessern. Allerdings müssen all diese Informationen auch irgendwo herkommen. Die Webanalysesoftware erhebt Daten Ihrer Website-Besucher beim Aufruf und während des Verweilens auf Ihrer Site. Wie Sie sich sicherlich vorstellen können, ist das aus datenschutzrechtlicher Sicht nicht unbedenklich. Je nachdem, wie ausgereift das von Ihnen genutzte Analysetool ist, lassen sich damit auch die Verweildauer eines konkreten Nutzers auf einem konkreten Artikel und die in der Zeit getätigten Mausbewegungen nachverfolgen. Wenn dieser Nutzer nun zusätzlich auf Ihrem Blog mit seiner E-Mail-Adresse registriert ist und den Like-Button anklickt, um Ihren Artikel auf seinem Facebook-Profil zu posten, dann erhalten Sie schlussendlich einen umfangreichen Datensatz, mit dem Sie möglicherweise die Nutzer identifizieren können.

Der Webanalyse müssen also auch Grenzen gesetzt werden. Welche das sind und wie eine rechtskonforme Nutzung von Analysesoftware auszusehen hat, werden wir uns in Kapitel 13, »Webanalyse«, sehr genau ansehen. Dazu werfen wir auch einen Blick auf bekannte Tools wie *Google Analytics* und dessen vertraglichen Hintergründe (siehe Abbildung 2.13).

Schließlich beschäftigen wir uns mit dem wichtigen Thema der Datenspeicherung. Vor allem für größere Unternehmen mit internen Netzwerken und zugriffsberechtigten Mitarbeitern spielt der datenschutzrechtskonforme Umgang mit fremden Daten eine große Rolle.

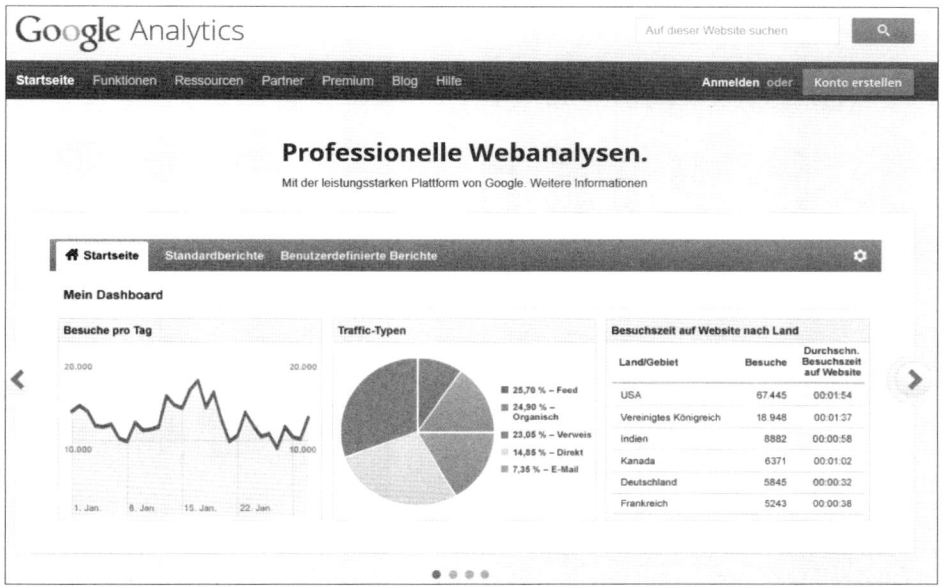

Abbildung 2.13 »Google Analytics« ist das populärste Webanalysesystem. Die rechtlichen Voraussetzungen für seinen Einsatz haben sich in den letzten Jahren teilweise stark verändert.

2.9   Suchmaschinenmarketing: SEO und SEA

Das Kernstück des Internets stellen Suchmaschinen dar. Ohne Suchmaschinen wie Google oder Yahoo ist es unmöglich, den Überblick über die zahllosen Webseiten zu behalten. Stellen Sie sich vor, Sie müssten ohne Hilfsmittel ein bestimmtes Wort in einem bestimmten Buch in einer großen Bibliothek suchen. Diese Aufgabe wäre nicht nur ermüdend, sie wäre auch unattraktiv. Es sind Suchmaschinen, die das Surfen im Internet unkompliziert und attraktiv gestalten.

Diese Tatsache müssen Sie sich bewusst machen: Internetnutzer wollen nicht lange suchen, sondern auf ihre Fragen umgehend die passenden Antworten erhalten. Niemand wird sich die Mühe machen, Dutzende Google-Suchergebnisse zu durchforsten, wenn er die Antwort bereits auf der ersten Seite findet (siehe Abbildung 2.14). Das heißt wiederum, dass Ihr Ziel eine Platzierung auf der ersten Seite sein muss, um im Bereich der relevanten Suchergebnisse zu landen. Bei den Unmengen an Webseiten ist das nicht leicht. Allerdings hat sich unter der Bezeichnung *Search Engine Optimization* (SEO), also *Suchmaschinenoptimierung*, eine ganze Branche entwickelt, die das Ranking von Webseiten in den Suchergebnissen von Google und Co. gezielt verbessert.

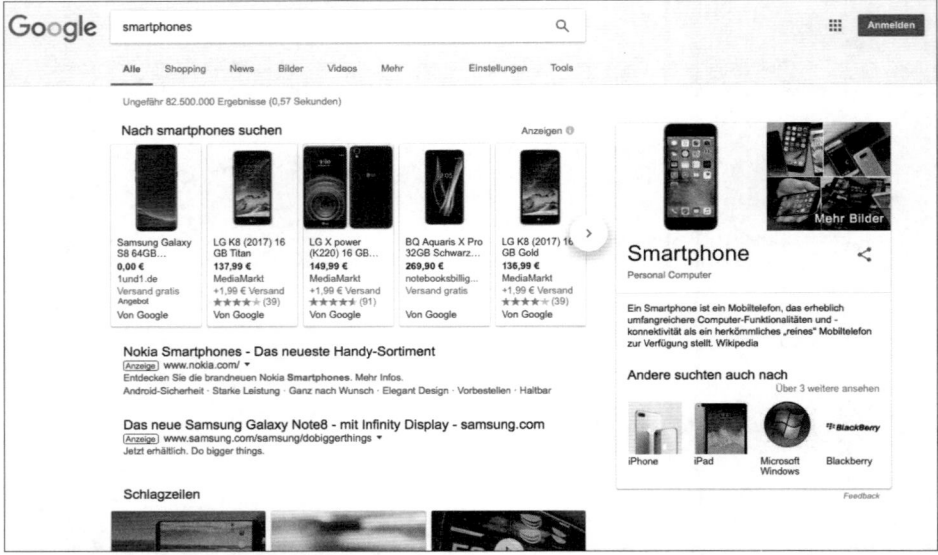

Abbildung 2.14 Top-Suchergebnisse zu dem Begriff »smartphones«

Wenn Sie selbst kein SEO-Experte sind, sollten Sie über professionelle Hilfe in diesem Bereich nachdenken. Eine gute Suchmaschinenoptimierung verbessert das Ranking meist erheblich, führt damit zu erhöhten Aufrufzahlen Ihrer Website und steuert somit einen nicht unbedeutenden Beitrag zur Gewinn- bzw. Reichweitenmaximierung bei.

Wir leiten Kapitel 15, »Suchmaschinenoptimierung (SEO)«, mit einem Abschnitt über die Gestaltung eines SEO-Vertrags ein. Von ihm hängt im Wesentlichen das Gelingen der SEO ab. SEO-Agenturen können im Regelfall keine feste Top-Platzierung garantieren – dafür sind die Voraussetzungen im Internet zu unsicher. Sie sollten sich aber auch nicht auf ein bloßes Bemühen verlassen, sondern tatsächliche Ergebnisse verlangen. Hintergrundwissen zur Vertragsgestaltung ist somit zwingend erforderlich.

Darüber hinaus stellen sich auch bei der SEO einige rechtliche Fragen, über die Sie sich im Klaren sein sollten. Nicht technisch gesprochen funktionieren große Teile der SEO mit Schlüsselwörtern, die Suchmaschinen auf die Webseite aufmerksam machen sollen. Fragliche Praktiken stellen zum Beispiel die Verwendung von Marken und Kennzeichen der Konkurrenz dar. Wann immer Sie versuchen, von der Popularität eines Konkurrenten zu profitieren, müssen Sie damit rechnen, dass er versucht, sich rechtlich zu wehren.

Daneben gibt es noch einige Möglichkeiten, das Ranking des Konkurrenten zu manipulieren. So gibt es Methoden, die die Kommentar- oder Gästebuchfunktion zur Platzierung von Links nutzen, die sich negativ auf das Ranking der betroffenen Seite auswirken. Mit dem nötigen technischen Know-how bieten sich viele Optionen zum Missbrauch. Wir wollen Sie aber keineswegs dazu verleiten, eine dieser Optionen zu ergreifen, sondern Ihnen vielmehr dabei helfen, Missbrauch zu erkennen und sich rechtlich dagegen zu wehren.

Bevor wir fortfahren, wollen wir noch auf eine weitere Möglichkeit der Nutzung von Suchmaschinen hinweisen: *Search Engine Advertising* (SEA), auf Deutsch *Suchmaschinenwerbung*, beschreibt die gezielte Schaltung von Anzeigen in Suchmaschinen. Denn auch wenn Internetnutzer nicht gerade nach Ihrer Website suchen, könnten Sie sie vielleicht für eines Ihrer Produkte interessieren. Dienste wie *Google Ads* platzieren Werbung, die zu der jeweils getätigten Google-Suche passt (siehe Abbildung 2.15).

Wiederum spielen Schlüsselwörter eine entscheidende Rolle bei der Platzierung der Werbeanzeigen, womit erneut die Tür zum Missbrauch offen steht. Da insbesondere Google Ads ein wichtiges Marketinginstrument darstellt, empfehlen wir Ihnen, sich mit Kapitel 14, »Suchmaschinenwerbung (SEA)«, auseinanderzusetzen.

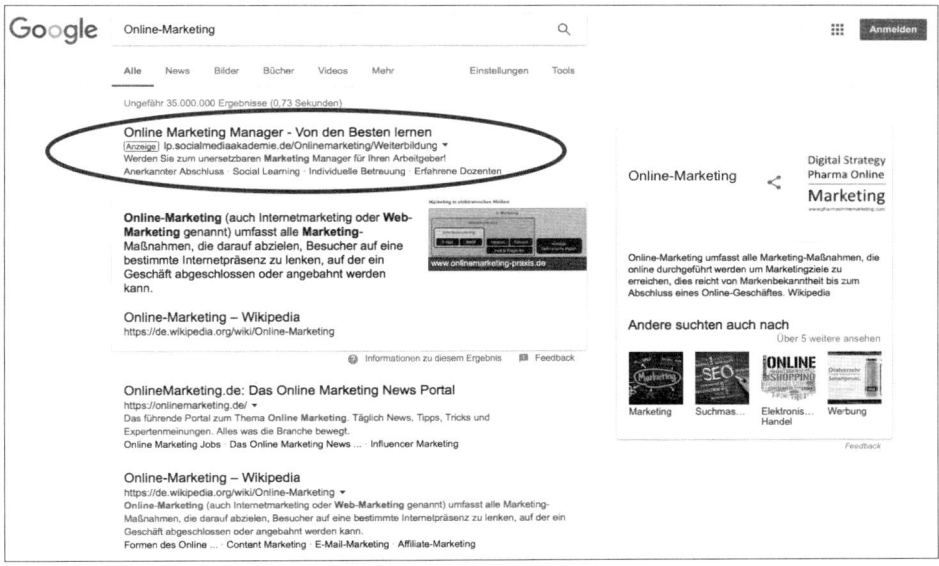

Abbildung 2.15 Anzeigen in den Google-Suchergebnissen zum Begriff »Online-Marketing«

2.10   Website und Onlineshop

Die eigene Website ist unverzichtbar. Sie bildet das Herzstück einer jeden Marketingkampagne. Jede Anzeige und jeder Werbelink führt zu Ihrer Website zurück. Hier sollten Sie sich also keine Fehler erlauben!

Jedoch stellt die Website mit ihren vielfältigen Nutzungsmöglichkeiten eine Art Magnet für rechtliche Probleme dar. Zahlreiche Abmahnungen betreffen Websites, was auch verdeutlicht, dass vielen Betreibern die rechtlichen Voraussetzungen einer Website überhaupt nicht bewusst sind.

Ihre Website spiegelt das wider, wofür Sie mit Ihrem Namen oder Ihrem Unternehmen stehen – über die Website verbreiten Sie Ihre Erfahrungen, Meinungen, Werbungen und mitunter auch Produkte (siehe Abbildung 2.16). Wenn Sie also fremde Bilder, Videos oder Texte ohne Urheberkennzeichnung auf Ihrer Website präsentieren, riskieren Sie nicht nur Ihre Vertrauenswürdigkeit, sondern begeben sich auch auf rechtlich sehr dünnes Eis. Je größer und bekannter Ihre Website ist, desto eher werden Dritte auf rechtliche Verfehlungen aufmerksam und die Abmahngefahr steigt.

Abbildung 2.16 Bilder, Videos und Texte: Die Kanzlei »Wilde Beuger Solmecke« platziert auf ihrer Website viele urheberrechtlich geschützte Inhalte.

Seriöse Website-Betreiber vermeiden rechtliche Probleme selbstverständlich komplett. Damit sind nicht nur Urheberrechtsverletzungen gemeint, sondern auch Datenschutzrechtsverletzungen. Sobald Sie die Daten Ihrer Website-Besucher erheben, und sei es nur aus Analysegründen, tragen Sie eine datenschutzrechtliche Verantwortung. Das beginnt bereits damit, nur die tatsächlich erforderlichen Daten zu erheben. Alle anderen Daten, so interessant sie aus Marketinggesichtspunkten sein mögen, sind für Sie tabu.

Wie das in der Praxis genau aussieht, erklären wir in den entsprechenden Kapiteln. Transparenz ist hier ein bedeutendes Stichwort, weshalb wir Sie in diesem Zusammenhang auch über die zwingend erforderliche Datenschutzerklärung aufklären werden. Hier haben sich nach Wirksamwerden der Datenschutz-Grundverordnung zahlreiche Änderungen ergeben, die die komplette Überarbeitung bestehender Datenschutzerklärungen erforderlich machen.

Ein weiterer typischer Abmahngrund ist das Impressum. Fehlerhafte und nicht vorhandene Impressen schaffen es regelmäßig zum Rechtsanwalt. Während nicht existente Impressen heutzutage grob fahrlässig sind, ist ein fehlerhaftes Impressum zumindest teilweise verständlich: Für Laien ist es schwer, die rechtlichen Grundlagen ohne Hilfe umzusetzen. Oft ist unklar, welche Angaben von einem Blogger und von einem geschäftsmäßig handelnden Unternehmer erwartet werden. Aber dafür widmen wir uns der Impressumspflicht in diesem Buch gleich an mehreren Stellen.

Außer mit der Website in Kapitel 17 werden wir uns in Kapitel 16 mit dem Onlineshop befassen. Der Vertrieb von Waren über das Internet steigt aufgrund der offensichtlichen Vorzüge deutlich. Zudem ist der eigene Webshop längst nicht mehr großen Unternehmen vorbehalten. Auch für Blogger und andere Internetpersönlichkeiten bietet es sich ab einer gewissen Reichweite an, Merchandise-Artikel zu verkaufen (siehe Abbildung 2.17). Fundierte Kenntnisse im Online-Handel helfen folglich nicht nur reinen Geschäftsleuten.

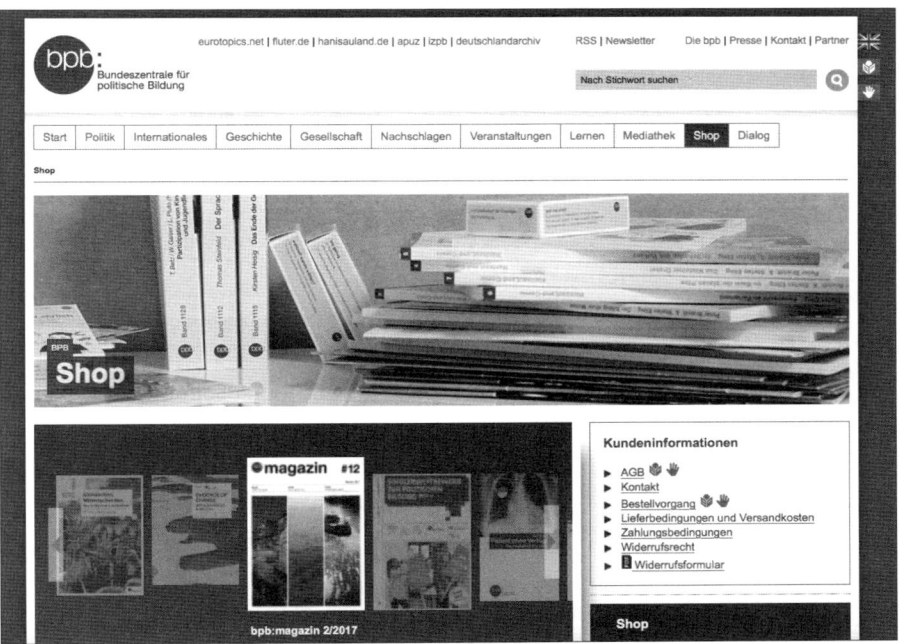

Abbildung 2.17 Die »Bundeszentrale für politische Bildung« informiert primär über politische Themen, betreibt aber auch einen eigenen Onlineshop.

In diesem Kapitel gehen wir auf einige Besonderheiten ein, die der Natur des Internets geschuldet sind. So ist es beim Einkauf im Internet nicht möglich, die Ware vorher eingehend zu begutachten. Allerdings soll sich auch niemand durch ein Foto des Produkts an einen Kaufvertrag binden lassen. Daher steht Verbrauchern ein Widerrufsrecht zu, mit dem sie den Vertrag rückgängig machen können.

Auf Sie als Betreiber des Onlineshops kommen dadurch einige gesetzliche Regelungen zu, deren Nichtbeachtung zu Abmahnungen und auch zu Schadensersatzansprüchen führen kann. In unseren Ausführungen zu den rechtlichen Hintergründen des Onlineshops werden wir selbstverständlich die 2014 in Kraft getretene Verbraucherrechtsreform ebenso berücksichtigen wie neue europäische Informationspflichten, die seit 2016 und 2017 gelten. Damit dürfte das Kapitel auch für erfahrenere Unternehmer von großem Interesse sein. Am Ende des Buches finden Sie in Kapitel 19 zudem hilfreiche Mustertexte für Website und Onlineshop, die auch die erhöhten Anforderungen der Datenschutz-Grundverordnung berücksichtigen.

Kapitel 3
E-Mail- und Newsletter-Marketing

E-Mail- und Newsletter-Marketing sind für Unternehmen eine einfache und kostengünstige Form der Werbung und daher besonders beliebt. Doch beim Empfänger stößt der Erhalt solcher E-Mails nicht immer auf Freude – insbesondere dann nicht, wenn sie gar nicht gewünscht wurden. Darauf hat der Gesetzgeber reagiert und zahlreiche rechtliche Anforderungen an Form, Inhalt und Ausgestaltung dieses Marketinginstruments festgelegt – jüngst auch in der Datenschutz-Grundverordnung. Damit diese Normierungen nicht zum Stolperstein werden und ein erfolgreiches Marketing behindern, soll dieses Kapitel Ihnen eine Orientierungshilfe im Hinblick auf die wesentlichen Aspekte des E-Mail- und Newsletter-Marketings geben.

Sicher sind auch Sie schon häufig mit Werbe-E-Mails in den verschiedensten Formen konfrontiert worden. Solche auf E-Mails basierenden Werbekampagnen sind ein weitverbreitetes Marketingwerkzeug. Während sich die Empfänger unverlangter E-Mails oft enorm belästigt fühlen, herrscht im Hinblick auf erwünschte Werbe-E-Mails in Form von Newslettern beispielsweise eine hohe Akzeptanz.

Der Grund für die Beliebtheit von Newslettern besteht einer Untersuchung des Statistikportals *Statista* zufolge darin, dass eine Vielzahl der Nutzer über Neuigkeiten und Rabattaktionen auf dem Laufenden gehalten werden möchte oder auch an einer Gegenleistung für den Eintrag in den Newsletter interessiert ist (*http://wbs.is/rom111*). Doch die Eintragung in den Newsletter reicht Werbetreibenden natürlich nicht – viel entscheidender ist, wie viele Nutzer die von Ihnen versandte E-Mail auch tatsächlich lesen. Dem *Inxmail*-E-Mail-Marketing-Benchmark 2017 zufolge setzte sich der positive Trend zu einer höheren allgemeinen Öffnungsrate 2016 fort und liegt bei 31,2 %, also 0,6 % höher als im Vorjahr (*http://wbs.is/rom112*).

E-Mail- und Newsletter-Marketing hat im Rahmen der Marketinginstrumente einen besonderen Stellenwert, da es sich dabei um eine direkte, einfache und kostengünstige Werbestrategie handelt. Doch wichtig für Sie ist an dieser Stelle zu wissen, dass Marketing-E-Mails nur dann erfolgversprechend sind, wenn sie auch rechtskonform eingesetzt werden. Denn andernfalls können teure Abmahnungen und Klagen die Folge sein und Ihren Marketingerfolg zumindest finanziell zunichtemachen. Um dieses Risiko zu vermeiden, möchten wir Ihnen in diesem Kapitel die Grundzüge der rechtlichen Anforderungen an das E-Mail-Marketing näher erläutern.

3.1   Welche Art von E-Mail hat rechtliche Relevanz?

Mit E-Mails erreichen Sie kostenlos und schnell eine Vielzahl an Personen. Viele Empfänger fühlen sich von den E-Mails jedoch schnell belästigt. Aus diesem Grund unterliegt die Versendung von E-Mails speziellen gesetzlichen Beschränkungen. Aber nicht jede E-Mail, die zwischen Unternehmern und Kunden ausgetauscht wird, hat rechtliche Relevanz: Entscheidend ist der Marketingcharakter der E-Mail.

Der Werbeaspekt wird dabei sehr weit gefasst und immer dann angenommen, wenn eine gewerbliche Äußerung darauf abzielt, den Absatz von Waren oder die Erbringung von Dienstleistungen, einschließlich unbeweglicher Sachen, Rechte und Verpflichtungen, zu fördern. Kurz gesagt: Wollen Sie mit einer E-Mail beispielsweise Kunden zum Kauf animieren, so können Sie auch vom Werbecharakter einer solchen E-Mail ausgehen.

Auch wenn Sie Ihren Kunden einen Newsletter zusenden möchten, ist hierin eine Marketingmaßnahme zu sehen. Solche Rundbriefe werden nämlich in der Regel ganz gezielt dazu genutzt, die Empfänger regelmäßig über Neuigkeiten des Unternehmens zu informieren oder mit Informationen zu versorgen, die in Verbindung mit den angebotenen Produkten oder Dienstleistungen stehen. Versendet ein Versandhändler für Babyprodukte beispielsweise in seinem Newsletter Tipps und Tricks zur Kinderpflege, so zielt auch dies letztlich darauf ab, seine Produkte zu verkaufen, und stellt damit eine Werbemaßnahme dar.

Achtung: Sehr weiter Werbebegriff!

Unter den Begriff »E-Mails mit Werbecharakter« fallen nicht nur E-Mails, die konkret ein Produkt oder eine Dienstleistung bewerben, sondern auch solche Nachrichten, die nicht direkt mit speziellen Angeboten in Verbindung stehen. Dazu gehören zum Beispiel Nachrichten, in denen der Werbende seinem Kunden zum Geburtstag gratuliert, ihm »Frohe Weihnachten« wünscht (siehe Abbildung 3.1) oder um die Teilnahme an einer Studie zu Marktforschungszwecken bittet.

Abbildung 3.1 Wenn Sie Weihnachtsgrüße versenden und dabei gleich-zeitig auf Ihre Angebote hinweisen, so ist dies Werbung!

Vorsicht: Beurteilung im Einzelfall erforderlich!

Da Sie hinsichtlich der inhaltlichen Ausgestaltung von E-Mails eine Vielzahl an Mög-lichkeiten haben, sind die Grenzen hin zur Werbe-E-Mail fließend. Da folglich die Qualität der E-Mail in jedem Einzelfall separat beurteilt werden muss, gibt es auch keine klare Rechtsprechung, anhand derer beurteilt werden kann, welche Nachricht eine E-Mail-Werbung darstellt und daher den rechtlichen Anforderungen gerecht werden muss und welche nicht. Aus diesem Grund ist es ratsam, grundsätzlich im Zweifelsfall von einem Marketingcharakter der Nachricht auszugehen, um nicht in Haftungsfallen zu tappen.

Interessant ist in diesem Zusammenhang auch, dass es anders als in vielen anderen Bereichen für die Beurteilung des Werbecharakters nicht maßgeblich ist, wer der Empfänger ist. Sie müssen hier, anders als zum Beispiel beim Online-Versand, keine besonderen Verbraucherschutzbestimmungen beachten. Denn bei der Versendung von Werbe-E-Mails an Unternehmer gelten keine anderen Regeln als bei der Versen-dung an Verbraucher.

Tipp: Selbstkontrolle

Ein erster Anhaltspunkt, um herauszufinden, ob die E-Mail Werbecharakter hat oder nicht, ist die Selbstkontrolle. Fragen Sie sich selbst: »Will ich mit dieser E-Mail den Empfänger dazu bewegen, meine Produkte oder Dienstleistungen zu bestellen, oder nicht?« Wenn Sie diese Frage mit »Ja« beantworten, ist mit hoher Wahrscheinlich-keit von einem Werbecharakter auszugehen.

3.2   Welche Rechtsbereiche können durch unerwünschte E-Mails tangiert werden?

Bekommt eine Person oder ein Unternehmen unerwünscht Werbung zugesandt, so kann dies diverse Rechtsbereiche tangieren. Wo hier die zentralen Probleme liegen, möchten wir Ihnen im Folgenden anhand eines Überblicks darstellen.

3.2.1   Eingriff in das Persönlichkeitsrecht bzw. den Gewerbebetrieb

Erhält eine Privatperson Werbung, in die sie nicht eingewilligt hat, so stellt dies einen Eingriff in das gemäß Art. 2 Abs. 1 in Verbindung mit Art. 1 Abs. 1 GG verfassungs-rechtlich garantierte allgemeine Persönlichkeitsrecht dar, das dem Schutz vor sämt-lichen Eingriffen in die persönliche Lebenssphäre einer Person dienen soll.

Werden E-Mails an Gewerbetreibende verschickt, so kann dies als ein Eingriff in den eingerichteten und ausgeübten Gewerbebetrieb qualifiziert werden. Diese Eingriffe haben zur Folge, dass der Empfänger der unerwünschten E-Mail gegen den Absender einen Unterlassungs- und Schadensersatzanspruch geltend machen kann.

3.2.2   Werbe-E-Mails als unzumutbare Belästigung

Verschickt ein Unternehmer virtuelle Post ohne die Einwilligung des Empfängers, hat dies auch wettbewerbsrechtliche Relevanz. Denn § 7 UWG (Gesetz gegen den un-lauteren Wettbewerb) bestimmt, dass Handlungen unzulässig sind, die den Kunden in unzumutbarer Weise belästigen. Eine solche »unzumutbare Belästigung« besteht darin, dass der Adressat der E-Mail gezwungen wird, sich mit jeder erhaltenen E-Mail zu befassen und diese im unerwünschten Fall zu löschen.

Beachten Sie daher, dass der Versand einer E-Mail zu Werbezwecken grundsätzlich immer dann unzulässig ist, wenn dieser ohne die vorherige ausdrückliche Einwilli-gung des Empfängers erfolgt ist und kein gesetzlich vorgesehener Ausnahmefall vor-liegt, dem zufolge eine Einwilligung nicht erforderlich ist.

> **Hinweis**
>
> Seit dem 25. Mai 2018 sind zwingend die Regelungen der Datenschutz-Grundverord-nung anzuwenden. Diese haben jedoch keinen Einfluss auf das Recht gegen den un-lauteren Wettbewerb und die daraus stammenden Regelungen zur unzumutbaren Belästigung, die weiterhin Anwendung finden. Dies bedeutet für Sie konkret, dass Sie bei der Frage der Rechtskonformität sowohl das Datenschutzrecht als auch das Wettbewerbsrecht beachten müssen. Dessen Relevanz zeigt sich beispielsweise da-rin, dass das Erfordernis einer Einwilligung nach dem Datenschutzrecht unter Um-ständen nicht gesetzlich vorgesehen ist, nach dem Wettbewerbsrecht aber durchaus schon und von Ihnen dann auch zwingend umgesetzt werden muss. So kann zum

Beispiel das Direktmarketing zwar nach den Regeln der Datenschutz-Grundverordnung als ein Fall eines berechtigten Interesses des Urhebers erlaubt sein, ist schlussendlich aber dennoch verboten, wenn diese Form des Marketings eine nach dem Wettbewerbsrecht unzumutbare Belästigung darstellt. Sobald also ein Gesetz die Maßnahme verbietet, müssen Sie sich daran halten und können sich nicht darauf berufen, dass ein anderes Gesetz diese Form der Werbung erlaubt.

3.2.3   Datenschutzrecht

Neben dem Zivilrecht und dem Wettbewerbsrecht spielt auch das Datenschutzrecht für ein rechtskonformes E-Mail-Marketing eine besondere Rolle. Die Datenschutz-Grundverordnung regelt ebenso wie zuvor auch schon das Bundesdatenschutzgesetz, dass die Erhebung, Verarbeitung und Nutzung personenbezogener Daten nur in gesetzlich geregelten Fällen überhaupt zulässig ist. Somit handelt es sich weiterhin grundsätzlich um ein Verbot mit Erlaubnisvorbehalt.

Achtung: Neue Datenschutz-Grundverordnung seit 2018!

Die Datenschutz-Grundverordnung der EU ist auch für das E-Mail-Marketing von besonderer Bedeutung, da hier wesentliche Änderungen vorgenommen wurden. Insbesondere gilt der zuvor wichtige § 28 Abs. 3 BDSG nicht mehr! Europaweit hat der Gesetzgeber neue Anforderungen an die Verarbeitung personenbezogener Daten geschaffen, die auch das E-Mail-Marketing nicht unberührt lassen. Weiterhin bleibt abzuwarten, welche Änderungen die geplante EU-e-Privacy-Verordnung im Bereich des E-Mail-Marketings mit sich bringen wird!

Als eine Vorschrift, die die Datenerhebung und -speicherung erlaubt, kommt Art. 6 DSGVO in Betracht, der eine Reihe von Erlaubnisfällen enthält. Diese lassen sich allgemein in zwei Kategorien unterteilen:

1. in die Einwilligung des Betroffenen
2. in die übrigen gesetzlichen Ausnahmevorschriften

Hinweis

Wenn wir also über die Zulässigkeit von Datenverarbeitungsvorgängen sprechen, dann denken wir immer in diesen beiden Kategorien. Das mag manchmal so klingen, als sei die Einwilligung kein gesetzlich geregelter Fall, dem ist jedoch nicht so. Die Unterteilung beruht nur auf dem Umstand, dass die eine Ausnahmeregelung eine Mitwirkung des Betroffenen in Form der Einwilligung erfordert, die andere hingegen gerade nicht. Wundern Sie sich daher bitte nicht, wenn immer die Rede von der *Einwilligung* und den *gesetzlichen Ausnahmevorschriften* ist – im Grunde sind beide Kategorien gesetzliche Ausnahmeregelungen.

Beginnen wir zunächst mit den Fällen, in denen eine Datenverarbeitung *ohne die Einwilligung des Betroffenen* entsprechend den Regelungen in Art. 6 Abs. 1 lit. b bis f DSGVO zulässig ist. Im nächsten Abschnitt setzen wir uns dann ausführlich mit der Einwilligung des Betroffenen in das Newsletter-Marketing auseinander.

Im unternehmerischen Alltag von besonderer Bedeutung ist der Tatbestand des Art. 6 Abs. 1 lit. b DSGVO, wonach eine Datenverarbeitung immer dann rechtmäßig ist, wenn sie zur Erfüllung eines Vertrages erfolgt, an dem der von der Datenerhebung Betroffene selbst beteiligt ist. Besteht zwischen Ihnen und dem Betroffenen also ein Vertragsverhältnis, dann benötigen Sie seine personenbezogenen Daten und dürfen diese auch speichern und verarbeiten, soweit dies zur Vertragserfüllung, also zur Begründung, Durchführung und Beendigung des Geschäfts, erforderlich ist. Davon nicht umfasst ist jedoch der Versand von Werbe-E-Mails. Denn diese dienen nur dem Abschluss künftiger Verträge und nicht der Abwicklung bestehender Vertragsverhältnisse. Diese Erlaubnisnorm kann daher für das Newsletter-Marketing nicht herangezogen werden.

Möglicherweise kommt für das E-Mail-Marketing jedoch eine andere Erlaubnisnorm in Betracht, von der sich Unternehmer weite unternehmerische Anwendungsbereiche erhoffen: die Erlaubnis zur Datenverarbeitung *zur Wahrung der berechtigten Interessen* gemäß Art. 6 Abs. 1 lit. f DSGVO. Gemäß dieses für das Online-Business besonders relevanten Tatbestandes ist die Verarbeitung von personenbezogenen Daten rechtmäßig, wenn die Verarbeitung zur Wahrung der berechtigten Interessen des Verantwortlichen oder eines Dritten erforderlich ist und die Interessen oder Grundrechte und Grundfreiheiten der betroffenen Person, die den Schutz personenbezogener Daten erfordern, nicht überwiegen. Art. 6 Abs. 1 lit. f DSGVO sieht damit eine Interessenabwägung vor.

Die Prüfung der Voraussetzungen dieses Ausnahmetatbestandes ist daher dreistufig strukturiert:

1. Es müssen berechtigte Interessen des Verantwortlichen oder eines Dritten zur Datenverarbeitung vorliegen.

2. Es muss sich um eine Verarbeitung handeln, die zur Wahrung dieser berechtigten Interessen erforderlich ist.

3. Falls jedoch Interessen oder Grundrechte und Grundfreiheiten des Betroffenen, die den Schutz personenbezogener Daten erfordern, höher einzustufen sind als das Interesse an der konkreten Datenverarbeitung, so ist die Datenverarbeitung nicht erlaubt.

Wie bereits unter dem vormals geltenden Bundesdatenschutzgesetz kann jedes von der Rechtsordnung anerkannte Interesse als »berechtigtes Interesse« herangezogen werden. Unter dem berechtigten Interesse ist damit jedes ideelle oder wirtschaftliche Interesse des Verantwortlichen oder eines Dritten zu verstehen.

Hinweis

Die Datenschutz-Grundverordnung gibt nicht vor, welche Interessen »berechtigt« sind. Anhaltspunkte für Bereiche, in denen gegebenenfalls von einem berechtigten Interesse ausgegangen werden kann, finden sich unter anderem in den Erwägungsgründen 47 bis 49 zur Datenschutz-Grundverordnung. Der Erwägungsgrund 47 macht beispielsweise folgende Angabe: »Die Verarbeitung personenbezogener Daten zum Zwecke der Direktwerbung kann als eine einem berechtigten Interesse dienende Verarbeitung betrachtet werden.«

Demnach ist Direktwerbung auch ohne Einwilligung des Empfängers zulässig, wenn Sie ein berechtigtes Interesse daran haben und es für den Empfänger absehbar ist, dass er Werbung per E-Mail erhalten wird. Die Absehbarkeit wird sich dabei maßgeblich an den Informationspflichten orientieren, denen Sie gemäß Art. 13 DSGVO nachkommen müssen. Werden Sie den gesetzlichen Anforderungen gerecht, dann wird der Empfänger über die danach erhaltene Werbung wenig überrascht sein. Dies ist im Rahmen der Interessenabwägung ebenso zu berücksichtigen wie die Frage, ob Sie den Inhaber der E-Mail-Adresse darüber informiert haben, dass er jederzeit der Verarbeitung seiner Daten widersprechen kann. Denn auch wenn Sie keine Einwilligung einholen müssen, darf die Datenverarbeitung nicht im Geheimen erfolgen!

Praxistipp: Einwilligung einholen!

Dennoch sollten Sie sich vorerst nicht auf die Interessenabwägung verlassen. Denn in welchen Fällen die Abwägung zu wessen Gunsten ausfällt, kann erst im Laufe der Zeit auf Basis solider Rechtsprechung sicher beurteilt werden. Angesichts der empfindlichen Geldbußen, die Ihnen drohen, wenn Sie irrtümlich von einem berechtigten Interesse ausgegangen sind, sollten Sie die sichere Variante wählen und weiterhin eine ausdrückliche Einwilligung des Nutzers einholen. Diese Variante ist jedoch nur dann sicher, wenn Sie dabei auch die erforderlichen Voraussetzungen einer rechtskonformen Einwilligung erfüllen und diese auch ordnungsgemäß dokumentieren. Andernfalls ist auch die Einwilligung keine wirksame Absicherungsmethode und es drohen Geldbußen in Höhe von bis zu 20.000.000 € oder 4 % des gesamten weltweit erzielten Jahresumsätze Ihres Unternehmens!

3.3 Wie erhält man eine rechtskonforme Einwilligung zur Versendung von Werbe-E-Mails?

Wir haben bereits angesprochen, dass Sie vor dem Versand von Werbe-E-Mails nach den Regeln des Wettbewerbsrechts eine Einwilligung des Empfängers einholen sollten. Dies gilt unabhängig davon, ob der Empfänger ebenfalls ein Unternehmer oder ein Verbraucher ist.

Dazu ist es für Sie wichtig zu wissen, wie genau die gesetzlichen Anforderungen an eine rechtskonforme Einwilligung aussehen. Denn der Gesetzgeber hat klare Vorstellungen davon, wie und auf welche Art und Weise die Einwilligung eingeholt werden darf, was sie umfassen muss und wie sie ausgestaltet sein muss.

Achtung: Keine Einwilligung um jeden Preis!

Wir empfehlen Ihnen dringend, sich hinsichtlich der Einholung der Einwilligung an die im folgenden Abschnitt erläuterten rechtlichen Anforderungen zu halten, da die auf anderen Wegen erhaltene Einwilligung einerseits wertlos ist und andererseits zu teuren Abmahnungen führen kann. Bei Unsicherheiten in der Umsetzung ist es daher unter Umständen ratsam, auf die rechtliche Unterstützung eines Rechtsanwalts zurückzugreifen, der sich auf dieses Gebiet spezialisiert hat.

3.3.1   Schriftliche Dokumentation ist das A und O

Zunächst einmal sollte der Absender beachten, dass er derjenige ist, der im Streitfall darlegen und beweisen muss, dass der Empfänger in den Erhalt von Werbe-E-Mails eingewilligt hat. Dies hat der Bundesgerichtshof bereits in seinem Urteil »E-Mail-Werbung I« entschieden (Urteil vom 11.03.2004, Az. I ZR 81/01).

Tipp: Einwilligung schriftlich protokollieren

Die Dokumentation ist eine der wichtigen Pflichten der Datenschutz-Grundverordnung – dies gilt auch im Rahmen des Newsletter-Versands. Um bei eventuellen Abmahnungen oder gerichtlichen Streitigkeiten das Vorliegen einer Einwilligung auch beweisen zu können, sollten Sie die Einwilligung unbedingt schriftlich protokollieren. Im Fall der elektronisch übermittelten Einverständniserklärung können Sie diese einfach abspeichern. Dies ist ohne größeren Aufwand möglich und gibt Ihnen jederzeit die Möglichkeit, die Erklärung bei Bedarf auszudrucken.

Die Dokumentation sollte folgende Angaben enthalten:

► Zeitpunkt der Anmeldung auf der Website des Verkäufers

► Inhalt der Einwilligungserklärung und ihre Ausgestaltung

► E-Mail-Adresse des Einwilligenden

► Datum und Uhrzeit der Einwilligungserklärung

► IP-Adresse des Einwilligenden zum Zeitpunkt der Einwilligung

► Zeitpunkt des ersten E-Mail-Versands

Wurde das Double-Opt-in-Verfahren angewandt, das wir in Abschnitt 3.3.6 erklären werden, dann sollten darüber hinaus noch folgende Daten gespeichert werden:

▶ Versandzeitpunkt der Einladungs-E-Mail

▶ Inhalt der Einladungs-E-Mail

▶ Inhalt der Bestätigungs-E-Mail

▶ Zeitpunkt der Bestätigung der Einwilligung

▶ IP-Adresse des Einwilligenden zum Zeitpunkt der Bestätigung

Nur so können Sie wirklich sichergehen, dass Ihre Bestätigungs-E-Mail von einem Gericht nicht als unerlaubte Werbung eingestuft wird.

Praxistipp: Dauerhafte Archivierung

Sie sollten die Dokumentation nicht nur anfangs, sondern für die gesamte Dauer der Marketingmaßnahme archivieren. Dies können glücklicherweise heute E-Mail-Marketingsysteme für Sie übernehmen.

3.3.2 Transparenz des Absenders der Einwilligung

Grundsätzlich muss der künftige Empfänger von Werbe-E-Mails in einfacher und verständlicher Weise über die wesentlichen Aspekte informiert werden. Kurz gesagt: Der Einwilligende muss wissen, wem gegenüber er die Einwilligung zu welchem Zweck abgibt und was der Werbetreibende mit seinen Daten vorhat.

Besonders anfällig für Rechtsstreitigkeiten ist die genaue Bezeichnung des werbetreibenden Unternehmens, da dieses klar benannt werden muss. Auch gilt die erteilte Einwilligung aus Datenschutzgründen dann auch nur gegenüber dem benannten Unternehmen, da das Vertrauen des künftigen Empfängers dahingehend besonders schutzwürdig ist.

Möchten Sie also, dass die Einwilligung für mehr als ein Unternehmen erteilt wird, so müssen Sie alle profitierenden Unternehmen einzeln namentlich benennen. In einem solchen Fall empfiehlt es sich daher, eine Gesamtanzahl von zehn Unternehmen nicht zu überschreiten.

Achtung: So geht es nicht!

Der künftige Empfänger der Werbe-E-Mails muss wissen, welchen Unternehmen gegenüber er seine Einwilligung abgibt. »Allround«- Einwilligungen mit Formulierungen wie »Ich gestatte die Verwendung meiner personenbezogenen Daten (Name, Vorname, Telefonnummer, E-Mail-Adresse) für Werbezwecke durch das Unternehmen XY *sowie die Weitergabe dieser Daten an dritte Partnerunternehmen* des Unternehmens XY zum Zwecke der Werbung und Beratung zu Produkten und Dienstleistungen des Unternehmens XY bzw. der jeweiligen Partnerunternehmen« lassen für den Empfänger weder erkennen, wer die »Partnerunternehmen« sind, noch, welche

---

Produktpalette sie abdecken. Damit verstößt eine solche Einwilligungserklärung gegen das Transparenzgebot, da der Empfänger in keiner Weise überblicken kann, von wem und wozu er demnächst mit Werbe-E-Mails womöglich »überschüttet« wird. Aber auch eine Liste der Partnerunternehmen reicht nicht aus, wenn sich aus ihr nicht entnehmen lässt, welche Produkte diese künftig beim Empfänger bewerben werden (BGH, Urteil vom 14.03.2017, Az. VI ZR 721/15).

Neben den »Partnerunternehmen« gilt dies auch für Unternehmen eines Konzerns. Eine Einwilligung in den Newsletter-Versand, die gegenüber dem Mutterkonzern abgegeben wurde, gilt auch nur diesem gegenüber und nicht grundsätzlich auch für dessen Tochtergesellschaften (siehe Abbildung 3.2) – es sei denn, diese wurden namentlich aufgezählt. Denn der Datenschutzaspekt verbietet grundsätzlich auch eine Weitergabe innerhalb eines Konzerns, da die Tochterunternehmen gesellschaftsrechtlich eigenständige Unternehmen darstellen und sich damit nicht von solchen Unternehmen unterscheiden, die nicht Teil des Konzerns sind. So muss sich beispielsweise ein Kunde der Volkswagen AG nicht zwangsläufig für die Produkte der Fahrzeugmarke Seat interessieren.

Achtung

Auch wenn die Datenschutz-Grundverordnung in dem dazugehörigen Erwägungsgrund 48 ausnahmsweise eine kleine Privilegierung zugunsten von Konzernen für den konzerninternen Datenaustausch auf Grundlage des Art. 6 Abs. 1 lit. f DSGVO vorsieht, so betrifft dieser nur »interne Verwaltungszwecke einschließlich der Verarbeitung personenbezogener Daten von Kunden und Beschäftigten« eines Konzerns, nicht jedoch Werbezwecke!

Kontaktdaten

Hinweis: Die mit einem Sternchen* versehenen Felder sind Pflichtfelder.

E-Mail-Adresse*   Anrede   Vorname   Nachname
                           Bitte wählen   ▼

Einverständniserklärung

☐ Ich bin damit einverstanden, dass die Axel Springer SE oder ihre Tochterunternehmen mich künftig per Telefon/E-Mail/SMS über interessante Medienangebote informieren. Freiwillige Angabe.

Ich kann der Nutzung meiner Daten zu Werbezwecken jederzeit gegenüber der AS Auto Verlag GmbH, Axel-Springer-Platz 1, 20350 Hamburg oder per E-Mail an datenschutz@autobild.de widersprechen.

ABONNIEREN ▶

Abbildung 3.2 Hier sehen Sie ein Beispiel, wie versucht wird, auch Tochterunternehmen in die Einwilligungserklärung mit einzubeziehen. Eine konkrete Benennung oder Aufzählung fehlt jedoch.

3.3.3   Transparenz des Inhalts der Einwilligung

Weiterhin gilt das Transparenzgebot auch hinsichtlich des konkreten Inhalts der Einwilligung. Der Empfänger der Werbe-E-Mail muss also nicht nur ganz genau wissen, von wem er künftig kontaktiert wird, sondern auch in Hinblick auf welche Produkte und Dienstleistungen (BGH, Urteil vom 14.03.2017, Az. VI ZR 721/15). Dies ist für Sie insbesondere dann von Bedeutung, wenn Sie verschiedene Produkte oder Dienstleistungen anbieten. In einem solchen Fall müssen Sie im Rahmen der Einwilligungserklärung festlegen, worüber der Empfänger künftig informiert werden soll.

> **Beispiel: Inhalt der Einwilligung**
>
> »Jetzt anmelden: aktuelle Rechtsnachrichten der Kanzlei WILDE BEUGER SOLMECKE«

3.3.4   Transparenz der Kontaktkanäle

Zudem muss der Einwilligende auch konkret darüber informiert werden, über welche Kontaktkanäle er in Zukunft Werbung erhält. Formulieren Sie also ganz klar, ob die Kontaktaufnahme zu Werbezwecken per Telefon, E-Mail, Post oder Fax erfolgen soll oder gar auf allen Wegen.

3.3.5   Bewusste, konkrete und aktive Einwilligungshandlung – Opt-in oder Opt-out?

Darüber hinaus ist zu beachten, dass eine rechtlich wirksame Einwilligung grundsätzlich immer ein bewusstes, aktives und konkretes Handeln des Interessenten voraussetzt. »Bewusst« heißt dabei, dass der Empfänger den Newsletter nur bekommt, wenn er beispielsweise ein schriftliches Einwilligungsdokument unterschreibt oder durch Eingabe seiner E-Mail-Adresse aktiv wird. Ein »aktives« Handeln liegt daneben vor, wenn der Einwilligende ausdrücklich handelt. Daran fehlt es gemäß Erwägungsgrund 32 der Datenschutz-Grundverordnung hingegen beispielsweise im Falle einfachen Stillschweigens, bereits angekreuzter Kästchen oder Untätigkeit der betroffenen Person.

Ihnen steht es in der Praxis ebenfalls frei, eine Einwilligungserklärung vorzuformulieren und mit einem Kästchen zum Ankreuzen zu versehen, das dann vom Einwilligenden schriftlich angekreuzt oder elektronisch angeklickt werden muss. Hierbei handelt es sich um das rechtlich zulässige sogenannte *Opt-in-Verfahren*. Was hingegen außerhalb des rechtlichen Rahmens liegt, zeigen Ihnen die folgenden Beispiele.

Achtung: So geht es nicht!

Nicht zulässig ist die Formulierung: »Hiermit bestätige ich, dass ich keine Werbung erhalten möchte.« Denn dabei bezieht sich die Aktivität des Empfängers nicht auf die Erteilung der Einwilligung, sondern gerade auf den Nichterhalt. Ein solches Verhalten ist irreführend und damit wettbewerbswidrig (Landgericht Hamburg, Urteil vom 22.06.2016, Az. 315 O 74/15). Gleiches gilt für Kästchen zum Anklicken der Bestätigung in Online-Formularen, die bereits im Voraus standardmäßig angeklickt sind und bei denen das Häkchen aus dem Kästchen entfernt werden muss, um nicht an dem Newsletter-Verfahren teilzunehmen.

Möchten Sie mit einem Unternehmen zu Werbezwecken Kontakt aufnehmen, so ist Folgendes zu beachten: Allein der Umstand, dass seine Kontaktdaten in Telefonbüchern, in den Gelben Seiten, auf Visitenkarten, auf seinen Homepages oder in sozialen Netzwerken frei zugänglich sind, bedeutet nicht, dass das Unternehmen mit der Zusendung von Werbe-E-Mails einverstanden ist. Diese Veröffentlichung von Kontaktdaten dient primär dazu, dass Kunden mit dem Unternehmen Kontakt aufnehmen können.

3.3.6   Das Double-Opt-in-Verfahren

Sollten Sie Ihre Kunden per Newsletter informieren wollen, so können wir Ihnen eine klare Empfehlung geben, wie die Einwilligung eingeholt werden sollte: Die rechtlich sicherste Variante ist das sogenannte *Double-Opt-in-Verfahren*. Darunter versteht man ein zweistufiges Anmeldeverfahren, bei dem in einem ersten Schritt der Interessent seine E-Mail-Adresse in ein Anmeldeformular einträgt und das Formular absendet. Ein solches Formular können Sie beispielsweise fest auf der eigenen Unternehmens-Homepage platzieren (siehe Abbildung 3.3).

An dieser Stelle sollte der Kunde über folgende Aspekte informiert werden:

▶ Was beinhaltet der Newsletter?

▶ In welchen Zeitabständen soll der Newsletter versendet werden?

▶ Wer genau versendet den Newsletter?

▶ Wie kann der Newsletter wieder abbestellt werden?

Nachdem der Interessent seine E-Mail-Adresse in das Formular eingetragen und auf ANMELDEN geklickt hat, verschickt das System des werbenden Unternehmens unmittelbar danach eine Bestätigungs-E-Mail an die von dem Interessenten angegebene E-Mail-Adresse. In dieser Bestätigungs-E-Mail wird der Empfänger dann gebeten, durch einen Klick auf den Bestätigungs-Link ein zweites Mal zu erklären, dass er zukünftig Werbe-E-Mails erhalten möchte. Erst nach dem Betätigen des Bestätigungs-Links wird die E-Mail-Adresse des Interessenten in das Adressbuch des Unternehmers eingetragen.

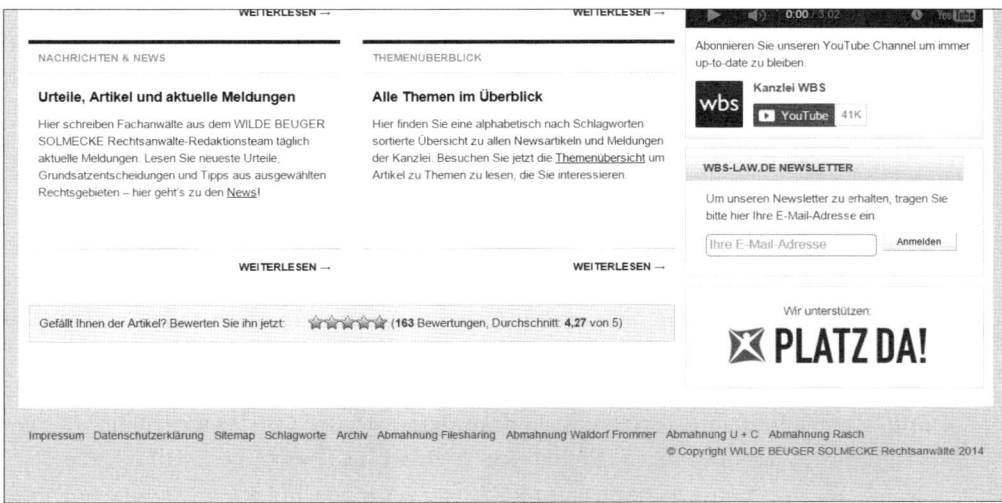

Abbildung 3.3 Diese Abbildung verdeutlicht, wie auf der Unternehmens-Homepage die Anmeldung für den Newsletter umgesetzt werden kann.

Auf diese Weise können Sie sicherstellen, dass Dritte das System nicht missbrauchen und andere Personen mit deren E-Mail-Adresse für zahlreiche Newsletter anmelden, die diese gar nicht wünschen. Denn reagiert der potenzielle Interessent nicht binnen weniger Tage, so erhält er von Ihnen keine weiteren E-Mails.

Der Grund, warum wir Ihnen das Double-Opt-in-Verfahren empfehlen, wird in einem Vergleich mit dem sogenannten *Single-Opt-in-Verfahren* deutlich. Dabei trägt sich der Interessent auf der Unternehmens-Website für den Newsletter ein, woraufhin ihm nur auf der Website eine Bestätigung seiner Anmeldung angezeigt wird, er jedoch keine weitere Bestätigungs-E-Mail erhält.

Grundsätzlich würde dieses Verfahren zum Erhalt der Einwilligung ausreichen, wenn diese von dem tatsächlich Berechtigten abgegeben wurde. Doch genau dort liegt auch die Stolperfalle, aufgrund derer dieses Verfahren nicht zu empfehlen ist.

Achtung: Single-Opt-in-Verfahren birgt Beweisrisiko!

Sollten Sie sich für das Single-Opt-in-Verfahren entscheiden, könnten Sie im Streitfall nicht nachweisen, dass sich tatsächlich der Berechtigte angemeldet hat, und müssten daher mit rechtlichen Konsequenzen rechnen!

Ein weiterer Vorteil des Double-Opt-In-Verfahrens ist zudem die Möglichkeit, nachzuweisen, dass Sie keinen sogenannten *E-Mail-Adressen-Harvester* genutzt haben. Bei diesen Harvestern handelt es sich um Programme, die das Internet gezielt nach E-Mail-Adressen absuchen, um Werbung an diese zu verschicken. Hauptsächlich werden solche Programme auf Websites von Unternehmen fündig, insbesondere im Impressum. In der Folge verkaufen die Unternehmen, die Harvester verwenden, dann die Adressen an Dritte oder nutzen sie selbst für die Verbreitung von Spam.

3.3.7   Die Bestätigungs-E-Mail

Nachdem sich der Interessent für den Newsletter angemeldet hat, wird ihm eine Bestätigungs-E-Mail zugesandt. In Fällen, in denen Dritte jemanden für den Newsletter angemeldet haben, der einen solchen gar nicht wünschte, stellt sich die Frage, ob auch diese unerwünschte Bestätigungs-E-Mail bereits unzulässigen Spam darstellt. Eine abschließende Antwort auf diese Frage gibt es bisher noch nicht, jedoch kann für eine Rechtskonformität angenommen werden, dass der Bundesgerichtshof die Bestätigungs-E-Mail in seinem Double-Opt-in-Urteil (BGH, Urteil vom 10.02.2011, Az. I ZR 164/09) zumindest nicht beanstandet hat. Dies mag wohl auch daran liegen, dass der Weg über die Bestätigungs-E-Mail der einzige Weg ist, über den ein rechtssicheres E-Mail-Marketing möglich ist.

Achtung: Das darf nicht in die Bestätigungs-E-Mail

Die Bestätigungs-E-Mail ist aber dann als Werbung zu werten, wenn sie visuell so aufgebaut ist, dass sie schon Angebote zu Produkten oder Dienstleistungen des Werbenden enthält.

Den Bestätigungs-Link sollten Sie optisch so neutral wie möglich halten. Um keine rechtlichen Konsequenzen zu riskieren, verzichten viele Unternehmen sogar auf jegliche optische Gestaltung (zum Beispiel Unternehmenslogos). Dieser Verzicht ist aber nicht notwendig.

Die Bestätigungs-E-Mail muss nicht als *Plain Text*, also als einfacher, schlichter Text versandt werden. Sie können durchaus beispielsweise das Design der Unternehmenswebsite (also Farben, Schriftarten etc.) aufgreifen, um einen Wiedererkennungseffekt zu erzeugen.

Wichtig: Das muss in die Bestätigungs-E-Mail

Umschreiben Sie auch im Rahmen der Bestätigungs-E-Mail nochmals grob den Inhalt des Newsletters, den Sie versenden möchten, und dessen Frequenz, das heißt, wie oft Sie Mails versenden wollen (täglich/wöchentlich/monatlich).

Dies bedeutet letztlich, dass Sie sicherheitshalber die gesamte Einwilligungserklärung in der Bestätigungs-E-Mail vollständig wiederholen (siehe Abbildung 3.4), da nur auf diese Weise sichergestellt werden kann, dass der Einwilligende auch tatsächlich sein Einverständnis erklärt hat. Ab diesem Zeitpunkt kann es Ihnen auch gleichgültig sein, wenn ursprünglich eine dritte Person den Einwilligenden eigenmächtig für den Newsletter registriert hat. Die Einwilligung des Kunden ist dann rechtlich voll wirksam.

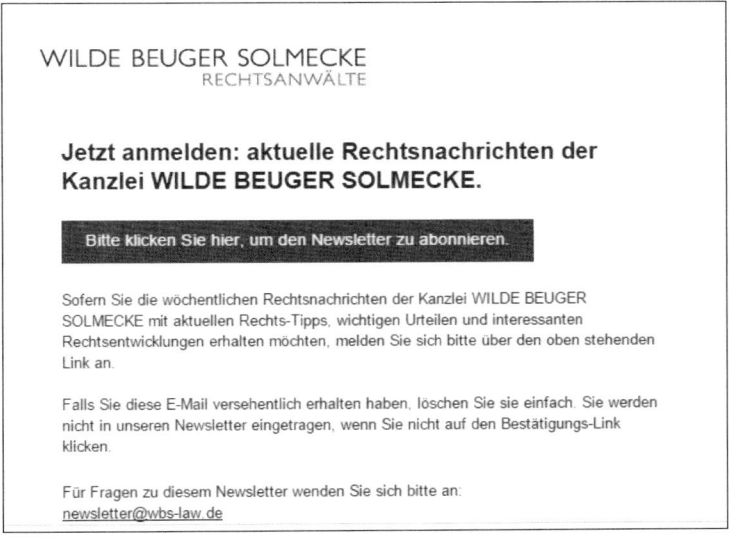

Abbildung 3.4 Beispiel einer Bestätigungs-E-Mail

Zudem empfiehlt es sich auch, den Empfänger bzw. Kunden darauf hinzuweisen, dass er keine weitere E-Mail mehr erhält, wenn er dem Bestätigungs-Link nicht folgt und damit das Anmeldeverfahren nicht abschließt. Denn andernfalls könnte er im Streitfall behaupten, dass er nur aus Versehen dem Bestätigungs-Link gefolgt ist und gar nicht wusste, worin er da tatsächlich einwilligt.

Beispiel: So könnten Sie formulieren

»Falls Sie diese E-Mail versehentlich erhalten haben, löschen Sie sie einfach. Sie werden erst dann in unseren Newsletter eingetragen, wenn Sie auf den Bestätigungs-Link klicken.«

Folgt der Empfänger dem Bestätigungs-Link, so erhält er eine Bestätigung der Anmeldung, wie Sie sie exemplarisch in Abbildung 3.5 sehen.

Abbildung 3.5 Beispiel einer Anmeldebestätigung

3.3.8   Die Erinnerungs-E-Mail

Wenn der potenzielle Empfänger von Werbe-E-Mails auf die Bestätigungs-E-Mail nicht reagiert, so kann dies mehrere Gründe haben:

▶ Es ist möglich, dass er seine E-Mail-Adresse gar nicht selbst eingetragen hat.

▶ Er kann sie zwar selbst eingetragen, die Bestätigung aber schlicht vergessen haben.

▶ Die Bestätigungs-E-Mail ist im Spam-Ordner des Empfängers gelandet.

▶ Der Empfänger hat sich im Nachhinein bewusst gegen den Erhalt von Werbung per E-Mail entschieden.

Warum der Empfänger den Bestätigungs-Link nicht aktiviert hat, kann das werbende Unternehmen nicht wissen. Aus diesem Grund stehen Sie nun möglicherweise vor der Frage, ob Sie dem potenziellen Empfänger Ihrer Werbe-E-Mails eine Erinnerungs-E-Mail senden dürfen. Dabei wird die ursprüngliche E-Mail entweder in gleicher Form noch einmal oder auch leicht modifiziert versandt, weshalb man in diesem Zusammenhang auch von *Re-Mailing* spricht.

Bereits im Rahmen der ersten Bestätigungs-E-Mail haben wir auf die Diskussion darüber hingewiesen, ob diese E-Mail selbst schon einen Werbecharakter hat und daher unzulässig ist – und jetzt stellt sich diese Frage erst recht. Im Rahmen der Bestätigungs-E-Mail selbst kann man nämlich noch argumentieren, dass es keinen Sinn ergibt, dem Werbenden zum Erhalt einer Einwilligung das Erfordernis einer Einwilligung aufzuerlegen. Hingegen scheint es nicht abwegig zu sein, jede weitere E-Mail danach ohne Einwilligung als unzumutbare Belästigung einzustufen, wenn sie nicht unbedingt erforderlich ist.

Nachdem das Oberlandesgericht München (Urteil vom 27.09.2012, Az. 29 U 1682/12) im Jahre 2012 die Auffassung vertreten hat, dass bereits die Aufforderung zur Bestätigung einer Newsletter-Bestellung im Double-Opt-in-Verfahren als unzulässige Werbung eingestuft werden könne, hat ein anderer Senat desselben Gerichts zwei Jahre später in einem ähnlichen Sachverhalt eine andere Ansicht vertreten, wonach die bloße Nachfrage keinen Fall der Werbung darstelle. Diese Ansicht teilen auch das Oberlandesgericht Celle (Urteil vom 15.05.2014, Az. 13 U 15/14) und das Oberlandesgericht Düsseldorf (Urteil vom 17.03.2016, Az. 15 U 64/15). Im konkreten Fall ist die Nachfrage aber dennoch als Werbung eingestuft worden, da das werbende Unternehmen nicht nachweisen konnte, dass der Empfänger überhaupt zuvor in den Erhalt der Werbemails eingewilligt hatte.

Zu der Frage der Zulässigkeit des Re-Mailings können wir Ihnen daher leider keine abschließende Antwort geben. Eine höchstrichterliche Rechtsprechung zu dieser Frage gibt es bisher noch nicht.

Sicher ist sicher: Verzichten Sie auf Erinnerungs-E-Mails!

Grundsätzlich empfehlen wir daher, auf den Versand von E-Mails mit Erinnerungsfunktion zu verzichten, um keine Abmahnungen zu riskieren. Falls Sie diese jedoch dennoch versenden möchten, sollten Sie diese Praxis sehr restriktiv anwenden, indem Sie beispielsweise nur eine Erinnerungs-E-Mail versenden. Auf diese Weise können Sie das Risiko reduzieren, dass der Empfänger die Erinnerung als Belästigung empfindet und rechtliche Schritte gegen Sie einleitet.

3.3.9   Eigenständigkeit der Einwilligung

Darüber hinaus ist auch darauf zu achten, dass die Einwilligungserklärung völlig eigenständig formuliert und gestaltet wird. Das heißt, Sie sollten die Erklärung möglichst losgelöst von anderen Inhalten präsentieren. Denn nur auf diese Art und Weise kann sichergestellt werden, dass der Einwilligende freiwillig gehandelt hat und nicht nur eingewilligt hat, weil ihm zum Beispiel die Teilnahme an einem Gewinnspiel oder ein Rabatt in Aussicht gestellt wurde (wie etwa in dem Beispiel aus Abbildung 3.6).

Guten Tag,

wir freuen uns, dass Sie sich für den Zalando Newsletter interessieren.

Um Ihnen regelmäßig News & Trends rund ums Thema "Schuhe und Fashion" per E-Mail zusenden zu können, benötigen wir die Bestätigung Ihrer Anmeldung:

Hier Anmeldung bestätigen und 5-Euro-Gutschein* erhalten!

Anmeldung bestätigen

Nach der Bestätigung erhalten Sie eine gesonderte E-Mail mit Ihrem persönlichen Gutscheincode, den Sie bei der nächsten Bestellung einlösen können.

Die Abmeldung vom Newsletter können Sie jederzeit in Ihrem Benutzerkonto unter Meine Newsletter vornehmen.

Abbildung 3.6 Ein Beispiel dafür, wie die Einwilligung in den Newsletter-Versand mit einem anderen Inhalt, nämlich einem Gutschein, verknüpft wird

Durch die Verbindung mit anderen Sachverhalten kann der Einwilligende abgelenkt oder zur Einwilligung »gezwungen« und so in seiner Entscheidungsfreiheit beeinflusst werden. Man spricht insoweit auch von einer Koppelung und damit einhergehend von einem Koppelungsverbot.

Das früher aus dem deutschen Recht bereits bekannte Koppelungsverbot hat der europäische Gesetzgeber nun in Art. 7 Abs. 4 DSGVO normiert, wonach bei der Beurteilung der Freiwilligkeit unter anderem zu beachten ist, ob »unter anderem die Erfüllung eines Vertrags, einschließlich der Erbringung einer Dienstleistung, von der Einwilligung zu einer Verarbeitung von personenbezogenen Daten abhängig ist, die für die Erfüllung des Vertrags nicht erforderlich sind«.

Während dies nicht besonders streng klingt, hat der Gesetzgeber jedoch in Erwägungsgrund 43 zur Datenschutz-Grundverordnung klar dargelegt, dass eine Freiwilligkeit der Einwilligung in Anbetracht aller Umstände im Einzelfall möglicherweise dann nicht gegeben ist, wenn »zwischen der betroffenen Person und dem Verantwortlichen ein klares Ungleichgewicht besteht« und wenn »zu verschiedenen Verarbeitungsvorgängen von personenbezogenen Daten nicht gesondert eine Einwilligung erteilt werden kann, obwohl dies im Einzelfall angebracht ist, oder wenn die Erfüllung eines Vertrags, einschließlich der Erbringung einer Dienstleistung, von der Einwilligung abhängig ist, obwohl diese Einwilligung für die Erfüllung nicht erforderlich ist«.

Praxisbeispiel: Lead-Magneten

Dies betrifft insbesondere diejenigen, die mithilfe von Freebies als Lead-Magnet neue Newsletter-Abonnenten gewonnen haben. Denn in diesen Fällen »bezahlt« der Interessent das reizvolle, kostenlose Produkt (z. B. ein E-Book oder eine Checkliste als PDF) mit seiner E-Mail-Adresse und handelt damit unter Umständen nicht freiwillig. Davon ist insbesondere dann auszugehen, wenn die kostenlosen digitalen Produkte, die Sie zum Download auf Ihrer Website anbieten, einen hohen Wert für die Zielgruppe haben. Aus diesem Grund sieht die Datenschutz-Grundverordnung eine Entkoppelung vor, womit das Geschenk nicht mehr Bedingung für die Registrierung Ihres Newsletters sein darf.

Sie haben daher nach der neuen Rechtslage zwei Möglichkeiten:

1. *Transparent koppeln:* Die erste Möglichkeit erlaubt eine Koppelung, wenn diese klar kommuniziert und transparent gemacht wird. Der Nutzer muss also wissen, dass er das vermeintlich »kostenlose« Dienstleistungsangebot mit der Zustimmung zur Newsletter-Zusendung gegenfinanziert.

2. *Entkoppeln:* Die zweite Möglichkeit sieht so aus, dass Sie das kostenlose Geschenk unabhängig vom Newsletter anbieten und dem Nutzer gleichzeitig mit der Einwilligung für die Registrierung auch das Einwilligungsformular zum Newsletter-Versand anzeigen, wodurch der Nutzer im Idealfall in zwei Datenverarbeitungen einwilligt: einmal in die Datenverarbeitung im Rahmen der Registrierung zum Download des Produkts und einmal in den Erhalt des Newsletters. Alternativ können Sie auch zunächst nur eine Einwilligung im Rahmen der Registrierung einholen und dann zu einem späteren Zeitpunkt – zum Beispiel nach Abschluss eines Web-Seminars – dem Nutzer des kostenlosen Angebots auf einer zusätzlichen Seite anbieten, sich für den regulären Newsletter anzumelden.

3.3.10   Einwilligungserklärungen in Allgemeinen Geschäftsbedingungen

Uns ist durchaus bewusst, dass im Zusammenhang mit der Einwilligung eine Vielzahl von formalen Vorgaben zu beachten sind. Daher würde es auch nicht verwundern, wenn Sie, wie auch viele andere Werbetreibende, womöglich das Bedürfnis haben, das Ganze zu vereinfachen, indem Sie eine formularmäßige Einwilligungserklärung in Ihren Allgemeinen Geschäftsbedingungen (AGB) platzieren. Theoretisch könnten sie festlegen, dass Nutzer automatisch Newsletter erhalten, sobald sie die AGB akzeptieren. Hierzu müssen Sie allerdings wissen, dass der Bundesgerichtshof in dem bereits angesprochenen Double-Opt-in-Urteil entschieden hat, dass eine solche Vorgehensweise gegen das Transparenzgebot verstößt. Danach müssen Klauseln in AGB klar und verständlich sein.

Auch sahen die Richter darin eine unangemessene Benachteiligung des Verbrauchers, was letztlich zur Folge hat, dass die Klausel unwirksam ist und Sie auf diese Weise keine wirksame Einwilligungserklärung erhalten können.

3.3.11 Datenschutzrechtliche Aspekte der Einwilligung: Die Datenschutzerklärung

Weiterhin ist zu beachten, dass das Formular zur Einwilligung auch eine Datenschutzerklärung enthalten muss, die den Empfänger über die Verarbeitung seiner Daten und seine Widerrufsrechte informiert. Welche Anforderungen der Gesetzgeber an den Inhalt einer Datenschutzerklärung stellt, hängt eng mit Ihren Informationspflichten zusammen. Denn der europäische Gesetzgeber hat klare Vorstellungen davon, was der Betroffene alles vor Abgabe der Einwilligung wissen muss, und hat dies in Art. 13 und 14 DSGVO normiert.

> **Achtung: Bleiben Sie nicht zu allgemein!**
> Allgemein gehaltene Datenschutzbelehrungen wie »Die Datenerhebung und Datennutzung entspricht den gesetzlichen Vorgaben« sind nicht ausreichend und können zu Abmahnungen führen.

Zunächst einmal müssen Sie die Informationen leicht verständlich formulieren. Das wird erschwert, wenn die Erklärung selbst unnötig kompliziert verfasst und inhaltlich unzusammenhängend aufgebaut wird. Aus diesem Grund empfiehlt es sich, die Datenschutzerklärung in mehrere Absätze aufzuteilen, da der Text erfahrungsgemäß sehr lang und dadurch auch schnell sehr unübersichtlich wird.

Den Anfang macht eine Präambel bzw. eine kurze Einführung in Sinn und Zweck des folgenden Textes. Dann nennen Sie die verantwortliche Stelle, also denjenigen, der die Datenerhebung durchführt. Hier müssen Sie einen Namen und eine Anschrift sowie eine Kontaktmöglichkeit angeben, ähnlich wie im Impressum.

Anschließend klären Sie den Nutzer in einzelnen Absätzen über die unterschiedlichen Arten der Datenverarbeitung auf. Das umfasst die Erläuterung des technischen Vorgangs, des Zwecks und nach der Datenschutz-Grundverordnung auch die Rechtsgrundlage. Dabei sollten Sie möglichst einfaches Deutsch verwenden und auf technische Fachausdrücke weitestgehend verzichten. Zusätzlich können Sie auf etwaige Maßnahmen zur Gewährleistung der Datensicherheit hinweisen, beispielsweise auf besondere Verschlüsselungen.

Gegen Ende der Datenschutzerklärung wird der Website-Besucher über seine Rechte aufgeklärt. Sofern Sie einen Datenschutzbeauftragten haben, sollte dieser zum Schluss als Kontaktperson genannt werden. Wie eine gut strukturierte Datenschutzerklärung aussieht, können Sie dem Muster in Abschnitt 19.7 entnehmen.

Achtung!

Bitte beachten Sie, dass die Datenschutzerklärung über die bloße Information hinaus keine rechtliche Wirkung entfaltet! Insbesondere kann eine Datenschutzerklärung nicht als Rechtsgrundlage für eine Datenerhebung herangezogen werden. Eine Datenverarbeitung ist nur mit Einwilligung des Betroffenen oder in den übrigen gesetzlich geregelten Fällen zulässig.

Sofern Sie eine Einwilligung einholen möchten, muss dies separat erfolgen. Die Datenschutzerklärung kann lediglich über die Umstände dieser Datennutzung aufklären, aber keine Einwilligung ersetzen!

Eine Datenschutzerklärung muss Antwort auf Fragen geben können, die Betroffene sich berechtigterweise im Zusammenhang mit der Verarbeitung ihrer personenbezogenen Daten stellen könnten:

▶ Welche personenbezogenen Daten werden erhoben?

▶ Was passiert mit den erhobenen Daten?

▶ Warum werden überhaupt Daten erhoben?

▶ Werden die erhobenen Daten an Dritte weitergegeben?

▶ Findet ein grenzüberschreitender Datenverkehr statt?

▶ Welche Maßnahmen werden ergriffen, um die Sicherheit der Daten zu gewährleisten?

Auf diese und zahlreiche weitere Fragen muss Ihre Datenschutzerklärung Antworten geben. Welche Informationen der Gesetzgeber dabei zwingend vorsieht und was sich dahinter genau verbirgt, möchten wir Ihnen in diesem Abschnitt erläutern.

Überblick: Inhalt der Datenschutzerklärung

In Art. 13 DSGVO findet sich eine Liste der Informationen, die nach der neuen Verordnung in einer Datenschutzerklärung stehen müssen und an der Sie sich orientieren können. Im Zusammenhang mit dem Versand eines Newsletters müssen Sie demnach unter anderem Informationen zu folgenden Punkten liefern:

▶ Name und Kontaktdaten des Verantwortlichen (ggf. auch Vertreter)

▶ Zweck und Rechtsgrundlage der Verarbeitung

▶ Falls die Rechtsgrundlage der Datenverarbeitung Art. 6 Abs. 1 lit. f DSGVO ist: Angabe der berechtigten Interessen des Verantwortlichen oder Dritten

▶ Aufklärung über Rechte des Betroffenen: Auskunft, Berichtigung, Löschung, Einschränkung, Widerspruch, Datenübertragung

▶ Hinweis auf Beschwerderecht bei einer Aufsichtsbehörde

▶ Speicherdauer der Daten

- ▶ Falls eine Einwilligung Rechtsgrundlage der Datenverarbeitung ist: Hinweis auf die Möglichkeit, die Einwilligung jederzeit widerrufen zu können
- ▶ Sofern vorhanden: Kontaktdaten des Datenschutzbeauftragten
- ▶ Bei gesetzlicher oder vertraglicher Pflicht zur Bereitstellung der Daten: Aufklärung des Betroffenen über diese Pflicht und die möglichen Folgen einer Nichtbereitstellung
- ▶ Bei einer Weitergabe an Dritte: Angabe der Empfänger bzw. der Kategorie von Empfängern
- ▶ Angabe der Absicht zur Datenübermittlung in ein Drittland und Angabe des von der Kommission festgelegten Datenschutzniveaus des Drittlandes
- ▶ Im Falle von Übermittlungen nach Art. 46, 47 oder 49 DSGVO: Verweis auf die geeigneten oder angemessenen Garantien, die verbindlichen internen Datenschutzvorschriften und das Vorliegen der jeweiligen Voraussetzungen sowie auf die Möglichkeit und die Modalitäten des Erhalts einer Kopie

Der Text der Datenschutzerklärung muss dem Betroffenen gemäß Art. 12 Abs. 1 DSGVO in einer präzisen, transparenten, verständlichen und leicht zugänglichen Form sowie in einer klaren und einfachen Sprache übermittelt werden. Das erreichen Sie, indem Sie den Text in deutscher Sprache verfassen und nach Möglichkeit auf allzu komplizierte juristische Fachsprache verzichten.

Was die Übermittlung der Datenschutzerklärung betrifft, so müssen Sie beachten, dass Sie bereits im Vorfeld des Registrierungsverfahrens auf die Datenschutzerklärung und auf die mit der Registrierung verbundene nötige Einwilligung zur Datennutzung hinweisen. Da jede Einwilligung vom Nutzer bewusst und eindeutig zu erfolgen hat, empfehlen wir Ihnen eine Ausgestaltung als Opt-In mit einer nicht vorangekreuzten Checkbox. Ein ausdrückliches Erfordernis, sämtliche Einwilligungen separat einzuholen, lässt das Datenschutzrecht aber nicht erkennen. Aus diesem Grund haben Sie auch die Möglichkeit, mehrere Einwilligungen mit einer Check-Box einzuholen (siehe Abbildung 3.7).

Hinweis

In jedem Fall aber sollten Sie die Einwilligungserklärung für den Streitfall auch protokollieren. Denn grundsätzlich tragen Sie die Beweislast dafür, dass der Nutzer Ihnen eine Einwilligung zur Verarbeitung seiner Daten erteilt hat. Protokolliert werden sollten die IP-Adresse und der sogenannte Timestamp (Datum und Uhrzeit der Einwilligung) sowie noch die E-Mail-Adresse des Newsletter-Empfängers. Erfolgt der Newsletter-Versand auf Grundlage einer datenschutzrechtlichen Einwilligung, sollte auch der jeweilige Einwilligungstext festgehalten werden.

3.3   Wie erhält man eine rechtskonforme Einwilligung zur Versendung von Werbe-E-Mails?

3

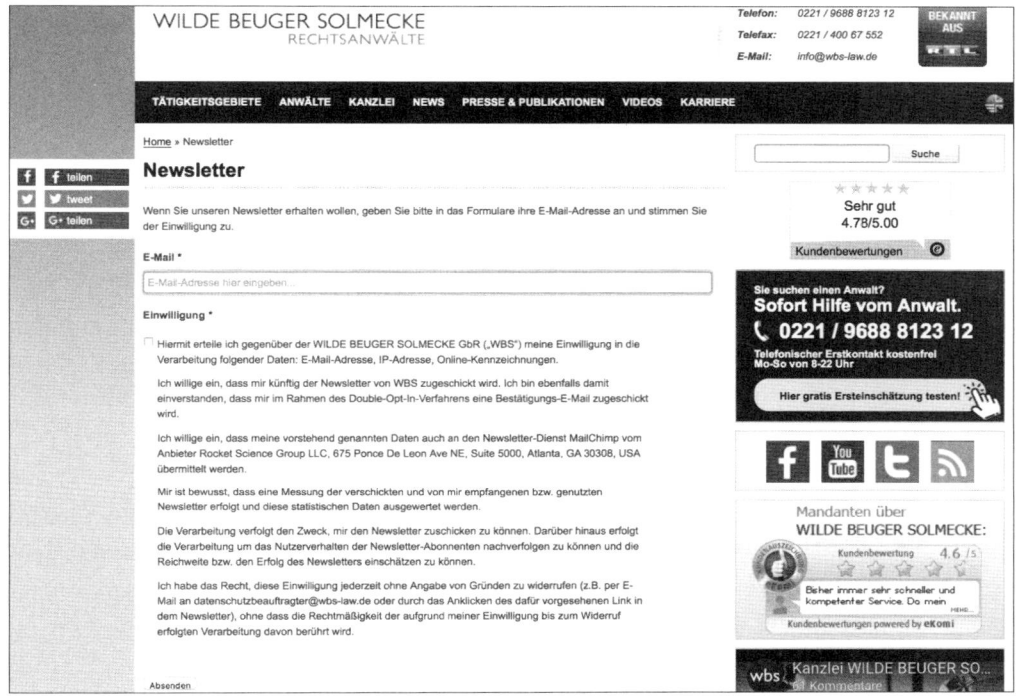

Abbildung 3.7 Einwilligungserklärung zum Erhalt des Newsletters der Rechtsanwaltskanzlei »Wilde Beuger Solmecke«

3.3.12   Umfang der geforderten Daten

Beachten Sie auch, dass Sie Einwilligungserklärungen zu Werbezwecken nicht dafür benutzen dürfen, umfassend Daten über die Personen zu sammeln, um diese für andere Zwecke (zum Beispiel zu statistischen Zwecken) zu verwenden. Sie dürfen grundsätzlich nur die Daten anfragen, die Sie auch tatsächlich für die entsprechende Art der Werbemaßnahme und die gewählte Art der Kontaktaufnahme brauchen.

Wer also in die Zusendung von Werbung per E-Mail einwilligt, der muss grundsätzlich nur seine E-Mail-Adresse preisgeben. Diese muss auch nicht aus einem Klarnamen bestehen. Es spielt also keine Rolle, ob aus der E-Mail-Adresse der bürgerliche Name des Einwilligenden erkennbar ist, so zum Beispiel bei *max.mustermann@yahoo.de*. Auch eine anonymisierte E-Mail-Adresse wie *sternchen1984@yahoo.de* ist ausreichend.

Sicher ist sicher: Keine weitergehenden Pflichtangaben

Ob darüber hinaus auch die Abfrage des Namens zulässig ist, wird unterschiedlich beurteilt. Aus diesem Grund sollten Sie auf den Namen als Pflichtangabe verzichten.

Unproblematisch und zulässig ist es dagegen, wenn die Einwilligenden über die E-Mail-Adresse hinausgehende Daten wie Name, Adresse, Geburtsdatum oder Geschlecht freiwillig preisgeben. Lediglich die Koppelung der Herausgabe dieser Daten an den Erhalt der Werbung ist unzulässig.

Falls Sie sich dafür entscheiden, den Einwilligenden um die Preisgabe weiterer Daten zu bitten, sollten Sie dazu auf ein mehrstufiges Verfahren zurückgreifen. Hierzu kommen verschiedene Methoden infrage. Sie können

- ein Formular verwenden, das erst nach der Einwilligung erscheint und unter Hinweis auf die Freiwilligkeit um weitere Daten bittet,
- dem Einwilligenden in der Folgezeit eine E-Mail mit einem Formular zusenden, in dem Sie ihn um Aktualisierung und Vervollständigung seiner Daten bitten, oder
- in Ihrem Formular für alle gewünschten Daten ein Angabenfeld einbauen, aber nur die Pflichtfelder mit einem Sternchen versehen (unterhalb der Felder ist dann das Sternchen aufzulösen und darauf hinzuweisen, dass nur diese Angaben Pflichtangaben sind). Eine beispielhafte Gestaltung für diese sehr beliebte Möglichkeit sehen Sie in Abbildung 3.8.

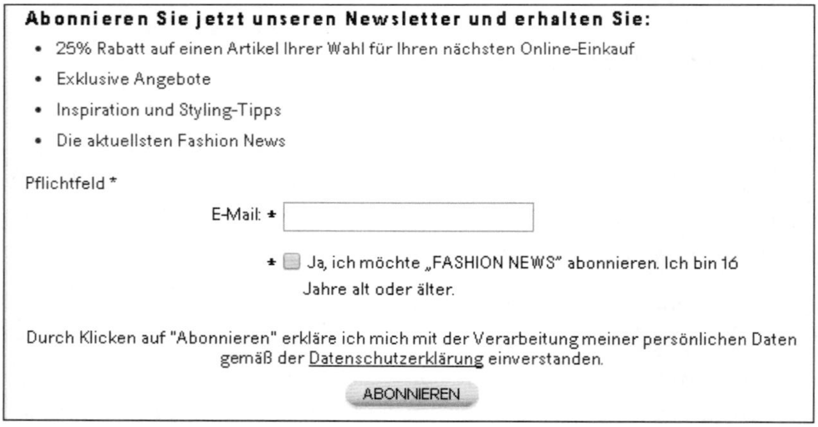
Abonnieren Sie jetzt unseren Newsletter und erhalten Sie:

- 25% Rabatt auf einen Artikel Ihrer Wahl für Ihren nächsten Online-Einkauf
- Exklusive Angebote
- Inspiration und Styling-Tipps
- Die aktuellsten Fashion News

Pflichtfeld *

E-Mail: *

* Ja, ich möchte „FASHION NEWS" abonnieren. Ich bin 16 Jahre alt oder älter.

Durch Klicken auf "Abonnieren" erkläre ich mich mit der Verarbeitung meiner persönlichen Daten gemäß der Datenschutzerklärung einverstanden.

ABONNIEREN

Abbildung 3.8 Beispiel für eine Datenerhebung mit dem Sternchensystem

Mit diesen Arten der Datenerhebung können Sie als werbendes Unternehmen sicherstellen, dass nicht der Eindruck einer Koppelung entsteht und die Daten tatsächlich freiwillig preisgegeben wurden (siehe Abbildung 3.9).

▶ Social Media			
▶ Kontakt	**Anrede***	○ Herr ○ Frau ○ Firma	
▶ Katalog anfordern			
▶ AGB	Vor- / Nachname*		
▶ Widerrufsrecht/-formular			
▶ Datenschutz	E-Mail*		
▶ Impressum	Email Wdh.*		
▶ Kooperationspartner			
▶ Partnerprogramm	Damit wir Sie noch persönlicher ansprechen können:		
▶ Sitemap			
▶ Geschenk-Gutscheine	Kundennummer (falls vorhanden)		
▶ Marken A-Z			
▶ Presse	Straße / Nr.		
▶ Filialexpansion			
	PLZ / Ort		
	Land	Deutschland	

* Pflichtfelder

☐ * **Ich habe die nachfolgende Erklärung gelesen und bin damit einverstanden:**
Ihre Email Adresse und Ihre Daten werden selbstverständlich streng vertraulich behandelt. Die baby-walz GmbH nutzt Ihre personenbezogenen Daten, um Sie im Rahmen von Produkt- und Serviceinformationen zu kontaktieren.

Sollten Sie den Newsletter-Service nicht mehr nutzen wollen, können Sie sich jederzeit entweder über die babywalz-Webseite oder über den Abmeldelink am Ende jedes Newsletters abmelden.

Die allgemeinen Informationen zum Datenschutz finden Sie hier

Abbildung 3.9 Hier wird neben dem Sternchenverfahren auch durch die Gestaltung des Formulars sowie die Zwischenüberschrift deutlich, dass die Angaben im unteren Teil lediglich optional sind.

3.3.13   Die Form der Einwilligung

Die Einwilligung kann der Kunde auf verschiedene Art und Weise erteilen: in einem persönlichen Kontakt, per Post, per Telefon oder auch online über das Internet. Während das früher geltende Datenschutzgesetz dabei teilweise die Schriftform der Einwilligung forderte, ist diese Anforderung zugunsten des Unternehmers aufgehoben worden. Demnach reicht eine ausdrückliche Erklärung oder eine schlüssige Handlung. Aber auch diese muss nach den neuen Regelungen der Datenschutz-Grundverordnung wieder protokolliert werden, da der europäische Gesetzgeber eine Nachweisbarkeit voraussetzt.

Einwilligung in persönlichem Kontakt, per Telefon oder per Post

Nun stellt sich die Frage, wie bei der Einholung der Einwilligung in einem persönlichen Kontakt die Einwilligung am besten protokolliert werden kann. Auch wenn das Schriftformerfordernis nicht mehr gilt, bietet es sich aus Gründen der bei Ihnen liegenden Beweislast an, eine schriftliche Bestätigung des Inhalts der Kontaktaufnahme gegenüber dem Einwilligenden zu erteilen ist. Dies betrifft neben der persönlichen Kontaktaufnahme auch die Einholung der Einwilligung per Telefon. Damit fassen Sie den Inhalt des Gespräches bzw. Telefonates sowie die Ihnen gegenüber erklärte Einwilligung noch einmal schriftlich zusammen und informieren den Einwilligenden auch über sein Widerrufsrecht.

Das Ganze können Sie dann ganz einfach protokollieren, indem Sie ihm die schriftliche Bestätigung per Einschreiben mit Rückschein zusenden und sich diese unterschrieben zurücksenden lassen. Eine Kopie davon sollten Sie für Ihre Unterlagen behalten. Auf diese Weise können Sie sichergehen, dass Sie sowohl den Inhalt als auch den Erhalt des Schreibens nachweisen können.

Sollten Sie sich für den Weg entscheiden, die Einwilligung per Post, beispielsweise in Form einer Postkarte oder eines Briefes, einzuholen, so sollten Sie das an Sie zurückgesandte Dokument gut aufbewahren, um im Streitfall beweisen zu können, dass die Einwilligung tatsächlich auch erteilt wurde.

Elektronische Einwilligung

Natürlich bietet es sich in der Praxis an, Einwilligungen für Werbung per E-Mail über das Internet einzuholen. Zum Nachweis bietet sich das bereits erläuterte und inzwischen etablierte Double-Opt-in-Verfahren an. Dieses Verfahren ist nicht nur dazu geeignet, zu beweisen, dass überhaupt eine Einwilligung erteilt wurde, sondern auch, dass diese Einwilligung von der richtigen Person eingeholt wurde.

3.3.14   Geltungsdauer der Einwilligung

Nachdem Sie die Einwilligung erhalten haben, stellt sich die Frage, wie lange sie gültig ist. Diese Frage müssen Sie differenziert betrachten: Einerseits gibt es Regelungen dazu, wie viel Zeit Sie sich vor dem erstmaligen Versand der Werbe-E-Mail lassen dürfen, und andererseits dazu, wie lange eine einmal erteilte Einwilligung generell gültig ist.

Erstmalige Nutzung der E-Mail-Adresse

Einwilligungserklärungen haben zwar keine gesetzlich vorgeschriebene Geltungsdauer, sollten aber innerhalb eines angemessenen Zeitraums nach ihrem Erhalt auch genutzt werden. Wie lange genau die Verwendung möglich sein soll, wurde von der Rechtsprechung nicht genau definiert. Jedenfalls ging das Landgericht München I (Urteil vom 08.04.2010, Az. 17 HK O 138/10) in einem Fall davon aus, dass eine erstmalige Verwendung der Einwilligung nach eineinhalb Jahren zu spät gewesen sei, da der Einwilligende nach solch einem langen Zeitraum nicht mehr damit rechnen müsse, kontaktiert zu werden. Eine ähnliche Auffassung vertrat das Amtsgericht Bonn (Urteil vom 10.05.2016, Az. 104 C 227/15) in einem Fall, in dem der Werbende nach vier Jahren erstmals auf die Idee kam, den Empfänger zu kontaktieren. Nach derart langen Zeitspannen ist davon auszugehen, dass die Einwilligung keine Geltung mehr hat.

> **Tipp: Keine lange Zeitspanne zwischen Einwilligung und erster E-Mail**
> Es empfiehlt sich, die erste Werbe-E-Mail recht zeitnah zur eingeholten Einwilligung zu versenden.

Maximale Geltungsdauer

Eine andere Frage ist jedoch die, über welche zeitliche Dauer Sie dem Kunden Werbe-E-Mails zusenden dürfen. Dahingehend gilt grundsätzlich, dass Sie dem Einwilligenden so lange Werbe-E-Mails zuschicken dürfen, wie er nicht erklärt, dass er künftig keine E-Mails mehr erhalten möchte. Es ist demnach nicht so, dass eine einmal erteilte Einwilligung ihre Wirkung zu einem bestimmten Zeitpunkt verliert.

> **Praxistipp: Versenden Sie die E-Mails möglichst regelmäßig**
> Auch wenn es keine fest definierte Geltungsdauer gibt, empfehlen wir Ihnen, die Zeitspanne zwischen den einzelnen Werbe-E-Mails nicht zu lang werden zu lassen. Der Versand von Newslettern beispielsweise sollte zumindest vierteljährlich erfolgen.

3.3.15   Alt-Einwilligungen

Jetzt, da die Datenschutz-Grundverordnung wirksam geworden ist, stellt sich vielen Newsletter-Versendern die Frage, was mit den Einwilligungen passiert, die sie in der Vergangenheit eingeholt haben: Gelten diese noch oder müssen alle Einwilligungen neu eingeholt werden?

Bisher ist davon auszugehen, dass diese Einwilligungen weiterhin gelten, wenn sie rechtskonform gestaltet wurden. Somit kann diese Frage eigentlich nicht pauschal beantwortet werden, sondern bedarf einer Beurteilung im Einzelfall. Jedenfalls gibt es keine Regel, die besagt, dass grundsätzlich alle Einwilligungen wertlos sind und neu eingeholt werden müssen. Der Düsseldorfer Kreis, ein Zusammenschluss der deutschen Aufsichtsbehörden für den Datenschutz im nichtöffentlichen Bereich, hat sich dieser Frage angenommen und in einem Beschluss im Jahre 2016 (abrufbar unter *https://www.lda.bayern.de/media/dk_einwilligung.pdf*) entschieden, dass bisher rechtswirksam eingeholte Einwilligungen weiterhin gelten. Dabei sei auch nicht problematisch, dass die nach altem Recht eingeholten Einwilligungen den neuen Informationspflichten nicht gerecht werden, da sie keine Bedingungen seien. Besondere Beachtung finden müsse jedoch die Voraussetzung der Freiwilligkeit und die

Altersgrenze von 16 Jahren. Entscheidend ist allein, dass auch schon alte Einwilligungen korrekt protokolliert worden sind. Ist dies nicht der Fall, müssen die Einwilligungen unter Beachtung der neuen Rechenschaftspflichten noch einmal eingeholt werden.

3.3.16 Einwilligung in Verbindung mit Gewinnspielen

Die Durchführung von Gewinnspielen ist eine sehr lukrative Art der Werbung. Weil sie auf diese Weise besonders viele Menschen ansprechen können, ist der Wunsch vieler Unternehmer, die Teilnahme am Spiel von der Zustimmung zu einem Newsletter-Abonnement abhängig zu machen, sehr gut nachvollziehbar.

Die Zulässigkeit dieser Praxis ist jedoch umstritten. Verbraucherschützer sehen hierin unter Umständen eine unangemessene und unsachgemäße Beeinflussung der Entscheidungsfreiheit des Einwilligenden. Sie fürchten nämlich, dass Kunden der Anmeldung zur Marketingmaßnahme nur deshalb zustimmen, weil sie an dem Gewinnspiel teilnehmen möchten. Wie sich auch in der Entscheidung des LG Hamburg (Urteil vom 10.08.2010, Az. 312 O 25/10) zeigt, besteht unter den Juristen aber zumindest in den folgenden Punkten Einigkeit:

▶ Der Teilnehmer muss wenigstens über seine Rechte aufgeklärt werden. Das heißt zum Beispiel, dass deutlich gemacht werden muss, dass er der Nutzung seiner Daten jederzeit widersprechen kann.

▶ Der potenzielle Kunde muss zudem zwingend noch vor dem Beginn der Eingabe seiner Daten über die notwendige Zustimmung zum Newsletter aufgeklärt werden. Damit ist es beispielsweise nicht zulässig, die Zustimmung zu den Teilnahmebedingungen mit der Freigabe der Datennutzung zu koppeln. Denn in einem solchen Fall läge keine separate Einwilligungserklärung mehr vor, was jedoch Voraussetzung für ein rechtskonformes Newsletter-Marketing ist.

Wie bereits erläutert, muss die Formulierung der Einwilligung außerdem deutlich machen, dass ausschließlich die Einwilligung in die Zusendung des Newsletters bestätigt wird und nicht gleichzeitig auch noch die Gewinnspielteilnahme. Folglich bedarf es einer gesonderten Zustimmung durch Setzen des Häkchens in einem eigenen Kästchen (siehe Abbildung 3.10).

Praxistipp: Zur Not einen Anwalt einschalten
So verlockend die Marketingstrategie »Gewinnspiel« auch klingt, Sie sollten vorsichtshalber vorher juristischen Rat einholen, um sich vor unangenehmen Konsequenzen wie einer Abmahnung zu schützen.

Gewinnen Sie ein Apple MacBook Air

Das Apple MacBook Air ist alles was man braucht. Es ist einfach in der Bedienung, himmlisch schnell und hat ein zeitlos schönes Design. Abonnieren Sie den Lidl-Newsletter und sichern Sie sich die Gewinnchance auf diesen großartigen Preis. Unter allen Abonnenten verlosen wir das Apple MacBook Air in dieser Konfiguration:

- **Display:** 11,6" Hochglanz-Widescreendisplay
- **Speicher:** 128 GB Flash-Speicher
- **Prozessor:** 1,4 GHz Dual-Core Intel Core i5
- **Arbeitsspeicher:** 4 GB 1600 MHz LPDDR3
- **Kamera:** 720p FaceTime HD Kamera
- **Kommunikation:** 802.11ac WLAN und Bluetooth 4.0
- **Betriebssystem:** OS X Yosemite
- Und vieles mehr ...

Jetzt mitmachen und diese tolle Gewinnchance sichern!
Wir wünschen Ihnen viel Glück!

Vorteile unseres Newsletters

- Keine Angebote und Aktionen mehr verpassen
- **Exklusive Angebote und Rabatt-Aktionen**
- Immer **aktuelle Informationen** über die Werbetermine
- Angebote aus unseren **Themenwelten**
- **Aktuelle Reiseangebote**

Newsletter abonnieren und gewinnen

Anrede (optional)

> Bitte wählen Sie ...

Vorname (optional)

Nachname (optional)

E-Mail-Adresse

☐ **Ja**, ich möchte am Gewinnspiel teilnehmen und stimme den **Teilnahmebedingungen** zu.

☐ **Ja**, ich möchte den Lidl-Newsletter der Lidl E-Commerce International GmbH & Co. KG abonnieren.

☐ **Ja**, ich bin damit einverstanden, dass zur Optimierung des Angebots Nutzungsprofile gem. der **Datenschutzhinweise** erstellt werden.

Jetzt am Gewinnspiel teilnehmen

Abbildung 3.10 Beispiel für die rechtskonforme Verbindung von Gewinnspiel und Einwilligung zum Erhalt des Newsletters

3.4   Wie gestaltet man einen Newsletter rechtssicher?

Möchten Sie eine rechtskonforme Einwilligung einholen, so stellen sich Ihnen, wie auch vielen anderen werbenden Unternehmen, in der praktischen Ausgestaltung voraussichtlich einige Fragen. Die meisten Probleme entstehen bei der konkreten Umsetzung der theoretischen Vorgaben. Um Ihnen dabei zu helfen, den einen oder anderen Stolperstein zu überwinden, der auch nach der Erteilung der Einwilligung noch auftauchen kann, greifen wir im folgenden Abschnitt besonders fehlerträchtige Aspekte der Newsletter-Gestaltung heraus und zeigen anhand von Beispielen auf, wie eine rechtskonforme Gestaltung möglich ist.

3.4.1   Erkennbarkeit des Absenders

So gilt zunächst, dass auch im Newsletter selbst der Absender der Werbe-E-Mail klar erkennbar sein muss. Dies können Sie am einfachsten gewährleisten, indem Sie eine E-Mail-Adresse verwenden, die bereits den Namen Ihres Unternehmens enthält.

Beispiel: So könnte Ihre E-Mail-Adresse lauten

Zu empfehlen sind E-Mail-Adressen, die einerseits ihren Zweck, also die Newsletter-Funktion, und andererseits das werbende Unternehmen erkennen lassen, zum Beispiel *newsletter@wbs-law.de* für die Rechtsanwaltskanzlei WBS.

Eine Erkennbarkeit liegt hingegen nicht vor, wenn die E-Mail-Adresse aus beliebigen Zahlen- und Buchstabenkombinationen besteht, die keinen direkten Rückschluss auf den tatsächlichen Absender geben.

> **Beispiel: So besser nicht!**
>
> Die E-Mail-Adresse *1a2b3c4d5e6f@gmx.de* lässt keinerlei Rückschluss darauf zu, wer der Absender der E-Mail ist.

Verwendet ein werbendes Unternehmen dennoch solche anonymen E-Mail-Adressen, stellt dies einen Verstoß gegen das Telemediengesetz dar. Gemäß § 6 Abs. 2 S. 1 TMG »darf in der Kopf- und Betreffzeile weder der Absender noch der kommerzielle Charakter der Nachricht verschleiert oder verheimlicht werden«. Davon, dass ein solches Verschleiern vorliegt, können Sie also ausgehen, wenn der Empfänger nicht auf den ersten Blick erkennen kann, worum es in der E-Mail geht.

> **Achtung: Hohes Bußgeld droht!**
>
> Handeln Sie entgegen dieser Vorschrift, so stellt dies eine Ordnungswidrigkeit dar, in deren Folge die Verhängung eines Bußgeldes von bis zu 50.000 € möglich ist.

Angenehmer Nebeneffekt der rechtskonformen Absendergestaltung ist zudem, dass leicht nachvollziehbare E-Mail-Adressen vom Empfänger als vertrauenerweckender empfunden werden und einen höheren Wiedererkennungswert haben.

3.4.2   Die Betreffzeile

Bevor der Empfänger die Werbe-E-Mail öffnet, liest er in aller Regel zunächst die Betreffzeile. Anhand dieser entscheidet er, ob das Thema für ihn interessant ist oder ob er die E-Mail ungelesen löscht.

Kurz, prägnant, aussagekräftig

Daher sollte der Betreff einerseits kurz und aussagekräftig sein und andererseits den Inhalt der Nachricht richtig wiedergeben (siehe Abbildung 3.11).

> **Beispiel: Prägnante Betreffzeile**
>
> ▶ »10 % Rabatt auf Gartenartikel – nur heute!«
> ▶ »Aktuelle Rechtsnachrichten der Kanzlei WILDE BEUGER SOLMECKE (44/2018)«
> ▶ »Karriere an der Uni: Wo sind die festen Stellen?«

Abbildung 3.11 Eine kurze und aussagekräftige Betreffzeile animiert den Kunden zum Öffnen der E-Mail.

Wenn Sie einen vermeintlich interessanten oder privat wirkenden Betreff wählen, der jedoch mit dem tatsächlichen Inhalt der Nachricht nichts zu tun hat, um zu verhindern, dass der Adressat die Nachricht nicht liest oder gar löscht, dann führen Sie den Empfänger bewusst und gezielt in die Irre. Besonders beliebt sind Betreffzeilen mit angeblichen Gewinnzusagen oder Jobangeboten. Eine solche Art der Newsletter-Gestaltung ist daher rechtswidrig!

Erkennbarkeit des kommerziellen Charakters

Darüber hinaus ergibt sich aus § 6 Abs. 2 TMG neben der Erkennbarkeit des Absenders auch, dass bereits aus dem Betreff der E-Mail erkennbar sein muss, dass es sich um eine kommerziell gestaltete Werbe-E-Mail handelt. Hingegen sollten Sie nicht den Eindruck einer privaten E-Mail erwecken, um so zu erreichen, dass der Empfänger die E-Mail in jedem Fall öffnet.

> **Beispiel: Kommerziellen Charakter deutlich machen**
>
> Die Angaben »Newsletter«, »Angebot« oder »Rabatt« in der Betreffzeile sind bereits ein Hinweis auf den kommerziellen Charakter.

3.4.3   Übereinstimmung des Newsletter-Inhalts mit der Einwilligung

Weiterhin muss der Inhalt des Newsletters auch mit dem übereinstimmen, in was der Empfänger eingewilligt hat. Wer also im Rahmen der Einwilligung angegeben

hat, dass es sich um Informationen rund um neue Rechtsprechung in einem bestimmten, für den Empfänger interessanten Rechtsgebiet handelt, der darf ihm danach nicht Werbung zu Produkten seines Onlineshops zusenden.

Achtung: Das gilt beim Kauf von E-Mail-Adressen

Besondere Beachtung sollte der Aspekt der Übereinstimmung beim Kauf von E-Mail-
Adressen finden. Denn auch dann müssen Sie als Absender sichergehen, dass der
Empfänger in den von ihm versendeten Newsletter-Inhalt auch eingewilligt hat. Die
Beweislast dafür tragen nämlich im Streitfall Sie selbst.

3.4.4   Die Abbestellmöglichkeit

Ein weiterer wichtiger Aspekt der Newsletter-Gestaltung ist die Abbestellmöglichkeit: Danach kann der Empfänger der Verwendung seiner Daten jederzeit widersprechen. Dabei müssen Sie nur beachten, dass der Widerruf ebenso einfach sein muss
wie die Erteilung der Einwilligung. Daraus folgt, dass es dem Empfänger schnell und
unkompliziert möglich sein muss, sich per E-Mail oder auf anderem Wege wie per
Telefon oder Post an Sie zu wenden, um sich wieder aus dem Verteiler austragen zu
lassen.

Praxistipp: Kontaktdaten angeben

Geben Sie in jeder einzelnen E-Mail einen deutlichen Hinweis auf weitere Kontaktdaten an.

Zeitpunkt des Hinweises

Grundsätzlich empfehlen wir Ihnen, bereits beim ersten Kontakt, also schon bevor
Ihnen der Kunde die Einwilligung erteilt hat, auf die einfache und bequeme Möglichkeit der Abbestellung hinzuweisen. Durch einen solchen Hinweis schaffen Sie Vertrauen beim Empfänger und nehmen ihm die Angst, in Zukunft dauerhaft mit Werbung »überschüttet« zu werden. Dies erhöht die Einwilligungsrate enorm. In der
Folge muss dann jede E-Mail mit Werbecharakter und jeder Newsletter erneut den
Hinweis auf die Abbestellmöglichkeit enthalten.

Formulierung der Abbestellmöglichkeit

Bei der Formulierung der Abbestellmöglichkeit sollten Sie darauf achten, dass diese
klar, verständlich und simpel ist.

Der erste Hinweis auf die Abbestellmöglichkeit kann – wie bereits erwähnt – schon in der Einwilligungserklärung enthalten sein. Ergänzen Sie hierzu einfach wie im folgenden Beispiel die vorformulierte Einwilligung um den entsprechenden Hinweis.

Beispiel: Formulierung der Abbestellmöglichkeit

»Ja, bitte senden Sie mir kostenfrei ca. alle 4 Wochen wertvolle Tipps und Informationen zu Ihrem Produkt XY. Eine Abbestellmöglichkeit finde ich in jeder neuen Ausgabe.«

In den weiteren E-Mails kann auf die Abbestellmöglichkeit am Ende der Nachricht hingewiesen werden. Dabei kann dieser Hinweis mit und ohne Abbestell-Link versehen werden. Sollten Sie sich gegen einen Abbestell-Link entscheiden, erfolgt die Abbestellung per E-Mail. Der Empfänger muss dann in einer E-Mail erklären, dass er keinen weiteren Newsletter mehr wünscht.

Beispiel: So können Sie formulieren

▶ »Um unseren Newsletter abzubestellen, antworten Sie auf diese E-Mail und schreiben ›Abbestellung‹ in die Betreffzeile.«

▶ »Wenn Sie keine weiteren E-Mails von uns erhalten möchten, senden Sie bitte eine leere E-Mail an *newsletter@wbs-law.de*.«

Ein Abbestell-Link ist jedoch besonders nutzerfreundlich und daher zu empfehlen, sofern das verwendete E-Mail-Marketing-System eine solche Funktion bereithält.

Beispiel: So integrieren Sie den Abbestell-Link

▶ »Sollten Sie unsere E-Mails nicht mehr erhalten wollen, können Sie sich hier jederzeit aus dem Newsletter austragen.«

▶ »Wenn Sie unseren Newsletter nicht mehr erhalten möchten, klicken Sie einfach hier: Newsletter abbestellen.«

▶ »Dieser Newsletter wurde versendet an *max.mustermann@yahoo.de*, weil Sie sich mit dieser E-Mail-Adresse zu unserem kostenlosen Newsletter-Service angemeldet haben. Wenn Sie diesen Newsletter in Zukunft nicht mehr erhalten möchten, klicken Sie bitte hier: Newsletter abbestellen.«

Sie können ebenfalls am Ende der E-Mail einen Button mit »Newsletter abbestellen« platzieren, der dann auf der Seite, die sich anschließend öffnet, eine Austragungsmöglichkeit gibt (siehe Abbildung 3.12).

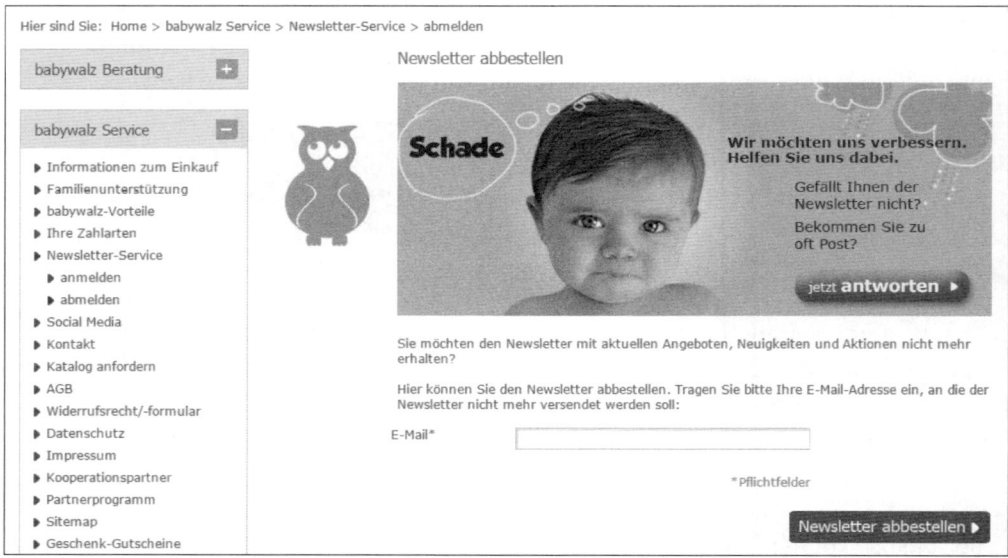

Abbildung 3.12 Beispiel für eine Austragungsmöglichkeit

Keine Erschwerung der Abbestellung

Das A und O bei der rechtskonformen Abbestellfunktion ist aus Gründen des Schutzes der Empfänger, den Vorgang möglichst einfach zu gestalten. Aus diesem Grund sollten Sie von Versuchen Abstand nehmen, den Abmeldeprozess zu erschweren, um den Empfänger so von einer Abmeldung abzuhalten.

Bisher kam in diesem Zusammenhang das sogenannte *Double-Opt-out-Verfahren* zur Anwendung, das jedoch nicht zu empfehlen ist. Dabei erhält der Abmeldende in einem ersten Schritt nach der Abmeldung eine E-Mail, in der er aufgefordert wird, in einem zweiten Schritt die Abmeldung per Klick auf einen Link zu bestätigen.

> **Beispiel: Erschwertes Abbestellen durch Klick auf Link**
>
> Wer den Newsletter der Website *www.bund.de* nicht mehr erhalten möchte, der muss im Newsletter auf ABBESTELLEN klicken, woraufhin sich eine Seite öffnet, auf der der Empfänger zunächst seine E-Mail-Adresse angeben muss (siehe Abbildung 3.13). Danach erhält er eine E-Mail mit einem ABBESTELLEN-Link (siehe Abbildung 3.14), den er bestätigen muss. Erst danach erhält er die Meldung, dass er aus dem Newsletter-Verteiler ausgetragen wurde. Diese wohl recht komplizierte Art der Abbestellung könnte gegen das Gebot der Einfachheit der Abbestellmöglichkeit verstoßen.

Abbildung 3.13 Wer den Newsletter abbestellen will, trägt in diese Maske
seine E-Mail-Adresse ein.

Abbildung 3.14 Die E-Mail mit dem weiteren Abbestell-Link

Darüber hinaus sollten Sie beachten, dass Systeme, die ein Einloggen erforderlich
machen, die Abbestellung unnötig erschweren. So kommt es in der Praxis durchaus
häufiger vor, dass der Empfänger seinen Benutzernamen und/oder sein Passwort
schon wieder vergessen hat und diese, um sich abzumelden, dann erst wieder anfordern müsste.

Beispiel: Erschwertes Abbestellen durch Login-Zwang

»Wenn Sie unseren Newsletter künftig nicht mehr erhalten möchten, dann loggen Sie sich bitte mit Ihrem Benutzernamen und Passwort im Mitgliederbereich auf unserer Homepage ein, und entfernen Sie in der Rubrik NEWSLETTER das Häkchen bei NEWSLETTER ERHALTEN.«

Bestätigung der Abmeldung

Nachdem der Newsletter-Empfänger den Link zum Abbestellen des Newsletters betätigt hat, sollte ihm die Austragung aus dem Verteiler bestätigt werden. Dabei ist es ausreichend, wenn sich nach Betätigen des Links eine weitere Seite öffnet, die diese Information enthält.

In diesem Rahmen kann der Empfänger auch darum gebeten werden, auf freiwilliger Basis anzugeben, warum er den Newsletter nicht mehr erhalten möchte (siehe Abbildung 3.15). Die Freiwilligkeit und der Umstand, dass die Angabe nicht Voraussetzung für die Abbestellung ist, sollten aus der Art und Weise der Formulierung klar hervorgehen.

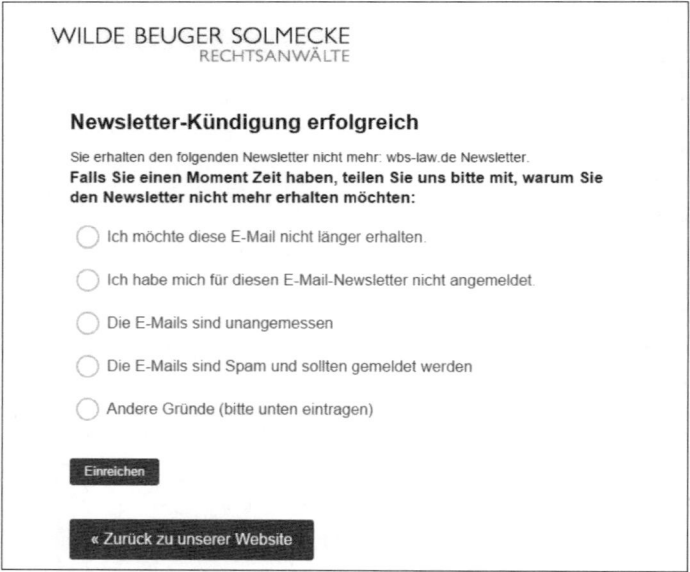

Abbildung 3.15 Beispiel für eine Bestätigung der Abbestellung und für eine Formulierung, mit der Sie den Nutzer bitten, Ihnen den Grund für die Abbestellung mitzuteilen

Eine weitere Bestätigung per E-Mail ist einerseits nicht erforderlich und andererseits auch nicht unbedingt empfehlenswert, da der Empfänger kurz zuvor erklärt hat, dass er gerade keine weiteren E-Mails mehr wünscht. Daher könnte er selbst die Abbestell-bestätigung als unzumutbare Belästigung empfinden.

Den Empfänger aus dem Verteiler streichen

Nach der Abbestellung des Newsletters muss dieser Umstand von dem werbenden Unternehmen unverzüglich beachtet werden. Das bedeutet, dass jede weitere Verarbeitung oder Nutzung für diese Zwecke unzulässig ist und rechtliche Konsequenzen nach sich ziehen kann. Dies gilt auch für weitere E-Mail-Adressen des Empfängers, wenn diese beim Werbetreibenden gespeichert sind und der Empfänger ausdrücklich erklärt hat, in Zukunft gar keine Werbung mehr erhalten zu wollen (Kammergericht Berlin, Urteil vom 31.01.2017, Az. 5 U 63/17).

> **Achtung: Bei Nichtbeachtung drohen Bußgelder!**
> Wer entgegen eines einmal erklärten Widerspruchs die Daten dennoch verarbeitet oder nutzt, der begeht eine Ordnungswidrigkeit und muss nach der neuen Datenschutz-Grundverordnung mit einem Bußgeld von bis zu 20.000.000 € oder 4 % des jährlich weltweiten Unternehmensumsatzes rechnen. Auch können sich Unternehmen nicht damit herausreden, aufgrund mangelnder personeller Kapazität die Umsetzung noch nicht realisiert zu haben. Vielmehr muss das Unternehmen, das die Vorteile eines Newsletters nutzen möchte, auch solche Nachteile tragen können oder andernfalls auf diese Marketingstrategie verzichten.

Um rechtlichen Konsequenzen vorzubeugen, empfehlen wir Ihnen, bei Verwendung des Abbestell-Links in eine gute E-Mail-Marketing-Software zu investieren, da diese in der Regel eine Funktion bietet, die sicherstellt, dass jeder Nutzer, der auf diesen Link klickt, automatisch keine weiteren E-Mails mehr erhält.

Aber auch wenn Sie sich für eine Abbestellung per E-Mail entscheiden, können Sie zur Erleichterung eine E-Mail-Marketing-Software nutzen, da diese die eingehenden E-Mails analysiert und die Abbesteller aus dem Verteiler streicht.

3.4.5   Der Einsatz von Bildern im Newsletter

Für den in der Praxis sehr häufigen Fall, dass Sie Ihren Newsletter mit Inhalten wie Werbebildern gestalten möchten, diese aber nicht selbst angefertigt haben, müssen Sie die Rechte daran abklären.

Dabei müssen Sie einerseits an das Persönlichkeitsrecht des Abgebildeten (siehe Abbildung 3.16) denken und andererseits an das Urheberrecht an den Bildern. Was dies konkret im Einzelfall bedeutet, möchten wir Ihnen im Folgenden näher erläutern.

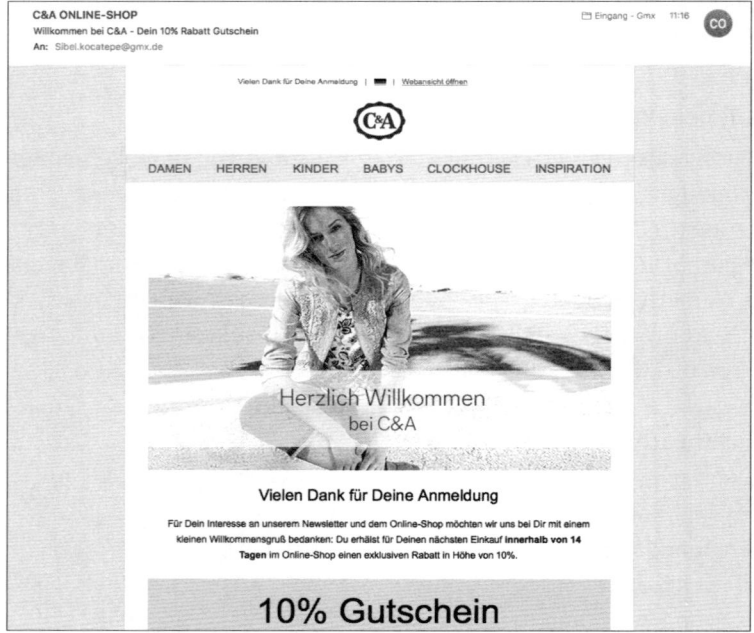

Abbildung 3.16 Abbildung von Personen in Newslettern zu Werbezwecken

Das Persönlichkeitsrecht des Abgebildeten

Wenn Sie Bilder unbefugt verwenden, erlangt das Recht am eigenen Bild der abgebildeten Personen besondere Relevanz. Das Recht am eigenen Bild – wonach jeder Mensch selbst bestimmen darf, ob überhaupt und in welchem Zusammenhang Bilder von ihm veröffentlicht werden – ist Ausfluss des verfassungsrechtlich garantierten allgemeinen Persönlichkeitsrechts und ist von jedem zu respektieren. Die unbefugte Anfertigung und Verbreitung seiner Bildnisse muss demnach niemand dulden.

Die Rechtsgrundlage für den Schutz des Rechts am eigenen Bild bilden die §§ 22 und 23 des *Kunsturhebergesetzes* (KUG). Darin ist geregelt, dass die Verbreitung und öffentliche Zurschaustellung von Bildnissen grundsätzlich nicht ohne Einwilligung des Abgebildeten zulässig ist. Dabei kann die Erteilung der Einwilligung ausdrücklich oder durch schlüssiges Verhalten erfolgen.

Achtung: Für Fotos von Mitarbeitern ist deren Einwilligung nötig!

Wenn Sie in Ihrem Newsletter dem Empfänger einen konkreten Ansprechpartner Ihres Unternehmens darstellen möchten, müssen Sie beachten, dass es dazu der Einwilligung des abgebildeten Mitarbeiters bedarf. Der Umstand, dass der Mitarbeiter in einem Dienstverhältnis zu dem Unternehmen steht, ändert nichts an seinen Persönlichkeitsrechten.

Es gibt nur einige wenige Ausnahmen von diesem Einwilligungserfordernis. Welche das sind, ist ausdrücklich und abschließend gesetzlich in § 23 Abs. 1 KUG geregelt. In Betracht kommt eine Veröffentlichung auch ohne Einwilligung in folgenden Fällen:

▶ Bildnisse aus dem Bereich der Zeitgeschichte

▶ Bilder, auf denen die Personen nur als Beiwerk neben einer Landschaft oder sonstigen Örtlichkeit erscheinen

▶ Bilder von Versammlungen, Aufzügen und ähnlichen Vorgängen, an denen die dargestellten Personen teilgenommen haben

▶ Bildnisse, die nicht auf Bestellung angefertigt sind, sofern die Verbreitung oder Schaustellung einem höheren Interesse der Kunst dient

Diese Ausnahmen von dem Einwilligungserfordernis gelten dann wiederum nicht, wenn eine Verletzung berechtigter Interessen vorliegt. Um dies beurteilen zu können, ist eine einzelfallgerechte, umfassende Abwägung der widerstreitenden Interessen vorzunehmen. Die Abwägung fällt jedoch in jedem Fall dann zugunsten des Abgebildeten aus, wenn das Bildnis zu Werbezwecken eingesetzt wird.

> **Achtung: Verwendung von Bildern zu Werbezwecken nur mit Einwilligung!**
>
> Das heißt für Sie im Fall der Verwendung von Bildern im Rahmen von E-Mail-Marketing-Maßnahmen, dass keine Ausnahme greift und damit die Einwilligung des Abgebildeten immer erforderlich ist.

Bilder von Prominenten dürfen zwar in Presseerzeugnissen unter Einhaltung der rechtlichen Voraussetzungen auch ohne deren Einwilligung abgedruckt werden, jedoch sollte dies Sie nicht dazu verleiten, Bilder Prominenter zu Werbezwecken zu benutzen. Denn es ist allgemein anerkannt, dass die Werbung mit Bildern Prominenter ohne deren Einwilligung einen Rechtsverstoß darstellt und dass die Prominenten dann gegen den Werbenden einen Anspruch auf Zahlung der sogenannten *fiktiven Lizenzgebühr* haben. Darunter versteht man die Gebühr, die der Werbende zu zahlen hätte, wenn der abgebildete Prominente der Werbung mit seinem Bild zugestimmt hätte. Dies kann unter Umständen je nach Prominenz des Abgebildeten für den Werbenden sehr teuer werden!

> **Beispiel: Schadensersatz in Millionenhöhe!**
>
> Das Landgericht München I verurteilte die Tageszeitung »Frankfurter Allgemeine Zeitung« zu einer Zahlung von 1,2 Mio. € fiktiver Lizenzgebühr, weil diese ohne Einwilligung Werbung mit dem Bild des ehemaligen Tennisspielers Boris Becker gemacht hat (Urteil vom 22.02.2006, Az. 21 O 17267/03).

Damit kann festgehalten werden, dass die Ausnahmen vom Einwilligungserfordernis bei der Nutzung zu Werbezwecken gerade nicht greifen und daher immer die Einholung der Einwilligung erforderlich ist.

Sicher ist sicher: Die Beweislast trägt der Unternehmer

Aus Gründen der Beweislast ist es empfehlenswert, eine schriftliche Einwilligung einzuholen oder die Einwilligung zumindest in Gegenwart eines Zeugen abgeben zu lassen. Denn die Beweislast für das Vorliegen der Einwilligung trägt letztlich der, der sich darauf beruft – in diesem Fall also Sie als Absender des Newsletters.

Das Urheberrecht

Neben dem Persönlichkeitsrecht kann bei der Veröffentlichung von Bildern in Newslettern auch das Urheberrecht des Rechteinhabers verletzt sein. Das Urheberrecht sichert dem Urheber das alleinige und ausschließliche Verwertungsrecht an seinem Werk.

Bilder fallen dann unter den Schutz des Urheberrechts, wenn es sich um eine persönliche geistige Schöpfung des Fotografen handelt. Ist dies der Fall, dürfen die Bilder – mit wenigen Ausnahmen – nicht ohne die Einwilligung des Urhebers vervielfältigt, öffentlich zugänglich gemacht oder bearbeitet werden.

Möchten Sie also Bilder verwenden, an denen Dritte das Urheberrecht haben, so müssen Sie sich von dem Rechteinhaber die sogenannten *Nutzungsrechte* einräumen lassen. Dies betrifft Fotos jeglicher Art.

Beispiel: Bilder aus Suchmaschinen

Wenn sich ein Unternehmen zur Weihnachtszeit überlegt, dass es im Hintergrund seines Newsletters zu den neuen Weihnachtsangeboten gerne eine schöne Winterlandschaft abbilden möchte und dazu die Bildersuche von Suchmaschinen nutzt, muss es damit rechnen, dass es gegen die Urheberrechte des Rechteinhabers verstößt, wenn es sich dort ohne Einwilligung des Rechteinhabers ein Bild herunterlädt und in seinen Newsletter einsetzt.

Um Rechtsverstöße zu verhindern, müssen Sie sich um die Einräumung von Nutzungsrechten kümmern. Nutzungsrechte sind im allgemeinen Sprachgebrauch als *Lizenzen* bekannt und stellen Rechte am geistigen Eigentum anderer dar. Diese Nutzungsrechte an urheberrechtlich geschützten Werken kann der Urheber als Rechteinhaber (Lizenzgeber) gemäß § 32 Urheberrechtsgesetz (UrhG) mit einem Lizenzvertrag auf den späteren Werknutzer (Lizenznehmer) für bestimmte Nutzungsarten übertragen und ihm so die wirtschaftliche Nutzung des Werkes gestatten. Der Rechteinhaber eines Fotos entscheidet also, wer das Foto wo, wie und in welchem Umfang benutzen darf und wer nicht.

Dies bedeutet letztlich, dass das Unternehmen beim Rechteinhaber anfragen muss, ob es das gewünschte Bild oder Video für seinen Newsletter nutzen darf. Gegebenenfalls müssen Sie sich dieses Recht dann vertraglich und oftmals gegen ein Entgelt einräumen lassen. Auch hier empfiehlt sich aus Gründen der Beweislast eine schriftliche Fixierung der Vereinbarung.

> **Praxistipp: So können Sie Geld sparen**
>
> Möchten Sie für die Nutzung von Werken Dritter kein Entgelt bezahlen, so können Sie auf kostenlose Alternativen zurückgreifen. Zu denken ist dabei an die sogenannten *Creative-Commons-Inhalte* (CC = kostenfreie Lizenz). Diese sogenannten »Jedermannlizenzen« richten sich als schöpferisches Gemeingut an alle Betrachter gleichermaßen und erlauben, dass jeder mit einem CC-lizenzierten Inhalt mehr machen darf, als das Urheberrechtsgesetz ihm eigentlich gestattet.

Und so gelangen Sie in der Praxis an frei nutzbare Bilder: Um die von Ihnen gewünschten Bilder möglichst unkompliziert zu finden, verwenden Sie zunächst eine Suchmaschine wie etwa Google. Sucht man dort nach Bildern, gelangt man durch einen Klick auf die Suchoptionen zu einem weiteren Button NUTZUNGSRECHTE und kann dort angeben, welche Art von Bildern man sucht (siehe Abbildung 3.17).

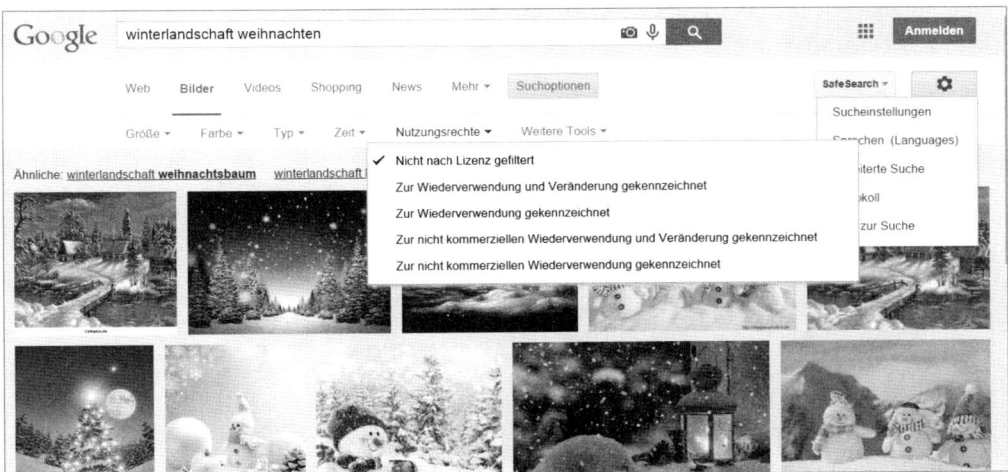

Abbildung 3.17 Beispiel für die Suche nach CC-Inhalten in der Suchmaschine »Google«

Ganz bedenkenlos können Sie jedoch auch CC-Inhalte nicht nutzen. Denn um die Inhalte nutzen zu können, ist die Zustimmung zu den jeweiligen Lizenzbedingungen nötig. Dies hat zur Folge, dass Sie unter Umständen weitere Bedingungen beachten müssen, zum Beispiel die Namensnennung des Urhebers sowie das Verbot der Bearbeitung und kommerziellen Nutzung. Somit ist auch bei CC-Inhalten ein Blick in die Lizenzbedingungen unumgänglich, um sich nicht im Nachhinein mit Ansprüchen der Rechteinhaber auseinandersetzen zu müssen.

3.4.6   Die Impressumspflicht

Für einen Unternehmer besteht auch im Rahmen der Versendung von Newslettern die Impressumspflicht – ebenso wie auf Webseiten und anderen kommerziell genutzten Internetauftritten, z. B. in sozialen Netzwerken. Man nennt das Impressum auch die *Anbieterkennzeichnung*, also die Angabe zu der Person oder dem Unternehmen, die oder das den Dienst geschäftsmäßig betreibt.

Wen trifft die Impressumspflicht?

Eine solche Impressumspflicht ergibt sich für Newsletter aus § 5 Abs. 1 TMG, da es sich bei einem Newsletter um einen elektronischen Informations- und Kommunikationsdienst handelt, der über das Internet abrufbar ist.

Handeln Sie als Privatperson, so trifft Sie diese Pflicht nicht. Es muss sich vielmehr um ein geschäftsmäßiges Angebot handeln, wovon immer dann ausgegangen werden kann, wenn der Unternehmer den Newsletter aufgrund einer nachhaltigen Tätigkeit mit oder ohne Gewinnerzielungsabsicht erbringt. Wer also in seinem Newsletter beispielsweise seine Produkte bewirbt, der handelt in jedem Fall mit Gewinnerzielungsabsicht und damit geschäftsmäßig.

> **Achtung: Sehr weiter Begriff der Geschäftsmäßigkeit**
>
> Eine *Geschäftsmäßigkeit* liegt aber auch dann vor, wenn Sie nicht direkt Produkte oder Dienstleistungen bewerben, sondern dem Empfänger Informationen zusenden, die thematisch mit Ihrem Geschäftsfeld in Verbindung stehen, da dies letztlich dazu dient, dem Interessenten in Erinnerung zu bleiben und eine Bindung aufzubauen. Dass keine direkte Gewinnerzielungsabsicht vorliegt, ändert an der Geschäftsmäßigkeit nichts und entbindet daher nicht von der Impressumspflicht.

Von einer neben der Geschäftsmäßigkeit erforderlichen Nachhaltigkeit ist immer dann auszugehen, wenn die Tätigkeit auf einen längeren Zeitraum ausgerichtet ist und keine Einzelfalltätigkeit darstellt. Da Newsletter ihrem System nach so konzipiert sind, dass sie dem Empfänger regelmäßig zukommen sollen, kann eine Nachhaltigkeit unproblematisch angenommen werden.

Im Ergebnis lässt sich also festhalten, dass den Absender von Newslettern in jedem Fall eine Impressumspflicht trifft, der er auch nachkommen sollte, da er andernfalls mit teuren Abmahnungen rechnen muss.

Was gehört in ein Impressum?

Trifft den Unternehmer nun eine Impressumspflicht, stellt sich in der Folge die Frage, welche Bestandteile das Impressum mindestens enthalten muss. Dazu gehören gemäß § 5 Abs. 1 TMG unter anderem die Angabe von:

▶ Name und Anschrift des Sitzes des Unternehmens

▶ bei juristischen Personen deren Rechtsform und deren vertretungsberechtigte Personen

▶ E-Mail-Adresse und Telefonnummer

▶ gegebenenfalls Angaben zur ständigen Aufsichtsbehörde

▶ gegebenenfalls Angaben zum Handelsregister, Vereinsregister, Partnerschaftsregister oder Genossenschaftsregister und die entsprechende Registernummer

▶ Angabe der Umsatzsteueridentifikationsnummer

▶ der Hinweis auf die Möglichkeit der europäischen Online-Streitbeilegung

> **Achtung!**
>
> Die Pflicht zum Hinweis auf die Online-Streitbeilegungs-Plattform (OS-Plattform) besteht seit dem 09.01.2016 und hat ihre rechtliche Grundlage in Art. 14 Abs. 1 der EU-Verordnung über Online-Streitbeilegung in Verbraucherangelegenheiten Nr. 524/2013.

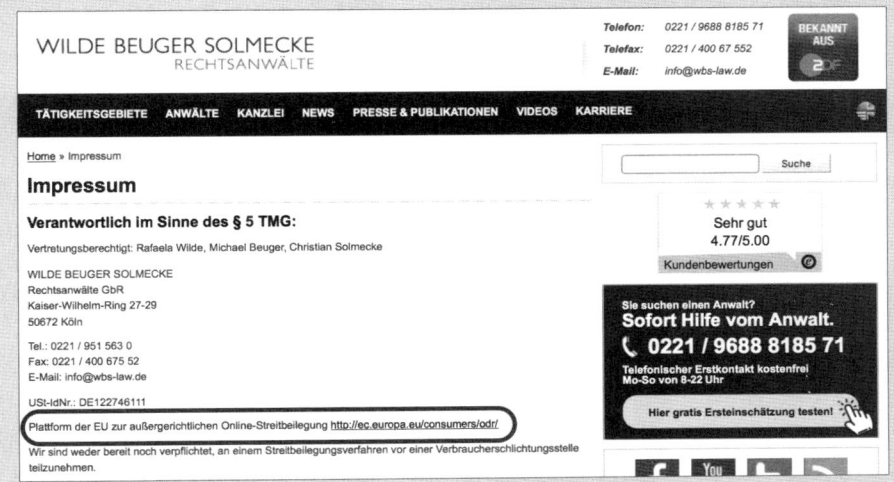

Abbildung 3.18 Beispiel für die Darstellung der Information zur OS-Plattform im Impressum

Diese Plattform dient der außergerichtlichen Regelung von Streitigkeiten ausschließlich zwischen Verbrauchern und Unternehmen und nur bei Online-Käufen, sodass Streitigkeiten bei Online-Käufen vollständig online abgewickelt und beigelegt werden können (siehe Abbildung 3.18). Auf diese Weise sollen Verbraucher und Unternehmer schneller und effektiver Probleme lösen können, ohne langwierige und kostenintensive Gerichtsverfahren anstrengen zu müssen.

Zentraler Aspekt der neuen Informationspflicht ist also die zwingende Nennung des Links zur OS-Plattform (*https://ec.europa.eu/consumers/odr*) und die Angabe der E-Mail-Adresse. Dabei sollte sich der Link an zugänglicher Stelle befinden, was nach aktuellem Stand der Fall ist, wenn eine Verlinkung im Impressum (siehe Abbildung 3.18) oder in den AGB erfolgt – wir empfehlen Ihnen, beide Stellen zu nutzen! Auch sollten Sie nachprüfen, ob der Link tatsächlich funktioniert.

Die Pflicht gilt dabei sowohl für Verkaufsplattformen als auch für E-Mails, wenn Sie darin Waren oder Dienstleistungen zum Kauf anbieten. Fehlt der Link, drohen Abmahnungen, da dies einen Rechtsverstoß darstellt (Oberlandesgericht München, Urteil vom 22.09.2016, Az. 29 U 2498/16).

▶   gegebenenfalls Hinweis zur Teilnahme an Streitbeilegungsverfahren vor einer Verbraucherschlichtungsstelle

Achtung!

Der Hinweis auf die Teilnahme am Streitbeteiligungsverfahren vor einer Verbraucherschlichtungsstelle ist ebenfalls neu und gilt seit dem 01.02.2017. Die Normierung betrifft Unternehmen, die zum 31.12.2016 mehr als zehn Mitarbeiter beschäftigt haben, und beinhaltet, dass Verbraucher darüber in Kenntnis gesetzt werden müssen, inwieweit Sie bereit sind, an einem Streitbeilegungsverfahren teilzunehmen.

Gemäß § 36 des Gesetzes über die alternative Streitbeilegung in Verbrauchersachen hat ein Unternehmer, der eine Webseite unterhält oder Allgemeine Geschäftsbedingungen verwendet, den Verbraucher leicht zugänglich, klar und verständlich in Kenntnis davon zu setzen, inwieweit er bereit ist oder verpflichtet ist, an Streitbeilegungsverfahren vor einer Verbraucherschlichtungsstelle teilzunehmen. Auch muss er auf die zuständige Verbraucherschlichtungsstelle hinweisen, wenn er sich zur Teilnahme an einem Streitbeilegungsverfahren vor einer Verbraucherschlichtungsstelle verpflichtet hat oder sich dies aus dem Gesetz ergibt.

Sofern Sie keine gesetzliche oder vertragliche Pflicht trifft, so ist die Teilnahme an einem solche Verfahren grundsätzlich freiwillig. Das Gesetz sieht jedoch vor, dass der Verbraucher über die Teilnahme ebenso informiert werden muss wie über die Nichtteilnahme. Dafür bietet es sich an, einen entsprechenden Hinweis sowohl in den AGB als auch im Impressum nach dem Hinweis zur OS-Plattform zu platzieren (siehe Abbildung 3.19).

Dieser Informationspflicht sollten Sie aber aus Transparenzgründen auch dann nachkommen, wenn Sie weder gesetzlich zur Teilnahme verpflichtet sind noch frei-

willig an einem Streitbeilegungsverfahren teilnehmen möchten. Dann reicht beispielsweise der Hinweis: »Wir sind weder bereit noch verpflichtet, an einem Streitbeilegungsverfahren vor einer Verbraucherschlichtungsstelle teilzunehmen.«

Abbildung 3.19 zeigt ein Beispiel für die rechtskonforme Umsetzung des Hinweises
auf die Nichtteilnahme am Streitbeilegungsverfahren.

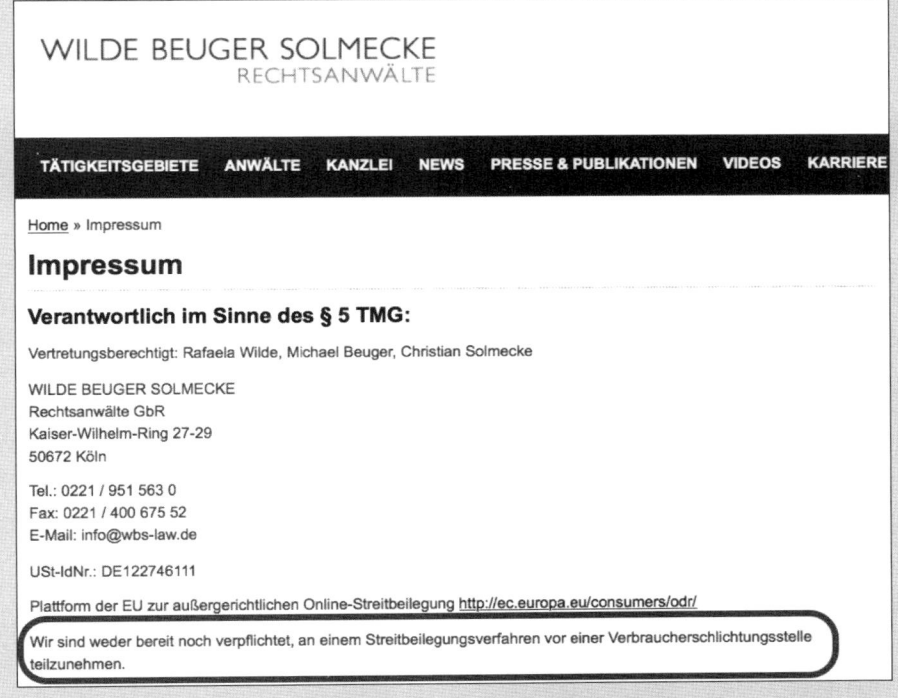

Abbildung 3.19 Beispiel für den Hinweis auf die Nichtteilnahme

Beispiel: So besser nicht!

Wer in seinem Impressum statt einer ladungsfähigen Anschrift nur ein Postfach angibt (Landgericht Traunstein, Urteil vom 22.07.2016, Az. 1 HK O 168/16), der muss
ebenso mit Konsequenzen rechnen wie derjenige, der als einzige direkte Kontaktmöglichkeit eine kostenpflichtige Mehrwertdienste-Rufnummer angibt und so die
potenziellen Anrufer mit zu hohen Kosten abschreckt (Bundesgerichtshof, Urteil
vom 25.02.2016, Az. I ZR 238/14). Auch wenn Sie die relevanten Stellen in Ihrem Impressum nicht korrekt ausfüllen oder mit Platzhaltern wie »000« füllen, begehen Sie
einen Wettbewerbsverstoß und können dafür in Anspruch genommen werden
(Oberlandesgericht Frankfurt, Urteil vom 14.03.2017, Az. 6 U 44/16).

Wo muss das Impressum platziert werden?

Der Gesetzgeber hat auch klare Vorstellungen von der genauen Platzierung und Erreichbarkeit des Impressums. Verlangt wird, dass die »Anbieterkennzeichnung« ohne wesentliche Zwischenschritte abgerufen werden kann. Sorgen Sie deshalb dafür, dass die Informationen für den Nutzer leicht erkennbar, unmittelbar erreichbar und ständig verfügbar gehalten werden (siehe Abbildung 3.20).

Lieber FAMILY & FRIENDS-Anmelder

herzlich Willkommen zu baby-walz FAMILY & FRIENDS! Sie erhalten diese E-Mail, weil Sie sich kürzlich bei uns registriert haben. Um die Anmeldung abzuschließen, müssen Sie nur noch auf den untenstehenden Link klicken. So können wir ausschließen, dass sich ein Dritter mit Ihrer E-Mail-Adresse angemeldet hat.

Hier bitte zur Bestätigung klicken >>

Ab sofort können Sie mit jedem Einkauf in unserem Online-Shop oder in unseren Fachgeschäften Treuepunkte sammeln. Unter baby-walz.de/familyandfriends können Sie Ihren Punktestand und Ihre Bonusgutscheine einsehen. Wollen Sie doch nicht an unserem Treueprogramm teilnehmen, dann ignorieren Sie diese E-Mail einfach.

Viel Spaß und Freude bei FAMILY & FRIENDS wünscht Ihnen
Ihr baby-walz Team

PS: Sie können sich jederzeit wieder vom Programm abmelden, entweder über die baby-walz-Webseite oder unter unserer Service-Hotline 07524/703-307 (24 Stunden für Sie erreichbar). Ihre Privatsphäre ist uns selbstverständlich sehr wichtig. Die allgemeinen Informationen zum Datenschutz finden Sie hier.

AGB   Impressum *baby walz*

Abbildung 3.20 Die Abbildung zeigt, wie das Impressum rechtlich einwandfrei durch einen Klick auf den Link im Newsletter erreicht werden kann.

Der Bundesgerichtshof (Urteil vom 20.07.2006, Az. I ZR 228/03) sieht diese Voraussetzungen als gegeben an, wenn das Impressum über die zwei Links IMPRESSUM und KONTAKT erreicht werden kann. Denn die Bezeichnungen Impressum und Kontakt

3.5   Was ist beim Einsatz von Newsletter-Dienstleistern aus Drittstaaten zu beachten?

3

seien mittlerweile als üblich und ausreichend anzusehen, da nach Ansicht des BGH der durchschnittlich informierte Nutzer wisse, dass sich hinter diesen Begriffen häufig Informationen zur Anbieterkennzeichnung befinden.

Praxistipps zum Impressum

▸ Für einen rechtssicheren Newsletter ist es ausreichend, wenn der Newsletter einen Link zu dem Impressum enthält, das sich auf der Homepage des Unternehmens befindet. Es ist nicht nötig, dass der Anbieter die Angaben auf der Startseite bereithält.

▸ Als Bezeichnung bieten sich IMPRESSUM oder KONTAKT an.

▸ Links wie ÜBER UNS in unmittelbarer Nähe zur Anbieterkennzeichnung sollten Sie möglichst vermeiden, um Verwechslungen vorzubeugen.

Für eine gute Lesbarkeit sollten Sie auf eine ausreichende Schriftgröße und -farbe sowie auf die Hintergrundfarbe achten. Diese Anforderungen erfüllt beispielsweise ein hochkant formatiertes Impressum nicht (Landgericht Dortmund, Urteil vom 16.03.2016, Az. 10 O 81/15).

3.5   Was ist beim Einsatz von Newsletter-Dienstleistern aus Drittstaaten zu beachten?

Selten versenden Unternehmen ihre Newsletter selbst. Immer öfter beauftragen Werbetreibende Dienstleister, die den Versand von Newslettern koordinieren und durchführen. Es handelt sich dabei um den klassischen Fall der Auftragsverarbeitung, deren Grundzüge wir Ihnen in diesem Abschnitt ebenfalls erläutern werden. Der Einsatz beauftragter Dienstleister ist unter datenschutzrechtlichen Gesichtspunkten nicht unproblematisch, da diese Dienstleister regelmäßig Zugriff auf personenbezogene Daten erhalten und sich demzufolge die Frage stellt, wer für die Einhaltung datenschutzrechtlicher Regelungen verantwortlich ist. In der Konsequenz betrifft dies auch die Frage, wer gegenüber Aufsichtsbehörden und Betroffenen haftet, wenn es zu Datenschutzverstößen kommt. Dieses Problem verschärft sich zudem dann, wenn die Daten zur Auftragsverarbeitung ins Ausland transferiert werden. Auf diese Fragen gibt nun der europäische Gesetzgeber in der Datenschutz-Grundverordnung ebenso eine Antwort wie der deutsche Gesetzgeber im neuen Bundesdatenschutzgesetz.

Abhängig davon, wo ein beauftragtes Unternehmen personenbezogene Daten verarbeitet bzw. in welches Land diese dafür übermittelt werden, gibt es verschiedene Zulässigkeitsvoraussetzungen. Während man innerhalb der Europäischen Union mit der Datenschutz-Grundverordnung ein einheitliches Datenschutzniveau hat und daher bei der Inanspruchnahme europäischer Anbieter nur auf die allgemeinen An-forderungen der Auftragsverarbeitung achten muss, bestehen erhöhte Anforderun-gen bei der Inanspruchnahme von Dienstleistern aus Drittstaaten wie den USA.

Praxisbeispiel

Weltweit besonders beliebt ist der US-amerikanische Anbieter MailChimp (*https:// mailchimp.com/*, siehe Abbildung 3.21). Dieser hat die Wichtigkeit der Datenschutz-Grundverordnung bereits erkannt und hat die Informationen, die im Zusammen-hang mit der Nutzung seines Dienstes erforderlich sind, in einem Dokument zusam-mengefasst. Es trägt den Titel »The General Data Protection Regulation (GDPR) – What it is, what we are doing, and what you can do«. Sie finden es unter: *https:// kb.mailchimp.com/binaries/content/assets/mailchimpkb/us/en/pdfs/mailchimp_gdpr_ sept2017.pdf*.

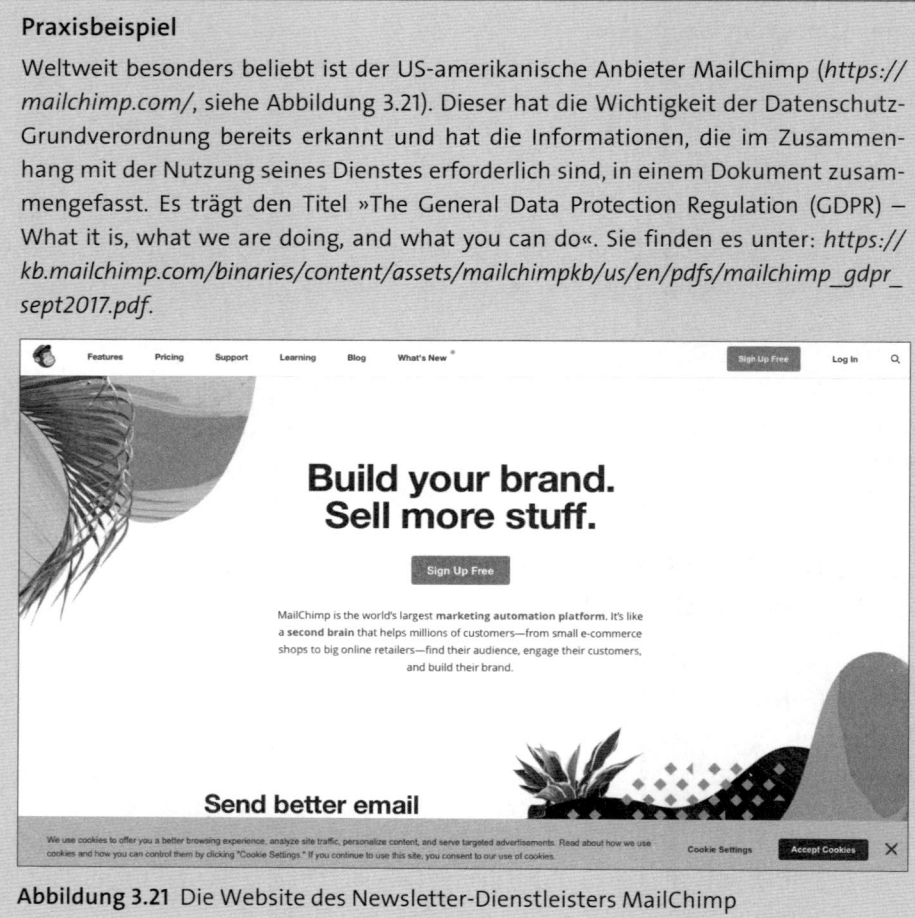

Abbildung 3.21 Die Website des Newsletter-Dienstleisters MailChimp

---

Im Folgenden möchten wir Ihnen nun erläutern, was genau unter Auftragsverarbei-tung zu verstehen ist, und sodann am Beispiel des US-amerikanischen Newsletter-Versenders MailChimp aufzeigen, was Sie konkret beim Einsatz von Newsletter-Dienstleistern aus Drittstaaten beachten müssen.

3.5.1   Newsletter-Dienstleister als Auftragsverarbeiter

Dass Daten von Unternehmen nicht nur intern verarbeitet werden, ist weder prak-tisch noch rechtlich neu. Vielmehr steigt die immense wirtschaftliche Bedeutung des Outsourcings: Einerseits werden Datenverarbeitungen gemeinsam mit ganzen Arbeitsprozessen insgesamt ausgelagert. Andererseits werden die Datenmengen, mit denen Unternehmen in ihren täglichen Prozessen umgehen müssen, auf externen Speichern verwaltet.

Neu ist bei dem Ganzen nun die rechtliche Lage: Die Datenschutz-Grundverordnung hat ebenso wie das neue Bundesdatenschutzgesetz eine Vielzahl der Regelungen zur Auftragsverarbeitung (vormals »Auftragsdatenverarbeitung«) reformiert. Was genau das nun für Sie bedeutet, möchten wir Ihnen in diesem Abschnitt näher erläutern.

Was ist ein Auftragsverarbeiter?

Unter einem Auftragsverarbeiter versteht der europäische Gesetzgeber laut Art. 4 Nr. 8 DSGVO »eine natürliche oder juristische Person, Behörde, Einrichtung oder andere Stelle, die personenbezogene Daten im Auftrag des Verantwortlichen verarbeitet«. Die Auftragsverarbeitung zeichnet sich demnach nach der europäischen Definition lediglich durch das Auftragsverhältnis aus, ohne auf weitere Merkmale aus dem Innenverhältnis wie Weisungsgebundenheit oder Verantwortlichkeiten abzustellen. Demnach sind eigenverantwortliches Handeln und eigene Entscheidungsspielräume des Auftragsverarbeiters durchaus zulässig.

Hinweis: Vergleich zur alten Rechtslage

Die neue europäische Definition unterscheidet sich damit deutlich von dem früheren deutschen Verständnis einer Auftragsdatenverarbeitung i. S. d. § 11 BDSG a. F., wonach der für die jeweilige Dienstleistung bzw. Datenverarbeitung eingeschaltete Auftragnehmer tatsächlich nur unterstützend tätig werden durfte. Er durfte also gegenüber dem Auftraggeber lediglich Hilfstätigkeiten ohne eigenen Entscheidungsspielraum hinsichtlich der verarbeiteten Daten erbringen. Aufgrund dieses Verständnisses erfolgte nach der alten Rechtslage eine Abgrenzung zur sogenannten *Funktionsübertragung* auf den Auftragnehmer mit der Folge, dass dieser selbst als datenschutzrechtlich verantwortliche Stelle anzusehen war. Eine solche Differenzierung ist nun jedoch obsolet, wodurch zum Beispiel auch der besonders relevante Bereich des Cloud Computings durchaus unter die Definition der Auftragsverarbeitung gefasst werden kann.

Welche Regelungen gelten bei der Auftragsverarbeitung?

Die Auftragsverarbeitung ist in der europäischen Datenschutz-Grundverordnung in Art. 28 und Art. 29 DSGVO geregelt. Die Datenschutz-Grundverordnung normiert damit den Rahmen der Zulässigkeit einer Datenverarbeitung durch beauftragte Dritte. Möchten Sie demnach einen Auftragsverarbeiter einsetzen, dann ist es gemäß Art. 28 Abs. 1 DSGVO Ihre Pflicht, nur mit solchen Auftragsverarbeitern zu kooperieren, »die hinreichend Garantien dafür bieten, dass geeignete technische und organisatorische Maßnahmen so durchgeführt werden, dass die Verarbeitung im Einklang mit den Anforderungen dieser Verordnung erfolgt und den Schutz der Rechte der betroffenen Person gewährleistet«.

> **Hinweis**
>
> Diese Pflicht hat der deutsche Gesetzgeber mit einer ähnlichen Formulierung auch noch einmal in § 62 Abs. 2 BDSG kodifiziert und damit deren Wichtigkeit unterstrichen.

Als Beleg für eine solche Qualität des von Ihnen beauftragten Unternehmens können Sie zum Beispiel Zertifizierungen anführen, die im Rahmen eines Datenschutzaudits erteilt werden.

Darüber hinaus ist auch nach dem neuen europäischen Datenschutzrecht eine Auftragsverarbeitung nur dann zulässig, wenn die Zusammenarbeit auf einem schriftlich – oder neuerdings auch in elektronischer Form – abgefassten Vertrag zur Auftragsverarbeitung basiert. Wie ein solcher Vertrag aussieht, können Sie zudem in unserem Muster in Kapitel 19 sehen.

Insgesamt ähneln die neuen Regelungen der Datenschutz-Grundverordnung und des Bundesdatenschutzgesetzes den Vorgaben des § 11 BDSG a. F. Auch wenn viele Aspekte dabei bereits bekannt sind und beibehalten wurden, wird der Auftragsverarbeiter nun durch die Vorgaben des Art. 28 Abs. 3 DSGVO stärker in die Pflicht genommen, für die Einhaltung der Datenschutzregelungen zu sorgen. Denn anders als nach den Regelungen des früher geltenden Bundesdatenschutzgesetzes ist der Auftragsverarbeiter seit der Reform für die Datenschutzkonformität der Verarbeitungsprozesse mitverantwortlich. Daraus ergibt sich für ihn zum Beispiel die Pflicht,

- einen Vertreter zu bestimmen (Art. 27 Abs. 1 DSGVO),
- ein Verzeichnis aller von ihm getätigten Verarbeitungen zu erstellen (Art. 30 Abs. 2 DSGVO),
- mit der Datenschutzaufsicht zusammenzuarbeiten (Art. 31 DSGVO),
- die technischen und organisatorischen Maßnahmen der Datensicherheit einzuhalten (Art. 32 Abs. 1 DSGVO) oder
- die allgemeinen Grundsätze der Datenübermittlung in Drittländer oder an internationale Organisationen zu beachten (Art. 44 DSGVO).

Welche Konsequenzen hat ein Verstoß des Auftragsverarbeiters?

In den Fällen, in denen sich der Auftragsverarbeiter nicht an Ihre Weisungen hält (indem er zum Beispiel die Daten abredewidrig verarbeitet oder erforderliche Sicherheitsmaßnahmen nicht beachtet), wird er selbst gemäß Art. 28 Abs. 10 DSGVO als Verantwortlicher behandelt und haftet damit voll und eigenständig für die Konsequenzen aus den Datenschutzverstößen. Er wird demnach so behandelt, als hätte das Auftragsverhältnis zwischen Ihnen und ihm nicht bestanden, was zur Folge hat, dass der eigentliche Auftragsverarbeiter mit Geldbußen von bis zu 20 Millionen Euro oder 4 % des Umsatzes des vergangenen Geschäftsjahres rechnen muss – je nachdem, welcher Betrag höher ist.

> **Hinweis**
>
> Dieser Haftung können Auftragsverarbeiter auch nicht durch einen vollständigen Haftungsausschluss in ihren Allgemeinen Geschäftsbedingungen entgehen, da ein solcher unwirksam ist.

Ganz grundsätzlich haftet der Auftragsverarbeiter gemäß Art. 82 Abs. 2 S. 2 DSGVO für den durch die Datenverarbeitung entstandenen Schaden nämlich nur dann, wenn er einer ihm speziell auferlegten Pflicht nicht nachgekommen ist oder Ihre rechtmäßig erteilten Anweisungen für die Datenverarbeitung nicht beachtet oder diesen zuwiderhandelt. Von dieser Haftung kann sich der Auftragsverarbeiter nur dann befreien, wenn er beweisen kann, dass »er in keinerlei Hinsicht für den Umstand, durch den der Schaden eingetreten ist, verantwortlich ist«, so Art. 82 Abs. 3 DSGVO.

3.5.2 Die Rechtmäßigkeit des Einsatzes von Newsletter-Dienstleistern

Ein Datentransfer in die Vereinigten Staaten wie im Falle der Nutzung von MailChimp ist auf der ersten Stufe schon nur dann zulässig, wenn ganz grundsätzlich für die Datenverarbeitung eine ausdrückliche Einwilligung des betroffenen Nutzers in den Versand des Newsletters vorliegt. Wie bereits erläutert, müssen Sie also per Double-Opt-In-Verfahren zunächst eine rechtssichere Einwilligung des Newsletter-Empfängers einholen (siehe Abschnitt 3.3.6).

Bei der Wahl des Newsletter-Anbieters müssen Sie dann gemäß Art. 28 Abs. 1 DSGVO einen Auftragsverarbeiter engagieren, der gewährleistet, dass seine Tätigkeiten mit den Regelungen der Datenschutz-Grundverordnung in Einklang stehen. Als Nachweis dafür bietet sich bei US-amerikanischen Unternehmen eine Zertifizierung über das Privacy-Shield-Abkommen an.

> **Hinweis**
>
> Das *Privacy-Shield-Abkommen* ist im Grunde genommen der rechtskonforme Nachfolger des sogenannten *Safe-Harbor-Abkommens*. Nachdem der Europäische Gerichtshof (Urteil vom 06.10.2015, Az. C-362/14) entschieden hat, dass das Safe-Harbor-Abkommen ungültig sei, weil es nicht den geltenden gesetzlichen Voraussetzungen entspreche, haben die Europäische Union und die USA mit dem Privacy-

Shield-Abkommen ein neues Datenschutzabkommen geschlossen, dessen endgültige Fassung die Kommission am 12.07.2016 offiziell als Angemessenheitsentschei-
dung verabschiedet hat.

Bei dem Privacy-Shield-Abkommen handelt es sich ebenso wie bei seinem Vorgänger
nicht um ein rechtsverbindliches Abkommen, sondern eher um einen rechtlichen
Rahmen, zu dessen Einhaltung sich Unternehmen in den USA seit dem 01.08.2016
dadurch verpflichten können, dass sie sich in die sogenannte *Privacy-Shield-Liste* eintragen lassen. Konkret verpflichten sich die teilnehmenden Unternehmen dazu, die
Regeln und Prozesse des Abkommens einzuhalten. Tun sie dies nicht, können sie
nach US-Recht dafür belangt werden. Website-Betreiber, die Datenübermittlungen
in die USA vornehmen, können somit auf Grundlage dieses Abkommens gegenüber
den von der Datenverarbeitung Betroffenen nachweisen, dass sie die gesetzlichen
Anforderungen an ein Datenschutzniveau einhalten, das dem europäischen Standard entspricht.

Die Übermittlung personenbezogener Daten in die USA kann demnach auf Basis dieses Abkommens legitimiert werden, wenn sich das US-Unternehmen entsprechend
hat zertifizieren lassen. Die Zertifizierung bestätigt dem registrierten Unternehmen,
dass es ein Schutzniveau einhält, das den europäischen Standards entspricht.

Der Newsletter-Anbieter MailChimp hat sich den Regelungen des Privacy-Shield-Ab-
kommens unterworfen und ist aktuell im Besitz einer entsprechenden Zertifizierung
(siehe Abbildung 3.22).

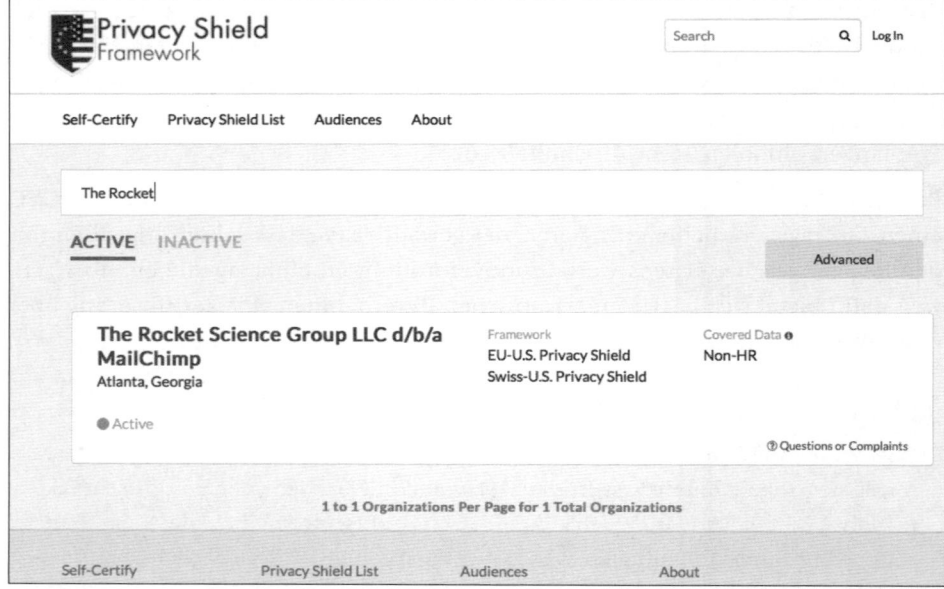

Abbildung 3.22 Auszug aus der Privacy-Shield-Liste

Hinweis

Zertifizierungen haben eine Gültigkeit von einem Jahr und müssen jährlich erneuert werden. Ob ein US-Unternehmen eine entsprechende Zertifizierung besitzt, ist aus einer öffentlichen Liste im Internet (*https://www.privacyshield.gov/list*) ersichtlich.

3.5.3   Die vertragliche Vereinbarung mit dem Newsletter-Dienstleister

Weiterhin müssen Sie mit dem Newsletter-Dienstleister – zum Beispiel MailChimp – einen Auftragsverarbeitungsvertrag abschließen (siehe Kapitel 19, »Mustertexte«), wodurch sich dieser Ihnen gegenüber dazu verpflichtet, die Daten der Nutzer zu schützen und sich an die vereinbarten Datenverarbeitungsregeln zu halten. Dies betrifft insbesondere die Regel, die Daten der Nutzer zu keinem anderen als dem vertraglich vereinbarten Zweck zu verarbeiten.

Hinweis

Der Anbieter MailChimp bietet selbst eine solche Vereinbarung mit dem Titel »Data Processing Agreement« an, die Sie unter *https://mailchimp.com/legal/forms/data-processing-agreement/* einsehen können (siehe Abbildung 3.23). Dieser Vertrag ist an die Regelungen des EU-Standardvertrages angelehnt. MailChimp verpflichtet sich damit ausdrücklich zum Schutz der Nutzerdaten.

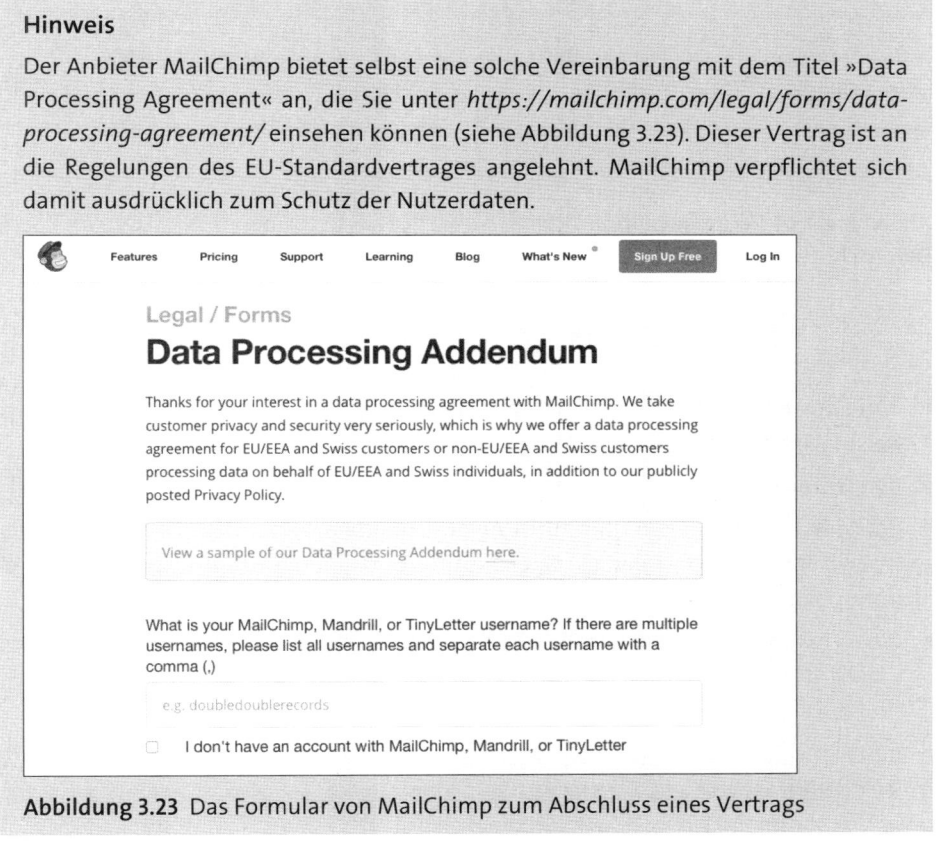

Abbildung 3.23 Das Formular von MailChimp zum Abschluss eines Vertrags

3.5.4 Die Anpassung der Datenschutzerklärung

Wenn Sie einen Newsletter-Dienstleister verwenden, müssen Sie die entsprechenden Informationen auch in der Datenschutzerklärung bereithalten (siehe Abbildung 3.24).

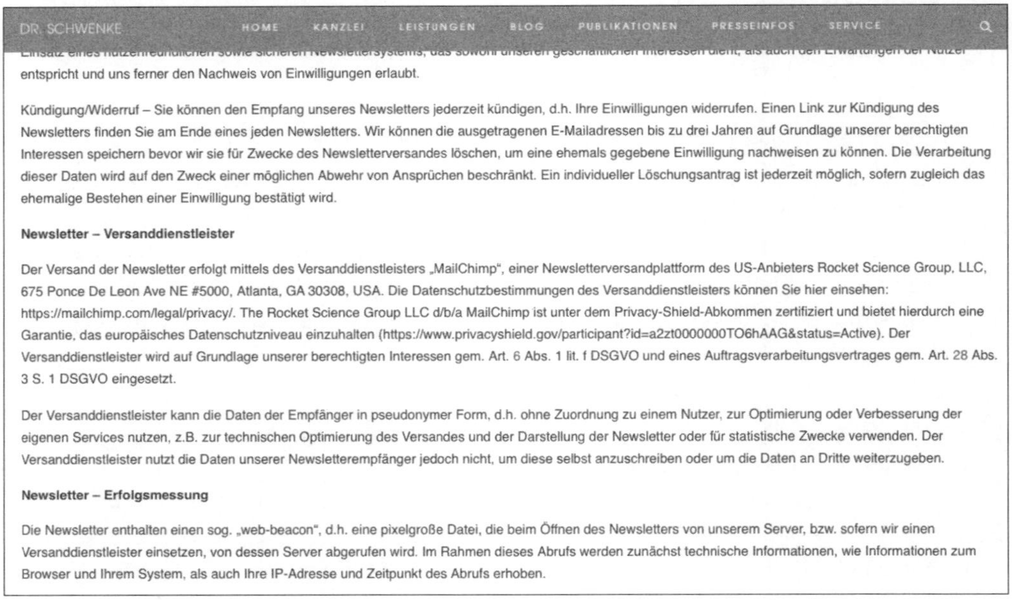
DR. SCHWENKE HOME KANZLEI LEISTUNGEN BLOG PUBLIKATIONEN PRESSEINFOS SERVICE

entspricht und uns ferner den Nachweis von Einwilligungen erlaubt.

Kündigung/Widerruf – Sie können den Empfang unseres Newsletters jederzeit kündigen, d.h. Ihre Einwilligungen widerrufen. Einen Link zur Kündigung des Newsletters finden Sie am Ende eines jeden Newsletters. Wir können die ausgetragenen E-Mailadressen bis zu drei Jahren auf Grundlage unserer berechtigten Interessen speichern bevor wir sie für Zwecke des Newsletterversandes löschen, um eine ehemals gegebene Einwilligung nachweisen zu können. Die Verarbeitung dieser Daten wird auf den Zweck einer möglichen Abwehr von Ansprüchen beschränkt. Ein individueller Löschungsantrag ist jederzeit möglich, sofern zugleich das ehemalige Bestehen einer Einwilligung bestätigt wird.

Newsletter – Versanddienstleister

Der Versand der Newsletter erfolgt mittels des Versanddienstleisters „MailChimp“, einer Newsletterversandplattform des US-Anbieters Rocket Science Group, LLC, 675 Ponce De Leon Ave NE #5000, Atlanta, GA 30308, USA. Die Datenschutzbestimmungen des Versanddienstleisters können Sie hier einsehen: https://mailchimp.com/legal/privacy/. The Rocket Science Group LLC d/b/a MailChimp ist unter dem Privacy-Shield-Abkommen zertifiziert und bietet hierdurch eine Garantie, das europäisches Datenschutzniveau einzuhalten (https://www.privacyshield.gov/participant?id=a2zt0000000TO6hAAG&status=Active). Der Versanddienstleister wird auf Grundlage unserer berechtigten Interessen gem. Art. 6 Abs. 1 lit. f DSGVO und eines Auftragsverarbeitungsvertrages gem. Art. 28 Abs. 3 S. 1 DSGVO eingesetzt.

Der Versanddienstleister kann die Daten der Empfänger in pseudonymer Form, d.h. ohne Zuordnung zu einem Nutzer, zur Optimierung oder Verbesserung der eigenen Services nutzen, z.B. zur technischen Optimierung des Versandes und der Darstellung der Newsletter oder für statistische Zwecke verwenden. Der Versanddienstleister nutzt die Daten unserer Newsletterempfänger jedoch nicht, um diese selbst anzuschreiben oder um die Daten an Dritte weiterzugeben.

Newsletter – Erfolgsmessung

Die Newsletter enthalten einen sog. „web-beacon“, d.h. eine pixelgroße Datei, die beim Öffnen des Newsletters von unserem Server, bzw. sofern wir einen Versanddienstleister einsetzen, von dessen Server abgerufen wird. Im Rahmen dieses Abrufs werden zunächst technische Informationen, wie Informationen zum Browser und Ihrem System, als auch Ihre IP-Adresse und Zeitpunkt des Abrufs erhoben.

Abbildung 3.24 Rechtsanwalt Dr. Thomas Schwenke klärt in seiner Datenschutzerklärung über den Einsatz von MailChimp auf.

Ein Muster dafür finden Sie in Abschnitt 19.7.5. Die Datenschutzerklärung beinhaltet insbesondere:

- den Hinweis auf die Verwendung des Newsletter-Dienstleisters (Im abgebildeten Beispiel ist das MailChimp.)
- den Unternehmensnamen und die Adresse des Newsletter-Anbieters
- die Aufklärung über die Übermittlung personenbezogener Daten an US-amerikanische Server sowie über die Speicherung und Verarbeitung durch den Newsletter-Dienstleister zum Zwecke des Newsletter-Versands
- eine Versicherung, dass der Newsletter-Dienstleister die Daten sonst zu keinem Zweck verwendet – mit Ausnahme von internen Prozessoptimierungszwecken – und die Daten auch nicht an Dritte weitergibt
- den Hinweis auf die Einhaltung des europäischen Datenschutzniveaus auf Grundlage der Privacy-Shield-Zertifizierung
- den Abschluss des Data-Processing-Agreements
- einen Link zu den Datenschutzbestimmungen des Newsletter-Dienstleisters

Hinweis

Ein Muster einer erweiterten Datenschutzerklärung für den Einsatz des Newsletter-Dienstleisters MailChimp finden Sie in unserem Buch in Abschnitt 19.7.5. Sie können dieses Muster gern verwenden!

3.6   Darf man Werbe-E-Mails an Bestandskunden senden?

Wie wir gesehen haben, ist die Kontaktaufnahme zu Neukunden mit rechtlichen Hürden versehen. Doch wie sieht es mit den Kunden aus, mit denen man bereits in Kontakt ist oder gar in Vertragsbeziehungen steht? Darf man diesen auch dann Werbe-E-Mails zusenden, wenn man zuvor keine Einwilligung eingeholt hat? Dieser Frage möchten wir im folgenden Abschnitt auf den Grund gehen.

3.6.1   Das Versenden von Werbe-E-Mails an Bestandskunden

Wie wir Ihnen bereits erläutert haben, ist der Versand von Werbe-E-Mails grundsätzlich nur zulässig, wenn eine Einwilligung des Empfängers vorliegt oder der Werbende ein berechtigtes Interesse an dem Versand der Werbe-E-Mails hat. Da das Direktmarketing als berechtigtes Interesse grundsätzlich anerkannt ist, ist im Rahmen der Interessenabwägung die Kundenbeziehung zwischen dem Werbetreibenden und dem Empfänger zu berücksichtigen. Denn gemäß Erwägungsgrund 47 der Datenschutz-Grundverordnung kann ein berechtigtes Interesse vorliegen, »wenn eine maßgebliche und angemessene Beziehung zwischen der betroffenen Person und dem Verantwortlichen besteht, z. B. wenn die betroffene Person ein Kunde des Verantwortlichen ist oder in seinen Diensten steht«. Damit ist nach der Datenschutz-Grundverordnung der Versand von Werbe-E-Mails an Bestandskunden auch ohne deren Einwilligung grundsätzlich nicht verboten.

Sie können die Interessenabwägung jedoch nur dann zu Ihren Gunsten beeinflussen, wenn Sie die Voraussetzungen des § 7 Abs. 3 UWG erfüllen. Nach dieser aus dem Lauterkeitsrecht stammenden Ausnahmevorschrift stellt der Versand von Werbe-E-Mails an Bestandskunden ohne deren Einwilligung dann keine unzumutbare Belästigung dar, wenn

- ein Unternehmer im Zusammenhang mit dem Verkauf einer Ware oder Dienstleistung von dem Kunden dessen elektronische Postadresse erhalten hat,
- der Unternehmer die Adresse zur Direktwerbung für eigene ähnliche Waren oder Dienstleistungen verwendet,
- der Kunde der Verwendung nicht widersprochen hat und

> ▶ der Kunde bei Erhebung der Adresse und bei jeder Verwendung klar und deutlich darauf hingewiesen wird, dass er der Verwendung jederzeit widersprechen kann, ohne dass hierfür andere als die Übermittlungskosten nach den Basistarifen entstehen.

Was dies im Detail bedeutet, möchten wir Ihnen im Folgenden näher erläutern.

Achtung: Ausnahme verlangt die Erfüllung aller Voraussetzungen

Die genannten Voraussetzungen müssen immer alle gleichzeitig vorliegen. Fehlt auch nur eine der Voraussetzungen, greift die Privilegierung nicht, und die dennoch vorgenommene Werbemaßnahme ist rechtswidrig. Dass die Voraussetzungen des Ausnahmetatbestands vorliegen, muss im Streitfall das werbende Unternehmen beweisen, weshalb eine detaillierte Dokumentation zu empfehlen ist.

Elektronische Post

Der Ausnahmetatbestand betrifft nicht alle Marketingmethoden, sondern nur die Werbung mittels elektronischer Post. Unter elektronischer Post versteht man einerseits die E-Mail-Werbung und andererseits die Kontaktaufnahme per SMS und MMS. Aber auch die immer mehr an Bedeutung gewinnende Kommunikation über soziale Netzwerke wie Facebook und XING, Microblogging-Dienste wie Twitter oder Messenger-Dienste wie Skype fällt darunter.

Achtung: Für »konventionelles« Marketing ist Einwilligung nötig!

Dies bedeutet damit im Umkehrschluss, dass die Zusendung von Werbung über alle anderen Kommunikationskanäle weiterhin einer ausdrücklichen Einwilligung bedarf, auch wenn es sich um die Zusendung an bestehende Kunden handelt. Wer also beispielsweise Marketing per Post oder Telefon betreiben möchte, muss weiterhin die dargelegten formalen und inhaltlichen Anforderungen der Einwilligung einhalten.

Kontaktaufnahme mit einem Kunden

Zunächst einmal betrifft der Ausnahmetatbestand nur den Kontakt zu bestehenden Kunden, also zu Personen, zu denen Sie bereits aufgrund des Verkaufs einer Ware oder Dienstleistung in einem geschäftlichen Kontakt stehen.

Es muss also zwischen der Erlangung der E-Mail-Adresse und dem abgeschlossenen Vertrag ein Zusammenhang bestehen. Ein Zusammenhang liegt jedenfalls dann vor, wenn Ihnen die elektronische Postadresse entweder

- ▶ während der Vertragsanbahnung,
- ▶ im Rahmen der Durchführung des Vertrags
- ▶ oder bei Erfüllung einer nachvertraglichen Verpflichtung zum Zwecke der Kommunikation bekannt gegeben wurde.

Beispiel: So könnte ein Zusammenhang zwischen der Erlangung der E-Mail-Adresse und dem Vertragsschluss aussehen

▶ Vertragsanbahnung – Eine Vertragsanbahnung liegt etwa dann vor, wenn Sie zum Beispiel auf einer Messe oder an einem Tag der offenen Tür mit Ihren potenziellen Kunden in Kontakt treten und diese Ihnen unter anderem ihre Visitenkarten hinterlassen, die ihre E-Mail-Adresse enthalten.

▶ Vertragsdurchführung – Im Rahmen der Durchführung von Verträgen liegt ein Zusammenhang dann vor, wenn der Kunde beispielsweise im Rahmen einer Bestellung in Ihrem Onlineshop Ihnen seine E-Mail-Adresse zur Verfügung stellt, um so weiterhin über die Details der Abwicklung der Bestellung informiert zu werden.

▶ Erfüllung nachvertraglicher Pflicht – Haben Sie dem Kunden im Rahmen eines Kaufvertrags eine mangelhafte Sache geliefert, so kann der Kunde Ihnen gegenüber Gewährleistungsansprüche wie Nacherfüllung oder Schadensersatz geltend machen, deren Erfüllung eine nachvertragliche Verpflichtung darstellt. Stellt der Kunde zur Erfüllung dieser Verpflichtungen seine E-Mail-Adresse zur Verfügung, ist ebenfalls ein Zusammenhang zu bejahen.

Kommt man nun zu dem in der Praxis besonders relevanten Fall der Vertragsanbahnung, so kann zunächst festgehalten werden, dass diese dann zweifelsfrei vorliegt, wenn das Geschäft vollständig abgeschlossen wurde. Doch daneben stellt sich auch die Frage, wie mit den E-Mail-Adressen umzugehen ist, die Sie im Rahmen eines lediglich begonnenen Bestellprozesses erhalten haben. In der Praxis kommt es nämlich nicht selten vor, dass der Bestellprozess abgebrochen wird und es damit letztlich auch nicht zur Kaufabwicklung kommt.

Beispiel: Adresserlangung im Rahmen von Vertragsanbahnungen

Der potenzielle Kunde schaut sich Ihre Produkte auf Ihrem Onlineshop an und legt verschiedene Waren in den Warenkorb. Im Rahmen des Bestellprozesses gibt er dabei auch seine E-Mail-Adresse an, die Ihnen übermittelt wird. Im Anschluss daran entscheidet er sich jedoch gegen einen Kauf der Produkte und schließt die Website einfach, ohne den Bestellprozess abzuschließen.

Allerdings mehren sich die Stimmen, die den Beginn von Vertragsverhandlungen für eine Privilegierung nicht ausreichen lassen wollen. Vielmehr ist für eine solche Privilegierung ein tatsächlich erfolgter Vertragsschluss zwischen Werbendem und Empfänger erforderlich. Für diese Ansicht lässt sich der Wortlaut des § 7 Abs. 3 UWG anführen, der ausdrücklich von »Kunden« ausgeht und nicht von bloßen Interessenten.

Was heißt das nun für Sie als Werbetreibenden? Wenn Sie ganz sichergehen wollen, verzichten Sie in diesem Stadium besser auf das Zusenden von Marketing-E-Mails ohne Einwilligung.

Daneben stellt sich auch die Frage, ob solchen Kunden eine Werbe-E-Mail zugesandt werden darf, die zwar ursprünglich einen Vertrag abgeschlossen haben, diesen aber danach angefochten oder widerrufen haben oder von diesem zurückgetreten sind.

Ficht der Verkäufer nachträglich den Vertrag an, so hat diese Anfechtung zur Folge, dass der Vertrag rückwirkend beseitigt wird. Das bedeutet, dass es bereits an einem Vertragsschluss fehlt, der Voraussetzung der Privilegierung ist.

> **Beispiel: Anfechtung eines Vertrags**
>
> Eine Anfechtung kommt beispielsweise dann in Betracht, wenn sich der Verkäufer bei der Eingabe des Kaufpreises im Onlineshop vertippt hat, dies aber erst nach Abschluss des Kaufvertrags festgestellt hat. Möchte er diesen Vertragsschluss nicht gegen sich gelten lassen, so hat er die Möglichkeit, den Vertrag anzufechten.

Erklärt der Käufer nach dem Vertragsschluss den Rücktritt oder übt er sein Widerrufsrecht aus, dann fehlt es ab diesem Zeitpunkt an dem geforderten Zusammenhang zwischen Adresserlangung und dem Vertragsschluss. Ab diesem Zeitpunkt dürfen Sie dann keine Werbe-E-Mails mehr an die entsprechenden Personen ohne deren erneute Einwilligung versenden.

> **Beispiel**
>
> Einen häufigen Grund für einen Rücktritt vom Vertrag bildet die *Schlechtleistung*: Liefert der Verkäufer beispielsweise eine beschädigte Ware, so hat der Käufer unter anderem das Recht, vom Vertrag zurückzutreten.
>
> Ganz ohne Grund kann der Käufer auch innerhalb der gesetzlich vorgesehenen Frist von 14 Tagen den Vertrag widerrufen, wenn er beispielsweise ein Produkt im Internet bestellt hat. Auf diese Weise soll dem Umstand Rechnung getragen werden, dass der Käufer die Sache nicht wie in einem Geschäft real sehen und begutachten kann.

Liegt also eine Anfechtung des Vertrags, ein Rücktritt davon oder dessen Widerruf vor, so sind die Voraussetzungen einer Privilegierung nicht mehr gegeben, sodass danach folgende Werbe-E-Mails rechtliche Konsequenzen nach sich ziehen können.

Eigenständige Übermittlung der E-Mail-Adresse durch den Kunden

Eine weitere Voraussetzung ist, dass Sie die Adresse des Kunden unmittelbar von diesem selbst erhalten haben. Ein typischer Anwendungsfall ist dabei der Onlineshop, bei dem der Kunde im Rahmen eines Bestellvorgangs seine E-Mail-Adresse mitteilt, weil weitere Transaktionsinformationen darüber ausgetauscht werden.

> **Achtung: Der Kunde muss die Adresse selbst herausgeben**
>
> Dass die E-Mail-Adresse durch den Kunden selbst mitgeteilt wurde, ist das A und O der Privilegierung des E-Mail-Marketings unter Geschäftskunden. Daher ist es nicht zulässig, wenn Sie sich die E-Mail-Adresse Ihres Kunden anderweitig beschaffen, beispielsweise über Dritte, die mit der Person in Geschäftskontakt stehen, oder über eine Suchmaschinenrecherche.

Werbung für eigene ähnliche Waren und Dienstleistungen

Weiterhin dürfen Sie die Adresse nur zur Direktwerbung für eigene Waren oder Dienstleistungen verwenden, die denen der ursprünglichen Geschäftsbeziehung ähnlich sind.

Dass die Werbung nur eigene Produkte zum Gegenstand haben darf, bedeutet letztlich, dass Sie die E-Mail-Adresse nicht an Dritte weitergeben dürfen. Genauso unzulässig ist es, die E-Mail-Adresse zur Werbung für Waren- oder Dienstleistungsangebote Dritter zu benutzen.

Darüber hinaus muss eine Ähnlichkeit zwischen dem beworbenen Produkt und dem ursprünglich beworbenen Produkt bzw. der Dienstleistung bestehen. Hier stellt sich nun in der Praxis häufig die Frage, in welchen Fällen eine Ähnlichkeit angenommen werden kann und wann nicht mehr.

Grundsätzlich muss man bei der Beurteilung von der Perspektive des Kunden ausgehen und kann daher eine Ähnlichkeit annehmen, wenn sich die Waren oder Dienstleistungen in Einsatz- und Verwendungsmöglichkeit oder Bedarf entsprechen. Versetzen Sie sich also in den Kunden, und untersuchen Sie anhand seines bisherigen Verhaltens, an welchen weiteren Waren und Dienstleistungen er noch Interesse haben könnte.

> **Beispiel: Ähnlichkeit von beworbenen Produkten**
>
> Hat ein Kunde beispielsweise bei einem Online-Händler Schuhe bestellt, so darf dieser ihm in der Folge auch Werbung für andere Schuhe schicken oder auch für Zubehör, wie zum Beispiel für Schuhpflegeprodukte oder Schnürsenkel, nicht hingegen beispielsweise für einen Laptop.

Ob letztlich eine Ähnlichkeit vorliegt oder nicht, muss im Einzelfall beurteilt werden. Dies ist für den juristischen Laien oftmals schwierig, weshalb es durchaus sinnvoll sein kann, rechtlichen Rat einzuholen.

Achtung: So geht es nicht!

Besonders findige Unternehmer kommen auf die Idee, ähnliche Produktwerbung mit solcher für völlig andere Produkte zu vermischen. Anders als gehofft, ist dann aber gerade nicht die gesamte Werbemaßnahme zulässig. Vielmehr gilt: Ist ein Teil der Werbung unzulässig, ist aus Gründen des Schutzes der Empfänger davon auszugehen, dass die gesamte Werbemaßnahme unzulässig ist. Der unzulässige Teil der Werbung vergiftet demnach auch den zulässigen Teil. Aus diesem Grund sollten Sie genau darauf achten, das Erfordernis der Ähnlichkeit einzuhalten und bei Zweifeln einen Rechtsbeistand hinzuzuziehen.

Kein Widerspruch des Kunden

Die Privilegierung gilt auch nur dann, wenn der Kunde der Verwendung nicht ausdrücklich widersprochen hat. Dazu reicht eine einfache, formlose E-Mail des Kunden aus, aus der sich ergibt, dass er an dem Erhalt von Werbe-E-Mails nicht interessiert ist.

Beispiel: So kann der Kunde widersprechen

Die Zusendung einer E-Mail mit den Worten *»Bitte senden Sie mir zukünftig keine E-Mails mehr!«* ist völlig ausreichend, da die Anforderungen an einen solchen Widerspruch aus Gründen des Schutzes der Empfänger besonders niedrig gehalten werden müssen.

Eine Besonderheit stellt dabei die sogenannte *Robinsonliste* dar (siehe Abbildung 3.25). Dabei handelt es sich um eine Liste im Internet, die vom Deutschen Dialogmarketing Verband (DDV) für die Mitgliedsfirmen geführt wird und darauf abzielt, Verbraucher vor unaufgeforderter und unerwünschter Werbung per E-Mail, Mobilfunk, Telefon und Post zu schützen. Auf der Website *www.robinsonliste.de* können Verbraucher sich ein kostenloses Schutzkonto einrichten lassen. Hier geben sie dann diejenigen persönlichen Daten an, über die sie nicht mehr mit Werbung kontaktiert werden möchten. Dazu gehören beispielsweise Postadresse, E-Mail-Adresse, Telefonnummer, Mobilfunknummer oder Faxnummer.

Auf der in Abbildung 3.26 dargestellten Webseite *www.robinsonabgleich.de* können dann werbetreibende Unternehmen auf freiwilliger Basis gegen ein Entgelt die ihnen vorliegenden Kontaktdaten mit denen der Robinsonliste abgleichen lassen. Dies ist insbesondere für die Unternehmen interessant, die an die Werbedaten über einen Adresskauf gelangt sind. Auf diesem Wege haben sie die Möglichkeit, schon einmal eine Vorauswahl kritischer Empfänger auszusortieren, um so teure Abmahnungen zu verhindern.

Abbildung 3.25 Website der Robinsonliste

Abbildung 3.26 Webseite zum Abgleich der Robinsonliste

Nun stellt sich für Sie die Frage, welche Wirkung diese Robinsonlisten für die Versendung von E-Mail-Werbung an bestehende Kunden haben. Denn möglicherweise könnte ein Eintrag in einer solchen Liste als ein erklärter Widerspruch zu werten sein, der dann eine Privilegierung entfallen lassen würde. Jedoch erfüllt ein solcher Sperrvermerk anerkanntermaßen nicht die rechtlichen Voraussetzungen des § 7 Abs. 3 Nr. 3 UWG, die an einen wirksamen Widerspruch gestellt werden. Liegen also die anderen Voraussetzungen der Privilegierung vor, ist die Werbemaßnahme dennoch zulässig.

Hinweis zur Widerspruchsmöglichkeit

Um unzumutbare Belästigungen auszuschließen und auch Ihren datenschutzrechtlichen Pflichten nachzukommen, sollten Sie den Kunden darüber hinaus unmittelbar bei Erhebung der Adresse und bei jeder Verwendung klar und deutlich darauf hinweisen, dass er der Verwendung jederzeit widersprechen kann. Dazu müssen Sie dem Kunden auch Ihre Kontaktdaten mitteilen, unter denen er widersprechen kann. Dazu gehören beispielsweise Ihre Adresse, E-Mail-Adresse, Telefonnummer oder Telefaxnummer.

Achten Sie darauf, den Hinweis auf die Widerspruchsmöglichkeit inhaltlich klar und verständlich zu formulieren sowie ihn gut sichtbar zu positionieren.

Achtung: Ohne Hinweis keine Privilegierung

Liegt diese Voraussetzung nicht vor, greift die Privilegierung zugunsten des Unternehmers nicht. Auch ist es nicht möglich, bei Fehlen des Hinweises auf die Widerspruchsmöglichkeit diesen Hinweis in Form einer nachträglichen E-Mail nachzuholen. Vielmehr müssten Sie in einem solchen Fall erreichen, dass der Kunde seine E-Mail-Adresse noch einmal angibt, um dann auf die Widerrufsmöglichkeit hinzuweisen. Dazu können Zusatzangebote genutzt werden, auf die jedoch wieder nicht per E-Mail hingewiesen werden darf, da es dafür an der erforderlichen Einwilligung fehlt. Sie sollten daher an andere Kontaktmöglichkeiten denken, zum Beispiel an Transaktions-E-Mails.

Weiterhin müssen sich die Widerspruchskosten innerhalb der normalen Kommunikationstarife bewegen. Denn das werbende Unternehmen soll durch die Widerspruchsmöglichkeit weder eine weitere Einnahmequelle generieren können noch soll der Empfänger der Werbe-E-Mails durch zu hohe Kosten von der Ausübung des Widerspruchsrechts abgehalten werden.

Beispiel: So geht es nicht!

Wenn Sie im Rahmen des Hinweises auf die Abbestellmöglichkeit nur die Rufnummer einer teuren Hotline angeben, so stellt dies für Sie einerseits eine zusätzliche

Einnahmequelle dar, wird aber vermutlich andererseits in einer Vielzahl von Fällen dazu führen, dass die Empfänger von der Widerspruchsmöglichkeit keinen Gebrauch machen, weil sie nicht wissen, wie lange sie an der Hotline verharren müssen, und damit nicht beurteilen können, wie viel sie die Geltendmachung des Widerspruchs kosten wird. Zähneknirschend wird eine Vielzahl der Empfänger daher die Werbe-E-Mails dulden.

Verstoßen Sie jedoch gegen diese Anforderungen, so ist die Marketingmaßnahme rechtswidrig. Selbst wenn die Empfänger keine rechtlichen Schritte dagegen einleiten, so ist doch zu bedenken, dass solche Vorgehensweisen nicht unbedingt förderlich für Sie sind: Lästige E-Mails bleiben dem Empfänger negativ in Erinnerung und landen sehr wahrscheinlich ohnehin ungelesen im Papierkorb. Damit hätte die Marketingmaßnahme dann das genau gegenteilige Ziel erreicht.

3.6.2   Kontaktaufnahme zum Erhalt einer Einwilligung

Auch wenn es sich um bestehende Kunden handelt, darf das werbende Unternehmen seine Kunden, die zuvor nicht in den Erhalt von Werbe-E-Mails eingewilligt haben, auch nicht ein einziges Mal anschreiben, um eine Einwilligung für künftige Werbe-E-Mails zu erwirken.

Achtung: Tarnung macht E-Mail nicht rechtskonform

Auch E-Mails, die als Weihnachtsgruß oder Geburtstagsgratulation getarnt sind, aber letztlich dazu dienen, eine Einwilligung zu erhalten, sind streng genommen nicht rechtmäßig.

3.6.3   E-Mail-Werbung in Auto-Reply-Nachrichten

Auch wenn die Kontaktaufnahme erstmals durch den Kunden selbst erfolgt ist, dürfen Sie bei Beantwortung der Nachricht diese Gelegenheit nicht zu Werbezwecken nutzen, wenn keine vorherige Einwilligung des Empfängers vorliegt. Dies gilt auch für Auto-Reply-Nachrichten, also E-Mails, die automatisch in standardisierter Form als Antwort auf ein Ereignis (zum Beispiel ein Kontaktformular oder eine Bestellung in einem Online-Shop) versendet werden.

Beispiel: Werbung in Auto-Reply-Nachricht

In einem vor dem Bundesgerichtshof (Urteil vom 15.12.2015, Az. VI ZR 134/15) verhandelten Fall wehrte sich ein Versicherungsnehmer gegen Werbung, die er in einer Auto-Reply-Nachricht erhalten hatte. Denn die E-Mail des Versicherungsunternehmens enthielt Werbebotschaften für einen SMS-Wetterdienst und für eine Wetter-

App. Der Versicherungskunde kontaktierte daraufhin die Versicherung und beschwerte sich über den Erhalt der Werbung. Darauf bekam er dieselbe Nachricht noch einmal.

Der Bundesgerichtshof hat entschieden, dass das Versicherungsunternehmen keine Werbebotschaften in automatisierten Antwort-Mails einbinden dürfe, wenn der Empfänger dem Erhalt von Werbung im Vorfeld widersprochen habe, da jegliche Werbemaßnahme ohne seine Zustimmung unzulässig seien. Der Versicherungskunde werde durch die trotz Widerspruchs kommunizierte Werbebotschaft in seinem allgemeinen Persönlichkeitsrecht verletzt – spätestens durch die zweite automatisiert versendete E-Mail des Versicherungsunternehmens. Nicht entscheidend sei, dass die Werbung lediglich am unteren Ende der E-Mail unter dem Haupttext der Nachricht eingebunden wurde.

3.6.4   E-Mail-Werbung in Transaktions-E-Mails

Neben der Möglichkeit, dem Empfänger in separaten E-Mails Werbung zukommen zu lassen, können Sie auch das Versenden von sogenannten Transaktions-E-Mails dazu nutzen, nebenbei noch Werbung für Produkte und Dienstleistungen zu versenden. Unter Transaktions-E-Mails versteht man E-Mails, die ein Unternehmen im Rahmen der Erfüllung eines Vertrags versendet – also jegliche E-Mails, die in Verbindung mit einem Vertragsschluss stehen und die Abwicklung der vertraglichen Verpflichtung ermöglichen oder erleichtern.

Beispiel: Verschiedene Transaktions-E-Mails

Typische Transaktions-E-Mails sind Kaufbestätigungen, Auftragsbestätigungen, Versandstatus, Registrierungsbestätigungen, Nachrichten über verlassene Warenkörbe oder Rechnungen.

Grundsätzlich benötigen Sie keine Einwilligung, um dem Kunden Transaktions-E-Mails zuzusenden. Dies könnte jedoch dann anders sein, wenn diese E-Mails mit Werbemaßnahmen versehen werden sollen. Denn wie bereits erläutert, ist grundsätzlich von dem Erfordernis einer Einwilligung für den Versand von Werbung auszugehen.

Auf der sicheren Seite sind Sie immer dann, wenn Sie eine Einwilligung des Empfängers einholen, aus der auch klar die Zustimmung für den Erhalt von Werbung im Rahmen von Transaktions-E-Mails hervorgeht.

Darüber hinaus kann der Versand von Werbung in Transaktions-E-Mails ohne Einwilligung auch von der soeben näher erläuterten Privilegierung für Kundenbeziehungen des § 7 Abs. 3 UWG gedeckt und dadurch zulässig sein. Zu denken ist dabei insbesondere an den Aspekt der Ähnlichkeit zwischen dem beworbenen Produkt bzw. der Dienstleistung und den Gegenständen der bisherigen Vertragsschlüsse.

Hat der Empfänger aber keine Einwilligung in Werbe-E-Mails erteilt und greift auch nicht der Ausnahmetatbestand für Kundenbeziehungen, dann könnte die mit Werbung versehene Transaktions-E-Mail eine unzumutbare Belästigung für den Empfänger darstellen und daher unzulässig sein.

Geht man davon aus, dass die unzumutbare Belästigung darin besteht, dass sich der Empfänger mit einer ihm nicht erwünschten E-Mail befassen muss, so kann dies bei Transaktions-E-Mails wohl nicht der Fall sein. Der Empfänger muss sich vielmehr ohnehin mit der E-Mail beschäftigen, um die darin enthaltenen Informationen zur Vertragsabwicklung zu erhalten. Daher ist zumindest in den Fällen, in denen der Transaktionscharakter und nicht der Werbecharakter der E-Mail im Vordergrund steht, davon auszugehen, dass diese E-Mails auch ohne ausdrückliche Einwilligung zulässig sind.

> **Praxistipp: Werbeanteil gering halten**
>
> Damit der Transaktionscharakter als klar im Vordergrund stehend angesehen werden kann, sollten Sie mit dem Werbeanteil sparsam umgehen und diesen nicht zentral platzieren.
>
> Insbesondere sollten Sie keine Transaktions-E-Mails unter fadenscheinigen Gründen fingieren, um letztlich eine Vielzahl von Werbe-E-Mails versenden zu können. Hier wäre dann ein Umschlagen in eine unzumutbare Belästigung anzunehmen.

3.6.5   Feedback-Anfragen nach Vertragsschluss

Nicht nur im Rahmen von Transaktions-E-Mails besteht die Möglichkeit, Werbung an den Kunden zu versenden: Auch die beliebten Feedback-Anfragen, die Unternehmen nach einem Vertragsschluss dem Kunden zusenden (siehe Abbildung 3.27), könnten für eine Übermittlung von Werbung genutzt werden. Doch auch hier stellt sich die Frage nach der Zulässigkeit der Verbindung von Feedback-Anfrage und Werbung.

> **Achtung: Für Feedback-Anfragen gelten eigene Regeln**
>
> Anders als bei Transaktions-E-Mails ist bei Feedback-Anfragen nach Vertragsschluss nicht abschließend geklärt, ob diese Werbe-E-Mails darstellen oder allein Servicezwecken dienen. Während einerseits davon ausgegangen werden kann, dass sie keine Werbung darstellen, sondern der Verbesserung der vertraglichen Kundenbeziehung dienen sollen, ist andererseits auch vertretbar, dass ihr Ziel mittelbar die Absatzförderung ist und sie damit Werbung darstellen. Um auf der sicheren Seite zu

sein, sollten Sie bereits für den Versand von Feedback-Anfragen eine Einwilligung einholen. In diesem Rahmen können Sie dann auch um das Einverständnis von Werbung in Feedback-Anfragen bitten.

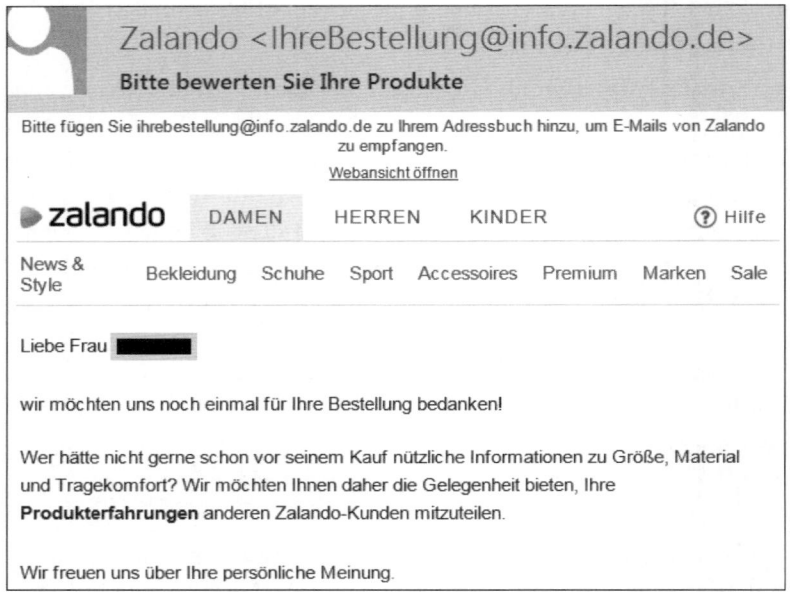

Abbildung 3.27 Beispiel für eine Feedback-Anfrage nach Vertragsschluss

Sofern davon ausgegangen wird, dass Feedback-Anfragen reinen Servicecharakter haben und daher keiner Einwilligung bedürfen, stellt sich ebenso wie bei Transaktions-E-Mails die Frage, ob deren Versand auch dann zulässig ist, wenn sie mit Werbung versehen werden.

Grundsätzlich kann auch an dieser Stelle davon ausgegangen werden, dass Sie die E-Mail durch Werbung ergänzen dürfen, wenn eine ausdrückliche Einwilligung oder eine Privilegierung nach § 7 Abs. 3 UWG vorliegt.

Hat der Empfänger aber keine Einwilligung erteilt und greift auch nicht der Ausnahmetatbestand für Kundenbeziehungen, dann könnte die mit Werbung versehene Feedback-Anfrage eine unzumutbare Belästigung für den Empfänger darstellen und daher unzulässig sein. Wird davon ausgegangen, dass die unzumutbare Belästigung darin liegt, dass sich der Empfänger mit einer ihm nicht erwünschten E-Mail befassen muss, so kann dies bei Feedback-Anfragen durchaus der Fall sein. Der Empfänger muss sich mit diesen E-Mails nämlich, anders als mit Transaktions-E-Mails, nicht zwangsläufig beschäftigen, da darin keine für ihn wichtigen Informationen zur Vertragsabwicklung enthaltenen sind.

Sicher ist sicher: Doppelte Einwilligung einholen!

Im Rahmen der Versendung von Feedback-Anfragen sollten Sie sowohl für den Versand der Feedback-Anfrage selbst als auch für die Verbindung mit Werbung eine Einwilligung vom Empfänger einholen. Es bietet sich an, sich hierum bereits zu Beginn der Geschäftsbeziehung zu kümmern.

3.7   Darf man Werbe-E-Mails an Kontakte aus sozialen Netzwerken senden?

Im Zeitalter des Web 2.0 verfügen viele Unternehmen auch über Profile in sozialen Netzwerken wie Facebook oder XING. In diesem Zusammenhang stellt sich die Frage, ob Abonnenten des Unternehmensprofils innerhalb des Netzwerkes Werbe-E-Mails zugeschickt werden dürfen.

Achtung: Kontakt reicht für Einwilligung nicht!

Die Tatsache, dass jemand das Unternehmensprofil abonniert hat oder einen Kontakt des werbenden Unternehmens darstellt, kommt keiner Einwilligung in Werbe-E-Mails gleich!

Eine eindeutige Rechtsprechung zu dieser Fallgestaltung gibt es noch nicht. Sie sollten aber beachten, dass auch eine Nachricht über das soziale Netzwerk mit Werbecharakter nicht anders zu behandeln ist als eine herkömmliche E-Mail, da § 7 Abs. 2 Nr. 3 UWG nur von »elektronischer Post« spricht und nicht explizit von E-Mails. Damit sind darunter alle Nachrichten zu fassen, die auf elektronischem Weg erfolgen, also auch Nachrichten über soziale Netzwerke. Eine anderweitige Auslegung entspricht zudem nicht der Intention des Gesetzgebers, da dieser mangels unterschiedlicher Schutzgesichtspunkte nicht zwischen einzelnen Kommunikationswegen innerhalb des Internets differenzieren wollte.

Achtung: Nutzungsbedingungen der Portale beachten!

Neben den gesetzlichen Bestimmungen müssen Sie auch die Nutzungsbedingungen der sozialen Netzwerke beachten, denen Sie mit der Anmeldung zugestimmt haben. Denn diese verbieten Ihnen in vielen Fällen eine kommerzielle Nutzung der Profile und haben in der Regel klare und verbindliche Regelungen für die Nutzung des Dienstes zu Werbezwecken aufgestellt. Aus diesem Grund lohnt es sich für Sie, einen Blick in die Nutzungsbedingungen zu werfen, da Sie andernfalls mit der Löschung Ihres Profils rechnen müssen. Dies kann unter Umständen wesentlich schmerzhafter sein als eine Abmahnung wegen eines Gesetzesverstoßes, da mit der Löschung ein sichtbarer Imageschaden einhergeht.

3.8 Ist der E-Mail-Adresskauf zulässig?

Einen eigenen Stamm von E-Mail-Adressen zu Werbezwecken zu generieren, ist ein langwieriger und aufwendiger Prozess. Aus diesem Grund greifen mittlerweile viele Unternehmen auf die Möglichkeit zurück, Listen mit einer Vielzahl von E-Mail-Adressen zu kaufen. Diese Methode ist unkompliziert, schnell und oftmals die einfachste, um auf einen Schlag zahlreiche Kontaktdaten zu erhalten.

Dabei können Sie in den Shops der Anbieter genau angeben, ob Sie Daten von Privatpersonen oder von Unternehmen erwerben wollen. Auch weitere Differenzierungen sind möglich, um solche Daten zu erhalten, die der eigenen Zielgruppe am genauesten entsprechen, und so die Marketingmaßnahme besonders effektiv gestalten zu können (siehe Abbildung 3.28).

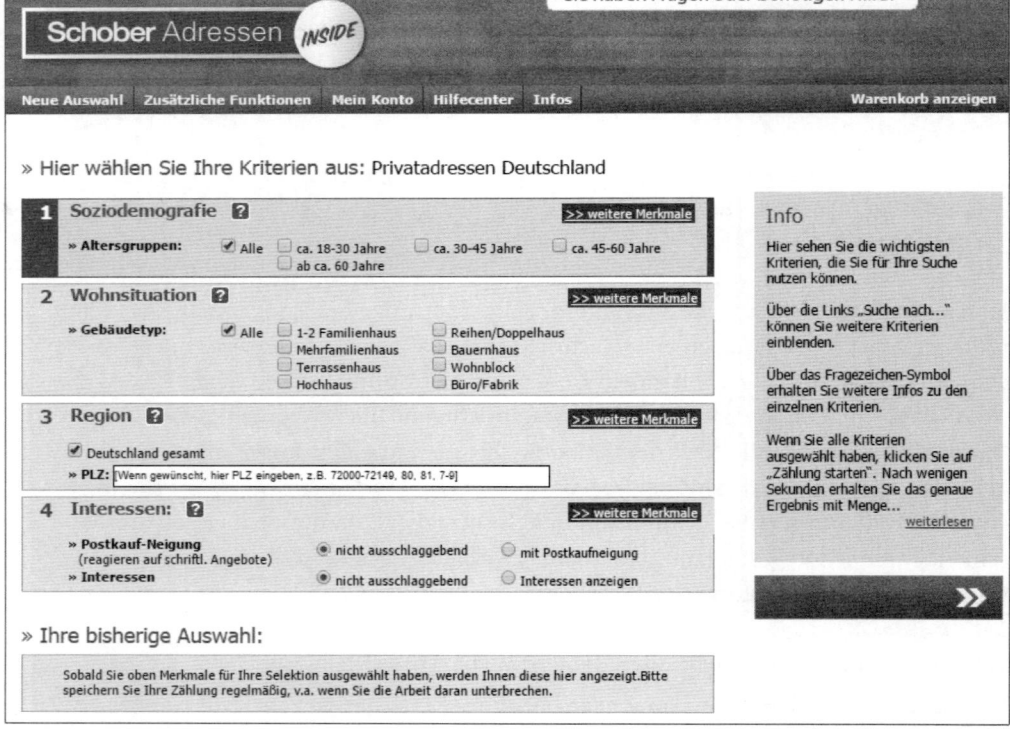

Abbildung 3.28 Beispiel für einen Anbieter von Personenadressen

Nachdem der Interessent seine Präferenzen angegeben hat, berechnet das System, wie viele Adressen mit den gewünschten Kriterien zur Verfügung stehen, und nennt den zu zahlenden Betrag (siehe Abbildung 3.29).

Abbildung 3.29 Beispiel für eine Kalkulation beim Adresskauf

Zwar ist der Verkauf von E-Mail-Adressen grundsätzlich nicht rechtswidrig, jedoch müssen Sie, bevor Sie die Daten zu eigenen Marketingzwecken verwenden, so manchen rechtlichen Stolperstein überwinden.

3.8.1   Legale Erhebung und Speicherung der Daten durch den Verkäufer

Bei E-Mail-Adressen handelt es sich um sogenannte *personenbezogene Daten*, also um Einzelangaben über persönliche und sachliche Verhältnisse. Ein Handel damit war nach dem früher geltenden § 28 Abs. 3 Bundesdatenschutzgesetz unproblematisch zulässig. Diese Normierung existiert in der nun geltenden Datenschutz-Grundverordnung jedoch nicht mehr. Dies bedeutet jedoch nicht, dass der Handel mit E-Mail-Adressen nun gänzlich verboten ist. Vielmehr ist die Lösung wieder entweder in einer zuvor erteilten Einwilligung zur Datenweitergabe oder in der vielfach angesprochenen Interessenabwägung des Art. 6 Abs. 1 lit. f DSGVO zu suchen. Dass Direktwerbung durchaus ein berechtigtes Interesse ist, ergibt sich (wie bereits erläutert) aus Erwägungsgrund 47 der Datenschutz-Grundverordnung. Dies gilt jedoch nur unter der Bedingung, dass der Betroffene »vernünftigerweise absehen kann, dass möglicherweise eine Verarbeitung für diesen Zweck erfolgen wird«.

Dass diese Voraussetzungen auch tatsächlich vorliegen, ist für Sie von essenzieller Bedeutung. Denn dass die Daten ordnungsgemäß erhoben wurden, ist der Grundstein für ihre rechtmäßige Verwendung. Das bedeutet konkret, dass auch Sie darauf achten müssen, dass der Verkäufer die Daten legal erhoben und gespeichert hat sowie dazu berechtigt ist, die Daten an Sie weiterzugeben. Der Grund dafür ist, dass Sie für die Daten, die Sie verwenden, voll verantwortlich sind – unabhängig von der Herkunft der Daten.

Achtung: Adressen stammen häufig aus illegalen Quellen!

Wenn Sie E-Mail-Adressen kaufen, sollten Sie damit rechnen, dass nicht alle Verkäufer die Daten auf legalem Wege erwerben. In der Praxis kommt es vor, dass manche Verkäufer an die von Ihnen gekauften Adressen über ein E-Mail-Adressen-Harvesting gelangt sind. Dies bedeutet, dass sie sich ein Programm zunutze gemacht haben, dass das Internet gezielt nach dem @-Zeichen durchsucht, um so speziell über Webseiten an E-Mail-Adressen zu gelangen. Dass ein Unternehmen seine E-Mail-Adresse im Internet veröffentlicht hat, kommt jedoch keinesfalls einer Einwilligung zum Erhalt von Werbung gleich.

3.8.2   Der Verkauf von Adressen mit Einwilligung

Auch wenn die Daten vom Verkäufer der Adressen legal erhoben und gespeichert wurden, ist der Handel mit ihnen nur unter bestimmten gesetzlichen Voraussetzungen zulässig. So ist die Verarbeitung oder Nutzung personenbezogener Daten für Zwecke des Adresshandels oder der Werbung grundsätzlich zulässig, soweit der Betroffene eingewilligt hat.

Damit ist es zunächst einmal erforderlich, dass der Einwilligende auch der Weitergabe der Daten an Sie zugestimmt hat – andernfalls können erworbene Adressen nicht rechtskonform weiterverwendet werden. Denn der Erwerb von E-Mail-Adressen entbindet Sie nicht von dem grundlegenden Einwilligungserfordernis.

Aus diesem Grund muss der Verkäufer in der Einwilligungserklärung das Unternehmen, für das die Adressen erworben werden sollen, genau benennen. Auch sollte für den Einwilligenden klar erkennbar sein, um welche Branche und damit um welche Produktpalette es sich handelt. Die sachliche Reichweite der Einwilligung muss damit aus dem entsprechenden Erklärungstext eindeutig hervorgehen.

Außerdem sollte der Verkäufer bei einer Generierung für mehrere Unternehmen eine Anzahl von zehn Unternehmen nicht überschreiten, damit der Einwilligende nicht den Überblick verliert und die Liste der Unternehmen zumindest schnell überfliegen kann.

3.8.3 Protokollierung der Einwilligung durch den Verkäufer

Kommt es zum Streitfall zwischen Ihnen und dem Empfänger von Werbe-E-Mails, wie es in einem Fall des Oberlandesgerichts Düsseldorf (Urteil vom 03.11.2009, Az. I-20 U 137/09) geschehen ist, so müssen Sie darlegen und beweisen, dass Sie sich vergewissert haben, dass der Empfänger einerseits in den Erhalt von Werbe-E-Mails und andererseits in die Weitergabe seiner Daten an Sie eingewilligt hat.

> **Achtung: Lassen Sie sich die Einwilligung zeigen!**
>
> Liegt tatsächlich keine Einwilligung vor, können Sie sich auch nicht damit entlasten, dass Sie den Verkäufer der Adressen danach gefragt und dieser Ihnen das Vorliegen der Einwilligungen zugesichert habe. Vielmehr trifft Sie die Pflicht, sich die Dokumentation der Einwilligungseinholung vorzeigen zu lassen, sie zumindest stichprobenartig zu überprüfen und diese in der Folge selbst aufzubewahren. Auf diese Weise können Sie als Käufer von Adressdaten auch schnell erkennen, ob der Verkäufer einen E-Mail-Adressen-Harvester verwendet hat.

Hier noch ein Tipp, damit Sie Ihren Pflichten als werbendes Unternehmen auch sicher nachkommen: Als Käufer von E-Mail-Adressen sollten Sie vertraglich mit dem Verkäufer vereinbaren, dass folgende Daten vom Verkäufer bei der Generierung der E-Mail-Adressen zu protokollieren und an Sie herauszugeben sind:

▸ Zeitpunkt der Anmeldung auf der Website des Verkäufers

▸ IP-Adresse des Einwilligenden zum Zeitpunkt der Einwilligung

▸ E-Mail-Adresse des Einwilligenden

▸ Inhalt und Ausgestaltung der Einwilligungserklärung

▸ Datum und Uhrzeit der Einwilligungserklärung

▸ Datum und Uhrzeit der Versendung der Bestätigungs-E-Mail

▸ Datum und Uhrzeit der Bestätigung der Anmeldung

▸ IP-Adresse des Einwilligenden zum Zeitpunkt der Bestätigung

▸ Zeitpunkt der ersten Newsletter-Anmeldung

3.8.4 Der Verkauf von Adressen ohne Einwilligung

Auch nach der Datenschutz-Grundverordnung ist eine Weitergabe der Daten ohne die Einwilligung des Empfängers unter den Voraussetzungen des Art. 6 Abs. 1 lit. f DSGVO sowie des Lauterkeitsrechts zulässig. Wie bereits erläutert, ist der Werbezweck ein berechtigtes Interesse, das den Versand von Werbe-E-Mails dann erlaubt, wenn dies für den Empfänger absehbar ist. Davon ist immer dann auszugehen, wenn der Verkäufer seinen Informationspflichten umfassend und transparent nachkommt und den Empfänger insbesondere über sein jederzeitiges Widerspruchsrecht informiert.

Ganz klar ist die gesetzliche Normierung jedoch nicht formuliert, sodass der juristische Laie nur schwer einschätzen kann, welche Aspekte bei der Interessenabwägung zu berücksichtigen sind und unter welchem Umständen sie für oder gegen ihn ausfällt.

> **Praxistipp: Fragen Sie in diesem Fall besser einen Anwalt**
>
> Falls Sie also Adressen ohne Einwilligungen verkaufen möchten, sollten Sie sich in jedem Fall von einem im Datenschutzrecht spezialisierten Rechtsanwalt beraten lassen, da nur dieser beurteilen kann, wann die Interessen des Betroffenen im konkreten Einzelfall überwiegen.

3.9   Checkliste E-Mail-Marketing: Alles beachtet?

> **Checkliste**
>
> ► Bewusste, konkrete und aktive Einwilligungserklärung?
> ► Kein Voranklicken des Kästchens?
> ► Schriftliche Dokumentation der Einwilligung?
> ► Absender transparent?
> ► Kurze, aussagekräftige und richtige Betreffzeile?
> ► Kontaktkanäle transparent?
> ► Inhalt, Frequenz und Werbecharakter der E-Mail transparent?
> ► Einhaltung der Formerfordernisse?
> ► Beachtung der Geltungsdauer der Einwilligung?
> ► Beachtung der neuen datenschutzrechtlichen Anforderungen an die Einwilligung?
> ► Anwendung des Double-Opt-in-Verfahrens für den Newsletter-Versand?
> ► Bestätigungs-E-Mail ohne Werbung?
> ► Keine Koppelung mit Gewinnspielen?
> ► Keine Platzierung der Einwilligung in AGB?
> ► Belehrung über die Widerrufsmöglichkeit bzw. Abbestellmöglichkeit?
> ► Einfache und schnelle Durchführung der Abbestellung?
> ► Einhaltung des Gebots der Datensparsamkeit?
> ► Vornahme der Datenschutzbelehrung?
> ► Richtige und vollständige Platzierung des Impressums?
> ► Beachtung von Rechten Dritter?
> ► Kein Versand von Erinnerungs-E-Mails oder Abbestell-Bestätigungen?
>
> Wenn Sie alle Fragen mit »Ja« beantworten können, dann kann es losgehen ...
> Viel Erfolg!

Kapitel 4
Mobile Marketing

Nicht nur unterwegs, sondern auch zu Hause ersetzen Smartphones und Tablets zunehmend den normalen Computer. Aus diesem Grund nimmt auch die Werbung über mobile Endgeräte vermehrt eine wichtige Rolle im Bereich des Marketings ein: Eine Vielzahl von Unternehmen hat bereits erkannt, dass es sich bei Smartphones und Tablets um Allround-Talente in Sachen Werbemöglichkeiten handelt, und investiert daher zunehmend in Mobile Marketing. Doch Allround-Talente bieten in rechtlicher Hinsicht auch Allround-Probleme. Denn trotz aller Euphorie und vielversprechender Wachstumszahlen darf die rechtskonforme Umsetzung der Werbemaßnahmen nicht in den Hintergrund geraten.

Nach einem Bericht des Digital Marketing Blog (*http://wbs.is/rom97*) hat sich der über Smartphones generierte Umsatz im Jahr 2015 im Vergleich zum Vorjahr nahezu verdoppelt. Als Wachstumstreiber des Handels liegen Smartphones damit deutlich vor Desktop-PCs, die ein Plus von 12 % verzeichnen, und Tablets mit einem Anstieg von 11 %. Damit ist laut Digital Marketing Blog eine Jahresumsatzsteigerung von 15 % erzielt worden. Doch warum ist die Werbung über mobile Endgeräte überhaupt so lohnenswert? Die Antwort darauf liefern wohl die einzigartigen Features und Funktionen, die Smartphones und Tablets im Vergleich zu einem Desktop-PC aufweisen und die in Sachen Werbung völlig neue Möglichkeiten eröffnen: Die Rede ist von Touch-Screens, Apps und Ortungssystemen.

In der Umsetzung können Unternehmen dann auf verschiedene Marketingmethoden zurückgreifen. Zu denken ist dabei an SMS-, MMS-, Bluetooth- und Push-Nachrichten, Werbebanner, Pop-up-Fenster oder auch Interstitials. Zunehmend an Bedeutung gewinnt auch die standortbasierte Werbung beispielsweise über die neue iBeacon-Technologie von Apple. Diese ermöglicht es, Kunden in einem Kaufhaus zu lokalisieren und mit ortsspezifischen Push-Mitteilungen zu erreichen, um die Kunden so direkt über aktuelle Rabattaktionen oder Ähnliches zu informieren.

Doch was ist im Rahmen der mobilen Werbung überhaupt rechtlich zulässig? Aufgrund der umfassenden Nutzung von Smartphones und Tablets können die Nutzer zwar umfassend erreicht werden, jedoch kann dies auch schnell dazu führen, dass diese sich belästigt und kontrolliert fühlen. An dieser Stelle setzt der Gesetzgeber zum Schutz der Verbraucher mit Regelungen im Wettbewerbsrecht und Datenschutzrecht an und normiert Pflichten und Grenzen des mobilen Marketings. Welche Pflichten dies sind und wo die Grenze der Rechtmäßigkeit überschritten wird, soll dieses Kapitel aufzeigen.

4.1   Welche Informationspflichten bestehen für mobile Werbung?

Gerade auf Bildschirmen kleiner Smartphones und Tablets lassen sich nicht immer alle Informationen so abbilden, wie zum Beispiel auf einem Desktop-PC. Bei der Entscheidung für ein Produkt oder eine Dienstleitung soll der potenzielle Kunde jedoch nicht durch falsche Informationen zu einer Entscheidung geführt werden, die er so sonst nicht getroffen hätte. Aus diesem Grund dürfen die technischen Besonderheiten mobiler Endgeräte Sie nicht dazu verleiten, sich in der Darstellung der Informationen nur auf die Ihrer Ansicht nach relevanten zu beschränken.

Dies möchte auch der Gesetzgeber verhindern: Zwar gibt es grundsätzlich keine gesetzlichen Regelungen, die speziell das Mobile Marketing betreffen, doch dies bedeutet nicht, dass es sich um einen rechtsfreien Raum handelt, in dem alles erlaubt ist. Vielmehr finden auf diese Form des Marketings die allgemeinen gesetzlichen Regelungen wie das Wettbewerbsrecht oder das Datenschutzrecht Anwendung, die Sie bereits aus den vorherigen Kapiteln kennen. Dazu gehören insbesondere die Ihnen auferlegten Informationspflichten und die mit der Datenschutz-Grundverordnung kodifizierten Grundsätze *Privacy by Design* und *Privacy by Default*.

Deshalb sollten App-Anbieter und App-Entwickler, die Apps in Deutschland bzw. in der EU vertreiben wollen, sich bereits in der Entstehungs- und Entwicklungsphase über die jeweils aktuellen datenschutzrechtlichen Vorgaben informieren und durch datenschutzgerechte Gestaltung sowie datenschutzfreundliche Voreinstellungen dafür sorgen, dass die App später ohne datenschutzrechtliche Mängel angeboten werden kann.

> **Achtung: Verantwortlichkeit trifft nicht nur das werbende Unternehmen!**
>
> Die Einhaltung der rechtlichen Voraussetzungen sollte nicht nur Ihnen als werbendes Unternehmen am Herzen liegen. Denn neben Ihnen können bei Rechtsverstößen je nach Fallgestaltung auch weitere Personen in Anspruch genommen werden. Zu denken ist dabei einerseits an die Agenturen und Dienstanbieter, die im Auftrag ihrer Kunden werbende Inhalte gestalten, solche Inhalte innerhalb mobiler Webseiten platzieren oder mittels aktueller Technologien (beispielsweise Push-Mitteilungen) an die Adressaten versenden. Andererseits können auch Entwickler von Apps verantwortlich sein, wenn über die App werbende Inhalte transportiert werden.

4.1.1   Bestehen einer Informationspflicht

Informationspflichten in Bezug auf mobile Werbung finden sich schwerpunktmäßig im Lauterkeitsrecht. So normiert der Gesetzgeber in § 5a UWG, dass Informationspflichten bestehen, wenn Waren oder Dienstleistungen in einer solchen Art und Weise angeboten werden, dass ein durchschnittlicher Verbraucher das Geschäft abschließen kann. Konkret bedeutet dies, dass eine Informationspflicht besteht, sobald in der Werbeanzeige, die auf dem Smartphone oder Tablet erscheint, ausreichend Informationen zur Leistung oder zum Preis einer Ware oder Dienstleistung angegeben werden, die einen Verbraucher dazu veranlassen können, sich für den Kauf oder die Buchung zu entscheiden.

> **Hinweis**
>
> Das OLG Schleswig-Holstein (Urteil vom 03.07.2013, Az. 6 U 28/12) betonte in einem ihm zur Entscheidung vorgelegten Fall, dass eine Informationspflicht nicht nur dann besteht, wenn alle vertragswesentlichen Regelungen bekannt gemacht werden. Die Pflicht gilt bereits dann, wenn einige relevante Vertragsbestandteile genannt werden, die für den Kaufentschluss relevant sind.

Daraus folgt, dass bei einer reinen Image- oder Erinnerungswerbung, die grundsätzlich keine geschäftlichen Einzelheiten nennt, auch keine Informationspflicht für mobile Werbung besteht.

4.1.2   Die einzelnen Informationspflichten im Überblick

Unternehmen sollten beachten, dass es nicht nur bei Webseiten, sondern auch im Rahmen von mobilen Werbemaßnahmen eine umfangreiche Informationspflicht des Anbieters gibt.

> **Achtung: Bildschirmgröße entbindet nicht von Informationspflichten!**
>
> Die Tatsache, dass man bei der mobilen Werbung anders als bei einer Werbung über einen Desktop-PC nicht allzu viel Platz in der Darstellung hat, entbindet Sie nicht von der Einhaltung Ihrer Pflichten – hier sind die Gerichte im Interesse der Empfänger sehr streng. Auch reicht es nicht aus, in der mobilen Werbeanzeige hinsichtlich der erforderlichen Informationen auf Ihre Website zu verweisen. Andernfalls müssen Sie mit teuren Abmahnungen rechnen!

In einer mobilen Werbeanzeige, die auf Tablets und Smartphones erscheint, müssen Sie daher in jedem Fall folgende Angaben machen:

▶ Angabe aller wesentlichen Merkmale der Ware oder Dienstleistung

Hinweis: Wesentlichkeit

Als wesentlich ist dabei jede Information anzusehen, die die geschäftliche Entscheidung des Verbrauchers beeinflussen kann. Dazu zählen beispielsweise die Verfügbarkeit der Ware, die Art, die Ausführung, die Vorteile und Risiken, die Zusammensetzung, der Zeitpunkt der Herstellung, die Menge und ihre Beschaffenheit.

▶ Identität und Anschrift des Unternehmens

Hinweis: Informationen über Ihr Unternehmen

Sie sollten auch bei mobiler Werbung auf vollständige und wahrheitsgemäße Angaben hinsichtlich der Firma achten. Dabei können Sie sich an den Angaben innerhalb des Impressums orientieren. Dies gilt insbesondere auch für die richtige Firmierung. Darüber hinaus sollte die Angabe der korrekten Adresse selbstverständlich sein. Dahinter steht der Gedanke, dass Unternehmen aufgrund ihrer Angaben auch verklagt werden können. Dies ist aber ohne Angabe der genauen Rechtsform sowie der Anschrift nicht möglich, da sich nach diesen Angaben richtet, wer genau eigentlich verklagt werden muss.

▶ weitere Informationen zur Abwicklung des Geschäfts

Hinweis: Weitere Informationen

Zu nennen sind zudem die Zahlungs-, Liefer- und Leistungsbedingungen sowie Verfahren zum Umgang mit Beschwerden für den Fall, dass beispielsweise Gewährleistungsrechte wesentlich erschwert werden.

▶ Rücktritts- und Widerrufsrecht

Hinweis: Angaben zu Rücktritt oder Widerruf

Der Verbraucher ist genau über die Details des jeweiligen Rechts inklusive der Darstellung der Rechtsfolgen bei deren Ausübung zu informieren. Dazu gehört beispielsweise die Nennung der Widerrufsfrist von 14 Tagen.

4.1.3   Besondere Pflichten bei der Werbung mit Preisangaben

Wer Werbebanner oder SMS mit konkreten Preisen für Produkte oder Dienstleistungen versehen möchte, um diese direkt zum Kauf bzw. zur Buchung anzubieten, der muss weitere Besonderheiten beachten. Für Werbung mit Preisangaben enthalten die Preisangabenverordnung und das Wettbewerbsrecht die Normierungen, die Sie maßgeblich einhalten müssen. Das bedeutet, dass das Produkt bzw. die Dienstleistung mit der Währung zu versehen ist, in der es bzw. sie auch bezahlt werden muss.

Eine solche Pflicht besteht schon dann, wenn Sie den potenziellen Kunden durch die Art und Weise der Werbung zwar noch unverbindlich, aber tatsächlich schon gezielt mit dem Ziel ansprechen, ihn zum Kauf des Produkts zu bewegen.

Praxisbeispiel: Werbebanner

Wenn Sie beispielsweise innerhalb einer App eines Onlineshops Ihre Waren besonders herausstellen, müssen Sie den Endpreis einschließlich der Umsatzsteuer und sonstiger Preisbestandteile (z. B. Verpackungskosten) angeben. Darüber hinaus müssen Sie darlegen, ob zusätzliche Liefer- und Versandkosten anfallen, und gegebenenfalls deren genaue Höhe nennen.

Eine Pflicht zur Preisangabe besteht jedoch dann nicht, wenn nicht konkret ein Produkt bzw. eine Dienstleistung beworben wird, sondern allgemein für Angebote auf einer Internetplattform Aufmerksamkeit erregt werden soll. Gleiches gilt für Image- oder Erinnerungswerbung, die allgemein eine Marke oder ein Unternehmen bewirbt und daher ebenfalls keiner Preisangabe bedarf.

Hinweis

Wenn Sie in Ihrer Werbeanzeige keine Preise angeben möchten, sollten Sie Ihre Produkte oder Dienstleistungen in der mobilen Werbebotschaft nicht zu konkret gestalten. Dies gelingt beispielsweise, indem Sie die Ware oder Dienstleistung noch nicht endgültig beschreiben, sodass der potenzielle Kunde seine konkrete Entscheidung im eigentlichen Onlineshop treffen muss.

Entscheiden Sie sich dafür, Ihr Produkt bzw. Ihre Dienstleistung konkret zu bewerben, und geben Sie daher Preise an, so müssen diese auch mit den tatsächlichen Preisen übereinstimmen sowie in ihrer Darstellung eindeutig zuzuordnen, leicht erkennbar, deutlich lesbar und sonst gut wahrnehmbar sein.

Achtung: Geringe Bildschirmgröße beachten!

Die richtige Darstellung ist aufgrund der geringen Bildschirmgröße gerade bei mobilen Anwendungen auf Smartphones und Tablets wichtig. Wird dieser Aspekt bewusst bei blickfangmäßig hervorgehobenem Preis und Verschweigen weiterer Preisbestandteile vernachlässigt oder schlicht in der Darstellung nicht ausreichend gekennzeichnet, so müssen Sie mit teuren Abmahnungen und gerichtlichen Verfahren rechnen.

Da über Apps häufig kombinierte Leistungen angeboten werden, die teils unentgeltlich, teils entgeltlich sind, sind Sie auch hier als Anbieter dazu verpflichtet, dem Verbraucher die tatsächlichen Kosten aufzuzeigen, mit denen er zu rechnen hat. Dies bezieht sich jedoch nur auf die jeweils unmittelbar angebotene oder beworbene Ware
bzw. Dienstleistung.

Praxisbeispiel: In-App-Käufe

Das bedeutet zum Beispiel im Fall von In-App-Käufen, dass der Anbieter bei der Werbung oder dem Angebot einer App zunächst nur den Endpreis der App angeben
muss, nicht dagegen die Preise für Zusätze, die der Kunde durch In-App-Käufe beziehen kann. Etwas anderes gilt nur bei einheitlichen Leistungsangeboten, bei denen
die Entscheidung für den Kauf der App gleichzeitig auch die Verpflichtung zum
Bezug entsprechender weiterer Gegenstände mit sich bringt.

4.1.4   Besondere Pflichten bei der Werbung mit Alleinstellungsmerkmalen

Eine weitere sehr beliebte Werbestrategie, die aufgrund der geringen Bildschirmgröße gerade bei Werbung über Smartphones häufig Anwendung findet, ist die Behauptung von Alleinstellungsmerkmalen.

Die dabei typischen Bezeichnungen wie »die Nr. 1« oder »der Marktführer« klingen
zwar gut, sind aber rechtlich nicht ganz unproblematisch. Denn wenn Sie Ihr eigenes
Unternehmen oder Produkt über alle anderen stellen, wird dies der Konkurrenz ein
Dorn im Auge sein, da Ihre Behauptung je nach Formulierung auch einer Herabwür-
digung der Konkurrenzprodukte bzw. -dienstleistungen gleichkommen kann. Dies
wiederum kann einen Wettbewerbsverstoß darstellen und so zu einer Abmahnung
führen.

Das bedeutet aber nicht, dass Werbung mit Alleinstellungsmerkmalen generell nicht
zulässig ist. Vielmehr müssen Sie zunächst ganz grundsätzlich für eine Alleinstellungsbehauptung beachten, dass es nicht ausreicht, wenn Sie als Werbender nur
einen geringfügigen Vorsprung vor Ihren Mitbewerbern haben. Denn der Verbraucher erwartet bei einer solchen Werbung eine erhebliche Sonderstellung Ihres Unternehmens oder Produkts.

Praxisbeispiel: Erhebliche Sonderstellung

Ein Kölner Internet-Anbieter hatte sein Angebot mit folgendem Text beworben:
»JETZT SURFEN IM SCHNELLSTEN NETZ DER STADT«, »Es ermöglicht schon heute High-
speed Internet mit bis zu 400 Mbit/s – mehr als jeder andere Anbieter bei Ihnen in
Köln« und »400 MBIT/S FÜR KÖLN«. Ein Konkurrent plante seinerseits nur wenige

Tage danach mit einem vergleichbaren Angebot in den Kölner Markt einzutreten und ging daher wegen Irreführung gegen die Werbung vor. Das Oberlandesgericht Köln (Urteil vom 10.03.2017, Az. 6 U 124/16) gab dem Kläger Recht, weil die Werbung mit Alleinstellungsmerkmalen nur dann zulässig sei, wenn der Vorsprung zur Konkurrenz deutlich sei und auch auf Dauer bestehe.

Darüber hinaus sollten Sie auch beachten, dass die Alleinstellungsbehauptung objektiv wahr ist: Es muss Ihnen möglich sein, diese Behauptung anhand objektiver Kriterien nachzuweisen.

Achtung!

Keine Alleinstellungswerbung ist eine solche, die von den Empfängern als nichtssagend oder ersichtlich übertrieben aufgefasst wird. Hierunter fallen Aussagen wie »besser als bei Mutti« oder »das beste Eis des Sommers«.

4.1.5   Besondere Pflichten bei Werbung mit der Angabe »Testsieger«

Neben den Alleinstellungsmerkmalen ist eine weitere besonders effektive Marketingstrategie die Werbung mit Angaben wie »Testsieger«. Solche Angaben erreichen eine Vielzahl potenzieller Kunden und beeinflussen bei so manchem maßgeblich die Kaufentscheidung. Dabei machen sich jedoch nur wenige Gedanken darüber, was für ein Test das überhaupt gewesen ist, wer diesen durchgeführt hat oder was genau getestet wurde. Diese Tatsache machen sich manche Unternehmen zunutze und werben mit irreführenden Testergebnissen, um so ganz gezielt potenzielle Kunden bei ihrer Entscheidung für eine Ware oder Dienstleistung einseitig zugunsten des Unternehmens zu beeinflussen. Auf diese Weise werden die potenziellen Kunden zu einer Entscheidung verleitet, die sie bei Kenntnis aller richtigen Informationen so vielleicht nicht getroffen hätten.

Hinweis: Mehrere Testsieger möglich

Keine Irreführung stellt es hingegen dar, wenn Ihr Produkt nicht als einziger Testsieger abgeschnitten hat. Denn nach Ansicht des Oberlandesgerichts Hamm (Urteil vom 17.09.2015, Az. I 15 U 24/15) kann es mehrere »Testsieger« geben, die alle ihre Produkte mit diesem Hinweis bewerben dürfen, ohne auf die anderen Testsieger aufmerksam machen zu müssen.

Zum Schutz des Verbrauchers greift der Gesetzgeber bei dieser Marketing-Strategie erneut ein und verbietet Unternehmen unlautere Verhaltensweisen. Wer mit Angaben zu Testergebnissen werben möchte, der muss die klaren Vorstellungen des Gesetzgebers umsetzen und seine Werbung dahingehend gestalten, um kostenpflichtige Abmahnungen und Gerichtsverfahren zu vermeiden. Welche dies sind, wird im Folgenden näher erläutert:

▶ **Seriöse Testergebnisse** – Grundsätzlich sollten Sie beachten, dass sich Testergebnisse an sachlichen, objektiven und neutralen Kriterien orientieren sollten. Die Ergebnisse müssen auf dieser Basis auch nachvollziehbar sein, da der Test andernfalls selbst dann wegen Irreführung der Kunden als unzulässig eingestuft wird, wenn das Ergebnis richtig sein sollte. Dies können Sie einfach verhindern, indem Sie sich nur auf solche Tests berufen, die von darauf spezialisierten Unternehmen wie *Stiftung Warentest* oder *Öko-Test* durchgeführt wurden.

▶ **Angaben zur Fundstelle** – Darüber hinaus müssen Sie eine detaillierte Fundstelle der Testergebnisse angeben, damit sich der potenzielle Kunde bei Interesse über die genauen Testbedingungen informieren kann. Denn nur so kann er sich selbst ein Urteil über die Aussagekraft des Testurteils bilden und Sie müssen sich nicht mit dem Vorwurf der Irreführung auseinandersetzen.

Praxisbeispiel: Lebensmittelkonzern Unilever

In einem Verfahren vor dem Oberlandesgericht Hamburg (Urteil vom 16.12.2013, Az. 5 U 278/11) entschied das Gericht, dass der Lebensmittelkonzern Unilever, der die Marken Lätta, Knorr oder Rama vertreibt, seine Margarine nicht mehr mit den Worten »probieren Sie jetzt selbst den Testsieger* im Geschmack« und »die Nr. 1 im Geschmack« bewerben darf, da diese Art der Werbung irreführend sei.

Denn in der mit dem Sternchen verbundenen Fußnote gab Unilever als Fundstelle für die Teststudie an: »*Verbrauchertest 2011 eines unabhängigen Marktforschungsinstituts im Auftrag von Unilever mit 750 Verbrauchern. Im Test Margarine und pflanzliche Streichfette.« Auf diese Weise erwecke der Konzern den Eindruck, es handele sich bei der Kundenbefragung um einen unabhängigen Verbrauchertest einer neutralen Testinstitution. Die Angabe »im Auftrag von Unilever« in der Fußnote sei optisch sehr klein gehalten worden und habe so bewusst beim Kunden die Assoziation mit anerkannten Institutionen wie der Stiftung Warentest hervorgerufen. Darüber hinaus sei der Kunde nicht ausreichend über das Marktforschungsinstitut, die Anzahl der Testpersonen und über die nur gattungsmäßig als »Margarine und pflanzliche Streichfette« bezeichneten Testprodukte aufgeklärt worden. Daher habe er sich nicht über die näheren Umstände des durchgeführten Vergleichstests informieren können.

▶ **Beachtung der Voraussetzungen der Testunternehmen** – Besondere Aufmerksamkeit erweckt die Werbung mit Testergebnissen dann, wenn auch die Logos der bekannten Unternehmen abgedruckt werden. Doch dies ist nicht ohne Weiteres zulässig – vielmehr haben die Testunternehmen genaue Vorstellungen davon, wie die Werbung mit ihrem Logo und ihren Testergebnissen zu erfolgen hat (siehe Abbildung 4.1). Grundsätzlich müssen die Testergebnisse so dargestellt werden, dass die Gesamtaussage des Tests nicht verfälscht wird.

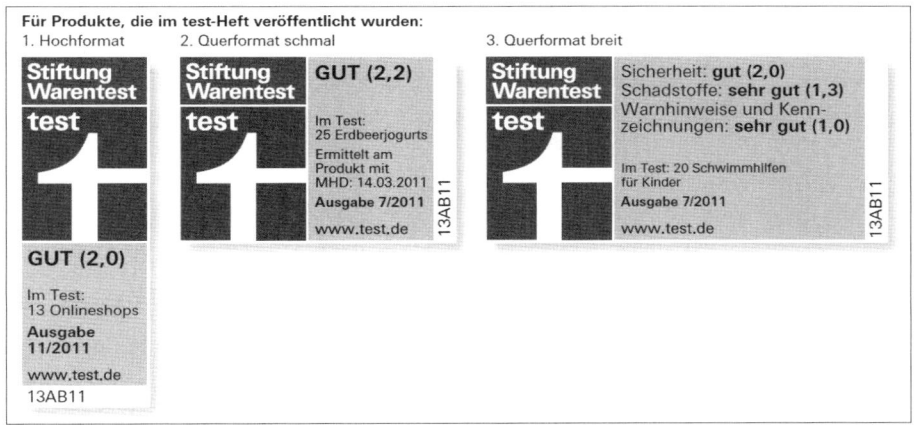

Abbildung 4.1 Beispiele für die zulässige Verwendung der Logos der »Stiftung Warentest« zur Werbung mit Untersuchungsergebnissen

Hinweis

Die genauen Details haben die Testunternehmen in der Regel auf ihrer Homepage veröffentlicht. Sie sollten diese Details in jedem Fall umsetzen, wenn Sie die Ergebnisse der Tester nutzen möchten. Die Bedingungen für die Nutzung des Logos der Stiftung Warentest finden Sie unter *http://wbs.is/rom2*. Das ebenfalls besonders beliebte Testunternehmen Öko-Test veröffentlicht seine Vertragsbedingungen auf *http://wbs.is/rom3*.

▶ **Aktualität des Tests und Identität der Produkte bzw. Dienstleistungen** – Grundsätzlich müssen Sie mit aktuellen Testergebnissen werben und dürfen nicht auf veraltete Testergebnisse zurückgreifen, wenn bereits aktuellere Tests vorliegen. Veraltete Tests dürfen daher nur ausnahmsweise dann herangezogen werden, wenn

– der Zeitpunkt der Veröffentlichung des Tests erkennbar gemacht wird,

– für das Produkt kein neueres Prüfungsergebnis vorliegt und

– die angebotenen Produkte mit den seinerzeit geprüften gleich und auch nicht durch eine neuere Entwicklung technisch überholt sind.

Auch muss das beworbene Produkt bzw. die Dienstleistung tatsächlich mit dem getesteten identisch sein. Auch kleinste Abweichungen führen dazu, dass eine Irreführung angenommen wird.

Achtung: Lebensmittelwerbung

Besonders kompliziert ist die Werbung mit getesteten Lebensmitteln, da die Anforderungen hinsichtlich der Identität besonders hoch sind. So muss beispielsweise
auch das Mindesthaltbarkeitsdatum beachtet werden und das Produkt aus der gleichen Charge stammen. Möchten Sie also Lebensmittel mit Testergebnissen bewerben, so sollten Sie hier besonders vorsichtig sein und sicherheitshalber rechtlichen
Rat hinzuziehen.

4.1.6   Rechtskonforme technische Umsetzung durch Responsive Design

Bereits mehrfach ist zur Sprache gekommen, dass die geringe Bildschirmgröße mobiler Endgeräte werbende Unternehmen vor die Schwierigkeit stellt, die rechtlichen
Anforderungen hinsichtlich der bestehenden Informationspflichten wie Impressum
oder Datenschutzerklärung auf den kleineren Bildschirmen visuell umzusetzen.
Doch hier gibt es technisch bereits Hilfe: das *Responsive Design*. Dabei handelt es sich
um eine noch recht junge Technologie, bei der das Layout einer Website so flexibel
gestaltet wird, dass dieses auf dem Tablet und Smartphone eine im Vergleich zum
Desktop-PC gleichbleibende Benutzerfreundlichkeit bietet und der Inhalt gänzlich
und schnell vom Betrachter erfasst werden kann. Dies gelingt, indem die Inhalts- und
Navigationselemente ebenso wie der strukturelle Aufbau einer Seite der Bildschirmauflösung des mobilen Endgeräts angepasst werden. Je nach Bildschirmformat ändert sich demnach die optische Gestaltung der Seite (siehe Abbildung 4.2 im Vergleich zu Abbildung 4.3).

Hinweis

Um sicherzugehen, dass alle Informationen, die auf Ihrer Website vorhanden sein
müssen, auch auf mobilen Webseiten erscheinen, empfehlen wir Ihnen, auf die neue
Technik des Responsive Designs zu setzen.

4

Abbildung 4.2 Beispiel für die Darstellung der Website »www.mcdonalds.de«
auf dem Bildschirm eines Desktop-Rechners

Abbildung 4.3 Beispiel für die Darstellung der Website »www.mcdonalds.de«
auf dem Smartphone mittels Responsive Design

4.2   Gibt es Beschränkungen beim Einsatz mobiler Werbung?

Nachdem wir nun einen Blick auf die Informationspflichten bei mobiler Werbung geworfen haben, möchten wir Ihnen in diesem Abschnitt einen kurzen Überblick über die Beschränkungen dieser Marketingmethode geben. Denn Werbemaßnahmen unterliegen gerade im Hinblick auf das Wettbewerbsrecht Einschränkungen wie dem Verbot der Verschleierung des Werbecharakters oder dem Verbot der unzumutbaren Belästigung des Empfängers. Darüber hinaus können Besonderheiten in Bezug auf Personen bestimmter Alters- oder Berufsgruppen sowie in Bezug auf bestimmte Produkte bestehen, da der Gesetzgeber in diesen Fällen von einer besonderen Schutzwürdigkeit ausgeht.

4.2.1   Verbot der Verschleierung des Werbecharakters einer Handlung

Ein wichtiger Grundsatz, der in allen Medien und damit auch bei der Werbung über mobile Endgeräte beachtet werden muss, ist die Erkennbarkeit Ihrer Handlung als Werbung. Der Grund dafür ist ganz einfach: Werbung soll nicht verschleiert werden, um ihre Wirksamkeit zu erhöhen, da der Verbraucher auf diese Weise in die Irre geführt wird. Denn ist Werbung als solche erkennbar, wird sie vom Verbraucher auch als solche erkannt und hat zur Folge, dass der Verbraucher diesen Informationen skeptischer entgegentritt, da er weiß, dass es sich um eine Anpreisung des Herstellers handelt. Dies wollen werbende Unternehmen bei der Verschleierung des Werbecharakters aber gerade verhindern, indem sie ihre Werbebotschaft in ein scheinbar objektives und neutrales Gewand hüllen.

> **Praxisbeispiel: Spieleseiten im Internet für Kinder**
>
> Sind Werbebanner auf einer auch für Kinder vorgesehenen Spieleseite im Internet optisch ähnlich gestaltet wie die Bilder, über die die jeweiligen Spiele ausgewählt werden, so kann nach Ansicht des LG Berlin (Urteil vom 14.09.2010, Az. 103 O 43/10) von einem Verstoß gegen das Verschleierungsverbot ausgegangen werden, da für die Zielgruppe der Kinder trotz des unterschiedlichen Formats Spiele und Werbung nicht klar voneinander zu unterscheiden sind.

Für die Frage der Erkennbarkeit kommt es dabei auf die Sichtweise des durchschnittlichen Adressaten an – je nach Zielgruppe muss damit die Gestaltung an unterschiedliche Ansprüche angepasst werden. Sind also Kinder die Zielgruppe einer Werbung, muss das Format so gestaltet werden, dass Kinder den Werbecharakter auch erkennen können (Trennungsgebot). In diesem Fall muss die Trennung unter Umständen deutlicher und auffälliger gestaltet sein als bei einer erwachsenen Zielgruppe.

Hinweis: Trennungsgebot gilt nicht überall!

Das Trennungsgebot greift allerdings nur dann, wenn der Verbraucher eine objektive Information durch einen unabhängigen Dritten erwartet und daher nicht mit dem subjektiven Werbecharakter einer Handlung rechnet. Dies ist von der jeweiligen Gestaltung des mobilen Angebots abhängig.

Unzulässig ist es damit auch, wenn Sie Werbemaßnahmen im Rahmen des Mobile Marketings unauffällig in redaktionelle Inhalte einbauen oder die Werbung als wissenschaftlichen oder allgemein redaktionellen Beitrag beispielsweise im Rahmen von Beiträgen in Ihrer App tarnen. Aber auch Werbelinks werden vom Trennungsgebot umfasst. Bei Werbelinks handelt es sich um Links, die in einen Text eingebettet sind und direkt zu einem Produkt führen. Auf diese Links sollte gut sichtbar hingewiesen werden, und der Hinweis sollte vor dem eigentlichen Text platziert werden.

Sicher ist sicher: Kennzeichnung

Zur Kennzeichnung reicht der Hinweis »Sponsored« oder »Ad« nach Ansicht der Rechtsprechung jedoch nicht aus. Nach einzelnen unterinstanzlichen Gerichten hat auch der Bundesgerichtshof (Urteil vom 06.02.2014, Az. I ZR 2/11) entschieden, dass eine klare Kennzeichnung mit Begriffen wie »Werbung« oder »Reklame« erforderlich ist.

4.2.2   Verbot der unzumutbaren Belästigung des Werbeempfängers

Während Sie vielleicht große Stücke auf Ihre Werbung halten, diese genau konzipieren sowie gestalten und völlig von ihr überzeugt sind, wird sie unter Umständen von einem Teil der Adressaten als Belästigung empfunden und daher gar nicht richtig wahrgenommen. Denn nicht jeder hat Interesse an dem von Ihnen beworbenen Produkt bzw. der Dienstleistung. Dies ist im mobilen Bereich nicht anders als bei allen anderen Marketingmethoden.

An dieser Stelle setzt daher der Gesetzgeber an und möchte die Adressaten vor besonders aufdringlichen Verhaltensweisen Werbender schützen. Aus diesem Grund normiert er in § 7 Abs. 1 S. 1 UWG, dass jedes geschäftliche Verhalten, das eine unzumutbare Belästigung darstellt, unzulässig ist. Denn um einen unverfälschten und funktionsfähigen Wettbewerb sichern zu können, ist es besonders wichtig, dass keine unsachliche Beeinflussung der Adressaten mobiler Werbung erfolgt. Gerade dies wird aber bei einer aufdringlichen Werbung befürchtet und soll daher verhindert werden.

Doch es stellt sich dabei primär die Frage, was genau eine unzumutbare Belästigung darstellt. Für die Fälle der mobilen Werbung hat der Gesetzgeber in § 7 Abs. 2 UWG

Normierungen getroffen, wonach Werbemaßnahmen gegenüber Verbrauchern über Fernkommunikationsmittel (Telefon, Telefax und elektronische Post) stets unzulässig sind, wenn der Adressat direkt sowie hartnäckig angesprochen wird und dies von ihm erkennbar unerwünscht ist. Von einer Hartnäckigkeit kann dabei dann ausgegangen werden, wenn der Verbraucher mehrfach kontaktiert wird, obwohl er klar zu erkennen gegeben hat, dass er dies nicht wünscht. Was das nun für die einzelnen Methoden des Mobile Marketings bedeutet, erläutern wir näher in Abschnitt 4.3, »Wie erfolgt der rechtskonforme Versand von Direktnachrichten auf mobile Endgeräte?«.

4.2.3   Produktbezogene Beschränkungen

Neben den zuvor erläuterten lauterkeitsrechtlichen Beschränkungen bestehen darüber hinaus noch Vorschriften, die insbesondere die Art und Weise der Werbung konkret im Hinblick auf bestimmte Produkte regeln. Je nach beworbenem Produkt oder beworbener Dienstleistung müssen Sie eine Vielzahl von gesetzlichen Spezialvorschriften beachten, auf die an dieser Stelle jedoch lediglich hingewiesen werden kann. Diese Regelungen gelten für Werbemaßnahmen im Allgemeinen und müssen daher auch beim mobilen Marketing über Smartphones und Tablets beachtet werden. Dies betrifft insbesondere Produkte aus den folgenden Bereichen:

- ▶ Arznei- und Heilmittel
- ▶ Zigaretten, zigarettenähnliche Tabakerzeugnisse und Tabakerzeugnisse
- ▶ Geräte- und Produktsicherheitsvorschriften
- ▶ alkoholische Getränke
- ▶ Kosmetik
- ▶ Finanzprodukte und Finanzdienstleistungen
- ▶ Lebensmittel
- ▶ Glücksspiele und Wetten

Hinweis

Die Details sind in den jeweiligen Spezialgesetzen wie dem Arzneimittelgesetz oder dem Heilmittelwerbegesetz geregelt. Dabei handelt es sich oft um Vorschriften, die Sie ohnehin kennen sollten, wenn Sie entsprechende Produkte bewerben bzw. vertreiben. Denn bei Nichteinhaltung dieser Regeln muss mit verwaltungs- oder gar strafrechtlichen Sanktionen gerechnet werden. Es ist deshalb in jedem Fall zu empfehlen, sich die notwendigen Informationen über den jeweiligen Branchenverband oder einen Rechtsanwalt zu beschaffen.

4.2.4   Personenbezogene Beschränkungen

Neben Beschränkungen, die als Bezugspunkt bestimmte Produktgruppen im Blick haben, gibt es auch solche, die bestimmte Personengruppen betreffen. Letztere sind sowohl auf der Seite der Werbenden (zum Beispiel bei Kammerberufen) als auch auf der Seite der Adressaten (zum Beispiel bei Kindern) denkbar.

Beschränkungen aufseiten der Werbenden: Kammerberufe

Im Regelfall unterliegen kammergebundene Berufe – also insbesondere Rechtsanwälte und Notare, Steuerberater und Wirtschaftsprüfer, aber auch Ärzte und Architekten – besonders strengen berufsrechtlichen Regelungen, die vor allem auch Werbeverbote enthalten. Da diese Berufsgruppen aufgrund ihrer herausgehobenen beruflichen Position in der Gesellschaft eine besondere Vertrauensstellung einnehmen, sollen sie grundsätzlich nicht werben, sondern nur sachlich informieren.

> **Achtung: Keine Werbung für Dritte**
>
> Gehören Sie zu einer dieser Berufsgruppen, so sollten Sie über Ihre eigenen Auftritte wie Ihre App oder E-Mails keine Werbung für Dritte beispielsweise in Form von Werbebannern schalten! Denn nach dem Willen des Gesetzgebers sollen Sie sich nicht zu Helfern der werbenden Wirtschaft degradieren lassen. Andernfalls kann dies als ein Verstoß gegen das Sachlichkeitsgebot gewertet werden.

Jedoch stellt sich umgekehrt die Frage, ob Sie als Kammerzugehöriger beispielsweise in Apps von Dritten Werbung für sich selbst bzw. Ihre Kanzlei oder Ihr Büro schalten dürfen. Geht man nun von dem Grundsatz aus, dass Werbung nur dann zulässig ist, wenn sie beispielsweise bei Rechtsanwälten über die berufliche Tätigkeit in Form und Inhalt sachlich unterrichtet, so kann daraus geschlossen werden, dass Werbung nur dann erlaubt ist, wenn sie kein reklamehaftes Sichherausstellen darstellt und nicht auf die Erteilung eines Auftrags im Einzelfall gerichtet ist. Davon ist beim Schalten von Werbebannern für die eigene Kanzlei aber gerade auszugehen, da diese Form der Werbung in der Regel dazu dient, neue Mandanten zu akquirieren.

> **Praxisbeispiel: Bannerwerbung**
>
> Betreibt beispielsweise eine Rechtsanwaltskanzlei oder ein Steuerberatungsbüro in der App eines Fachverlags eine animierte Bannerwerbung, die unmittelbar auf die Homepage der Kanzlei bzw. des Büros führt, so stellt dies ein reklamehaftes Sichherausstellen dar und ist damit unzulässig.

Zusammenfassend lässt sich daher sagen, dass Sie als Kammerzugehöriger mit Werbemaßnahmen zurückhaltend und vorsichtig umgehen sollten. In Zweifelsfällen empfiehlt es sich auch, die eigene Kammer zu kontaktieren.

Beschränkungen auf Adressatenseite: Kinder

Ebenso wie aufseiten der Werbenden gibt es auch aufseiten der Werbeempfänger Beschränkungen. Dabei hat der Gesetzgeber insbesondere schutzwürdige Kinder im Blick, die gerade in Spiele-Apps vor Werbung für den kostenpflichtigen Erwerb von Spielzubehör geschützt werden müssen.

Praxisbeispiel

Der BGH (Urteil vom 17.07.2013, Az. I ZR 34/12) entschied vor einiger Zeit, dass eine Softwarefirma in ihrem Online-Spiel »Runes of Magic«, das vorwiegend von Kindern gespielt wird, nicht mit Slogans wie »Schnapp Dir die günstige Gelegenheit und verpasse Deiner Rüstung & Waffen das gewisse Etwas« für den Erwerb virtueller Gegenstände werben darf. Das Spiel funktioniert wie viele Internetspiele nach dem sogenannten Free-to-play-Modell: Die Spieler erhalten die Software zur Teilnahme an diesem Spiel kostenlos. Weitergehende Ausstattung ihrer Spielcharaktere, etwa mit Waffen oder Zeitvorteilen, können dann dazugekauft werden. Eine solche Vorgehensweise fordere die Kinder jedoch unmittelbar zum Kauf auf und sei daher unzulässig, da der Schutz der Kinder es gebiete, auch im Internet eine gewisse Zurückhaltung zu wahren.

Darüber hinaus muss auch bei zulässigen Werbemaßnahmen besondere Rücksicht auf das Entwicklungsstadium der Kinder genommen werden, indem die Trennung von redaktionellem Inhalt und Werbung noch deutlicher zu machen ist, als dies in Erwachsenenmedien erforderlich ist. Insbesondere genügt der Zusatz »Werbung« oberhalb des Banners jedenfalls dann nicht, wenn die Schriftgröße nur einen Bruchteil der Größe des Banners erreicht.

Praxisbeispiel: Umsetzung des Trennungsgebots

Diese Auffassung vertrat auch das Oberlandesgericht Köln (Urteil vom 12.04.2013, Az. 6 U 132/12). Im vorliegenden Fall war das Gericht der Auffassung, dass Banner, die aufgrund ihrer Gestaltung und Einfügung in der Mitte der Seite zwischen den Icons der einzelnen Spiele von Kindern dahingehend missverstanden werden können, dass es sich um besondere Spielgelegenheiten handele: Denn auch wenn die Bannerwerbung zwar überwiegend ähnlich wie der farbliche Hintergrund der Rubrikenseite in Blautönen gestaltet worden sei, sei sie aufgrund ihrer Ausgestaltung als Art Fotografie von den mit comicartigen Figuren versehenen Spielebuttons bildlich deutlich abweichend. Problematisch sei jedoch, dass der werbliche Inhalt weder durch die Ausweisung eines bestimmten Produkts oder einer konkreten Dienstleistung noch durch eine Preisangabe oder eine konkrete Kaufaufforderung offengelegt werde. Vielmehr werde der werbliche Charakter verschleiert, indem durch die als Text eingeblendete

Frage »Hast du eine Idee, was man hier tun kann?« dem kindlichen Internetnutzer suggeriert werde, dass es sich um ein Rätsel handele und er sich bei Anklicken des Banners selbst aktiv betätigen könne.

Hat Ihre Marketingstrategie unter anderem Kinder im Blick, empfiehlt es sich, diese noch einmal von fachlicher Seite auf ihre Rechtskonformität hin überprüfen zu lassen, bevor Sie die Werbung schalten. Denn insbesondere der Schutz von Kindern wird von Verbraucherzentralen sehr ernst genommen und kann daher schnell zu kostenintensiven Abmahnungen oder gerichtlichen Verfahren führen.

4.3   Wie erfolgt der rechtskonforme Versand von Direktnachrichten auf mobile Endgeräte?

Bevor wir nun einen Blick auf die einzelnen Möglichkeiten des mobilen Marketings werfen und diese auf ihre rechtlichen Zulässigkeitsvoraussetzungen hin untersuchen, möchten wir Sie darauf hinweisen, dass es für das Direktmarketing zwar grundsätzlich eine Änderung nach Inkrafttreten der europäischen Datenschutz-Grundverordnung gegeben hat, die ab dem 25. Mai 2018 zwingend umgesetzt werden muss, was im Ergebnis jedoch keine Änderung für die Praxis des Mobile Marketing zur Folge hat.

Die gesetzlich geregelte Erlaubnis, Direktwerbung auf Basis von Art. 6 Abs. 1 lit. f DSGVO auch ohne Einwilligung des Empfängers durchzuführen, wenn Sie in Wahrung Ihrer berechtigten Interessen agieren und die Interessen des Betroffenen nicht überwiegen, ist bisher in der Praxis noch wenig verlässlich. Wie wir bereits im Rahmen des E-Mail-Marketings erläutert haben, kann die Interessenabwägung zwar zu Ihren Gunsten ausfallen, wenn die Werbemaßnahme keinen Verstoß gegen das Wettbewerbsrecht darstellt, jedoch müssen Sie in diesem Zusammenhang für Direktnachrichten insbesondere das Verbot der unzumutbaren Belästigung nach § 7 UWG beachten (siehe Kapitel 3, »E-Mail- und Newsletter-Marketing«). Da diese Norm auch vor dem Inkrafttreten der Datenschutz-Grundverordnung maßgeblich für die Rechtmäßigkeit von mobilen Direktnachrichten mit Werbecharakter war, ist der Dreh- und Angelpunkt der Rechtskonformität weiterhin die Einwilligung des Empfängers.

Achtung: Werbecharakter auch bei gemeinnütziger Aktion!

Ihre Nachricht hat nicht nur dann Werbecharakter, wenn Sie darin konkrete Produkte anpreisen, sondern auch dann, wenn Sie in Ihrer E-Mail auf eine gemeinnützige Aktion Ihres Unternehmens hinweisen. Denn nach Ansicht des Oberlandesgerichts Frankfurt (Urteil vom 06.10.2016, Az. 6 U 54/16) bezwecke dies mittelbar eine Absatzförderung und bedürfe daher der Einwilligung des Empfängers.

Zur Einwilligung kann grundsätzlich zunächst festgehalten werden, dass folgende Voraussetzungen gleichzeitig vorliegen müssen:

▶ Einwilligung des Nutzers

▶ Angabe des korrekten Absenders

▶ Hinweis auf Widerspruchsmöglichkeit

Was dies im Detail bedeutet, haben wir bereits im Rahmen des E-Mail- und Newsletter-Marketings in Abschnitt 3.3 ausführlich erläutert. An dieser Stelle beschränken wir uns daher noch auf die für das mobile Marketing wesentlichen Aspekte.

4.3.1 Einholung der Einwilligung: Opt-in-Verfahren

Liegt eine Einwilligung des Empfängers vor, ist die Direktwerbung beispielsweise per SMS, MMS oder Push-Nachricht stets zulässig. Doch bei der Einholung der Einwilligung sollten Sie auch bei mobilen Marketingmaßnahmen einige grundsätzliche Besonderheiten beachten.

Zunächst ist zu beachten, dass eine rechtlich wirksame Einwilligung grundsätzlich immer ein bewusstes, aktives und konkretes Handeln des Werbeempfängers voraussetzt. Bewusst heißt dabei, dass der Empfänger nur dann direkt mit Werbung kontaktiert wird, wenn er beispielsweise ein schriftliches Einwilligungsdokument unterschreibt oder durch Angabe seiner Mobilfunknummer oder E-Mail-Adresse zu Werbezwecken aktiv wird.

> **Achtung: Aktive Einwilligungshandlung versus Opt-out-Verfahren**
> Eine aktive Einwilligungshandlung erfordert demnach, dass es nicht ausreicht, wenn Formulierungen wie »Hiermit bestätige ich, dass ich keine Werbung erhalten möchte« verwendet werden, die der Empfänger ankreuzen soll, wenn er keine Werbung erhalten möchte, da sich dabei die Aktivität des Empfängers nicht auf die Erteilung der Einwilligung bezieht, sondern gerade auf deren Nichterhalt. Gleiches gilt für Kästchen zum Anklicken der Bestätigung in Onlineformularen, die bereits im Voraus standardmäßig angeklickt sind und bei denen das Häkchen aus dem Kästchen entfernt werden muss, um keine Werbenachrichten zu bekommen (sogenanntes Opt-out-Verfahren).

Was die Form der Einholung der Einwilligungserklärung angeht, so ist das sogenannte Opt-in-Verfahren zu empfehlen. Dabei wird die Einwilligung im Voraus beispielsweise durch Unterschrift eines vorformulierten und mit einem Kästchen zum Ankreuzen versehenen Einwilligungsdokuments eingeholt. Dies ist schriftlich ebenso möglich wie elektronisch. Die Einwilligung kann darüber hinaus auch per Touch-Screen erfolgen, was insbesondere auf mobilen Endgeräten eine Rolle spielt.

Achtung: Auch zur Einholung der Einwilligung ist Einwilligung nötig!

Sie müssen jedoch beachten, dass es Ihnen auch nicht gestattet ist, zur Einholung der Einwilligung per Direktnachricht Kontakt mit den potenziellen Empfängern aufzunehmen, da es auch dazu einer Einwilligung bedarf. Sie müssen also schon vor der ersten Kontaktaufnahme eine Einwilligung des Empfängers haben.

Zudem sollten Sie darauf achten, dass die Erteilung der Einwilligung auch nachgewiesen werden können sollte. Denn im Streitfall tragen Sie die Darlegungs- und Beweislast dafür, dass Ihnen gegenüber eine Einwilligung erteilt wurde. Daher sollten Sie die Einwilligungserklärungen protokollieren und auch speichern.

4.3.2   Korrekte Absenderangaben

Außerdem ist ein rechtskonformer Versand von werblichen Direktnachrichten wie SMS oder Push-Nachrichten nur dann zulässig, wenn Sie als Absender dem Empfänger Ihre Daten korrekt angeben. Diese Angaben müssen so ausgestaltet sein, dass eine Identifizierung und die Kontaktaufnahme zu Ihnen möglich sind. Dabei können Sie sich an den Pflichtangaben des Impressums orientieren und sollten daher folgende Daten mitteilen:

▶ Name und Anschrift des Unternehmens

▶ bei juristischen Personen deren Rechtsform und deren vertretungsberechtigte Personen

▶ E-Mail-Adresse und Telefonnummer

▶ gegebenenfalls Angaben zur ständigen Aufsichtsbehörde

▶ gegebenenfalls Angaben zum Handelsregister, Vereinsregister, Partnerschaftsregister oder Genossenschaftsregister und die entsprechende Registernummer

▶ Umsatzsteueridentifikationsnummer

4.3.3   Hinweis auf Widerrufsmöglichkeit

Haben Sie nun rechtskonform eine Einwilligung des Empfängers für Mobile-Marketing-Maßnahmen erhalten, so muss es für den Empfänger dennoch möglich sein, diese Einwilligung jederzeit und ohne Schwierigkeiten zu widerrufen. Dies bedeutet auch, dass der Widerruf kostenlos, problemlos und frei von Bedingungen möglich sein muss.

Grundsätzlich sollten Sie den ersten Hinweis auf die einfache und bequeme Möglichkeit des Widerrufs bereits ganz zu Beginn vor der Erteilung der Einwilligung vornehmen. Dadurch kommen Sie nicht nur Ihren gesetzlichen Verpflichtungen nach, sondern erzeugen bei Ihrer Zielgruppe auch Vertrauen, da der Empfänger keine Angst haben muss, dauerhaft mit Werbung »überschüttet« zu werden. In der Folge muss dann jede Nachricht mit Werbecharakter erneut den Hinweis auf die Widerrufsmöglichkeit enthalten.

Die Widerrufsmöglichkeit können Sie in Apps ganz einfach beispielsweise in der Rubrik DATENSCHUTZ einbauen und über den Touch-Screen durch ein einfaches Betätigen des Buttons ermöglichen (siehe Abbildung 4.4).

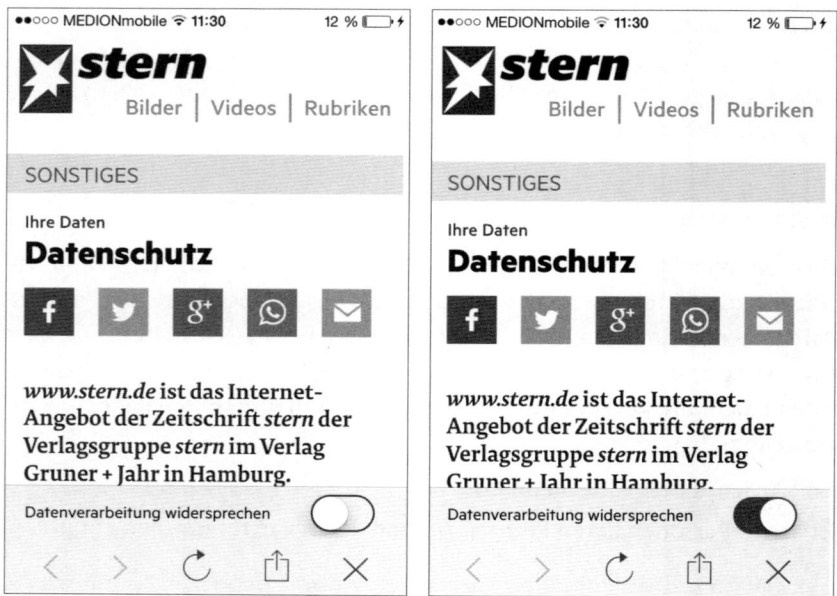

Abbildung 4.4 Beispiel für den Widerspruch gegen die Datenverarbeitung in Apps anhand der App des Magazins »Stern«: Wenn der Nutzer den Button aktiviert, erhält er auch keine weitere Werbung mehr.

4.4   Wie erfolgt die rechtlich erlaubte mobile Kontaktaufnahme?

Nachdem wir in den vorigen Abschnitten eine Vielzahl rechtlich relevanter Aspekte des mobilen Marketings im Allgemeinen angesprochen haben, betrachten wir in diesem Abschnitt die einzelnen Instrumente des mobilen Marketings genauer. Dabei möchten wir Ihnen insbesondere erläutern, wann im Einzelfall eine Einwilligung des Werbeadressaten nötig ist und welche Anforderungen Sie im Einzelnen noch erfüllen müssen.

4.4.1   SMS und MMS

Mobiltelefone können nicht nur über Telefonanrufe ein Marketinginstrument darstellen, sondern auch über Direktnachrichten in Form von SMS und MMS. Dies ist für werbende Unternehmen deshalb besonders interessant, da per SMS kurze Textnachrichten verschickt werden können, die beispielsweise über Aktionen informieren und in einer Vielzahl von Fällen auch von den Adressaten gelesen werden. MMS haben darüber hinaus noch den Vorteil, dass Bild- und Tondateien verschickt werden können, sodass ergänzend Werbebilder und Werbejingles effektiv eingesetzt werden können.

Was die Zulässigkeit des Versands von Direktnachrichten über SMS oder MMS angeht, so kann vorab festgehalten werden, dass diese ebenso wie E-Mails eine Form der elektronischen Post darstellen. Denn unter elektronischer Post versteht man jede Text-, Sprach-, Ton- oder Bildnachricht, die über ein öffentliches Kommunikationsnetz verschickt wird und die im Netz oder im Endgerät des Empfängers gespeichert werden kann, bis sie von diesem abgerufen wird. Damit gilt für SMS und MMS, dass Direktnachrichten auf Mobiltelefone nur dann zulässig sind, wenn der Empfänger in diese Form der Kontaktaufnahme zu Werbezwecken ausdrücklich eingewilligt hat!

> **Praxisbeispiel: Einwilligung des Mobilfunkinhabers nötig**
>
> Die erteilte Einwilligung ist in jedem Fall nur dann gültig, wenn sie von dem tatsächlichen Mobilfunkinhaber erteilt wird. Dies musste auch ein Stromlieferant feststellen, als er in einem Verfahren vor dem OLG Köln (Beschluss vom 12.05.2011, Az. 6 W 99/11) dazu verurteilt wurde, keine Werbe-SMS an Mobilfunkanschlussinhaber zu senden, die eigentlich an deren Familienangehörigen gerichtet sind, wenn die Anschlussinhaber selbst keine vorherige ausdrückliche Einwilligung erteilt haben.
>
> Im verhandelten Fall riefen Mitarbeiter des Stromlieferanten auf dem Festnetzanschluss der Ehefrau eines ihrer Kunden an und erklärten ihr, dass sie auf eine SMS mit »Ja« antworten solle, um ihren Stromvertrag auf den neuesten Stand zu bringen. Da die Dame selbst keine SMS empfangen konnte, gab sie die Mobiltelefonnummer ihrer Tochter an. Dies ist aber nach Ansicht des Gerichts nicht zulässig. Dabei komme es auch nicht darauf an, ob der Familienangehörige mit dem Einverständnis des Anschlussinhabers rechne und ob dieser sich durch die SMS tatsächlich belästigt fühlt.

Besonders zu beachten ist, dass eine stillschweigende Einwilligung in jedem Fall nicht ausreicht. Diese Auffassung vertritt auch das LG Berlin (Urteil vom 14.01.2003, Az. 15 O 420/02) und begründet dies damit, dass der Werbung per SMS trotz ihrer Kostenlosigkeit solche Unzuträglichkeiten für den Empfänger immanent sind, dass die Annahme eines stillschweigenden Einverständnisses mit dieser Werbeart nicht vereinbar sei. Denn ist das Mobiltelefon eingeschaltet, so ertönt bei Eingang einer SMS ein Signalton, durch den ein aktives Eindringen in die Privatsphäre des Empfängers vorliege. Darüber hinaus müsse der Empfänger die Nachricht gezwungenermaßen lesen bzw. anschauen, um ihren Werbecharakter zu erkennen, und könne sie daher nicht vorher aussondern. Dies liege vor allem daran, dass es, anders als zum Beispiel bei E-Mails, keine Betreffzeile gebe und Absenderdaten wie Name, Mobilfunknummer oder Sendedatum regelmäßig erst am Ende des Textes einer SMS erscheinen.

Sollten Sie Ihren potenziellen Kunden ohne eine Einwilligung Direktnachrichten über SMS und MMS zusenden, so müssen Sie mit Abmahnungen und Unterlassungsklagen rechnen, die dem Sanktionskatalog der Datenschutz-Grundverordnung zufolge einen Betrag von 20.000.000 € oder 4 % des Jahresumsatzes eines Unternehmens erreichen können. Darüber hinaus können Sie auch von den Betroffenen in Anspruch genommen werden, wenn Sie Mobilfunkdaten Ihrer Kunden an Dritte weitergeben und so ermöglichen, dass diese zu Werbezwecken kontaktiert werden können.

4.4.2   Push-Nachrichten

Nicht ganz so eindeutig wie SMS und MMS kann der Fall von Push-Nachrichten auf das Smartphone oder Tablet beurteilt werden. Bei Push-Nachrichten handelt es sich um eine Form von Direktnachrichten, bei denen der Inhaber des Smartphones oder Tablets Nachrichten direkt auf seinem Display angezeigt bekommt, ohne die App selbst öffnen zu müssen (siehe Abbildung 4.5). Von besonderer Relevanz ist dabei der Messenger-Dienst WhatsApp, der von einem Großteil der Smartphone-Nutzer verwendet wird und daher auch zunehmend in den Fokus der Werbetreibenden gerät.

Abbildung 4.5 Beispiel einer Push-Nachricht über »WhatsApp«

4

> **Praxisbeispiel: Push-Nachrichten über WhatsApp**
>
> Nimmt man zum Beispiel den Messaging-Dienst WhatsApp, so erscheint direkt auf dem Display des mobilen Endgeräts eine Nachricht, wenn der Empfänger eine neue Nachricht erhält. Je nach Einstellung beinhaltet diese sogar einen Teil des Textinhalts.

Doch widmet man sich nun der entscheidenden Frage der Zulässigkeit der Werbung über Push-Nachrichten, so muss zunächst geklärt werden, ob Push-Nachrichten ebenso wie E-Mails, SMS und MMS auch als elektronische Post einzustufen sind. Bejaht man dies, wäre für den Versand von Werbung über Push-Nachrichten eine Einwilligung des App-Anwenders nötig. Allerdings ist die rechtliche Einordnung noch recht unklar.

Vergleicht man zur Beantwortung dieser Frage Push-Nachrichten nun mit E-Mails, SMS und MMS, so besteht der wesentliche Unterschied zwischen diesen Nachrichtenformen darin, dass die Push-Nachricht zwar auf dem Bildschirm des mobilen Endgeräts angezeigt wird, nicht jedoch grundsätzlich im Speicher des Endgeräts verbleibt. Dies könnte dafür sprechen, dass Push-Nachrichten nicht als elektronische Post einzustufen sind und zumindest der Versand in Maßen keine unzumutbare Belästigung darstellt.

Anders ist dies hingegen bei Push-Nachrichten, die auf die mobilen Endgeräte des Unternehmens Apple gesendet werden, da dort eine Speicherung durchaus erfolgt. Dies spricht damit eindeutig für eine Gleichstellung von SMS und Push-Nachrichten. Eine solche Einordnung wird zudem noch vom Gesichtspunkt des Empfängerschutzes gestützt, da die Nutzer von Smartphones und Tablets direkt mit den Werbenachrichten konfrontiert werden und sich diesen noch weniger entziehen können als bei E-Mails, SMS oder MMS. Letztere kann man nämlich, anders als Push-Nachrichten, noch löschen, bevor deren Inhalt erscheint. Aus diesem Grund ist davon auszugehen, dass auch Push-Nachrichten als elektronische Post einzustufen sind und es damit für den Versand von Push-Nachrichten grundsätzlich der Einwilligung der Empfänger bedarf.

> **Sicher ist sicher: Einwilligung einholen!**
>
> Solange die Rechtsprechung nicht eindeutig entschieden hat, ob Push-Nachrichten eine elektronische Post darstellen und daher auch dem Einwilligungserfordernis unterliegen, sollten Sie sicherheitshalber vor dem Versand werblicher Push-Nachrichten eine Einwilligung des Empfängers einholen (siehe Abbildung 4.6)! Andernfalls müssen Sie mit Abmahnungen und gerichtlichen Verfahren rechnen.

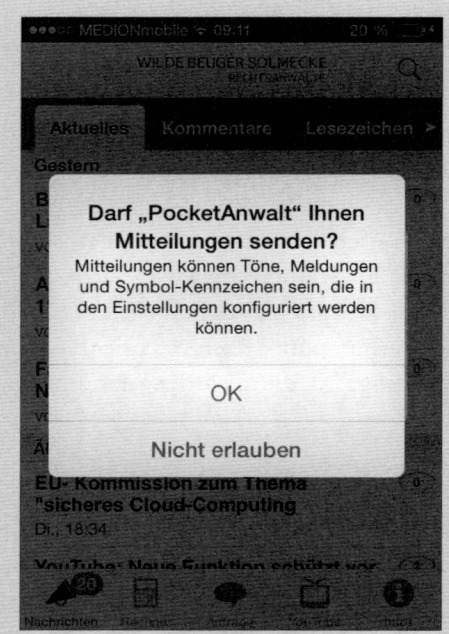

Abbildung 4.6 Beispiel für das Einholen der Einwilligung

4.4.3   Bluetooth-Nachrichten

Eine ähnliche Problematik wie bei Push-Nachrichten besteht bei den Bluetooth-Nachrichten. Bei Bluetooth handelt es sich um eine Technologie, die Kabel ersetzt und es so ermöglicht, digitale Daten, die man auch per USB, Netzwerk- oder Audiokabel von einem Gerät zum nächsten transportieren könnte, auf eine Distanz zwischen 10 und 100 Metern per Funk zu senden. Vor allem in mobilen Geräten steckt heute fast immer auch ein Bluetooth-Chip, der in aktiviertem Zustand eine eindeutige Kennung überträgt, ohne jedoch einen Hinweis auf persönliche Informationen oder die Handynummer zu geben.

Praxisbeispiel: Bluetooth-Nachrichten in Warenhäusern

Hat der Empfänger eines Smartphones seine Bluetooth-Funktion eingeschaltet und betritt er ein Kaufhaus oder hält er sich unmittelbar in dessen Nähe auf, so können ihm über Bluetooth Nachrichten auf sein Smartphone gesandt werden, die ihn über aktuelle Aktionen oder Sonderangebote informieren oder ihm Gutscheine zusenden. Diese Nachrichten werden dem Empfänger dann direkt auf seinem Display angezeigt.

4

Diese Technik können Sie sich auch zu Marketingzwecken zunutze machen. Doch ob dazu eine Einwilligung erforderlich ist oder nicht, ist bisher noch ungeklärt. Hier gelten dieselben Bedenken wie bei Push-Nachrichten. Aus diesem Grund sollten Sie auch hier sichergehen und eine Einwilligung einholen, bevor Sie werbende Bluetooth-Nachrichten versenden.

Achtung!
Aus dem Umstand, dass das Smartphone die Bluetooth-Funktion eingeschaltet hat und für den Hotspot sichtbar ist, kann nicht geschlossen werden, dass der Empfänger mit dem Erhalt von Werbenachrichten einverstanden ist.

4.4.4   Pop-up-Fenster

Auf Internetseiten ist die Werbung mit Pop-up-Fenstern weit verbreitet, die sich beim Aufruf einer Website zusätzlich automatisch öffnen. Dies funktioniert auf mobilen Endgeräten wie Smartphones und Tablets nicht anders als auf dem normalen Desktop-PC: Ein Pop-up-Fenster stellt ein plötzlich auftretendes, visuelles Element auf einer digitalen Benutzeroberfläche dar, das eingesetzt wird, um zusätzliche Inhalte wie Werbeanzeigen darzustellen. Pop-up-Fenster überdecken dabei andere Teile der Benutzeroberfläche, wie Sie zum Beispiel in Abbildung 4.7 sehen können.

Abbildung 4.7 Öffnet man die App des TV-Kanals »RTL«, erscheint sofort und automatisch ein Fenster mit einer Werbung des Bierherstellers »Bitburger«, sodass man zum eigentlichen Inhalt der App erst gelangt, wenn man das Fenster schließt.

Was die rechtliche Wertung von Pop-up-Fenstern betrifft, so unterscheidet sich diese im mobilen Bereich nicht von der bei Desktop-Seiten. Damit gilt grundsätzlich: Kann der Anwender der App das Pop-up-Fenster unmittelbar und ohne Weiteres schließen und verzögert sich das Laden des gewünschten Inhalts nicht erheblich, ist diese Form der Werbung nicht zu beanstanden und muss von den Anwendern geduldet werden. Denn auch wenn die Anwender eine solche Art der Werbung möglicherweise als lästig empfinden, müssen sie Verständnis dafür haben, dass diese Werbeformen der Finanzierung der häufig kostenlosen Apps dienen und Sie daher ein berechtigtes Interesse an der Einblendung haben. Der Anwender von Apps muss nämlich nicht generell vor Werbung geschützt werden, vielmehr soll er vor unzumutbaren Belästigungen geschützt werden. Diese Grenze wird aber im Regelfall bei Pop-up-Fenstern nicht überschritten.

Achtung!

Die grundsätzliche Zulässigkeit von Pop-up-Fenstern bedeutet nicht, dass Sie bei deren technischer Gestaltung vollkommen freie Hand haben. Denn die Grenze der Zumutbarkeit ist sehr wohl überschritten, wenn

- sich das Pop-up-Fenster auch nach dem Schließen durch den Anwender innerhalb der App automatisch wieder oder gar mehrfach erneut öffnet,
- der Anwender der App durch das ständige Öffnen des Pop-up-Fensters an der beabsichtigten Nutzung der App gehindert wird oder
- Sie ein vom Anwender zum Blockieren von Pop-ups installiertes Programm datentechnisch umgehen.

4.4.5   Interstitials

Mobile Interstitials sind Werbeinhalte, die bildschirmfüllend in der Regel für wenige Sekunden beim App-Start eingeblendet werden. Die Werbung wird dabei vor dem Aufbau des eigentlichen App-Inhalts eingeblendet und gibt nach einer festgelegten Zeit die gewünschte Seite frei. Während der Zeit des Erscheinens kann das mobile Interstitial auf die mobile Landingpage oder Ihre Website verlinken.

Praxisbeispiel: Interstitials in einer Spiele-App

Interstitials sind Werbeanzeigen, die beispielsweise auch nach der Auswahl eines Spiels in einer App erscheinen. Bei einigen der angebotenen Spiele hat der Nutzer die Möglichkeit, die Werbung nach 5 Sekunden durch das Klicken eines Buttons KLICKE HIER, UM SOFORT ZU SPIELEN zu überspringen. Bei anderen besteht diese Möglichkeit hingegen nicht, und der Nutzer muss bis zu 20 Sekunden warten, bis die Anzeige verschwindet und er mit dem Spiel beginnen kann.

Ein Interstitial kann als störend oder auch als nervend empfunden werden. Es überschreitet jedoch nach Ansicht des Landgerichts Berlin (Urteil vom 14.09.2010, Az. 103 O 43/10) nicht die Schwelle zur unzumutbaren Belästigung, wenn es nach 10 Sekunden automatisch verschwindet oder wenn der Anwender die Werbeeinblendung nach 5 Sekunden selbst beseitigen kann. Der Anwender müsse auch an dieser Stelle Verständnis für den Finanzierungsbedarf des Anbieters mobiler Anwendungen haben und daher akzeptieren, dass mit jeder Werbung ein gewisses Maß an Beeinflussung und Belästigung verbunden sei. Diese Belästigungsintensität liege damit weitgehend in seiner Hand, da er durch die Möglichkeit des Wegklickens nach ein paar Sekunden ein relativ einfaches Mittel habe, um sich der Belästigung zu entziehen (siehe Abbildung 4.8).

Abbildung 4.8 Beispiel für ein Interstitial, bei dem oben rechts die 5-Sekunden-Anzeige läuft. Nach deren Ablauf erscheint die »Schließen«-Funktion.

Kann sich der Anwender der Werbung hingegen nicht entziehen, stellt dies eine unzumutbare Belästigung dar und kann Abmahnungen und gerichtliche Verfahren für Sie zur Folge haben.

4.4.6   Werbebanner innerhalb von Apps

Eine weitere Möglichkeit des mobilen Marketings ist die Einblendung von Werbebannern auf mobilen Apps. In diesem Fall ist also nicht die App selbst das Marketinginstrument, sondern Sie schalten Werbebanner in erfolgreichen Apps Dritter. Diese Bannerwerbung in statischer oder animierter Form leitet den Anwender dann nahezu immer aus der App heraus und auf eine Website im mobilen Browser oder direkt zur beworbenen App weiter (siehe Abbildung 4.9).

Was die rechtlichen Anforderungen an diese Form des mobilen Marketings betrifft, so unterliegen Werbebanner ähnlich wie Pop-up-Fenster grundsätzlich nicht dem Einwilligungserfordernis. Denn innerhalb der Grenzen des Zumutbaren müssen Anwender mobiler Endgeräte Werbebanner dulden. Dennoch sollten Sie darauf achten, dass sie vom Nutzer der App oder der mobilen Webseite nicht als unzumutbar belästigend empfunden werden.

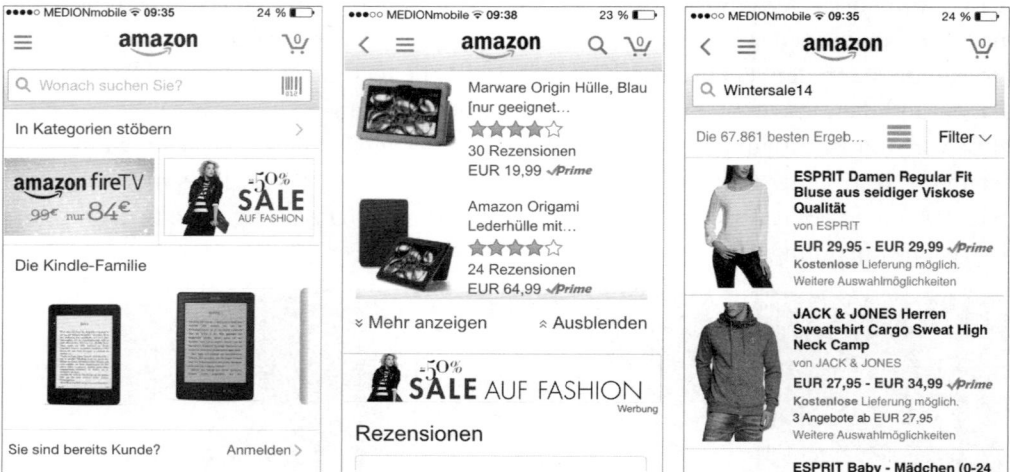

Abbildung 4.9 Beispiel für verschiedene Formen von Werbebannern in der »Amazon«-App

> **Hinweis: Höhere Anforderungen an kostenpflichtige Apps**
>
> Was die Zumutbarkeitsgrenze angeht, so wird man an Werbeeinblendungen auf kostenpflichtigen Apps höhere Anforderungen zu stellen haben als im Fall von kostenfrei nutzbaren Apps, da der Anwender im zweiten Fall in der Regel mit Werbemaßnahmen rechnet, da ihm bewusst ist, dass die Erstellung der App meist gerade über die Werbeeinblendungen finanziert wird.

Darüber hinaus müssen Werbebanner in mobilen Anwendungen eindeutig als Werbung erkennbar gemacht oder zumindest in geeigneter Weise so bezeichnet werden, da andernfalls die Gefahr besteht, dass der Anwender auch das Werbebanner für einen Teil des redaktionellen Inhalts hält.

4.5   Wie sieht es mit der Zulässigkeit besonderer mobiler Marketingmaßnahmen aus?

Neben den klassischen Werbebannern und Pop-up-Fenstern wurden in den vergangenen Jahren weitere Marketingmaßnahmen entwickelt, die insbesondere im Rahmen des Mobile Marketings eine wichtige Rolle spielen: Die Rede ist von standortbasierter Werbung und mobilen Coupons. Was sich hinter diesen Begriffen verbirgt und wie Sie deren Vorteile rechtssicher nutzen können, möchten wir Ihnen in diesem Abschnitt näher erläutern. Wir gehen auch der Frage nach, ob sich daran nach Inkrafttreten der Datenschutz-Grundverordnung etwas geändert hat.

4.5.1   Standortbasierte Werbung

Bereits im Rahmen der Bluetooth-Nachrichten ist die Möglichkeit standortbasierter Werbung zur Sprache gekommen. An dieser Stelle möchten wir noch einmal einen generellen Hinweis zur rechtlichen Problematik geben.

Praxisbeispiel: Die iBeacon-Technologie

Ende 2013 brachte das Unternehmen Apple die iBeacon-Technologie auf den Markt. Diese Bluetooth-basierte Übertragungstechnologie ermöglicht eine genaue Innenraumlokalisierung von Smartphones, ohne auf GPS-Dienste zurückgreifen zu müssen. Die Möglichkeiten, die sich den Smartphone-Nutzern eröffnen, sind groß. In Kombination mit einer App können diese automatisch ortsspezifische Push-Mitteilungen empfangen.

Halten sich die Smartphone-Nutzer beispielsweise in einem Kaufhaus auf, werden sie direkt über aktuelle Rabattaktionen informiert. Im Museum können Push-Nachrichten als zusätzliche Informationen zu einem Kunstwerk verschickt werden, das sich der Besucher gerade anschaut. Auch beim mobilen Bezahlen und zur Navigation kann die Technologie zum Einsatz kommen. Wer in Zukunft beispielsweise ein Fahrrad oder Auto ausleihen möchte, kann sich über eine entsprechende iBeacon-App ohne sein Zutun identifizieren und automatisch bezahlen.

Standortbasierte Werbung ist vielseitig einsetzbar und stellt die Weichen für ein noch individuelleres Ansprechen der Konsumenten und Nutzer. Sie ist eine Technologie mit Zukunft, die jedoch in Kombination mit der entsprechenden App rechtlich nicht unbedenklich ist.

Gerade im Hinblick auf den Datenschutz sind Diskussionen vorprogrammiert. Denn standortbasierte Werbung beispielsweise über Apps ist nur dann möglich, wenn die Standortdaten der Anwender an die auf dem Handy installierte App gesendet und von ihr verarbeitet werden. Es wird daher befürchtet, dass aufgrund der dauerhaften Inanspruchnahme derartiger Dienste und der damit verbundenen Speicherung und Auswertung von Standortdaten Bewegungs- und Persönlichkeitsprofile über die einzelnen Anwender erstellt werden können.

Der Anwender ist jedoch nicht schutzlos: Standortdaten sind als personenbezogene Daten auch künftig durch die neue Datenschutz-Grundverordnung sowie speziell im Rahmen mobiler Anwendungen wie SMS oder Push-Nachrichten durch das Telekommunikationsgesetz geschützt.

Hinweis: Standortdaten sind nicht grundsätzlich personenbezogene Daten

Art. 4 DSGVO fasst unter den Begriff »personenbezogene Daten« alle Informationen, die sich auf eine identifizierte oder identifizierbare natürliche Person beziehen. Danach wird eine Person als identifizierbar angesehen, wenn sie »direkt oder indirekt, insbesondere mittels Zuordnung zu einer Kennung wie einem Namen, zu einer Kennnummer, zu Standortdaten, zu einer Online-Kennung oder zu einem oder mehreren besonderen Merkmalen identifiziert werden kann, die Ausdruck der physischen, physiologischen, genetischen, psychischen, wirtschaftlichen, kulturellen oder sozialen Identität dieser natürlichen Person sind«.

Dies ist nach Ansicht des Europäischen Gerichtshofs (Urteil vom 19.10.2016, Az. C-582/14) insbesondere dann der Fall, wenn die rechtliche Möglichkeit besteht, über die Daten einen Bezug zu einer natürlichen Person herzustellen.

Mit Blick auf den im deutschen Recht geregelten Auskunftsanspruch können Standortdaten dann personenbezogen sein, wenn

▸ dem Anbieter weitere personenbezogene Daten über den Anwender bereits bekannt sind,

▸ eine Registrierung erforderlich ist, da dann in der Regel Personendaten vorliegen,

▸ der Kunde seine E-Mail-Adresse angeben muss, da diese häufig personenbezogen ist, oder

▸ ein Personenbezug über Cookies möglich ist, die auf dem mobilen Endgerät gespeichert sind.

Im Rahmen mobiler Anwendungen wie Apps wird häufig mindestens eine dieser Varianten immer zutreffend sein, sodass Sie davon ausgehen müssen, dass Standortdaten personenbezogene Daten sind und daher die datenschutzrechtlichen Normierungen beachtet werden müssen.

Dies bedeutet zunächst ganz grundsätzlich, dass die Erhebung und Verarbeitung der personenbezogenen Daten des Anwenders seiner ausdrücklichen Einwilligung oder andernfalls einer gesetzlichen Grundlage bedürfen. Dabei muss der Anwender den erläuterten Datenschutzprinzipien entsprechend genau und ausdrücklich über den Zweck und den Umfang der Datenverarbeitung sowie über sein Widerspruchsrecht unterrichtet werden. Andernfalls ist standortbasierte Werbung rechtswidrig.

Eine Ausnahme vom Einwilligungserfordernis besteht dort, wo die Verwendung von Standortdaten für die Erbringung der Leistung des Anbieters unerlässlich ist und das für den Kunden auch erkennbar ist.

Praxisbeispiel: Ausnahme vom Einwilligungserfordernis

Lädt jemand beispielsweise eine App einer Kaufhauskette herunter, die den Anwender über aktuelle Warenlieferungen, Warenbestände in der jeweiligen Filiale oder dortige Gutscheine und Aktionen informieren soll, ist dies nicht unerlässlich nur über eine Ortung möglich. Denn theoretisch kann der Anwender die Angabe, in welcher Filiale er sich gerade befindet, auch manuell vornehmen. Aus diesem Grund ist in diesem Fall eine Einwilligung nötig. Dies gilt ausschließlich dann nicht, wenn eine automatische Ortung – beispielsweise wie bei einer Echtzeit-Navigations-App – unbedingt erforderlich ist.

Hinweis

Eine weitere gesetzliche Ausnahme wurde mit der Datenschutz-Grundverordnung eingeführt: die Wahrnehmung berechtigter Interessen nach Art. 6 Abs. 1 lit. f DSGVO. Ihre Marketinghandlungen sollten Sie jedoch aufgrund bisher fehlender fundierter Rechtsprechung nicht auf diese Norm stützen, sondern Sie sollten weiterhin mit einer Einwilligung auf Nummer sicher gehen!

Um die Einwilligung einzuholen, genügt grundsätzlich die Abfrage, ob ein Einverständnis des Anwenders mit der Erhebung und Verwendung der aktuellen Position besteht. Ist der Anwender damit einverstanden, muss er die notwendigen Änderungen in den Ortungseinstellungen vornehmen. Dazu leitet das Smartphone oder Tablet ihn in die Geräteeinstellungen, wo er entsprechende Dienste einschalten muss, die eine Ortung des Geräts ermöglichen (siehe Abbildung 4.10).

Hinweis: Beachten Sie die kleineren Displays mobiler Endgeräte!

Wie so häufig im Rahmen des mobilen Marketings besteht auch an dieser Stelle die Herausforderung für Sie darin, die notwendigen Informationen auf einem kleinen Handydisplay klar und übersichtlich aufzubereiten. Denn auch wenn standortbasierte Werbung zu den zukunftsweisenden Marketingmethoden gehört, so darf nicht übersehen werden, dass das System letztlich auf der Erhebung sensibler personenbezogener Daten basiert, für dessen Schutz Sie ausreichend sorgen müssen. Wer dies nicht tut, weil ihm dies aufgrund der technischen Besonderheiten mobiler Endgeräte nicht gelungen ist, muss mit rechtlichen Konsequenzen rechnen! Insbesondere ist es nicht zulässig, die technischen Anforderungen zu umgehen, indem Sie die Einwilligung in den AGB für den Anwender vorformulieren.

Speziell im Hinblick auf Standortdaten, die über Mobilfunkgeräte wie Smartphones ermittelt werden, stellt zudem das Telekommunikationsgesetz in § 98 TKG umfangreiche Anforderungen, die auch nach Inkrafttreten der Datenschutz-Grundverordnung weiterhin gelten. Danach müssen Sie den App-Anwender grundsätzlich per Textmitteilung über die erfolgte Ortung informieren.

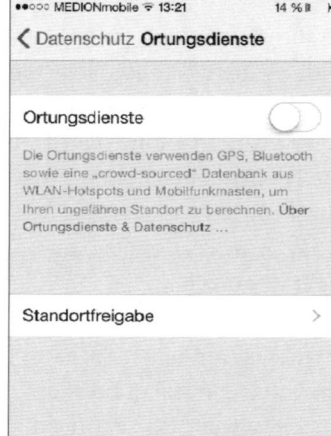

Abbildung 4.10 Beispiel für die Einholung der Einwilligung zur Nutzung von Standortdaten in der Lightcurb-App

---

Achtung: Bei Nichteinhaltung droht Bußgeld!

Wenn Sie dem Anwender nicht mitteilen, dass Sie ihn orten können, handeln Sie ordnungswidrig und müssen mit einer Geldstrafe von bis zu 300.000 € rechnen!

Hinweis

Die zahlreichen Detailfragen sind bei solch neuen Technologien in einer Vielzahl von Fällen noch nicht abschließend geregelt. Dies stellt Anwender in der rechtskonformen Umsetzung vor erhebliche Herausforderungen und birgt Risiken. Auch wenn

4

wir Ihnen in diesem Abschnitt einen Überblick über die rechtlich relevanten Aspekte gegeben haben, so dürfen Sie nicht vergessen, dass der Teufel im Detail steckt. Damit Sie als Werbender nicht in teure Haftungsfallen tappen, empfiehlt es sich oftmals, rechtlichen Rat bei einem spezialisierten Anwalt einzuholen, bevor Sie mit der Marketingmaßnahme beginnen.

Darüber hinaus müssen Sie bei standortbasierter Werbung auch daran denken, den Anwender ausreichend und verständlich über Art, Zweck und Umfang der Datenerhebung sowie über sein Widerspruchsrecht zu informieren. Dazu bietet sich letztlich die allgemeine Datenschutzerklärung an, die wir bereits im Rahmen des E-Mail-Marketings in Abschnitt 3.3.11 erläutert haben (siehe Abbildung 4.11). Dabei sollten Sie jedoch beachten, dass Sie auf die besondere Situation der standortbasierten Werbung eingehen müssen.

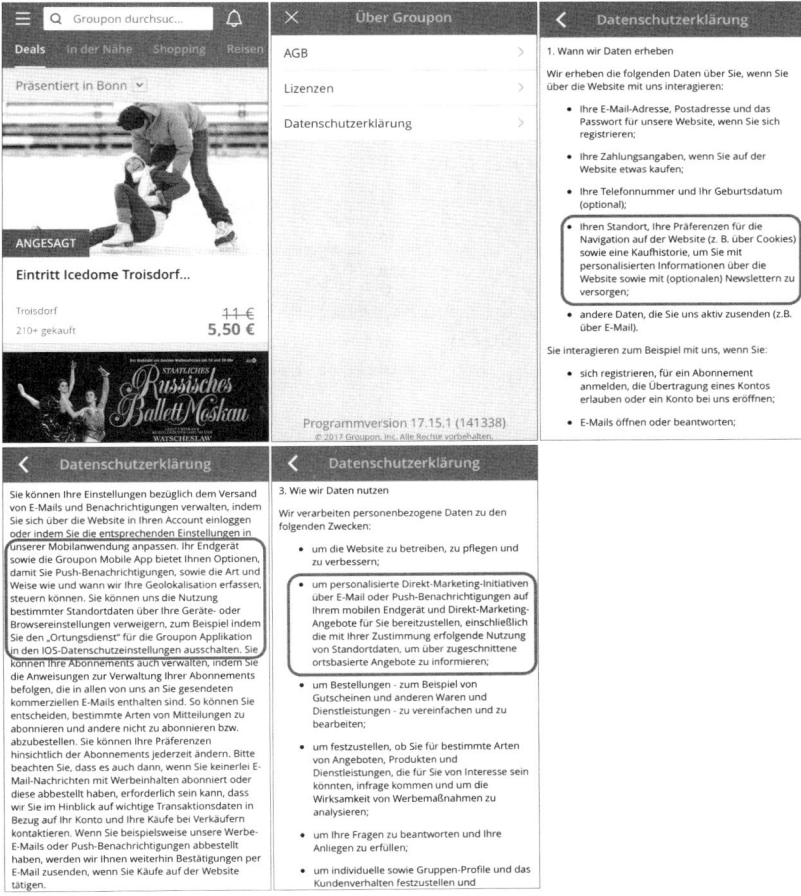

Abbildung 4.11 Die »Groupon«-App hat die datenschutzrechtlichen Besonderheiten der Ortung in ihre Datenschutzerklärung aufgenommen.

4.5.2 Marketing über mobile Coupons

Eine weitere besondere Werbeform im Mobile Marketing ist die Werbung über mobile Coupons. Darüber haben Sie die Möglichkeit, Ihre Produkte auf den Smartphones und Tablets Ihrer potenziellen Kunden zu präsentieren und so ständig mit diesen in Kontakt zu bleiben. Gleichzeitig handelt es sich damit auch um eine Art der effektiven Kundenbindung.

Die dahintersteckende Technik ist im Grunde recht einfach: Der Kunde bekommt einen Coupon auf sein Handy und erhält dann beim Bezahlen einen Rabatt in dem Geschäft, das ihm den Coupon zugesandt hat. Zum Erhalt des Coupons sind verschiedene Möglichkeiten denkbar: SMS, MMS, Bluetooth, E-Mail, mobile Werbeportale oder Apps.

Bei den potenziellen Kunden besonders beliebt sind Mobile-Couponing-Dienstleister wie das Unternehmen Coupies, die in Form einer App eine Plattform für Unternehmen bilden, über die diese Unternehmen ihre Coupons anbieten können. Dies ist für den Kunden deshalb besonders attraktiv, weil ihm gleich eine Vielzahl von Coupons verschiedener Unternehmen und Branchen angeboten wird (siehe Abbildung 4.12). Die Einlösung kann dann über den Onlineshop, in der Filiale vor Ort oder nach dem Kauf durch Einscannen des Kassenbons erfolgen.

Abbildung 4.12 Die »Coupies«-App bietet zahlreiche Produkte und Möglichkeiten zur Coupon-Einlösung.

4.5   Wie sieht es mit der Zulässigkeit besonderer mobiler Marketingmaßnahmen aus?

4

Es gibt aber auch Unternehmen, die diese Marketingmethode in Ihre eigene Marketing-App integrieren. Diese Möglichkeit nutzt zum Beispiel der Supermarkt-Discounter Netto, der Coupons nutzt, die in der vom Kunden favorisierten Filiale über einen Gutscheincode an der Kasse direkt eingelöst werden können (siehe Abbildung 4.13).

Abbildung 4.13 Coupons aus der App des Discounters »Netto«

Diese sehr attraktive Form der mobilen Werbung unterliegt selbstverständlich ebenfalls den bereits erläuterten, grundsätzlichen rechtlichen Aspekten. Je nachdem, wie die Kontaktaufnahme mit dem Kunden erfolgen soll, sind die Erfordernisse der Einwilligung zu beachten. So dürfen Sie ohne vorliegende Einwilligung Ihren Kunden keine Rabatt-Coupons beispielsweise per SMS, MMS oder Push-Nachricht zusenden.

Darüber hinaus ist im Hinblick auf das Wettbewerbsrecht zu beachten, dass Sie beim Einsatz mobiler Coupons aufgrund des Grundsatzes der Preisklarheit und Preiswahrheit sowie dem sich daraus ergebenden Transparenzgebot verpflichtet sind, die Bedingungen für die Inanspruchnahme der Coupons leicht zugänglich zu machen sowie klar und eindeutig anzugeben. Dies umfasst insbesondere Angaben über Höhe, Dauer, Begünstigtenkreis und über die Gründe des Preisnachlasses sowie über die Waren oder Dienstleistungen, auf die er sich bezieht.

Hinweis: Einlösen von Konkurrenzcoupons

Wettbewerbsrechtlich zulässig ist es weiterhin, wenn Ihre Konkurrenten damit werben, dass Kunden die von Ihnen herausgegebenen Coupons auch in dem Konkurrenzshop einlösen können, so der Bundesgerichtshof (Urteil vom 23.06.2016, Az. I ZR 137/15) – umgekehrt gelte dies natürlich ebenso. Denn ein solches Vorgehen stelle kein unlauteres Eindringen in einen fremden Markt dar, da das Verteilen des Coupons noch nicht bedeute, dass der potenzielle Kunde diesen auch bei dem verteilenden Shop einlöst.

Was die Dauer der Rabattaktion betrifft, dürfen Sie jedoch nicht die falsche Behauptung aufstellen, dass das Produkt, das Sie mit Ihrem mobilen Coupon bewerben, nur eine sehr begrenzte Zeit zu bestimmten Bedingungen verfügbar sei, um so zu erreichen, dass sich der Kunde zu einer sofortigen Entscheidung verleiten lässt. Dies bedeutet jedoch nicht, dass Sie die Aktion von vornherein begrenzen müssen.

Praxisbeispiel: Rabatt-Coupon »nur für kurze Zeit«

In einem Verfahren vor dem OLG Hamm (Urteil vom 28.05.2013, Az. 4 U 217/12) stellte das Gericht fest, dass eine Rabattaktion, die mit den Worten »+++ NUR FÜR KURZE ZEIT +++ NUR FÜR KURZE ZEIT +++« beworben wird, nicht gegen das Transparenzgebot verstößt, weil keine Pflicht bestehe, die Werbeaktion bereits im Vorfeld zeitlich zu begrenzen. Denn andernfalls würde das darauf hinauslaufen, dass Rabattaktionen nur mit einer konkreten zeitlichen Begrenzung durchgeführt werden dürfen. Dies ist aber nicht im Sinne des Gesetzgebers. Vielmehr soll nur der Werbende geschützt werden, der zu Beginn der Aktion noch nicht weiß, wie lange er diese durchführen möchte.

Auch ist es nicht erlaubt, über einen Coupon einen vermeintlichen Rabatt zu bewerben, der tatsächlich aber jedem Kunden gewährt wird – also auch den Kunden, die keinen Coupon vorlegen: Dies stellt eine unzulässige Irreführung des Kunden dar.

Achtung: Rabattverbote

Darüber hinaus müssen Sie beachten, dass Sie nicht jedes Produkt mit einem mobilen Coupon bewerben dürfen. Denn es gibt Produkte, die spezialgesetzlichen Rabattverboten unterliegen. Dazu gehören beispielsweise Bücher, deren Preisgestaltung grundsätzlich vom Buchpreisbindungsgesetz vorgeschrieben wird. Danach muss derjenige, der gewerbs- oder geschäftsmäßig Bücher an Letztabnehmer verkauft, den nach dem Buchpreisbindungsgesetz festgesetzten Preis einhalten. Wer sich daran nicht hält, muss mit Unterlassungs- und Schadensersatzklagen rechnen.

4.6   Checkliste Mobile Marketing: Alles beachtet?

Checkliste

▶ Unterliegen Sie Informationspflichten?

▶ Haben Sie die Informationspflichten eingehalten und auch die neuen Anforderungen berücksichtigt?

▶ Haben Sie alle wesentlichen Merkmale der Ware oder Dienstleistung angegeben?

▶ Haben Sie Ihre Identität und Anschrift bzw. die Ihres Unternehmens umfassend und korrekt dargelegt?

▶ Haben Sie alle weiteren Informationen zur Abwicklung des Geschäfts benannt?

▶ Haben Sie auf Rücktritts- und Widerrufsrechte hingewiesen?

▶ Haben Sie gegebenenfalls die Besonderheiten der Werbung mit Preisangaben beachtet?

▶ Haben Sie die Beschränkungen bei Werbemaßnahmen eingehalten?

▶ Bedarf Ihre konkrete Werbemaßnahme einer Einwilligung?

▶ Haben Sie die Einwilligung schriftlich eingeholt und diese protokolliert bzw. gespeichert?

Wenn Sie alle Fragen mit »Ja« beantworten können, dann kann es losgehen …
Viel Erfolg!

Kapitel 5
App-Marketing

*Die immense Verbreitung von Smartphones und Tablets hat dazu ge-
führt, dass Apps in den letzten Jahren von einfachen Anwendungspro-
grammen zu nicht zu unterschätzenden Marketingkanälen aufgestiegen sind. In diesem immer dichter werdenden Dschungel von Apps
wünschen sich die Anwender von den Anbietern neben einer innovati-
ven Idee insbesondere Transparenz und ein aktives Informationsver-
halten. Wie Sie diesem Bedürfnis nachkommen und gleichzeitig das
wachsende Marketingpotenzial von Apps rechtssicher nutzen können,
erläutern wir Ihnen in diesem Kapitel.*

Der App-Markt ist voller Angebote – man kann sogar sagen, er quillt über: Nach Angaben des Statistikportals *Statista* verzeichnete allein der Store von *Google Play* im
Oktober 2017 mehr als 3,3 Millionen Apps. Damit lässt er den Apple App Store mit
dessen 2,2 Millionen Apps und den Amazon App Store mit nur 600.000 Apps weit
hinter sich zurück. Das Angebot hat sich damit in den letzten drei Jahren verdoppelt.
Das immense Interesse an Apps ist nach wie vor ungebrochen, wie ein Bericht des Di-
gitalverbandes Bitkom unter Verweis auf das Marktforschungsinstitut *research2gui-
dance* zeigt. Danach luden Nutzer allein in Deutschland im Jahr 2017 insgesamt 1,8
Milliarden Apps herunter (siehe Abbildung 5.1).

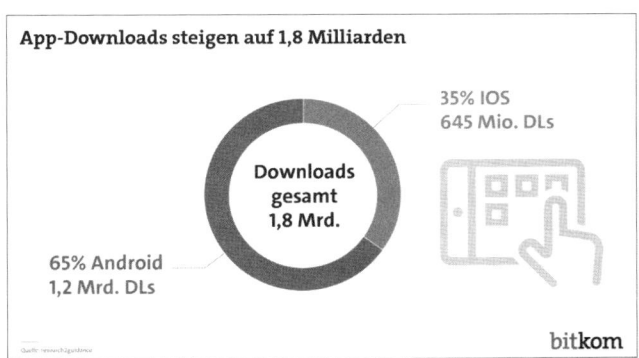

Abbildung 5.1 Verteilung der Anzahl der App-Downloads in Deutschland im Jahr 2017

Diese Zahlen verdeutlichen eindrucksvoll, dass es auch für Sie sinnvoll sein kann,
diesem Trend zu folgen und die App als Marketinginstrument zu nutzen. Dabei kön-

nen Sie einerseits eine bereits bestehende App Dritter zu Marketingzwecken nutzen, indem Sie darin beispielsweise Werbebanner schalten, und können andererseits eine eigene Unternehmens-App entwickeln lassen. Eigene Marketing-Apps bieten dabei den enormen Vorteil, dass sie genau auf Ihre Bedürfnisse zugeschnitten werden können. Aufgrund des stetig steigenden Interesses werbender Unternehmen an eigenen Apps haben wir den Fokus dieses Kapitels auf sie gelegt.

Die Entwicklung einer eigenen App hat eine Vielzahl von Vorteilen:

► Neukundengewinnung und Kundenbindung

► direkter Dialog mit Ihren Kunden

► schnelle und flexible Umsetzung und Anpassung der Marketingmaßnahmen

► Reichweitenvergrößerung Ihrer Werbung

► Image- und Markenbildung

► Umsatzsteigerung

Entscheiden Sie sich dafür, Ihren potenziellen Kunden eine eigene App anzubieten, stellt sich zunächst das Problem, dass diese App innerhalb des App-Dschungels erst einmal wahrgenommen werden muss. Dafür erforderlich sind einerseits eine gute Idee als Grundbaustein und andererseits die richtige Umsetzung. Als Beispiel für eine äußerst kreative Idee, die sich stets wachsender Beliebtheit erfreut, sei an dieser Stelle die Dating-App Tinder erwähnt (siehe Abbildung 5.2).

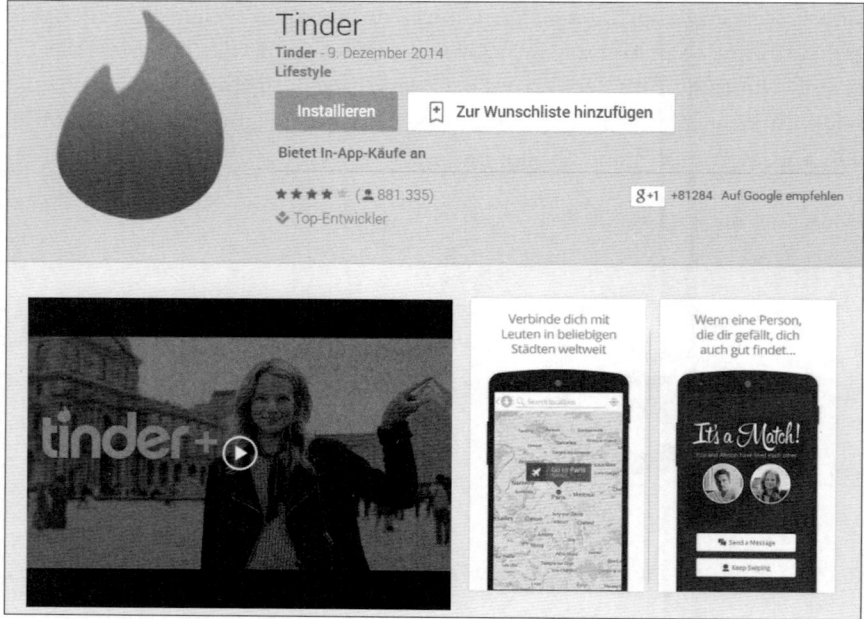

Abbildung 5.2 Beispiel für eine millionenfach genutzte App, der ein einfaches, aber kreatives Konzept zugrunde liegt

Nach Angaben von *App Annie* (*www.appannie.com*) gehörte Tinder im Herbst 2017 zu den umsatzstärksten Apps in Deutschland.

Bei der App-Entwicklung müssen Sie sowohl technische als auch rechtliche Aspekte beachten. Der Spagat zwischen der Gestaltung einer Aufmerksamkeit erregenden, erfolgreichen Marketing-App und der Einhaltung der rechtlichen Anforderungen ist nicht zu unterschätzen.

Erster und wichtigster Ansatzpunkt ist dabei die Entwicklung der App. Doch wo genau liegen die Stolpersteine und wie kann man diese erfolgreich überwinden? Die *Dos and Don'ts* eines rechtssicheren App-Marketings möchten wir Ihnen im folgenden Abschnitt im Überblick vermitteln.

5.1   Was ist bei der Vertragsgestaltung für die Entwicklung von Apps zu beachten?

Wenn Sie sich dazu entschließen, eine eigene App zu Marketingzwecken zu verwenden, stehen Sie zunächst vor der Herausforderung, die App entwickeln zu lassen. In der Regel können die werbenden Unternehmen die Programmierung nicht selbst realisieren und beauftragen daher App-Entwickler. Doch bei der vertraglichen Gestaltung der Vereinbarungen zwischen dem werbenden Unternehmen und dem App-Entwickler lauern zahlreiche Gefahren.

5.1.1   Vertragsart

Werfen wir zunächst einmal einen Blick darauf, was für ein Vertrag zwischen dem Werbenden und dem App-Entwickler geschlossen wird. Die Art des Vertrags hat nämlich einen wesentlichen Einfluss auf die weitere Abwicklung der Geschäftsbeziehung.

In den meisten Fällen werden die Marketing-Apps anhand eines bestehenden Grundgerüsts zusammengesetzt. Tatsächlich gibt es für jeden Professionalisierungsgrad und für unterschiedlichste Ansprüche Möglichkeiten, Apps zu entwickeln (siehe Abbildung 5.3).

Dieses Baukastensystem wird dann von dem jeweiligen Programmierer durch ein individuelles Design ergänzt. Der Schwerpunkt der Arbeit des Entwicklers liegt folglich auf der Planung und Fertigstellung der App. Aus diesem Grund ist davon auszugehen, dass es sich bei einem App-Entwicklungsvertrag um einen *Werkvertrag* handelt. Ein Werkvertrag liegt nämlich vor, wenn der Schwerpunkt insgesamt auf der geistigen Planungsleistung liegt. Dies ist bei einer App-Entwicklung gerade deshalb der Fall, weil der Schwerpunkt der Leistung des Entwicklers in der individuell geplanten Designleistung besteht.

Abbildung 5.3 Beispiel für eine Komplettlösung für die App-Erstellung nach dem Baukastenprinzip

---

Praxisbeispiel: Werkvertrag

Typische Werkverträge sind zum Beispiel Verträge mit Handwerkern, Bauverträge oder auch der Vertrag über eine Taxifahrt. Bei all diesen Verträgen ist der Erfolg geschuldet. Bei einer Taxifahrt liegt der Erfolg beispielsweise darin, dass der Fahrgast von Ort A zum Ort B gebracht wird. Etwas anderes gilt etwa dann, wenn der Schüler A bei B Nachhilfe nimmt. Hier ist von B kein Erfolg, wie etwa das Erreichen einer besseren Note geschuldet, sondern lediglich die Tätigkeit des Unterrichtens. In einem solchen Fall wäre von einem *Dienstvertrag* auszugehen.

Welche Konsequenzen diese Einordnung für die Vertragsgestaltung hat, soll im Folgenden erläutert werden.

5.1.2 Details der Vertragsgestaltung

Die enorme Bandbreite an Apps gibt Softwareentwicklern und Ihnen als Anbieter zwar völlig neue Möglichkeiten, stellt Sie doch hinsichtlich der Vertragsgestaltung

vor rechtliche Herausforderungen. Denn so schlicht die fertige App wirkt, so kompliziert sind die rechtlichen Aspekte, die Sie und der Entwickler bei der Vertragsgestaltung beachten sollten. Denn letztlich verfolgen der Entwickler und Sie als werbendes
Unternehmen verschiedene, teils sogar gegenläufige Interessen, die unter einen Hut
gebracht werden müssen. Ein präzise formulierter Vertrag, der alle wichtigen Bestandteile der Geschäftsbeziehung enthält, bietet dabei die Basis für einen reibungslosen Ablauf der App-Entwicklung.

5.1.3   Basics der Vertragsgestaltung

Ein Vertrag ist die Basis der Zusammenarbeit und regelt im Idealfall jeden relevanten
Punkt der Kooperation. Bei der Gestaltung des Vertrags sollten daher alle möglichen
Komplikationen, die sich bei der Entwicklung der App ergeben könnten, gedanklich
durchgespielt und verklausuliert werden. Denn nur so können Sie für jede Situation
die Modalitäten und die Konsequenzen schon im Voraus vertraglich regeln. Dies betrifft zudem nicht nur den Kernvertrag, sondern auch Vertragsänderungen oder Ver-
tragsergänzungen, die sich im späteren Verlauf der Geschäftsbeziehung ergeben
können.

Auch wenn es grundsätzlich so ist, dass ein mündlicher Vertrag genauso wirksam ist
wie ein schriftlicher Vertrag, besteht jedoch das Problem, dass sich mündliche Absprachen im Streitfall vor Gericht nur schwer nachweisen lassen.

> **Sicher ist sicher: Schriftform**
>
> Die Schriftform ist die einfachste und sicherste Variante, sich im Streitfall auf Ab-
> sprachen zu berufen, um so eigene Ansprüche durchzusetzen bzw. Gegenansprüche
> abzuwehren. Denn in einem gerichtlichen Verfahren trägt in der Regel jeder die Be-
> weislast für die für ihn günstige Tatsache. Um einen solchen Nachweis erfolgreich
> führen zu können, genügt es bereits, wenn Sie eine E-Mail-Kommunikation vorlegen
> können, die die Absprache und die gegnerische Bestätigung dessen belegt.

Darüber hinaus hat die Schriftform auch den Vorteil, dass sie es den Vertragspartnern ermöglicht, sich während der Zusammenarbeit bei Unklarheiten immer wieder
an dem schriftlich Vereinbarten orientieren zu können und so Missverständnisse in
den Absprachen zu vermeiden. Denn die Entwicklung einer App umfasst zahlreiche
Einzelaspekte, die im Laufe der Zeit in Vergessenheit geraten können, wenn sie nur
mündlich besprochen wurden. Auch besteht das Risiko, dass die Absprachen mit Personen getroffen wurden, die bei Entstehen einer Unstimmigkeit nicht mehr im Unternehmen tätig sind.

> **Praxisbeispiel: So können Sie die Formulierung eines Vertrags beginnen**
>
> »Softwareerstellungsvertrag
>
> zwischen
>
> ABC (Firma bzw. Name des Gewerbetreibenden, Anschrift)
>
> nachstehend Auftraggeber
>
> und
>
> XYZ (Firma, bzw. Name des Gewerbetreibenden, Anschrift)
>
> nachstehend Auftragnehmer
>
> wird der nachfolgende Vertrag zur Planung, Erstellung, Lieferung und Einführung eines App-Programms (Software) abgeschlossen.«

5.1.4   Vertragsgegenstand und Leistungsbeschreibung

Die Leistungsbeschreibung bildet die für die Entwicklung einer App wichtigste Richtlinie und damit das Herzstück des Vertrags: Präzise und professionell formuliert, regelt sie im Detail, welche Verpflichtungen sowohl den Entwickler als auch Sie als Anbieter der App zu welchem Zeitpunkt treffen. Je detaillierter eine Leistungsbeschreibung formuliert ist, desto geringer ist die Wahrscheinlichkeit, dass es später zu Problemen bei der Entwicklung der App und damit bei der Abwicklung des Vertrags kommt.

Bestandteile der Leistungsbeschreibung sind einerseits das *Lastenheft* und andererseits das *Pflichtenheft*. Was diese im Einzelnen umfassen und was bei deren Erstellung zu beachten ist, soll im Folgenden erläutert werden.

> **Praxisbeispiel: Genaue Bezeichnung des Vertragsgegenstandes**
>
> »Vertragsgegenstand ist das vom Auftragnehmer im Zusammenwirken mit dem Auftraggeber selbstständig zu entwickelnde und dem Auftraggeber zur Nutzung zu überlassende Softwareprogramm, einschließlich Benutzungsanleitung, Quellcode, Dokumentation und weiterer Unterlagen (Produktbeschreibung).«

Sie sollten jedoch darauf achten, dass Sie den Vertragsgegenstand und Einsatzbereich der App an dieser Stelle möglichst präzise und ausführlich beschreiben.

Lastenheft

Das Lastenheft wird von Ihnen als Anbieter der App erstellt und beinhaltet Ihre detaillierten Forderungen an den Lieferungs- und Leistungsumfang der App. Im Lastenheft beschreiben Sie dem Entwickler also die Einzelheiten der gewünschten App. Das Lastenheft sollte daher folgende Aspekte umfassen:

▶ Beschreibung des Konzepts

▶ Erläuterung des genauen Produkteinsatzes

▶ Details der App-Funktionen: Einstellungen und Art und Weise der Benutzung

▶ Ihre Wunschkriterien

Darüber hinaus sollte im Rahmen der Leistungspflichten auch darauf eingegangen werden, dass der App-Entwickler sich genau an den technischen Voraussetzungen zu orientieren hat, die der App-Store in seinen Entwicklerrichtlinien festlegt. Nur so kann nämlich das Risiko einer Ablehnung aus technischen Gründen weitestgehend ausgeschlossen werden.

Achtung: Neue Pflicht zur Kennzeichnung von Werbeinhalten!

Seit Frühjahr 2016 informiert Google Play Android-Nutzer mit dem Hinweis »*Enthält Werbung*« darüber, ob in der App Werbeinhalte jedweder Art gezeigt werden. Diese Angaben muss der Entwickler gegenüber dem Store machen. Kommt er dieser Pflicht nicht nach oder macht er falsche Angaben, so verstößt er damit gegen die Play-Store-Richtlinien und kann aus dem Store ausgeschlossen werden. Um dies zu verhindern, sollte vertraglich festgelegt werden, dass der Entwickler seiner Pflicht ordnungsgemäß nachkommt.

Nachdem Sie dem Entwickler das Lastenheft ausgehändigt haben, überprüft dieser Ihre Wünsche aus dem Lastenheft ausführlich auf ihre Umsetzbarkeit. Hält der Entwickler die App für umsetzbar, erstellt er auf Basis des Lastenhefts dann das Pflichtenheft. Aus diesem Grund sollte das Lastenheft zwar klar formuliert sein, es kann aber durchaus etwas weiter gefasst werden, um dem Entwickler einen Umsetzungsspielraum zu bieten.

Tipp: Kein Verzicht auf das Lastenheft!

Auch wenn Zeitgründe häufig dazu verleiten, sollten Sie im Idealfall nicht auf die Erstellung des Lastenhefts verzichten. Andernfalls muss der Inhalt des Lastenhefts vom Entwickler in das Pflichtenheft mit eingebaut werden. Denn nur so wird klar, was überhaupt umgesetzt werden soll. Dies kann sich unter Umständen für den Entwickler als aufwendig erweisen und somit für Sie einen höheren Zeit- und damit auch Kostenaufwand zur Folge haben.

Pflichtenheft

Im Pflichtenheft legt der Entwickler dar, wie er die Wünsche und Anforderungen umsetzen will, die Sie im Lastenheft aufgestellt haben.

Begibt sich der Entwickler dann an die Erstellung des Pflichtenhefts, sollten folgende Punkte unbedingt aufgenommen werden:

▶ Zielbestimmungen: Muss-, Soll- und Wunschkriterien

▶ Produkteinsatz: Anwendungsbereich und Zielgruppe der App

▶ Festlegung des Betriebssystems, für das programmiert werden soll (zum Beispiel iOS)

▶ gegebenenfalls Erfordernis zusätzlicher Hard- und Software

▶ gegebenenfalls Einrichtung eines Apple Developer Accounts oder sonstiger zur Entwicklung notwendiger Accounts

▶ Angaben zur Produktqualität

▶ Produktdaten aus Benutzersicht

▶ Details zur Benutzeroberfläche

▶ gegebenenfalls Einholung von Lizenzen für Drittinhalte

▶ Fristenplan

> **Sicher ist sicher: Schriftform**
>
> Ganz grundsätzlich ist bei der Erstellung des Pflichtenhefts zu beachten, dass aus Gründen der Beweislast die Schriftform eingehalten werden sollte, denn nur so kann im Nachhinein nachgewiesen werden, welche Pflichten dem Entwickler oblagen.

Von besonderer Bedeutung ist auch der Fristenplan: Der Fristenplan gibt nicht nur an, in welchem Zeitabschnitt welches Stadium der Entwicklung erreicht werden soll, sondern nimmt dadurch auch maßgeblich Einfluss auf den Zeitpunkt der Abnahme und damit auf die Fälligkeit des Werklohns.

> **Praxisbeispiel: Klauselmuster zum Fertigstellungstermin**
>
> »Die App ist entsprechend der Leistungsbeschreibung und einschließlich der genannten Dokumentation bis zum … fertigzustellen und an den Auftraggeber zu übergeben. Sollte der Auftraggeber dem Auftragnehmer Vertragsänderungen in Auftrag geben, so ist der Fertigstellungstermin entsprechend des Umfangs der Änderungen anzupassen.«

Sobald Sie das Pflichtenheft akzeptiert haben, wird dessen Inhalt dann Bestandteil des Vertrags und ist damit für beide Vertragsparteien verbindlich.

Praxisbeispiel: Klauselmuster zum Lasten- und Pflichtenheft

»(1) Die Funktionalitäten und Leistungspotenziale der zu erstellenden App sind in dem Lastenheft des Auftraggebers beschrieben, das diesem Vertrag als Anlage 1 beigefügt ist. Dabei umfasst das Lastenheft die vom Auftraggeber definierten Anforderungen an die App.

(2) Der Entwickler wird auf dessen Grundlage das Pflichtenheft erstellen. Das Pflichtenheft ist die fachliche Feinspezifikation.

(3) Ergibt sich bei der Erstellung des Pflichtenhefts, dass der Umsetzung von Anforderungen des Lastenhefts gravierende technische Probleme entgegenstehen, oder berücksichtigt das Lastenheft relevante Umstände nicht hinreichend, so wird der Entwickler den Auftraggeber darauf hinweisen.«

5.1.5 Mitwirkungshandlungen und Informationen

Einen nicht zu unterschätzenden Anteil am Erfolg und an der effektiven Umsetzung der App haben Sie selbst: Denn zahlreiche Informationen und Mitwirkungshandlungen sind für die Erstellung der App erforderlich und können nur von Ihnen selbst als Anbieter geliefert werden. Somit ist der Entwickler in diesen Punkten auf Ihre Mitarbeit angewiesen und kann die App nur dann rechtzeitig, vollständig und erfolgreich fertigstellen, wenn Sie ihn dabei unterstützen.

Sicher ist sicher: Schriftform

Damit es im Nachhinein nicht zu Konflikten darüber kommt, was Sie als Anbieter hätten wann liefern müssen, sollten die Mitwirkungspflichten auch in Ihrem Interesse Teil der vertraglichen Vereinbarung werden. Wie immer bei der Vertragsgestaltung ist auch hier die Schriftform zu empfehlen.

Nun stellt sich die Frage, welche Handlungen und Informationen denn von Ihnen geliefert werden könnten. Zu den typischen Mitwirkungspflichten gehören beispielsweise:

▸ die Lieferung der gewünschten Inhalte in der App (zum Beispiel Texte, Bilder, Videos, Grafiken, Tabellen, Logos etc.)

▸ die Angabe des Präsentationsformats

▸ die Angabe der Informationen, die in den Website-Rubriken über den Anbieter enthalten sein müssen (zum Beispiel ÜBER UNS, IMPRESSUM, FAQ/HILFE)

▸ die Festlegung der App-Kategorie im App-Store

▸ die Lieferung des Beschreibungstextes für den App-Store, der bei der Veröffentlichung der App erscheint (gegebenenfalls multilingual)

▶ die Nennung von Keywords für die Suchfunktion im App-Store

▶ das Treffen von Vorkehrungen zur Datensicherung

Achtung: Die Verletzung von Mitwirkungspflichten hat Konsequenzen!

Kommen Sie Ihren vertraglich vereinbarten Mitwirkungspflichten nicht fristgemäß nach, so müssen Sie sowohl mit vertraglichen Ersatzansprüchen rechnen, sofern solche vereinbart wurden, als auch mit der Geltendmachung von gesetzlich normierten Entschädigungsansprüchen. Darüber hinaus stellt dieser Umstand nach Ablauf einer Nachfrist sogar ein Kündigungsrecht für den Entwickler dar, das je nach vertraglicher Gestaltung dennoch mit der Pflicht zur vollen Zahlung der Vergütung verbunden sein kann.

Letztlich bedeutet die Mitwirkungspflicht eine Förderung des Erfolgs des eigenen Projekts in jeder Phase der Entwicklung durch aktive und angemessene Mitwirkungshandlungen. Daher haben auch Sie ein Interesse daran, rechtzeitig und vollständig Ihren Pflichten nachzukommen, und sollten dies auch tun.

5.1.6 Einräumung von Rechten

Im Zusammenhang mit der Entwicklung einer App spielt die Rechteeinräumung an zwei Stellen eine wichtige Rolle: zum einen bei der Einräumung der Nutzungsrechte an der App selbst durch den Entwickler und zum anderen bei der Einräumung von Nutzungsrechten für in der App verwendete Inhalte Dritter. Diese Einräumung von Rechten muss in Ihrem Interesse Bestandteil Ihrer Vertragsvereinbarung werden.

Rechte an der App

Zunächst sollten Sie bei der vertraglichen Gestaltung beachten, dass Sie sich vom Entwickler Nutzungsrechte an der von Ihnen in Auftrag gegebenen App einräumen lassen. Denn grundsätzlich ist derjenige, der das Werk geschaffen hat, auch dessen Urheber, und das Urheberrecht selbst ist nach deutschem Recht nicht übertragbar. Dies hat zur Folge, dass die alleinigen und ausschließlichen Verwertungsrechte an der App grundsätzlich beim Entwickler liegen. Er hat damit allein das Recht, sein Werk in jeglicher Art und Weise zu verwerten und damit zu entscheiden, wer »seine« App nutzen darf und wer nicht. Dagegen dürfen Sie als Dritter die urheberrechtlich geschützte App nur dann rechtmäßig gebrauchen, wenn der Entwickler Ihnen Nutzungsrechte daran einräumt.

Hinweis: Entgeltpflicht ändert die Rechtslage nicht!

Der Umstand, dass Sie für die Entwicklung der App bezahlen, ändert nichts an der urheberrechtlichen Situation!

Nutzungsrechte können grundsätzlich an mehrere Personen bzw. Unternehmen übertragen werden. Während Sie die App in der Regel allein nutzen möchten und kein Interesse daran haben, dass ein Konkurrenzunternehmen eine ähnliche App anbietet, hat der Entwickler meist ein Interesse daran, die App auch anderen Unternehmen überlassen zu können, um so mehrfach an ihr zu verdienen. Möchten Sie die App also als einziges Unternehmen auf den Markt bringen, dann müssen Sie sich ein *exklusives* Nutzungsrecht einräumen lassen.

Haben die Vertragspartner im Hinblick auf den Umfang des Nutzungsrechts keine Regelung getroffen, so gilt von Gesetzes wegen, dass sich der Umfang des eingeräumten Nutzungsrechts nach dem von beiden Parteien zugrunde gelegten Vertragszweck bestimmt. Um hier eine etwaige Auslegung des Vertrags zu Ihren Lasten zu verhindern, ist eine gezielte, präzise und vertraglich eng formulierte Rechtegestaltung unumgänglich.

Praxisbeispiel: Klauselmuster zu den Nutzungsrechten

»(1) Der Auftragnehmer räumt dem Auftraggeber ein ausschließliches, unbefristetes, übertragbares, unwiderrufliches Nutzungsrecht am Vertragsgegenstand einschließlich Dokumentation und Benutzungsanleitung ein.

(2) Das Nutzungsrecht gilt für alle bekannten Nutzungsarten einschließlich der Bearbeitung, Vervielfältigung und Veröffentlichung. Insbesondere ist auch das Recht zur Weiterentwicklung des Programms sowie der dazugehörigen Dokumentation erfasst.«

Einräumung von Rechten an Inhalten Dritter in der App

Darüber hinaus spielen Nutzungsrechte dort eine Rolle, wo fremde Inhalte Dritter, auch *Dritt-Content* genannt, in der App verwendet werden sollen, wie etwa Musik, Bilder oder Software. Denn soll ein solcher Dritt-Content Bestandteil der App werden, so muss sich die Partei, die diesen Content einbringt, sich auch die Nutzungsrechte daran einräumen lassen. Ob der Entwickler oder Sie für die Rechteinräumung verantwortlich sind, hängt von der Parteivereinbarung ab. Gehört es beispielsweise zu Ihren Mitwirkungspflichten, solche Inhalte zu liefern, dann müssen Sie sich auch bei diesem Dritten vertraglich das Recht zur Nutzung einräumen lassen, bevor Sie die Inhalte dem Entwickler überlassen.

Achtung: Lizenzvereinbarungen in den eigenen Vertrag übernehmen!

Ist der Entwickler für die Rechteinräumung zuständig, so sollten Sie die Nutzungsvereinbarung zwischen dem Dritten und dem Entwickler in identischer Form auch zum Inhalt der Vereinbarung zwischen Ihrem werbenden Unternehmen und dem Entwickler machen. Nur so sind Sie auf der sicheren Seite, wenn bei der Übertragung

---

der Nutzungsrechte etwas schiefläuft. Denn wenn Sie vertraglich festgehalten haben, dass der Entwickler für die Rechteeinräumung zuständig ist, verletzt er Ihnen gegenüber eine vertragliche Pflicht, wenn er sich nicht ordnungsgemäß darum kümmert. Sie haben gegen ihn dann gegebenenfalls Schadensersatzansprüche.

Im Rahmen der Entwicklung einer App ist nicht zuletzt darauf zu achten, dass das Endergebnis auch frei von Rechten der Hersteller der Entwicklungstools ist. Wie nämlich bereits zu Anfang des Kapitels erwähnt, nutzen die meisten Softwareentwickler standardmäßige Entwicklungstools, um sich das Programmieren zu erleichtern. An diesen Tools können jedoch auch Rechte bestehen. Daher sollte eine entsprechende Klausel in den Vertrag aufgenommen werden.

Praxisbeispiel: Klauselmuster zur Einräumung von Rechten Dritter

»Der Auftragnehmer sichert zu, über alle vertragsgegenständlichen Rechte im geschuldeten Umfang gegenüber dem Auftraggeber zu verfügen. Von etwaigen Ansprüchen Dritter und damit verbundenen notwendigen Kosten der anwaltlichen Verteidigung stellt er den Auftraggeber frei.«

Vertragliche Gestaltung der Rechteeinräumung

Wie bereits erläutert, sollte die Einräumung der Rechte Vertragsbestandteil werden. Man spricht bei der vertraglichen Einräumung von Rechten auch von sogenannten *Lizenzvereinbarungen*. Die Einräumung von Nutzungsrechten in Vertragswerken ist jedoch eine sehr anspruchsvolle Aufgabe und bedarf daher sowohl einer detaillierten Ausgestaltung als auch einer Berücksichtigung der konkreten Umstände des Falls.

Hinweis: Kontrollfragen

Bei der Formulierung eines solchen Vertragswerkes können daher folgende Fragestellungen eine hilfreiche Stütze bilden:

► Welche Nutzungshandlungen sollen Ihnen eingeräumt werden? Die Vervielfältigung, die Umarbeitung, die Verbreitung und/oder die öffentliche Wiedergabe sowie die öffentliche Zugänglichmachung?

► Soll Ihnen das Nutzungsrecht einfach oder exklusiv eingeräumt werden?

► Soll die Rechteeinräumung zeitlich, örtlich oder inhaltlich beschränkt werden?

► Auf welche Art der Nutzung soll sich die Rechteeinräumung beziehen? Ist eine Erweiterung auf zukünftige, bisher unbekannte Nutzungsarten gewünscht?

► Haben Sie das Recht, die Nutzungsmöglichkeit Ihrerseits auf Dritte zu übertragen?

5.1.7   Leistungsänderungen vor, während und nach der Entwicklung

Auch eine noch so detaillierte Leistungsbeschreibung bedeutet nicht, dass die App letztlich auch dieser Idee entsprechend fertiggestellt wird. In der Praxis ergeben sich oftmals Änderungswünsche Ihrerseits, oder es stellt sich heraus, dass die App in der Praxis nicht in der Art umgesetzt werden kann, wie es im Pflichtenheft geregelt wurde. Aus diesem Grund kann es passieren, dass vonseiten des Entwicklers eine Anpassung des Vertrags erforderlich wird. Da diese Konstellation der Leistungsänderung nach Vertragsschluss häufig auftritt, sollten bereits vor Vertragsschluss die Konsequenzen geklärt werden. Dabei sollten Sie folgende Aspekte bedenken:

▶ Sind Leistungsänderungen zugelassen?

▶ Wie ist bei Leistungsänderungen zu verfahren?

▶ Muss eine neue Leistungsbeschreibung verfasst werden?

▶ Wie ist mit der Vergütung für bis dahin gegebenenfalls nutzlos geleistete Arbeit des Entwicklers zu verfahren und wie mit den durch die Leistungsänderung entstandenen Mehrkosten?

▶ Muss der Fristenplan den geänderten Umständen angepasst werden?

Praxisbeispiel: Klauselmuster zur Leistungsänderung

»(1) ›Leistungsänderungen‹ sind Anforderungen des Auftraggebers außerhalb der vereinbarten Leistungen oder deren Änderungen, insbesondere nachträgliche Änderungen des Pflichtenhefts.

(2) Der Auftraggeber kann bis zum Zeitpunkt der Abnahme jederzeit Änderungen und Ergänzungen der Leistung verlangen, wenn diese für den Entwickler technisch umsetzbar und zumutbar sind. Der Entwickler prüft Änderungsverlangen innerhalb von 5 Werktagen nach Eingang und teilt dem Auftraggeber das Ergebnis zusammen mit den sich gegebenenfalls ergebenden Kosten und Verschiebungen des Projektzeitplans in Form eines verbindlichen schriftlichen Angebots mit.

(3) Der Auftraggeber wird das Angebot innerhalb von 5 Werktagen ab Zugang des Angebots prüfen. Nimmt der Auftraggeber das Angebot an, so werden die Änderungen Vertragsbestandteil. Nimmt der Auftraggeber das Angebot nicht an, werden die Vertragsparteien das Projekt unverändert fortsetzen. Die Annahme hat schriftlich zu erfolgen.

(4) Der Entwickler wird während eines laufenden Leistungsänderungsverfahrens die vertragsgegenständlichen Leistungen planmäßig weiterführen, es sei denn, der Auftraggeber weist ihn schriftlich an, dass die Arbeiten bis zur Entscheidung über die Leistungsänderung eingestellt oder eingeschränkt werden sollen.«

Wenn sich während der Zusammenarbeit zwischen Ihnen und dem Entwickler Änderungen in der Leistung ergeben sollten, so ist zu empfehlen, die Änderungen schriftlich festzuhalten. Denn die Vertragspartei, die sich letztlich auf diese Änderung berufen möchte, trägt für das Bestehen einer Leistungsänderung auch die Beweislast!

5.1.8 Abnahme der App

Die Abnahme nimmt in der Abwicklung eines Werkvertrags an verschiedenen Punkten eine entscheidende und daher nicht zu vernachlässigende Stellung ein. Abnahme bedeutet in der Praxis, einfach gesagt, die Zustimmung zum hergestellten Werk.

> **Praxisbeispiel: Abnahme in der Baubranche**
>
> Viele von Ihnen werden den Begriff der Abnahme aus der Baubranche kennen: Hat der Bauunternehmer das Haus vertragsgemäß hergestellt, so kontrollieren der Bauherr und der Bauunternehmer das Objekt entsprechend den Vertragsvereinbarungen. Ist das Haus im Wesentlichen den Vereinbarungen entsprechend fertiggestellt worden, so nimmt der Bauherr das Haus ab.

Wenn es nun um die Entwicklung einer App geht, so erfolgt die Abnahme in aller Regel in der Reihenfolge, dass der Entwickler Ihnen die App zum vereinbarten Termin vorführt und Sie die Software dann auf die vereinbarungsgemäße Erstellung und Mangelfreiheit hin überprüfen. Sofern die Überprüfung positiv ausfällt und Sie die App in der Form akzeptieren, gilt diese als endgültig abgenommen.

> **Praxisbeispiel: Verschiedene Abnahmeformen**
>
> Die Erklärung der Akzeptanz kann zum einen ausdrücklich durch beispielsweise die Unterschrift unter einem Abnahmeformular erfolgen oder auch stillschweigend, beispielsweise durch Zahlung der vereinbarten Vergütung.

Insgesamt nimmt die Abnahme auf zahlreiche Aspekte der Vertragsabwicklung Einfluss:

- ▶ Mit der Abnahme entsteht der Vergütungsanspruch des Entwicklers.
- ▶ Stellt sich bei der Abnahme ein Mangel an der App heraus und nehmen Sie positiv Kenntnis davon, können Sie Gewährleistungsrechte im Nachhinein nur für die Mängel geltend machen, deren Geltendmachung Sie sich vorbehalten haben.
- ▶ Nach der Endabnahme ist eine Kündigung des Vertrags Ihrerseits nicht mehr möglich.
- ▶ Ab dem Zeitpunkt der Abnahme tragen Sie das Risiko der zufälligen Verschlechterung der App, obwohl die Pflicht zur Zahlung des vollen Lohns des Entwicklers bestehen bleibt.
- ▶ Das Abnahmedatum bestimmt den Beginn der zweijährigen Verjährungsfrist für Gewährleistungsansprüche bei Mängeln.

Achtung: Die Abnahme können Sie nicht ohne Weiteres verhindern!

Diese gesetzlichen Konsequenzen können Sie nicht dadurch umgehen, dass Sie die App einfach nicht abnehmen. Denn die Abnahme der App zum vertraglich vereinbarten Zeitpunkt stellt Ihre Pflicht dar, wenn die App vollständig und im Wesentlichen mangelfrei erbracht wurde.

Verweigern Sie dennoch die Abnahme, so kommt nach fruchtlosem Ablauf einer Ihnen vom Entwickler gesetzten angemessenen Nachfrist die sogenannte gesetzliche *Abnahme-Fiktion* zum Tragen: Die Wirkung der Abnahme tritt kraft Gesetzes ein, also auch dann, wenn Sie die App nicht einmal getestet haben. Dies ist für Sie besonders nachteilig und sollte deshalb vermieden werden.

Bei der Gestaltung der Abnahme haben die Vertragspartner zwei Möglichkeiten: Sie können mehrere Teilabnahmen oder eine Endabnahme vereinbaren. Teilabnahmen sind insbesondere bei aufwendigeren Projekten zu empfehlen, die eine längere Zeit zur Entwicklung in Anspruch nehmen. Auf diese Weise kann etwa verhindert werden, dass eine unglücklich formulierte Leistungsbeschreibung zu Missverständnissen bei der Entwicklung der gesamten App führt, was dann erst nach erheblicher Zeit bei der Endabnahme auffällt.

Achtung: Teilabnahmen sind verbindlich!

Entscheidet man sich für das Verfahren von Teilabnahmen, so ist zu beachten, dass eine einmal erfolgte Zustimmung im Rahmen der einzelnen Termine verbindlich ist. Das bedeutet, dass das, was im Rahmen der Teilabnahmen geprüft und angenommen wurde, als abgeschlossen anzusehen ist. Im Rahmen von späteren Teilabnahmeterminen oder bei der Endabnahme können die bereits abgenommenen Teilleistungen dann nicht mehr beanstandet werden!

Praxisbeispiel: Klauselmuster zur Abnahme

»(1) Der Entwickler liefert dem Auftraggeber zur Durchführung der Funktionsprüfung der erstellten App eine Kopie zur direkten Installation auf einem vom Kunden definierten Gerät.

(2) In den auf die Lieferung folgenden 14 Tagen hat der Auftraggeber Gelegenheit, die App zu überprüfen. Zeigt er innerhalb der Abnahmefrist weder Fehler an noch erklärt er die Abnahme, so gilt die App mit Ablauf der Frist als abgenommen. Der Entwickler wird den Auftraggeber bei Beginn der Frist auf die vorgesehene Bedeutung seines Verhaltens besonders hinweisen.

(3) Schlägt die Abnahme fehl, so übergibt der Auftraggeber dem Entwickler eine Auflistung aller die Abnahme hindernden Mängel. Nach Ablauf einer den Beanstandungen entsprechenden, angemessenen Frist hat der Entwickler eine mangelfreie und abnahmefähige Version der App bereitzustellen. Im Rahmen der darauffolgenden

Prüfung, die nach den gleichen Maßgaben und Fristen wie die erste Prüfung abläuft, werden nur die protokollierten Mängel geprüft, soweit sie ihrer Funktion nach Gegenstand einer isolierten Prüfung sein können.

(4) Ergibt die Funktionsprüfung, dass die Leistung des Entwicklers der Leistungsbeschreibung entspricht, erklärt der Auftraggeber unverzüglich schriftlich die Abnahme.

(5) Wegen unwesentlicher Mängel darf der Auftraggeber die Abnahme nicht verweigern. Dies steht jedoch unter dem Vorbehalt der unverzüglichen Beseitigung der Mängel durch den Entwickler. Diese Mängel sind im Abnahmeprotokoll einzeln aufzuführen.

(6) Schlägt die Abnahme mindestens zweimal fehl, kann der Auftraggeber die ihm gesetzlich zustehenden Rechte geltend machen.«

5.1.9 Rechte bei Mängeln an der App

Weitere wichtige Bestandteile des Vertrags sind die Regelungen zum Eintritt des Gewährleistungsfalls und zu den Beschränkungen der Haftung.

Wird für den Gewährleistungsfall vertraglich nichts vereinbart, so gelten die gesetzlichen Vorschriften zum Werkvertrag. Was diese beinhalten und auf welche Punkte es sich empfiehlt, vertraglich einzugehen, soll in diesem Abschnitt überblicksartig erläutert werden.

Die Regelungen zum Gewährleistungsfall sind erst dann anwendbar, wenn sich die vom Entwickler geschuldete Leistung nach der Abnahme als mangelhaft erweist.

Achtung: Gewährleistung betrifft die nach der Abnahme sichtbar gewordenen Mängel

An dieser Stelle ist noch einmal zu betonen, dass Mängel, die bereits zum Zeitpunkt der Abnahme bekannt waren, nicht Gegenstand der Gewährleistung sein können. Etwas anderes kann dann gelten, wenn Sie sich die spätere Geltendmachung rechtzeitig vorbehalten haben. Nach der Abnahme kann ein Mangel nämlich grundsätzlich nur noch dann geltend gemacht werden, wenn er schon bei der Abnahme bestanden hat, sich aber erst danach gezeigt hat. Sie sehen einmal mehr: Augen auf bei der Abnahme! Eine genaue Prüfung zu diesem Zeitpunkt kann Ihnen viel Ärger ersparen.

Gesetzliche Regelungen zu Mängeln

Bei der Beurteilung der Mangelhaftigkeit der App unterscheidet der Gesetzgeber zwischen Rechts- und Sachmängeln. Ob ein Sach- oder Rechtsmangel vorliegt, hängt in erster Linie von den Vereinbarungen im Lasten- und Pflichtenheft ab. Damit erkennen Sie an dieser Stelle erneut die Bedeutung einer ausführlichen Gestaltung dieser Vertragsbestandteile.

Nach der Legaldefinition des § 633 Abs. 3 BGB (Bürgerliches Gesetzbuch) ist die Sache dann frei von Rechtsmängeln, wenn *»Dritte in Bezug auf das Werk keine oder nur die im Vertrag übernommenen Rechte gegen den Anbieter geltend machen können«.*

Praxisbeispiel: Rechtsmangel

Der Rechtsmangel erlangt in Bezug auf Apps dort besondere Bedeutung, wo illegal Inhalte Dritter genutzt werden. Liefert der Entwickler also beispielsweise eine App, in der er Musik, Software oder Bilder verwendet hat, deren Nutzungsrechte er sich nicht hat einräumen lassen, obwohl dies zu seinen Pflichten gehörte, so hat er ein Werk erbracht, das mit Rechtsmängeln behaftet ist.

Sachmängel liegen hingegen in erster Linie dann vor, wenn die App nicht die vereinbarte Beschaffenheit hat, was sich primär nach der Leistungsbeschreibung richtet. Mit einer genauen Leistungsbeschreibung sichern Sie sich folglich auch Gewährleistungsrechte.

Haben Sie mit dem Entwickler keine Vereinbarung über die Beschaffenheit der App getroffen, so kann ein Sachmangel auch darin bestehen, dass die App sich

▶ entweder nicht für die nach dem Vertrag vorausgesetzte Verwendung eignet oder

▶ nicht für die gewöhnliche Verwendung eignet und nicht die Beschaffenheit aufweist, die bei Apps der gleichen Art üblich ist und die der Anbieter nach der Art des Werkes erwarten kann.

Praxisbeispiel: Sachmangel

Typische Sachmängel bei Apps sind fehlende Programmfunktionen, fehlende Leistungsfähigkeit des Programms oder auch unvollständige Programmbeschreibungen oder Dokumentationen.

Stellt sich nun nach der Abnahme ein erheblicher Mangel an der App heraus, eröffnen sich Ihnen verschiedene Möglichkeiten:

1. Vorrangig haben Sie das Recht zur Nacherfüllung in Form der erneuten Erbringung der App in vertragsgemäßer Art und Weise.

2. Verweigert der Entwickler die Nacherfüllung, haben Sie das Recht, auf Kosten des Entwicklers den Mangel selbst oder durch einen Dritten beseitigen zu lassen.

3. Scheitert die Nacherfüllung nach zwei Versuchen, so haben Sie zudem das Recht,

   – vom Vertrag zurückzutreten,

   – die Vergütung zu mindern oder

   – Ersatz des entstandenen Schadens geltend zu machen.

Vertragliche Regelungen zu Mängeln

Möchten Sie Einfluss auf die Details der Abwicklung von Gewährleistungsfällen nehmen, so bietet es sich an, diese vertraglich zu regeln. Denkbar sind dabei einerseits Regelungen, die festlegen, welche Umstände von beiden Vertragspartnern als Mängel anerkannt werden. Dabei sollten Sie überlegen, welche Mängel typischerweise bei der Entwicklung einer App auftreten können, und diese dann in den Vertrag aufnehmen.

Praxisbeispiel: Die Einhaltung der Entwicklerrichtlinien

Eine vertragliche Gestaltung der Gewährleistungsfälle ist beispielsweise im Hinblick auf die Einhaltung der von den App-Stores vorgegebenen App-Entwicklerrichtlinien sinnvoll. Der Apple App Store beispielsweise veröffentlicht auf seiner Homepage (*http://wbs.is/rom4*), welche Voraussetzungen Entwickler in Hinblick auf Technik oder Design einhalten müssen. Sie als Anbieter und Auftraggeber des Entwicklers können von einem professionellen App-Entwickler durchaus erwarten, dass dieser Kenntnis von den Richtlinien hat oder sich diese zumindest verschafft und die Vorgaben auch einhält. Denn andernfalls riskieren Sie, dass der App-Store Ihre App nicht in sein Angebot aufnimmt. Um sicherzugehen, sollten Sie daher die Nichteinhaltung der Richtlinien vertraglich klar als Sachmangel vereinbaren.

Darüber hinaus können Regelungen auch die Modalitäten und Details der einzelnen Gewährleistungsrechte betreffen.

Praxisbeispiel: Modalitäten der Gewährleistungsrechte

So können Sie beispielsweise vereinbaren, wie viele Nachbesserungsmöglichkeiten der Entwickler haben soll, wie im Fall von deren Scheitern zu verfahren ist oder in welcher Höhe Minderungen für welche Mängel anerkannt werden.

Ebenso wie Umstände vertraglich als Sachmangel eingestuft werden können, kann das Mängelgewährleistungsrecht auch vertraglich oder gesetzlich ausgeschlossen werden. Es liegt in der Natur der Sache, dass die Pflichten der Gewährleistung ausschließlich den Entwickler treffen. Daher wird dieser ein hohes Interesse daran haben, seine gesetzlich vorgesehene Verantwortlichkeit vertraglich weitestgehend einzuschränken bzw. ganz auszuschließen. Dies ist jedoch nicht immer möglich: Der Gesetzgeber sieht vor, dass ein vertraglicher Gewährleistungsausschluss dort nicht wirksam ist, wo

► der Entwickler Ihnen den Mangel arglistig verschwiegen hat,

► der Entwickler eine Beschaffenheitsgarantie für die App übernommen hat,

► der Gewährleistungsausschluss in unzulässiger Weise in den Allgemeinen Geschäftsbedingungen vereinbart wurde oder

▶ wenn Sie die App trotz Kenntnis des Mangels abgenommen und den Vorbehalt nicht erklärt haben.

Hinweis: Gewährleistungsausschluss häufig unwirksam!

Steht im Gesetz, dass ein Gewährleistungsausschluss unwirksam ist, so können die Vertragsparteien daran nichts ändern. Gerade formularmäßige Haftungsbeschränkungen in den AGB unterliegen strengen gesetzlichen Anforderungen. Liegt ein unzulässiger Ausschluss vor, so gelten wieder die gesetzlichen Vorgaben.

Praxisbeispiel: Klauselmuster zu den Mängelrechten

»(1) Der Auftraggeber teilt dem Entwickler offenkundige Mängel schriftlich oder per E-Mail binnen 4 Wochen nach dem Zeitpunkt mit, an dem er den Mangel feststellte.

(2) Tritt an der von dem Entwickler gelieferten App ein Mangel auf, wird der Entwickler diesen innerhalb angemessener Zeit nach der Wahl des Auftraggebers entweder beseitigen oder die beanstandete Leistung von Neuem mangelfrei erbringen (insgesamt Nacherfüllung).

(3) Schlägt die Nacherfüllung fehl, insbesondere weil der Mangel trotz der Vornahme von zwei Beseitigungsversuchen nicht behoben wird, die Nacherfüllung sich unzumutbar verzögert oder unberechtigt abgelehnt wird, kann der Auftraggeber nach seiner Wahl vom Vertrag zurücktreten oder die Vergütung mindern.«

5.1.10   Haftung des Entwicklers

Weiterhin sollte im Vertrag geregelt werden, in welchen Fällen und in welchem Umfang Sie anderweitige Ansprüche gegen den Entwickler geltend machen können. In Betracht kommt hier zum Beispiel ein Anspruch wegen der Verletzung vertraglicher Pflichten oder aus unerlaubter Handlung. Grundsätzlich haftet der Schädiger dem Geschädigten in Höhe und Umfang unbeschränkt, sofern vertraglich nichts anderes bestimmt wurde.

Um die Risiken, die sich aus der unbegrenzten Haftung ergeben, zu limitieren und sich vor wirtschaftlich verheerenden Haftungsketten zu schützen, streben App-Entwickler in der Regel eine vertragliche Einschränkung ihrer Haftung im Rahmen des gesetzlich Möglichen an. Da dies aber natürlich nicht in Ihrem Interesse ist, sollten Sie sich genau überlegen, ob und in welchem Umfang Sie damit einverstanden sind.

Dabei kann der Entwickler die Haftung *dem Grunde nach* und/oder *der Höhe nach* ausschließen. Wie das im Einzelnen aussehen kann, möchten wir Ihnen im Folgenden darstellen.

Grundsätzlicher Haftungsausschluss

Schränkt man die Haftung dem Grunde nach ein, so hat dies zur Folge, dass bestimmte Umstände erst gar nicht zu einem Haftungsfall führen. Dies kann durch individualvertragliche Regelungen erfolgen, aber auch durch Klauseln in Allgemeinen Geschäftsbedingungen. Eine individualvertragliche Vereinbarung wird der Entwickler dort einsetzen wollen, wo es um den Ausschluss ganz konkreter, genau diese App betreffender Modalitäten geht.

> **Praxisbeispiel: Individualvertragliche Vereinbarungen**
>
> App-Entwickler regeln über individualvertragliche Vereinbarungen beispielsweise die Freistellung der Haftung für Rechtsverletzungen durch vom werbenden Unternehmen gelieferte Drittinhalte, den Ausschluss der Haftung für die Aufnahme der App in den App-Store oder eine Begrenzung der Haftung für Schadensersatz wegen softwarebedingten Datenverlusts an dem Nutzergerät.

Individualvertragliche Haftungsbeschränkungen gelten jedoch nicht grenzenlos: Möchte der Entwickler seine Haftung für vorsätzliches oder arglistiges Verhalten ausschließen, ist dies in der Regel unzulässig.

Darüber hinaus nutzen App-Entwickler auch oftmals ihre Allgemeinen Geschäftsbedingungen, um formularmäßig für alle von ihnen verwendeten Verträge die Haftung auszuschließen. Dies ist jedoch nur dann zulässig, wenn die Klausel in Einklang mit den gesetzlichen Regelungen der §§ 305 ff. BGB steht. Denn darin normiert der Gesetzgeber die Fälle, in denen ein Haftungsausschluss unzulässig ist. Liegt eine solche unwirksame Klausel vor, so gilt das gesetzlich Normierte, was in der Regel einen weiteren Haftungsrahmen nach sich zieht.

> **Achtung: Verbotener Haftungsausschluss!**
>
> Die Klauselverbote der §§ 305 ff. BGB gelten gegenüber einem Unternehmen jedoch nicht umfassend. Zahlreiche Klauseln sind in diesem Fall ausnahmsweise doch zulässig und können damit wirksam Vertragsbestandteil werden. Wenn Sie also als Unternehmer einen Vertrag über die Entwicklung einer App abschließen, sollten Sie die AGB des Entwicklers besonders aufmerksam lesen. In Zweifelsfällen können Sie den Sachverhalt auch durch einen spezialisierten Rechtsanwalt prüfen lassen.

Summenmäßiger Haftungsausschluss

Darüber hinaus wird der Entwickler auch ein Interesse an Regelungen haben, die seine Haftung der Höhe nach begrenzen sollen. Dies bedeutet, dass er zwar grundsätzlich anerkennt, dass ein bestimmter Umstand seine Haftung auslöst, er die Höhe der Haftungssumme aber auf einen vertraglich zu bestimmenden Betrag begrenzen möchte.

Praxisbeispiel: Haftungsbeschränkungen

Haftungsbeschränkungen der Höhe nach treten meist mit folgenden Formulierungen auf:

▶ »Der Entwickler haftet für unmittelbare Sach- und Vermögensschäden nur bis zu einem Betrag von EUR ... je Schadensereignis. Treten mehrere Schäden auf, haftet der Entwickler bis zu einem maximalen Gesamtbetrag von EUR ...«

▶ »Der Entwickler haftet nur für unmittelbare Sach- und Vermögensschäden bis zu einem Betrag von ... % des Auftragswertes je Schadensereignis. Treten mehrere Schäden auf, haftet der Entwickler bis zu einem maximalen Gesamtbetrag von 100 % des Auftragswertes.«

Die Begrenzung der Haftung in der Höhe gilt zum Schutz des Vertragspartners jedoch nicht unbegrenzt. So darf eine Haftungsbegrenzung in den AGB nach höchstrichterlicher Rechtsprechung (BGH, Urteil vom 27.09.2000, Az. VIII ZR 155/99) nur in einem solchen Maße erfolgen, wie sie den möglichen Schaden für die vertragstypischen, vorhersehbaren Schäden auch umfassen würden. Der Schaden darf also nur auf einen solchen Betrag begrenzt werden, der dazu ausreicht, typische Schäden abzudecken. Damit ist eine Haftungsbegrenzung jedoch in einer Vielzahl von Fällen faktisch sinnlos

Praxisbeispiel: Unzulässige summenmäßige Haftungsbeschränkungen

Formulierungen in den AGB von App-Entwicklungsverträgen, wonach der Entwickler nur in Höhe von 100 € oder nur in Höhe des Auftragswertes haftet, sind demnach dann unzulässig, wenn dieser Betrag nicht dazu ausreicht, die typischen Schäden auszugleichen. Eine solche unzulässige Klausel hat dann zur Folge, dass wieder die gesetzlich vorgesehene und damit summenmäßig unbeschränkte Haftung greift.

Die summenmäßige Haftungsbeschränkung ist ebenso wie der grundsätzliche Ausschluss der Haftung ausschließlich im Interesse des Entwicklers, da dieser andernfalls unbegrenzt haften würde.

Achtung: Inanspruchnahme durch Nutzer einkalkulieren!

Sie sollten sich genau überlegen, ob Sie mit einer solchen Haftungsbeschränkung einverstanden sind. Denn als Anbieter der App müssen Sie auch bedenken, dass Sie selbst möglicherweise von Dritten wie den Nutzern der App für eingetretene Schäden in Anspruch genommen werden. Auch wenn für diesen Schaden eigentlich der Entwickler verantwortlich ist, wird sich der Nutzer an Sie als Anbieter wenden. Sie hingegen können den Entwickler dann nur bis zum Erreichen der Haftungssumme in Anspruch nehmen – für darüber hinausgehende Beträge muss Ihr Unternehmen dann selbst aufkommen.

5.1.11   Vergütungsvereinbarung und Aufwandsentschädigung

Einen weiteren Bestandteil des Vertrags stellen die Vergütungsvereinbarung und die Regelungen zu Aufwandsentschädigungen dar.

Vergütungsvereinbarung

Die Vergütungsvereinbarung regelt die Höhe des Entgeltes für die Entwicklung der App und wird Ihnen in der Regel vom Entwickler in dessen Angebot mitgeteilt. Dieses Angebot bedarf Ihrer Annahme, wobei Sie unbedingt auf Brutto- und Nettobeträge achten sollten. Der Vergütungsanspruch entsteht dann mit der Abnahme in voller Höhe und bei Teilabnahmen in anteiliger Höhe, wobei der Betrag zu verzinsen ist. Nachdem Sie das Vertragsangebot angenommen haben, wird die Vergütungshöhe ebenso zum Vertragsgegenstand wie die Vergütungsmodalitäten.

Die Vergütungsmodalitäten sind unter anderem von der Abnahmeform abhängig: Ist eine Teilabnahme und damit einhergehend eine Vergütung in Teilbeträgen vereinbart, so kann die Zahlung eines Anfangsbetrags bei Vertragsschluss vereinbart werden, der sodann auch vom Entwickler zur Finanzierung der App-Herstellung verwendet werden kann. Sinnvoll ist es, den Vorschuss in der Größenordnung von 30 bis 40 % der Gesamtvergütung anzusiedeln. Danach können weitere Zahlungsziele je nach festgelegten Teilabnahmen oder andernfalls die Zahlung des gesamten restlichen Betrags bei der Endabnahme formuliert werden.

Sofern noch Vergütungen für andere als die hier genannten Leistungen erfolgen sollen, so sollten auch diese Punkte individuell in den Vertrag eingebaut werden. Bei der Aufstellung sollten Sie auf eine Übersichtlichkeit und einfache Nachvollziehbarkeit achten.

Praxisbeispiel: Klauselmuster zur Vergütungsvereinbarung

»(1) Der Auftraggeber entrichtet für die Erstellung des Pflichtenhefts einen Betrag von EUR ... zuzüglich der gesetzlichen Umsatzsteuer. Die Vergütung wird nach Erklärung der Abnahme innerhalb von 30 Tagen fällig.

(2) Der Auftraggeber entrichtet für die Erstellung der App einen Betrag von EUR ... zzgl. der gesetzlichen Umsatzsteuer. Die Vergütung wird nach Erklärung der Abnahme innerhalb von 30 Tagen fällig.

(3) Der Auftraggeber zahlt die in Abs. 1 und 2 genannte Vergütung in Teilbeträgen jeweils wie folgt:

bei Vertragsschluss	40 %
bei Übergabe des Pflichtenhefts/der App	50 %
bei Abnahme	10 %«

Aufwandsentschädigung

An dieser Stelle ist zu beachten, dass Kosten, die dem Entwickler zur Erfüllung seiner vertraglichen Pflichten entstehen, grundsätzlich nicht zusätzlich erstattet werden müssen, es sei denn, das wurde vertraglich so vereinbart. Denn grundsätzlich können Sie davon ausgehen, dass der Entwickler alle anfallenden Kosten in seiner Vergütungskalkulation berücksichtigt hat.

Achtung: Keine Ersatzpflicht für nicht vereinbarte Kosten!

Hat der Entwickler die Zahlung von Aufwendungsersatz für bestimmte Leistungen, wie zum Beispiel den Einkauf von Grafiken, nicht gleich bei der Angebotserstellung mit einberechnet oder ausdrücklich vertraglich mit Ihnen vereinbart, so sind Sie auch nicht zu dessen Zahlung verpflichtet. Denn der Vergütungsanspruch beinhaltet nicht grundsätzlich auch Aufwandsentschädigungen. Dass eine solche Vereinbarung bestand, muss dann im Streitfall der Entwickler beweisen.

5.1.12   Beendigung des Vertrags: Kündigung und Rücktritt

Wie bei jedem anderen Vertrag besteht auch bei einem App-Entwicklungsvertrag die Möglichkeit, das Vertragsverhältnis unter verschiedenen Voraussetzungen zu beenden. Dabei gibt es zwei verschiedene Möglichkeiten, die sowohl in ihren Voraussetzungen als auch in ihren Folgen voneinander abweichen: die Kündigung des Vertrags und den Rücktritt vom Vertrag. Wann welches Recht Anwendung findet, hängt vom Zeitpunkt der Abnahme ab: Vor der Abnahme bestehen Kündigungsrechte, nach der Abnahme Rücktrittsrechte.

Kündigung

Vor der Abnahme der App durch den Anbieter stehen beiden Parteien Kündigungsrechte zu. Dabei ist zunächst einmal zwischen

▸ Kündigungsrechten, die der Gesetzgeber den Parteien einräumt (gesetzliche Kündigungsrechte), und

▸ Kündigungsrechten, die die Parteien miteinander vertraglich vereinbart haben (vertragliche Kündigungsrechte),

zu unterscheiden. Da die vertraglichen Kündigungsrechte von Ihnen und dem App-Entwickler selbst formuliert werden müssen und insofern von Ihren individuellen Interessen sowie Vereinbarungen abhängen, sollten Sie sich bei der Gestaltung solcher Klauseln folgende Fragen stellen:

▸ Welche Voraussetzungen sollen die Kündigungsrechte je nach Partei haben?

▸ Welches Exit-Szenario möchten Sie regeln?

▶ Welche Konsequenzen soll die Kündigung insbesondere auf den Vergütungsanspruch haben? Soll die Vergütung ganz oder teilweise entfallen?

Kündigungsrechte können grob in zwei Kategorien eingeteilt werden:

▶ ordentliche Kündigungsrechte mit Fristsetzung

▶ außerordentliche Kündigungsrechte ohne Fristsetzung

Hier sollten die Parteien die Begriffe durch die Benennung von Beispielen konkretisieren, um späteren Auslegungsproblemen vorzubeugen.

Praxisbeispiel: Außerordentlicher Kündigungsgrund

Einen außerordentlichen Kündigungsgrund kann beispielsweise die wiederholte und wesentliche Überschreitung der vereinbarten Lieferzeit für die App durch den Entwickler darstellen.

Sofern die Parteien vertraglich keine eigenen Kündigungsrechte vereinbaren möchten, so bedeutet dies nicht, dass dann keine Kündigungsrechte bestehen – beiden Parteien bleiben die gesetzlichen Kündigungsrechte.

Praxisbeispiel: Gesetzliches Kündigungsrecht

Der App-Entwickler kann etwa den Vertrag kündigen, wenn Sie trotz Nachfristsetzung Ihren Mitwirkungspflichten nicht oder nicht ausreichend nachkommen und so die Fertigstellung des Produkts vereiteln. Daneben können Sie selbst ab dem Zeitpunkt des Vertragsschlusses bis zur Abnahme den Vertrag jederzeit fristlos und ohne Angabe von Gründen kündigen.

Die Vergütung des Entwicklers berechnet sich in diesen Fällen aus der Differenz zwischen dem vertraglich Vereinbarten und dem, was der Entwickler durch die Nichtvollendung der App erspart hat oder anderweitig erzielt oder auch böswillig nicht erzielt hat.

Achtung: Beweislast für den Vergütungsanspruch

Da nur der Entwickler darlegen kann, welchen Vergütungsanspruch er hat, trägt auch er die Beweislast für das von ihm berechnete Entgelt nach Ihrer Kündigung. Dies bedeutet, dass er für den Einzelfall detailliert darlegen und beziffern muss, was er an Aufwendungen erspart hat.

Rücktritt

Nach der Abnahme der App können sich sowohl der App-Entwickler als auch Sie selbst nur noch durch einen Rücktritt vom geschlossenen Vertrag lösen und diesen so rückabwickeln. Jedoch gilt auch beim Rücktritt: Er kann nur dann erfolgen, wenn er vertraglich oder gesetzlich gestattet ist.

Hinsichtlich der Gestaltung des vertraglichen Rücktrittsrechts gilt das im Rahmen der Kündigung Erläuterte. Machen die Parteien von der vertraglichen Einräumung keinen Gebrauch, so gelten ebenso wie bei der Kündigung die gesetzlichen Vorschriften.

5

Achtung: Das Rücktrittsrecht ist sehr begrenzt!

Beachten Sie, dass nach dem Willen des Gesetzgebers nur Sie als Auftraggeber ein Rücktrittsrecht haben, nicht aber der Entwickler! Das Rücktrittsrecht des Auftraggebers besteht jedoch auch nur dann, wenn die App sich nach der Abnahme als mangelhaft erweist. Andere Umstände begründen kein gesetzliches Rücktrittsrecht.

5.1.13   Geltendes Recht und Gerichtsstand

Für den Fall von Rechtsstreitigkeiten zwischen dem Entwickler und Ihnen als Anbieter sollten unbedingt im Vorhinein ein Gerichtsstand und das geltende Recht vertraglich festgelegt werden. Hier können Sie regeln, welches Recht bei der Beurteilung einer Streitigkeit zugrunde zu legen ist und welches Gericht dafür zuständig ist. Angesichts der internationalen Bezüge, die App-Software häufig aufweist, ist Ihnen hier dringend anzuraten, deutsches Recht und einen inländischen Gerichtsstand zu vereinbaren (zum Beispiel den Ort des Geschäftssitzes, soweit der Vertragspartner Kaufmann ist).

Praxisbeispiel: Klauselmuster Gerichtsstandvereinbarung

»Auf den Vertrag ist deutsches Recht anzuwenden. Für Streitigkeiten aus diesem Vertrag ist das Gericht in … (Ort des Geschäftssitzes) örtlich zuständig.«

Möchten die Parteien verhindern, dass bei Streitigkeiten die ordentlichen Gerichte angerufen werden oder möchten sie eine Vorinstanz dazu schaffen, bieten sich Schlichtungs- und/oder Schiedsgerichtsklauseln an.

Hinweis: Rechtsbeistand sinnvoll

Sollten Schwierigkeiten bei der Gestaltung eines solchen Vertrags auftreten, kann die Unterstützung durch einen Fachanwalt hilfreich sein. Die hier aufgeführten Darstellungen können lediglich als Hinweis und Erläuterung der Problematik verstanden werden. Bei vertragsrechtlichen Einzelfragen sollte jedoch fachkundiger Rat eingeholt werden, der die Gestaltung des Vertrags unter Berücksichtigung der aktuellen Rechtsprechung auf die Zulässigkeit einzelner Klauseln hin für den besonderen Einzelfall überprüft.

5.1.14   Sonderfall 1: Die Nichtaufnahme der App in den App-Store

Nachdem nun zahlreiche Aspekte der Vertragsgestaltung thematisiert wurden, stellt sich aber eine sehr entscheidende Frage: Was passiert, wenn die App nicht in den App-Store aufgenommen wird? Über diese Frage machen sich viele App-Anbieter keine Gedanken. Denn oftmals ist ihnen gar nicht bewusst, dass App-Stores wie der von Apple strenge Anforderungen an die ihnen angebotenen Apps stellen und selbst entscheiden, ob sie diese aufnehmen oder nicht. Die häufigsten Gründe dafür, warum Apps beim ersten Anlauf scheitern, hat Apple auf seiner Homepage (*http://wbs.is/rom5*) für App-Entwickler zusammengefasst.

> **Hinweis: Die zwei häufigsten Gründe für App-Ablehnungen**
>
> ▶ Eine Vielzahl der Ablehnungen von Apps in Apple App Store haben ihre Ursache in fehlenden Informationen. Damit ist beispielsweise das Fehlen von aktuellen Kontaktinformationen des Anbieters gemeint. Häufig scheitert die App auch an einer fehlenden Demo-Version, über die der Apple App Store die App testen kann.
>
> ▶ Daneben basieren zahlreiche weitere Ablehnungen auf Programmfehlern, sogenannten Bugs, bei denen die Entwickler eine bestimmte Festlegung der Spezifikation nicht oder falsch umgesetzt haben.

Wie bereits im Rahmen des Haftungsausschlusses kurz angesprochen, wird der Entwickler ein Interesse daran haben, jegliche Verantwortung für die Aufnahme der App in den App-Store von sich zu weisen. Er wird sich daher – wenn überhaupt – nur zur Anmeldung der App vertraglich verpflichten lassen.

Doch ganz so einfach sollten Sie es ihm nicht machen: Eine solche Regelung ist nur dann fair, wenn der Entwickler sich grundsätzlich vollständig an die Entwicklerrichtlinien des jeweiligen App-Stores gehalten hat und die App daher aus solchen Gründen nicht zu beanstanden ist.

> **Praxistipp: Leistungsbeschreibung nutzen**
>
> Damit Sie in den Fällen, in denen die Nichtaufnahme auf einem Verstoß des Entwicklers gegen die Entwicklerrichtlinien beruht, den Entwickler dafür auch in Anspruch nehmen können, sollten Sie die Einhaltung sämtlicher für den jeweiligen Store geltender Entwicklerrichtlinien als Pflicht des Entwicklers in die Leistungsbeschreibung und dort in das Pflichtenheft aufnehmen.

Gehört die Einhaltung der Richtlinien zu einer Pflicht des Entwicklers, so ist die App, die für Sie entgegen dieser Pflicht entwickelt wurde, mangelhaft. Daher können Sie dann im Rahmen Ihrer Gewährleistungsrechte beispielsweise Nachbesserung verlangen. Sind alle Mängel behoben, kann zudem ein zweiter Versuch gestartet werden, die App im Store zu veröffentlichen. Doch auch der zweite Versuch kann scheitern:

Die Gründe für die Ablehnung sind vielfältig und nicht immer vom Entwickler der App verschuldet. So kann es beispielsweise auch sein, dass die App zwar technisch einwandfrei hergestellt wurde, die Idee, die der App zugrunde liegt, jedoch schon zu häufig in Apps aufgegriffen wurde und der App-Store daher keinen Bedarf mehr für die Aufnahme Ihrer App sieht. Die Zulassung der App ist daher ein nur schwer kalkulierbares Risiko, das Sie zum Großteil selbst tragen!

Achtung: Voller Vergütungsanspruch des Entwicklers

Hat der Entwickler die App technisch ordnungsgemäß erstellt, so entsteht sein Vergütungsanspruch auch dann, wenn die App nicht in den App-Store aufgenommen wird. Dies bedeutet letztlich, dass es Ihnen passieren kann, dass Sie über einen langen Zeitraum eine aufwendige und kostspielige App produzieren lassen, diese aber nie auf dem Markt erscheint. Denn gerade die für den Apple App Store hergestellten Apps können in keinem anderen App-Store veröffentlicht werden.

Wenn Sie der Ansicht sind, dass der Entwickler für die Nichtaufnahme in den Store verantwortlich ist, dann müssen Sie ihm das Ihrer Ansicht nach ausschlaggebende Verhalten im Streitfall auch nachweisen und noch zusätzlich beweisen, dass die Nichtaufnahme genau auf diesem Verhalten beruht. Da der App-Store in einer Vielzahl von Fällen eine Mitteilung herausgibt, woran die Aufnahme gescheitert ist, um so eine Nachbesserung zu ermöglichen, könnte ein solches Dokument vor Gericht als Beweis angeführt werden.

5.1.15   Sonderfall 2: Die spätere Löschung der App aus dem App-Store

Auch kann es Ihnen passieren, dass die App zwar anfangs vom App-Store zugelassen wird, jedoch zu einem späteren Zeitpunkt durch diesen wieder gelöscht wird. So führt zum Beispiel nicht jeder App-Store Kontrollen im Vorfeld durch, weshalb es Ihnen passieren kann, dass Ihre App zwar anfangs aufgenommen wird, im späteren Verlauf jedoch wieder gelöscht wird. Rechtlich ist ein solches Vorgehen auch zulässig. Denn die App-Stores, mit denen Sie als Anbieter einen Vertrag schließen, um zu erreichen, dass Ihre App bei ihnen veröffentlicht wird, behalten sich ein solches Recht vor. Um eine App in einem App-Store zu platzieren, ist es zwingend erforderlich, dessen Vertragsregelungen zu akzeptieren – einen Diskussions- oder Gestaltungsspielraum gibt es nicht. Daher müssen Sie auch die Möglichkeit einer späteren Löschung akzeptieren und einkalkulieren.

Praxisbeispiel: Google löscht 60.000 Apps aus App-Store

Anders als Apple führt Google keine Vorkontrolle der Apps durch. Hier wird die Kontrolle immer mal wieder im laufenden Betrieb durchgeführt. Aus diesem Grund löscht Google von Zeit zu Zeit Apps aus verschiedenen Gründen. Während es 2017 beispielsweise nur etwa 500 Apps traf, die wegen Spyware aus dem Store entfernt wurden, wurden 2013 auf einen Schlag 60.000 Apps aus dem App-Store Google Play gelöscht, weil diese gegen die Nutzungsbedingungen verstoßen hätten, von minderer Qualität gewesen seien oder regelwidrige Funktionen enthalten hätten.

Aber auch dann, wenn Ihre App die Kontrolle im Vorfeld überstanden hat, kann es dennoch passieren, dass sie im Nachhinein gelöscht wird.

Praxisbeispiel: App-Store von Microsoft

Microsoft beispielsweise regelt in seinem Entwicklerrichtlinien (*http://wbs.is/rom6*), dass es sich eine Löschung der App dann vorbehält, wenn Sie »*Ihr Konto nicht einwandfrei führen (beispielsweise, indem Sie für das Store-Konto anfallende Gebühren nicht bezahlen, Microsoft gegenüber falsche oder nicht mehr aktuelle Angaben machen, sich unlauter oder betrügerisch verhalten, den aktiven Status im Store-Katalog nicht aufrechterhalten, wiederholt Apps übermitteln, die gegen diese Vereinbarung verstoßen, den Store-Dienst missbrauchen oder die Nutzung des Store-Dienstes durch andere Parteien beeinträchtigen)*«.

Aus rechtlicher Sicht ist die Löschung aus dem App-Store ebenso wie die Nichtaufnahme in den Store danach zu beurteilen, wer die Verantwortung dafür trägt: Handelt es sich um eine Löschung, die auf einem Verstoß gegen die Entwicklerrichtlinien im Hinblick auf den Herstellungsprozess basiert, so ist dafür grundsätzlich der Entwickler verantwortlich. Dies sollte auch so in den Vertrag aufgenommen werden, da somit auch in jedem Fall die Regelungen zur mangelhaften Leistung Anwendung finden.

Handelt es sich dagegen um eine Löschung, die auf Ihrem Verhalten basiert, so tragen Sie allein die Verantwortung und die Konsequenzen dafür. Dies kann beispielsweise dann der Fall sein, wenn Sie im Rahmen der Entwicklung auf der Aufnahme von rechtswidrigen Materialien (zum Beispiel gewaltverherrlichenden Inhalten) bestehen oder sich bei der Führung Ihres App-Store-Kontos ein Fehlverhalten zuschulden kommen lassen. Für diese Fälle wird der App-Entwickler auch vertraglich keine Verantwortung übernehmen.

Achtung: Sie tragen die Beweislast!

Wenn Sie den Entwickler für eine Löschung in Anspruch nehmen möchten, die nach Ihrer Ansicht auf seinem Fehlverhalten beruht, so sind Sie im Streitfall auch dazu verpflichtet, zu belegen, dass ein solches Fehlverhalten vorliegt und dieses zudem zur Löschung der App aus dem App-Store geführt hat. Schwierig wird es für Sie daher in den Fällen, in denen die App – was häufig passiert – ohne die Angabe von Gründen aus dem App-Store gelöscht wurde.

5.2   Darf man im Inhalt der App fremde Marken verwenden?

Wurde die Marketing-App nun erfolgreich entwickelt und befindet sie sich im App-Store, so ist für Sie vor allem eines von Interesse: Die Zielgruppe muss Ihre App auch finden. Dabei können innerhalb der jeweiligen App-Stores die Apps gezielt über eine Suchfunktion gefunden werden, oder der Nutzer kann innerhalb bestimmter Kategorien »stöbern« und auf diese Weise auf die App aufmerksam werden. Um dabei von den Nutzern besser gefunden zu werden, ist gerade für Start-ups die Verlockung groß, fremde Marken zur besseren Positionierung in den App-Stores zu nutzen. Dabei werden fremde Marken als Schlagwort in der eigenen App verwendet, um sozusagen im Windschatten des etablierten Wettbewerbers zu fahren und dessen Bekanntheit für das eigene Angebot auszunutzen. Welche Risiken sich hieraus ergeben können und wo im Einzelnen die Problemfelder liegen, möchten wir Ihnen in diesem Abschnitt näherbringen.

5.2.1   Die Problematik

Wenn es also darum geht, die eigene App zwischen den zahlreichen anderen Apps schnell auffindbar zu machen bzw. ihr eine möglichst hohe Position in Listen zu verschaffen, verwenden Anbieter regelmäßig die sogenannten Keywords oder die Beschreibung der eigenen App zur Platzierung fremder Markennamen.

Als *Keywords*, zu Deutsch *Schlüssel-* oder *Schlagwörter*, bezeichnet man die Begriffe, die der Smartphone- oder Tablet-Nutzer in die Suchmaschine des App-Stores eingibt, um an die gewünschte App zu gelangen. Auf Basis dieser Keywords schlägt die Suchmaschine dem Nutzer dann diejenigen Apps vor, in denen diese Schlüsselbegriffe gefunden wurden. Dies bedeutet also für Sie als Anbieter der App, dass Ihre App dann wesentlich schneller gefunden wird, wenn Sie etwa den Namen einer bekannten, häufig gesuchten Marke verwendet haben. Der positive Effekt ist natürlich am größten, wenn Sie die Keywords benutzen, die einerseits am wahrscheinlichsten und häufigsten von den Nutzern eingegeben werden, aber andererseits auch nicht zu gängig sind, da die App ansonsten innerhalb ihres Segments wieder untergeht.

> **Praxisbeispiel: Die App »Pocket Anwalt«**
>
> Die Rechtsanwaltskanzlei »Wilde Beuger Solmecke« bietet ihren Mandanten die App »Pocket Anwalt«, über die Nutzer Rechtsfragen an Rechtsanwälte stellen können, über aktuelle Urteile informiert werden oder selbst Gerichts- und Anwaltskosten berechnen können. Würde man nun bei den Keywords nur den Begriff »Rechtsanwalt« verwenden, so würde die App schnell zwischen den zahlreichen anderen Apps der Anwaltskollegen untergehen.

An dieser Stelle wird damit auch die Relevanz der Keywords sehr deutlich: Eine App kann inhaltlich optimal ausgestaltet sein, die Zielgruppe jedoch völlig verfehlen, wenn die falschen Keywords verwendet werden. Keywords sind damit nach der Fertigstellung der App ein essenzieller Bestandteil der Vermarktung.

Praxisbeispiel: Keywords zur Suchmaschinenoptimierung

Wer im Microsoft Store in die Suchmaske den Markennamen »Adidas« eingibt, erhält 13 Ergebnisse. Dies sind aber keinesfalls 13 Apps des Unternehmens »Adidas AG«, sondern auch Apps wie »Super Kacheln-GooTile« oder »Cool Kacheln«, die offensichtlich gar nichts mit der Marke Adidas zu tun haben (siehe Abbildung 5.4).

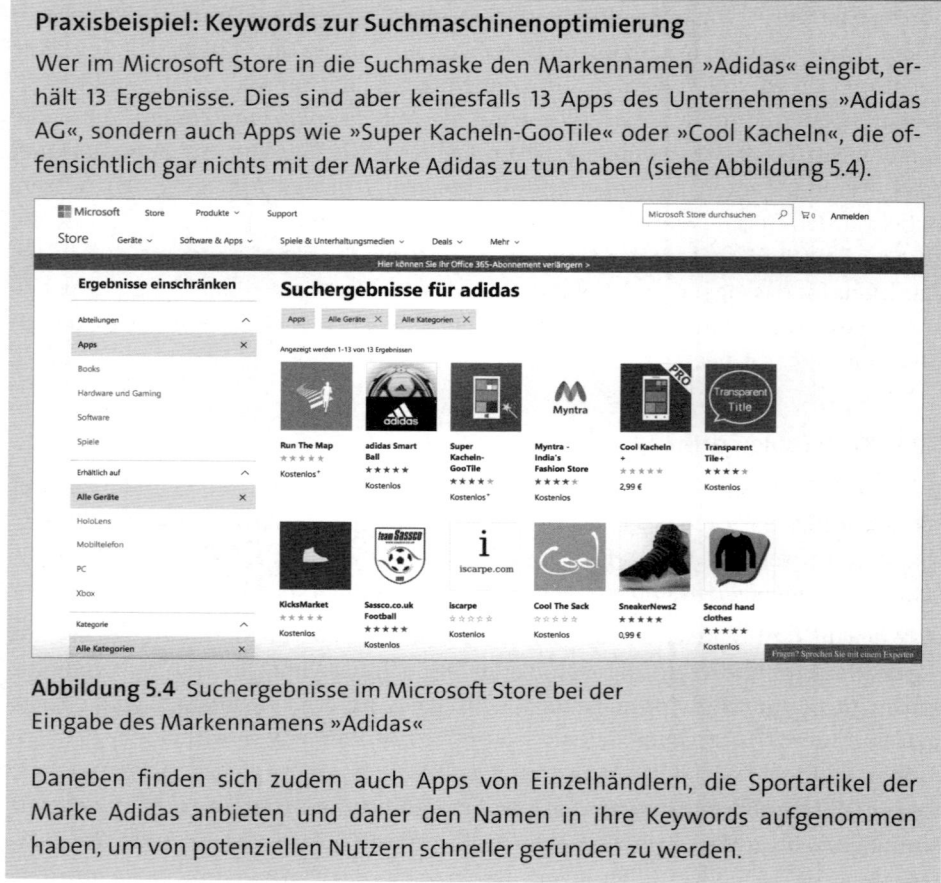

Abbildung 5.4 Suchergebnisse im Microsoft Store bei der Eingabe des Markennamens »Adidas«

Daneben finden sich zudem auch Apps von Einzelhändlern, die Sportartikel der Marke Adidas anbieten und daher den Namen in ihre Keywords aufgenommen haben, um von potenziellen Nutzern schneller gefunden zu werden.

Im Fall der Verwendung der Markennamen durch die Abnehmer der betreffenden Unternehmen (wie im genannten Beispiel etwa durch ein Warenhaus, das die Marke Adidas vertreibt) werden sich die Markeninhaber wohl kaum beschweren, da sie letztlich ein eigenes Interesse haben: ihren Absatz. Problematisch kann es hingegen dann werden, wenn die Markennamen von Konkurrenzunternehmen verwendet werden, die auf Kosten der bekannten Marken ihre eigenen Apps und damit Konkurrenzprodukte fördern wollen. Ob dies unter verschiedenen rechtlichen Gesichtspunkten zulässig ist, wird im Folgenden erläutert.

5.2.2   Die Verwendung von Marken als Keywords nach dem Markenrecht

Ob die Verwendung von Marken Dritter in Keywords gegen das Markenrecht verstößt, ist in jedem Einzelfall anhand der Gestaltung der konkreten App zu beurteilen.

Demnach kann eine Zulässigkeit oder Unzulässigkeit nicht pauschal bejaht oder verneint werden. Vielmehr steckt der Teufel hier im Detail und lässt das Markenrecht für unbedarfte Verwender zur Stolperfalle werden.

Praxisbeispiel: Verfahren zu Google Ads

Ob das Verfahren grundsätzlich eine Markenrechtsverletzung darstellt oder nicht, wurde für Internetsuchmaschinen bereits im Rahmen der Anzeigenschaltung in Google durch Google Ads mehrfach gerichtlich entschieden. Dabei gelangte der Europäische Gerichtshof zu dem Ergebnis, dass für die Beurteilung der markenrechtlichen Zulässigkeit entscheidend sei, ob sich aus der jeweiligen Werbeanzeige für den Benutzer ergibt, dass die Anzeige nicht vom Markeninhaber stammt. Kann der Nutzer dies also gar nicht oder nur schwer erkennen, so kann der Markeninhaber dem werbenden Unternehmen die Verwendung seiner Marke als Keyword verbieten (EuGH, Urteil vom 26.03.2010, Az. C-91/09 – Bananabay).

Nun hat das OLG Hamburg (Urteil vom 19.06.2013, Az. 5 W 31/13) festgestellt, dass diese Rechtsprechung auch auf Keywords in Apps übertragbar sei, und entschied, dass ein solches Vorgehen zulässig sei, wenn die beanstandete App den Markennamen nicht sichtbar enthalte und auch sonst keinerlei Hinweise auf eine wirtschaftliche bzw. organisatorische Verbindung zu dem Markeninhaber suggeriert werde. Denn in solchen Fällen bestehe für den Durchschnittsinternetbenutzer in der Regel kein Anlass, die beanstandete App dem Markeninhaber zuzuordnen.

Die Richter stellten im oben genannten Urteil fest, dass die Platzierung der beanstandeten App ebenfalls zu beachten sei: Sie müsse nicht grundsätzlich nach der App des Markeninhabers erscheinen, jedoch sei von einer Rechtsverletzung regelmäßig dann auszugehen, wenn der Markeninhaber aus der Position, die ihm eigentlich zusteht, dauerhaft verdrängt wird. Ein Beispiel dafür, was rechtlich noch zulässig sein dürfte, finden Sie in Abbildung 5.5.

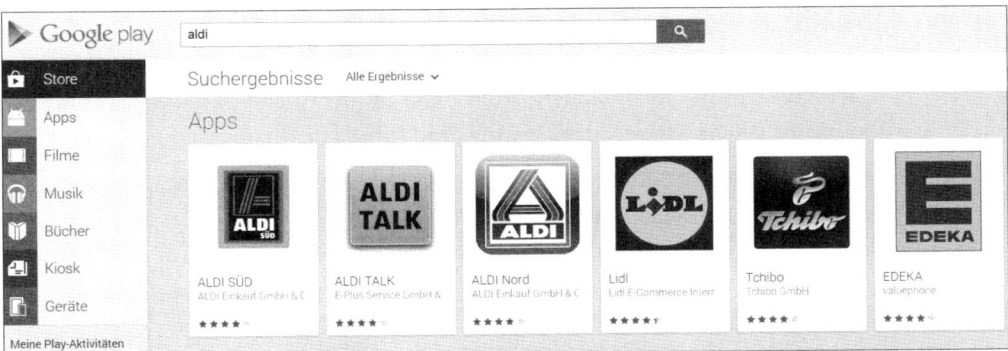

Abbildung 5.5 Zwar erscheinen auch direkte Konkurrenten, wenn man im App-Store nach »Aldi« sucht. Der Markeninhaber erscheint jedoch auf den vorderen Plätzen.

Zusammenfassend lässt sich also festhalten: Die App sollte den Markenamen nicht sichtbar beinhalten und keine wirtschaftliche Verbindung zwischen dem werbenden Unternehmen und dem Markeninhaber suggerieren. Außerdem darf der Marken-inhaber nicht dauerhaft von seiner Listenposition verdrängt werden.

Liegen diese Voraussetzungen vor, so muss sich der Markeninhaber mit der Verwen-dung seiner Marke bzw. seines Namens abfinden. Denn im Wirtschaftsleben ist es nicht ungewöhnlich und auch rechtlich nicht grundsätzlich zu beanstanden, dass ein Unternehmen versucht, in einen fremden Kundenkreis einzudringen und Kunden der Konkurrenz abzuwerben.

5.2.3   Die Verwendung von Marken als Keywords nach dem Wettbewerbsrecht

Auch wenn also grundsätzlich von einer markenrechtlichen Zulässigkeit der Verwen-dung von Marken und Namen Dritter als Keywords in einer App ausgegangen wer-den kann, so bedeutet dies für Sie als App-Anbieter noch keinen Freibrief. Denn ein solches Verhalten kann daneben noch wettbewerbsrechtlich zu beanstanden sein. Was sagen die Gerichte dazu?

In demselben Verfahren, in dem das OLG Hamburg bereits auf die markenrechtliche Zulässigkeit einging, äußerte es sich auch zur wettbewerbsrechtlichen Relevanz der Verwendung von Marken Dritter als Keywords in Apps. Dreh- und Angelpunkt der Fragestellung war dabei die Listenplatzierung der beanstandeten App. Denn in dem Verfahren hatte das werbende Unternehmen den Titel einer Konkurrenten-App als Keyword so geschickt ausgewählt, dass seine App im Rahmen der Suchfunktion immer an erster Stelle genannt wurde. Dies war dem Markeninhaber verständlicher-weise ein Dorn im Auge, weshalb er das werbende Unternehmen abmahnte und auf Unterlassung verklagte.

Das OLG Hamburg entschied, dass ein solches Verhalten eine wettbewerbsrechtlich unzulässige gezielte Behinderung darstelle. Indem sich der Anbieter der App der Ziel-gruppe des Markeninhabers als vorrangiger Anbieter präsentiere, dränge er sich ge-zielt und in unlauterer Weise zwischen den Markeninhaber und dessen Zielgruppe. Eine solche Beeinflussung stelle eine Manipulation der Suchergebnisse dar, mit der der durchschnittliche Nutzer nicht rechne, und führe zur Unzulässigkeit.

Durchaus zulässig ist es dagegen weiterhin, sich durch geschickte Marketingstrate-gien an die Spitze der Suchergebnisse zu setzen. Wann die Grenze zur Manipulation überschritten wird, muss jedoch stets im Einzelfall bewertet werden.

Hinweis: Die Grenze im Wettbewerbsrecht verläuft fließend

In dem Verfahren des OLG Hamburg blieb leider offen, welche Optimierungsstrate-gie angewandt wurde. Daher kann auch nicht ganz nachvollzogen werden, warum eine markenrechtlich zulässige Optimierung der App wettbewerbsrechtlich als Behinderung eingestuft wird. Allein die Tatsache einer besseren Keyword-Wahl kann wohl noch keine Behinderung darstellen – denn dazu hat schließlich auch der Markeninhaber die Möglichkeit.

5.2.4   Die Verwendung von Marken in der Beschreibung der App

Wer auf die Idee kommt, in der Beschreibung der App fremde Namen und Marken zu verwenden, bewegt sich nach der derzeitigen Rechtsprechung auf sehr dünnem Eis. Denn in diesen Fällen wird einheitlich eine Markenrechtsverletzung angenommen. Die Marke wird nämlich für den Nutzer sichtbar und bewusst dazu eingesetzt, ihn auf die eigene App hinzuweisen.

Dazu wird die von dem Markeninhaber aufgebaute Kraft der Marke, die sogenannte *Lotsenfunktion einer Marke*, ausgenutzt. Daneben kann ein solches Verhalten auch wettbewerbsrechtliche Konsequenzen nach sich ziehen. Wie in der Praxis die Beschreibung einer App aussehen kann, siehen Sie in Abbildung 5.6.

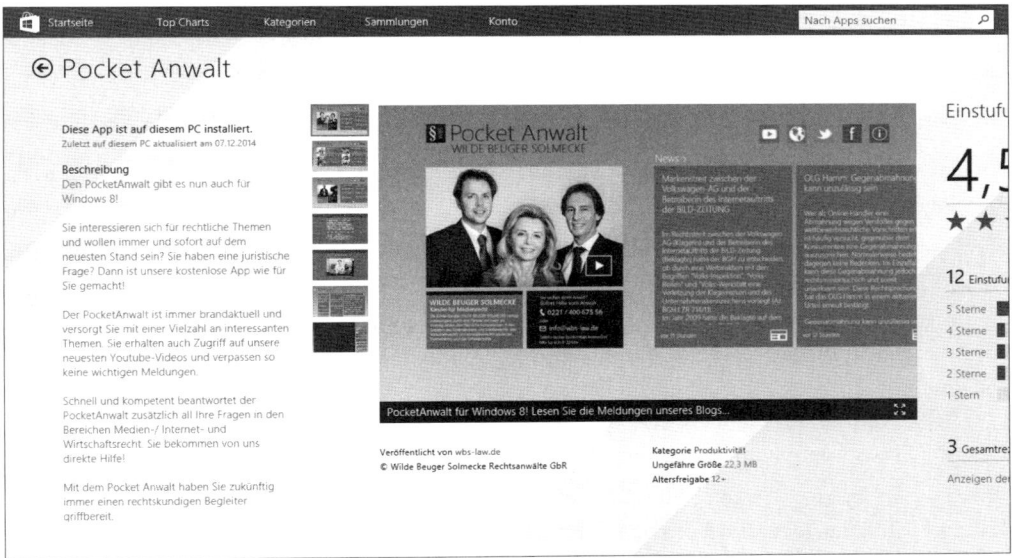

Abbildung 5.6 Beispiel für die Beschreibung einer App

Daneben kann die Verwendung von fremden Markennamen auch wettbewerbsrechtliche Konsequenzen nach sich ziehen.

Praxisbeispiel: Diese Sanktionen können auf Wettbewerbsverstöße folgen!

Zunächst einmal zieht ein solcher Verstoß in der Regel einen Beseitigungsanspruch des Betroffenen nach sich. Darüber hinaus kann auch ein Schadensersatzanspruch auf Sie zukommen. Ebenfalls möglich ist ein Anspruch auf Gewinnabschöpfung, was bedeuten würde, dass der durch die rechtswidrige Maßnahme erwirtschaftete Gewinn herausgegeben werden müsste.

5.2.5   Die Verwendung von Marken im Titel der App

Um die Suchergebnisse der App besonders zu optimieren, scheint auch die Möglichkeit naheliegend, den fremden Markennamen gleich in den Titel der App einzubauen. Doch dies ist ebenfalls rechtlich nicht unumstritten und war bereits Gegenstand von mehreren Gerichtsverfahren.

Praxisbeispiel: Streit um die Wortmarke »Stadt Land Fluss«

Die Inhaberin der eingetragenen Wortmarke »Stadt Land Fluss« reichte vor dem Kammergericht Berlin (Urteil vom 01.11.2013, Az. 5 U 68/13) Klage gegen den Anbieter der App mit dem Titel »Stadt, Land, Fluss – Multiplayer« ein, um sich damit gegen die Nutzung ihrer Marke zur Wehr zu setzen. Das Kammergericht entschied, dass es sich bei der Bezeichnung »Stadt, Land, Fluss« um einen bekannten Spieleklassiker handele und daher der Titel nur der Beschreibung des Inhalts der App diene. Dies stelle aber keinen Verstoß gegen das Markenrecht dar, da der Name des Spiels grundsätzlich nur seiner Bezeichnung und der Unterscheidung des Spiels von anderen Spielen diene.

Vor Kurzem beschäftigte sich in einer aktuellen Entscheidung auch das Oberlandesgericht Köln mit der Verwendung von Markennamen in App-Titeln.

Praxisbeispiel: Streit um die Domain »wetter.de«

In dem zugrunde liegenden Rechtsstreit (Urteil vom 05.09.2014, Az. 6 U 205/13) hatte ein Unternehmen der Mediengruppe RTL, das die Domain »*wetter.de*« und die gleichnamige App betreibt, gegen ein Unternehmen aus Österreich geklagt, das unter anderem die Domains und Apps mit den Titeln »wetterDE« und »wetter-de« betreibt. Es verlangte vom Gericht Schutz vor Verwechslung.

Die Richter lehnten einen solchen Schutz jedoch mit der Begründung ab, dass die Titel der Apps und Domains in Bezug auf die Zurverfügungstellung von Informationen zum Thema Wetter über das Internet eine rein beschreibende Sachangabe darstellen würden, die so für sich genommen nicht schutzfähig sei. Erforderlich für einen markenrechtlichen Schutz sei ein Individualisierungsmerkmal.

Was heißt das alles für Sie? Hinsichtlich der Verwendung von Markennamen in App-Titeln kann festgehalten werden, dass es sich nur dann um eine Rechtsverletzung handelt, wenn der Werktitel eine bestimmte Kennzeichnungskraft besitzt. Davon ist jedoch nur dann auszugehen, wenn er sich dazu eignet, ein Werk von einem anderen zu unterscheiden und nicht rein beschreibenden Charakter hat.

5.2.6   Konsequenzen eines Markenrechtsverstoßes

Ähnlich wie im Urheberrecht ist auch hier der Lizenzvertrag der Schlüssel zu einem rechtskonformen Gebrauch von eingetragenen Marken. Ein Lizenzvertrag hat die Nutzung einer Marke zum Gegenstand und regelt die Art und den Umfang der Rechteeinräumung.

Hinweis: Verwechslungsgefahr

Verwechseln Sie den Lizenzvertrag nicht mit der Übertragung der Rechte an der Marke. Diese Übertragung erfolgt im Gegensatz zur zeitlich begrenzten Rechteeinräumung dauerhaft.

Verwenden Sie eine Marke, ohne die Einräumung von Rechten vereinbart zu haben, außerhalb des rechtlich zulässigen Bereichs, so ist das eine Rechtsverletzung.

Achtung: Markenrechtsverletzung kann teuer werden!

Eine solche Rechtsverletzung berechtigt den Markeninhaber zur Geltendmachung von Ansprüchen auf Unterlassung, Schadensersatz, Auskunft, Vernichtung oder Rückruf. Diese Ansprüche kann der Markeninhaber im Streitfall auch gerichtlich geltend machen.

Darüber hinaus müssen Sie aber auch mit Konsequenzen vonseiten des App-Stores rechnen. Denn die App-Stores halten in aller Regel Beschwerdeformulare für Inhaber von Markenrechten bereit, über die diese Verletzungen geltend machen können. Wie so ein Formular der Store-Betreiber aussieht, können Sie Abbildung 5.7 entnehmen.

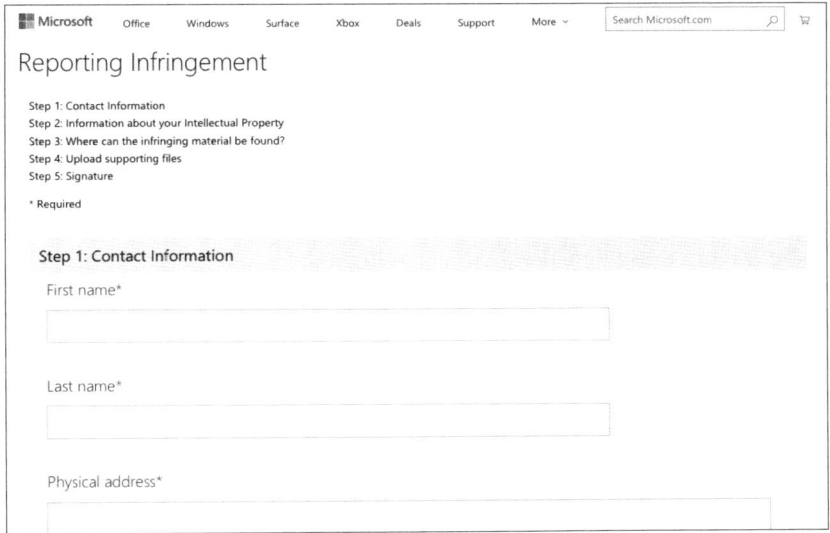

Abbildung 5.7 Beispiel eines Beschwerdeformulars des App-Stores von »Microsoft« bei Verletzungen des Rechts am geistigen Eigentum

Daraufhin kontaktiert der Store den Anbieter der App und gibt ihm Gelegenheit zur Stellungnahme oder zum Beheben des Problems. Liegt jedoch tatsächlich ein Markenrechtsverstoß vor, so behält es sich der Store in der Regel vor, die App wegen Missbrauch aus dem Store zu entfernen. In den Fällen, in denen die App für den Apple App Store programmiert wurde, ist dies besonders misslich, da sie dann in keinem anderen App-Store eingesetzt werden kann.

5.3   Inwiefern muss man beim Inhalt der App das Urheberrecht beachten?

Eine App, die zu Werbezwecken eingesetzt werden soll, braucht auch eine ansprechende inhaltliche Gestaltung. Aus diesem Grund setzen Unternehmen zunehmend auf die Verwendung von Bildern, Zitaten, Musik oder Videos in den Apps. Abbildung 5.8 zeigt, wie so etwas in der Praxis aussehen kann.

Abbildung 5.8 Beispiel für die Verwendung von Videos in einer App

Doch wenn Sie Inhalte einsetzen, die Sie nicht selbst hergestellt haben, können Sie dabei schnell in Konflikt mit dem Gesetz geraten. Denn dann besteht das Risiko, dass die veröffentlichte App Urheberrechte Dritter verletzt. Dies ist immer dann der Fall, wenn die Entwickler der App es versäumt haben, sich die Nutzungsrechte einräumen zu lassen.

5.3.1   Die Verwertungsrechte des Urhebers

Um zu verstehen, wann die Einräumung von Nutzungsrechten erforderlich ist, muss man zunächst die Grundstrukturen des Urheberrechts verstehen. Dazu möchten wir

Ihnen im Folgenden das Urheberrecht und seine praxisrelevanten Aspekte ein wenig näherbringen.

Den umfassenden Schutz des Urheberrechts genießen grundsätzlich alle Werke der Literatur, Kunst und Wissenschaft, die eine persönliche geistige Schöpfung eines Menschen darstellen.

Praxisbeispiel: Urheberrechtlich geschützte Werke

Darunter fallen beispielsweise Fotos, Texte, Videos, Musik, Software, Link-Sammlungen oder auch die App selbst.

Die Person, die das Werk geschaffen hat, ist ihr Urheber. Dies hat zur Folge, dass sie das alleinige und ausschließliche Recht hat, ihr Werk zu verwerten. Sie kann also beispielsweise entscheiden, wer das Werk vervielfältigen oder veröffentlichen darf – Dritte bedürfen hingegen grundsätzlich ihrer Einwilligung.

Wenn Sie nun also Werke Dritter in Ihrer Marketing-App verwenden möchten, tangieren Sie damit insbesondere drei Rechte des Urhebers:

▶ das Recht der öffentlichen Zugänglichmachung
▶ das Recht zur Vervielfältigung
▶ das Bearbeitungsrecht

Von einer öffentlichen Zugänglichmachung ist dann auszugehen, wenn Bilder oder Videos derart im Internet angeboten werden, dass sie von einem unbestimmten Personenkreis betrachtet werden können. Für Apps gilt, dass es keinerlei Möglichkeit gibt, den Empfängerkreis einzuschränken, und dass dies in der Regel letztlich auch nicht dem Ziel entspricht, das Sie mit Ihrer App erreichen wollen. Aus diesem Grund stellt die öffentliche Zugänglichmachung der geschützten Werke in einer App ohne die Einwilligung des Urhebers eine Verletzung seiner Rechte dar, die zivilrechtliche Ansprüche nach sich ziehen kann.

Praxisbeispiel: Öffentliche Zugänglichmachung

Verwenden Sie in Ihrer App ein Bild, das Sie nicht selbst hergestellt haben oder an dem Sie sich die Rechte nicht haben einräumen lassen, so machen Sie das Bild durch das Einstellen der App in den App-Store und die Möglichkeit des Downloads öffentlich zugänglich und verletzen damit ein Recht des Urhebers.

Das Recht zur Vervielfältigung erlaubt es dem Rechteinhaber, Kopien eines Werkes anzufertigen. Dazu zählt jede Art von Kopie, durch die das Werk wiedergegeben werden kann, und auch jede beliebige Anzahl. Auf die technische Art der Kopie kommt es dabei ebenso wenig an wie auf die Qualität des Werkes.

Praxisbeispiel: Vervielfältigung

Durch jeden einzelnen Download der App aus dem App-Store wird eine Kopie des urheberrechtlich geschützten Werkes (Bild, Text, Musik etc.) hergestellt, womit das Vervielfältigungsrecht des Urhebers verletzt wird.

Das Bearbeitungsrecht schützt den Urheber vor der unbefugten Bearbeitung oder sonstigen Umgestaltung seines Werkes in qualitativer oder quantitativer Hinsicht. Unter den Begriff »Bearbeitung« fallen nicht nur die identische oder nahezu identische Vervielfältigung des geschützten Werkes, sondern auch Änderungen daran.

Praxisbeispiel: Bearbeitung

Wer leichte Modifikationen an dem geschützten Werk eines Dritten vornimmt, beispielsweise durch ein Bildbearbeitungsprogramm, gelangt dadurch nicht in den rechtssicheren Bereich. Dies geschieht erst dann, wenn das Werk derart verändert wird, dass die Bearbeitung selbst eine persönliche geistige Schöpfung darstellt.

Letztlich sollten Sie bei der Verwendung von Bildern, Videos oder Texten Dritter in der App immer im Hinterkopf behalten, dass an jedem Werk Urheberrechte bestehen können. Daher sollten Sie bei jeder Verwendung überprüfen, ob das Recht besteht, dieses Werk für den beabsichtigten Zweck zu nutzen. Häufig finden Sie auch auf der entsprechenden Internetseite Hinweise zum Urheberrecht. Wie so etwas aussehen kann, zeigt Ihnen Abbildung 5.9.

Abbildung 5.9 Unter der Rubrik »Impressum« sowie am Rand eines jeden Bildes finden Sie auf dieser Seite Hinweise zum Urheberrecht.

> **Achtung: Der Wert des Werkes und seine Zugänglichkeit entscheiden nicht über Schutzwürdigkeit!**
>
> Für den urheberrechtlichen Schutz ist es völlig unerheblich, ob es sich um das Werk eines Laien oder eines Professionellen handelt. Bei Bildern beispielsweise genießt ein einfacher Schnappschuss ebenso urheberrechtlichen Schutz wie ein aufwendig produziertes Marketingfoto.

Auch der Umstand, dass ein Werk im Internet frei zugänglich ist, bedeutet grundsätzlich nicht, dass es ohne die Einwilligung des Urhebers genutzt werden darf.

Möchten Sie oder der Entwickler in der App nun Werke Dritter nutzen, so muss einer von Ihnen beim Urheber anfragen, ob das gewünschte Werk für die App genutzt werden darf. Ist der Urheber damit einverstanden, so räumt er die Nutzungserlaubnis, auch Lizenz genannt, dann vertraglich und oftmals gegen ein Entgelt ein. Der Urheber entscheidet also, wer sein Werk wo, wie und in welchem Umfang benutzen darf und wer nicht sowie ob dies entgeltlich oder unentgeltlich geschieht.

> **Sicher ist sicher: Schriftform**
>
> Auch hier empfiehlt sich aus Gründen der Beweislast eine schriftliche Fixierung der Vereinbarung, da Sie als Anbieter der App die Beweislast dafür tragen, dass Ihnen eine solche Nutzungserlaubnis erteilt wurde. Kümmert sich der Entwickler um die Inhalte, so sollte das werbende Unternehmen sich einerseits die Lizenzvereinbarungen zwischen dem Entwickler und dem Urheber des entsprechenden Werkes zumindest in Kopie aushändigen und sich zudem vertraglich von einer Haftung gegenüber dem Urheber freistellen lassen.

Daneben gibt es aber auch Werke, die vom Urheber ohne die Zahlung eines Entgeltes zur freien Verwendung jedem zur Verfügung gestellt werden. Dabei handelt es sich um sogenannte *Creative-Commons-Inhalte* (CC = kostenfreie Lizenz). In Abbildung 5.10 sehen Sie ein Beispiel für ein Bild, das mit einer CC-Lizenz ins Netz gestellt wurde. Diese sogenannten *Jedermann-Lizenzen* richten sich als Gemeingut an alle Betrachter gleichermaßen und erlauben, dass jeder mit einem CC-lizenzierten Inhalt mehr machen darf, als das Urheberrechtsgesetz ihm eigentlich gestattet.

Ganz bedenkenlos können jedoch auch diese Inhalte nicht genutzt werden. Denn um die Inhalte nutzen zu können, ist die Zustimmung zu den jeweiligen Lizenzbedingungen nötig. Dies hat zur Folge, dass unter Umständen weitere Bedingungen beachtet werden müssen, zum Beispiel die Namensnennung sowie das Verbot der Bearbeitung und kommerziellen Nutzung.

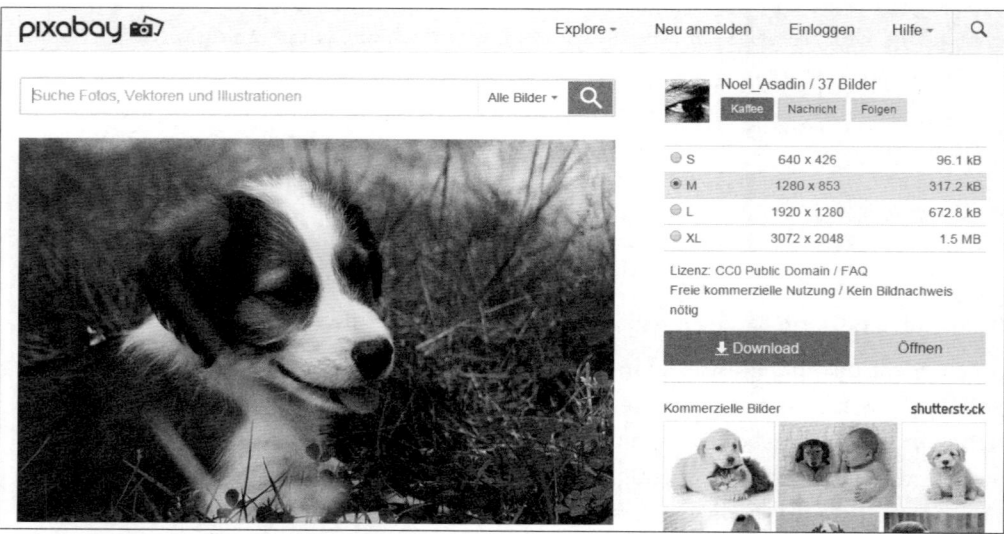

Abbildung 5.10 Der Nutzer der Plattform »Pixabay« hat das Hundebild unter Verwendung einer CC-Lizenz zur kommerziellen Nutzung freigegeben.

Eine Übersicht zu den verschiedenen CC-Lizenztypen finden Sie in Abbildung 5.11. Der einfachste CC-Lizenzvertrag verlangt dabei vom Nutzer (Lizenznehmer) lediglich die Namensnennung des Urhebers/Rechteinhabers (Lizenzgeber). Darüber hinaus können aber weitere Einschränkungen gemacht werden, je nachdem, ob der Rechteinhaber eine kommerzielle Nutzung zulassen will oder nicht, ob Bearbeitungen erlaubt sein sollen oder ob andere Einschränkungen gemacht werden sollen.

	Vervielfältigen	Verbreiten	Vorführen	Verarbeiten	Kommerziell Nutzen	Namens-nennung	Weitergabe unter derselben Lizenz
CC BY	●	●	●	●	●	✖	
CC BY-SA	●	●	●	●	●	✖	✖
CC BY-ND	●	●	●	—	●	✖	
CC BY-NC	●	●	●	●	—	✖	
CC BY-NC-SA	●	●	●	●	—	✖	✖
CC BY-NC-ND	●	●	●	—	—	✖	

Abbildung 5.11 Übersicht über die Inhalte der sechs Lizenzmodelle der Creative-Commons-Lizenzen

Somit ist auch bei CC-Inhalten ein Blick in die Lizenzbedingungen für werbende Unternehmen unumgänglich, da insbesondere eine Marketing-App eine gewerbliche Nutzung darstellt.

Praxistipp: CC-lizenzierte Bilder

Bei der Internetsuchmaschine Google ist im Rahmen der Bildersuche auch eine Suche nach CC-lizenzierten Fotos unter *http://wbs.is/rom7* möglich.

5.3.2   Konsequenzen aus der unbefugten Nutzung urheberrechtlich geschützter Werke

Liegt eine Verletzung der Urheberrechte vor, so können Urheber und Rechteinhaber dagegen vorgehen. Dabei gewährt das Urheberrechtsgesetz diesen verschiedene Ansprüche, wie etwa einen Unterlassungs-, Beseitigungs- oder Schadensersatzanspruch.

Kommt es zu einem Rechtsstreit wegen einer Urheberrechtsverletzung, so liegen die für die Berechnung der Gerichts- und Rechtsanwaltskosten maßgeblichen Streitwerte in der Regel zwischen 50.000 € und 100.000 €. Dies hat zur Folge, dass Rechtsverletzungen für Sie als Anbieter der App schnell auch mit Kosten von mehreren Tausend Euro verbunden sein können.

Praxisbeispiel: Verfahrenskosten

So kann beispielsweise schon eine außergerichtliche Abmahnung in durchschnittlichen Fällen bei einem Streitwert von 50.000 € allein für den gegnerischen Rechtsanwalt Kosten in Höhe von ca. 1.800 € erzeugen. Bei einem Streitwert von 100.000 € liegen die Kosten bei ca. 2.300 €. Hinzu kommen dann noch die gegebenenfalls anfallenden Kosten für den eigenen Rechtsanwalt.

Kommt es danach noch zu einem Gerichtsverfahren, fallen erneut Rechtsanwaltskosten und zusätzlich noch Gerichtsgebühren an, sodass die Kosten insgesamt durchaus im fünfstelligen Bereich liegen können.

Die Kosten des Verfahrens müssen dann allesamt von Ihnen als Rechtsverletzer getragen werden. Dies gilt insbesondere auch unabhängig davon, ob Sie Kenntnis von der Rechtswidrigkeit der Verwendung der Werke hatten oder nicht, da die Pflicht zum Schadensersatz verschuldensunabhängig greift.

Praxistipp: Kostenrisiko vermeiden

Das Kostenrisiko ist bei Urheberrechtsverletzungen so hoch, dass es oftmals deutlich günstiger ist, sich entgeltlich Nutzungsrechte einräumen zu lassen. Wer kein Entgelt

---

zahlen möchte, kann auch versuchen, CC-Inhalte den Lizenzbedingungen entsprechend zu verwenden. Die Werke unter Missachtung der Rechte Dritter zu verwenden sollte jedoch keine Alternative sein.

Darüber hinaus bieten die Stores Urhebern ebenfalls die Möglichkeit, Beschwerden über die Verletzung Ihres geistigen Eigentums geltend zu machen. Wie so etwas in der Praxis aussieht, zeigt Abbildung 5.12. Denn verstoßen Sie gegen die Rechte am geistigen Eigentum Dritter, wozu auch Urheberrechte gehören, so verstoßen Sie oftmals auch gegen die Nutzungsbedingungen des App-Stores.

HINWEISE

Hinweise und Verfahren zur Geltendmachung von Ansprüchen bei Verletzungen der Rechte am geistigen Eigentum. Microsoft respektiert die geistigen Eigentumsrechte Dritter. Sollten Sie Ansprüche aus Verletzungen des geistigen Eigentums einschließlich Ansprüchen aus Urheberrechtsverletzungen haben, empfehlen wir, eine entsprechende Mitteilung an den von Microsoft benannten Vertreter zu senden. Weitere Einzelheiten und Kontaktinformationen erhalten Sie auf der Seite zur Anmeldung und zum Verfahren zur Geltendmachung von Urheberrechtsansprüchen (https://www.microsoft.com/info/cpyrtInfrg.htm). Microsoft wendet das in Title 17, United States Code, Section 512(c)(2) beschriebene Verfahren an, um auf Mitteilungen zu Urheberrechtsverletzungen zu reagieren. Unter gegebenen Umständen kann Microsoft Konten von Benutzern der Microsoft-Dienste sperren, wenn diese wiederholt Urheberrecht verletzt haben.

Microsoft wendet das in Title 17, United States Code, Section 512(c)(2) beschriebene Verfahren an, um auf Mitteilungen zu Urheberrechtsverletzungen zu reagieren. Unter gegebenen Umständen kann Microsoft Konten von Benutzern der Microsoft-Dienste sperren, wenn diese wiederholt Urheberrecht verletzt haben.

Hinweise und Verfahren zu Fragen des geistigen Eigentums bei Werbeanzeigen. Lesen Sie die Intellectual Property Guidelines (Richtlinien zum geistigen Eigentum) (http://go.microsoft.com/fwlink/?LinkId=243207) bei Fragen zu geistigen Eigentumsrechten in unserem Werbenetzwerk.

Urheberrechts- und Markenschutzhinweise. Sämtliche Teile der Dienste sind urheberrechtlich geschützt. © 2013 Microsoft Corporation und/oder seine Lieferanten, One Microsoft Way, Redmond, WA 98052, USA. Alle Rechte vorbehalten. Uns oder unseren Lieferanten gehören Eigentum, Urheberrecht und andere gewerbliche Schutzrechte an den Diensten und ihren Inhalten. Microsoft und die Namen, Logos und Symbole aller Produkte, Software und Dienste von Microsoft können **Marken oder eingetragene Marken von Microsoft** (http://www.microsoft.com/about/legal/en/us/IntellectualProperty/Trademarks/EN-US.aspx) in den USA und/oder anderen Ländern sein. Die Namen der tatsächlichen Firmen und Produkte sind möglicherweise Marken ihrer jeweiligen Inhaber. Alle Rechte, die nicht ausdrücklich in diesem Vertrag gewährt werden, sind vorbehalten. Bestimmte Software, die auf bestimmten Microsoft-Websiteservern verwendet wird, basiert zum Teil auf der Arbeit der Independent Independent JPEG Group. Copyright (C) 1991-1996 Thomas G. Lane. Alle Rechte vorbehalten. „gnuplot"-Software, die auf bestimmten Microsoft-Websiteservern verwendet wird, ist urheberrechtlich geschützt. © 1986-1993 Thomas Williams, Colin Kelley. Alle Rechte vorbehalten.

Abbildung 5.12 Beispiel für Nutzungsbedingungen des »Microsoft Store« im Hinblick auf die Verletzung von Urheberrechten

5.4 Welche datenschutzrechtlichen Rahmenbedingungen gelten bei der Verwendung von Apps?

Wenn sich ein Unternehmen dafür entscheidet, eine eigene App zu Marketingzwecken auf den Markt zu bringen, so können die Nutzer diese App in aller Regel ohne Zahlung eines Entgeltes nutzen. Doch ganz uneigennützig handeln die Unternehmen dabei nicht: Sie lassen sich ihren Dienst zumeist mit den persönlichen Daten des Kunden »bezahlen«. Deswegen bewegen wir uns hier im Spannungsfeld zwischen geschickter Marketingstrategie und dem verfassungsrechtlich garantierten Recht auf Privatsphäre. Vor einem allzu sorglosen Umgang mit Apps sowohl aufseiten der Nutzer wie auch durch die Anbieter muss also aus datenschutzrechtlicher Sicht an dieser Stelle dringend gewarnt werden. Dies betrifft auch die Neuerungen, die die Datenschutz-Grundverordnung mit sich gebracht hat und die wir Ihnen im folgenden Abschnitt an den für Sie relevanten Stellen erläutern werden.

Achtung: Neue Datenschutz-Grundverordnung seit 2018!

Mit der Datenschutz-Grundverordnung wurden europaweit neue Anforderungen an die Verarbeitung personenbezogener Daten geschaffen. Das europäische Gesetz muss seit dem 25. Mai 2018 zwingend umgesetzt werden. Die Datenschutz-Grundverordnung intensiviert vor allem die Pflichten derjenigen, die Daten sammeln und verarbeiten – und droht mit immensen Bußgeldern bei Verstößen. Sollten Sie die erforderlichen Änderungen noch nicht vorgenommen haben, ist es nun höchste Zeit!

5.4.1 Die Problematik

Grundsätzlich soll jeder Bürger selbst über die Preisgabe und Verwendung seiner personenbezogenen Daten bestimmen.

Hinweis: Neue Definition personenbezogener Daten!

Was unter personenbezogenen Daten zu verstehen ist, definiert Art. 4 DSGVO. Er besagt, dass dies all die Informationen sind, »*die sich auf eine identifizierte oder identifizierbare natürliche Person (im Folgenden »betroffene Person«) beziehen; als identifizierbar wird eine natürliche Person angesehen, die direkt oder indirekt, insbesondere mittels Zuordnung zu einer Kennung wie einem Namen, zu einer Kennnummer, zu Standortdaten, zu einer Online-Kennung oder zu einem oder mehreren besonderen Merkmalen identifiziert werden kann, die Ausdruck der physischen, physiologischen, genetischen, psychischen, wirtschaftlichen, kulturellen oder sozialen Identität dieser natürlichen Person sind.*«

Ferner hat der Europäische Gerichtshof (Urteil vom 19.10.2016, Az. C-582/14) entschieden, dass sich eine solche Identifizierbarkeit auch aus rechtlichen Möglichkeiten wie einem gesetzlichen Auskunftsanspruch ergeben kann, der gerichtlich gegenüber einem Internet-Provider durchgesetzt werden kann. Dies hat in Deutschland zu Folge, dass IP-Adressen, die eigentlich nur durch den Provider zugeordnet werden können, personenbezogene Daten darstellen, da über die gesetzlichen Auskunftsansprüche eine Identifizierung des dahinterstehenden Anschlussinhabers möglich ist.

Die Entscheidung über das Einverständnis zur Verwendung personenbezogener Daten setzt aber voraus, dass dem Betroffenen überhaupt bewusst ist, zu welchem Zeitpunkt er welche Informationen an wen herausgibt. Das Interesse der Unternehmen geht hingegen in die Richtung, mit möglichst wenig Aufwand so viele Daten wie möglich zur weiteren Verwendung auf diversen Marketingkanälen anzuhäufen. Die folgende Übersicht zeigt Ihnen, welche personenbezogenen Daten besonders gern gespeichert werden.

Praxisbeispiel: Personenbezogene Daten in Apps

Im Rahmen von Apps zählen neben Daten wie Name, Adresse, Alter und Geschlecht noch folgende Einzelangaben über persönliche und sachliche Verhältnisse der Nutzer als personenbezogene Daten:

- IP-Adresse
- Geräte- und Kartenkennung
- Mobilfunknummer
- Name des Telefons
- Standortdaten
- Fotos, Videos, Audiodateien
- biometrische Daten wie der Fingerabdruck
- Nutzungsdaten
- Kontaktdaten
- Kalendereinträge
- Registrierungsdaten
- Anruflisten
- Nachrichten
- Kontoverbindungsdaten

Diese teilweise massenhaft erlangten Informationen können Datensammler dann zu einem Nutzerprofil zusammenstellen, das zur Vermarktung der eigenen Produkte und Dienstleistungen gezielt und effizient eingesetzt werden kann. Da sich die Apps oftmals auf dem Smartphone befinden, können sie Informationen zu Kontakten, Interessen und durch den Gebrauch von Ortungssystemen auch Informationen zu den Aufenthaltsorten der Nutzer liefern. Doch überall, wo Daten von Nutzern eine Rolle spielen, sind die Diskussion und der Streit um die Rechtmäßigkeit der Erhebung, Speicherung und weiteren Nutzung von Daten nicht weit. Inwieweit daher Apps dazu benutzt werden dürfen, um zu Marketingzwecken an Daten der Zielgruppe zu gelangen, soll in diesem Abschnitt einmal näher betrachtet werden.

5.4.2   Grundprinzipien der rechtmäßigen Datenerhebung in Apps

Nach der nun geltenden Datenschutz-Grundverordnung und dem neuen Bundesdatenschutzgesetz ist an erster Stelle zu beachten, dass die Erhebung, Verarbeitung und Nutzung personenbezogener Daten außerhalb des rein privaten Gebrauchs grundsätzlich nur dann zulässig ist, wenn dies durch die Datenschutz-Grundverordnung gestattet wird oder der App-Nutzer seine Einwilligung ausdrücklich erteilt hat – ein Einholen der Einwilligung über die Zustimmung zu den AGB ist nicht zulässig. Somit handelt es sich rechtlich grundsätzlich um ein Verbot, das jedoch unter dem Vorbehalt der Erlaubnis steht.

> **Praxisbeispiel: Gesetzliche Erlaubnis**
>
> Eine gesetzliche Erlaubnisnorm ist beispielsweise Art. 6 Abs. 1 lit. b DSGVO, wonach die Datenverarbeitung zur Erfüllung eines Vertrages mit dem Betroffenen zulässig ist. Gerade im Bereich des Online-Marketings spielt Art. 6 Abs. 1 lit. f DSGVO eine wichtige Rolle, da diese Norm besagt, dass eine Datenverarbeitung auch dann rechtmäßig ist, wenn sie zur Wahrung Ihrer berechtigten Interessen erforderlich ist und die Interessen des Betroffenen nicht überwiegen. Werbezwecke können grundsätzlich durchaus als berechtigte Interessen eingestuft werden.

Darüber hinaus schwebt jedoch über jeder Erhebung, Speicherung und Nutzung von personenbezogenen Daten noch die ganz grundsätzliche Pflicht zur Einhaltung der allgemeinen Datenschutzprinzipien. Das bedeutet, dass diese Grundsätze immer einzuhalten sind und zusätzlich – sofern vorhanden – die für den jeweiligen Fall geltenden Regelungen zur Anwendung kommen. Diese wesentlichen Prinzipien des Datenschutzes hat der Gesetzgeber in Art. 5 DSGVO festgeschrieben. Dabei hat er jedoch das Rad nicht gänzlich neu erfunden. Vielmehr finden sich dort einige Prinzipien, die Ihnen sicher bereits aus der alten Fassung des Bundesdatenschutzgesetzes bekannt sein werden. An der einen oder anderen Stelle ist es jedoch auch zu Neuerungen gekommen.

> **Hinweis**
>
> Der europäische Gesetzgeber sieht – anders als das alte Bundesdatenschutzgesetz – den Grundsatz der Direkterhebung nicht mehr ausdrücklich vor. Eine Datenerhebung bei einer anderen Person als dem Betroffenen ist vielmehr zulässig, wenn die Informationspflichten des Art. 14 DSGVO eingehalten werden.

Grundsatz der Rechtmäßigkeit und der Transparenz/Verarbeitung nach Treu und Glauben

Nach den Prinzipien der Rechtmäßigkeit und der Transparenz ist es die Pflicht des Datenverarbeiters, die Daten rechtmäßig zu erheben und den Betroffenen darüber in Kenntnis zu setzen, dass überhaupt personenbezogene Daten von ihm verarbeitet werden. Er muss auch erfahren, zu welchem Zweck welche Stelle die Daten wie lange erhebt und zu welchem Zweck sie gespeichert werden. Während das Transparenzgebot auch schon im Bundesdatenschutzgesetz alter Fassung bestand, ist der ursprünglich aus dem Zivilrecht stammende Auffangtatbestand der Verarbeitung nach Treu und Glauben mit Art. 5 Abs. 1 lit. a DSGVO neu eingeführt worden und kann von Gerichten und Behörden insbesondere im Hinblick auf die weiten Formulierungen der Datenschutz-Grundverordnung angewandt werden.

> **Praxisbeispiel**
>
> Hat der Nutzer einer App keine Kenntnis davon, dass Daten von ihm gespeichert werden, liegt ein klarer Verstoß gegen das Transparenzgebot vor.

Grundsatz der Zweckbindung

Sie dürfen nur diejenigen Daten erheben, die für den eindeutig von Ihnen vorgesehenen Zweck erforderlich sind. Jeder Datenverarbeitung muss ein bestimmter Zweck zugrunde liegen, der bereits im Voraus festgelegt werden muss.

Mit Art. 5 Abs. 1 lit. b DSGVO neu eingeführt wurde in diesem Zusammenhang die Möglichkeit der nachträglichen Zweckerweiterung unter den bestimmten Voraussetzungen des Art. 6 Abs. 4 DSGVO. Diese Norm wurde durch den deutschen Gesetzgeber zudem durch § 24 BDSG ergänzt.

> **Praxisbeispiel**
>
> Je nachdem, welchen Dienst Ihre App bietet, kann die Verarbeitung von Bestandsdaten wie Name, Rechnungsadresse, Lieferadresse oder Zahlungsdaten erforderlich sein. Diese Daten dürfen Sie jedoch nur für den vertraglich vorgesehenen Zweck und gerade nicht auch für Werbung (beispielsweise über »Facebook Custom Audiences«) nutzen.

Grundsatz der Datenminimierung

Sie sind verpflichtet, die Verarbeitung von Daten auf das notwendige Maß zu beschränken, also sparsam zu verarbeiten. Dies gilt auch dann, wenn eine Rechtsgrundlage für die Datenverarbeitung vorliegt. Auch haben Sie die Pflicht, die erhobenen Daten zu pseudonymisieren und zu anonymisieren, soweit dies mit dem Verwendungszweck vereinbar ist und keinen unverhältnismäßigen Aufwand verursacht (siehe Art. 5 Abs. 1 lit. c DSGVO).

> **Praxisbeispiel**
>
> Sie dürfen nur dann den Nutzer nach dem Zugriff auf sein Adressbuch, das Mikrofon, die Kamera oder seinen Standort fragen, wenn diese Elemente auch tatsächlich für die Funktionalität Ihrer App Relevanz haben.

Grundsatz der Datenrichtigkeit

Sie müssen personenbezogene Daten sachlich richtig und erforderlichenfalls auf dem neuesten Stand halten. Dafür müssen Sie alle angemessenen Maßnahmen treffen, damit personenbezogene Daten, die im Hinblick auf die Zwecke ihrer Verarbeitung unrichtig sind, unverzüglich gelöscht oder berichtigt werden, so Art. 5 Abs. 1 lit. d DSGVO.

> **Praxisbeispiel**
>
> Teilt Ihnen ein App-Nutzer mit, dass die bei Ihnen gespeicherten Daten einen Fehler enthalten, so sind Sie dazu verpflichtet, diesen Fehler unverzüglich zu berichtigen.

Grundsatz der Speicherbegrenzung

Sie dürfen Daten nur so lange speichern, wie es für den vorgesehenen Zweck nötig ist. Das Mindestmaß ergibt sich zum Teil aus (steuerrechtlichen) Gesetzen, zum Teil aus dem Zusammenhang der Datenverarbeitung. Dieses Prinzip schreibt der europäische Gesetzgeber in Art. 5 Abs. 1 lit. e DSGVO vor.

> **Praxisbeispiel**
>
> Wenn Sie den Dienst Ihrer App einstellen, gibt es für Sie auch keinen Grund mehr, die Nutzerdaten weiterhin zu speichern. Eine Ausnahme gilt jedoch beispielsweise dann, wenn über die App Käufe getätigt wurden und in diesem Zusammenhang Daten weiterhin gespeichert werden müssen (beispielsweise als Teil Ihrer Buchführung). In diesen Fällen muss sich jedoch die Speicherung auf die erforderlichen Daten beschränken. Es dürfen nicht sämtliche Daten des Nutzers weiterhin gespeichert werden.

Grundsatz der Integrität und Vertraulichkeit

Gemäß Art. 5 Abs. 1 lit. f DSGVO dürfen Sie Daten nur dann verarbeiten, wenn Sie durch geeignete technische und organisatorische Maßnahmen eine angemessene Sicherheit der personenbezogenen Daten gewährleisten können. Dies umfasst insbesondere den Schutz vor unbefugter oder unrechtmäßiger Verarbeitung und vor unbeabsichtigtem Verlust, unbeabsichtigter Zerstörung oder unbeabsichtigter Schädigung.

> **Praxisbeispiel**
>
> Um die Integrität der Daten zu schützen, müssen Sie dafür sorgen, dass die Daten Ihrer App-Nutzer bei elektronischer Übertragung nicht unbefugt gelesen, kopiert, verändert oder entfernt werden können.

Rechenschaftspflicht

Um die Einhaltung der Datenschutzprinzipien auch kontrollieren zu können, hat der europäische Gesetzgeber ihnen in Art. 5 Abs. 2 DSGVO eine Rechenschaftspflicht zur Seite gestellt. Dieser Pflicht unterliegen alle Unternehmen, die personenbezogene

Daten verarbeiten, beispielsweise ihrer App-Nutzer, Mitarbeiter oder Kunden. Auf diese Weise möchte der europäische Gesetzgeber der Umsetzung der datenschutz-rechtlichen Grundpflichten Nachdruck verleihen. Wer diesen Pflichten nicht nach-kommt, muss mit hohen Geldbußen rechnen!

Praxishinweis: Rechenschaftspflicht

Ihrer Rechenschaftspflicht kommen Sie am besten nach, wenn Sie die Datenverar-beitung kontinuierlich und gewissenhaft in Form digitaler Verzeichnisse protokollie-ren. So können Sie einerseits im Streitfall beweisen, dass Sie Ihrer Pflicht Genüge getan haben. Andererseits dient Ihnen die Protokollierung auch dazu, Ihrer Aus-kunftspflicht gegenüber dem Nutzer Ihrer App nachzukommen zu können, wenn dieser seinen gesetzlichen Anspruch geltend macht. Nach den neuen Regelungen der Datenschutz-Grundverordnung müssen Sie dem Nutzer die Auskunft elektronisch erteilen, wenn er seinen Anspruch auch elektronisch geltend macht.

5.4.3 Die Zulässigkeit der Erhebung und Verwendung von Daten nach der Datenschutz-Grundverordnung

Im Datenschutzrecht spielte bisher nur das Bundesdatenschutzgesetz eine wichtige Rolle. Dies hat sich mit Wirksamwerden der Datenschutz-Grundverordnung im Mai 2018 geändert. Das europäische Gesetz verdrängt zwar zahlreiche Regelungen des Bundesdatenschutzgesetzes, Letzteres bleibt aber in einer neuen Fassung für die Fälle bestehen, in denen der europäische Gesetzgeber den nationalen Gesetzgebern einen Spielraum zu eigenen Entscheidungen überlassen hat.

Danach ist die Verarbeitung personenbezogener Daten gemäß Art. 6 DSGVO nur dann rechtmäßig, wenn eine der gesetzlich normierten Varianten einschlägig ist (sie-he Abbildung 5.13). Von besonderer Bedeutung ist dabei weiterhin die Datenverarbei-tung infolge einer rechtmäßig erteilten Einwilligung des Nutzers gemäß Art. 6 Abs. 1 lit. a DSGVO. Daneben hat der europäische Gesetzgeber aber noch weitere Tatbestän-de normiert, in denen die Datenverarbeitung auch ohne die Einwilligung des Nutzers rechtmäßig sein kann.

Einer der für das Online-Marketing relevanten Tatbestände ist Art. 6 Abs. 1 lit. b DSGVO, wonach eine Datenverarbeitung immer dann rechtmäßig ist, wenn sie zur Erfüllung eines Vertrages erfolgt, an dem der von der Datenerhebung Betroffene selbst beteiligt ist. Besteht zwischen Ihnen und dem App-Nutzer also ein Vertragsver-hältnis, beispielsweise weil die App nur gegen Zahlung eines Entgeltes herunterge-laden werden kann, dann benötigen Sie personenbezogene Daten des App-Nutzers und dürfen diese auch speichern und verarbeiten, soweit dies zur Vertragserfüllung, also zur Begründung, Durchführung und Beendigung des Geschäfts, erforderlich ist.

Art. 6 DSGVO
Rechtmäßigkeit der Verarbeitung

(1) Die Verarbeitung ist nur rechtmäßig, wenn mindestens eine der nachstehenden Bedingungen erfüllt ist:

   a) Die betroffene Person hat ihre Einwilligung zu der Verarbeitung der sie betreffenden personenbezogenen Daten für einen oder mehrere bestimmte Zwecke gegeben;

   b) die Verarbeitung ist für die Erfüllung eines Vertrags, dessen Vertragspartei die betroffene Person ist, oder zur Durchführung vorvertraglicher Maßnahmen erforderlich, die auf Anfrage der betroffenen Person erfolgen;

   c) die Verarbeitung ist zur Erfüllung einer rechtlichen Verpflichtung erforderlich, der der Verantwortliche unterliegt;

   d) die Verarbeitung ist erforderlich, um lebenswichtige Interessen der betroffenen Person oder einer anderen natürlichen Person zu schützen;

   e) die Verarbeitung ist für die Wahrnehmung einer Aufgabe erforderlich, die im öffentlichen Interesse liegt oder in Ausübung öffentlicher Gewalt erfolgt, die dem Verantwortlichen übertragen wurde;

   f) die Verarbeitung ist zur Wahrung der berechtigten Interessen des Verantwortlichen oder eines Dritten erforderlich, sofern nicht die Interessen oder Grundrechte und Grundfreiheiten der betroffenen Person, die den Schutz personenbezogener Daten erfordern, überwiegen, insbesondere dann, wenn es sich bei der betroffenen Person um ein Kind handelt.

Abbildung 5.13 Auszug aus Art. 6 der Datenschutz-Grundverordnung

Darüber hinaus sieht der Gesetzgeber mit Art. 6 Abs. 1 lit. f DSGVO eine weitere Normierung vor, die im Online-Marketing künftig eine bedeutende Rolle spielen wird, da sie grundsätzlich das Tor zu jeglicher Art der Online-Werbung ohne eine Einwilligung des Nutzers öffnen kann. Denn danach ist die Datenverarbeitung auch dann ohne Einwilligung des Nutzers rechtmäßig, wenn nicht die Interessen oder Grundrechte und Grundfreiheiten des App-Nutzers, die den Schutz personenbezogener Daten erfordern, überwiegen. Dies betrifft insbesondere den Fall der Erstellung von Nutzungsprofilen.

Weiterhin sollten Sie beachten, dass die bis zum Inkrafttreten der Datenschutz-Grundverordnung geltenden Ausnahmen vom grundsätzlichen Verbot der Datenerhebung und -verwendung nun keine Anwendung mehr finden. Dies betrifft insbesondere § 15 Abs. 3 TMG, wonach die Erstellung von Nutzungsprofilen zu Werbezwecken und zur bedarfsgerechten Gestaltung der App zulässig war, wenn die Anonymisierung der Nutzungsdaten sofort und unmittelbar mit ihrer Erhebung dergestalt erfolgte, dass keine Auswertung eines Nutzerverhaltens möglich war, der App-Nutzer zudem auf die Erstellung solcher Nutzungsprofile hingewiesen wurde und er nicht widersprochen hat. Eine derartige Privilegierung sieht die neue Datenschutz-Grundverordnung jedoch nicht vor. Dies bedeutet jedoch nicht, dass Sie keine Möglichkeit mehr haben, Nutzungsprofile zu erstellen. Vielmehr kann dies künftig grundsätzlich auf Basis des bereits erläuterten Art. 6 Abs. 1 lit. f DSGVO erfolgen, wonach eine Verarbeitung unter Umständen zur Wahrung Ihrer berechtigten Interessen rechtmäßig sein kann.

> **Praxistipp: Einwilligung einholen!**
>
> Wenn Sie Daten zu Marketingzwecken verwenden möchten, sollten Sie sich vorerst nicht auf die Interessenabwägung verlassen. Denn in welchen Fällen die Abwägung zu wessen Gunsten ausfällt, kann erst im Laufe der Zeit auf Basis solider Rechtsprechung sicher beurteilt werden. Angesichts der empfindlichen Geldbußen, die Ihnen drohen, wenn Sie irrtümlich von einem berechtigten Interesse ausgegangen sind, sollten Sie die sichere Variante wählen und weiterhin eine Einwilligung des Nutzers einholen. Diese sollte dann unbedingt durch eine ausdrückliche Erklärung des Kunden erfolgen (siehe hierzu Abschnitt 3.3).

5.4.4 Die Einwilligung des App-Nutzers in die Erhebung und Verwendung seiner Daten zu Marketingzwecken

Wie gerade bereits angesprochen, sind Sie auf der sicheren Seite, wenn Sie sich vom Nutzer eine Einwilligung zur Erhebung und Verwendung der gewünschten Daten erteilen lassen. Doch auch die Datenschutz-Grundverordnung enthält in Art. 7 und 8 ganz konkrete Vorgaben. Danach ist eine Einwilligung nur dann wirksam, wenn

▶ der Nutzer einwilligungsfähig ist,

> **Hinweis: Altersgrenze**
>
> Richtet sich Ihre App an ein jüngeres Publikum, so müssen Sie im Rahmen der Altersgrenzen beachten, dass eine wirksame Einwilligung nach den Vorgaben der Datenschutz-Grundverordnung erst ab 16 Jahren möglich ist. Die nationalen Gesetzgeber haben bei dieser Regelung jedoch einen eigenen Spielraum und können die Altersgrenze auf maximal 13 Jahre reduzieren. Von dieser Möglichkeit hat der deutsche Gesetzgeber im neuen Bundesdatenschutzgesetz jedoch keinen Gebrauch gemacht.

▶ die Einwilligung bewusst, eindeutig und freiwillig erteilt wurde,

Praxisbeispiel: Fehlende Freiwilligkeit

An einer ausdrücklichen und freiwilligen Einwilligung im Sinne der Datenschutz-grundverordnung fehlt es beispielsweise im Falle einfachen Stillschweigens, bereits angekreuzter Kästchen oder Untätigkeit der betroffenen Person. Auch ist dann nicht von einer Freiwilligkeit auszugehen, wenn die Einwilligung als eine zwingende Vor-aussetzung für die Vertragsdurchführung formuliert wird, Einwilligung und Durch-führung aber in keinem sachlichen Zusammenhang zueinander stehen. Ein solches Verhalten verstößt gegen das Koppelungsverbot aus Art. 7 Abs. 4 DSGVO und kann Abmahnungen sowie empfindliche Geldbußen zur Folge haben!

▶ Sie die Einwilligung protokolliert haben,

Praxistipp: Opt-in-Verfahren nutzen

Zur Erfüllung dieser Voraussetzung ist es ausreichend, wenn die Einwilligungserklä-rung durch Anklicken eines Kontrollkästchens bei gleichzeitiger zumindest auszugs-weiser Darstellung der Einwilligungserklärung auf dem Bildschirm erteilt wird (soge-nanntes Opt-in-Verfahren).

▶ Sie dem Betroffenen ausführliche, erkennbare und bestimmte Informationen zur Datenverarbeitung und Datenlöschung in verständlicher und leicht zugänglicher Form sowie in einer klaren und einfachen Sprache erteilt haben,

Praxistipp: Visuelle Trennung und kein Juristen-Deutsch!

Um diesen Anforderungen gerecht zu werden, bietet sich zunächst eine visuelle Trennung der Einwilligung an. Dies kann in einem eigenen Abschnitt oder sogar auf einer eigenen Seite erfolgen und sollte keinesfalls versteckt untergebracht werden, da eine so eingeholte Einwilligung wirkungslos ist. Zudem sollten Sie bei der Formu-lierung Fachausdrücke und juristisches Vokabular vermeiden. Stellen Sie sich vor, Sie würden Ihrem Freund erklären, in welche Art der Datenverarbeitung die App-Nutzer genau einwilligen: Schreiben Sie dies so nieder.

▶ dem Betroffenen ein jederzeitiges Widerrufsrecht eingeräumt wird und er darü-ber auch informiert wird.

Diese fünf Voraussetzungen müssen für eine rechtskonforme Einwilligung alle er-füllt werden. Fehlt auch nur eine der genannten Voraussetzungen, so führt dies zur Unwirksamkeit der Einwilligung.

5.4.5 Die Einwilligung des App-Nutzers in die Verwendung der Daten von Dritten

Werbetreibende haben unter Umständen nicht nur ein Interesse an den Daten der App-Nutzer selbst, sondern darüber hinaus auch an deren privaten Kontakten, die ebenfalls als Zielgruppe für das eigene Produkt in Betracht kommen. Wie jedoch mehrfach erläutert, bedarf es für die Erhebung und Verwertung der Daten der Einwilligung, in diesem Fall also der Einwilligung der Dritten. Wer die App jedoch noch nicht nutzt, kann naturgemäß auch nicht einwilligen. Die werbliche Ansprache bedarf jedoch ebenfalls der Einwilligung des Nutzers – daran können auch anderweitige Nutzungs- oder Datenschutzbestimmungen der App-Anbieter nichts ändern.

Praxisbeispiel: WhatsApp verlagert das Problem auf App-Nutzer!

Die Anbieter des Messenger-Dienstes WhatsApp haben versucht, dieses Problem über die Nutzungsbedingungen zu lösen. Der Klausel

»Du stellst uns regelmäßig die Telefonnummern von WhatsApp-Nutzern und deinen sonstigen Kontakten in deinem Mobiltelefon-Adressbuch zur Verfügung. Du bestätigst, dass du autorisiert bist, uns solche Telefonnummern zur Verfügung zu stellen, damit wir unsere Dienste anbieten können«

musste jeder Nutzer zustimmen, was jedoch nach Ansicht des Amtsgerichts Bad Hersfeld (Urteil vom 20.03.2017, Az. F 111/17) rechtswidrig ist, wenn der App-Nutzer selbst nicht tatsächlich vorher die Einwilligung all seiner Kontakte eingeholt hat. Da Letzteres jedoch realitätsfern sowie nicht praktikabel ist und damit den Nutzer dazu zwingt, Rechtsverstöße zu begehen, hat die Verbraucherzentrale vor dem Kammergericht Berlin Klage gegen die Nutzungsbedingungen von WhatsApp eingelegt.

5.4.6 Der Widerspruch des Nutzers gegen die Datenverarbeitung

Mit dem Recht zur Verarbeitung der Daten uneingeschränkt verbunden ist auch das Recht des Nutzers, dagegen zu widersprechen. Daran hat sich grundsätzlich auch nach der Datenschutz-Grundverordnung nichts geändert, wohl jedoch im Hinblick auf die Details. Geregelt ist das Widerspruchsrecht in der Datenschutz-Grundverordnung an verschiedenen Stellen zu unterschiedlichen Konditionen.

Hinweis: Pflicht zur Information!

Über sein Widerspruchsrecht und dessen Umsetzung muss der Nutzer gemäß Art. 21 Abs. 4 DSGVO rechtzeitig hingewiesen werden — spätestens jedoch zu Beginn der ersten Kommunikation!

Widerspruch nach erteilter Einwilligung

Auch eine einmal erteilte Einwilligung kann von dem Nutzer gemäß Art. 6 Abs. 3 DSGVO jederzeit widerrufen werden. Dabei müssen Sie nur beachten, dass der Widerruf ebenso einfach sein muss wie die Einwilligung. Hier stellt sich jedoch praktisch die Frage, wie dies umgesetzt werden kann. Denn da die elektronische Einwilligung in der Regel im Wege des Opt-in, also des Häkchensetzens in einem Kästchen erfolgt, stellt sich die Frage, wie ein demgegenüber adäquater Widerruf aussehen kann, wenn der Nutzer kein registriertes Kundenkonto hat. Denn in diesen Fällen gibt es auch keine Möglichkeit für den Nutzer, dieses Häkchen im Nachhinein wieder zu entfernen. Ebenfalls einfach ist zwar der Widerruf per E-Mail, unklar bleibt jedoch zunächst, ob diese Variante den Simplizitätsanforderungen des Gesetzes gerecht wird.

Daneben besteht ein Widerspruchsrecht auch bzw. gerade in den Fällen, in denen keine Einwilligung des Nutzers eingeholt wurde, weil ein gesetzlicher Ausnahmefall nach Art. 21 DSGVO vorliegt.

In diesem Zusammenhang für das Online-Marketing von besonderer Bedeutung ist dabei das Recht, jederzeit gegen die in Wahrnehmung der berechtigten Interessen ohne Einwilligung des Nutzers vorgenommene Datenverarbeitung des Werbenden nach Art. 6 Abs. 1 lit. f DSGVO Widerspruch einlegen zu können. Dieser Widerspruch gilt jedoch zu Ihrem Vorteil nicht uneingeschränkt: Sie müssen dem Widerspruch nur dann stattgeben, wenn der Nutzer seine persönlichen Versagungsgründe darlegt und diese gegenüber Ihren berechtigten Interessen überwiegen. Fällt die Abwägung zugunsten des Nutzers aus, so müssen Sie fortan sicherstellen, dass keine Verarbeitung der personenbezogenen Daten mehr erfolgt. Andernfalls ist sein Widerspruch wirkungslos und Sie können die Datenverarbeitung fortsetzen.

Eine solche Entscheidung über einen Widerspruch auf Basis einer Interessenabwägung entfällt jedoch im Falle des Direktmarketings. Denn wenn Sie Nutzerdaten zu diesem Zwecke verarbeiten, dann müssen Sie dem Widerspruch uneingeschränkt und sofort Folge leisten, so Art. 21 Abs. 2 DSGVO. Ein solcher Widerspruch erstreckt sich dann auch auf die Verarbeitung der Daten zum Zwecke der Erstellung von Nutzungsprofilen, die mit der Werbung in Verbindung stehen.

Für Werbetreibende stellt sich nun die Frage, wie das Widerspruchsrecht technisch umgesetzt werden kann – dazu schweigt die Datenschutz-Grundverordnung. Demnach ist es Ihnen selbst überlassen, welches Widerspruchssystem Sie einrichten. Diesbezüglich wird die Zeit zeigen, welche Verfahren sich im Interesse beider Seiten etablieren werden.

Praxistipp: Widerspruchserklärung!

Sie können dem Nutzer beispielsweise elektronische Formulare zusenden, in denen Sie über den Widerspruch und dessen Modalitäten informieren und mit denen Sie ihm zugleich eine vorformulierte Widerrufserklärung zusenden, in die er nur noch seine persönlichen Daten eintragen muss. Diese Widerrufserklärung kann der Nutzer Ihnen dann im Widerspruchsfall per E-Mail zuschicken.

5.4.7   Die Datenschutzerklärung

Auch Apps benötigen eine eigene und vor allem App-spezifische Datenschutzerklärung. Wie eine Datenschutzerklärung in Apps im Detail inhaltlich sowie formal gestaltet werden sollte und wie sie in eine App rechtskonform eingebunden werden kann, soll daher an dieser Stelle erläutert werden.

Inhaltliche Anforderungen

Welche Informationspflichten seit Erlass der Datenschutz-Grundverordnung in die Datenschutzerklärung gehören, haben wir Ihnen bereits im Rahmen des E-Mail-Marketings erläutert (siehe Kapitel 3) und möchten an dieser Stelle darauf verweisen. Bei der Formulierung der Datenschutzerklärung für eine App sollten Sie daher darauf achten, dass die Erklärung so formuliert wird, dass der App-Nutzer umfassend darüber informiert wird, welche personenbezogenen Daten die App von ihm wie und wozu erhebt, was danach mit den Daten geschieht und welche Rechte der betroffene App-Nutzer hat.

In der Praxis sollte eine Datenschutzerklärung deshalb zumindest die folgenden Fragen beantworten:

▶ Welche Arten von personenbezogenen Daten werden erhoben?

▶ Sind gegebenenfalls Zugriffsrechte erforderlich?

▶ Zu welchem Zweck werden die Daten erhoben?

▶ Auf welcher rechtlichen Grundlage erfolgt die Datenverarbeitung?

▶ Wie lange werden die Daten gespeichert, und unter welchen Umständen werden sie wieder gelöscht?

▶ Wird das Nutzerverhalten ausgewertet?

▶ Werden Daten an Dritte übermittelt?

▶ Wie kann der App-Nutzer Sie kontaktieren?

▶ Wie kann der App-Nutzer der Datennutzung widersprechen?

▶ Welche Konsequenzen hat ein Widerspruch auf die bis dahin rechtmäßig durchgeführte Datenverarbeitung?

5.4   Welche datenschutzrechtlichen Rahmenbedingungen gelten bei der Verwendung von Apps?

5

Der Text der Datenschutzerklärung muss dem Betroffenen gemäß Art. 12 Abs. 1 DSGVO in einer präzisen, transparenten, verständlichen und leicht zugänglichen Form in einer klaren und einfachen Sprache übermittelt werden. Das wird erreicht, indem der Text verständlich und in deutscher Sprache verfasst wird und indem nach Möglichkeit auf allzu komplizierte juristische Fachsprache verzichtet wird.

Formale Anforderungen

Neben den inhaltlichen Anforderungen enthält Art. 12 Abs. 1 DSGVO auch Normierungen zur Form der Datenschutzerklärung. Diese muss schriftlich oder in anderer Form erfolgen, gegebenenfalls auch elektronisch. Sofern der Betroffene dies wünscht, können die Datenschutzinformationen unter bestimmten Umständen auch mündlich erteilt werden.

Gestalterische Anforderungen in einer App

Neben den Inhalten ist auch die optische Darstellung der Datenschutzhinweise in einer App wichtig.

Praxistipp: Nutzer frühzeitig informieren

Denken Sie daran, dass je nach Ausgestaltung Ihrer App schon bei der Installation durch den Nutzer Daten erfasst und Freigaben benötigt werden. Um hier rechtlich auf der sicheren Seite zu sein, sollten Sie sicherstellen, dass der Nutzer möglichst frühzeitig, also schon vor dem eigentlichen Download, über die Erhebung und Nutzung seiner Daten informiert wird.

Für Nutzer ist es meist sehr mühsam, sich gerade auf recht kleinen Displays von Smartphones durch seitenlange Erklärungstexte zu scrollen. Daher sollten Sie bei der formalen Gestaltung auf diese besondere Gegebenheit Rücksicht nehmen: Achten Sie darauf, dass die Datenschutzerklärung gut lesbar ist, indem Sie insbesondere Schriftgröße und Darstellung an die kleinere Displaygröße anpassen.

Achtung: Lesbarkeit sicherstellen!

Zur erleichterten Lesbarkeit bietet es sich an, zum einen mit Überschriften zu arbeiten und zum anderen eine Funktion einzubauen, bei der sich der Text bei einem Klick auf- bzw. zuklappt.

Weiter muss der Nutzer seine Einwilligung zu der dort beschriebenen Datennutzung ausdrücklich erklären, und diese Erklärung muss von Ihnen auch protokolliert werden. Das heißt, der Nutzer muss am besten per Opt-in-Verfahren zustimmen.

Technische Vorgaben

Die Konzepte des Datenschutzes durch technische Gestaltung (*Privacy by Design*) sowie durch besondere Voreinstellungen (*Privacy by Default*) spielen insbesondere im Rahmen des App-Marketings eine wichtige Rolle und sollten daher von Ihnen als App-Anbieter bzw. von Ihren Entwicklern bereits in der Entwicklungsphase beachtet werden. Hinter den in Art. 24 und 25 DSGVO normierten Grundsätzen steht der Gedanke, dass sich Datenschutz am besten umsetzen lässt, wenn Sie die datenschutzrechtlichen Anforderungen möglichst frühzeitig berücksichtigen und in die Planung Ihrer App integrieren. Nach den in Art. 25 DSGVO normierten Grundsätzen müssen Sie geeignete technische und organisatorische Maßnahmen treffen, um Datenschutz und Datensicherheit in Ihrem Unternehmen zu gewährleisten und so die Rechte der betroffenen Personen schützen.

> **Hinweis**
>
> Die technischen Anforderungen kann natürlich nur derjenige umsetzen, der auch die rechtlichen Anforderungen kennt. Aus diesem Grund sollten Sie sich zunächst mit den bereits erläuterten gesetzlichen Grundlagen der Datenverarbeitung eingehend auseinandersetzen, um auch die richtigen Maßnahmen ergreifen zu können.

Die einst proaktiven Ansätze *Privacy by Design* und *Privacy by Default* sind demnach inzwischen ausdrücklicher Bestandteil der europäischen Datenschutz-Grundverordnung geworden. Außerdem sind sie in der Praxis auf Dauer auch deutlich ressourcengünstiger.

Privacy by Design basiert auf dem Gedanken, dass sich Datenschutz dann am besten realisieren lässt, wenn er bereits technisch in die Erarbeitung eines Datenverarbeitungsvorgangs integriert wird. IT-Systeme sollen also schon datenschutzkonform konzipiert werden.

> **Praxisbeispiel: Privacy by Design in der App-Entwicklung**
>
> Eine App sollte so konzipiert sein, dass sie standardmäßig nur solche Daten verarbeitet, die für die Basisfunktionalität erforderlich sind.

Privacy by Default soll dagegen nach der Entwicklung eines IT-Systems zum Einsatz kommen, indem die Werkseinstellungen datenschutzfreundlich ausgestaltet werden. Dazu sollen die Voreinstellungen derart gesetzt werden, dass nur solche personenbezogenen Daten verarbeitet werden, die auch für den zuvor festgelegten Verarbeitungszweck erforderlich sind.

Hinweis

Der Europäische Rat hat Anfang Mai 2018 an dieser Stelle eine Änderung im sogenannten *Corrigendum* vorgenommen (abrufbar unter *http://data.consilium.euro-
pa.eu/doc/document/ST-8088-2018-INIT/en/pdf*). Zuvor lautete das Gesetz noch wie
folgt: »Der Verantwortliche trifft geeignete technische und organisatorische Maßnahmen, die sicherstellen, dass durch Voreinstellung grundsätzlich nur personenbezogene Daten, deren Verarbeitung für den jeweiligen bestimmten Verarbeitungszweck
erforderlich ist, verarbeitet werden«. Mit dieser Korrekturmitteilung hat der Europäische Rat das Wort »grundsätzlich« aus Art. 25 Abs. 1 DSGVO entfernt. Damit wird
deutlich, dass es keine Ausnahmen von diesem Grundsatz geben soll. Denn das Wort
»grundsätzlich« wird in der juristischen Sprache nur dann verwendet, wenn es auch
eine Ausnahme von dem normierten Grundsatz geben soll. Diese ist jedoch offensichtlich nicht mehr erwünscht.

Der Sinn dieses Grundsatzes ist es, weniger technikaffinen Nutzern auch dann ein
hohes Datenschutzniveau zu garantieren, wenn sie nicht in der Lage sind, diese Einstellungen selbst vorzunehmen.

Im Ergebnis sollten App-Anbieter und App-Entwickler, die Apps in Deutschland bzw.
in der EU vertreiben wollen, bereits in der Entstehungs- und Entwicklungsphase die
datenschutzrechtlichen Vorgaben kennen und durch datenschutzgerechte Gestaltung sowie datenschutzfreundliche Voreinstellungen dafür sorgen, dass die App später ohne datenschutzrechtliche Mängel angeboten werden kann.

Diesen Anforderungen werden Sie beispielsweise beim Entwerfen einer zur Datenverarbeitung erforderlichen Einwilligung gerecht, indem Sie die informierte Einwilligung, die eine bewusste und eindeutige Erklärung voraussetzt, durch ein Opt-in-Verfahren und die Protokollierung des Vorgangs einholen. Auch sollten Sie je nach
Angebot darüber nachdenken, ob sich nicht die Erstellung von Nutzerkonten anbietet, über die die Nutzer (beispielsweise in den Einstellungen) die Einwilligung widerrufen können, die sie früher einmal zu Werbezwecken erteilt hatten.

An dieser Stelle könnten Sie auch Vorbereitungen für den Fall treffen, dass Nutzer
ihre Auskunftsansprüche geltend machen. So können Sie die Rechte auf Auskunft,
Löschung oder Berichtigung beispielsweise nutzerfreundlich und rechtskonform
durch vorbereitete Formulare umsetzen, die der Nutzer herunterladen und in die er
seine persönlichen Daten eintragen kann.

Weiterhin sollten Sie bedenken, dass Sie gewisse Informationspflichten auch schon
vor dem Download der App im Store abrufbar halten müssen. Dazu gehört neben
den Nutzungsbedingungen oder AGB auch die Datenschutzerklärung.

Auch sollten Sie technische Voreinstellungen dergestalt vornehmen, dass sich die Datenerhebung und -verwertung auf das zur Erreichung des Zwecks erforderliche Maß beschränkt und so nicht gegen die datenschutzrechtlichen Grundprinzipien verstößt. So sollte in den Fällen, in denen eine Einwilligung zur Datenerhebung erforderlich ist, diese auch erst dann beginnen, wenn der Nutzer seine Einwilligung tatsächlich erteilt hat.

Hinweis

Dies waren nur ein paar Beispiele, die jedoch keinesfalls abschließend sind. Denn welche Maßnahmen konkret für Ihre App erforderlich sind, hängt vom Einzelfall ab.

Als Beispiel einer technischen und organisatorischen Maßnahme nennt Art. 25 Abs. 1 DSGVO die Pseudonymisierung, die in Art. 4 Nr. 5 DSGVO definiert wird. Weitere Hinweise bietet sonst nur Erwägungsgrund 78 S. 3 zur Datenschutz-Grundverordnung: »Solche Maßnahmen könnten unter anderem darin bestehen, dass die Verarbeitung personenbezogener Daten minimiert wird, personenbezogene Daten so schnell wie möglich pseudonymisiert werden, Transparenz in Bezug auf die Funktionen und die Verarbeitung personenbezogener Daten hergestellt wird, der betroffenen Person ermöglicht wird, die Verarbeitung personenbezogener Daten zu überwachen, und der Verantwortliche in die Lage versetzt wird, Sicherheitsfunktionen zu schaffen und zu verbessern.«

Allgemein sind bei der Wahl der technischen und organisatorischen Maßnahmen gemäß Art. 25 Abs. 1 DSGVO folgende Aspekte zu berücksichtigen:

- ▶ Stand der Technik
- ▶ Implementierungskosten
- ▶ Art der Verarbeitung
- ▶ Umfang der Verarbeitung
- ▶ Umstände der Verarbeitung
- ▶ Zwecke der Verarbeitung
- ▶ Eintrittswahrscheinlichkeit und Schwere der mit der Verarbeitung verbundenen Risiken für die Rechte und Freiheiten natürlicher Personen

Hinweis

Das Bundesministerium der Justiz und für Verbraucherschutz hat im Frühjahr 2017 mit »*Verbraucherfreundliche Best-Practice bei Apps*« eine »*Orientierungshilfe für die Praxis*« veröffentlicht, die Sie über *http://wbs.is/rom8* abrufen können – sie ist sicher einen Blick wert!

Einbindung der Datenschutzerklärung

Was die Platzierung der Datenschutzerklärung betrifft, so stehen Sie vor der Frage, wo und wie diese in die App einzubinden ist. Nach den gesetzlichen Vorgaben müssen Sie nämlich dafür Sorge tragen, dass die Datenschutzerklärung jederzeit und ohne großen Suchaufwand abgerufen werden kann. Doch was bedeutet dies konkret?

Die gängigen App-Stores sehen die Einbindung eines Links zur Datenschutzerklärung ausdrücklich vor. Als Anbieter sollten Sie von solch einer Möglichkeit auch Gebrauch machen. Ein entsprechender Link sollte in Menüs integriert werden und einfach erkennbar und schnell erreichbar sein.

Als Bezeichnungen kommen dabei Begriffe wie »Datenschutzerklärung«, »Datenschutzhinweis« oder einfach »Datenschutz« in Betracht. In jedem Fall sollte aber sofort erkennbar sein, wo sich die Datenschutzhinweise befinden, weshalb es nicht ausreicht, diese versteckt in den Allgemeinen Geschäftsbedingungen zu platzieren.

> **Achtung: Die Datenschutzerklärung der Website reicht nicht immer aus!**
>
> Ein Hinweis bzw. Link auf die Datenschutzerklärung auf der eigenen Website ist nicht immer ausreichend, da eine App möglicherweise völlig andere Daten als eine Website erhebt. Auch eine Übernahme der Erklärung in der App wird den rechtlichen Anforderungen nicht gerecht. Eine Ausnahme gilt nur dann, wenn Sie auf Ihrer Internetseite im Rahmen der Datenschutzerklärung auf die einzelnen von Ihnen genutzten mobilen Anwendungen getrennt eingehen.

5.4.8   Das Impressum

Neben der Datenschutzerklärung sind Sie auch dazu verpflichtet, ein Impressum bereitzustellen. Der Zweck eines Impressums ist es, dass ein Nutzer der App Sie als Verantwortlichen schnell und unkompliziert ausfindig machen kann.

> **Achtung: Abrufbarkeit schon vor dem Download**
>
> Das Impressum muss für den Nutzer bereits vor dem Download aufrufbar sein, da andernfalls ein Verstoß gegen die gesetzlichen Vorgaben vorliegt, der zur Abmahnung führen kann.

Inhalt des Impressums

In der Folge stellt sich nun die Frage, welche Bestandteile das Impressum mindestens enthalten muss. Da die Pflichtangaben für alle Internetangebote gleichermaßen gelten, bestehen für Apps keine anderen Anforderungen als für Websites oder Facebook-Auftritte. Wie ein Impressum aussieht, das den rechtlichen Anforderungen genügt, sehen Sie in Abbildung 5.14. Eine App-spezifische Ausgestaltung wie beim Datenschutzhinweis gibt es beim Impressum demnach nicht.

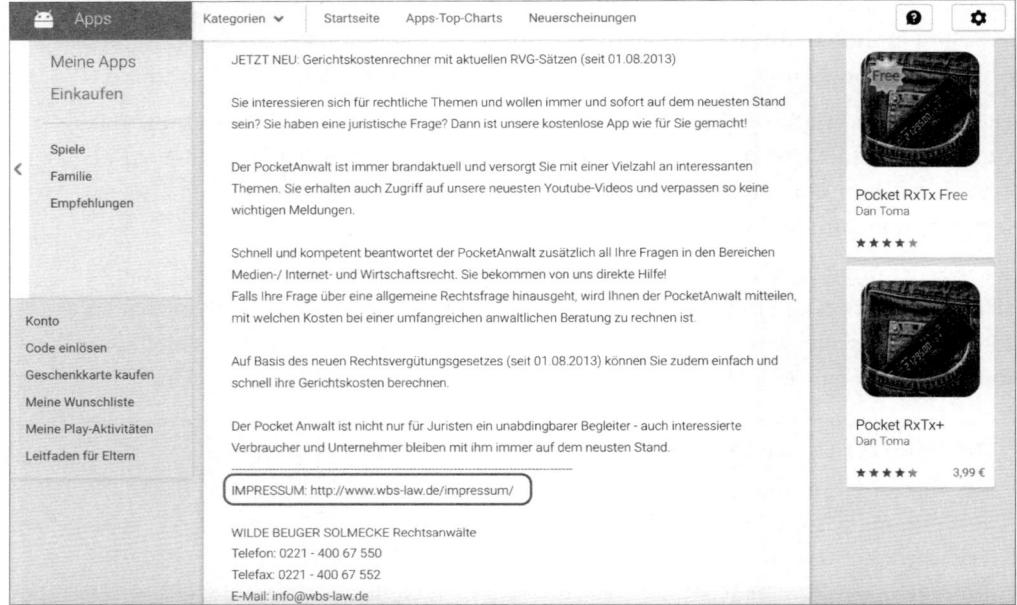

Abbildung 5.14 Beispiel für die Gestaltung eines Impressums in einer App

Da man das Impressum auch »Anbieterkennzeichnung« nennt, muss es grundsätzlich folgende Anbieterdaten enthalten:

- Name und Anschrift des Unternehmens
- Rechtsform bei juristischen Personen und deren vertretungsberechtigte Personen
- E-Mail-Adresse und Telefonnummer
- gegebenenfalls Angaben zur ständigen Aufsichtsbehörde
- gegebenenfalls Angaben zum Handelsregister und ähnlichen Registern sowie die entsprechende Registernummer
- Angabe der Umsatzsteueridentifikationsnummer

Für Apps, über die direkt Produkte und Dienstleistungen erworben werden können, gelten darüber hinaus seit einiger Zeit weitere Informationspflichten, die Sie im Impressum umsetzen müssen, sofern Sie davon betroffen sind. Dazu gehören einerseits der Hinweis auf die EU-Online-Streitbeilegungsplattform und andererseits der Hinweis auf die (Nicht-)Teilnahme an Streitbeilegungsverfahren vor einer Verbraucherschlichtungsstelle (siehe Abschnitt 3.4.6).

> **Hinweis**
>
> Wenn Sie sich nicht sicher sind, was alles in Ihr Impressum gehört, so können Sie sich auch des Rechtstexters bedienen, den die Rechtsanwaltskanzlei »Wilde Beuger Solmecke« in Kooperation mit »Trusted Shops« entwickelt und auf der Webseite *http://wbs.is/romrechtstexter* online gestellt hat.

Platzierung

Darüber hinaus hat der Gesetzgeber auch klare Vorstellungen darüber, wo das Impressum hingehört und wie es zu erreichen ist. Die Informationen müssen

- ▶ leicht erkennbar,
- ▶ unmittelbar erreichbar sowie
- ▶ ständig verfügbar gehalten werden.

Die leichte Erkennbarkeit wird dadurch gewährleistet, dass ein durchschnittlich informierter und aufmerksamer Nutzer den Link zum Impressum ohne Weiteres wahrnehmen kann und auch damit rechnet, an der platzierten Stelle ein Impressum zu finden.

> **Praxisbeispiel: Leichte Erkennbarkeit durch Link zum Impressum**
>
> Eine leichte Erkennbarkeit des Links wurde bereits dort bejaht, wo sich ein solches unter der Website-Rubrik IMPRESSUM, KONTAKT oder ÜBER UNS befand. Anders hingegen wurde eine Platzierung unter Rubriken wie INFO, BACKSTAGE oder einfach unter dem nicht näher bezeichneten Symbol »▶« beurteilt. Daneben ist es auch unzulässig, sein Impressum in den Allgemeinen Geschäftsbedingungen zu »verstecken« oder Schaltflächen wie MEHR oder WEITER zu verwenden, bei denen das Impressum erst nach dem Anklicken als weiterer Menüpunkt angezeigt wird.

Die weiterhin geforderte »unmittelbare Erreichbarkeit« ist gewährleistet, wenn die Informationen ohne wesentliche Zwischenschritte abgerufen werden können. Der BGH (Urteil vom 20.07.2006, Az. I ZR 228/03) geht vom Vorliegen dieser Voraussetzung aus, wenn das Impressum über zwei Klicks erreicht werden kann.

Darüber hinaus soll das Impressum in der App auch ständig verfügbar sein. Dies erfordert, dass das Impressum für die Dauer, zu der die App angeboten wird, jederzeit abrufbar ist. Dies bedeutet, dass das Impressum einen festen Platz innerhalb der App haben muss. Es reicht somit nicht aus, wenn das Impressum immer nur dann angezeigt wird, wenn der Nutzer online ist.

Konsequenzen eines Verstoßes gegen die Impressumspflicht

Ein Verstoß gegen die Impressumspflicht kann zu einer Abmahnung oder sogar zu einer Klage beispielsweise durch Mitbewerber führen, da der Gesetzgeber eine Impressumspflicht vorsieht und Sie, indem Sie diese Pflicht nicht erfüllen, gegen eine gesetzliche Vorschrift verstoßen, die gerade dazu gedacht ist, im Interesse der Marktteilnehmer das Marktverhalten zu regeln.

Während die Kosten für eine Abmahnung mit wenigen Hundert Euro wohl noch recht überschaubar sein werden, müssen Sie vonseiten der App-Stores mit deutlich gravierenderen Konsequenzen rechnen. Denn wenn die App einmal eingestellt wurde, kann die Vornahme von Nachbesserungen dazu führen, dass je nach Store die App der erneuten Überprüfung unterzogen wird und nun unter Umständen aus anderen Gründen nicht noch einmal zugelassen wird – dann hätten Sie die Gelder, die Sie in die Entwicklung und Vermarktung der App gesteckt haben, völlig nutzlos aufgewandt!

Hinweis: Rechtsbeistand sinnvoll

Um ein rechtskonformes Impressum bereitstellen zu können, kann für Unerfahrene angesichts der komplizierten rechtlichen Lage die Hinzuziehung eines Rechtsanwalts durchaus sinnvoll sein.

5.4.9   Konsequenzen für den Umgang mit dem Datenschutzrecht in der Praxis

Als Leitlinie für die tägliche Praxis können wir Ihnen empfehlen, Ihre App möglichst an den von den Datenschutzbehörden aufgestellten Anforderungen auszurichten. Denn die behördlichen Rechtsauffassungen sind einerseits angesichts der im Datenschutzbereich kaum vorhandenen Rechtsprechung und andererseits aufgrund der Veränderungen durch die europäische Datenschutz-Grundverordnung von besonders hoher Bedeutung. Auch überwachen und kontrollieren letztlich die Datenschutzbehörden, ob datenschutzrechtliche Vorschriften befolgt werden, und sind für Sie in Zweifelsfällen daher vorrangiger Ansprechpartner.

Hinweis: Ihre Datenschutzbehörde

Die für Sie zuständige Datenschutzbehörde bestimmt sich nach dem Bundesland, in dem Sie Ihren Unternehmenssitz haben. Die zuständigen Datenschutzbehörden sind:

► **Baden-Württemberg** – Landesbeauftragter für den Datenschutz: *https://www.baden-wuerttemberg.datenschutz.de*
► **Bayern** – Bayerisches Landesamt für Datenschutzaufsicht: *https://www.lda.bayern.de*

▶ **Berlin** – Berliner Beauftragter für Datenschutz und Informationsfreiheit: *https://www.datenschutz-berlin.de*

▶ **Brandenburg** – Die Landesbeauftragte für den Datenschutz und das Recht auf Akteneinsicht Brandenburg: *http://www.lda.brandenburg.de*

▶ **Bremen** – Die Landesbeauftragte für Datenschutz und Informationsfreiheit Bremen: *https://www.datenschutz.bremen.de*

▶ **Hamburg** – Der Hamburgische Beauftragte für Datenschutz und Informationsfreiheit: *https://www.datenschutz-hamburg.de*

▶ **Hessen** – Der Hessische Datenschutzbeauftragte: *https://www.datenschutz.hessen.de*

▶ **Mecklenburg-Vorpommern** – Der Landesbeauftragte für Datenschutz und Informationsfreiheit Mecklenburg-Vorpommern: *https://www.lfd.m-v.de*

▶ **Niedersachsen** – Der Landesbeauftragte für den Datenschutz Niedersachsen: *https://www.lfd.niedersachsen.de*

▶ **Nordrhein-Westfalen** – Der Landesbeauftragte für Datenschutz und Informationsfreiheit Nordrhein-Westfalen: *https://www.ldi.nrw.de*

▶ **Rheinland-Pfalz** – Der Landesbeauftragte für den Datenschutz Rheinland-Pfalz: *https://www.datenschutz.rlp.de*

▶ **Saarland** – Die Landesbeauftragte für Datenschutz und Informationsfreiheit Saarland: *https://datenschutz.saarland.de*

▶ **Sachsen** – Der Sächsische Datenschutzbeauftragte: *https://www.saechsdsb.de*

▶ **Sachsen-Anhalt** – Der Landesbeauftragte für den Datenschutz Sachsen-Anhalt: *https://datenschutz.sachsen-anhalt.de*

▶ **Schleswig-Holstein** – Unabhängiges Landeszentrum für Datenschutz Schleswig-Holstein: *https://www.datenschutzzentrum.de*

▶ **Thüringen** – Der Landesbeauftragte für den Datenschutz Thüringen: *https://www.tlfdi.de*

Der **Bundesbeauftragte für den Datenschutz** ist grundsätzlich nur für die Überwachung von öffentlichen Stellen (Behörden) des Bundes und für Telekommunikationsunternehmen zuständig und kann unter *https://www.bfdi.bund.de/DE/BfDI/DieBfDI/bfdi-node.html* erreicht werden. Für Sie wird er jedoch nur in Ausnahmefällen der richtige Ansprechpartner sein.

Andere, rechtlich unsichere Lösungswege sollten nur ausnahmsweise und unter Einbeziehung des (Kosten-)Risikos, vor allem im Hinblick auf mögliche Bußgelder, erwogen und umgesetzt werden. Dabei kann ein im Medienrecht spezialisierter Rechtsbeistand eine sinnvolle Hilfestellung bieten.

5.5   Vermarktung der App mit gefälschten Bewertungen?

Auf eines sind alle App-Anbieter angewiesen, um sich erfolgreich auf dem App-Markt etablieren zu können: Nutzerbewertungen. Dafür sehen die einzelnen Stores Bewertungssysteme meist in Form von Sternen vor, die zusätzlich mit einem Kommentar versehen werden können. Wie ein solches Bewertungssystem in der Praxis häufig aussieht, können Sie Abbildung 5.15 entnehmen: Aus den vorhandenen Bewertungen wird ein Durchschnittswert ermittelt, der den Nutzern schon bei der Suche nach der App angezeigt wird.

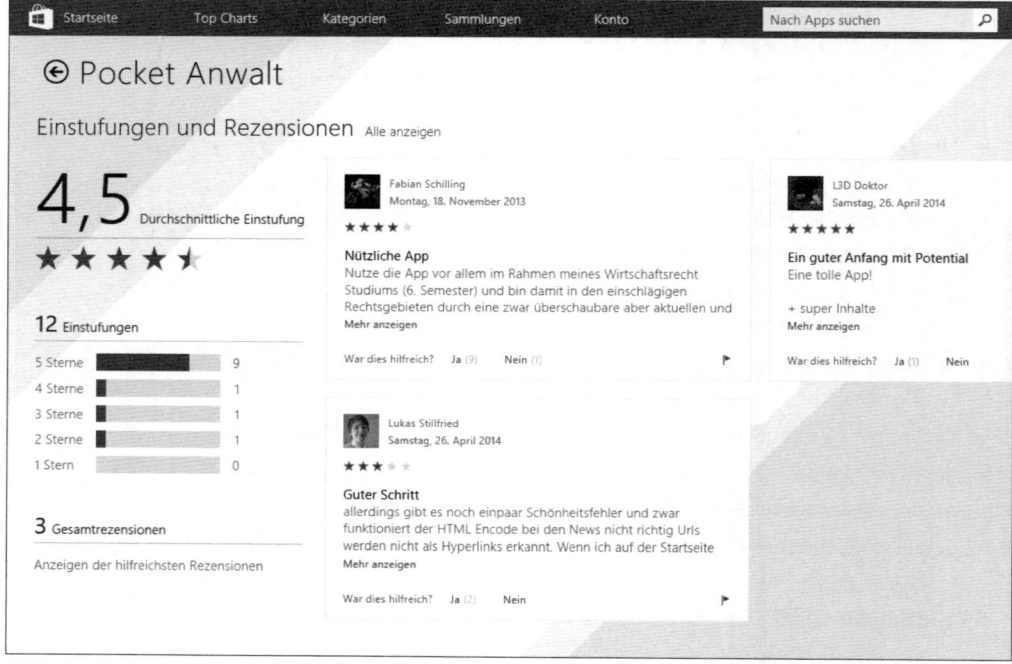

Abbildung 5.15 Beispiel für ein Nutzerbewertungssystem von Apps

Doch was Sie bereits von anderen Internetplattformen wie Onlineshops her kennen, hat auch vor dem App-Markt keinen Halt gemacht: das Fälschen von Nutzerbewertungen. Es gehört traurigerweise zu den am häufigsten eingesetzten Methoden beim App-Marketing, denn gerade kostenpflichtige Apps sind auf gute Bewertungen angewiesen, um ihren Absatz steigern zu können. Aus diesem Grund gibt es bereits Anbieter, die sich auf den Verkauf gefälschter Bewertungen spezialisiert haben – und über mangelnde Nachfrage müssen sich diese »Geschäftsleute« leider keine Gedanken machen.

Das Fälschen von Nutzerbewertungen betrifft dabei sowohl die überaus gute Bewertung der eigenen App als auch die schlechte Bewertung von Konkurrenzangeboten.

Was in der Praxis leicht umzusetzen ist, ist rechtlich jedoch hoch problematisch. Denn die Grenze zur Rechtswidrigkeit ist schnell überschritten, und es bedarf daher genauer Differenzierung. Wer subtil vorgeht, wird zwar womöglich in einer Vielzahl von Fällen gar nicht auffallen, doch andernfalls sind die drohenden Konsequenzen nicht zu unterschätzen.

5.5.1   Positive Bewertung der eigenen App

Widmen wir uns zunächst der Steigerung positiver Bewertungen der eigenen App: Hier könnte man als cleverer Geschäftsmann daran denken, die eigene Zielgruppe zur Abgabe einer positiven Bewertung zu animieren. In Betracht kommt dabei eine Belohnung der eigenen Nutzer für eine positive Bewertung der App. Dies ist zum Beispiel in Form von Warengutscheinen für den Onlineshop des Unternehmens denkbar. Grundsätzlich spricht nichts dagegen, den Kunden um die Abgabe einer Bewertung zu bitten.

> **Hinweis: Aufforderung zur Bewertung nur mit Einwilligung**
>
> Die in der Praxis relevanteste Möglichkeit, den Kunden um eine Bewertung zu bitten, ist wohl, ihm eine E-Mail zuzusenden. Denken Sie hier aber unbedingt an das Einwilligungserfordernis.

Darüber hinaus kommen Unternehmen auch schon mal auf die Idee, Mitarbeiter für das Schreiben von Nutzerbewertungen zu bezahlen.

> **Praxisbeispiel: Hotelbuchungsportal HRS**
>
> Im Sommer 2014 wurde dem Hotelbuchungsportal HRS vorgeworfen, Studenten für den Test und die anschließende positive Rezension der HRS-App mit 3,20 € pro Bewertung zu bezahlen. Schaut man sich nun die Bewertungen an, so kann die App im Schnitt vier von fünf Sternen verzeichnen.

Doch was womöglich verlockend klingt, verstößt gegen das Wettbewerbsrecht. Denn ein Verbraucher muss immer erkennen können, ob eine Bewertung aus freien Motiven heraus erfolgt oder unerlaubterweise durch ein Unternehmen beeinflusst worden ist. Bei gefälschten Nutzerbewertungen wird die Objektivität der Bewertungen widerrechtlich gegen Zahlung von Geld beeinflusst. Dies stellt eine Form der unzulässigen Schleichwerbung dar, bei der der Werbecharakter einer Geschäftshandlung bewusst verschleiert wird. Gerade im Bereich des Internets legt der Gesetzgeber besonderen Wert darauf, dass Werbung auch als solche gekennzeichnet wird.

Darüber hinaus handelt es sich auch um eine Form der wettbewerbsrechtlich ebenfalls unzulässigen irreführenden Werbung. Hierbei werden durch den Anbieter selbst unwahre und zur Täuschung geeignete Angaben gemacht, die dazu dienen, dem Verbraucher ein verzerrtes und übertrieben positives Bild der App vorzuspiegeln, das nicht der Realität entspricht. Der Nutzer wird also durch dieses Vorgehen getäuscht und in die Irre geführt.

Hinweis: Beweislast liegt beim Nutzer

Wird Ihnen ein solches rechtswidriges Verhalten vorgeworfen, so muss Ihnen auch nachgewiesen werden, dass es sich tatsächlich um gefälschte Nutzerbewertungen handelt. In der Praxis ist dieser Nachweis allerdings äußerst schwierig und wird in der Regel daher von den App-Anbietern nicht als ernst zu nehmende Gefahr angesehen.

5.5.2 Negative Bewertung von Konkurrenz-Apps

Eine andere Art, die eigene App zu fördern, besteht darin, Konkurrenz-Apps durch negative Bewertungen für die gemeinsame Zielgruppe unattraktiv zu machen. Dies ist für die betroffenen Unternehmen besonders ärgerlich, da die Bewertungen unmittelbar Einfluss auf den Absatz der App und das Ansehen des Unternehmens bei potenziellen Kunden haben. Aus diesem Grund unternehmen viele Betroffene große Anstrengungen, um gegen eine solche Art der Bewertung vorzugehen. Doch nicht jede negative Bewertung eines Konkurrenten ist rechtswidrig. So muss man zwischen berechtigten und unberechtigten negativen Bewertungen unterscheiden. Denn grundsätzlich muss jeder Anbieter einer App hinnehmen, auch von Konkurrenten oder deren Angestellten kritisch und auch negativ beurteilt zu werden. Entscheidend ist dabei, dass das Gebot der Sachlichkeit gewahrt bleibt.

Berechtigte negative Bewertungen

Hat eine App tatsächlich Schwächen, so können diese im Rahmen des rechtlich Erlaubten auch von Konkurrenten bemängelt werden. Es besteht also kein grundsätzlicher Anspruch darauf, nicht von Konkurrenten negativ bewertet zu werden. Jedoch unterliegt auch die Bewertung durch Mitbewerber Grenzen. Diese ergeben sich einerseits aus den allgemeinen Schranken der Meinungsfreiheit und andererseits aus den Regelungen des Wettbewerbsrechts.

So verstößt eine negative Bewertung dann gegen das Wettbewerbsrecht, wenn der Mitbewerber abfällige Tatsachenbehauptungen oder Werturteile über eine Konkurrenz-App äußert, obwohl dafür keine tatsächliche Grundlage vorliegt.

In der Praxis besteht die Schwierigkeit jedoch besonders darin, zu beurteilen, welche Äußerung tatsächlich eine Herabsetzung darstellt und wann der Anbieter der App damit leben muss, dass seine App zu Recht nicht ausschließlich positive Bewertungen verzeichnen kann. Zu beachten ist jedoch, dass bei Bewertungen von Konkurrenten der Maßstab zur Beurteilung strenger angelegt wird als bei Privatpersonen, da die Konkurrenten in aller Regel in Wettbewerbsabsicht handeln, wenn sie Produkte von Mitbewerbern bewerten. Schließlich haben sie, anders als Privatpersonen, in der Regel kein Interesse an konstruktiver Kritik, die der Verbesserung des Konkurrenzprodukts dient.

Eine abfällige Bewertung ist nicht von der Meinungsfreiheit des Bewertenden gedeckt, wenn diese eine pauschale Abwertung ohne einen sachlichen Grund darstellt. Aber auch in den Fällen, in denen die Kritik objektiv gerechtfertigt und wahr ist, muss man bei ihrer Formulierung achtgeben. So sind Bewertungen, die allein der Diffamierung dienen oder Beleidigungen enthalten, nicht zulässig.

Praxisbeispiel: Unzulässige Herabsetzungen

Eine App als »letzten Scheiß« oder »absoluten Mist« zu bewerten, dient allein ihrer Herabsetzung und ist damit unzulässig.

Dies bedeutet jedoch nicht, dass abwertende Bezeichnungen generell unzulässig sind. Sie sind erlaubt, wenn sie eine sachbezogene Aussage enthalten. Zu beachten ist stets, dass negative Bewertungen potenzielle Interessenten der App von einem Download abhalten können und daher nur in Maßen eingesetzt werden dürfen.

Unberechtigte negative Bewertungen

Bewertet der Konkurrent eine App zu Unrecht negativ und stützt er sich dabei auch noch bewusst auf nicht erweislich wahre Tatsachenbehauptungen, so verstößt er in jedem Fall gegen das Wettbewerbsrecht, wenn diese Äußerungen geeignet sind, den Betrieb des Konkurrenzanbieters zu schädigen. Eine Tatsachenbehauptung unterscheidet sich von einem Werturteil dadurch, dass ihr Wahrheitsgehalt grundsätzlich beweisbar ist. Es muss sich also um die Behauptung eines Umstandes und nicht bloß um eine persönliche Empfindung handeln. Ob nun eine Tatsachenbehauptung oder ein Werturteil vorliegt, lässt sich der Formulierung des Bewertenden entnehmen.

Praxisbeispiel: Werturteil und Tatsachenbehauptung

Bewertungen, die mit »Ich finde, die App ...« oder »Meiner Meinung nach ist die App ...« formuliert wurden, sind offensichtliche Darstellungen der persönlichen Empfindung des Bewertenden. Auch subjektive Adjektive wie »nützlich« oder »unpraktisch« sind klar von einem eigenen Empfinden des Bewertenden gekennzeichnet und stellen daher Werturteile dar.

Dagegen sind Aussagen wie »Die App funktioniert nicht« oder »Die App hat mein Smartphone beschädigt« beweisbare Behauptungen über Tatsachen.

Entscheidend für die Annahme eines Wettbewerbsverstoßes ist, dass die Aussage nicht nachweisbar wahr ist und beim bewerteten Unternehmen einen Schaden verursachen kann. Darüber hinaus stellt ein solches Verhalten auch eine gezielte Behinderung des Mitbewerbers dar, die ebenfalls wettbewerbsrechtlich nicht zulässig ist.

Da durch die unrechtmäßige negative Bewertung auch das Ansehen und der Ruf des App-Anbieters in ein schlechtes Licht gerückt werden, wird auch der soziale Achtungsanspruch des App-Anbieters verletzt, der Teil des *allgemeinen Persönlichkeitsrechts* des Unternehmens ist.

Was also das bewusste Abgeben negativer Bewertungen ohne sachlichen Grund angeht, so kennt der Gesetzgeber kein Pardon – zahlreiche Rechtsvorschriften werden verletzt und können zu rechtlichen Konsequenzen führen, die mit hohen Kosten verbunden sind.

5.5.3 Konsequenzen unrechtmäßiger Bewertungen

Kein App-Anbieter muss dulden, dass Mitbewerber seine App in unrechtmäßiger Weise negativ bewerten: Außergerichtliche Abmahnungen sowie gerichtliche Unterlassungs-, Beseitigungs- und Schadensersatzklagen stehen ihm als mögliche Abwehrmaßnahmen zur Verfügung. Bekommt das klagende Unternehmen vor Gericht Recht, so muss der Bewertende dann auch die gesamten Kosten des Verfahrens tragen. Auf diese Weise kann der vermeintliche Gewinn durch die Schädigung des Mitbewerbers schnell zu einem eigenen finanziellen Desaster werden. Dieselben Konsequenzen drohen daneben auch App-Anbietern, die ihre eigene App positiv bewerten.

Achtung: Nachweispflicht liegt beim Betroffenen!

Das Problem dabei, die eigenen Ansprüche geltend zu machen, besteht oftmals darin, dass es nur schwer möglich ist, dem Mitbewerber nachzuweisen, dass er die negative Bewertung vorgenommen hat. Denn oftmals werden solche Bewertungen in App-Stores anonym vorgenommen. Ein solcher Nachweis müsste jedoch erbracht werden, um den Rechtsverletzer erfolgreich in Anspruch nehmen zu können.

Wer seine eigene App mit besonders guten Bewertungen schmückt, muss ebenfalls mit Abmahnungen von Verbrauchern oder Mitbewerbern rechnen und damit, dass sie sich beim jeweiligen App-Store beschweren. Denn gefälschte Bewertungen verstoßen zudem auch gegen die Richtlinien der App-Stores, die es sich oftmals vorbehalten, gefälschte Bewertungen zu löschen oder die App sogar ganz aus dem Store zu entfernen.

Praxisbeispiel: App »Better Fonts Free«

Nachdem das Unternehmen Apple bereits mehrfach damit gedroht hatte, hat es seine Drohungen offenbar nun wahr gemacht und damit begonnen, gefälschte Bewertungen aus seinem App Store zu entfernen. Dies bekam vor einiger Zeit auch die heute nicht mehr existierende App »Better Fonts Free« zu spüren, als die Zahl ihrer Bewertungen im amerikanischen Apple App Store über Nacht von mehr als 20.000 auf rund 4.000 gesunken ist. Da Entwickler und Anbieter selbst keine Bewertungen löschen können, muss Apple selbst aktiv geworden sein.

Nehmen App-Entwickler diese Bewertungen vor, so müssen sie auch damit rechnen, aus dem Entwicklerprogramm des jeweiligen Stores ausgeschlossen zu werden. In diesem muss man jedoch Mitglied sein, um seine App dort veröffentlichen zu können.

Daneben sollten App-Anbieter auch bedenken, dass solche Abstrafungen zudem bei ihrer Zielgruppe zu immensen Imageverlusten führen können. Fliegt man also mit gefälschten Bewertungen auf, sind die materiellen und immateriellen Kosten oftmals deutlich höher als der vermeintliche Nutzen, weshalb von solchen Strategien im eigenen Interesse Abstand genommen werden sollte.

5.6   Checkliste App-Marketing: Alles beachtet?

Checkliste

▶ Schriftliche Fixierung des Vertrags zur Entwicklung der App?

▶ Besonders detaillierte Darstellung der Leistungsbeschreibung im Lasten- und Pflichtenheft sowie im Fristenplan?

▶ Vertragliche Vereinbarung des Umfangs der Nutzungsrechte an der App?

▶ Einräumung von Nutzungsrechten an Drittinhalten und Einhaltung der Lizenzvorgaben?

▶ Rechtskonformer Einsatz von Marken?

▶ Verwendung von Daten nach den datenschutzrechtlichen Prinzipien?

▶ Korrekte Datenschutzerklärung?

▶ Rechtskonformes Impressum?

▶ Keine gefälschten Nutzerbewertungen!

Wenn Sie alle Fragen mit »Ja« beantworten können, dann kann es losgehen ...
Viel Erfolg!

Kapitel 6
Video-Marketing

Videos sind die Zukunft des Marketings. Denn sie sind auf dem besten Wege, das Hauptmedium zu werden, das das große Informations- und Unterhaltungsbedürfnis der Nutzer befriedigt. Schon jetzt nutzen weltweit zwei Drittel aller Internetnutzer Videoportale. Dies birgt für Sie unter Marketinggesichtspunkten enormes Potenzial, das Sie nicht ungenutzt lassen sollten. Damit Sie auch dieses Marketinginstrument sicher und rechtskonform einsetzen können, möchten wir Ihnen in diesem Kapitel die wesentlichen rechtlichen Aspekte des Video-Marketings näher erläutern.

Social Media im Allgemeinen ist ein elementarer Bestandteil im Kommunikationsprozess geworden. Derzeit wird so viel Inhalt produziert und konsumiert wie noch nie zuvor. Besonders beliebt ist dabei *User-generated Content*, also von Nutzern selbst erzeugter Inhalt. Er macht nach Angaben der Internetplattform »BusinessWire« etwa ein Drittel des gesamten Medienkonsums aus und ist damit anderen Medienformaten weit voraus (*http://wbs.is/rom99*). Dies zeigt auch die enorme Beliebtheit der Videoplattform YouTube (siehe Abbildung 6.1), die es in 76 Sprachen gibt und die damit 95 % aller Internetnutzer erreicht. Mittlerweile gilt YouTube als zweitgrößte Suchmaschine der Welt.

Das enorme Potenzial des Video-Marketings zeigt auch eine von der Plattform selbst auf ihrer Website veröffentlichte Statistik zur Nutzung von YouTube (*http://wbs.is/rom100*):

- YouTube hat mehr als 1 Milliarde Nutzer.
- Täglich werden auf YouTube Videos mit einer Gesamtdauer von mehreren Hundert Millionen Stunden wiedergegeben und Milliarden Aufrufe generiert.
- Die Anzahl der Stunden, die Nutzer jeden Monat mit dem Schauen von YouTube-Videos verbringen, steigt jährlich um 50 % im Vergleich zum Vorjahr.
- Pro Minute werden 300 Stunden Videomaterial auf YouTube hochgeladen.
- Etwa 60 % der Aufrufe eines Videokünstlers werden außerhalb des Heimatlandes generiert.
- Die Hälfte der Aufrufe wird über Mobilgeräte generiert.

▶ Der über Mobilgeräte generierte Umsatz steigt auf YouTube pro Jahr um über 100 %.

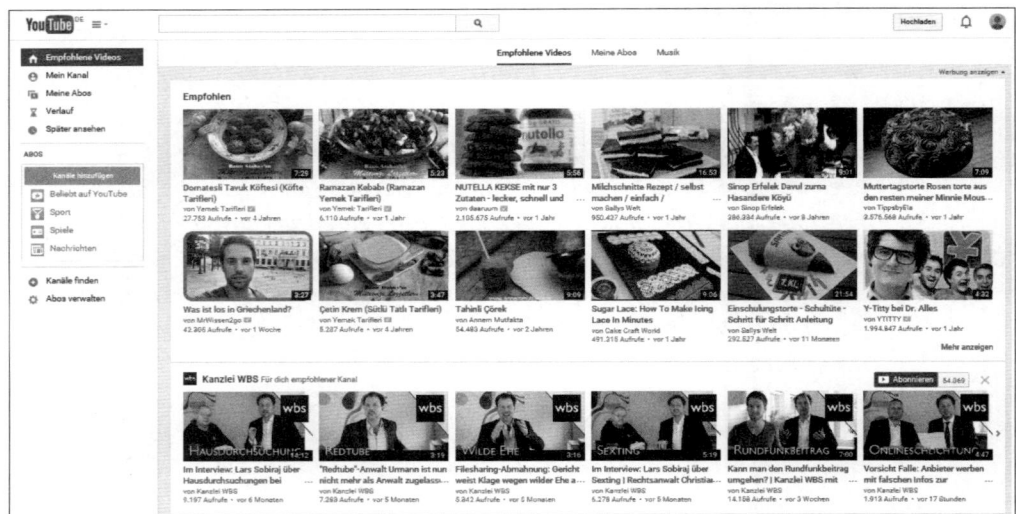

Abbildung 6.1 Startseite von »YouTube«

Für Unternehmen und Start-ups stellen Videos ein wichtiges Werkzeug dar, mit dem sie auf individuelle Art und Weise mit potenziellen Kunden kommunizieren und gleichzeitig ihr Branding stärken können. Dies haben zahlreiche Unternehmen bereits erkannt und setzen daher immer mehr auf dieses Marketinginstrument (siehe Abbildung 6.2).

Das Video-Marketing bietet als neuer Distributionskanal eine Möglichkeit, Botschaften von Unternehmen und sonstige kommerzielle Interessen an die Zielgruppen heranzutragen. Eher noch als Texte mit Bildern haben Videos die Chance, einen viralen Effekt hervorzurufen. Dies ist für Unternehmen aber nicht der einzige Anreiz für den Einsatz von Video-Marketing (siehe Abbildung 6.3).

Ebenso bedeutend wie die Nutzung dieses Marketinginstruments ist die Einhaltung der rechtlichen Rahmenbedingungen. Probleme in Bezug auf das Recht am eigenen Bild und Urheberrechte, insbesondere Musikrechte, sind dabei ebenso wichtige Aspekte des Video-Marketings wie das Verbot der Schleichwerbung bei Videos mit Werbecharakter. Diese und weitere rechtliche Fallstricke im Bereich des Wettbewerbsrechts, des Datenschutzes und der Haftung als Plattformbetreiber möchten wir Ihnen im Folgenden kompakt und leicht verständlich erläutern.

6

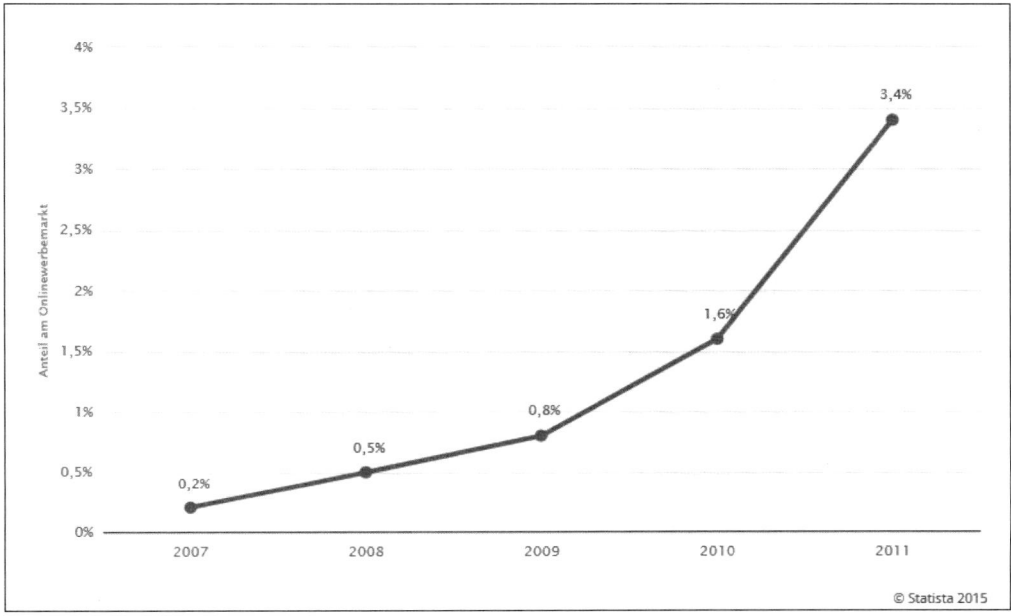

Abbildung 6.2 Diese Statistik zeigt die Entwicklung des Anteils von Video-Marketing an den Gesamtumsätzen im Online-Marketing in Deutschland (Quelle: Statista).

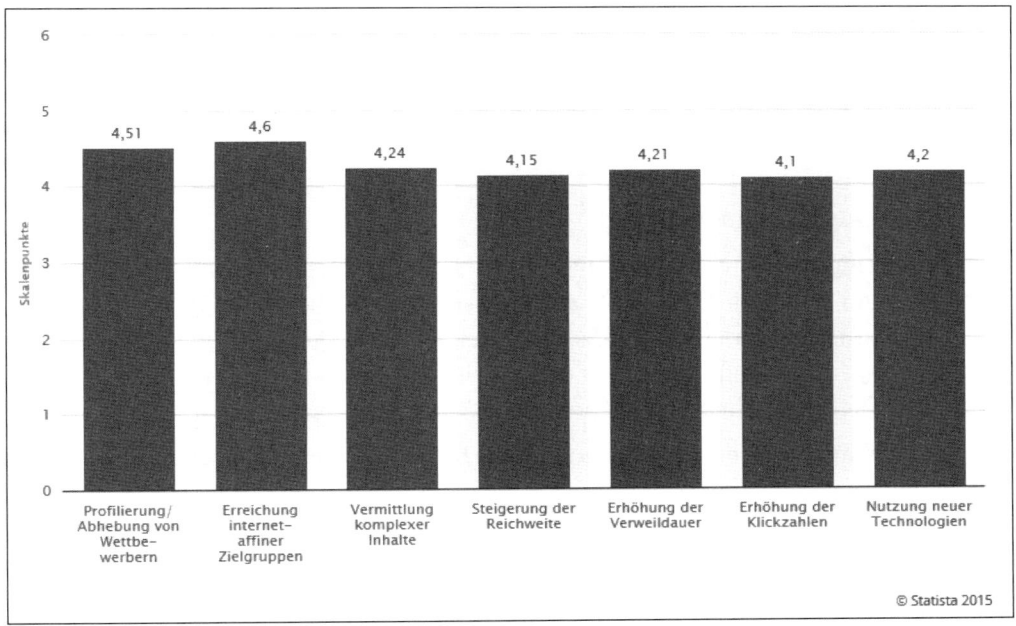

Abbildung 6.3 Bewertung der Motivationsgründe für den Einsatz von Video-Marketing durch Unternehmen (Quelle: Statista).

6.1   Welche Möglichkeiten gibt es bei der Produktion von Videos?

Video-Marketing beginnt natürlich damit, dass Sie erst einmal ein Video benötigen. Dabei haben Sie verschiedene Möglichkeiten:

▶ Sie können das Video selbst produzieren, sofern Sie die technischen Voraussetzungen dafür mitbringen.

▶ Sie können das Video von Agenturen nach Ihren Wünschen herstellen lassen.

▶ Sie können ein fertiges Video aus Stockarchiven einkaufen.

Je nachdem, für welche Variante Sie sich entscheiden, müssen Sie unterschiedliche rechtliche Aspekte speziell im Hinblick auf die Vertragsgestaltung im Blick haben. In diesem Kapitel möchten wir Ihnen einen Überblick verschaffen und Hilfestellungen geben.

6.1.1   Eigenproduktionen

Entscheiden Sie sich für die Nutzung von Video-Marketing, dann brauchen Sie zum Beispiel Darsteller oder Musik. Auch wenn Sie das Video selbst produzieren, müssen Sie zum Beispiel Persönlichkeitsrechte der Darsteller und Rechte an der Musik beachten. Diese Rechte werden wir Ihnen ausführlich in den folgenden Abschnitten erläutern. Ihr Vorteil bei der Eigenproduktion ist, dass Sie der Urheber des Videos sind und demnach die vollumfänglichen Rechte daran haben. Sie können also zum Beispiel selbst frei entscheiden, wie Sie Ihr Video nutzen, wo Sie es veröffentlichen oder ob andere es auch gegen Entgelt oder kostenlos für eigene Zwecke nutzen dürfen. Allerdings ist die Eigenproduktion natürlich sehr zeit- und kostenaufwendig.

6.1.2   Auftragsproduktionen

Die wenigsten Unternehmen, die sich für das Video-Marketing entscheiden, stellen die dafür erforderlichen Inhalte auch selbst her. In der Regel bedienen sie sich dazu spezialisierter Werbe- oder Videoagenturen (siehe Abbildung 6.4), die die Videos in ihrem Auftrag produzieren. Auf diese Weise können Sie die eigenen Produkte und Dienstleistungen optimal und professionell hervorheben.

Die Agentur ist dann von der Entwicklung bis zur Ablieferung des fertigen Videos an dem Prozess verantwortlich beteiligt und gilt somit auch als dessen Urheber. Das bedeutet für Sie, dass Sie, selbst wenn Sie das Video in Auftrag gegeben haben, es nur nutzen dürfen, wenn Sie sich von der Agentur vertraglich die Verwertungs- und Nutzungsrechte an dem Video einräumen lassen. Diese Rechte sollten Sie sich grundsätzlich ausschließlich und zeitlich sowie räumlich unbeschränkt einräumen lassen, damit Sie sich nicht der Gefahr einer Urheberrechtsverletzung aussetzen.

Abbildung 6.4 Startseite der Internetpräsenz der Videoagentur »impulswerk«

> **Hinweis**
>
> Möchten Sie das Video auch in sozialen Netzwerken veröffentlichen, sollten Sie daran denken, sich auch für diese Art der Nutzung die Rechte einräumen zu lassen.

Ebenfalls im Blick haben sollten Sie Rechte Dritter wie Musikrechte oder Persönlichkeitsrechte der Darsteller, auf die wir in Abschnitt 6.2, »Wie beachtet man die Bildrechte der Darsteller?«, zu sprechen kommen. Dahingehend sollten Sie sich in jedem Fall von Ihrer Agentur zusichern lassen, dass diese selbst über alle eingeräumten Rechte verfügt. Hat die Agentur beispielsweise Hintergrundmusik in Ihr Video eingebaut, so sollte sie die dafür erforderlichen Lizenzen beispielsweise bei der GEMA eingeholt haben. Denn veröffentlichen Sie das Video im Anschluss, werden Rechteinhaber sich im Falle vermeintlicher Rechtsverletzungen auch dann an Sie wenden, wenn Sie diese gar nicht verursacht haben. Aus diesem Grund sollten Sie vertraglich vereinbaren, dass die Agentur, die das Video erstellt oder Ihnen verkauft hat, haftet, wenn sie sich nicht alle erforderlichen Rechte eingeholt hat. Zu Beweiszwecken sollten Sie auch an dieser Stelle daran denken, solche Vereinbarungen schriftlich festzuhalten.

6.1.3   Stockvideos

Neben der aufwendigen Auftragsproduktion besteht auch die Möglichkeit, fertige Videos, sogenannte Stockvideos, einzukaufen und zu verwenden. In Stockvideoarchiven wie »Getty Images« (*www.gettyimages.de*) können Sie Videomaterial zu verschiedenen Themen wie Business, Mode oder Natur finden (siehe Abbildung 6.5).

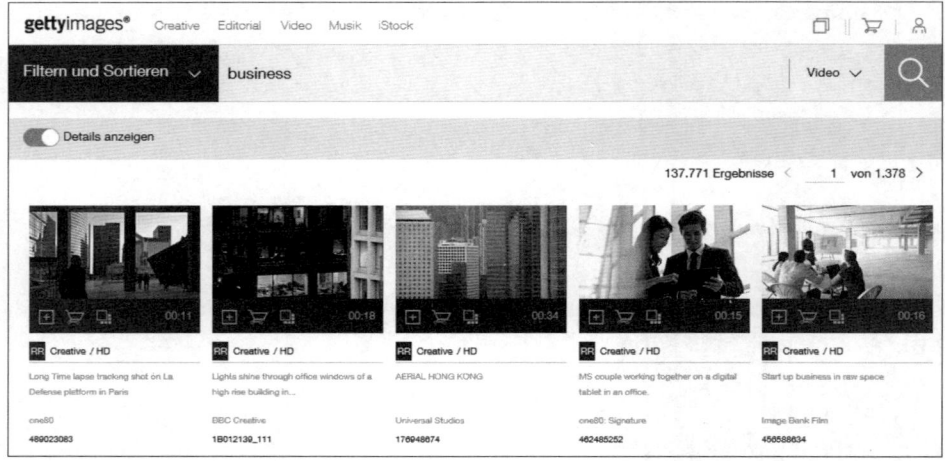

Abbildung 6.5 Videos zum Thema »Business« auf der Plattform »Getty Images«

Doch nur weil Sie diese Videos über Stockarchive beziehen, sollten Sie sich rechtlich nicht in Sicherheit wiegen. Denn auch hier ist Vorsicht geboten: Vor der Verwendung sollten Sie einen Blick in die Nutzungsbedingungen des jeweiligen Archivs werfen, denn die vergebenen Nutzungsrechte erlauben Ihnen nicht jede Art der Verwendung. So besteht beispielsweise oftmals eine Einschränkung für die Verbreitung der Videos auf sozialen Netzwerken.

Die kostenpflichtigen Stockbildarchive, wie zum Beispiel »Fotolia«, bieten meist keine Videos an, die auch in den sozialen Netzwerken genutzt werden dürfen. Das liegt daran, dass die Nutzungsbedingungen der sozialen Netzwerke, wie zum Beispiel Facebook, bestimmen, dass in dem Moment, in dem Sie Videos auf Facebook hochladen, automatisch vollumfängliche Nutzungsrechte an den eingestellten Videos auf Facebook übertragen werden. Alle Videos, die hochgeladen werden, unterliegen dann einer neuen Lizenz.

Die Lizenzbedingungen der Stockvideoarchive verbieten jedoch grundsätzlich die weitere Übertragung der Nutzungsrechte an Dritte und damit auch an soziale Netzwerke. Der Grund dafür ist, dass die Archive verständlicherweise erreichen wollen, dass ihre Videos weiterhin unter ihren Bedingungen genutzt werden und nicht unter denen der sozialen Netzwerke. Eine Ausnahme besteht nur dort, wo eine Verwendung in sozialen Netzwerken ausdrücklich erlaubt ist. So heißt es in Punkt 3.3 der Standard-Lizenz-Bedingungen von »Fotolia«:

> »*Ein Werk darf nur dann auf Social-Media-Seiten (s. nachfolgende Definition) gepostet werden, wenn das Werk als ›Social Media Enabled‹ (für Social Media geeignet) gekennzeichnet ist, d. h. die einschlägigen Urheberrechtsangaben sind sichtbar in das Werk eingebettet, und entsprechen unseren Größenbeschränkungen (die ›für Social Media geeigneten Werke‹): Sie dürfen die für Social Media geeigneten Werke*

(und Änderungen derselben) direkt auf die Seiten von Social Media posten oder hochladen, sofern die Nutzungsbedingungen der Social-Media-Seite keine Klauseln enthalten, die die Gewährung von exklusiven Rechten oder Eigentumsrechten in Bezug auf das Werk oder geänderte Werk fordern. ›Social-Media-Seite‹ bezeichnet eine Website oder Anwendung, deren Hauptanliegen die Ermöglichung eines gesellschaftlichen Austauschs unter ihren Nutzern ist und die Nutzern das Teilen von Inhalten im Zusammenhang mit diesem gesellschaftlichen Austausch gestattet.«

Eine Lösung für dieses Problem könnten zwar auch die kostenfreien Stockvideo-archive darstellen, jedoch besteht dort das Problem, dass Sie nicht wissen können, ob die Videos überhaupt rechtmäßig eingestellt wurden. Denn möglicherweise weiß der Rechteinhaber gar nicht, dass sein Video sich in einem kostenlosen Stockvideoarchiv befindet, und möchte dies unter Umständen auch gar nicht. Da es keine gutgläubige Nutzung von Videos im Urheberrecht gibt, setzen Sie sich so der Gefahr rechtlicher Konsequenzen aus.

2.5 Merchandising Lizenz (nicht erforderlich bei Videos):
Beim Erwerb einer Merchandising Lizenz gelten die Regelungen der 2.1 bis 2.4. Zusätzlich gilt:

Insbesondere enthalten ist das Recht zur kommerziellen Auswertung der Inhalte durch die Herstellung und Verbreitung von Waren aller Art (Wiederverkaufsprodukte wie z.B. Poster, Kalender, Puppen, Spiele, Spielzeug, Stofftiere, Sportartikel, Haushalts-, Bad- und Küchenwaren, Kleidungsstücke, Druckschriften einschließlich Comics, Kopfbedeckungen, Buttons etc.).

2.6 Social Media Lizenz
Beim Erwerb einer Social Media Lizenz gelten grundsätzlich die Regelungen der 2.1 bis 2.4. Die Lizenz enthält das Recht zur Nutzung der Inhalte innerhalb sozialer Netzwerke (z.B. Facebook, Google+, MySpace u. dgl.). In diesem Rahmen ist eine Unterlizenzierung der Inhalte gestattet (abweichend von Ziffer 2.3). Die Grundsätze des Urheber- und Persönlichkeitsrechts sowie die Einschränkungen der nachfolgenden Ziffer 3 sind zu beachten, insbesondere dürfen etwa Inhalte, auf denen eine Person abgebildet ist, nicht als Profilbild eingesetzt werden.

3. Unerlaubte Nutzung

Die Inhalte dürfen nicht eingesetzt werden

(a) für pornografische, sexistische, diffamierende, verleumderische, rassistische, Minderheiten oder religiös verletzende Darstellungen;

(b) in einer dem Urheber oder die abgebildete Person/en herabwürdigenden Art und Weise bzw. wenn davon ausgegangen werden kann, dass der Urheber oder die abgebildete Person mit der Veröffentlichung (trotz Vorliegen eines sogenannten Model Releases = Freigabeerklärung) nicht einverstanden sein könnte. Zur Verdeutlichung: Dies betrifft alle Abbildungen, die diese Person in einer möglicherweise persönlichkeitsverletzenden Situation darstellt, einschließlich sexuellen oder angedeuteten sexuellen Handlungen oder Vorlieben, Drogenge- oder -missbrauch, Verbrechen, physischem oder mentalem Missbrauch oder Leiden, bzw. jedweder sonstigen Situation, die berechtigterweise wahrscheinlich für jedwede in dem Inhalt dargestellte Person anstößig

Abbildung 6.6 Auszug aus dem Kundenlizenzvertrag von »ClipDealer«

Die beste Lösung bietet hier wohl der kostenpflichtige Anbieter »ClipDealer« (*www.clipdealer.com*). Dort können Sie gegen einen Aufpreis eine Social-Media-Lizenz erwerben, die es Ihnen gestattet, das Video auch in den sozialen Netzwerken zu nutzen (siehe Abbildung 6.6). Denn nur dann dürfen Sie ausnahmsweise das Video an die sozialen Netzwerke unterlizenzieren. Besonders positiv ist zudem, dass eine Gewährleistung dafür übernommen wird, dass die Videos rechtmäßig in das Archiv eingestellt worden sind.

6.1.4   Creative-Commons-Videos

Neben Stockvideos gibt es im Internet auch unzählige Anbieter von Videos, die unter einer sogenannten Creative-Commons-Lizenz (CC-Lizenz) stehen. Dazu gehört beispielsweise auch die Plattform »Vimeo«, (*www.vimeo.com*, siehe Abbildung 6.7).

In den letzten Jahren hat sich Creative Commons über die ganze Welt verbreitet und im Internet fest etabliert. Von diesem Erfolg profitieren Urheber und Nutzer gleichermaßen, was sich nicht zuletzt in der Fülle der unter Creative Commons lizenzierten Werke zeigt. Abseits von wirtschaftlicher Gewinnmaximierung stellt Creative Commons eine starke Alternative zu herkömmlichen Lizenzsystemen dar.

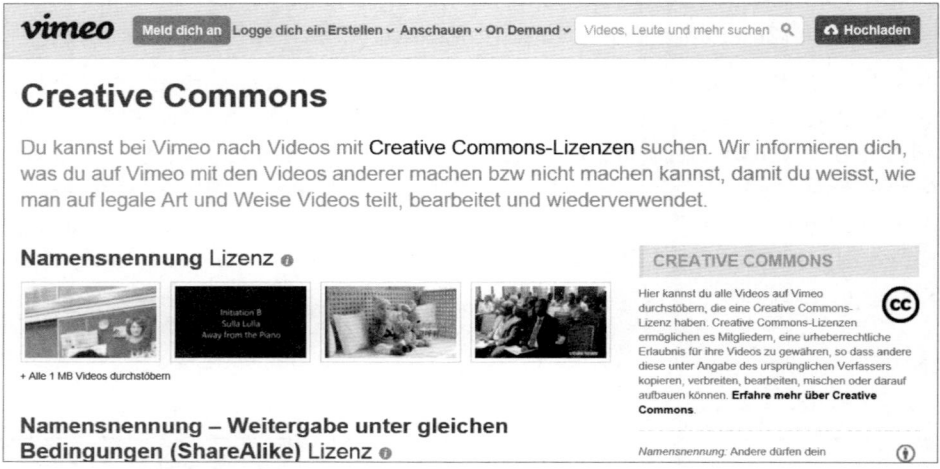

Abbildung 6.7 Startseite des CC-Video-Anbieters »Vimeo«

Doch nun stellt sich Ihnen sicherlich die Frage, was Creative Commons überhaupt bedeutet. Vermutlich haben Sie diesen Begriff auch schon im Zusammenhang mit Bildern für die Website, die App oder den Newsletter gehört. Da CC-Material eine hohe Bedeutung im Online-Marketing hat, möchten wir Ihnen in diesem Abschnitt einmal einen ausführlichen Überblick über Creative Commons geben.

Creative Commons ist der Ausdruck eines Bestrebens, die Regelungskomplexe des Urheberrechts aufzubrechen und für die Allgemeinheit zu vereinfachen. 2001 als Non-Profit-Organisation in den USA gegründet, sind Creative-Commons-Lizenzen fast 17 Jahre später auf der ganzen Welt weit verbreitet: Mehr als 1,1 Milliarden Werke stehen bereits unter einer Creative-Commons-Lizenz (siehe Abbildung 6.8).

Die Lizenzierung ist schnell und unkompliziert. Der Urheber wählt eine der sechs verschiedenen CC-Lizenzmodelle und markiert damit sein Werk. Interessierte Nutzer können anhand der jeweiligen CC-Lizenzsymbole unproblematisch erkennen, wie sie das Werk nutzen dürfen, ohne eine Rechtsverletzung zu begehen. Weder muss eine Verwertungsgesellschaft oder der Urheber selbst kontaktiert noch ein Vertrag ausgehandelt und unterzeichnet werden.

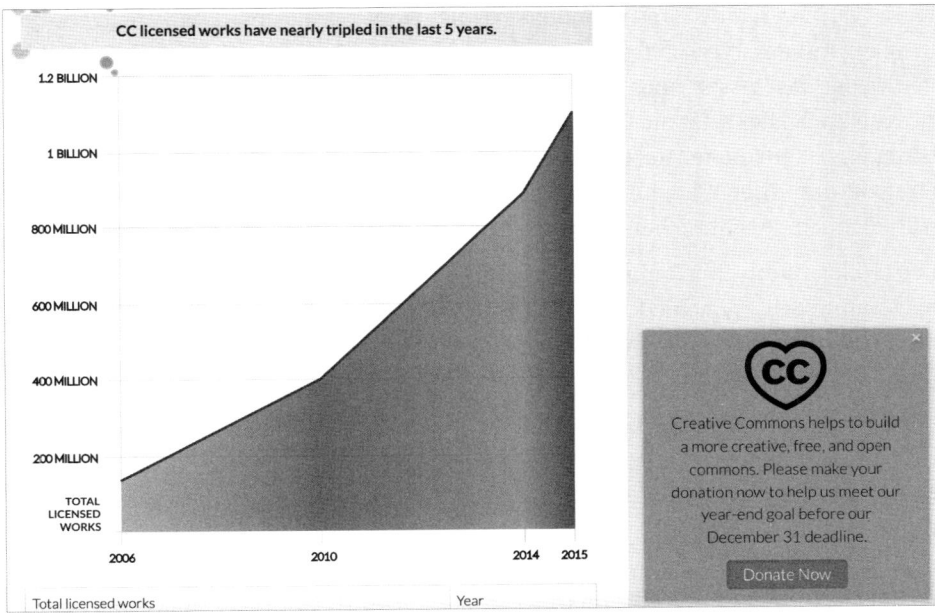

Abbildung 6.8 Anzahl der CC-lizenzierten Werke seit 2006
(Quelle: Creative Commons via http://cc.d-64.org)

Hintergrund des Systems

Zum Verständnis des Systems und des rechtlichen Hintergrundes ist es hilfreich, die Motivation einer Creative-Commons-Lizenzierung zu verstehen. Für Sie als Nutzer, der beispielsweise auf der Suche nach kostenlosen Videos ist, bietet Creative Commons eine unproblematische und schnelle Lösung.

Aber was motiviert einen Urheber, sein Werk unter einer CC-Lizenz zu veröffentlichen? Nicht jeder Urheber ist an einer bestmöglichen Vermarktung seines Werkes interessiert. Oft besteht einfach ein Interesse daran, die eigene künstlerische Arbeit mit anderen Menschen zu teilen. Das Internet bietet Möglichkeiten, die es vorher nicht gab: Musik, Bilder und Videos können durch einen einzigen Klick mit der gesamten Welt geteilt werden. Es braucht keine Verwertungsgesellschaften, Manager oder andere Dritte, die zwischen Urheber und Endnutzer vermitteln. Das ist natürlich vor allem für neue, noch unbekannte Urheber interessant. Die bloße Möglichkeit einer weltweiten Verbreitung der eigenen Werke ist reizvoll.

Das CC-Lizenzsystem

Trotzdem will niemand ganz auf seine Rechte verzichten. Ein besonderes Interesse besteht daran, dass der Name des Urhebers stets mit dem Werk verknüpft ist. Eventuell ist der Urheber nicht mit einer Bearbeitung oder Kommerzialisierung seiner

Werke durch Fremde einverstanden. Das bedeutet wiederum, dass Regeln für den Umgang mit den Werken festgelegt werden müssen. Doch die meisten Urheber werden weder das Wissen noch die Lust oder Zeit haben, entsprechende Lizenzverträge zu verfassen. Hier setzt die Creative-Commons-Organisation an: Creative Commons bietet ein Lizenzmodell an, das zum einen den Urhebern eine einfache und schnelle Lizenzierung ihrer Werke ermöglicht und zum anderen den Endnutzern eine verständliche und rechtssichere Nutzung dieser Werke erlaubt.

Das Lizenzsystem ähnelt einem Baukasten: Die Grundlage bilden vier Module, die zu insgesamt sechs verschiedenen Lizenzen zusammengesetzt werden können. Jedes Modul wird durch jeweils zwei Buchstaben abgekürzt:

- **BY** – Das erste Modul betrifft die Angabe der Urheberbezeichnung. Die Nennung des Urhebers eines Werkes ist Teil des Urheberpersönlichkeitsrechts und unverzichtbar. Daher ist dieses Modul Bestandteil einer jeden CC-Lizenz. Wann immer ein fremdes Werk genutzt wird, muss der Name des Urhebers angegeben werden.

- **NC** – Dieses Modul steht für *non-commercial*. Eine CC-Lizenz mit diesem Modul verbietet Ihnen eine kommerzielle Nutzung des Werkes. So kann beispielsweise ein Video unter einer BY-NC-Lizenz zwar für ein privates Blog, aber nicht für den Internetauftritt Ihres Unternehmens verwendet werden.

- **ND** – Wenn der Urheber verhindern will, dass sein Werk von Dritten bearbeitet wird, dann wählt er dieses Modul. Die Abkürzung steht für *no derivates*, also *keine Bearbeitungen*. Eine Bearbeitung liegt immer dann vor, wenn das Original in irgendeiner Weise verändert wird. Auch das Zuschneiden von Videos ist eine Bearbeitung. Erlaubt sind lediglich zwingende, minimale Veränderungen, wie beispielsweise das Anpassen des Formats. Ein Verzerren oder eine übertriebene und unnötige Verkleinerung oder Vergrößerung können jedoch wieder als Bearbeitung angesehen werden.

- **SA** – Das letzte Modul wird SA abgekürzt, *share alike*. Damit ist gemeint, dass ein Werk nur unter derselben Lizenz weitergegeben werden darf. Wenn der Urheber sein Werk zum Beispiel unter BY-NC-SA veröffentlicht, dann dürfen Dritte das Werk zwar bearbeiten. Wenn sie das veränderte Werk allerdings ihrerseits im Internet verbreiten, dann sind sie an die BY-NC-SA-Lizenz gebunden. Eine Kommerzialisierung des veränderten Werkes ist aufgrund des NC-Moduls somit nicht möglich.

Wie bereits erwähnt, können die vier Module zu insgesamt sechs Lizenzen zusammengesetzt werden und so unterschiedliche Dinge gestatten und verbieten: BY, BY-SA, BY-ND, BY-NC, BY-NC-SA und BY-NC-ND. Die Bezeichnung der Lizenzen setzt sich aus der Kombination der Abkürzungen zusammen. Zu jeder der sechs Lizenzen gibt es einen entsprechenden vorgefertigten Lizenzvertrag. Darin werden die Rechte und

Pflichten hinsichtlich der Nutzung der jeweiligen Lizenz noch einmal detailliert beschrieben (siehe Abbildung 6.9).

Namensnennung
CC BY

Diese Lizenz erlaubt anderen, Ihr Werk zu verbreiten, zu remixen, zu verbessern und darauf aufzubauen, auch kommerziell, solange Sie als Urheber des Originals genannt werden. Dies ist die freieste Lizenz, die wir anbieten, empfohlen für maximale Verbreitung und Nutzung des lizenzierten Werkes.

Namensnennung - Weitergabe unter gleichen Bedingungen
CC BY-SA

Diese Lizenz erlaubt es anderen, Ihr Werk zu verbreiten, zu remixen, zu verbessern und darauf aufzubauen, auch kommerziell, solange Sie als Urheber des Originals genannt werden und die auf Ihrem Werk basierenden neuen Werke unter denselben Bedingungen veröffentlicht werden. Diese Lizenz wird oft mit "Copyleft"-Lizenzen im Bereich freier und Open Source Software verglichen. Alle neuen Werke, die auf Ihrem aufbauen, werden unter derselben Lizenz stehen, also auch kommerziell nutzbar sein. Dies ist die Lizenz, die auch von der Wikipedia eingesetzt wird, empfohlen für Werke, für die eine Einbindung von Wikipedia-Material oder anderen so lizenzierten Werken sinnvoll sein kann.

Namensnennung-Keine Bearbeitung
CC BY-ND

Diese Lizenz erlaubt anderen die Weiterverbreitung Ihres Werkes, kommerziell wie nicht-kommerziell, solange dies ohne Veränderungen und vollständig geschieht und Sie als Urheber genannt werden.

Namensnennung-Nicht kommerziell
CC BY-NC

Diese Lizenz erlaubt es anderen, Ihr Werk zu verbreiten, zu remixen, zu verbessern und darauf aufzubauen, allerdings nur nicht-kommerziell. Und obwohl auch bei den auf Ihrem Werk basierenden neuen Werken Ihr Namen mit genannt werden muss und sie nur nicht-kommerziell verwendet werden dürfen, müssen diese neuen Werke nicht unter denselben Bedingungen lizenziert werden.

Namensnennung - Nicht-kommerziell - Weitergabe unter gleichen Bedingungen
CC BY-NC-SA

Diese Lizenz erlaubt es anderen, Ihr Werk zu verbreiten, zu remixen, zu verbessern und darauf aufzubauen, allerdings nur nicht-kommerziell und solange Sie als Urheber des Originals genannt werden und die auf Ihrem Werk basierenden neuen Werke unter denselben Bedingungen veröffentlicht werden.

Namensnennung - Nicht-kommerziell - Keine Bearbeitung
CC BY-NC-ND

Dies ist die restriktivste unserer sechs Kernlizenzen. Sie erlaubt lediglich Download und Weiterverteilung des Werkes unter Nennung Ihres Namens, jedoch keinerlei Bearbeitung oder kommerzielle Nutzung.

Abbildung 6.9 Erläuterung der CC-Lizenzmodelle durch die Organisation »Creative Commons«

Neben diesen sechs Lizenzen bietet die Gesellschaft Creative Commons seit dem Jahr 2009 eine neue Lizenzform: CC0 (sprich: *cc zero*). Dabei handelt es sich um ein Werkzeug, mit dem Rechteinhaber auf alle Rechte verzichten können, soweit dies gesetzlich möglich ist. Damit können Anwender ihre eigenen Werke in die Gemeinfreiheit überführen. Es wird also vorzeitig der Zustand der Gemeinfreiheit hergestellt, der sonst mit Zeitablauf des gesetzlichen Schutzes eintritt – in Deutschland also 70 Jahre nach dem Tod des Urhebers.

Problematisch aus der Sicht des deutschen Urheberrechts ist allerdings, dass diese Lizenzform die ökonomischen Verwertungsrechte und die Urheberpersönlichkeitsrechte als Einheit ansieht. Das Urheberpersönlichkeitsrecht ist aber so eng mit der Person des Urhebers verbunden, dass es grundsätzlich nicht übertragen oder aufgegeben werden kann. Die Urheberpersönlichkeitsrechte werden auch als »Grundrechte« des Urhebers bezeichnet. Danach hat der Urheber:

- ▶ das alleinige Recht zu bestimmen, ob und wie sein Werk veröffentlicht wird,
- ▶ einen Anspruch auf die Anerkennung seiner Urheberschaft,
- ▶ einen Schutz vor Entstellung seines Werkes.

Ein allumfassender Verzicht auf das Urheberrecht ist im deutschen Recht daher nicht möglich. Der Urheber darf Dritten lediglich einzelne Nutzungsrechte an seinem Werk einräumen. Für die deutsche Rechtsordnung bedeutet dies demnach, dass der Urheber nicht auf sein Urheberrecht verzichten kann. Eine solche Lizenz muss daher so verstanden werden, dass der Urheber darauf verzichtet, Dritten Nutzungsrechte einzuräumen. Auch kann er nicht endgültig auf die Anerkennung seiner Urheberschaft verzichten. Er kann jedoch zustimmen, dass sein Name nicht genannt wird.

Kombiniert man nun die sechs erläuterten Lizenzmodelle, so kann bereits am Namen der Lizenz erkannt werden, was erlaubt ist und was nicht.

Praxisbeispiel

Möchten Sie ein Video nutzen, das unter einer CC-BY-NC-ND-Lizenz steht, so sind Ihnen die kommerzielle Nutzung sowie die Bearbeitung verboten. Gleichzeitig sind Sie aber zur Angabe des Urhebers verpflichtet.

Beachten Sie, dass es unterschiedliche *Versionen* dieser Verträge gibt. Hintergrund ist die logische Entwicklung des Lizenzsystems sowie die Reaktion auf rechtliche Lücken, etwaige neue urheberrechtlich relevante Nutzungsarten und Anpassungen der bestehenden Regelungen hinsichtlich Schutzvorschriften und deren Verletzung.

Aufgrund dieser Unterschiede zwischen den Versionen müssen Sie bei einer Nutzung von Creative Commons immer die entsprechende Version des Lizenzvertrags, auf den Sie sich beziehen, mit angeben. Zurzeit gibt es vier Versionen. Je nach Reichweite der Lizenzierung können sich von Land zu Land Unterschiede ergeben.

Praxisbeispiel

Verwenden Sie ein Video, das unter einer CC-BY-NC-ND-Lizenz steht, das Sie in der Version 3.0 des Lizenzvertrags verwenden, so muss die Angabe CC BY-NC-ND 3.0 lauten.

Erst wenn eine aktuelle Version vollständig übersetzt und an die bestehende Rechtslage angepasst wurde, können Sie sie problemlos in dem jeweiligen Land verwenden. Diese Anpassung einer Lizenzversion nennt man auch *Portierung*. Um eine landesspezifische Verwendung einer Lizenz zu verdeutlichen, hängt man an die Lizenz die entsprechende Landeskennung an.

Praxisbeispiel

Um das obige Beispiel fortzuführen, wäre eine korrekte Verwendung: CC BY-NC-ND 3.0 DE.

CC-Videos in der Praxis

Die Organisation »Creative Commons« bietet Ihnen auf ihrer Homepage eine Suchmaschine, die zu den von Ihnen eingegebenen Schlagwörtern das Netz nach CC-Material durchsucht. Dabei können Sie dann beispielsweise zwischen Videoplattformen wie »YouTube«, »Flickr« oder »Pixabay« wählen (siehe Abbildung 6.10). Zwar können Sie die Videos auch über die klassischen Suchmaschinen wie Google im Netz finden, jedoch bietet Google in den Suchoptionen für Videos anders als für Bilder keine Möglichkeit, diese nach Nutzungsrechten zu sortieren. Sie können also auf Google nicht gezielt nach Videos suchen, die unter einer CC-Lizenz stehen.

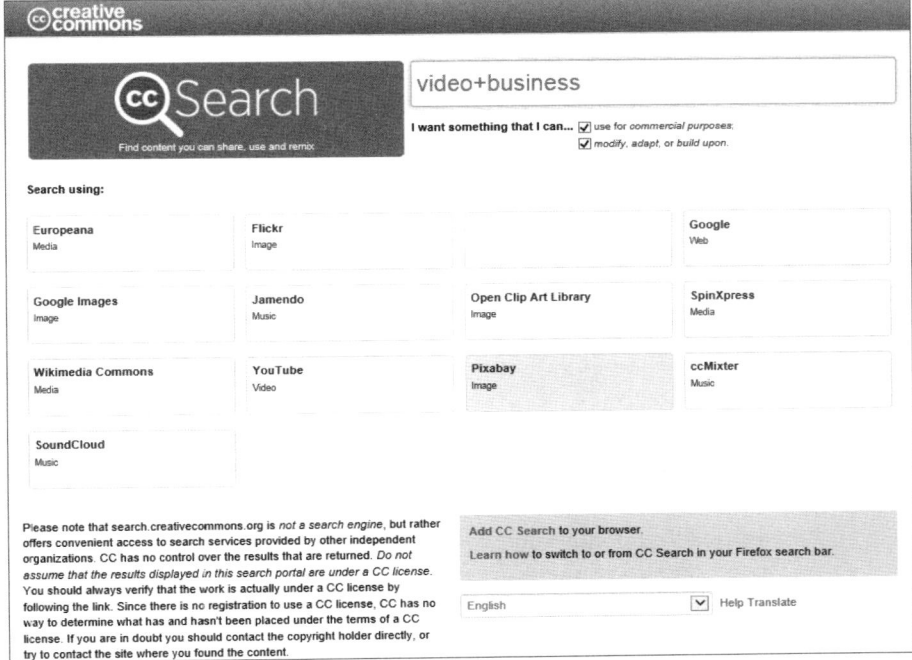

Abbildung 6.10 Suchmaske der Organisation »Creative Commons«

Hinweis

Da die klassischen Suchmaschinen in der Regel keine Angaben zu Nutzungsrechten machen, empfehlen wir Ihnen, dort aufgezeigte Videos nicht einfach zu übernehmen. Denn auch hier gilt ebenso wie bei Fotos, Texten und Musik: Nur weil der Inhalt im Internet veröffentlicht wurde, bedeutet dies noch nicht, dass Sie ihn auch frei nutzen dürfen. Dies gilt insbesondere dann, wenn Sie das Video auch noch kommerziell nutzen möchten!

Creative-Commons-Lizenzen erlösen Sie zwar weitestgehend von urheberrechtlichen Problemen, allerdings bedeuten sie nicht, dass rechtliche Streitigkeiten komplett ausgeschlossen sind. Insbesondere bei der Verwendung von fremden Bildern sind weitere Rechtsverletzungen denkbar. Persönlichkeitsrechte von abgebildeten Personen, Markenrechte an abgebildeten Produkten und Logos sowie auch Urheberrechte an fotografierten Werken bleiben durch Creative Commons unberührt. Wenn ein Video an sich eine Rechtsverletzung darstellt, ändert eine CC-Lizenz daran natürlich nichts: Hier geht es um zwei verschiedene Rechtsbereiche.

Denn Creative-Commons-Lizenzen regeln die Verwertung und Nutzung eines Werkes, nicht jedoch den rechtlichen Status eines Werkes selbst. Problematisch ist regelmäßig das Verbreiten fremder Werke als eigene. Die Lizenzierung eines fremden Werkes unter einer CC-Lizenz ohne Einwilligung des eigentlichen Urhebers stellt immer eine Rechtsverletzung dar. Möchten Sie Creative Commons nutzen, empfehlen wir Ihnen daher entweder beim Urheber selbst oder über einschlägige Suchportale nach geeigneten Werken zu suchen. So kann das Risiko einer rechtswidrigen Lizenz minimiert werden.

Wer ein CC-Video verwendet, sich dabei aber nicht an die Lizenzbedingungen hält, begeht eine Urheberrechtsverletzung. Denn er erhält das Nutzungsrecht nur unter der Bedingung, dass er die Lizenzbedingungen einhält. Tut er dies nicht, fällt das Recht an den Urheber zurück. Hier gilt für Videos nichts anderes als für Bilder.

Praxisbeispiel

In einem Fall hatte eine Fotografin ein Bild des Politikers Thilo Sarrazin auf ihre Website gestellt. Dieses Bild war mit der Creative-Commons-Lizenz »Attribution – ShareAlike 3.0 Unported« versehen. Nach diesen Bedingungen muss ein Dritter bei einer Nutzung (etwa durch Veröffentlichung des Fotos auf seiner Website) den Urheber angeben und entweder eine Kopie des Lizenztextes beifügen oder die Internetadresse dafür angeben.

Eine rechtsextreme Partei hielt sich jedoch nicht daran. Sie veröffentlichte das Sarrazin-Foto auf ihrer Website, ohne diese Angaben zu machen. Als die Fotografin dies bemerkte, beantragte sie beim Landgericht Berlin eine einstweilige Verfügung – zu Recht!

Das Landgericht Berlin erließ am 08.10.2010 (Az. 16 O 458/10) die beantragte einstweilige Verfügung. Die Richter entschieden, dass in der Veröffentlichung des Bildes ohne Einhaltung der CC-Lizenz eine Urheberrechtsverletzung liege, da dies eine widerrechtliche Verwendung darstelle. Diese Rechtsprechung ist in jedem Fall auch auf Videos als Bewegtbilder übertragbar.

6.2   Wie beachtet man die Bildrechte der Darsteller?

Videos zu Marketingzwecken enthalten nicht immer nur Aufnahmen von Produkten. Vielmehr zeigt eine Vielzahl von Videos auch Personen, die zum Beispiel neue Produkte vorstellen oder als Darsteller in Imagevideos agieren (siehe Abbildung 6.11). Schließlich lassen Menschen Videos lebendiger wirken und erfreuen sich beim Publikum größerer Beliebtheit.

Abbildung 6.11 YouTube-Video des Unternehmens »Siemens« zum Thema Windenergie

6.2.1   Grundsätze des Persönlichkeitsrechts

Treten in Ihrem Video Personen auf, so müssen Sie deren Rechte bei der Veröffentlichung der Videos beachten. Andernfalls drohen Unterlassungsansprüche oder in schweren Fällen sogar Geldentschädigungsverpflichtungen. Denn grundsätzlich gilt: Jeder hat das Recht, über die Verwendung seines Bildes frei zu bestimmen. Dieses Recht ist sogar im Grundgesetz als *Recht am eigenen Bild* gesetzlich verankert.

Sicher ist Ihnen das schon aus dem Bereich der Verwendung von Bildern bekannt – für Videos als Bewegtbilder gilt aber nichts anderes. Daher benötigen Sie auch für Aufnahmen von Personen in Videos deren Einwilligung. Zudem müssen Sie sich die ausschließlichen Nutzungs- und Verwertungsrechte an den Aufnahmen einräumen lassen. Dabei sollten Sie insbesondere darauf achten, sich ausdrücklich auch die Erlaubnis zur kommerziellen Nutzung der Aufnahmen einräumen zu lassen. Andernfalls können Sie die Aufnahmen nicht im Rahmen Ihrer unternehmerischen Tätigkeit nutzen, ohne mit rechtlichen Konsequenzen rechnen zu müssen.

Praxisbeispiel

Die *Kommission für Zulassung und Aufsicht* (ZAK) der Medienanstalten hat im Jahr 2012 eine Sendung von »kabel eins« beanstandet. In einer Folge des »K1 Magazins« wurden Mitarbeiter eines Finanzamtes ohne deren Einwilligung gezeigt. Der Beitrag dokumentierte einen Streit zwischen einer Gaststätte und dem Finanzamt. Das Team von »kabel eins« hatte sich vor das Finanzamt gestellt, um die Angestellten zu befragen, wobei keiner der Befragten mit der Reporterin sprechen wollte. Auch im Gebäude wurde gedreht, wobei sich auch hier dieselben Szenen abspielten. In der beanstandeten Folge des »K1 Magazins« wurden die Gesichter deutlich erkennbar gezeigt, obwohl keine Einwilligung der gefilmten Personen eingeholt wurde. Nach Ansicht der ZAK sei das ein Verstoß gegen das Recht am eigenen Bild. Der Sender hat daraufhin erklärt, bei einer Wiederholung die befragten Beamten unkenntlich zu machen.

6.2.2   Bildrechte der eigenen Mitarbeiter

Dies gilt nicht nur dann, wenn es sich um Bilder professioneller Darsteller handelt, sondern auch dann, wenn in Ihrem Video Ihre eigenen Angestellten auftreten. Zu denken ist da beispielsweise an die Vorsteller neuer Produkte oder Videos mit Bedienungshilfen. Denn der Umstand, dass diese Personen in einem Anstellungsverhältnis zu Ihnen stehen, bedeutet nicht, dass Sie auch deren Bilder veröffentlichen dürfen.

Etwas anderes gilt nur dann, wenn Sie sich das Einverständnis schon im Arbeitsvertrag haben einräumen lassen. Eine solche Klausel ist nur dann nicht notwendig, wenn der Mitarbeiter in einer Funktion tätig ist, die ein solches Einverständnis als Teil des Aufgabenbereichs unbedingt erfordert. Dies ist beispielsweise bei Pressesprechern der Fall. Schließlich ist es deren Aufgabe, vor den Medien und in Bild- und Videobeiträgen als Vertreter des Unternehmens aufzutreten. Ohne eine Einwilligung in die Nutzung dieser Aufnahmen könnte ein Pressesprecher seiner Funktion auch nicht vollumfänglich nachkommen.

Nun stellt sich die Frage, wie lange eine solche Einwilligung gilt und ob sie nicht mit Ende des Arbeitsverhältnisses auch erlischt. Grundsätzlich gilt dabei: Die ohne Einschränkung erteilte schriftliche Zustimmung erlischt nicht automatisch mit dem

Ende des Arbeitsverhältnisses. Demnach können Sie Bilder und Videos, in denen Ihre Mitarbeiter auftreten, auch dann weiternutzen, wenn der entsprechende Mitarbeiter nicht mehr für Sie tätig ist.

Praxisbeispiel

Im Sommer 2007 war der betroffene Arbeitnehmer in die Dienste eines Unternehmens für Klima- und Kältetechnik getreten. Dort werden rund 30 Mitarbeiter beschäftigt. Im Herbst erklärte er schriftlich seine Einwilligung dazu, dass das Unternehmen von ihm Filmaufnahmen als Teil der Belegschaft macht sowie diese für die Öffentlichkeitsarbeit des Unternehmens verwendet und ausstrahlt. Danach wurde ein Werbefilm hergestellt, in dem zweimal der betroffene Arbeitnehmer erkennbar abgebildet war. Das Video konnte auf der unternehmenseigenen Homepage angesehen werden.

Das Arbeitsverhältnis endete im September 2011. Im November erklärte der ehemalige Mitarbeiter den Widerruf seiner »möglicherweise« erteilten Einwilligung und forderte das Unternehmen auf, das Video innerhalb von 10 Tagen aus dem Netz zu nehmen. Ende Januar 2012 folgte das Unternehmen dem Anliegen, allerdings unter Vorbehalt. Der Arbeitnehmer klagte und verlangte Unterlassung weiterer Veröffentlichungen sowie Schadensersatz in Höhe von 6.819,75 €, jedoch ohne Erfolg: Die Richter des Bundesarbeitsgerichts (Urteil vom 19.02.2015, Az. 8 AZR 1011/13) sahen die erforderliche schriftliche Einwilligung des Mitarbeiters als gegeben an – auch über das Arbeitsverhältnis hinaus!

6.2.3   Darsteller als Beiwerk

Neben diesem grundsätzlichen Einwilligungserfordernis sieht der Gesetzgeber auch Ausnahmen davon vor. Eine solche Ausnahme liegt dann vor, wenn die abgebildete Person lediglich ein sogenanntes Beiwerk ist. Dazu kommt es entscheidend darauf an, ob entsprechend dem Gesamteindruck des Videos der einzelne Abgebildete nur bei Gelegenheit erscheint oder ob er aus der Anonymität hervorgehoben wird.

Um dies zu beurteilen, ist im Einzelfall die konkrete Gestaltung des Videos zu bewerten. Die abgebildete Person ist danach grundsätzlich dann lediglich ein Beiwerk, wenn Ihr Unternehmen im Vordergrund der Filmaufnahmen steht und in seiner Gesamtheit gefilmt wird, der Abgebildete aber nicht im Fokus der Aufnahmen ist. Demnach greift die Ausnahmeregelung unter anderem dann nicht, wenn die abgebildete Person in dem Video eindeutig aus der Anonymität herausgelöst wird und aus Sicht des Betrachters zum Blickfang wird (siehe Abbildung 6.12).

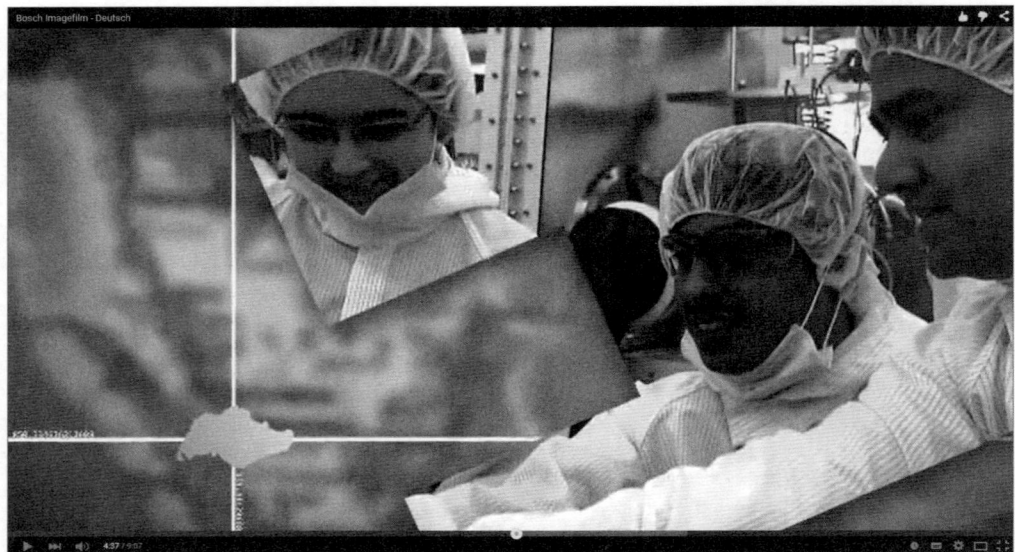

Abbildung 6.12 Imagevideo des Unternehmens »Bosch«

Hinweis

Sicherheitshalber sollten Sie immer die Einwilligung der abgebildeten Personen einholen und sich die Nutzungsrechte einräumen lassen. Denn ob eine Ausnahme vom
Einwilligungserfordernis greift, ist eine komplexe juristische Einzelfallentscheidung,
bei der Sie kein Risiko eingehen sollten. Dabei sollten Sie auch hier daran denken, sowohl die Einwilligung als auch die Einräumung der Rechte schriftlich zu fixieren, um
diese im Streitfall auch beweisen zu können!

6.3   Was ist bei Musikrechten zu beachten?

Ebenso wie Personen leistet Musik einen wesentlichen Beitrag zu einem ansprechenden Video. Gerade zu Marketingzwecken erfüllt Musik einen ganz entscheidenden
Zweck: Musik soll Aufmerksamkeit generieren, einen Wiedererkennungswert schaffen und beim Betrachter des Videos Emotionen wecken. Die Musik soll die Bilder un-
terstreichen und das Publikum emotional erreichen. Im Idealfall sollen sich all die
positiven Eindrücke dann auch auf das Produkt übertragen. Dies ist vielen Unternehmen bewusst, weshalb sie gern zu einer ansprechenden Hintergrundmusik greifen.

6.3.1   Urheberrechtlicher Schutz der Musik

Möchten auch Sie Musik in Ihrem Video verwenden, so müssen Sie bedenken, dass jegliches urheberrechtlich geschützte Material nur verwendet werden darf, wenn hierfür vom Inhaber der Rechte eine Erlaubnis vorliegt. Dies gilt auch dann, wenn es sich »nur« um Hintergrundmusik handelt. Für eine nicht lizenzierte Verwendung der Musik kann der Rechteinhaber Sie abmahnen oder auf Schadensersatz, Unterlassung und Beseitigung in Anspruch nehmen. Dabei kann er sich auch an die Plattform wenden und eine Urheberrechtsbeschwerde einreichen, womit er die Löschung des Videos erreichen kann (siehe Abbildung 6.13).

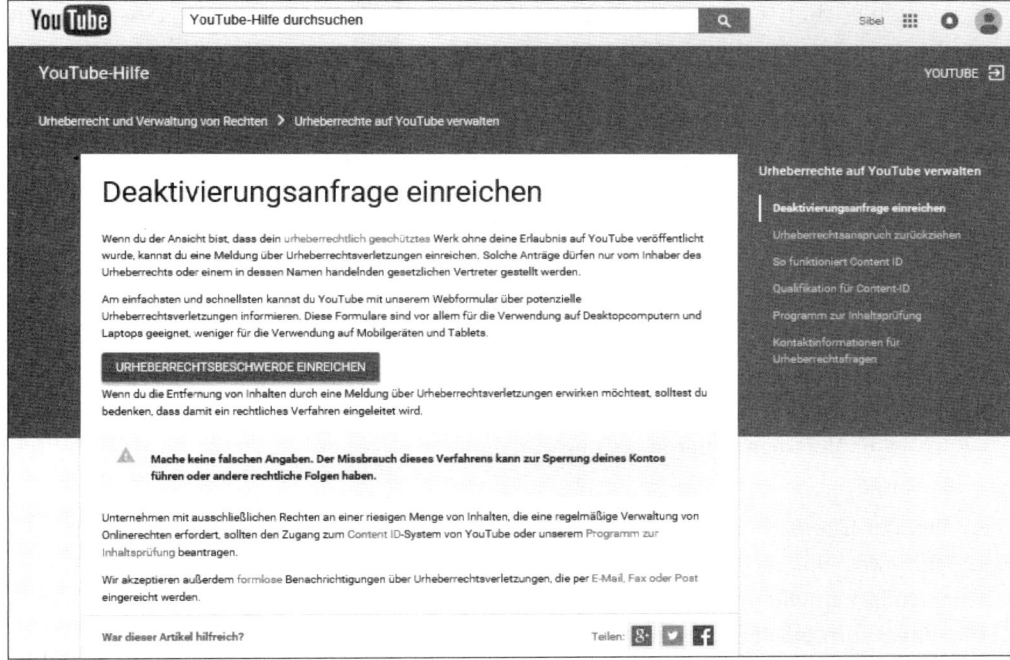

Abbildung 6.13 Rechteinhaber können auf der Videoplattform »YouTube« eine Deaktivierungsanfrage stellen, wenn ein Video ihre Urheberrechte verletzt.

Die Rechte an Musikstücken haben meist die Künstler oder deren Produzenten bzw. Plattenfirmen. Damit Sie das Musikstück – sei es in einzelnen Tönen oder Akkorden oder als Ganzes – nutzen können, müssen die Rechteinhaber Ihnen die Verwertungs- und Nutzungsrechte einräumen. Das gilt unabhängig davon, ob Sie einen Musiker mit der Komposition eines Musikwerks für Ihr Video beauftragen oder ein bereits bestehendes Musikstück nutzen.

Da an der Produktion eines Musikstücks mit Songwriter, Komponist, Produzent und Tonträgerhersteller in der Regel mehrere Personen beteiligt sind, gibt es auch mehrere Rechteinhaber, die Sie bei der Lizenzierung beachten müssen. In einer Vielzahl von Fällen übertragen die Rechteinhaber ihre Rechte an die Plattenfirma oder an Verwertungsgesellschaften, sodass Sie nur noch einen Ansprechpartner haben, bei dem Sie die Nutzungserlaubnis einholen müssen.

6.3.2   Lizenzen von Verwertungsgesellschaften

Doch nun stellt sich Ihnen vielleicht die Frage, was überhaupt Verwertungsgesellschaften sind: Die Verwertungsgesellschaften bilden eine Brücke zwischen den Rechteinhabern und den Nutzern des urheberrechtlich geschützten Werkes. Sie nehmen die Urheberrechte und Leistungsschutzrechte wahr und vereinbaren Lizenzverträge mit den Nutzern, die diese eingehen müssen, wenn sie das entsprechende Werk nutzen möchten. Alle Vergütungen, die aus einer solchen Vereinbarung zwischen Urheber und Nutzer stammen, können sodann nur durch eine Verwertungsgesellschaft geltend gemacht werden.

Die Höhe der Lizenzgebühren muss mit den Verwertern ausgehandelt werden. Unterschieden werden muss hier zwischen Gesamt- und Einzelverträgen. Gesamtverträge sind solche, die zwischen Nutzervereinigungen und den Verwertungsgesellschaften geschlossen werden. Hier gelten dann für alle Nutzer die gleichen Tarife. Einzelverträge beziehen sich auf Nichtmitglieder. Die Lizenzgebühren für die letztgenannten Verträge basieren auf den von den Verwertungsgesellschaften aufgestellten Tarifen.

Bei der Lizenzierung von Musik ist die GEMA, die *Gesellschaft für musikalische Aufführungs- und mechanische Vervielfältigungsrechte*, die entscheidende Verwertungsgesellschaft. Sie nimmt die ihr von Komponisten, Textdichtern und Musikverlegern eingeräumten Rechte zur Nutzung von Werken der Tonkunst mit oder ohne Text wahr. Sie ist von der *Verwertungsgesellschaft Wort* (VG Wort) und der *Gesellschaft zur Verwertung von Leistungsschutzrechten* (GVL) ermächtigt, die von diesen wahrgenommenen Rechte und Ansprüche der Urheber von Sprachwerken (VG Wort) sowie der ausübenden Künstler und Tonträgerhersteller (GVL) geltend zu machen.

Möchten Sie also die Lizenz für ein Musikstück erwerben, so sollten Sie als Erstes überprüfen, ob dafür die GEMA zuständig ist. Dazu können Sie auf der Website der GEMA (*www.gema.de*) eine Online-Recherche durchführen, indem Sie in die Suchmaske den Titel des gewünschten Musikstücks eingeben. Ist die GEMA die Verwertungsgesellschaft für den gesuchten Titel, so gibt sie die an dem Musikstück beteiligten Urheber an (siehe Abbildung 6.14).

Abbildung 6.14 Recherche nach dem von Nena gesungenen Musikstück »99 Luftballons«

6.3.3   Lizenzen direkt vom Rechteinhaber

Handelt es sich um ein Musikstück, dessen Rechte nicht von der GEMA wahrgenommen werden, müssen Sie mit dem Rechteinhaber einen Vertrag über das Recht zur Nutzung des Musikstücks in Ihrem Video abschließen. Nutzungsrechte werden im allgemeinen Sprachgebrauch auch als *Lizenzen* bezeichnet und stellen Rechte des geistigen Eigentums anderer dar. Diese Nutzungsrechte an urheberrechtlich geschützten Werken kann der Urheber als Rechteinhaber und Lizenzgeber mit einem Lizenzvertrag auf den späteren Werknutzer als Lizenznehmer für bestimmte Nutzungsarten übertragen und ihm so die wirtschaftliche Nutzung des Werkes gestatten.

Der Lizenzvertrag sollte den Gegenstand der Lizenz und die eingeräumten Benutzungsbefugnisse hinsichtlich ihres Gebiets und der Zeit bzw. der Menge genau beschreiben. Die Dauer der Rechteeinräumung ist möglichst für die gesamte Dauer der Auswertung des Videos zu vereinbaren. Zumindest aber sollten Sie sich eine Option einräumen, die es Ihnen ermöglicht, die Lizenz zu einem späteren Zeitpunkt zu verlängern.

Ebenso sollte festgelegt werden, ob Sie als Lizenznehmer ein einfaches Nutzungsrecht haben, bei dem auch anderen Lizenznehmern durch den Lizenzgeber dieselben

Rechte eingeräumt werden können, oder ob es sich um eine ausschließliche Lizenz handeln soll, die exklusiv nur Ihnen eingeräumt wird. Auch Regelungen zur Höhe der Lizenzgebühr, zu Geheimhaltungspflichten und zu möglichen Ausübungspflichten sollten in den Vertrag aufgenommen werden.

> **Hinweis**
>
> Auch hier empfiehlt sich aus Gründen der Beweislast eine schriftliche Fixierung der Vereinbarung, um im Streitfall beweisen zu können, dass Sie die Nutzung rechtmäßig vorgenommen haben. Denn andernfalls können Urheber einen Lizenzschaden im Wege der Lizenzanalogie geltend machen, was bedeutet, dass Sie die Vergütung zahlen müssen, die der Rechteinhaber für die Nutzung des Werkes hätte fordern können.

6.3.4   Musik aus Stockarchiven

Möchten Sie sich nicht mit Lizenzen beschäftigen oder kein Entgelt dafür bezahlen, so könnten Sie im Internet bereits auf Anbieter von kostenloser Stockmusik gestoßen sein. Über Anbieter wie »Free Stock Music« können Sie diverse Songs für Ihre Projekte herunterladen und verwenden – und zwar kostenlos (siehe Abbildung 6.15).

Abbildung 6.15 Startseite der Plattform »Free Stock Music«

Wahrscheinlich stellt sich Ihnen nun die Frage, ob dies denn legal ist. Werfen Sie einen Blick in die Nutzungsbedingungen, so stellen Sie fest, dass der Download von

Musik über die Plattform »Free Stock Music« für die genannten Zwecke tatsächlich rechtmäßig ist. Denn alle Lieder stehen unter einer sogenannten *royalty free license*. Diese Bezeichnung, die im Deutschen häufig mit dem irreführenden Begriff *Lizenzfreiheit* übersetzt wird, heißt nicht mehr, als dass das Werk gegen eine einmalige, vom Urheber des Werkes festgelegte Nutzungsgebühr erworben wird und im Normalfall unbegrenzt oft, zeitlich unbegrenzt in allen möglichen Medien und auch zu kommerziellen Zwecken verwendet werden darf. Denn die Plattform überträgt Ihnen ein beschränktes, nicht exklusives, nicht übertragbares, zeitlich unbegrenztes weltweites Nutzungsrecht für die von ihr vorgegebenen Nutzungsarten (siehe Abbildung 6.16).

1.   License. Any download of a Stock File falls under a license and does not constitute a sale of that Stock File. Subject to the terms of this Agreement, your compliance with this Agreement and any stated restrictions that accompany the Stock File, Footage Firm hereby grants to you, an individual user (not a business entity), a limited, non-exclusive, non-transferable, perpetual, worldwide right to use any Stock File you download solely as incorporated into a work created by you such that the Stock File is not capable of being downloaded, extracted or accessed by a third party as a stand-alone file. Notwithstanding the foregoing, with respect to Stock Files you use on the Internet, or other online or interactive media outlet, you agree you shall use your best efforts to protect and secure the Stock File to ensure that it cannot be copied and cannot be searched and downloaded in broadcast or substantially comparable quality, but your failure to prevent copying will not be deemed a breach of this Agreement. As long as you meet the foregoing restrictions, you may use the Stock Files in nearly any project, including feature films, broadcast, commercial, industrial, educational video, print projects, multimedia, games, merchandise, and the internet. When we use the phrase "non-transferable," we mean that except as specifically provided in this Agreement, you may not sell, rent, loan, give, sublicense, or otherwise transfer to anyone, the Stock File or the right to use the Stock File. Footage Firm reserves the right to withdraw Stock Files from the Site at any time, for any reason.

1   *Effective April 1, 2017*

Abbildung 6.16 Lizenzvertrag der Plattform »Free Stock Music«

Allerdings heißt das nicht, dass Sie diese Werke deshalb ohne Einschränkung verwenden können. Denn in dem Lizenzvertrag heißt es weiter, dass die Musik für jegliche, auch kommerzielle Projekte, genutzt werden kann, sofern die Musik nur als Teil eines neu produzierten Werkes erscheint. Die Musik darf demnach nicht für sich gesehen, als reines Musikstück weiterverwertet werden. Das Stück muss beispielsweise Teil eines Videoclips oder einer Präsentation sein. Eine Verbreitung der Musik über Musiklisten oder der Verkauf der einzelnen Musikstücke ist nicht erlaubt. Demnach dürfen Sie die Musik frei als Hintergrundmusik Ihres Videoclips zu Marketingzwecken benutzen.

Hinweis

Ein Problem taucht dann aber doch manchmal auf: Zum Teil werden die mit den Songs erstellten Werke bei Videoplattformen wie YouTube und Co. gesperrt. Rechtlich gesehen haben Nutzer jedoch nichts zu befürchten, denn das Recht zur Nutzung ist durch die Einbettung des Songs in ein kreatives Projekt gewährleistet. Denn die Lizenzbedingungen sehen anders als bei Stockfotos in der Regel vor, dass die in Ihr

Video eingearbeitete Stockmusik auf Plattformen wie YouTube hochgeladen werden darf. So heißt es beispielsweise in den Nutzungsbedingungen der Plattform *www.stockmusic.net*: »*Present the audio synced to YouTube, Vimeo or any other web platform.*«

6.4   Wie kann man Produktplatzierungen in Videos vornehmen?

Möchten Sie Videos nutzen, um neue Distributionskanäle zu den Zielgruppen zu erschließen, so müssen Sie beachten, dass bei der Erstellung von Online-Videos zu Werbezwecken der Werbecharakter für den Videokonsumenten zum Ausdruck kommen muss. Andernfalls liegt ein Verstoß gegen das Wettbewerbsrecht vor. Denn das Wettbewerbsrecht sieht klar vor, dass werbliches Handeln von Unternehmen transparent sein muss. Dabei spielt die Qualität des Videos keine Rolle. Der Werbecharakter muss ausdrücklich gekennzeichnet und für den durchschnittlichen Adressaten erkennbar sein. Dies gilt nur dann nicht, wenn Sie das Video allein auf Ihrer Website veröffentlichen, da der dortige Besucher sich der Werbewirkung der eingeblendeten Videos bewusst ist.

Außer auf eigene Videos als Marketinginstrument greifen Unternehmen auch auf eine subtilere Art zurück, um ihre Kunden zu erreichen: Produktplatzierungen. Dabei stellen nicht sie selbst ihre Produkte vor, sondern Dritte bauen ihre Produkte eher beiläufig in ihre Videos ein.

Praxisbeispiel

So platziert zum Beispiel der Getränkehersteller »Coca-Cola« in Filmen seine Produkte, indem die Darsteller beispielsweise in einem Café eine Cola bestellen oder sich aus dem Kühlschrank eine Flasche herausnehmen und trinken.

Dies ist rechtlich zwar grundsätzlich zulässig, jedoch nicht ohne gewisse Anforderungen. Welche dies sind, möchten wir Ihnen in diesem Abschnitt erläutern.

6.4.1   Das Verbot der Schleichwerbung in Videos

Doch nun stellt sich die Frage, wie es mit Videos in Videokanälen von Plattformen wie YouTube aussieht: Inwieweit sind YouTube-Videos als illegale Schleichwerbung anzusehen, und welche Konsequenzen sind damit für Unternehmen verbunden?

Zunächst einmal handelt es sich immer dann um eine illegale Schleichwerbung, wenn Werbung und redaktioneller Inhalt miteinander vermischt werden, ohne dass dies kenntlich gemacht wird. Geregelt wird das im *Telemediengesetz*. Dort heißt es, dass kommerzielle Kommunikation klar als solche erkennbar sein muss. Darüber hinaus regelt das *Gesetz gegen den unlauteren Wettbewerb*, dass es unlauter und damit unzulässig ist, wenn der Werbecharakter einer geschäftlichen Handlung verschleiert wird. Auch muss die Werbung als solche klar erkennbar und vom übrigen Inhalt der Angebote eindeutig getrennt sein. Wer sich nicht daran hält, muss mit Bußgeldern von bis zu 50.000 € rechnen.

Praxisbeispiel

Der Medienrat der Medienanstalt Hamburg/Schleswig-Holstein hat im Juni 2017 gegen den YouTuber »Flying Uwe« ein Bußgeld von 10.500 € festgesetzt. Dieser hatte sich geweigert, seine Videos, in denen er im Rahmen seines Programms Fitnessprodukte (wie Proteinpulver) der drei Firmen vorstellt, deren Geschäftsführer er selbst ist, als Dauerwerbesendung zu kennzeichnen. Problematisch war insbesondere, dass der YouTuber seine Tätigkeit als Geschäftsführer für die beworbenen Unternehmen nicht offengelegt hatte. Stellt ein Unternehmen in seinem YouTube-Unternehmenskanal hingegen nur die eigenen Produkte vor, so müssen die Videos nicht als Werbung gekennzeichnet werden, da der Nutzer davon ausgehen muss, dass die Aussagen in den Videos nicht neutral sind.

Da es noch keine Rechtsprechung dazu gibt, ob YouTube-Videos fernsehähnliche Medien sind, auf die dann die Regeln des *Rundfunkstaatsvertrags* (RStV) anzuwenden wären, jedoch viel für eine solche Einordnung spricht, sollten Sie sicherheitshalber auch die dahingehenden Regelungen einhalten. Danach darf Werbung allgemein nicht:

- die Menschenwürde verletzen
- Diskriminierungen aufgrund von Geschlecht, Rasse oder ethnischer Herkunft, Staatsangehörigkeit, Religion oder Glauben, Behinderung, Alter oder sexueller Orientierung beinhalten oder fördern
- irreführen oder den Interessen der Verbraucher schaden
- Verhaltensweisen fördern, die die Gesundheit oder Sicherheit sowie in hohem Maße den Schutz der Umwelt gefährden

Es stellt sich die Frage, wann es sich bei Videos auf Plattformen wie YouTube überhaupt um Werbung handelt. Klare Anhaltspunkte für eine Werbung sind dann geben, wenn Sie beispielsweise anderen YouTubern größere Summen für die Erwähnung Ihrer Produkte zahlen oder diese ihre YouTube-Videos nur produzieren, um darin Ihre Produkte zu platzieren.

Praxisbeispiel

Die berühmteste Entscheidung in diesem Zusammenhang – lange vor der Erfindung von YouTube – ist das BGH-Urteil »Feuer, Eis & Dynamit I« vom 06.07.1995 (Az. I ZR 58/93). In dem Film wurden zahlreiche Produkte wie Skier, Fahrräder oder Getränke in den Vordergrund gestellt. Bezahlt hatten dafür die Hersteller. Sie finanzierten damit ein Fünftel des gesamten Films. Der Bundesgerichtshof hat entschieden, dass bei solchen Zahlungen »von erheblichem Gewicht« von einer gezielten Werbemaß-nahme auszugehen ist, die auch als solche hätte kenntlich gemacht werden müssen. Diese Rechtsprechung dürfte auch auf YouTube-Videos Anwendung finden.

6.4.2   Regeln zur Produktplatzierung

Der Begriff der Produktplatzierung ist gesetzlich in § 2 Abs. 2 Nr. 11 RStV geregelt. Demnach ist:

> »Produktplatzierung die gekennzeichnete Erwähnung oder Darstellung von Wa-ren, Dienstleistungen, Namen, Marken, Tätigkeiten eines Herstellers von Waren oder eines Erbringers von Dienstleistungen in Sendungen gegen Entgelt oder eine ähnliche Gegenleistung mit dem Ziel der Absatzförderung. Die kostenlose Bereit-stellung von Waren oder Dienstleistungen ist Produktplatzierung, sofern die be-treffende Ware oder Dienstleistung von bedeutendem Wert ist«.

Im letzten Satz wird bereits deutlich, worin der Unterschied zur bloßen Produkthilfe liegt. Spielen die Produkte in der Sendung nur eine Nebenrolle, etwa weil der Lip-penstift zum Aufzeigen einer Schminktechnik gebraucht wird, ohne dass es dabei auf die Marke des Lippenstiftes ankommt, dann liegt eine nicht kennzeichnungspflichti-ge Produkthilfe vor. Die Produkthilfe wird im Gegensatz zur Produktplatzierung un-entgeltlich gewährt. Sie ist grundsätzlich nicht kennzeichnungspflichtig. Erst wenn die Produkthilfe eine hohe finanzielle Zuwendung bedeutet, muss auch diese wie die klassische Produktplatzierung gekennzeichnet werden. Eine bedeutende finanzielle Zuwendung wird angenommen, wenn die Produktionshilfen mehr als 1 % der Pro-duktionskosten oder mehr als 1.000 € ausmachen.

Praxisbeispiel

Typische Fälle sind Blogger, die in YouTube-Videos Produkte wie Kosmetik oder Werkzeug testen. Wichtig ist dabei, dass sich die Blogger nicht durch die Bereitstel-lung beeinflussen lassen und bei einer Produktbewertung ehrlich ihre Meinung äu-ßern. Sind die Blogger zum Beispiel zur positiven Berichterstattung verpflichtet, stellt dies wieder eine illegale Schleichwerbung dar.

Möchten Sie sich nicht den Vorwurf der illegalen Schleichwerbung gefallen lassen, müssen Sie einige Punkte beachten. So darf die Produktplatzierung nicht unmittelbar zu Kauf, Miete oder Pacht von Waren oder Dienstleistungen auffordern, insbesondere nicht durch spezielle verkaufsfördernde Hinweise auf diese Waren oder Dienstleistungen.

Auch müssen Sie auf eine Produktplatzierung hinweisen. Um auch den strengen Anforderungen des Rundfunkstaatsvertrags gerecht zu werden, sollten Sie auf eine Produktplatzierung bereits zu Beginn des Videos, nach einer Werbeunterbrechung und zum Ende der Aufnahmen hinweisen. Die Kennzeichnung muss für den Nutzer erkennbar zu Beginn und zum Ende der Sendung sowie nach einer Werbeunterbrechung für mindestens 3 Sekunden mit der Abkürzung »P« als senderübergreifendes Logo zum Ausdruck gebracht werden. Ergänzend sollte der Hinweis »unterstützt durch Produktplatzierung« eingeblendet werden. Manche YouTuber vermerken diesen Hinweis zusätzlich im Titel des Videos (siehe Abbildung 6.17).

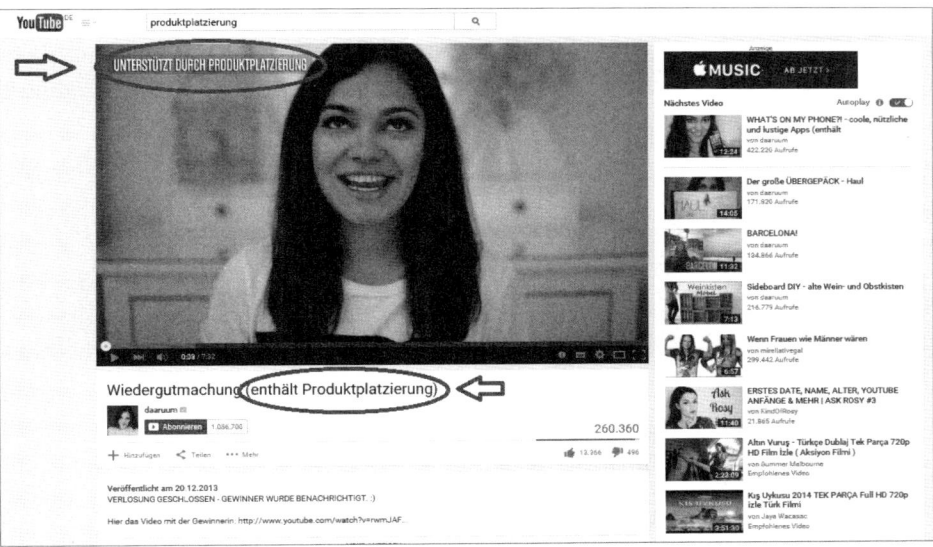

Abbildung 6.17 Beispiel für die Kennzeichnung einer Produktplatzierung in einem YouTube-Video

6.4.3   Konsequenzen eines Rechtsverstoßes

Verstoßen Sie gegen das Gebot der Transparenz von Werbung, so drohen Ihnen Abmahnungen, die schnell einige Tausend Euro kosten können, sowie Unterlassungsforderungen.

Doch auch die Aufsichtsbehörden können Bußgelder in Höhe von bis zu 50.000 € verlangen. Davon wird aber oft erst bei mehrfachen Verstößen Gebrauch gemacht. In den meisten Fällen sind die Verträge zwischen einem Unternehmen, das seine Produkte in YouTube-Clips platzieren möchte, und dem YouTuber bzw. dem dahinterstehenden Netzwerk jedoch geheim, sodass die wenigsten erwischt werden.

6.5   Was muss man bei Live-Videos beachten?

Für Ihre Marketing-Strategie ist die Live-Funktion sozialer Netzwerke eine echte Bereicherung, da sie für Abwechslung zu den üblichen Text- und Foto-Beiträgen sorgt und Ihren Followern das Gefühl vermittelt, hautnah dabei zu sein. Dies ist einerseits besonders bei Events vorteilhaft, auf die Sie Ihre Follower dann quasi »mitnehmen«. Andererseits bietet es den Nutzern die Möglichkeit der direkten Kontaktaufnahme zu bestimmten Personen, was insbesondere dann interessant ist, wenn Sie selbst eine Person des öffentlichen Lebens sind oder wenn Mitarbeiter in Ihrem Unternehmen eine öffentliche Rolle einnehmen und daher für die Follower auch als Person von Interesse sind. Denn beispielsweise die Live-Funktion von Instagram bietet den an der Live-Schaltung teilnehmenden Followern auch die Möglichkeit, über Nachrichten, die in dem Live-Video auch angezeigt werden, in direkten Kontakt mit den Live-Stream-Veranstaltern zu treten (siehe Abbildung 6.18).

Abbildung 6.18 Die Schauspielerin Janina Uhse nutzt »Instagram Live«.

Doch bei den Live-Schaltungen sollten Sie keinesfalls einfach loslegen. Denn ein Konzept hinsichtlich des präsentierten Inhalts ist ebenso sinnvoll wie erforderlich, um sicherzustellen, dass auch bei Ihrer nächsten Live-Schaltung jemand zuschaut. Darüber hinaus müssen Sie auch einige rechtliche Aspekte beachten. Denn auch Live-Videos sind kein rechtsfreier Raum: Jeder, der Live-Streaming betreiben will, muss sich einerseits an die im Inland geltenden gesetzlichen Regelungen wie das Urheberrecht, das Persönlichkeitsrecht sowie das Rundfunkrecht halten und andererseits die Vorgaben des verwendeten Dienstes beachten. Worauf Sie dabei besonders achten müssen, möchten wir Ihnen im Folgenden erläutern.

6.5.1   Das Urheberrecht

Das Urheberrecht spielt beispielsweise dann eine Rolle, wenn Sie urheberrechtlich geschütztes Musik- oder Filmmaterial übertragen möchten. Dies betrifft beispielsweise Kino- oder Konzertbesuche. Denn der Urheber dieser Werke hat das alleinige Recht zur Verwertung in Form der öffentlichen Zugänglichmachung und muss daher grundsätzlich zuvor um Erlaubnis gefragt werden. Gerade bei aktuellem Musik- oder Filmmaterial werden Sie eine solche Lizenz jedoch in der Regel nicht bekommen – schon gar nicht unentgeltlich.

> **Achtung!**
> Auch an beliebten Sport-Events wie Fußball-Spielen dürfen Sie Ihre Fans nicht unbedacht teilhaben lassen. Problematisch ist hier zwar nicht das Urheberrecht, da ein Fußballspiel kein geschütztes Werk im Sinne des Urheberrechts ist, wohl aber das Hausrecht des Veranstalters. Denn da die Veranstalter sich die exklusiven Rechte an der Übertragung gesichert haben, sind die Spiele mittlerweile häufig lediglich über Pay-TV-Sender zu verfolgen. Aus diesem Grund verbieten Veranstalter eine Live-Übertragung in der Regel über ihre AGB. Wer sich dem widersetzt, der kann der Veranstaltung verwiesen werden und muss unter Umständen mit Schadensersatzforderungen rechnen.

6.5.2   Das Persönlichkeitsrecht

Zudem müssen Sie in den Fällen, in denen Personen in Ihrem Video auftauchen, auch deren Persönlichkeitsrechte beachten. Denn nicht jeder möchte Teil Ihrer Marketing-Videos werden. Dies gilt insbesondere auf nichtöffentlichen Veranstaltungen (zum Beispiel der unternehmenseigenen Weihnachtsfeier) und umfasst auch Ihre eigenen Mitarbeiter. Aus diesem Grund sollten Sie darauf achten, keine deutlich erkennbaren Personen aufzunehmen oder zuvor deren Einwilligung einzuholen. Denn hier gelten dieselben Grundsätze wie auch bei der Darstellung Dritter auf Bildern zu Werbezwecken (siehe Abschnitt 3.4.5) – das Recht am eigenen Bild der betroffenen Personen sollten Sie nicht auf die leichte Schulter nehmen!

6.5.3   Rundfunkrecht

Vielleicht wundern Sie sich, warum das Rundfunkrecht an dieser Stelle angesprochen wird. Der Grund ist jedoch ganz einfach: Sie können die Apps, die ein Live-Streaming ermöglichen, mit einem Klick auf Ihr Handy laden und so Ihr eigenes Programm als Live-Stream ins Internet übertragen. Theoretisch könnten Sie sogar genauso viele Zuschauer wie reguläre TV-Programme erreichen. Jedoch werden diese Live-Programme von den Landesmedienanstalten weder kontrolliert noch sind sie lizenziert.

Hinweis

Die Landesmedienanstalten fordern neue Regeln, um besser mit den dynamischen Entwicklungen umgehen zu können, die insbesondere das Internet mit sich bringt. Denn generell muss alles geprüft werden, was dem traditionellen Rundfunk ähnlich ist. Die aktuell geltenden Gesetze sind jedoch auf die neuen technischen Entwicklungen wie Live-Streams nicht ausgerichtet.

Daher haben die Landesmedienanstalten eine sogenannte *qualifizierte Anzeigepflicht* vorgeschlagen, wie sie für Internetradios bereits existiert. Auf diese Weise wäre dann keine vorherige Genehmigung mehr nötig, eine Kontrolle würde aber dennoch durchgeführt werden. Die neue Regierung in Nordrhein-Westfalen beispielsweise will die Lizenzpflicht im Internet laut Koalitionsvertrag generell abschaffen. Wie neue Regelungen künftig aussehen werden und wie sie umgesetzt werden sollen, bleibt abzuwarten. Bis dahin müssen sich die Landesmedienanstalten an den gelten Regelungen orientieren, auch wenn die Konsequenzen daraus nicht immer ganz zeitgemäß sind.

Das Rundfunkrecht hat eine ganz entscheidende und nicht zu unterschätzende Vorgabe für bestimmte Arten von Sendungen: die Sendelizenz. Diese ist nach den Vorgaben des Rundfunkstaatsvertrages der Bundesländer unter bestimmten Bedingungen für Rundfunkkanäle erforderlich. Zunächst muss es sich bei Ihrer Live-Sendung um Rundfunk handeln. Darunter versteht man einen linearen Informations- und Kommunikationsdienst, der sich an die Allgemeinheit richtet. Er verbreitet ausgewählte Angebote, die Nutzer weder zeitlich noch inhaltlich beeinflussen können, entlang eines Sendeplans in Wort, Ton und Bild unter Benutzung elektromagnetischer Schwingungen. Dabei zeichnen sich Rundfunkprogramme durch eine nach einem Sendeplan zeitlich geordnete Folge von Inhalten aus.

Hinweis

Vom zulassungspflichtigen Rundfunk abzugrenzen sind audiovisuelle, elektronisch verbreitete Angebote, insbesondere aus dem Online-Bereich, die auch als *Telemedien* bezeichnet werden. Die Verbreitung von Telemedien-Angeboten ist zulassungs- und anmeldefrei. Hierzu gehören vor allem Podcasts oder Videos in Mediatheken oder Texte, die online von Servern heruntergeladen werden können, aber nicht live verbreitet werden.

Bei Live-Streams im Internet ist die Abgrenzung zwischen Rundfunk und nicht zulassungspflichtigen Telemedien nicht immer leicht. Grundsätzlich gilt: Jedes Internet-Angebot muss einzeln geprüft werden – hier empfiehlt es sich, zur genauen Prüfung einen auf das Rundfunkrecht spezialisierten Anwalt zu beauftragen. Dieser kann dann auch die bürokratischen Hürden für Sie nehmen, wenn Sie tatsächlich eine Sendelizenz benötigen.

Praxisbeispiel

Die *Kommission für Zulassung und Aufsicht* (ZAK) der Medienanstalten hat in ihrer Sitzung vom 21. März 2017 in Berlin entschieden, den Internet-Kanal »PietSmietTV« auf »Twitch.tv« als zulassungspflichtiges Rundfunkangebot ohne Zulassung einzustufen. PietSmietTV war ein Streaming-Kanal, der an sieben Tagen pro Woche über 24 Stunden überwiegend »Let's Play«-Videos verbreitete. In der Folge hat die Kommission für Zulassung und Aufsicht das Format offiziell beanstandet und dem Betreiber die Alternativen »Beantragung einer Rundfunklizenz« oder »Einstellung des Dienstes« aufgezeigt. Im Mai 2017 hat PietSmietTV den Kanal dann offline gestellt und sich gegen die Beantragung einer Lizenz entschieden. Der bekannte deutsche Channel ist jedoch weiterhin bei YouTube erreichbar (siehe Abbildung 6.19).

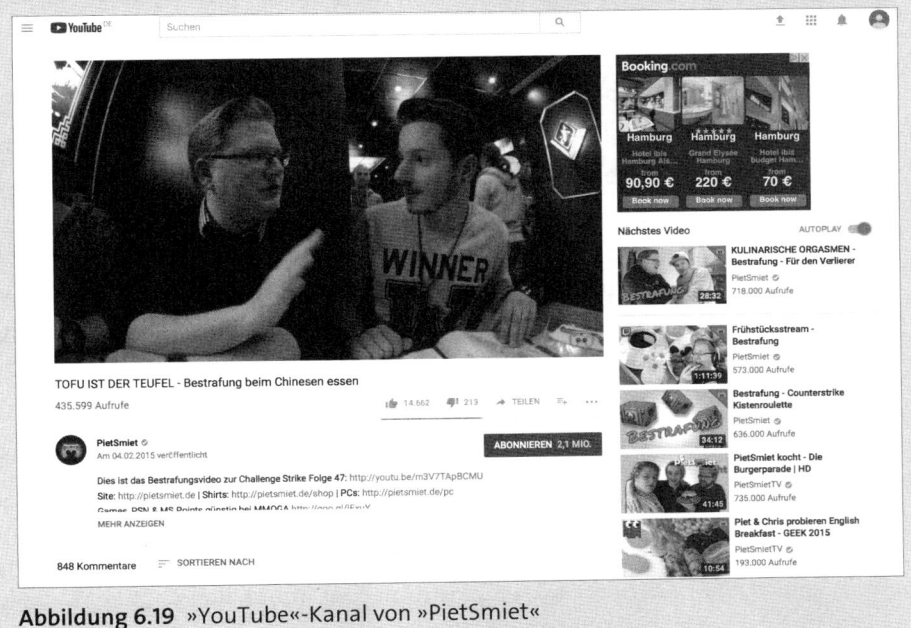

Abbildung 6.19 »YouTube«-Kanal von »PietSmiet«

Ob Sie nun eine Sendelizenz benötigen oder nicht, muss im konkreten Einzelfall von Rundfunkrechtexperten beurteilt werden. Für Ihre eigene Selbsteinschätzung dienen jedoch schon einmal folgende Fragen:

- **Verbreiten Sie Ihr Angebot live (linear)?** – Linear ist ein Angebot immer dann, wenn die Nutzer den Start oder das Ende des Programms nicht selbst bestimmen können. Da Live-Streams immer linear sind – sie werden beinahe simultan an den Zuschauer übermittelt –, wird diese Voraussetzung bei Ihnen immer gegeben sein, wenn Sie *Facebook Live*, *Instagram Live* oder den Live-Streaming-Dienst *Twitch* nutzen, da dann nur Sie über Start und Ende der »Sendezeit« bestimmen und nicht der Zuschauer.

- **Richtet sich Ihr Angebot an mindestens 500 potenzielle Nutzer gleichzeitig?** – Hier kommt es nicht darauf an, wie viele Personen am Ende tatsächlich das Angebot konsumieren, sondern nur darauf, ob theoretisch diese Personenzahl erreicht werden kann, da der Server mindestens 500 Zugriffe gleichzeitig erlaubt. Diese Voraussetzung wird ebenfalls erfüllt sein, wenn Sie die gängigen Live-Streaming-Dienste sozialer Netzwerke wie YouTube, Facebook oder Instagram nutzen.

- **Sind die Inhalte in ihrer Ausstrahlung zeitlich vorhersehbar?** – Je regelmäßiger ein Angebot ausgestrahlt werden soll, desto eher wird es als erlaubnispflichtiger Rundfunk zu qualifizieren sein. Stets ist dies der Fall, wenn es einen umfangreichen Sendeplan dafür gibt oder die Sendung ohne nennenswerte Unterbrechungen läuft. Ein lediglich sporadischer, unregelmäßiger und/oder anlassbezogener Live-Stream auf Ihrem Social-Media-Profil ist hingegen kein Rundfunk.

- **Ist Ihr Angebot journalistisch-redaktionell gestaltet?** – Das Verbreiten von Bildern ohne jegliche weitere Bearbeitung (wie etwa das 1:1 Abfilmen von Live-Events ohne redaktionelle Gestaltung) ist keine journalistisch-redaktionelle Gestaltung. Eindeutig ist dieses Kriterium hingegen erfüllt, wenn das Angebot tatsächlich von einem Journalisten aufbereitet wurde oder von einem Presseunternehmen stammt.

- **Ist Ihr Angebot umfangreich und ausdifferenziert gestaltet?** – Je geplanter, umfangreicher und ausdifferenzierter das Angebot ist, desto eher fällt es unter den Rundfunkbegriff. Davon ist beispielsweise auszugehen, wenn Sie verschiedene Sendungen oder Sendungsbestandteile bereithalten.

Wenn Sie alle Fragen mit einem »Ja« beantworten müssen, dann ist Ihre Art der Sendung sehr wahrscheinlich als Rundfunk einzustufen und benötigt eine Sendelizenz. Beantragen Sie diese jedoch nicht und stellt die zuständige Landesmedienanstalt offiziell fest, dass Ihr Angebot als Rundfunk zu qualifizieren ist, so wird sie Sie vor die Wahl stellen: Entweder Sie stellen innerhalb von 6 Monaten einen Zulassungsantrag auf eine Sendelizenz oder aber Sie passen Ihr Angebot innerhalb von drei Monaten dergestalt an, dass es keiner Zulassung mehr bedarf.

Praxisbeispiele

Erfolgreich Rundfunklizenzen beantragt haben bereits zahlreiche Web-TV-Strea-ming-Angebote wie »#heiseshow«, »rocketbeans.tv«, *schoenstatt.de*«, »Isarrunde/ Spreerunde«, »Sport1 Livestream«, »Latizon TV«, »amazing discoveries«, »dctp.tv«, »promiflash.tv« und »blabla.cafe« (siehe Abbildung 6.20).

Abbildung 6.20 Eine Näh-Sendung auf »blabla.cafe«

Entscheiden Sie sich dafür, eine Zulassung zu beantragen, so müssen Sie einige juris-tische Hürden nehmen. Zunächst sollten Sie den schriftlichen Antrag bei der Landes-medienanstalt stellen, in deren Gebiet Sie Ihren Geschäftssitz haben. In dem Antrag müssen Sie zunächst beschreiben, was für ein Programm Sie planen. Zusätzlich müs-sen Sie bestimmte Unterlagen beibringen und einige formale Erklärungen einrei-chen, damit das Zulassungsverfahren beginnen kann. Dabei gibt es auch einige per-sönliche Voraussetzungen, die Sie als Anmelder erfüllen müssen. Dazu gehören unter anderem Ihre unbeschränkte Geschäftsfähigkeit, ein Sitz innerhalb der EU oder einem anderen Vertragsstaat des Abkommens über den Europäischen Wirt-schaftsraum oder die Vorlage eines Führungszeugnisses. Auch müssen Sie Gewähr dafür bieten, dass Sie den Rundfunk unter Beachtung der gesetzlichen Vorschriften veranstalten und die auf dieser Grundlage erlassenen Verwaltungsakte einhalten (wie allgemeine Programmgrundsätze, Werbe- und Sponsoringregelungen, Vor-schriften über den Schutz der Menschenwürde und der Jugend sowie Gewinnspiel-regelungen).

In sachlicher Hinsicht müssen Sie einen Jugendschutzbeauftragten festlegen und vorweisen, dass Sie das Programm wirtschaftlich stemmen können. Dazu müssen Sie auch angeben, mit wie viel Personal Sie es betreiben wollen.

Wenn der Antrag eingegangen ist, prüft die Zentrale der Landesmedienanstalt, ob die Genehmigungsvoraussetzungen erfüllt sind. Dann wird der Antrag an die Kommission für Zulassung und Aufsicht weitergegeben. Zudem wird er der *Kommission zur Ermittlung der Konzentration im Medienbereich* (KEK) zugeleitet, die prüft, ob die Meinungsvielfalt gesichert ist. Anschließend geht der Antrag wieder zurück an die Kommission für Zulassung und Aufsicht und abschließend wieder in die Landesmedienanstalt, die über die Zulassung entscheidet.

Das ganze Zulassungsverfahren dauert maximal drei Monate und ist mit Kosten verbunden, die laut des festgelegten Gebührenrahmens einmalig zwischen 1.000 und 10.000 € liegen. Die konkreten Gebühren richten sich nach dem Verwaltungsaufwand und dem wirtschaftlichen Wert der Firma im Einzelfall.

Erhalten Sie dann eine positive Entscheidung, so gilt diese als bundesweite Zulassung. Die Dauer der Zulassung ist in jedem Bundesland anders geregelt und beträgt beispielsweise in Nordrhein-Westfalen mindestens vier und höchstens zehn Jahre.

Hinweis

Sollten Sie fälschlicherweise zu dem Ergebnis kommen, dass Sie keine Sendelizenz benötigen, so kann es passieren, dass Dritte eine Beschwerde bei der Landesmedienanstalt einreichen und diese dann ein förmliches Verfahren gegen Sie bzw. Ihr Unternehmen einleitet (siehe Abbildung 6.21).

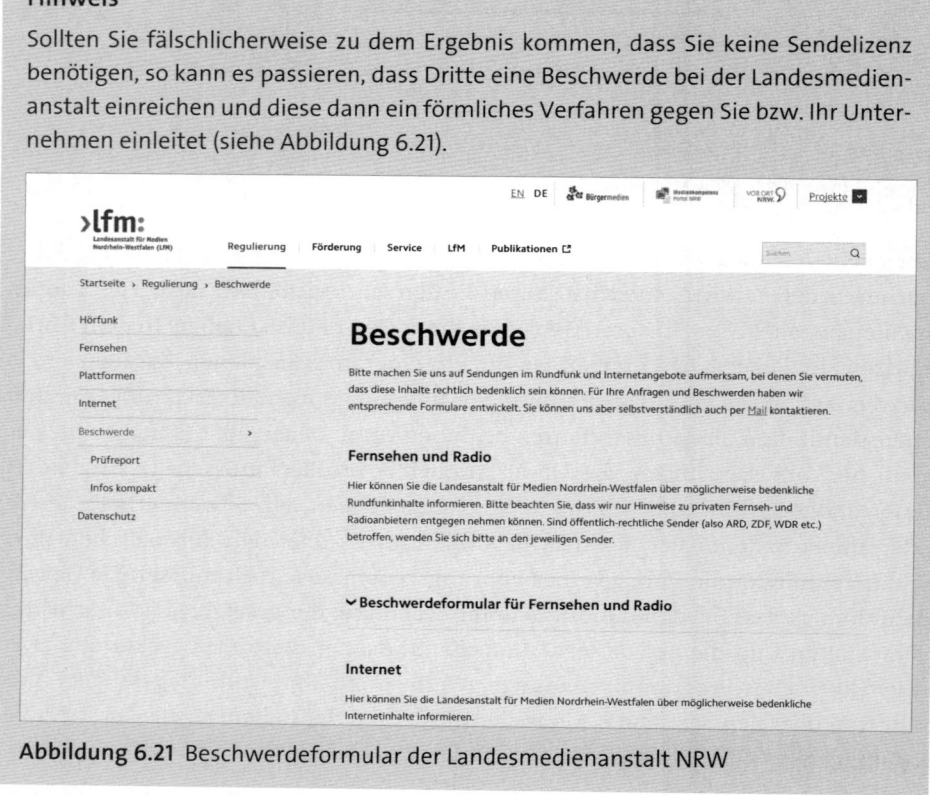

Abbildung 6.21 Beschwerdeformular der Landesmedienanstalt NRW

6.5.4   Vorgaben sozialer Netzwerke

Live-Streaming auf Facebook ist Ihnen sicher schon ein Begriff (siehe Abbildung 6.22). Aber auch der Nachrichtendienst Twitter ist mit »Periscope« auf den Zug aufgesprungen, ebenso wie die Fotoplattform Instagram.

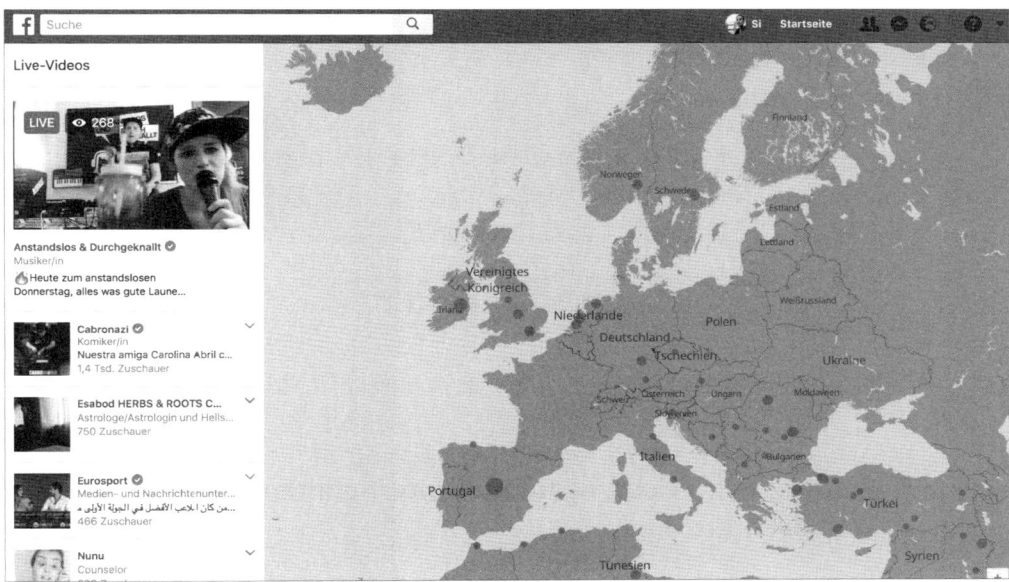

Abbildung 6.22 »Facebook Live«-Videos

Während früher YouTube-Videos in Deutschland nur auf Abruf und somit vom Publikum nicht gleichzeitig gesehen werden konnten, hat sich dies vor einiger Zeit geändert. Mittlerweile können auch deutsche Nutzer Live-Streaming betreiben und Live-Streams anschauen. Wer das Angebot nutzen will, muss jedoch die Nutzungsbedingungen seines jeweiligen Dienstes beachten. Denn die grundsätzlichen Regelungen wie Community-Richtlinien oder Vorgaben zu Werbung gelten auch bei Live-Videos.

Darüber hinaus stellt die Plattform unter Umständen auch eigene Anforderungen an das Live-Streaming. Die Videoplattform YouTube beispielsweise verlangt, dass Sie als Kanalbetreiber nur dann die Live-Funktion nutzen dürfen, wenn Sie sich zuvor telefonisch haben verifizieren lassen und wenn keine Live-Stream-Beschränkung gegen Sie vorliegt (siehe Abbildung 6.23).

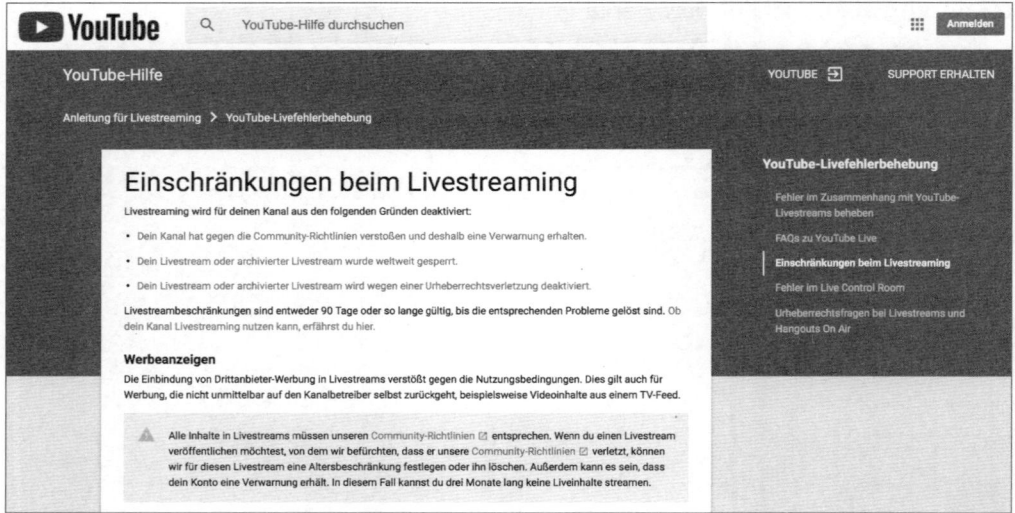

Abbildung 6.23 Einschränkungen beim Live-Streaming auf der Videoplattform »YouTube«

6.6   Was ist beim Hosting auf der Unternehmenswebsite zu beachten?

Nachdem Sie das Video rechtskonform erstellt haben, geht es nun an das Hosting. Dabei haben Sie drei Möglichkeiten:

▶ Sie hosten das Video auf Ihrer eigenen Unternehmenswebsite.

▶ Sie hosten das Video auf Videokanälen wie »YouTube«, »Watchbox« oder »dailymotion«.

▶ Sie hosten das Video sowohl auf Ihrer Website als auch auf Videokanälen.

Jede dieser Möglichkeiten hat ihre Vor- und Nachteile, sowohl praktisch als auch rechtlich.

Sie können Ihre Videos zunächst einmal auf Ihrer eigenen Unternehmenswebsite zu Werbezwecken veröffentlichen. Dies bietet sich beispielsweise für Imagevideos, Produktvorstellungen und Anwendungshilfestellungen an (siehe Abbildung 6.24).

Wenn Sie Ihr Video auf Ihrer eigenen Website veröffentlichen, haben Sie rechtlich den Vorteil, dass Sie die wettbewerbsrechtlichen Regelungen zur Schleichwerbung nicht beachten müssen. Denn man geht davon aus, dass dem Besucher einer Unternehmenswebsite durchaus bewusst ist, dass darauf befindliche Videos einen Werbecharakter haben und er nicht zusätzlich darauf hingewiesen werden muss. Zudem müssen Sie nicht den Nutzungsbedingungen, Community-Richtlinien und Datenschutzbestimmungen der Videokanäle zustimmen, die verschiedene Nachteile für Sie haben können.

Abbildung 6.24 Imagevideo auf der Website des Unternehmens »BMW«

Geht es an die Veröffentlichung des Videos, sind auch formale Vorgaben zu beachten. Sollen die eigenen Videos auf der eigenen Homepage veröffentlicht werden, so ist dabei insbesondere die Impressumspflicht einzuhalten.

Hinweis

Wenn Sie sich nicht sicher sind, was alles in Ihr Impressum gehört, so können Sie sich auch des Rechtstexters bedienen, den die Rechtsanwaltskanzlei »Wilde Beuger Solmecke« in Kooperation mit Trusted Shops entwickelt und auf der Webseite *http://wbs.is/romrechtstexter* online gestellt hat. Dieses kostenlose Tool hilft Ihnen dabei, das Impressum für Ihren Videokanal schnell, einfach und immer auf dem neuesten Stand zu generieren. Auf diese Weise können Sie sich günstig, einfach und sicher vor Abmahnungen schützen.

6.7   Was ist beim Hosting auf Videokanälen zu beachten?

Als Marketingschritt mag das Posten von Videos auf Videoportalen ein durchaus sinnvoller Schritt sein. Doch birgt das Videoportal bei sorglosem Umgang auch rechtliche Stolpersteine. Diese machen sich insbesondere dann bemerkbar, wenn

man einen Blick in die Nutzungsbedingungen, Community-Richtlinien und Datenschutzbestimmungen der einzelnen Plattformen wirft.

6.7.1   Nutzungsbedingungen der Plattformen

Nutzen Sie zur Veröffentlichung Ihres Videos eine Videoplattform, so müssen Sie
sich mit deren Nutzungsbedingungen vertraut machen. Andernfalls müssen Sie
damit rechnen, dass die Plattform Ihren Videokanal sperrt oder den Vertrag mit
Ihnen kündigt. Dies ist besonders dann eine empfindliche Einbuße, wenn Sie über
Jahre hinweg einen Kanal aufgebaut haben und viele Nutzer Ihre Videos mitverfolgen. Um dies zu verhindern, sollten Sie sich grundsätzlich mit den Regelungen
auseinandersetzen, die das rechtliche Verhältnis zwischen der Plattform und Ihnen
bestimmen. Das sind insbesondere die Nutzungsbedingungen, die Datenschutzrichtlinie und die Community-Richtlinien.

Werfen wir nun zunächst einen Blick auf die Nutzungsbedingungen, so stellt sich als
Erstes die Frage, ob Sie die Plattform überhaupt für Ihre Marketingzwecke nutzen
dürfen. Denn manche Plattformen sind damit nicht einverstanden. Bei der Plattform
YouTube beispielsweise lässt sich nicht direkt eine Regelung zur Zulässigkeit von
Werbemaßnahmen finden. Doch an einer Stelle der Nutzungsbedingungen regelt
YouTube die Zulässigkeit der Verwendung der Plattform zu kommerziellen Zwecken.

> **Hinweis: Was ist ein kommerzieller Zweck?**
>
> Ein kommerzieller Zweck liegt immer dann vor, wenn das Verhalten in irgendeiner
> Verbindung zu einer gewerblichen Tätigkeit wie dem Absatz von Waren oder Dienst-
> leistungen steht. Ein kommerzieller Zweck liegt demnach nur dann nicht vor, wenn
> es sich um eine rein private Verwendung handelt. Da Marketingmaßnahmen zumin-
> dest mittelbar immer dem Absatz dienen, verfolgen sie einen kommerziellen Zweck.

Den Nutzungsbedingungen zufolge soll die Plattform grundsätzlich nicht zu kommerziellen Zwecken genutzt werden, insbesondere »*nicht für die Anbahnung von Geschäften im Zusammenhang mit Handel oder einem gewerblichen Unternehmen*«.
Davon werden nicht nur die Website selbst und deren Dienste umfasst, sondern You-
Tube macht in den Nutzungsbedingungen auch ausdrücklich darauf aufmerksam,
dass ebenso die Kommentare und E-Mail-Funktionen der Website eingeschlossen
sind. Eine Ausnahme gilt nur dann, wenn Sie im Voraus die Zustimmung von You-
Tube dazu eingeholt haben. Somit sollten Sie sich mit Ihrem Begehren an YouTube
wenden und eine Gestattung erwirken, bevor Sie mit der Durchführung Ihrer Werbemaßnahmen beginnen.

Praxisbeispiel

Der Videokanal »YouTube« lässt sich eine weltweite, nicht exklusive und gebühren-freie Lizenz unter anderem zur Nutzung, Reproduktion, zum Vertrieb und zur Bear-beitung der Videos einräumen, gleichgültig in welchem Medienformat und über welchen Verbreitungsweg. Diese umfassende Lizenz beinhaltet zudem das Recht zur Unterlizenzierung (siehe Abbildung 6.25).

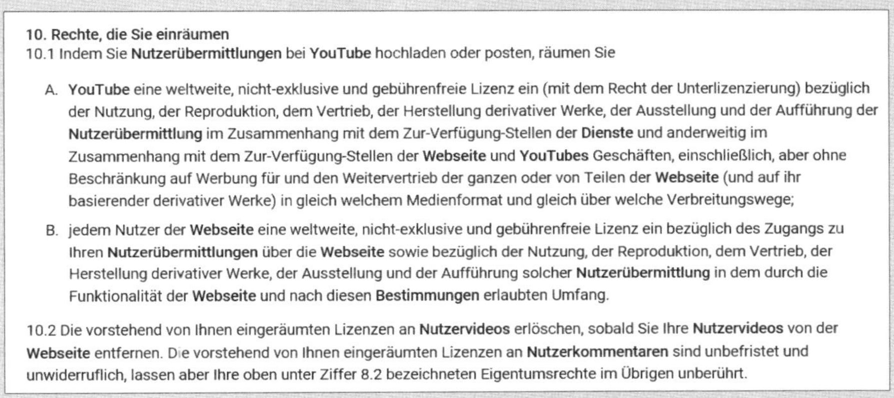

---

10. Rechte, die Sie einräumen

10.1 Indem Sie **Nutzerübermittlungen** bei **YouTube** hochladen oder posten, räumen Sie

   A. **YouTube** eine weltweite, nicht-exklusive und gebührenfreie Lizenz ein (mit dem Recht der Unterlizenzierung) bezüglich der Nutzung, der Reproduktion, dem Vertrieb, der Herstellung derivativer Werke, der Ausstellung und der Aufführung der **Nutzerübermittlung** im Zusammenhang mit dem Zur-Verfügung-Stellen der **Dienste** und anderweitig im Zusammenhang mit dem Zur-Verfügung-Stellen der **Webseite** und **YouTubes** Geschäften, einschließlich, aber ohne Beschränkung auf Werbung für und den Weitervertrieb der ganzen oder von Teilen der **Webseite** (und auf ihr basierender derivativer Werke) in gleich welchem Medienformat und gleich über welche Verbreitungswege;

   B. jedem Nutzer der **Webseite** eine weltweite, nicht-exklusive und gebührenfreie Lizenz ein bezüglich des Zugangs zu Ihren **Nutzerübermittlungen** über die **Webseite** sowie bezüglich der Nutzung, der Reproduktion, dem Vertrieb, der Herstellung derivativer Werke, der Ausstellung und der Aufführung solcher **Nutzerübermittlung** in dem durch die Funktionalität der **Webseite** und nach diesen **Bestimmungen** erlaubten Umfang.

10.2 Die vorstehend von Ihnen eingeräumten Lizenzen an **Nutzervideos** erlöschen, sobald Sie Ihre **Nutzervideos** von der **Webseite** entfernen. Die vorstehend von Ihnen eingeräumten Lizenzen an **Nutzerkommentaren** sind unbefristet und unwiderruflich, lassen aber Ihre oben unter Ziffer 8.2 bezeichneten Eigentumsrechte im Übrigen unberührt.

Abbildung 6.25 Nutzungsbedingungen des Videokanals »YouTube«

Darüber hinaus müssen Sie auch beachten, dass die Nutzungsbedingungen oftmals Klauseln zur Übertragung der Urheberrechte an den von Ihnen eingestellten Videos auf die Plattform enthalten. Dies ist besonders in Fällen problematisch, in denen Sie nur eine Lizenz an Inhalten erworben haben, die eine Unterlizenzierung verbietet, wie es beispielsweise bei den Videos aus Stockarchiven der Fall ist.

Bei manchen Plattformen, wie zum Beispiel YouTube, beschränkt sich die Einräu-mung von Rechten jedoch nicht nur auf die Plattform selbst: Vielmehr lässt sich den Nutzungsbedingungen entnehmen, dass dieselben Nutzungsrechte auch einem jeden Nutzer der Plattform übertragen werden. Eine Ausnahme gilt nur im Hinblick auf das Recht zum Weitervertrieb und zur Verwendung von Werbung. Vielmehr wer-den Nutzer auf eine Verwendung im Zusammenhang mit der Plattform beschränkt.

Manche Unternehmen fürchten daher, dass Nutzer Ihr Video unkontrollierbar auf fremden Seiten einbetten könnten. Je nach Fallkonstellation kann dies zu einem Imageschaden führen und zur Folge haben, dass sich das fremdbearbeitete Video von den Webseiten anderer User nicht mehr löschen lässt. Dies ist zumindest auf YouTube rechtlich auch zulässig, da Sie selbst mit dem Upload anderen Nutzern ein solches Recht eingeräumt haben. Dies zeigt ein Blick in Klausel 10.1 B der Nutzungs-bedingungen (siehe Abbildung 6.26).

Hinweis

Wenn Sie dies verhindern möchten, dürfen Sie unter ERWEITERTE EINSTELLUNGEN in
der Rubrik VERBREITUNGSOPTIONEN kein Häkchen in dem Kasten zu EINBETTEN ZULAS-
SEN setzen (siehe Abbildung 6.26).

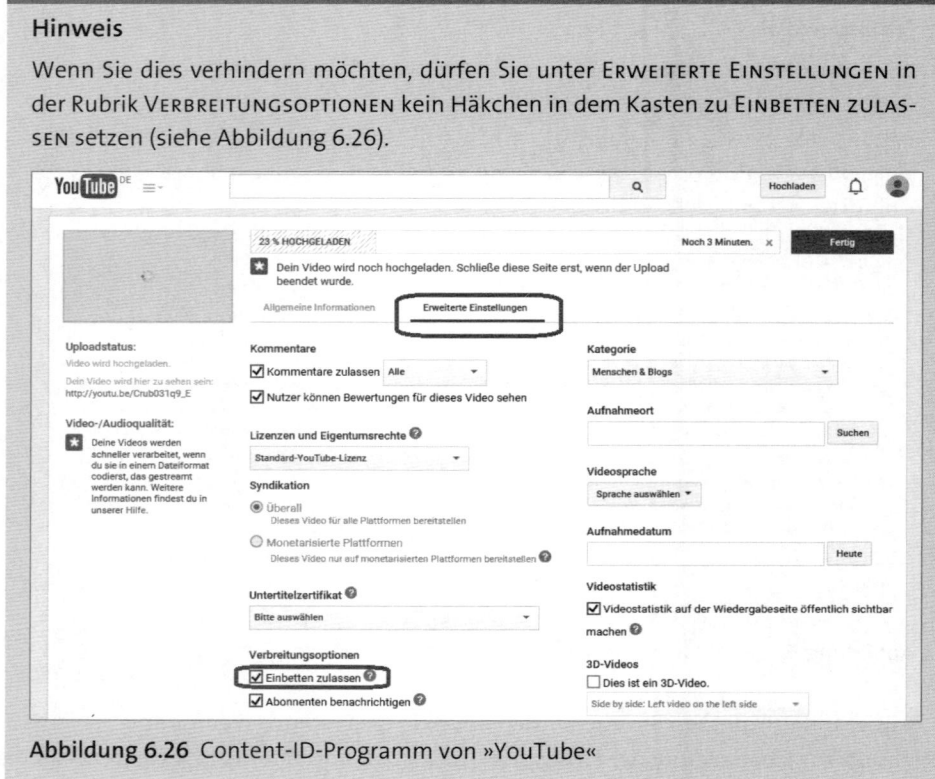

Abbildung 6.26 Content-ID-Programm von »YouTube«

Die eingeräumten Lizenzen erlöschen in der Regel, wenn das Video von der Webseite
entfernt wird. Danach ist eine rechtmäßige Nutzung des Videos also weder durch
YouTube noch durch andere Nutzer möglich.

6.7.2   Community-Guidelines

Die Community-Guidelines beinhalten die »Spielregeln« der Videoplattform. Darin
enthalten sind generelle Verhaltensregeln, die die Plattform aufgestellt hat. Diese variieren je nach Anbieter, enthalten in der Regel aber alle beispielsweise das Verbot,
gewaltverherrlichende, strafbare oder persönlichkeitsrechtsverletzende Inhalte auf
der Plattform zu veröffentlichen (siehe Abbildung 6.27).

Außerdem wird Wert darauf gelegt, dass Sie beim Hochladen eines Videos das Urheberrecht beachten. Insbesondere darf ohne Einwilligung des Berechtigten keine
fremde Musik verwendet werden.

Spielregeln einhalten

Die folgenden allgemeinen Regeln werden dir helfen, Probleme auf YouTube zu vermeiden. Wir bitten dich, diese Regeln ernst zu nehmen und zu beherzigen. Bitte versuche nicht, Schlupflöcher zu finden oder die Regeln zu umgehen, sondern nimm sie zur Kenntnis und respektiere sie in dem Sinne, in dem sie festgelegt wurden.

Nacktheit oder pornografische Inhalte

Auf YouTube sind pornografische oder sexuell explizite Inhalte nicht erlaubt. Bitte poste dein Video nicht auf YouTube, falls es Inhalte dieser Art umfasst – auch wenn das Video nur Aufnahmen von dir selbst enthält. Darüber hinaus arbeiten wir eng mit den Strafverfolgungsbehörden zusammen und bringen jede Form von Kindesmissbrauch zur Anzeige. Weitere Informationen

Schädliche oder gefährliche Inhalte

Lade keine Videos hoch, die andere Nutzer – insbesondere Kinder – zu Handlungen ermutigen, die ihnen schweren Schaden zufügen könnten. Je nach Schweregrad können Videos, die solche gesundheitsschädlichen bzw. gefährlichen Handlungen darstellen, von uns mit einer Altersbeschränkung versehen bzw. gelöscht werden. Weitere Informationen

Gewalttätige oder grausame Inhalte

Auf YouTube dürfen keine gewalttätigen oder blutigen Inhalte hochgeladen bzw. veröffentlicht werden, die vorrangig in schockierender, respektloser oder effekthascherischer Art und Weise gestaltet sind. Wenn du gewalttätige bzw. grausame Inhalte hochlädst, die einen tagesaktuellen oder dokumentarischen Informationswert haben, solltest du darauf achten, ausreichend Informationen zur Verfügung zu stellen, damit der Zuschauer deine Videoinhalte richtig einordnen kann. Ermutige andere Nutzer außerdem niemals dazu, eine Gewalttat zu begehen. Weitere Informationen

Urheberrecht

Respektiere das Urheberrecht, indem du nur solche Videos hochlädst, die du selbst produziert hast bzw. zu deren Verwendung du alle erforderlichen Rechte besitzt. Das bedeutet: Ohne ausdrückliche Genehmigung solltest du keine Videos hochladen, die du nicht selbst erstellt hast, und kein Material in deinen Videos einsetzen, dessen Urheberrechte einer anderen Person gehören – z. B. Musiktitel, Ausschnitte aus urheberrechtlich geschützten Programmen oder Videos, die von anderen Nutzern erstellt wurden. Weitere Informationen findest du in unseren Richtlinien zum Urheberrecht.

Abbildung 6.27 Auszug aus den Community-Regeln der Videoplattform »YouTube«

Praxisbeispiel

In den Community-Richtlinien der Videoplattform YouTube (*http://wbs.is/rom9*) heißt es beispielsweise:

»*Ohne ausdrückliche Genehmigung solltest du keine Videos hochladen, die du nicht selbst erstellt hast, und kein Material in deinen Videos einsetzen, dessen Urheberrechte einer anderen Person gehören – z. B. Musiktitel, Ausschnitte aus urheberrechtlich geschützten Programmen oder Videos, die von anderen Nutzern erstellt wurden.*«

Hinweis: Einigung zwischen GEMA und YouTube

Die Tatsache, dass die *Gesellschaft für musikalische Aufführungs- und mechanische Vervielfältigungsrechte* (GEMA) sich Ende des Jahres 2016 nach einer gerichtlichen Auseinandersetzung (Oberlandesgericht München, Urteil vom 28.01.2016, Az. 29 U 2798/15) mit der Plattform YouTube geeinigt hat und nun Tausende bislang gesperrter Musikvideos wieder abrufbar sind, ändert nichts daran, dass Sie grundsätzlich ohne Einwilligung kein Recht haben, diese zu verwerten – schon gar nicht zu Werbezwecken!

6.7.3   Datenschutzbestimmungen

Neben den Nutzungsbedingungen und den Community-Guidelines müssen Sie zur Nutzung eines Videokanals in der Regel auch den Datenschutzbestimmungen zustimmen. Damit erklären Sie sich mit der Art und Weise der Datenerhebung und der weiteren Nutzung durch die Plattform einverstanden. Diesen Aspekt sollten Sie nicht vernachlässigen, da bei der Nutzung eines Videokanals doch mehr Daten übermittelt werden, als Sie vielleicht zunächst denken. Die Datenerhebung beginnt mit der Erstellung des eigenen Kontos. In der Regel werden Sie dafür nach Ihrer E-Mail-Adresse und einem Passwort gefragt (siehe Abbildung 6.28).

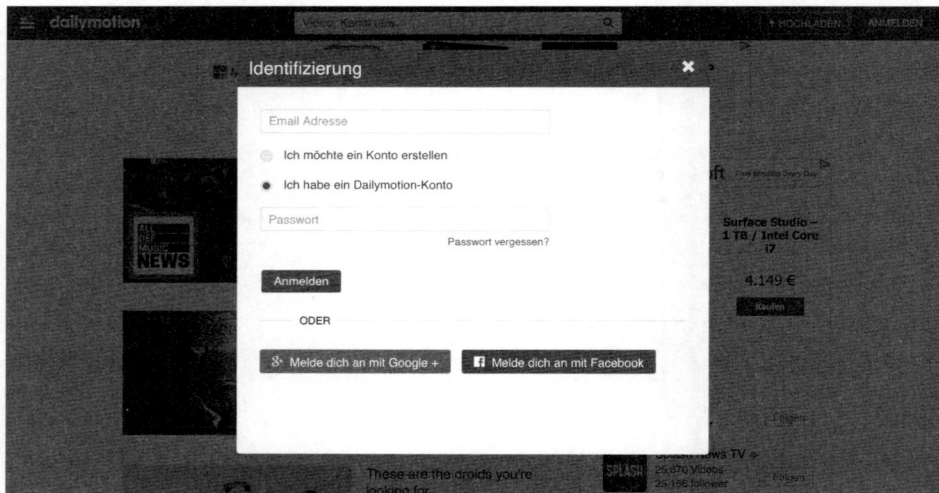

Abbildung 6.28 Registrierungsmaske bei der Videoplattform »dailymotion«

Je mehr Daten die Plattform von Ihnen unbedingt fordert, desto mehr sollten Sie sich darüber informieren, was sie mit diesen Daten macht.

Andererseits werden jedoch oftmals umfangreiche Informationen über das Nutzungsverhalten aufgezeichnet. Dazu gehören beispielsweise Angaben dazu, welche Videos Sie sich angesehen haben, welche Kanäle Sie abonniert haben oder welche Nutzer Sie kontaktiert haben.

Vergleichsweise umfangreich sind auch die Bestimmungen zur Schaltung von Werbeanzeigen. YouTube beispielsweise verwendet dabei diverse Systeme wie den *»DoubleClick-Cookie«*, um Ihnen bzw. Ihren Nutzern *»relevante Anzeigen bereitzustellen«*. Das System des DoubleClick-Cookies ist einfach: Wenn eine Anzeige in einem Browser geschaltet werden soll, kann mithilfe von DoubleClick anhand der Cookie-ID des Browsers überprüft werden, welche DoubleClick-Anzeigen in diesem speziellen Browser bereits erschienen sind. Auf diese Weise kann zum Beispiel auch vermieden werden, dass dem Nutzer Anzeigen geschaltet werden, die er bereits gesehen hat. Der DoubleClick-Cookie kann von dem Nutzer auch deaktiviert werden, sodass er nicht mehr als Grundlage zur Schaltung von Anzeigen verwendet werden kann.

Dabei wird stets betont, dass es sich bei den erhobenen Daten keinesfalls um personenbezogene Daten handelt. Als Beispiel dafür wird jedoch auch die IP-Adresse genannt, was aus datenschutzrechtlicher Sicht keinesfalls unproblematisch ist, nachdem sogar der Europäische Gerichtshof (Urteil vom 19.10.2016, Az. C-582/14) entschieden hat, dass IP-Adressen personenbezogene Daten sein können und sich dies auch aus der neuen Datenschutz-Grundverordnung ergibt.

6.7.4   Impressumspflicht

Nutzen Sie auf der Videoplattform Ihren eigenen Kanal, so unterliegen Sie damit zudem der Impressumspflicht. Das Impressum muss dabei nicht nur richtig und vollständig sein, sondern auch schnell zugänglich. Insofern gilt die Zwei-Klick-Lösung des Bundesgerichtshofs (Urteil vom 20.07.2006, Az. I ZR 228/03), wonach das Impressum über höchstens zwei Klicks erreichbar sein muss (siehe Abbildung 6.29). Demnach ist es völlig ausreichend, wenn Sie in Ihrem Kanal auf das Impressum Ihrer eigenen Website verlinken. Wichtig ist dabei nur, dass erkennbar ist, dass der Link zum Impressum führt. Empfehlenswert und am einfachsten ist dabei die Erstellung einer eigenen Impressumsrubrik.

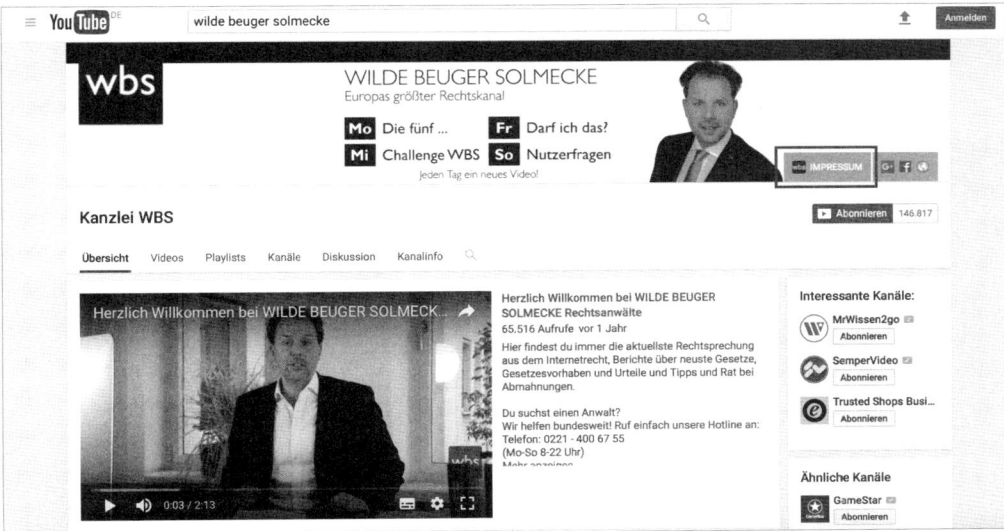

Abbildung 6.29 Ein Klick auf den Button »Impressum« im YouTube-Kanal der Rechtsanwaltskanzlei »Wilde Beuger Solmecke« führt zur Anbieterkennzeichnung auf der Website der Kanzlei.

Hinweis

Auch hier können Sie sich bei Unsicherheiten des Rechtstexters bedienen, den Sie auf der Webseite *http://wbs.is/romrechtstexter* finden (siehe Abbildung 6.30). Auf diese Weise können Sie Ihr Impressum immer auf dem neuesten Stand generieren und sich günstig, einfach und sicher gegen Abmahnungen schützen.

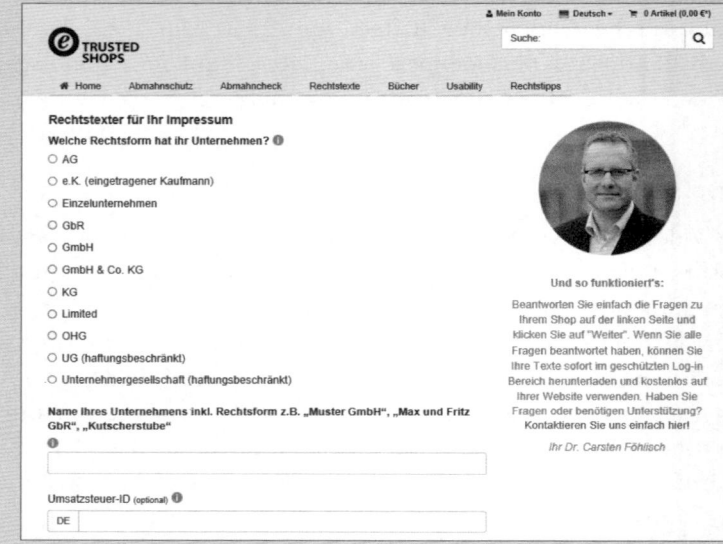

Abbildung 6.30 Der »Rechtstexter« hilft Ihnen bei der Erstellung Ihres Impressums.

6.8   Wie kann man Multi-Channel-Netzwerke rechtssicher verwenden?

Multi-Channel-Netzwerke sind Unternehmen, die mit mehreren YouTube-Kanälen verbunden sind und in der Regel in folgenden Bereichen Unterstützung leisten:

► Produktentwicklung

► Zusammenstellung des Programms

► Finanzierung

► Cross-Promotion

► Partner-Management

► Verwaltung digitaler Rechte

► Vertrieb und/oder Aufbau eines Publikums

Dabei sind diese Unternehmen keine Partner von YouTube oder Google und werden von diesen auch nicht unterstützt.

Praxisbeispiel

»Mediakraft« (*www.mediakraftnetworks.de*) ist eines der größten Vermarktungs-netzwerke in Deutschland (siehe Abbildung 6.31). Gegründet wurde es von YouTu-bern, und das Aushängeschild waren lange Zeit die erfolgreichen YouTube-Stars von »Y-Titty« und »DieLochis«.

Abbildung 6.31 Das Netzwerk »Mediakraft« unterstützt seine Partner beim Marketing.

Die schnelle Verbreitung der Videos und deren dauerhafte Abrufbarkeit bieten einen klaren Vorteil gegenüber dem klassischen Fernsehen. Das haben auch bereits die gro-ßen Sender bemerkt und investieren daher zunehmend in führende Multi-Channel Networks (MCN).

Praxisbeispiel

ProSiebenSat.1 hat unter dem Namen »Studio71« (*www.studio71.com*) ein eigenes Netzwerk gegründet und kann die Vermarktung von »SevenOne« nutzen. Studio71 hat 1.300 Kanäle im Netzwerk und etwa 7 Milliarden Videoabrufe im Monat (siehe Abbildung 6.32).

Abbildung 6.32 Startseite des Netzwerks »Studio71«

Gerade wer die Jugendlichen von heute erreichen will, muss sich dem digitalen Wandel anpassen und kommt nicht umhin, seine Inhalte auf der beliebten Plattform YouTube anzubieten. Allein in Deutschland verzeichnet die Plattform monatlich 38 Millionen Nutzer und ist weltweit die zweitstärkste Suchmaschine.

Ein *Multi-Channel Network* (MCN) besteht aus mehreren gebündelten YouTube-Kanälen. Die Netzwerkbetreiber kümmern sich um die professionelle Vermarktung der Kanäle und versprechen eine große Reichweite. Die Inhalte kommen von einzelnen Künstlern oder werden coproduziert. YouTube unterstützt die Vermarktung dieser Kanäle und bietet den Netzwerken Sonderverträge an. Damit avancieren die MCNs zu neuen wichtigen »Fernsehsendern«.

YouTube lockt seine Zuschauer vor allem auch mit Nischenprogrammen. Das, was das klassische TV nicht leisten kann, weil es auf hohe Zuschauerquoten angewiesen ist, findet nun bei YouTube statt. Ein weiterer Vorteil: Der Zuschauer kann die Inhalte ganz leicht mit seinem Handy oder Tablet abrufen – kostenlos und jederzeit.

Dieser Aspekt ist gerade für Sie unter Marketingaspekten besonders wichtig. Aus diesem Grund möchten wir Ihnen in diesem Abschnitt die Vorteile eines Beitritts einmal näher erläutern und auch einen Blick auf den MCN-Vertrag werfen, den Sie dann abschließen müssten, um die Vorteile zu genießen.

6.8.1   Vorteile eines Beitritts zu einem Netzwerk

Der Beitritt zu einem YouTube-Netzwerk bietet Ihnen eine Reihe von Vorteilen. Das Netzwerk bietet Ihnen Unterstützung bei der Vermarktung und Produktion und hilft Ihnen, die Reichweite Ihres Kanals zu verbessern. Die einzelnen Leistungen sind zwischen Ihnen und dem Netzwerk je nach bisherigem Umsatz und bisheriger Reichweite individuell bestimmbar.

Vermarktung

YouTube-Netzwerke bieten Unterstützung beim Management von Kanal und Nutzern. Auch bei der Pflege der Social-Media-Profile greifen sie Ihnen unter die Arme. Darüber hinaus sollen auch die Presse- und Werbearbeit sowie die Vermittlung an TV und Künstleragenturen durch das Netzwerk erleichtert werden.

Produktion

YouTube-Netzwerke können lizenzierte Musik-, Sound-, Bild- und Videoinhalte bereitstellen, Studio- und Produktionskapazitäten schaffen oder die gesamte Produktion für Sie übernehmen. Diesbezüglich stellen sie die rechtliche Situation fest und kümmern sich um alles Notwendige, wie zum Beispiel um das Beschaffen der erforderlichen Lizenzen. Netzwerke können Lizenzen von Dritten einfacher erwerben, da die Netzwerke diese für all ihre YouTuber erlangen.

Ein weiterer wichtiger Faktor ist, dass Sie als Angehöriger eines Netzwerks nicht mehr von der Regelung der sogenannten YouTube-Strikes betroffen sind. *Strikes* ergehen in der Regel wegen Verletzung des Urheberrechts. Tauchen Beschwerden gegen ein Video auf, wendet sich YouTube an die Netzwerke und diese bekommen Zeit, um zu reagieren. Ohne ein Netzwerk wird das betroffene Video bei Erhalt des ersten Strikes von YouTube gesperrt. Der Strike verfällt nach einer Dauer von 90 Tagen, wenn der Nutzer einen sogenannten »Kurs zum Urheberrecht« absolviert.

Achtung!

Nach dem *Three-Strike-System* wird Ihr Konto gekündigt, wenn Sie drei Urheberrechtsverwarnungen erhalten. Zudem werden alle zugehörigen Videos entfernt, und Sie verlieren auch die Möglichkeit, ein neues Konto zu erstellen. Dies ist gerade bei über Jahre hinweg aufgebauten Kanälen eine besonders empfindliche Abstrafung.

Reichweite

Eine der populärsten Leistungen, die die YouTube-Netzwerke erbringen wollen, ist die Ausweitung der Reichweite der Kanäle und Videos, das sogenannte *Audience Development*. Im Rahmen dessen werden die Kanäle und Videos optimiert, die Zusammenarbeit für Cross-Promotion mit anderen YouTubern und die Interaktion auf YouTube gefördert sowie YouTuber für eine optimale Nutzung ihrer Kanäle geschult.

Vermarktung

Darüber hinaus will das YouTube-Netzwerk höhere Erlöse für Sie erreichen. Im Gegensatz zu YouTube vermarktet das Netzwerk den einzelnen YouTuber sowie einzelne Kanäle und Videos gezielt und nicht »nur« die gesamte Plattform. Mit gezielten Produktplatzierungen und effektivem Marketing sowie dem Einsatz der YouTuber als Testimonials sollen die Einnahmen steigen. Die Organisation dieser Maßnahmen übernimmt das jeweilige YouTube-Netzwerk.

Hinweis

Möchten Sie einem Netzwerk nicht beitreten, da Sie beispielsweise die volle gestalterische Freiheit behalten möchten, so können Sie indirekt dennoch Netzwerke zu Marketingzwecken nutzen: Sie können über die Netzwerke Kontakt zu YouTubern aufnehmen, die dann in ihren Videos zum Beispiel Produktplatzierungen für Sie schalten.

6.8.2   Der Multi-Channel-Network-Vertrag

Die Vorteile, die Ihnen der Beitritt zu einem YouTube-Netzwerk bringen kann, klingen zunächst gut. Es gibt dennoch einige Faktoren, die Sie vor Vertragsunterzeichnung beachten sollten. Exklusivität und Transparenz, Rechte und Leistungen, Vergütung, Haftung und Laufzeit sind dabei die wichtigsten Schlagwörter, auf die wir im Folgenden eingehen möchten.

Vertragsart

Bei den Verträgen zwischen Ihnen und den Netzwerken handelt es sich in der Regel um Dienstverträge. Denn ein konkretes Ergebnis wird in den meisten Fällen nicht bestimmt und damit auch nicht geschuldet. Die Netzwerke verpflichten sich lediglich, einen bestimmten YouTube-Kanal marketingstrategisch voranzutreiben. Was man darunter verstehen kann, ist oftmals Interpretationssache. Ihre Vorstellungen können dabei deutlich von denen des Netzwerks abweichen. Zu einem konkreten Erfolg wird sich das Netzwerk in der Regel jedoch nicht verpflichten lassen, da es sonst auch dafür einstehen muss.

Exklusivitätsklausel und Transparenz

In den Verträgen findet sich meist eine Klausel, wonach Sie sich dazu verpflichten, Ihren Kanal zur Auswertung und Vermarktung eines Netzwerks exklusiv zur Verfügung zu stellen. Sie sind somit in den allermeisten Fällen nicht befugt, weitere Verträge über Ihre Kanäle und Videos abzuschließen. Auch neue Kanäle und Videos fallen zunächst unter diesen Vertrag. Dies nennt man *Exklusivitätsvereinbarung*.

> **Achtung!**
> Die Exklusivitätsvereinbarung ist ein Grund, warum viele große Unternehmen, wie zum Beispiel »Coca-Cola«, solchen Netzwerken nicht beitreten. Denn sie möchten ihre Inhalte einem Netzwerk nicht zur Verfügung stellen. Aus diesem Grund bieten sich solche Netzwerke insbesondere für diejenigen an, die über einen Kanal möglichst werbeneutrale Informationen verbreiten und dadurch quasi subtil auf sich aufmerksam machen möchten.

Exklusivitätsvereinbarungen schränken Sie zwar ein, sind aber nicht per se unzulässig. Sie finden ihre Grenze jedoch da, wo Ihnen Ihre künstlerische und wirtschaftliche Betätigungsfreiheit genommen wird.

> **Achtung!**
>
> Sie sollten grundsätzlich darauf achten, dass Ihnen die vollständige kreative Freiheit bei der Gestaltung Ihrer Videos gelassen wird. Wenn für bestimmte Situationen diese Freiheit eingeschränkt werden soll, müssen Sie auf eine ganz konkrete Nennung des Falles achten.

Besonders wichtig ist es, dass Sie sich vertraglich zusichern lassen, dass bestimmte Videos vom Netzwerk freigegeben werden können, wenn die Vermarktung für das Netzwerk nicht interessant ist. In diesen Fällen können Sie sich dann an ein anderes Netzwerk wenden. Wenn diese Möglichkeit besteht, dann ist die Exklusivitätsklausel zulässig.

> **Hinweis**
>
> Wir raten Ihnen, die vertraglichen Regelungen zum Mitspracherecht und der Entscheidungsbefugnis genau zu lesen und die Konsequenzen zu verstehen. Sie dürfen nicht vergessen, dass Verträge individuell zu verhandeln und zu gestalten sind. Lässt ein Netzwerk sich hierauf nicht ein, sollte das ein Warnsignal für Sie sein.

Hingegen unzulässig sind Klauseln, die beinhalten, dass Sie zwar die kreative (Letzt) Entscheidungsgewalt innehaben, aber verpflichtet sind, rechtliche und redaktionelle Vorgaben vom Netzwerk im Fall eines Risikos für den Vermarktungserfolg zu beachten. Mit dieser Klausel lässt sich das Netzwerk eine zu große und unbestimmte Handlungsfreiheit in Bezug auf den Inhalt der Videos einräumen. Denn die zuerst gewährte Entscheidungsbefugnis wird ausgehöhlt, weshalb solche Klauseln rechtlich als sittenwidrig eingestuft werden. Schließlich wird Ihre kreative Freiheit für nicht klar bestimmbare Situationen ausgeschlossen. Unklar ist bei solchen Formulierungen nämlich, wann ein Risiko für den Vermarktungserfolg vorliegt und wann Sie den Vorgaben des Netzwerks nachkommen müssen. Derartige Klauseln sind nicht ausreichend transparent. Der Vertrag muss nämlich inhaltlich hinreichend bestimmt sein. Dies ist bei solchen Formulierungen aber gerade nicht der Fall, da sie dem Netzwerk noch einen Beurteilungsspielraum lassen, der Sie in Unsicherheit versetzt.

Vergütungsvereinbarung

Netzwerke arbeiten natürlich nicht umsonst. Grundsätzlich gehen zunächst einmal etwa 45 % der Einnahmen direkt an YouTube. Es bleiben 55 %, die zwischen dem Netzwerk und Ihnen aufzuteilen sind. Mehr als 30 % sollten im Fall der Vermarktung durch ein Netzwerk diesem nicht zugesprochen werden. Je niedriger aber die prozentuale Beteiligung der Netzwerke ist, desto besser für Sie.

Hinweis

Dies gilt nicht für *Product Placements*. Für diese werden Einzelfallvereinbarungen getroffen, die auf 50:50 bis 70:30 zugunsten des Netzwerks hinauslaufen können.

Sie können aber auch Regelungen treffen, bei denen Sie 100 % bis zum Erreichen eines festgelegten Betrags erhalten und erst darüber hinausgehende Einnahmen zwischen Ihnen und dem Netzwerk geteilt werden.

Praxisbeispiel

Bis zum Erreichen eines monatlichen Erlöses von 2.000 € erhalten Sie 100 %. Bei darüber hinausgehenden Erlösen erhält das Netzwerk 60 % und Sie erhalten 40 % der Einnahmen.

Sie sollten zudem darauf bestehen, die tatsächlichen Einnahmen einsehen zu dürfen. Auf diese Art wird Transparenz, Vertrauen und Fairness geschaffen.

Rechte und Leistungen

Im Vertrag müssen die Leistungspflichten und Rechte des Netzwerks eindeutig formuliert sein. Die Bestimmtheit aller vertraglichen Regelungen ist bei diesen Verträgen enorm wichtig. Hier liegt meist der Knackpunkt. Sie sollten daher darauf achten, dass die Verträge keine zu schwammigen Formulierungen enthalten und Sie nicht zu viele Zugeständnisse machen. Die Klauseln sollten individuell auf Ihren Fall zugeschnitten und vor allem eindeutig formuliert werden.

Praxisbeispiel

Regelt das Netzwerk in einer Klausel, dass es Promotion- und Vermarktungsaktivitäten »nach billigem Ermessen« ausführt, so ist dies nicht eindeutig und sollte daher von Ihnen nicht akzeptiert werden. Denn was in das billige Ermessen des Netzwerks fällt, ist sehr subjektiv und für Sie daher nicht überschaubar.

Darüber hinaus enthalten die Verträge oftmals auch Klauseln, mit denen sich die Netzwerke Rechte vorbehalten. Dazu gehört beispielsweise die Vornahme von jeglichen Änderungen und Bearbeitungen, um Content ganz oder in Teilen in die Plattform zu integrieren. Auch behalten sich manche Netzwerke vor, die ihnen eingeräumten Befugnisse Dritten einzuräumen oder Dritten die Nutzung zu gestatten.

Achtung!

In diesen Fällen sollten Sie sich unbedingt ein Zustimmungserfordernis vorbehalten, wonach das Netzwerk vor jeder solchen Handlung Ihre Zustimmung einholen muss. Nur so können Sie die Kontrolle über Ihre Inhalte behalten.

Schließlich ist auch die Formulierung einer Leistungspflicht in Ihrem Interesse, die besagt, dass das Netzwerk dafür Sorge zu tragen hat, dass die Kanäle und Videos den rechtlichen Vorgaben entsprechen. Dahingehend sollte das Netzwerk auch beratend tätig sein, speziell im Hinblick auf Urheberrechte Dritter bei Bild- und Tonmaterial. Vereinfacht gesagt soll das Netzwerk Sie schützen, Ihre Rechte klären und Sie dahingehend absichern, keine Rechtsverletzungen zu begehen.

Haftung

In der Regel wird vertraglich vereinbart, dass Sie zu 100 % haften, wenn durch Ihre Videos Rechte Dritter verletzt werden. Das Netzwerk lässt sich von sämtlichen Ansprüchen Dritter freistellen, die mit Inhalten der Kanäle und Videos und deren Auswertung in Zusammenhang stehen. In Anbetracht dessen, dass ein Netzwerk die Inhalte vermarktet und dafür sorgt, dass sie eine größere Öffentlichkeit erreichen, ist es nicht gerecht, dass das Netzwerk die unliebsame Haftung vollständig auf Sie überträgt.

Hinweis

Sie sollten auf eine anteilige Haftung des Netzwerks bei der Verletzung von Rechten Dritter bestehen. Denn nur dann hat das Netzwerk auch ein tatsächliches Interesse, seine Beratungsfunktion umfassend wahrzunehmen und nicht nur finanziell zu profitieren.

Laufzeiten

Ein weiteres Problem bilden auch die häufig zu langen Vertragslaufzeiten und Kündigungsfristen. Die Vereinbarung einer unbestimmten Laufzeit, die erstmals nach einem Jahr gekündigt werden kann, ist zulässig. Empfehlen würden wir Ihnen eine solche Vereinbarung jedoch nicht. Denn wenn Sie mit der Leistung nicht zufrieden sind, bleiben Sie dennoch bis zum Ende der Vertragslaufzeit mit sämtlichen Kanälen und Videos an das Netzwerk gebunden. Sie sollten eher eine kürzere, feste Laufzeit vereinbaren, die dann automatisch verlängert wird, wenn sie nicht gekündigt wird. Aus demselben Grund sollten Sie auch Kündigungsfristen von über 3 Monaten nicht akzeptieren. Sinnvoll ist es, hier keine zu großen Kompromisse einzugehen.

Hinweis

Vor Abschluss eines Vertrags sollten Sie die Vor- und Nachteile einer vertraglichen Bindung an das Netzwerk sorgfältig abwägen. Insbesondere sollten Sie darauf achten, dass die Leistungen des Netzwerks schriftlich festgehalten werden und zu Ihren Gunsten sind. Denn Sie binden sich für eine gewisse Zeit mit all Ihrer Arbeit an das Netzwerk und unterwerfen sich dessen Regelwerk. Dies ist besonders dann ärgerlich, wenn das Netzwerk nicht die gewünschten Erfolge bringt. Sie sollten daher auch die verschiedenen Netzwerke und ihre unterschiedlichen Vertragskonditionen vergleichen.

Im Vorteil ist bei Vertragsverhandlungen immer derjenige, der genaue Vorstellungen davon hat, wie die Dienstleistung des Netzwerks auszusehen hat, und sich bewusst ist, zu welchen Zugeständnissen er bereit ist oder eben auch nicht. Im Zweifel bietet es sich an, einen Rechtsanwalt bei der Auswahl des richtigen Netzwerks und den Vertragsverhandlungen hinzuzuziehen.

6.9   Checkliste Video-Marketing: Alles beachtet?

Checkliste

- ▶ Haben Sie bei einer Eigenproduktion an die Rechte Dritter gedacht?
- ▶ Haben Sie die Bildrechte der Darsteller eingeholt?
- ▶ Haben die in dem Video abgebildeten Mitarbeiter in die Nutzung eingewilligt?
- ▶ Haben Sie für Musik Dritter im Video die Lizenzen eingeholt?
- ▶ Haben Sie die Nutzungsbedingungen bei der Verwendung von Bildern aus Stockarchiven beachtet?
- ▶ Ist Ihr Video frei von Schleichwerbung?
- ▶ Haben Sie Produktplatzierungen als solche gekennzeichnet?
- ▶ Haben Sie vor dem Hosten auf Videokanälen die Nutzungsbedingungen, Community-Guidelines und die Datenschutzbestimmungen studiert?
- ▶ Haben Sie Ihren Videokanal mit einem Impressum versehen?
- ▶ Haben Sie Ihren MCN-Vertrag kontrolliert?

Wenn Sie alle Fragen mit »Ja« beantworten können, dann kann es losgehen ...
Viel Erfolg!

Kapitel 7
Social-Media-Marketing

Soziale Netzwerke sind seit einigen Jahren ein wesentlicher Bestandteil in der Außendarstellung von Unternehmen. Denn diese haben verstanden, dass sich Kundennähe einfach über soziale Netzwerke wie Facebook, Twitter, YouTube oder Instagram umsetzen lässt. Doch was so einfach klingt und auf den Webseiten der Social-Media-Plattformen so simpel aussieht, ist gerade bei der kommerziellen Verwendung durch Unternehmen mit rechtlichen Fallstricken verbunden. Aus diesem Grund stellt der Schritt in die sozialen Netzwerke oft noch immer eine Herausforderung dar. Um Ihnen diesen Schritt zu erleichtern, geben wir Ihnen in diesem Kapitel einen Überblick über die rechtlichen Rahmenbedingungen, die es bei der Gestaltung und dem Betrieb der Social-Media-Präsenz zu beachten gilt.

Heutzutage kann es sich kaum ein Unternehmen leisten, auf die Vorteile der Nutzung von Social Media zu verzichten. Neben den bereits bekannten sozialen Netzwerken wie *Facebook*, *Google+*, *XING*, *LinkedIn* oder *Twitter* ist in der jüngsten Zeit die Plattform *Instagram* der Renner und bietet Ihnen diverse Möglichkeiten, effektive und innovative PR- und Marketingstrategien zu entwickeln und zu verbreiten. Diese Chancen haben viele Unternehmen bereits erkannt und nutzen sie.

> **Hinweis**
>
> Einer weltweiten Umfrage des Online-Statistik-Portals *Statista* aus dem Jahr 2017 zufolge nutzen 94 % der Befragten Facebook, 68 % Twitter und 54 % Instagram, wohingegen Snapchat mit 7 % das Schlusslicht bildet (siehe *http://wbs.is/rom102*). Dabei sind Marketingzwecke mit 30 % unter den deutschen Unternehmen der Hauptgrund für die Nutzung sozialer Plattformen, dicht gefolgt von dem Ziel der stärkeren Kundenbindung, der Steigerung des Bekanntheitsgrades, der Zielgruppenansprache sowie der Umsatzsteigerung.

Die Nutzung von Social Media bietet Ihnen viele Chancen, birgt jedoch auch einige rechtliche Risiken. Vom Urheberrecht und dem Recht am eigenen Bild über die Impressumspflicht bis hin zum rechtskonformen Direktmarketing über soziale Netzwerke gibt es einige Fallstricke, die es zu vermeiden gilt. Wenn Sie diese rechtlichen

Fallstricke jedoch einmal kennen, können Sie sie einfach vermeiden und einen klaren Gewinn aus der Nutzung von Social Media ziehen. Dabei möchten wir Ihnen mit diesem Kapitel helfen!

7.1   Wie bereitet man einen rechtssicheren Social-Media-Auftritt vor?

XING, LinkedIn, Facebook, Google+, Twitter, Instagram, YouTube ... – die Zahl der Social-Media-Plattformen wächst stetig an. Doch wenn Sie sich entscheiden, für Ihre Kunden und potenziellen Neukunden auch in sozialen Netzwerken präsent zu sein, stellt sich die Frage, welche Plattform Sie wählen und wie Sie den Auftritt gestalten sollten.

7.1.1   Die Wahl des Social-Media-Kanals

Die Entscheidung für einen Social-Media-Auftritt beginnt mit der Wahl einer Social-Media-Plattform. Dabei müssen Sie sich zunächst folgende Fragen stellen:

- ▶ Welches soziale Netzwerk spricht Ihre Zielgruppe an?
- ▶ Welche Plattform wird am ehesten den Zielen gerecht, die Sie mit dem Social-Media-Auftritt verfolgen?
- ▶ Welche Social-Web-Plattform ist personell und organisatorisch für Sie am ehesten umsetzbar?
- ▶ Sollten Sie unter Umständen mehrere Kanäle parallel nutzen, um die Zielgruppe auch tatsächlich zu erreichen?

Während beispielsweise bei Blogs aufgrund des höheren Administrationsaufwands die Einstiegshürde für Unternehmen relativ hoch ist, bieten die sozialen Netzwerke ein niederschwelliges und attraktives Angebot für eine Vielzahl von Nutzern. Doch auch innerhalb der sozialen Netzwerke gibt es Unterschiede. Welche das sind und auf welches Netzwerk Sie daher Ihre Marketingmaßnahmen konzentrieren sollten, wird im Folgenden erläutert.

7.1.2   Soziale Netzwerke

Auf den ersten Blick sind die meisten sozialen Netzwerke zwar kostenlos, dies bedeutet jedoch nicht, dass Sie dafür keinerlei Kosten aufwenden müssen. Denn die Pflege von sozialen Netzwerken ist für Unternehmen mit einem nicht zu unterschätzenden Zeitaufwand verbunden, und Zeit ist bekanntlich Geld. Schließlich besteht Social-Media-Marketing in sozialen Netzwerken nicht nur daraus, ein entsprechendes Profil anzulegen. Vielmehr lebt das Marketing davon, dass Sie den Auftritt ständig auf dem neuesten Stand halten, neue Produkte oder Dienstleistungen einpflegen und auf Feedback oder Kontaktwünsche von potenziellen Kunden möglichst schnell reagieren – andernfalls geraten Sie in Vergessenheit. Dies bedeutet also sehr viel Arbeit, die von Ihnen oder Ihrem Personal geleistet werden muss. Daher sollten Sie sich genau überlegen, für welches soziale Netzwerk Sie sich entscheiden, um nicht am Ende auf den Kosten sitzen zu bleiben.

Um Ihnen die Wahl zu erleichtern, geben wir Ihnen im Folgenden einen Überblick über die einzelnen sozialen Netzwerke und ihre Besonderheiten.

Facebook

Das wohl berühmteste und derzeit am meisten genutzte soziale Netzwerk ist die Plattform Facebook (siehe Abbildung 7.1), die 2004 unter anderem von Mark Zuckerberg gegründet wurde.

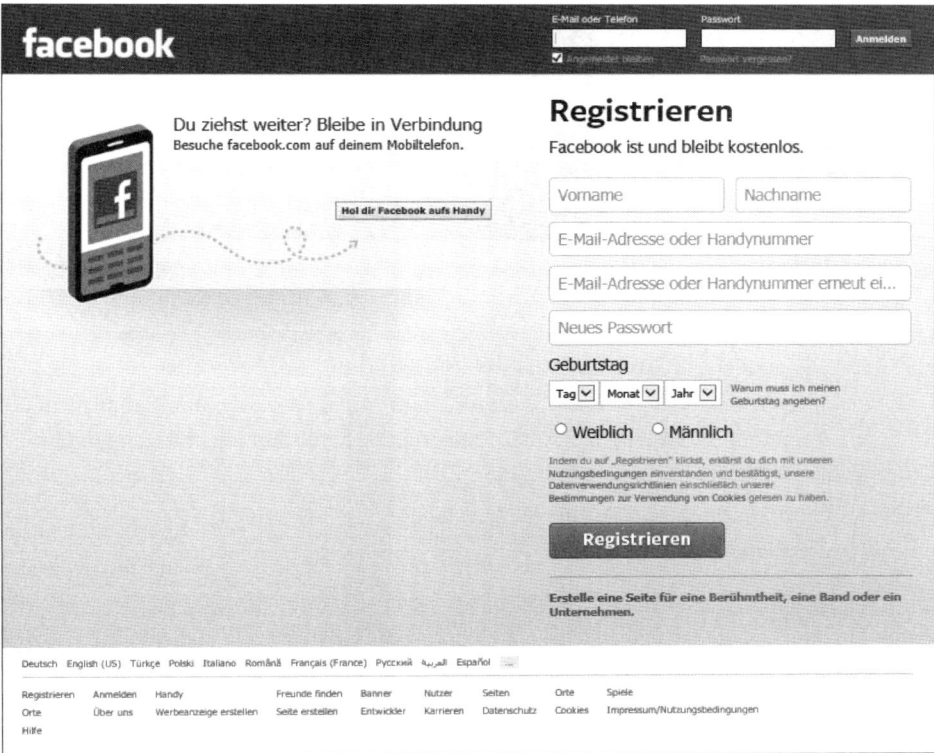

Abbildung 7.1 Die Startseite des sozialen Netzwerks »Facebook«

Das Mittel der Wahl ist dabei eine Unternehmensseite in dem sozialen Netzwerk (siehe Abbildung 7.2). Diese ist Dreh- und Angelpunkt für alle Aktivitäten Ihres Unternehmens.

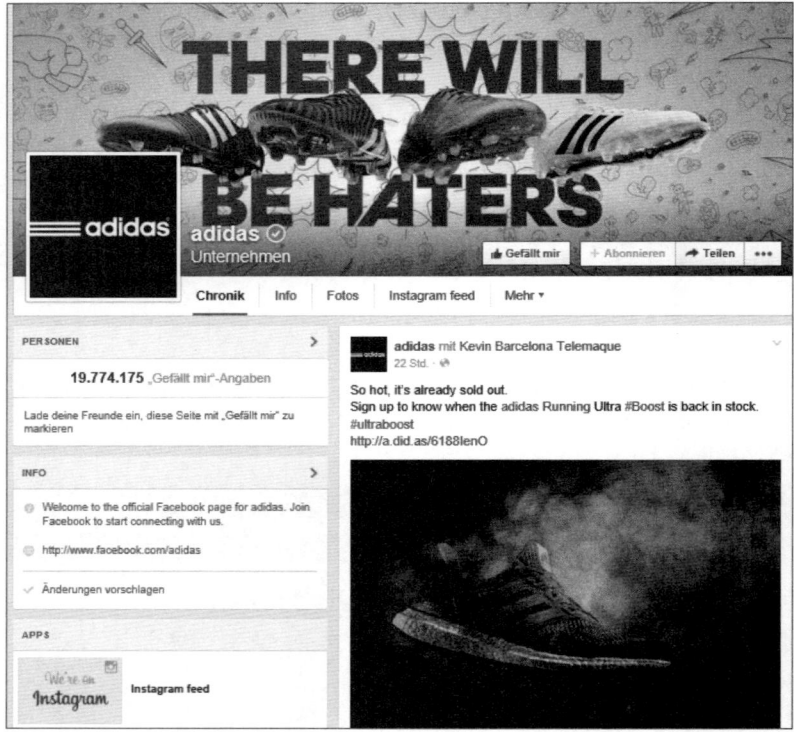

Abbildung 7.2 Die Facebook-Unternehmensseite des Sportprodukteherstellers »Adidas«

Praxistipp: Begrifflichkeiten in sozialen Netzwerken

Sollten Ihnen die Begriffe *Follower*, *Chronik*, *Stream* und *Like* noch überhaupt nichts sagen, empfehlen wir Ihnen, sich über folgende Links mit den wichtigsten Funktionen von Facebook vertraut zu machen:

▶ Facebook Beginner's Guide von »*Netzwelt.de*«:
   http://wbs.is/rom11

▶ Grundlagen für Facebook-Seiten:
   http://wbs.is/rom12

▶ Einführung und Überblick zum Facebook-Marketing auf »*allfacebook.de*«:
   http://wbs.is/rom13

Facebook bietet Ihnen die Möglichkeit, neue Kontakte herzustellen und mit bereits bestehenden Kunden in Verbindung zu bleiben. Gleichzeitig können die Kunden die Seite des Unternehmens ihren Freunden weiterempfehlen und so den Bekanntheitsgrad Ihrer Seite vergrößern. Haben Sie also eine gute Marketingstrategie, haben Sie über Facebook die Möglichkeit, Ihr Angebot in kurzer Zeit und ohne Umwege einer breiten Masse bekannt zu machen.

> **Praxischeck**
>
> Facebook ist ein Netzwerk, das aufgrund seiner weiten Verbreitung in allen Alters- und Bevölkerungsgruppen von nahezu jedem Unternehmen zu Marketingzwecken sinnvoll eingesetzt werden kann. Wer sich also im Bereich Social Media etablieren möchte, sollte auf einen Facebook-Account nicht verzichten.

Google+

Google+ (*www.plus.google.com*) funktioniert ähnlich wie Facebook, arbeitet aber mit sogenannten *Kreisen*. Wer ein Profil auf dieser Plattform hat, wird über Neuigkeiten anderer informiert, indem er diese einem oder mehreren Kreisen zuordnet (sogenanntes *Einkreisen*). Durch dieses Einkreisen können Sie Zielgruppen für Ihre Beiträge definieren und so beispielsweise Informationen gezielt nur an bestimmte Gruppen senden, wenn nur diese ein Interesse daran haben.

Eine Besonderheit im Google+-Netzwerk bilden die *Hangouts*, bei denen es sich um kostenlose Videokonferenzen für bis zu zehn Teilnehmer handelt. Google+ setzt mit seinen Communitys, Kreisen und Videochats stärker auf die Diskussion zwischen den Nutzern. Gerade deshalb tummeln sich dort deutlich mehr Professionals (siehe Abbildung 7.3).

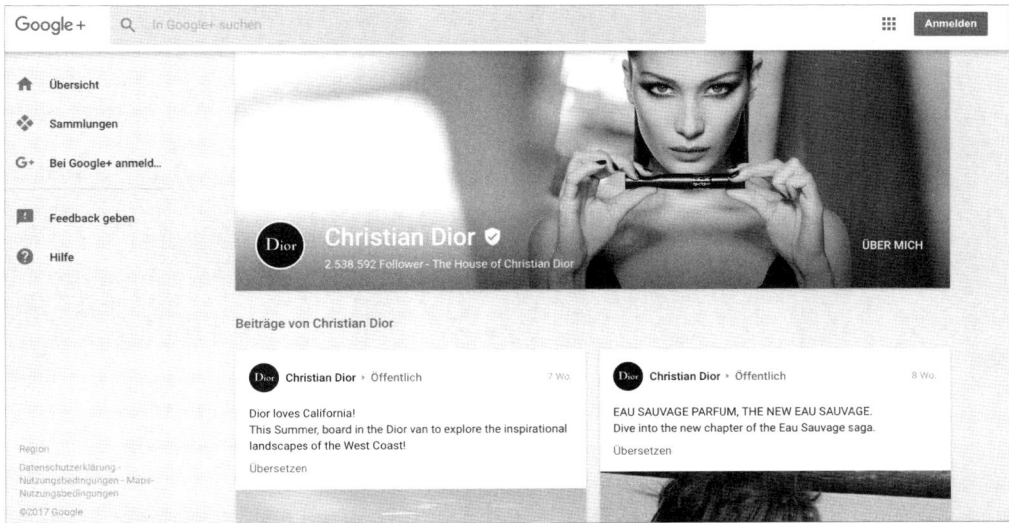

Abbildung 7.3 Das Google+-Profil des Modeunternehmens »Dior«

> **Praxischeck**
>
> Ein Google+-Account kann sich für Sie schon aus Gründen der Suchmaschinenoptimierung als lohnenswert erweisen! Denn mit einem Google+-Account werden Sie in

den Suchmaschinen von Google höher gelistet und können auf diese Weise dann auch von Interessenten schneller gefunden werden. Außerdem bieten sich durch die Vernetzung mit anderen Google-Diensten hohe Synergieeffekte.

XING

Eine Sonderstellung in den sozialen Netzwerken nimmt das deutsche Netzwerk XING (*www.xing.com*) ein. Der Kerngedanke von XING ist die Vernetzung von Unternehmern, Führungskräften und Freiberuflern. Interessant ist XING deshalb insbesondere für den Recruitment-Bereich und um mit Business-Kontakten in Verbindung zu bleiben (siehe Abbildung 7.4).

Abbildung 7.4 Startseite des Netzwerks »XING«

Dazu legen die Nutzer Profile mit professionellen Daten ähnlich einem Lebenslauf an, aus dem erkennbar wird, wo der Profilinhaber bisher gearbeitet hat oder in welchen beruflichen Bereichen er spezialisiert ist.

Daneben haben Unternehmen ebenfalls die Möglichkeit, das Portal für Marketingzwecke zu nutzen: Sie können innerhalb Ihrer Branche in der Rubrik ÜBER UNS Ihr
Unternehmen darstellen und in einem Steckbrief die Eckdaten angeben (siehe Abbildung 7.5).

Abbildung 7.5 Unternehmensprofil der Rechtsanwaltskanzlei »Wilde Beuger Solmecke«

In der Sparte NEUIGKEITEN können Sie dann die Business-Plattform beispielsweise
dazu nutzen, neue Stellenangebote zu veröffentlichen. Diese können von den Abonnenten der Unternehmensseite mitverfolgt werden (siehe Abbildung 7.6).

Über den Dienst *kununu* (*www.kununu.com*) ist es zudem möglich, die Bewertungen
Ihrer Mitarbeiter, Auszubildenden und Bewerber zu sammeln (siehe Abbildung 7.7).

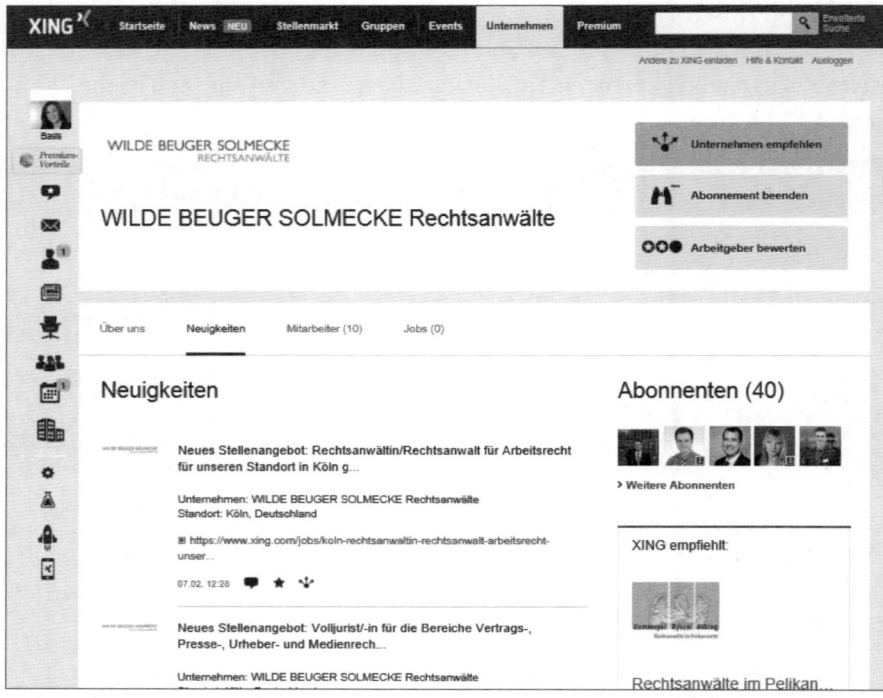

Abbildung 7.6 Die Verwendung eines XING-Unternehmensprofils im Recruitment-Bereich am Beispiel der Rechtsanwaltskanzlei »Wilde Beuger Solmecke«

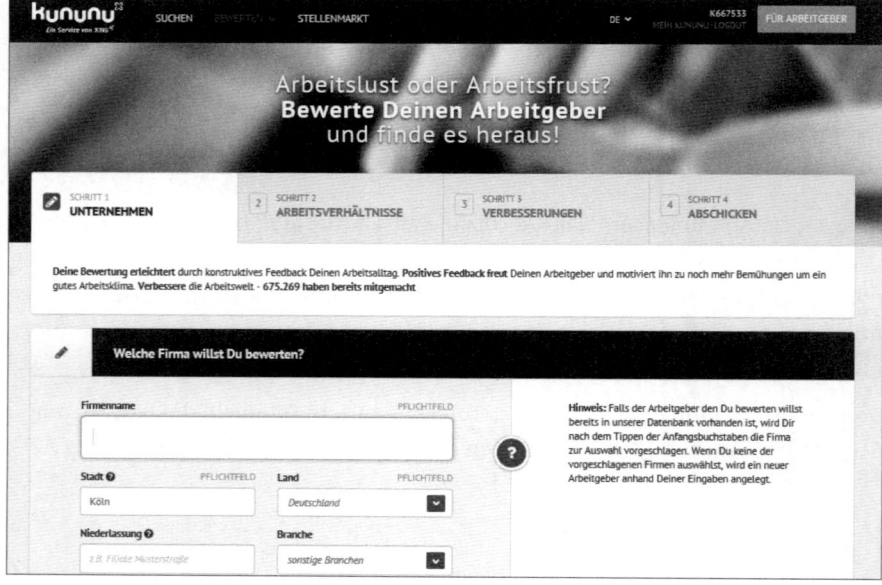

Abbildung 7.7 Formular zur Bewertung des Arbeitgebers

Auf diese Weise können sich Personen, die beispielsweise eine Stellenanzeige des Unternehmens auf XING gesehen haben, einen Eindruck von diesem Unternehmen verschaffen (siehe Abbildung 7.8).

Abbildung 7.8 Bewertung des Bekleidungsunternehmens »MANGO« auf »kununu«

Praxischeck

Ein Account in der Business-Plattform XING macht in erster Linie im Recruitment-Bereich Sinn und ist damit wohl eher für mittelständische und große Unternehmen sinnvoll, die immer wieder offene Stellen zu besetzen haben. Dabei müssen Sie sich jedoch überlegen, ob ein XING-Account bei den Angestellten in Ihrer Branche überhaupt gängig ist. Ist dies nicht der Fall, so macht ein Account für Sie eher wenig Sinn, da Sie Ihre Zielgruppe darüber wahrscheinlich nicht erreichen werden.

Twitter

Twitter ist kein soziales Netzwerk im klassischen Sinne, sondern eine sehr offene Kommunikationsplattform (siehe Abbildung 7.9). Nutzer und Unternehmen können sich auf der Internetseite *www.twitter.de* ein Profil erstellen und kurze öffentliche Nachrichten mit maximal 280 Zeichen (sogenannte *Tweets*) veröffentlichen.

Das virtuelle Gezwitscher der Nutzer kann von anderen Nutzern an die eigenen Follower weitergezwitschert werden (sogenanntes *Retweeten*). Darüber hinaus kann man auch auf die Tweets anderer antworten (*@-Reply*).

Abbildung 7.9 Startseite des Dienstes »Twitter«

Ein Twitter-Account ist mittlerweile bei Unternehmen ein gängiges Marketinginstrument, da auf diese Weise einfach Kontakt zu bestehenden Kunden und potenziellen Neukunden aufgenommen werden kann. So können beispielsweise Hinweise zu Aktionen, Rabatten oder einfach aktuelle News schnell und unkompliziert verbreitet werden (siehe Abbildung 7.10).

Abbildung 7.10 Der Twitter-Account der »Deutschen Bahn«

Praxischeck

Der Betrieb und die Pflege eines Twitter-Accounts sind sehr zeitintensiv, da er von der ständigen Verbreitung der Kurznachrichten lebt. Zudem müssen Sie sich hinsichtlich des Timings der Nachrichtenverbreitung nach Ihren Followern richten, um Ihre Zielgruppe auch zu erreichen.

7.1.3   Foto- und Video-Communitys

Neben den sozialen Netzwerken stehen Ihnen im Rahmen des Social-Media-Marketings auch Foto- und Video-Communitys zur Verfügung, über die Fotos oder Videos geteilt werden können. Die größten und beliebtesten Vertreter dieser Gattung sind *YouTube*, *Instagram, Flickr* und *Pinterest*.

YouTube

Auf der weltweit größten Videoplattform YouTube (*www.youtube.com*) können Nutzer Profile erstellen und darüber Videos teilen, die wiederum von anderen Nutzern kommentiert und erneut geteilt werden können (siehe Abbildung 7.11).

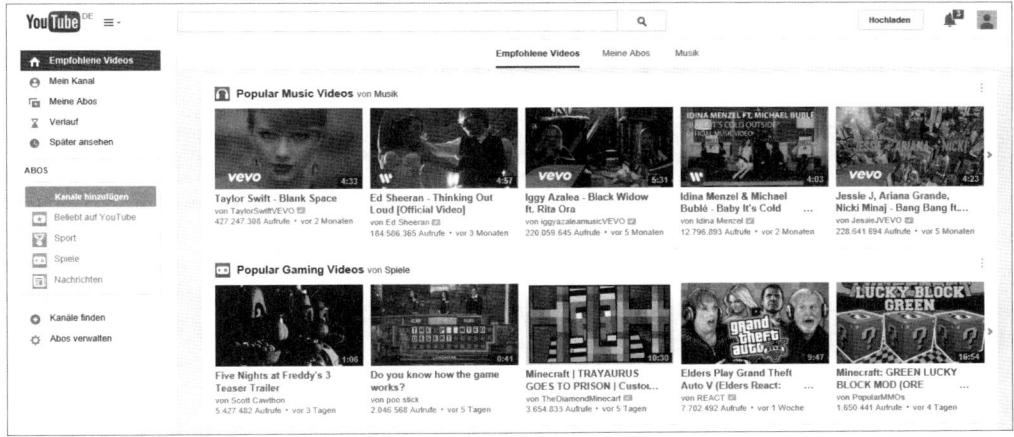

Abbildung 7.11 Startseite des Videoportals »YouTube«

Nach den Angaben, die YouTube im Herbst 2017 veröffentlichte, verzeichnet die Plattform jeden Monat mehr als 1,5 Milliarden aktive Nutzer. Aufgrund dieser großen Verbreitung von YouTube und der Verzahnung mit anderen Google-Diensten ist das Videoportal auch für Unternehmen sehr interessant und wird von vielen bereits dazu genutzt, um Neuigkeiten zu verbreiten oder auch Werbung für ihre Produkte und Dienstleistungen zu machen (siehe Abbildung 7.12).

Praxischeck

Die Erstellung von Videos für Ihr Unternehmen ist im Vergleich zu einfachen Textbeiträgen in sozialen Netzwerken relativ zeit- und kostenintensiv. Ob ein YouTube-

Channel für Sie sinnvoll ist oder nicht, hängt davon ab, ob Sie mit Ihren Videos für Ihre Kunden und Interessenten einen Mehrwert leisten können. Darüber hinaus leisten YouTube-Videos einen Beitrag zu einem besseren Ranking in Suchmaschinen, was einen nicht zu unterschätzenden Vorteil für Unternehmen darstellt.

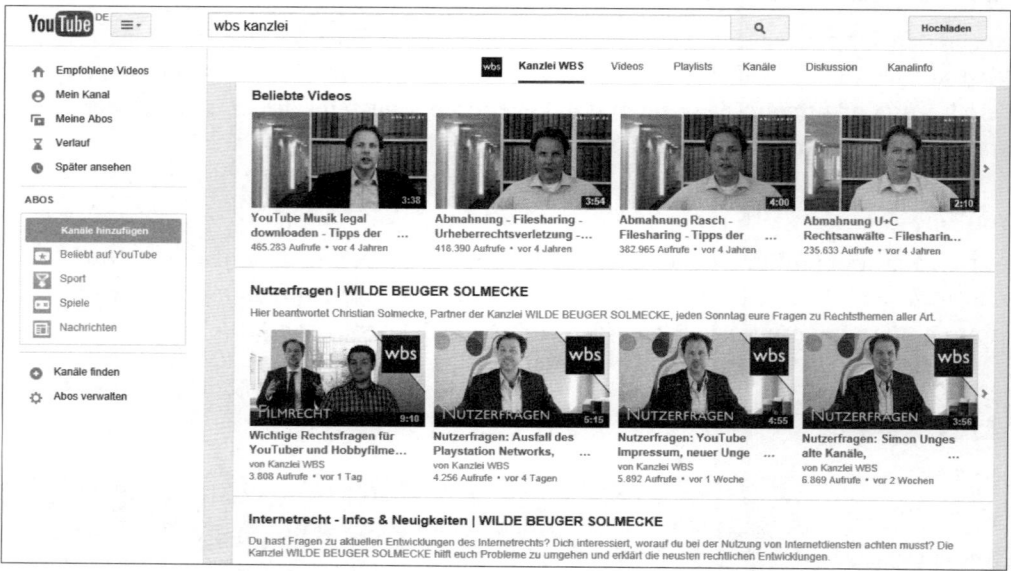

Abbildung 7.12 Das YouTube-Profil der Rechtsanwaltskanzlei »Wilde Beuger Solmecke« mit zahlreichen Videos, unter anderem zu Nutzerfragen

Instagram

Instagram ist ein vergleichsweise junges soziales Netzwerk, in dem die Nutzer primär Fotos und Videos teilen (*www.instagram.com*). Um den Dienst nutzen zu können, muss zunächst die kostenlose Instagram-App heruntergeladen werden. Mit dieser App kann der Nutzer dann Fotos oder Videos aufnehmen, mit Bearbeitungsprogrammen verändern, mit Texten oder beispielsweise Emojis versehen und dann mit seinem Netzwerk teilen. Die Bilder werden thematisch mit *#Hashtags* versehen, über die man zu anderen Fotos oder Videos gelangt, die mit demselben Hashtag versehen wurden (siehe Abbildung 7.13).

Die aus dem Jahre 2010 stammende App gehört heute zu Facebook und wird 2017 nach eigenen Angaben in Deutschland von mehr als 15 Millionen Nutzern und weltweit sogar von 700 Millionen Nutzern verwendet. Inzwischen nutzen auch Unternehmen vermehrt diese Plattform, was sich an 15 Millionen Business-Profilen zeigt – das sind fast doppelt so viele wie noch im Vorjahr. Denn Unternehmen haben das

Potenzial erkannt: Gerade die Businessplattform bietet Unternehmen Raum für ausführliche Profilinformationen, einen Kontaktbutton sowie die Möglichkeit, Statistiken zu Reichweite und Interaktionen zu einem Posting oder zum ganzen Account zu sehen.

Abbildung 7.13 Instagram-Account des »Aida«-Kreuzfahrtschiffs

Praxischeck

Instagram ist insbesondere für Unternehmen von Lifestyle-Produkten und Dienstleistungen wie Mode, Gastronomie oder Reisen die richtige Wahl. Getreu dem Motto »*Ein Bild sagt mehr als 1.000 Worte*« können Unternehmen ihr Angebot entweder auf ihrem eigenen Profil selbst perfekt in Szene setzen oder sogenannte Influencer dafür einsetzen (siehe Kapitel 8, »Influencer-Marketing«).

Flickr

Flickr (*www.flickr.de*) ist eine Fotocommunity des Suchmaschinenanbieters Yahoo, bei der das Veröffentlichen und Teilen von Fotografien im Vordergrund steht. Zahlreiche professionelle Fotografen haben auf Flickr ein Profil, um für ihre Arbeit zu werben. Aber auch Unternehmen wie »Bayer« sind auf der Plattform aktiv und verbreiten dort Bilder von Veranstaltungen, Firmenstandorten oder neuen Produkten (siehe Abbildung 7.14). Auf diese Weise kann die Plattform auch zu Marketingzwecken genutzt werden.

Abbildung 7.14 Flickr-Profil des »Bayer Hochschulmarketings«

Nachdem es zunächst für Unternehmen nicht nur möglich war, Produkte zu bewerben, sondern über den Marketplace auch gleichzeitig mit den Bildern Geld zu verdienen, hat die Plattform diesen umstrittenen Dienst im Jahre 2016 wieder eingestellt.

Praxischeck

Für Sie ist ein Unternehmensprofil auf Flickr dann sinnvoll, wenn Sie eine emotionale Produktpalette haben und über genügend interessantes Bildmaterial über Ihre Produkte oder Dienstleistungen, Mitarbeiter oder Räumlichkeiten verfügen. Denn auf diese Weise können Sie Kunden und Interessenten Eindrücke aus Ihrem Firmenalltag präsentieren. Darüber hinaus ist auch zu beachten, dass ein Unternehmens-Account ebenfalls für die Suchmaschinenoptimierung von Bedeutung ist.

Pinterest

Ebenfalls beliebt ist die Fotoplattform Pinterest (*www.pinterest.com*): Schöne Bilder und Videos, beispielsweise zu Hochzeiten, Fashion und Beauty, sind dabei der Renner, die die Nutzer mit anderen auf ihren virtuellen Pinnwänden teilen, womit sie Auskunft über individuelle Interessen und Vorlieben geben (siehe Abbildung 7.15).

Die Mehrzahl der Nutzer ist derzeit weiblich, allerdings steigt die Zahl der männlichen Interessenten stetig. Insbesondere in den Branchen Mode, Frisuren, Wohnraum-Dekoration und Lifestyle ist Pinterest besonders beliebt (siehe Abbildung 7.16).

Abbildung 7.15 Startseite der Fotoplattform »Pinterest«

Abbildung 7.16 Beispiel für ein Pinterest-Profil

Auch Ihr Unternehmen kann von den zahlreichen Möglichkeiten profitieren, indem Sie Bilder oder Videos Ihrer Produkte und Dienstleistungen als sogenannte *Pins* den Interessenten zur Schau stellen. Letztlich kann Pinterest durch seinen Bild- und Videoservice gezielt zur globalen Unternehmensschau genutzt werden und so sowohl bestehende Kunden erreichen als auch Neukunden gewinnen. Dazu bietet Ihnen die

Plattform auf *http://wbs.is/rom14* die Möglichkeit einer eigenen Unternehmensseite (siehe Abbildung 7.17).

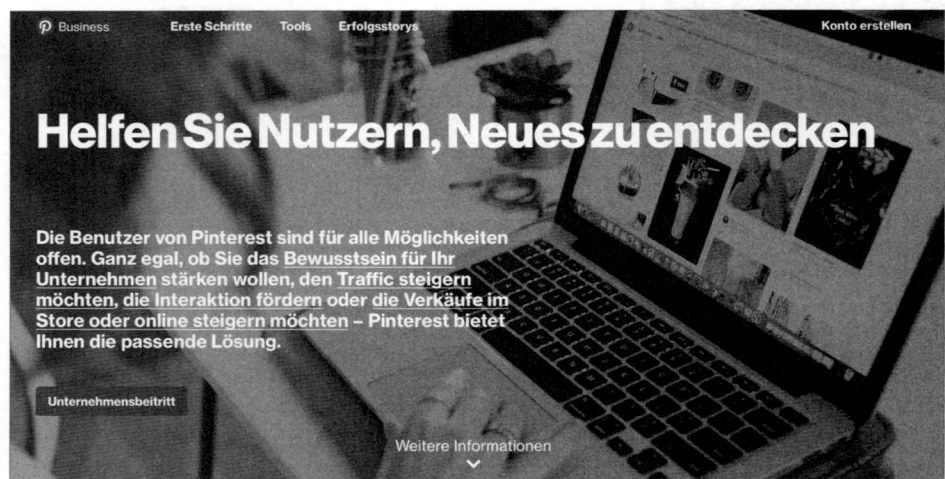

Abbildung 7.17 Der Pinterest-Beitritt für Unternehmen

Praxischeck

Ähnlich wie Instagram und Flickr ist auch Pinterest immer dann eine gute virtuelle Marketingstrategie, wenn ansprechende Produkte vorgestellt werden sollen. Mit einem attraktiven Foto kann also in kürzester Zeit sowohl eine hohe Bekanntheit als auch Reichweite für das eigene Produkt erzielt werden. Darüber hinaus können Sie die Interessenten über Pinterest direkt in den eigenen Onlineshop ziehen und so auch Ihren Website-Traffic erhöhen.

7.2 Muss man Nutzungsbedingungen der Social-Media-Plattformen kontrollieren?

Haben Sie sich nun für eine Präsenz Ihres Unternehmens auf einer oder mehreren Social-Media-Plattformen entschieden, so beinhaltet die Registrierung dort den Abschluss eines Nutzungsvertrags zwischen Ihnen und dem Plattformbetreiber. Regelmäßig liegen diesem Vertrag dann auch Allgemeine Geschäftsbedingungen, Nutzungsbedingungen und Datenschutzbestimmungen zugrunde, mit denen Sie sich einverstanden erklären müssen – Verhandlungsspielraum besteht dabei nicht. Aus diesem Grund müssen Sie vor der Entscheidung für die entsprechende Plattform genau prüfen, welche Regeln das Netzwerk Ihnen zur Nutzung aufstellt.

> **Hinweis: Nutzungsbedingungen für Werbemaßnahmen**
>
> Nutzungsbedingungen spielen für Unternehmen besonders dann eine Rolle, wenn es um Marketingmaßnahmen geht. Denn da Unternehmen gewerblich handeln, haben die Betreiber sozialer Netzwerke in der Regel klare Vorstellungen von der Zulässigkeit von Werbemaßnahmen und gegebenenfalls von den Details der Ausgestaltung. Diese müssen Ihnen in jedem Fall bekannt sein und auch eingehalten werden.

Mit dem Einverständnis, das Sie in der Regel bei der Registrierung durch Anklicken des Buttons REGISTRIEREN erklären (siehe Abbildung 7.18), ist es jedoch noch nicht getan.

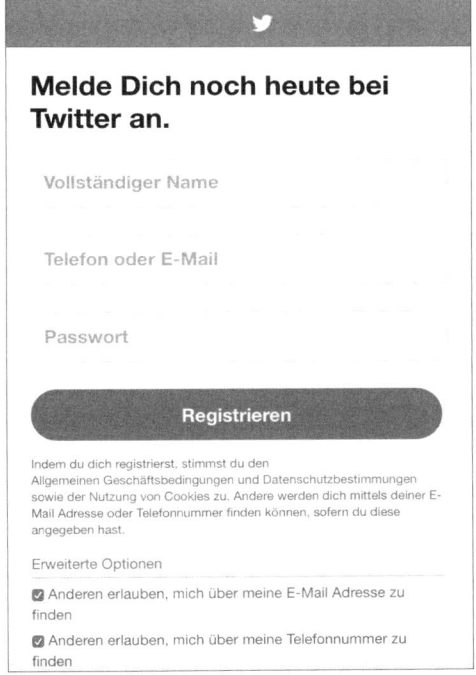

Abbildung 7.18 Beispiel für die Erklärung des Einverständnisses zu den Nutzungsbedingungen beim Kurznachrichtendienst »Twitter«

Vielmehr müssen die Bedingungen bei der späteren Nutzung auch eingehalten werden, da sonst die Sperrung oder gar Löschung des Accounts droht. Ergeben sich nach Ihrer Registrierung Änderungen an den Bedingungen, so sind diese ebenfalls für Sie verbindlich. Daran ändern auch Widersprüche nichts, die von Nutzern auf den eigenen Profilen veröffentlicht werden (siehe Abbildung 7.19).

Bei den Nutzungsbedingungen handelt es sich jedoch nicht um ein allgemeines Regelwerk, das für alle sozialen Netzwerke gilt, sondern um Bedingungen, die jede Plattform selbst bestimmt und individuell auf ihre Dienste abstimmt. Alle Regelungen der einzelnen Plattformen im Rahmen dieses Kapitels darzustellen, würde jedoch seinen Rahmen sprengen, zumal die Vorgaben ständig überarbeitet und geändert werden. Wir möchten Ihnen daher ans Herz legen, die Bedingungen der von Ihnen gewählten Plattform einmal vollständig durchzulesen. An dieser Stelle möchten wir Ihnen jedoch einen kurzen Überblick über die Regelungen zu Marketingmaßnahmen geben.

An: Facebook

Aufgrund der neuen AGB's in Facebook

Widerspreche ich hiermit

der kommerziellen Nutzung meiner persönlichen Daten
(Texte, Fotos, persönliche Bilder, persönliche Daten)
gemäß BDSG.
Das Copyright Meiner Profilbilder liegt ausschließlich
bei Mir...!
Die kommerzielle Nutzung bedarf ausdrücklich
Meiner schriftlichen Zustimmung..!

Because of the new terms of Use on Facebook I disagree with this, the
commercial use of my personal information (text, photos, personal images,
personal data) according to BDSG. The copyright of my profile images belongs
exclusively to me. The commercial use requires my written permission!

Abbildung 7.19 Beispiel für den Versuch eines Widerspruchs gegen neue Nutzungsbedingungen im sozialen Netzwerk »Facebook«

7.2.1   Facebook

Die Nutzung von Facebook ist – auch für Unternehmen – grundsätzlich kostenlos. Allerdings verlangt Facebook von Ihnen, dass Sie bei der Anmeldung mehrere Regelwerke, auch *Nutzungsbedingungen* genannt, akzeptieren und diese im täglichen Betrieb auch einhalten.

Hinweis: Nutzungsbedingungen auf Facebook

Wenn Sie vorhaben, eine Unternehmensseite auf Facebook zu betreiben, sind besonders folgende Regelungen für Sie wichtig:

▶ die allgemeinen Facebook-Nutzungsbedingungen: *http://wbs.is/rom15*

▶ die besonderen Facebook-Nutzungsbedingungen für deutsche Nutzer: *http://wbs.is/rom16*

▶ die Datenrichtlinie: *http://wbs.is/rom17*

▶ die Facebook-Community-Standards: *http://wbs.is/rom18*

▶ die Nutzungsbedingungen für Facebook-Seiten: *http://wbs.is/rom19*

▶ die Facebook-Werberichtlinien: *http://wbs.is/rom20*

▶ die Bedingungen für Self-Service-Werbeanzeigen: *http://wbs.is/rom21*

▶ die Richtlinien für Promotions: *http://wbs.is/rom22*

▶ die Zahlungsbedingungen: *http://wbs.is/rom23*

▶ falls Sie Facebook-Apps einsetzen möchten, zusätzlich die Richtlinie zur Facebook-Plattform: *http://wbs.is/rom24*

Regelmäßig nutzen Unternehmen ihre eigene Facebook-Seite dazu, um Werbeaktionen zu schalten. Wie ein Blick auf den Abschnitt PROMOTIONS in den Facebook-Nutzungsbedingungen zeigt (siehe Abbildung 7.20), ist dies grundsätzlich zulässig. Facebook legt jedoch Wert darauf, dass generell Gesetze und Vorschriften eingehalten werden und dass das Netzwerk nicht in Verbindung mit der Werbeaktion gebracht wird.

E. **Promotions**

   1. Wenn du Facebook nutzt, um eine Promotion (beispielsweise einen Wettbewerb oder ein Gewinnspiel) zu kommunizieren bzw. zu organisieren, bist du für den rechtmäßigen Ablauf dieser Promotion verantwortlich; dazu gehören u. a.:

      a. Die offiziellen Regeln;

      b. die Nutzungsbedingungen für das Angebot und die Anforderungen zur Teilnahmeberechtigung (z. B. Alters- und Wohnsitzbeschränkungen); und

      c. die Einhaltung der die Promotion sowie alle angebotenen Gewinne regelnden geltenden Regelungen und Vorschriften (beispielsweise Registrierung und Einholung notwendiger regulatorischer Genehmigungen);

   2. Promotions auf Facebook müssen folgende Elemente enthalten:

      a. Eine vollständige Freistellung von Facebook durch jede/n TeilnehmerIn.

      b. Die Bestätigung, dass die Promotion in keiner Verbindung zu Facebook steht und in keiner Weise von Facebook gesponsert, unterstützt oder organisiert wird.

   3. Promotions können auf Seiten oder in Apps auf Facebook organisiert werden. Persönliche Chroniken und Verbindungen zu FreundInnen dürfen nicht für die Organisation von Promotions genutzt werden (beispielsweise sind Aufforderungen wie „teile diesen Beitrag in deiner Chronik, um teilzunehmen" oder „erhöhe deine Gewinnchancen durch Teilen in der Chronik deines Freundes/deiner Freundin" und „markiere deine Freunde/Freundinnen in diesem Beitrag, um teilzunehmen" nicht erlaubt).

   4. Wir werden dich nicht bei der Organisation deiner Promotion unterstützen, und du stimmst zu, dass du auf eigenes Risiko handelst, wenn du unseren Dienst für die Organisation deiner Promotion nutzt.

Abbildung 7.20 Bestimmungen für Werbemaßnahmen in den Nutzungsbedingungen für Seiten auf Facebook

Wenn Sie Ihre Facebook-Seite nun für Werbeanzeigen nutzen möchten, die eine Verlosung, einen Wettbewerb, ein Preisausschreiben bzw. Angebot hervorheben, so müssen Sie sich laut den Nutzungsbedingungen von Facebook auch an die Vorgaben der Werberichtlinie halten. Diese enthält unter anderem Vorgaben zum Datenschutz und zu Werbeinhalten: Handelt es sich bei den von Ihnen beworbenen Produkten oder Dienstleistungen beispielsweise um Alkohol, Dating, Medikamente oder Glücksspiel, so gelten für Sie besondere Vorgaben, die Sie unbedingt berücksichtigen müssen (siehe Abbildung 7.21)!

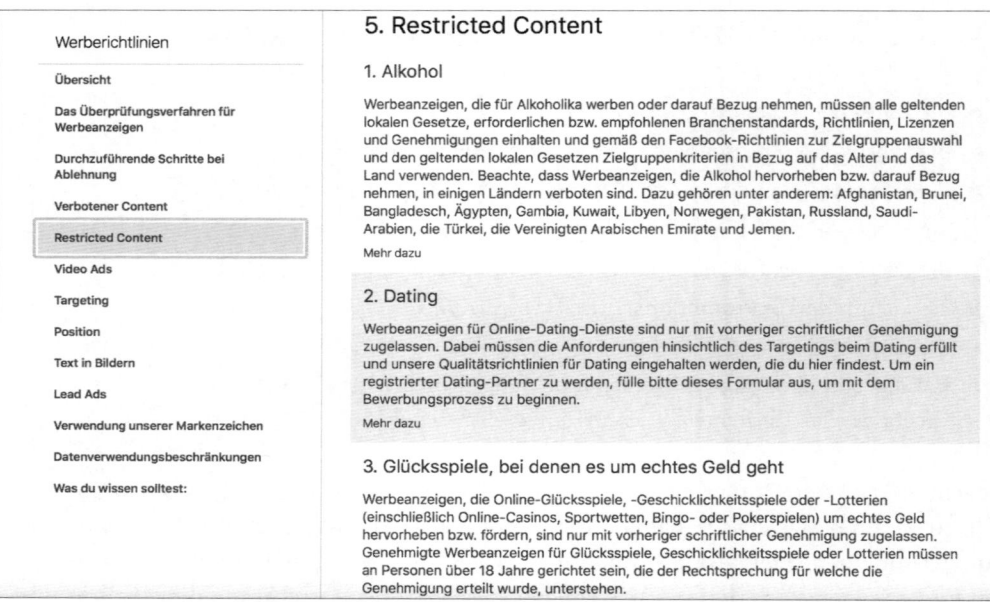

Abbildung 7.21 Vorgaben zu Werbeinhalten in der Facebook-Werberichtlinie

Gerade das Netzwerk Facebook ist jedoch immer wieder scharfer Kritik im Hinblick auf seine Nutzungs- und Datenschutzbedingungen ausgesetzt und muss sich öfter den Vorwurf gefallen lassen, es verstoße gegen deutsches und europäisches Recht. Dies betrifft regelmäßig die Thematik der personalisierten Werbung: Nachdem Facebook im Jahre 2015 diese Marketingstrategie ins Leben gerufen hat, hat die französische Datenschutzbehörde im Sommer 2017 die höchste ihr zur Verfügung stehende Geldbuße in Höhe von 150.000 € verhängt, weil Facebook mehrfach gegen geltendes französisches Datenschutzrecht verstoßen habe. Denn Facebook habe keine rechtliche Grundlage dafür, alle über seine Nutzer vorhandenen Informationen zum Zwecke personalisierter Werbung zu kombinieren, und bediene sich zur Sammlung der Daten des unzulässigen Trackings mittels des »datr«-Cookies. Weiterhin sei keine ausreichend angemessene Widerspruchslösung für die betroffenen Personen vorhanden, ebenso wenig wie transparente Informationen bezüglich des Trackings von Nutzerverhalten auf weiteren Websites. Der Nutzer könne nicht nachvollziehen, wo und in welchem Umfang Daten erhoben werden. (Die Verwendung dieses Cookies hatte bereits Ende 2015 zu einem Gerichtsverfahren in Belgien geführt, in dem das Gericht entschied, dass Facebook das Surfverhalten von Nicht-Mitgliedern nicht verfolgen darf.)

Einem Bericht der Plattform »Netzpolitik« zufolge soll Facebook 98 Dateneckpunkte verwenden, um das Surfverhalten seiner Mitglieder auszuwerten und zielgruppengerechte Werbung zu schalten (siehe *http://wbs.is/rom103*). Dazu sollen neben klassischen Daten wie Alter, Geschlecht oder Wohnort auch der aktuelle Beziehungsstatus, Einkommensverhältnisse, Freizeitbeschäftigungen oder die berufliche Situation gehören.

Auch die niederländische Datenschutzaufsicht hatte sich mit einigen Beschwerden an Facebook gewandt. Dies führte unter anderem dazu, dass nun sensible Informationen (wie solche über die sexuelle Orientierung von Nutzern) nicht mehr für zielgerichtete Werbung genutzt werden dürfen. Die Behörde prüft gerade, ob Facebook auch auf weitere Kritikpunkte eingegangen ist, und behält sich ebenfalls vor, Sanktionen zu verhängen.

Hinweis

Nachdem die Datenschutzbehörden mit Vehemenz gegen diese Praxis vorgegangen sind, hat Facebook im April 2018 – kurz vor Wirksamwerden der europäischen Datenschutz-Grundverordnung – begonnen, seine Nutzer zu fragen, ob sie mit der Verwendung ihrer Daten für das Personalisieren von Werbeanzeigen einverstanden sind. Eine Zusage hat Facebook erwartungsgemäß kinderleicht gestaltet. Nicht so jedoch die Ablehnung: Will man die Zustimmung zur Nutzung durch Drittanbieter verweigern, muss man auf eine optisch unscheinbare Schaltfläche mit der Aufschrift DATENEINSTELLUNGEN VERWALTEN tippen. Danach wird dem Nutzer über zwei Seiten hinweg erklärt, welche Vorzüge personalisierte Werbung hat – Nachteile scheint es keine zu geben. Ist man sich danach noch immer sicher, dass man diese Form der Werbung nicht möchte, kann man sie schlussendlich doch noch abwählen. Diese Vorgehensweise ist zwar ein Schritt in die richtige Richtung, in der Ausgestaltung jedoch noch nicht rechtskonform. Hier wird Facebook sicher weiter nachbessern müssen.

Die von Facebook gesammelten Daten können sodann durch Daten von Drittanbietern, die Facebook je nach Land einkauft (siehe Abbildung 7.22) sowie durch Daten, die werbetreibende Unternehmen über Dienste wie »Custom Audiences« an Facebook übermitteln, angereichert werden und ergeben ein umfassendes Bild des Nutzers, das für eine hochgradig personalisierte Werbung genutzt werden kann. Die rechtliche Zulässigkeit des Ganzen ist jedoch an die Einwilligung der Nutzer gebunden, was in der Praxis nicht ganz unproblematisch ist, da der Einsatz dieses Marketing-Tools ohne die Einwilligung der Nutzer rechtswidrig ist (siehe Kapitel 3).

What is the data and how is it collected?

Facebook has partnered with Acxiom, Epsilon, Experian Marketing Services, Oracle Data Cloud (formerly Datalogix), and Quantium to activate Partner Categories in specific markets. These third-party partners collect and model data from a variety of sources, like public records, loyalty card programs, surveys and independent data providers.

Advertisers can learn more about a specific audience or data source by contacting the Audience Data Provider here.

Abbildung 7.22 Auf seiner Webseite erklärt Facebook seinen Umgang mit Daten.

Praxisbeispiel: Personalisierte Werbung

Wenn Sie nun auf Facebook eingeloggt sind und sich nebenbei im Internet über On-line-Marketing informieren, sagen Sie Facebook damit, dass Sie daran vermutlich interessiert sind. Das Netzwerk kann diese Information dann nutzen, um Ihnen in Zukunft gezielt Werbung (beispielsweise über Agenturen) einzublenden, die in dieser Branche tätig sind (siehe Abbildung 7.23).

202 Personen gefällt diese Seite.

Buse & Grunst Marketing
Gesponsert ·

Topplatzierung Ihrer Rechtsgebiete bei Google. Mehr Umsatz durch Ihre Kanzleiwebsite

Jetzt Angebot einholen
seo-fuer-kanzleien.bgmarketing.de

Sei der/die Erste, dem/der das gefällt.

4.015 Personen gefällt diese Seite.

 Facelift
Gesponsert ·

Auch in diesem Jahr wird Facebook Marketing eine der lukrativsten Methoden für deutlich me… Weiterlesen

5 lukrative Trends für erfolgreiches Facebook Marketing
facelift-bbt.com

15 „Gefällt mir"-Angaben

Abbildung 7.23 Beispiel für personalisierte Werbung im sozialen Netz-werk »Facebook« im Bereich des Online-Marketings

Personalisierter Werbung können Mitglieder sozialer Netzwerke auch im Wege des Opt-out in den Einstellungen für Werbeanzeigen widersprechen (siehe Abbildung 7.24).

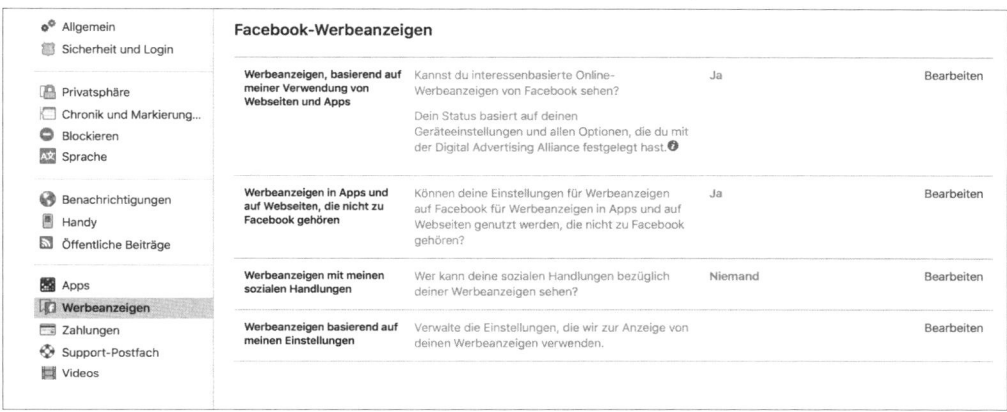

Abbildung 7.24 So sehen die Einstellungen zur Facebook-Werbung aus, wenn der Nutzer keine Änderungen daran vornimmt.

Darüber hinaus ist auch eine standortabhängige Werbung möglich: Über die Wohnortdaten im Profil sowie über Geräte- und Verbindungsinformationen erfährt das Unternehmen, wo sich der Nutzer regelmäßig oder auch nur gerade befindet, und kann dem Nutzer so gezielt Werbung von Geschäften, Restaurants oder Attraktionen in der Nähe seines aktuellen Standorts einblenden. Auch Freunde, die sich den Standortangaben entsprechend in der Nähe befinden, können angezeigt werden, wenn sie dies möchten. Mit einem Kauf-Button ist es zudem möglich, direkt im sozialen Netzwerk zu shoppen (siehe Abbildung 7.25).

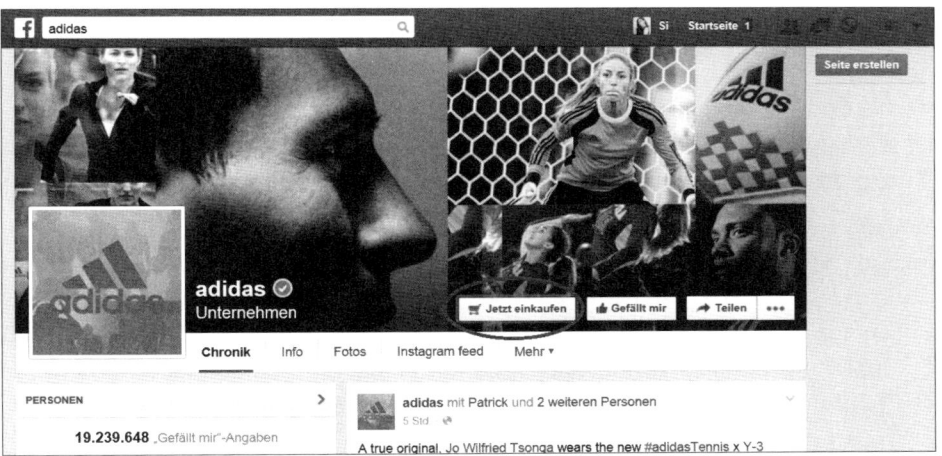

Abbildung 7.25 Auch das Unternehmen »Adidas« nutzt den Kauf-Button.

Klickt man auf den Button Jetzt einkaufen, so wird man direkt in den Onlineshop weitergeleitet. Dies bietet Unternehmen einen zusätzlichen Absatzkanal, der das soziale Netzwerk unter Marketinggesichtspunkten noch attraktiver macht.

7.2.2 Google+

Auch die Nutzung der Plattform Google+ ist ohne die Einwilligung in die Nutzungsbedingungen nicht möglich. Daher sollten Sie diese vor der Registrierung genau unter die Lupe nehmen.

> **Hinweis: Nutzungsbedingungen auf Google+**
>
> Entscheiden Sie sich für eine Präsenz in der Plattform Google+, so sind besonders folgende Regelungen für Sie wichtig:
>
> ▶ Die Google-Nutzungsbedingungen: *http://wbs.is/rom25*
>
> ▶ Zusätzliche Nutzungsbedingungen für Google+-Seiten: *http://wbs.is/rom26*
>
> ▶ Zusätzliche Nutzungsbedingungen für »Google My Business«: *http://wbs.is/rom27*
>
> ▶ Nutzungsbedingungen für personalisierte Google+-URLs: *http://wbs.is/rom28*
>
> ▶ Inhalts- und Verhaltensrichtlinien für Nutzer: *http://wbs.is/rom29*
>
> ▶ Wettbewerbs- und Werberichtlinien: *http://wbs.is/rom30*
>
> ▶ Richtlinien für eingebettete Inhalte: *http://wbs.is/rom31*
>
> ▶ Richtlinien für Schaltflächen: *http://wbs.is/rom32*
>
> ▶ Zusatzbestimmungen für »Hangouts« für die Funktion zum Telefonieren: *http://wbs.is/rom33*
>
> ▶ Die Datenschutzerklärung: *http://wbs.is/rom34*

Wenn Sie Ihren Google+-Account dazu nutzen möchten, Wettbewerbe, Gewinnspiele und ähnliche Werbeaktionen durchzuführen, müssen Sie sich auch an die Wettbewerbs- und Werberichtlinien halten (siehe Abbildung 7.26). Danach dürfen Werbeaktionen nicht direkt auf Google+ geschaltet werden, und Google+-Merkmale oder -Funktionen dürfen kein erforderlicher Bestandteil der Werbeaktion sein.

Jedoch ist es zulässig, von dem Google+-Profil aus auf eine separate Webseite zu verlinken, auf der dann beispielsweise das Gewinnspiel stattfindet. Auch verbietet Google+ es ausdrücklich, Werbeaktionen zu starten, in denen der Gewinn an das Geben von »+1« für werbende Inhalte oder das Hinzufügen zu den eigenen Kreisen gekoppelt ist. Google+ verbietet es Ihnen außerdem, YouTube-Videowettbewerbe durchzuführen.

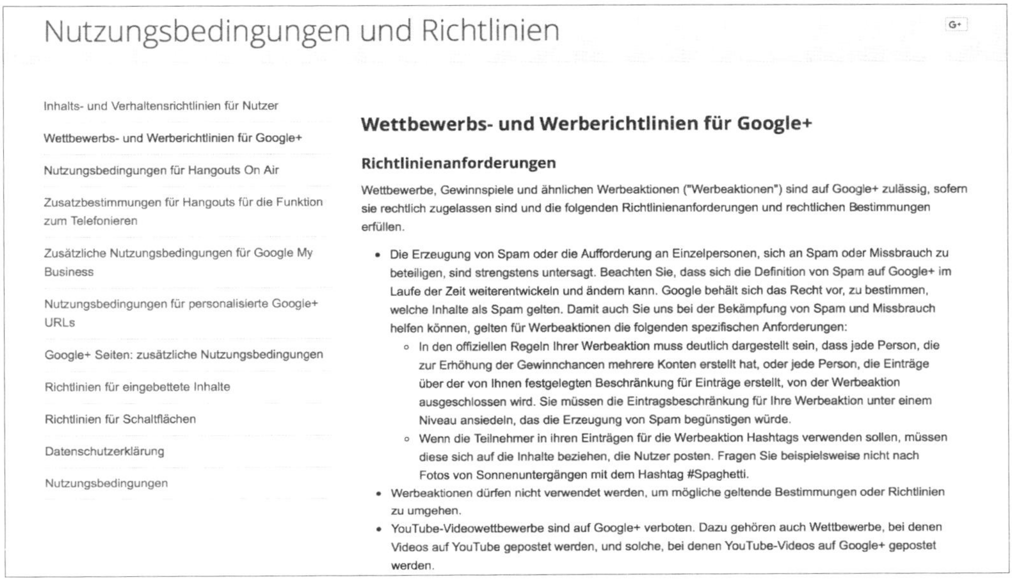

Nutzungsbedingungen und Richtlinien

G+

Inhalts- und Verhaltensrichtlinien für Nutzer

Wettbewerbs- und Werberichtlinien für Google+

Nutzungsbedingungen für Hangouts On Air

Zusatzbestimmungen für Hangouts für die Funktion zum Telefonieren

Zusätzliche Nutzungsbedingungen für Google My Business

Nutzungsbedingungen für personalisierte Google+ URLs

Google+ Seiten: zusätzliche Nutzungsbedingungen

Richtlinien für eingebettete Inhalte

Richtlinien für Schaltflächen

Datenschutzerklärung

Nutzungsbedingungen

Wettbewerbs- und Werberichtlinien für Google+

Richtlinienanforderungen

Wettbewerbe, Gewinnspiele und ähnlichen Werbeaktionen ("Werbeaktionen") sind auf Google+ zulässig, sofern sie rechtlich zugelassen sind und die folgenden Richtlinienanforderungen und rechtlichen Bestimmungen erfüllen.

- Die Erzeugung von Spam oder die Aufforderung an Einzelpersonen, sich an Spam oder Missbrauch zu beteiligen, sind strengstens untersagt. Beachten Sie, dass sich die Definition von Spam auf Google+ im Laufe der Zeit weiterentwickeln und ändern kann. Google behält sich das Recht vor, zu bestimmen, welche Inhalte als Spam gelten. Damit auch Sie uns bei der Bekämpfung von Spam und Missbrauch helfen können, gelten für Werbeaktionen die folgenden spezifischen Anforderungen:
  - In den offiziellen Regeln Ihrer Werbeaktion muss deutlich dargestellt sein, dass jede Person, die zur Erhöhung der Gewinnchancen mehrere Konten erstellt hat, oder jede Person, die Einträge über der von Ihnen festgelegten Beschränkung für Einträge erstellt, von der Werbeaktion ausgeschlossen wird. Sie müssen die Eintragsbeschränkung für Ihre Werbeaktion unter einem Niveau ansiedeln, das die Erzeugung von Spam begünstigen würde.
  - Wenn die Teilnehmer in ihren Einträgen für die Werbeaktion Hashtags verwenden sollen, müssen diese sich auf die Inhalte beziehen, die Nutzer posten. Fragen Sie beispielsweise nicht nach Fotos von Sonnenuntergängen mit dem Hashtag #Spaghetti.
- Werbeaktionen dürfen nicht verwendet werden, um mögliche geltende Bestimmungen oder Richtlinien zu umgehen.
- YouTube-Videowettbewerbe sind auf Google+ verboten. Dazu gehören auch Wettbewerbe, bei denen Videos auf YouTube gepostet werden, und solche, bei denen YouTube-Videos auf Google+ gepostet werden.

Abbildung 7.26 Vorgaben von »Google+« zu Werbemaßnahmen

Achtung: Spam vermeiden und Regeln einhalten!

Als Werbetreibender müssen Sie in Ihren Gewinnspielregeln klar darstellen, dass diejenigen Personen ausgeschlossen werden, die zur Erhöhung der Gewinnchance mehrere Konten anlegen! Auch ganz grundsätzlich müssen Sie darauf achten, dass alle geltenden Gesetze und Vorschriften eingehalten werden und dass die Durchführung Ihrer Werbeaktion nicht gegen die Richtlinien für Werbeaktionen, die Richtlinien für Schaltflächen, die Inhalts- und Verhaltensrichtlinie für Nutzer, die Datenschutzerklärung oder die zusätzlichen Nutzungsbedingungen für Google+-Seiten sowie auch nicht gegen die Wettbewerbsrichtlinien von YouTube verstößt. Andernfalls kann Google Inhalte Ihrer Werbeaktion oder Links ohne Angabe von Gründen aus dem Netzwerk entfernen.

Ähnlich wie auch bei Facebook müssen Unternehmen insbesondere darauf achten, dass ihre Werbeaktionen auch den nationalen Regelungen für Alters- und Wohnortbeschränkungen gerecht werden. Altersabhängige Beschränkungen betreffen insbesondere regulierte Produkte und Dienstleistungen wie Alkohol, Glücksspiel, Tabak, Arzneimittel, Waffen oder Feuerwerkskörper. Deutsche Unternehmer sollten sich ohnehin grundsätzlich über die gesetzlichen Vorgaben zum Vertrieb ihrer Produkte und Dienstleistungen informieren und diese dann auch in sozialen Netzwerken einhalten.

7.2.3 XING

Wenn Sie der Ansicht sind, dass die Business-Plattform XING das Richtige für die Umsetzung Ihrer Marketingmaßnahmen ist, sollten Sie auch hier die Nutzungsbedingungen genau im Blick haben.

> **Hinweis: Nutzungsbedingungen auf XING**
>
> Ist eine Präsenz in der Plattform XING für Sie das Richtige, so sind besonders folgende Regelungen für Sie wichtig:
>
> ▶ Die Allgemeinen Geschäftsbedingungen: *http://wbs.is/rom35*
>
> ▶ Allgemeine Geschäftsbedingungen für die Nutzung von XING-Employer-Branding-Profilen und begleitenden Dienstleistungen: *http://wbs.is/rom36*
>
> ▶ Allgemeine Geschäftsbedingungen für die Nutzung von XING-Business-Seiten und begleitenden Dienstleistungen: *http://wbs.is/rom37*
>
> ▶ Allgemeine Geschäftsbedingungen für die Nutzung des »XING AdCreators«: *http://wbs.is/rom38*
>
> ▶ Allgemeine Geschäftsbedingungen für die Selbstschaltung von Werbeanzeigen: *http://wbs.is/rom39*
>
> ▶ Zusätzliche Bedingungen für die Nutzung der Arbeitgeberbewertungsplattform: *http://wbs.is/rom40*

Was die Zulässigkeit von Marketingmaßnahmen auf XING betrifft, so macht die Plattform in ihren Nutzungsbedingungen zwar nicht viele Angaben, sie macht jedoch klar, dass Unternehmen grundsätzlich die Unternehmensseite dazu nutzen dürfen, im Rahmen des gesetzlich Erlaubten ihre Produkte und Dienstleistungen zu präsentieren (siehe Abbildung 7.27). Damit können Sie grundsätzlich das Unternehmensprofil zu Marketingzwecken verwenden.

Die Zulässigkeit werblichen Handelns hat für das Business-Portal jedoch da seine Grenze, wo Nutzer durch Spam in unzumutbarer Weise belästigt werden oder wo die Förderung und Vornahme sogenannter *progressiver Kundenwerbung* beginnt. Darunter versteht man eine illegale Werbeform, bei der Privatpersonen in die Vertriebsorganisation eines Unternehmens einbezogen werden. Indem das werbende Unternehmen ihnen Vorteile gewährt, veranlasst es sie, die Waren oder Dienstleistungen des Unternehmens abzunehmen sowie andere Personen zum Abschluss gleichartiger Geschäfte zu bewegen. Bekannt ist dieses Verfahren auch als *Ketten-*, *Schneeball-* oder *Pyramidensystem*.

Allgemeine Geschäftsbedingungen für die Nutzung von XING Business-Seiten und begleitenden Dienstleistungen

Präambel

Das Angebot zur Nutzung von XING Business-Seiten auf XING (im Folgenden „Business-Seite") und begleitenden Dienstleistungen richtet sich ausschließlich an Geschäftskunden.

Der Kunde schließt den Vertrag mit der XING AG, Dammtorstraße 30, 20354 Hamburg. Weitere Kontaktdaten, die Handelsregisterdaten sowie der Name einer vertretungsberechtigten Person der XING AG können dem Impressum entnommen werden.

1. Gegenstand

1.1 XING bietet dem Kunden die Möglichkeit, eine Business-Seite für sich zu beanspruchen bzw. zu erstellen, zu bearbeiten und zu nutzen. Der genaue Umfang der Nutzungsmöglichkeiten und die für das Erstellen, Beanspruchen, Bearbeiten bzw. Nutzen der Business-Seite ggf. zu zahlenden Entgelte ergeben sich aus der jeweiligen Produktbeschreibung. Gegenstand des Vertrags können darüber hinaus bestimmte entgeltliche oder unentgeltliche begleitende Dienstleistungen der XING AG sein.

1.2 Die Business-Seite kann zur Präsentation der Produkte und Dienstleistungen eines Unternehmens genutzt werden. Business-Seiten dürfen ausdrücklich nicht zu Zwecken des Employer-Brandings oder Multilevel-Marketings genutzt werden.

Abbildung 7.27 AGB zu Unternehmensprofilen von XING

Praxischeck: Woran erkennt man ein Schneeball- oder Pyramidensystem?

Indizien für ein illegales Schneeball- oder Pyramidensystem sind:

▶ Verdienstmöglichkeiten, die überwiegend aus Vorteilen bestehen, die für die Anwerbung neuer Mitglieder gewährt werden

▶ der Vertrieb eines überteuerten Produkts

▶ eine ungewöhnlich hohe Marge oder Provision

▶ ein Produkt, das zum angebotenen Preis ohne Provisionsaussichten kaum von Kunden erworben werden würde

---

Nehmen Sie solche Werbemaßnahmen dennoch vor, so müssen Sie mit verschiedenen Konsequenzen rechnen. Dazu gehören die Kündigung des Vertrages zur Nutzung der Business-Seite, die Löschung der von Ihnen eingestellten Inhalte sowie die vorübergehende oder dauerhafte Deaktivierung der Business-Seite.

7.2.4 Twitter

Wer seine bestehenden Kunden, potenziellen Neukunden und Interessenten mit Informationen über sein Unternehmen in Form von Kurznachrichten versorgen möchte, der muss die Nutzungsbedingungen des Dienstes Twitter akzeptieren und einhalten.

Hinweis: Nutzungsbedingungen auf Twitter

Ist eine Präsenz auf der Plattform Twitter für Sie das Richtige, so sind besonders folgende Regelungen für Sie wichtig:

▶ die Allgemeinen Geschäftsbedingungen: *http://wbs.is/rom41*

▶ die Twitter-Regeln: *http://wbs.is/rom42*

▶ Regeln und Best Practices: *http://wbs.is/rom43*

▶ Folge-Limits und Best Practices: *http://wbs.is/rom44*

▶ die Markenzeichen-Richtlinie: *http://wbs.is/rom45*

▶ die Richtlinie über gefälschte Waren: *http://wbs.is/rom46*

▶ die Name-Squatting-Richtlinie: *http://wbs.is/rom47*

▶ die Leitlinien für Preisausschreiben auf Twitter: *http://wbs.is/rom48*

Für ein erfolgreiches Twitter-Marketing benötigen Sie eine Vielzahl von Followern, die Ihre Inhalte teilen. Wer viele Follower hat, hat hohe Zugriffszahlen, die wiederum dazu führen, dass das eigene Twitter-Profil in Rankings weiter oben steht. Diese gestiegene Attraktivität erleichtert es dann, neue Follower zu gewinnen, und mit diesen wiederum ergibt sich die Möglichkeit, dass die eigenen Inhalte öfter geteilt werden. Auf diese Weise können Werbemaßnahmen einer breiteren Öffentlichkeit zugänglich gemacht werden.

Doch diese Popularität ist für Sie mit viel Aufwand verbunden. Aus diesem Grund finden sich immer mehr Dienstleister, die den Verkauf von Followern anbieten (siehe Abbildung 7.28). Follower zu kaufen stellt jedoch nicht nur einen Verstoß gegen die Nutzungsbedingungen, sondern auch noch einen Wettbewerbsverstoß dar, der von Konkurrenten kostenpflichtig abgemahnt werden kann.

Das für Unternehmen scheinbar lukrative Angebot aus Abbildung 7.28 ist Twitter ein Dorn im Auge und daher auch in seinen Nutzungsbedingungen als unzulässig gelistet: Darin heißt es unter anderem, dass der Kauf von Followern ebenso wie der Kauf von anderen Account-Interaktionen (wie Re-Tweets oder Favoriten) als Spam kategorisiert wird und damit verboten ist.

Ebenso ist es verboten, Dienste oder Anwendungen Dritter, wie zum Beispiel *Follower Trains*, zu nutzen oder zu fördern. Diese sogenannten Follower Trains sind die Erfindung eines Social-Marketeers aus den USA und funktionieren nach einem simplen Prinzip: Twitter-User loggen sich ein, hinterlassen ihre Account-Daten und folgen einem Train von Usern. Im Gegenzug folgt die gleiche Anzahl an Usern ihnen (siehe Abbildung 7.29).

Darüber hinaus dürfen Ihre Mitteilungen nicht größtenteils aus Links bestehen. Sie dürfen also Twitter beispielsweise nicht nutzen, um immer wieder Links zu Ihrem Onlineshop zu twittern und so auf Ihre Produkte aufmerksam zu machen.

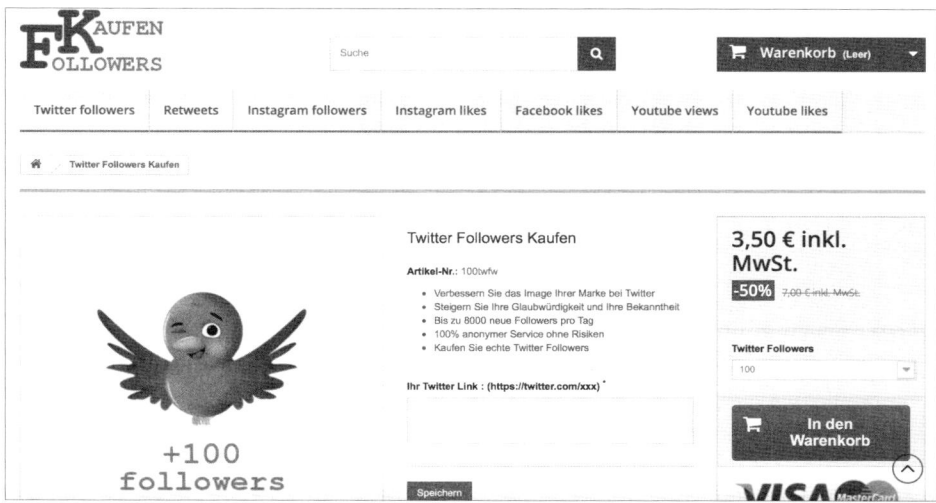

Abbildung 7.28 Beispiel für den Verkauf von Twitter-Followern

Abbildung 7.29 Beispiel für einen »Follower Train«

Ein weiterer Aspekt, den Sie bei der Verwendung von Twitter zu Marketingzwecken beachten müssen, ist der, dass Twitter auch verhindern möchte, dass Sie Hashtags irreführend für Ihre Zwecke einsetzen. Im Rahmen von Marketingstrategien dürfen Sie die Popularität und das Interesse an aktuellen Themen nicht für Ihre Marketing- zwecke ausnutzen, indem Sie Ihren Inhalt mit einem Hashtag zu diesen Themen ver- sehen, obwohl tatsächlich keinerlei Bezug dazu besteht. Denn auf diese Weise wird der Nutzer in die Irre geführt und gelangt auf der Suche nach Beiträgen zu Ihren Inhalten, die aber tatsächlich nichts mit dem gewünschten Thema zu tun haben. Dies ist für die Nutzer sehr lästig und soll daher verhindert werden, indem die Teilnehmer von dem Werbetreibenden dazu angehalten werden sollen, nur relevante Hashtags zu verwenden.

Hinweis: Was ist ein Hashtag?

Bei einem Hashtag handelt es sich um das Rautezeichen (#), das unmittelbar vor ein Wort geschrieben wird. Die Kombination aus Rautezeichen und dem Wort bildet dann den Hashtag. Der Begriff, der nach dem Rautezeichen steht, ist dadurch verschlagwortet und kann von jedem User gefunden werden, der im Internet nach diesem Hashtag sucht. Wenn Sie also beispielsweise bei Twitter in die Suchmaske »#SocialMediaMarketing« eingeben, werden Ihnen alle Beiträge von anderen Nutzern angezeigt, die diesen Hashtag ebenfalls enthalten (siehe Abbildung 7.30).

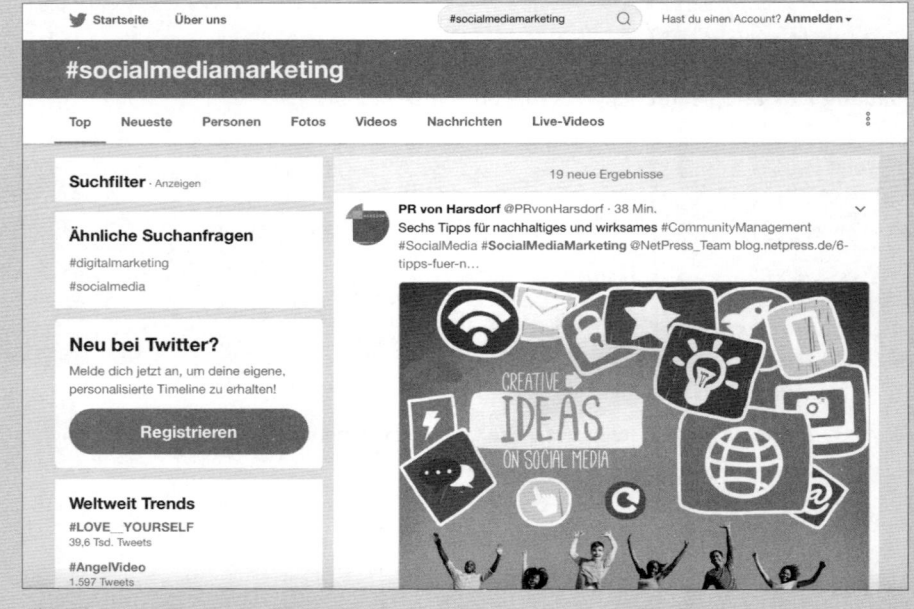

Abbildung 7.30 Der Hashtag »#SocialMediaMarketing« auf Twitter

---

7.2.5   YouTube

Ebenso wie die klassischen sozialen Netzwerke haben auch Videoportale wie YouTube ein Regelwerk der Nutzungsbedingungen aufgestellt, das Sie einhalten müssen, wenn Sie das Portal nutzen möchten. Andernfalls müssen Sie damit rechnen, dass YouTube den Vertrag mit Ihnen kündigt.

> **Hinweis: Nutzungsbedingungen auf YouTube**
>
> Möchten Sie die Videoplattform YouTube zu Marketingzwecken nutzen, dann sollten Sie insbesondere folgende Regelungen beachten:
>
> ▶ die Nutzungsbedingungen: *http://wbs.is/rom49*
> ▶ die Nutzungsbedingungen für kostenpflichtige Dienste auf YouTube: *http://wbs.is/rom50*
> ▶ die YouTube-Community-Richtlinien: *http://wbs.is/rom51*
> ▶ die Richtlinie zum Werben von YouTube-Abonnenten: *http://wbs.is/rom52*

Wirft man einen Blick in die Nutzungsbedingungen von YouTube im Hinblick auf Marketingaktionen, so lässt sich nicht direkt eine Regelung zur Zulässigkeit von Werbemaßnahmen finden. Doch in Punkt 6.1 E der Nutzungsbedingungen schreibt YouTube fest, dass es unzulässig ist, die Plattform zu kommerziellen Zwecken zu verwenden.

> **Hinweis: Was ist ein kommerzieller Zweck?**
>
> Ein kommerzieller Zweck liegt immer dann vor, wenn das Verhalten in irgendeiner Verbindung zu einer gewerblichen Tätigkeit (wie dem Absatz von Waren oder Dienstleistungen) steht. Ein kommerzieller Zweck liegt demnach nur dann nicht vor, wenn es sich um eine rein private Verwendung handelt. Da Marketingmaßnahmen zumindest mittelbar immer dem Absatz dienen, verfolgen sie immer einen kommerziellen Zweck.

Den Nutzungsbedingungen zufolge soll die Plattform grundsätzlich nicht zu kommerziellen Zwecken genutzt werden. Insbesondere verpflichten Sie sich, »die Webseite und die Dienste (unter Einschluss der Kommentare und Email-Funktion der Webseite) nicht für die Anbahnung von Geschäften im Zusammenhang mit Handel oder einem gewerblichen Unternehmen zu nutzen«.

Eine Ausnahme gilt nur dann, wenn Sie im Voraus die Zustimmung von YouTube dazu eingeholt haben. Somit sollten Sie sich mit Ihrem Begehren an YouTube wenden und eine Gestattung erwirken, bevor Sie mit der Durchführung Ihrer Werbemaßnahmen beginnen. In der Praxis ist ein Großteil der Inhalte trotzdem kommerzieller Natur – die Grenzen sind dabei natürlich fließend und oftmals schwer einzuschätzen. Ob all diese Inhalte zuvor von YouTube genehmigt wurden, können wir nicht wissen. Bislang sind uns jedoch noch keine Abmahnungen oder Vertragskündigungen seitens YouTube aus diesem Grund bekannt.

Beachten müssen Sie zudem auch, dass YouTube – ähnlich wie auch Twitter – zum Beispiel Dienste verbietet, die künstlich die Anzahl der YouTube-Abonnenten mit automatisierten Mitteln erhöhen. Dazu zählt YouTube beispielsweise den Kauf von

Abonnenten auf Drittanbieter-Websites oder die Teilnahme an Börsen und Diensten zum gegenseitigen Austauschen von Abonnenten auf Drittanbieter-Websites, die in Ihrem Auftrag Kanäle abonnieren, damit diese dann im Gegenzug wiederum Ihren Kanal abonnieren. Wer sich diesem Verbot widersetzt, der muss mit Sanktionen rechnen. Welche dies sind, lässt YouTube in seinen Richtlinien für das Werben von Abonnenten jedoch offen.

7.2.6 Instagram

Über einen eigenen Katalog an Nutzungsbedingungen verfügt auch die fotolastige Plattform Instagram. Gerade als Werbetreibender sollten Sie die Bedingungen sorgfältig lesen, bevor Sie den Dienst nutzen.

> **Hinweis: Nutzungsbedingungen auf Instagram**
>
> Möchten Sie die Plattform Instagram für Ihre Marketingmaßnahmen nutzen, so sind besonders folgende Regelungen für Sie wichtig:
>
> ▶ die Instagram-Nutzungsbedingungen: *http://wbs.is/rom53*
> ▶ die Richtlinien zu Werbung auf Instagram: *http://wbs.is/rom54*
> ▶ die Datenschutzrichtlinie: *http://wbs.is/rom55*
> ▶ die Instagram-Gemeinschaftsrichtlinien: *http://wbs.is/rom56*

Die kommerzielle Verwendung der Plattform ist problemlos zulässig und wird auf dem Blog »Instagram for Business« mit speziellen Tools für die Abrufbarkeit von Statistiken oder für das Hervorheben von Beiträgen sogar gefördert (siehe Abbildung 7.31).

Abbildung 7.31 Startseite des »Instagram Business-Blogs«

Entscheidend ist auch bei dieser Plattform, dass Sie sich an die gesetzlichen Regelungen sowie an den Regelkatalog von Instagram selbst halten, insbesondere an die Werberichtlinien. Danach verbietet der Dienst beispielsweise jede Art von Spam (siehe Abbildung 7.32). Denn die Gemeinschaftsrichtlinien sehen vor, dass die Nutzer nicht versuchen sollen, künstlich Likes, Abonnenten oder geteilte Inhalte zu sammeln. Auch sollen nicht wiederholt dieselben Kommentare gepostet oder andere Nutzer zu kommerziellen Zwecken kontaktiert werden.

> 9. Du darfst den Dienst nicht ändern, modifizieren, anpassen oder verändern bzw. keine andere Webseite so ändern, modifizieren oder verändern, dass fälschlicherweise darauf geschlossen werden kann, dass sie mit dem Dienst oder Instagram in Zusammenhang steht.
>
> 10. Du darfst außer über die von Instagram erlaubten Methoden nicht auf die private API von Instagram zugreifen. Die Nutzung der API von Instagram unterliegt einer Reihe gesonderter Bedingungen; diese findest du hier: http://instagram.com/about/legal/terms/api/ („API-Bedingungen").
>
> 11. Du darfst keine unerwünschten E-Mails, Kommentare, „Gefällt mir"-Vermerke oder sonstige Formen kommerzieller oder belästigender Kommunikationen (auch „Spam" genannt) erstellen oder an irgendwelche Instagram-Nutzer senden.
>
> 12. Du darfst ohne vorherige schriftliche Genehmigung von Instagram keine Domain-Namen oder Web-URLs in deinem Nutzernamen verwenden.
>
> 13. Du darfst den Dienst bzw. die mit dem Dienst verbundenen Server oder Netzwerke nicht behindern oder stören, einschließlich der Übertragung irgendwelcher Würmer, Viren, Spionage-Software, Schadprogramme oder jedes sonstigen Codes zerstörerischer oder störender Art. Du darfst keine Inhalte oder Codes einfügen oder die Art, wie irgendeine Instagram-Seite im Browser oder auf dem Gerät eines Nutzers dargestellt oder angezeigt wird, auf sonstige Weise verändern oder behindern.
>
> 14. Du musst die Gemeinschaftsrichtlinien von Instagram einhalten; diese findest du hier: https://help.instagram.com/customer/portal/articles/262387-community-guidelines.

Abbildung 7.32 Nutzungsbedingungen des sozialen Netzwerks »Instagram«

7.2.7   Flickr

Auch vor dem Einsatz des Foto- und Videoportals Flickr ist ein Blick in die Nutzungsbedingungen nötig, um einen rechtskonformen Betrieb sicherstellen zu können.

> **Hinweis: Nutzungsbedingungen auf Flickr**
>
> Möchten Sie die Plattform Flickr für Ihre Marketingmaßnahmen nutzen, so sind besonders folgende Regelungen für Sie wichtig:
>
> ► die Flickr-Community-Richtlinien: *http://wbs.is/rom57*
> ► die Allgemeinen Geschäftsbedingungen von Yahoo: *http://wbs.is/rom58*
> ► die Anti-Spam-Richtlinien von Yahoo: *http://wbs.is/rom59*
> ► die Best Practices für Unternehmen und Organisationen: *http://wbs.is/rom60*

Grundsätzlich kann den Nutzungsbedingungen entnommen werden, dass Unternehmen die Plattform nutzen können, solange sie sich an die Regeln halten (siehe Abbildung 7.33). Eine kommerzielle Nutzung ist damit ausdrücklich zugelassen.

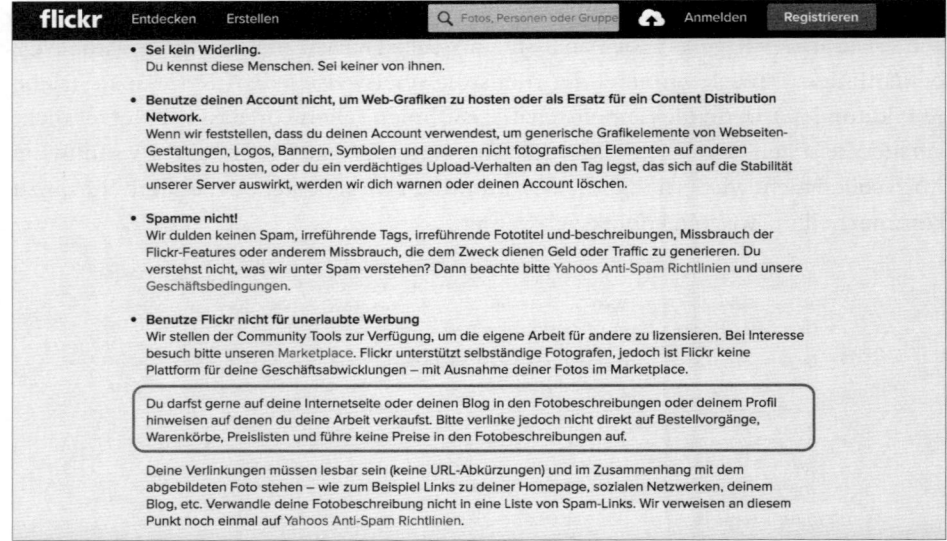

Abbildung 7.33 Die Regelungen zur kommerziellen Verwendung von Flickr in den Community-Richtlinien

Gerade für den kommerziellen Umgang mit dem Netzwerk empfiehlt Flickr, besonders interessantes Material Ihrer Produkte und Dienstleistungen zu veröffentlichen, um die Kundenbindung zu erhöhen. Dabei sollten Sie aber nicht durch inszenierte Werbefotos übers Ziel hinausschießen – Authentizität steht im Vordergrund (siehe Abbildung 7.34). Als Tipps für eine gelungene Präsentation von Unternehmen nennt Flickr beispielsweise Fotos von Kunden in Ihren Geschäftsräumen, einen Blick hinter die Kulissen bei der Herstellung der Produkte oder Bilder von der Teilnahme an Veranstaltungen wie Messen oder Wohltätigkeitsbällen.

Abbildung 7.34 Best Practices für Unternehmen und Organisationen der Plattform »Flickr«

Auch wenn die Flickr-Community-Richtlinien für den Verkauf von Nutzungsrechten (Lizenzen) an den Fotos noch auf die spezielle Plattform Marketplace hinweisen, gehört dieser Dienst inzwischen der Vergangenheit an (siehe Abbildung 7.35).

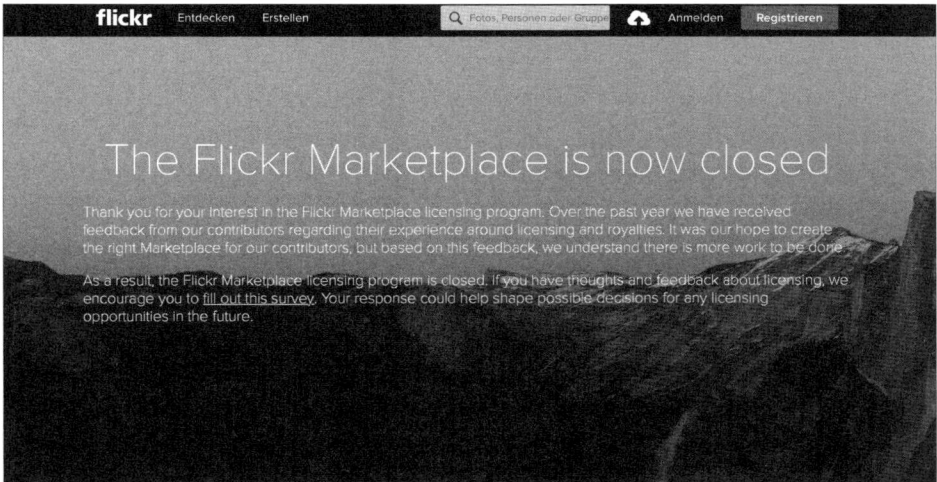

Abbildung 7.35 Der »Flickr«-Marktplatz wurde mittlerweile geschlossen.

7.2.8   Pinterest

Die Nutzungsbedingungen der Plattform Pinterest sollten Sie ebenfalls vor dem Beginn der Marketingmaßnahmen genau studieren.

Hinweis: Nutzungsbedingungen auf Pinterest

Folgende Grundsätze sollten Sie sich genau durchlesen, wenn Sie die Plattform Pinterest zu Marketingzwecken nutzen möchten:

▶ die Nutzungsbedingungen: *http://wbs.is/rom96*
▶ die Community-Richtlinien: *http://wbs.is/rom61*
▶ die Allgemeinen Geschäftsbedingungen für Unternehmen: *http://wbs.is/rom62*
▶ die Datenschutzrichtlinien: *http://wbs.is/rom63*

Gemäß den Nutzungsbedingungen von Pinterest ist grundsätzlich eine gewerbliche Nutzung und damit eine Nutzung zu Marketingzwecken zulässig. Erforderlich dafür sind jedoch die Erstellung eines Unternehmenskontos und die Zustimmung zu den AGB für Unternehmen (siehe Abbildung 7.36).

Die AGB für Unternehmen sehen dabei ausdrücklich vor, dass Sie sich an die gesetzlichen Regelungen halten müssen, insbesondere an die zu Werbemaßnahmen (siehe Abbildung 7.37). Damit ist auch bei Pinterest eine unzumutbare Belästigung anderer

Nutzer, beispielsweise durch Spam, klar untersagt. Über die gesetzlichen Anforderungen hinaus stellt die Plattform jedoch keine Anforderungen an ihre gewerblichen Nutzer.

Upgrades dieser Produkte vornehmen und dass diese Bedingungen auch für diese Upgrades gelten.

Einfacher ausgedrückt

Das Mindestalter für die Verwendung von Pinterest ist 13 Jahre. Und wenn dein Chef dich beauftragt, Pinterest zu verwenden, dann musst du ein Geschäftskonto einrichten.

b. Unsere Lizenz an dich

Gemäß diesen AGB und unseren Richtlinien(einschließlich unserer Community-Richtlinien) erteilen wir dir eine begrenzte, nicht-exklusive, nicht übertragbare und widerrufliche Lizenz zur Verwendung unserer Produkte.

c. Gewerbliche Verwendung von Pinterest

Wenn du unsere Produkte zu gewerblichen Zwecken verwenden möchtest, musst du ein Unternehmenskonto erstellen und unseren AGB für Unternehmen zustimmen.

Abbildung 7.36 Bedingungen zur gewerblichen Nutzung von Pinterest

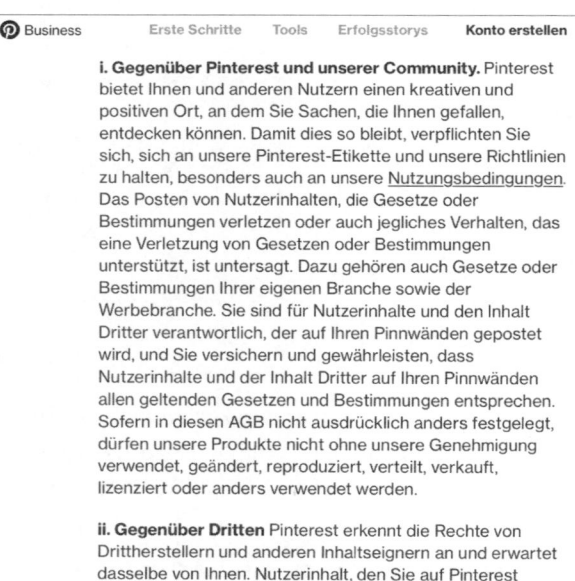

| Business | Erste Schritte | Tools | Erfolgsstorys | Konto erstellen |

i. Gegenüber Pinterest und unserer Community. Pinterest bietet Ihnen und anderen Nutzern einen kreativen und positiven Ort, an dem Sie Sachen, die Ihnen gefallen, entdecken können. Damit dies so bleibt, verpflichten Sie sich, sich an unsere Pinterest-Etikette und unsere Richtlinien zu halten, besonders auch an unsere Nutzungsbedingungen. Das Posten von Nutzerinhalten, die Gesetze oder Bestimmungen verletzen oder auch jegliches Verhalten, das eine Verletzung von Gesetzen oder Bestimmungen unterstützt, ist untersagt. Dazu gehören auch Gesetze oder Bestimmungen Ihrer eigenen Branche sowie der Werbebranche. Sie sind für Nutzerinhalte und den Inhalt Dritter verantwortlich, der auf Ihren Pinnwänden gepostet wird, und Sie versichern und gewährleisten, dass Nutzerinhalte und der Inhalt Dritter auf Ihren Pinnwänden allen geltenden Gesetzen und Bestimmungen entsprechen. Sofern in diesen AGB nicht ausdrücklich anders festgelegt, dürfen unsere Produkte nicht ohne unsere Genehmigung verwendet, geändert, reproduziert, verteilt, verkauft, lizenziert oder anders verwendet werden.

ii. Gegenüber Dritten Pinterest erkennt die Rechte von Drittherstellern und anderen Inhaltseignern an und erwartet dasselbe von Ihnen. Nutzerinhalt, den Sie auf Pinterest posten, muss daher allen gesetzlichen Bestimmungen entsprechen und darf die Rechte Dritter nicht verletzen.

Abbildung 7.37 Die AGB für Unternehmen von Pinterest

7.3   Kann man den Nutzernamen frei auswählen?

Haben Sie sich dann für eine oder mehrere Social-Media-Plattformen entschieden, stellt sich im Rahmen der Registrierung die scheinbar so simple Frage nach dem Namen des Profils.

7.3.1   Wahl des Namens

Bei der Wahl des Namens haben Sie grundsätzlich freie Hand. Dennoch sollten Sie sich zunächst genau überlegen, wie Sie Ihr professionelles Profil nennen möchten. Denn die Namenswahl hat im Social Web insbesondere Bedeutung für die Internetadresse (URL), unter der der Social-Media-Auftritt dann auffindbar ist. So ist beispielsweise Ihre Facebook-Seite unter *http://facebook.com/IHRNAME* oder Ihr Twitter-Account unter *http://twitter.com/IHRNAME* erreichbar.

> **Praxistipp: Klarnamen verwenden**
>
> Für Unternehmen empfiehlt sich die Verwendung eines Klarnamens. Auf diese Weise können Sie die Auffindbarkeit der Seite für andere Nutzer vereinfachen, steigern den Wiedererkennungswert und strahlen gleichzeitig Seriosität aus.

Doch es kann vorkommen, dass der gewünschte Name bereits von einem anderen Nutzer verwendet wird. Wenn Sie im Rahmen Ihres Social-Media-Marketings planen, mehrere Plattformen zu nutzen, sollten Sie bedenken, dass es sinnvoll ist, immer denselben Namen zu verwenden.

Wenn Sie dazu herausfinden möchten, ob der von Ihnen präferierte Name auf den anvisierten Plattformen noch verfügbar ist, aber keine Lust haben, alle Plattformen einzeln »abzuklappern«, so können Sie Tools nutzen, die prüfen, ob der Name im Social Web noch verfügbar ist (siehe Abbildung 7.38). Denn grundsätzlich gilt bei der Registrierung von Namen das Prioritätsprinzip, getreu dem Motto: »Wer zuerst kommt, mahlt zuerst!«

Ist der gewünschte Name bereits vergeben, so haben zwar Private noch die Möglichkeit, einen völlig anderen Namen oder einen Fantasienamen zu wählen, doch für ein professionelles Unternehmen sind die Möglichkeiten aufgrund der gewünschten schnellen Auffindbarkeit begrenzt.

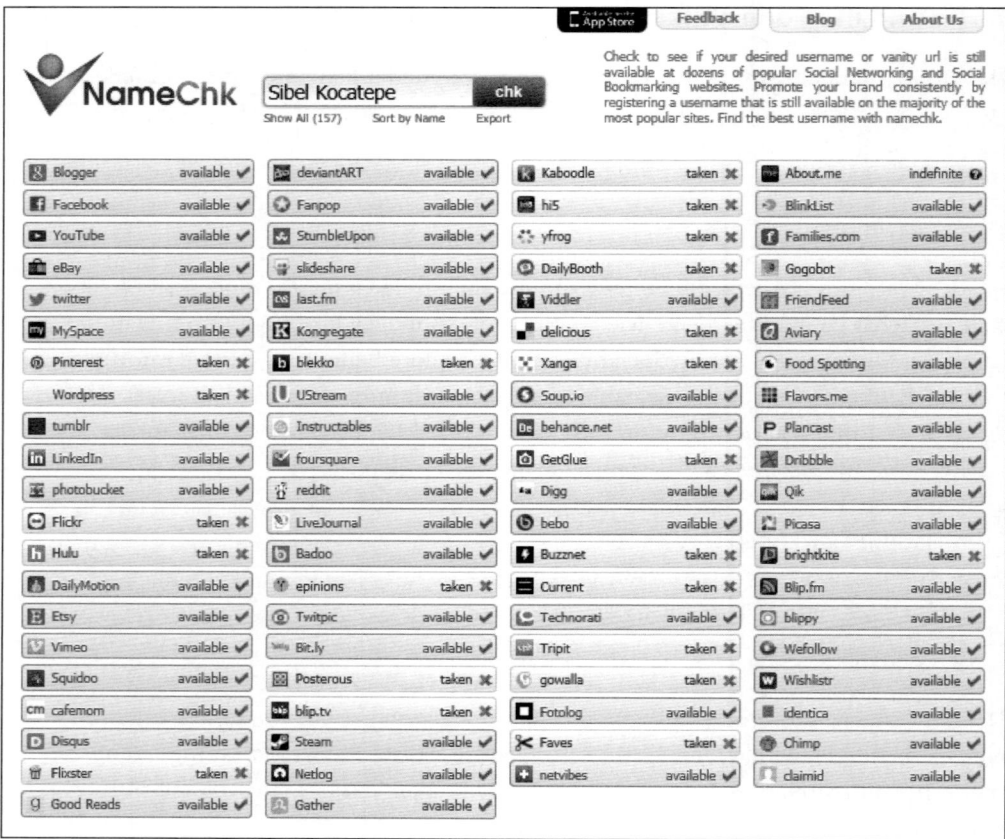

Abbildung 7.38 Beispiel für eine Webseite, auf der ein Namenscheck im Social Web durchgeführt werden kann

Auch kommt es vor, dass der eigene Unternehmensname von anderen Unternehmen genutzt wird. Dies ist insbesondere bei gängigen und ungeschützten Unternehmensbezeichnungen der Fall. So gibt es beispielsweise eine Vielzahl von Cafés oder Restaurants mit dem Namen »Havanna«. Da es sich dabei um eine Städtebezeichnung handelt, ist der alleinige Name nicht durch das Markenrecht schützbar und kann daher von mehreren Café- und Restaurantbetreibern verwendet werden. In diesen Fällen empfiehlt es sich daher, noch einen Individualisierungszusatz zu wählen, der beispielsweise aus dem Namen der Stadt bestehen kann, in der sich der Gastronomiebetrieb befindet (siehe Abbildung 7.39).

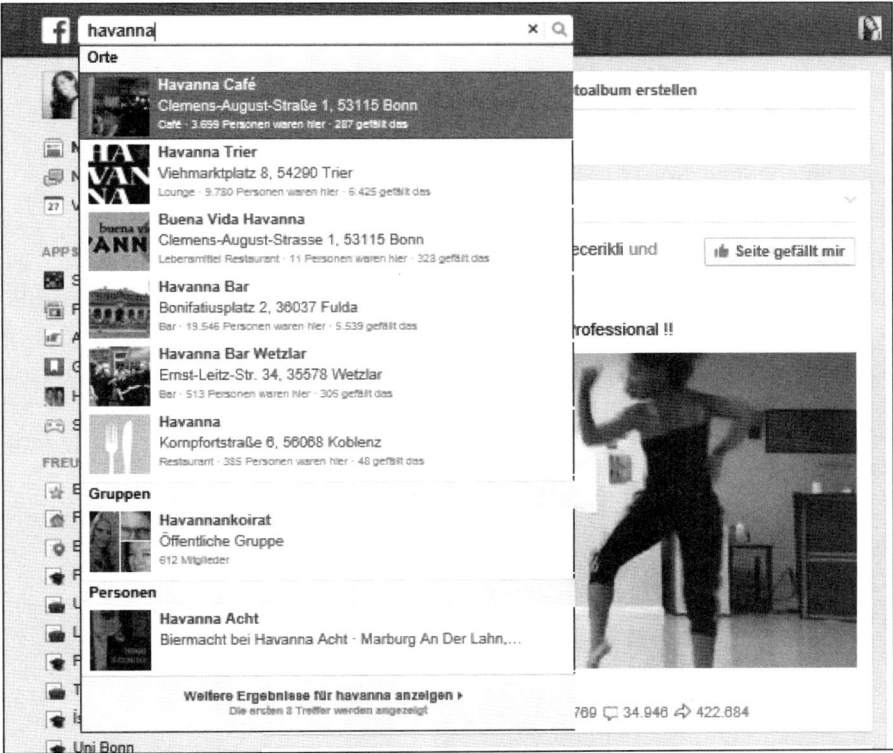

Abbildung 7.39 Beispiel für die mehrfache Verwendung des
Unternehmensnamens »Havanna« auf Facebook

7.3.2   Gesetzliche Vorgaben bei der Namenswahl

Zwar können Sie grundsätzlich den Profilnamen frei wählen (wobei allerdings das erwähnte Prioritätsprinzip gilt), jedoch besteht eine Ausnahme dann, wenn das Gesetz
etwas anderes vorsieht. Dabei liegt ein besonderes Augenmerk auf dem Namens-,
Marken- und Wettbewerbsrecht. Diese finden dann Anwendung, wenn es sich um
einen rechtlich geschützten Namen handelt, der unrechtmäßig von einem Dritten
verwendet wird. Dann nämlich gewährt das Gesetz dem Berechtigten das Recht, sich
gegen die Namensanmaßung zur Wehr setzen. Denn dass der andere Nutzer die Registrierung vorher vorgenommen hat, ist unerheblich, wenn dem Berechtigten aus
dem Marken-, Namens- oder Wettbewerbsrecht ein »besseres« Recht zusteht.

Praxisbeispiel: Kein Prioritätsprinzip bei rechtlich geschützten Namen

Selbst wenn Sie als Erster ein Profil unter dem Namen »Mercedes Benz« registrieren,
dürfen Sie dieses nicht betreiben, da dieser Name als Marke geschützt ist.

Sie sollten daher von der Verwendung solcher Namen Abstand nehmen, die

▶ als Marke registriert wurden,

▶ einer Marke sehr ähnlich sind,

▶ einen fremden Personennamen darstellen oder

▶ einen Titel von Büchern, Filmen, TV-Sendungen etc. beinhalten.

Verstößt ein Nutzer gegen diese gesetzlichen Regelungen, so kann der Berechtigte den Nutzer außergerichtlich abmahnen oder einen gerichtlichen Beseitigungs- bzw. Unterlassungsanspruch geltend machen. Auf diese Weise kann er dann die Freigabe des Namens erreichen. Hat der Nutzer auch schuldhaft gehandelt, können Sie zudem Schadensersatz geltend machen. Davon ist in jedem Fall dann auszugehen, wenn der Nutzer Ihren Unternehmensnamen bewusst zu Werbezwecken verwendet, um so bei Suchmaschinen ein besseres Ranking zu erreichen, oder auch, um potenzielle Interessenten zu akquirieren.

Praxistipp: Rechte sichern und checken

Bei Unternehmen empfiehlt es sich grundsätzlich, ein ausschließliches Verwendungsrecht am Firmennamen zu sichern, sofern dies möglich ist. Denn dann können Sie Dritte von der kommerziellen Nutzung ausschließen. Einen Schutz als Marke erreichen Sie über eine Registrierung beim *Deutschen Patent- und Markenamt* (*http://dpma.de*). Dort können Sie über die Suchmaske auch überprüfen, ob der von Ihnen gewünschte Name bereits registriert wurde.

7.3.3   Vorgaben der Social-Media-Plattformen zur Namenswahl

Nachdem Sie sich Gedanken über einen möglichen Namen gemacht haben, sollten Sie zudem kontrollieren, ob Ihr Wunschname auch in Einklang mit den Regelungen zur Namenswahl der jeweiligen Plattform steht. Dazu sollten Sie erneut einen Blick in die Nutzungsbedingungen werfen. Weil die Nutzungsbedingungen der einzelnen Plattformen so vielfältig sind, soll an dieser Stelle nur auf ein paar Besonderheiten hingewiesen werden, ohne jedoch die Einzelheiten im Detail für jede Plattform anzusprechen.

So macht beispielsweise das soziale Netzwerk Facebook in seinen Nutzungsbedingungen für Seiten darauf aufmerksam, dass Sie bei der Namenswahl keine allgemeinen Begriffe verwenden dürfen und auf korrekte Rechtschreibung achten müssen. Auch dürfen keine überflüssigen Zeichen oder Symbole verwendet werden, wozu beispielsweise der inflationäre Gebrauch von Ausrufezeichen zählt. Ebenso dürfen im Seitennamen auch keine überflüssigen Beschreibungen und unnötigen Vermerke auftauchen (siehe Abbildung 7.40).

Abbildung 7.40 Die Facebook-Vorgaben zu Seitennamen

Praxisbeispiel: Unzulässige Namen für Facebook-Seiten

Namen wie »SOCIAL MEDIA MARKETING«, »Social Media Marketing !!!!« oder »Soical Medai Marketing« verstoßen nach den Regeln aus Abbildung 7.40 gegen die Nutzungsbedingungen.

Auch auf der Plattform XING darf ein persönliches Profil nur unter dem richtigen Namen betrieben werden. Insbesondere verbieten die Allgemeinen Geschäftsbedingungen die Verwendung von Pseudonymen oder Künstlernamen (siehe Abbildung 7.41).

---

4. Allgemeine Pflichten des Nutzers und besondere Bestimmungen für die Nutzung des sozialen Netzwerks

4.1 Der Nutzer ist verpflichtet,

(a) ausschließlich wahre und nicht irreführende Angaben zu machen sowie seinen Klarnamen und keine Pseudonyme oder Künstlernamen zu verwenden;

(b) als Profilbild im Nutzerprofil im Rahmen des sozialen Netzwerks nur ein solches Foto zu verwenden, auf dem der Nutzer klar und deutlich erkennbar ist. Der Nutzer stellt sicher, dass die öffentliche Wiedergabe des von ihm übermittelten Profil-Fotos auf den XING-Websites nach geltendem Recht erlaubt ist. Die Nutzung von Fotos oder Abbildungen anderer oder nicht existierender Personen oder anderer Wesen (Tiere, Fantasiewesen etc.) oder von Logos als Profilbild ist nicht gestattet.

Abbildung 7.41 Die XING-Nutzungsbedingungen zur Namenswahl

Auch auf Twitter ist eine Identitätstäuschung unzulässig – Sie müssen also den richtigen Namen angeben. Den Twitter-Regeln zufolge ist es zudem nicht erlaubt, Seiten mit Namen zu registrieren, die rechtlich geschützt sind, oder vorsorglich Seiten mit den gewünschten Namen schon einmal zu belegen, ohne diese zu nutzen. Wird ein solcher Verstoß festgestellt, löscht Twitter den Account (siehe Abbildung 7.42).

Abbildung 7.42 Die Twitter-Regeln zur Namenswahl

Weitaus weniger Vorgaben macht Google+ seinen Nutzern: So heißt es in den zusätzlichen Nutzungsbedingungen für Google+-Seiten, dass der Name grundsätzlich frei gewählt werden kann. Tabu sind nur solche Bezeichnungen, die gegen die Google+-Inhaltsrichtlinien verstoßen. Danach ist beispielsweise der Identitätsdiebstahl unzulässig. Dies bedeutet, dass die Erstellung falscher Profile unter dem Namen einer anderen Person, das Verfassen von Beiträgen oder Versenden von Nachrichten unter diesem gefälschten Account ebenso unzulässig ist wie das Verlinken mit Bekannten und Freunden dieser Person.

> **Hinweis: Konsequenzen bei Verstößen**
>
> Wer gegen die Grundsätze der Namensfindung verstößt, muss mit schwerwiegenden Folgen rechnen: Während rechtlich Abmahnungen und Schadensersatzansprüche die Folge sein können, kann praktisch der Auftritt als solcher auf dem Spiel stehen, da viele Plattformen bei Verstößen gegen die Nutzungsbedingungen die Profile sofort und unumkehrbar löschen. Dies bedeutet neben dem finanziellen Schaden letztlich auch einen Imageverlust bei der Zielgruppe, der gerade im Hinblick auf den eigentlichen Marketingzweck wohl deutlich schwerer wiegen dürfte.

7.3.4   Probleme mit dem Account-Namen: Account-Grabbing

Während Sie testen, ob der von Ihnen gewünschte Name für Ihre Seite noch verfügbar ist, ist es möglich, dass Sie auf folgendes Problem stoßen: Dritte haben bereits einen Social-Media-Account unter dem Namen Ihres Unternehmens erstellt. Dies ist jedoch nicht aus dem Grund passiert, weil der Nutzer ein Unternehmen mit dem gleichen Namen hat, sondern es hatte von Anfang an nur den Zweck, Ihnen den Account zum Kauf anzubieten. Die Person, die den Account registriert hat, hatte demnach zu keiner Zeit die Absicht, den Account selbst zu nutzen. Dieses Problem ist so manchem von Ihnen vielleicht aus dem Bereich der Domains bekannt.

Doch Account-Grabbing müssen Sie sich nicht gefallen lassen: Ihnen stehen Ansprüche aus dem Namens-, Marken- oder Wettbewerbsrecht zur Verfügung. So ist das Namensrecht nach § 12 BGB verletzt, wenn eine hinreichend wahrscheinliche Zuordnungsverwirrung vorliegt, also durch die Wahl des Account-Namens eine Verbindung zu Ihrem Unternehmen suggeriert wird, die tatsächlich aber nicht besteht. Ist Ihr Unternehmensname darüber hinaus noch als Marke registriert, so stehen Ihnen bei markenmäßiger Verwendung des Namens und einer bestehenden Verwechslungsgefahr ein Anspruch auf Unterlassung sowie Schadensersatz zu. Erfolgt das Account-Grabbing durch Konkurrenten, so stellt dies unter Umständen auch eine unlautere Behinderung oder Irreführung dar und hat damit als Wettbewerbsverstoß ebenfalls unter anderem Unterlassungs- und Schadensersatzansprüche zur Folge.

> **Praxistipp: Plattformbetreiber kontaktieren**
>
> Zwar steht Ihnen im Fall des Account-Grabbings eine Vielzahl von Ansprüchen zur Verfügung, doch besteht in der Praxis häufig das Problem darin, den Account-Grabber ausfindig zu machen. In solchen Fällen sollten Sie daher Kontakt zum Betreiber der Plattform aufnehmen und den Verstoß melden. In der Folge kann der Plattformbetreiber den Vorwurf prüfen. Sollte sich Ihr Vorwurf bestätigen, können die Betreiber die Seite dann löschen, wodurch der Name wieder frei wird und von Ihnen genutzt werden kann.

7.3.5   Problem: Unfreiwillige Unternehmensprofile

Nun gibt es nicht nur den Fall, dass Dritte ein Profil von Unternehmen erstellen, sondern auch den Fall, dass soziale Netzwerke selbst ohne jegliche Veranlassung des Unternehmens Profile – sogenannte Gemeinschaftsseiten – erstellen (siehe Abbildung 7.43).

Diese Gemeinschaftsseiten basieren dann oftmals auf Wikipedia-Einträgen oder Mitarbeiterprofilen und bergen damit die Gefahr, dass die Angaben auf den »Zwangsprofilen« unvollständig oder unrichtig sind. Dies ist den betroffenen Unternehmen oder Organisationen natürlich ein Dorn im Auge, da sie Imageverluste befürchten müssen.

Abbildung 7.43 Eine von Facebook erstellte Seite über die Piratenpartei

Doch auch hier müssen Betroffene ein solches Profil nicht dulden. Denn durch das unfreiwillige Profil werden Unternehmen indirekt gezwungen, ein eigenes Profil anzulegen, um die Fehler und Unvollständigkeiten korrigieren zu können. Daher können Sie als betroffenes Unternehmen gegenüber der Plattform wegen der Verletzung von Marken- und Urheberrechten einen Unterlassungs- und Schadensersatzanspruch geltend machen.

> **Praxistipp: Plattformbetreiber kontaktieren**
>
> Wurde ein »Zwangsprofil« von Ihrem Unternehmen angelegt, sollten Sie zunächst die Plattform kontaktieren und sie zur Löschung des Accounts auffordern. Unter Umständen kommt das Unternehmen Ihrer Forderung nach und Sie sparen sich weitere Mühen und Kosten einer gerichtlichen Geltendmachung.

7.4 Wie gestaltet man ein Impressum?

In den vergangenen Jahren führte ein Thema immer wieder zu Diskussionen und hatte teure Abmahnungen zur Folge: die Impressumspflicht in sozialen Netzwerken. Das Impressum, auch Anbieterkennzeichnung genannt, stellt eine gesetzlich vorgeschriebene Informationspflicht dar und beinhaltet die Angabe zu der Person oder dem Unternehmen, die bzw. das das Social-Media-Profil geschäftsmäßig betreibt.

Bis vor einiger Zeit bestand Streit darüber, wann für Profile in sozialen Netzwerken überhaupt ein Impressum erforderlich ist, mittlerweile ist die dahingehende Rechtsprechung recht eindeutig. Wie diese aussieht und wie ein Impressum rechtskonform gestaltet werden kann, soll in diesem Abschnitt erläutert werden.

7.4.1   Inhalt der Impressumspflicht

Da Auftritte auf den Social-Media-Plattformen in der Regel ähnliche Inhalte und Funktionen wie eine Homepage aufweisen, ist mittlerweile anerkannt, dass Sie auch bei der Verwendung sozialer Netzwerke der Impressumspflicht unterliegen, wenn Sie das Profil zu Marketingzwecken benutzen, da dann nicht nur eine reine private Nutzung vorliegt.

In der Folge stellt sich nun die Frage, welche Bestandteile das Impressum bei Unternehmen mindestens enthalten muss. Dazu gehören gemäß § 5 Abs. 1 TMG in jedem Fall die Angabe von (siehe Abbildung 7.44):

▶ Name und Anschrift des Unternehmens

▶ bei juristischen Personen deren Rechtsform und deren vertretungsberechtigten Personen

▶ E-Mail-Adresse und Telefonnummer

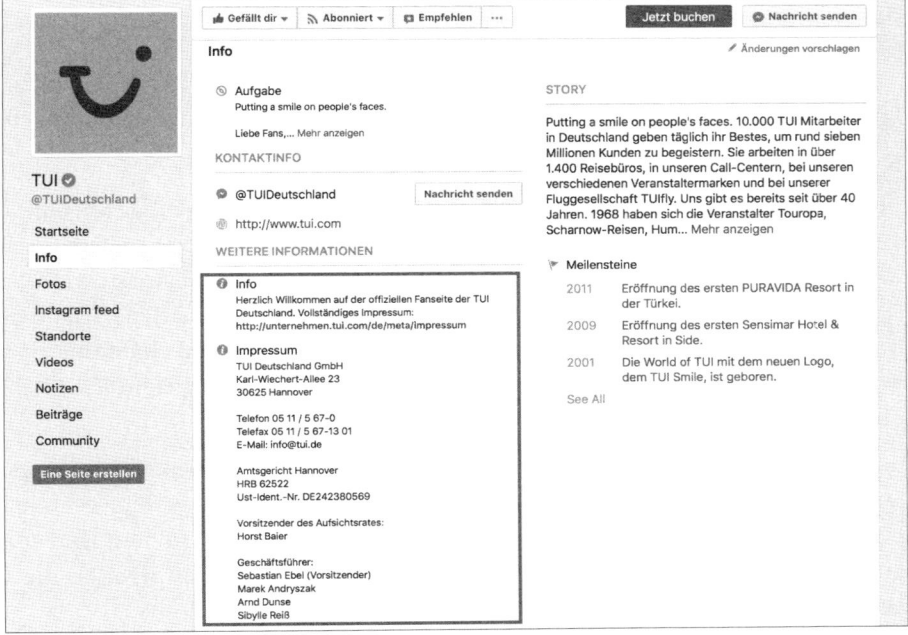

Abbildung 7.44 Beispiel für ein inhaltlich rechtskonformes Impressum

▶ gegebenenfalls Angaben zur ständigen Aufsichtsbehörde

▶ gegebenenfalls Angaben zum Handelsregister, Vereinsregister, Partnerschaftsregister oder Genossenschaftsregister und die entsprechende Registernummer

▶ Angabe der Umsatzsteueridentifikationsnummer

▶ gegebenenfalls verlinkter Hinweis zur EU-Online-Streitbeilegungsplattform

▶ Hinweis auf die (Nicht-)Teilnahme an Streitbeilegungsverfahren vor einer Verbraucherschlichtungsstelle

Achtung: Neue Informationspflichten!

Wenn Sie auf Ihren Profilen oder Seiten in sozialen Netzwerken nicht nur Ihr Unternehmen präsentieren, sondern Ihre Produkte und Dienstleistungen auch zum Kauf anbieten, dann gelten darüber hinaus seit 2016 bzw. 2017 weitere Informationspflichten, die Sie im Impressum umsetzen müssen. Dazu gehört einerseits der Hinweis zur EU-Online-Streitbeilegungsplattform und andererseits der Hinweis zur Teilnahme an Streitbeilegungsverfahren vor einer Verbraucherschlichtungsstelle (siehe Abschnitt 3.4.6).

7.4.2   Platzierung und Erreichbarkeit

Darüber hinaus hat der Gesetzgeber auch klare Vorstellungen darüber, wo das Impressum hingehört und wie es zu erreichen ist. Danach müssen die Informationen vom Betreiber der Seite leicht erkennbar, unmittelbar erreichbar und ständig verfügbar gehalten werden. Das bedeutet, dass die Informationen ohne wesentliche Zwischenschritte abgerufen werden können müssen.

Der Bundesgerichtshof (Urteil vom 20.07.2006, Az. I ZR 228/03) geht davon aus, dass diese Voraussetzungen erfüllt sind, wenn das Impressum über zwei Klicks erreicht werden kann – die sogenannte *Zwei-Klick-Lösung*. Dies ist beispielsweise im Fall von Facebook gewährleistet, wenn der Nutzer mit dem ersten Klick auf die Schaltfläche INFO oder MEHR auf eine Seite gelangt, auf der der zweite Klick auf einen Link erfolgt, der dann zum Impressum auf der eigenen Unternehmenswebsite führt (siehe Abbildung 7.45).

Im Rahmen der Social-Media-Auftritte stellt sich aufgrund der beschränkten gestalterischen Möglichkeiten darüber hinaus die Frage, wo das Impressum rechtssicher platziert werden kann. Da an dem Design der Plattformen keine Änderungen vorgenommen werden können, muss der Nutzer mit den Möglichkeiten arbeiten, die ihm zur Verfügung stehen.

So war es bisher beispielsweise eher schwierig, der Impressumspflicht auf den Facebook-Seiten nachzukommen. Zwar führte das soziale Netzwerk eine Funktion zum

Erstellen eines »Business Accounts« ein, darin wurden bislang die Daten jedoch unter dem Punkt INFO im Profil hinterlegt. Jedoch ist es nach der Rechtsprechung zweifelhaft, ob die Angabe INFO ausreicht.

Abbildung 7.45 Beispiel für die Erreichbarkeit des Impressums über zwei Klicks

Doch vor einigen Jahren führte Facebook zum Erstellen eine Impressums-Rubrik ein, die relativ einfach bedient werden kann: Sie können in das Feld IMPRESSUM alle erforderlichen Angaben eintragen. Der Vorteil besteht darin, dass Sie damit ein rechtssicheres Impressum erstellen können. Dazu gehen Sie folgendermaßen vor:

1. Rufen Sie Ihre Seite auf.
2. Öffnen Sie die Seiteneinstellungen.
3. Wechseln Sie in den Bereich TAB/SEITENINFO.
4. Suchen Sie das Feld IMPRESSUM heraus, und tragen Sie dort Ihre Angaben ein.
5. Sichern Sie die Seite.

> **Hinweis**
>
> Sollten sich mehrere Stellen für die Platzierung des Impressums anbieten, so sollten Sie alle nutzen, um eine rechtssichere Gestaltung zu gewährleisten. Auch sollten Sie im laufenden Betrieb auf Designänderungen der Plattformbetreiber achten, da ein neues Design auch zu einer Verschiebung des Links führen kann. Ein Verstoß gegen die Impressumspflicht kann dann eine Abmahnung oder als Ordnungswidrigkeit auch ein Bußgeld von bis zu 50.000 € zur Folge haben.
>
> Sollten Sie verschiedene Social-Media-Plattformen nutzen, so bietet es sich an, ein zentrales Impressum auf Ihrer Website zu erstellen, auf das Sie dann jeweils verlinken. Dies hat den Vorteil, dass nur einmalig ein Impressum gepflegt werden muss. Ändert sich also beispielsweise ein Geschäftsführer des Unternehmens, kann diese Änderung an zentraler Stelle verwaltet werden. So werden die Risiken eines falschen Impressums minimiert.

7.5 Wie funktioniert der rechtssichere Betrieb eines Social-Media-Accounts?

Auch nachdem Sie alle Vorkehrungen für einen rechtssicheren Social-Media-Auftritt getroffen haben, können Sie sich nicht ganz zurücklehnen: Auch im laufenden Betrieb des Accounts müssen Sie sowohl gesetzliche Vorschriften beachten wie auch die Vorgaben der Plattformen selbst. Dies spielt insbesondere bei der Veröffentlichung von Informationen und Inhalten wie Bildern, Videos oder Zitaten eine nicht zu vernachlässigende Rolle.

> **Achtung: Legen Sie besonderes Augenmerk auf die Imagepflege!**
>
> Da Sie als Unternehmen besonders an der Imagepflege interessiert sind und sich Fauxpas nicht leisten können, empfiehlt es sich, in rechtlich unsicheren Konstellationen Zurückhaltung zu üben oder sich rechtlichen Rat zu holen.

Dieser Abschnitt soll Ihnen einen Überblick über die grundsätzliche rechtliche Situation geben und Ihnen dabei helfen, Ihren Social-Media-Auftritt nicht nur interessant, sondern gleichzeitig auch rechtssicher zu betreiben.

7.5.1 Persönlichkeitsrecht: Das Recht am eigenen Bild

Das Web 2.0 ist ein neues Zeitalter im Hinblick auf Persönlichkeitsrechte. Denn seitdem das Internet und soziale Netzwerke zu einem festen Bestandteil des Alltags der Menschen geworden sind, ist die Zahl der Persönlichkeitsrechtsverletzungen rasant gestiegen. Noch nie war es so einfach, innerhalb kürzester Zeit Bilder, Videos oder

Musik mit einer unbestimmten Menge an Personen zu teilen. Die Begeisterung für die neuen technischen Möglichkeiten lässt dabei die Rücksichtnahme auf Persönlichkeitsrechte in den Hintergrund treten.

Eine besondere Rolle spielt das Persönlichkeitsrecht in sozialen Netzwerken im Hinblick auf *Bildrechte*. Denn Auftritte in sozialen Netzwerken lassen sich durch Bild- oder Videodateien deutlich interessanter gestalten als mit reinen Textpassagen. Doch bei der Verwendung von Fotos sollten Sie Vorsicht walten lassen. Ob bewusst oder unbewusst können mit der Veröffentlichung eines Bildes Persönlichkeitsrechte verletzt werden.

Um zu verstehen, welche Bilder in sozialen Netzwerken hochgeladen und verbreitet werden dürfen und worauf Sie achten müssen, um das Recht am eigenen Bild der Abgebildeten nicht zu verletzen, müssen Sie zunächst einmal verstehen, welchen Regelungszweck das Recht am eigenen Bild hat.

Das Recht am eigenen Bild besagt, dass jeder Mensch selbst bestimmen darf, ob überhaupt und in welchem Zusammenhang Bilder von ihm veröffentlicht werden. Die unbefugte Anfertigung und Verbreitung seiner Bildnisse muss demnach niemand dulden. Dieses Recht ist Ausfluss des allgemeinen Persönlichkeitsrechts und hat damit seine Verankerung in unserer Verfassung. Die Rechtsgrundlage für den Schutz des Rechts am eigenen Bild bilden dann die §§ 22, 23 Kunsturhebergesetz, wonach die Verbreitung und öffentliche Zurschaustellung von Bildnissen grundsätzlich nicht ohne die Einwilligung des Abgebildeten zulässig ist.

> **Achtung: Auch die eigenen Mitarbeiter müssen einwilligen!**
> Das Einwilligungserfordernis gilt auch für Ihre eigenen Mitarbeiter, wenn Sie diese beispielsweise im sozialen Netzwerk als Ansprechpartner abbilden möchten. Der Umstand, dass die Mitarbeiter in einem Arbeitsverhältnis zu Ihnen stehen, ändert nichts an ihren Persönlichkeitsrechten.

Es gibt nur einige wenige Ausnahmen von diesem Einwilligungserfordernis. Welche das sind, ist ausdrücklich und abschließend gesetzlich geregelt. In Betracht kommt eine Veröffentlichung auch ohne Einwilligung damit nur in folgenden Fällen:

► Bildnisse aus dem Bereich der Zeitgeschichte

► Bilder, auf denen die Personen nur als Beiwerk neben einer Landschaft oder sonstigen Örtlichkeit erscheinen

► Bilder von Versammlungen, Aufzügen und ähnlichen Vorgängen, an denen die dargestellten Personen teilgenommen haben

► Bildnisse, die nicht auf Bestellung angefertigt sind, sofern die Verbreitung oder Schaustellung einem höheren Interesse der Kunst dient

Im Rahmen des Unternehmensalltags spielt der dritte Ausnahmetatbestand eine bedeutende Rolle. Zu denken ist dabei an öffentliche Veranstaltungen wie Firmenjubiläen oder Messeauftritte. Dabei dürfen die Fotos, die von den Teilnehmern gemacht wurden, unter gewissen Voraussetzungen auch ohne deren Einwilligung in sozialen Medien veröffentlicht werden.

Dazu muss es sich zunächst einmal um eine *öffentliche Versammlung* handeln. Davon ist dann auszugehen, wenn mehrere Personen zu einem gemeinsamen Zweck zusammenkommen und es sich nicht um eine Privatveranstaltung handelt. Ein gemeinsamer Zweck liegt dann vor, wenn die Personen ein Ziel verfolgen, das nur gemeinsam erreicht werden kann, so zum Beispiel ein Kongress. In diesem Zusammenhang dürfen Fotos einer öffentlichen Veranstaltung einwilligungsfrei veröffentlicht werden, wenn sie die Menschenmasse an sich zeigen. Die Bilder dürfen sich ausnahmsweise auf einzelne Personen konzentrieren, wenn diese Personen beispielsweise durch eine Rede gewollt hervortreten. Dies gilt jedoch nur so lange, wie nicht die Nutzungsbedingungen der Veranstalter etwas anderes regeln – in diese sollten Sie daher vor der Veröffentlichung ebenfalls einen Blick geworfen haben.

> **Achtung: Vorsicht bei betriebsinternen Feierlichkeiten!**
> Anders sieht es hingegen aus, wenn Sie Bilder von betriebsinternen Feierlichkeiten (zum Beispiel einer Weihnachtsfeier) veröffentlichen möchten. Auch wenn diese Feier an einem öffentlichen Ort wie in einem Restaurant stattgefunden hat, handelt es sich nicht um eine öffentliche Veranstaltung. Damit ist zur Veröffentlichung der Bilder eine Einwilligung von allen Abgebildeten erforderlich!

Diese Ausnahmen von dem Einwilligungserfordernis gelten dann wiederum nicht, wenn eine Verletzung berechtigter Interessen vorliegt. Um dies beurteilen zu können, ist eine einzelfallgerechte, umfassende Abwägung Ihrer Interessen gegenüber denen der Abgebildeten vorzunehmen. Die Abwägung fällt in jedem Fall dann zugunsten des Abgebildeten aus, wenn das Bildnis zu Werbezwecken in den sozialen Netzwerken eingesetzt wird.

Damit kann festgehalten werden, dass die Ausnahmen vom Einwilligungserfordernis bei der Nutzung zu Werbezwecken gerade nicht greifen und daher immer die Einholung der Einwilligung erforderlich ist. Dies gilt innerhalb aller Medien und damit auch im Social-Media-Bereich.

> **Sicher ist sicher: Die Beweislast trägt der Unternehmer!**
> Aus Gründen der Beweislast ist es empfehlenswert, eine schriftliche Einwilligung einzuholen oder die Einwilligung zumindest in Gegenwart eines Zeugen abgeben zu lassen. Denn die Beweislast für das Vorliegen der Einwilligung trägt letztlich der, der sich darauf beruft – in diesem Fall also Sie als Inhaber des Profils.

Der Verstoß gegen das Kunst-Urheberrecht stellt aber nicht nur einen Verstoß gegen das Gesetz dar, sondern in der Regel auch gegen die Nutzungsbedingungen der Plattformen. Diese bieten dazu Betroffenen Beschwerdemöglichkeiten an, um sie bei der Beseitigung der Verletzung zu unterstützen (siehe Abbildung 7.46). Wenn Sie mit Ihrem Auftritt Rechte Dritter verletzen, müssen Sie also nicht nur mit gesetzlichen Folgen rechnen, sondern auch mit Konsequenzen vonseiten der Plattformbetreiber, die bis zur Sperrung des Nutzerkontos reichen können.

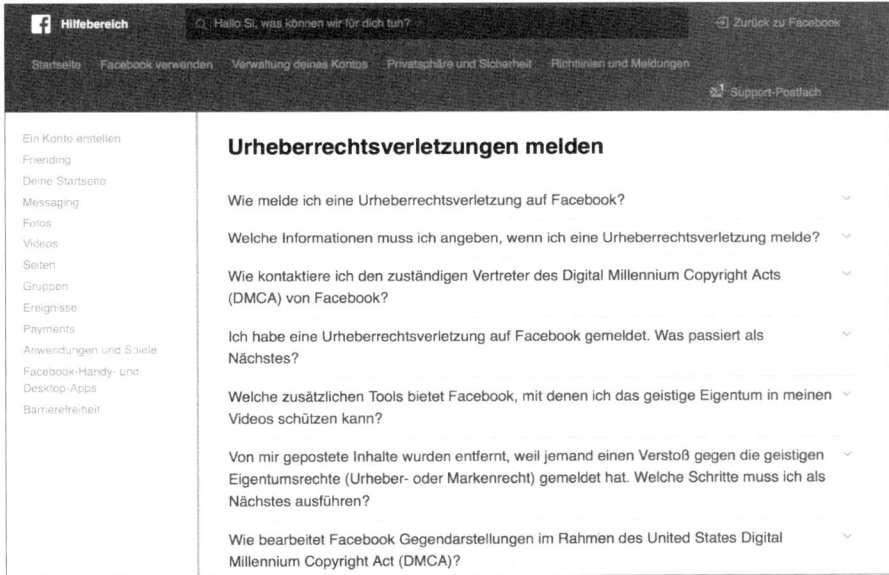

Abbildung 7.46 Beispiel für eine Beschwerdemöglichkeit bei Urheberrechtsverletzungen in dem sozialen Netzwerk »Facebook«

7.5.2   Äußerungsrecht: Welche Äußerungen im Netz sind zulässig?

Schnell lassen sich Inhalte aller Art und damit auch Nachrichten und Äußerungen über die sozialen Netzwerke an eine Vielzahl von Personen verbreiten. Oftmals werden dabei Nachrichten und Bilder von anderen Nutzern übernommen und weiterverbreitet, ohne sie auf ihren Wahrheitsgehalt und die Rechte daran zu überprüfen oder sich über die Konsequenzen für den Betroffenen Gedanken zu machen. Davon können private Personen ebenso wie Personen der Zeitgeschichte oder andere Unternehmen betroffen sein.

Je nach Art der Äußerungen kann dies einen Eingriff in das bereits angesprochene Persönlichkeitsrecht, die Berufsfreiheit oder die Eigentumsfreiheit der Personen darstellen, über die berichtet wird. Dies spielt sowohl dann eine Rolle, wenn Sie oder Ihre Mitarbeiter Äußerungen auf der Unternehmensseite veröffentlichen, als auch dann, wenn Mitarbeiter sich über Ihr Unternehmen auf ihren privaten Profilen äußern.

Äußerungen auf der Unternehmensseite

Grundsätzlich stellt nicht jede Äußerung, an der sich eine andere Person stört, eine Rechtsverletzung dar. Denn die Verbreitung Ihrer Meinung ist ebenfalls verfassungsrechtlich durch die Meinungsfreiheit aus Art. 5 Abs. 1 Grundgesetz (GG) geschützt. Diese umfasst das Recht, eine Meinung bilden, haben und verbreiten zu dürfen. Dies gilt auch im Geschäftsleben: Unternehmen können Werturteile über Ihre Produkte abgeben, die dann von der Meinungsfreiheit geschützt werden, da diese auch die kommerzielle Meinung sowie die reine Wirtschaftswerbung mit wertendem, meinungsbildendem Inhalt schützt. Auch können Unternehmen und deren Mitarbeiter ihre Meinung zu einem bestimmten Thema beispielsweise in sozialen Netzwerken nach außen tragen und damit ihr Recht auf freie Meinungsäußerung wahrnehmen (siehe Abbildung 7.47).

Abbildung 7.47 Den Facebook-Beitrag eines Nutzers zu Artikeln der »Bild«-Zeitung kommentieren sowohl die Mitarbeiter der »Bild«-Zeitung selbst als auch die von »Spiegel Online«.

Äußerungen in sozialen Netzwerken werden von so manchen Mitarbeitern aber nicht immer mit der nötigen Zurückhaltung getätigt. Dies kann dann zu negativer Presse und Imageschäden führen. So geschah es beispielsweise auf der Facebook-Seite einer Filiale des Schnellrestaurants »Burger King« im irischen Tralee (siehe Abbildung 7.48). Dort beklagte sich ein Gast über den lahmen Service mit dem Kommentar: »Schlechtester Drive-Thru aller Zeiten ... In der Zeit, die ich warten musste, um meine Bestellung aufzugeben, hätte McDonald's bereits 20 Autos abgearbeitet.« Darauf konterte ein Mitarbeiter etwas ungeschickt: »Warum verpisst Du Dich nicht einfach zu McDonald's und isst deren Scheiß-Fraß?«

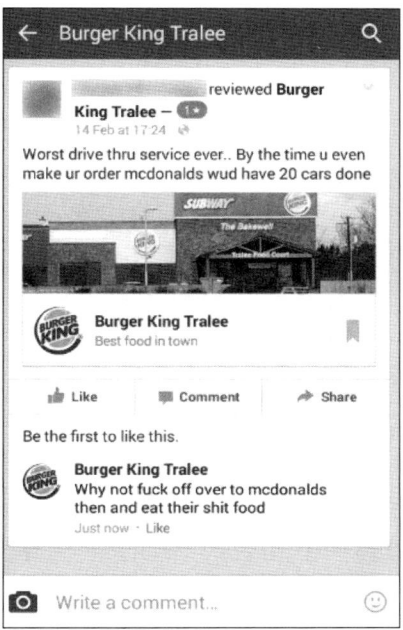

Abbildung 7.48 Beispiel für Äußerungen in sozialen Netzwerken, die Imageschäden hervorrufen können

Solche Situationen treten im Alltag sozialer Netzwerke nicht selten auf und führen zu Konflikten. Kollidiert Ihre Meinungsfreiheit mit den Rechten des Betroffenen, ist eine Interessenabwägung vorzunehmen, um sodann entscheiden zu können, welches Grundrecht in dem konkreten Fall überwiegt.

Damit Sie sich überhaupt auf die Meinungsfreiheit berufen können, muss es sich bei Ihrer Nachricht auch um eine Meinung handeln. Denn der Schutzbereich dieses Grundrechts umfasst nur Werturteile, die aber auch mit Tatsachenbehauptungen verbunden sein können. Nach Ansicht des Bundesverfassungsgerichts ist jedoch die erwiesen oder bewusst unwahre Tatsachenbehauptung nicht geschützt. Hieran wird deutlich, dass die Unterscheidung zwischen *Tatsachenbehauptung* und *Werturteil* für die rechtliche Beurteilung der Zulässigkeit Ihrer Äußerung ganz entscheidend ist. Dies ist aber nicht immer ganz einfach, da sich insbesondere in Berichten und Meldungen in sozialen Netzwerken oftmals Werturteile und Tatsachenbehauptungen vermischen. Daher soll im Folgenden ein kurzer Überblick über die wesentlichen Kriterien der Einordnung gegeben werden.

Tatsachen sind alle wahrnehmbaren oder feststellbaren äußeren und inneren Zustände oder Vorgänge aus der Vergangenheit und Gegenwart, die dem Beweis zugänglich sind.

Praxisbeispiel: Tatsachenbehauptung

Die Behauptung »Gestern war es in Köln 37 °C« beschreibt einen Zustand aus der Vergangenheit, der durch Wettermessungen einfach nachgewiesen werden kann und damit eine Tatsachenbehauptung darstellt. Auch wenn diese Behauptung mit Zusätzen wie »ich meine« oder »ich denke« versehen wird, ändert das nichts daran, dass es sich um eine Tatsachenbehauptung handelt.

Werden nun in Berichten Tatsachen behauptet, so sind diese durch die Meinungsfreiheit geschützt, wenn sie mit einem Werturteil verbunden oder Grundlage für die Meinungsbildung sind. Damit sind solche *Tatsachenbehauptungen* nicht geschützt, die unwahr sind, da die unrichtige Information kein schützenswertes Gut ist. Dies liegt daran, dass es kein öffentliches Interesse an unwahren Tatsachenbehauptungen geben kann, da sie nicht der Meinungsbildung dienen.

Handelt es sich hingegen um wahre Tatsachenbehauptungen, so müssen diese – mit wenigen Ausnahmen – auch dann hingenommen werden, wenn sie für den Betroffenen besonders unangenehm sind. Ausnahmen von diesem Grundsatz sind beispielsweise dort vorgesehen, wo es sich um Formalbeleidigungen handelt. Dabei handelt es sich um Tatsachen, die zwar wahr sind, aber in einem besonders herabwürdigenden Ton, in einer gehässigen Einkleidung oder gegenüber einer übertriebenen Öffentlichkeit veröffentlicht wurden.

Achtung: Beweislast

Sollte sich der Betroffene gegen Ihren Bericht zur Wehr setzen wollen, so müssen Sie im Fall von übler Nachrede darlegen und beweisen, dass es sich um eine wahre Tatsache handelt. Gelingt Ihnen dieser Beweis nicht, so wird die Äußerung wie eine unwahre Tatsache behandelt und Sie können von dem Betroffenen beispielsweise auf Unterlassung in Anspruch genommen werden.

Neben den Tatsachenbehauptungen kennt das Äußerungsrecht die *Werturteile*. Dabei handelt es sich um Äußerungen, die einen subjektiven Bezug zwischen dem sich Äußernden und dem Gegenstand seiner Äußerung aufweisen. Entscheidender Unterschied zur Tatsachenbehauptung ist damit die Darstellung der persönlichen Auffassung, die daher dem Beweis nicht zugänglich ist. Werturteile sind beispielsweise Bewertungen, Prognosen, Zweifel und Schlussfolgerungen.

Praxisbeispiel: Werturteil

Die Aussage »Gestern war es in Köln sehr heiß« beschreibt zwar einen Zustand aus der Vergangenheit, ist aber nicht dem Beweis zugänglich, da das Hitzeempfinden bei jedem Menschen anders ist.

Die freie Äußerung von Werturteilen ist als Meinungsfreiheit ein verfassungsrecht-lich garantiertes Grundrecht, das seine Grenze in rechtswidrigen Äußerungen findet. Dazu gehören die Verletzung der Menschenwürde, die Formalbeleidigung sowie die Schmähkritik, da diese nicht in gleichem Maße am Grundrechtsschutz teilnehmen wie andere Werturteile.

Daher sollten Sie mit kritischen Aussagen übers Internet zurückhaltend umgehen. Denn häufig werden sie von sehr vielen Menschen gelesen, weil inzwischen viele Nutzer Zugang zu diesem Medium haben. Die Inhalte werden bei Suchmaschinen wie Google häufig hoch platziert. Was hierüber verbreitet wird, kann nur schwer rückgängig gemacht werden. Ebenso schwer ist es auch, als juristischer Laie zu er-kennen, wo genau die Grenze zwischen einer zulässigen Meinungsäußerung und einer Beleidigung liegt, da dies von den besonderen Umständen im jeweiligen Fall abhängt.

> **Praxistipp: Zurückhaltung aus Imagegründen**
>
> Auch wenn rechtlich keine Bedenken an der Verbreitung bestimmter Nachrichten bestehen, ist es dennoch aus Imagegründen empfehlenswert, heikle Themen nur mit Zurückhaltung in der Öffentlichkeit zu diskutieren oder zu kommentieren. Schließ-lich sollten Sie die Seriosität Ihres Unternehmens wahren.

Auch können Verletzungen des Persönlichkeitsrechts Dritter durch Ihre Äußerun-gen Konsequenzen vonseiten der jeweiligen Plattform nach sich ziehen. Denn Platt-formbetreiber möchten solche Übergriffe gegen andere Nutzer verhindern und haben dies daher in aller Regel auch in Ihre Nutzungsbedingungen aufgenommen (siehe Abbildung 7.49).

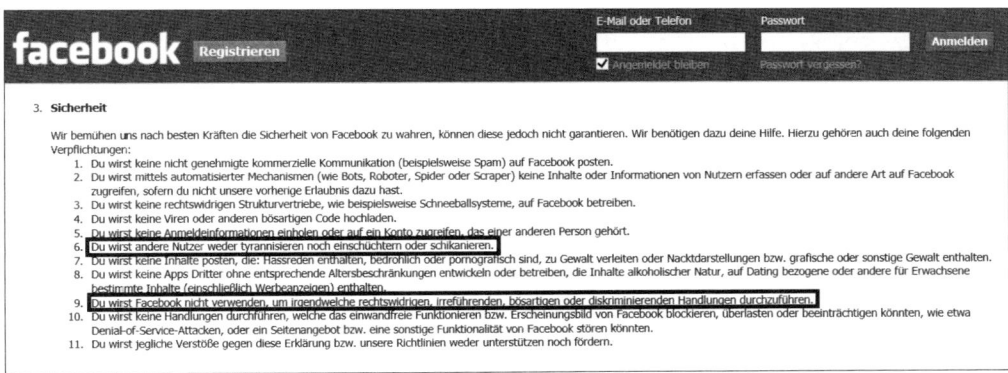

Abbildung 7.49 Beispiel für die Pflicht zur Achtung der Persönlichkeitsrechte Dritter in den Nutzungsbedingungen von »Facebook«

Äußerungen von Mitarbeitern auf deren privaten Profilen

Neben den Äußerungen, die Sie über Ihre Unternehmensseite veröffentlichen, spielen unter Marketingaspekten auch solche Äußerungen eine Rolle, die Ihre Mitarbeiter auf ihren privaten Profilen tätigen. Fallen diese Äußerungen positiv aus, ist das natürlich völlig unproblematisch und vorteilhaft für Sie.

Doch kommt es auch häufig vor, dass Mitarbeiter durch rein private Äußerungen über den Arbeitgeber oder dessen Produkt gewollt oder ungewollt ein negatives Bild zeichnen. Neben Rufschädigungen sind gezielte Beleidigungen von Vorgesetzten und Arbeitnehmern und der Verrat von Betriebs- und Geschäftsgeheimnissen in der Praxis nicht selten. Dies ist dann besonders problematisch, wenn sich aus den Informationen auf dem Profil auch noch ergibt, dass es sich bei dem Kritiker um Ihren Angestellten handelt.

Praxisbeispiel: Beleidigung des Arbeitgebers in sozialem Netzwerk

Im Jahr 2012 befasste sich das Arbeitsgericht Hagen (Urteil vom 16.05.2012, Az. 3 Ca 2597/11) mit einer Kündigung eines Mitarbeiters, der sich nach Erhalt von zwei Abmahnungen mit folgendem Kommentar auf seiner Facebook-Chronik über seinen Vorgesetzten ausließ: »*Diesen kleinen Scheißhaufen mache ich kaputt, werde mich beschweren über diesen Wixer. Bin 32 hier dabei und so ein faules Schwein, der noch nie gearbeitet in seinem Scheißleben gibt mir zwei Abmahnungen, da hat er sich im falschen verguckt diese Dreckssau ...*«

Diese Nachricht konnten die 70 »Freunde« – davon 36 Arbeitskollegen – des Arbeitnehmers auf Facebook sehen. Vor diesem Hintergrund erläuterten die Richter, dass der Arbeitnehmer die Äußerung mit demselben Effekt auch im Betrieb auf dem »Schwarzem Brett« hätte aushängen können. Die beleidigende Äußerung sei daher betriebsöffentlich und nicht im kleinen Kollegenkreis erfolgt, bei dem eine besonders geschützte »vertrauliche Kommunikation« vorliegen kann. Die außerordentliche Kündigung hielt das Arbeitsgericht lediglich wegen des Alters und der über 30-jährigen Betriebszugehörigkeit des Arbeitnehmers für unangemessen. Dies bedeutet jedoch, dass in anderen ähnlichen Fällen eine Kündigung durchaus wirksam erfolgen kann.

Ein solches Verhalten ist rechtlich natürlich nicht unproblematisch. Zwar hat der Arbeitnehmer das Recht, seine Meinung auch in sozialen Netzwerken frei zu äußern und zu verbreiten, jedoch können Sie gegen die Äußerung vorgehen, wenn dies das Arbeitsverhältnis konkret beeinträchtigt. Denn ein solches Verhalten stellt einen Verstoß gegen die Rücksichtnahme- und Treuepflicht des Arbeitnehmers dar, die Ihnen gegenüber arbeitsvertraglich besteht. Ohne eine solche Beeinträchtigung hat der Arbeitgeber daher kein Recht, private Äußerungen des Arbeitnehmers im Social Web zu untersagen oder gar zu sanktionieren.

> **Praxistipp: Beeinträchtigung prüfen lassen!**
>
> Falls Sie sich nicht ganz sicher sind, ob Sie gegen die unerwünschte Äußerung tatsächlich vorgehen können, sollten Sie sich rechtlichen Rat einholen. Denn zur Beurteilung des beeinträchtigenden Charakters ist stets eine Einzelfallbeurteilung erforderlich.

Dies gilt nicht nur dann, wenn sich der Mitarbeiter über das Unternehmen äußert, in dem er beschäftigt ist, sondern auch in Bezug auf Äußerungen gegenüber Dritten, wenn der Mitarbeiter auf seinem Profil das Unternehmen als Arbeitgeber angegeben hat und besonders rechtsverletzende Äußerungen wie Hasskommentare einen besonders hohen Imageschaden beim Unternehmen erwarten lassen. In diesen Fällen kann sogar eine fristlose Kündigung des Mitarbeiters gerechtfertigt sein.

> **Beispiel**
>
> Ein Arbeitnehmer verfügte über einen privaten Account bei Facebook. In diesem Profil hatte er auch seinen Arbeitgeber angegeben. Nachdem der Nachrichtensender »n-tv« auf seiner Facebook-Seite den Beitrag »*Drama in Thüringen: Leiche nach Brand in Asylunterkunft gefunden*« veröffentlicht hatte, verfasste der Angestellte dort einen Kommentar mit folgendem Inhalt: »*hoffe das alle verbrennen, die nicht gemeldet sind.*« Des Weiteren schrieb er: »*alle raus und geht es gut.*«
>
> Nachdem der Arbeitgeber davon erfahren hatte, kündigte er den Arbeitnehmer trotz Betriebszugehörigkeit von 32 Jahren fristlos – zu Recht, so das Arbeitsgericht Herne (Urteil vom 22.03.2016, Az. 5 Ca 2806/15). Denn dieser Hasskommentar erfüllte den Straftatbestand der Volksverhetzung, durch dessen Erfüllung der Arbeitnehmer auch seine vertraglichen Nebenpflichten aus dem Arbeitsvertrag verletzte.

7.5.3 Urheberrecht: Rechte an Bildern, Videos und Zitaten

Neben dem Persönlichkeitsrecht kann bei der Veröffentlichung von Inhalten auf sozialen Netzwerken auch das Urheberrecht verletzt sein. Dieses spielt im Social Web insbesondere im Hinblick auf eingestellte Bilder und Videos sowie auf Zitate eine große Rolle. Denn nur, weil Inhalte im Internet frei zugänglich sind, bedeutet dies nicht, dass sie auch nach Belieben benutzt werden dürfen.

Das Urheberrecht schützt Werke der Literatur, Kunst und Wissenschaft, die eine persönliche geistige Schöpfung darstellen. Darunter fallen beispielsweise Fotos, Texte, Videos oder Musik. Es sichert seinem Schöpfer als Urheber das alleinige und ausschließliche Recht zu, sein Werk zu verwerten. Dies bedeutet besonders im Social-Media-Bereich, dass der Urheber selbst über das Ob und Wie der Vervielfältigung, der öffentlichen Zugänglichmachung und der Bearbeitung eines Werkes entscheiden darf. Entscheidend für die Rechtmäßigkeit der Nutzung durch Dritte ist damit die Einwilligung des Urhebers.

> **Praxistipp: Mit der Einwilligung auf der sicheren Seite**
>
> Sollten Sie Werke Dritter verwenden, empfiehlt es sich immer, vorsorglich deren Einwilligung einzuholen. Diese Einwilligung sollten Sie schriftlich festhalten und dabei auch Wert auf eine detaillierte Darstellung des Umfangs der Verwendung legen. Dabei sollte ausdrücklich eine Verwendung im Social Web vereinbart werden.

Hinsichtlich der Rechtmäßigkeit eingestellter Inhalte muss dann zwischen Bildern und Videos sowie Texten unterschieden werden.

Bilder und Videos

Besonders gern werden soziale Netzwerke dazu genutzt, Bilder oder Videos mit der eigenen Community zu teilen (siehe Abbildung 7.50).

Abbildung 7.50 Über das soziale Netzwerk »Facebook« können beispielsweise Videos der Plattform »YouTube« mit der eigenen Community geteilt werden.

Dabei handelt es sich jedoch nicht immer um selbst angefertigtes Material. In einem solchen Fall müssen Sie beachten, dass dann das Recht der öffentlichen Zugänglichmachung des Urhebers verletzt sein kann. Davon ist dann auszugehen, wenn Bilder oder Videos derart im sozialen Netzwerk angeboten werden, dass sie von einem unbestimmten Personenkreis betrachtet werden können. Da es bei professionellen Auftritten in sozialen Netzwerken keine Möglichkeit gibt, den Empfängerkreis des Bildes oder Videos einzuschränken, stellt die öffentliche Zugänglichmachung des Bildes ohne Einwilligung des Urhebers eine Verletzung seiner Rechte dar, die eine Haftung nach sich ziehen kann.

Dies gilt auch dann, wenn Sie nur leichte Änderungen an dem Bild vornehmen. Denn solange das ursprüngliche Bild noch in der Bearbeitung weiterwirkt, ist es vom Urheberrecht geschützt. Dies schützt den Urheber nämlich auch vor der unbefugten Bearbeitung oder sonstigen Umgestaltung seines Werkes in qualitativer oder quantitativer Hinsicht.

Praxistipp: Urheberrechte immer im Hinterkopf behalten!

Bei der Verwendung von Bildern oder Videos auf der Seite des sozialen Netzwerks sollten Sie immer im Hinterkopf behalten, dass an jedem Werk Urheberrechte bestehen. Dabei ist es unerheblich, ob es sich bei dem Bild um einen einfachen Schnappschuss oder um ein aufwendig produziertes Porträtfoto handelt. Letztendlich sollten Sie bei jeder Verwendung eines Bildes überprüfen, ob Sie das Recht haben, dieses Bild für Ihre Zwecke zu verwenden.

Sollen also urheberrechtlich geschützte Werke wie Bilder oder Videos auf dem Social-Media-Auftritt verwendet werden, so müssen Sie sich vom Urheber die Nutzungsrechte daran einräumen lassen. Dies bedeutet letztlich, dass Sie beim Urheber anfragen müssen, ob Sie das gewünschte Bild oder Video für Ihren Social-Media-Auftritt nutzen dürfen. Stimmt er dem zu, müssen Sie sich dieses Recht dann vertraglich und oftmals gegen ein Entgelt einräumen lassen. Auch hier empfiehlt sich aus Gründen der Beweislast eine schriftliche Fixierung der Vereinbarung.

Möchten Sie für die Nutzung von Werken Dritter kein Entgelt zahlen, so können Sie auch auf die kostenlosen Alternativen der Creative-Commons-Inhalte zurückgreifen (siehe Abschnitt 5.3.1).

Achtung: Einwilligung auch bei dienstlichen Zwecken

Auch wenn Sie Bilder Ihrer Mitarbeiter auf einer Social-Media-Plattform veröffentlichen möchten, um diese Mitarbeiter beispielsweise als Ansprechpartner für bestimmte Themen darzustellen, müssen Sie sie zuvor um ihre Einwilligung bitten. Die Tatsache, dass die Bilder nur zu dienstlichen Zwecken veröffentlicht werden, ändert daran nichts.

Texte

Neben Fotos und Videos werden gerade zu Marketingzwecken auch Texte Dritter verwendet.

Praxisbeispiel: Piratenpartei twittert Songtext der Band »Die Ärzte«

Weil die Piratenpartei im Zuge ihrer Wahlwerbung vor der Bundestagswahl 2009 den Songtext »Deine Schuld« der Band »Die Ärzte« ungefragt genutzt hat, wurde sie abgemahnt. Per Twitter hatte die Partei die Zeile »Es ist nicht Deine Schuld, dass die Welt ist, wie sie ist. Es wäre nur Deine Schuld, wenn sie so bleibt« benutzt, um für Stimmen zu werben. Über dem Tweet war das Logo der Partei zu sehen. Da die Band jedoch in diesem Zusammenhang nicht zitiert werden wollte, beauftragte sie Rechtsanwälte mit der Abmahnung der Partei, da dieses Verhalten ihre Rechte verletze.

Im Hinblick auf die Übernahme von fremden Texten erlaubt das Urheberrecht die Nennung von Zitaten im Rahmen einer Auseinandersetzung mit dem Werk. Grundvoraussetzung ist dabei, dass das Zitat inhaltlich richtig wiedergegeben wird, dass also zum Beispiel keine Entstellung des Textes durch Entfernung wesentlicher Aussagen erfolgt.

Darüber hinaus muss auch ein Zitatzweck vorliegen. Dies ist dann gegeben, wenn es sich um eine kritische Bezugnahme oder um einen Beleg für eine eigene Aussage handelt.

Besonders wichtig zur Wahrung der Rechte des Urhebers ist es, das Zitat auch entsprechend den allgemeinen Zitierregeln als solches durch die Verwendung von Anführungsstrichen am Anfang und am Ende der übernommenen Textpassage kenntlich zu machen und darüber hinaus auch die Quelle anzugeben.

Werden diese Regeln beachtet, so kann die Nutzung des Textes ohne die Einwilligung des Urhebers erfolgen; andernfalls kann dies als Urheberrechtsverletzung gewertet werden.

7.5.4   Datenschutzrechtliche Anforderungen in sozialen Netzwerken: Plugins, Cookies und Co.

Seitdem sich das Internet in unser aller Alltag etabliert hat, kochen datenschutzrechtliche Diskussionen immer wieder hoch und haben sich in der Gesellschaft zu einem empfindlichen Thema entwickelt. Aus diesem Grund scheuen Unternehmen oftmals den Schritt in die sozialen Netzwerke: Die Unterscheidung zwischen Erlaubtem und Verbotenem fällt vielen schwer, und zu groß ist die Angst davor, in Haftungsfallen zu tappen. Diese Angst hat auch nicht abgenommen – schon gar nicht nach dem medienwirksamen Urteil des Europäischen Gerichtshofs (Urteil vom 5.6.2018, Az. C-210/16), wonach die datenschutzrechtliche Verantwortung für Fanpages in sozialen Netzwerken sowohl beim Betreiber der Seite als auch bei Facebook selbst liegt – dazu mehr in diesem Abschnitt. Begriffe wie *Plugins* oder *Cookies* fallen immer wieder, jedoch wissen viele gar nicht genau, was sie sich darunter vorzustellen haben. Um Ihnen ein Grundverständnis für das Datenschutzrecht und die rechtlichen Tücken zu geben, stellen wir Ihnen im Folgenden die wichtigsten Eckpunkte zusammen.

Veröffentlichen personenbezogener Daten

Das Datenschutzrecht spielt immer dann eine Rolle, wenn es sich um sogenannte personenbezogene Daten handelt. Darunter sind nach der Datenschutz-Grundverordnung alle Informationen zu fassen, die sich auf eine identifizierte oder identifizierbare natürliche Person beziehen.

Diese auf den ersten Blick recht uneindeutige Definition birgt bei der konkreten Zuordnung in der Praxis im Hinblick auf die Bestimmbarkeit doch erhebliche Schwierigkeiten. Insoweit hilft die Europäische Datenschutz-Grundverordnung weiter: Eine Identifizierbarkeit liegt gemäß Art. 4 Nr. 1 DSGVO vor, wenn eine natürliche Person *»direkt oder indirekt, insbesondere mittels Zuordnung zu einer Kennung wie einem Namen, zu einer Kennnummer, zu Standortdaten, zu einer Online-Kennung oder zu einem oder mehreren besonderen Merkmalen identifiziert werden kann, die Ausdruck der physischen, physiologischen, genetischen, psychischen, wirtschaftlichen, kulturellen oder sozialen Identität dieser natürlichen Person sind.«*

> **Praxisbeispiel: Personenbezogene Daten**
>
> Als personenbezogene Daten anerkannt sind beispielsweise Namen, Telefon- bzw. Mobilfunknummern, Fotos, E-Mail-Adressen oder IP-Adressen.

Der Schutz dieser Informationen ist mit dem allgemeinen Persönlichkeitsrecht im Grundgesetz verankert. Denn das daraus resultierende Recht auf informationelle Selbstbestimmung gewährt jedem das Recht, selbst über die Preisgabe und Verwendung seiner personenbezogenen Daten zu bestimmen. Eine ungerechtfertigte Erhebung, Speicherung, Weitergabe und Verwendung dieser Daten stellt einen Eingriff in das Recht auf informationelle Selbstbestimmung dar und ist auch von den Plattformbetreibern nicht erwünscht. Dies hat das soziale Netzwerk Facebook beispielsweise auch in seinen Nutzungsbedingungen für Seiten geregelt (siehe Abbildung 7.51).

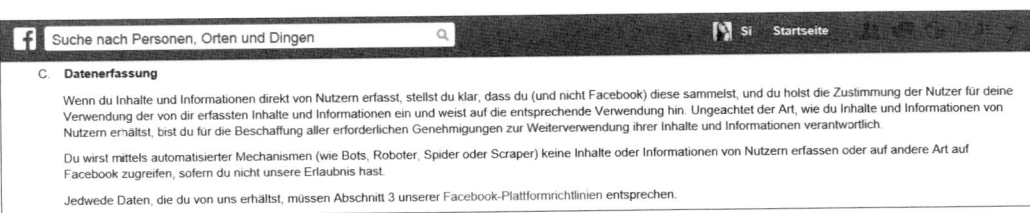

Abbildung 7.51 Regelungen zur Datenerfassung auf Facebook-Seiten

Bei der Veröffentlichung personenbezogener Daten sollten Sie also vorsichtig sein. Dies gilt insbesondere für besondere Kategorein personenbezogener Daten, zu denen unter anderem die rassische und ethnische Herkunft, politische Meinungen sowie religiöse oder weltanschauliche Überzeugungen gehören und die gemäß Art. 9 DSGVO grundsätzlich gar nicht erhoben und verarbeitet werden dürfen.

Sind Sie sich nicht sicher, ob Sie die gewünschten Daten veröffentlichen dürfen, sollten Sie rechtlichen Rat einholen oder im Zweifel darauf verzichten. Andernfalls müssen Sie nämlich damit rechnen, von den Betroffenen auf Unterlassung und Schadensersatz in Anspruch genommen zu werden.

Verantwortlichkeit für die Einhaltung datenschutzrechtlicher Bestimmungen in sozialen Netzwerken

Die Frage, wer im Falle von Datenschutzverstößen als Verantwortlicher haftet, ist nicht nur rechtlich relevant, sondern angesichts der hohen Bußgeldrahmen der Datenschutz-Grundverordnung für Unternehmen auch von existenzieller Bedeutung. Während sich der Verantwortliche im unternehmerischen Alltag relativ einfach feststellen lässt, kommen bei Datenschutzverstößen im Rahmen des Betriebs einer Fanpage grundsätzlich die Plattform selbst und der Betreiber der Fanpage in Betracht.

Praxisbeispiel

Die Wirtschaftsakademie Schleswig-Holstein ist ein auf den Bereich Bildung spezialisiertes Unternehmen. Sie bietet unter anderem über eine Fanpage, die sie auf Facebook unterhält, Bildungsdienstleistungen an. Die Betreiber von Fanpages (wie die Wirtschaftsakademie) können mithilfe der Funktion *Facebook Insight*, die Facebook ihnen als nicht abdingbaren Teil des Benutzungsverhältnisses kostenfrei zur Verfügung stellt, anonymisierte statistische Daten über die Nutzer ihrer Seiten erhalten. Diese Daten werden mithilfe von Cookies gesammelt, die jeweils einen eindeutigen Benutzercode enthalten. Der Code ist für zwei Jahre aktiv, und Facebook speichert ihn auf der Festplatte des Computers oder auf einem anderen Datenträger der Besucher der Fanpage. Der Benutzercode, der mit den Anmeldungsdaten solcher Nutzer, die bei Facebook registriert sind, verknüpft werden kann, wird beim Aufrufen der Fanpages erhoben und verarbeitet. Das Unabhängige Landeszentrum für Datenschutz Schleswig-Holstein (ULD) hatte die Wirtschaftsakademie aufgefordert, ihre Fanpage zu deaktivieren. Als Begründung führte das ULD an, dass weder Facebook selbst noch die Betreiber der Fanpage die Besucher darauf hinweisen würden, dass Facebook mittels Cookies ihre personenbezogenen Daten erhebe und diese für die Anfertigung von Besucherstatistiken zu Werbezwecken verarbeite. Dass ein solcher Hinweis fehle, stelle einen Verstoß gegen das Datenschutzrecht dar, für dessen Einhaltung auch der Betreiber der Fanpage verantwortlich sei.

Der in dem Praxisbeispiel dargestellte Fall war Gegenstand eines Verfahrens, über das der Europäische Gerichtshof im Juni 2018 entschieden hat (Urteil vom 05.06.2018, Az. C-210/16). Dieses Urteil sorgte damit europaweit für Aufsehen sowie

für Verunsicherung: Die Richter entschieden, dass die datenschutzrechtliche Verantwortung für Facebook-Seiten sowohl beim Betreiber des Profils als auch bei Facebook
selbst liegt. Wer eine Seite bei Facebook betreibt, ist damit für die Verarbeitung personenbezogener Daten durch den Facebook-Konzern mitverantwortlich und muss
also auch für Datenschutzverstöße mithaften.

Hierfür führt der Europäische Gerichtshof als Begründung insbesondere an, dass der
Betreiber es Facebook ermögliche, Daten über Personen zu erheben, die selbst gar
nicht über ein Facebook-Konto verfügen. Außerdem mache sich der Betreiber der
Facebook-Seite die Infrastruktur von Facebook inklusive der Datenerhebung zunutze. Es sei nicht erforderlich, dass der Betreiber Zugriff auf die Daten, die verarbeitet
werden, habe, da er an der Erhebung der Daten mitgewirkt habe und die Ergebnisse
der Datenverarbeitung in Form von Auswertungen abrufen könne.

Als Konsequenz hieraus ergebe sich, dass der Betreiber der Facebook-Seite alle datenschutzrechtlichen Pflichten erfüllen müsse, um sich nicht rechtswidrig zu verhalten.
Insbesondere muss er auf Anfrage Auskunft erteilen, welche Daten bei wem, wo und
für welchen Zweck gespeichert sind. Er müsste außerdem sämtliche Datenverarbeitungsvorgänge in einer eigenen Datenschutzerklärung darlegen und eine Widerspruchsmöglichkeit für den Nutzer vorhalten.

Diese Informationen fehlen dem Seitenbetreiber jedoch in der Regel, sodass er diese
Pflichten selbst dann nicht erfüllen könnte, wenn er wollte. Daher ist er darauf angewiesen, dass Facebook alle datenschutzrechtlichen Vorgaben einhält und kein Verstoß vorliegt. Wenn ein solcher Verstoß vorliegt, dann ist der Betreiber verantwortlich, obwohl er keine Chance hatte, etwas dagegen zu unternehmen.

> **Achtung!**
> Der streitgegenständliche Sachverhalt der dargestellten Entscheidung des Europäi
> schen Gerichtshofs stammt aus dem Jahr 2011 und betrifft damit Fragen zur Ausle
> gung der Europäischen Datenschutzrichtlinie (Richtlinie 95/46/EG). Diese Richtlinie
> wurde jedoch durch die nun geltende Datenschutz-Grundverordnung aufgehoben
> und ersetzt. Da aber auch die Datenschutz-Grundverordnung in Art. 4 Nr. 7 Satz 1
> DSGVO regelt, dass es mehrere Verantwortliche für die Verarbeitung von Daten
> geben kann, wenn sie jeweils über die Mittel und Zwecke der Datenverarbeitung be
> stimmen können, kann diese Entscheidung ohne Weiteres auf die neue Rechtslage
> übertragen werden.

Im Anschluss an die Entscheidung äußerte sich die Konferenz der unabhängigen Datenschutzbehörden (DSK) des Bundes und der Länder am 6. Juni 2018 zu den sich aus
ihrer Sicht ergebenden Folgen der Entscheidung für Betreiber von Facebook-Seiten
mit einer Entschließung. Diese trägt den vielsagenden Titel »Die Zeit der Verantwortungslosigkeit ist vorbei: EuGH bestätigt gemeinsame Verantwortung von Facebook

und Fanpage-Betreibern« (abrufbar unter *https://www.datenschutz-berlin.de/pdf/pu-blikationen/DSK/2018/2018-DSK-Fanpages_EuGH_Urteil.pdf*).

Hinweis

Die Beschlüsse und Entschließungen der Datenschutzkonferenz (DSK) sind rechtlich nicht bindend. Sie sind weder Gesetz noch Verwaltungsakt. Sie haben jedoch aufgrund der fachlichen Kompetenz und der Autorität der Konferenzteilnehmer faktische Auswirkungen auf die Entwicklung des Datenschutzes.

Die Datenschutzkonferenz begrüßt das Urteil des Europäischen Gerichtshofs und erläutert, dass nun folgende vier Punkte zu beachten seien:

1. Wer eine Fanpage besucht, muss transparent und in verständlicher Form darüber informiert werden, welche Daten zu welchen Zwecken durch Facebook und die Fanpage-Betreiber verarbeitet werden. Dies gilt sowohl für Personen, die bei Facebook registriert sind, als auch für nicht registrierte Besucherinnen und Besucher des Netzwerks.

2. Betreiber von Fanpages sollten sich selbst versichern, dass Facebook ihnen die Informationen zur Verfügung stellt, die sie ihrerseits benötigen werden, um die genannten Informationspflichten gegenüber den Nutzern ihrer Fanpage zu erfüllen.

3. Soweit Facebook Besucherinnen und Besucher einer Fanpage durch Erhebung personenbezogener Daten trackt – sei es durch den Einsatz von Cookies oder vergleichbarer Techniken oder durch die Speicherung der IP-Adresse –, ist grundsätzlich eine Einwilligung der Nutzer erforderlich, die zudem die besonderen Anforderungen der Datenschutz-Grundverordnung erfüllt.

4. Für die Bereiche der gemeinsamen Verantwortung von Facebook und Fanpage-Betreibern ist in einer Vereinbarung festzulegen, wer von ihnen welche Verpflichtung der Datenschutz-Grundverordnung erfüllt. Diese Vereinbarung muss in wesentlichen Punkten den Betroffenen zur Verfügung gestellt werden, damit diese ihre Betroffenenrechte wahrnehmen können.

Hinweis

Interessant ist die Tatsache, dass die DSK nicht empfiehlt, Fanpages abzuschalten. Und zwar selbst dann nicht, wenn die von der Datenschutzkonferenz zwingend vorgegebenen Anforderungen nicht eingehalten werden.

Streng genommen muss man nach dem Urteil des Europäischen Gerichtshofs jedoch eigentlich sagen, dass es derzeit Fanpage-Betreibern nur noch offen steht, ihre Seiten zu löschen. Denn eine rechtskonforme Umsetzung ist aufgrund mangelnder Informationen derzeit schlicht unmöglich. Wer dies jedoch nicht möchte, muss das Risiko von Abmahnungen tragen.

Diese Rechtsprechung bezieht sich zwar nur auf Facebook, sie lässt sich jedoch auf sämtliche Konstellationen übertragen, bei denen nutzergenerierte Inhalte verwendet werden, um Daten zu sammeln und zu verarbeiten. Dies könnte also ebenso Google Analytics, Twitter oder YouTube betreffen. Es wird sich zeigen müssen, wie sich die Situation hier langfristig entwickelt. Denkbar ist, dass die großen Plattformbetreiber sich schützend vor ihre Nutzer stellen. Ebenso kann es auch sein, dass die Datenschutzbehörden sich in erster Linie an die Plattformbetreiber halten. Was jedoch zunächst bleibt, ist die Möglichkeit, dass auch die Betreiber von Fanpages in die Haftung genommen werden. Diese Konstellation hat der EuGH mit seinem Urteil ermöglicht.

Verwendung von Plugins

Auch wenn Sie sich gegen die Verwendung von personenbezogenen Daten auf Ihrem Social-Media-Auftritt entscheiden, so bedeutet dies nicht, dass der Datenschutz keine Rolle mehr spielt. Denn die besondere Art der Kommunikation in sozialen Netzwerken mit Buttons wie GEFÄLLT MIR bei Facebook oder 1+ bei Google+ rückt den Datenschutz dennoch in den Fokus.

Diese Buttons sind kleine Schaltflächen, die ein kundiger Website-Betreiber mit wenigen Handgriffen in seinen Internetauftritt einbinden kann. Dabei handelt es sich um eine Funktionserweiterung, die als *Plugin* bezeichnet wird. Beim Besuch der Unternehmens-Homepage kann der Nutzer auch gleich sein Gefallen ausdrücken, indem er beispielsweise auf GEFÄLLT MIR klickt (siehe Abbildung 7.52).

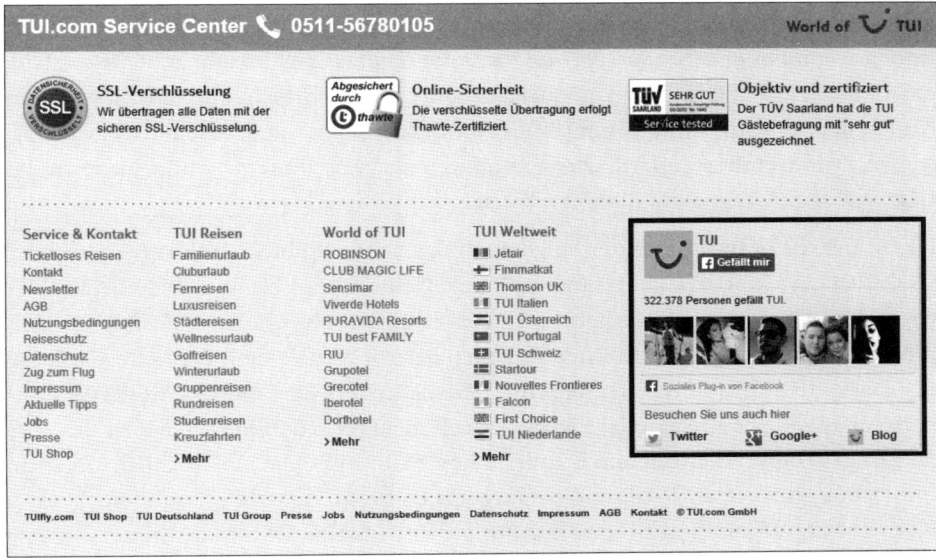

Abbildung 7.52 Integration des »Gefällt mir«-Buttons auf der Homepage des Reiseveranstalters »TUI«

Der Klick auf den Button hat dann zur Folge, dass automatisch eine entsprechende, für alle Kontakte des Nutzers sichtbare Mitteilung auf dessen Facebook-Profil erscheint.

Das Plugin spielt datenschutzrechtlich insofern eine Rolle, als dass es dazu führt, dass personenbezogene Daten der Nutzer, wie beispielsweise die IP-Adresse, erhoben, an Facebook übermittelt und mit dem Facebook-Account des Besuchers verknüpft werden. Dieses System stellt jedoch immer dann einen Verstoß gegen das Datenschutzrecht dar, wenn Sie den Nutzer nicht zu Beginn des Nutzungsvorgangs über Art, Umfang und Zweck der Erhebung und Verarbeitung personenbezogener Daten sowie über sein Widerspruchsrecht unterrichtet haben und wenn dieser keine Einwilligung zur Datennutzung erteilt hat – so zuletzt auch das Landgericht Düsseldorf (Urteil vom 09.03.2016, Az. 12 O 151/15).

Hinweis

Zwar wurden mit der Datenschutz-Grundverordnung gesetzliche Ausnahmevorschriften für eine Datenverarbeitung ohne Einwilligung geregelt, diese werden jedoch voraussichtlich auf Plugins keine Anwendung finden. Insbesondere ein berechtigtes Interesse des Werbetreibenden wird wohl nicht anzunehmen sein, da nicht davon auszugehen ist, dass der Nutzer per se damit rechnen muss, dass Plug-ins bei jedem Betreten einer Webseite Daten sammeln und auf diese Weise detaillierte Persönlichkeitsprofile erstellen können. Aus diesem Grund bleibt es weiterhin beim Erfordernis einer Einwilligung!

In der Regel fehlt es in der Praxis an einer Belehrung der Nutzer des Buttons. So vertrat das *Unabhängige Landeszentrum für Datenschutz* (ULD) im Jahr 2011 die Ansicht, dass die direkte Einbindung von Social Plugins ohne hinreichende Information der Nutzer und ohne die Einräumung eines Wahlrechts nicht mit deutschen und europäischen Datenschutzstandards zu vereinbaren sei. Aus diesem Grund forderte das ULD, von der Nutzung von Plugins abzusehen.

Diese Ansicht bestätigte in der Folge auch das Landgericht Düsseldorf (Urteil vom 09.03.2015, Az. 12 O 151/15) in einem Klageverfahren der Verbraucherzentrale NRW gegen das Bekleidungsunternehmen Peek & Cloppenburg, das über das »Gefällt mir«-Plugin bereits beim einfachen Aufrufen der konzerneigenen Webseite »Fashion-ID« Daten über das Surfverhalten eines jeden Nutzers an Facebook weitergegeben hatte. Dies ist nach Ansicht der Richter jedoch nicht rechtmäßig, da die über das »Gefällt mir«-Plugin gesammelten Kundendaten nicht ohne die ausdrückliche Zustimmung des Nutzers an Facebook weitergegeben werden dürfen. Nachdem Peek & Cloppenburg gegen dieses Urteil Berufung beim Oberlandesgericht Düsseldorf einlegte, hat dieses das Verfahren ausgesetzt und den EuGH angerufen (OLG Düsseldorf,

Beschluss vom 19.01.2017, Az. I-20 U 40/16). Die Entscheidung der europäischen Richter dürfte hier nicht anders als in dem bereits erläuterten Fall der Haftung für Datenschutzverstöße auf Facebook ausfallen (EuGH, Urteil vom 05.06.2018, Az. C-210/16). In diesem Fall hatten die Richter entschieden, dass die datenschutzrechtliche Verantwortung für Facebook-Seiten sowohl beim Betreiber des Profils als auch bei Facebook selbst liegt (siehe den vorangegangenen Abschnitt).

Diese Rechtsauffassungen haben bereits dazu geführt, dass so manche Unternehmen nun auf Social Plugins verzichten und nur noch einen Link zu den sozialen Netzwerken bereithalten (siehe Abbildung 7.53).

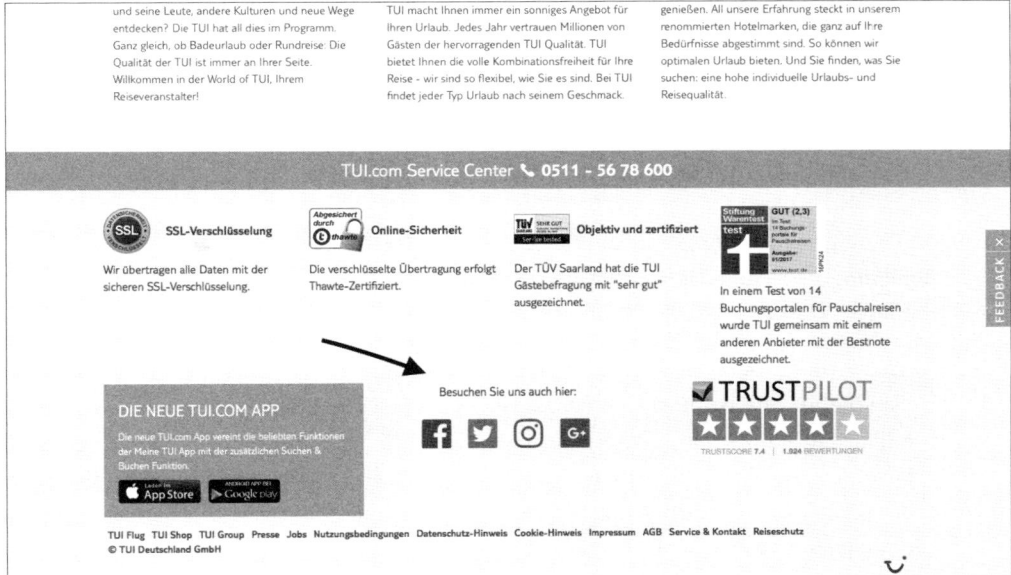

Abbildung 7.53 Anders als noch vor einiger Zeit verzichtet der Reiseveranstalter »TUI« nun auf Social Plugins und hält nur noch Verlinkungen zu seinen Unternehmensprofilen in sozialen Netzwerken bereit.

Doch wer auf Social Plugins verzichtet, muss befürchten, im Wettbewerb den Kürzeren zu ziehen. Eine Alternative bietet da die sogenannte *Zwei-Klick-Lösung*. Bei ihr wird der Button im ersten Schritt ohne Funktionalität als reines Bild eingebunden. Nutzerdaten werden dabei nicht übermittelt. Durch einen ersten Klick auf den Button wird dieser dann in einem zweiten Schritt aktiviert. Dann öffnet sich ein neues Fenster und die Nutzer müssen sich in dem sozialen Netzwerk einloggen (siehe Abbildung 7.54), woraufhin ihre Daten übermittelt werden. Erst durch einen zweiten Klick kann der Inhalt dann veröffentlicht werden. Auf diese Weise kann eine rechtskonforme Einbindung sichergestellt werden.

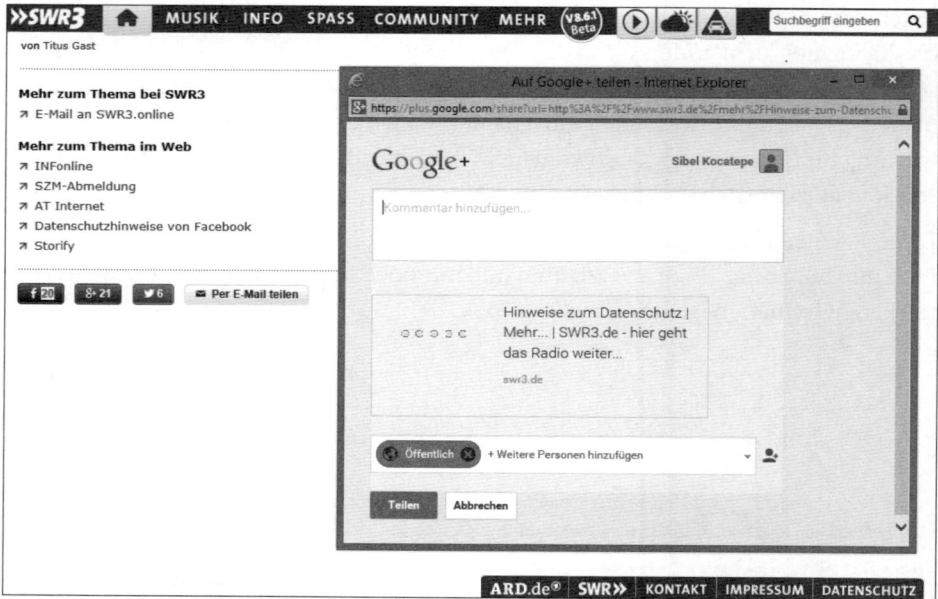

Abbildung 7.54 Früher verwendete der Radiosender »SWR«
auf seiner Website noch die Zwei-Klick-Lösung.

> **Praxistipp: Anleitung zur Umsetzung der Zwei-Klick-Lösung**
>
> Anleitungen zur Einbindung der Zwei-Klick-Lösung für Facebook, Google+ und Twitter finden Sie beispielsweise bei »heise« (*http://wbs.is/rom64*). Mit der Erweiterung der »Illusions-Schmiede GmbH« (*http://wbs.is/rom65*) können Sie die Zwei-Klick-Lösung auch für XING einsetzen.

Möchten Sie die Zwei-Klick-Lösung anwenden, so ist zudem eine Anpassung der Datenschutzerklärung notwendig. Denn dort müssen Sie dann auch auf den Einsatz von Facebook und Co. hinweisen.

> **Praxistipp: Muster einer erweiterten Datenschutzerklärung**
>
> Ein Muster für eine solche erweiterte Datenschutzerklärung können Sie kostenfrei auf der Website der Rechtsanwaltskanzlei »Wilde Beuger Solmecke« (*http://wbs.is/rom10*) herunterladen.

Alternativ können Sie auch die Shariff-Button-Lösung verwenden. Im Gegensatz zur 2-Klick-Lösung reicht hier ein einziger Klick, um die gewünschten Informationen mit anderen zu teilen. Beim Shariff-Button wird erst dann ein Kontakt zwischen Facebook und dem Nutzer hergestellt, wenn der Nutzer bewusst und aktiv auf den Button klickt, und nicht bereits beim bloßen Seitenaufruf. Viele Website-Betreiber sind daher inzwischen von der 2-Klick-Lösung zur Shariff-Button-Lösung gewechselt (siehe Abbildung 7.55).

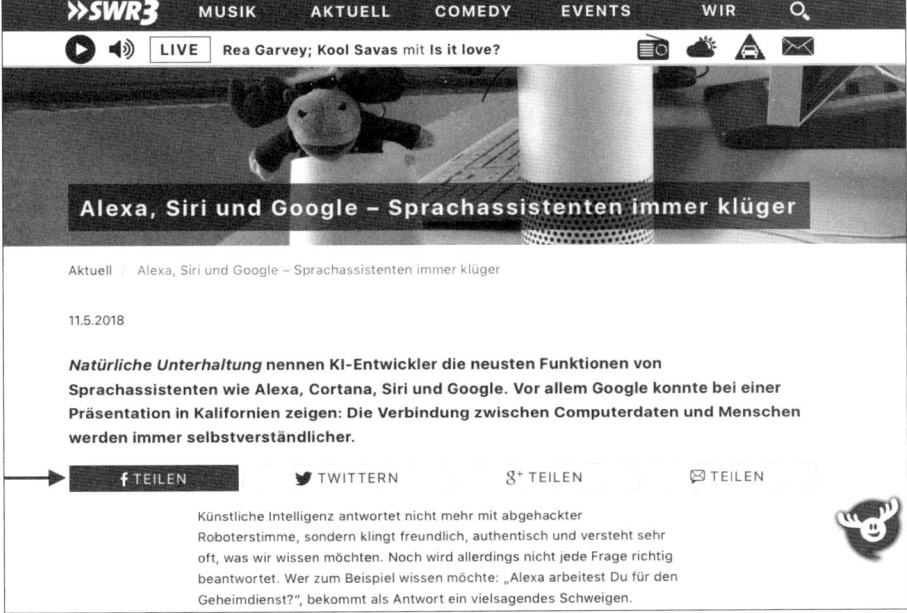

Abbildung 7.55 Dies ist ein Beispiel für die Shariff-Button-Lösung, wie sie nun auf der Website des Radiosenders »SWR3« verwendet wird.

Hinweis

Theoretisch müssten die Datenschutzerklärungen Informationen darüber enthalten, was soziale Netzwerke wie Facebook & Co mit den übermittelten Daten anstellen. Da dies jedoch niemand außer den Betreibern der Netzwerke selbst weiß, können Ihre Datenschutzerklärungen streng genommen auch dann nicht den Anforderungen der Datenschutz-Grundverordnung genügen, wenn Sie auf den Einsatz von Social Plugins hinweisen. Denn auch Sie können nur das erläutern, was Ihnen bekannt ist, und dies ist offensichtlich nicht alles.

Zwar ist uns bisher kein Fall bekannt, in dem Verbraucherschützer oder Aufsichtsbehörden gegen die Verwender der 2-Klick- oder Shariff-Button-Lösung vorgegangen sind; problematisch ist jedoch bereits, dass der Europäische Gerichtshof mit seiner jüngsten Entscheidung (Urteil vom 05.06.2018, Az. C-210/16) einer Haftung die Tür geöffnet hat. Wenn Sie daher ganz sicher sein möchten, sollten Sie Social Plugins wie den Facebook-Like-Button gar nicht erst in Ihre Unternehmenswebsite einbauen, sondern von ihr lediglich auf Ihre Facebook-Unternehmensseite verlinken (siehe Abbildung 7.53). Denn auf diese Weise findet überhaupt keine Übertragung von Nutzerdaten statt.

Einsatz von Cookies

Eine weitere datenschutzrechtliche Problematik stellt der Zugriff auf Cookies dar, der in Verbindung mit der Nutzung von Social Media steht. Cookies sind kleine Datenpakete, die auf dem Rechner eines Nutzers installiert werden, wenn dieser eine bestimmte Webseite besucht. Beim nächsten Besuch derselben Seite übermittelt die Datei dem Anbieter der Webseite ungefragt die Daten, die mit dem Cookie gespeichert wurden. Dies können Anmeldedaten einer verschlüsselten Seite sein oder aber auch Informationen über das bisherige Nutzerverhalten.

Diese Datenpakete können entweder personenbezogen (also unter Angabe individueller Daten des Nutzers) sein oder aber pseudonym, wobei ein Nutzerprofil ohne identifizierende Angaben gebildet wird. Für Cookies ist auch nach dem Inkrafttreten der Datenschutz-Grundverordnung eine positive Einwilligung oder eine gesetzliche Ausnahme davon erforderlich, da Cookies regelmäßig jedenfalls Online-Kennungen enthalten, damit gerade eine Wiedererkennbarkeit hergestellt wird, und auf diese Weise personenbezogene Daten verarbeiten. Dass es sich dabei um Pseudonyme handelt, spielt im Rahmen der Datenschutz-Grundverordnung zunächst keine Rolle.

Der Anwender kann die Cookies zwar grundsätzlich einsehen und löschen, wenn er dies jedoch nicht tut, hat er keinen Einfluss auf den Inhalt der Cookie-Daten oder den späteren Empfänger.

Die Gefahr von nicht gelöschten Cookies liegt eben in dieser ungefragten Übermittlung von privaten Daten, durch die Anbieter ihre Nutzer quasi »ausspähen« können. Interessant ist dies natürlich insbesondere für Unternehmen im Hinblick auf Marketingstrategien, da so Daten zum Beispiel über das Kaufverhalten eines Nutzers gesammelt werden können, um anschließend Werbung individualisierter zu gestalten. Jedoch können auch Drittanbieter individuelle Analysen der Nutzerdaten vornehmen, wodurch der Nutzer immer gläserner wird. Besonders häufige Cookies sind:

- ▶ Warenkorb-Cookies
- ▶ Retargeting-Cookies
- ▶ Cookies, die der Sicherheit des Einloggens dienen
- ▶ Session-Cookies, die zum Beispiel die einzelnen Schritte während eines Bestellvorgangs speichern
- ▶ Flash-Cookies für das Abspielen von Video- oder Audiodateien
- ▶ Cookies, die die Eigenschaften des Nutzers speichern, wie zum Beispiel die Sprache oder Währung

Datenschutzrechtliche Relevanz erlangen die Cookies durch die Übermittlung personenbezogener Daten. Diese Daten können zwar direkt im Cookie gespeichert werden, müssen aber vom Nutzer zunächst selbst eingegeben werden.

Wie Cookies nun seit Wirksamwerden der Datenschutz-Grundverordnung zu behandeln sind und welchen Einfluss die (bei Redaktionsschluss noch in Abstimmung befindliche) e-Privacy-Verordnung auf sie noch haben kann, erläutern wir eingehend in Abschnitt 13.3.2 zur Webanalyse.

7.5.5   Arbeitsrecht: Was ist im Arbeitsalltag zu beachten?

Einen weiteren rechtlich besonders relevanten Aspekt im täglichen Umgang mit dem Social Web bildet das Arbeitsrecht. Dies spielt beispielsweise eine Rolle, wenn der Unternehmens-Account dazu genutzt werden soll, Bewerber auf eine von Ihnen ausgeschriebene Stelle einmal genauer unter die Lupe zu nehmen. Darüber hinaus kommt das Arbeitsrecht zum Tragen, wenn der Unternehmens-Account von einem Mitarbeiter, einem sogenannten Social-Media-Beauftragten, gepflegt wird und dieser dann aus dem Unternehmen ausscheidet.

Überprüfung von Bewerbern im Social Web

Wird eine Stelle ausgeschrieben, prüfen viele Arbeitgeber nach dem Eingang der Bewerbungsunterlagen die Aktivitäten der Bewerber in sozialen Netzwerken, um sich so einen vermeintlich realistischen Eindruck von deren Persönlichkeit zu verschaffen. Dies ist vielen Nutzern bekannt und hinterlässt einen faden Beigeschmack. Aus diesem Grund verwenden viele Nutzer Pseudonyme oder verzichten gänzlich auf Profile in sozialen Netzwerken.

Doch die so einfach und unkompliziert wirkende Recherche ist rechtlich nicht unproblematisch. Denn Online-Recherchen stellen datenschutzrechtlich eine sogenannte Datenerhebung dar, weshalb es schon für die bewusste und gewollte, rein visuelle Wahrnehmung der Arbeitnehmerdaten einer Beachtung der Datenschutz-Grundverordnung bzw. des neuen Bundesdatenschutzgesetzes bedarf. Gemäß Art. 13 Abs. 1 und 2 DSGVO müssen Unternehmen ihre Bewerber bei Eingang der Unterlagen unter anderem über die Art und Weise der Datenerhebung sowie über die Dauer der Aufbewahrung belehren. Diese Belehrung muss dann auch die Information über die Recherche in sozialen Netzwerken umfassen, und der Bewerber muss darin einwilligen – dies gilt auch im Bewerbungsstadium. An solch einer Einwilligung fehlt es in der Praxis jedoch regelmäßig, obwohl Recherchen in einem sehr umfangreichen Ausmaß vorgenommen werden.

Dieses Einwilligungserfordernis galt nach dem alten Bundesdatenschutzgesetz jedoch dann nicht, wenn die erhobenen Daten frei zugänglich waren. Dabei war jedoch unter Juristen umstritten, inwieweit Informationen aus dem Social Web überhaupt frei zugänglich sind. Diese Frage ist künftig obsolet, denn eine entsprechende Regelung findet sich weder in der Datenschutz-Grundverordnung noch im neuen § 26 Bundesdatenschutzgesetz, der die Datenverarbeitung für Zwecke des Beschäftigungsverhältnisses regelt. Demnach gelten die allgemeinen Grundsätze, wonach eine Einwilligung nur dann nicht erforderlich ist, wenn ein Fall vorliegt, der in Art. 6 Abs. 1 DSGVO geregelt ist. In diesem Fall kommt eine Datenverarbeitung zum Zwecke der Vertragserfüllung oder des Vertragsabschlusses in Betracht. Voraussetzung dafür ist jedoch, dass die Datenverarbeitung dafür auch tatsächlich erforderlich ist – wann dies der Fall ist, dazu schweigt das Gesetz.

Es ist daher fragwürdig, ob die Mitarbeiterrecherche in sozialen Netzwerken tatsächlich zum Abschluss des Arbeitsvertrages erforderlich ist. Dies wird künftig die Rechtsprechung im konkreten Einzelfall auf Basis einer Interessenabwägung entscheiden müssen. Sollte sie zu dem Ergebnis kommen, dass die Recherche nicht erforderlich ist, bleibt nur noch die Erlaubnis aufgrund berechtigter Interessen gemäß Art. 6 Abs. 1 lit. f DSGVO. In diesen Fällen muss dann das Gericht im Wege der Interessenabwägung entscheiden, ob die Datenverarbeitung auch ohne die Einwilligung des Bewerbers zulässig ist.

Dabei könnten Unternehmen unter Umständen die freie Zugänglichkeit der Informationen in Berufsnetzwerken als Argument für Unternehmer anführen und sich darauf berufen, dass sich aus der Tatsache, dass die Datenschutz-Grundverordnung kein Gebot der Direkterhebung mehr normiert, schließen lässt, dass die Verarbeitung öffentlicher Daten nicht ausgeschlossen ist. Unterstützend könnte auch auf Art. 9 Abs. 2 lit. e DSGVO hingewiesen werden, wonach eine Verarbeitung sogar sensibler Daten erlaubt ist, wenn der Betroffene sie selbst öffentlich gemacht hat. Dies muss dann erst recht für nichtsensible Daten in Berufsnetzwerken gelten. Beachten müssen Unternehmen jedoch, dass die Datenverarbeitung nicht im Geheimen ablaufen darf – auch dann nicht, wenn eine Einwilligung nicht erforderlich ist. Für die Fälle, in denen die Daten nicht direkt beim Betroffenen erhoben werden, normiert Art. 14 DSGVO umfassende Informationspflichten.

Praxistipp: Rechtskonforme Einwilligung einholen!

Möchten Sie rechtskonform Online-Recherchen Ihrer Bewerber einholen, so können Sie dies beispielsweise tun, indem Sie im Rahmen der Stellenausschreibung auf die Informationsbeschaffung im Internet verweisen. Dabei müssen Sie jedoch beachten, dass Sie den Einwilligenden im Vorfeld auf den Zweck der Erhebung und die Folgen bei der Verweigerung einer Einwilligung hinweisen müssen. Dahingehend sollten Sie die eigene Personalabteilung entsprechend sensibilisieren.

Auch wenn das Gesetz die Datenverarbeitung zulässt, müssen Unternehmen einen Blick in die Regelungen der sozialen Netzwerke selbst werfen. Denn eine Bewerberrecherche kann gegen die Nutzungsbedingungen der sozialen Plattform verstoßen. So erklärt beispielsweise das soziale Netzwerk »studiVZ« eine solche Recherche für unzulässig (siehe Abbildung 7.56).

> **5.4 Bei der Nutzung der Inhalte innerhalb des studiVZ-Netzwerkes**
>
> 5.4.1
> Die Nutzung des studiVZ-Netzwerkes und seiner Anwendungen darf ausschließlich zu privaten Zwecken erfolgen. Nutzer dürfen daher die Kontaktdaten anderer Nutzer, die über das studiVZ-Netzwerk zugänglich sind, für keine anderen Zwecke nutzen, als für die eigene private Kommunikation. Nicht gestattet ist deshalb z.B. die Verwendung der Daten eines Nutzers zum Zwecke der Personaldatenerhebung durch Arbeitgeber, Ausbildungsbetriebe, Personal- bzw. Arbeitsvermittler, Universitäten, Fachhochschulen oder durch vergleichbare öffentliche oder private Bildungseinrichtungen.
>
> 5.4.2
> Jede Nutzung, die darauf abzielt, das studiVZ-Netzwerk, über dieses zur Verfügung gestellte Anwendungen oder zugänglich gemachte Inhalte geschäftsmäßig, gewerblich oder sonstig kommerziell zu verwenden, ist untersagt. Es gilt den für alle Nutzer verbindlichen Verhaltenskodex für die Nutzung des studiVZ-Netzwerkes zu beachten, der auch strenger sein kann als geltende gesetzliche Vorschriften und der abrufbar ist unter: http://www.studivz.net/l/rules/
>
> 5.4.3
> Die über das studiVZ-Netzwerk zugänglichen Inhalte dürfen – mit Ausnahme der gesetzlich zugelassenen Fälle – nicht ohne Zustimmung der jeweiligen Rechteinhaber kopiert, verbreitet oder anderweitig öffentlich zugänglich gemacht werden. Untersagt ist insoweit auch der Einsatz von Computerprogrammen zum automatischen Auslesen von Daten, wie z.B. Crawlern (alias Spider oder Robot, kurz: Bot).

Abbildung 7.56 Verbot der Bewerberrecherche beim Netzwerk »studiVZ«

Herausgabe von Zugangsdaten und Kundendaten bei Beendigung des Arbeitsverhältnisses

Gerade in mittelständischen und größeren Unternehmen ist es die Regel, dass ein oder mehrere Mitarbeiter die Unternehmensprofile im Social Web pflegen. Doch was passiert nun, wenn ein solcher Mitarbeiter das Unternehmen verlässt? Dies ist besonders dann relevant, wenn man sich nicht im Guten trennt und der Mitarbeiter sich beispielsweise weigert, die Passwörter herauszugeben – darf er das?

Darüber hinaus stellt sich die Frage, wie es mit den Kundendaten aussieht – muss der Mitarbeiter diese herausgeben? Die Antwort auf diese Fragen hängt entscheidend davon ab, wie der Account genutzt wurde. Zu differenzieren ist dabei zwischen der privaten und der geschäftlichen Nutzung.

Während Sie auf rein private Accounts selbstverständlich keinen Zugriff haben, haben Sie bei rein geschäftlichen Account durchaus einen Anspruch auf Herausgabe des Accounts und Zugriff darauf. Denn nach Beendigung des Arbeitsverhältnisses hat der Mitarbeiter die ihm zur Verfügung gestellten Arbeitsmittel an Sie herauszugeben, wozu dann auch beispielsweise die Passwörter zu den rein betrieblichen Accounts gehören. Der Mitarbeiter muss Ihnen also die Passwörter mitteilen. Er darf aber zuvor noch private Kontakte und Korrespondenz löschen. Dies gilt selbst dann, wenn Sie die private Nutzung zuvor ausdrücklich untersagt haben.

Selbst wenn Sie keinen Anspruch auf Herausgabe der Zugangsdaten haben, beispielsweise weil der Mitarbeiter für die Kosten des Accounts aufgekommen ist, so muss er zumindest die Kundendateien preisgeben, damit Sie die von ihm getätigten Geschäfte weiterführen können. Dies gilt ebenso für geschäftliche Korrespondenz, soweit sie von wirtschaftlichem Belang für Sie ist.

Praxisbeispiel: XING-Account

Gerade das XING-Profil eines Mitarbeiters kann bei dessen Ausscheiden für Sie interessant sein. Im Fall einer ausschließlich privaten Nutzung durch den Mitarbeiter haben Sie natürlich keine Rechte an dem Account. Sie können lediglich verlangen, dass der Arbeitnehmer wichtige Daten, die auch bei einer physischen Kartei herauszugeben wären, zur Verfügung stellt. Einen geschäftlich genutzten XING-Account muss der Arbeitnehmer dagegen herausgeben.

7.6   Sind Social Media Guidelines notwendig?

Social Media Guidelines sind ein Leitfaden, den Sie für Ihre Mitarbeiter zusammenstellen, um diesen die von Ihnen gewünschte Art und Weise der Nutzung des Social Webs näher zu erläutern. Dieses Regelwerk soll die Mitarbeiter für rechtliche Problemfelder des Social Webs sensibilisieren. z. B. für die hohe Verbreitungsgeschwindigkeit von Aussagen oder den Kontrollverlust über einmal getätigte Aussagen. Auf diese Weise soll ein dauerhaft verantwortungsvoller Umgang sichergestellt und eine optimale Umsetzung der Marketingstrategie erreicht werden. Die Guidelines sollen Ihnen und Ihren Mitarbeitern also helfen, Risiken durch den falschen Umgang mit sozialen Medien zu verringern.

Da das Social Web jedoch sehr facettenreich ist und nicht jede denkbar riskante Konstellation angesprochen werden kann, sollten die Social Media Guidelines sich weder auf die Auflistung von Verbotstatbeständen beschränken noch jeden erdenklichen Sachverhalt bis ins letzte Detail zu regeln versuchen – optimal ist die kurze, nachvollziehbare, einheitliche und übersichtliche Darstellung der wichtigsten Aspekte bei der Gestaltung und Nutzung des Social-Media-Auftritts in Form von Handlungsempfehlungen und -anweisungen. Dazu gehört beispielsweise auch die Darstellung der gewünschten öffentlichen Wahrnehmung des Unternehmens, damit auch die mit dem Auftritt verfolgten Marketingziele realisiert werden können. Denn auf diese Weise können Mitarbeiter Ihre Motivation hinter der Social-Web- Präsenz verstehen und versuchen, in jeder Situation dementsprechend zu handeln.

Praxistipp: Alle Mitarbeiter einbeziehen!

Eine effektive Umsetzung der Guidelines ist nur dann möglich, wenn alle Mitarbeiter einbezogen werden. Dazu gehören auch Azubis, Ferienarbeiter oder Praktikanten. Die alleinige Fokussierung auf Führungskräfte ist nicht ausreichend. Jeder Mitarbeiter sollte wissen, dass es Guidelines gibt, wo diese zu finden sind und welche Inhalte darin wie geregelt werden!

Im Folgenden geben wir Ihnen einen Überblick über die wichtigsten Aspekte der Guidelines. Bei der Zusammenstellung des Regelwerks bietet es sich zunächst an, die Vorschriften in *allgemeine Regelungen*, *Regelungen zur dienstlichen Nutzung* sowie in *Regelungen zur privaten Nutzung* zu unterteilen.

> **Hinweis: Muster für Social Media Guidelines**
>
> Ein kostenfreies Muster für Social Media Guidelines können Sie auf der Website der Rechtsanwaltskanzlei »Wilde Beuger Solmecke« (*http://wbs.is/rom66*) einsehen.

7.6.1   Allgemeine Regelungen

Im Rahmen der allgemeinen Regelungen können Sie beispielsweise darlegen, ob die Nutzung des Social Webs zu privaten Zwecken überhaupt zulässig, verboten oder begrenzt gestattet ist. In diesem Zusammenhang können Sie dann die Besonderheiten und Risiken der Nutzung erläutern.

Darüber hinaus können Sie eine Sensibilisierung der Mitarbeiter besonders dann erreichen, wenn Sie ihnen den einzuhaltenden rechtlichen Rahmen der Nutzung erläutern. Zu denken ist dabei insbesondere an das Persönlichkeitsrecht, das Markenrecht, das Wettbewerbsrecht und das Urheberrecht.

Regelungen zur IT-Sicherheit sollten darüber hinaus ebenso enthalten sein wie die Benennung eines zentralen Ansprechpartners, der bei Unklarheiten in konkreten Sachverhalten kontaktiert werden kann.

Auch sollten Sie im Voraus darlegen, welche Sanktionen und arbeitsrechtlichen Konsequenzen ein Verstoß gegen die in der Guideline aufgestellten Regeln für die betreffenden Mitarbeiter haben kann. Auf diese Weise können Sie die Umsetzungsrate erhöhen und bei dennoch auftretenden Verstößen eine Durchsetzung der Konsequenzen erleichtern.

7.6.2   Dienstliche Nutzung

Im Rahmen der Regelungen zur dienstlichen Nutzung hat die Festlegung der Art und Weise der öffentlichen Kommunikation obersten Stellenwert, da die öffentliche Kommunikation letztlich das A und O des Social-Media-Auftritts ist. In diesem Bereich können nur klare Regelungen sicherstellen, dass die mit dem Social-Media-Auftritt verfolgten Marketingzwecke auch realisiert werden können und das Ansehen des Unternehmens nicht leidet. Dazu ist auch die Aufstellung von Regelungen zur internen Abstimmung von Inhalten unumgänglich. Zudem kann die Festlegung auf bestimmte Netzwerke ebenso wie die Normierung des qualitativen und quantitativen Nutzungsumfangs erfolgen. Daneben sollte auch die Pflicht zur Herausgabe der

Account-Daten beim Ausscheiden des zuständigen Mitarbeiters klargestellt werden, um spätere Konflikte zu vermeiden.

7.6.3   Private Nutzung

Zur privaten Nutzung dienstlicher Accounts sollten ebenfalls Regelungen bestehen, wenn Sie denn die private Nutzung zulassen möchten. Denn Ihnen sollte klar sein, dass Sie sich mit der Regelung der privaten Nutzung sozialer Netzwerke gleichzeitig damit einverstanden erklären, dass Ihre Mitarbeiter das Internet dann offiziell zu privaten Zwecken nutzen dürfen.

> **Achtung: Mitbestimmungsrechte des Betriebsrats beachten!**
>
> Grundsätzlich müssen die Regelungen innerhalb der Guidelines auch in Einklang mit den Arbeitsverträgen stehen. Darüber hinaus müssen Sie beachten, dass sich aus Social Media Guidelines, die für den Arbeitnehmer konkrete verpflichtende Regelungen im dienstlichen Bereich beinhalten, Mitbestimmungsrechte des Betriebsrats ergeben können. Dies gilt insbesondere dann, wenn an die Verletzung der Verhaltenspflichten arbeitsrechtliche Maßnahmen gekoppelt sind. Zu denken ist dabei an Regelungen zum Umfang der privaten Nutzung sozialer Netzwerke.

In den Regeln zur privaten Nutzung können Sie dann beispielsweise festlegen, dass die Mitarbeiter die Pflicht haben, private Meinungen durch die Verwendung von »ich« statt »wir« auch als solche zu kennzeichnen. Auch empfehlen wir Ihnen, Ihren Mitarbeitern die Verwendung beruflicher E-Mail-Adressen bei privaten Accounts zu verbieten.

Allgemein sollten Sie die Mitarbeiter zudem an dieser Stelle auf ihre gesetzliche Pflicht zur Rücksichtnahme auf die Rechte, Rechtsgüter und Interessen ihres Arbeitgebers hinweisen.

> **Achtung: Guidelines unterliegen einem stetigen Wandel!**
>
> Darüber hinaus müssen Sie grundsätzlich nach der Erstellung der Guidelines beachten, dass diese nicht statisch sind: Vielmehr müssen sie immer wieder im Hinblick auf technische und rechtliche Veränderungen überdacht, ergänzt und modifiziert werden.

7.7   Ist Direktmarketing in sozialen Netzwerken zulässig?

Nirgendwo gelangt man so schnell an zahlreiche Informationen wie in sozialen Netzwerken: Name, Wohnort, Alter, Beruf, Ausbildung oder Familiendetails – Daten, die sonst keiner so schnell preisgeben würde, werden oftmals sorglos öffentlich gemacht. Diese zahlreichen Profilinformationen würden sich viele Unternehmen gern für ein effektives Marketing ihrer Produkte und Dienstleistungen zunutze machen. Denn die Daten können helfen, potenzielle Kundengruppen deutlich besser zu identifizieren, als dies zum Beispiel beim E-Mail-Marketing möglich ist. Auch die Kontaktaufnahme ist leichter: Direktmarketing, also Werbemaßnahmen, bei denen die direkte Ansprache des möglichen Kunden mit der Aufforderung zur Antwort erfolgt, ist im Social Web besonders attraktiv.

Jedoch sollten Sie bei allem Eifer die bestehenden rechtlichen Grenzen nicht übersehen. Schließlich gelten diese bei Marketing- und Servicemaßnahmen über die sozialen Netzwerke ebenso wie bei traditionellen Marketinginstrumenten. Damit spielen wettbewerbsrechtliche Vorgaben ebenso eine Rolle wie datenschutzrechtliche Aspekte, wenn es darum geht, einen angemessenen Ausgleich zwischen den Werbeinteressen der Wirtschaftsunternehmen und dem Kundeninteresse am Schutz vor übermäßiger Belästigung zu schaffen.

Unter welchen Bedingungen welche Formen des Direktmarketings im Social Web zulässig sind, möchten wir Ihnen in diesem Abschnitt näher erläutern.

> **Praxistipp: Vorgaben rechtzeitig im Voraus lesen!**
>
> Wenn Sie vom Direktmarketing Gebrauch machen möchten, dann sollten Sie sich rechtzeitig im Voraus mit den Rahmenbedingungen auseinandersetzen. Diese bestehen zum einen aus den gesetzlichen Vorgaben und zum anderen aus Vorschriften der sozialen Netzwerke selbst, die ein Direktmarketing nicht immer dulden. Denn oftmals lassen sich die Anforderungen nur erfüllen, wenn man die notwendigen Erklärungen im Rahmen der Möglichkeiten von Facebook, XING und Co. entsprechend abbildet. Andernfalls müssen Sie mit Abmahnungen und gerichtlichen Verfahren gegen Sie rechnen.

7.7.1   Private Nachrichten

In nahezu jedem sozialen Netzwerk gibt es die Möglichkeit, andere Nutzer über private Nachrichten direkt anzuschreiben. Doch ist dies auch zu Werbezwecken zulässig? Bei der Antwort auf diese Frage muss zwischen den Vorgaben des Gesetzes und den Nutzungsbedingungen der Plattformen unterschieden werden.

Gesetzliche Vorgaben

Die Problematik erinnert an die des Versendens von Werbe-E-Mails (siehe Abschnitt 3.1). Tatsächlich ist auch die rechtliche Einordnung der Zulässigkeit von Privatnachrichten in sozialen Netzwerken ähnlich einzustufen, da die Interessenlage identisch ist. Damit kann grundsätzlich festgehalten werden, dass vor dem Versand von werb-lichen Privatnachrichten als elektronische Post die Einwilligung des Nutzers in deren Erhalt erforderlich ist. Dabei muss der Empfänger auch darüber aufgeklärt werden, welche Art der Werbung er erhält, von welchem Unternehmen und wie häufig. Zudem muss der Angesprochene darüber belehrt werden, dass er die Einwilligung je-derzeit widerrufen kann. Andernfalls liegt eine unzumutbare und damit unzulässige Belästigung des Werbeempfängers vor.

> **Praxistipp: Opt-in-Verfahren anwenden**
>
> Wer also in zulässiger Weise Werbenachrichten über die sozialen Netzwerke versen-den möchte, der sollte zur Einholung der Nutzer-Einwilligung das Opt-in-Verfahren einhalten.

An dem Einwilligungserfordernis ändert sich auch dann nichts, wenn die Nutzer, die Sie anschreiben möchten, Ihre Seite abonniert haben oder Ihre Follower sind. Denn allein der Umstand, dass ein generelles Interesse an Ihren Inhalten besteht, bedeutet noch nicht, dass auch eine konkrete Kontaktaufnahme erwünscht ist, und kann da-raus auch nicht geschlossen werden. Denn dazu müsste der Nutzer in unmittelbarer Nähe der »Gefällt mir«-Schaltfläche darüber aufgeklärt werden, dass der Klick einer Einwilligung der Zusendung von Werbung gleichkommt. Dies ist aber gerade nicht der Fall und auch rein technisch in der Regel nicht umsetzbar.

Vorgaben der Plattformbetreiber

Grundsätzlich sind sich die Plattformbetreiber hinsichtlich des Versands von direk-ten Werbenachrichten einig. Zum Schutz der Nutzer dulden daher auch Plattformen wie Facebook (siehe Abbildung 7.57) oder Google (siehe Abbildung 7.58) den Versand von Spam nicht.

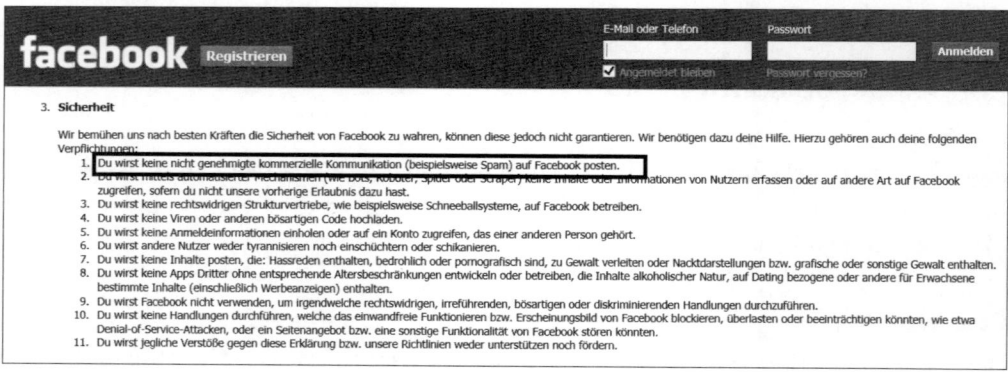

Abbildung 7.57 Facebook-Nutzungsbedingungen zu Spam

Nutzungsbedingungen und Richtlinien

G+

Inhalts- und Verhaltensrichtlinien für Nutzer

Wettbewerbs- und Werberichtlinien für Google+

Nutzungsbedingungen für Hangouts On Air

Zusatzbestimmungen für Hangouts für die Funktion zum Telefonieren

Zusätzliche Nutzungsbedingungen für Google My Business

Nutzungsbedingungen für personalisierte Google+ URLs

Google+ Seiten: zusätzliche Nutzungsbedingungen

Richtlinien für eingebettete Inhalte

Richtlinien für Schaltflächen

Datenschutzerklärung

Nutzungsbedingungen

Wettbewerbs- und Werberichtlinien für Google+

Richtlinienanforderungen

Wettbewerbe, Gewinnspiele und ähnlichen Werbeaktionen ("Werbeaktionen") sind auf Google+ zulässig, sofern sie rechtlich zugelassen sind und die folgenden Richtlinienanforderungen und rechtlichen Bestimmungen erfüllen.

- Die Erzeugung von Spam oder die Aufforderung an Einzelpersonen, sich an Spam oder Missbrauch zu beteiligen, sind strengstens untersagt. Beachten Sie, dass sich die Definition von Spam auf Google+ im Laufe der Zeit weiterentwickeln und ändern kann. Google behält sich das Recht vor, zu bestimmen, welche Inhalte als Spam gelten. Damit auch Sie uns bei der Bekämpfung von Spam und Missbrauch helfen können, gelten für Werbeaktionen die folgenden spezifischen Anforderungen:
  - In den offiziellen Regeln Ihrer Werbeaktion muss deutlich dargestellt sein, dass jede Person, die zur Erhöhung der Gewinnchancen mehrere Konten erstellt hat, oder jede Person, die Einträge über der von Ihnen festgelegten Beschränkung für Einträge erstellt, von der Werbeaktion ausgeschlossen wird. Sie müssen die Eintragsbeschränkung für Ihre Werbeaktion unter einem Niveau ansiedeln, das die Erzeugung von Spam begünstigen würde.
  - Wenn die Teilnehmer in ihren Einträgen für die Werbeaktion Hashtags verwenden sollen, müssen diese sich auf die Inhalte beziehen, die Nutzer posten. Fragen Sie beispielsweise nicht nach Fotos von Sonnenuntergängen mit dem Hashtag #Spaghetti.
- Werbeaktionen dürfen nicht verwendet werden, um mögliche geltende Bestimmungen oder Richtlinien zu umgehen.
- YouTube-Videowettbewerbe sind auf Google+ verboten. Dazu gehören auch Wettbewerbe, bei denen Videos auf YouTube gepostet werden, und solche, bei denen YouTube-Videos auf Google+ gepostet werden.

Abbildung 7.58 Allgemeine Geschäftsbedingungen von Google+ zu Spam

Auch dem Kurznachrichtendienst Twitter ist der Versand von Spam ein Dorn im Auge, weshalb in den Twitter-Regeln zahlreiche Verhaltensweisen klar als unzulässig festgelegt werden (siehe Abbildung 7.59).

- **Spammen**: Sie dürfen den Service, den Twitter anbietet, nicht dazu einsetzen, jemanden zu spammen. Die Definition dessen, was als „spammen" gilt, wird sich immer wieder erweitern, da wir auf neue Tricks und Taktiken von Spammern reagieren. Einige der Kriterien, die wir anwenden, um zu beurteilen, ob gespammt wird, sind:
  - wenn Sie innerhalb kurzer Zeit einer großen Anzahl von Accounts folgen und/oder entfolgen, insbesondere, wenn dies auf automatisierte Art und Weise geschieht (aggressives Folgen sowie wiederholtes Folgen und Entfolgen);
  - wenn Sie wiederholt Nutzern folgen und entfolgen, um Follower zu gewinnen oder um verstärkt auf Ihr Profil aufmerksam zu machen;
  - wenn Ihre Status-Aktualisierungen größtenteils aus Links und nicht aus persönlich verfassten Mitteilungen bestehen;
  - wenn viele Leute Ihr Profil blockieren;
  - wenn eine große Anzahl an Spam-Beschwerden gegen Sie vorgebracht worden ist;
  - wenn Sie den gleichen Inhalt auf mehreren Accounts posten oder mehrfach Dubletten-Aktualisierungen auf einem Account posten;
  - wenn Sie mehrfach Status-Aktualisierungen zu einem Thema mit integriertem #, zu einem angesagten oder aktuellen Thema oder einem gesponserten Trend posten, die in keinerlei Zusammenhang zu diesem Thema stehen;
  - wenn Sie mehrfach Antworten oder Erwähnungen doppelt versenden;
  - wenn Sie sehr viele unerwünschte Antworten oder Erwähnungen versenden;
  - wenn Sie eine große Zahl an Nutzern, die in keinerlei Zusammenhang zueinander stehen, in Listen zusammenfassen;
  - wenn Sie wiederholt falsche oder irreführende Inhalte erstellen;
  - zufälliges oder aggressives Folgen, Markieren mit „Gefällt mir" oder Retweeten;
  - wenn Sie wiederholt die Account-Informationen anderer Personen als Ihre eigenen ausgeben (Biografie, Tweets, URL, usw.);
  - wenn Sie irreführende Links posten (z. B. Affiliate-Links, Links zu Malware-/Clickjacking-Seiten usw.);
  - wenn Sie irreführende Accounts oder Account-Interaktionen erstellen;

Abbildung 7.59 Spam-Kategorisierung des Nachrichtendienstes »Twitter«

Wer sich diesen Vorgaben widersetzt, muss vonseiten der Plattformbetreiber mit Sanktionen rechnen, zum Beispiel mit der Sperre oder der Löschung seines Accounts. Aber auch Schadensersatzklagen sind denkbar und schon gerichtlich geltend gemacht worden.

> **Praxisbeispiel: Schadensersatzklage in Höhe von 711.000.000 USD**
>
> Das soziale Netzwerk Facebook hat gegen den Internetwerber Sanford Wallace vor einem US-Gericht nach eigenen Angaben Schadensersatz in Höhe von 711 Millionen USD erstritten. Als einschlägig bekannter »Spam-König« versendete Wallace wiederholt und professionell Spam-Mails an Facebook-Nutzer ohne deren Zustimmung. Zudem habe der Richter den Fall an die Staatsanwaltschaft weitergegeben.

7.7.2   Einträge auf den Seiten anderer Nutzer

Neben den Privatnachrichten bieten soziale Netzwerke oftmals auch die Möglichkeit, Text- oder Bildnachrichten auf den Seiten der anderen Nutzer zu hinterlassen (siehe Abbildung 7.60).

Abbildung 7.60 Beispiel für die Möglichkeit, in Facebook Beiträge auf Seiten Dritter zu verfassen

Wer dabei auf die Idee kommt, Werbenachrichten auf fremden Profilen oder Seiten veröffentlichen zu können, der sollte sich besser zurückhalten. Denn auch bei Nachrichten auf Seiten anderer Nutzer gelten dieselben Grundsätze wie bei Privatnachrichten: Das A und O ist demnach wieder die Einwilligung! Auch an dieser Stelle ändert sich an der Voraussetzung nichts dadurch, dass der Nutzer die Seite abonniert hat oder Sie als Kontakt hinzugefügt hat. Denn in der Regel geht diese Person nicht davon aus, dass auf das Abonnieren bzw. die Bestätigung nun Werbeeinträge auf seiner eigenen Seite folgen. Im Zweifel will nämlich niemand seine Seite für Ihre Werbezwecke zur Verfügung stellen.

7.7.3   Versand von Einladungen an Dritte per Kontakt-Importer

Als schnellster Weg, um Abonnenten oder Follower für die eigene Seite zu gewinnen, erscheint eine Einladung an andere unbekannte Nutzer oder an Kunden- bzw. sonstige E-Mail-Kontakte. Dazu bieten manche Netzwerke beispielsweise Kontaktimporter an, mit denen Einladungen an Kontakte versendet werden können, deren Adressen im eigenen E-Mail-Account gespeichert sind und die noch keine Nutzer des Netzwerks sind (siehe Abbildung 7.61).

Abbildung 7.61 Der Kontaktimporter im sozialen Netzwerk »Facebook«

Neben der Möglichkeit, Dritte zum Beitritt ins Netzwerk einzuladen, besteht auch die Möglichkeit, nach anderen Nutzern zu suchen und diesen Freundschaftseinladungen zu schicken. Das soziale Netzwerk Facebook beispielsweise hat dazu den Button FREUNDE FINDEN (siehe Abbildung 7.62).

Dort haben Sie über die Eingabe verschiedener Eckdaten wie Name, Arbeitgeber, Wohnort/Heimatort oder das Anklicken möglicher gemeinsamer Kontakte die Möglichkeit auch Kunden oder Geschäftspartner zu finden.

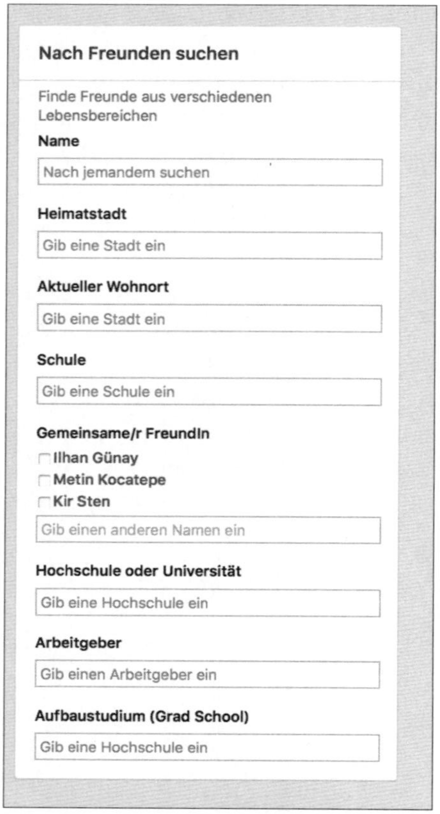

Nach Freunden suchen

Finde Freunde aus verschiedenen
Lebensbereichen

Name

| Nach jemandem suchen |

Heimatstadt

| Gib eine Stadt ein |

Aktueller Wohnort

| Gib eine Stadt ein |

Schule

| Gib eine Schule ein |

Gemeinsame/r FreundIn

☐ Ilhan Günay
☐ Metin Kocatepe
☐ Kir Sten

| Gib einen anderen Namen ein |

Hochschule oder Universität

| Gib eine Hochschule ein |

Arbeitgeber

| Gib einen Arbeitgeber ein |

Aufbaustudium (Grad School)

| Gib eine Hochschule ein |

Abbildung 7.62 Die Freunde-Suche bei »Facebook«

Ist der Kontakt bereits registriert, zeigt Facebook Ihnen dies an und versendet in
Ihrem Namen eine Freundschaftseinladung per E-Mail. Andernfalls wird dem Gesuchten eine Einladung zum Beitritt in das Netzwerk zugesandt (siehe Abbildung
7.63).

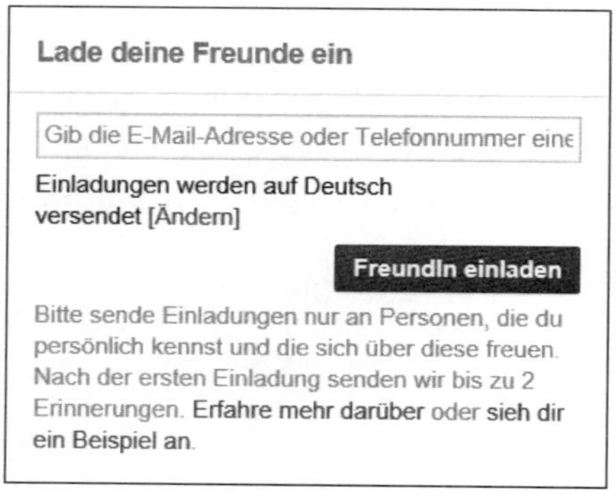

Lade deine Freunde ein

| Gib die E-Mail-Adresse oder Telefonnummer eine |

Einladungen werden auf Deutsch
versendet [Ändern]

Freundin einladen

Bitte sende Einladungen nur an Personen, die du
persönlich kennst und die sich über diese freuen.
Nach der ersten Einladung senden wir bis zu 2
Erinnerungen. Erfahre mehr darüber oder sieh dir
ein Beispiel an.

Abbildung 7.63 Die Einladung zum Beitritt zu »Facebook«

Nach einem ganz ähnlichen System geht auch die Plattform für Professionals Lin-kedIn vor. Wer sich auf der Plattform registriert, wird gleich in den ersten paar Schrit-ten dazu aufgefordert, sein E-Mail-Adressbuch zu importieren (siehe Abbildung 7.64). Wer von den importierten Kontakten nicht sofort der Einladung zu LinkedIn folgt, der erhält bis zu zwei Erinnerungen.

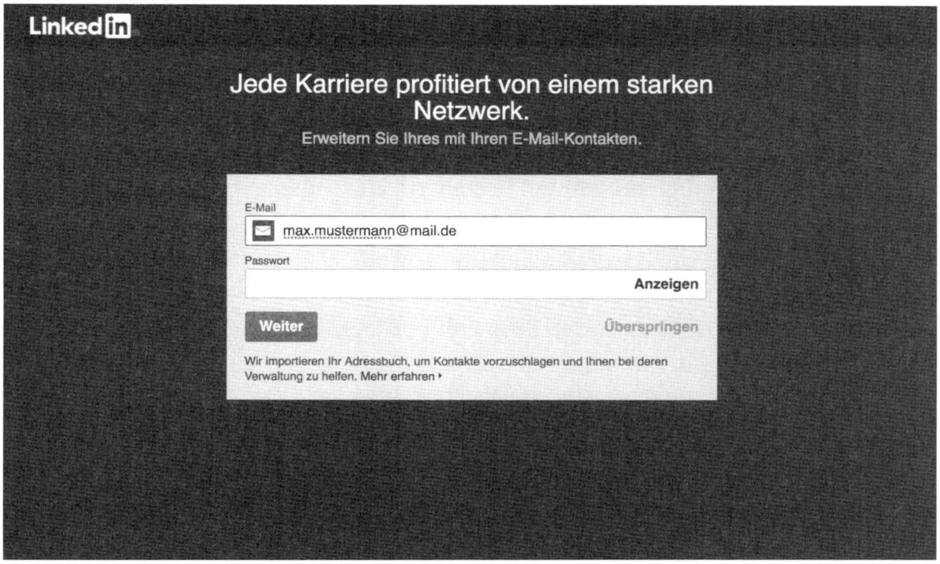

Abbildung 7.64 Die Funktion des Kontakt-Importers bei »LinkedIn«

Doch die Verwendung dieser Funktionen ist nicht ganz unbedenklich. Sowohl ge-setzliche Vorgaben als auch die Bedingungen der Plattformen selbst müssen einge-halten werden.

Gesetzliche Vorgaben

Die durch diese Funktion generierte Einladung per E-Mail stellt zweifelsfrei eine Werbemaßnahme im Interesse des Netzwerks dar. Denn Werbung ist jegliches un-ternehmerische Tun, das auf Absatzförderung bedacht ist. Dieser sehr weite Begriff umfasst auch die Einladung auf eine Online-Präsenz. Denn selbst wenn ein Nutzer als Dritter den Versand der Einladung veranlasst, so bezweckt das Netzwerk mit einer solchen Funktion, auf den Empfohlenen und seine Leistungen aufmerksam zu machen und damit Personen, die noch keine Mitglieder des Netzwerks sind, als sol-che zu gewinnen.

Daraus folgt ebenso wie beim herkömmlichen E-Mail-Marketing, dass grundsätzlich die datenschutzrechtlichen Vorgaben der Datenschutz-Grundverordnung einzuhalten sind. Diese besagen, dass Sie grundsätzlich vor der Verwendung des Kontakt-Importers die Einwilligung des Betroffenen einholen müssen. Andernfalls ist die Verwendung des Dienstes rechtswidrig, wie der Bundesgerichtshof im Jahre 2016 bestätigt hat (Urteil vom 14.01.2016, Az. I ZR 65/14).

Daran ändert auch die neue Datenschutz-Grundverordnung nichts, die eine Ausnahme vom Einwilligungserfordernis bei der Wahrnehmung berechtigter Interessen macht. Im Fall des Kontakt-Importers werden Sie die Interessenabwägung jedoch nicht zu Ihren Gunsten entscheiden können, da kein berechtigtes Interesse an wettbewerbswidrigen Werbemaßnahmen bestehen kann – genau dies ist hier der Fall. Denn die Tatsache, dass das Netzwerk nicht selbst tätig wird, ändert nichts daran, dass der unaufgeforderte Erhalt von Einladungen eine unzumutbare Belästigung des Empfängers darstellt und damit gegen das Wettbewerbsrecht verstößt. Damit stellt die Weitergabe der E-Mail-Adressen Ihrer Freunde an Facebook und Co. sowohl einen Verstoß gegen geltendes Datenschutzrecht als auch gegen das Wettbewerbsrecht dar.

Achtung: Auch bei Geschäftskontakten Einwilligung einholen!

Auch wenn Sie zwar bei langjährigen Geschäftskontakten mutmaßen können, dass diese sich wahrscheinlich nicht belästigt fühlen werden, so können Sie sich doch erst ganz sicher sein, wenn Sie zuvor eine Einwilligung zur Kontaktierung über soziale Netzwerke eingeholt haben.

Vorgaben der Plattformbetreiber

Zudem sehen auch die Plattformen selbst Beschränkungen bei der Nutzung der Funktionen vor. Der Kurznachrichtendienst Twitter beispielsweise verbietet es seinen Nutzern, den Kontakt-Importer dazu zu benutzen, wiederholt Masseneinladungen zu versenden. Dies würde nämlich so mancher Nutzer gerne tun, um so die Zahl der Follower schneller zu erhöhen (siehe Abbildung 7.65).

Dies zeigt, dass Sie – selbst dann, wenn die Netzwerke solche Mittel zur Verfügung stellen – diese Mittel nicht bedenkenlos nutzen dürfen. Werfen Sie immer einen Blick in die Nutzungsbedingungen, bevor Sie loslegen!

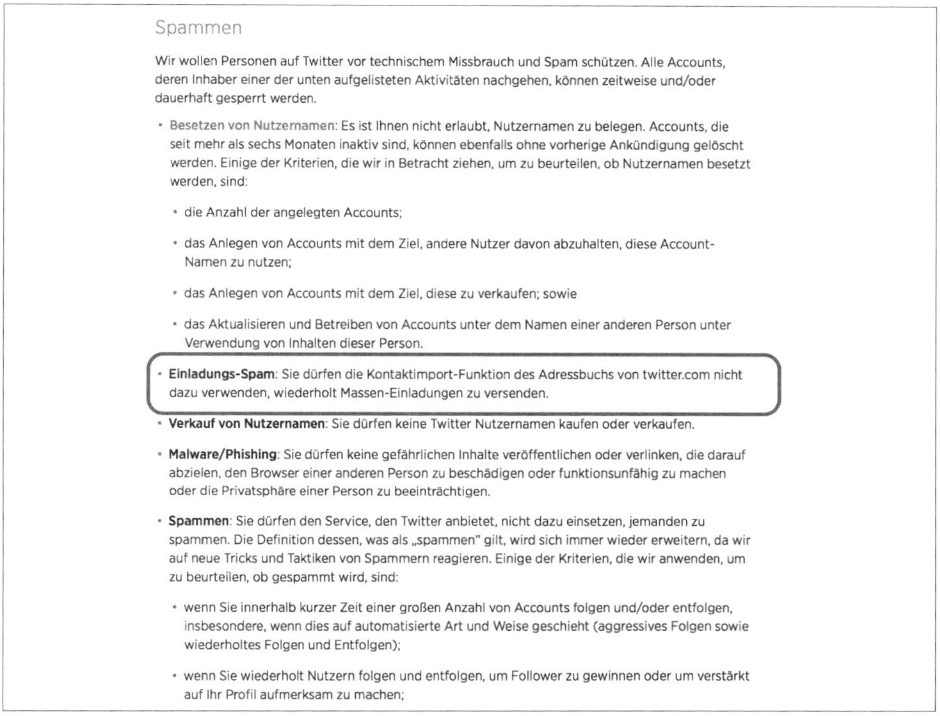

Spammen

Wir wollen Personen auf Twitter vor technischem Missbrauch und Spam schützen. Alle Accounts, deren Inhaber einer der unten aufgelisteten Aktivitäten nachgehen, können zeitweise und/oder dauerhaft gesperrt werden.

- Besetzen von Nutzernamen: Es ist Ihnen nicht erlaubt, Nutzernamen zu belegen. Accounts, die seit mehr als sechs Monaten inaktiv sind, können ebenfalls ohne vorherige Ankündigung gelöscht werden. Einige der Kriterien, die wir in Betracht ziehen, um zu beurteilen, ob Nutzernamen besetzt werden, sind:
  - die Anzahl der angelegten Accounts;
  - das Anlegen von Accounts mit dem Ziel, andere Nutzer davon abzuhalten, diese Account-Namen zu nutzen;
  - das Anlegen von Accounts mit dem Ziel, diese zu verkaufen; sowie
  - das Aktualisieren und Betreiben von Accounts unter dem Namen einer anderen Person unter Verwendung von Inhalten dieser Person.
- **Einladungs-Spam**: Sie dürfen die Kontaktimport-Funktion des Adressbuchs von twitter.com nicht dazu verwenden, wiederholt Massen-Einladungen zu versenden.
- **Verkauf von Nutzernamen**: Sie dürfen keine Twitter Nutzernamen kaufen oder verkaufen.
- **Malware/Phishing**: Sie dürfen keine gefährlichen Inhalte veröffentlichen oder verlinken, die darauf abzielen, den Browser einer anderen Person zu beschädigen oder funktionsunfähig zu machen oder die Privatsphäre einer Person zu beeinträchtigen.
- **Spammen**: Sie dürfen den Service, den Twitter anbietet, nicht dazu einsetzen, jemanden zu spammen. Die Definition dessen, was als „spammen" gilt, wird sich immer wieder erweitern, da wir auf neue Tricks und Taktiken von Spammern reagieren. Einige der Kriterien, die wir anwenden, um zu beurteilen, ob gespammt wird, sind:
  - wenn Sie innerhalb kurzer Zeit einer großen Anzahl von Accounts folgen und/oder entfolgen, insbesondere, wenn dies auf automatisierte Art und Weise geschieht (aggressives Folgen sowie wiederholtes Folgen und Entfolgen);
  - wenn Sie wiederholt Nutzern folgen und entfolgen, um Follower zu gewinnen oder um verstärkt auf Ihr Profil aufmerksam zu machen;

Abbildung 7.65 »Twitter«-Regeln zum Import von Kontakten

7.7.4 Schleichwerbung in eigenen Beiträgen

Immer mehr Werbekampagnen sind darauf angelegt, dass sie nicht auf den ersten Blick als Werbung zu erkennen sind. So werden beispielsweise YouTube-Videos, Facebook-Posts, Instagram-Bilder oder Twitter-Nachrichten geschickt dazu genutzt, die eigenen Produkte und Dienstleistungen unauffällig zu bewerben.

Doch die Grenze zur unlauteren Schleichwerbung kann schnell überschritten werden. Daher sollten Sie sich vorher einen Überblick darüber verschaffen, wann Schleichwerbung vorliegt und in welcher Form Werbung gekennzeichnet werden muss.

Schleichwerbung liegt nach dem Wettbewerbsrecht vor, wenn der Werbecharakter einer geschäftlichen Handlung verschleiert wird, also das äußere Erscheinungsbild einer geschäftlichen Handlung so gestaltet wird, dass die Marktteilnehmer den geschäftlichen Charakter nicht klar und eindeutig erkennen können. Denn darin liegt genau der anstößige Charakter: Der Adressat hält die Werbeaussage für eine sachliche Information eines Dritten und wird damit schlichtweg getäuscht.

Praxisbeispiele: Schleichwerbung auf YouTube

Im Jahre 2014 warf die Bezirksregierung Mittelfranken der ehemaligen YouTube-Künstlerformation »Y-Titty« vor, sie habe in YouTube-Videos auf ihrem Kanal unter anderem Produkte von »Samsung«, »McDonald's« und »Coca-Cola« präsentiert und dafür ein Entgelt erhalten, ohne dies ausreichend als kommerzielle Werbung zu kennzeichnen (siehe Abbildung 7.66). Die Künstler bestritten, in ihren Videos zum Kauf aufgefordert oder Produkte werbend in den Mittelpunkt gerückt zu haben.

Abbildung 7.66 Die Künstlerformation »Y-Titty« trinkt in ihrem YouTube-Video das Getränk »Coca-Cola«.

Gegen den YouTuber »Flying Uwe« wurde im Jahre 2017 sogar ein Bußgeld in Höhe von 10.500 € verhängt, weil er in seinen Videos seine eigenen Produkte besonders positiv darstellte, ohne die Beiträge als Dauerwerbesendung zu kennzeichnen (siehe Abbildung 7.67).

Abbildung 7.67 Der YouTuber »Flying Uwe« bewirbt in seinen Videos seine Drinks.

Das Verbot von Schleichwerbung ist an unterschiedlichen Stellen gesetzlich geregelt und betrifft alle Medienbereiche – von Print über Rundfunk bis zum Internet. Jedoch ist es nicht grundsätzlich unzulässig, Produkte erkennbar in Videos zu zeigen. Wird das Produkt deutlich gekennzeichnet in einer Sendung platziert, handelt es sich um ein zulässiges sogenanntes Product Placement (siehe Abbildung 7.68). Fehlt es hingegen an einer solchen Kennzeichnung, kann kein Product Placement vorliegen, sodass es sich gegebenenfalls um Schleichwerbung handelt.

Abbildung 7.68 Beispiel für die Kennzeichnung von Product Placement

Eine Produktplatzierung ist zu Beginn, nach einer Werbeunterbrechung und zum Ende einer Sendung eindeutig und leicht erkennbar zu kennzeichnen.

Hinweis: Kennzeichnung!

Dazu bieten sich Hinweise wie »Werbung«, »Anzeige«, »Produktplatzierung« oder »Unterstützt durch Produktplatzierung« an. Von englischsprachigen Kennzeichnungen wie »sponsored by« oder »ad« sollten Sie hingegen absehen, da dabei der Werbecharakter nicht so klar in den Vordergrund tritt wie bei den deutschen Begriffen. Der Hinweis muss dabei nicht an prominentester Stelle stehen, sollte aber auch nicht versteckt sein. Bei Foto- oder Bildbeiträgen reicht der Hashtag »#anzeige« oder »#werbung« bzw. die Kennzeichnung im Begleittext (siehe Abbildung 7.69).

Bei Videos hingegen empfehlen wir Ihnen, auf Nummer sicher zu gehen und sowohl am Anfang des Videos mündlich darauf hinzuweisen als auch während der Präsentation den Text »Werbung« oder »Anzeige« einzublenden.

Abbildung 7.69 Beispiel für die Kennzeichnung als Werbung mit einem Hashtag

Der Grund für diese Kennzeichnungspflicht ist eigentlich ganz einfach: Werbung muss von redaktionellen Inhalten getrennt werden, weil der Zuschauer einem redaktionellen Beitrag regelmäßig größere Bedeutung beimisst und dementsprechend mehr Beachtung schenkt. Durch die Vermischung von Werbung und Beitrag wird die Aufmerksamkeit des Zuschauers durch eine Tarnung der Werbung erschlichen und ist daher unzulässig. Dieses Prinzip gilt für YouTube Videos genauso wie für Blogbeiträge oder Fotoinhalte in sozialen Netzwerken wie Instagram.

Schleichwerbung und redaktionelle Berichterstattung sind in der Praxis oft nicht leicht voneinander zu trennen, insbesondere wenn Medien unentgeltlich über bestimmte Produkte oder Unternehmen berichten. In diesen Fällen ist der Trennungsgrundsatz nicht verletzt, wenn die sachliche Unterrichtung des Publikums im Vordergrund steht und werbliche Auswirkungen nur eine zwangsläufige Folge der Berichterstattung sind. Dabei darf auch der Name des Produkts oder des Herstellers genannt werden. Die Grenze zur Schleichwerbung wird aber beispielsweise dann überschritten, wenn das Produkt oder der Hersteller ohne sachlichen Grund übermäßig herausgestellt wird oder wenn Leistungsangebote werbend dargestellt werden.

Ob Schleichwerbung vorliegt, ist anhand einer Gesamtwürdigung aller Umstände des Einzelfalles zu bewerten. Dabei kommt es vor allem auf den Inhalt und die Aufmachung des redaktionellen Berichts an sowie auf die Art und das Maß der Herausstellung des Produkts bzw. Herstellers. Entscheidend ist dabei auch, ob und inwiefern für die Darstellung in der konkreten Form ein öffentliches Informationsinteresse besteht.

Ein Informationsinteresse besteht beispielsweise dann, wenn das Video dazu dient, den Gebrauch eines Produkts zu erläutern. Dies ist zum Beispiel dann sinnvoll, wenn die schriftliche Gebrauchsanweisung nur schwer verständlich ist und eine bildliche Erläuterung schneller zielführend ist (siehe Abbildung 7.70).

Abbildung 7.70 Video mit der Anleitung zum Gebrauch einer Babytrage

Ähnlich verhält es sich auch bei Videos von Beauty-Bloggern. Dabei handelt es sich in der Regel um junge Frauen, die ihrer Community Make-up-Anleitungen geben und dazu auch die erforderlichen Materialien wie Wimperntusche oder Puder bestimmter Marken darstellen. Diese Produkte sind erst dann eine kennzeichnungspflichtige Produktplatzierung, wenn der Wert der Produktbereitstellung 1.000 € überschreitet. Dies ist bei Kosmetik jedoch in der Regel nicht der Fall, und diese Videos sind daher kennzeichnungsfrei.

Wichtig ist jedoch, dass sich die Bloggerin nicht durch die Bereitstellung beeinflussen lässt und bei einer Produktbewertung ehrlich ihre Meinung äußert. Ist die Bloggerin zur positiven Berichterstattung verpflichtet, stellt dies eine unzulässige Schleichwerbung dar. Denn dann wird dem Zuschauer eine sachliche Berichterstattung nur vorgetäuscht. Wird über Affiliate-Links auf Produkte hingewiesen, so sind diese Links im unmittelbaren Umfeld als Werbung zu kennzeichnen. Der Nutzer muss darüber aufgeklärt werden, wie ein Affiliate Link funktioniert und dass der Werbende selbst am Umsatz beteiligt wird, wenn der Nutzer das Produkt über diesen Link bestellt. Mehr über Affiliate Marketing erfahren Sie in Kapitel 12.

Praxistipp: Selbstkontrolle

Um sich selbst zu überprüfen, können Sie sich fragen, welchen Zweck Ihr Beitrag tatsächlich hat: Dient er der Bewerbung des Produkts, so muss dies gekennzeichnet werden. Steht hingegen die Information im Vordergrund, ist dies nicht erforderlich. Ein weiterer Anhaltspunkt ist ein mögliches Entgelt: Wird für den Bericht ein Entgelt gezahlt oder ein sonstiger wirtschaftlicher Vorteil gewährt (zum Beispiel Anzeigenaufträge), so spricht dies in der Regel für das Vorliegen von Werbung.

Verstoßen Sie gegen diese Grundsätze, so drohen Abmahnungen, die schnell einige Tausend Euro kosten können. Ebenso müssen Sie mit Unterlassungsforderungen rechnen. Doch auch die Aufsichtsbehörden können Bußgelder in Höhe von bis zu 500.000 € verlangen. Davon wird aber oftmals erst bei mehrfachen Verstößen Gebrauch gemacht. In den meisten Fällen sind die Verträge zwischen einem Unternehmen, das seine Produkte in YouTube-Videos platzieren möchte, und dem YouTuber bzw. dem dahinterstehenden Netzwerk jedoch geheim, sodass die wenigsten erwischt werden.

7.8 Ist Cross-Device-Marketing mit »Facebook Custom Audiences« zulässig?

Über die für Unternehmen sehr verlockend klingende Funktion *Custom Audiences* von Facebook können Sie bestehende Kunden und Personen erreichen, die bereits Interesse an Ihrem Unternehmen gezeigt haben (siehe Abbildung 7.71).

Praxisbeispiel

Ein Nutzer besucht einen Online-Shop, weil er einen neuen Laptop braucht. Nachdem er an einem Gerät Gefallen gefunden hat, legt er dieses in den digitalen Warenkorb, entscheidet sich dann aber kurzerhand anders und schließt den Kaufvorgang doch nicht ab. Mithilfe des Custom-Audiences-Tools wird die Information über den Abbruch des Kaufvorgangs an Facebook weitergeleitet. Denn der Betreiber des Online-Shops möchte den Kunden zurückgewinnen. Zu diesem Zweck will er den Kunden über Facebook wiederfinden, um ihn dort mit gezielten Werbeeinblendungen zum Shop zurückzulocken und letztlich zum Kauf zu bewegen.

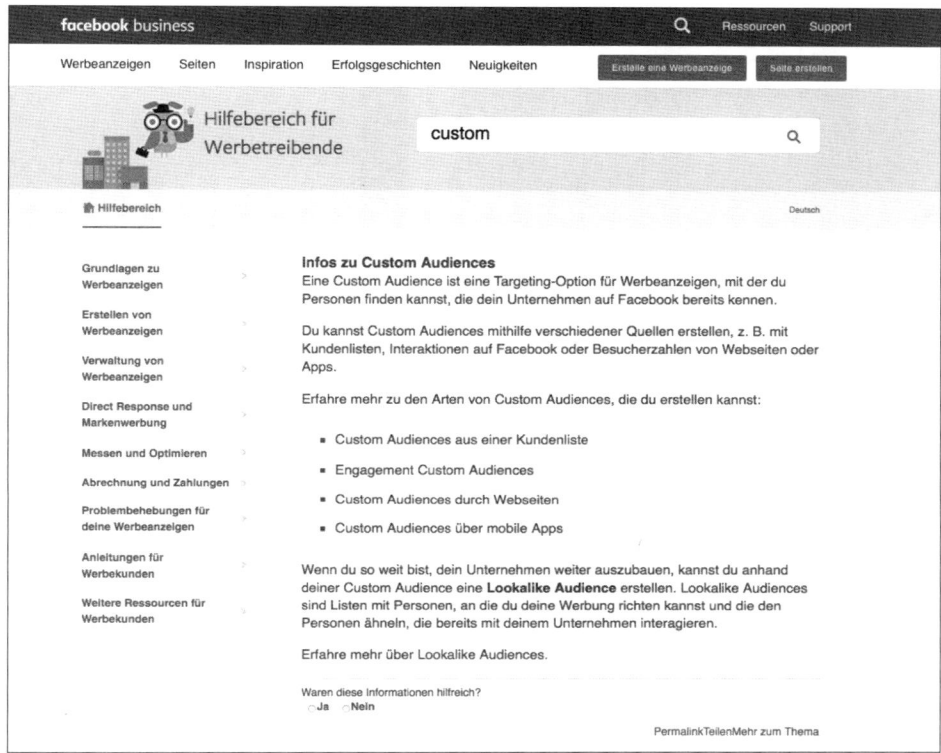

Abbildung 7.71 Facebook erläutert in seinem Hilfe-Bereich
die Funktion »Custom Audiences«

7.8.1   Funktionsweise von »Facebook Custom Audiences«

Die Funktion *Custom Audiences* von Facebook kann auf verschiedene Weisen eingesetzt werden. Von besonderer praktischer wie rechtlicher Bedeutung sind dabei die
Arten *Custom Audiences durch Webseiten* und *Custom Audiences aus einer Kundenliste*.

Custom Audiences durch Webseiten funktioniert, indem Sie in Ihrem Facebook-Wer-
bekonto ein Tracking-Pixel – das sogenannte *Facebook-Pixel* – generieren und dieses
dann auf Ihrer Website einbinden (siehe Abbildung 7.72).

Da jeder Facebook-Nutzer über eine unabhängige Facebook-ID verfügt, kann mit diesem Pixel beispielsweise jeder Besucher Ihrer Seite markiert und einem Facebook-
Profil zugeordnet werden. Entsprechende Personen können Sie dann über eine Face-
book-Anzeige erneut gezielt zu Werbezwecken ansprechen. Dieses Vorgehen ist
datenschutzrechtlich nicht ganz unbedenklich und ist daher weiterhin im Fokus der
Aufsichtsbehörden.

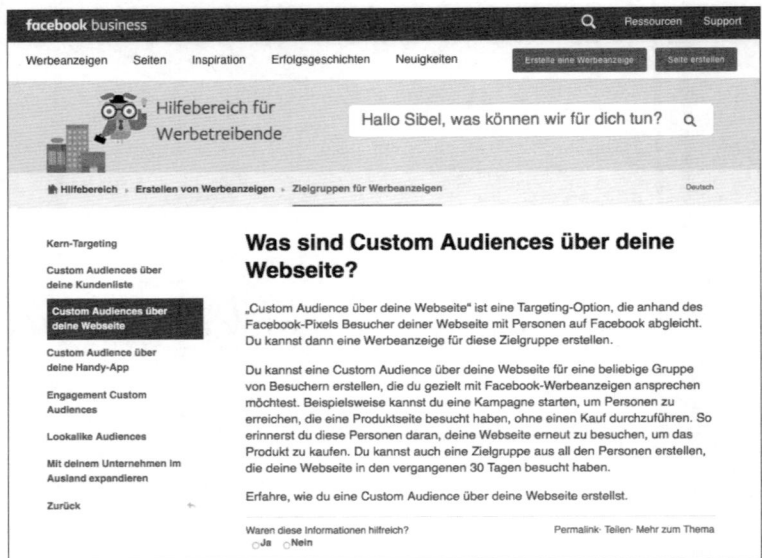

Abbildung 7.72 Informationen von Facebook zu »Custom Audiences durch Webseiten«

Bei dem sogenannten *Listenverfahren* müssen Sie die Listen mit E-Mail-Adressen oder Telefonnummern hochladen und können dann im Anschluss die gelisteten Nutzer konkret ansprechen (siehe Abbildung 7.73).

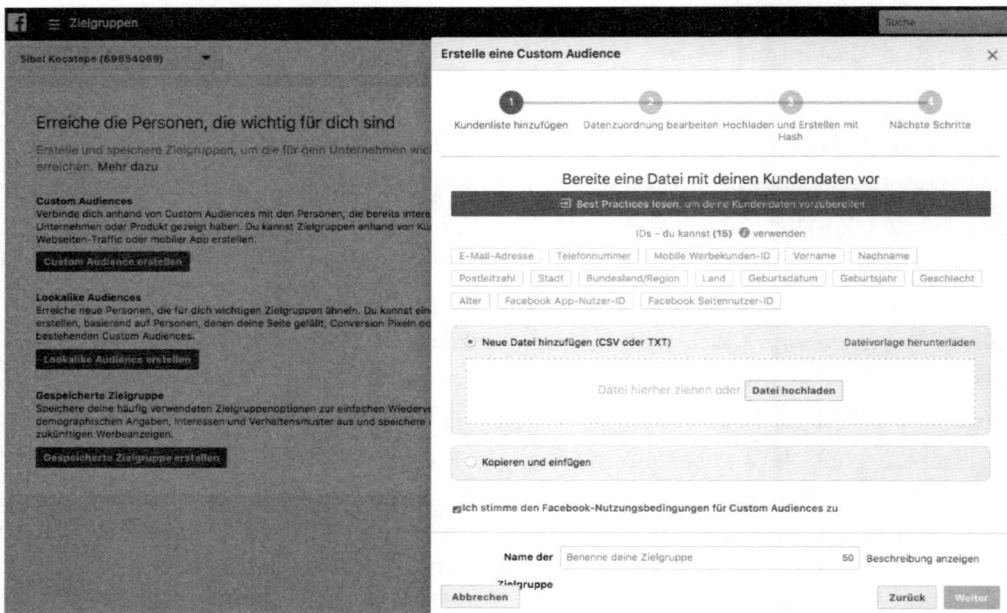

Abbildung 7.73 Mit »Custom Audiences« können Sie eine Zielgruppe über eine Kundendatei erstellen.

Dies funktioniert, indem beim Hochladen der Kundendaten bei Facebook die E-Mail-Adressen und Telefonnummern mit einer Hash-Funktion verschlüsselt werden, sodass ausschließlich verschlüsselte Daten an Facebook übertragen werden. Facebook kann die übermittelten Hashwerte mit seinen eigens erstellten Hashwerten vergleichen und so erkennen, welche Kunden bereits bei Facebook registriert sind und diese dann zielgerichtet bewerben. Die Hashwerte dieser Nutzer werden entsprechend als Custom Audience (benutzerdefiniertes Publikum) gespeichert. Am Ende des Abgleichs werden alle hochgeladenen Hashwerte wieder gelöscht.

> **Hinweis**
>
> Dass die Daten verschlüsselt übertragen werden, ändert nichts daran, dass es sich weiterhin um personenbezogene Daten handelt. Denn hier kann der Hashwert ohne viel Aufwand zurückgerechnet werden. Zumindest aber ist es Facebook möglich, den übertragenen Hashwert einer konkreten Person zuzuordnen, sodass die vermeintliche Anonymisierung unseres Erachtens nur Augenwischerei ist.

Sie haben im Endergebnis nun über Facebook Zugriff auf spezifische Kundenlisten, die Sie gezielt und maßgeschneidert ansprechen können. Facebook sichert dabei zu, dass die Listen keine Informationen zu den dahinterstehenden Einzelpersonen enthalten, sondern lediglich Angaben zu der ungefähren Anzahl von Kunden preisgeben, die sich hinter den Listen verbergen.

7.8.2   Rechtskonformer Einsatz von »Facebook Custom Audiences« durch Webseiten

> **Hinweis**
>
> Nachdem das bayerische Landesamt für Datenschutzaufsicht in seinem Tätigkeitsbericht vom März 2017 die Auffassung vertrat, dass der Einsatz von Custom Audiences ohne Einwilligung der Betroffenen datenschutzrechtlich problematisch sei, hat die Behörde wenige Monate später in einer Pressemitteilung (abrufbar unter *https://www.lda.bayern.de/media/pm2017_07.pdf*) dargestellt, unter welchen Bedingungen der Einsatz eines Facebook-Pixels zulässig ist.

Nach den allgemeinen Regelungen der Datenschutz-Grundverordnung ist eine Verarbeitung personenbezogener Daten grundsätzlich nur dann zulässig, wenn eine Einwilligung des Betroffenen vorliegt oder eine gesetzliche Ausnahme greift – dies gilt auch für die Custom-Audiences-Funktion von Facebook.

Einwilligung des Betroffenen

Wie der europäische Gesetzgeber in Erwägungsgrund 39 zur Datenschutz-Grundverordnung darlegt, ist Transparenz ein wichtiges Kriterium bei der Datenverarbeitung: Der Betroffene muss wissen, dass seine personenbezogenen Daten erhoben, verwendet, eingesehen oder anderweitig verarbeitet werden und in welchem Umfang dies geschieht.

Derzeit ist es jedoch nicht möglich, genau zu klären, welche personenbezogenen Daten Facebook bei Verwendung von Custom Audiences im Pixel-Verfahren verarbeitet. Hier besteht also eine ähnliche Problematik wie bei den zuvor erläuterten Social Plugins. Eine solche Einwilligung können Sie daher nicht transparent genug gestalten, und sie entspricht daher wahrscheinlich nicht den Anforderungen der Datenschutz-Grundverordnung. In der Konsequenz wäre die Einwilligung daher unwirksam und würde nach dem jüngsten Urteil des Europäischen Gerichtshofs (Urteil vom 5.6.2018, Az. C-210/16) dazu führen, dass Sie gemeinsam mit Facebook für diesen Datenschutzverstoß haften (siehe Abschnitt 7.5.4). Wir raten Ihnen daher davon ab, die Verwendung von Facebook Custom Audiences im Pixel-Verfahren auf eine Einwilligung zu stützen.

> **Hinweis**
>
> Sollten Sie dennoch eine Einwilligung bevorzugen, dann müssen Sie sicherstellen, die betroffene Person umfassend zu informieren, bevor sie in die Übertragung der Daten durch das Pixel einwilligt, und dies zu protokollieren. Diesen strengen Anforderungen dürfte nur durch eine vorgeschaltete Website genügt werden. Weiterhin müsste eine Möglichkeit geschaffen werden, die es der betroffenen Person erlaubt, die erteilte Einwilligung jederzeit zu widerrufen. Wer bei der Einholung und Protokollierung der Einwilligung Fehler macht, muss mit Geldbußen rechnen!

Gesetzliche Ausnahmevorschriften

Wer eine Datenverarbeitung ohne die Einwilligung des Betroffenen vornehmen möchte, der benötigt eine gesetzliche Ausnahmevorschrift. In Betracht kommen dabei verschiedene Regelungen des Art. 6 Abs. 1 DSGVO, die wir im Folgenden erläutern möchten.

Zunächst könnte man sich auf Art. 6 Abs. 1 lit. b DSGVO berufen, der die Datenverarbeitung zur Erfüllung eines Vertrages oder zur Durchführung vorvertraglicher Maßnahmen auf Anfrage des Betroffenen erlaubt. Diese Ausnahme greift hier jedoch nicht, da beide Varianten Verarbeitungen betreffen, in denen die betroffene Person die Verarbeitung durch eigenes Verhalten legitimiert: entweder durch den konkreten Vertragsschluss oder aber durch eine Anfrage, die vorvertragliche Maßnahmen auslöst.

Die Verwendung von Facebook Custom Audiences im Pixel-Verfahren ist jedoch nicht für die Erfüllung eines konkreten – bereits abgeschlossenen – Vertrages erforderlich, da dabei die betroffene Person selbst eine Vertragspartei sein muss. In diesem Fall liegt aber nur ein Vertrag zwischen Ihnen und Facebook vor, an dem der Betroffene nicht beteiligt ist. Aus diesem Grund können Sie auch nicht auf diesen Vertrag für die Legitimation des Verarbeitungsvorgangs zurückgreifen.

Die Verwendung des Pixels und die damit verbundene Datenverarbeitung sind auch nicht zur Vertragsanbahnung bzw. zum Vertragsabschluss notwendig. Vorvertragliche Maßnahmen können eine Verarbeitung nur dann legitimieren, wenn sie »auf Anfrage der betroffenen Person erfolgen«. Im Fall von Facebook Custom Audiences fehlt es jedoch bereits an einer Anfrage der betroffenen Person – diese weiß nämlich gar nichts von dem Einsatz von Custom Audiences.

Damit kommen wir zu der wohl bedeutendsten neuen Ausnahmevorschrift: Das ist die Verarbeitung zur Wahrung der berechtigten Interessen im Sinne des Art. 6 Abs. 1 lit. f DSGVO. Der Betroffene hat demnach auf der einen Seite das Grundrecht auf informationelle Selbstbestimmung sowie ein Privatsphäreninteresse, die einen besonderen Stellenwert im Datenschutz einnehmen. Daneben bestehen aber auch verschiedene Aspekte, die für ein Interesse der Website-Betreiber sprechen, die Facebook Custom Audiences im Pixel-Verfahren verwenden:

- In Erwägungsgrund 47 zur Datenschutz-Grundverordnung führt der europäische Gesetzgeber ausdrücklich den Zweck der Direktwerbung als Anwendungsfall des berechtigten Interesses auf.

- Website-Besucher sind es in der heutigen Zeit gewohnt, im Internet und vor allem auf Facebook Anzeigen für Produkte aus besuchten Online-Shops zu sehen.

- Website-Besuchern ist bewusst, dass auf Websites eine Auswertung der Besuchsaktionen (Conversion-Tracking) stattfindet.

- Dem berechtigten Interesse des Betreibers der Website stehen keine Rechtsordnungen der Union oder datenschutzrechtliche Grundsätze entgegen.

- Es ist kein überwiegendes Interesse der betroffenen Person ersichtlich, das dem Vorhaben entgegensteht. Dies wäre beispielsweise dann der Fall, wenn umfangreiche oder sensible Datensätze übermittelt werden.

Achtung!

Angesichts fehlender Rechtsprechung müssen wir eine solche Interessenabwägung auf Basis unserer Gesetzesauslegung vornehmen. Wir gehen derzeit davon aus, dass die Verwendung von Facebook Custom Audiences im Pixel-Verfahren auf ein berechtigtes Interesse gestützt werden kann. Es kann jedoch nicht ausgeschlossen werden, dass Gesetzesänderungen oder Entscheidungen der Datenschutzbehörden oder der Gerichte zukünftig weitere Anpassungen erforderlich machen.

Aufklärung des Betroffenen

Sie sind verpflichtet, den Betroffenen im Rahmen der Datenerhebung mindestens darauf hinzuweisen,

- wer für die Erhebung und Verarbeitung zuständig ist (der Website-Betreiber und Facebook),
- welches Verfahren zum Einsatz kommt (Produktname),
- welche Arten von personenbezogenen Daten erhoben bzw. übertragen werden,
- für welchen Zweck die Datenverarbeitung erfolgt,
- dass Tracking-Verfahren die Identifizierung des Nutzers über zahlreiche Websites ermöglichen und
- dass dem Betroffenen ein Opt-Out-Verfahren zur Verfügung steht.

> **Hinweis**
>
> Daneben treffen Sie zudem die bereits erläuterten Informationspflichten, die ebenfalls zu beachten sind. Dazu gehören zum Beispiel die Rechte des von der Datenverarbeitung Betroffenen. Diese können Sie dann gemeinsam mit den anderen erforderlichen Informationen in Ihre Datenschutzerklärung aufnehmen.

Implementierung eines Opt-out-Verfahrens

Da eine Datenverarbeitung auch ohne Einwilligung des Betroffenen zulässig ist, müssen Sie dem Betroffenen per Opt-out-Verfahren die einfache Möglichkeit geben, der Datenverarbeitung zu widersprechen. Welche Voraussetzungen dieses Verfahren erfüllen muss, hat das bayerische Landesamt für Datenschutzaufsicht in seiner Pressemitteilung (siehe *https://www.lda.bayern.de/media/pm2017_07.pdf*) dargestellt:

c. Opt-Out-Verfahren

Der Webseiten-Betreiber ist verpflichtet, ein geeignetes Opt-Out-Verfahren zu implementieren, welches folgende Voraussetzungen erfüllt:

- Wird ein Opt-Out-Cookie gesetzt, so sollte es sich um ein persistentes HTML5-Storage-Objekt mit einer unbegrenzten Gültigkeitsdauer handeln.
- Session-Cookies oder sonstige persistente HTML-Cookies mit einer kurzen Gültigkeitsdauer sind dagegen nicht geeignet und erfüllen daher auch nicht die gesetzlichen Anforderungen.
- Ist ein Opt-Out-Cookie des Nutzers vorhanden, so ist jeder Datenverkehr durch das Facebook-Pixel zu unterbinden. Erfolgt dennoch ein Aufruf an Facebook, so ist das Opt-Out-Verfahren nicht geeignet und erfüllt nicht die gesetzlichen Anforderungen. Ein Opt-Out-Verfahren kann man durch Programmieren von wenigen Zeilen Javascript-Code mit geringem Aufwand selbst implementieren.
- Ein Verweis auf Webseiten von Drittanbietern (wie z. B. youronlinechoices.eu) ist für ein Opt-Out nicht ausreichend. Nach Setzen von Opt-Out-Cookies über Webseiten solcher Drittanbieter findet unserer Kenntnis nach weiterhin ein Datenverkehr zwischen dem Endgerät des Nutzers und dem Werbenetzwerk statt. Darüber hinaus enthalten die Webseiten der Drittanbieter meist JavaScript-Funktionen, die wiederum das Verfolgen eines einzelnen Nutzers ermöglichen (Tracking). Es ist dem Nutzer daher nicht zuzumuten, für ein Opt-Out beim Facebook Custom Audience Pixel-Verfahren auf den Dienst eines Dritten verwiesen zu werden, der wiederum Daten des Nutzers für eigene Zwecke verarbeitet.
- Auch ein Verweis auf die URL www.facebook.com/settings stellt kein geeignetes Opt-Out-Verfahren dar. Zum einen steht diese Funktion nur Facebook-Mitgliedern zur Verfügung und zum anderen wird lediglich die Anzeige von Werbung im Nutzerkonto unterbunden. Eine Datenverarbeitung erfolgt jedoch weiterhin.

Abbildung 7.74 Das bayerische Landesamt für Datenschutzaufsicht erklärt, wie das Opt-out-Verfahren implementiert werden muss.

Achtung: Konsequenzen bei der Nutzung ohne Einwilligung

Wer sich bei der Anwendung des Dienstes »Custom Audiences« nicht an die erläuterten Grundsätze hält, der setzt sich der Gefahr einer hohen Strafe aus: Die Datenschutz-Grundverordnung sieht für die unbefugte Weitergabe von Daten ein Bußgeld in Höhe von bis zu 20.000.000 € oder 4 % des weltweiten Jahresumsatzes vor. Auch eine Abmahnung durch Mitbewerber ist denkbar, da die rechtswidrige Weitergabe von Kundendaten zu Werbezwecken ebenfalls einen Wettbewerbsverstoß begründet.

Völlig offen ist noch, welche Konsequenzen die sich noch im Gesetzgebungsverfahren befindliche e-Privacy-Verordnung auf den Einsatz von Facebook Custom Audiences für Websites haben wird. Weil Endgeräteinformationen verarbeitet werden, könnte die e-Privacy-Verordnung insoweit zum Zuge kommen. Denn in Art. 8 Abs. 1 lit. b des Entwurfs der Europäischen Kommission sieht der Gesetzgeber für die werbebezogene Nutzung von Endgeräteinformationen stets eine Einwilligung vor, die gegebenenfalls in den Browsereinstellungen erteilt werden kann. Ob sich dieses Prozedere im weiteren Gesetzgebungsprozess durchsetzen wird, bleibt jedoch abzuwarten. Dies sollten Sie im Blick behalten!

Besondere Anforderungen bei Anwendung der Funktion »erweiterter Abgleich«

Facebook stellt Website-Betreibern zudem eine weitere Funktion des Pixel-Verfahrens zur Verfügung: den »erweiterten Abgleich«, auch »Advanced Matching« genannt (siehe Abbildung 7.75).

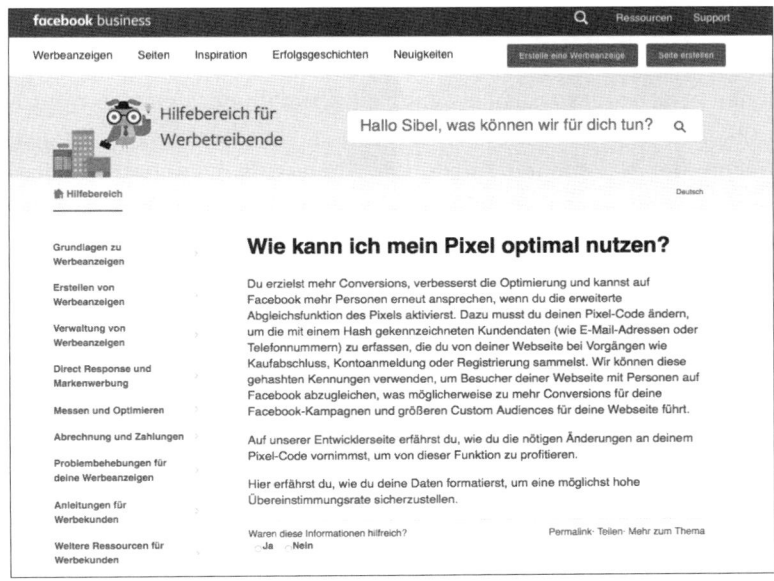

Abbildung 7.75 Facebook informiert auf seiner Website über die Vorteile des erweiterten Abgleichs.

Da im Rahmen der Verwendung dieser zusätzlichen Funktion des Facebook-Pixels die Möglichkeit besteht, Kundendaten – und mithin personenbezogene Daten wie z. B. Vorname, Nachname, E-Mail-Adresse – an Facebook zu übermitteln und mit bestehenden Tracking-Daten anzureichern, besteht hierbei die Problematik, dass auch Daten von Nicht-Facebook-Nutzern erhoben werden können oder dass Nutzer erfasst werden, die während des Besuchs einer Website nicht in ihrem Facebook-Account eingeloggt sind. Selbst Website-Besucher, die bewusst das Speichern von Third-Party-Cookies unterbinden, können hierdurch über Facebook verfolgt werden. Wenn Sie Facebook Custom Audiences im Pixel-Verfahren mit der Funktion »erweiterter Abgleich« verwenden wollen, müssten Sie daher eine Einwilligungserklärung der betroffenen Personen einholen.

> **Achtung!**
>
> Nach Angaben des bayerischen Landesamtes für Datenschutzaufsicht bedeutet dies konkret, dass Sie vorab eine informierte Einwilligungserklärung aller Website-Besucher einholen müssen. Die Betonung liegt dabei auf den Worten »vorab« und »aller«. Eine solche Einwilligung ist nach unserer Einschätzung derzeit jedoch nicht wirksam einholbar.

Auch scheidet nach unserer Einschätzung eine gesetzliche Ausnahme der Wahrnehmung berechtigter Interessen gemäß Art. 6 Abs. 1 lit. f DSGVO aus, da bei diesem Verfahren auch Website-Besucher verfolgt werden, die bewusst die Speicherung von Third-Party-Cookies unterbinden. Insoweit kann nach unserer Einschätzung kein berechtigtes Interesse angenommen werden. Hierfür spricht auch der Wortlaut des Erwägungsgrundes 47, in dem es heißt: »Insbesondere dann, wenn personenbezogene Daten in Situationen verarbeitet werden, in denen eine betroffene Person vernünftigerweise nicht mit einer weiteren Verarbeitung rechnen muss, könnten die Interessen und Grundrechte der betroffenen Person das Interesse des Verantwortlichen überwiegen.«

> **Hinweis**
>
> Wir raten daher davon ab, Facebook Custom Audiences im Pixel-Verfahren mit der Funktion »erweiterter Abgleich« zu verwenden. Dies kann sich jedoch ändern, sobald eine entsprechende Rechtsprechung zu diesem Themenkomplex vorliegt. Behalten Sie daher weitere Entwicklungen im Blick!

7.8.3   Rechtskonformer Einsatz von »Facebook Custom Audiences« aus einer Kundenliste

Wie bereits anfangs erläutert, haben Sie über die Funktion *Custom Audiences aus einer Kundenliste* Zugriff auf spezifische Kundenlisten, mit deren Hilfe Sie potenzielle Kunden gezielt und maßgeschneidert ansprechen können. Auch wenn Facebook zusichert, dass die Listen keine Informationen zu den dahinterstehenden Einzelpersonen enthalten, sondern lediglich Angaben zu der ungefähren Anzahl von Kunden preisgeben, die sich hinter den Listen verbergen, ist dies rechtlich problematisch. Denn die Datenschutz-Grundverordnung sieht vor, dass die Übermittlung personenbezogener Daten an Dritte nur dann zulässig ist, wenn der Betroffene eingewilligt hat oder die Verarbeitung der Daten gesetzlich erlaubt wird. In Betracht kommt dabei eine gesetzliche Ausnahme aufgrund der Wahrnehmung berechtigter Interessen gemäß Art. 6 Abs. 1 lit. f DSGVO. Ob dies letztlich der Fall ist, ist aufgrund der Interessenabwägung zu beurteilen.

Zunächst haben wir auf der einen Seite das Interesse des Website-Betreibers, der mit seinem Interesse an direkter Werbung ein berechtigtes Interesse im Sinne des Erwägungsgrundes 47 zur Datenschutz-Grundverordnung verfolgt. Auch sind es Website-Besucher in der Regel gewohnt, insbesondere auf Facebook Anzeigen für Produkte zu sehen. Doch die Frage ist, ob sie damit auch rechnen mussten, als sie ihre Daten – hier insbesondere die E-Mail-Adresse – angegeben haben. Dies wird in den Fällen, in denen der Website-Betreiber die E-Mail-Adresse aus dem Kontaktformular, dem Newsletter oder den Kundendaten verwendet, nicht der Fall sein. Denn unserer Auffassung nach muss der Betroffene, der seine E-Mail-Adresse für den Erhalt des Newsletters oder zur Kontaktaufnahme angab, nicht damit rechnen, danach gezielt Werbung auf Facebook präsentiert zu bekommen.

Darüber hinaus verstößt diese Vorgehensweise auch gegen den datenschutzrechtlichen Grundsatz der Zweckbindung. Das heißt, dass die erhobenen Daten ausschließlich nur zu dem Zweck verarbeitet und genutzt werden dürfen, für den eine Einwilligung erteilt wurde. Eine spätere Änderung bzw. Erweiterung des Zwecks ist nur in den gesetzlich vorgesehenen Fällen möglich. Dies ist nur dann gesetzlich vorgesehen, wenn die neue Verarbeitung mit denjenigen Zwecken in Einklang steht, für die die Daten dem ursprünglichen Zweck entsprechend erhoben worden sind. Wenn Sie die E-Mail-Adresse also im Rahmen der Newsletter-Anmeldung, des Kontaktformulars oder zur Abwicklung eines Kaufs im Online-Shop erhalten haben, dann gehört die Datennutzung für Facebook Custom Audiences eindeutig nicht zu diesem Zweck.

Hinweis

Damit Sie teure Bußgelder vermeiden, empfehlen wir Ihnen, sich vorerst auch an dieser Stelle nicht auf die Wahrnehmung berechtigter Interessen zu verlassen. Stattdessen sollten Sie immer eine Einwilligung des Nutzers einholen und diese auch proto-

> kollieren. Dies gilt zumindest so lange, bis die Rechtsprechung sich zum berechtigten Interesse geäußert hat und Rechtssicherheit besteht.

Eine wirksame Einwilligung setzt dabei voraus, dass der Betroffene zuvor genau erfährt, zu welchem Zweck und an wen seine Daten übertragen werden, und dass er ein Recht hat, dieser Übertragung zu widersprechen, wenn er an ihr kein Interesse mehr hat. Das bedeutet konkret, dass der Betroffene genau darüber informiert werden muss, über welches Werbemedium, für welche Produktkategorien und von wem er Werbung erhalten wird und wie er den Erhalt der Werbung wieder unterbinden kann. Dass es Ihnen aufgrund der Intransparenz des Systems Facebook schwerfallen wird, diese informierte Einwilligung zu formulieren, hatten wir bereits zuvor erläutert.

Achtung: Opt-out-Verfahren unzulässig!

Setzen Sie dennoch bei Ihrer Datenverarbeitung auf eine Einwilligung, dann müssen Sie beachten, dass die Einwilligung ausdrücklich erfolgen muss. Die Anwendung der Opt-out-Lösung ist nicht zulässig! Bei ihr ist meist ein Kästchen zur Erteilung der Einwilligung vorangeklickt, das der Nutzer demnach entfernen muss, um seine Daten zu schützen.

Liegt keine wirksame Einwilligung vor und nutzen Sie dennoch den Dienst »Custom Audiences«, so droht Ihnen eine hohe Strafe: Die Datenschutz-Grundverordnung sieht für die unbefugte Weitergabe von Daten ein Bußgeld in Höhe von bis zu 20.000.000 € oder 4 % des weltweiten Jahresumsatzes vor. Auch eine Abmahnung durch Mitbewerber ist denkbar, da die rechtswidrige Weitergabe von Kundendaten zu Werbezwecken ebenfalls einen Wettbewerbsverstoß begründet.

7.9 Manipuliertes Nutzerverhalten im Social Web

Die Macht über die sozialen Netzwerke haben die Nutzer. Damit haben die Nutzer auch die Macht über den Erfolg oder Misserfolg von Unternehmen in sozialen Netzwerken. Wenn Sie eine erfolgreiche Präsenz in sozialen Netzwerken aufbauen wollen, sind Sie darauf angewiesen, dass zahlreiche Nutzer Ihre Unternehmensseite abonnieren, Ihre Beiträge liken und teilen oder Ihr Unternehmen bzw. Ihre Produkte gut bewerten. Läuft die Präsenz im Social Web nicht wie gewünscht, kommen manche Unternehmer auf die Idee, künstlich etwas nachzuhelfen.

Gekaufte Likes und Follower sowie manipulierte Nutzermeinungen und Bewertungen sind die eine Seite der Medaille. Die Kehrseite stellen Unternehmen dar, die getreu dem Motto »Schlechte Werbung ist besser als gar keine Werbung« bewusst

Agenturen damit beauftragen, medienwirksam Shitstorms zu veranstalten, um so Aufmerksamkeit zu erzeugen. Während einiges dafür spricht, dass der Kauf positiven Nutzerverhaltens rechtswidrig ist, stellt sich die Frage, ob rechtlich auch etwas dagegen spricht, sich selbst ins schlechte Licht zu rücken. Beide Seiten möchten wir in diesem Abschnitt näher beleuchten.

7.9.1   Gekaufte Likes und Follower

Immer wieder wird der Zukauf von Facebook-Freunden und -Likes sowie Twitter-Followern zum Thema. Denn Unternehmen können auf Webseiten sogenannte Likes für ihre Unternehmensseite auf Facebook kaufen (siehe Abbildung 7.76).

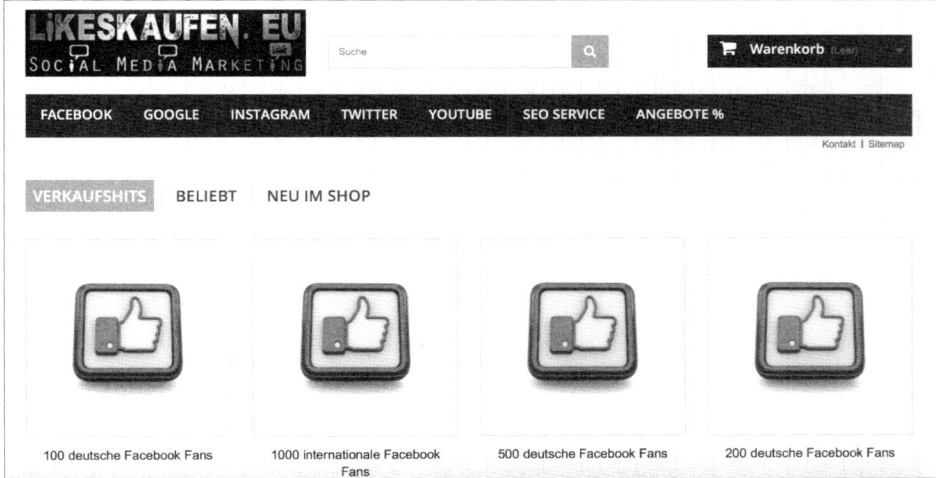

Abbildung 7.76 Website zum Kauf von Facebook-Likes

Der Nutzen gekaufter Fans und Follower ist allerdings fraglich. Das von Unternehmen aufgeführte Argument für den Kauf solcher Likes ist die Hoffnung, dass durch die breitere Aufstellung Likes von echten Fans hinzukommen.

Praxisbeispiel: Gekaufte Likes bei Prominenten?

»Stern TV« hat nach der Wahl des US-Präsidenten Donald Trump dessen Facebook-Profil einmal näher untersucht und dabei festgestellt, dass 600.000 Inder auf den »Gefällt mir«-Butten geklickt haben, aus Bangladesch mehr als 250.000 Likes stammen und der Präsident sogar in Mexiko mehr als 300.000 Fans habe. Ebenso merkwürdig sei der Zuwachs bei Dschungelcamperin Kader Loth gewesen, deren Facebook-Account Anfang Januar 2017 einen Anstieg algerischer Facebook-Nutzer von 0 auf 4.682 innerhalb von zwei Wochen verzeichnet habe.

Auch Follower bei Twitter lassen sich über ähnliche Geschäftsmodelle erwerben. Auch einigen Prominenten und Politikern sagen die Nutzer der sozialen Netzwerke Popularitätsausbrüche durch dubiose Methoden nach.

> **Praxisbeispiel: Gekaufte Follower bei der CDU?**
>
> Im Jahr 2012 erregte der Twitter-Account der Partei CDU Aufsehen, als dieser innerhalb von drei Tagen einen sprunghaften Anstieg um 5.000 Follower verzeichnete. Die Partei will damit nichts zu tun gehabt haben, Twitter hat die gefälschten Accounts in der Folgezeit gelöscht.

Mittlerweile kann man über Seiten wie *http://wbs.is/rom67* den sogenannten *Facebook Like Check* machen (siehe Abbildung 7.77).

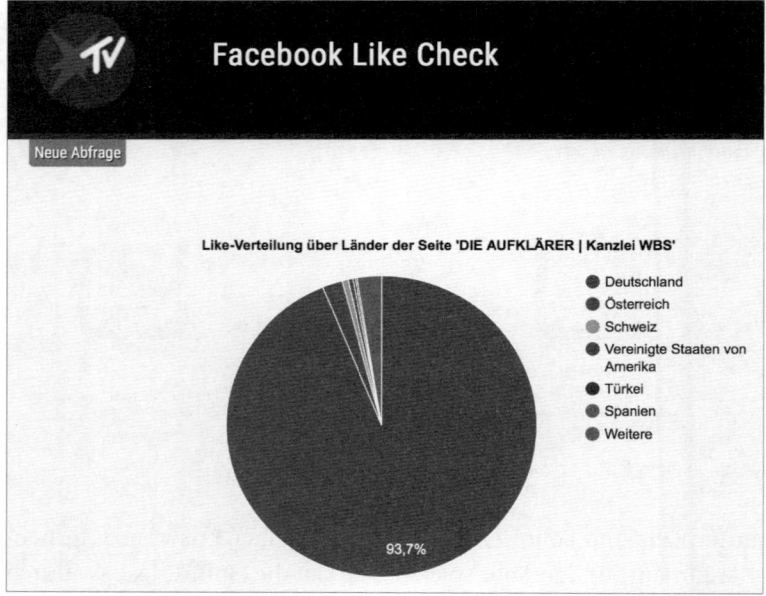

Abbildung 7.77 »Facebook Like Check« der Seite »Die Aufklärer – Kanzlei WBS«

Das bedeutet, dass die Facebook-Seite auf die Herkunft der Likes überprüft wird. Handelt es sich beispielsweise um ein überwiegend national vertriebenes Produkt bzw. eine nur national angebotene Dienstleistung, so ist es eher verwunderlich, wenn ein beträchtlicher Teil aus dem Ausland stammt. Dies könnte dann auf einen Like-Kauf hinweisen, eindeutig beweisen lässt sich dies jedoch nicht.

Was die Zulässigkeit eines solchen Kaufs angeht, so muss man an dieser Stelle zwischen den gesetzlichen Vorgaben und denen der Plattformbetreiber unterscheiden.

Gesetzliche Vorgaben

Rechtlich bewegen sich die Anbieter der »falschen Freunde« in einer Grauzone. Zwar könnte man auf die Idee kommen, dass gekaufte Likes eine Art Schleichwerbung sind, jedoch hat dies die Rechtsprechung bisher nicht einheitlich entschieden: Voraussetzung für die Annahme von Schleichwerbung wäre ein positiver Charakter der Likes. Dies verneinte beispielsweise das LG Hamburg (Urteil vom 10.01.2013, Az. 327 O 438/11) und begründete seine Entscheidung vor allem damit, dass wenn die Benutzer einer Seite folgen und über deren Neuigkeiten informiert werden wollen, sie keine Alternative zum Like haben. Daher sei dem Liken kein wirklich positiver Ausdruck zu entnehmen.

Dies kann man aber auch anders sehen: Denn die Anzahl der Facebook-Fans oder Twitter-Follower kann als eine digitale Währung für die Popularität der Firma und ihrer Produkte angesehen werden. Eingekaufte Empfehlungen und Gefolgschaften in sozialen Netzwerken können deshalb auch eine tatsächlich so nicht bestehende Bekanntheit und wirtschaftliche Kraft vortäuschen. Ähnlich wie der verbotene Kauf positiver Kundenbewertungen (sogenanntes *Astroturfing*) ist dies nicht nur geeignet, den Verbraucher zu beeinflussen, sondern auch konkurrierenden Unternehmen Nachteile zuzufügen. Solch irreführende Werbemaßnahmen sind aber nach dem Wettbewerbsrecht verboten und damit illegal. Dies sieht auch das LG Stuttgart (Beschluss vom 06.08.2014, Az. 37 O 34/14) so und verbot einem Unternehmen, mit gekauften Likes aus dem Ausland zu werben, da dadurch der Eindruck entstehe, dass das Unternehmen besonders gut mit Kunden umgehen könne sowie weitreichend vernetzt und bekannt sei.

Vorgaben der Plattformbetreiber

Der Umgang der Plattformbetreiber mit gekauften Likes oder Followern fällt durchaus unterschiedlich aus. Facebook beispielsweise macht keinerlei Vorgaben zu gekauften Likes – ausdrücklich verboten ist es also nicht. Ob Käufer von Likes zumindest vonseiten Facebooks mit Konsequenzen wie der Sperrung des Accounts oder der Löschung der Likes rechnen müssen, ist daher nicht ganz klar.

Weniger verständnisvoll ist da hingegen der Kurznachrichtendienst Twitter: Gekaufte Follower sind dort ein absolutes No-Go, so die Twitter-Regeln (siehe Abbildung 7.78). Der Grund dafür liegt aber – anders als aus Sicht des Gesetzgebers – nicht in der Irreführung der anderen Nutzer, sondern in der Tatsache, dass mit den dazu preisgegebenen Passwörtern Missbrauch betrieben werden kann.

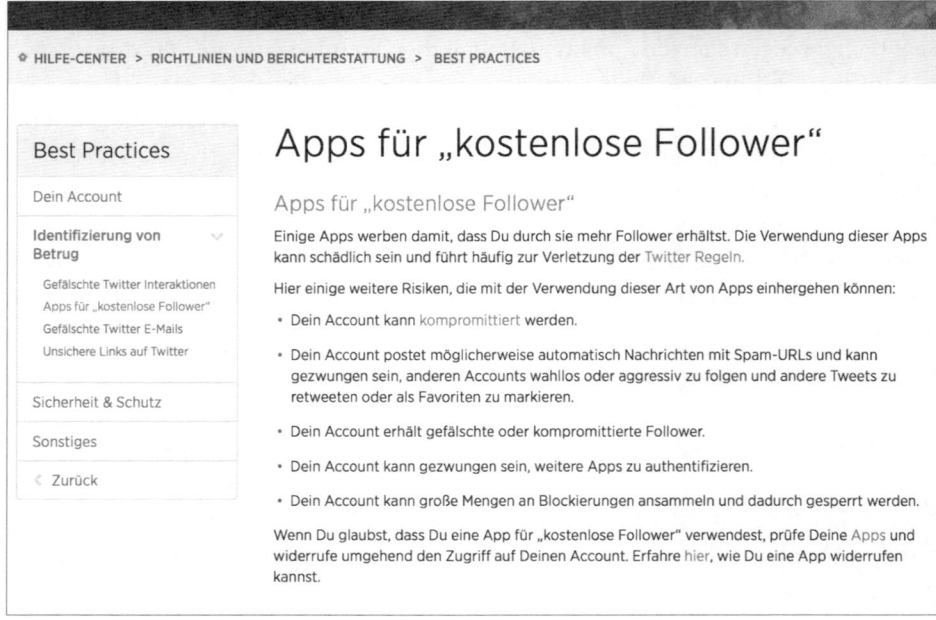

Abbildung 7.78 Erläuterung der Twitter-Regeln zum Follower-Kauf

---

Praxistipp: Finger weg von gekauften Likes!

Letztlich muss festgestellt werden, dass die gekauften Likes und Follower lediglich die Statistik in die Höhe treiben, aber keinen produktiven Mehrwert bieten. Denn für eine Marke wirklich interessant sind nur echte, engagierte Fans und nicht künstliche Pseudo-Fans, die im Grunde kein wirkliches Interesse für Ihre Aktivitäten aufbringen.

Zudem besteht das Risiko, dass die Benutzer des Netzwerks die sprunghaften Anstiege feststellen und dann mit Häme auf den jeweiligen Twitter- oder Facebook-Account reagieren. Dies wäre unter Marketinggesichtspunkten eher kontraproduktiv! Zudem müssen tricksende Unternehmen neben dem Imageschaden mit teuren Abmahnungen oder Klagen rechnen, da es bisher noch keine einheitliche Rechtsprechung dazu gibt.

7.9.2 Die Beeinflussung von Bewertungen im Social Web

Vor dem Gang in ein Restaurant oder dem Kauf eines Produkts führt eine Vielzahl von Personen eine Internetrecherche durch. Dabei sind sie oftmals auf der Suche nach Erfahrungsberichten von anderen Konsumenten in sozialen Netzwerken. Denn auf Unternehmensseiten in sozialen Netzwerken können auch Bewertungen abgegeben werden (siehe Abbildung 7.79).

Abbildung 7.79 Bewertung des Restaurants »Limao« durch die Facebook-Nutzer

Bewertungsportale im Internet haben daher eine zunehmend hohe Bedeutung für Konsumentscheidungen des Verbrauchers. Dies wissen auch Unternehmen und haben ein besonderes Interesse daran, möglichst gute Resonanzen aufzuweisen.

Problematisch wird der Wunsch nach besonders guten Bewertungen und positiven Nutzermeinungen jedoch dann, wenn Unternehmen Verbrauchermeinungen kaufen oder ihnen Anreize wie Rabatte im Gegenzug für positive Bewertungen bieten.

> **Praxistipp: Wie erkennt man gekaufte Nutzermeinungen?**
>
> Meist fallen gekaufte Nutzermeinungen dadurch auf, dass die Bewertung besonders übertrieben ausfällt. Das Produkt bzw. die Dienstleistung wird überdurchschnittlich stark angepriesen und enthält werbetypische Formulierungen oder offizielle Werbeaussagen. Auch ist es markant, wenn eine Bewertung besonders ausführlich vorgenommen wird und zahlreiche Facetten des Produkts erläutert werden – so viel Zeit nehmen sich Verbraucher doch eher selten.

Doch »manipuliert« bedeutet nicht immer unbedingt, dass ein Entgelt gezahlt wurde. Um möglichst viele positive Bewertungen zu erhalten, lassen sich Unternehmer so einiges einfallen. Manche kommen dabei auf die Idee, Rabatte für positive Kommentare oder für ein GEFÄLLT MIR der Unternehmensseite auszuloben.

Das kann jedoch rechtliche Folgen haben. Denn das Anbieten von Rabatten, Gutscheinen oder sonstigen Vergünstigungen (sogenannte *Incentives*) gegen eine (positive) Bewertung kann einen Verstoß gegen das Wettbewerbsrecht darstellen, der durch

Konkurrenten oder Verbände abgemahnt werden kann – zumindest dann, wenn nicht ausdrücklich darauf hingewiesen wird, dass es sich um gekaufte Nutzermeinungen handelt.

Das OLG Hamm (Urteil vom 23.11.2010, Az. I-4 U 136/10) hatte einen ähnlichen Fall zu entscheiden: Ein Internethändler für Druckerzubehör warb in seinem Newsletter mit einem Sonderrabatt. Diesen Rabatt sollte der Kunde dann erhalten, wenn er eine Bewertung auf einem Meinungsportal abgibt. Konkret hieß es in der Werbung: *»Sie sind von uns begeistert oder wollen einfach Ihre Meinung über uns mit anderen teilen? Wenn Sie innerhalb von 90 Tagen nach Erhalt unserer Waren eine Bewertung auf dem folgenden Meinungsportal abgeben [...] und uns eine Kopie der Bewertung per Email an [...] senden, erhalten Sie von uns nachträglich einmalig einen Preisrabatt von 10 % auf den Warenwert Ihrer letzten Bestellung [...].«*

Auf dem Bewertungsportal wurde auf das Rabattangebot an die Kunden jedoch nicht hingewiesen. Diese Werbung ließ eine Mitbewerberin wegen Verstoßes gegen das Wettbewerbsrecht abmahnen, und sie erhielt auch vom OLG Hamm Recht. Die Werbung mit Rabatten für Kundenbewertungen stelle eine Irreführung dar, sodass die Mitbewerberin Unterlassung verlangen könne. Die Kunden, die auf dem Bewertungsportal ihre Meinung zu der Qualität der Waren der Onlineshops äußerten, waren bei ihrem Urteil nicht frei und unbeeinflusst. Es handele sich jedenfalls dann, wenn – wie hier – auf die Bezahlung der Nutzermeinungen nicht ausdrücklich hingewiesen wird, um wettbewerbswidrig bezahlte Empfehlungen. Dies gelte selbst dann, wenn nicht ausdrücklich um positives Feedback gebeten werde, da die Belohnung durch den Rabatt in der Regel ein gutes Feedback nach sich ziehe.

Auch müssen Sie beachten, dass schon die Anfrage einer Bewertung per E-Mail Spam darstellen und damit rechtswidrig sein kann. Zwar ist der Wunsch nach einer Bewertung aus Sicht des Marketings verständlich, rechtlich ist er jedoch nicht unbedenklich, wenn keine vorherige Einwilligung des Kunden vorliegt (siehe Abschnitt 3.3).

Praxisbeispiel

Das Amtsgericht Hannover (Urteil vom 03.04.2013, Az. 550 C 13442/12) hatte über einen Fall zu entscheiden, in dem ein Kunde in einem Onlineshop Autoreifen bestellt hatte. Der Kunde, ein Unternehmer, erklärte in einer Mail, dass er keine Werbung, Newsletter, Bewertungsanfragen etc. wünsche. Der Händler teilte ihm daraufhin mit, dass der Unternehmer aus dem Newsletter-Verteiler ausgetragen worden sei. Gleichwohl schickte der dem Kunden wenige Monate später eine Bewertungsanfrage per Mail zu. Daraufhin erhielt er von dem Kunden eine Abmahnung wegen Zusendung von E-Mail-Werbung.

Die Richter des Amtsgerichts gaben dem Unternehmer recht und begründeten dies damit, dass auch Bewertungsaufforderungen im Sinne einer Feedback-Mail als Werbung anzusehen sind. Durch die unaufgeforderte Zusendung der kommerziellen

> Mail in Form von Spam sei der Unternehmer in seinem Recht am eingerichteten und ausgeübten Gewerbebetrieb verletzt worden. Anders wäre das nur, wenn er vorher sein Einverständnis in die Zusendung von Werbung erteilt hätte. Dies war jedoch nicht der Fall – im Gegenteil. Der Kunde hatte ausdrücklich darum gebeten, dass er keine Werbung und auch keine Bewertungsanfrage erhält.

Incentive-Bewertungen sind häufig aber auch den Plattformen, auf denen die Bewertungen abgegeben werden, ein Dorn im Auge, da sie die Glaubwürdigkeit der Plattform schmälern. Denn auch wenn nicht neutrale Bewertungen ausdrücklich als solche gekennzeichnet werden, sind sie problematisch, wenn sie trotzdem in die Sternchenbewertung einfließen, da man der Sternchenbewertung in der Regel nicht ansehen kann, wie viele beeinflusste Bewertungen vorhanden sind. Aus diesem Grund gibt es Plattformen, die diese Art von Bewertung gänzlich verbieten.

Praxisbeispiel: Verbot von Incentive-Bewertungen auf Amazon!

Während der Online-Händler Amazon zunächst Incentive-Bewertungen erlaubte, wenn ein konkreter Hinweis darauf erfolgte, hat sich das Unternehmen dann Ende 2016 für ein sofortiges Verbot dieser Bewertungspraxis entschieden. Davon ausgenommen sind jedoch Buchautoren und Verlage sowie das Amazon-Vine-Programm. Darüber hinaus hat die Plattform festgelegt, dass pro Woche nur noch fünf Bewertungen von Kunden für Produkte abgeben werden dürfen, die nicht direkt über Amazon erworben wurden.

Diese Regeln zur Bewertungspraxis gelten unabhängig davon, ob es sich dabei um Bewertungen in Bewertungsportalen oder in sozialen Netzwerken handelt. Daher müssen Sie auch bei Belohnungen für Feedback in sozialen Netzwerken mit Unterlassungs- und Beseitigungs- sowie Schadensersatzansprüchen der Mitbewerber rechnen.

Achtung: Üben Sie Zurückhaltung bei gekauften negativen Aussagen

Manche Unternehmen kommen nicht nur auf die Idee, Belohnungen für positive Bewertungen ihres Unternehmens zu vergeben, sondern gehen noch einen Schritt weiter und lassen Konkurrenzunternehmen negativ bewerten, um so selbst besser dazustehen. Doch wer auf solche Mittel zurückgreift, sollte vorsichtig sein. Denn in einem solchen Fall tragen Sie als beauftragendes Unternehmen für Aussagen des »gekauften« Bewertenden grundsätzlich die Verantwortung und müssen mit der Geltendmachung von Beseitigungs-, Unterlassungs- und Ersatzansprüchen rechnen.

Schließlich kann diese negative PR einen Vertrauensverlust der Verbraucher in die Produkte des Unternehmens zur Folge haben und damit enormen Einfluss auf das Schicksal des betroffenen Unternehmens nehmen. Kommt der Kauf solcher Bewertungen an die Öffentlichkeit, ist dies zudem für Sie besonders unangenehm und bedeutet oftmals einen Imageschaden.

7.10   Wie ist die Haftung im Rahmen von sozialen Netzwerken geregelt?

Während des Betriebs des Social-Media-Auftritts muss einem Aspekt besondere Aufmerksamkeit geschenkt werden: der Haftung. Die Kommunikationswege auf Profilen in sozialen Netzwerken erfolgen auf verschiedene Arten und Weisen. Neben Ihnen als Betreiber des Auftritts selbst können auch Nutzer Inhalte über Ihre Seite verbreiten, indem sie dort durch einen Klick auf Buttons wie STATUS oder FOTO/ VIDEO Texte, Links, Fotos oder andere Bilder hinterlassen können (siehe Abbildung 7.80).

Abbildung 7.80 Beispiel für die Möglichkeiten, um Inhalte in dem sozialen Netzwerk »Facebook« zu teilen

Nun stellt sich die Frage, wer die Verantwortung für welche Inhalte zu tragen hat. Antworten auf diese Frage geben wir in den folgenden Abschnitten.

7.10.1   Haftung für eigene Inhalte

Grundsätzlich haften Sie als Inhaber des Social-Media-Auftritts auf Netzwerken wie Facebook, Twitter, Instagram oder XING für Ihre eigenen Inhalte. Dazu gehören unter anderem Postings von Texten, Bildern, Videos, Fotos oder Kommentaren auf eigenen oder fremden Seiten des Netzwerks. Dies gilt ebenso für RSS-Feeds über Nachrichtendienste wie Twitter. Denn der Gesetzgeber sieht in § 7 Abs. 1 TMG klar vor, dass Sie als Diensteanbieter »für eigene Informationen, die sie zur Nutzung bereithalten, nach den allgemeinen Gesetzen verantwortlich« sind. Das umfasst aber nicht nur die von Ihnen selbst eingestellten Inhalte, sondern auch solche Ihrer Mitarbeiter, die Sie mit der Verwaltung des Auftritts beauftragt haben.

Praxisbeispiel: Verantwortung für Mitarbeiter

Teilt Ihr Social-Media-Beauftragter beispielsweise ein Bild, an dem Dritte die Rechte haben, so sind Sie als Betreiber des Accounts für die Rechtsverletzung verantwortlich und können vom Rechteinhaber unter anderem auf Unterlassung oder Schadensersatz in Anspruch genommen werden.

7.10.2   Haftung für zu eigen gemachte Inhalte

Wie bereits erläutert, haftet der Betreiber des Social-Media-Accounts grundsätzlich nur für eigene Inhalte und somit nicht für Inhalte, die Nutzer auf seiner Seite veröffentlichen. Eine Ausnahme von diesem Grundsatz bildet jedoch die Konstellation, in der Inhalt zwar von einem Dritten veröffentlicht wird, der Betreiber sich diesen aber zu eigen macht. Ist dies der Fall, haftet er für fremde Inhalte wie für eigene.

Nun stellt sich die Frage, wann eine solche *Zueigenmachung* anzunehmen ist. Um herauszufinden, ob eine Zueigenmachung vorliegt, ist nach Ansicht der Rechtsprechung eine objektive Sicht auf der Grundlage einer Gesamtbetrachtung aller relevanten Umstände nötig. Wesentlich sei nämlich, ob der durchschnittlich verständige Nutzer den Eindruck gewinnen muss, dass sich der Betreiber der Seite dergestalt mit der Information identifiziert, dass diese als eigene erscheint. Davon ist beispielsweise dann auszugehen, wenn Sie Inhalte Dritter auf Ihre Social-Web-Seite aufnehmen, ohne diese als fremd zu kennzeichnen.

Praxisbeispiel: Zueigenmachung

Ein Nutzer veröffentlicht auf seiner Seite ein Bild, das er einfach von einer Webseite kopiert hat, ohne zu wissen, dass es sich um urheberrechtlich geschütztes Material handelt. Dies ist Ihnen auch nicht bekannt, weshalb Sie es kurzerhand mit einem Gefällt mir versehen und mit Ihrem Netzwerk Teilen. Dies geschieht besonders häufig bei lustigen Fotos (siehe Abbildung 7.81), führt nach Ansicht des Oberlandesgerichts Dresden (Urteil vom 07.02.2017, Az. 4 U 1419/16) jedoch nicht zu einem Zueigenmachen, sondern nur zu einem Hinweis auf einen fremden Inhalt. Ein Zueigenmachen liege nur dann vor, wenn der Nutzer den geteilten Beitrag positiv kommentiert oder in sonstiger Weise zum Ausdruck bringt, dass er sich mit dem Inhalt identifiziert.

Um einen Haftungsfall zu vermeiden, sollte bei der Veröffentlichung von Inhalten theoretisch grundsätzlich geprüft werden, ob diese Inhalte Rechte Dritter verletzen könnten. Im Zweifel können Sie dies aber nicht nachvollziehen.

Abbildung 7.81 Beispiel für ein lustiges Bild, das insgesamt 15.413 Personen mit »Gefällt mir« versehen und 624 Nutzer geteilt haben

---

Praxishinweis: Risikoverringerung

Da die Kontrolle der Rechte an den Inhalten in der Regel ein Ding der Unmöglichkeit ist, können wir Internetnutzern nur raten, den Teilen-Knopf auf bekannten Webseiten zu drücken. Hier besteht am ehesten die Wahrscheinlichkeit, dass die Rechte ordentlich eingeholt worden sind. Außerdem gibt es im Abmahnfall einen solventen Ansprechpartner, bei dem der einzelne Nutzer Regress nehmen kann.

Liegt eine Rechtsverletzung vor, so müssen Sie mit Abmahnungen rechnen: Die erste Abmahnung wegen Drücken des Teilen-Buttons auf Facebook ist bereits 2015 versendet worden. Getroffen hat es die Inhaberin einer Fahrschule, die den beliebten Teilen-Knopf von Facebook unter einem Internetbericht der Bild-Zeitung gedrückt hat, der von Marco Reus und seiner Fahrt mit einem gefälschten Führerschein handelte. Der Fotograf war wenig begeistert, als sein Bild bei Facebook geteilt wurde, ohne ihn als Urheber zu nennen. Er mahnte die Inhaberin der Fahrschule ab.

Diese Abmahnung ist für den Nutzer aber besonders überraschend, da beim Teilen eines Beitrags über den Share-Button immer automatisch ein verkleinertes Vorschaubild gezeigt wird, auf das der Nutzer keinen Einfluss hat. Hier liegt ein entscheidender Unterschied zum Teilen eines Links bei Facebook: Beim Setzen eines Links kann das Vorschaubild entfernt oder bearbeitet werden.

Daher sollten hier Blogbetreiber und Online-Medien in die Pflicht genommen werden: Konkret sollten die Betreiber von Internetseiten sich von Fotografen also die entsprechenden Rechte vorher einräumen lassen, etwa dadurch, dass im Lizenzvertrag geregelt ist, dass die eingekauften Bilder auch in den sozialen Netzwerken (die möglichst konkret benannt werden sollten) verwendet werden dürfen – und zwar notfalls auch ohne Nennung des Urhebers. Ansonsten müssen sie mit Regressansprüchen der abgemahnten Nutzer rechnen. Dies haben bereits die Richter am Landgericht Frankfurt in einem Streit zum Share-Button von Facebook entschieden (Urteil vom 17.07.2014, Az. 2-03 S 2/14). Solange die Teilen-Funktion genutzt wird, vergibt der Seitenbetreiber konkludent eine Lizenz an den geteilten Inhalten. Außerdem müssen die Blogbetreiber dafür sorgen, dass die Urhebernennung im Artikel so platziert wird, dass diese auch beim Teilen in den sozialen Netzwerken noch sichtbar ist.

Achtung: Kein Unterschied zwischen privatem und geschäftsmäßigem Profil!

Wichtig für die Nutzer ist auch zu wissen, dass es keinen Unterschied macht, ob es sich um eine private oder geschäftsmäßige Facebook-Seite handelt. Auch für das öffentliche Zugänglichmachen auf einer privaten Facebook-Seite brauchen Nutzer die Erlaubnis des Rechteinhabers. Das liegt daran, dass bei der Vielzahl von Freunden, die Nutzer bei Facebook haben, nicht mehr von einem privaten Rahmen gesprochen werden kann.

Natürlich ist aber die Abmahngefahr bei einer geschäftsmäßigen Seite größer. Auch die Abmahnkosten und die Schadensersatzansprüche werden hier regelmäßig deutlich höher ausfallen. Denn während bei Privatleuten die Abmahnkosten grundsätzlich gesetzlich gedeckt sind, besteht eine solche Kostengrenze bei geschäftlicher Nutzung der Inhalte nicht.

Es wird mit Sicherheit nicht bei dieser einen Abmahnung bleiben, weshalb eine wegweisende Gerichtsentscheidung unabdingbar ist. Bis dahin besteht nun eine erhöhte Abmahngefahr für die Nutzer und eine noch größere Gefahr für die Blogbetreiber, die womöglich bald zahlreichen Regressansprüchen ausgesetzt sein werden.

Achtung: Abmahnung bei kommerzieller Nutzung!

Mit einer Abmahnung muss insbesondere der rechnen, der das Vorschaubild nicht nur redaktionell, sondern auch kommerziell verwendet. So ist es nämlich auch im Fall der ersten Abmahnung der Fahrschulbetreiberin gewesen. Diese hatte den Artikel zum Fahren ohne Führerschein als Werbemaßnahme für ihre eigenen Zwecke verwendet. Dies muss sich der Rechteinhaber nicht gefallen lassen!

Das Gleiche gilt für das Retweeten beim Kurznachrichtendienst Twitter. Ähnlich wie beim Teilen auf Facebook macht sich der Twitter-Nutzer einen fremden Tweet zu eigen, wenn er ihn retweetet. Ein Retweet wird automatisch als solcher gekennzeichnet; ob dieser vergleichsweise unscheinbare Vermerk allerdings ein Zueigenmachen verhindert, kann bezweifelt werden. Im Gegensatz zum Teilen von Facebook-Posts können Retweets nicht kommentiert werden. Eine Distanzierung von den retweeteten Inhalten ist also nicht möglich.

7.10.3 Haftung für fremde Inhalte

Die zahlreichen Kommunikationsmöglichkeiten der sozialen Netzwerke ermöglichen es Ihnen, nicht nur Inhalte auf Ihrer eigenen Seite zu veröffentlichen, sondern – je nach Einstellung – auch auf Seiten Dritter. Dabei stellt sich nun die Frage, ob Sie als Profilinhaber auch für diese Inhalte haften, wenn diese Rechte Dritter verletzen.

Hierbei gilt: Grundsätzlich haften Sie nur für Ihre eigenen Inhalte und für solche, die Sie sich zu eigen gemacht haben. Darüber hinaus haften Sie für fremde Inhalte unter Ihrem Video unter anderem dann nicht, wenn Sie

- keine Kenntnis von der Rechtsverletzung oder der Information haben,
- nach der Kenntnisnahme unverzüglich tätig geworden sind, um die rechtsverletzenden Inhalte zu entfernen, oder
- den Zugang zu den rechtsverletzenden Inhalten gesperrt haben, sobald Sie davon Kenntnis erlangt haben.

Grundsätzlich können Sie nicht auf Anhieb erkennen, ob beispielsweise auf Ihrer Seite gepostete Bilder oder Texte die Rechte Dritter verletzen. Auch kann Ihnen nicht zugemutet werden, dies stets zu überprüfen und zu überwachen – dies sieht auch der Gesetzgeber so. Aus diesem Grund normierte er eine Haftung erst ab dem Moment, in dem Sie von der Rechtsverletzung Kenntnis erlangen.

Praxisbeispiel: Kenntniserlangung

Im Rahmen sozialer Netzwerke kann diese Kenntniserlangung beispielsweise durch eine private Nachricht des Rechteinhabers an Sie als Profilinhaber erfolgen. Von einer Kenntniserlangung kann jedoch nicht schon dann ausgegangen werden, wenn Sie eine automatische Benachrichtigung über den Eintrag erhalten haben oder diesen sogar kommentiert haben. Denn allein die Kenntniserlangung von der Existenz des Beitrags bedeutet noch keine Kenntniserlangung von dessen Rechtswidrigkeit.

In diesem Zusammenhang hat sich das aus dem US-Recht stammende *Notice-and-takedown-Verfahren* bewährt. Danach werden Sie als Profilinhaber zunächst beispielsweise durch den Rechteinhaber selbst über die Verletzung seiner Rechte informiert, damit Sie diesen Zustand dann unverzüglich beseitigen können.

Nach der Rechtsprechung des BGH muss der Hinweis dabei so konkret gefasst sein, dass der Rechtsverstoß auf der Grundlage der Behauptungen des Betroffenen unschwer – das heißt ohne eingehende rechtliche und tatsächliche Überprüfung – bejaht werden kann. Haben Sie Zweifel an der Richtigkeit der Mitteilung, so können Sie dies dem Betroffenen innerhalb der Frist mitteilen und um Nachweis der Rechts-

7.10   Wie ist die Haftung im Rahmen von sozialen Netzwerken geregelt?

7

inhaberschaft bitten. Reagiert dieser darauf nicht mehr, so besteht für Sie der Rechtsauffassung des BGH zufolge keine Löschungspflicht.

Auf Löschungsforderungen der Rechteinhaber sollten Sie jedoch unbedingt reagieren, da Sie andernfalls mit Forderungen nach Unterlassung, Beseitigung und Schadensersatz rechnen müssen. Jedenfalls dann, wenn eine Rechtsverletzung offensichtlich ist, ist eine sofortige Löschung nur empfehlenswert.

Praxistipp: Beschränkungen für Dritte einrichten

Bei Social-Media-Auftritten von Unternehmen kann es zur Vermeidung dieser Problematik empfehlenswert sein, über die Einstellungen der sozialen Netzwerke Beiträge von Dritten auf der eigenen Seite zunächst selbst zu überprüfen oder sogar ganz zu verhindern (siehe Abbildung 7.82). Dies schränkt zwar einerseits die Kundennähe ein, verhindert jedoch andererseits den Missbrauch der Seite zu Zwecken, mit denen Sie unter Umständen nicht in Verbindung gebracht werden möchten. Andernfalls müssen Sie die Beiträge auf Ihrer Seite weitestgehend im Blick haben und nach Kenntnis einer Rechtsverletzung den zweifelhaften Beitrag löschen.

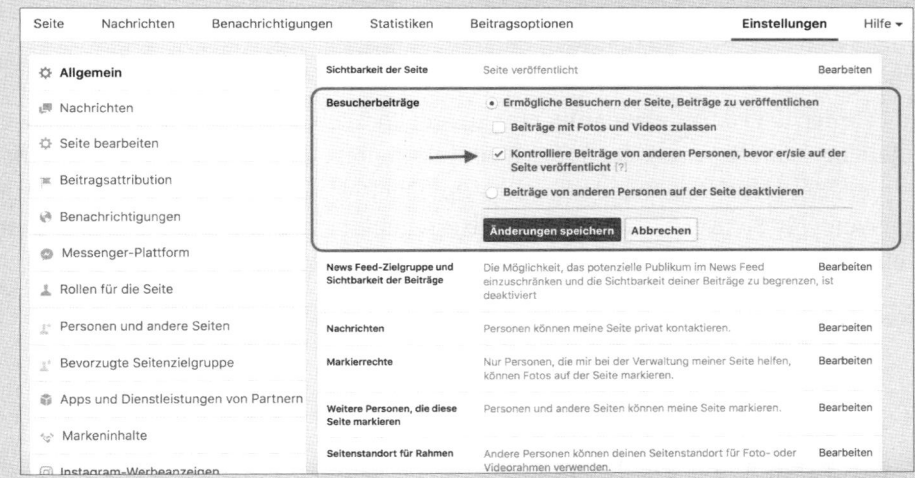

Abbildung 7.82 Möglichkeiten zur Veränderung der Beitragsoptionen auf einer Facebook-Seite über die »Einstellungen«

Ebenso sollten Sie vorgehen, wenn der Rechteinhaber Sie nicht direkt kontaktiert, sondern den Weg über die Betreiber der Plattform wählt. Denn diese bieten oftmals Formulare, über die Rechteinhaber Rechtsverletzungen melden können (siehe Abbildung 7.83). Missbraucht jemand dieses Verfahren, muss er unter anderem damit rechnen, dass sein eigener Account gesperrt wird.

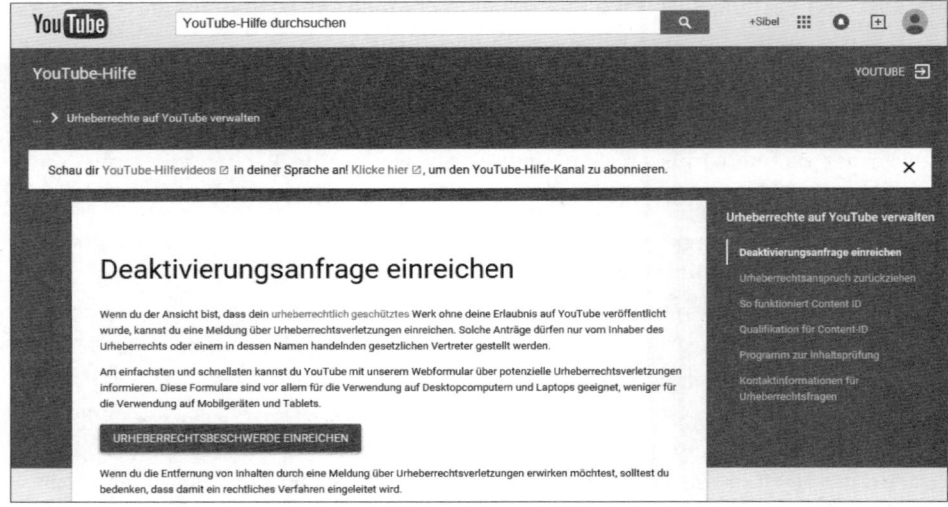

Abbildung 7.83 Möglichkeit zur Meldung von Urheberrechtsverletzungen auf YouTube in Verbindung mit der Anfrage zur Deaktivierung des beanstandeten Videos

7.10.4   Haftung für Links

Im Rahmen der Haftung ist darüber hinaus ein Blick auf die Frage zu werfen, ob Sie in einem sozialen Netzwerk auch für Hyperlinks haften, die über Ihre Seite verbreitet werden. Bei Hyperlinks handelt es sich um Querverweise, über die ein Sprung zu einer anderen Seite erfolgt. Im Social Web erscheint dann nach Eingabe des Links ein kleines Vorschaubild auf die verlinkte Seite (siehe Abbildung 7.84).

Abbildung 7.84 Beispiel für einen Hyperlink zu einem YouTube-Video

Denn denkbar ist beispielsweise, dass Sie die Popularität eines Beitrags dazu nutzen möchten, besonders viel Aufmerksamkeit auf Ihre eigene Seite zu ziehen und dazu Hyperlinks zu diesem Beitrag auf Ihre Seite setzen. Es stellt sich dabei jedoch die Frage, ob Sie dann auch für die dahinterstehenden Inhalte der Links haften, wenn diese rechtsverletzend sind. Die Antwort auf diese Frage ist in der Rechtsprechung und juristischen Literatur noch nicht einheitlich beantwortet worden.

Hyperlinks zu rechtswidrigen Inhalten

Einigkeit besteht zumindest darüber, dass das Setzen von Hyperlinks auf einen urheberrechtlich geschützten Inhalt ohne Einwilligung des Rechteinhabers grundsätzlich keine Urheberrechtsverletzung darstellt, da weder eine Vervielfältigungshandlung noch eine öffentliche Zugänglichmachung vorgenommen werde.

Es stellt sich jedoch die Frage, ob Sie auch für die Inhalte auf der verlinkten Seite in Anspruch genommen werden können. Hierbei ist auf die Grundsätze der Haftung für eigene Inhalte zurückzugreifen: Eine Inanspruchnahme kann jedenfalls dann bejaht werden, wenn Sie sich den Inhalt des Links zu eigen gemacht haben. Davon ist immer dann auszugehen, wenn Sie den hinter dem Link stehenden rechtswidrigen Inhalt zur Kenntnis genommen und seine Weiterverbreitung gefördert haben. Werden also Links mit rechtswidrigen Inhalten von Ihnen mit zustimmenden Kommentaren versehen, so ist von einer Zueigenmachung auszugehen.

Liegt keine Zueigenmachung vor und handelt es sich damit klar um einen fremden Inhalt, so gelten auch im Rahmen der Link-Setzung die bereits erläuterten Haftungsregelungen und das Notice-and-takedown-Verfahren.

Praxistipp: Disclaimer

Gegen die Annahme einer Zueigenmachung von Links kann ein sogenannter *Disclaimer* helfen (siehe Abbildung 7.85). Dieser signalisiert eine Distanzierung von fremden Inhalten. Dabei ist jedoch eine pauschale Distanzierung nicht möglich, vielmehr ist eine Benennung dessen nötig, wovon man sich konkret distanziert. Ein Disclaimer kann die Haftung für bewusst gesetzte rechtswidrige Links oder Inhalte jedoch nicht ausschließen.

Haftung für Links
Unser Angebot enthält u.U. Links zu externen Webseiten Dritter, auf deren Inhalte wir keinen Einfluss habe. Deshalb können wir für diese fremden Inhalte auch keine Gewähr übernehmen. Für die Inhalte der verlinkten Seiten ist stets der jeweilige Anbieter oder Betreiber der Seiten verantwortlich. Die verlinkten Seiten wurden zum Zeitpunkt der Verlinkung auf mögliche Rechtsverstöße überprüft. Rechtswidrige Inhalte waren zum Zeitpunkt der Verlinkung nicht erkennbar. Eine permanente inhaltliche Kontrolle der verlinkten Seiten ist jedoch ohne konkrete Anhaltspunkte einer Rechtsverletzung nicht zumutbar. Bei Bekanntwerden von Rechtsverletzungen werde ich derartige Links umgehend entfernen.

Abbildung 7.85 Beispiel für einen Disclaimer auf der Internetseite der Rechtsanwaltskanzlei »Wilde Beuger Solmecke«

Embedded Links

Eine Besonderheit im Rahmen der Link-Haftung stellen die sogenannten Embedded Links dar. Unter Embedded Links versteht man Inhalte von Drittanbietern, die Internetnutzer auf Ihrer eigenen Internetseite einbinden.

Praxisbeispiel: Embedded Links

Täglich werden millionenfach Links zu YouTube-Videos auf sozialen Netzwerken wie Facebook geteilt. Durch das Posten des Links bindet Facebook automatisch das dazugehörige Video in den sogenannten Embedded Player ein, sodass das Video direkt auf dem Facebook-Profil abgerufen werden kann (siehe Abbildung 7.86).

Abbildung 7.86 Einbetten eines YouTube-Videos auf Facebook

Unter Juristen war es jahrelang umstritten, ob das Einbinden urheberrechtlich geschützter Inhalte auf anderen Webseiten eine Urheberrechtsverletzung darstellt. Auch die Gerichte waren sich nicht einig – selbst der BGH konnte diese Frage nicht abschließend entscheiden, sodass er seine Fragen dem Europäischen Gerichtshof zur Entscheidung vorlegte.

Schließlich hat der EuGH (Beschluss vom 24.10.2014, Az. C-348/13) vor einiger Zeit eine klare Entscheidung zugunsten der Freiheit des Internets getroffen und entschieden, dass das Einbinden von YouTube-Videos keine Urheberrechtsverletzung darstellt. Die Entscheidung erlaubt es, alle Inhalte, die einmal im Netz öffentlich zugänglich gemacht worden sind, im Wege des Framings auf anderen Internetseiten einzubinden. Das bedeutet zum Beispiel, dass es legal ist, fremde Fotos auf der eigenen Internetseite einzubinden, sofern diese Bilder weiterhin an der Ursprungsquelle liegen und nicht kopiert werden. Eine Lizenz ist hierfür nicht erforderlich. Dies gilt lediglich dann nicht, wenn der Betreiber einer Website technische Schutzmaßnahmen gegen Verlinkungen unternimmt (dies bietet etwa YouTube an) und man diese umgeht (BGH, Urteil vom 29.04.2010, Az. I ZR 39/08).

> **Hinweis**
>
> Um sicherzugehen, sollten Sie bei urheberrechtlich geschützten Inhalten den Urheber nennen, z. B. in dem Beschreibungstext unter dem eingebetteten Inhalt.

Nicht ganz so eindeutig ist hingegen die Rechtslage beim Verlinken auf rechtswidrige Inhalte. Dies betrifft Videos, Fotos oder Texte, deren Inhalt entweder die Persönlichkeitsrechte der dargestellten Personen verletzt (z. B. durch herabwürdigende Darstellungen oder diffamierende Äußerungen) oder einen Eingriff in die Urheberrechte des Erstellers darstellt.

Zu diesem Thema sind bereits zahlreiche Gerichtsentscheidungen auf deutscher und europäischer Ebene ergangen. Alle Gerichte haben sich mit der entscheidenden Frage beschäftigt, ob der Verlinkende haftet, wenn der verlinkte oder eingebettete Inhalt Rechte Dritter verletzt. Bei der rechtlichen Bewertung muss zwischen urheberrechtsverletzenden und persönlichkeitsrechtsverletzenden Inhalten unterschieden werden.

Die Rechtslage bei einem Link auf *urheberrechtsverletzende* Inhalte ist lediglich hinsichtlich der rechtlichen Rahmenbedingungen geklärt, im Detail besteht hier aber noch Unsicherheit. Nach Ansicht des Europäischen Gerichtshofs (Urteil vom 08.09.2016, Az. C-160/15) haftet der Verlinkende zunächst dann, wenn er die Rechtswidrigkeit kannte oder kennen musste. Letzteres sei nach Ansicht der europäischen Richter regelmäßig der Fall, wenn der Link mit Gewinnerzielungsabsicht gesetzt wurde und der Verlinkende vorher nicht geprüft habe, ob das verlinkte Werk rechtmäßig online war oder nicht. Das sei aber nicht das einzige Kriterium, das für eine Nachforschungspflicht im Einzelfall relevant sei. Im Anschluss an dieses Urteil stellte sich also die Frage, wann genau von einer Linksetzung »mit Gewinnerzielungsabsicht« auszugehen ist, welche weiteren Kriterien bei dieser Entscheidung relevant sind und in welchem Umfang Nachprüfungspflichten für den Linksetzenden bestehen.

Die europäische Rechtsprechung umsetzen und auf diese Fragen Antwort finden musste in der deutschen Rechtsprechung erstmals das Landgericht Hamburg (Beschluss vom 18.11.2016, Az. 310 O 402/16). Es entschied streng, dass eine Nachforschungspflicht hinsichtlich aller Verlinkungen auf einer Seite schon dann bestehe, wenn der eigene Internetauftritt überhaupt mit Gewinnerzielungsabsicht betrieben werde.

Diese Auslegung hielten die Hamburger Richter jedoch nicht lange aufrecht. Sie entschieden später, dass eine solche Nachforschung für Webseiten je nach Geschäftsmodell unzumutbar sein könnte, wenn etwa der zeitliche, wirtschaftliche oder inhaltliche Aufwand zu groß wäre (Urteil vom 13.06.2017, Az. 310 O 117/17). Zudem müssten neben der Gewinnerzielungsabsicht noch andere Kriterien berücksichtigt werden – z. B. die Erfolgsaussichten einer solchen Prüfung oder ob der Verlinkende einen besonderen Vertrauensmaßstab setzt, nach dem Besucher seiner Seite etwa erwarten könnten, er habe Recherchen zur Rechtmäßigkeit der verlinkten Wiedergaben vorgenommen. Am Ende müsse in einer Gesamtschau aller Kriterien im Einzelfall geprüft werden, ob eine Nachforschungspflicht zumutbar ist oder nicht.

Praxisbeispiel

Die in dem Verfahren vor dem Landgericht Hamburg (Urteil vom 13.06.2017, Az. 310 O 117/17) entwickelten Grundsätze musste das Gericht dann auf den Fall einer beklagten Webseite anwenden, die mit Gewinnerzielungsabsicht als vertraglich mit Amazon verbundener »Affiliate« auf die Produktfotografie eines Amazon-Händlers verlinkt hatte, und zwar auf dem Wege des Framings. Das Geschäftsmodell der Webseite sieht vor, dass auf diesem Wege in großer Zahl und vollständig automatisiert Angebote (auch) von *amazon.de* eingeblendet werden. Die Urheberin dieses einen Fotos war jedoch mit der Abbildung bei Amazon und somit auch mit dem Framing nicht einverstanden und klagte.

Nach einer Gesamtschau aller Kriterien seien die Nachforschungen für die Betreiber der Website jedoch unzumutbar gewesen, so die Richter des Landgerichts Hamburg. Der Verlinkende hätte nicht wissen müssen, dass die Wiedergabe auf *amazon.de* nicht von einer Genehmigung der Urheberin gedeckt war. Auch hätten Nachfragen bei Amazon für sich genommen keine abschließende Kenntnis erbringen können. Die bloße Mitteilung, die Uploader hätten die Rechtmäßigkeit vertraglich zugesichert, hätte für den Nachforschenden keine ausreichend sichere Kenntnis erbracht, da Amazon die Richtigkeit dieser Zusicherung nicht geprüft hatte. Erforderlich wäre daher zumindest die Ermittlung des Uploaders gewesen, also des Händlers, der das Bild im Rahmen eines Angebots bei *amazon.de* eingestellt hatte. Möglicherweise hätte dieser an den Produktproduzenten oder an weitere Zwischenhändler verwiesen. Dem Nachforschenden hätten jedoch gegenüber Produzenten und Händlern keine eigenen Rechtsansprüche auf Aufklärung über die Rechtslage am Bild zustanden.

Vor allem aber bei wirtschaftlicher Betrachtung seien dem Verlinkenden flächendeckende Vorabrecherchen zur Rechtmäßigkeit von Wiedergaben auf *amazon.de* nicht zumutbar gewesen. Selbst wenn er eine Vergütung pro Klick auf einen Link erhielte, so könne es sich nach dem Geschäftsmodell nur um minimalste Vergütungen pro Klick handeln, da die bloße Weiterleitung per Inline-Link ja noch keine Einnahmen aus einem Verkauf auf *amazon.de* garantiert. Daher hätten flächendeckende Rechterecherchen wegen der damit verbundenen Kosten das als solches rechtmäßige Geschäftsmodell ersichtlich unrentabel werden lassen und den Website-Betreiber daher in seiner unternehmerischen Freiheit verletzt.

Des Weiteren habe sich der Verlinkende den Inhalt auch nicht zu eigen gemacht. Die Wiedergabe erfolge im Rahmen eines deutlich als »Anzeige« gekennzeichneten Frames mit einem ebenfalls auffälligen Weiterleitungsbutton »Jetzt kaufen bei« mit dem Logo und Schriftzug »amazon.de«.

Auch wenn das neuere Urteil des Landgerichts Hamburg immer noch keine endgültige Rechtssicherheit bringt, können nun gerade Anbieter aufatmen, die im Rahmen eines automatisierten Verfahrens auf große Webseiten verlinken. Denn folgen auch andere Gerichte dieser Entscheidung, so wird ihnen eine Nachprüfung regelmäßig nicht zuzumuten sein. Zudem wäre das alleinige Abstellen auf eine Gewinnerzielungsabsicht der Webseite einfach zu weitreichend gewesen. Eine Gesamtschau der Kriterien, wie sie die Hamburger Richter nun aufstellt haben, bietet hingegen bietet mehr Einzelfallgerechtigkeit. Schließlich garantiert diese Betrachtungsweise in jedem Fall mehr Praxisnähe der Rechtsprechung im Hinblick auf Verlinkungen.

Hinweis

Da es bisher noch kein höchstrichterliches Urteil zu dieser Frage gibt, sollten Sie sich am Urteil des Landgerichts Hamburg orientieren. Es bleibt nun abzuwarten, ob sich andere Gerichte diesem Verständnis der EuGH-Rechtsprechung anschließen werden. Wir raten Ihnen jedenfalls, nur so wenige Links auf urheberrechtlich geschützte Inhalte zu setzen, wie Sie für Ihren Internetauftritt tatsächlich benötigen. Prüfen Sie bei der Seite, auf die Sie verlinken, nach, ob die entsprechenden Urheberrechte bzw. Lizenzen vorhanden sind, und dokumentieren Sie dies intern. Sollten Sie diese Information nicht erhalten können oder ist Ihnen eine entsprechende Nachforschung unzumutbar, so dokumentieren Sie dies ebenfalls – oder verzichten Sie auf den Link.

Die zuvor dargestellte Rechtslage gilt jedoch nur für urheberrechtsverletzende Inhalte und nicht für *persönlichkeitsrechtsverletzende* Inhalte. Auch kann die Entscheidung nicht auf persönlichkeitsrechtsverletzende Inhalte wie herabwürdigende Fotos oder diffamierende Aussagen übertragen werden. Hier kommt es weiterhin auf die Grundsätze der Haftung für zu eigen gemachte Inhalte an, die wir bereits zu Anfang dieses Kapitels erläutert haben. Ein Zueigenmachen liegt danach grundsätzlich immer dann vor, wenn der Betreiber der Seite den hinter dem Link stehenden rechtswidrigen Inhalt zur Kenntnis genommen, mit zustimmenden Kommentaren versehen und seine Weiterverbreitung gefördert hat (Landgericht Frankfurt a. M., Beschluss vom 20.04.2010, Az. 3-08 O 46/10).

7.11   Checkliste Social-Media-Marketing: Alles beachtet?

Checkliste

▶ Entspricht die von Ihnen gewählte Plattform Ihrer Zielgruppe?

▶ Können Sie den für die gewählte Plattform erforderlichen zeitlichen und personellen Aufwand stemmen?

▶ Haben Sie die Nutzungsbedingungen im Hinblick auf die grundsätzliche Zulässigkeit und die Modalitäten einer gewerblichen Nutzung kontrolliert?

▶ Hält Ihr gewünschter Nutzername die Regeln der Plattform ein, und verletzt er auch keine Rechte Dritter?

▶ Erfüllt Ihr Impressum die gesetzlichen Voraussetzungen?

▶ Beachten Sie insbesondere die Regelungen zu Äußerungen und zum Teilen von Inhalten?

▶ Entspricht Ihr Gewinnspiel den rechtlichen Anforderungen und den Bedingungen der Plattform, auf der es stattfinden soll?

▶ Haben Sie die Grundsätze zur Einwilligung beim Direktmarketing beachtet?

▶ Haben Sie die rechtlichen Rahmenbedingungen beim Einsatz von Cross-Device-Marketing-Maßnahmen verinnerlicht?

▶ Haben Sie verinnerlicht, wie Sie Ihre eigene Haftung vermeiden können?

Wenn Sie alle Fragen mit »Ja« beantworten können, dann kann es losgehen …
Viel Erfolg!

Kapitel 8

Influencer-Marketing

Influencer-Marketing ist eine Weiterentwicklung der klassischen Testimonialwerbung – transportiert in die digitale Welt und erweitert um deren vielfältige Kommunikationsmöglichkeiten. Während Unternehmen früher vor allem bekannte Persönlichkeiten aus Gesellschaft, Showbusiness oder Sport als Markenbotschafter oder Testimonial beauftragt haben, nutzen sie heute in steigendem Maße sogenannte Influencer aus sozialen Netzwerken wie Instagram, YouTube oder Facebook, die mit zielgruppenspezifischer Marken- und Produktkommunikation ihre Produkte und Dienstleistungen bewerben. Doch wenn Influencer in ihren Beiträgen und Bildern Ihre Produkte auch noch so unauffällig bewerben, gelten einige rechtliche Spielregeln, über die Ihnen dieses Kapitel Aufschluss geben wird. Und auch für Influencer selbst gibt es einige Aspekte wie die Impressumspflicht, die nicht vernachlässigt werden sollten. Dieses Kapitel ist daher sowohl für Werbetreibende als auch für Influencer selbst wertvoll.

8

Influencer-Marketing ist aus der heutigen Medienlandschaft nicht mehr wegzudenken und der neue Trend, insbesondere in den Bereichen Reisen, Mode, Kosmetik und Lifestyle. Doch was genau ist eigentlich ein Influencer? Der klassische Influencer betreibt Profilseiten auf Instagram, Twitter, Facebook & Co., veröffentlicht meist spezifischen Content in Text-, Bild- oder Videoform für eine spezifische Zielgruppe und verfügt über eine bereits gewachsene Zahl von Fans und Followern. Zu den Followern entwickelt er eine Art persönlicher Beziehung, und er wird teils sogar zum Vorbild seiner Generationen und ganzer Zielgruppen. Im Fokus steht dabei meist eine junge, internetaffine Zielgruppe, die nur noch in begrenztem oder sehr fokussiertem Maße fernsieht oder Zeitung liest und dadurch auf den klassischen Werbekanälen nicht mehr erreicht wird.

Praxisbeispiel

Ein Paradebeispiel für eine Influencerin ist die Beauty-Bloggerin Bianca Heinicke, die den YouTube-Kanal »BibisBeautyPalace« mit mehr als 5,1 Millionen Abonnenten betreibt. Dort preist sie z. B. Schminkprodukte an, hinter denen sie vermeintlich persönlich steht (siehe Abbildung 8.1). Tatsächlich aber ist bekannt, dass Unternehmen sie tatkräftig finanziell unterstützen. Inzwischen betreibt sie auch ganz offen Werbung – allerdings für ihre eigenen Produkte der Marke »bilou«, zu der zum Beispiel der Duschschaum »Tasty Donut« gehört.

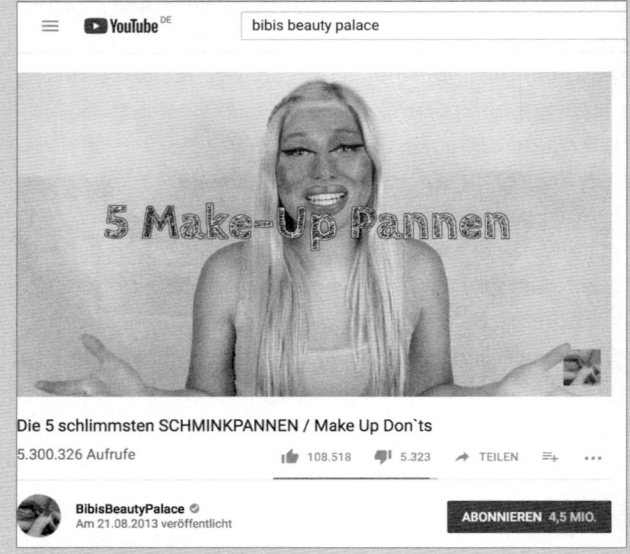

Abbildung 8.1 Bibi gibt auf ihrem YouTube-Kanal Schminktipps.

Die Zahl der Personen, die einem Influencer folgen, dessen Inhalte konsumieren und durch Likes, Retweets und Verlinkungen weiterkommunizieren, beschreibt die Reichweite des Influencers. Im Grundsatz gilt: Je größer die digitale Reichweite eines Influencers ist, desto höher ist ihr Werbewert. Diese Reichweite wollen sich Unternehmen zunutze machen, indem sie die Influencer gegen die Zahlung eines Entgelts oder die kostenfreie Zurverfügungstellung der beworbenen Produkte dazu bringen, ihre Follower auf die neuen Produkte aufmerksam zu machen.

Ein Paradebeispiel für Influencer-Marketing ist der schwedische Uhrenhersteller »Daniel Wellington«, der seine Uhren ausschließlich über soziale Netzwerke bewirbt – mit Erfolg! Auf Instagram hat die Marke etwa 4,2 Millionen Follower und lässt damit Uhrenhersteller im gleichen Preis- und Kundensegment wie »Fossil« mit etwa 950.000 Followern weit hinter sich zurück. Allein auf Instagram finden sich mehr als 1,8 Millionen Beiträge mit dem Hashtag »#danielwellington«, die alle Nutzer mit der Uhr am Arm zeigen – darunter auch Influencer (siehe Abbildung 8.2).

Der Grund für die Beliebtheit dieser Marketingstrategie ist ihre Glaubwürdigkeit im Auge des Betrachters. Einer Untersuchung des Portals »Statista« in Deutschland aus dem Jahr 2016 zufolge beurteilten 57 % der befragten Marketingexperten Influencer-

Marketing als glaubwürdig und investieren daher vermehrt in diesen Bereich (siehe Abbildung 8.3).

Abbildung 8.2 Die Influencerin Anastasia Tsilimpiou postet ein Bild mit einer Uhr des Herstellers »Daniel Wellington« und bekommt dafür 10.305 Likes binnen 15 Stunden.

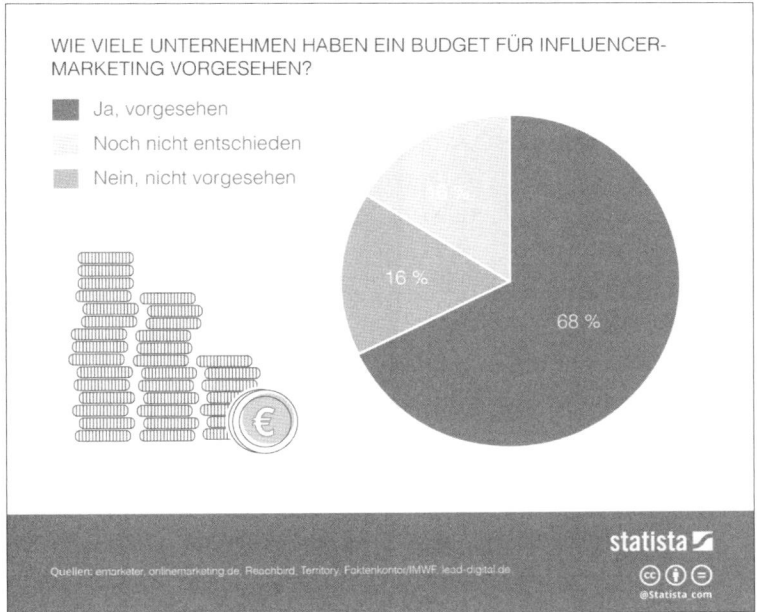

Abbildung 8.3 In Deutschland haben 68 % der befragten Unternehmen ein Budget für Influencer-Marketing (Quelle: Statista).

Als deutlich kostengünstigere Variante zu konventionellen Marketingformen (wie Anzeigen in Zeitschriften oder Werbespots in TV oder Radio) erreichen Influencer innerhalb kürzester Zeit eine Vielzahl von Nutzern. Dies ist für Unternehmen, die Produkte bewerben möchten, von besonderer Bedeutung. Um dasselbe Publikum wie ein Influencer zu erreichen, müssten Unternehmen häufig hohe Beträge aufwenden.

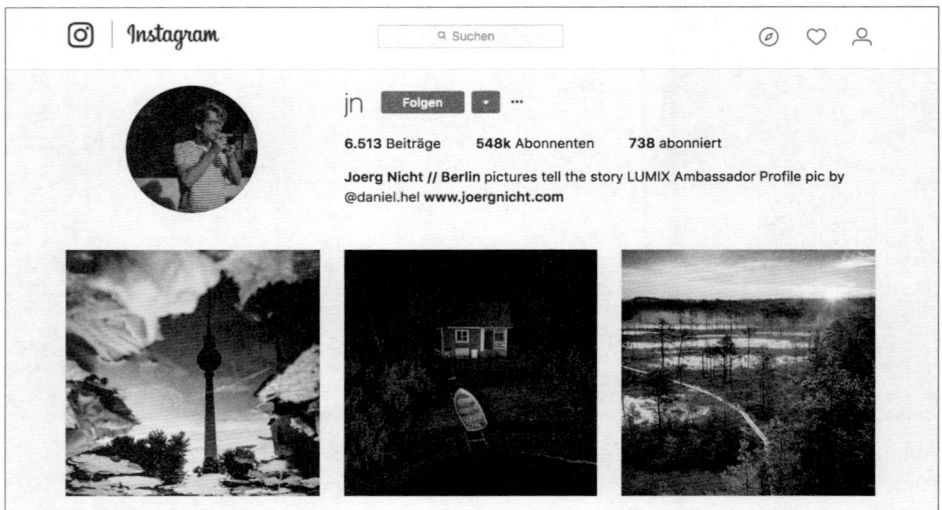

Abbildung 8.4 Instagram-Profil von Joerg Nicht alias »jn«

Wer beispielsweise eine Kooperation mit dem Instagramer Joerg Nicht alias »jn« eingeht (siehe Abbildung 8.4), erreicht seinen Followerkreis von mehr als 548.000 Nutzern. Einer Schätzung des Portals »Statista« von Februar 2017 zufolge müsste ein Unternehmen, das klassische Werbung auf Instagram betreibt, 2.573 € aufwenden, um dieselbe Reichweite zu erreichen wie Joerg Nicht mit nur einem Post (siehe Abbildung 8.5).

Die Chance der Zusammenarbeit zwischen Unternehmen und Influencern besteht zweifelsohne darin, dass durch die Popularität eines Einzelnen zielgruppenspezifisch eine breite Öffentlichkeit über Produkte, Marken oder Projekte informiert werden kann. Der naheliegende Imagetransfer ist für beide Seiten werthaltig. Jedoch gilt es auch zu bedenken, dass es bei langfristiger Zusammenarbeit erhebliches Konfliktpotenzial und drohende negative Meinungsbildung geben kann, wenn einer der Vertragspartner einen Imageverlust erleidet. Eine Zusammenarbeit sollte daher von beiden Parteien aus allen Blickwinkeln zukunftsorientiert betrachtet werden. Dabei sollten Chancen und Risiken der Partnerschaft analysiert werden, um die beiderseitigen Interessen in Einklang zu bringen.

Abbildung 8.5 Die Statistik zeigt in der linken Spalte den Preis, den ein Unternehmen zahlen müsste, um eine ähnliche Reichweite mit Instagram-Werbung zu erzielen.

Die vollumfängliche rechtssichere Gestaltung von Influencer-Verträgen stellt eine Basis für eine werthaltige Zusammenarbeit dar. Worauf Unternehmer dabei achten müssen, erläutern wir Ihnen im Folgenden ebenso wie die Anforderungen, die an den Influencer selbst gestellt werden, um rechtssicher seine vertraglichen Pflichten umzusetzen. Denn der Influencer muss sich bewusst sein, dass Influencer-Beiträge unter Umständen Werbung darstellen oder Produktplatzierungen enthalten und damit Kennzeichnungspflichten nach sich ziehen, deren Nichteinhaltung nicht nur zum Konflikt mit dem Gesetz führen kann, sondern unter Umständen auch zum Bruch mit dem werbetreibenden Unternehmer als Vertragspartner. Auch müssen Influencer gegebenenfalls ein Impressum bereithalten, was gerade in den sozialen Netzwerken nicht immer einfach zu bewerkstelligen ist. Wie die gesetzlichen Anforderungen umgesetzt und damit rechtliche Konsequenzen vermieden werden können, möchten wir in diesem Kapitel ebenfalls detailliert darstellen.

8.1   Wie kann man den Unternehmer-Influencer-Vertrag rechtskonform gestalten?

Die geschäftliche Verbindung zwischen werbetreibenden Unternehmen und Influencern kann für beide Partner sinnvoll und gewinnbringend sein: Das werbende Unternehmen kann sich mit dem Ruf des Influencers auf dem Wettbewerbsmarkt positionieren, und der Influencer kann das eigene Image monetarisieren und seinen Followerkreis erweitern. Nachdem das werbende Unternehmen einen Influencer als Partner ausgewählt hat, der aus marketingstrategischen Gründen zu dem werbenden Unternehmen passt oder eine zielgruppenorientierte Positionierung des zu bewerbenden Produkts ermöglicht, werden üblicherweise im Zuge der Zusammenarbeit vertragliche Beziehungen geschlossen, die die Rahmenbedingungen der Partnerschaft vorgeben. Denn Verträge mit Influencern sollten – wie selbstverständlich auch jeder andere Vertrag – rechtssicher und transparent gestaltet werden, um der Gefahr entstehender Konflikte im Vorfeld bestmöglich begegnen zu können.

Im Rahmen eines solchen Vertrages können zahlreiche Aspekte geregelt werden. Welche Aspekte für Sie als Werbetreibende von besonderer Bedeutung sind, möchten wir Ihnen in diesem Abschnitt erläutern.

8.1.1   Vertragliche Pflichten des Influencers

Als Werbetreibender, der einen Influencer mit der Bewerbung seiner Produkte beauftragt, sind Sie verpflichtet, einerseits die im Rahmen der Werbekampagne nötigen Arbeiten auszuführen und andererseits dem Influencer das vereinbarte Honorar zu zahlen. Eine Vereinbarung des Honorars ist essenziell, da andernfalls die übliche Vergütung zu zahlen ist. Denn auch im Influencer-Marketing gilt grundsätzlich: keine Leistung ohne Gegenleistung. Influencer stellen ihre Reichweite bereit, um Ihnen zielgruppenorientiertes Marketing zu ermöglichen.

Der Wert einer Gegenleistung hängt grundsätzlich von der Reichweite des werbenden Influencers ab. Reichweitenstarke Influencer können leicht mehrere Tausend Euro für die Veröffentlichung eines kommerziellen Beitrags verlangen. Ohne eine Vereinbarung müssten Sie dann das zahlen, was der von Ihnen beauftragte Influencer im Durchschnitt für eine Veröffentlichung erhält – dies kann unter Umständen ziemlich hoch ausfallen.

Sie sind jedoch nicht zur Zahlung einer Vergütung in Geld verpflichtet. Vielmehr können Sie dem Influencer auch kostenfrei Produkte aus Ihrem Unternehmen zur Verfügung stellen oder ihn mit Rabatten oder anderweitigen Zuwendungen (wie Einladungen oder Gutscheinen) entlohnen. Wichtig ist nur, dass überhaupt eine Vereinbarung über den Gegenwert getroffen wird. Gibt es aus irgendeinem Grund keine Entlohnung, so ist auch dies vertraglich festzuhalten.

Die Pflicht des Influencers besteht im Gegenzug darin, auf seinem Profil in sozialen Netzwerken wie Instagram, YouTube oder Facebook Beiträge zu veröffentlichen, die die zu bewerbenden Produkte abbilden. Hierbei sollten Sie klar definieren, wie Sie sich den Beitrag vorstellen und auf welchen Profilen sowie wie lange der Beitrag bereitgehalten werden soll. Dabei können Sie sich an folgenden Aspekten orientieren:

▶ Art und Höhe der Entlohnung des Influencers

▶ Bereitstellung der zu bewerbenden Produkte und ggf. Rückgabepflicht des Influencers nach Erstellung des Beitrags

▶ Art und Weise der Einbindung des zu bewerbenden Produkts in den Beitrag des Influencers

▶ Anzahl der gesponserten Beiträge

▶ Dauer der Veröffentlichung des Beitrags

▶ Konkrete Benennung der sozialen Netzwerke, in denen der Influencer den Beitrag veröffentlichen soll

▶ Vereinbarung über die Art und Weise der Kennzeichnung, insbesondere an welcher Stelle des Beitrags sie erscheint

▶ Einräumung von Nutzungsrechten an der Verwendung der Bilder zu weiteren Werbezwecken in Ihrem sozialen Netzwerk oder auf Ihrer Unternehmenswebseite

▶ Pflicht zur ordnungsgemäßen Kennzeichnung des Beitrags als Werbung

Achtung!

Die Vereinbarung über die Kennzeichnungspflicht sollten Sie keinesfalls vernachlässigen, da diese auch für die Wirksamkeit des Vertrages von Relevanz ist. Denn Werbevereinbarungen können sittenwidrig und damit unwirksam sein, wenn sie die Veröffentlichung ohne Kennzeichnung vorsehen, so das Oberlandesgericht Düsseldorf (Urteil vom 31.10.2006, Az. I-23 U 30/06).

Die Ausarbeitung und Festlegung aller möglichen und möglicherweise auch erst zukünftig eintretenden Details hilft, möglichen Konflikten bei der Durchführung einer Werbekampagne im Vorfeld zu begegnen, und sollte daher ernst genommen werden. Spielen Sie gedanklich alle Konstellationen Ihrer Zusammenarbeit durch, und verschriftlichen Sie mögliche Konsequenzen daraus.

Hinweis

Besteht auf beiden Vertragsseiten Klarheit darüber, welche Ziele die Zusammenarbeit hat und welche Pflichten beide Vertragspartner treffen, kann die Zusammenarbeit vertraglich fixiert werden. Dabei sind genaue Vereinbarungen über die Details der Zusammenarbeit das A und O einer konfliktfreien Zusammenarbeit. Die schriftliche Fixierung sollten Sie unbedingt einhalten, da Sie im Streitfall in der Regel die für Sie entscheidenden Umstände darlegen und beweisen müssen!

8.1.2   Haftungsregelungen

Ein rechtssicher gestalteter Influencer-Vertrag beschäftigt sich auch mit den Folgen bei eintretenden Problemen während, vor oder nach der Zusammenarbeit. Geregelt werden sollten insbesondere Haftungsfreistellungen bei Verstößen gegen die rechtlichen Kennzeichnungspflichten als Werbung, gegen die Nutzungsbedingungen der sozialen Netzwerke, die zur Veröffentlichung verwendet werden, sowie gegen sonstige Rechte Dritter, die möglicherweise auf Grundlage des Influencer-Beitrags gegen Sie geltend gemacht werden könnten, da der Influencer Ihr Produkt bewirbt.

Denn da der Beitrag zwar von Ihnen in Auftrag gegeben wird, die Umsetzung jedoch weitgehend durch den Influencer selbst erfolgt, sollte es auch der Influencer sein, der sich für Verstöße gegen Gesetze und Richtlinien verantworten muss. Zu denken ist dabei beispielsweise an Kosten einer Abmahnung oder eines gerichtlichen Verfahrens, mit denen Sie konfrontiert werden, weil der Werbebeitrag mit Ihrem Produkt nicht als Werbung gekennzeichnet wurde. Auch muss der Influencer beachten, mit seinem Beitrag keine Rechte Dritter zu verletzen.

8.1.3   Exklusivitätsvereinbarungen

Die Bewerbung der eigenen Produkte durch einen Influencer macht immer nur dort Sinn, wo sie von dem Betrachter nicht aufgrund ihrer plakativen Darstellung auf den ersten Blick als Werbung enttarnt wird.

Aus diesem Grund eignen sich einerseits Influencer, die nicht massenhaft Werbung in ihren Beiträgen machen, und andererseits solche, die keine Konkurrenzprodukte oder Konkurrenzdienstleistungen bewerben. Denn dies kann die Werbewirkung unter Umständen verwässern. Daher bieten sich Exklusivitätsvereinbarungen an, durch die sich der Influencer verpflichtet, nur für Ihr Produkt Werbung zu machen. Dieses Recht kann dann beispielsweise zeitlich begrenzt werden oder nur für bestimmte soziale Netzwerke vereinbart werden.

> **Hinweis**
> Je exklusiver Sie den Influencer buchen möchten, umso teurer wird in der Regel die Werbekampagne!

8.2   Was beinhaltet das Trennungsgebot?

Der entscheidende Punkt beim Influencer-Marketing ist bereits mehrfach angeklungen: die Kennzeichnung des Beitrags als Werbung. Doch warum muss ein Beitrag als Werbung gekennzeichnet sein? Kann sich nicht jeder denken, dass das Werbung ist?

Die Antwort lautet ganz klar: »Nein!« Gerade beim Influencer-Marketing kann der Nutzer nicht erkennen, welche Beiträge tatsächlich zu Werbezwecken angefertigt wurden. Hinzu kommt: Je jünger der Nutzer ist, umso schwieriger fällt ihm die Unterscheidung. Aus diesem Grund hat das Gesetz den Trennungsgrundsatz normiert.

Influencern, die hier Fehler machen, drohen Rechtsstreitigkeiten oder Bußgelder. Auch gehen die Medienanstalten verstärkt gegen Rechtsverstöße vor, versenden Hinweisschreiben und drohen mit aufsichtsrechtlichen Verfahren.

Influencer und Unternehmen versuchen nämlich nicht selten, den werbenden Charakter eines kommerziellen Beitrags zu verschleiern. Die Ursache dafür ist oftmals ihre sicherlich berechtigte Sorge, dass eine Werbebotschaft weniger Wert hat, wenn der Konsument erkennt, dass der Influencer Produkte oder Marken nicht aus persönlicher Überzeugung bewirbt, sondern aufgrund der Gegenleistung, die ihm ein Unternehmen in Aussicht gestellt hat.

Praxisbeispiel

Scarlett Gartmann, Model und Freundin von BVB-Star Marco Reus, postete private Fotos auf ihrem Instagram-Account, der mehr als 170.000 Abonnenten hat (siehe Abbildung 8.6). Auffällig war nur, dass dort ganz zufällig teure Uhren und Taschen auftauchten.

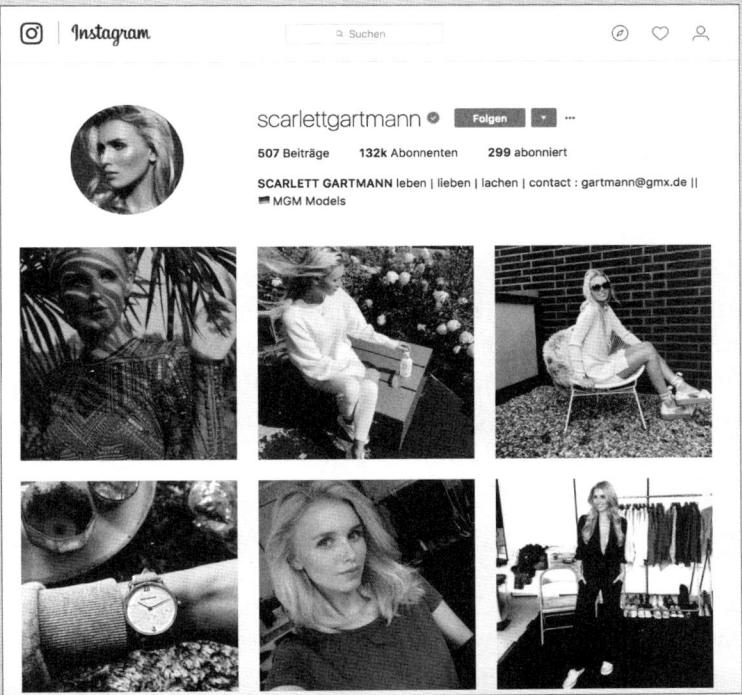

Abbildung 8.6 Instagram-Profil der Influencerin Scarlett Gartmann

Dieser »Zufall« entpuppte sich als Schleichwerbung und wurde abgemahnt: Mitte des Jahres 2017 erließ das Landgericht Hagen auf Antrag eines Wettbewerbsverbandes eine einstweilige Verfügung gegen die Influencerin, da in den streitgegenständlichen Posts auf Instagram die erforderliche Kennzeichnung als »Werbung« oder »Anzeige« fehle und dies gegen das Wettbewerbsrecht verstoße. Nachdem die Influencerin dagegen Widerspruch eingelegt hatte, hat das Landgericht Hagen die getroffene Entscheidung per Urteil bestätigt (Urteil vom 13.09.2017, Az. 23 O 30/17). Inzwischen hält sich die Influencerin an die gesetzlichen Regeln und kennzeichnet Werbung als solche.

Auch Cathy Hummels, Ehefrau des Fußballers Max Hummels und Influencerin, wurde von demselben Verband abgemahnt, weil sie 15 Postings nicht als Werbung gekennzeichnet hatte, obwohl sie diese angepriesen habe und zudem Links zu den entsprechenden Biographien der Hersteller gesetzt habe. Hummels verteidigte sich dagegen mit dem Argument, sie habe dafür überwiegend keine Gegenleistung erhalten. Aus diesem Grund ging sie auch gegen die gegen sie erwirkte einstweilige Verfügung des Verbandes vor. In der mündlichen Verhandlung vor dem Landgericht München I am 9. Juli 2018 (Az. 4 HK O 4985/18) äußerte die Richterin zwar, dass das Influencer-Wesen »überflüssig wie ein Kropf« sei, betonte jedoch, dass das noch lange nicht bedeute, dass es gesetzlich verboten sei. Sofern Hummels von den betreffenden Firmen keine Gegenleistung für die Nennung der Produkte erhalten habe, sei die Erwähnung dieser Produkte durchaus zulässig, so die Richterin. Damit wurde klar, dass der VSW in diesem Fall keine besonderen Erfolgsaussichten hat. Eine Entscheidung steht jedoch noch aus.

Doch für Influencer ist es nicht immer leicht zu entscheiden, wann ihr Beitrag Werbung darstellt und wie sie den gesetzlichen Anforderungen gerecht werden können. Um diese Entscheidung treffen zu können, müssen Sie zunächst wissen, was das Trennungsgebot beinhaltet.

Der Grundsatz der Trennung von redaktionellen und werbenden Inhalten, das sogenannte *Trennungsgebot*, ist in verschiedenen, nebeneinander stehenden Gesetzen geregelt. Von allen Influencern einzuhalten sind die Regelungen des Gesetzes gegen den unlauteren Wettbewerb und des Telemediengesetzes. Daneben müssen Influencer, die Werbung in Videos (zum Beispiel auf Plattformen wie YouTube) schalten, auch die Vorgaben des Rundfunkstaatsvertrages der Länder beachten.

Das *Gesetz gegen den unlauteren Wettbewerb* regelt in § 5a Abs. 6, dass unlauter handelt, »wer den kommerziellen Zweck einer geschäftlichen Handlung nicht kenntlich macht, sofern sich dieser nicht unmittelbar aus den Umständen ergibt, und das Nichtkenntlichmachen geeignet ist, den Verbraucher zu einer geschäftlichen Entscheidung zu veranlassen, die er andernfalls nicht getroffen hätte.« Wann dies vorliegt, ist anhand einer Gesamtwürdigung aller Umstände des Einzelfalles festzustellen. Das Gesetz ist auf jeden anwendbar, der kommerziell auftritt. Dies gilt bei Influencern bereits ab dem ersten Beitrag, in dem sie Werbung für ein Unternehmen betreiben.

Auch aus § 6 Abs. 1 Nr. 1 TMG ergibt sich, dass jede kommerzielle Kommunikation »klar als solche zu erkennen« sein muss.

Weiterhin ist auch dem im *Rundfunkstaatsvertrag* der Länder normierten Trennungsgebot Beachtung zu schenken, da nach Ansicht vieler Juristen – allen voran denen der zuständigen Landesmedienanstalten – Internet-Videos als »fernsehähnlich« im Sinne des § 58 Abs. 3 RStV einzustufen sind, sodass die Werberegelungen auch für Influencer mit Video-Beiträgen gelten. Demnach muss gemäß § 7 Abs. 3 RStV sichergestellt werden, dass Werbung »als solche leicht erkennbar und vom redaktionellen Inhalt unterscheidbar« ist.

Wie diese Unterscheidbarkeit genau aussehen soll, regelt der Rundfunkstaatsvertrag in § 8 Abs. 1. So muss in Videos, die ganz oder teilweise Werbung enthalten, »zu Beginn oder am Ende auf die Finanzierung durch den Sponsor in vertretbarer Kürze und in angemessener Weise deutlich hingewiesen werden.« Auch beim Einsatz neuer Werbetechniken, wozu das Influencer-Marketing wohl zu zählen ist, muss die Werbung »dem Medium angemessen durch optische oder akustische Mittel oder räumlich eindeutig von anderen Sendungsteilen abgesetzt sein.«

> **Achtung!**
>
> Um auf der sicheren Seite zu sein, sollten Influencer, die Produkte in Videos platzieren, sich an die Regelungen des Rundfunkstaatsvertrages halten. Andernfalls drohen Influencern Bußgelder von bis zu 500.000 €!
>
> Des Weiteren enthalten auch die jeweiligen *Landespressegesetze* das Trennungsgebot. Außerdem enthalten der *Pressekodex* und zahlreiche andere Branchenvereinbarungen (wie die Richtlinie des Zentralverbandes der Werbewirtschaft oder die Richtlinie des Deutschen Rates für Public Relations) eigene Regelungen, die Branchenangehörige zur Einhaltung verbindlicher Standards im Umgang mit kommerziellen Inhalten verpflichten. Diese sind für die meisten Influencer aber nicht relevant und werden an dieser Stelle daher nicht weiter erläutert.

8.3 Wann handelt es sich um Werbung, wann um Schleichwerbung?

Nachdem wir Ihnen bereits in Abschnitt 6.4.1 eingehend erläutert haben, wann im Allgemeinen ein Fall der Schleichwerbung vorliegt, möchten wir uns in diesem Abschnitt in den grundsätzlichen rechtlichen Ausführungen etwas kürzer fassen und verstärkt auf die Influencer-spezifischen Probleme eingehen.

Wenn wir im Rahmen des Influencer-Marketings die Pflicht zur Kennzeichnung von Werbung und das Verbot der Schleichwerbung thematisieren, stellt sich ganz grundsätzlich zunächst die Frage: Was ist eigentlich Werbung?

Zwar ist der Trennungsgrundsatz im Gesetz gegen den unlauteren Wettbewerb, im Telemediengesetz und im Rundfunkstaatsvertrag geregelt; eine Definition der Begriffe »Werbung« und »Schleichwerbung« findet sich jedoch nur im Rundfunkstaatsvertrag und wird daher an dieser Stelle allgemein für diese Thematik zu Grunde gelegt.

Danach ist *Werbung »jede Äußerung (im Geschäftsverkehr), die entweder gegen Entgelt oder eine ähnliche Gegenleistung oder als Eigenwerbung gesendet wird, mit dem Ziel, den Absatz von Waren oder die Erbringung von Dienstleistungen (...) gegen Entgelt zu fördern«* (§ 2 Nr. 7 RStV).

Schleichwerbung ist dagegen gemäß § 2 Nr. 8 RStV »*die Erwähnung oder Darstellung von Waren, Dienstleistungen, Namen, Marken oder Tätigkeiten eines Herstellers von Waren oder eines Erbringers von Dienstleistungen in Sendungen, wenn sie vom Veranstalter absichtlich zu Werbezwecken vorgesehen ist und mangels Kennzeichnung die Allgemeinheit hinsichtlich des eigentlichen Zweckes dieser Erwähnung oder Darstellung irreführen kann«*.

Aus dem Trennungsgebot folgt daher, dass jegliche Form von Werbung ohne entsprechende Kennzeichnung Schleichwerbung ist, wenn der Zuschauer über die werblichen Zwecke getäuscht werden kann. Von einem Werbezweck ist nach der gesetzlichen Regelung insbesondere dann auszugehen, wenn die Erwähnung oder Darstellung gegen ein Entgelt oder eine ähnliche Gegenleistung erfolgt.

Das Entgelt oder die Gegenleistung sind jedoch nur ein Indiz und keinesfalls eine Voraussetzung für die Annahme von Schleichwerbung. Weitere gewichtige Indizien sind die reklamehafte Beschreibung des präsentierten Produkts, die Übernahme von Produkt- und Markenslogans oder von Bildern des Produktherstellers, Kaufempfehlungen oder die Präsentation des Produkts als zentralen Inhalt des Beitrags.

Was auf den ersten Blick nun so klar klingt, ist eigentlich alles andere als klar – selbst für Juristen nicht. Denn Influencer-Marketing funktioniert gerade nicht plakativ, weshalb eine solche pauschale Beurteilung dem Instrument nicht gerecht wird. Denn die Ausgestaltung des Influencer-Marketings ist ebenso facettenreich wie die Beiträge selbst. Aus diesem Grund kann nicht pauschal beurteilt werden, ob Influencer-Marketing kennzeichnungspflichtig ist oder nicht. Vielmehr ist eine Entscheidung im Einzelfall erforderlich. Jedoch ist sogar im konkreten Einzelfall eine Kategorisierung als Werbung nicht so einfach, da die Grenze zwischen Werbung und Schleichwerbung fließend ist.

Damit Sie sich jedoch dennoch eine Vorstellung davon machen können, wo Grenzen zu ziehen sind, möchten wir im Folgenden ein paar typische Konstellationen untersuchen.

8.3.1   Fallbeispiel 1: Der Influencer bewirbt eigene Produkte

Influencer sind häufig im »realen Leben« auch unternehmerisch tätig. Manche von ihnen waren das auch schon vor ihrer Medienpräsenz auf YouTube, Facebook oder Instagram; andere haben ihre Medienpräsenz dazu genutzt, eigene Produkte auf den Markt zu bringen. Nichts ist dabei naheliegender, als diese Produkte auch über die eigenen Kanäle zu bewerben.

Praxisbeispiel

Die Food-Influencerin Sally postet auf ihrer Instagram-Seite »sallystortenwelt« Bilder von Torten und Kuchen. Im Jahre 2017 hat sie auch ein Kochbuch unter dem Namen »Sallys türkische Küche« herausgebracht und dazu Beiträge verfasst, die sie nicht als Werbung gekennzeichnet hat (siehe Abbildung 8.7).

Abbildung 8.7 Die Food-Bloggerin Sally präsentiert auf ihrem Instagram-Profil ihr neues Kochbuch.

Aber ist das erlaubt? Die Antwort auf diese Frage lautet: »Es kommt darauf an!« Ob diese Art der Bewerbung der eigenen Produkte zulässig ist oder nicht, hängt davon ab, wie transparent der Influencer damit umgeht, dass es sich um seine eigenen Produkte handelt. Denn weiß der Zuschauer klar, dass der Influencer selbst hinter dem dargestellten Produkt steht, dann ist ihm auch klar, dass die Darstellung keineswegs rein objektiv und neutral ist, und er geht kritisch mit den Aussagen in Bezug auf das Produkt um. Daher ist in diesen Fällen keine Kennzeichnung als Werbung notwendig. Im oben genannten Beispiel der Influencerin Sally weiß jeder ihrer Follower, dass es sich bei dem Kochbuch um ihr eigenes Produkt handelt, weshalb sie dieses auch nicht kennzeichnen muss.

Anders sieht die Rechtslage hingegen aus, wenn der Influencer seine Beziehung nicht offenlegt und der Zuschauer daher davon ausgeht, dass der Influencer mit einem Mindestmaß an Neutralität über das Produkt berichtet. Denn die ungekennzeichnete Werbung ist nicht nur dann unzulässig, wenn es sich um die Produkte und Dienstleistungen anderer Unternehmen handelt, sondern auch bei der werblichen Hervorhebung der Produkte, die der Influencer selbst hergestellt hat bzw. an deren Absatz er ein eigenes Interesse hat: Sobald die Zielgruppe des Beitrags nicht weiß, dass ein kommerzielles Interesse an dem Absatz des Produkts besteht, wird sie getäuscht und es liegt ein Verstoß gegen den Trennungsgrundsatz vor. Welche Konsequenzen daraus resultieren können, zeigt das folgende Praxisbeispiel.

Praxisbeispiel

Ein aufgrund der rechtlichen Konsequenzen prominentes Beispiel für unzulässige Eigenwerbung ist der bereits erwähnte Influencer »Flying Uwe« (siehe Abbildung 8.8), der in seine YouTube-Videos regelmäßig Fitnessprodukte wie etwa Proteinpulver einbindet.

Abbildung 8.8 YouTuber »Flying Uwe« wirbt in seinen Videos für Fitness-Produkte.

Dabei informierte er die Zuschauer aber nicht darüber, dass er selbst Geschäftsführer der drei Unternehmen ist, die die von ihm beworbenen Produkte herstellen. Da dies für den Zuschauer auch nicht offensichtlich war, stufte die Landesmedienanstalt dies als Schleichwerbung ein und verpflichtete ihn, die Videos als Dauerwerbesendung zu kennzeichnen. Da er dieser Aufforderung nicht folgte, muss er nun ein Bußgeld in Höhe von 10.500 € zahlen.

8.3.2   Fallbeispiel 2: Der Influencer kauft das Produkt selbst

Hat der Influencer das Produkt selbst gekauft und preist er freiwillig dessen positiven Eigenschaften an, ist dies nicht als Werbung zu kategorisieren, da hier seine Meinungsfreiheit überwiegt. Diese Beiträge muss der Influencer also nicht kennzeichnen.

Allerdings kann es trotzdem zumindest so aussehen, als würde der Influencer Werbung betreiben (siehe Abbildung 8.9). Daher sollte man also zumindest vorsichtig sein, wenn man ein Produkt zu undifferenziert positiv bewertet. In diesen Fällen ist es durchaus möglich, ins Visier der örtlichen Landesmedienanstalt zu geraten, selbst wenn das Verhalten rechtlich nicht zu beanstanden ist.

Abbildung 8.9 Der YouTuber »Felix von der Laden« kauft sich einen »Mercedes G 63 AMG« und dreht ein zehnminütiges Video, in dem das Auto im Mittelpunkt steht.

Diese Gefahr besteht insbesondere dann, wenn der Influencer auf seinem Foto Markenprodukte abbildet und die entsprechende Marke dann noch per @-Erwähnung verlinkt – das Bild also mit dem Instagram-Account der Marke verbindet –, ohne dies als Werbung zu kennzeichnen. Dabei spielt es der jüngsten Rechtsprechung zufolge keine Rolle, ob der Influencer die Produkte selbst gekauft hat oder nicht. Wer also Seiten von Marken verlinkt, sollte diese ebenfalls vorsorglich als Werbung kennzeichnen.

Praxisbeispiel

Die Bloggerin und Influencerin Vreni Frost (siehe Abbildung 8.10) war sehr erstaunt, als sie eine Abmahnung des Verbands Sozialer Wettbewerb im Briefkasten fand. Ihr wurde Schleichwerbung auf Instagram vorgeworfen – und das, obwohl sie niemals eine Gegenleistung für die Verlinkung der Marken bekommen hatte, die sie in ihren Instagram-Posts trug oder zeigte. Auf Instagram postete sie aber unter anderem Bilder von sich und verlinkte diese per @-Erwähnung mit den offiziellen Instagram-Accounts von Modehändlern und Herstellern.

Abbildung 8.10 Vreni Frost präsentiert auf ihrem Instagram gerne Designer-Fashion – in diesem Fall eine Handtasche von Yves Saint Laurent.

Als Werbung sah sie das Ganze nicht an, da es ihrer Ansicht nach ihre freie Entscheidung sei, ihre persönlichen Vorlieben in dem Netzwerk mit ihren Fans zu teilen. Die Verlinkungen auf die jeweiligen Unternehmen würde sie nur vornehmen, um häufigen Fragen ihrer Follower nach der Herkunft der abgebildeten Produkte und Bekleidungsteile vorzubeugen. Zudem habe sie die Produkte selbst gekauft und die Rechnungen als Beweis aufgehoben. Auch habe sie bisher alle bezahlten Posts immer ordnungsgemäß als Werbung gekennzeichnet.

Dass dies alles keine Rolle spielt, entschied dann das Landgericht Berlin in seinem Urteil vom 24.05.2018 (Az. 52 O 101/18): Das Gericht erließ nämlich eine einstweilige Verfügung, in der Vreni Frost verboten wird, solche »kommerziellen Inhalte« im geschäftlichen Verkehr zu zeigen, ohne dies entsprechend zu kennzeichnen. Wenn sie dagegen verstößt, drohen ihr für jeden Fall der zukünftigen Zuwiderhandlung ein Ordnungsgeld von bis zu 250.000 € – und im schlimmsten Fall sogar Ordnungshaft. Zudem wurde sie verurteilt, die Abmahnkosten in Höhe von 178,50 € zahlen. Das Gericht hat es der Bloggerin letztlich selbst überlassen, Wege zu finden, die aus dem Verbot hinausführen, und die Posts entsprechend zu kennzeichnen. Sie will jedoch gegen diese – auch für andere Influencer wichtige – Entscheidung vorgehen.

Anders könnte dies jedoch das Landgericht München I in dem eingangs geschilderten Fall von Cathy Hummels sehen (Az. 4 HK O 4985/18), in dem die Entscheidung noch aussteht. Sollte das Gericht sich gegen eine Kennzeichnungspflicht entscheiden, kann letztverbindlich nur noch der Bundesgerichtshof ein Urteil fällen. Bis dahin empfehlen wir Ihnen daher, sicherheitshalber Kennzeichnungen vorzunehmen.

8.3.3   Fallbeispiel 3: Der Influencer bekommt eine Gegenleistung

Die aus juristischer Perspektive wohl am eindeutigsten zu beurteilende Konstellation ist die, in der die Zusammenarbeit zwischen Unternehmer und Influencer darin besteht, dass Letzterer sich vertraglich dazu verpflichtet, das Produkt oder die Dienstleitung des Unternehmens in einer positiven Art und Weise in den Fokus eines seiner Beiträge zu stellen, und dafür eine Gegenleistung erhält.

Diese Gegenleistung muss nicht in Geld, sondern kann auch in Sachmitteln oder anderen Vorteilen bestehen, wie in Eintrittskarten zu exklusiven Veranstaltungen. Eine Gegenleistung kann auch darin bestehen, dass der Influencer das Werbeprodukt im Anschluss auch behalten darf. Diese Fälle stellen ganz klassische Werbung dar und sind daher immer kennzeichnungspflichtig.

Praxisbeispiel

Mitte 2017 war die Werbekampagne des Waschmittelherstellers »Coral« auf Instagram sehr präsent. Dabei haben zahlreiche deutsche Influencer wie Jörn Schlönvoigt, Shanti Joan Tan oder Fiona Erdmann Fotos auf Instagram veröffentlicht, in denen sie das Waschmittel in den Mittelpunkt gestellt und mit den Hashtags »#coralliebtdeinekleidung« und »#coralcares« versehen haben (siehe Abbildung 8.11).

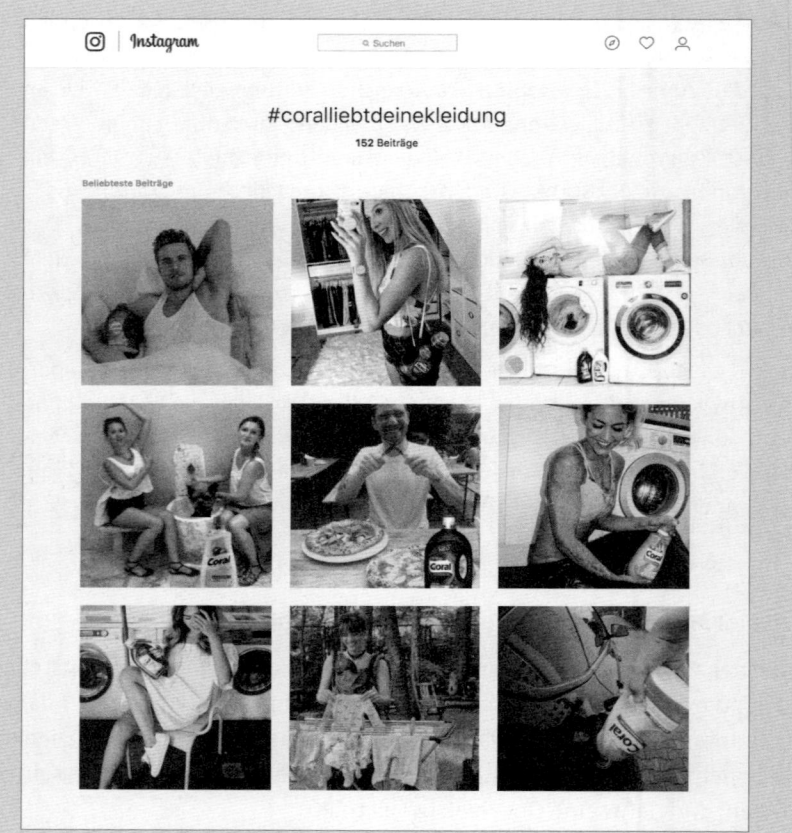

Abbildung 8.11 Verschiedene Influencer bewerben das Waschmittel der Marke »Coral« auf Instagram.

Diese Beiträge haben die Influencer auch mit dem Hinweis »#Werbung«, »#advertisement« oder »Anzeige« gekennzeichnet. Es ist also sehr wahrscheinlich, dass sie für diesen Content eine Gegenleistung erhalten haben.

8.3.4   Fallbeispiel 4: Der Influencer testet ein Produkt

Kommen neue Produkte, zum Beispiel aus den Bereichen Technik und Kosmetik, auf den Markt, so gibt es immer Influencer, die diese testen. Dabei stellt sich auch an dieser Stelle die entscheidende Frage: Ist das Werbung?

Bei der Beantwortung dieser Frage kommt es auf die genauen Umstände an. Während man in den Fällen, in denen der Influencer das Produkt selbst gekauft hat und es in seinen Videos testet, davon ausgehen muss, dass das ganz klar unter seine Meinungsfreiheit fällt und schlichtweg keine Werbung ist, ist dies in den Fällen, in denen das Produkt dem Influencer kostenlos von dessen Hersteller zugeschickt wurde, nicht ganz so klar. Hier kommt es im Wesentlichen darauf an, ob der Influencer sich zu etwas verpflichtet.

Verbindliche Zusendung eines Testprodukts

Sendet ein Unternehmen einem Influencer ein neues Produkt zu und bietet es ihm an, dieses Produkt behalten zu dürfen, wenn er es testet und innerhalb des Beitrags nur die positiven Aspekte des Produktes herausstellt, dann handelt es sich dabei nicht um einen objektiven Warentest, sondern um Werbung, die auch als solche gekennzeichnet werden muss. Denn gerade bei Produkttestungen geht der Zuschauer davon aus, dass es sich um eine objektive Berichterstattung handelt. Da dies jedoch aufgrund der vertraglichen Verpflichtung gerade nicht der Fall ist, ist die ungekennzeichnete Sendung ein klarer Fall von Schleichwerbung und kann Abmahnungen sowie Unterlassungsklagen zur Folge haben.

Praxisbeispiel

Ein neu auf den Markt gekommener Uhrenhersteller bietet 10 Influencern aus dem Bereich »Fashion und Lifestyle« an, ihnen je eine Uhr im Wert von 90 € zuzusenden, damit sie sich diese einmal näher anschauen können. Diese Uhr dürfen die Influencer auch behalten, wenn sie sie auf einem ihrer nächsten Bilder auf Instagram tragen, sie in einer Nahaufnahme besonders positiv hervorheben und im Begleittext ihre Begeisterung dafür ausdrücken.

Unverbindliche Zusendung eines Testprodukts

Hat das Unternehmen dem Influencer das Produkt völlig unverbindlich zugeschickt, ohne dass damit irgendwelche Verpflichtungen oder Gegenleistungen einhergehen – der Influencer entscheidet also selbst vollkommen eigenständig über das Ob und vor allem das Wie der Darstellung –, dann muss auch dieser Beitrag grundsätzlich nicht als Werbung gekennzeichnet werden. Denn auch in diesen Fällen handelt es sich grundsätzlich nur um eine freie Meinungskundgabe des Influencers, wenn er sich zu einem Produkttest entschließt.

Praxisbeispiel

Der Hersteller von neu auf dem Markt erschienenen Kopfhörern im Wert von 30 € sendet technikaffinen Influencern diese Kopfhörer zu, damit sie sie testen können. Ob die Influencer im Anschluss daran einen Beitrag zu oder mit den Kopfhörern verfassen oder nicht, ist ihnen selbst überlassen. Die zugesandten Kopfhörer dürfen sie jedenfalls behalten.

Zwar gilt der Grundsatz der freien Meinungskundgabe grundsätzlich unabhängig davon, ob der Influencer das zugeschickte Produkt auch behalten kann, jedoch stellt sich mit steigendem Wert der Produkte oder auch Dienstleitungen die Frage, inwieweit der Influencer tatsächlich neutral berichtet, wenn er von dem Produkt oder der Dienstleistung in erheblichem Maße profitiert.

Praxisbeispiel

Gerade Reise-Influencer wie Jay Alvarrez mit mehr als 5,9 Millionen Followern oder Foster Huntington mit mehr als 1 Million Followern stehen im Fokus von Reiseveranstaltern. Denn keine Werbekampagne ist einflussreicher als ein Post von einem dieser Influencer.

TÜRKEI FOLLOW ME AROUND ♥ BibisBeautyPalace
3.546.525 Aufrufe   👍 174.712   👎 2.466   ↗ TEILEN   ≡₊   ...

BibisBeautyPalace ✔
Am 26.10.2014 veröffentlicht   ABONNIEREN 4,6 MIO.

Abbildung 8.12 Die YouTuberin »Bibi« reist mit »Neckermann Reisen« in die Türkei.

Das sieht auch der Reiseveranstalter »Neckermann« so und konnte die YouTuberin Bianca »Bibi« Heinicke für sich gewinnen (siehe Abbildung 8.12), die nun mit Neckermann die Welt erkundet und darüber in ihren Videos ihren 5,1 Millionen Followern berichtet. Darüber klärt die YouTuberin selbst im Beschreibungstext zu ihrem Video auf, indem sie sich dort mit den Worten »*Vielen Dank an Neckermann Reisen für die Finanzierung & Unterstützung dieses Projektes :)*« bei ihrem Sponsor bedankt.

Nun sind gerade tolle Reisen rund um die Welt besonders teuer und für Influencer deutlich attraktiver als beispielsweise Produkte im niedrigen Preissegment. Aus diesem Grund stellt sich auch in den Fällen, in denen Influencern Reisen von Veranstaltern zu Testzwecken finanziert werden und sie selbst über das Ob und Wie eines Berichts entscheiden können, die Frage, ob der Influencer tatsächlich umfassend seine subjektive Meinung darstellt und daher nicht kennzeichnen muss.

Schließlich hat auch der Influencer ein Interesse daran, weiterhin von dem Veranstalter als Tester eingesetzt zu werden. Dass er damit wohl nur dann rechnen kann, wenn er einerseits überhaupt berichtet und andererseits dies besonders positiv macht, ist wohl jedem klar. Denn auch der Travel Influencer profitiert von diesem Dienstleistungstest, da ihm dieser wertvollen Content liefert.

Guter Content ist wichtig, um die Followerzahl zu halten sowie zu erweitern und so den eigenen Marktwert zu steigern. Dieser Umstand führt zu der ganz entscheidenden Frage, ob Influencer mit steigendem Wert des zur Verfügung gestellten Produkts nicht mehr oder weniger unbewusst in ihrer »Meinungsäußerung« beeinflusst werden – also ob eine Beeinflussung der Influencer durch die Unternehmen vorliegt, die dann strenggenommen gekennzeichnet werden müsste.

Zwar gibt es zu dieser Thematik noch keine Rechtsprechung, wir sind jedoch der Meinung, dass die Fälle, in denen der Influencer Produkte oder Dienstleistungen im hohen Preissegment erhält, auch dann kennzeichnungspflichtig sind, wenn vertraglich weder eine Berichterstattungspflicht noch eine Pflicht zur positiven Bewertung besteht. Zu Recht werden Sie wohl jetzt fragen, ab welchem Betrag Produkte im hohen Preissegment liegen – diese Frage haben wir uns auch gestellt.

Man könnte als Grenze an die gemeinsamen *Werberichtlinien der Landesmedienanstalten* denken (vgl. *http://wbs.is/rom104*), die in Ziffer 4 Abs. 3 Nr. 2 eine Untergrenze für die Kennzeichnung von Produkthilfen bei 1.000 € ziehen. Jedoch spricht gegen diesen recht hoch angesetzten Betrag, dass der Gesetzgeber von teuren Film- und TV-Produktionen ausgegangen ist, bei denen 1.000 € nur einen Bruchteil des Kostenvolumens für eine solche Produktion ausmachen.

Aus diesem Grund halten wir diesen Betrag als Grenze für das Influencer-Marketing für ungeeignet – hier muss die Grenze deutlich niedriger gezogen werden, da auch die Produktionskosten für Influencer-Beiträge deutlich niedriger bis hin zu kostenlos sind. Wir sind daher der Ansicht, dass die Grenze bei einem Wert von 100 € gezogen werden sollte. Liegt der Wert des Produktes über 100 €, sollte also eine Kennzeichnung erfolgen; liegt er darunter, ist dies unserer Ansicht nach nicht erforderlich.

8.3.5 Fallbeispiel 5: Der Influencer bekommt Produkthilfe

Manchmal benötigen Influencer für die Erstellung ihrer Beiträge Produkte, die sie von Unternehmen kostenlos bereitgestellt bekommen. Dies ist zum Beispiel im Bereich der Food-Blogger relevant, die sich Töpfe oder Küchengeräte zur Verfügung stellen lassen, um einen Beitrag zum Thema Essen zu verfassen.

Praxisbeispiel

Food-Influencer wie die YouTuberin »Sally« verfügen auf ihrem Profil über Videos, in denen sie gesundes Essen kochen oder backen. Dabei verwenden sie nicht selten namhafte Küchenmaschinen, zum Beispiel den Mixer der Marke »KitchenAid« (siehe Abbildung 8.13), und kennzeichnen den Beitrag nicht als Werbung, obwohl die Marke klar erkennbar ist.

Abbildung 8.13 Die Influencerin »Sally« backt ihre Torte mit einem »KitchenAid«-Mixer.

Eine Kennzeichnung ist bei Produkthilfen dann nicht erforderlich, wenn diese nur zur Produktion des Beitrags verwendet werden, nicht aber im Vordergrund des Beitrags stehen. Gerade bei den Food-Bloggern stehen nicht die Küchengeräte im Vordergrund, sondern die Darstellung der Koch- oder Backanleitung, für deren Produktion das Produkt nur Hilfe leistet. Das Küchengerät wird weder in den Vordergrund gestellt – anders wäre es, wenn zum Beispiel genau dieses Gerät getestet wird –, noch wird es von dem Influencer erwähnt.

Achtung!

Influencer, die Video-Beiträge mit Produkthilfen auf YouTube einstellen, sollten auch den nächsten Abschnitt genau lesen, da für Videos spezielle gesetzliche Regelungen gelten. So gilt zum Beispiel für den Fall der Produkthilfe eine Kennzeichnungsfreiheit nur bis zu einem Betrag von 1.000 €!

8.4 Wie können Produkte in Videos rechtssicher platziert werden?

Besondere Regelungen für Influencer hält der Rundfunkstaatsvertrag für Video-Beiträge bereit. Wahrscheinlich haben Sie in Videos auf YouTube schon einmal die Einblendung des Begriffs »Produktplatzierung« gesehen und sich gefragt, was es damit auf sich hat und was eigentlich der Unterschied zu Werbung ist. Auf diese Frage möchten wir in diesem Abschnitt ebenso eingehen wie auf die Zulässigkeit der Produktplatzierungen in sozialen Netzwerken.

8.4.1 Rechtliche Rahmenbedingungen der Produktplatzierung

Hinweis

Die Regelungen des *Rundfunkstaatsvertrags* betreffen nur Influencer, die Videos veröffentlichen; sie gelten aber nicht für Foto- oder Textbeiträge von Influencern. Zudem muss es sich bei den Videos, die von Influencern zum Beispiel auf Plattformen wie YouTube verbreitet werden, um Sendungen »der leichten Unterhaltung« handeln.

Ob Influencer-Beiträge tatsächlich einen Fall der »leichten Unterhaltung« darstellen, wird sich nicht allgemein beantworten lassen, sondern muss im konkreten Einzelfall beurteilt werden. Denn Influencer gestalten ihre Beiträge inhaltlich sehr unterschiedlich. Festhalten lässt sich jedoch, dass wohl der Großteil der klassischen Influencer-Beiträge dieser Art der Sendung zugeordnet werden kann, da der Zuschauer in der Regel keine objektiven Informationen erwartet. Wäre dies der Fall, läge nämlich kein Fall der »leichten Unterhaltung« vor.

Produkte in Video-Beiträgen zu platzieren – auch *Product Placement* genannt – ist grundsätzlich verboten. Jedoch sieht der RStV in den §§ 7 Abs. 7 und 44 Voraussetzungen vor, unter denen eine Produktplatzierung für Influencer als Privatpersonen in Videos zulässig ist.

Eine *Produktplatzierung* ist gemäß § 2 Nr. 11 S. 1 Rundfunkstaatsvertrag »*die gekennzeichnete Erwähnung oder Darstellung von Waren, Dienstleistungen, Namen, Marken, Tätigkeiten eines Herstellers von Waren oder eines Erbringers von Dienstleistungen in Sendungen gegen Entgelt oder eine ähnliche Gegenleistung mit dem Ziel der Absatzförderung. Die kostenlose Bereitstellung von Waren oder Dienstleistungen ist Produktplatzierung, sofern die betreffende Ware oder Dienstleistung von bedeutendem Wert ist*«.

Der entscheidende Unterschied zwischen Schleichwerbung und Produktplatzierung liegt demnach in der Kennzeichnung des Werbeinhalts und in der Tatsache, dass bei einer Produktplatzierung die Vereinbarung einer Gegenleistung eine Voraussetzung ist, bei Schleichwerbung jedoch nur ein Indiz.

Daneben liegt eine Produktplatzierung gemäß § 2 Nr. 11 S. 2 RStV auch dann vor, wenn Unternehmen Dritten Waren oder Dienstleistungen von bedeutendem Wert mit dem Ziel der Absatzförderung kostenlos bereitstellen.

Diese ist jedoch gemäß Ziffer 4 Abs. 3 Nr. 2 der Werberichtlinie der Landesmedienanstalten dann nicht kennzeichnungspflichtig, wenn die bereitgestellten Produkte nicht mehr als 1.000 € wert sind, dem Influencer keine Vorgaben zu deren Verwendung gemacht werden und diese nicht im Vordergrund des Beitrags stehen – diese Voraussetzungen müssen alle gleichzeitig erfüllt sein. Denn dann handelt es sich um eine *kennzeichnungsfreie Produkthilfe*. Es handelt sich also um Fälle, in denen das Produkt für die Herstellung des Beitrags benötigt wird. Das können zum Beispiel Möbelstücke oder Dekorationsartikel sein, die nur als Hintergrund in einem Foto-Beitrag benötigt werden und deren Wert den Betrag von je 1.000 € nicht übersteigt.

Hinweis

Werden dem Influencer von einem Unternehmen mehrere Produkte für einen Beitrag überlassen, so wird deren Wert addiert. Stammen hingegen mehrere Artikel von mehreren Unternehmen, so wird jedes Produkt einzeln gewertet.

Liegt der Wert der Produkte über diesem Betrag, ist eine Kennzeichnung weiterhin dann nicht erforderlich, wenn der Wert zumindest nicht 1 % der Produktionskosten überschreitet, was insbesondere bei sehr teuren Produktionen der Fall ist.

Es gibt jedoch auch Konstellationen, in denen die Produkte kostengünstig sind und den Influencern zugeschickt werden, jedoch dennoch gekennzeichnet werden müssen – oder auch nicht. Sie sehen also: Der Teufel steckt im Detail!

Denn von der Produkthilfe zu unterscheiden sind *nichtkennzeichnungspflichtige Produktrezensionen* des Influencers. In diesen Fällen werden dem Influencer kostenlose Exemplare zugeschickt und ihm ist es selbst überlassen, zu entscheiden, ob und wie er über das Produkt berichtet. In diesen Fällen ist keine Kennzeichnung erforderlich. Besonders verbreitet sind Rezensionsexemplare zum Beispiel im Bereich von Kosmetik oder Bekleidung. Dabei werden Influencern, die in ihren Beiträgen vermehrt auf Beauty und Lifestyle Wert legen, Produkte wie zum Beispiel Schuhe aus der neuen Kollektion oder ein neuer Lippenstift zugeschickt, in der Hoffnung, dass diese von den Influencern in einem ihrer nächsten Beiträge getestet bzw. getragen und zugleich positiv bewertet werden.

Der Hintergrund für die fehlende Kennzeichnungspflicht in diesen Fällen liegt einerseits in der Autonomie des Influencers, der selbst über das Ob und Wie seines Beitrags entscheidet, und andererseits in der Tatsache, dass er keine Gegenleistung vonseiten des Unternehmens dafür erhält. Influencer dürfen – wie jede andere Person auch – Produktempfehlungen oder Markenpräferenzen aussprechen und diese Botschaften über die eigene Reichweite vermarkten. Dass Unternehmen oder Marken davon profitieren, ändert nichts daran.

Praxisbeispiel

Dem YouTube-Kanal der Beauty-Bloggerin »MRS BELLA« folgen mehr als 990.000 Nutzer. Diese verfolgen regelmäßig, wie MRS BELLA neue Kosmetikprodukte testet oder verschiedene Hersteller vergleicht (siehe Abbildung 8.14).

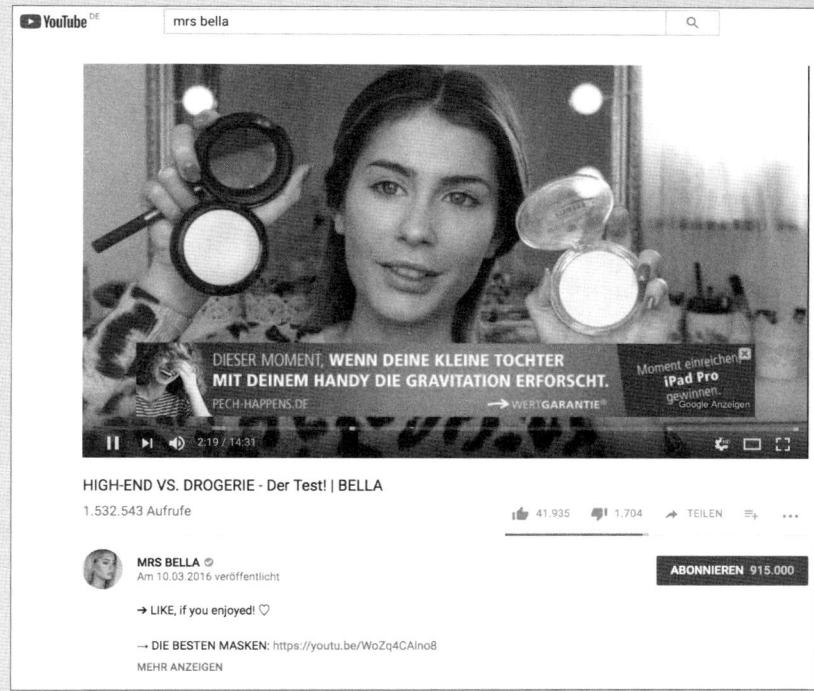

Abbildung 8.14 »MRS BELLA« vergleicht in ihrem Video Kosmetikprodukte verschiedener Preiskategorien und verzichtet auf eine Kennzeichnung.

Eine Kennzeichnung als Produktplatzierung nimmt sie in ihren Videos nicht vor – und das muss sie auch nicht, wenn es ihr selbst überlassen ist, ob sie die Produkte testet und zu welchem Ergebnis sie kommt. Denn das Testen von Produkten, das mit der Darstellung der positiven wie negativen Seiten einhergeht, ist von ihrer Meinungsäußerungsfreiheit gedeckt.

Dass ein Produkt kostengünstig ist, entbindet Influencer jedoch nicht grundsätzlich von ihrer Kennzeichnungspflicht. Denn auch Produkte im niedrigen Preissegment müssen gekennzeichnet werden, wenn diese im Mittelpunkt des Beitrags stehen und der Influencer eine Gegenleistung dafür erhalten hat, dass er das jeweilige Produkt in einer bestimmten Art und Weise in seinem Beitrag darstellt. In diesen Fällen handelt es sich weder um eine Produkthilfe noch um eine Produktplatzierung, sondern um klassische Werbung, die auch als solche gekennzeichnet werden muss.

Praxisbeispiel

Die Niedersächsische Landesmedienanstalt hatte die Produktplatzierung des Kekses »Pick up!« der Marke »Leibniz« in der TV-Sendung »Das Dschungelcamp« als unzulässig beanstandet und Klage erhoben.

In der TV-Sendung war der Keks der Preis für eine Aufgabe und wurde von den Teilnehmern deutlich sichtbar in die Höhe gehalten (siehe Abbildung 8.15), woraufhin die Akteure mit Jubel reagierten. In Einzeleinstellungen wurde gezeigt, wie die Teilnehmer lustvoll das Gebäck verzehrten.

Abbildung 8.15 Die Teilnehmer der TV-Sendung »Das Dschungelcamp« werben für den »Leibniz«-Keks »Pick Up!«, ohne dies zu kennzeichnen.

Das Verwaltungsgericht Hannover (Urteil vom 18.02.2016, Az. 7 A 13293/15) entschied, dass der Keks zu stark hervorgehoben wurde und damit nicht mehr von Werbung abgegrenzt werden könne. Die Grenze zur unzulässigen Produktplatzierung sei allerdings erst mit Äußerungen wie »*Das hat wirklich alles: Karamell, Schokolade und Keks. Was will man mehr?*« oder »*Das ist eine Geschmacksbombe*« in der Interviewkabine und aus dem »Off« überschritten worden; die vorherigen Präsentationen waren also noch in Ordnung.

Produktplatzierungen sind weiterhin gemäß § 7 Abs. 7 RStV nur dann zulässig, wenn die Influencer in dem Beitrag nicht unmittelbar zum Kauf des Produkts auffordern und das Produkt nicht zu stark herausstellen.

Unzulässig sind Produktplatzierungen weiterhin in Kindersendungen, informierenden Magazinen, Ratgebern und Verbrauchersendungen, Übertragungen von Gottesdiensten, Sendungen zum politischen Zeitgeschehen und vor allem in Nachrichtensendungen. Das Verbot von Produktplatzierungen in diesen einzelnen Genres wird vor allem damit begründet, dass diese Zuschauergruppen leichter zu beeinflussen sind und dass daher bestimmte Informationsquellen wie Informations- und Nachrichtensendungen vor jeglicher möglichen Beeinflussung durch Werbepartner geschützt sein sollen.

Dass dieser Schutz gerade bei der Zuschauergruppe der Kinder und Jugendlichen auch tatsächlich erforderlich ist, zeigt eine Studie zu »Kinder und Onlinewerbung« der Landesanstalt für Medien NRW und des Bundesministeriums für Familie, Senioren, Frauen und Jugend (siehe *http://wbs.is/rom105*). Danach sind nur 18 % der Kinder im Alter von sechs bis elf Jahren in der Lage, Werbung und redaktionelle Inhalt zu trennen. Sie können Werbebotschaften also nicht eindeutig als solche identifizieren.

Aus diesem Grund ist Werbung gegenüber diesem jungen Adressatenkreis besonders klar als solche zu kennzeichnen – die Maßstäbe sind hier deutlich strenger. Werbliche Aufforderungen zur Interaktion, zum Beispiel in Online-Games wie »Jetzt hier klicken!« oder »Hast Du kurz Zeit, Dir das Angebot anzusehen?«, sind eindeutig unzulässige Schleichwerbung. Denn nach Auffassung des Bundesgerichtshofs (Urteil vom 17.07.2013, Az. I ZR 34/12) ist zum Schutz der Kinder auch im Internet eine gewisse Zurückhaltung geboten.

8.4.2   Produktplatzierungen in sozialen Netzwerken

Außer über die rechtliche Zulässigkeit von Produktplatzierungen müssen Influencer sich zudem darüber informieren, ob Produktplatzierungen auch in den jeweiligen Kanälen der sozialen Netzwerke erlaubt sind. Auskunft geben dabei die Nutzungsbedingungen oder die speziellen Werberichtlinien der jeweiligen Plattform.

Die Videoplattform *YouTube* beispielsweise ist ein beliebter Kanal zur Platzierung von Produktvideos. Entscheiden Influencer sich für diese Verbreitungsform, sind sie auf der sicheren Seite. Denn YouTube gestattet ausdrücklich die Integration bezahlter Produktplatzierungen und Empfehlungen in die Videoinhalte. Dabei werden dem YouTuber jedoch Regeln auferlegt, die Influencer auf der Website der Videoplattform einsehen können (*http://wbs.is/rom93*).

Auch die Plattform *Pinterest* erlaubt ausdrücklich sogenannte *Promoted Pins*, wenn diese rechtskonform sind sowie mit den Nutzungsbedingungen und Werberichtlinien in Einklang stehen. Jedoch behält Pinterest sich das Recht vor, Inhalte aus jeglichen Gründen zurückzuweisen oder zu entfernen, wenn sie nicht im Interesse der Plattform sind.

Eine Vielzahl von sozialen Netzwerken macht jedoch keine konkrete Angabe zu Produktplatzierungen. Dies bedeutet aber nicht, dass sie Produktplatzierungen grundsätzlich nicht erlauben. Vielmehr gelten dort die allgemeinen Regeln zu Werbemaßnahmen, die wir bereits in Kapitel 7, »Social-Media-Marketing«, näher unter die Lupe genommen haben.

8.4.3   Kombination der Produktplatzierung mit einem Affiliate-Link

Durch einen Affiliate-Link kann beispielsweise der Influencer, der einen YouTube-Kanal betreibt, an dem Verkauf des Produkts eines Unternehmens mitverdienen, indem er auf seiner Seite einen Link zu dessen Onlineshop setzt. Dabei bekommt er ein Entgelt nicht einfach nur dafür, dass er den Onlineshop des Unternehmens bewirbt. Vielmehr erhält er eine Provision, wenn der Link benutzt wird und zum Beispiel ein Kauf getätigt wird. Es handelt sich also um eine Art Vermittlungsprovision, die werbeinteressierte Unternehmen bezahlen. Eine Provision ist daneben aber auch für reine Klicks auf das Werbemittel oder die Übermittlung von Kundenkontakten möglich.

Nun könnten Influencer auf die Idee kommen, in ein und demselben Beitrag nicht nur Produktplatzierungen anzuwenden, sondern auch mit Affiliate-Links zu arbeiten. Die Kombination von Affiliate-Marketing und Produktplatzierungen ist rechtlich jedoch nicht unproblematisch. Denn eine Produktplatzierung ist nur dann zulässig, wenn die redaktionelle Verantwortung und Unabhängigkeit hinsichtlich des Inhalts unbeeinträchtigt bleiben. Die Produktplatzierung darf daher nicht unmittelbar zum Kauf auffordern, und das platzierte Produkt darf nicht zu stark im Vordergrund stehen. Diese Voraussetzungen kann der Affiliate-Link aber nicht erfüllen. Denn bei einem Affiliate-Link wird eine unabhängige Darstellung des Inhalts zumindest beeinträchtigt und kann im Zweifel nicht mehr gewährleistet werden. Außerdem stellt der Link mindestens indirekt eine Kaufaufforderung dar, die in Verbindung mit einer Produktplatzierung verboten ist.

Achtung!

Ein Verstoß dagegen stellt eine Ordnungswidrigkeit dar und kann von den Ordnungsbehörden mit einer Geldbuße von bis zu 500.000 € geahndet werden!

8.5   Wie können Beiträge richtig gekennzeichnet werden?

Nachdem wir Ihnen nun eingehend erläutert haben, warum und in welchen Fällen eine Kennzeichnung erforderlich ist, möchten wir uns nun einer weiteren ebenso bedeutenden Frage widmen: Wie ist die Werbung zu kennzeichnen? Denn wer denkt »Kennzeichnung ist Kennzeichnung«, der bewegt sich rechtlich auf sehr unsicherem Boden. Auch wenn zu erkennen ist, dass immer mehr Influencer Werbeinhalte als solche auf die eine oder andere Weise kennzeichnen, gibt es immer noch eine große Zahl an Influencer-Kampagnen in Blogbeiträgen, Posts oder Videos, die entweder überhaupt nicht oder nur unzureichend als Werbung gekennzeichnet werden.

Der Gesetzgeber und darauf basierend die Rechtsprechung haben jedoch ganz konkrete Vorstellungen davon, an welcher Stelle und mit welchen Begriffen Influencer und andere Werbetreibende Werbung als solche kennzeichnen müssen.

Praxisbeispiel

Das Kammergericht Berlin entschied in einem Verfahren Ende des Jahres 2017 (Beschluss vom 11.10.2017, Az. 5 W 221/17) gegen den Betreiber eines Instagram-Profils, der Modeartikel und Kosmetika präsentiert und hierbei sprechende Links unmittelbar zu Internetauftritten der betreffenden Unternehmen setzt. Das Gericht betonte in dieser Entscheidung noch einmal, dass kommerzielle Beiträge so deutlich als solche gekennzeichnet werden müssen, dass aus der Sicht eines durchschnittlichen Mitglieds des jeweils angesprochenen oder betroffenen Verbraucherkreises kein Zweifel am Vorliegen eines kommerziellen Zwecks besteht. Dazu sei es erforderlich, dass der kommerzielle Zweck auf den ersten Blick hervortritt.

8.5.1   Englische vs. deutsche Begriffe

Influencer verwenden bei der Kennzeichnung gern englische Begriffe wie »Advertisement«, »Ad« (siehe Abbildung 8.16), »sponsored« oder »sponsored by« sowie »promotion« und versehen diese Begriffe je nach Verbreitungsmedium noch mit einem Hashtag (siehe Abbildung 8.17).

Abbildung 8.16 »marinathemoss« kennzeichnet ihre Beiträge auf Instagram mit den Worten »Anzeige/Ad«.

Abbildung 8.17 Felix von der Laden kennzeichnet seine Beiträge auf
Facebook mittels »#sponsored«.

Während diese Begriffe im englischsprachigen Raum natürlich üblich und auch richtig ist, werden diese Kennzeichnungsarten auch von deutschen Influencern vermehrt verwendet, da auf diese Weise der werbliche Charakter eines Beitrags nicht zu sehr in den Vordergrund gerückt wird.

Allerdings muss man wohl festhalten, dass so mancher Nutzer der englischen Sprache gar nicht oder nur unzureichend mächtig ist und daher gar nicht weiß, was sich hinter diesen Begriffen verbirgt. Genau diese Unwissenheit ist jedoch der Grund, warum englischsprachige Kennzeichen rechtliche Unsicherheiten bergen.

Dies ergibt sich insbesondere mit Blick auf die Entscheidung des Bundesgerichtshofs in dem sogenannten »GOOD NEWS II«-Verfahren (Urteil vom 06.02.2014, Az. I ZR 2/11), in dem das Gericht entschied, dass die im streitgegenständlichen Fall verwendete Bezeichnung »sponsored by« den gesetzlichen Anforderungen nicht gerecht wird.

Zwar basierte diese Entscheidung einerseits auf dem Baden-Württembergischen Landespressegesetz, das ausdrücklich die Bezeichnung als »Anzeige« verlangte, jedoch hat auch das Landgericht München I (Urteil vom 31.07.2015, Az. 4 HK O 21172/14) entschieden, dass der englischsprachige Hinweis »sponsored« zur Kennzeichnung kommerzieller Inhalte auch aus wettbewerbsrechtlicher Sicht unzureichend sei. Denn da der Hinweis nicht in deutscher Sprache erfolgte, könnten ihn manche Leser schlicht nicht verstehen. Außerdem könne der Zusatz nicht zwingend so verstanden werden, dass es sich um eine Anzeige handle.

Hinweis

Auch die Landesmedienanstalten weisen in ihrer Infobroschüre »FAQs – Antworten auf Werbefragen in sozialen Medien« (siehe Abbildung 8.18) darauf hin, dass englischsprachige Kennzeichnungen nicht vorzugswürdig sind! Da es letztlich auch die Medienanstalten sind, die die Beiträge auf Rechtsverstöße kontrollieren oder Hinweisen nachgehen, sollten Werbetreibende deren Empfehlungen ernst nehmen! Einen PDF-Download finden Sie unter *http://wbs.is/rom106*.

Abbildung 8.18 Die Medienanstalten informieren Werbetreibende über die rechtlichen Anforderungen an Werbung.

8.5.2   Kennzeichnung mit deutschen Begriffen

Juristisch sicherer ist die Verwendung deutschsprachiger Hinweise wie »Anzeige« (siehe Abbildung 8.19) oder »Werbung« (siehe Abbildung 8.20).

Während die Medienanstalten in einer früheren Version ihrer Infobroschüre »FAQs – Antworten auf Werbefragen in sozialen Medien« auch vorschlugen, Hinweise wie »#ad«, »sponsored by« oder »powered by« zu verwenden, haben sie davon in der 2017 veröffentlichten Version Abstand genommen und empfehlen klar nur noch die Kennzeichnungen »Werbung« und »Anzeige« in sozialen Netzwerken wie Instagram, Facebook oder Twitter.

Abbildung 8.19 Der Instagram-Nutzer »laserluca« kennzeichnet seinen Beitrag mit dem Hinweis »#anzeige«.

Abbildung 8.20 Die Instagram-Nutzerin »patriziapalme« verwendet den Hinweis »#Werbung«.

8.5.3   Kennzeichnung von Produktplatzierungen

Eine Produktplatzierung muss für den Nutzer erkennbar zu Beginn und zum Ende der Sendung sowie nach einer Werbeunterbrechung für mindestens 3 Sekunden mit der Abkürzung »P« als senderübergreifendes Logo gekennzeichnet werden. Ergänzend empfehlen die Medienanstalten die Verwendung von Hinweisen wie »Produktplatzierung« oder »Unterstützt durch Produktplatzierung« (siehe Abbildung 8.21) bzw. »unterstützt durch (Produktname)«.

Abbildung 8.21 Der YouTuber »Mori« verwendet in seinem Video die Kennzeichnung »Unterstützt durch Produktplatzierung« und weist auch an anderen Stellen darauf hin.

Grundsätzlich spricht aus juristischer Sicht nichts dagegen, seinen Beitrag mit deutschen Begriffen wie »Produktplatzierung« oder »Unterstützt durch Produktplatzierungen« zu versehen und dies im späteren Verlauf des Videos auf ein einfaches »P« herunterzukürzen (siehe Abbildung 8.22).

Unsere Wohnungseinrichtung, Dekoideen, Schlafzimmer I Interiordesign by Nela
Lee #werbung

14.729 Aufrufe

624   27   TEILEN

Nela Lee ✓
Am 02.10.2017 veröffentlicht

ABONNIEREN 147.000

Abbildung 8.22 Die YouTuberin Nela Lee weist im Laufe des Videos nur noch
mit dem Zeichen »P« in der rechten Ecke auf die Produktplatzierung hin.

Jedoch ist eine Grundvoraussetzung für die Kennzeichnung als Produktplatzierung,
dass es sich bei dem Beitrag auch tatsächlich um eine Produktplatzierung handelt
und gerade nicht um Werbung, die auch ausdrücklich nur mit den Begriffen »Werbung« oder »Anzeige« gekennzeichnet werden darf.

Die Trennung zwischen Produktplatzierung und Werbung gestaltet sich jedoch
gerade für juristische Laien nicht immer einfach.

Achtung!

Wer Werbung irrtümlich als Produktplatzierung kennzeichnet, der hat die Anforderungen an eine richtige Kennzeichnung nicht erfüllt und muss mit Abmahnungen
und Unterlassungsklagen rechnen! Um auf der sicheren Seite zu sein, empfehlen
daher auch wir, jedenfalls dann, wenn eine vertragliche Verpflichtung zur Anpreisung des Produktes besteht, den Beitrag als »Werbung« oder »Anzeige« zu kennzeichnen.

Neben den bereits angesprochenen Hinweisen haben Sie sicher in Sendungen auch
schon die Kennzeichnung »Dauerwerbesendung« (siehe Abbildung 8.23) oder »Wer-
bevideo« gesehen. Diese ist immer dann anzubringen, wenn der werbliche Teil des
Beitrags nicht klar vom redaktionellen Teil zu trennen ist, weil das Produkt und der

Werbecharakter der Sendung erkennbar im Vordergrund stehen und die Werbung einen wesentlichen Bestandteil der Sendung darstellt. Wie der Begriff schon erkennen lässt, handelt es sich also um eine Sendung, in der dauerhaft Werbung geschaltet wird.

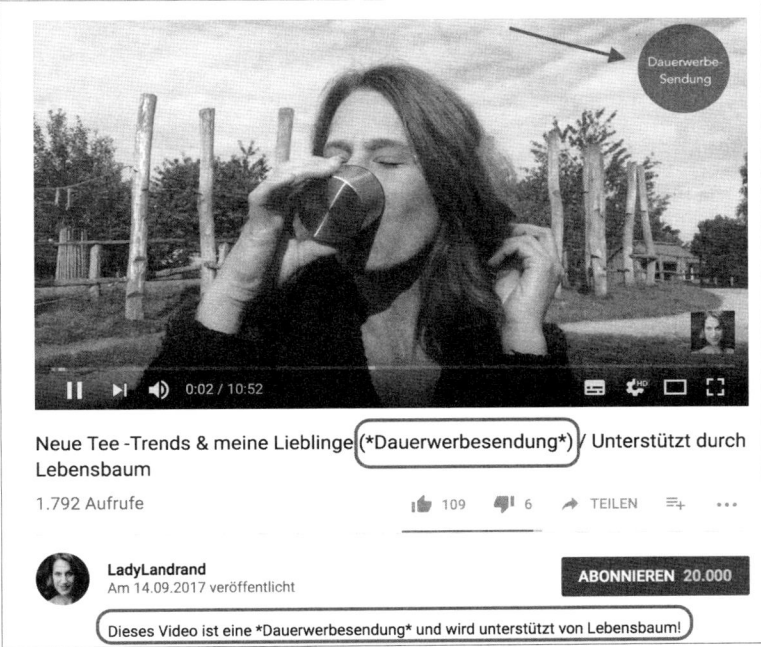

Abbildung 8.23 Die YouTuberin »LadyLandrand« verwendet in ihrem Video sowie im Titel des Videos und in dessen Beschreibung die Kennzeichnung »Dauerwerbesendung«.

8.5.4   Platzierung des Kennzeichens

Ebenso entscheidend wie die Frage, mit welchen Begriffen der Werbecharakter zu kennzeichnen ist, ist auch die Frage, an welcher Stelle die Kennzeichnung erfolgen muss. Dass auch dies klar geregelt ist, verwundert nicht, da Werbetreibende insbesondere beim Influencer-Marketing den Werbecharakter nicht in den Vordergrund stellen möchten und daher in Versuchung geraten könnten, das Kennzeichen an einer etwas unauffälligeren Stelle zu platzieren.

Dies ist jedoch nicht im Sinne des Gesetzgebers und demnach auch nicht im Sinne der Medienanstalten, die sich ihrer Infobroschüre »FAQs – Antworten auf Werbefragen in sozialen Medien« folgendermaßen dazu äußern: »*Verstecken solltest Du Deine Hinweise aber nicht. Also: #werbung oder #anzeige gehören vorne in Deinen Post, nicht irgendwo nach hinten und schon gar nicht versteckt in einen anderen Link.*« Doch was bedeutet das nun genau?

Fest steht ganz grundsätzlich, dass der Betrachter des Beitrags ohne Mühe leicht erkennbar über den Umstand aufgeklärt werden muss, dass der konkrete Inhalt Werbung darstellt bzw. eine Produktplatzierung enthält. Dazu müssen die Hinweise ohne großes Scrollen erreichbar und auf allen Endgeräten verfügbar sein. Dies ist auch bei der Einbindung auf Webseiten Dritter oder in sozialen Netzwerken zu beachten.

Wo nun genau gekennzeichnet werden muss, hängt vom konkreten Einzelfall und dem genutzten Kommunikationsmedium ab.

In Videos muss der Influencer laut Empfehlung der Medienanstalten entweder am Anfang eines Videos mündlich und schriftlich auf den Werbeinhalt hinweisen oder während des Videos klar und deutlich »Werbung« oder »Anzeige« einblenden. Dazu bietet sich die linke oder rechte Ecke im oberen Teil des Bildes an, da Schriftzüge dort regelmäßig einfacher erkennbar sind als im unteren Teil des Bildes (siehe Abbildung 8.24).

Abbildung 8.24 In dem Video der YouTuber »PietSmiet« sieht man deutlich, dass Kennzeichen am oberen Rand deutlich besser zu erkennen sind als am unteren Rand des Videos.

Hinweis

Wir empfehlen, sowohl am Anfang des Videos auf den Werbecharakter hinzuweisen als auch während der gesamten Sendung einen textlichen Hinweis einzublenden. Weiterhin muss auch bei der Fortsetzung des Videos nach einer Werbeunterbrechung erneut die Kennzeichnung erfolgen.

Zusätzlich – jedoch keinesfalls alternativ – sollte der Hinweis auch in der textlichen Videobeschreibung auftauchen. Manche Influencer nehmen den Hinweis zudem auch in den Titel des Videos auf (siehe Abbildung 8.25). Eine Pflicht dazu besteht zwar nicht, schaden wird ein zusätzlicher Hinweis jedoch auch nicht.

Abbildung 8.25 Die YouTuberin »LadyLandrand« weist sowohl im Titel als auch im Begleittext auf die Produktplatzierungen hin.

Veröffentlichen Influencer Fotos bzw. Postings in sozialen Medien, reicht der Hashtag bzw. die Kennzeichnung im Begleittext, solange der Hinweis leicht erkennbar ist. Diese Kennzeichnung muss jedoch in ausreichender Größe gehalten sein und sich nahe der Überschrift befinden. Nutzt der Influencer zur Kennzeichnung einen Hashtag, empfehlen wir, die erste Stelle zu verwenden (siehe Abbildung 8.26).

Zwar gibt es noch keine dahingehende Rechtsprechung, dass der Hashtag an erster Stelle stehen muss, jedoch hat die Rechtsprechung bereits entschieden, dass in manchen Konstellationen bereits die zweite Stelle nicht ausreichend ist. Dass eine noch weiter hinten platzierte Kennzeichnung (siehe Abbildung 8.27) den Anforderungen erst recht nicht gerecht wird, versteht sich dann von selbst. Auch den Hinweis in einer *Hashtag-Wolke* – also inmitten einer Vielzahl von Hashtags – zu verstecken, entspricht nicht dem Sinn der Kennzeichnungspflicht.

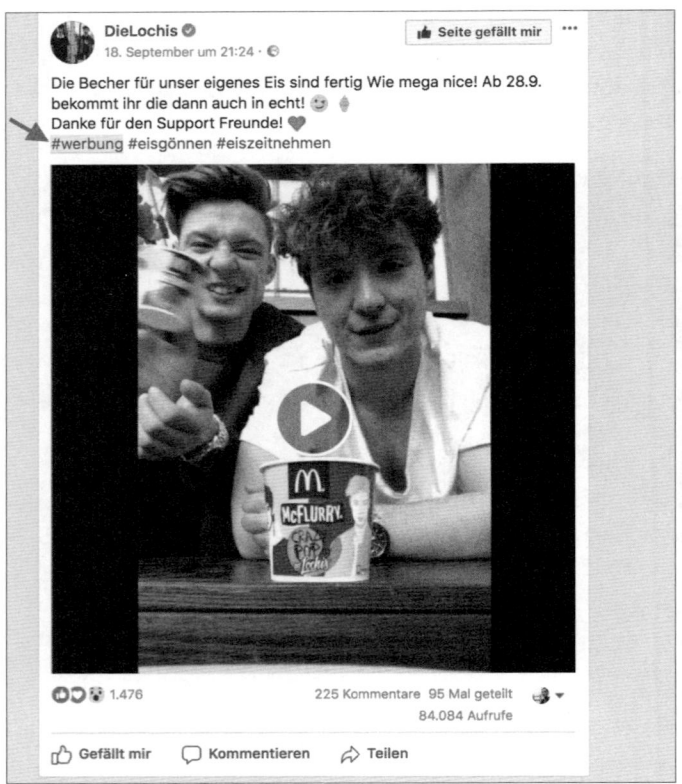

Abbildung 8.26 »DieLochis« kennzeichnen ihren Facebook-Beitrag mit dem Hinweis »#werbung« an erster Stelle.

Abbildung 8.27 Der Fußballer Jérôme Boateng kennzeichnet seine Werbung mit dem Hinweis »#Werbung« an letzter Stelle.

Praxisbeispiel

Die nicht ausreichende Kennzeichnung eines Influencer-Beitrags war im Jahr 2017 Gegenstand eines Verfahrens vor dem Oberlandesgericht Celle (Urteil vom 08.06.2017, Az. 13 U 53/17). Dem Verfahren lag das Verhalten eines Influencers zugrunde, der in einem seiner Instagram-Posts auf eine Angebotsaktion der Drogeriemarktkette »Rossmann« hingewiesen und hierfür von »Rossmann« eine Gegenleistung erhalten hatte. Diesen Beitrag hatte der Influencer nur mittels »#ad« an zweiter Stelle von insgesamt sechs verschiedenen Hashtags gekennzeichnet. Er wurde daraufhin von einem Verein, der die Rechte eines Mitbewerbers vertrat, wegen eines Verstoßes gegen das Gesetz gegen den unlauteren Wettbewerb auf Unterlassung verklagt – zu Recht!

Die Richter waren der Auffassung, dass gewerbliche Instagram-Posts »*auf den ersten Blick und ohne jeden Zweifel*« als solche erkennbar sein müssen, da nicht damit zu rechnen sei, dass ein durchschnittliches Mitglied der entsprechenden Zielgruppe den verwendeten Hashtag – zumindest an der platzierten Stelle – zur Kenntnis nehme. Zweifelhaft könne schon sein, ob Hashtags, die am Ende eines Beitrags stehen, überhaupt zur Kenntnis genommen werden oder ob sich der Leser des Beitrags auf den eigentlichen Text beschränke. Jedenfalls werde sich die überwiegende Zahl der Beitragsleser nicht beim ersten Betrachten der Seite die hier vorhandene Vielzahl an Hashtags ansehen und insofern auch nicht auf den Hashtag »#ad« aufmerksam werden. Auch wenn sich der kommerzielle Zweck womöglich unmittelbar aus den Umständen des Posts ergebe, sei eine Kennzeichnung des kommerziellen Zwecks dennoch nicht entbehrlich. Es genüge nicht, wenn der durchschnittliche Leser erst nach einer analysierenden Lektüre des Beitrags dessen werbliche Wirkung erkennen könne.

8.5.5   Kennzeichnungsmöglichkeit auf sozialen Plattformen

Dass soziale Netzwerke vermehrt zu Werbezwecken genutzt werden, wissen die Plattformbetreiber. Ebenso wissen sie um die Problematik der Umsetzung der Kennzeichnungspflichten im Rahmen des beschränkten Designs von Plattformen. Aus diesem Grund haben soziale Netzwerke selbst in der letzten Zeit Tools entwickelt, mittels derer Werbekooperationen zwischen Influencern und Unternehmen einheitlich und transparent gekennzeichnet werden können. Damit kommen die Plattformen nicht nur rechtlichen Vorgaben nach, sondern auch dem Wunsch zahlreicher Influencer und werbender Unternehmen nach einer einfachen Möglichkeit der Kennzeichnung.

Ein Beispiel dafür, auf das wir in diesem Abschnitt näher eingehen möchten, ist die Kennzeichnung von Markeninhalten – sogenanntes Branded Content – auf Facebook und Instagram.

Unter *Branded Content* versteht Facebook Markeninhalte, also »*Content von einem Ersteller oder Publisher, in dem – zum gegenseitigen Vorteil – ein Geschäftspartner präsentiert wird bzw. der von einem Unternehmenspartner beeinflusst ist. Ersteller sind berühmte Personen, Influencer und Personen des öffentlichen Lebens. Medienunternehmen und -einheiten werden als Publisher bezeichnet. Zu Geschäftspartnern gehören Marken, Werbetreibende, Marketer oder Sponsoren.*«

Hinter dem Beitrag steht also eine Geschäftsbeziehung zwischen z. B. einem Influencer und dem Unternehmen, das hinter dem beworbenen Produkt steht. Um dies für die Nutzer transparent zu machen, müssen diese Beiträge mit den jeweiligen Kooperationspartnern verbunden werden und werden in den Metadaten mit dem Hinweis »Bezahlt« versehen (siehe Abbildung 8.28).

Abbildung 8.28 Die Schauspielerin Janina Uhse nutzt Branded Content auf Facebook, um ihre Kooperation mit dem Bekleidungsgeschäft »s.Oliver« zu kennzeichnen.

Wird ein Kooperationspartner bzw. eine Marke markiert, wird das Unternehmen bzw. der entsprechende Markenbetreiber darüber informiert. Diese können dann detaillierte Leistungsdaten wie Reichweite, Interaktion sowie Klickzahlen einsehen und haben zudem die Möglichkeit, den Beitrag auch auf ihrem Social-Media-Profil zu teilen oder sogar mit ihrem eigenen Budget Werbung darauf zu schalten. Damit ist das Influencer-Marketing auch für den werbenden Unternehmer, der nicht mehr auf die Auswertungen des Influencers angewiesen ist, deutlich transparenter.

Das »Branded Content«-Tool können derzeit nur Seitenbetreiber nutzen – nicht hingegen Nutzer persönlicher Profile – und es für jegliche Inhalte wie Texte, Fotos, Videos, Instant Articles, Links, 360° Videos oder Live Videos verwenden, wenn sie die Nutzung dieses Tools über ein Formular bei Facebook beantragt haben (siehe Abbildung 8.29).

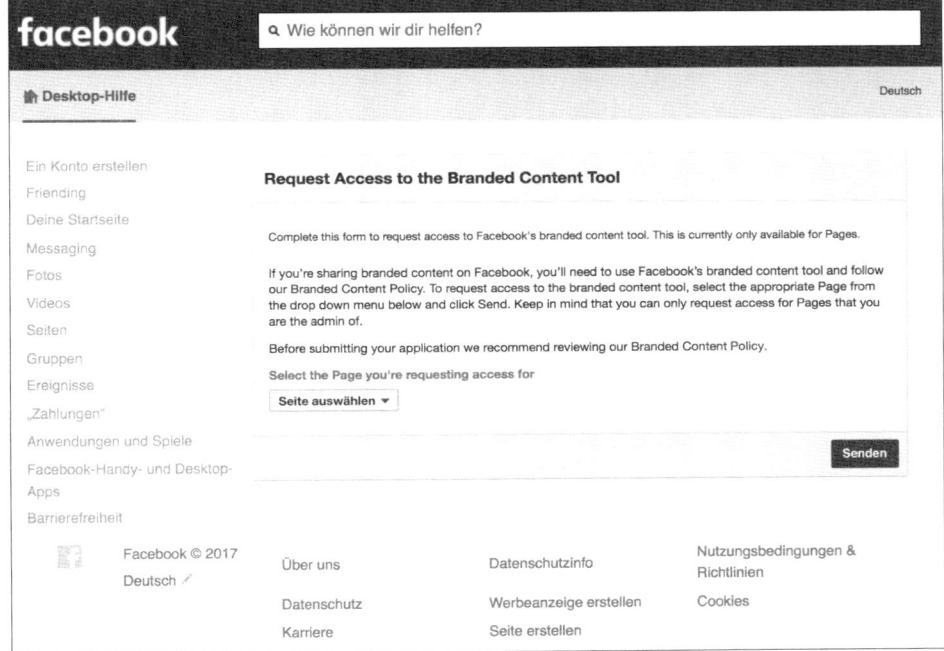

Abbildung 8.29 Anfrage für das »Branded Content«-Tool bei Facebook

Achtung!

Influencer, die kein »Branded Content«-Tool auf ihrer Seite eingebunden haben, dürfen Inhalte mit Kooperationen nicht als normalen Beitrag auf Facebook posten. Die Verwendung des Tools ist ebenso Pflicht wie die Einhaltung der Facebook-Markeninhalte-Richtlinie (*http://wbs.is/rom94*) (siehe Abbildung 8.30) und der Werberichtlinie (*http://wbs.is/rom95*). Wer dagegen verstößt, muss entsprechend der Richtlinien damit rechnen, von Seiten der Plattform zur Korrektur aufgefordert zu werden. Eine Entfernung des Beitrags erfolgt nicht mehr, der Inhalt wird jedoch im News Feed ausgeblendet, bis die Korrektur erfolgt ist. Damit ist die Sanktion in diesem Fall deutlich milder, als das sonst bei Richtlinienverstößen auf Facebook üblich ist.

Datum der letzten Überarbeitung: 30. März 2017

Facebook-Markeninhalte-Richtlinien

Markeninhalte dürfen nur von Instagram-Konten, -Profilen und -Seiten gepostet werden, die Zugriff auf das Markeninhalte-Tool haben. Wir definieren Markeninhalte als Inhalte eines Erstellers oder Herausgebers, die im Austausch für einen Wert einen Geschäftspartner präsentieren oder von diesem beeinflusst werden. Verwende beim Posten von Markeninhalten das Markeninhalte-Tool, um das/die präsentierte Produkt/Marke eines Drittanbieters bzw. den Geschäftspartner zu markieren.

Facebook-Seiten und -Profile sowie Instagram-Konten mit Zugriff auf das Markeninhalte-Tool müssen folgende Bedingungen erfüllen:

1. Du darfst keine Pre-Roll-, Mid-Roll- oder Post-Roll-Werbeanzeigen in Videos oder Audioinhalte integrieren.

2. Du darfst keine Banner Ads in Videos oder Bilder integrieren.

3. Du darfst Titelkarten nicht innerhalb der ersten drei Sekunden eines Videos zeigen. Karten mit Unterbrecherwerbung außerhalb der ersten drei Sekunden eines Videos, wie beispielsweise Mittel- oder Endkarten, dürfen nicht länger als drei Sekunden in Folge bestehen bleiben und nicht in Facebook Stories oder Instagram Stories integriert werden.

4. Verwende das Markeninhalte-Tool nicht, um ohne vorherige Zustimmung eine Seite oder Marke bzw. einen Geschäftspartner zu markieren.

5. Halte sämtliche geltenden Gesetze und Vorschriften ein, u. a. indem du sicherstellst, dass du sämtliche erforderlichen Offenlegungen gegenüber den Personen, die Facebook oder Instagram nutzen, bereitstellst. Dies sind beispielsweise jedwede Offenlegungen, die erforderlich sind, um auf den kommerziellen Charakter der von dir geposteten Inhalte hinzuweisen.

Weitere Informationen über Markeninhalte und visuelle Beispiele zu unseren Richtlinien findest du in unserem Hilfebereich. Richtlinien, die Markeninhalte betreffen, findest du in unseren Werberichtlinien.

Abbildung 8.30 Facebook-Markeninhalte-Richtlinie

Seit Sommer 2017 bietet auch die für Influencer besonders bedeutende Plattform Instagram eine ziemlich ähnliche Form von »Branded Content« mit dem Kennzeichen »bezahlte Partnerschaft mit« (siehe Abbildung 8.31) an und bietet damit eine Hinweismöglichkeit für Kooperationen zwischen Influencern und an Werbung interessierten Unternehmen. So soll es Influencern erleichtert werden, ihr bezahltes Engagement in ihren Beiträgen und ihren Stories transparent darzustellen und so den rechtlichen Anforderungen gerecht zu werden.

Abbildung 8.31 Die Influencerin »debiflue« weist in ihrem Beitrag auf eine bezahlte Partnerschaft mit dem Unternehmen »subdued« hin.

8.5.6   Konsequenzen bei fehlender Kennzeichnung

Verstoßen Influencer gegen die sich aus dem Gesetz oder Branchenvereinbarungen ergebenden Kennzeichnungspflichten, können sowohl diese selbst, als auch die mit ihnen kooperierenden Unternehmen abgemahnt oder mit einem Bußgeld sanktioniert werden.

Im Falle eines Wettbewerbsverstoßes können Konkurrenten, berechtigte Verbände wie zum Beispiel Wettbewerbsverbände oder Verbraucherschutzvereine sowie die Wettbewerbszentrale Unterlassungsansprüche geltend machen. Eine solche rechtliche Streitigkeit kann – insbesondere, wenn das Ganze vor Gericht geht – teuer werden und leicht den Wert übersteigen, den der Influencer als Gegenleistung erhalten hat.

Liegt ein Verstoß gegen die Vorschriften des Rundfunkstaatsvertrages vor, so können Aufsichtsbehörden Untersagungsverfügungen und Bußgeldbescheide erlassen oder mögliche Kompensationszahlungen verlangen. Hier drohen Bußgelder von bis zu 500.000 €. Auch nach dem Telemediengesetz können bei Rechtsverstößen Bußgelder in Höhe von bis zu 50.000 € verhängt werden.

Eine weitere rechtliche Problematik ergibt sich für Influencer daraus, dass mit Agenturen und Unternehmen geschlossene Verträge über Influencer-Kampagnen unwirksam sein können. Treffen Influencer vertragliche Einigungen mit Dritten, die gesetzeswidrige Regelungen enthalten, kann ein solcher Vertrag gemäß § 134 BGB nichtig sein. Die Konsequenz daraus ist, dass Influencer keine Primär- oder Sekundäransprüche aus Verträgen geltend machen können. So laufen sie beispielsweise Gefahr, im Streitfalle den Anspruch auf Zahlung der vereinbarten Gegenleistung gerichtlich nicht durchsetzen zu können.

Trotz dieser Vielzahl möglicher Konsequenzen kommt es doch eher selten zu öffentlich werdenden Abmahnungen und Gerichtsverfahren. Der Grund dafür liegt in erster Linie wohl darin, dass Influencer und werbende Unternehmen im Streitfalle vornehmlich auf außergerichtliche Einigungen bedacht sind, um eine öffentliche Diskussion über moralisches und rechtliches Fehlverhalten zu vermeiden. Die Gefahr einer rechtlichen Inanspruchnahme sollte dennoch nicht unterschätzt werden.

Positiv ist jedoch, dass immer mehr reichweitenstarke Influencer erkennen, dass hinreichend gekennzeichneter Werbeinhalt dem messbaren Erfolg von kommerziellen Beiträgen in Klicks und Likes nicht schadet. Vielmehr scheinen Zuschauer ehrliche Werbung zu akzeptieren, da sie in immer größerem Maße an bezahlten Content gewöhnt sind. Außerdem entwickeln sie ein gutes Gespür für die Inhalte eines YouTube-, Instagram- oder Twitter-Accounts. Schleichwerbung fällt daher häufig auf. Für den Erfolg einer Influencer-Kampagne und das Wachstum der Reichweite eines Influencers selbst scheint vor allem eine gute Mischung zwischen nicht-kommerziellen und kommerziellen Inhalten wichtig zu sein. Zu viele kommerzielle Werbeinhalte wirken platt und in vergleichbarem Maße ebenso unpersönlich, wie Schleichwerbung unseriös wirkt.

8.6   Welche inhaltlichen Beschränkungen gelten für Influencer-Beiträge?

Beiträge von Influencern mit Werbecharakter unterliegen nicht nur kennzeichnungsrechtlichen Beschränkungen, sondern auch inhaltlichen Grenzen, die unbedingt einzuhalten sind. So hat der Rundfunkstaatsvertrag genaue Anforderungen bezüglich des Inhalts, weshalb Werbung gemäß § 7 Abs. 1 RStV nicht

> *»1. die Menschenwürde verletzen,*
>
> *2. Diskriminierungen aufgrund von Geschlecht, Rasse oder ethnischer Herkunft, Staatsangehörigkeit, Religion oder Glauben, Behinderung, Alter oder sexueller Orientierung beinhalten oder fördern,*
>
> *3. irreführen oder den Interessen der Verbraucher schaden oder*
>
> *4. Verhaltensweisen fördern, die die Gesundheit oder Sicherheit sowie in hohem Maße den Schutz der Umwelt gefährden«*

darf.

Weiterhin ist von besonderer Bedeutung die Normierung, dass Influencer, die von Produktplatzierungen Gebrauch machen, gemäß § 7 Abs. 7 Nr. 2 RStV nicht direkt zum Kauf der Produkte auffordern und auch keine speziellen verkaufsfördernden Hinweise auf diese geben dürfen. Auch ist es ihnen untersagt die Produkte zu stark herauszustellen, da der Inhalt dann den Bereich der Produktplatzierung verlässt und sich im Bereich der klassischen Werbung befindet. In diesen Fällen muss der Beitrag dann auch als Werbung gekennzeichnet werden.

Weiterhin darf der Influencer für Zigaretten und Tabakerzeugnissen, Glücksspiel und Sportwetten gar nicht werben, für Unternehmen aus der Arzneimittelbranche oder Dienstleister medizinischer Behandlungen nur bedingt. Bei Letzteren darf zwar für den Namen oder das Image des Unternehmens geworben werben, nicht jedoch für bestimmte Arzneimittel oder medizinische Behandlungen, die nur auf ärztliche Verordnung erhältlich sind. Während dies in den Vereinigten Staaten schon zum Influencer-Alltag gehört (siehe Abbildung 8.32), sind Influencer in Deutschland aufgrund der strengen gesetzlichen Anforderungen und der damit eingeschränkten Kreativität in den Beiträgen eher zurückhaltend.

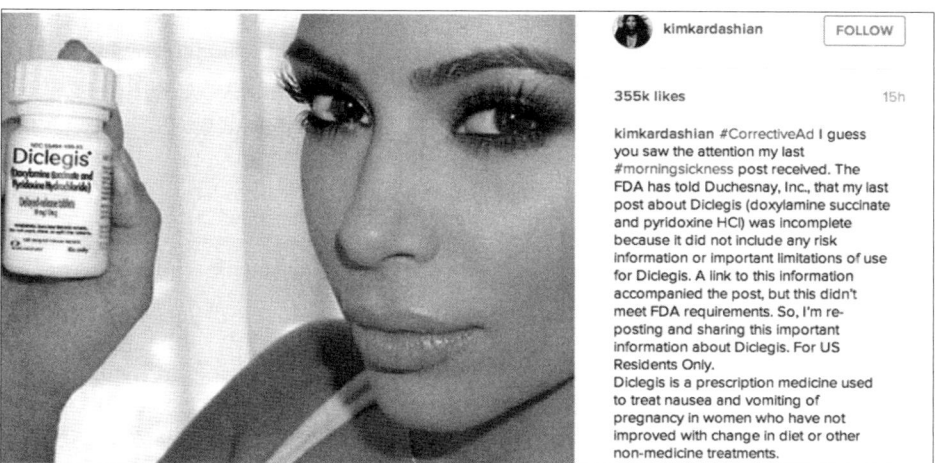

Abbildung 8.32 Der US-amerikanische Celebrity Kim Kardashian wirbt für ein Medikament gegen Morgenübelkeit und weist darauf hin, dass ihr vorheriger Beitrag nicht den gesetzlichen Anforderungen entsprach.

8.7   Trifft Influencer eine Impressumspflicht?

Ein Thema, das neben der Diskussion um die bedeutende Kennzeichnungspflicht etwas in den Hintergrund gerät, ist die Impressumspflicht. Obwohl nicht minder wichtig und auch nicht weniger rechtfolgenreich, halten noch immer viele Influencer nicht die nötigen Informationen und Kontaktinformationen auf ihren Kanälen auf Plattformen wie Facebook, Twitter, Instagram oder YouTube bereit.

8.7.1   Grundlage der Impressumspflicht

Die Impressumspflicht betrifft grundsätzlich alle Online-Angebote, die nicht ausschließlich persönlichen oder familiären Zwecken dienen. Dabei finden sich Regelungen zur Impressumspflicht sowohl im Telemediengesetz, als auch im Rundfunkstaatsvertrag. Influencer, die mit ihrem Kanal Werbeeinnahmen erzielen, trifft einerseits die Impressumspflicht nach § 5 Abs. 1 TMG, da deren Profil oder Kanal dann unter Umständen einen Telemediendienst gegen Entgelt anbietet. Im Rahmen von Kapitel 3, »E-Mail- und Newsletter-Marketing«, haben wir Ihnen sowohl die genauen Anforderungen an ein rechtskonformes Impressum im Sinne des Telemediengesetzes erläutert als auch dargestellt, wen diese Impressumpflicht trifft und möchten daher an dieser Stelle darauf verweisen.

Andererseits kann sich eine eingeschränkte Impressumspflicht für nicht geschäfts-mäßige Telemedien aus § 55 Abs. 1 RStV und für journalistisch-redaktionelle Angebo-te von Influencern aus § 55 Abs. 2 RStV ergeben, wenn eine Presseähnlichkeit auf-grund des Ziels der Leistung eines Beitrags zur öffentlichen Meinungsbildung und Information angenommen werden kann. Ob die Beiträge bzw. der Kanal des Influen-cers tatsächlich unter diesen sehr weit gefassten Begriff fallen, muss im konkreten Einzelfall entschieden werden.

Hinweis

Je nach Art und Weise der Gestaltung der Beiträge und des Kanals können Influencer sowohl zur Einhaltung der Angaben nach dem Telemediengesetz als auch nach dem Rundfunkstaatsvertrag verpflichtet sein. Wer sich nicht sicher ist, ob ihn neben der »normalen« Impressumspflicht auch die für journalistisch-redaktionell gestaltete Webseiten trifft, der ergänzt einfach sein Impressum um die Angabe eines Verantwortlichen. Denn ein Verstoß gegen die Impressumspflicht kann als Ord-nungswidrigkeit mit einer Geldbuße von bis zu 50.000 € geahndet werden und Ab-mahnungen von Konkurrenten zur Folge haben.

8.7.2 Inhalt der Impressumspflicht

Welche Informationen Influencer nach dem Telemediengesetz im Impressum genau festhalten müssen, haben wir bereits in Abschnitt 3.4.6 erläutert und möchten an dieser Stelle darauf verweisen, da im Wesentlichen für Influencer dieselben Anforde-rungen gelten. An dieser Stelle möchten wir daher nur noch auf die Besonderheiten für den Influencer eingehen, den eine Impressumpflicht nach dem Rundfunkstaats-vertrag trifft.

Influencer, die journalistisch-redaktionell gestaltete Kanäle betreiben, trifft die Pflicht, einen Verantwortlichen mit Angabe des Namens und der Anschrift zu benen-nen (siehe Abbildung 8.33). Dabei muss der Influencer beachten, dass als Verantwort-licher nur benannt werden darf, wer

- seinen ständigen Aufenthalt im Inland hat,
- nicht infolge Richterspruchs die Fähigkeit zur Bekleidung öffentlicher Ämter ver-loren hat,
- voll geschäftsfähig ist und
- unbeschränkt strafrechtlich verfolgt werden kann.

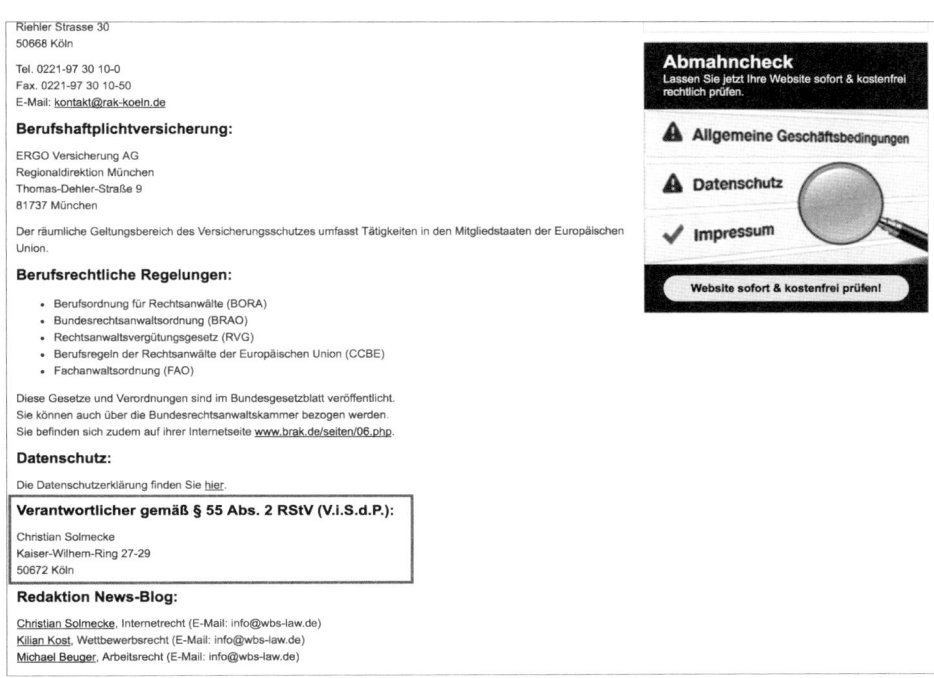

Abbildung 8.33 Beispiel für die rechtskonforme Angabe eines Verantwortlichen im Impressum der Rechtsanwaltskanzlei »Wilde Beuger Solmecke«

8.7.3   Praktische Umsetzung der Impressumspflicht

Sinn des Impressums ist es, dem Nutzer Informationen zu der Person zu geben, die den YouTube-Kanal, die Facebook-Seite oder das Instagram-Profil betreibt – dies ist auch bei Influencern nicht anders. Deswegen müssen auch Influencer das Impressum leicht erkennbar, unmittelbar erreichbar und ständig verfügbar halten. Doch was so einfach klingt, ist in der praktischen Umsetzung nicht immer ganz leicht. Denn innerhalb der von den Influencern genutzten Plattformen lässt sich nicht immer so einfach ein Impressum einbinden. Gerade innerhalb der Social-Media-Auftritte stellt sich aufgrund der beschränkten gestalterischen Möglichkeiten regelmäßig die Frage, wo das Impressum rechtssicher platziert werden kann. Da an dem Design der Plattformen keine Änderungen vorgenommen werden können, muss der Nutzer mit den Möglichkeiten arbeiten, die ihm zur Verfügung stehen.

Aufgrund dieser Problematik gilt grundsätzlich, dass das Impressum nicht vollständig auf dem Profil des sozialen Netzwerks abrufbar sein muss, sondern dass die Informationen ohne wesentliche Zwischenschritte abgerufen werden können müssen. Der Bundesgerichtshof (Urteil vom 20.07.2006, Az. I ZR 228/03) geht davon aus, dass die gesetzlichen Voraussetzungen erfüllt sind, wenn das Impressum über zwei Klicks erreicht werden kann – sogenannte Zwei-Klick-Lösung.

Praxistipp!

Die Umsetzung kann auf verschiedene Möglichkeiten erfolgen:

▶ Es kann ein sprechender Link verwendet werden: »www.musterseite.de/impressum«.

▶ Weiterhin gibt es die Möglichkeit, vor den Link einen aufklärenden Zusatz zu setzen: »Impressum: www.musterseite.de«.

▶ Der Link kann auf das Wort »Impressum« gelegt werden.

Der Vorteil an einem Link zur Homepage besteht ganz grundsätzlich darin, dass Sie Änderungen oder Aktualisierungen im Impressum nur auf Ihrer Webseite vornehmen müssen und nicht zusätzlich auf jeder einzelnen Plattform, die Sie nutzen.

Nachdem wir Ihnen bereits in Abschnitt 7.4 erläutert haben, wie das Impressum rechtskonform im sozialen Netzwerk Facebook eingebunden werden kann, möchte wir an dieser Stelle auf die rechtssichere Platzierung des Impressums in den zwei am häufigsten von Influencern genutzten Plattformen YouTube und Instagram eingehen.

YouTube

Influencer, die einen Videokanal auf der Plattform YouTube betreiben, können das Impressum unter der Rubrik »Kanalinfo« als Link eingeben und die URL zu ihrer Homepage hinterlegen. Der Nutzer klickt also beim ersten Mal auf »Kanalinfo«, beim zweiten Mal auf »Impressum« und bekommt die Anbieterinformationen dann auf der Homepage angezeigt (siehe Abbildung 8.34). Auf diese Weise kommt der YouTuber seiner Impressumpflicht nach, sofern ihn diese trifft.

Abbildung 8.34 Die YouTuber »DieLochis« haben die Zwei-Klick-Lösung auf ihrem Kanal rechtssicher umgesetzt.

Achtung!

Für Verwirrung sorgte im Jahre 2017 ein Urteil des Landgerichts Trier (Urteil vom 21.07.2017, Az. 11 O 258/16), wonach es zur Erfüllung der Impressumspflicht nach § 5 TMG ausreichen solle, wenn man auf YouTube einen normalen, »nicht-sprechenden« Homepage-Link setzt. Dieser dürfte dann z. B. *www.wbs-law.de* heißen und müsste nicht deutlich machen, dass er zu einem Impressum führt. Nach Ansicht des Gerichts sei es mit Blick auf die Zwei-Klick-Lösung des Bundesgerichtshofs (Urteil vom 20.07.2006, Az. I ZR 208/03) ausreichend, wenn »*die youtube-Seite über einen Link mit der Homepage der Beklagten verbunden ist, auf der wiederum unter mit höchstens einem Link die Anbieterkennzeichnung zu erreichen ist*«.

Dieses Urteil erstaunte doch sehr, da die Gerichte bisher davon ausgegangen sind, dass ein Link, der zum Impressum führt, auch deutlich als Link zum Impressum gekennzeichnet sein muss – etwa durch die URL, das Wort Impressum oder einen Zusatz vor dem Link. Ob das Gericht bewusst von der bisherigen Rechtsprechung abgewichen ist, ist noch unklar. Gerade im Hinblick darauf, dass dieses Urteil in Widerspruch zur Zwei-Klick-Lösung des Bundesgerichtshofs steht, sollten Influencer sich nicht auf diese Ansicht verlassen.

Instagram

Auf der fotolastigen Plattform Instagram gibt es verschiedene Möglichkeiten der Einbindung des Impressums. Einerseits könnte das Impressum in der Rubrik »Biographie« hinterlegt werden (siehe Abbildung 8.35). Die Problematik besteht dabei jedoch darin, dass diese Rubrik auf 150 Zeichen beschränkt ist und dies in der Regel nicht dazu ausreicht, die geforderten Informationen zu hinterlegen.

Abbildung 8.35 In der Biografie haben Instagram-Nutzer die Möglichkeit, Informationen zu ihrer Person zu hinterlegen.

Eine Alternative besteht zwar darin, in der Biografie statt des vollständigen Impressums nur einen Link bereitzuhalten, der zur Homepage mit einem ausführlichen Impressum weiterleitet, jedoch birgt dies die Problematik, dass die in der Biographie ausgewiesenen Links nicht anklickbar sind.

Zwar hat die Rechtsprechung noch nicht für den speziellen Fall eines Instagram-Profils entschieden, dass Links anklickbar sein müssen, jedoch gibt eine dahingehende Rechtsprechung für den Fall der OS-Plattform der EU-Kommission, die durchaus auf die Impressumspflicht übertragen werden können. So haben das Oberlandesgericht Koblenz (Urteil vom 25.01.2017, Az. 9 W 426/16) und das Oberlandesgericht München (Urteil vom 22.09.2016, Az. 29 U 2498/16) entschieden, dass der Link anklickbar sein muss. Sinn und Zweck der Anklickbarkeit ist die schnelle Erreichbarkeit der erforderlichen Informationen für den Nutzer. Dies gilt für den Hinweis zu der OS-Plattform ebenso wie für das Impressum. Aus diesem Grund können wir die Platzierung des Hinweises in der Instagram-Biographie nicht empfehlen.

Deutlich rechtssicherer ist daher die Variante, einen Link in den Profilinformationen unter der Rubrik »Webseite« zu platzieren (siehe Abbildung 8.36), der dann zum Impressum auf der Webseite des Influencers führt. Denn nur an dieser Stelle kann der Link dann von den Nutzern auch angeklickt werden (siehe Abbildung 8.37).

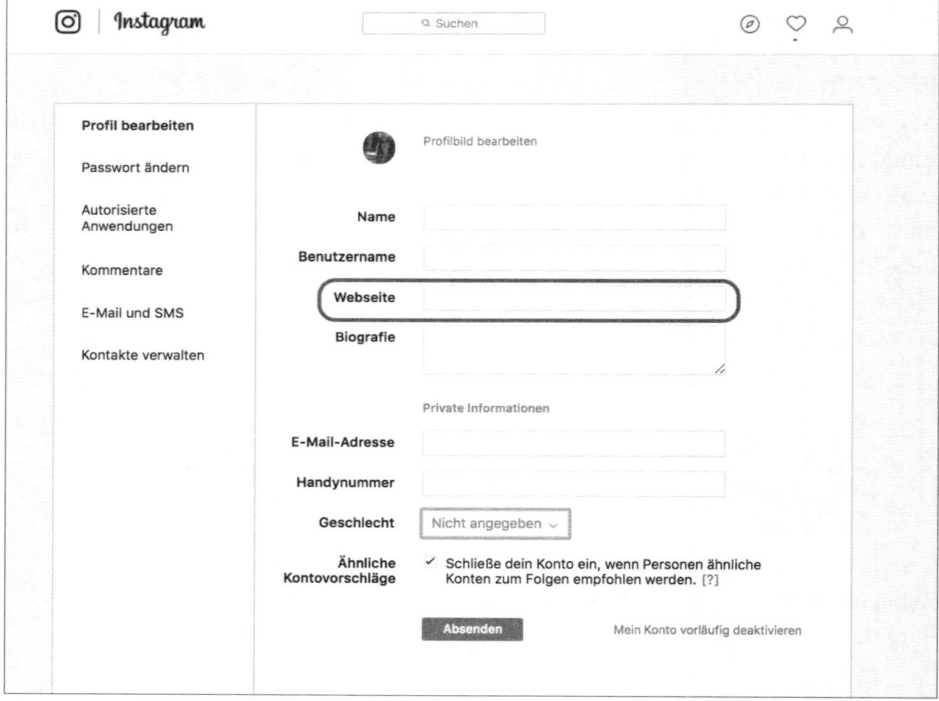

Abbildung 8.36 Wer in seinem Instagram-Profil auf »Profil bearbeiten« klickt, kann in der Rubrik »Webseite« die Seite hinterlegen, auf der das Impressum zu finden ist.

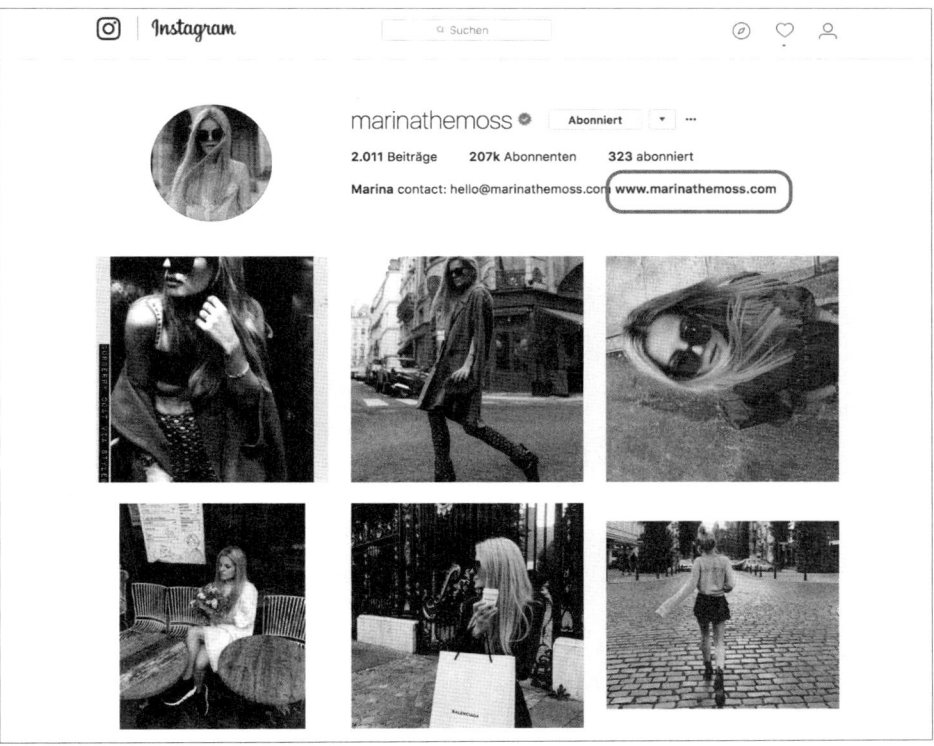

Abbildung 8.37 Die Webseite, die in dem dafür vorgesehenen Feld eingetragen wird, ist blau hinterlegt und kann von Nutzern direkt angeklickt werden.

8.8   Checkliste Influencer-Marketing: Alles beachtet?

Checkliste

▶ Haben Sie als Unternehmer bei der Vertragsgestaltung die wesentlichen Punkte wie Leistungspflichten, Kennzeichnungspflichten, Haftungsfreistellungen und Exklusivität klar geregelt?

▶ Haben Sie als Influencer verstanden, in welchen Konstellationen Sie Ihre Beiträge als Werbung kennzeichnen müssen?

▶ Haben Sie als Influencer den Beitrag ggf. als Werbung gekennzeichnet?

▶ Haben Sie als Influencer Ihr Video ggf. mit dem Hinweis »Produktplatzierung« versehen?

▶ Haben Sie als Influencer bei der Kennzeichnung Ihres Contents darauf geachtet, nur die gängigen deutschen Begriffe zu verwenden?

► Haben Sie als Influencer bei der Kennzeichnung mit Hashtags die erste Stelle ge-wählt?

► Verwenden Sie als Influencer für Werbekooperationen ggf. vorgesehene Tool ihres sozialen Netzwerks wie z. B. »Branded Content«?

► Sind Sie als Influencer Ihrer Impressumspflicht nachgekommen und kann es über zwei Klicks erreicht werden?

Wenn Sie alle Fragen mit »Ja« beantworten können, dann kann es losgehen ...
Viel Erfolg!

Kapitel 9
Content-Marketing

Content-Marketing rückt immer mehr ins Zentrum des Online-Marketings. Denn Werbende haben erkannt, dass mittlerweile ein wenig mehr nötig ist, um die Zielgruppe zu erreichen, als einfach nur einen durchschnittlichen Werbeclip zu produzieren oder Bannerwerbung zu schalten. Immer häufiger greifen sie daher zu Blogs, Ratgebern, Tutorials, Demonstrationsvideos, Studien oder Tests, um so potenzielle Kunden mit einem unmittelbar unterhaltenden oder informativen Mehrwert zu begeistern und Reputation aufzubauen. Doch auf dem Weg zum qualitativ hochwertigen Inhalt lauern rechtliche Fallstricke, die Sie mithilfe dieses Kapitels vermeiden können.

Klassische Werbemaßnahmen bieten den Empfängern in der Regel wenig Mehrwert. Content-Marketing setzt an dieser Stelle an und baut auf qualitativ hochwertige Informationen, die in der Regel kostenlos auf der Website oder einem Blog des Unternehmens veröffentlicht werden. Typische Beispiele sind Tutorials, Ratgeber, Infografiken, Software, Spiele oder auch E-Books (siehe Abbildung 9.1).

Abbildung 9.1 Der Kosmetikhersteller »Maybelline New York« bietet seinen Kundinnen auf der Website eine »Make-up School« an, die Videos mit Schminkanweisungen enthält.

Mit Content-Marketing setzen Sie auf eine subtilere Art der Werbung: Sie rücken die eigentlich beworbenen Produkte eher in den Hintergrund und wollen primär die Aufmerksamkeit des Betrachters. Erst nachdem der potenzielle Kunde »geködert« wurde, kommt die eigentliche Werbung zum Tragen. Das Prinzip lautet also: erst begeistern, dann verkaufen!

Dass Kundenbindung schon lange nicht mehr nur über eine Website mit ein paar netten Bildern funktioniert, haben bereits diverse Unternehmen erkannt und setzen daher auf diese Art des Marketings (siehe Abbildung 9.2).

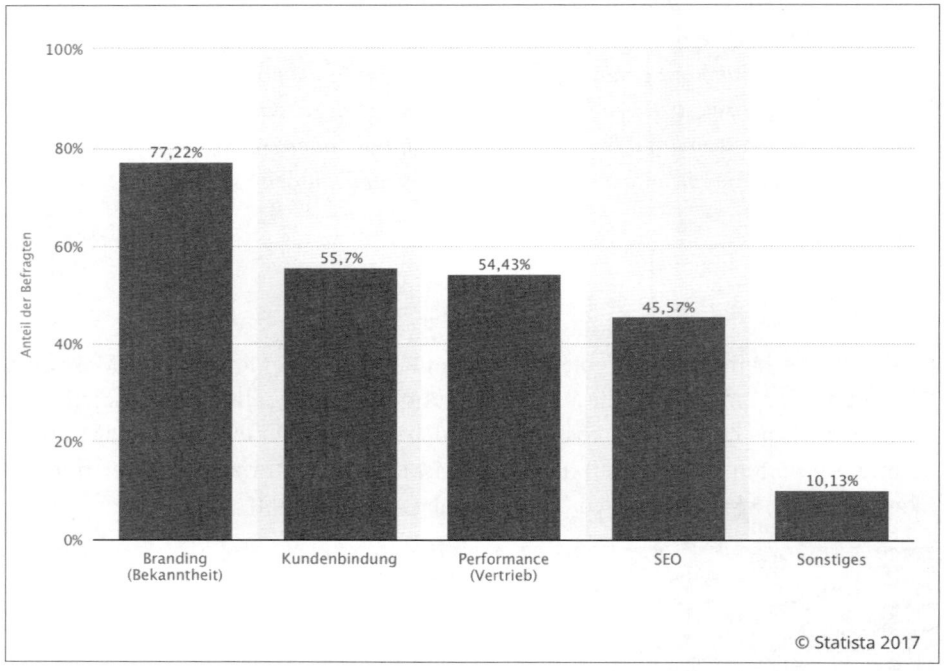

Abbildung 9.2 Diese Statistik zeigt die Ziele, die Unternehmen mit Content-Marketing verfolgen.

In der Gesamtschau der Marketinginstrumente handelt es sich jedoch um einen Weg zum Kunden, der im Moment noch nicht so oft eingeschlagen wird wie zum Beispiel App-Marketing oder Social-Media-Marketing (siehe Abbildung 9.3). Dies mag wohl auch damit zusammenhängen, dass Content-Marketing ein qualitativ sehr hochwertiges Instrument und daher zeit- und kostenintensiv ist.

In einer Zeit, in der klare Anzeigenformate wie Banner- und Textwerbung miserable Klickraten haben und von Internetnutzern oftmals nur als störend empfunden werden, ist Content-Marketing eine Strategie, um den Kunden langfristig in Erinnerung zu bleiben und Kunden zu binden. Dabei lässt sich diese Marketingstrategie auf verschiedene Arten umsetzen.

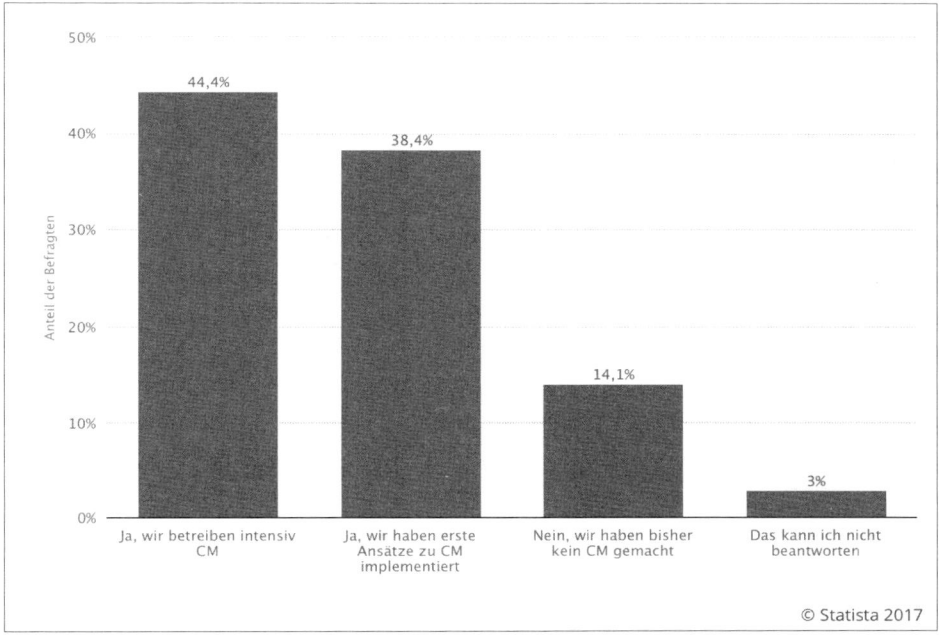

© Statista 2017

Abbildung 9.3 Diese Statistik zeigt die Ergebnisse einer Umfrage zum Vorhandensein einer Content-Marketing-Strategie in Unternehmen.

Entweder entscheiden Sie sich für Inhalte auf Ihrer eigenen Unternehmenswebsite oder auf von Ihnen speziell zu Marketingzwecken geschaffenen Webseiten mit Inhalten, die einen Bezug zu Ihren eigenen Produkten und Dienstleistungen haben (siehe Abbildung 9.4).

Abbildung 9.4 Der schwedische Möbelhersteller »IKEA« bietet seinen App-Kunden die Möglichkeit, mithilfe von Augmented Reality Katalogseiten abzuscannen, um die Möbelstücke daraus frei in einem beliebigen Raum in der eigenen Wohnung zu platzieren. Mithilfe einer »Oculus Rift CV1«-Brille bietet sich Kunden ein interaktives Shoppingerlebnis.

Oder Sie nutzen fremde Webseiten, die dann Hinweise zu Ihren Produkten, Ihren Internetauftritten oder zu Ihrem Onlineshop beinhalten. Internetauftritte müssen nicht unbedingt nur Websites sein, vielmehr eignen sich dazu auch soziale Netzwerke wie Facebook oder Instagram (siehe Abbildung 9.5).

Abbildung 9.5 Auf Ihrem Profil »erzählt« Videobloggerin »Daaruum« von ihrer Teilnahme an einer Aktion des Kosmetikherstellers »Dove«.

Während die erste Variante rechtlich noch recht einfach umzusetzen ist, sind gerade bei der Werbung mit Inhalten auf Seiten Dritter rechtliche Fallstricke verborgen. Denn in vielen Fällen handelt es sich dabei um Werbung, die gar nicht aussieht wie Werbung. Dies lässt der Gesetzgeber jedoch nur bedingt zu. Darüber hinaus stellt sich Ihnen sicher die Frage, wie Sie – gerade im Internet – Ihre hochwertigen Inhalte davor schützen können, von Dritten ebenfalls genutzt oder kopiert zu werden. Auf diese und andere Aspekte des Content-Marketings möchten wir in diesem Kapitel eingehen und Ihnen Hilfestellungen bei der rechtskonformen Umsetzung bieten.

9.1   Wann ist Content-Marketing Schleichwerbung?

Während dem Betrachter bei Inhalten auf Ihrer Website der Werbecharakter durchaus bewusst ist und die Inhalte ihm daher möglicherweise weniger glaubwürdig erscheinen, vermitteln Inhalte auf Drittseiten, die auf Ihre Produkte hinweisen, Seriosität und Glaubwürdigkeit. Aus diesem Grund bevorzugen bereits viele Unternehmen Werbemaßnahmen auf Webseiten Dritter.

Doch genau dieser Aspekt der vermeintlich höheren Seriosität ist rechtlich problematisch. Denn es stellt sich die Frage, ob es sich um eine zulässige kreative Werbeform handelt oder um unterschwellige Schleichwerbung. Denn unter Umständen müssen Sie sich den Vorwurf gefallen lassen, den potenziellen Kunden Unabhängigkeit vorzutäuschen. Ob Content-Marketing eine Form von Schleichwerbung ist, was Schleichwerbung überhaupt ist und welche Konsequenzen illegale Werbekampagnen nach sich ziehen, möchten wir Ihnen im Folgenden erläutern.

9.1.1   Schleichwerbung

Oftmals wird Content-Marketing der Vorwurf gemacht, es handele sich um eine gezielte Vermischung von neutralem Inhalt und Werbung, weshalb auch der Begriff »Schleichwerbung« immer wieder fällt. Doch was ist Schleichwerbung genau?

Schleichwerbung liegt vor, wenn Sie den Werbecharakter einer geschäftlichen Handlung verschleiern. Dies setzt seiner gesetzlichen Definition nach voraus, dass das äußere Erscheinungsbild einer geschäftlichen Handlung so gestaltet wird, dass die Marktteilnehmer den geschäftlichen Charakter nicht klar und eindeutig erkennen können. Das Anstößige an der Schleichwerbung besteht darin, dass der Adressat die Werbeaussage für eine sachliche Information eines Dritten hält. Wer Schleichwerbung anwendet, täuscht also über das Vorliegen von Werbung, und das ist unzulässig.

Praxisbeispiel

Mehr als 129 Millionen Klicks verzeichnet das Video »First Kiss« von Tatia Pilieva, das dreieinhalb Minuten lang zeigt, wie sich angeblich 20 völlig fremde Personen zum ersten Mal küssen (siehe Abbildung 9.6).

Dieses Video wurde nicht nur unzählige Male angeklickt, sondern auch in den sozialen Netzwerken massenhaft verbreitet. Was jedoch bei dem Hype um das Video nahezu vollständig unterging, ist der Initiator des Videos: die Modemarke »Wren«.

Abbildung 9.6 Die Modefirma »Wren« landete mit dem Video »First Kiss«
einen viralen Hit.

Das Verbot von Schleichwerbung ist an unterschiedlichen Stellen gesetzlich geregelt
und betrifft alle Medienbereiche – von Print über Rundfunk bis zu Kino und Internet.
Zu den Gesetzen finden Sie Näheres in Abschnitt 8.3 erläutert.

Schleichwerbung wird oft fälschlicherweise mit Produktplatzierung gleichgesetzt.
Dabei unterscheiden sich die Werbeformen bereits durch die Kennzeichnung: Produktplatzierung setzt voraus, dass ein Produkt deutlich gekennzeichnet in einer Sendung platziert wird. Fehlt es an einer solchen Kennzeichnung, kann schon keine Produktplatzierung vorliegen – unter Umständen wohl aber eine Schleichwerbung. Seit
dem Jahr 2010 sind Produktplatzierungen in Deutschland unter bestimmten Voraussetzungen erlaubt.

Danach muss Werbung in Presse, Fernsehen, Rundfunk und Internet von redaktionellen Inhalten getrennt werden. Hintergrund dieser Regelung ist, dass der Adressat
einem redaktionellen Beitrag regelmäßig größere Bedeutung beimisst und dementsprechend mehr Beachtung schenkt. Dies ist insbesondere beim jungen Publikum
ein Problem. Dieses kann durch die heimliche Werbung von Bloggern und Videostars
– sogenannten Influencern (siehe Kapitel 8, »Influencer-Marketing«) – manipuliert
werden. Denn für Jugendliche haben ihre Internet-Ikonen auf YouTube oder Insta-

gram eine große Glaubwürdigkeit. Aus diesem Grund wird auch dieser Kanal häufig genutzt, um werbende Inhalte zu platzieren (siehe Abbildung 9.7).

Abbildung 9.7 Der Fußballer Bastian Schweinsteiger nutzt sein Instagram-Profil auch schon mal, um seine »Adidas«-Fußballschuhe zu zeigen.

Das Problem in der Praxis ist jedoch, dass Schleichwerbung und redaktionelle Berichterstattung oft nicht leicht voneinander zu trennen sind, insbesondere wenn Medien unentgeltlich über bestimmte Produkte oder Unternehmen berichten. In diesen Fällen ist der Trennungsgrundsatz nicht verletzt, wenn die sachliche Unterrichtung des Publikums im Vordergrund steht und werbliche Auswirkungen nur eine zwangsläufige Folge der Berichterstattung sind.

Dabei darf auch der Name des Produkts oder des Herstellers genannt werden. Die Grenze zur Schleichwerbung wird aber zum Beispiel dann überschritten, wenn das Produkt oder der Hersteller ohne sachlichen Grund übermäßig herausgestellt wird oder wenn Leistungsangebote werbend dargestellt werden.

Praxisbeispiel

Das Reality-TV-Format »Ich bin ein Star – holt mich hier raus!« gehört zu den großen Quotenerfolgen des TV-Senders »RTL«. Dort müssen Prominente im australischen Dschungel leben, sich von Reis und Bohnen ernähren und können mit Dschungelprüfungen und Schatzsuchen weitere »Luxusartikel« wie Gemüse, Fleisch oder Gewürze erspielen, um so ein wenig Abwechslung auf dem Teller zu erhalten. In der Folge vom 24.1.2014 hatten die Teilnehmer der Sendung eine Prüfung erfolgreich absolviert und als Belohnung eine Packung PiCK-UP!-Kekse von Leibniz gewonnen (siehe Abbildung 9.8). Nachdem sich die Teilnehmer enthusiastisch dazu äußerten, hat die Kommission für Zulassung und Aufsicht dem Sender RTL vorgeworfen, gegen Bestimmungen des Rundfunkstaatsvertrags zur Produktplatzierung verstoßen zu haben. Dies begründete sie damit, dass das Keksprodukt übermäßig hervorgehoben worden sei.

Abbildung 9.8 Die Teilnehmer der RTL-Sendung »Ich bin ein Star – holt mich hier raus« freuen sich übermäßig über den Gewinn von »PiCK-UP!«-Keksen der Marke »Leibniz«.

Dass in Sendungen platzierte Produkte, sogenannte Produktplatzierungen, gekennzeichnet werden müssen, haben wir Ihnen bereits eingehend im Rahmen des Influencer-Marketings erläutert (siehe Abschnitt 8.4). Keine Kennzeichnung ist hingegen erforderlich, wenn es sich um Produkte handelte, die der Produzent der Sendung selbst erworben hat und die nur zufällig im Video oder Bild erscheinen, da die Produkte dann nur eine Nebenrolle spielen (siehe Abbildung 9.9).

Ob tatsächlich ein Fall von Schleichwerbung vorliegt, ist anhand einer Gesamtwürdigung aller Umstände des Einzelfalles festzustellen. Dabei kommt es vor allem auf den Inhalt und die Aufmachung des redaktionellen Berichts an sowie auf die Art und das Maß der Herausstellung des Produkts bzw. Herstellers. Entscheidend ist jedoch auch, ob und inwiefern für die Darstellung in der konkreten Form ein öffentliches Informationsinteresse besteht.

Wird für den Bericht ein Entgelt gezahlt oder ein sonstiger wirtschaftlicher Vorteil – wie zum Beispiel ein Anzeigenauftrag – gewährt, spricht dies in der Regel für das Vorliegen von Schleichwerbung. Dies ist jedoch keinesfalls eine Voraussetzung. Werbung kann also auch dann als Schleichwerbung eingestuft werden, wenn dafür gar kein Entgelt gezahlt oder irgendein anderer Vorteil gewährt wird.

Nutzerfragen: Schleichwerbung und Produktplatzierung auf Youtube |
Rechtsanwalt Christian Solmecke

Abbildung 9.9 Zufällig sieht man in diesem Video beispielsweise Produkte des
Herstellers »Apple«, ohne dass diese inhaltlich eine Rolle spielen.

Praxisbeispiel

Ein Verfahren vor dem Europäischen Gerichtshof (Urteil vom 09.06.2011, Az. C-52/10)
hatte eine Sendung des griechischen Privatsenders »Alter Channel« zum Gegenstand. In einer im November 2003 ausgestrahlten Sendung unterhielt sich eine Mo-
deratorin mit einer Zahnärztin über Wirkung und Kosten einer kosmetischen Zahn-
behandlung, die als Weltneuheit angepriesen wurde.

Gegen den Betreiber des Senders wurde daraufhin vom griechischen Nationalrat für
Rundfunk und Fernsehen eine Geldbuße in Höhe von 25.000 € wegen des Verstoßes
gegen das Verbot der Schleichwerbung verhängt. Der Betreiber des Senders klagte
dagegen und berief sich darauf, dass er kein Geld für die Werbung erhalten habe. Der
Europäische Gerichtshof stellte jedoch fest, dass die Existenz eines Entgeltes oder
einer ähnlichen Gegenleistung keine notwendige Voraussetzung für die Feststellung
sei, dass eine beabsichtigte Schleichwerbung vorliegt.

Schleichwerbung stellt einen Wettbewerbsverstoß dar, da es unlauter ist, den Werbecharakter von geschäftlichen Handlungen zu verschleiern. Dies kann eine kostenpflichtige Abmahnung eines Mitbewerbers zur Folge haben. Darüber hinaus drohen
auch Sanktionen der zuständigen Aufsichtsbehörden, wie etwa der Landesmedienanstalten.

9.1.2   Haftung für Schleichwerbung

Eines lässt sich in jedem Fall vorab festhalten: Schleichwerbung funktioniert. Sie kann Ihnen hohe Aufmerksamkeit bescheren, Ihre Produkte mit positiven Assoziationen versehen und so das Image der Marke aufpolieren – letztlich also auch den Absatz steigern.

Jedoch ist Schleichwerbung nicht ehrlich: Wer seine Werbebeiträge nicht klar mit den deutschen Begriffen »Werbung« oder »Anzeige« kennzeichnet, der handelt rechtswidrig und haftet.

Achtung!

Wenn Sie statt zu den deutschen Begriffen zu englischen Angaben wie »*advertisement*« oder »*sponsored*« greifen (siehe Abbildung 9.10), weil dies etwas unauffälliger ist als die Begriffe »Werbung« oder »Anzeige«, dann entspricht dies nach Ansicht des Bundesgerichtshofs (Urteil vom 06.02.2014, Az. I ZR 2/11) nicht den rechtlichen Anforderungen. Der Bundesgerichtshof hatte speziell für die Verwendung von »*sponsored by*« entschieden, dass es sich dabei um eine sehr unscharfe Formulierung handele, die nicht ausreiche, um den Anzeigencharakter der Veröffentlichung zu verdeutlichen.

Abbildung 9.10 Beispiel für eine unzureichende Kennzeichnung durch den Zusatz »sponsored«

Nun stellt sich die Frage, wer eigentlich dafür haftet, wenn Ihre Produkte rechtswidrig in Inhalten Dritter platziert werden – Sie oder der Schleichwerber, also beispielsweise ein YouTuber. Hier müssen Sie sich grundsätzlich merken, dass Sie nicht von einer Haftung befreit werden, nur weil Sie die Schleichwerbung nicht selbst veröffentlicht haben! Denn wenn Sie Kenntnis vom Verstoß haben oder dazu sogar aufgefordert haben, sind eine Mithaftung und Abmahnungen von Mitbewerbern nicht ausgeschlossen. Noch viel empfindlicher ist aber wohl der Imageschaden, den Sie erleiden, wenn die Schleichwerbung öffentlich wird.

Dennoch scheint Schleichwerbung für viele Unternehmen noch immer ein lohnendes Marketinginstrument zu sein. Anders lässt sich die hohe Anzahl der Fälle in der Praxis wohl nicht erklären. Denn von Unwissenheit kann in den meisten Fällen eher nicht die Rede sein.

9.2   Wie gestaltet man ein Corporate Blog rechtssicher?

Hochwertige Inhalte können am besten über einen eigenen Kanal verbreitet werden – zum Beispiel über ein unternehmenseigenes Blog! Große Unternehmen wie die Automobilhersteller »Audi« oder »Daimler Benz« greifen ebenso zu dieser Marketingstrategie wie der Stromlieferant »Yello« (siehe Abbildung 9.11).

Abbildung 9.11 Corporate Blog des Stromlieferanten »Yello«

Die Zielgruppe solcher Blogs müssen nicht immer nur die Kunden sein: Der Automobilhersteller »Audi« beispielsweise konzentriert sich mit seinem Corporate Blog klar auf »Einblicke für Medienprofis« (siehe Abbildung 9.12). Das Unternehmen möchte diesen Kanal also dazu nutzen, Journalisten und auch anderen Bloggern einen Einblick hinter die Kulissen zu gewähren.

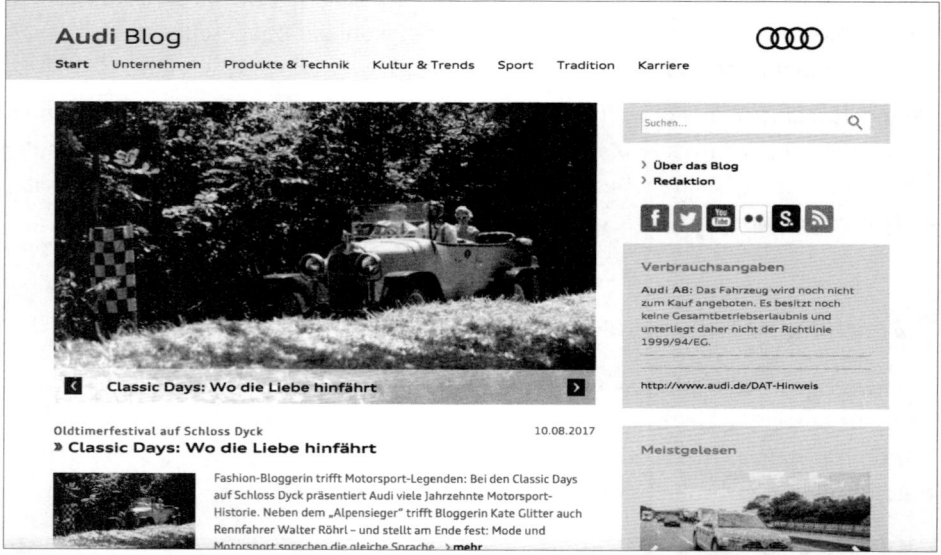

Abbildung 9.12 Corporate Blog für Medienprofis des Unternehmens »Audi«

Zwar gehören Corporate Blogs noch lange nicht zur Selbstverständlichkeit in der Unternehmenskommunikation, sie nehmen aber stetig zu. Doch das Führen eines Unternehmensblogs birgt Gefahren, die Sie nicht unterschätzen sollten. Zwar sind Ihrer Kreativität bei der inhaltlichen Gestaltung Ihres Unternehmensblogs keine Grenzen gesetzt, jedoch müssen Sie bei mancherlei Umsetzung ein paar Dinge beachten. Sie können in Ihrem Blog nicht nur Texte schreiben, sondern auch Bilder veröffentlichen. Dies ist für eine lebhafte Gestaltung des Blogs auch unumgänglich. Greifen Sie dabei auf Inhalte zurück, die Sie nicht selbst erstellt haben, so müssen Sie die Rechte Dritter beachten. Hier gilt urheberrechtlich nichts anderes als in Ihrem Social-Media-Profil oder auf Ihrer Website (siehe Abschnitt 7.5.3).

Aber auch Bilder Ihrer eigenen Veranstaltung, wie zum Beispiel von einem Firmenjubiläum, sind gute Inhalte zur Auflockerung Ihres Blogposts. Dabei müssen Sie jedoch auch an die Persönlichkeitsrechte der Abgebildeten denken: Peinliche Fotos der Mitarbeiter zum Beispiel sind kein Stoff für ein öffentliches Blog, auch wenn sie – zumindest aus Ihrer Sicht – noch so lustig sind. Ein wenig Humor zeigt zwar, dass Menschen hinter dem Blog stecken, jedoch sollte dies nicht auf Kosten anderer geschehen.

Aktuelle Verkaufsangebote, Gewinnspiele und Rabattaktionen bieten ebenfalls guten Stoff für kurze und nützliche Blogartikel und sind damit eine gute Möglichkeit, subtil Ihre Produkte oder Dienstleistungen zu bewerben. Doch auch in Ihrem eigenen Blog gelten die üblichen Regeln zu Gewinnspielen (siehe Kapitel 10, »Gewinnspiel-Marketing«) oder Preisangaben (siehe Abschnitt 16.1.5) – hier hat der Gesetzgeber klare Vorstellungen. Halten Sie sich nicht daran, müssen Sie mit Abmahnungen, Klagen und Geldbußen rechnen.

Blogs leben von einer persönlichen Note. Aus diesem Grund sollten Sie Ihr Blog dazu nutzen, Inhalte aus Ihrem Unternehmensalltag zu veröffentlichen. Dabei müssen Sie jedoch beachten, dass Sie ohne die vorherige Zustimmung keine Namen der handelnden Personen nennen dürfen und diese auch nicht in einem negativen Licht erscheinen lassen dürfen. Bei Letzterem sollten Sie besonders sorgfältig sein, wenn es um Konkurrenten geht, da diese auf solche Blogposts extrem empfindlich reagieren. Die negative Darstellung von Kunden ist selbstverständlich ebenfalls tabu – schließlich möchten Sie mit dem Blog Werbung in eigener Sache machen. Lassen Sie sich durch die lockere und persönliche Atmosphäre eines Blogs nicht dazu verleiten, unseriös zu werden. Schulen Sie auch bloggende Mitarbeiter entsprechend.

Hinweis

Sind innerhalb eines Unternehmens mehrere Personen mit der Erstellung von Inhalten für das Blog beauftragt, empfehlen wir Ihnen, Guidelines zu erstellen, in denen Sie klare Regeln vorgeben, die die Mitarbeiter beim Betrieb des Blogs beachten müssen. Auch sollten Sie einen Verantwortlichen bestimmen, der die Einhaltung der Regeln überprüft.

9.3   Gekaufte Blogbeiträge: Hot or not?

Sie können Inhalte aber nicht nur über Ihr eigenes Blog vermarkten, sondern auch mit neutralen Bloggern kooperieren, um Ihre Inhalte zu bewerben. Dabei können Blogger entweder Blogposts selbst neu schreiben und veröffentlichen oder von Ihnen verfasste Beiträge verwenden. Die Posts beschreiben in der Regel eine Website oder ein Produkt, zu der bzw. dem der Blogger dann seine Meinung sagt oder Kritik übt. Die Höhe des Entgelts ist sehr unterschiedlich und hängt vom Traffic sowie von dem Bekanntheitsgrad des jeweiligen Blogs ab.

In aller Regel enthält der Beitrag zudem einen Keyword-Link zum Webprojekt oder Onlineshop des Werbekunden. Aus diesem Grund sind Blogposts auch in Hinblick auf die Suchmaschinenoptimierung (siehe Kapitel 15) interessant. Auf dem Markt gibt es bereits einige Anbieter, die eine entsprechende Vermittlung von bezahlten Blogposts anbieten (siehe Abbildung 9.13).

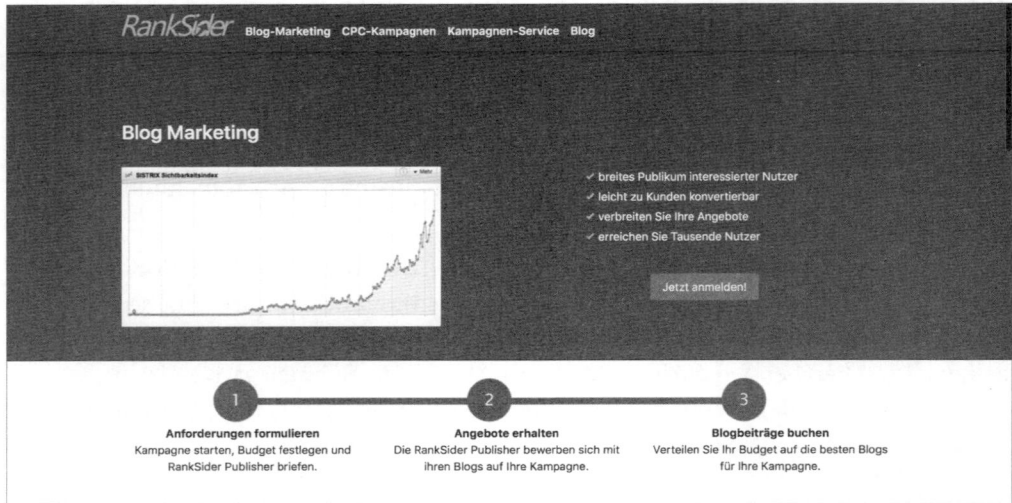

Abbildung 9.13 Website von »RankSider«, eines Anbieters für Social-Channel-Marketing

In der konkreten Umsetzung kann der Betreiber des Blogs dann entweder ein konkretes Angebot des dafür zahlenden Unternehmens vorstellen oder er schreibt einen allgemeinen Artikel zu einem Thema seiner Wahl, setzt dann aber einen Link zu einem vom werbenden Unternehmen genannten Keyword auf dessen Website. Häufig fordern die Unternehmen in diesen Fällen, dass keine Kennzeichnung des Artikels als Werbung erfolgen darf, um den potenziellen Werbeeffekt nicht einzuschränken.

In beiden Fällen stellt sich jedoch die Frage, ob es sich nicht um kennzeichnungspflichtige Werbung handelt. Während dies im ersten Fall wohl recht unproblematisch angenommen werden kann, da es sich um einen typischen Fall der Werbung handelt, der nicht mit einem redaktionellen Beitrag gemischt werden darf, ist dies bei der zweiten Alternative etwas schwieriger zu beurteilen. Im Ergebnis müssen Sie jedoch von einer Kennzeichnungspflicht mit Begriffen wie »Werbung« oder »Anzeige« ausgehen, da andernfalls der durchschnittliche Internetnutzer zu Recht davon ausgeht, dass sich in einem rein redaktionellen Artikel lediglich solche Links befinden, die ihn zu weiterführenden Informationen im Hinblick auf den Artikel führen.

Daher muss der Blogger den Link, der aus einem redaktionellen Zusammenhang auf Ihre Werbeseite führt, so gestalten, dass für den Nutzer eindeutig erkennbar ist, dass auf eine Werbeseite verwiesen wird. Dies gilt insbesondere dann, wenn Sie für den Link auch noch bezahlen.

Praxisbeispiel

Das Kammergericht Berlin (Urteil vom 30.06.2006, Az. 5 U 127/05) entschied bereits im Jahr 2006 über ein Verfahren, das einen Beitrag der »Bild«-Zeitung auf ihrem Online-Portal *www.bild.de* zum Gegenstand hatte, in dem für das »Volks-Sparen« geworben wurde (siehe Abbildung 9.14).

Abbildung 9.14 Über diese Webseite der Bild-Zeitung wurde vor Gericht gestritten.

Der Beitrag enthielt neben der Überschrift »Dieser Zins bringt's!« zudem ein Sparschwein mit dem Volks-Sparen-Logo und wurde deutlich durch das Wort »Anzeige« als Werbung gekennzeichnet. Unter diesem Werbelink befand sich eine Leiste, die zu anderen »*Bild.de*«-Seiten führte. Danach folgten redaktionelle oder scheinbar redaktionelle Artikel wie Umfragen zu Sparzielen und Finanztipps. Darunter befand sich auch ein Test der Prominenten Max Schautzer und Jochen Sattler mit dem Titel »Prominente Sparfüchse nehmen das Volks-Sparen unter die Lupe«. Was jedoch für den Leser nicht auf Anhieb erkennbar war: Dieser vermeintliche Test war Teil der Anzeige – dies bemängelte auch das Gericht. Schließlich sei die »Deutsche Bank« als werbendes Unternehmen nicht einmal genannt worden.

Halten Sie sich nicht an diese Kennzeichnungspflicht, drohen Ihnen zum Beispiel Abmahnungen von Konkurrenten. Denn diese Form der Werbung stellt eine unzulässige Schleichwerbung dar.

> **Achtung!**
> Die Kennzeichnung als Werbung muss auch auf Smartphones und Tablets sichtbar sein.

9.4   Advertorial: Werbung oder Beitrag?

Advertorials werden immer beliebter. Der Begriff ist eine Mischung aus den englischen Wörtern *advertisement* (Anzeige) und *editorial* (Leitartikel). Als redaktionelle Aufmachung einer Werbeanzeige erwecken Advertorials den Anschein eines redaktionellen Beitrags und stehen zwischen Kommunikationsinstrument und Werbeform (siehe Abbildung 9.15).

Abbildung 9.15 In einem Advertorial des Kosmetikherstellers »Maybelline« wird passend zum Mascara im Drama-Look erklärt, wie die Anwenderinnen sich wie eine Drama Queen verhalten.

Denn das Ziel dieses Instruments ist es letztlich, dass der Leser einer solchen Anzeige beim flüchtigen Lesen der Anzeige diese nicht als Werbung erkennt. Im Optimalfall wird er sogar glauben, dass es sich beim Inhalt dieser Anzeige um wirklich redaktionelles Material handelt.

Für Unternehmen ist diese Art der Werbung deshalb so interessant, weil die Advertorials meist in einem bestimmten und passenden Themenumfeld angeboten werden. Auf diese Weise haben Sie die Möglichkeit, einen Werbeplatz zu kaufen, der zu den von Ihnen angebotenen Produkten und Dienstleistungen passt. So können Sie Ihre Zielgruppe effektiv erreichen, und das in einem Moment, in dem sie in einem wesentlich höheren Maße aufnahmebereit ist, da sie Interesse an dem Beitrag hat.

Rechtlich ist eine solche Einkleidung jedoch nicht unproblematisch. Advertorials nehmen häufig Züge von Schleichwerbung an. Denn das bereits erläuterte Trennungsgebot schreibt eine klare Trennung von redaktionellem Inhalt und Werbung vor. Ein Advertorial wird aber bewusst so gestaltet, dass diese klare Trennung nicht auf Anhieb erkennbar ist. Dabei müssen auch Advertorials mit den Bezeichnungen »Anzeige« oder »Werbung« versehen werden. Andernfalls handelt es sich um eine unzulässige Schleichwerbung.

9.5   Native Advertising: Schleichwerbung in neuem Gewand?

Seit ein paar Jahren setzt die Werbeindustrie auf eine neue Form des Marketings – *Native Advertising*. Diese neue Werbemethode wird von einigen hoch gelobt und von anderen scharf kritisiert. Native Advertising wird auch als »Advertorial in neuem Gewand« bezeichnet oder eben schlicht als »Schleichwerbung«. Dabei stellt sich die Frage, wie mit Native Advertising umzugehen ist und welche Voraussetzungen Sie einhalten müssen, um diese Art der Werbung rechtskonform einzusetzen.

Doch was ist Native Advertising überhaupt? Native Advertising ist eine Werbeform, die möglichst stark in die Content-Form einer Website oder Plattform eingebunden ist. Die derzeit häufigsten Beispiele für sogenannte *Native Ads* sind gesponserte Suchmaschinenbeiträge, *Promoted Tweets* im Kurznachrichtendienst Twitter oder *Promoted Posts* im sozialen Netzwerk Facebook (siehe Abbildung 9.16). Seit 2016 bietet die Bilderplattform Pinterest auch seinen europäischen Nutzern Werbe-Pins.

Ähnlich wie ein Advertorial passt sich die Native Ad in ihr Umfeld ein und ist somit von einem redaktionellen Beitrag schwer bis gar nicht mehr zu unterscheiden (siehe Abbildung 9.17), da sowohl die Form als auch die Funktion der Unterhaltung genau dieselbe ist wie bei einem redaktionellen Beitrag. Daher muss man schon zweimal hinsehen, um zu erkennen, dass es sich eigentlich um Werbung handelt.

Abbildung 9.16 Beispiel für einen Promoted Post auf Facebook

Abbildung 9.17 Die Plattform »BuzzFeed« integriert optisch unauffällig Werbe-videos des Kaffeehauses »Starbucks« in die übrigen Beiträge.

In den USA sind Native Ads bereits Alltag geworden. Dort werden beispielsweise auch Links zu anderen Webseiten in einen redaktionellen Text wie einen Nachrichtenbeitrag eingebaut (siehe Abbildung 9.18).

Abbildung 9.18 Ebenso unauffällig integriert die Plattform »Buzz-Feed« Links zu einer Webseite mit Versicherungsempfehlungen.

In Deutschland hingegen stellt sich die Frage, wie mit einer solchen Art der Werbung rechtlich umgegangen werden soll. Dazu ist es notwendig, die Schwierigkeiten einer Native Ad im deutschen Rechtskreis näher zu betrachten.

Wie der Name schon sagt, handelt es sich bei Native Advertising um eine Werbemaßnahme. Dies erkennt man zudem vereinfacht gesagt auch daran, dass der Zweck der Äußerung eines Unternehmens der Absatz seiner Produkte oder Dienstleistungen ist. Daher gilt für Native Ads grundsätzlich ebenfalls das bereits erläuterte Gebot der Trennung von redaktioneller Arbeit und Werbung. Die Werbung muss also als solche für den Konsumenten erkennbar sein, indem Sie die Anzeige mit der Angabe »Anzeige« versehen.

> **Achtung!**
>
> Da es aber gerade das Ziel einer Native Ad ist, dass sie nicht als Werbung wahrge-
> nommen wird, verstößt eine Native Ad, die nicht deutlich genug als Werbebotschaft
> zu erkennen ist, regelmäßig gegen das Trennungsgebot und bietet Angriffsfläche für
> teure Abmahnungen.

9.6   Virales Marketing: Was ist zu beachten?

Eine ähnliche Problematik ergibt sich im Hinblick auf die Transparenz bei werblicher
Kommunikation im Rahmen des viralen Marketings. Unternehmen stellen immer
häufiger kurze Spots ins Netz, die sich dann zum Beispiel über YouTube rasend
schnell verbreiten. Das Besondere an diesen Spots ist meist, dass sie oft auf den ersten Blick nicht eindeutig als Werbung identifizierbar sind, da sie den Eindruck erwecken, zu Unterhaltungszwecken produziert worden zu sein.

> **Praxisbeispiel**
>
> Die Schweizer Organisation »Solidar Suisse« setzt sich für fair gehandelten Kaffee
> ein und hat einen Spot geschaltet, der »Nestlé« bzw. dessen Marke »Nespresso« in
> die Kritik bringt und gleichzeitig Werbung für die eigene Arbeit macht. Während in
> dem ursprünglichen Nespresso-Spot George Clooney von einem Klavier erschlagen
> wird, verwendet die Organisation ein George-Clooney-Double, das von einer herab-
> stürzenden Reklametafel getroffen wird, die stark an das Nespresso-Logo erinnert
> (siehe Abbildung 9.19). In dem von Solidar Suisse erstellten Video hört man nach dem
> Unfall den Spruch: »Sorry, George – so fühlt es sich an, wenn man als Kaffeepflücker
> ausgebeutet wird.« Die Organisation wirft Nestlé vor, das Fair-Trade-Konzept nicht
> zu beachten, und möchte auf diese Weise Druck auf den Lebensmittelkonzern Nestlé
> ausüben.

Abbildung 9.19 In dem Video der Organisation »Solidar Suisse« wird
das George-Clooney-Double von dem »Nespresso«-Schild erschlagen.

9.6.1   Kennzeichnung von Werbung

Auch im Rahmen einer unterhaltenden satirischen Auseinandersetzung mit einem Produkt muss die Kennzeichnung als Anzeige im Internet erfolgen, da die angesprochene Zielgruppe auf den ersten Blick nicht erkennen kann, ob es sich um Werbung oder um einen redaktionellen Inhalt handelt. Ohne deutlichen Hinweis auf den werblichen Charakter des Inhalts besteht die Gefahr, dass die angesprochenen Verbraucher davon ausgehen, dass es sich um einen redaktionellen und objektiven Inhalt handelt und nicht um subjektiv geprägtes Marketing.

Da Verbraucher Werbung jedoch deutlich anders wahrnehmen und gedanklich verarbeiten, muss die Gefahr einer Verwechslung minimiert werden. Das Vertrauen der Verbraucher in redaktionell gestaltete Inhalte ist nämlich erheblich größer als in reine Unternehmenswerbung. Daher muss der Verbraucher vor Irreführungen geschützt werden.

Praxisbeispiel

In einem Verfahren vor dem Oberlandesgericht Köln (Urteil vom 09.08.2013, Az. 6 U 3/13) hat das Gericht über einen Rechtsstreit entschieden, in dem ein Autohersteller auf einer eigens eingerichteten Internetseite satirisch über das Kaufverhalten von Käufern anderer Automarken berichtete. Dabei wurden die Käufer von Autos anderer Automarken gezielt so dargestellt, als ob der wichtigste Kaufgrund des jeweiligen Autos die damit verbundene Außenwirkung sei. Die gesamte Internetseite war gestalterisch so aufgebaut, dass auf den ersten Blick nicht deutlich wurde, dass es sich um eine von einem Autohersteller geschaltete Internetseite handelte und nicht um eine objektiv journalistisch geprägte Homepage. Dagegen hat ein Verband geklagt und letztlich Recht bekommen!

Bei fehlender Erkennbarkeit des Werbecharakters für den durchschnittlichen Nutzer ist daher auch in diesen Fällen von einem Wettbewerbsverstoß auszugehen.

9.6.2   Rechtskonforme Werbeanfragen: Ist die Einwilligung ein Muss?

Werbung wirkt glaubwürdiger, wenn sie nicht von Ihnen selbst geschaltet wird, sondern wenn Dritte – wie Blogger, YouTuber, Produkttester oder Betreiber von Ratgeberseiten – Ihre Produkte in ihre Inhalte einbauen. Doch wie können Sie erreichen, dass diese Personen auf Ihre Produkte aufmerksam werden? Dazu gibt es verschiedene Möglichkeiten: Sie könnten diejenigen telefonisch kontaktieren, ihnen eine E-Mail schicken oder ihnen die Produkte einfach zuschicken. Dabei stellt sich jedoch die Frage, ob dies so ohne Weiteres erlaubt ist.

Praxisbeispiel

Um zu beurteilen, ob ein solches Verhalten zulässig ist, bietet es sich an, sich folgendes Szenario vorzustellen: Sie sind Hersteller von Kosmetikprodukten und möchten, dass eine Beauty-Bloggerin auch Ihre Produkte testet und dann in ihrem Tutorial vorstellt. Daher fragen Sie dies bei ihr zunächst per E-Mail an. Nachdem Sie darauf keine Antwort bekommen, da sie an Ihren Produkten kein Interesse hat, senden Sie ihr die Produkte einfach zu. Denn Sie denken sich, dass die Bloggerin sich so direkt einen Eindruck verschaffen kann.

Was Sie aber nicht wissen: Dasselbe Vorgehen haben in der letzten Woche auch 30 andere Unternehmen an den Tag gelegt. All die Produkte entsprechen jedoch nicht den Vorstellungen der Bloggerin, weshalb sie völlig genervt davon ist, dass sie jeden Tag unzählige E-Mails lesen und sich um die Pakete kümmern muss.

Versetzt man sich nun in die Position der Beauty-Bloggerin, so wird schnell klar, dass solche Handlungen sie in unzumutbarer Weise belästigen und daher unzulässig sind. Denn die Beauty-Bloggerin wird gezwungen, sich mit jeder erhaltenen E-Mail zu befassen und diese im unerwünschten Fall zu löschen. Auch um die Pakete muss sich jemand kümmern. Dies kostet wertvolle Zeit, und Zeit ist bekanntlich Geld. Daher kann ein solches Verhalten bei Gewerbetreibenden als ein Eingriff in den eingerichteten und ausgeübten Gewerbebetrieb qualifiziert werden und Konsequenzen wie Unterlassungsansprüche und Schadensersatzforderungen nach sich ziehen. Allein der Umstand, dass die angefragte Person im Internet eine E-Mail-Adresse bereitgestellt hat, ändert daran nichts – dies stellt nämlich grundsätzlich keine Einwilligung in Werbeanfragen dar.

Praxisbeispiel

In einem Verfahren vor dem Bundesgerichtshof (Urteil vom 17.07.2008, Az. I ZR 197/05) entschied das Gericht über einen Fall, in dem ein Sportverein in der Rechtsform des eingetragenen Vereins auf seiner Website eine E-Mail-Adresse angab. Daraufhin erhielt der Verein E-Mails, in denen der Absender nachfragte, ob es möglich sei, Bannerwerbung auf der Website des Vereins zu platzieren. Das Gericht entschied, dass allein die Preisgabe der E-Mail-Adresse auf der Website keiner konkludenten Einwilligung in die Kontaktaufnahme für werbliche Anfragen gleichkomme. Vielmehr hätte der Absender vor dem Versenden der E-Mail eine ausdrückliche Einwilligung einholen müssen.

Um Adressaten vor der Belästigung durch Werbe-E-Mails zu schützen, hat der Gesetzgeber normiert, dass die Kontaktaufnahme zu Marketingzwecken immer nur dann zulässig ist, wenn Sie die vorherige ausdrückliche Einwilligung des Empfängers eingeholt haben.

Dabei müssen Sie beachten, dass eine rechtlich wirksame Einwilligung grundsätzlich immer ein bewusstes, aktives und konkretes Handeln des Adressaten voraussetzt. »Bewusst« heißt dabei, dass der Adressat die Werbe-E-Mail nur bekommen darf, wenn er beispielsweise auf seiner Website darauf hinweist, dass Unternehmen ihn für Werbeanfragen kontaktieren können, und er dafür ein Kontaktformular oder Kontaktdaten bereitstellt, zum Beispiel eine E-Mail-Adresse (siehe Abbildung 9.20).

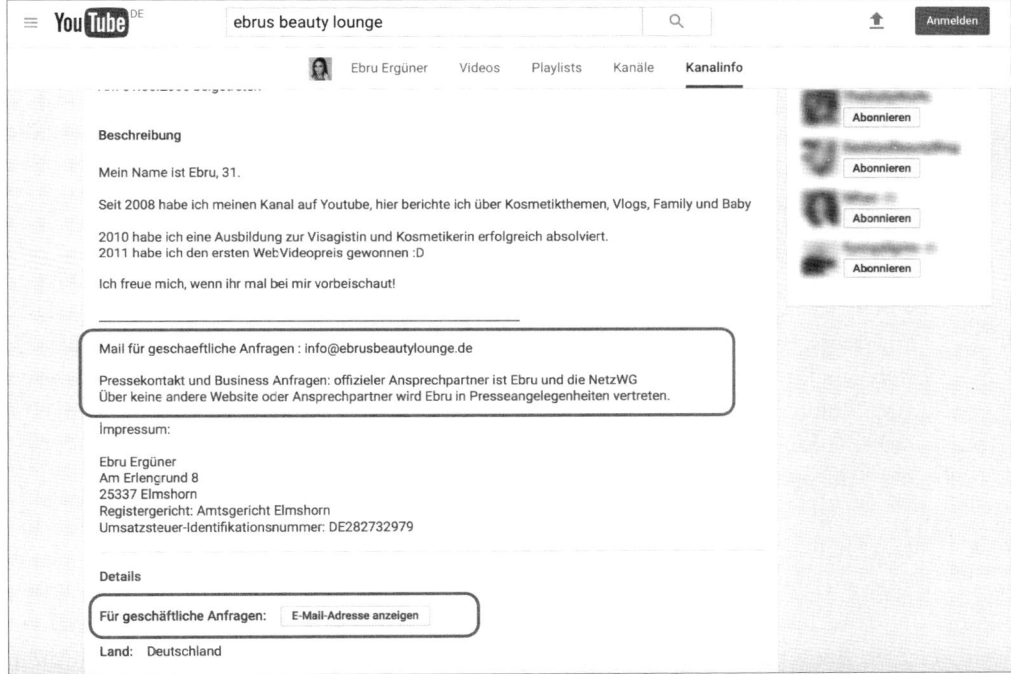

Abbildung 9.20 Für den Kanal »Ebrus Beautylounge« werden für geschäftliche Anfragen Ansprechpartner und E-Mail-Adresse genannt.

Dabei sollten Sie auch beachten, dass Sie als Absender derjenige sind, der im Streitfall darlegen und beweisen muss, dass der Empfänger in den Erhalt von Werbe-E-Mails eingewilligt hat.

Praxistipp

Um bei eventuellen Abmahnungen oder gerichtlichen Streitigkeiten das Vorliegen einer Einwilligung auch beweisen zu können, sollten Sie die Einwilligung unbedingt schriftlich protokollieren. Im Fall der elektronisch übermittelten Einverständniserklärung können Sie diese einfach abspeichern. Andernfalls bietet sich auch ein Screenshot an. Dies ist ohne größeren Aufwand möglich und gibt Ihnen jederzeit die Möglichkeit, die Erklärung bei Bedarf auszudrucken. Es ist zudem ratsam, die Dokumentation zu archivieren.

Halten Sie sich nicht an das Einwilligungserfordernis, müssen Sie mit Abmahnungen oder Unterlassungs- und Schadensersatzansprüchen rechnen. Auch empfindliche Geldbußen von bis zu 300.000 € können auf Sie zukommen!

9.7   Wie können Sie sich vor Content-Diebstahl schützen?

Content-Diebstahl betrifft nicht nur Blogs. Nahezu jeglicher Inhalt kann kopiert werden: Software, Musik, Filme, Spiele, Texte, Bilder, Skripte, Codes etc. Dies ist zwar illegal, schreckt aber so manchen nicht davon ab, es dennoch zu tun. Schließlich vermittelt das Internet Anonymität und das Gefühl, es würde einem ohnehin keiner auf die Schliche kommen können.

> **Praxisbeispiel**
>
> Ein Beispiel für Content-Diebstahl ist die illegale Kopie von Inhalten und Identitäten von Blogs. Das Prinzip ist ganz einfach: Unbekannte Betrüger übernehmen Material aus deutschen Blogs eins zu eins, um dann den Content wieder online zu stellen. Dabei melden die Betrüger bei dem amerikanischen Registrar »GoDaddy« den jeweiligen Domainnamen des Blogs mit einer ».com«- oder ».net«-Domain an. Auf dem in dieser Form nachgemachten Blog wird dann Werbung geschaltet, um im Anschluss mit den kopierten Webseiten Werbeeinnahmen zu kassieren.

Tatsächlich ist die rechtliche Verfolgung von Internetdelikten gar nicht so einfach. Betroffene haben zwar grundsätzlich Ansprüche wie Schadensersatz, Beseitigung oder Unterlassung, jedoch haben sie auch gleichzeitig das Problem, erst einmal herausfinden zu müssen, gegen wen sie diese Ansprüche geltend machen können. Denn ohne die Angabe des Beklagten kann kein Gerichtsverfahren durchgeführt werden.

Da sich dies im Internet nicht gerade einfach gestaltet, sollten Sie zum Schutz Ihrer Inhalte reagieren, bevor sprichwörtlich das Kind in den Brunnen gefallen ist. Dabei gibt es verschiedene Möglichkeiten, die zwar keinen hundertprozentigen Schutz bieten, den ein oder anderen aber vielleicht abschrecken. Diese Möglichkeiten möchten wir Ihnen an dieser Stelle näher erläutern:

1. Sie können Ihre Internetpräsenz mit einem Urheberrechtsvermerk versehen. Diesen können Sie beispielsweise in den Footer setzen (siehe Abbildung 9.21).

2. Sie können auch zum Beispiel in Ihrem Impressum oder in den AGB einen Absatz verfassen, in dem Sie zusätzlich schriftlich auf das Urheberrecht hinweisen (siehe Abbildung 9.22).

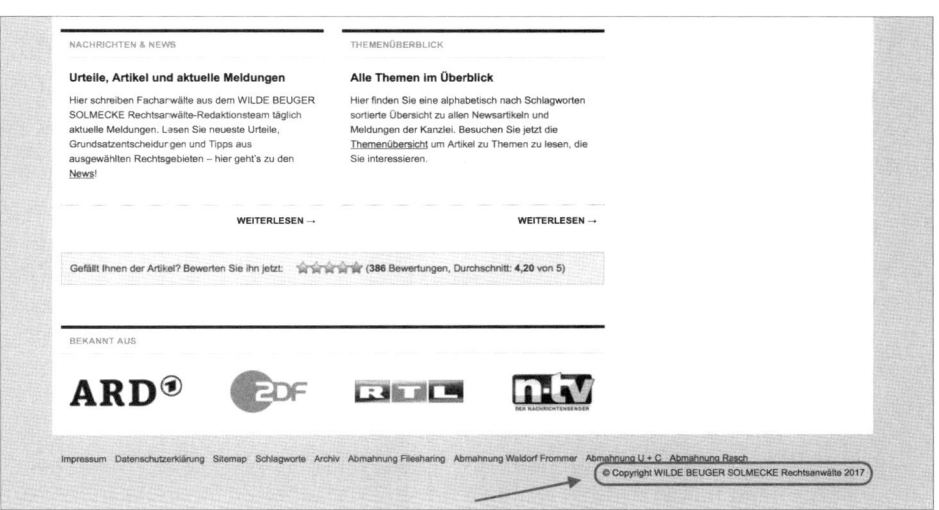

Abbildung 9.21 Urheberrechtsvermerk auf der Website der Rechtsanwaltskanzlei »Wilde Beuger Solmecke«

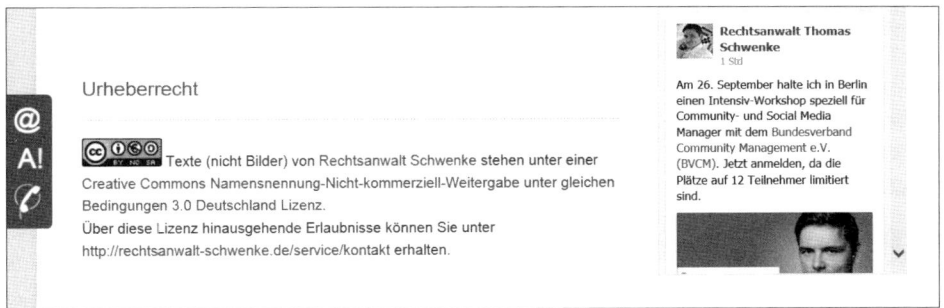

Abbildung 9.22 Rechtsanwalt Thomas Schwenke platziert seinen Urheberrechtshinweis im Impressum.

3. Bei Bildern oder Fotos empfiehlt es sich, diese mit einem Wasserzeichen zu versehen. Zu Beweiszwecken kann in GIF- oder JPG-Grafiken ein unsichtbarer Copyright-Kommentar hinterlegt werden (siehe Abbildung 9.23).

4. Um das manuelle Kopieren von Texten zu erschweren, können Sie diese als Grafik veröffentlichen. Dies verhindert zwar das Kopieren nicht, ist aber für den Kopierer mühsam, da er den Text abtippen müsste. Der Nachteil ist allerdings, dass Grafiken für Suchmaschinen unlesbar sind.

5. Unerwünschte Bots, die reihenweise komplette Webseiten downloaden, können Sie beispielsweise mit der Datei *robots.txt* oder per *.htaccess* aussperren.

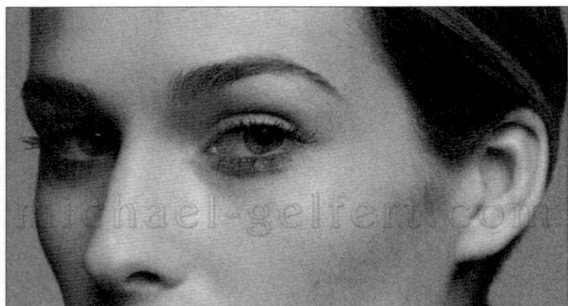

Abbildung 9.23 Wasserzeichen auf dem Bild des Fotografen Michael Gelfert

Haben all diese Schutzmaßnahmen nichts gebracht und ist es dennoch zur Kopie von Webseiten, Texten oder Bildern gekommen, so werden diese früher oder später von Google erfasst und sind dann leicht zu finden. Dazu können Sie stichprobenartig individuell genug erscheinende Phrasen von Ihrer Website in die Suchmaske kopieren. Liegt eine Kopie vor, wird die Suchmaschine Ihnen diese anzeigen. Alternativ können Sie auch Internetanbieter verwenden, die automatisch nach Kopien im Netz suchen.

Praxisbeispiel

Ein solcher Anbieter ist beispielsweise »PlagAware« (*www.plagaware.com*), der eine Software entwickelt hat, um Plagiate von Webseiten aufzuspüren, zu verfolgen und letztlich die Löschung der kopierten Inhalte zu erwirken. PlagAware bietet Betreibern von Websites ein umfassendes Softwaresystem, das Ihnen die Möglichkeit gibt, Ihre Site automatisch auf möglichen Content-Diebstahl zu überwachen und diesem zu begegnen (siehe Abbildung 9.24).

Abbildung 9.24 Website des Anbieters für Plagiatsschutz »PlagAware«

Um herauszufinden, ob auch Ihre Website kopiert wurde, können Sie dies mithilfe von Anbietern wie Checkdomain (*www.checkdomain.de*) oder United Domains (*www.united-domains.de*) überprüfen. Dafür müssen Sie jeweils Ihren Domainnamen in die Suchmaske eingeben. Dann wird ersichtlich, ob und gegebenenfalls von wem die Domain registriert wurde (siehe Abbildung 9.25). Da die Betrüger jedoch meist falsche Namen verwenden, sollten Betroffene einen Missbrauchsantrag stellen.

Abbildung 9.25 Startseite des Anbieters »Checkdomain«

9.8   Wie ist eine rechtskonforme Verbreitung des Contents über Social-Media-Kanäle möglich?

Nachdem Sie hochwertige Inhalte produziert haben, müssen diese auch die von Ihnen anvisierte Zielgruppe erreichen, von dieser konsumiert und im besten Fall weiterverbreitet werden. Dazu sollten Sie in jedem Fall die Social-Media-Kanäle wie Facebook oder YouTube nutzen. Denn dort erreichen Sie ein deutlich größeres Publikum als beispielsweise auf Ihrer Website, und Ihre Inhalte können innerhalb kürzester Zeit auf der ganzen Welt weiterverbreitet werden – bestenfalls wird Ihr Inhalt also zum Selbstläufer.

Social-Media-Kanäle haben jedoch im Vergleich zu Ihrer Unternehmenswebsite einen entscheidenden Nachteil: In der Regel sehen die Nutzungsbedingungen der sozialen Plattformen vor, dass Sie diesen die Rechte an den von Ihnen eingestellten Inhalten einräumen. Das ist zwingend – Verhandlungsspielraum besteht dabei nicht.

Somit müssen Sie zwar für die Unterstützung Ihrer Marketingziele kein Entgelt zahlen, kostenlos ist das Ganze aber dennoch nicht. Daher sollten Sie sich im Vorhinein genau überlegen, ob Sie dem zustimmen möchten. Entscheiden Sie sich dann für eine Nutzung, sollten Sie stets gut bedenken, welche Inhalte Sie auf Ihrem Profil platzieren wollen.

Im Detail fallen die eingeräumten Rechte in Art und Umfang je nach Plattform recht unterschiedlich aus. Daher möchten wir Ihnen an dieser Stelle einen Überblick über die gängigen Verbreitungskanäle und deren Nutzungsbedingungen im Hinblick auf die Rechteeinräumung geben.

Hinweis: Nutzungsbedingungen für Werbemaßnahmen

Nutzungsbedingungen spielen für Unternehmen besonders dann eine Rolle, wenn es um Marketingmaßnahmen geht. Denn da Unternehmen gewerblich handeln, haben die Betreiber sozialer Netzwerke in der Regel klare Vorstellungen von der Zulässigkeit von Werbemaßnahmen und gegebenenfalls von den Details der Ausgestaltung. Diese müssen Ihnen in jedem Fall bekannt sein und von Ihnen auch eingehalten werden. Wie diese Nutzungsbedingungen aussehen, haben wir Ihnen bereits in Kapitel 7, »Social-Media-Marketing«, erläutert. Wir möchten daher an dieser Stelle darauf verweisen.

9.8.1 Facebook

Besonderes Augenmerk sollten Sie bei den Nutzungsbedingungen auf die Einräumung von Rechten an den von Ihnen eingestellten Inhalten richten (siehe Abbildung 9.26). Denn Facebook lässt sich von Ihnen eine Lizenz für die Nutzung jeglicher IP-Inhalte einräumen, die Sie auf oder im Zusammenhang mit Facebook posten. Diese Lizenz gilt zwar nicht exklusiv für Facebook, ist aber auf Dritte übertragbar sowie unterlizenzierbar.

Erklärung der Rechte und Pflichten

Diese Erklärung der Rechte und Pflichten („Erklärung" oder „Bedingungen") beruht auf den Facebook-Grundsätzen und stellt unsere Nutzungsbedingungen dar. Sie regelt unsere Beziehung zu Nutzern und anderen, die mit Facebook sowie mit Facebook-Marken, -Produkten und -Diensten interagieren, die wir die „Facebook-Dienste" oder „Dienste" nennen. Mit deiner Nutzung der Facebook-Dienste oder dem Zugriff darauf stimmst du dieser Erklärung in ihrer jeweils gemäß nachfolgendem Abschnitt 13 aktualisierten Fassung zu. Darüber hinaus werden dir am Ende dieses Dokuments einige Hilfsmittel zur Verfügung gestellt, die dir dabei helfen, die Funktionsweise von Facebook zu verstehen.

Da Facebook ein breites Spektrum an Diensten anbietet, können wir dich dazu auffordern, ergänzende Bedingungen zu überprüfen und zu akzeptieren, die für deine Interaktion mit einer bestimmten App bzw. einem bestimmten Produkt oder Dienst gelten. Sofern und soweit solche ergänzenden Bedingungen im Widerspruch zu dieser Erklärung stehen, gelten die mit der App, dem Produkt bzw. dem Dienst verbundenen ergänzenden Bedingungen im Hinblick auf deine Nutzung einer entsprechenden App bzw. eines entsprechenden Produkts oder Dienstes im Umfang des Widerspruchs.

1. **Privatsphäre**

   Deine Privatsphäre ist uns sehr wichtig. In unserer Datenrichtlinie machen wir wichtige Angaben dazu, wie du Facebook zum Teilen von Inhalten mit anderen verwenden kannst, und wie wir deine Inhalte und Informationen sammeln und verwenden können. Wir fordern dich auf, die Datenrichtlinie zu lesen und sie zu verwenden, damit du mit ihrer Hilfe fundierte Entscheidungen treffen kannst.

2. **Teilen deiner Inhalte und Informationen**

   Dir gehören alle Inhalte und Informationen, die du auf Facebook postest. Zudem kannst du mithilfe deiner Einstellungen für Privatsphäre und Appskontrollieren, wie diese geteilt werden. Außerdem gilt:

   1. Für Inhalte, die durch Rechte am geistigen Eigentum geschützt sind, wie Fotos und Videos (IP-Inhalte), erteilst du uns ausdrücklich nachfolgende Genehmigung, vorbehaltlich deiner Einstellungen für Privatsphäre und Apps: Du gewährst uns eine nicht-exklusive, übertragbare, unterlizenzierbare, gebührenfreie, weltweite Lizenz für die Nutzung jedweder IP-Inhalte, die du auf bzw. im Zusammenhang mit Facebook postest (IP-Lizenz). Diese IP-Lizenz endet, wenn du deine IP-Inhalte oder dein Konto löschst; es sei denn, deine Inhalte wurden mit anderen geteilt und diese haben die Inhalte nicht gelöscht.
   2. Wenn du IP-Inhalte löschst, werden sie auf eine Weise entfernt, die dem Leeren des Papierkorbs auf einem Computer gleicht. Allerdings sollte dir bewusst sein, dass entfernte Inhalte für eine angemessene Zeitspanne in Sicherheitskopien fortbestehen (die für andere jedoch nicht zugänglich sind).
   3. Wenn du eine App nutzt, kann dich diese App möglicherweise um Erlaubnis bitten, auf deine Inhalte und Informationen sowie die Inhalte und Informationen, die andere mit dir geteilt haben, zuzugreifen. Wir verlangen von Apps, dass sie deine Privatsphäre respektieren. Deine Vereinbarung mit dieser App regelt, wie diese die Inhalte und Informationen nutzen, speichern und übertragen kann. (Um mehr über Plattform zu erfahren, also auch darüber, wie du kontrollieren kannst, welche Informationen andere Personen mit Apps teilen können, lies dir bitte unsere Datenrichtlinie und die Plattform-Seitedurch.)
   4. Wenn du die Einstellung „Öffentlich" bei der Veröffentlichung von Inhalten oder Informationen verwendest, können alle Personen, einschließlich solcher, die Facebook nicht nutzen, auf diese Informationen zugreifen, sie verwenden und sie mit dir (d. h. mit deinem Namen und Profilbild) assoziieren.
   5. Wir freuen uns immer über dein Feedback sowie deine Anregungen bezüglich Facebook. Du verstehst jedoch, dass wir dein Feedback bzw. deine Anregungen ohne jedwede Verpflichtung, dich dafür zu entschädigen, verwenden können (ebenso wie du nicht verpflichtet bist, uns diese/s anzubieten).

Abbildung 9.26 Die Einräumung von Rechten bei Facebook

Darüber hinaus erklären Sie mit Ihrer Zustimmung zu den Nutzungsbedingungen, dass Sie damit einverstanden sind, für die Erteilung dieser Lizenz kein Entgelt zu erhalten. Das heißt, dass Facebook mit Ihren Inhalten Geld verdienen kann, ohne dass Sie davon einen Anteil erhalten. Dies ist gerade bei besonders aufwendig produzierten und kostspieligen Inhalten wie Werbefotos oder -videos ärgerlich. Auch müssen Sie beachten, dass Sie dagegen nicht widersprechen können, wenn Sie Facebook nutzen möchten.

> **Praxisbeispiel: Lizenz an den Fotos Ihrer Betriebsfeier**
>
> Laden Sie auf Ihrer Facebook-Seite für Ihre Kunden beispielsweise Fotos von Ihrem Firmenjubiläum hoch, so hat Facebook ebenso wie Sie die Rechte daran. Das bedeutet, dass Facebook diese Fotos weltweit für eigene Zwecke verwenden kann oder auch Dritten deren Verwendung gestatten kann, ohne dass Sie dagegen widersprechen oder dafür ein Entgelt verlangen können.

Diese Lizenz endet grundsätzlich erst, wenn Sie die veröffentlichten Inhalte entfernen oder Ihr Benutzerkonto löschen. Eine Ausnahme davon besteht jedoch dann, wenn Sie die Inhalte mit anderen Nutzern geteilt und diese die Inhalte nicht gelöscht haben. Denn dann können Inhalte unter Umständen auch nach ihrer Löschung oder der des Benutzerkontos abrufbar sein, da sie bereits weiterverbreitet wurden.

9.8.2   Google+

Ebenso wie in dem Netzwerk Facebook müssen Sie auch bei Google+ im Rahmen der Nutzungsbedingungen besonders die Einräumung von Rechten an den von Ihnen eingestellten Inhalten beachten. Denn Sie räumen Google+ mit Ihrer Registrierung auf der Plattform die Rechte an den von Ihnen eingestellten Inhalten ein. Die Nutzungsbedingungen von Google sehen nämlich vor, dass Sie dem Unternehmen Google selbst, den zur Google-Gruppe gehörenden Unternehmen und den Vertragspartnern von Google eine unentgeltliche, nicht ausschließliche, weltweite und zeitlich unbegrenzte Lizenz einräumen, die insbesondere das Vervielfältigungsrecht und Recht der öffentlichen Zugänglichmachung umfasst (siehe Abbildung 9.27). Dabei werden die Rechte zur Nutzung der Inhalte »*ausschließlich zum Zweck der Erbringung des jeweiligen Dienstes und lediglich in dem dafür nötigen Umfang*« eingeräumt. Dies ist ein wesentlicher Unterschied beispielsweise zu Facebook, denn im Gegensatz zu Facebook erhält Google+ damit also nicht das Recht, jedes Bild und jeden Text selbst auch zu anderen Zwecken zu verwenden.

Wie bei den anderen Plattformen auch endet das Recht der öffentlichen Zugänglichmachung mit dem Zeitpunkt, zu dem Sie den eingestellten Inhalt entfernen oder die Bestimmung der öffentlichen Zugänglichmachung aufheben. Dies bedeutet letztlich, dass der Inhalt nach seiner Löschung nicht mehr rechtmäßig von Google genutzt werden kann.

Ihre Inhalte in unseren Diensten

Bei einigen unserer Dienste können Sie Inhalte einstellen. Sie behalten Ihre Rechte als Urheber und alle bestehenden gewerblichen Schutzrechte an den Inhalten, die Sie in unsere Dienste einstellen. Kurz gesagt: Was Ihnen gehört, bleibt auch Ihres.

Indem Sie urheberrechtlich oder sonst rechtlich geschützte Inhalte in unsere Dienste einstellen, räumen Sie Google und den zur Google Gruppe gehörenden Unternehmen sowie den Vertragspartnern von Google unentgeltlich die notwendigen, nicht ausschließlichen, weltweiten und zeitlich unbegrenzten Rechte ein, diese Inhalte ausschließlich zum Zweck der Erbringung des jeweiligen Dienstes und lediglich in dem dafür nötigen Umfang zu nutzen. Damit Google den jeweiligen Dienst anbieten kann, müssen die Inhalte zum Beispiel gespeichert und auf Servern gehostet werden. Das Nutzungsrecht umfasst daher insbesondere das Recht, die Inhalte technisch zu vervielfältigen. Weiterhin räumen Sie Google das Recht der öffentlichen Zugänglichmachung Ihrer Inhalte ausschließlich für den Fall ein, dass Sie wegen der Natur des jeweiligen Dienstes eine öffentliche Zugänglichmachung beabsichtigen oder Sie ausdrücklich eine öffentliche Zugänglichmachung bestimmt haben. Das Recht der öffentlichen Zugänglichmachung endet mit dem Zeitpunkt, in dem Sie einen eingestellten Inhalt aus einem bestimmten Dienst entfernen oder die Bestimmung der öffentlichen Zugänglichmachung aufheben. Bestimmte Dienste können zusätzlichen Bedingungen unterliegen, welche die Einräumung weiterer Rechte vorsehen. Achten Sie darauf, dass Sie, wenn Sie Inhalte in unsere Dienste hochladen, Ihrerseits über die hierzu eventuell notwendigen Rechte verfügen.

Weitere Informationen dazu, wie Google Inhalte verwendet und speichert, finden Sie in unserer Datenschutzerklärung bzw. in den zusätzlichen Bedingungen für bestimmte Dienste. Wenn Sie uns Feedback oder Verbesserungsvorschläge zu unseren Diensten schicken, sind wir berechtigt, dieses Feedback und diese Verbesserungsvorschläge ohne Verpflichtung Ihnen gegenüber zu nutzen.

Abbildung 9.27 Die Einräumung von Rechten laut den Nutzungsbedingungen für Google-Dienste

9.8.3   XING

Da bei XING als Business-Plattform anders als bei Google+ oder Facebook das Teilen von Bildern und Videos mit dem eigenen Netzwerk nicht möglich ist, enthalten die Nutzungsbedingungen von XING auch keine ausdrückliche Rechteeinräumungsklausel. Vielmehr ermöglicht es XING seinen Nutzern nur, Textnachrichten und Links einzustellen.

Dies bedeutet jedoch nicht, dass Sie dem Portal deshalb keine Rechte an den eingestellten Inhalten einräumen – im Gegenteil: Das Urheberrechtsgesetz sieht vor, dass Sie durch das Einstellen der Inhalte dem Portal die Rechte daran einräumen. Die Rechteeinräumung wird jedoch entsprechend dem gesetzlichen Zweckübertragungsgrundsatz auf die zur Nutzung der Plattform erforderlichen Rechte begrenzt, wovon insbesondere die Vervielfältigung und öffentliche Zugänglichmachung umfasst sind. Damit übertragen Sie als Nutzer eines XING-Profils weniger Rechte als beispielsweise als Facebook-Nutzer.

Da es keine ausdrückliche Vereinbarung zur Einräumung der Rechte gibt, gibt es auch keine Regelung zum Ende der Lizenz. Unter Berücksichtigung des Zweckübertragungsgrundsatzes bedeutet dies jedoch, dass es sich nur um ein einfaches Nutzungsrecht handelt, das von Ihnen widerrufen werden kann. Darüber hinaus erlischt das Nutzungsrecht, wenn Sie den Inhalt entfernen oder das Benutzerkonto löschen.

9.8.4   Twitter

Wenn Sie die Neuigkeiten Ihres Unternehmens über den Kurznachrichtendienst Twitter »zwitschern« möchten, kommen Sie ebenso wie in den anderen sozialen Netzwerken grundsätzlich nicht um die Einräumung umfangreicher Rechte an den von Ihnen eingestellten Inhalten herum (siehe Abbildung 9.28).

Ihre Rechte

Sie behalten die Rechte an allen Inhalten, die Sie über die Dienste übermitteln, veröffentlichen oder anzeigen. „Was Dein ist, bleibt Dein" – Sie sind Eigentümer Ihrer Inhalte (und Ihre Fotos und Videos sind Bestandteil der Inhalte).

Durch Übermittlung, Veröffentlichung oder Anzeigen von Inhalten auf oder über die Dienste gewähren Sie uns eine weltweite, nicht ausschließliche, unentgeltliche Lizenz (mit dem Recht zur Unterlizenzierung), diese Inhalte in sämtlichen Medien und über sämtliche Verbreitungswege (die gegenwärtig bekannt sind oder in Zukunft bekannt sein werden) zu verwenden, zu vervielfältigen, zu reproduzieren, zu verarbeiten, anzupassen, abzuändern, zu veröffentlichen, zu übertragen, anzuzeigen und zu verbreiten. Mit dieser Lizenz erteilen Sie uns die Erlaubnis, Ihre Inhalte weltweit verfügbar zu machen und dies auch Dritten zu ermöglichen. Sie bestätigen, dass Twitter mit dieser Lizenz das Recht hat, die Dienste bereitzustellen, zu fördern und zu verbessern und die an oder über die Dienste übermittelten Inhalte gemäß unseren Nutzungsbedingungen anderen Unternehmen, Organisationen oder Einzelpersonen zur Verfügung zu stellen, die mit Twitter zwecks Syndizierung, Ausstrahlung, Verbreitung, Werbung oder Veröffentlichung dieser Inhalte in anderen Medien und Diensten zusammenarbeiten. Die von Ihnen im Rahmen der Dienste übermittelten, veröffentlichten, übertragenen oder anderweitig bereitgestellten Inhalte können von Twitter oder anderen Unternehmen, Organisationen oder Einzelpersonen zusätzlich verwendet werden, ohne dass Ihnen hierfür eine Vergütung gezahlt wird.

Twitter verfügt über Regeln, die kontinuierlich weiterentwickelt werden und in denen die Art und Weise festgelegt ist, wie Netzwerkpartner mit Ihren Inhalten auf den Diensten umgehen dürfen. Anhand dieser Regeln soll ein offenes Netzwerk unter Berücksichtigung Ihrer Rechte ermöglicht werden. Sie erkennen an, dass wir Ihre Inhalte ändern oder anpassen können, da diese von uns und unseren Partner verbreitet, syndiziert, veröffentlicht oder ausgestrahlt werden, und/oder Änderungen an Ihren Inhalten vorgenommen werden können, um die Inhalte an verschiedene Medien anzupassen. Sie sichern zu und gewährleisten, dass Sie über alle Rechte, Vollmachten und Befugnisse verfügen, die erforderlich sind, um die hierin eingeräumten Rechte an den von Ihnen übermittelten Inhalten zu gewähren.

Abbildung 9.28 Die Einräumung von Rechten in den Allgemeinen Geschäftsbedingungen von Twitter

Der Kurznachrichtendienst fordert von Ihnen eine nicht exklusive, gebührenfreie und weltweite Lizenz inklusive Unterlizenzierung, die das Recht umfasst, »*Inhalte in sämtlichen Medien und über sämtliche Verbreitungswege (die gegenwärtig bekannt sind oder in Zukunft bekannt sein werden) zu verwenden, zu vervielfältigen, zu reproduzieren, zu verarbeiten, anzupassen, abzuändern, zu veröffentlichen, zu übertragen, anzuzeigen und zu verbreiten*«.

Zu beachten ist jedoch, dass Twitter sich zudem auch die Weitergabe aller von Ihnen übermittelten, veröffentlichten, übertragenen oder anderweitig bereitgestellten Inhalte an Twitter oder andere mit Twitter zusammenarbeitende Unternehmen, Organisationen oder Einzelpersonen vorbehält, ohne Ihnen hierfür eine Vergütung zahlen zu müssen.

Die Nutzungsbedingungen des Kurznachrichtendienstes Twitter ähneln hinsichtlich der Rechteeinräumungsklausel damit denen der sozialen Netzwerke Facebook und Google+.

9.8.5   YouTube

Von besonderer Bedeutung im Rahmen des Content-Marketings ist wohl die Verbreitung der Inhalte über den Videokanal YouTube. Doch um dessen Vorteile nutzen zu können, erteilen Sie YouTube die Rechte an den von Ihnen eingestellten Videos (siehe Abbildung 9.29).

10. Rechte, die Sie einräumen
10.1 Indem Sie **Nutzerübermittlungen** bei **YouTube** hochladen oder posten, räumen Sie

A. **YouTube** eine weltweite, nicht-exklusive und gebührenfreie Lizenz ein (mit dem Recht der Unterlizenzierung) bezüglich der Nutzung, der Reproduktion, dem Vertrieb, der Herstellung derivativer Werke, der Ausstellung und der Aufführung der **Nutzerübermittlung** im Zusammenhang mit dem Zur-Verfügung-Stellen der **Dienste** und anderweitig im Zusammenhang mit dem Zur-Verfügung-Stellen der **Webseite** und **YouTubes** Geschäften, einschließlich, aber ohne Beschränkung auf Werbung für und den Weitervertrieb der ganzen oder von Teilen der **Webseite** (und auf ihr basierender derivativer Werke) in gleich welchem Medienformat und gleich über welche Verbreitungswege;

B. jedem Nutzer der **Webseite** eine weltweite, nicht-exklusive und gebührenfreie Lizenz ein bezüglich des Zugangs zu Ihren **Nutzerübermittlungen** über die **Webseite** sowie bezüglich der Nutzung, der Reproduktion, dem Vertrieb, der Herstellung derivativer Werke, der Ausstellung und der Aufführung solcher **Nutzerübermittlung** in dem durch die Funktionalität der **Webseite** und nach diesen **Bestimmungen** erlaubten Umfang.

10.2 Die vorstehend von Ihnen eingeräumten Lizenzen an **Nutzervideos** erlöschen, sobald Sie Ihre **Nutzervideos** von der **Webseite** entfernen. Die vorstehend von Ihnen eingeräumten Lizenzen an **Nutzerkommentaren** sind unbefristet und unwiderruflich, lassen aber Ihre oben unter Ziffer 8.2 bezeichneten Eigentumsrechte im Übrigen unberührt.

Abbildung 9.29 Die Rechteeinräumungsklausel in den Nutzungsbedingungen von YouTube

Diese Rechte umfassen ähnlich wie bei den sozialen Netzwerken die Nutzung, Reproduktion, den Vertrieb, die Herstellung derivativer Werke, die Ausstellung, Aufführung und die Unterlizenzierung an den von Ihnen hochgeladenen Videos. Dabei handelt es sich um eine weltweite, nicht exklusive und gebührenfreie Lizenz, die es YouTube gestattet, Ihre Videos zu vertreiben und zu Werbezwecken zu verwenden. Diese Lizenz endet dann, wenn Sie das Video wieder löschen.

Anders als bei den bisher untersuchten sozialen Netzwerken beschränkt sich die Einräumung von Rechten jedoch nicht nur auf die Plattform YouTube selbst: Vielmehr lässt sich den Nutzungsbedingungen entnehmen, dass Sie dieselben Nutzungsrechte auch einem jeden Nutzer von YouTube übertragen. Eine Ausnahme gilt nur im Hinblick auf das Recht zum Weitervertrieb und zur Verwendung von Werbung. Dabei werden Nutzer auf eine Verwendung im Zusammenhang mit YouTube beschränkt.

9.8.6   Instagram

Eine Vielzahl von Inhalten teilen Nutzer auch auf der Plattform Instagram, weshalb auch hier ein Blick in die Vereinbarungen zur Rechteeinräumung zu werfen ist (siehe Abbildung 9.30).

Rechte

1. Instagram beansprucht nicht, Inhaber irgendwelcher Inhalte zu sein, die du auf dem oder über den Dienst postest. Stattdessen gewährst du Instagram hiermit eine nicht-exklusive, vollständig bezahlte und gebührenfreie, übertragbare, unterlizenzierbare, weltweite Lizenz für die Nutzung der Inhalte, die du auf dem oder durch den Dienst postest; diese unterliegt den Datenschutzrichtlinien des Dienstes, die du hier einsehen kannst http://instagram.com/legal/privacy/; dazu gehören u. a. die Abschnitte 3 („Teilen deiner Informationen"), 4 („Speicherung deiner Informationen") und 5 („Deine Wahlmöglichkeiten in Bezug auf deine Informationen"). Wie in den Datenschutzrichtlinien beschrieben, kannst du auswählen, wer deine Inhalte und Aktivitäten sehen kann, einschließlich deiner Fotos.

Abbildung 9.30 Klausel zur Rechteeinräumung bei Instagram

Eine Besonderheit lässt sich dabei nicht finden: Wie die bereits dargestellten Plattformen beansprucht auch Instagram eine »*nicht-exklusive, vollständig bezahlte und gebührenfreie, übertragbare, unterlizenzierbare, weltweite Lizenz für die Nutzung der Inhalte, die du auf dem oder durch den Dienst postest*«.

Dass Instagram die Inhalte auch an Dritte weitergibt, ergibt sich ferner aus der Datenschutzrichtlinie (siehe Abbildung 9.31).

3. WEITERGABE DEINER INFORMATIONEN

Wir werden ohne deine Zustimmung deine Informationen nicht an Dritte außerhalb von Instagram (bzw. derjenigen Unternehmensgruppe, der Instagram angehört) vermieten oder verkaufen, es sei denn, es wird in diesen Richtlinien darauf hingewiesen.

Parteien, mit denen wir deine Informationen teilen können:

- Wir dürfen Nutzerinhalte und deine Informationen (also u. a. Informationen von Cookies, Protokolldateien, Gerätekennungen, Ortungsdaten und Nutzungsdaten) mit Unternehmen teilen, die rechtlich derselben Unternehmensgruppe wie Instagram angehören bzw. angehören werden („Verbundene Unternehmen"). Verbundene Unternehmen können diese Informationen nutzen, um dazu beizutragen, den Dienst (u. a. durch das Bereitstellen von Analysen) sowie ihre eigenen Dienstleistungen (beispielsweise indem sie dir bessere und relevantere Erlebnisse zur Verfügung stellen) anzubieten, zu verstehen und zu verbessern. Allerdings werden diese verbundenen Unternehmen die von dir getroffenen Entscheidungen darüber, wer deine Fotos sehen kann, respektieren.

- Wir dürfen deine Informationen sowie Informationen von Funktionen wie Cookies, Protokolldateien, Gerätekennungen und Ortungsdaten auch mit Organisationen Dritter teilen, die uns dabei unterstützen, dir den Dienst anzubieten („Dienstleister"). Unsere Dienstleister erhalten in dem Maß Zugriff auf deine Informationen, wie es angemessenerweise erforderlich ist, um den Dienst unter angemessenen Vertraulichkeitsbedingungen bereitzustellen.

- Wir können bestimmte Informationen, wie beispielsweise Cookie-Daten, außerdem mit Dritt-Werbepartnern teilen. Diese Informationen würden es Dritt-Werbenetzwerken u. a. ermöglichen, zielgerichtete Werbeanzeigen zu schalten, von denen sie annehmen, dass sie am interessantesten für dich sind.

- Wir können Teile von Daten, die dich identifizieren können, entfernen und anonymisierte Daten mit anderen Parteien teilen. Darüber hinaus dürfen wir deine Informationen so mit anderen Informationen kombinieren, dass sie nicht mehr mit dir in Verbindung stehen, und diese zusammengefassten Informationen teilen.

Abbildung 9.31 Auszug aus der Datenschutzrichtlinie des Netzwerks Instagram

Danach ist es Instagram gestattet, die von Ihnen geposteten Bilder und Videos mit Unternehmen der Unternehmensgruppe Instagram zu teilen, »*um dazu beizutragen, den Dienst (u. a. durch das Bereitstellen von Analysen) sowie ihre eigenen Dienstleistungen (beispielsweise indem sie dir bessere und relevantere Erlebnisse zur Verfügung stellen) anzubieten, zu verstehen und zu verbessern.«*

Hinweis

Was hier so unauffällig als »verbundene Unternehmen« bezeichnet wird, ist tatsächlich der Social-Media-Riese Facebook! Denn Instagram gehört seit 2012 als Tochterunternehmen von Facebook zur Facebook-Unternehmensgruppe, zu der unter anderem auch der Nachrichtendienst »WhatsApp« gehört.

9.8.7   Pinterest

Auch die amerikanische Plattform Pinterest hat eine Klausel zur Rechteeinräumung in ihren Nutzungsbedingungen (siehe Abbildung 9.32).

b. Wie Pinterest und andere Nutzer deine Inhalte verwenden können   Konto erstellen

Für den ausschließlichen Zweck des Betriebs, der Entwicklung, der Bereitstellung und Verwendung der Produkte gewährst du Pinterest und seinen Nutzern eine nicht exklusive, gebührenfreie, nicht übertragbare, nicht sublizenzierbare, weltweite Lizenz, deinen Nutzerinhalt auf Pinterest zu verwenden, zu speichern, zu präsentieren, zu reproduzieren, aufzuheben, zu ändern, abgeleitete Arbeiten davon zu erstellen, ihn vorzuführen und zu verteilen. Durch keine Bedingung dieser AGB werden etwaige sonstige Rechte Pinterests an dem jeweiligen Nutzerinhalt eingeschränkt, beispielsweise gemäß anderen Lizenzrechten. Wir behalten uns das Recht vor, bestimmte Nutzerinhalte nach eigenem Ermessen zu entfernen oder zu ändern. Dazu gehören auch Nutzerinhalte, von denen wir meinen, dass sie gegen diese AGB oder unsere Richtlinien verstoßen.

Einfacher ausgedrückt

Kopien von Inhalten, die du mit anderen geteilt hast, bleiben möglicherweise erhalten, auch nachdem du den Inhalt aus deinem Konto gelöscht hast.

Abbildung 9.32 Nutzungsbedingungen der Fotoplattform Pinterest

Die Inhalte, die Sie auf Pinterest veröffentlichen, dürfen von anderen Pinterest-Mitgliedern genutzt werden. Das heißt, andere Pinterest-Nutzer dürfen die Beiträge nicht nur *repinnen*, sondern auch auf Pinterest modifizieren, reproduzieren, anzeigen und verteilen. Wenn hingegen andere Benutzer etwas mit den Inhalten außerhalb von Pinterest tun, das sie nicht tun dürfen, liegt das nicht im Verantwortungs-bereich von Pinterest. In einem solchen Fall müssten Sie sich dann mit dieser Person in Verbindung setzen.

Zwar behält sich Pinterest diese Verwertungsrechte vor, jedoch betont es, dass die Bilder weiterhin Ihr Eigentum bleiben. Während Pinterest sich darüber hinaus vor ein paar Jahren noch das Recht zum Weiterverkauf einräumen ließ, hat es davon nach harscher Kritik in den Medien seit einiger Zeit Abstand genommen. Die Nut-zungsbedingungen sehen daher ausdrücklich kein Recht zur Unterlizenzierung vor.

9.9   Checkliste Content-Marketing: Alles beachtet?

Checkliste

- ▶ Haben Sie Werbung als solche gekennzeichnet?
- ▶ Haben Sie Produktplatzierungen solche gekennzeichnet?
- ▶ Haben Sie keine Produktplatzierungen in Bereichen angeregt, wo diese verboten ist?
- ▶ Haben Sie Vorsichtsmaßnahmen zum Schutz Ihres Contents getroffen?
- ▶ Haben Sie sich mit den Nutzungsbedingungen des von Ihnen gewünschten Verbreitungskanals auseinandergesetzt?
- ▶ Haben Sie vor Werbeanfragen kontrolliert, ob der Empfänger mit solchen Anfragen einverstanden ist?
- ▶ Haben Sie die Einwilligung für Werbeanfragen eingeholt?

Wenn Sie alle Fragen mit »Ja« beantworten können, dann kann es losgehen ...
Viel Erfolg!

Kapitel 10
Gewinnspiel-Marketing

Nichts ist so verlockend wie die Aussicht auf einen Gewinn! Reisen, Einkaufsgutscheine, die neuesten Smartphones & Co. sind beliebte Kundenmagneten und werden deshalb von Werbetreibenden nicht selten bei Gewinnspielen eingesetzt. Gewinnspiele dienen zwar der Unterhaltung potenzieller Kunden, haben für Sie als Veranstalter aber natürlich einen ganz anderen Fokus: Aufmerksamkeit für Ihre Produkte und Dienstleistungen. Insbesondere die sozialen Netzwerke haben sich zu einem Aufmerksamkeitsgaranten entwickelt und der Marketingstrategie Gewinnspiel so zu neuem Aufschwung verholfen – ist es doch geradezu naheliegend, ein Gewinnspiel mit dem Abonnieren der Unternehmensseite oder dem Teilen des Gewinnspielbeitrags zu verknüpfen, um so die eigene Präsenz zu steigern. Aber ist das auch erlaubt? Und was muss man eigentlich sonst beachten, wenn man ein Gewinnspiel veranstaltet? Zu diesen und vielen weiteren Fragen gibt Ihnen dieses Kapitel Auskunft.

Gewinnspiele gehören zu den Klassikern des Marketings und sind aus der Welt der Werbung kaum mehr wegzudenken. Denn die Aussicht auf einen Gewinn erzeugt bei vielen Nutzern positive Gefühle und hat einen gewissen Unterhaltungswert. Dies wissen auch Werbetreibende und bleiben diesem Marketinginstrument daher weiterhin treu, wie eine Studie des Risiko-Management-Spezialisten »EMIRAT AG« aus dem Jahre 2016 zeigt: Danach gaben 23,5 % der Studienteilnehmer aus vorwiegend kleinen und mittelständischen Unternehmen an, Gewinnspiele regelmäßig als Marketinginstrument in ihren Unternehmen einzusetzen; 35 % vertrauen nur sporadisch auf diese Strategie. Dabei setzen mehr als ein Drittel auf Frage-Antwort-Gewinnspiele, und etwa drei Viertel der Befragten führen ihre Gewinnspiele primär online durch – bevorzugt in sozialen Netzwerken, aber auch per E-Mail. Weitere Informationen finden Sie unter *http://wbs.is/rom107*.

Die Zeiten, in denen Unternehmen auf Messen Gewinnspiele in Form von Postkarten veranstaltet haben, die die Besucher ausfüllen und in eine Box werfen mussten, gehören für viele Werbetreibende damit der Vergangenheit an. Denn insbesondere über soziale Netzwerke wie Facebook oder die Videoplattform YouTube lassen sich schnell und kostengünstig Gewinnspiele veranstalten, die einem besonders großen Publikum zugänglich sind (siehe Abbildung 10.1).

Abbildung 10.1 Wer auf der Facebook-Seite von »lieblingspfanne.de« ein »Gefällt mir« hinterlässt, kann eine Pfanne gewinnen.

Das Gewinnspiel dient jedoch nicht nur dazu, den potenziellen Kunden glücklich zu machen, sondern lässt Sie mit der richtigen Umsetzung auch langfristig profitieren. Denn allein die einmalige Teilnahme an einem Gewinnspiel macht aus dem Teilnehmer noch keinen Kunden – zu schnell ist das Gewinnspiel wieder vergessen, insbesondere wenn der Gewinn ausbleibt. Daher sollte das Gewinnspiel primär dazu genutzt werden, langfristig im Blick der Zielgruppe zu sein. Dies gelingt beispielsweise, wenn Sie über das Gewinnspiel den Teilnehmer auch zum Abonnieren Ihres Newsletters bewegen können (siehe Abbildung 10.2).

Wenn Sie nach diesen zahlreichen positiven Aspekten des Gewinnspiels auch von diesem Marketinginstrument profitieren und gleich loslegen möchten, sollten Sie zuvor jedoch noch die rechtlichen Rahmenbedingungen eines Gewinnspiels studieren. Denn ein Gewinnspiel rechtskonform zu veranstalten, ist gar nicht so einfach. Mit dem Ausloben eines Gewinns und der Verbreitung des Gewinnspiels über soziale Netzwerke oder per E-Mail ist es längst nicht getan. Ausführliche Gewinnspielbedingungen sind nur eine Hürde, die Sie überwinden müssen. Welche Hürden es noch zu bewältigen gibt und wie Sie diese mit Leichtigkeit nehmen können, erläutern wir Ihnen im Folgenden.

Abbildung 10.2 Wer den Newsletter des Discounters »Lidl« abonniert, kann einen Fernseher gewinnen.

10.1   Was sind die Merkmale eines Gewinnspiels?

Zunächst einmal stellt sich die Frage, wann überhaupt ein Gewinnspiel vorliegt. Denn das Gewinnspiel ist von einem Glücksspiel zu unterscheiden. Diese Differenzierung ist grundlegend, da damit verbunden unterschiedliche rechtliche Rahmenbedingungen einhergehen. Ein Gewinnspiel kann von jedem durchgeführt werden. Möchten Sie hingegen ein Glücksspiel durchführen, brauchen Sie eine staatliche Genehmigung, da andernfalls strafrechtliche Konsequenzen drohen.

▶ Um ein *Gewinnspiel* handelt es sich, wenn Sie andere ohne Leistung eines Einsatzes zur Teilnahme an einem Spiel auffordern.

▶ Wenn der Teilnehmer allerdings erst einen erheblichen entgeltlichen Einsatz leisten muss, um eine Gewinnchance zu erwerben, handelt es sich um ein *Glücksspiel* (siehe Abbildung 10.3).

Der ausschlaggebende Unterschied zwischen Glücksspiel und Gewinnspiel ist damit der Einsatz, der erheblich sein muss.

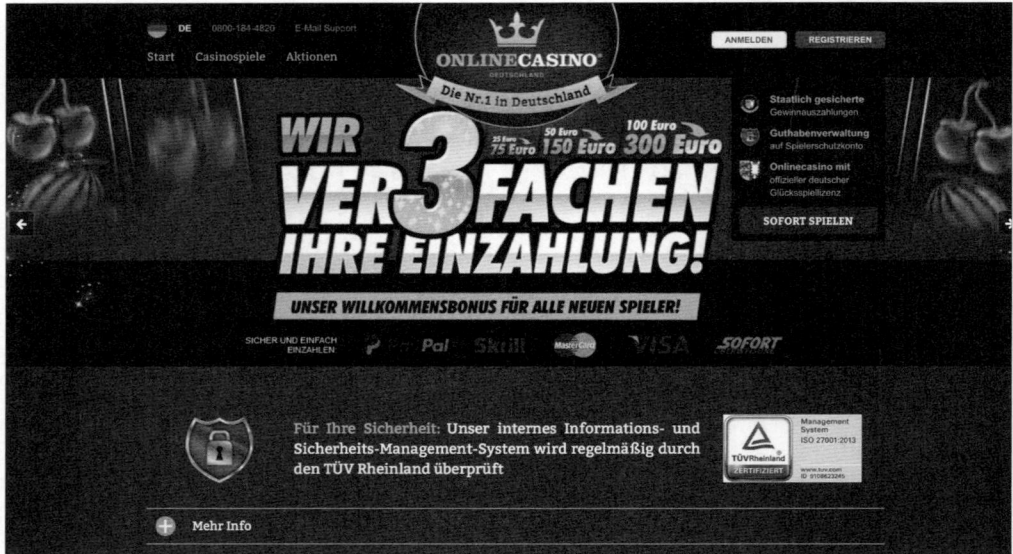

Abbildung 10.3 Die Website »www.onlinecasino.de« ist ein Anbieter für Glücksspiel im Internet.

Praxisbeispiel: Einsatz von 50 Cent!

Nach Ansicht des Bundesgerichtshofs (Urteil vom 28.09.2011, Az. I ZR 93/10) ist die Schwelle der Erheblichkeit jedoch bei Internet-Gewinnspielen, die sich an die Allgemeinheit richten, mit einer Begrenzung von 50 Cent pro Teilnahme nicht überschritten und damit zulässig – ein Betrag von 50 Cent sei glücksspielrechtlich völlig irrelevant.

In den Fällen, in denen Ihre Kunden durch den Kauf eines Produkts eine Gewinnchance erwerben, handelt es sich dennoch um ein Gewinnspiel, da der gezahlte Preis dem Erwerb des Produkts dient und nur mittelbar zur Teilnahme am Gewinnspiel führt.

Praxisbeispiel: Gewinnspiel oder Glücksspiel?

Ein Onlineshop verlost Einkaufsgutscheine. Für die Teilnahme müssen die Kunden auf der Webseite fünf versteckte Buchstaben finden und zu einem Wort zusammensetzen. Hierbei handelt es sich um ein Gewinnspiel. Erhalten die Kunden die gesuchten Buchstaben allerdings erst durch den Kauf eines Loses, dann handelt es sich um ein Glücksspiel.

10.2   Wie sind Teilnahmebedingungen zu formulieren?

Bei der Veranstaltung eines Gewinnspiels mit Werbecharakter müssen Sie besonders darauf achten, Teilnahmebedingungen zu formulieren, die klar und eindeutig die Regeln des Gewinnspiels darlegen, und diese leicht einsehbar für die Teilnehmer bereitzuhalten (siehe Kapitel 19, »Mustertexte«).

10.2.1   Inhalt der Teilnahmebedingungen

Im Detail müssen die Teilnahmebedingungen dabei folgende Informationen umfassen:

▶ genaue Angaben zu Ihnen als Veranstalter des Gewinnspiels

▶ genaue Angabe zum Beginn und zum Ende des Gewinnspiels

▶ Teilnahmeberechtigungen (z. B. Altersbeschränkungen)

▶ Teilnahmebedingungen

▶ Gewinnspielverfahren

▶ genaue Angabe der ausgelobten Gewinngegenstände

▶ Angaben zum Wert des Gewinns

▶ Angaben zu gegebenenfalls anfallenden Zusatzkosten

▶ Angaben zur Auslosung

▶ Termin für die Verkündung des Gewinners

▶ Hinweise zum Datenschutz, wonach die Daten ausschließlich zum Zwecke des Gewinnspiels genutzt werden

▶ Ausschluss des Rechtsweges

Wer bei Gewinnspielen mit Werbecharakter die Teilnahmebedingungen nicht klar, eindeutig und vollständig angibt, der handelt rechtswidrig und muss mit Konsequenzen wie einer Abmahnung oder einer Unterlassungsklage rechnen.

> **Praxisbeispiel: Genaues Enddatum!**
>
> Der Radiosender »95.5 Charivari – Münchens Hitradio« hatte sich im Jahre 2013 eine Gewinnspielaktion überlegt, bei der der Sender mit folgendem Slogan warb: »*10.000.– Euro!!! Der letzte Facebook-Kommentar bekommt die Kohle!!*« (siehe Abbildung 10.4).
>
> Dieses Gewinnspiel fand großen Anklang und hatte zwischenzeitlich mehr als 500.000 Kommentare – bis Facebook den Beitrag löschte, weil dieser unter anderem wegen fehlender Angabe eines Enddatums gegen die Richtlinien des sozialen Netz-

werks verstieß. Bis zuletzt blieb der Gewinner unklar, weshalb der Radiosender den ausgelobten Betrag spendete. Das Ende vom Lied waren ein Shitstorm und unzählige verärgerte Teilnehmer: Eine schlechtere Marketingstrategie kann man sich wohl kaum selbst antun.

Abbildung 10.4 Der Radiosender »95,5 Charivari« gab bei seinem Gewinnspiel kein Enddatum an.

10.2.2 Darstellung der Teilnahmebedingungen

Die Teilnahmebedingungen müssen Sie für die Teilnehmer leicht einsehbar und ständig verfügbar bereithalten, um dem Gebot der Transparenz zu genügen. Bei der Darstellung haben Sie dabei verschiedene Möglichkeiten.

Sind Ihre Teilnahmebedingungen vom Umfang her überschaubar, dürfte es ausreichend sein, diese Informationen mit einem Sternchenhinweis unmittelbar unterhalb des Teilnahmeformulars anzubringen (siehe Abbildung 10.5).

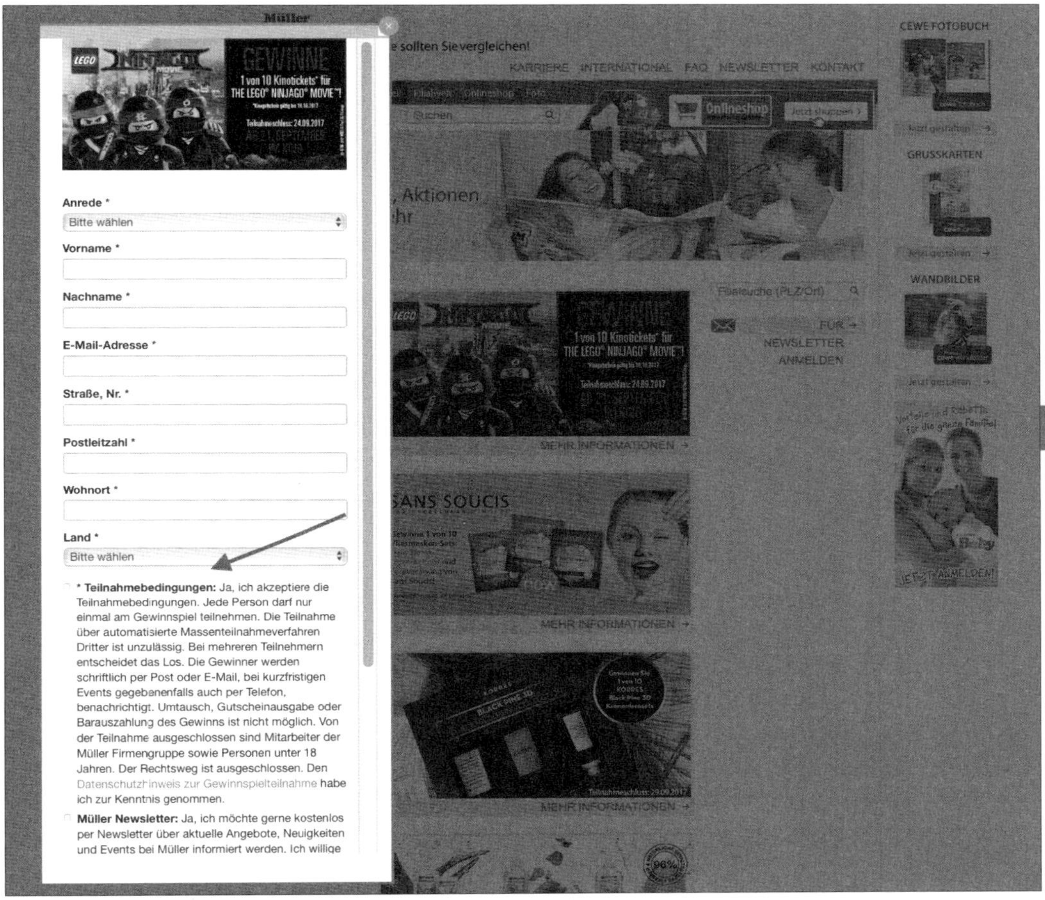

Abbildung 10.5 Der Drogeriemarkt »Müller« vermerkt die Teilnahmebedingungen unter dem Teilnahmeformular.

Auch können Sie sich im Rahmen des Teilnahmeformulars kurz halten und die Teilnahmebedingungen lediglich verlinken. Dies bietet sich besonders dann an, wenn Ihre Teilnahmebedingungen besonders umfangreich sind. Dabei sollten Sie den Begriff »Teilnahmebedingungen« visuell so gestalten, dass der Teilnehmer erkennt, dass mit einem Klick darauf die Weiterleitung erfolgt (siehe Abbildung 10.6).

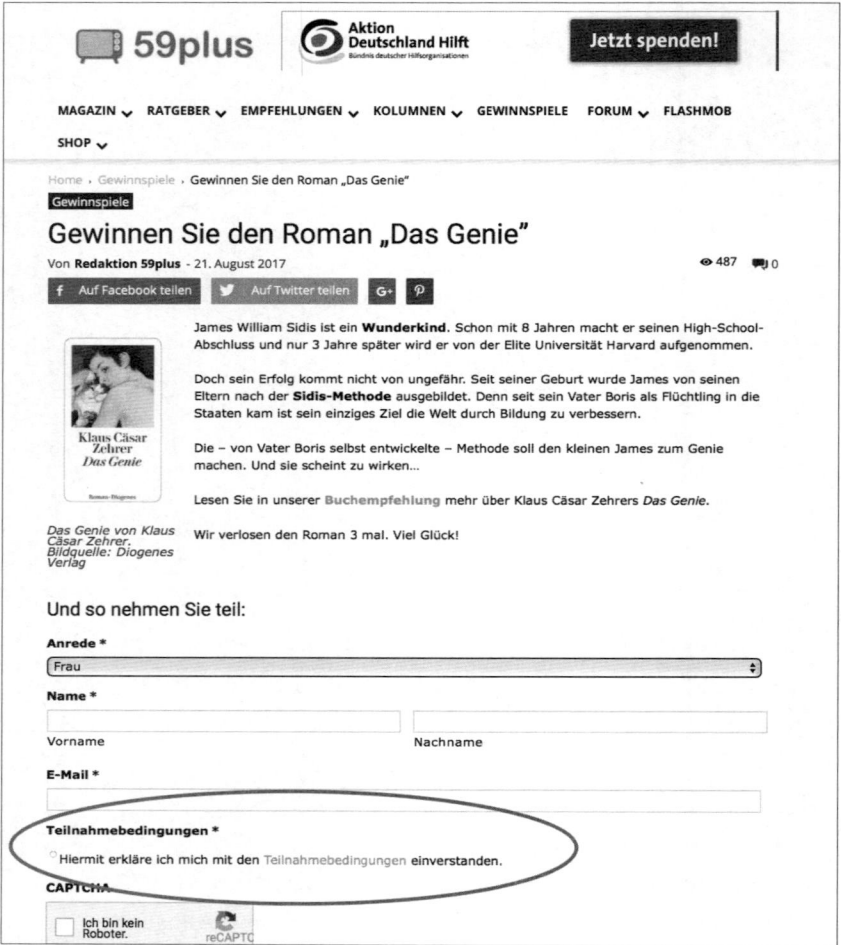

Abbildung 10.6 Beispiel für die visuell sichtbare Verlinkung der Teilnahme-bedingungen auf dem Portal »59plus«

Etwas schwieriger gestaltet sich die Darstellung in sozialen Netzwerken, in denen die Länge des Begleittextes zu einem Beitrag oder Bild beschränkt ist. Dies ist beispiels-weise bei dem Kurznachrichten-Dienst Twitter der Fall (siehe Abbildung 10.7). In die-sen Fällen bietet es sich an, die Teilnahmebedingungen auf der Webseite bereitzuhal-ten und auf sie in den sozialen Netzwerken zu verweisen sowie die entsprechende Seite zu verlinken. Denn es ist zulässig, im Rahmen der Bewerbung des Gewinnspiels dem Medium angepasste und abgespeckte Informationen über die Teilnahmebedin-gungen bereitzuhalten, soweit der Verbraucher durch die Werbung selbst noch nicht automatisch an dem Gewinnspiel teilnimmt. Denn Sie müssen sicherstellen, dass die durch die Werbung auf das Gewinnspiel aufmerksam gewordenen Interessenten rechtzeitig vor der Teilnahme am Spiel die Bedingungen einsehen können.

Abbildung 10.7 Das »Entertainment Blog« bewirbt auf seinem Twitter-Account sein Gewinnspiel und verlinkt dazu auf seine Website, auf der sich auch die Teilnahmebedingungen befinden.

Wenn Sie Ihr Gewinnspiel in sozialen Netzwerken veranstalten wollen, dann müssen Sie den Anforderungen der jeweiligen Plattform vollständig gerecht werden und können sich nicht darauf berufen, es sei beispielsweise wegen beschränkter Zeichenzahl nicht genug Platz gewesen. Denn dann haben Sie immer noch die Möglichkeit, einen Link auf Ihre Website zu setzen.

Achtung!
Können Sie die Anforderungen nicht umsetzen, dürfen Sie das Gewinnspiel auch nicht veranstalten – das Gesetz kennt hier kein Pardon!

10.3   Wie kann das Gewinnspiel rechtssicher abgewickelt werden?

Nachdem Sie das Gewinnspiel nun den rechtlichen Regeln entsprechend organisiert haben, müssen Sie auch bei der Durchführung ein paar Aspekte beachten.

10.3.1   Das Gewinnversprechen

So sind beispielsweise Gewinnversprechen einzuhalten bzw. die in Aussicht gestellten Preise auch zu verteilen – ohne Wenn und Aber! Sie sollten daher keinesfalls auf die Idee kommen, das Gewinnspiel abzubrechen, weil beispielsweise die von Ihnen erwartete Teilnehmerzahl nicht erreicht wird. Dies ist nicht nur rechtswidrig, sondern auch unter Marketingaspekten höchst kontraproduktiv.

Auch sollten Sie sich genau an Ihr Gewinnversprechen halten: Haben Sie beispielsweise einen Pkw als Hauptgewinn ausgelobt (siehe Abbildung 10.8), dann müssen Sie
diesen am Ende des Gewinnspiels auch tatsächlich dem Gewinner aushändigen.

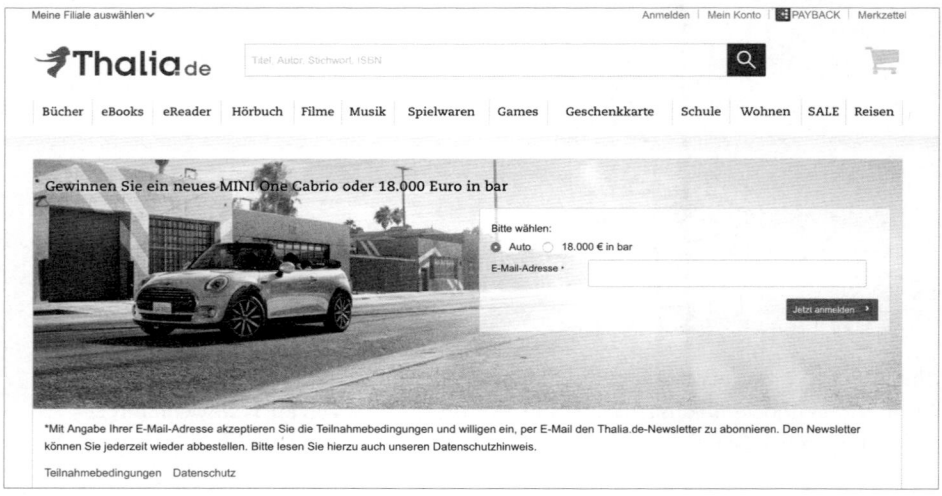

Abbildung 10.8 Gewinnspiel der Buchhandlung »Thalia« mit einem
»MINI One Cabrio« als Gewinn

Abstand nehmen sollten Sie auch von willkürlichen Gewinnzusagen, die Sie selbst
vermutlich auch schon einmal als Werbung auf Webseiten oder in Schriftform im
Briefkasten erhalten haben. Meist steckt dahinter die Aufforderung an die Empfänger, Geld zum Mitspielen zu investieren oder sich zumindest als Teilnehmer anzumelden. Der Urheber solcher vermeintlichen Gewinnspielzusagen kann jedoch
wegen irreführender Werbung abgemahnt werden und muss zudem mit strafrechtlichen Konsequenzen rechnen. Schließlich kann er in manchen Fällen auch zur tatsächlichen Auszahlung des Gewinns verpflichtet werden, wenn es sich um eine
schriftliche, personalisierte Zusage handelt. In diesem Fall kann er sich auch nicht darauf berufen, dass dies nur versehentlich geschehen sei.

Praxisbeispiel

Im Jahre 2013 verschickte der Online-Bezahldienst »PayPal« an einige seiner Kunden
eine E-Mail, mit der diese darüber informiert wurden, dass sie bei dem Gewinnspiel
»*Willste? Kriegste.*« für getätigte Transaktionen in einem bestimmten Zeitraum
einen Betrag von 500 € gewonnen hätten (siehe Abbildung 10.9).

Kurze Zeit später ließ PayPal jedoch verlauten, dass diese Zusage versehentlich erfolgt sei. PayPal begründete den Irrtum damit, dass die Firma, die mit der Gewinnbenachrichtigung beauftragt wurde, irrtümlich beim Versand den E-Mail-Verteiler für
den regulären Newsletter-Versand ausgewählt und somit einen wesentlich größe-

ren Kundenkreis angeschrieben habe. Die Gewinnbenachrichtigung sollte lediglich an 10 Gewinner verschickt werden. Das Unternehmen drückte sein Bedauern aus und stellte klar, dass es sich an diese Gewinnzusagen nicht gebunden fühle.

Abbildung 10.9 Gewinnbenachrichtigung des Online-Bezahldienstes »PayPal«

Dass dies jedoch nun das Problem von PayPal und nicht das der angeschriebenen Gewinner ist, entschied das Amtsgericht Jena (Urteil vom 14.05.2014, Az. 26 C 871/13) und sprach dem Kläger den Gewinn in Höhe von 500 € zu.

10.3.2   Beschreibung des Gewinns

Sie müssen den Teilnehmern Ihres Gewinnspiels nicht zwangsläufig eröffnen, um welche Preise es sich handelt. Wichtig ist nur, dass Sie bei den Teilnehmern keinen falschen Eindruck über den Gewinn erwecken und diese somit gewissermaßen in die Irre führen. Hier sollten Sie genau auf Ihre Wortwahl achten und keine falschen Hoffnungen wecken.

Praxisbeispiel

Sie können zum Beispiel einen Überraschungspreis im Wert von 500 € als Gewinn angeben. Jedoch ein Überraschungspaket im Wert von 500 € anzupreisen und tatsächlich nur eines im Wert von 50 € bereitzuhalten, wäre eine irreführende Angabe und somit unzulässig. Die einfache Angabe »*Viele tolle Gewinne!*« ist ebenfalls nicht zulässig, da sie zu ungenau ist.

Ausreichend ist es aber, wenn Sie mehrere Gewinnklassen nennen und jeweils repräsentative Preise als Beispiele nennen. Aber auch hier sollten die Gewinnklassen eingehalten werden. Wer also beispielsweise Produkte im unteren Preissegment verlost, sollte sein Gewinnspiel nicht mit »Luxusprodukte« bewerben.

Möchten Sie jedoch einen oder mehrere ganz konkrete Gewinne ausloben, dann sollten Sie diese auch so detailliert wie möglich beschreiben. Dies gelingt Ihnen beispielsweise, indem Sie genau das Modell oder den Wert des Gewinns angeben.

Praxisbeispiel

Es geht regelmäßig zu Ihren Lasten, wenn sich der Kunde aufgrund der Gewinnspiel-werbung unter dem Auto, das es zu gewinnen gibt, das neueste Modell vorstellt, er tatsächlich aber nur das Vorgängermodell erhält. Auch bei technischen Geräten wie Smartphones sind das Modell und beispielsweise Speicherkapazitäten von entschei-dender Bedeutung und sollten daher angegeben werden (siehe Abbildung 10.10).

Abbildung 10.10 Der Anbieter dieses Gewinnspiels gibt genaue Details zu dem Gewinn an.

Um Missverständnisse zu vermeiden, können Sie neben den Teilnahmebedingun-gen auch FAQs (*Frequently Asked Questions*) zusammenstellen, die ausführliche Ant-worten auf die häufigsten Fragen von Teilnehmern geben (siehe Abbildung 10.11).

Abbildung 10.11 FAQs zu Gewinnspielen des Magazins »Brigitte«

Sie müssen jedoch beachten, dass diese FAQs nur zusätzlich zu den Teilnahmebedingungen aufgeführt werden dürfen, diese aber keinesfalls ersetzen können!

10.3.3   Veröffentlichung der Gewinner

Wer die Namen der Gewinner veröffentlichen möchte, um so der Öffentlichkeit zu demonstrieren, dass er die ausgelobten Gewinne auch verteilt, der tappt unter Umständen gleich in die nächste Falle. Denn was zunächst paradox klingt, hat seine Ursache im Datenschutzrecht und im möglichen Bedürfnis nach Privatsphäre: Der Gewinner möchte unter Umständen gar nicht, dass seine persönlichen Daten veröffentlicht werden und dass jeder weiß, dass er etwas gewonnen hat und vor allem was er gewonnen hat – hier reagieren Gewinnspielteilnehmer häufig sehr empfindlich.

Praxistipp

Sie sollten eine Version wählen, bei der der Nutzer nicht identifiziert werden kann, indem Sie beispielsweise nur den Vornamen und den Anfangsbuchstaben des Nachnamens sowie den Wohnort angeben. Den Nachnamen sollten Sie keinesfalls angeben, da dieser gerade bei seltenen Namen oder kleinen Orten schnell zu einer Identifizierbarkeit führen kann. Es bieten sich daher Formulierungen wie »*Tanja K. aus Hamburg*« an (siehe Abbildung 10.12).

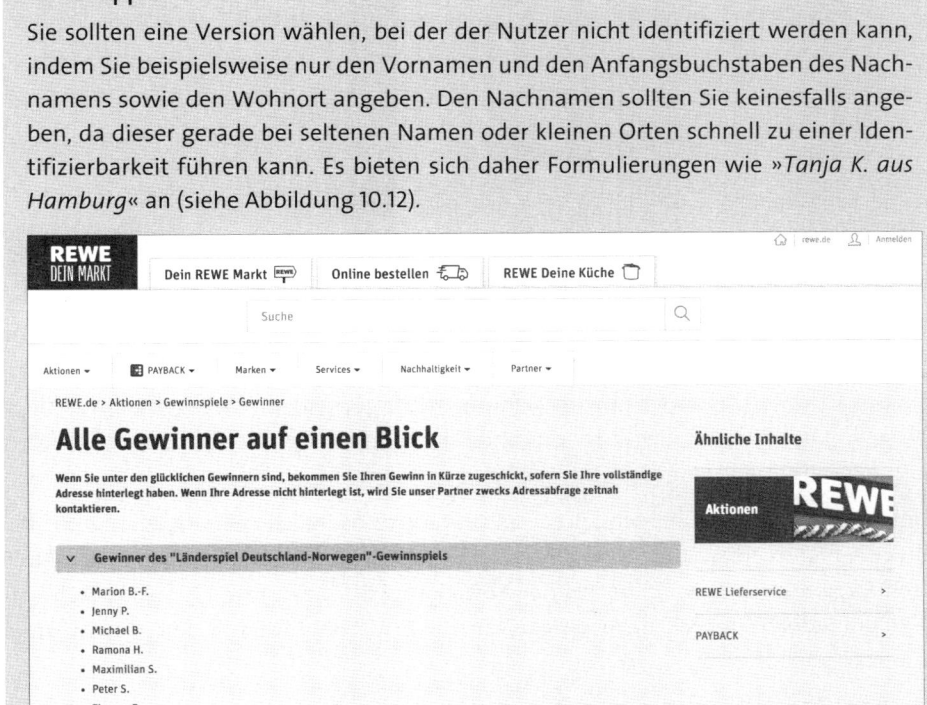

Abbildung 10.12 Veröffentlichung der Gewinnernamen durch die Supermarktkette »REWE«

Wenn Sie tatsächlich den vollen Namen der Gewinner, den Wohnort und/oder ein Foto des Gewinners mit dem Preis veröffentlichen möchten (siehe Abbildung 10.13), brauchen Sie dafür eine ausdrückliche Einwilligung des Gewinnspielteilnehmers.

Kunde der Sparkasse Witten gewinnt Smartphone beim bundesweiten Gewinnspiel zum Sparkassen-Girokonto

Im Rahmen des bundesweiten Gewinnspiels der Sparkassen-Finanzgruppe „Je einfacher das Geld, desto einfacher die Welt – das Sparkassen-Girokonto: das Konto, das einfach alles hat" wurden unter allen bis zum 31.08.2013 online registrierten Teilnehmern 20 Smartphones der Sony „Xperia-Serie" verlost.

v.l.n.r.: Zehra Kizilates, Kundenberaterin bei der Sparkasse Witten, Dennis Wagener, Gewinner des Sony-Xperia-Smartphones

Abbildung 10.13 Die »Sparkasse Witten« veröffentlicht den vollen Namen und ein Foto des Gewinners.

10.3.4   Der Ausschluss des Rechtswegs

Die Teilnahmebedingungen enthalten nahezu immer den Hinweis »Der Rechtsweg ist ausgeschlossen« (siehe Abbildung 10.14). Dies bedeutet, dass der Teilnehmer grundsätzlich keine Möglichkeit hat, gegen die Art und Weise der Durchführung des Gewinnspiels oder der Gewinnziehung selbst gerichtlich vorzugehen. Auf diese Weise soll der Veranstalter vor dem andernfalls uferlosen Prozessrisiko der vielen möglichen Teilnehmer geschützt werden.

Dies ist nach Ansicht der Rechtsprechung auch grundsätzlich zulässig, solange Sie Ihr Gewinnspiel rechtskonform veranstalten. Auch müssen Sie beachten, dass der Rechtsweg nur für Ansprüche aus der Abwicklung des Gewinnspiels ausgeschlossen ist, nicht jedoch für jegliche Streitigkeiten, die in Verbindung mit dem Gewinnspiel stehen.

So ist der Rechtsweg natürlich nicht ausgeschlossen, wenn der Veranstalter die Teilnehmer bewusst über den Gewinn täuscht oder ein sonstiger Missbrauch im Rahmen des Spiels stattgefunden hat. Auch wenn beispielsweise Teilnehmerdaten, die dem Veranstalter zum Zwecke der Durchführung des Gewinnspiels von den Teilnehmern mitgeteilt werden, entgegen deren Willen zu Werbezwecken missbraucht oder gar an Dritte weitergegeben werden, so gilt der Ausschluss des Rechtswegs natürlich nicht.

Abbildung 10.14 Das TV-Magazin »Hörzu« schließt den Rechtsweg bei seinen Gewinnspielen ebenfalls aus.

Über den Ausschluss des Rechtswegs müssen Sie die Teilnehmer auch in Kenntnis setzen und diese müssen sich damit einverstanden erklären, da dies ein vertraglicher Ausschluss ist, über den sich beide Parteien einig sein müssen. Dafür bieten sich die Teilnahmebedingungen an, mit denen sich der Teilnehmer dann auch einverstanden erklären muss.

Hinweis

Dass ein Einverständnis in die Teilnahmebedingungen vorliegt, muss im Streitfall von Ihnen dargelegt und bewiesen werden! Aus diesem Grund bieten sich hier das Opt-in-Verfahren und seine Protokollierung an (siehe Abbildung 10.15).

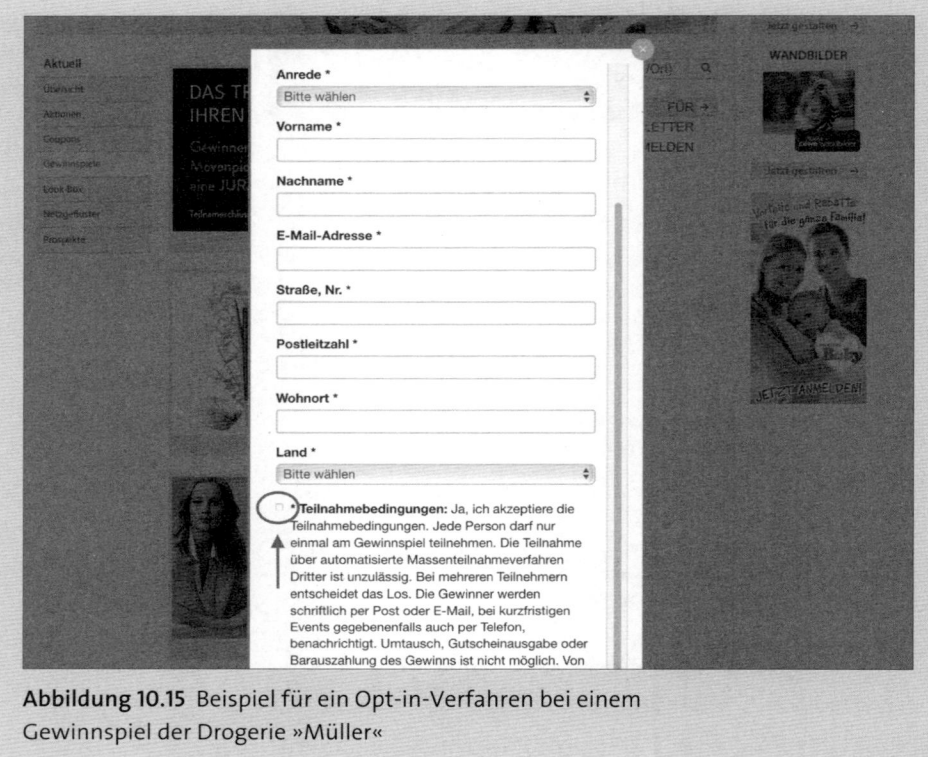

Abbildung 10.15 Beispiel für ein Opt-in-Verfahren bei einem Gewinnspiel der Drogerie »Müller«

10.3.5   Gewinnspiele mit Minderjährigen

Wenn sich Ihre Produkte und Dienstleistungen primär an Minderjährige richten, so ist es natürlich sinnvoll, diese auch mit dem Gewinnspiel zu adressieren. Dabei müssen Sie jedoch beachten, dass dabei aufgrund der Unerfahrenheit der Minderjährigen einige Besonderheiten gelten.

Zulässigkeit von Minderjährigen-Gewinnspielen

Zwar sind Gewinnspiele mit Minderjährigen nach Ansicht des Bundesgerichtshofs (Urteil vom 17.07.2008, Az. I ZR 160/05) grundsätzlich zulässig, da es sich dabei um gängige und unbedenkliche Werbeformen handelt. Dies gilt jedoch nur so lange, wie die geschäftliche Unerfahrenheit von Minderjährigen nicht ausgenutzt wird. Denn Kindern ist es aufgrund ihrer Unerfahrenheit noch nicht möglich, die beworbenen Waren oder Dienstleistungen kritisch zu beurteilen, weshalb sie besonders schutzfähig sind und dies bei der Durchführung des Gewinnspiels berücksichtigt werden muss.

Als Grundsatz gilt daher, dass Sie bei der Veranstaltung eines Gewinnspiels mit Minderjährigen als Beurteilungsgrundlage den Erfahrungshorizont eines durchschnittlich informierten, aufmerksamen und verständigen Minderjährigen zugrunde zu legen müssen. Kann der Minderjährige erkennen, welche finanziellen Belastungen er tragen muss, um in den Genuss des Gewinns zu gelangen, dann ist davon auszugehen, dass er mit einem solchen Gewinnspiel nicht überfordert ist und dass er daher daran problemlos teilnehmen kann.

Altersgerechte Teilnahmebedingungen

Wenn das Gewinnspiel für Minderjährige geeignet ist, müssen Sie beachten, dass Sie die Gewinnspielbedingungen in einer derart einfachen, klaren und deutlichen Sprache formulieren, dass sie von Personen der anvisierten Altersklasse auch verstanden werden können (siehe Abbildung 10.16).

Einwilligung in die Datenverarbeitung

Eine weitere Besonderheit besteht im Hinblick auf die Einholung von Einwilligungen in die Datenverarbeitung der Minderjährigen. Denn Bedenken bestehen dahingehend, ob Minderjährige überhaupt die Reichweite einer solchen Erklärung absehen können. Schließlich soll ihre Unerfahrenheit im geschäftlichen Verkehr nicht von findigen Unternehmen für eigene Zwecke ausgenutzt werden.

Abbildung 10.16 Beispiel für eine kindgerechte Darstellung der Teilnahmebedingungen auf der Webseite des Kinderkanals »TOGGO«

Auf die Frage, ab welchem Alter eine Einsichtsfähigkeit bei Minderjährigen anzunehmen ist, gab das frühere Bundesdatenschutzrecht keine Antwort. Vielmehr gingen

Juristen davon aus, dass eine eigene Entscheidungsfähigkeit bei Minderjährigen, die jünger als 12 Jahre alt sind, nicht gegeben ist, und dass bei denen, die älter als 12 Jahre sind, die Beurteilung im Einzelfall vorgenommen werden muss.

Diese Abwägung im Einzelfall ist mit der neuen Gesetzeslage im Datenschutzrecht weggefallen. Denn die neue europäische Datenschutz-Grundverordnung hat mit Art. 8 Abs. 1 DSGVO Rechtssicherheit gebracht, in dem sie eine klare Altersgrenze vorsieht: Danach ist die »*Verarbeitung der personenbezogenen Daten des Kindes rechtmäßig, wenn das Kind das sechzehnte Lebensjahr vollendet hat. Hat das Kind noch nicht das sechzehnte Lebensjahr vollendet, so ist diese Verarbeitung nur rechtmäßig, sofern und soweit diese Einwilligung durch den Träger der elterlichen Verantwortung für das Kind oder mit dessen Zustimmung erteilt wird.*«

Der europäische Gesetzgeber erläutert diese Normierung in Erwägungsgrund 38 damit, dass Minderjährige bei ihren personenbezogenen Daten besonderen Schutz verdienen, »*da Kinder sich der betreffenden Risiken, Folgen und Garantien und ihrer Rechte bei der Verarbeitung personenbezogener Daten möglicherweise weniger bewusst sind.*« Damit sieht der europäische Gesetzgeber eine eigenständige Einwilligung bei Minderjährigen erst ab 16 Jahren vor.

Zwar hat der deutsche Gesetzgeber bei dieser Altersgrenze einen eigenen Spielraum, dieser betrifft jedoch nur die Senkung von 16 Jahren bis zu einem Alter von maximal 13 Jahren und nicht die Erhöhung über die Grenze von 16 Jahren hinaus. Der deutsche Gesetzgeber kann somit theoretisch im Bundesdatenschutzgesetz festlegen, dass Minderjährige mit Vollendung des 13. Lebensjahres wirksam einwilligen können, nicht jedoch, dass sie erst mit 17 Jahren wirksam einwilligen können. Die Möglichkeit, die Altersgrenze zu senken, hat der deutsche Gesetzgeber jedoch im neuen Bundesdatenschutzgesetz nicht genutzt. Dies verwundert angesichts des in der Vergangenheit recht hohen Schutzniveaus für Minderjährige allerdings nicht. Damit bleibt es in Deutschland bei der Regelung der Datenschutz-Grundverordnung.

Dies bedeutet für Sie, dass Sie bei Gewinnspielen, die Sie ab dem 25. Mai 2018 veranstalten, für Einwilligungen von Minderjährigen unter 16 Jahren zwingend die Einwilligung der Eltern benötigen. Bei der praktischen Umsetzung der Einholung der Eltern-Einwilligung sind Sie gemäß Art. 8 Abs. 2 DSGVO verpflichtet, unter Berücksichtigung der verfügbaren Technik angemessene Anstrengungen zu unternehmen, »*um sich in solchen Fällen zu vergewissern, dass die Einwilligung durch den Träger der elterlichen Verantwortung für das Kind oder mit dessen Zustimmung erteilt wurde.*«

Das bedeutet konkret, dass es mit einer Umformulierung der Erklärung in die Eltern-Perspektive nicht getan ist, wenn diese einfach von den Kindern angeklickt werden kann und keine weitere Kontrolle erfolgt. Vielmehr müssen Sie sich bei der Einwilligung ein System überlegen, anhand dessen Sie sicherstellen können, dass die Eltern auch tatsächlich Kenntnis von der Nutzung der Daten ihrer Kinder haben und damit auch einverstanden sind. Dies technisch umzusetzen, wird wahrlich eine Herausforderung werden. Welche Systeme sich hier etablieren werden, bleibt abzuwarten.

Einwilligung in Werbung

Von der Einwilligung in die Datenverarbeitung zur Durchführung des Gewinnspiels zu unterscheiden ist die Einwilligung zu Werbezwecken. Denn dass das Datenschutzrecht unter Umständen keine Einwilligung erfordert, bedeutet für Sie noch nicht, dass Sie auch ohne Einwilligung die Daten aus dem Gewinnspiel zu Werbezwecken nutzen dürfen. Aber auch mit einer Einwilligung zu Werbezwecken sind Sie nicht auf der sicheren Seite – dem schiebt das Wettbewerbsrecht einen Riegel vor. Denn nach der höchstrichterlichen Rechtsprechung des Bundesgerichtshofs (Urteil vom 22.01.2014, Az. I ZR 218/12) ist auch über die Altersgrenze von 16 Jahren hinaus eine Einwilligung der Minderjährigen unwirksam und stattdessen die Einwilligung der Eltern erforderlich, wenn die Daten zu Werbezwecken genutzt werden sollen!

10

> **Praxisbeispiel**
>
> In dem wegweisen Verfahren des Bundesgerichtshofs (Urteil vom 22.01.2014, Az. I ZR 218/12) stritten die Parteien um die Frage, ob Minderjährige im Alter zwischen 15 und 17 Jahren eine Einwilligung zu Werbezwecken im Rahmen eines Gewinnspiels rechtskonform abgeben dürfen.
>
> Folgender Sachverhalt lag dem zugrunde: Das beklagte Unternehmen war Teil einer Messe, auf der Schülern Ausbildungs- und Studienmöglichkeiten aufgezeigt wurden. Es verteilte dabei Teilnahmekarten für ein Gewinnspiel. Auf deren Rückseite sollten die potenziellen Teilnehmer Angaben zu persönlichen Daten wie Telefonnummer und Geburtsdatum machen. Nach dem Hinweis, dass Daten nicht an Dritte weitergegeben werden, fand sich folgende Einwilligungserklärung: »*Ich bin damit einverstanden, dass die … meine Daten (bzw. die Daten meiner Tochter/meines Sohnes) speichert und nutzt, um mich telefonisch, schriftlich, per E-Mail oder per SMS über die Vorteile einer …-Mitgliedschaft und neue Angebote der … zu informieren und zu beraten.*« Bei der Unterschrift stand dann folgender Hinweis: »*Bei unter 15-Jährigen Unterschrift des Erziehungsberechtigten*«.
>
> Aufgrund dieses Passus wurde die Beklagte auf Unterlassung verklagt. Nachdem das Oberlandesgericht Hamm (Urteil vom 20.09.2012, Az. I-4 U 85/12) die Klausel in zweiter Instanz als wettbewerbswidrig einstufte, schloss sich der BGH dieser Rechtsansicht an: Es sei schon nicht einzusehen, warum das Unternehmen die Grenze beim Alter von 15 Jahren zog. Denn 15- bis einschließlich 17-Jährige seien im Grundsatz ebenso nicht in der Lage, die Reichweite einer Werbeeinwilligung zu überschauen wie Minderjährige jüngeren Alters. Denn im Gegensatz zu Erwachsenen seien Minderjährige generell viel eher anfällig dafür, den vermeintlichen Vorteilen eines Gewinnspiels zu erliegen. Die gezielte Einholung von Werbeeinwilligungen gegenüber Minderjährigen sei daher in jedem Alter unwirksam.

Damit benötigen Sie im Falle von Einwilligungen zu Werbezwecken von Minderjäh-rigen auch bei der Altersgruppe der über 16-Jährigen eine Einwilligung der Eltern.

Ausschluss von Minderjährigen

Gewinnspiele mit Minderjährigen bedeuten für Sie letztlich ein gewisses Risiko und/oder einen Mehraufwand. Daher empfehlen wir Ihnen, Minderjährige von der Teil-nahme an Gewinnspielen auszuschließen, wenn diese nicht gerade die Zielgruppe Ihrer Produkte oder Dienstleistungen sind. Dies ist sogar ein Muss, wenn die von Ihnen ausgelobten Preise den Beschränkungen des Jugendschutzgesetzes unter-liegen.

> **Hinweis**
>
> Entscheiden Sie sich für einen solchen Ausschluss, sollten Sie dies in den Teilnahme-bedingungen mit einer Formulierung wie »*Teilnahmeberechtigt ist, wer das 18. Lebens-jahr vollendet hat*« regeln.

10.4   Das Koppelungsverbot: Welche Kombinationen mit einem Gewinnspiel sind zulässig?

Das Lauterkeitsrecht und das Datenschutzrecht sehen bei der Veranstaltung von Ge-winnspielen ein paar Verhaltensregeln vor, die die Verbindung für Sie vorteilhafter Aktionen mit der Teilnahme am Gewinnspiel betreffen.

Denn auch wenn Sie mit dem Gewinnspiel bestimmte Zwecke – wie das Abonnieren Ihres Newsletters, ein »Gefällt mir« auf Ihrer Facebook-Seite, das Teilen Ihres Ge-winnspielbeitrags oder den Absatz Ihres Produkts – im Fokus haben, dürfen Sie diese beiden Aspekte nicht immer miteinander koppeln: Die Teilnehmer des Gewinnspiels dürfen nicht durch irgendeine Art psychologischen Zwang dazu verleitet werden, die für Sie förderliche Handlung vorzunehmen. Dies ist das sogenannte *Koppelungsver-bot*. Im Folgenden möchten wir auf die ein oder andere solche Koppelung eingehen und sie auf ihre Zulässigkeit hin überprüfen.

10.4.1   Koppelung mit dem Absatz der Ware oder Dienstleistung

Besonders naheliegend ist die Idee, den Verbraucher zum Kauf der eigenen Produkte zu animieren, indem er dafür mit der Teilnahme an einem besonders attraktiven Ge-winnspiel belohnt wird. Zu denken ist beispielsweise an die Möglichkeit, die Produk-te in Ihrem Onlineshop mit Etiketten zu Gewinnspielcoupons zu versehen, wobei zur Teilnahme an dem vermeintlich kostenlosen Gewinnspiel zuerst die Ware gekauft werden muss.

Bei diesem Vorgehen handelt es sich um einen sogenannten *versteckten Einsatz*, den der Teilnehmer erbringen müsste. Die Zulässigkeit genau dieses versteckten Einsatzes beschäftigte vor ein paar Jahren sowohl die Richter des Bundesgerichtshofs als auch die des Europäischen Gerichtshofs. Denn diese Koppelung verstieß gegen den bis zur Reform des Wettbewerbsrechts geltenden § 4 Nr. 6 UWG a.F., wonach die Teilnahme an einem Gewinnspiel nicht vom Kauf einer Ware abhängig gemacht werden durfte, da diese unlautere Handlung andernfalls einen Verstoß gegen das *Koppelungsverbot* darstellte.

In einem vom Bundesgerichtshof (Urteil vom 05.10.2010, Az. I ZR 4/06) entschiedenen Fall warb die Supermarktkette »Plus« mit dem Slogan: »*Einkaufen, Punkte sammeln, gratis Lotto spielen*«. Demnach sollten Kunden, die bei Plus einkauften, für jeden Einkauf Bonuspunkte erhalten. Nach Erreichen von 20 Bonuspunkten konnten die Kunden dann an einer Lottoziehung teilnehmen. Damit war die Teilnahme am Gewinnspiel an den vorherigen Einkauf von Waren gekoppelt und daher nach Ansicht der Klägerin wettbewerbswidrig.

Der BGH legte daraufhin dem EuGH die Frage vor, ob das lauterkeitsrechtliche Koppelungsverbot mit der Europäischen Richtlinie 2005/29/EG über unlautere Geschäftspraktiken in Einklang steht. Das Gericht wollte demnach wissen, ob es zulässig ist, eine Koppelung per se zu untersagen oder ob dafür noch zusätzliche Umstände wie die Irreführung oder unsachliche Beeinflussung der Verbraucher hinzutreten müssen.

Die strenge Ansicht des deutschen Wettbewerbsrechts teilte der Europäische Gerichtshof nicht. Er entschied (Urteil vom 14.01.2010, Az. C 304/08), dass vielmehr eine Einzelfallentscheidung vorzunehmen sei, bei der untersucht werden müsse, ob im konkreten Fall eine unlautere Geschäftspraxis vorliegt. Dies sei jedenfalls dann der Fall, wenn die Werbung im Einzelfall als irreführende Geschäftspraxis gewertet werden kann, als Verstoß gegen die berufliche Sorgfalt oder die sogenannten *schwarzen Klauseln* einzuordnen ist. Danach darf das Gewinnspiel durch die Koppelung an den Warenerwerb nicht die Spiellust des Teilnehmers anstacheln oder ausnutzen. Dies ist beispielsweise der Fall, wenn der Kunde immer weiter wirtschaftlich unsinnige Kaufentscheidungen trifft, nur um weiter am Gewinnspiel teilnehmen zu können, so etwa beim Rabattwürfeln (siehe Abbildung 10.17). Denn dadurch wird der Kunde von einer Abwägung der Güte und Preiswürdigkeit der angebotenen Ware durch die Hoffnung auf leichten Gewinn abgelenkt.

Auf Basis der europäischen Rechtsprechung wies der Bundesgerichtshof sodann die Klage ab und stellte fest, dass das Koppelungsverbot des § 4 Nr. 6 UWG a.F. gegen europäisches Recht in Form der Richtlinie 2005/29/EG über unlautere Geschäftspraktiken verstoße. Nach der Reform des Gesetzes gegen den unlauteren Wettbewerb wurde der damals umstrittene § 4 Nr. 6 UWG a.F. gestrichen. Auch eine ähnliche

Regelung findet sich heute nicht mehr im Gesetz. Damit gibt es kein Verbot der Koppelung von Gewinnspiel und Waren- bzw. Dienstleistungsabsatz mehr.

Abbildung 10.17 Beispiel für den Einsatz eines rechtskonformen Rabattwürfels beim Spielwarenhändler »Toys"R"Us«

Praxistipp: Rechtskonformer Rabattwürfel

Ein Rabattwürfel ist nicht per se rechtswidrig. Vielmehr können Sie diesen rechtssicher einsetzen, wenn Sie beispielsweise in den Teilnahmebedingungen eine Beschränkung auf eine Teilnahme pro Person festlegen (siehe Abbildung 10.17).

Die Umsetzung ist dabei im Online-Handel durch die Aufnahme der Daten des Kunden recht einfach. Auf diese Weise können Sie sicherstellen, dass der Kauf der Ware am Ende nicht ausschließlich von der Lust zu gewinnen abhängig ist, sondern weiterhin eine rationale Entscheidung darstellt.

10.4.2   Koppelung mit dem Abonnieren eines E-Mail-Newsletters

Daneben ist es auch unter bestimmten Bedingungen zulässig, die Teilnahme am Gewinnspiel an die Erteilung der Zustimmung zum Abonnement eines E-Mail-Newsletters zu koppeln (siehe Abbildung 10.18).

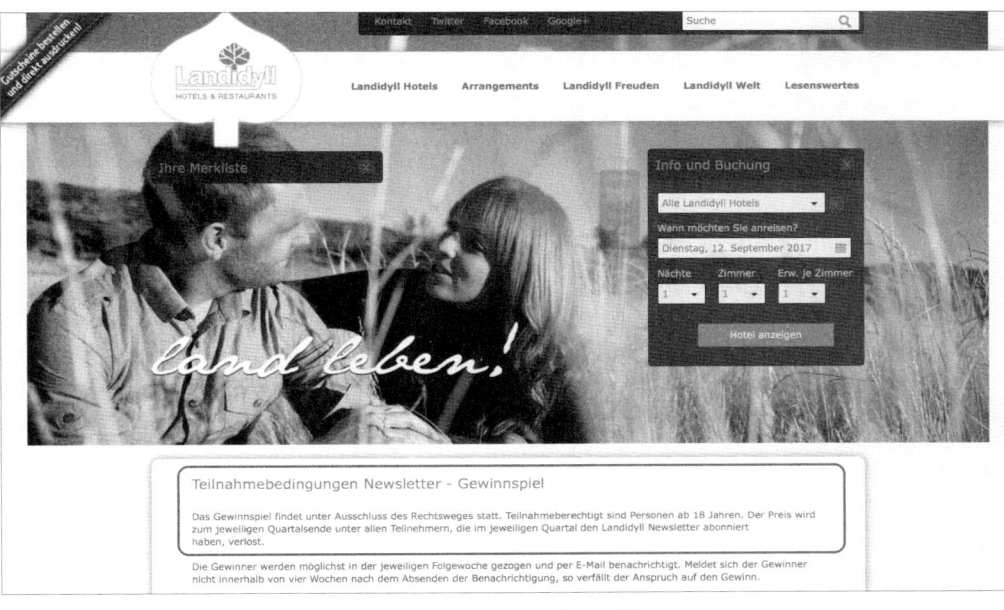

Abbildung 10.18 Die Betreiber der Website »landidyll.de« verlosen
unter den Abonnenten ihres Newsletters einen Gewinn.

Denn ein generelles Verbot der Koppelung von Newsletter und Gewinnspiel besteht
weder im Lauterkeitsrecht noch im Datenschutzrecht.

Grundvoraussetzung für eine wirksame Koppelung ist zunächst die Transparenz: Sie
müssen ausdrücklich und klar kommunizieren, dass nur derjenige am Gewinnspiel
teilnimmt, der auch den Newsletter abonniert.

Achtung!

Es ist nicht zulässig, den Teilnehmer erst das Teilnahmeformular ausfüllen zu lassen
und dann erst ganz zum Schluss die Koppelung zu kommunizieren.

Schließlich muss die Einwilligung in den Newsletter-Empfang freiwillig und aktiv geschehen sowie separat von anderen Erklärungen erfolgen und sie muss protokolliert
werden. Dies gilt insbesondere für die Trennung von Newsletter-Einwilligung und
Einverständnis mit den AGB oder den Teilnahmebedingungen.

Dies hat auch bereits das Landgericht Hamburg (Urteil vom 10.08.2010, Az. 312 O 25/
10) so gesehen und dies damit begründet, dass in Anlehnung an die sogenannte Pay-
back-Entscheidung des BGH (Urteil vom 16.07.2008, Az. VIII ZR 348/06) zwingend
eine separate Einwilligungserklärung notwendig sei. Diese müsse sich ausschließlich
auf die Freigabe zur Datennutzung beziehen, was gerade nicht der Fall sei, wenn der
Teilnehmer eines Gewinnspiels mit dem Setzen des Häkchens in einer Checkbox sowohl den Teilnahmebedingungen als auch der Datennutzung zustimmen soll. Ob ein

einfaches Opt-in-Verfahren, also eine separate Checkbox ausreichend ist, dazu hat sich das Landgericht Hamburg nicht geäußert. Ein Opt-out-Verfahren, also eine bereits mit einem Häkchen versehene Checkbox, wird den Anforderungen jedoch keinesfalls gerecht – das ist sicher!

Eine rechtssichere Variante zur Protokollierung der Einwilligung ist das aus dem E-Mail-Marketing bekannte Double-Opt-in-Verfahren (siehe Abschnitt 3.3.6), bei dem Sie am Ende des Teilnahmeformulars beispielsweise unter dem Opt-in-Kästchen für die Zustimmung zu den AGB oder Teilnahmebedingungen ein Feld vorsehen, in das der Teilnehmer seine E-Mail-Adresse aktiv eintragen muss. Im Anschluss bekommt er dann eine E-Mail mit einem Bestätigungslink, den er anklicken muss, um so seine Einwilligung in den Erhalt des Newsletters zu bekräftigen. Dabei ist jedoch bei der visuellen Gestaltung besonders zu beachten, dass der Teilnehmer das E-Mail-Feld nicht für ein normales Kontaktfeld hält, sondern dass ihm bewusst ist, dass er damit in den Erhalt des Newsletters einwilligt. Daher sollte dem Feld noch ein Aufklärungstext vorgeschaltet sein (siehe Abbildung 10.19).

Abbildung 10.19 Beispiel für das Double-Opt-in-Verfahren im Rahmen eines Newsletter-Gewinnspiels auf der Website »getränkewelt.de«

Diese Variante ist auch im Hinblick auf die neuen Regelungen der Datenschutz-Grundverordnung rechtssicher, da der Gesetzgeber zwar in Art. 7 Abs. 4 DSGVO eine scheinbar lockere Koppelungsregelung normiert hat, in Erwägungsgrund 43 zur Datenschutz-Grundverordnung jedoch klar dargelegt hat, dass eine Freiwilligkeit der Einwilligung in Anbetracht aller Umstände im Einzelfall möglicherweise dann nicht gegeben ist, wenn »*zwischen der betroffenen Person und dem Verantwortlichen ein klares Ungleichgewicht besteht*« und wenn »*zu verschiedenen Verarbeitungsvorgängen von personenbezogenen Daten nicht gesondert eine Einwilligung erteilt werden kann, obwohl dies im Einzelfall angebracht ist, oder wenn die Erfüllung eines Vertrags, einschließlich der Erbringung einer Dienstleistung, von der Einwilligung abhängig ist, obwohl diese Einwilligung für die Erfüllung nicht erforderlich ist.*«

Ob und gegebenenfalls wann ein solches Ungleichgewicht in Fällen von Gewinnspielen vorliegt, muss im Einzelfall beurteilt werden, weshalb hier eine einschlägige Rechtsprechung abzuwarten ist.

Praxistipp

Auch nach der Datenschutz-Grundverordnung sind Sie auf der sicheren Seite, wenn Sie wie bereits dargestellt Newsletter und Gewinnspiel zwar visuell gemeinsam darstellen, jedoch entkoppeln und dabei das Double-Opt-in-Verfahren anwenden.

10.4.3 Koppelung an »Gefällt mir« oder »Like« in sozialen Netzwerken

In sozialen Netzwerken bieten sich zahlreiche Koppelungsmöglichkeiten: Sie können auf Ihrem Social-Media-Profil einen Beitrag verfassen, der dann von den Gewinnspielteilnehmern mit einem Bild oder Textbeitrag kommentiert werden soll, um so am Gewinnspiel teilzunehmen (siehe Abbildung 10.20).

Abbildung 10.20 Zur Teilnahme am Gewinnspiel von »byGraziela« muss der Facebook-Beitrag mit einem »Gefällt mir« versehen und geteilt werden.

Daraus können Sie dann selbst den Gewinner ermitteln oder denjenigen zum Gewinner erklären, dessen Beitrag am häufigsten mit GEFÄLLT MIR versehen wurde. Auf diese Weise wird Ihr Beitrag für ein größeres Publikum sichtbar, da der Beitrag durch das Kommentieren auch dem Freundeskreis des Teilnehmers angezeigt wird.

Die Gewinnspiele in sozialen Netzwerken auch an das »Liken« der Unternehmensseite zu koppeln, ist naheliegend. Dadurch wird der Teilnehmer zu einem »Fan« Ihrer Seite und trägt zu deren größerer Bekanntheit bei. Gleichzeitig wird er auch regelmäßig über Ihre Neuigkeiten informiert. Diese Koppelung ist aus gesetzlicher Perspektive völlig unproblematisch möglich, wie bereits auch schon die Rechtsprechung entschieden hat.

Praxisbeispiel

Das Landgericht Hamburg (Urteil vom 10.01.2013, Az. 327 O 438/11) wies eine Klage eines Verbraucherschutzverbandes ab, der der Ansicht war, Facebook-Nutzer würden durch die »Gefällt mir«-Angaben über die vermeintlichen zahlreichen positiven Erfahrungen von Nutzern in die Irre geführt werden würden. Denn die »Gefällt mir«-Angaben würden gerade nicht auf positiven Erfahrungen beruhen, sondern seien allein durch die Koppelung an das Gewinnspiel erreicht worden.

Diese Ansicht teilte das Gericht nicht, da ein »Gefällt mir« lediglich eine unverbindliche Gefallensäußerung zum Ausdruck bringe, »*mit der das Netzwerk des betroffenen Nutzers keine weiteren Erwartungen oder Gütevorstellungen verbindet.*« Denn die Betätigung des Buttons stelle keine Meinungsäußerung, sondern nur eine reine Gefallensäußerung dar. Etwas Anderes ergebe sich auch nicht daraus, dass »*die Beklagte die Verknüpfung eines Gewinnspiels mit dem Klick auf den ›Gefällt mir‹-Button der Beklagten verbunden hat. Angesichts des oben ausgeführten Verkehrs- und Nutzerverständnisses bleiben den Kontakten eines Nutzers, wie gesagt, die Motive für das Betätigen des ›Gefällt mir‹-Buttons stets verborgen; ihnen sind damit auch keine positiven oder negativen Bewertungen zugänglich*«.

Dies ist jedoch lediglich die gesetzliche Seite der Medaille: Sie müssen zudem auch die Nutzungsbedingungen des von Ihnen gewählten sozialen Netzwerks beachten, die eine solche Koppelung durchaus verbieten können!

10.5 Welche Besonderheiten gelten bei Gewinnspielen in sozialen Netzwerken?

Die Durchführung von Gewinnspielen ist auch im Social Web eine sehr lukrative Art der Werbung: Sie können Nutzer auf sich aufmerksam machen und dazu animieren, Ihr Profil regelmäßig zu besuchen. Wie bereits erläutert, sieht das Gesetz zahlreiche rechtliche Vorgaben vor, die stets eingehalten werden sollten.

Daneben haben aber auch die sozialen Netzwerke selbst ganz konkrete Vorstellungen davon, in welcher Art und Weise ein Gewinnspiel auf ihrer Plattform ablaufen soll – auch diese sind natürlich für Sie verbindlich.

> **Achtung!**
>
> Wenn Sie sich bei der Durchführung Ihres Gewinnspiels in sozialen Netzwerken nicht an die Bedingungen der Plattform halten, müssen Sie damit rechnen, dass Ihre mühsam aufgebaute Unternehmensseite im sozialen Netzwerk vorübergehend gesperrt oder sogar gänzlich gelöscht wird!

Die Bedingungen der Plattformen fallen durchaus unterschiedlich aus und sollten daher von Ihnen immer im Vorhinein eingesehen und schließlich auch beachtet werden. Denn manche Netzwerke verbieten auch die Durchführung von Gewinnspielen auf ihrer Plattform. Um die genauen Konditionen zu erfahren, sollten Sie einen Blick in die Nutzungsbedingungen der verwendeten Plattform werfen.

> **Praxistipp**
>
> Wenn Sie das Gewinnspiel nicht im Social Web durchführen möchten oder dürfen, weil die Nutzungsbedingungen der von Ihnen genutzten Plattform dies verbieten, dann können Sie einen Beitrag darin verfassen und diesen mit einem Link zu einer externen Website versehen.

10.5.1   Beispiel 1: Facebook

Die Zeiten, in denen Sie für Gewinnspiele auf Facebook eine speziell programmierte Gewinnspiel-App benötigten, gehören der Vergangenheit an: Sie können Gewinnspiele nun direkt auf Ihrer Chronik durchführen. Dabei sind jedoch ein paar Dinge zu beachten – denn nicht alles, was möglich ist, ist auch von Facebook gewollt.

Das Netzwerk Facebook hat ganz klare Vorgaben (*http://wbs.is/rom19*): So erlaubt es Ihnen zwar, Seiten für Gewinnspiele zu nutzen, sieht aber vor, dass sämtliche Gewinnspiele rechtmäßig sein und den jeweiligen nationalen Gesetzen entsprechen müssen.

Auch müssen Sie die Nutzer darauf hinweisen, dass eine vollständige Freistellung von Facebook stattfindet, dass Sie anerkennen, dass die Promotion in keiner Verbindung zu Facebook steht und dass diese in keiner Weise von Facebook gesponsert, unterstützt oder organisiert wird (siehe Abbildung 10.21). Diese Vorgaben müssen Sie dann auch in die Teilnahmebedingungen des Gewinnspiels aufnehmen.

E.   Promotions

1. Wenn du Facebook nutzt, um eine Promotion (beispielsweise einen Wettbewerb oder ein Gewinnspiel) zu kommunizieren bzw. zu organisieren, bist du für den rechtmäßigen Ablauf dieser Promotion verantwortlich; dazu gehören u. a.:

   a.   Die offiziellen Regeln;

   b.   die Nutzungsbedingungen für das Angebot und die Anforderungen zur Teilnahmeberechtigung (z. B. Alters- und Wohnsitzbeschränkungen); und

   c.   die Einhaltung der für die Promotion sowie alle angebotenen Gewinne regelnden geltenden Regelungen und Vorschriften (beispielsweise Registrierung und Einholung notwendiger regulatorischer Genehmigungen)

2. Promotions auf Facebook müssen folgende Elemente enthalten:

   a.   Eine vollständige Freistellung von Facebook durch jede/n TeilnehmerIn.

   b.   Die Bestätigung, dass die Promotion in keiner Verbindung zu Facebook steht und in keiner Weise von Facebook gesponsert, unterstützt oder organisiert wird.

3. Promotions können auf Seiten oder in Apps auf Facebook organisiert werden. Persönliche Chroniken und Verbindungen zu FreundInnen dürfen nicht für die Organisation von Promotions genutzt werden (beispielsweise sind Aufforderungen wie „teile diesen Beitrag in deiner Chronik, um teilzunehmen" oder „erhöhe deine Gewinnchancen durch Teilen in der Chronik deines Freundes/deiner Freundin" und „markiere deine Freunde/Freundinnen in diesem Beitrag, um teilzunehmen" nicht erlaubt).

4. Wir werden dich nicht bei der Organisation deiner Promotion unterstützen, und du stimmst zu, dass du auf eigenes Risiko handelst, wenn du unseren Dienst für die Organisation deiner Promotion nutzt.

Abbildung 10.21 Facebook-Bestimmungen zu Gewinnspielen

Eine Besonderheit für Werbetreibende stellte lange Zeit das beliebte Fan-Gate dar, das jedoch im Jahre 2014 von Facebook abgeschafft wurde, um die Qualität der Verbindungen zwischen Seiten und Nutzern zu erhöhen. Mithilfe eines Fan-Gates konnten Werbetreibende ihre Facebook-Seite so gestalten, dass eine App bzw. Canvas-Page nur für Fans ihrer Seite sichtbar war. Besucher, die noch nicht Fan der Seite waren, erhielten eine frei definierbare Vorschaltseite, die sie zum Liken aufforderte, wenn sie den dahinterliegenden Inhalt sehen wollten. Diese Zugangsbeschränkung wurde besonders gern an die Teilnahme an einem Gewinnspiel gekoppelt (siehe Abbildung 10.22).

Abbildung 10.22 Das Unternehmen »Teekanne« nutzte in der Vergangenheit die Funktion des Fan-Gates für Gewinnspiele.

Hinweis

Wenn Sie trotz der Abschaffung des Fan-Gates durch Facebook nicht auf diese Funktion verzichten möchten, so können Sie außerhalb von Facebook auf Websites und Blogs mithilfe eines *Social Locks* den Teil des Beitrags sperren, hinter dem sich das Gewinnspiel verbirgt (siehe Abbildung 10.23). Dann müssen die Teilnehmer den »Gefällt mir«-Button betätigen, um auf Ihre Seite zu gelangen und dort am Gewinnspiel teilnehmen zu können.

Abbildung 10.23 Beispiel für ein sogenanntes »Social Lock«

Sie können jedoch auch einfach das Gewinnspiel auf Ihrer Chronik so gestalten, dass der Teilnehmer ein »Gefällt mir« auf Ihrer Seite hinterlassen muss, um am Gewinnspiel teilnehmen zu können (siehe Abbildung 10.24).

Sie können die Teilnahme am Gewinnspiel aber auch an ein »Gefällt mir« unter Ihrem Gewinnspielbeitrag knüpfen, die Teilnahme per Kommentar oder Bild unter Ihrem Beitrag vorsehen oder den »Gefällt mir«-Button innerhalb der Kommentare unter Ihrem Gewinnspielbeitrag für Nutzer-Votings verwenden. Den Gewinn können Sie dann unter den Nutzern verlosen, die die geforderte Handlung vorgenommen bzw. das Voting gewonnen haben.

Praxisbeispiele

Für Ihr Gewinnspiel können Sie zum Beispiel folgende Formulierungen wählen:

▶ »Zur Teilnahme an unserem Gewinnspiel hinterlasse ein ›Gefällt mir‹ auf unserer Seite und beantworte die Gewinnspielfrage unter unserem Beitrag als Kommentar.«

> ▶ »Zur Teilnahme an unserem Gewinnspiel hinterlasse ein ›Gefällt mir‹ auf unserer Seite und poste Dein schönstes Urlaubsbild unter unserem Beitrag. Das Bild, das von anderen Nutzern am häufigsten mit ›Gefällt mir‹ ausgezeichnet wurde, gewinnt.«

Abbildung 10.24 Das Liken der Seite und Kommentieren des Beitrags ist in diesem Beispiel Voraussetzung für die Teilnahme am Gewinnspiel.

Nach wie vor nicht erlaubt ist es hingegen, den Gewinnspielteilnehmer dazu aufzufordern, den Werbebeitrag in seiner eigenen Chronik oder der eines Dritten zu teilen oder einen Freund darunter zu markieren, um teilnehmen zu können (siehe Abbildung 10.25). Denn auf diese Weise würden private Profile zur gewerblichen Nutzung zweckentfremdet werden. Private Profile sind für Ihre Gewinnspiele damit weiterhin tabu!

Abbildung 10.25 Der Veranstalter dieses Gewinnspiels fordert die Teilnehmer dazu auf, den Beitrag auf den eigenen Profilen zu teilen.

10.5.2   Beispiel 2: Instagram

Die Fotoplattform Instagram erfreut sich in den letzten Jahren zunehmender Beliebtheit. Diese können sich auch Werbetreibende zunutze machen, indem sie Gewinnspiele auf Instagram veranstalten.

Ebenso wie bei allen anderen sozialen Netzwerken müssen Sie jedoch auch hier die Nutzungsbedingungen der Plattform beachten. Die Betreiber von Instagram haben nämlich ganz konkrete Vorstellungen davon, wie ein Gewinnspiel innerhalb ihres Netzwerks ablaufen soll (*http://wbs.is/rom92*). In vielen Punkten stimmen die Vorgaben mit denen zu Facebook-Gewinnspielen überein, was daran liegt, dass die Netzwerke gesellschaftsrechtlich verbunden sind. Daher fordert auch Instagram die absolute Freistellung der Plattform.

Eine Instagram-spezifische Anforderung besteht darin, dass Sie die Inhalte nicht falsch markieren dürfen und auch Nutzer im Rahmen des Gewinnspiels nicht dazu animieren dürfen, falsche Markierungen zu setzen (siehe Abbildung 10.26).

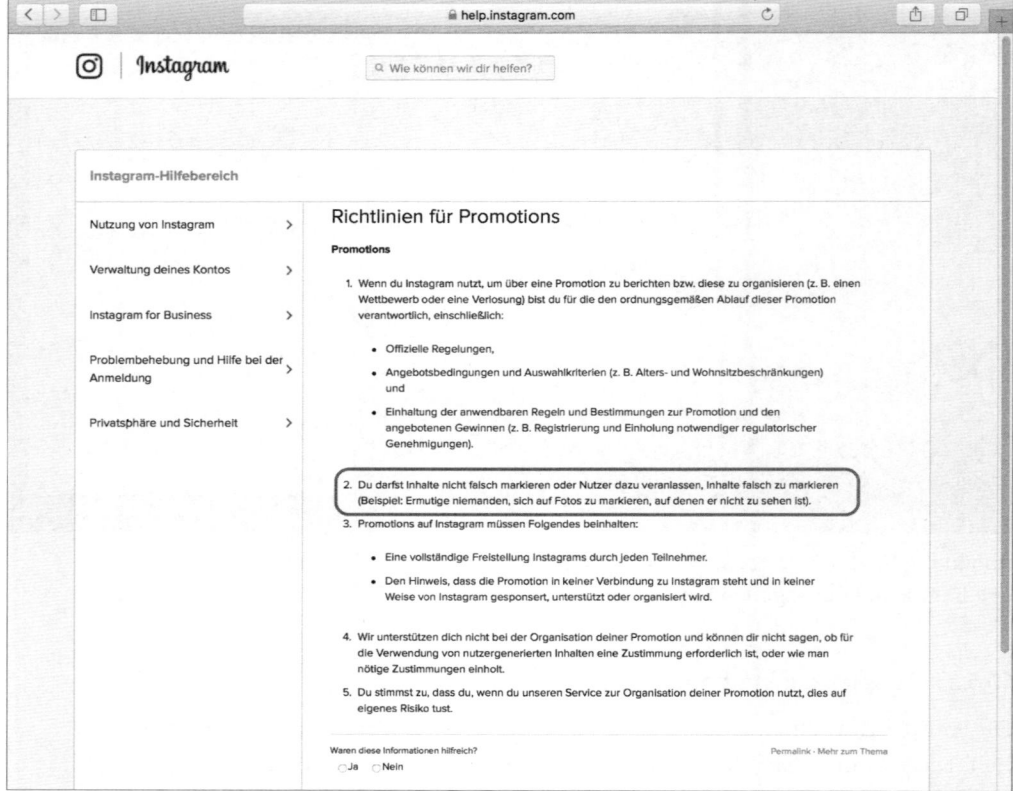

Abbildung 10.26 Instagram-Nutzungsbedingungen für Gewinnspiele

Demnach haben Sie auch auf Instagram die Möglichkeit, die Interessenten des Gewinnspiels dazu aufzurufen, Kommentare unter den Bildern zu hinterlassen, um an dem Gewinnspiel teilzunehmen. Auch können Sie die Nutzer dazu auffordern, das Bild zu kommentieren und in dem Kommentar andere Nutzer zu nennen (siehe Abbildung 10.27).

Eine weitere Möglichkeit besteht darin, die Nutzer dazu aufzufordern, ein eigenes Bild auf Ihrem Instagram-Profil zu einem bestimmten Thema einzustellen und mit einem von Ihnen vorher bestimmten Hashtag zu versehen (siehe Abbildung 10.28).

Abbildung 10.27 Wer den Gewinnspielveranstaltern folgt, den Beitrag mit einem Herz versieht und Personen darunter verlinkt, kann etwas gewinnen.

Abbildung 10.28 Der Supermarkt-Discounter »Aldi Süd« fordert seine Gewinnspielteilnehmer dazu auf, ein Bild auf Instagram zu posten und mit »#ALDInativlos« zu versehen.

> **Praxistipp**
>
> Bei der Auswahl des Hashtags sollten Sie einen Begriff wählen, aus dem die Teilnahme an dem Gewinnspiel klar hervorgeht. Sie sollten also keine allgemeinen Begriffe oder nur Ihren Firmennamen wählen. Es sollte ein Begriff sein, der von anderen Nutzern nicht zufällig auch verwendet wird und der in Verbindung mit Ihrem Unternehmen steht (siehe Abbildung 10.28). Denn andernfalls könnte es passieren, dass Dritte im Nachhinein von dem Gewinnspiel erfahren und behaupten, sie hätten auch daran teilnehmen wollen.

Diese Variante können Sie zudem mit der Bedingung von Likes und Kommentaren kombinieren. Auch können Sie die Teilnahme an dem Gewinnspiel an die Bedingung knüpfen, dass die Teilnehmer Ihrer Unternehmensseite folgen müssen.

10.6   Ist künftige Werbung auf Basis von Gewinnspieldaten zulässig?

Grundsätzlich dürfen innerhalb eines Gewinnspiels Daten nur in dem Umfang erhoben werden, wie sie zur Durchführung des Spiels erforderlich sind, und die Daten dürfen auch nur zu diesem Zweck verwendet werden. Wenn Sie die Daten aus dem Gewinnspiel zu weiteren Marketingzwecken nutzen möchten, dann müssen Sie sich an die strengen Regelungen des Datenschutzrechts halten.

10.6.1   E-Mail- und Newsletter-Versand

Dies gilt beispielsweise dann, wenn Sie die Daten im Anschluss an das Gewinnspiel für den Versand von Werbung per E-Mail verwenden möchten. Hier gelten die allgemeinen Regeln zum E-Mail-Marketing (siehe Kapitel 3): Sie benötigen vorher die ausdrückliche Einwilligung des Gewinnspielteilnehmers in den Erhalt von Werbenachrichten – alles andere stellt eine unzumutbare Belästigung dar!

> **Hinweis**
>
> Die seit dem 25. Mai 2018 zwingend umzusetzenden Regelungen der europäischen Datenschutz-Grundverordnung ändern an dem Einwilligungserfordernis nichts, da diese neuen Regelungen keinen Einfluss auf das Lauterkeitsrecht und die daraus stammenden Regelungen zur unzumutbaren Belästigung haben!

Möchten Sie dem Gewinnspielteilnehmer künftig Werbung per E-Mail zuschicken, so sollten Sie ihn zum Abonnement Ihres Newsletters bewegen. Bedenken Sie jedoch, dass Ihre Kunden ausdrücklich in den Erhalt eines Newsletters einwilligen müssen:

Ein versteckter Hinweis in den Teilnahmebedingungen zum Gewinnspiel oder ein voreingestellt abgehaktes Opt-in-Feld, mit dem der Teilnehmer dem Erhalt des Newsletters oder jeglicher anderer Werbung zustimmt, sind nicht rechtskonform. Vielmehr muss der Teilnehmer über die genauen Details der Datenverwendung aufgeklärt werden und muss das Häkchen zur Einwilligung auch selbst setzen (siehe Abbildung 10.29).

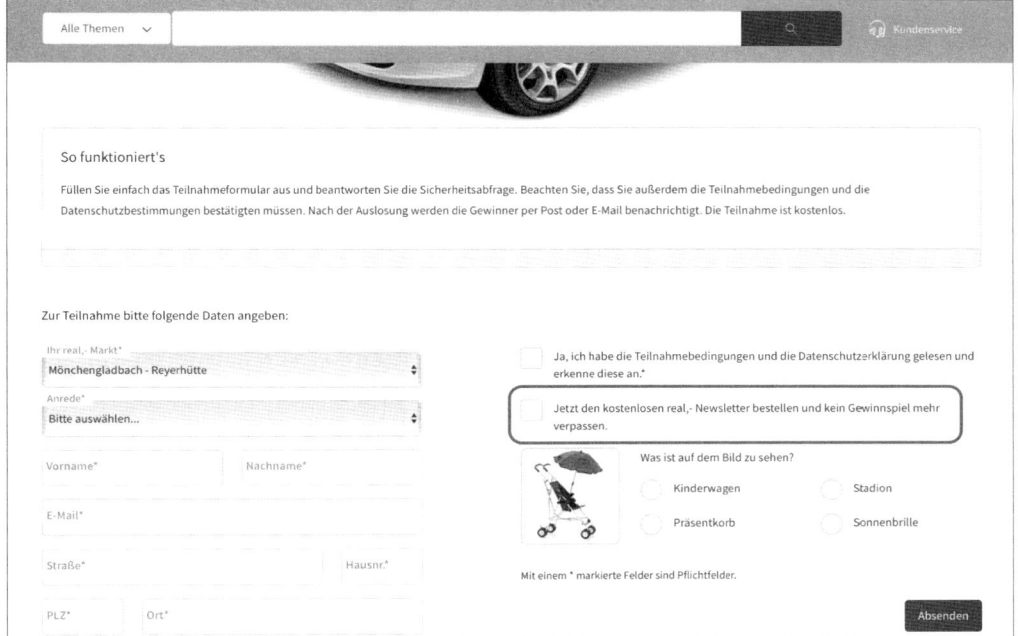

Abbildung 10.29 Die Supermarkt-Kette »real« lässt ihren Gewinnspiel-Teilnehmern das Abonnement des Newsletters offen.

Praxisbeispiel: So nicht!

In einem vor dem Landgericht Hamburg (Urteil vom 10.08.2010, Az. 312 O 25/10) verhandelten Fall bot ein großer Verlag ein Gewinnspiel an, das die folgende Klausel enthielt:

»1. Ja, ich möchte meine Gewinnchancen nutzen und erkläre mich damit einverstanden, dass (…) und (…) mich künftig per Telefon oder E-Mail über interessante Angebote informieren.

2. Ich akzeptiere die Teilnahmebedingungen und den Hinweis zur Datennutzung.

3. Ihre E-Mail-Adresse, Ihre Telefonnummer und Ihren Namen speichern und verwenden (…) und (…) auch über die Dauer des Gewinnspiels hinaus, um Sie künftig über interessante Angebote auch von Partnerunternehmen zu informieren. (Falls Sie keine In-

formationen mehr erhalten möchten, können Sie der weiteren Nutzung Ihrer Daten für diese Zwecke per Mail an die Adresse [...] jederzeit widersprechen.«

Dem Teilnehmer blieb nichts anderes übrig, als seine Zustimmung zu allen drei Punkten durch ein Häkchen zu erklären. Hiergegen ging die Verbraucherzentrale im Wege der Klage vor.

Die Richter des Landgerichtes Hamburg stellten sich auf die Seite des Verbraucherschutzvereins und gaben der Klage statt, weil nach den strengen wettbewerbsrechtlichen Anforderungen an eine Einwilligungserklärung diese hätte separat erklärt werden müssen. Diese Voraussetzung liege hier nicht vor, da die Abfrage zusammen mit anderen Punkten vorgenommen worden sei.

10.6.2   Weitergabe der Daten an Dritte zu Werbezwecken

Bei der Gestaltung der Einwilligung in Werbemaßnahmen müssen Sie stets darauf achten, dass diese transparent und für den Einwilligenden nachvollziehbar gestaltet wird. Dies gilt insbesondere dann, wenn Sie die Daten aus dem Gewinnspiel nicht nur selbst nutzen möchten, sondern auch an andere Unternehmen weitergeben möchten, die diese ebenfalls zu Marketingzwecken nutzen möchten.

Hinweis

Möchten Sie Daten an Ihre Kooperationspartner weitergeben, so müssen Sie die Teilnehmer darüber in Ihren Gewinnspielbedingungen auch aufklären (siehe Abbildung 10.30).

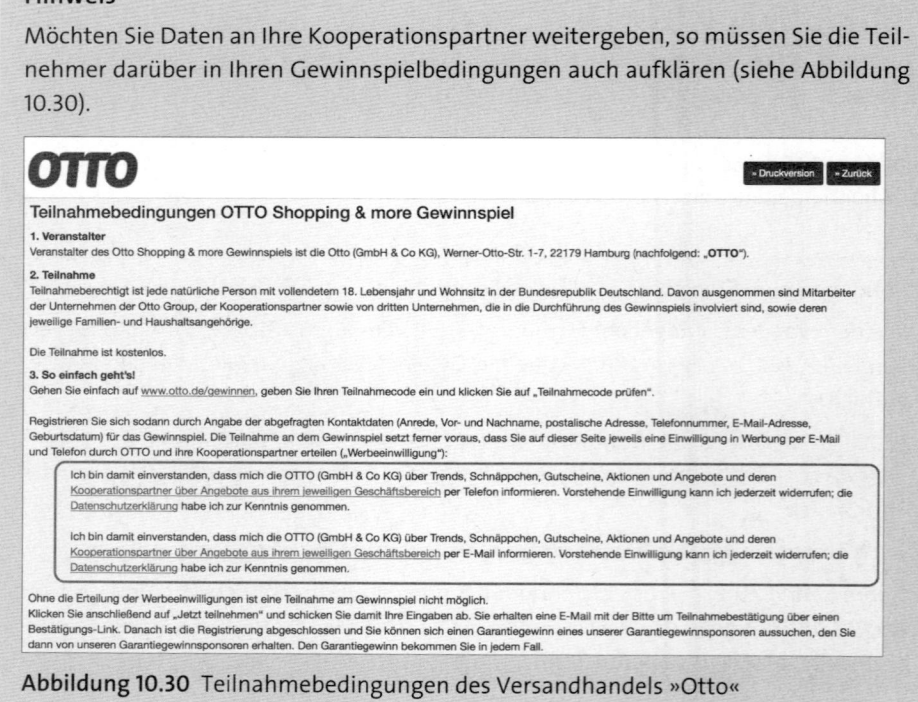

Abbildung 10.30 Teilnahmebedingungen des Versandhandels »Otto«

Der Gewinnspielteilnehmer muss seine Einwilligung in künftige Werbung in Kenntnis der Sachlage abgeben. Dazu gehört auch, dass er detaillierte Informationen zu den Unternehmen erhält, an die die Daten weitergegeben werden. Besonders wichtig ist auch, dass Sie die Anzahl der Kooperationspartner gering halten und den Teilnehmer auch über deren Werbezweck informieren, um dem Gewinnspielteilnehmer Transparenz gewährleisten zu können (siehe Abbildung 10.31).

Abbildung 10.31 Klickt der Nutzer auf die Liste der Kooperationspartner des Versandhauses »Otto«, wird ihm eine übersichtliche Liste mit Informationen zu den Kooperationspartnern präsentiert.

Praxisbeispiel: So nicht!

Das Oberlandesgericht Frankfurt (Urteil vom 17.12.2015, Az. 6 U 30/15) entschied über einen Fall, in dem ein Gewinnspielanbieter im Internet Gewinnspiele vertrieben und während des Anmeldeprozesses dann Einwilligungen zu Werbezwecken bei den Teilnehmern eingeholt hatte. Im Rahmen der Einwilligung hatte der Gewinnspielanbieter seinen Teilnehmern dann regelmäßig eine Liste mit über 50 Unternehmen angezeigt. Die Teilnehmer sollten daraus diejenigen Unternehmen abwählen, von denen sie keine Werbung erhalten wollten. Der Gewinnspielanbieter selbst behielt sich dabei vor – sofern ein Teilnehmer zu viele werbende Unternehmen abgewählt hatte – Unternehmen nach eigenem Ermessen als Werbepartner auszuwählen. Konkret hieß es in den Allgemeinen Geschäftsbedingungen des Gewinnspielbetreibers: »Ich bin einverstanden, dass einige Sponsoren und Kooperationspartner mich postalisch oder telefonisch oder per E-Mail/SMS über Angebote aus ihrem jeweiligen Geschäftsbereich informieren. Diese kann ich hier selbst bestimmen, ansonsten erfolgt die Auswahl durch den Veranstalter. Das Einverständnis kann ich jederzeit widerrufen. Weitere Infos dazu hier.«

Ein Verbraucherschutzverband störte sich an dieser Vorgehensweise und verklagte den Glücksspielanbieter auf Unterlassung. Das Gericht entschied sodann, dass diese Praxis der Einholung einer Einwilligung unwirksam sei, da der einwilligende Verbraucher auf den ersten Blick – ohne zeitintensive eigene Auswahl – nachvollziehen können müsse, welchen Unternehmen er eine Einwilligung in Werbemaßnahmen erteilt. Im konkreten Fall reiche die Gestaltung und Präsentation der Einwilligungserklärung jedoch nicht aus, um den Verbraucher ausreichend über die Sachlage zu informieren. Die Klausel sei schließlich unzulässig, da dem Verbraucher zwar suggeriert werde, dass er selbst darüber entscheiden könne, welches Unternehmen letztlich bei ihm werben dürfe oder nicht. In der Praxis aber schrecke die genutzte Liste mit über 50 einzelnen Unternehmen jedoch von einer individuellen Auswahl der Unternehmen ab. Die Verbraucher würden sich regelmäßig nicht die Zeit nehmen, um einzelne Unternehmen auszuwählen, sondern würden es akzeptieren, dass der Gewinnspielanbieter höchstens 30 Unternehmen nach freiem Ermessen als Werbepartner auswählt.

Das Transparenzgebot gilt jedoch nicht nur im Hinblick auf die Liste der werbenden Unternehmen, denen gegenüber eine Einwilligung erteilt wird, sondern auch bezüglich der beworbenen Waren und Dienstleistungen, mit denen diejenigen Unternehmen werben werden, an die die Daten weitergegeben werden sollen (siehe Abbildung 10.31).

Praxisbeispiel

Die Richter des Oberlandesgerichts Frankfurt (Urteil vom 28.07.2016, Az. 6 U 93/15) hatten über einen Fall zu entscheiden, in dem ein Betreiber einer Internetseite ein Online-Gewinnspiel veranstaltete. Die Teilnahme am Online-Gewinnspiel setzte voraus, dass die Verbraucher ein Häkchen vor eine vorformulierte Klausel setzen. Die Klausel hatte folgenden Wortlaut: *»Ja, ich möchte am Gewinnspiel teilnehmen und erteile den in dieser Liste aufgeführten Sponsoren für die jeweils angegebenen Produkte oder Dienstleistungen mein Einverständnis für E-Mail, Post und/oder Telefonwerbung, wie in der Liste angegeben. Das Einverständnis kann ich jederzeit widerrufen.«*

Die Worte »Liste«, »Sponsoren«, »Produkte« und »Dienstleistungen« waren mit einem Link gekennzeichnet. Beim Anklicken des Links erschien eine Liste mit 50 Unternehmen. Die Unternehmen wurden jeweils mit Firmennamen, Internetadresse und dem Geschäftsbereich beschrieben.

Gegen die Ausgestaltung der Klausel und die Weitergabe der Kontaktdaten der Interessenten klagte sodann der Dachverband der Verbraucherzentralen und obsiegte. Denn eine Einwilligung müsse in Kenntnis der Sachlage abgegeben werden, was im streitgegenständlichen Fall jedoch nicht gegeben gewesen sei, da die Klausel zu unbestimmt gewesen sei: Die Geschäftsbereiche der in der Liste aufgeführten Unternehmen seien so unbestimmt formuliert, dass für einen Verbraucher nicht klar werde, welche Produkte und Dienstleistungen von jedem einzelnen Unternehmen angeboten werden. Der Verbraucher wisse überhaupt nicht, für welche Produkte und Dienstleistungen er die Einwilligung in Werbeanrufe oder Werbe-E-Mails erkläre. Das Oberlandesgericht Frankfurt hat aus diesen Gründen dem Gewinnspielbetreiber verboten, die Daten der Teilnehmer an die in der Liste aufgelisteten Unternehmen weiterzugeben.

Verzichten Unternehmen auf die vorherige Einholung von Einwilligungen in Werbemaßnahmen oder sind eingeholte Einwilligungen unzulässig, können Werbemaßnahmen geltendes Wettbewerbsrecht verletzen und unangenehme rechtliche Konsequenzen nach sich ziehen.

10.7   Checkliste Gewinnspiel-Marketing: Alles beachtet?

Checkliste

► Handelt es sich bei Ihrer Strategie um ein Gewinnspiel und nicht um ein Glücksspiel?

► Enthalten Ihre Teilnahmebedingungen alle erforderlichen Informationen?

► Sind die Teilnahmebedingungen transparent und einfach einsehbar?

► Haben Sie den ausgelobten Gewinn genau beschrieben?

► Haben Sie ggf. Beschränkungen bei Minderjährigen bedacht?

► Haben Sie die Koppelungsverbote beachtet?

► Haben Sie bei Gewinnspielen in sozialen Netzwerken deren Nutzungsbedingungen zu Gewinnspielen gelesen?

► Haben Sie für die künftige Nutzung der Daten der Teilnehmer eine separate Einwilligung eingeholt?

Wenn Sie alle Fragen mit »Ja« beantworten können, dann kann es losgehen ...
Viel Erfolg!

10

Kapitel 11
Werbeflächen im Internet

Das Internet bietet nahezu grenzenlose Möglichkeiten, um effizient und gezielt Werbung zu schalten: Anzeigen, Werbung in Apps, Werbebanner, Pop-ups und vieles mehr. Als Medium der Zukunft läuft das Internet schon jetzt vielen althergebrachten Medien den Rang ab: Die Zahl der Internetnutzer steigt täglich und damit auch das Interesse für Werbeflächen im Internet. Denn wo sich viele Menschen tummeln, ist Werbung besonders attraktiv. Doch das Internet wirft auch viele rechtliche Fragen auf, die wir in diesem Kapitel beantworten möchten.

11

Man kennt es: Man besucht eine Webseite, und ein Drittel des Bildschirms ist mit Werbebannern gefüllt. Hinzu kommen riesige Pop-up-Fenster, und vor vielen Videos muss man sich oft einen Werbespot anschauen. Dennoch: 89,9 % der Internetnutzer akzeptieren Werbung im Internet, wenn die Angebote dadurch kostenlos sind, so das Ergebnis einer aktuellen Umfrage des Internetportals »Statista«.

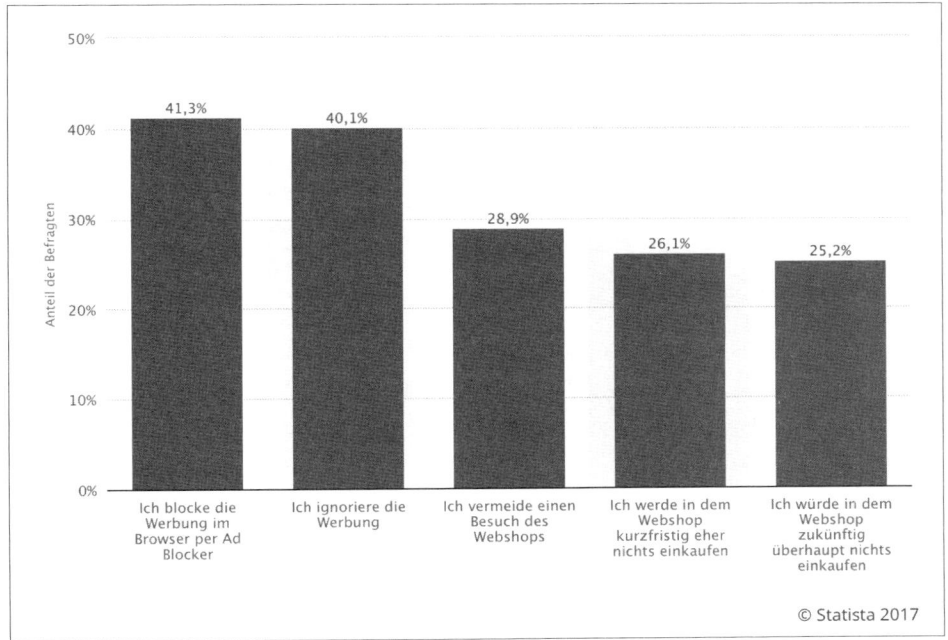

Abbildung 11.1 Statistik zu den Reaktionen der Internetnutzer, die sich durch wiederholte Online-Werbung gestört fühlen

Denn gerade den jungen Internetnutzern im Alter von 14 bis 29 Jahren ist in der Regel bewusst, dass das niedrige Preisniveau bei Online-Angeboten auf Anzeigen basiert. Daher sind sie Werbung gegenüber durchaus tolerant. Nahezu alle übrigen Befragten gaben jedoch an, lieber mehr Geld für Angebote zu zahlen, wenn sie dadurch keine Werbung sehen müssten. Der Grund dafür ist wohl, dass diese Internetnutzer von Werbung genervt sind. Die Konsequenz daraus reicht von der Anwendung von Werbeblockern bis hin zur Meidung des Webshops (siehe Abbildung 11.1).

Die Wahl der richtigen Werbeform hängt von vielen Faktoren wie Angebot, Zielgruppe und Bekanntheitsgrad ab. Werbenden ist daher geraten, sich im Detail mit den möglichen Werbeformen auseinanderzusetzen und ihre Werbung bestenfalls breit zu streuen. Was für Möglichkeiten es dabei genau gibt und wie Sie das enorme Potenzial von Werbeflächen im Internet rechtskonform nutzen können, möchten wir Ihnen in diesem Kapitel näher erläutern.

11.1   Wie können Werbebanner legal eingesetzt werden?

Werbebanner sind noch immer die am häufigsten genutzten Internetwerbeflächen. Dabei handelt es sich um Werbeflächen auf einer Webseite, die mit herkömmlichen Werbeanzeigen in Printmedien vergleichbar sind. Hinsichtlich der Platzierung der Bannerwerbung bieten sich Ihnen verschiedene Möglichkeiten (siehe Abbildung 11.2).

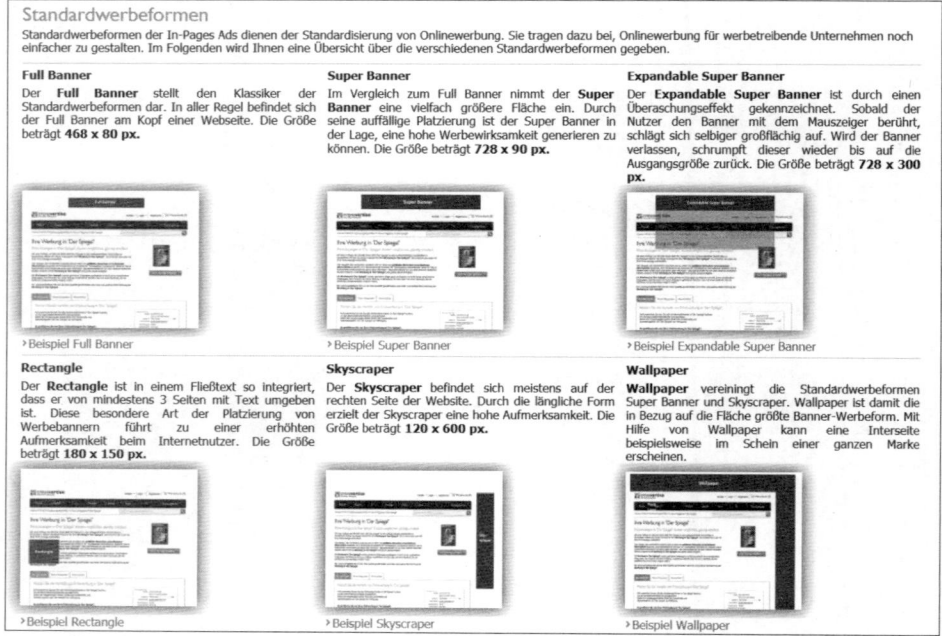

Abbildung 11.2 Varianten von Werbebannern auf Webseiten

In der Regel sind die Werbebanner optisch auffällig gestaltete Werbeinhalte, die mittels eines Hyperlinks mit der Website des werbenden Unternehmens verknüpft sind. Klickt der Internetnutzer also auf Ihr Werbebanner, dann gelangt er direkt auf Ihre Website (siehe Abbildung 11.3).

Abbildung 11.3 Oben sehen Sie die Bannerwerbung der »Deutschen Post« auf der Website des Magazins »Stern«. Klickt man auf das Werbebanner, öffnet sich die Website der »Deutschen Post«.

11.1.1   Zulässigkeit von Werbebannern

Stellen Sie sich nun die Frage, ob diese Art der Werbung zulässig ist, so können wir ganz klar sagen: Ja! Insbesondere wettbewerbsrechtlich ist diese Werbeform nicht zu beanstanden. Eine allenfalls in Betracht kommende Unzulässigkeit wegen einer unangemessenen Belästigung des Internetnutzers liegt bei der Bannerwerbung gerade nicht vor, da der Nutzer mittlerweile an die althergebrachte Werbeform der Bannerwerbung gewöhnt ist. Schließlich ist ihm bekannt, dass gerade kostenlose Internetangebote, wie zum Beispiel Online-Magazine, sich nur über Werbeanzeigen Dritter finanzieren können. Der Nutzer rechnet daher mit der Einblendung von Werbung.

Unzulässig sind dagegen solche Werbebanner, die als Fehlermeldungen, allgemeine Informationen oder Eingabefehler getarnt werden und beim Anklicken auf die werbenden Seiten eines Anbieters führen. Denn dabei werden die Internetnutzer belästigt, die auf der Suche nach Informationen im Internet sind.

11.1.2   Keine besondere Kennzeichnungspflicht als Werbung

Auch muss die Bannerwerbung nicht noch zusätzlich mit dem Hinweis »Anzeige« versehen werden, um dem Gebot der Trennung von Werbung und redaktionellen Inhalten gerecht zu werden. Denn in der Regel sind die Platzierung und die deutliche visuelle Trennung ausreichend, damit der durchschnittliche Internetnutzer vom ersten Moment an ohne ausdrücklichen Hinweis erkennen kann, dass es sich bei Werbebannern auch um Werbung handelt.

Praxisbeispiel

In einem Verfahren vor dem Kammergericht Berlin (Urteil vom 24.1.2012, Az. 5 W 10/12) stritten die Parteien um eine Bannerwerbung auf einer Webseite, in deren Zentrum eine Animation und ein interaktives Spiel für Kinder standen. Zwar war die Werbung nicht zusätzlich als solche gekennzeichnet, jedoch sah das Gericht eine ausreichende Trennung der Bannerstreifen vom eigentlichen Inhalt als gegeben an. Als Begründung führte das Gericht an, dass jeder Internetnutzer ab der ersten Online-Sitzung wisse, dass es solche Trennungen von »eigentlichen« Inhalten im optischen Zentrum eines Internetauftritts und Bannerwerbung in dessen Randbereichen gebe. Auch Kindern sei diese Trennung bereits vertraut, so die Argumentation der Richter. Dass es zwischen Werbeteil und inhaltlichem Teil Gemeinsamkeiten gebe, gehöre zu den wirtschaftlichen Prinzipien von kostenfreien Internetangeboten und sei spätestens seit Einführung des Keyword-Advertisings alltäglich.

Letztlich kommt es aber auf den optischen Gesamteindruck an, um zu beurteilen, ob eine Webseite unerlaubte Schleichwerbung betreibt oder nicht. Wenn Sie jedoch auf

Nummer sicher gehen möchten, empfehlen wir Ihnen, die Werbung mit Begriffen wie »Anzeige« oder »Werbung« auch als solche zu kennzeichnen.

11.2   Welche Anforderungen bestehen an Pop-up-Advertising?

Pop-up-Werbung hat in den letzten Jahren stark abgenommen. Denn bei diesem Werbemittel scheiden sich wohl wie bei keinem anderen die Geister der Internetnutzer: Während die einen sich davon nicht stören lassen, fühlen sich andere durch diese Werbeform enorm belästigt.

Entscheiden Sie sich dennoch für den Einsatz dieser Werbeform, so haben Sie die Möglichkeit, das Pop-up-Advertising entweder in eigener Sache auf Ihrer Unternehmenswebsite zu betreiben oder Werbung auf Webseiten Dritter zu schalten. Für letztere Variante gibt es spezielle Pop-up-Vermarkter wie »PopAds« (*www.popads.net*) oder »Popcash« (*www.popcash.net*), die als Dienstleister die Pop-ups für Sie schalten (siehe Abbildung 11.4).

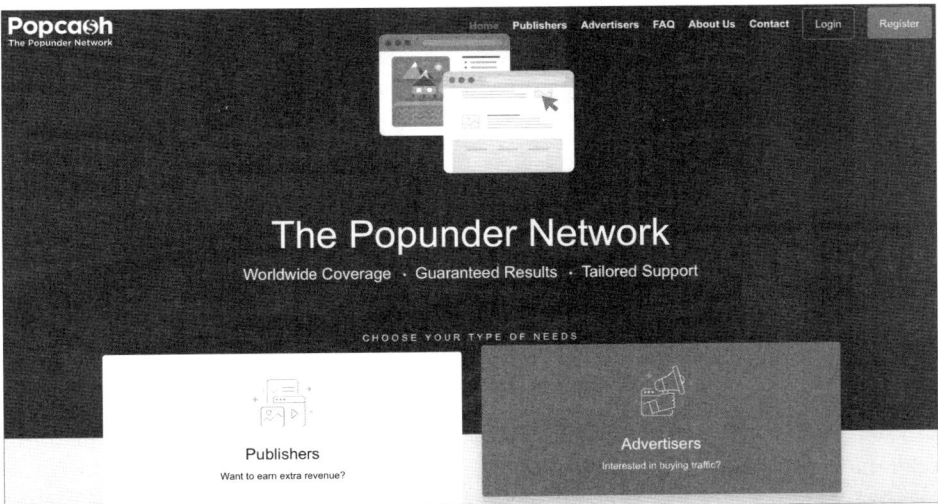

Abbildung 11.4 Startseite des Pop-up-Vermarkters »Popcash«

In einem weiteren Schritt müssen Sie sich dann überlegen, auf welche Art und Weise das Fenster erscheinen soll. Denn ähnlich wie bei der Bannerwerbung bieten sich Ihnen auch bei der Pop-up-Werbung verschiedene Gestaltungs- und Einsatzmöglichkeiten, die auch rechtlich unterschiedlich beurteilt werden: Neben *klassischen Pop-up-Fenstern* gibt es noch die sogenannten *Exit-Pop-ups* und die *Pop-under-Fenster*. Was sich hinter diesen Begriffen tatsächlich und rechtlich verbirgt, werden wir Ihnen im Folgenden näher erläutern.

11.2.1 Klassische Pop-ups

Gesehen hat sie wohl jeder schon einmal: die Werbefenster, die beim Öffnen einer Webseite aufspringen und einem die Sicht auf die eigentliche Webseite versperren (siehe Abbildung 11.5). Gerade Webseiten mit kostenlosen Inhalten wie Online-Magazine, Online-Spiele oder Gewinnspielseiten greifen häufig zu dieser Art der Werbung, um ihre Inhalte zu finanzieren.

Abbildung 11.5 Gerade auf Gewinnspielseiten öffnen sich häufig Pop-up-Fenster.

Während die einen Internetnutzer Pop-up-Fenster als aufdringlich und unseriös empfinden und deshalb zu speziellen Pop-up-Blockern greifen, hat diese Art der Internetwerbung bei anderen einen erheblichen Einfluss auf die Kaufentscheidung oder die Wahl von Produkten und Dienstleistungen (siehe Abbildung 11.6).

Rechtlich gesehen ist klassische Pop-up-Werbung grundsätzlich unbedenklich, wenn der Internetnutzer das Pop-up-Fenster am Desktop unmittelbar und ohne Weiteres schließen kann und sich das Laden des gewünschten Inhalts nicht erheblich verzögert. Dann ist diese Form der Werbung nicht zu beanstanden und muss von den Anwendern geduldet werden. Denn auch wenn die Nutzer eine solche Art der Werbung möglicherweise als lästig empfinden, müssen sie Verständnis dafür haben, dass sie der Finanzierung der häufig kostenlosen Dienste dient und Sie als Anbieter daher ein berechtigtes Interesse an deren Einblendung haben.

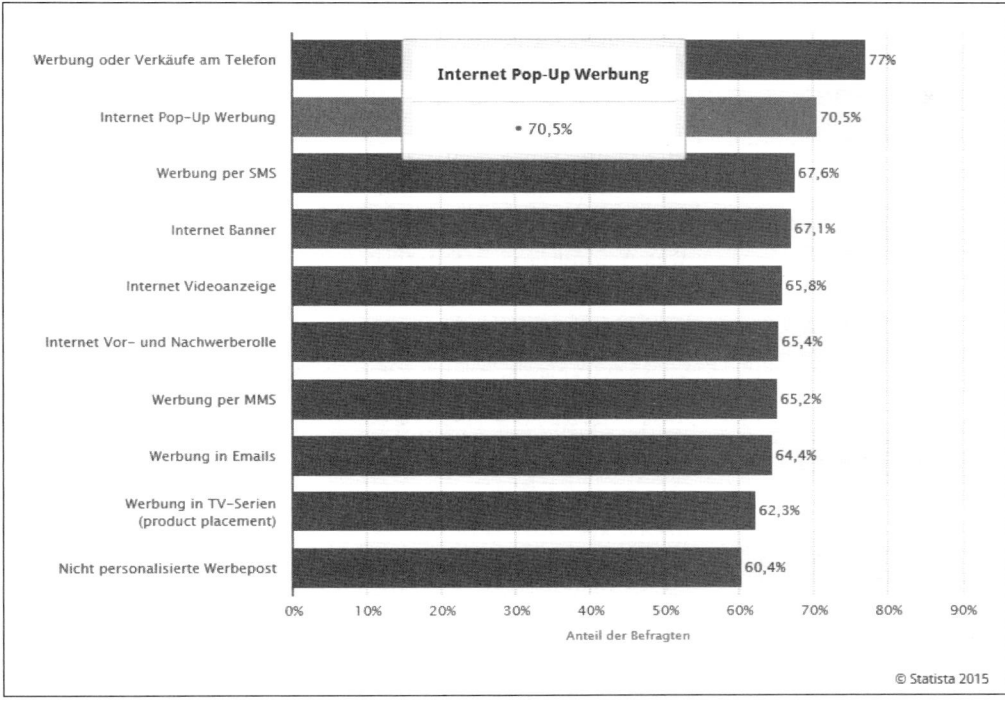

Abbildung 11.6 Die Grafik zeigt Kommunikationsmittel, die für die Kaufentscheidung oder Wahl von Produkten, Dienstleistungen, Marken usw. nützlich waren. Für 70,5 % der befragten Personen war Pop-up-Werbung nützlich.

Eine Ausnahme davon gilt jedoch dann, wenn Sie Pop-up-Werbung auf Webseiten von fremden Unternehmen buchen, ohne dass diese damit einverstanden sind. Denn ein solches Verhalten stellt eine unlautere Behinderung, Rufausbeutung und Umleitung von Kundenströmen dar und ist damit rechtswidrig. Teure Abmahnungen und Unterlassungsklagen sowie Schadensersatzforderungen können die Folge sein.

11.2.2   Exit-Pop-ups

Ein Nachteil von Pop-up-Advertising ist, dass Pop-up-Fenster von Nutzern oft schneller weggeklickt werden, als sie vollständig geladen sind. Aus diesem Grund greifen manche Werbenden zu einer speziellen Form des Pop-ups: Exit-Pop-ups. Diese aggressiven Pop-ups funktionieren in zwei Schritten: Zunächst wird dem Nutzer die reguläre Pop-up-Werbung angezeigt. Möchte der Nutzer das Fenster schließen, öffnet sich in einem zweiten Schritt im Browser ein neues Fenster, das die eigentliche Werbung enthält (siehe Abbildung 11.7).

Diese Form der Pop-up-Werbung ist für Internetnutzer besonders lästig und wurde deshalb auch schon zum Gegenstand von Gerichtsverfahren. Denn diese Form der Werbung ist rechtlich unzulässig. Zwar hat der Internetnutzer die ursprüngliche Domain zunächst selbst aufgerufen und damit freiwillig den Kontakt zum Werbenden hergestellt, allerdings wird er durch das aufdringliche Exit-Pop-up gegen seinen ausdrücklich erklärten Willen gezwungen, den Kontakt mit der Internetseite aufrechtzuerhalten und deren Angebote zur Kenntnis zu nehmen. Dadurch wird die Grenze dessen überschritten, was man einem Internetnutzer an Werbung zumuten kann. Daher verstößt die Verwendung von Exit-Pop-up-Fenstern gegen die guten Sitten des Wettbewerbs und ist rechtswidrig.

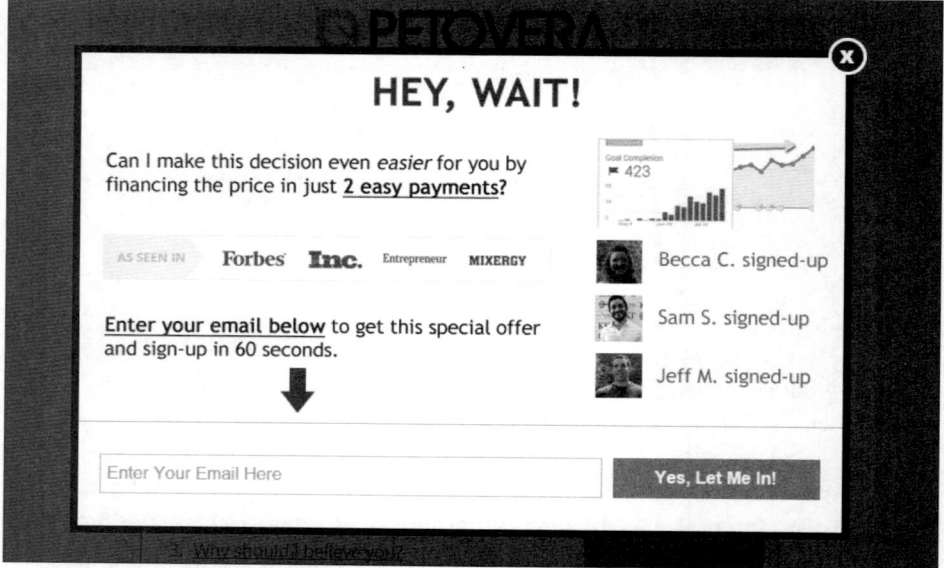

Abbildung 11.7 Beispiel für ein Exit-Pop-up-Fenster

Praxisbeispiel

In einem vor dem Landgericht Düsseldorf entschiedenen Fall (Urteil vom 26.3.2003, Az. 2a O 186/02) stritten die Beteiligten um die Zulässigkeit von Pop-up-Fenstern. Gegenstand des Streits war die Website des Beklagten, der unter der Domain www.peepphone.info ein erotisches Angebot aus einer Kombination aus Telefonsex und Webcam anbot. Beim Betreten seiner Seite forderte der Beklagte den Internetnutzer auf, eine sogenannte »Zugangssoftware« herunterzuladen. Es öffneten sich hierzu die üblichen Download- bzw. Installationsfenster des Browsers, wobei jedoch die Schaltfläche zum Abbruch der Installation deaktiviert wurde. Klickte der Nutzer nun statt auf den Button Weiter auf die Schaltfläche Schliessen, öffneten sich sechs

> bis acht neue Browserfenster, die überwiegend erotische und pornografische Ange-
> bote enthielten. Wollte der Nutzer ein Fenster schließen, öffneten sich immer weiter
> neue Fenster. Daraufhin mahnte ihn sein Konkurrent ab und erhob in der Folge Klage
> – mit Erfolg!

Zwar gibt es auch kritische Stimmen, die die generelle Einstufung von Exit-Pop-ups als rechtswidrig für zu weitgehend halten, jedoch sollten Sie angesichts der bestehenden Rechtsprechung kein Risiko eingehen und keine Exit-Pop-ups verwenden. Schließlich müssen Sie andernfalls mit teuren Abmahnungen und Unterlassungsklagen rechnen.

11.2.3   Pop-under-Fenster

Neben den klassischen Pop-up-Fenstern gibt es noch eine abgewandelte Form: die Pop-under-Fenster, auch Pop-down-Fenster genannt. Während Pop-up-Fenster im Vordergrund aufspringen, wird das Pop-under-Fenster vom Webbrowser im Hintergrund geöffnet – man sieht es also erst dann, wenn man alle anderen Browserfenster schließt. Das Pop-under wird dabei durch die gewünschte Seite überdeckt. Das System ist demnach umgekehrt zum Pop-up-Fenster.

Dieses System der Überdeckung hat zur Folge, dass der Nutzer sich nicht gestört fühlt. Aus diesem Grund ist diese Variante auch ebenso wenig zu beanstanden wie das klassische Pop-up-Fenster. Da der Nutzer die Werbung erst sieht, wenn er die eigentliche Seite schließt, ist diese Art der Werbung auch effizienter. Denn die Wahrscheinlichkeit, dass der Nutzer sich die Zeit nimmt und die Werbung anschaut oder ihr gar folgt, ist höher, wenn er nicht auf dem Weg zur gewünschten Seite von aufspringenden Fenstern genervt wird.

11.3   Promoted Posts in sozialen Netzwerken: Zulässig?

Soziale Netzwerke bieten Ihnen ebenfalls lukrative Werbeflächen, schließlich tummeln sich dort täglich zahlreiche Internetnutzer. Dabei achten die Netzwerke darauf, dass die Werbung subtil bleibt und die Nutzer nicht in der Verwendung stört. Sie integrieren die Werbung deshalb in der Timeline und daneben. Auf diese Weise sind Nutzer empfänglicher für Werbeinhalte und reagieren unterbewusst darauf. In diesem Abschnitt möchten wir die Promoted Posts am Beispiel des sozialen Netzwerks Facebook im Hinblick auf ihre Funktionsweise, Vorteile und die rechtlichen Rahmenbedingungen für Sie genauer unter die Lupe nehmen.

11.3.1   Funktionsweise und Vorteile der Promoted Posts von Facebook

Für Nutzer von Unternehmensseiten bietet das Netzwerk Facebook *Promoted Posts* an. Dabei handelt es sich um eine Art der *Page Post Ads*, die wesentlich besser in die Seite integriert sind (siehe Abbildung 11.8).

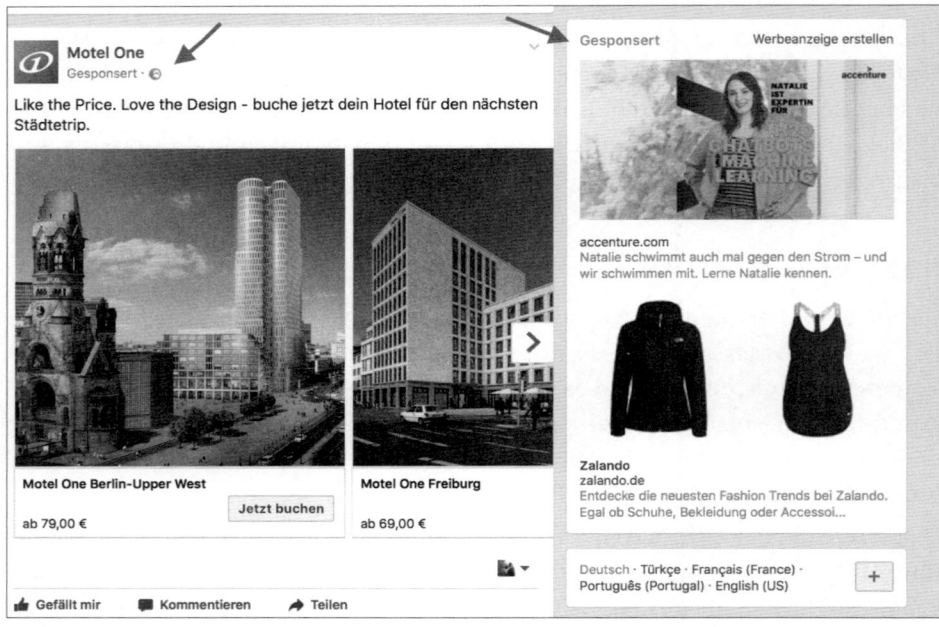

Abbildung 11.8 Beispiel für Promoted Posts auf Facebook

Promoted Posts zielen darauf ab, die Reichweite eines Beitrags und damit auch der Unternehmensseite zu erweitern. Dies funktioniert, indem Sie auf den Button BEI-TRAG BEWERBEN klicken, der Ihnen unter Ihrem Beitrag eingeblendet wird, bevor Sie diesen posten. Auch im Nachhinein können Sie den Beitrag noch bewerben; der Button erscheint immer unter Ihrem Post. Klicken Sie auf den Button, öffnet sich ein Fenster, in dem Sie Budget, Dauer und Währung der Promotion festlegen können (siehe Abbildung 11.9).

Hinweis

Promoted Posts sind sehr gut geeignet, um wichtige Meldungen möglichst breit zu verteilen oder den Erfolg der eigenen Beiträge an mehr als nur der Kundschaft zu testen. Denn Sie können durch eine gründliche Auswertung der Promoted Posts genau feststellen, welcher Content bei Ihrem Publikum gut ankommt (siehe Abbildung 11.10). Diese Daten sind für eine Optimierung des Unternehmensauftritts nicht zu unterschätzen.

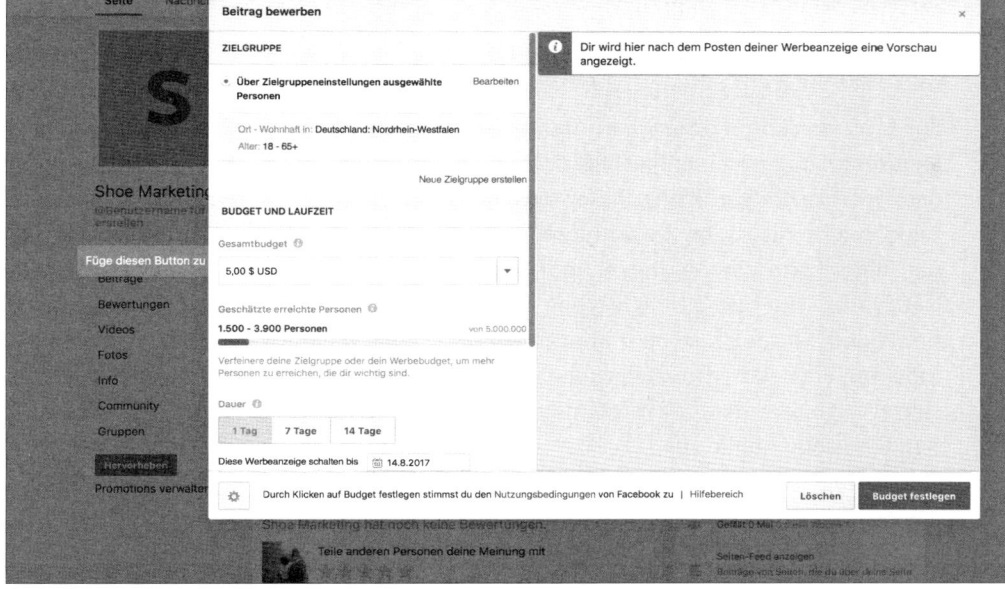

Abbildung 11.9 Um Ihren Beitrag zu bewerben, können Sie auf Facebook die Eckdaten Ihrer Zielgruppe sowie Ihr Budget und die Dauer der Promotion festlegen.

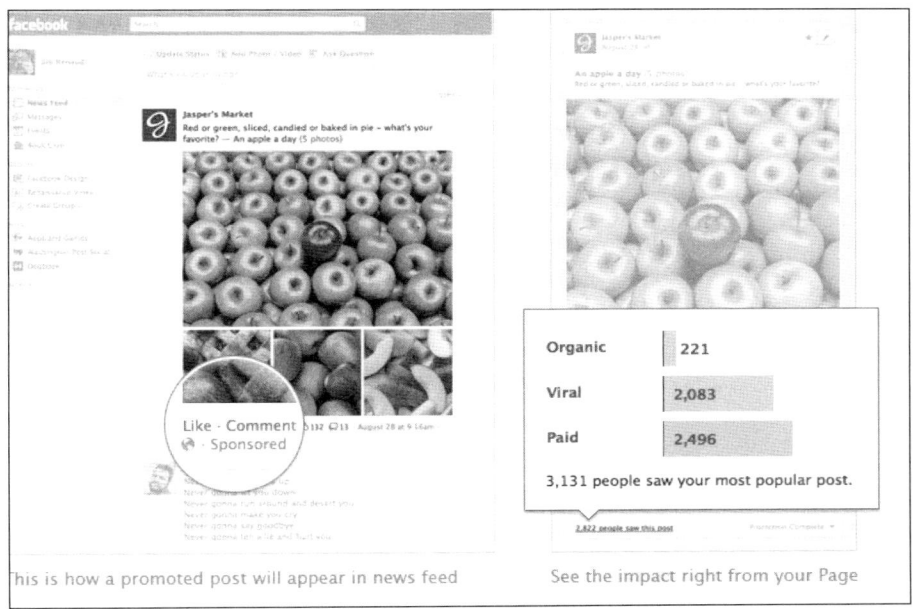

Abbildung 11.10 Auswertung des Erfolgs Ihres Promoted Posts

11.3.2 Rechtliche Rahmenbedingungen zum Bewerben der Beiträge

Möchten Sie die Vorteile von Promoted Posts nutzen, müssen Sie dazu den Nutzungsbedingungen bzw. den Werberichtlinien des sozialen Netzwerks zustimmen und diese auch einhalten.

Für Facebook können Sie Richtlinien auf der Webseite *http://wbs.is/rom68* einsehen. Sie umfassen zum einen gestalterische Vorgaben, wie zum Beispiel die Anweisung, dass Werbeanzeigen keine Bilder enthalten dürfen, deren Text mehr als 20 % des Bildbereichs ausmacht. Zum anderen hat das Netzwerk auch hinsichtlich des Inhalts der Bilder klare Vorstellungen: So ist das Prinzip »Sex sells« nicht im Interesse des Netzwerks – hier ist Zurückhaltung geboten. Aber auch schockierende, sensationsheischende, respektlose oder übermäßig Gewalt darstellende Inhalte sind verboten. Möchten Sie bestimmte Zielgruppen ansprechen, so ist das dann verboten, wenn es sich um Unterscheidungsmerkmale wie Rasse, Religion oder ethnische Herkunft handelt (siehe Abbildung 11.11).

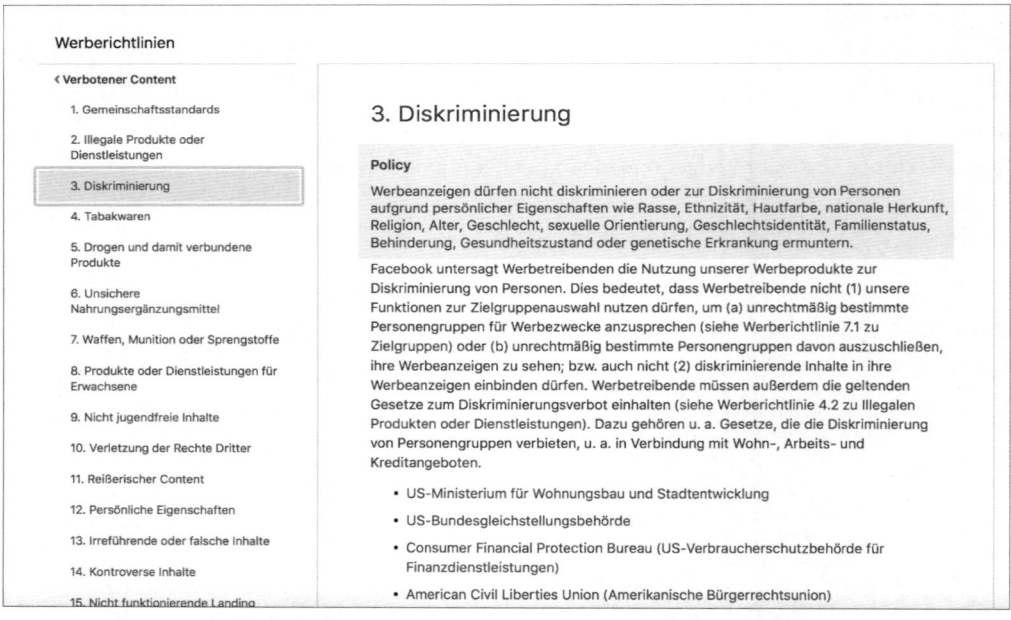

Abbildung 11.11 Werberichtlinien zur Zielgruppenbestimmung

Auch dürfen bestimmte Produkte (zum Beispiel Alkohol, Tabak, nicht jugendfreie Produkte oder Medikamente) ebenso nur bedingt beworben werden. Das gilt auch für Glücksspiele oder Waffen. Der Grund dafür ist, dass diese Produkte und Dienstleistungen strengen gesetzlichen Regeln unterliegen. Bieten Sie diese an, sollten Sie sich sowohl die gesetzlichen Anforderungen als auch die Vorgaben der sozialen Netzwerke dazu genauer anschauen.

> **Achtung!**
> Verstöße gegen die Facebook-Werberichtlinien können zur Ablehnung der Anzeige, zu ihrer Löschung oder auch zur Sperrung der Seite führen.

Ein wichtiger Aspekt ist weiterhin die Kennzeichnung: Wo Werbung drin ist, muss auch »Werbung« draufstehen – oder auch »Anzeige«. Das entschied auch der Bundesgerichtshof (Urteil vom 6.2.2014, Az. I ZR 2/11). Facebook selbst hingegen verwendet nur die Angabe GESPONSERT (siehe Abbildung 11.8). Dies ist nach Ansicht der Richter eine sehr unscharfe Formulierung, die zur Verdeutlichung des Anzeigencharakters der Veröffentlichungen nicht ausreiche. Verwenden Sie diese Angabe dennoch, können Sie dafür als Verantwortlicher der Anzeige in Anspruch genommen werden.

Daneben müssen Sie aber auch in sozialen Netzwerken die gesetzlichen Regelungen des Wettbewerbsrechts und der Preisangabenverordnung beachten. Zur Einhaltung des Wettbewerbsrechts sollten Sie insbesondere einen Blick in die »Schwarze Liste« im Anhang zu § 3 Abs. 3 UWG werfen und sich daran halten. Dort sind die 30 geschäftlichen Handlungen aufgeführt, die automatisch wettbewerbswidrig sind.

> **Achtung!**
> Bei Verstößen gegen diese gesetzlichen Normierungen drohen Abmahnungen und Bußgelder, aber auch Klageverfahren sind möglich.

11.4   Ambush-Marketing: Fremde Kundendialoge als eigene Werbefläche?

Besonders viel Aufmerksamkeit in sozialen Netzwerken bekommen Nutzer, die sich auf Seiten von Unternehmen über deren Produkte oder Dienstleistungen beschweren und damit einer Vielzahl von Nutzern aus der Seele sprechen. Diese Beiträge werden jedoch nicht nur von anderen Nutzern gelesen und kommentiert, sondern vielfach auch von dem angesprochenen Unternehmen. Da kommt es auch schon einmal vor, dass Kundendienstmitarbeiter zurückstänkern, was besonders amüsant für alle Nichtbeteiligten ist (siehe Abbildung 11.12).

Nicht selten werden diese Art von Beiträgen tausendfach geliked, geteilt und kommentiert. Aus diesem Grund sind in der Vergangenheit bereits Unternehmen auf die Idee gekommen, die Aufmerksamkeit, die fremde Kundendialoge auf sich ziehen, für ihre eigenen Zwecke zu nutzen und Werbung in eigener Sache zu machen. Diese Werbeform wird auch als sogenanntes Ambush-Marketing bezeichnet, eine Unterform des Guerilla-Marketings.

Abbildung 11.12 Auf Twitter stänkert der Nutzer »Griesgrämer« gegen
die »Deutsche Telekom«, die das nicht auf sich sitzen lässt.

Praxisbeispiel

Der in Abbildung 11.12 dargestellte Schlagabtausch zwischen dem Twitter-Nutzer
»Griesgrämer« und der »Deutschen Telekom« bleibt keinesfalls unbemerkt. Schnell
werden auch andere Unternehmen wie die Drogeriekette »Rossmann« und der Mo-
bilfunkgerätehersteller »HTC« darauf aufmerksam und kommentieren den Beitrag.
In ihren Beiträgen bieten sie eigene Produkte zur vermeintlichen Konfliktlösung an:
»Rossmann« verweist auf sein Angebot an Baldrian-Kapseln und »HTC« auf sein
neues Smartphone zum Abregen (siehe Abbildung 11.13).

Abbildung 11.13 In den Dialog zwischen »Griesgrämer« und der »Telekom« schalten
sich auch die »Dirk Rossmann GmbH« und »HTC Deutschland« ein.

Nun stellt sich jedoch auch bei dieser Aktion die entscheidende Frage: Ist das zulässig? Bei der Beantwortung dieser Frage sind zweierlei Perspektiven zu beleuchten: die Perspektive des betroffenen Unternehmens sowie die Perspektive der Nutzer, die an dem Kundendialog beteiligt sind. Denn beide Seiten könnten sich durch das Hinzutreten Dritter gestört fühlen. Dies gilt insbesondere dann, wenn es sich bei den Beiträgen um Werbung handelt. Im Folgenden möchten wir daher näher untersuchen, in welchen Konstellationen ein solches Verhalten eine Rechtsverletzung darstellt und daher unzulässig ist.

11.4.1   Rechtsverletzung gegenüber dem betroffenen Unternehmen

Ob das Einmischen in fremde Kundendialoge eine Rechtsverletzung darstellt oder nicht, ist eine sehr einzelfallbezogene Entscheidung und kann daher nicht generell beantwortet werden.

In dem zuvor im Praxisbeispiel vorgestellten Sachverhalt hat die »Deutsche Telekom« zwar auf die Twitter-Beiträge der Unternehmen »Rossmann« und »HTC« (siehe Abbildung 11.13) nicht reagiert, dies bedeutet jedoch nicht, dass sich die »Deutsche Telekom« durch die Beiträge nicht gestört gefühlt hat. Denn ein solches Verhalten könnte eine unzumutbare Belästigung und damit einen Wettbewerbsverstoß darstellen.

Gemäß § 7 Abs. 1 Satz 1 des Gesetzes gegen den unlauteren Wettbewerb (UWG) ist eine »*geschäftliche Handlung, durch die ein Marktteilnehmer in unzumutbarer Weise belästigt wird*« unzulässig.

Der Umstand, dass die Unternehmen in den Beiträgen auf ihre eigenen Produkte aufmerksam gemacht haben, könnte zwar von der Telekom als störend empfunden worden sein, jedoch ist davon auszugehen, dass die Schwelle der Unzumutbarkeit in diesem Fall nicht überschritten wurde, da bei den humorvollen Beiträgen der Unterhaltungswert im Vordergrund stand und keine nachteilige Wirkung zu erkennen ist. Dabei spielt auch die Tatsache eine Rolle, dass es sich bei den beteiligten Unternehmen nicht um direkte Konkurrenten handelt.

Anders ist die Rechtslage hingegen, wenn sich direkte Konkurrenten in den Kundendialog einmischen und dort dem sich beschwerenden Nutzer ihre eigenen Produkte empfehlen. Denn ein solches Verhalten stellt zweifelsfrei eine unzumutbare Belästigung für das betroffene Unternehmen dar und ist damit wettbewerbswidrig.

> **Achtung!**
> Wer zu solchen Maßnahmen greift, muss damit rechnen, von dem betroffenen Unternehmen abgemahnt zu werden!

Darüber hinaus könnte ein solches Verhalten auch einen Fall der vergleichenden Werbung darstellen, die gemäß § 6 UWG nur unter bestimmten Voraussetzungen zulässig ist. Zu diesen Voraussetzungen gehört unter anderem, dass »*die Waren, Dienstleistungen, Tätigkeiten oder persönlichen oder geschäftlichen Verhältnisse eines Mitbewerbers*« nicht »*herabsetzt oder verunglimpft*« werden dürfen. Denn andernfalls handelt es sich um eine unlautere Handlung und damit um einen Wettbewerbsverstoß.

Nach Ansicht des Bundesgerichtshofs (Urteil vom 31.3.2016, I ZR 160/14) liegt eine *Herabsetzung* dann vor, wenn die Wertschätzung des Mitbewerbers durch ein abträgliches Werturteil oder eine abträgliche wahre oder unwahre Tatsachenbehauptung ohne sachlichen Grund verringert wird. Eine *Verunglimpfung* ist daneben eine gesteigerte Form der Herabsetzung, die darin besteht, den Mitbewerber ohne sachliche Grundlage verächtlich zu machen. Ob dies auch beim Einmischen in fremde Kundendialoge der Fall ist, ist auf Basis einer Gesamtschau aus Sicht der angesprochenen Verkehrskreise zu beurteilen. Humorvolle Anspielungen – wie sie in der Werbung durchaus üblich sind – sind in Grenzen jedoch erlaubt. Es kommt also auch an dieser Stelle auf die konkrete Ausgestaltung des Beitrags ab.

> **Hinweis**
>
> Eine Hilfestellung könnte es sein, wenn Sie sich vor der Veröffentlichung eines Beitrags innerhalb eines fremden Kundendialogs fragen, wie Sie selbst Ihren Beitrag an Stelle des betroffenen Unternehmens finden würden. Aus Kundendialogen direkter Konkurrenten sollten Sie sich jedoch gänzlich heraushalten. Denn hier können andere aufgrund der direkten Konkurrenzsituation auch deutlich empfindlicher reagieren als Sie selbst und Ihnen Böses unterstellen.

11.4.2   Rechtsverletzung gegenüber dem Nutzer

Sich in fremde Kundendialoge einzumischen und dabei auf eigene Werbung hinzuweisen, kann jedoch nicht nur gegenüber dem am Kundendialog beteiligten Unternehmen eine Rechtsverletzung darstellen, sondern auch gegenüber den Nutzern, wenn es sich dabei um Werbung handelt.

Im Ausgangsfall haben die Unternehmen »Dirk Rossmann GmbH« und »HTC Deutschland« konkret Personen angesprochen und auf ihre Produkte hingewiesen. Dadurch haben sie gegen den Grundsatz verstoßen, dass Werbung nicht verschleiert werden und nur mit Einwilligung an andere Nutzer versandt werden darf – dies gilt auch innerhalb sozialer Netzwerke, wie wir Ihnen bereits im Rahmen des Social-Media-Marketings erläutert haben (siehe Abschnitt 7.7).

Dies bedeutet jedoch nicht, dass Sie sich als Unternehmen gänzlich aus fremden Kundendialogen heraushalten müssen. Denn auch Unternehmen haben das Recht, sich kommunikativ in sozialen Netzwerken zu beteiligen. Entscheidend ist jedoch, dass es Ihnen um die Kommunikation geht und nicht um Werbung in eigener Sache. Natürlich sind die Grenzen auch hier fließend. Festhalten können wir jedoch, dass Sie in den Beiträgen nicht auf Ihre eigenen Produkte oder Dienstleistungen hinweisen sollten. Auch sollte Ihr Inhalt immer einen Bezug zum geführten Kundendialog haben. Solange Sie sich in diesem Rahmen bewegen, müssen andere Unternehmen, die soziale Netzwerke nutzen, damit leben, dass Sie sich in deren Kundendialoge einklinken.

> **Hinweis**
>
> Auch an dieser Stelle können Sie sich eine einfache Kontrollfrage stellen: »Warum verfasse ich diesen Beitrag?« Die Antwort auf diese Frage ist zugleich auch die Antwort auf die Frage, ob Sie den Beitrag posten sollten oder nicht.

11.5   Gekaufte Rankings in Bewertungsportalen: Hot or not?

Bewertungsportale haben Sie sicher schon einmal verwendet: Auf der Suche nach einem guten Restaurant, einem schönen Hotel oder gar einem guten Arzt sind Sie vielleicht schon einmal auf Bewertungsportale wie »Jameda«, »Holidaycheck« oder »Tripadvisor« gestoßen (siehe Abbildung 11.14). Diese Portale sollen dem Nutzer im Dienstleistungsdschungel auf Basis von Empfehlungen oder Kritik anderer Nutzer Hilfe bei der Suche nach dem für sie passenden Angebot bieten.

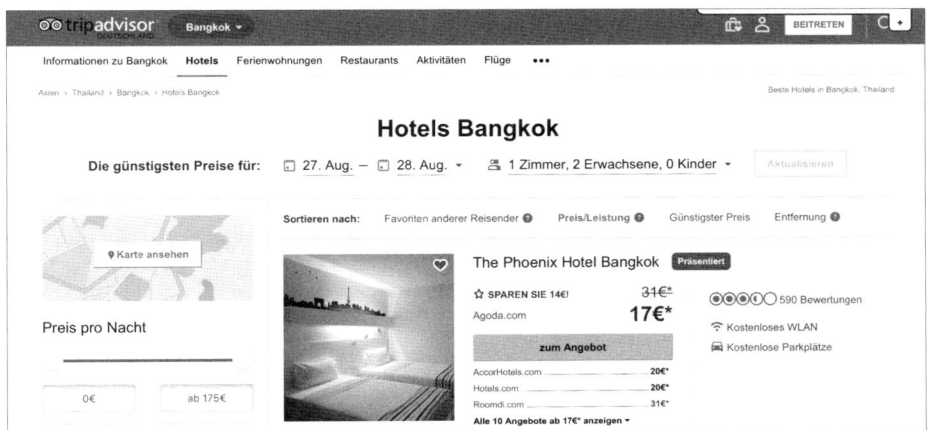

Abbildung 11.14 Die Plattform »Tripadvisor« bietet Ihnen Bewertungen und Preisvergleiche zu Reisen und mehr.

Nun gibt es auch Portale, die den Dienstleistern Werbemöglichkeiten durch Top-Platzierungen gegen ein Entgelt bieten. Dies ist zwar grundsätzlich zulässig, jedoch muss diese Art der Werbung klar als solche gekennzeichnet werden. Andernfalls drohen auch hier Abmahnungen, beispielsweise durch Konkurrenten, da der Eindruck entstehen könnte, die Spitzenplatzierung basiere auf den Nutzerbewertungen. Um dies zu verhindern, müssen gekaufte Rankings auch ausdrücklich und eindeutig als solche gekennzeichnet werden.

Praxisbeispiel

Die Ärzteplattform »Jameda« bietet Ärzten gegen Zahlung eines höheren Preises eine »Top-Platzierung Fachgebiete« an. Wer davon Gebrauch macht, wird vor den übrigen Medizinern platziert. Diese Praxis führte zu einem Rechtsstreit: Die Wettbewerbszentrale verklagte das Bewertungsportal wegen Irreführung des Verbrauchers auf Unterlassung.

Zwar berief sich »Jameda« darauf, dass der Vorwurf unzutreffend sei, da der Verbraucher aufgrund der Gestaltung der Internetseite mit einer farblichen Hervorhebung erkennen könne, dass es sich hier um Werbung von Ärzten handelt – scheiterte mit seinem Einwand jedoch. Das Landgericht München I gab der Klage mit seinem Urteil vom 18.03.2015 (Az. 37 O 19570/14) statt und untersagte dem Bewertungsportal diese Praxis der gekauften Top-Platzierungen. Denn der Verbraucher werde durch die gekauften Rankings gezielt in die Irre geführt, indem ihm suggeriert werde, dass der zuerst genannte Arzt über die beste Bewertung von Patienten verfüge. Daran ändere das von der Plattform gewählte, unauffällige Textfeld »Premium-Partner«, das zudem nur beim Hinüberfahren mit dem Mauszeiger sichtbar wird, nichts. Vielmehr sei eine ausdrückliche Kennzeichnung erforderlich.

Inzwischen nutzt das Portal den Hinweis »Anzeige« in einem orangefarbenen Kasten über der erkauften Top-Platzierung (siehe Abbildung 11.15).

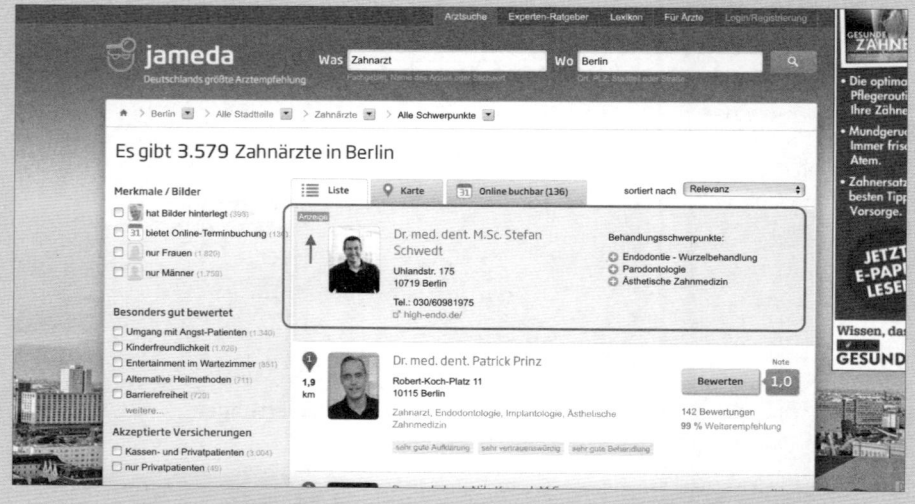

Abbildung 11.15 Gekauftes Ranking im Bewertungsportal »Jameda«

11.6   Was muss bei Vorschaltwerbung beachtet werden?

Werden Inhalte dem Nutzer kostenlos angeboten, so muss der Anbieter des Inhalts seine Kosten auf eine andere Art und Weise decken – in der Regel durch Werbung. Gerade aufwendig produzierte Videos oder Filme, die sich die Nutzer kostenlos über Plattformen wie YouTube ansehen können, oder Online-Spiele auf Spieleplattformen schalten Werbung. Wird diese vor Beginn des eigentlichen Inhalts gesendet, handelt es sich um sogenannte *Vorschaltwerbung* (siehe Abbildung 11.16).

Abbildung 11.16 Vorschaltwerbung in einem Video von »Spiegel Online«

Für Nutzer, die endlich das Video ansehen möchten oder mit dem Spiel beginnen möchten, ist diese Art der Werbung oftmals eher nervig. Was wir umgangssprachlich als »nervig« bezeichnen, könnte rechtlich eine unzumutbare Belästigung und damit einen Verstoß gegen das Wettbewerbsrecht darstellen.

Davon ist bei Vorschaltwerbung immer dann auszugehen, wenn der Nutzer einerseits keine Möglichkeit hat, die Werbung vorzeitig wegzuklicken, und wenn der Nutzer andererseits so lange warten muss, dass die Schwelle des Zumutbaren überschritten wird. Wann diese Schwelle überschritten wird, muss im Einzelfall beurteilt werden.

Das Landgericht Berlin (Urteil vom 14.09.2010, Az. 103 O 43/10) hat in einem Fall entschieden, dass eine Vorschaltwerbung mit einer Dauer von 20 Sekunden ohne eine Möglichkeit des vorzeitigen Wegklickens eine unzumutbare Belästigung der Nutzer darstellt und damit unzulässig ist. Wenn sich der Nutzer dagegen der Werbung schon nach kurzer Zeit durch einfaches Wegklicken entziehen kann, sei die Schwelle zur unzumutbaren Belastung nicht überschritten.

Praxisbeispiel

Das Oberlandesgericht Köln (Urteil vom 12.04.2003, Az. 6 U 132/12) entschied über einen Fall, der das werbefinanzierte Portal für Online-Spiele *www.spielaffe.de* zum Gegenstand hatte (siehe Abbildung 11.17). Klickt man auf dem Portal auf ein kostenloses Spiel, so erscheint erst einmal eine Videoclip-Vorschaltwerbung. Das Werbefenster enthält den Hinweis, dass diese Werbung zur Finanzierungszwecken gezeigt wird. Das Wort »Werbung« erscheint oberhalb des Werbefensters. Nach 5 Sekunden hat der Spieler die Möglichkeit, auf ein Feld zu klicken und die Werbung zu überspringen, um das Spiel zu beginnen. Tut er dies nicht, schaltet sich die Werbung 5 Sekunden später von selbst aus.

Dem Betreiber wurde vorgeworfen, unlauter zu handeln, da die Vorschaltwerbung eine unzumutbare Belästigung darstelle – zu Unrecht! Das Gericht entschied, dass diese Vorschaltwerbung keine unzumutbare Belästigung darstelle, da eine Werbung von 10 Sekunden insgesamt nur kurz andauere. Zudem sei das Warten auf das automatische Ende der Werbung im Verhältnis zu der im Alltag wahrgenommenen Fernsehwerbung relativ kurz. Aus diesem Grund handele es sich nicht um einen Fall einer erhöhten Belästigung.

Abbildung 11.17 Die Spieleplattform »Spielaffe« zeigt Werbung zu Beginn des Spiels mit der Möglichkeit, die Werbung zu überspringen.

11.7   Werbeflächen in Suchmaschinen: Wie kann Keyword-Advertising rechtskonform betrieben werden?

Während Werbebanner oder Pop-up-Fenster althergebrachte Werbemethoden sind, gibt es seit einigen Jahren auch die Möglichkeit, Suchmaschinen wie »Google« oder »Yahoo« zu Werbezwecken zu nutzen: *Keyword-Advertising* ist das Schlüsselwort für diese Methode. Das bekannteste Beispiel ist die Suchmaschine Google, die Ihnen mit *Google Ads* eine Werbefläche im Internet bietet, insbesondere in Suchmaschinen. Die Besonderheit zu anderen Werbemethoden besteht darin, dass die Anzeige entsprechend den Sucheingaben der Nutzer geschaltet wird und dementsprechend nur diejenigen erreicht, die sich auch tatsächlich für das Produkt oder die Dienstleistung interessieren – Sie können Werbung also effizient und zielgruppenorientiert schalten und erhöhen so deren Erfolg (siehe Abbildung 11.18).

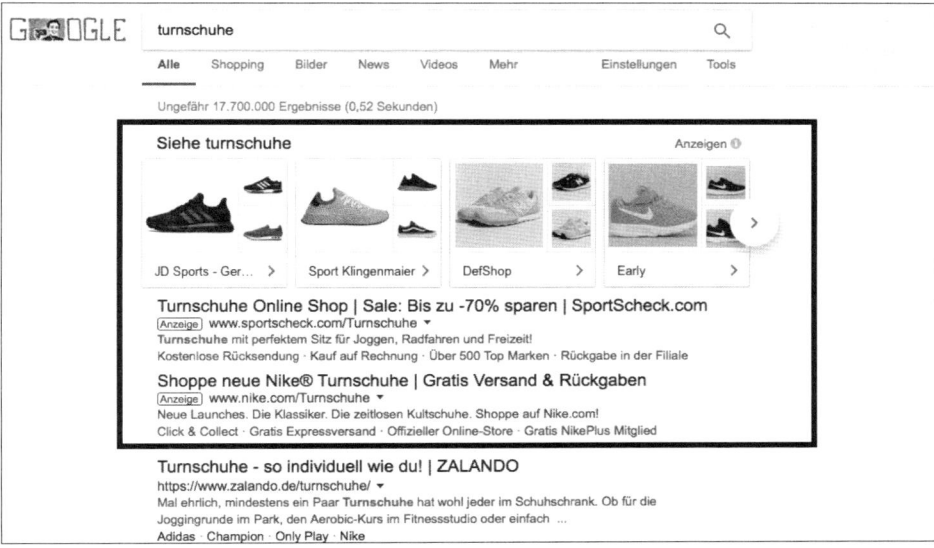

Abbildung 11.18 Beispiel für Anzeigen über »Google Ads«

Auf Details zu dieser Art der Werbung kommen wir noch in Kapitel 14, »Suchmaschinenwerbung (SEA)«, zu sprechen. An dieser Stelle möchten wir Ihnen daher nur einen groben Überblick über die rechtlich relevanten Aspekte geben.

11.7.1   Markennamen in Keywords

Von besonderer Relevanz sind Markennamen als Keywords. Denn nicht selten möchten Unternehmen ihr eigenes Produkt in den Fokus der Aufmerksamkeit rücken, indem sie bekannte Markennamen als Keywords benutzen. Sind Sie der Inhaber der geschützten Marke, so ist dies natürlich völlig unproblematisch.

Anders sieht es hingegen aus, wenn Sie die Markennamen Ihrer Konkurrenten nutzen. Denn diese haben natürlich ein Interesse daran, dass Kunden, die über eine Suchmaschine auf ihre Website gelangen wollen, nicht vorher von »Trittbrettfahrern« abgefangen werden. Andererseits können bekannte Unternehmen aber auch nicht davor geschützt werden, dass neben ihrem Angebot auch als solche gekennzeichnete Werbung anderer Unternehmen eingeblendet wird – Ihre beispielsweise.

Der Europäische Gerichtshof hat bereits in seinem Grundsatzurteil vom 08.07.2010 (Az. C-558/08) entschieden, dass die Verwendung fremder Markennamen als Keywords für Ads-Anzeigen zulässig ist, wenn ersichtlich ist, von wem die angebotenen Leistungen stammen. Generell ist eine Verwendung danach zulässig. Ist die Anzeigenqualität durch die ausdrückliche Kennzeichnung für den Nutzer der Suchmaschine ersichtlich, dann wird bei diesem auch keine Fehlvorstellung oder Verwirrung ausgelöst und auch der Ruf der Marke nicht beeinträchtigt.

Praxisbeispiel

Schalten Sie Anzeigen über Google Ads, dann werden die Suchergebnisse in der Rubrik ANZEIGEN veröffentlicht (siehe Abbildung 11.19). Dort erwartet der Nutzer nicht ausschließlich Angebote des Markeninhabers, da ihm bewusst ist, dass es sich hier um bezahlte Anzeigen handelt. Der Nutzer kann also bei Ads zwischen den bezahlten und den unbezahlten Suchergebnissen differenzieren.

Abbildung 11.19 Gibt man bei Google die Suchbegriffe »Adidas Turnschuhe« ein, erscheinen nicht nur Anzeigen des Unternehmens »Adidas« selbst.

11.7.2   Kennzeichnungsanforderungen

Sie überschreiten die Grenze zur Rechtswidrigkeit demnach dann, wenn sich Ihre Werbeanzeige nicht erkennbar von dem fremden Markennamen distanziert – beispielsweise durch eine klare Kennzeichnung mit dem Begriff »Anzeige«.

Darüber hinaus müssen Sie auch Besonderheiten in Ihrem Anzeigentitel und im Beschreibungstext beachten. Denn auch daraus muss klar hervorgehen, dass Ihre Firma hinter der Anzeige steckt und nicht das Markenunternehmen (siehe Abbildung 11.20).

Abbildung 11.20 In der eingerahmten Google-Ads-Anzeige enthält der Titel allein die Angabe »Nike Turnschuhe«, aus der Beschreibung wird jedoch klar, dass es sich um die Anzeige eines lokalen Schuhgeschäfts handelt. Markenrechte der Firma »Nike« werden damit nicht verletzt.

Rechtskonform ist eine Werbung mit Markennamen Dritter jedenfalls immer dann, wenn Sie eine dahingehende vertragliche Vereinbarung mit dem Inhaber des Markenrechts haben oder beispielsweise ein Betreiber eines Onlineshops sind und Produkte der Marke in Ihrem Sortiment haben.

Hinweis

Sind Sie selbst ein betroffener Markeninhaber, so können Sie bei Google eine Markenbeschwerde einlegen, wenn Sie der Ansicht sind, dass eine Anzeige Ihre Rechte verletzt.

11.8   Wie schaltet man rechtssichere In-App-Werbung?

Nachdem wir Ihnen in Kapitel 5, »App-Marketing«, bereits erläutert haben, dass Sie Ihre eigene App zu Marketingzwecken einsetzen können, möchten wir in diesem Abschnitt noch kurz darauf eingehen, dass Sie auch die Apps anderer nutzen können, um Ihre Werbebotschaften zu verbreiten (siehe Abbildung 11.21).

Abbildung 11.21 In der App der Zeitung »The Guardian« schaltet der Onlineshop »Amazon« Werbung für seine Shopping-App.

Die immense Verbreitung von Smartphones und Tablets hat dazu geführt, dass Apps in den letzten Jahren von einem einfachen Anwendungsprogramm zu einem nicht zu unterschätzenden Marketingkanal aufgestiegen sind und nun für Sie ein enormes Marketingpotenzial bieten. Besonders gern schalten Unternehmen in Apps Bannerwerbung, vereinzelt auch Videowerbung.

Auch wenn für Werbung in Apps grundsätzlich dieselben allgemeinen Regelungen gelten wie für andere Werbeformate, sollten Sie ein paar Dinge beachten, bevor Sie Werbung in Apps Dritter platzieren.

Um in Apps Werbung über Werbebanner zu machen, benötigen Sie grundsätzlich keine Einwilligung des App-Anwenders. Sie sollten aber darauf achten, dass die Werbung nicht belästigend ist. Die Grenze der Zumutbarkeit ist jedoch schneller überschritten, wenn es sich um kostenpflichtige Apps handelt, da die App-Anwender gegenüber Werbung in kostenfreien Apps toleranter sind, weil ihnen bewusst ist, dass diese zu Finanzierungszwecken erforderlich ist.

Das Einwilligungserfordernis gilt jedoch dann wieder, wenn Sie dem App-Anwender Werbung per Push-Nachricht auf sein mobiles Endgerät schicken möchten. Andernfalls stellt diese Art der Werbung eine wettbewerbswidrige unzumutbare Belästigung dar.

Bei der inhaltlichen Gestaltung müssen Sie beachten, dass auch in Apps das Trennungsgebot gilt. Das heißt, dass auch Werbung in mobilen Anwendungen eindeutig als Werbung erkennbar gemacht oder zumindest in geeigneter Weise so bezeichnet werden muss, da andernfalls die Gefahr besteht, dass der Anwender aufgrund des kleinen Displays auch das Werbebanner für einen Teil des redaktionellen Inhalts hält. Der Hinweis allein, dass es sich um In-App-Werbung handelt, genügt nicht. Im Fall einer unzureichenden Kennzeichnung können Sie dafür abgemahnt werden.

11.9   Wie können eigene Werbeinhalte geschützt werden?

Eigene Werbeinhalte zu erstellen ist sowohl zeitaufwendig als auch mit Kosten verbunden. Je qualitativ hochwertiger der Inhalt ist, desto höher ist auch der Preis, den Sie dafür zahlen müssen. Daher ist es für Sie besonders von Interesse, dass Dritte Ihre Werbeinhalte nicht einfach zu eigenen Zwecken nutzen dürfen. Umgekehrt möchten Dritte in der Regel auch nicht, dass Sie ihre Inhalte ohne Zustimmung verwenden.

Dieses Anliegen unterstützt auch der Gesetzgeber. Er bietet den Rechteinhabern unter anderem mit dem Urheberrecht und dem Markenrecht Möglichkeiten, Dritte von der unbefugten Verwendung der eigenen Inhalte auszuschließen.

Dass Bilder, Texte, Grafiken und Co. unter gewissen Bedingungen urheberrechtlich geschützt sind, haben wir Ihnen bereits im Rahmen des App-Marketings eingehend erläutert. Daher möchten wir an dieser Stelle auf Kapitel 5 verweisen. Viel interessanter ist an dieser Stelle jedoch, ob auch beispielsweise Werbeideen oder Werbeslogans geschützt werden können. Auf diese Aspekte möchten wir im Folgenden eingehen.

11.9.1   Schutz des Werbekonzepts

Jedem Marketing-Content liegen eine Idee und ein Werbekonzept zugrunde. Während bloße Ideen angesichts einer mangelnden Verkörperung nicht durch das Urheberrecht geschützt sind, stellt sich die Frage, wie es mit Werbekonzepten aussieht.

Bereits im Jahr 1955 hat der Bundesgerichtshof entschieden, dass auch für neue und eigenartige Werbeideen als solche nach geltendem Recht grundsätzlich kein Rechtsschutz besteht. Auch ein wettbewerblicher Schutz kann nur für die Art der praktischen Durchführung dieser Idee in Betracht kommen. Dies gilt auch nur dann, wenn es sich um eine selbstständige Leistung besonderer Eigenart handelt.

Demnach ist also das Werbekonzept als solches nicht schutzfähig, wohl aber die einzelnen Werbemittel, die in dem Konzept verwendet werden, wie zum Beispiel Bilder, Musik, Slogans oder Werbetexte. Erfüllen diese Elemente die Voraussetzungen einer Schutzfähigkeit, genießen sie unabhängig von der Konzeption Schutz oder auch nicht – sie werden jedenfalls immer einzeln betrachtet.

Zwar bietet das Urheberrecht keinen Schutz, dies bedeutet jedoch nicht, dass das Werbekonzept völlig schutzlos ist. Unter Umständen kommt ein Schutz nach dem Wettbewerbsrecht in Betracht.

Praxisbeispiel

In einem Verfahren vor dem Oberlandesgericht Karlsruhe (Urteil vom 25.01.1995, Az. 6 U 127/94) stritten zwei im Malerhandwerk tätige Parteien über die Übernahme eines Werbekonzepts, das vom Kläger entwickelt und vertrieben wurde. Der Beklagte hatte das Konzept ohne Genehmigung des Klägers übernommen und wurde von diesem daraufhin wegen wettbewerbswidriger Nachahmung eines von ihm entwickelten Werbekonzepts auf Unterlassung in Anspruch genommen – zu Recht!

Das Gericht entschied, dass die Übernahme eines Werbekonzepts oder einer Werbeidee zwar grundsätzlich erlaubt ist, jedoch gelte dies nicht, wenn es sich um die Nachahmung eines neuen, sich von gängigen Werbemaßnahmen durch Eigenart und selbstständige Gedankenführung unterscheidenden Werbekonzepts handele und zudem zu einer Rufausbeutung sowie zur Behinderung des Mitbewerbers führe. Denn in diesen Fällen sei die Nachahmung sittenwidrig und verstoße damit gegen das Wettbewerbsrecht. Dies sei im Fall des Malermeisters der Fall gewesen, was man an der *»Verwendung der auffälligen Farbkombination blau-dunkellila-rosarot und durch die eigenwillige Schreibweise des Berufs und des Namens des Werbenden (in einem Wort und in kleinen Buchstaben)«* erkennen könne.

11.9.2   Schutz des Werbeslogans

Möchten Sie Ihren Content mit einem griffigen und einprägsamen Werbeslogan versehen, so stellt sich auch hier die Frage der Schutzfähigkeit. Denn auch Slogans können dem Schutz des Urheberrechts unterliegen, und ihre Nutzung ohne die Einwilligung des Rechteinhabers kann Konsequenzen nach sich ziehen.

Praxisbeispiel

Der junge CSU-Politiker Fabian Giersdorf ließ auf seinem Wahlplakat folgenden Spruch drucken: »Chabos wissen, wer der Babo ist!« (siehe Abbildung 11.22). Der

---

Spruch sollte die jungen Wähler ansprechen. »Babo«, übersetzt »der Boss«, wurde zum Jugendwort 2013 gewählt. Das Wort »Chabos« steht für die »Freunde, die zum Boss aufschauen«.

Dieser Spruch ist jedoch gleichzeitig der Titelsong eines Albums des deutschen Rappers »Haftbefehl«. Der Künstler fühlte sich durch die Verwendung auf den Wahlplakaten, die ohne eine Zustimmung seinerseits erfolgte, übergangen und beschwerte sich. Schließlich handele es sich um den Titel seines Songs, der in der Form so nicht genutzt werden dürfe – zu Unrecht jedoch! Denn der Songtitel »Chabos wissen, wer der Babo ist!« genießt keinen urheberrechtlichen Schutz, da die verwendeten Worte zum Alltag des jugendlichen Sprachgebrauchs gehören.

Abbildung 11.22 Auf der linken Seite sehen Sie den Musiker »Haftbefehl« und auf der rechten Seite das Wahlplakat der CSU.

Gegen die Nutzung seines Songtitels kann ein Musiker jedoch nur vorgehen, wenn die Nutzung tatsächlich eine Urheberrechtsverletzung darstellt. Um überhaupt eine Urheberrechtsverletzung annehmen zu können, müsste es sich bei dem Songtitel zunächst um ein Kunstwerk im Sinne des Urheberrechts handeln. Das heißt, dass man dem Titel eine gewisse *künstlerische Schöpfungshöhe* zusprechen können müsste.

Werbeslogans erreichen diese Schöpfungshöhe aufgrund ihrer Kürze jedoch meist nicht. Nur in Ausnahmefällen, in denen die Zusammensetzung der Wörter als einzigartig und besonders fantasievoll angesehen werden kann, können auch kurze Textzeilen urheberrechtlich geschützt sein.

Dies ist unter anderem dann der Fall, wenn der Titel zur Unterscheidung eines Werkes von anderen Werken geeignet ist. Davon kann beispielsweise dann ausgegangen werden, wenn er einem bedeutenden Teil des angesprochenen inländischen Publikums bekannt ist und geeignet ist, einen Hinweis auf die betriebliche Herkunft des Werkes zu geben.

Praxisbeispiel

Das Oberlandesgericht Köln (Urteil vom 05.12.2014, Az. 6 U 100/14) entschied über einen Fall, in dem einem Touristik-Unternehmen vorgeworfen wurde, die Titelschutzrechte des Autors eines Buch-Bestsellers zu verletzen.

Die Antragstellerin ist Verlegerin des in Deutschland im Jahr 2006 erschienenen Buches »Ich bin dann mal weg«, in dem der Autor Hape Kerkeling seine Erlebnisse während einer Pilgerreise auf dem Jakobsweg im Jahr 2001 beschreibt (siehe Abbildung 11.23). Die Antragsgegnerin ist ein im Jahr 2005 gegründetes Touristik-Unternehmen, das unter anderem die Reiseportale »weg.de« und »ferien.de« betreibt. Seit dem 27.12.2013 bewirbt die Antragsgegnerin ihre Leistungen mit dem Slogan »Ich bin dann mal *weg.de*« in Form von TV-Spots und seit dem 11.01.2014 durch bundesweite Plakatwerbung.

Die Antragstellerin hat in der Verwendung des Slogans der Antragsgegnerin eine unzulässige Ausbeutung des Rufs ihres bekannten Titels gesehen – zu Recht!

Abbildung 11.23 Das Buchcover des Bestsellers von Hape Kerkeling

Ist der Werbeslogan sogar sehr individuell und gibt er einen Hinweis auf ein bestimmtes Unternehmen, so ist auch ein Schutz nach dem Markenrecht möglich.

Praxisbeispiel

Die Inhaberin eines Hamburger Geschäftsbetriebs mit dem Namen »lieblings«, die unter anderem Speiseeisprodukte vertreibt, wollte den Spruch »lieblings Eis wie frisch verliebt« als Marke für die Bereiche Eisgetränke, Eiskonfekt und Eis beim Deutschen Patent- und Markenamt (DPMA) anmelden. Als die Markenstelle die Eintragung ablehnte, wendete sie sich schließlich an das Bundespatentgericht.

Das Gericht teilte jedoch die Ansicht des DPMA und begründete diese damit, dass der Slogan gar nicht als Marke schutzfähig sei und daher ein Eintragungshindernis vorliege. Dies begründete das Gericht damit, dass der Slogan lediglich suggeriere, dass es sich um ein besonders leckeres Eis handele. Dieses könne von einer beliebigen Firma hergestellt worden sein. Es mangele also an der erforderlichen Unterscheidungskraft von anderen Unternehmen.

11.9.3   Schutz von Werbetexten

Kopieren andere ungefragt Ihre Texte, so müssen Sie sich das nicht gefallen lassen. Denn Texte genießen grundsätzlich auch urheberrechtlichen Schutz. Ob dieser Schutz auch im konkreten Fall gegeben ist, muss anhand des Einzelfalles beurteilt werden. Denn entscheidend ist, ob der Text die erforderliche Schöpfungshöhe erreicht. Um dies zu entscheiden, muss der Text im konkreten Einzelfall daraufhin untersucht werden, ob er das Ergebnis einer individuellen schöpferischen Leistung ist. Der Text muss also die durchschnittliche Gestaltung eines Textes deutlich überragen. Je länger ein solcher Text ist, desto größer sind die Gestaltungsmöglichkeiten und desto eher können Sie dem Text zum Beispiel durch sprachliche Gestaltungen, Überschriften oder besondere Strukturierung eine individuelle Note geben.

Praxisbeispiel

Ein Rechtanwalt veröffentlichte auf der Website seiner Kanzlei Texte unter dem Titel »Rechts-News«. Dabei handelte es sich um Beiträge über aktuelle Gerichtsentscheidungen, die in einer für Laien verständlichen Sprache aufbereitet werden. Er verschickte an den gewerblichen Betreiber einer anderen Website eine Abmahnung. Hierin warf er ihm die Begehung einer Urheberrechtsverletzung durch Content-Klau bei zwei Beiträgen vor und forderte die Abgabe einer strafbewehrten Unterlassungserklärung – zu Recht!

Nach Ansicht des Amtsgerichts Hamburg (Urteil vom 23.01.2015, Az. 35a C 46/14) sind auch »Rechts-News« urheberrechtlich geschützt, da sie zwar nur den Inhalt von Gerichtsentscheidungen kurz und prägnant zusammenfassen, jedoch in der sprachlichen Gestaltung in Form einer News-Meldung eine schöpferische Leistung liege. Dadurch, dass der Beklagte auf seiner Website die Gliederungen der Texte, sehr viele Formulierungen und einige Textpassagen übernommen hat, habe er das Urheberrecht des Klägers verletzt. Dass er die Reihenfolge der Wörter geändert oder einzelne Ausdrucksweisen modifiziert hat, ändere daran nichts. Der Beklagte musste in der Folge 200 € Schadensersatz pro übernommenem Beitrag zahlen. Die Höhe des Schadensersatzes richtet sich dabei nach der Tariftabelle des Deutschen Journalisten-Verbands als branchenübliche Vergütung.

11.9.4   Schutz von Videomaterial

Content-Marketing besteht in vielen Fällen aus Videomaterial. Dabei machen sich Unternehmen viele Gedanken, wie sie ansprechende, informative und hochwertige Sendungen produzieren können. Doch darf man beispielsweise den Vorspann oder die gesamte Kulisse eines Videos kopieren? Diese Frage ist für Sie nicht nur dann interessant, wenn Sie Ihr eigenes Format vor der Kopie durch Dritte schützen möchten, sondern auch dann, wenn Sie sich bei der Entwicklung eines neuen Formats inspirieren lassen möchten, ohne danach mit Schadensersatz- und Unterlassungsansprüchen konfrontiert zu werden.

Zwar wird der Inhalt eines Videos durch das Urheberrecht geschützt, doch damit ist es noch lange nicht getan. Neben dem eigentlichen Inhalt gibt es auch andere Elemente, wie zum Beispiel den Vorspann eines Videos, den Rechteinhaber gern davor schützen würden, dass Dritte ihn kopieren. Der Vorspann eines Beitrags unterliegt als Filmwerk sehr wohl dem Urheberrecht und darf daher nicht ohne Zustimmung des Rechteinhabers kopiert werden – andernfalls müssen die Täter mit hohen Schadensersatzforderungen rechnen!

Praxisbeispiel

Der Fernsehsender »ProSieben« musste im Jahr 2004 feststellen, dass der chinesische Fernsehsender »CQTV« seit anderthalb Jahren ohne Erlaubnis bei seinen »CQTV News« einen verblüffend ähnlichen Opener nutzte wie ProSieben bei seinem Nachrichtenmagazin »Newstime« (siehe Abbildung 11.24). Diesen Opener hatte ProSieben selbst von der Produktionsfirma »Liga01 Computerfilm« entwerfen lassen.

Abbildung 11.24 Vergleich der Opener von »ProSieben« und »CQTV«

11.10 Werbeblocker: Fluch oder Segen?

Werbeblocker wie »AdBlock Plus« sind Programme oder Programmzusätze zu Internetbrowsern, mit denen sich das Anzeigen von Werbung unterdrücken lässt (siehe Abbildung 11.25).

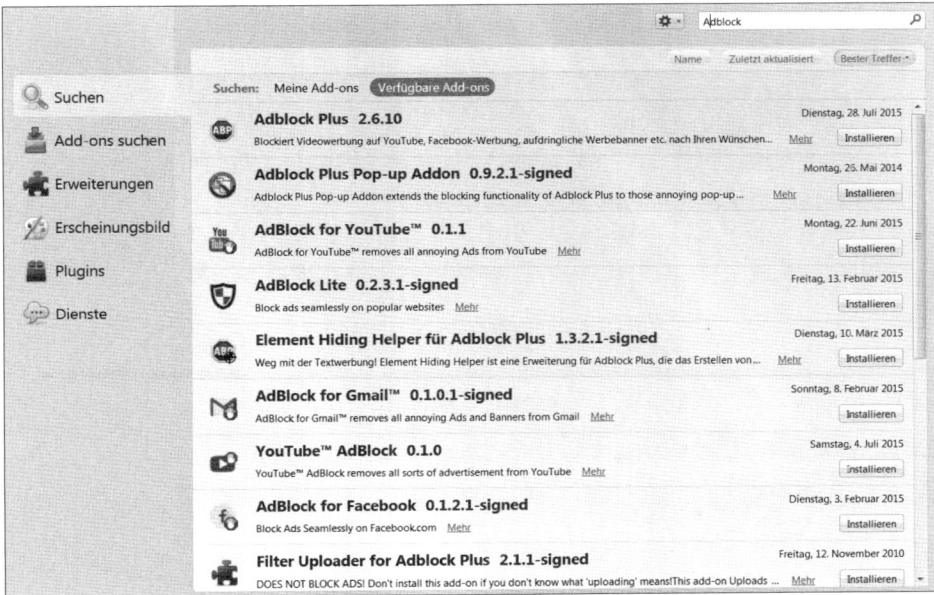

Abbildung 11.25 Liste verschiedener Werbeblocker

Der Werbeblocker verhindert nicht nur, dass die Werbung angezeigt wird, sondern unterbindet bereits das Laden der Werbeelemente. Werbeblocker werden von immer mehr Internetnutzern benutzt. Das ist natürlich für Sie als Werbenden nicht vorteilhaft, investieren Sie doch viel Zeit und Geld in die Schaltung von Online-Werbung. Diese Investition ist jedoch völlig umsonst, wenn sie den Internetnutzer gar nicht erst erreicht (siehe Abbildung 11.26).

Dies ist besonders problematisch für die Anbieter kostenloser redaktioneller Inhalte, wie zum Beispiel »Spiegel Online«, »Heise«, »FAZ« oder »Golem«. Denn diese Anbieter sind auf Werbeeinnahmen angewiesen, um ihren Dienst kostenlos anbieten und dennoch die anfallenden Kosten decken zu können. Wenn nun jedoch immer mehr Internetnutzer die kostenfreien Seiten nutzen, ohne dass Werbung angezeigt werden kann, dann wird die entsprechende Seite für die Werbeindustrie weniger attraktiv. Sinkende Werbeeinnahmen sind dann die Konsequenz in einem bereits hart umkämpften Markt. Daher stellen sich immer mehr Anbieter kostenloser Dienste die Frage, ob Werbeblocker überhaupt erlaubt sind und wie sie sich dagegen unter Umständen wehren können. Auf diese Fragen möchten wir im Folgenden eingehen.

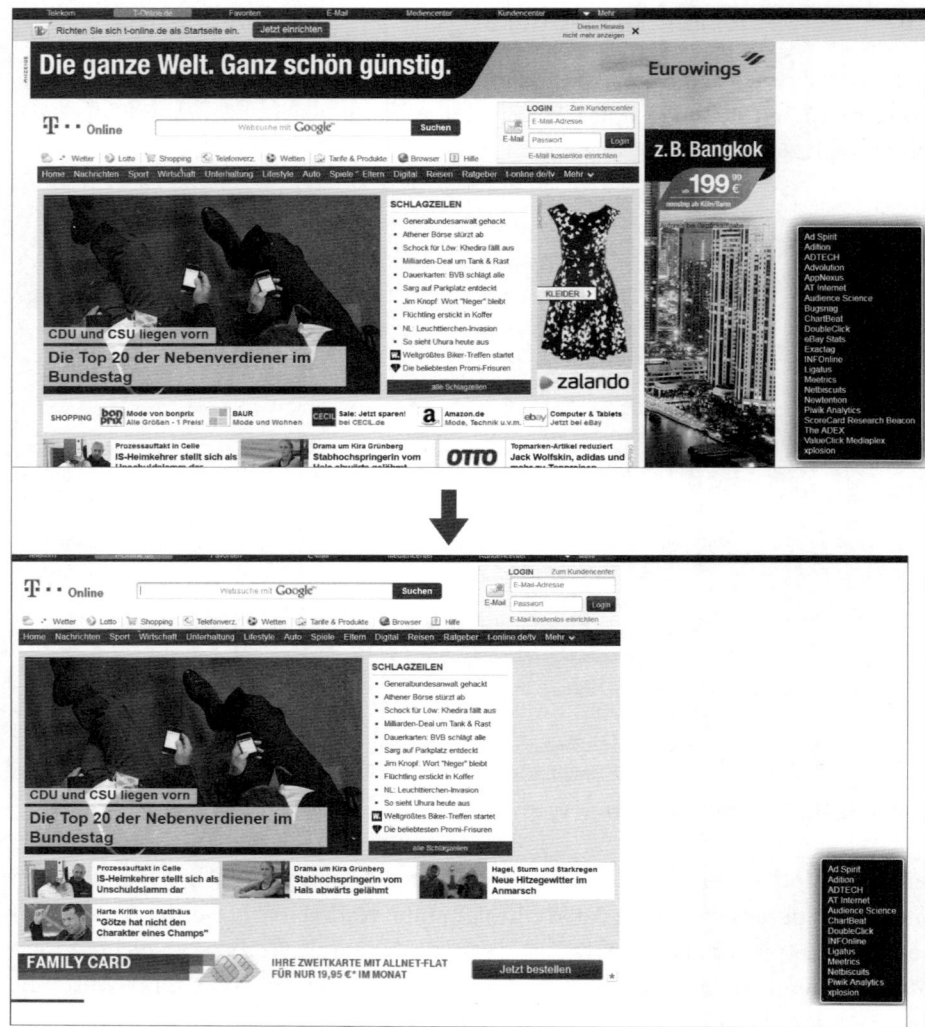

Abbildung 11.26 Oben sehen Sie die Webseite ohne Werbeblocker und unten mit Werbeblocker.

11.10.1   Generelle Zulässigkeit von Werbeblockern

Sind Werbeblocker überhaupt rechtlich zulässig? Diese Frage führte bereits zu zahlreichen Verfahren verschiedener Online-Medien gegen den Betreiber des bekannten Werbeblockers »Adblock Plus«. Durch die Installation von »Adblock Plus« können Nutzer Werbeanzeigen unterdrücken lassen, die sonst auf den Webseiten der Verlage zu sehen wären. Die Verlage sehen in der Bereitstellung dieser Funktion eine wettbewerbswidrige Maßnahme, da die Online-Seiten sich weitestgehend über die Werbung finanzieren.

Praxisbeispiel

Das Oberlandesgericht München (Urteil vom 17.8.2017, Az. U 2184/15 Kart) verneinte eine wettbewerbswidrige Behinderung durch »Adblock Plus« in drei Klageverfahren, die von der »Süddeutschen Zeitung«, dem Werbevermarkter »IP Deutschland« und »ProSiebenSat1« eingereicht wurden. Damit schloss sich das Gericht der Ansicht der ersten Instanz an, wonach der Werbeblocker schon deshalb nicht rechtswidrig sei, weil der Nutzer allein darüber entscheide, ob er den Blocker nutze oder nicht. Der Anbieter von »Adblock Plus«, das Unternehmen »Eyeo GmbH«, biete nur die Funktion an und greife nicht selbst in das Marktgeschehen ein.

Diese Rechtsauffassung vertrat zuvor auch schon das Landgericht Hamburg (Urteil vom 21.04.2015, Az. 416 HK O 159/14 sowie Urteil vom 25.11.2016, Az. 315 O 293/15). Es betonte zudem, dass die Tatsache, dass Werbung von bestimmten Unternehmen auch bei Nutzung des Werbeblockers zum Teil doch angezeigt wird, an dieser Beurteilung nichts ändere. Die Argumentation der Medienunternehmen, dass von den Werbeanzeigen ihre Existenz abhänge, konnte das Landgericht Hamburg nicht ganz nachvollziehen. Schließlich gäbe es für Medien die Möglichkeit, werbefreie Angebote hinter sogenannte Paywalls zu setzen und so die Umsätze zu generieren (siehe Abbildung 11.27).

Justizminister Maas hat Bundesanwalt Range wegen dessen Landesverrat-Ermittlungen gegen „Netzpolitik.org" entlassen. Beide geben unterschiedliche Aussagen zu den Vorfällen.

Die Äußerungen der beiden Männer passen nicht zusammen. Sagt da wer die Unwahrheit oder reden beide nur aneinander vorbei? BILD stellt die Äußerungen einander gegenüber und erklärt: Wer wusste wann was? Wann wurde was vereinbart? Und: Wer stellte wem ein Bein?

Mit BILDplus immer und überall informiert!
Mehr als 500 BILDplus-Artikel pro Monat, exklusive Gewinnspiele und Aktionen, Apps für Smartphone und Tablet inklusive

Jederzeit kündbar!

MEHR INFOS »
SUPER-TICKET EINLÖSEN »

Abbildung 11.27 Auch »Bild.de« setzt auf Paywalls.

Diese unterinstanzlichen Rechtsansichten wurden kürzlich durch den Bundesgerichtshof bestätigt (Urteil vom 19.04.2018, Az. I ZR 154/16). In dem Verfahren setzten sich die Richter ebenfalls mit der Frage auseinander, ob der Vertrieb des Programms »Adblock Plus« hinsichtlich des sogenannten *Whitelistings* gegen wettbewerbsrechtliche Vorschriften verstößt. Der unter anderem für das Wettbewerbsrecht zuständige erste Zivilsenat hat entschieden, dass das Angebot des Werbeblockerprogramms »AdBlock Plus« nicht gegen das Gesetz gegen den unlauteren Wettbewerb verstößt. Eine Verdrängungsabsicht durch die Software liege nicht vor. Für die Kölner »Eyeo GmbH«, die den Werbeblocker »Adblock Plus« vertreibt, war das ein Sieg auf ganzer Linie. Damit können Adblock-Anbieter auch künftig legal Werbung filtern und Nutzer Inhalte werbefrei genießen.

11.10.2   Gegeninitiativen zu Werbeblockern

Zudem argumentiert die Rechtsprechung damit, dass es Betreibern von Websites auch zuzumuten sei, das Ausblenden der Werbung durch Anbringen von Hinweisen oder durch technische Maßnahmen zu unterdrücken. Dies haben im Jahr 2013 auch schon mehrere Newsportale wie »Zeit Online«, »Spiegel Online«, »FAZ.net« versucht. Sie forderten ihre User dazu auf, ihre Werbeblocker zu deaktivieren (siehe Abbildung 11.28).

Abbildung 11.28 Aufruf von »Zeit Online« zur Deaktivierung des Adblockers

Mit etwas anderen Mitteln hat die »United Internet AG«, die Muttergesellschaft von »1&1«, »Web.de« oder auch »GMX«, im Jahr 2014 den Kampf gegen Werbeblocker aufgenommen: Nutzern, die Seitenangebote von »United Internet« aufriefen und gleichzeitig Werbeblocker installiert hatten, wurde eine Sicherheitswarnung eingeblendet. Die Sicherheitswarnung leitete auf eine Informationsseite um und riet dringend zur Deinstallation der Werbeblocker (siehe Abbildung 11.29).

Begründet hat das Unternehmen diese Aufforderung damit, dass Werbeblocker angeblich ein erhebliches Sicherheitsrisiko darstellten und es Kriminellen ermöglichen würden, die Passwörter und auch Zugangsdaten zum Online-Banking auszuspähen. Einen Beweis oder eine fundierte Quelle nannte die von »Web.de« und »GMX« betriebene Informationsseite *www.browsersicherheit.info* jedoch nicht. Tatsächlich verschleierte die Informationsseite sogar, dass die Werbeblocker-Addons üblicherweise eher die Sicherheit verstärken, indem sie möglicherweise verseuchte Werbebanner unterdrücken.

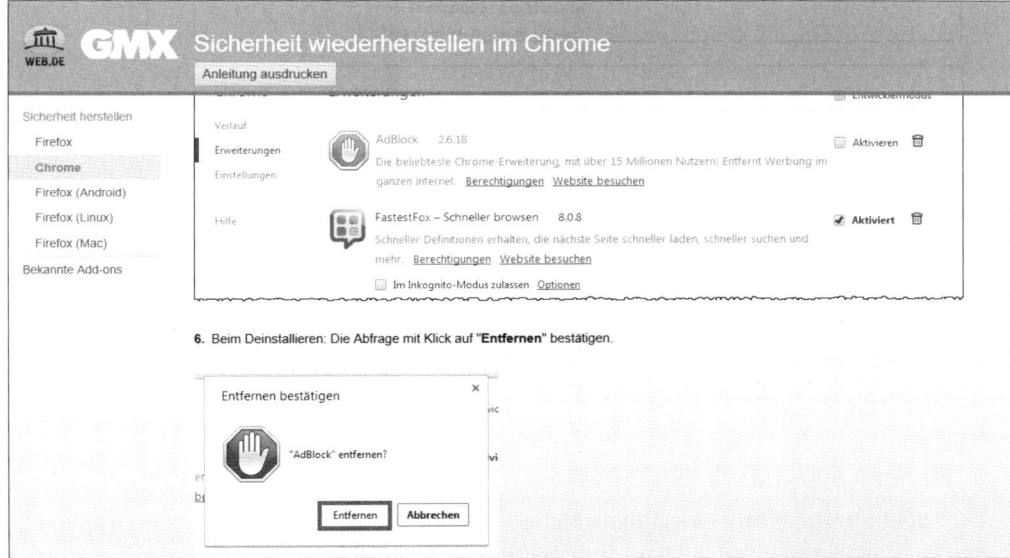

Abbildung 11.29 Im Jahre 2014 forderte »GMX« seine Nutzer »aus Sicherheitsgründen« zur Entfernung des Adblockers auf.

Daneben hat auch »Facebook« im Jahre 2016 einen Weg gefunden, die aus Sicht der Plattform lästigen Werbeblocker auszuhebeln: Facebook hat Änderungen an der Plattform vorgenommen, die bewirkten, dass Werbung weiterhin auch für die Nutzer auf der Bedieneroberfläche angezeigt wurde, die einen Werbeblocker installiert und aktiviert hatten. Darauf reagierte der Werbe-Blocker »AdBlock Plus« prompt und fügte umgehend selbst seinem Programm einen neuen Filter hinzu, der die Werbung wieder aus Facebook verschwinden ließ – ein regelrechtes Katz-und-Maus-Spiel.

Daneben hat die »Bild«-Zeitung im Jahr 2015 eine AdBlock-Sperre auf ihrer Internet-seite »*Bild.de*« implementiert, die zur Folge hat, dass Seitenbesuchern, die einen akti-vierten AdBlocker nutzen, die Seiteninhalte von »*Bild.de*« nicht mehr angezeigt wer-den. Nutzer, die auf die Inhalte von »*Bild.de*« zugreifen möchten, müssen zuvor ihren AdBlocker entweder deaktivieren oder ein kostenpflichtiges Abonnement mit der Online-Zeitung abschließen. Gegen das daraufhin von dem YouTuber Tobias Richter veröffentlichte Video mit einer Anleitung zur Umgehung dieser Sperre legte der »Axel Springer Verlag« vor dem Landgericht Hamburg (Urteil vom 21.12.2016, Az. 310 O 129/16) Klage ein und obsiegte, da dieses Vorgehen eine Urheberrechtsverletzung darstelle. Bereits 2015 erwirkte der »Axel Springer Verlag« gegen die »Eyeo GmbH« eine einstweilige Verfügung, weil diese sich dagegen wehrte, ähnliche Anleitungen aus ihrem Forum zu löschen.

Auf der anderen Seite hat ein Großteil der Diensteanbieter immer noch kein wirkli-ches Geschäftsmodell gefunden bzw. ist aufgrund ihres Geschäftsfeldes auf Werbe-einnahmen angewiesen. Deshalb könnte der Weg, den bereits viele Anbieter gegan-gen sind, der erfolgversprechendere sein: die Nutzer offen ansprechen und auf das Dilemma erklärend hinweisen. Denn dass kostenlose Online-Angebote wie »Spiegel Online«, »Zeit Online« oder »*Sueddeutsche.de*« auf Dauer nicht völlig kostenlos funk-tionieren können, leuchtet wohl auch den Nutzern ein, die keine Werbung mögen.

> **Achtung!**
>
> Systeme, die Sie einsetzen, um die von Nutzern eingesetzten Werbeblocker zu umge-hen, sind unzulässig! Denn wird dem Nutzer Ihre Werbung angezeigt, obwohl er dies offensichtlich nicht möchte, so stellt dies eine unzumutbare Belästigung dar. Von dieser Art der Gegenoffensive sollten Sie daher Abstand nehmen.

11.10.3   Zulässigkeit von Whitelists

Nicht nur die Werbeblocker als solche sind Diensteanbietern ein Dorn im Auge, son-dern auch eine spezielle Funktion des Werbeblockers »Adblock Plus«, die dafür sorgt, dass bestimmte Werbeanzeigen, die nach den Kriterien der Betreiber zuvor als »nicht nervend« eingestuft wurden, doch gezeigt werden (siehe Abbildung 11.30).

Unternehmen, die nach den Richtlinien von »Adblock Plus« akzeptable Werbung bie-ten, können zudem gegen Entgelt auf eine sogenannte *Whitelist* kommen und dafür sorgen, dass ihre Werbung uneingeschränkt gezeigt wird und den Filter von »Ad-block Plus« passiert. Große Unternehmen wie »Microsoft« und »Google« haben be-reits von dieser Möglichkeit Gebrauch gemacht. Andere sehen darin jedoch einen Verstoß gegen das Wettbewerbsrecht, da dabei bestimmte zahlungskräftige Unter-nehmen bevorzugt werden würden.

Die bloße Möglichkeit, über »Adblock Plus« Werbung auszuschalten, ist für sich genommen jedoch noch kein Wettbewerbsverstoß. Denn entscheidend ist, dass der
Nutzer selbst frei entscheiden kann, ob er das Plug-in nutzt oder nicht. Hier liegt also
keine automatische Ausschaltung fremder Werbung durch einen Konkurrenten vor.
Der Nutzer wird zudem genau darüber informiert, dass lediglich bestimmte »nervi-
ge« Werbung durch den Werbeblocker ausgeschaltet wird. Eine Irreführung liegt
somit ebenfalls nicht vor.

Abbildung 11.30 Die Whitelist des Werbeblockers »Adblock Plus«

Die Whitelist-Funktion bietet jedoch die Möglichkeit, sich unabhängig vom Nutzer-
willen freizukaufen, um weiter seine Werbung anzuzeigen. Diese Funktion ist kritisch und wurde bereits vom Oberlandesgericht Köln (Urteil vom 24.06.2016, Az. 6 U
149/15) als rechtswidrig eingestuft. Dies begründete das Gericht damit, dass Whitelists wettbewerbswidrig seien, da dies eine unzulässige aggressive Praktik im Sinne
des § 4a UWG darstelle. Denn die Blacklist-Funktion verschaffe der »Eyeo GmbH«
eine Machtposition, die nur durch das Whitelisting beseitigt werden könne. Dadurch
werde der Website-Betreiber daran gehindert, seine vertraglichen Rechte gegenüber
den Werbepartnern auszuüben. Das Programm wirke schließlich auch gegenüber
den Werbekunden und nicht nur gegenüber den Website-Betreibern. Letztlich habe
die »Eyeo GmbH« durch Kombination der Blacklist und Whitelist eine so starke Kontrolle über den Zugang zu Werbefinanzierungsmöglichkeiten, dass werbewillige Un-

ternehmen in eine Blockadesituation gerieten. Letzteren bleibe daher nur die Möglichkeit, sich aus dieser Blockadesituation freizukaufen. Eben diese Vorgehensweise sei nach Ansicht der Kölner Richter verboten.

Ganz anders sah dies hingegen das Oberlandesgericht München (Urteil vom 17.08.2017, Az. U 2184/15 Kart), das die Praxis des Whitelistings als zulässig ansah und damit deutlich von der Rechtsansicht des Oberlandesgerichts Köln abwich. Diese unterschiedlichen Rechtsauffassungen unter den Oberlandesgerichten hatten zur Folge, dass die Revision durch das Oberlandesgericht München zugelassen wurde und der Streit künftig vom Bundesgerichtshof entschieden werden kann. In der Zwischenzeit hat der Bundesgerichtshof im Frühjahr 2018 jedoch schon einen anderen Fall entschieden (Urteil vom 19.04.2018, Az. I ZR 154/16), in dem er sich ebenfalls mit der Frage auseinandersetzte, ob der Vertrieb des Programms »Adblock Plus« hinsichtlich des sogenannten Whitelistings gegen wettbewerbsrechtliche Vorschriften verstößt. Der Bundesgerichtshof entschied zugunsten der Werbeblocker und hat damit ein für alle Mal die Entscheidung darüber getroffen, dass Werbeblocker und die damit verbundenen Praktiken rechtmäßig sind.

11.11   Checkliste Werbeflächen im Internet: Alles beachtet?

Checkliste

▶ Lässt sich Ihr Pop-up-Fenster am Desktop unmittelbar und ohne Weiteres schließen?

▶ Haben Sie sich die Werberichtlinien zu Promoted Posts in dem von Ihnen präferierten Netzwerk angesehen und eingehalten?

▶ Werden von Ihnen gekaufte Platzierungen in Bewertungsportalen als solche gekennzeichnet?

▶ Kann Ihre Vorschaltwerbung nach wenigen Sekunden vom Nutzer übersprungen werden?

▶ Enthält Ihre Ads-Anzeige keinen Hinweis auf eine fremde Marke, weder in der Überschrift noch im Text oder im Link?

▶ Erscheint die Ads-Anzeige in einem getrennten und entsprechend gekennzeichneten Werbeblock?

▶ Haben Sie vor dem Versand von Werbe-Push-Nachrichten in Apps die Einwilligung der App-Anwender eingeholt?

▶ Haben Sie sich mit der Möglichkeit von Paywalls auseinandergesetzt, sofern Sie Inhalte kostenlos anbieten?

Wenn Sie alle Fragen mit »Ja« beantworten können, dann kann es losgehen ...
Viel Erfolg!

Kapitel 12
Affiliate-Marketing

Eine Marketingstrategie, die angeblich auf einer Cocktailparty ihren Ursprung hatte, ist eine der ältesten Werbeformen im Internet: Affiliate-Marketing. Es basiert auf dem System der Vermittlung und ermöglicht den Aufbau umfangreicher Werbe- und Vertriebsnetze. Sowohl kleine als auch große Unternehmen können gleichermaßen von diesem Instrument profitieren, wenn sie es rechtssicher einsetzen. Wo dabei die Schwierigkeiten liegen und wie diese aus dem Weg geräumt werden können, ist Gegenstand dieses Kapitels.

Affiliate-Marketing ist ein Begriff, der womöglich nicht jedem etwas sagt. Aus diesem Grund möchten wir an dieser Stelle zunächst kurz darauf eingehen, was sich überhaupt dahinter verbirgt. Affiliate-Systeme (englisch *affiliate* = angliedern) sind internetbasierte Vertriebslösungen, bei denen meistens ein kommerzieller Anbieter seine Vertriebspartner erfolgsorientiert durch eine Provision vergütet. Der an einem solchen System teilnehmende Händler (*Advertiser*) stellt dabei in der Regel seine Werbemittel zur Verfügung, die der Vertriebspartner (*Affiliate*) dann auf seinem Internetauftritt zur Bewerbung der Angebote des Advertisers verwenden oder über andere Kanäle einsetzen kann.

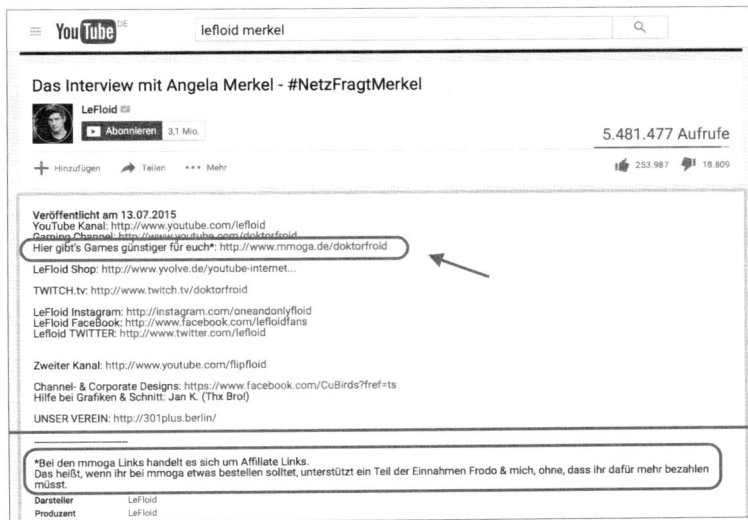

Abbildung 12.1 Affiliate-Link unter einem YouTube-Video zur Website »www.mmoga.de«

Affiliate-Systeme basieren auf dem Prinzip der Vermittlungsprovision. Die Vermittlung läuft meist durch die direkte Verlinkung auf die Verkaufsplattform des Advertisers (siehe Abbildung 12.1). Der Affiliate-Link enthält einen speziellen Code, der den Affiliate eindeutig beim Advertiser identifiziert. Der Affiliate fungiert also lediglich als Vermittler zwischen Händlern und potenziellen Kunden.

Die Geburtsstunde des Affiliate-Marketings ist ein Mythos in der Branche. Auf der Suche nach den Ursprüngen des Affiliate-Marketings trifft man immer wieder auf eine Geschichte: Auf einer Cocktailparty in den USA habe sich der »Amazon«-Gründer Jeff Bezos mit einer Frau unterhalten, die zu der Zeit eine Internetseite zum Thema Scheidung betrieben habe. Diese Frau soll Bezos das Angebot gemacht haben, Bücher zum Thema Scheidung, die auf Amazon verkauft werden, auf Ihrer Website vorzustellen und gleichzeitig auf den Amazon-Shop zu verlinken. Dies sollte jedoch nicht umsonst sein – sie forderte dafür als Gegenleistung eine Vertriebsprovision. Aufgrund dieser Idee soll Amazon das weltweit erste Affiliate-Programm entwickelt und im Jahr 1996 gestartet haben. Mittlerweile betreibt die Plattform mit dem »Amazon PartnerNet« das wohl größte Affiliate-Programm weltweit.

Abbildung 12.2 Die Startseite des »Amazon PartnerNet«

Auch wenn es vorher schon Affiliate-Programme gegeben haben soll, so bleibt Amazon in jedem Fall einer der Pioniere und hat wesentlich zur Entwicklung des Affiliate-Marketings beigetragen.

Beim Affiliate-Marketing handelt es sich um ein Instrument, dessen Einsatz stetig steigt, aber noch immer nicht die Spitzenposition erreicht hat (siehe Abbildung 12.3). So bleibt Affiliate-Marketing beispielsweise hinter E-Mail-Marketing oder der Werbung über soziale Netzwerke zurück.

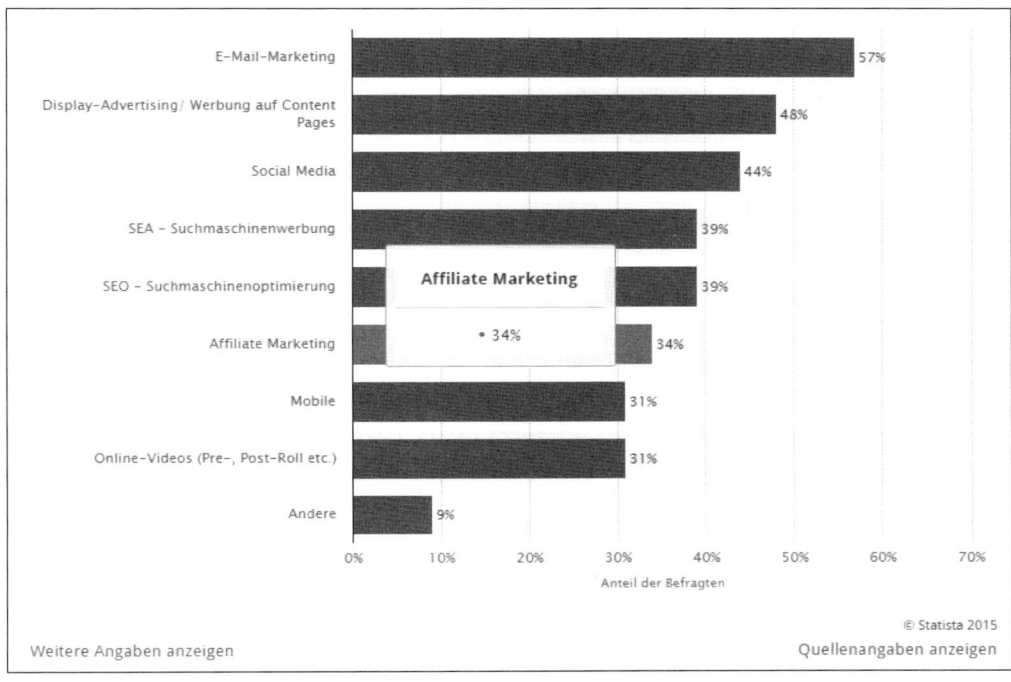

Abbildung 12.3 In einer Umfrage unter Media- und Marketing-Entscheidern zu genutzten Online-Marketing-Formen gaben 34 % an, dass ihr Unternehmen Affiliate-Marketing nutzt oder genutzt hat.

Wer nun denkt, dass das System der Affiliate-Werbung so einfach ist, dass so viel wohl nicht schiefgehen kann, der irrt. Rechtlich gibt es so einige Stolpersteine, die Sie im Blick behalten müssen. Von besonderer Bedeutung sind in diesem Kontext die Vertragsgestaltung und Ihre Haftung als Werbender für Rechtsverstöße des Affiliates. Auch Betrugsmaschen sind beim Affiliate-Marketing nicht selten. Diese und weitere Themen, die Sie rund um das Thema Affiliate-Marketing beachten müssen, möchten wir Ihnen in diesem Kapitel erläutern.

12.1   Ein sicherer Start: Mit wem schließt man einen Vertrag?

Ein richtig verfasster Vertrag ist das A und O einer jeden geschäftlichen Zusammenarbeit. Diesen Satz lesen Sie so oder so ähnlich sicher nicht zum ersten Mal in diesem Buch. Doch diese Aussage ist beim Affiliate-Marketing ebenfalls nicht zu unterschätzen, da die Vertragsgestaltung auch maßgeblich über Ihre Haftung mitentscheidet. Da Affiliate-Marketing jedoch in der Regel durch die Einschaltung von Affiliate-Netzwerken erfolgt, möchten wir zunächst einen Blick darauf werfen, welche Personen an einem Vertrag beteiligt sind und in welchem Verhältnis die Personen zueinander stehen.

12.1.1 Die Beteiligten des Vertrags

Bevor wir auf die Details der Vertragsgestaltung eingehen, sehen wir uns zunächst die an dem Affiliate-Marketing Beteiligten an. Denn hier handelt es sich um ein Mehrpersonenverhältnis aus:

- Affiliate-Netzwerk
- Advertiser
- Affiliate

Das *Affiliate-Netzwerk* bildet das Bindeglied zwischen Ihnen als Advertiser und dem Affiliate. Bekannte Netzwerke sind dabei »affilinet«, »DigiStore24« oder »Zanox« (heute unter dem Namen »Awin« auf dem Markt; siehe Abbildung 12.4).

Die größten deutschsprachigen Affiliate-Netzwerke

Rang	Unternehmen	Zahl der Publisher weltweit	Zahl der Publisher in Deutschland	Zahl der Merchants in Deutschland	Zertifizierungen	Gründungs-jahr	Mit-arbeiter in D [1]	Setup-Gebühr [2]	Netzwerk-Provision	Ausgelieferte Werbekontakte (D, 2015, in Mio. Stk)	Vermittelte Abschlüsse (D, 2015, in Mio. Stk)
1	ZANOX	139.531	38.384	1.523	BVDW, IAB Code of Conduct, BVDW Affiliate Code of Conduct	2000	700 [4]	1.200	30%	39.344,0	11,000
2	Tradedoubler		25.000	1.230		1999	380 [4]	k.A.	k.A.	3.242,0	5,800
3	affilinet [3]	700.000	50.000	1.950	BVDW Affiliate Code of Conduct	1997	200	3.000	30%	k.A.	k.A.
4	Firstlead / ADCELL	125.000	100.000	850		2003	14	0	30%	k.A.	0,420
5	Digistore24.com	55.000	20.000	15.000	Best of Mittelstand 2015, Kategorie: Online Marketing	2012	20	0	7,9% + 1 Euro	k.A.	k.A.
6	TradeTracker Deutschland	800.000	24.300	600	BVDW, IAB Code of Conduct, BVDW Affiliate Code of Conduct	2004	200	k.A.	5% - 45%	900,0	0,900
7	belboon	65.000	8.000	1.700	BVDW Affiliate Code of Conduct	2002	20	0	30%	k.A.	k.A.
8	CJ Affiliate by Conversant	270.000	16.000	300	BVDW, IAB Code of Conduct, BVDW Affiliate Code of Conduct	1998	600 [4]	3.000	30%	k.A.	k.A.
9	SuperClix	13.000	10.000	400		1997	10	0	30%	k.A.	k.A.
10	MasterAD.de / pointAD	813	702	129		2011	2	0	20% - 25%	8,6	0,341
11	Webgains Deutschland - ad pepper media	240.000	-	400	BVDW, BVDW Affiliate Code of Conduct	2006	90	950	30%	k.A.	k.A.
12	financeAds	11.000	7.000	155	BVDW Affiliate Code of Conduct	2006	37	0	30%	k.A.	k.A.

Abbildung 12.4 Die Top 12 der Affiliate-Netzwerke 2016 laut »iBusiness.de«

Manche Netzwerke kümmern sich um die gesamte Abwicklung und bieten Ihnen komplette Online-Vertriebslösungen, so zum Beispiel auch das Netzwerk »Digi-Store24« (siehe Abbildung 12.5).

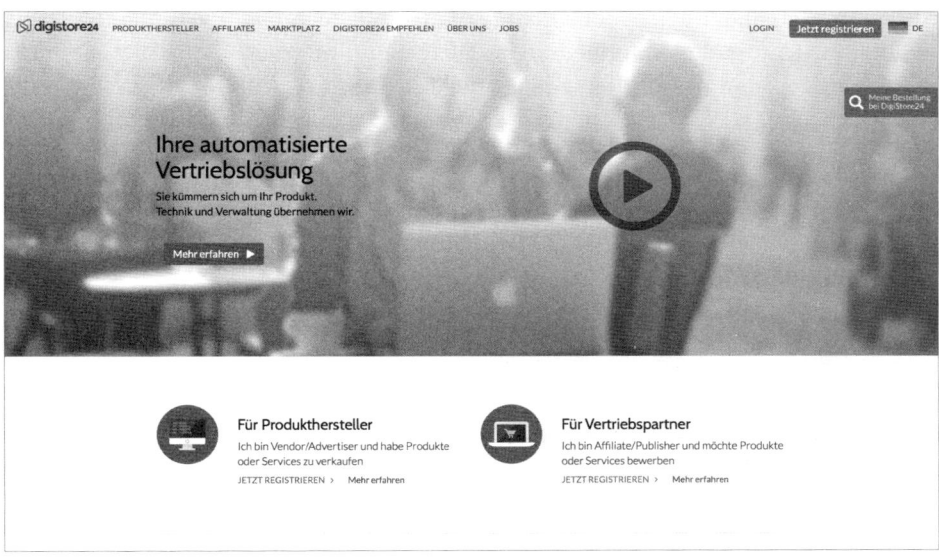

Abbildung 12.5 Angebote des Affiliate-Netzwerks »DigiStore24«

Außerdem ist am Affiliate-Marketing der *Advertiser* beteiligt, manchmal auch *Merchant* genannt. Dabei handelt es sich um den Werbenden (dessen Rolle in der Regel Sie einnehmen), der mit dem Affiliate-Marketing seine Produkte und Dienstleistungen bewerben will und dazu Affiliates benötigt (siehe Abbildung 12.6).

Abbildung 12.6 Die »Telekom« sucht gezielt nach Affiliate-Partnern.

Als dritter Beteiligter agiert der *Affiliate*, manchmal auch *Publisher* genannt. Dabei handelt es sich um den Betreiber einer Plattform im Internet, auf der die Werbung des Advertisers dann geschaltet wird (siehe Abbildung 12.7).

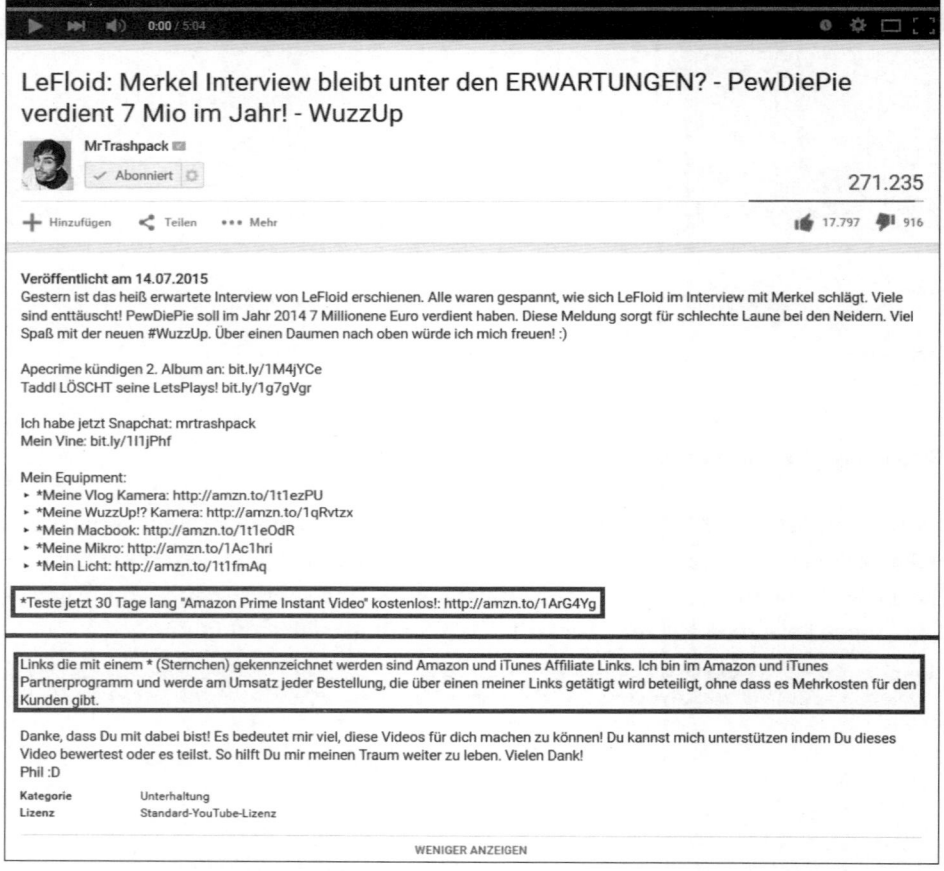

Abbildung 12.7 Affiliate-Link zu »Amazon« unter einem YouTube-Video

Typischerweise entsteht eine Verbindung zwischen diesen Beteiligten, wenn sich der Affiliate und der Advertiser online in dem Affiliate-Netzwerk anmelden. Im Anschluss daran kann sich der Affiliate die Partnerprogramme der Advertiser ansehen und diesen ein Angebot schicken, wenn er Interesse daran hat (siehe Abbildung 12.8). Hat der Advertiser Interesse an dem Angebot des Affiliates, erhält der Affiliate für die geschaltete Werbung die vereinbarte Provision.

Nun gibt es verschiedene Möglichkeiten, wie diese Beteiligten in einem vertraglichen Verhältnis zueinander stehen können. Dies betrifft insbesondere die Rolle des Netzwerks, also ob dieses als Dienstleister oder als Vermittler auftritt. Wie diese Unterschiede aussehen und was Sie dabei beachten müssen, möchten wir Ihnen im Folgenden erläutern.

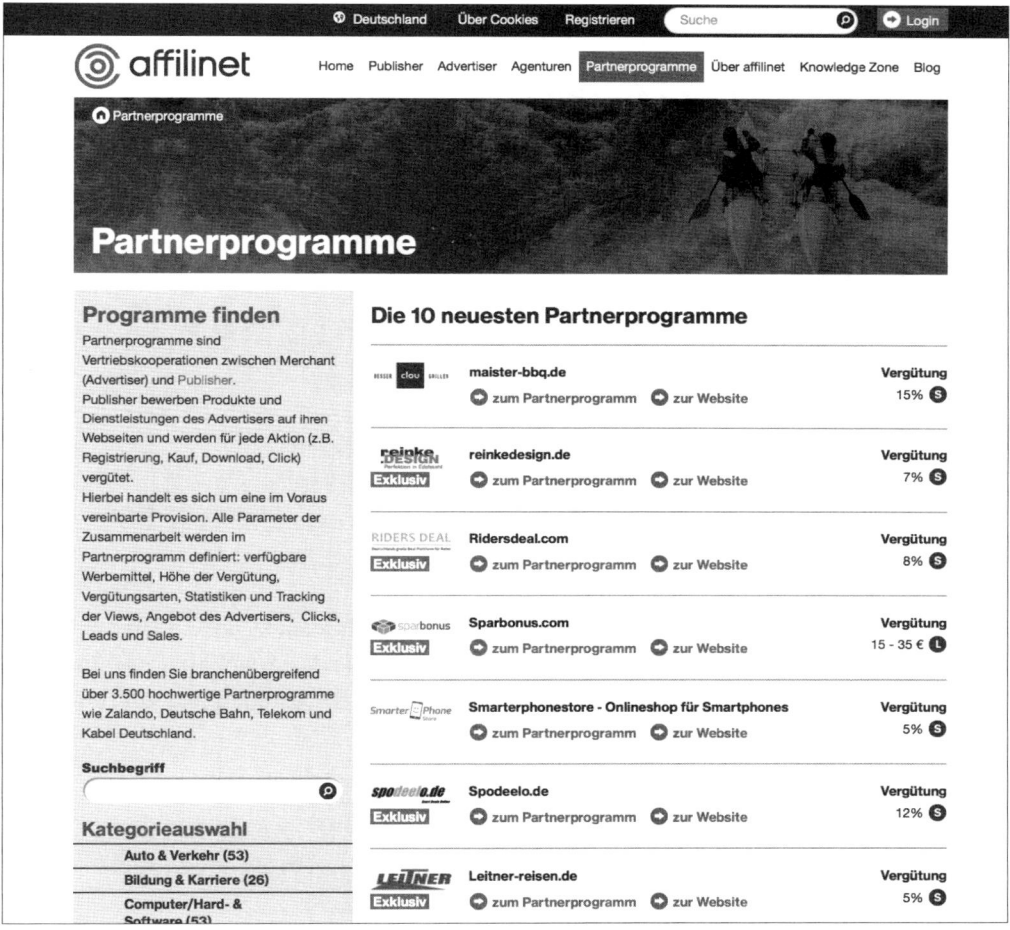

Abbildung 12.8 Die Wahl der Partnerprogramme auf »affilinet«

12.1.2   Der Vertrag mit dem Affiliate-Netzwerk als Dienstleister

Einerseits besteht die Möglichkeit, dass sich der Advertiser und der Affiliate jeweils bei dem Affiliate-Netzwerk registrieren und das Netzwerk dann die Verbindung zwischen diesen beiden herstellt (siehe Abbildung 12.9). Der Affiliate gibt dabei ein Angebot in Form einer Bewerbung beim Advertiser ab, der sich wiederum überlegen kann, ob er das Angebot annimmt oder nicht.

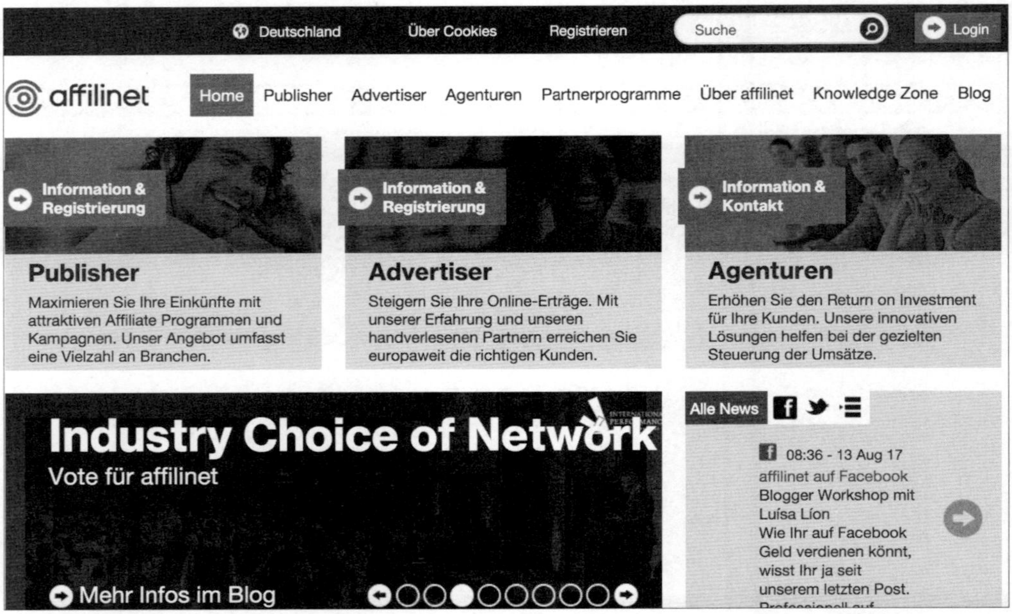

Abbildung 12.9 Startseite des Netzwerks »affilinet«

Durch die Registrierung treten sowohl der Affiliate als auch Sie als Advertiser in eine vertragliche Beziehung zu dem Netzwerk. Nehmen Sie das Angebot des Affiliates an, entsteht zusätzlich ein Online-Werbevertrag. Letztlich bestehen also drei Vertrags-verhältnisse (siehe Abbildung 12.10):

1. der Vertrag zwischen Ihnen als Advertiser und dem Netzwerk

2. der Vertrag zwischen dem Affiliate und dem Netzwerk

3. der Vertrag zwischen dem jeweiligen Affiliate und Ihnen als Advertiser

> **Hinweis**
>
> Sie müssen jeden Vertrag für sich allein sehen, bei dem jeder seine Pflichten seinem eigenen Vertragspartner gegenüber erfüllen muss und diesem gegenüber verant-wortlich ist.

Der Online-Werbevertrag beinhaltet für Sie und den Affiliate wechselseitige Pflichten und damit auch Ansprüche. Während Sie als Advertiser zur Zahlung der vereinbarten Provision verpflichtet sind, obliegt es dem Affiliate, die vereinbarte Werbung auch tatsächlich zu schalten.

3. Vertragsgegenstand

3.1.   Der Advertiser unterhält ein Online-Angebot zum Vertrieb seiner Waren und
        Dienstleistungen und benötigt Werbeumfelder zur Förderung dieses Vertriebs. Im Rahmen
        von Programmen zwischen Advertiser und Publisher stellen Publisher diese
        Werbeumfelder dem Advertiser zur Verfügung.
        Zur Teilnahme an den Programmen bewerben sich entweder die Advertiser oder die
        Publisher über das affilinet Netzwerk. affilinet bietet dem Advertiser Bewerbungen von
        Publishern zur Teilnahme an seinen Programmen an. Dem Publisher bietet affilinet
        angebotene Programme von Advertisern an, für welche der Publisher seine Werbeumfelder
        zur Verfügung stellen kann, um den Vertrieb der Waren und Dienstleistungen des
        Advertisers zu unterstützen.

3.2.   Mit der Bewerbung bei einem Programm akzeptiert der Publisher etwaige zusätzliche,
        programmspezifische auf der Plattform genannte Teilnahmebedingungen von affilinet oder
        dem Advertiser. Der Advertiser garantiert, dass diese zusätzlichen Teilnahmebedingungen
        weder im Widerspruch zu diesen AGB oder den affilinet AGB für Publisher noch zu
        geltenden anwendbaren Bestimmungen stehen. Im Fall von Widersprüchen zwischen
        Regelungen dieser AGB sowie den affilinet AGB für Publisher und den zusätzlichen
        Teilnahmebedingungen des Advertisers gehen solche dieser AGB sowie der affilinet AGB
        für Publisher denjenigen der Teilnahmebedingungen des Advertisers vor.

3.3.   Die Annahme der Bewerbung bzw. des Angebots zur Teilnahme an einem Programm
        erfolgt durch den Advertiser bzw. Publisher, womit ein Einzelvertrag zu diesem
        Rahmenvertrag zustande kommt. Der Einzelvertrag und die etwaigen zusätzlichen
        Teilnahmebedingungen werden Bestandteil des Rahmenvertrages zwischen affilinet und
        dem Advertiser. Es entstehen keinerlei Vertragsbeziehungen zwischen dem Advertiser und
        dem Publisher. Der Einzelvertrag enthält die konkretisierten Angaben über die Art und
        Vergütung der zu erbringenden Dienstleistung zur Unterstützung des jeweiligen Advertisers
        beim Online Vertrieb seiner Waren und Dienstleistungen bspw. der Erwerb von Waren oder
        die Inanspruchnahme von Dienstleistungen durch einen Dritten (Sale) oder das Bestellen
        eines Newsletters (Lead). Eine Kombination aus Call, Click, Lead, Sale und View ist
        möglich. Sowohl Advertiser als auch Publisher sowie affilinet sind berechtigt ohne Angabe
        von Gründen eine Bewerbung abzulehnen.

Abbildung 12.10 In den AGB für Advertiser des Netzwerks »affilinet« kommt
klar zum Ausdruck, dass dieses sich nur als Dienstleister sieht.

Das Netzwerk kann den Vertrag zwischen Ihnen und dem Affiliate nicht beeinflussen. Es kann lediglich aus seinem eigenen Vertrag heraus Konsequenzen ziehen,
wenn einer seiner Vertragspartner – also Sie oder der Affiliate – gegen seine Nutzungsbedingungen verstößt. Gibt es also Probleme in der Abwicklung des Online-
Werbevertrags, hat das Netzwerk von Gesetzes wegen keinerlei Möglichkeiten, auf
Ihren Vertragspartner einzuwirken. Denn das Netzwerk agiert lediglich als Dienstleister, der die Plattform zur Kontaktaufnahme bereitstellt sowie Organisatorisches
abwickelt.

Hinweis

Diese Art der Zusammenarbeit hat für Sie als Advertiser den Vorteil, dass ein direktes
Vertragsverhältnis zwischen Ihnen und dem Affiliate besteht. Denn dadurch können
Sie auch selbst konkret gegen den Affiliate vorgehen, wenn es zu Problemen bei der
Vertragsabwicklung kommt.

12.1.3   Der Vertrag mit dem Affiliate-Netzwerk als Vermittler

Darüber hinaus finden sich in der Praxis auch Konstellationen, in denen das Affiliate-
Netzwerk noch stärker in den Online-Werbevertrag zwischen Ihnen als Advertiser

und dem Affiliate eingebunden ist. Auch in dieser Konstellation melden sich Affiliate und Advertiser beim Netzwerk an und schließen jeweils einen Rahmenvertrag ab (siehe Abbildung 12.11).

Allgemeine Geschäftsbedingungen (AGB) für Advertiser

Zum Betrieb von Partnerprogrammen auf den belboon Online-Plattformen

1. Geltungsbereich / Definitionen

1.1. Die nachstehenden Allgemeinen Geschäftsbedingungen sind Bestandteil eines jeden Vertrages zwischen der belboon GmbH, Weinmeisterstr. 12-14, D-10178 Berlin (im folgenden: belboon genannt) und dem Vertragspartner.

1.2. belboon erbringt ihre Dienste, Leistungen und Lieferungen für Advertiser ausschließlich auf der Grundlage dieser Allgemeinen Geschäftsbedingungen für Advertiser. belboon ist im Übrigen berechtigt, die Leistungserbringung oder Teile hiervon zur selbständigen Erledigung auf Drittdienstleister oder Erfüllungsgehilfen zu übertragen.

1.3. Die Gültigkeit dieser Allgemeinen Geschäftsbedingungen für Advertiser erstreckt sich auf alle für Advertiser angebotenen Leistungen von belboon. Der Advertiser erkennt mit der Inanspruchnahme der Leistungen von belboon diese Allgemeinen Geschäftsbedingungen für Advertiser als für ihn verbindlich an.

1.4. Neben den vorliegenden Allgemeinen Geschäftsbedingungen für Advertiser wird auch die jeweils gültige Preisliste von belboon Vertragsbestandteil.

1.5. Es gelten für die Anwendung und Auslegung des Vertrages nachfolgende Definitionen:

Publisher
Ein Publisher ist eine natürliche oder juristische Person, Inhaber bzw. Betreiber digitaler Medien (Webseiten, E-Mails, SMS, MMS, o.ä.), der belboon verlinkte Werbeflächen zur Verfügung stellt, die an Advertiser weiter vermittelt werden. Ein Publisher ist Unternehmer (§ 14 BGB) und kein Verbraucher (§ 13 BGB).

belboon
belboon übermittelt mit seinem Partnerprogramm-Netzwerk die Werbung von Advertisern auf digitalen Medien von Publishern. Hierzu schließt belboon mit diesen Parteien Rahmenverträge, bietet die technische Infrastruktur und protokolliert die vermittelten Leistungen.

Abbildung 12.11 Nutzungsbedingungen des Netzwerks »belboon«

Praxisbeispiel

In dem Rahmenvertrag vereinbart das Netzwerk dann mit dem Affiliate seine Leistungen, die regelmäßig in der Zahlung der Provision und der Vermittlung des Affiliates an den Advertiser liegen sowie in der Bereitstellung der Webseite zur Schaltung von Werbung durch den Affiliate.

Der Rahmenvertrag mit dem Advertiser hat zum Beispiel zum Gegenstand, dass der Advertiser dem Affiliate-Netzwerk alle für die Angebotsschaltung erforderlichen Inhalte zur Verfügung stellt. Auch Vereinbarungen zu Provisionen und der Abrechnungsmethode werden ausgehandelt.

Der wesentliche Unterschied bei dieser Konstellation im Vergleich zu der, in der das Netzwerk als Dienstleister fungiert, besteht darin, dass in diesem Fall gerade kein Vertrag zwischen Affiliate und Ihnen als Advertiser zustande kommt. Der Grund dafür ist, dass der Advertiser den Vertrag mit dem Affiliate nicht in eigenem Namen abschließt, sondern im Namen des Netzwerks. Er handelt also als Bevollmächtigter des Netzwerks. Damit kommt ein Vertrag nur zwischen dem Affiliate und dem Affiliate-Netzwerk zustande.

Hinweis

Diese Art der Zusammenarbeit hat für Sie als Advertiser den Vorteil, dass Sie sich nicht mit jedem einzelnen Affiliate auseinandersetzen müssen. Dies spart Ihnen in der Praxis viel Zeit und damit auch Geld.

12.2   Was ist bei der Vertragsgestaltung zu beachten?

Unabhängig davon, ob Sie den Vertrag mit dem Affiliate direkt schließen oder sich eines Affiliate-Netzwerks als Vermittler bedienen, sollten Sie bei der jeweiligen Vertragsgestaltung auf ein paar Dinge achten.

Achtung!

Gerade in den Fällen, in denen Sie als Advertiser keinen Vertrag mit dem Affiliate abschließen, sondern nur einen Rahmenvertrag mit dem Netzwerk, ist es umso wichtiger, dass Sie Ihre Vorstellungen von dem Werbeprogramm detailliert vertraglich festhalten. Denn dies ist für Sie die einzige Möglichkeit, Einfluss auf den Affiliate zu nehmen.

12.2.1   Inhaltliche Vorgaben

Zunächst einmal ist die Basis eines zufriedenstellenden Werbeprogramms, dass Sie klare und detaillierte Vereinbarungen dazu treffen, wie die Werbung inhaltlich ausgestaltet und wie sie durchgeführt werden soll. Dazu gehört zum Beispiel die Angabe, auf welcher Webseite des Affiliates die Werbung überhaupt geschaltet werden soll. Möglicherweise haben Sie ein Interesse daran, dass die Werbung auf einer ganz bestimmten Webseite platziert wird oder auch genau dort nicht.

Darüber hinaus sollten Sie auch Vereinbarungen zur Platzierung der Werbung im Hinblick auf Eckdaten wie Größe und Ort oder Design der Webseite im direkten Umfeld der Werbung treffen, um eine möglichst werbewirksame Präsentation zu erreichen.

Auch sollten Sie klar die Dauer der Einblendung festlegen, also wie lange die Werbung präsentiert werden muss.

Klauselmuster

»Der Affiliate ist verpflichtet, die Werbung mindestens 12 Stunden täglich im monatlichen Durchschnitt zu präsentieren.«

Wir empfehlen Ihnen, dem Affiliate möglichst alle für die Werbung erforderlichen Materialien zur Verfügung zu stellen und diesen vertraglich auch darauf zu beschränken. Auch sollte für den Affiliate klar sein, welche Werbemittel er einsetzen darf und welche nicht. So können Sie ihn zum Beispiel darauf beschränken, nur Werbebanner zu verwenden oder Keyword-Advertising nicht anzuwenden.

Insbesondere der Einsatz von Keyword-Advertising sollte im Hinblick auf die Verwendung von Markennamen im Vertrag ausdrücklich geregelt werden. Für eine ausführliche Darstellung der Problematik des Keyword-Advertisings möchten wir Sie auf die Erläuterungen in Abschnitt 14.2 verweisen.

Hinweis

Auch sollten nur Sie das Recht haben, die Inhalte, wie zum Beispiel die Gestaltung des Werbebanners, zu bearbeiten. Andernfalls hat der Affiliate freie Hand, was zu bösen Überraschungen führen kann.

Verwenden Sie bei den Werbeinhalten beispielsweise Fotos oder Logos einer Marke, so handelt es sich dabei um Inhalte, die urheber- bzw. markenrechtlich geschützt sind (siehe Abbildung 12.12).

Damit der Affiliate diese verwenden kann, müssen Sie ihm eine unentgeltliche Lizenz daran einräumen. Gleiches gilt auch, wenn der Affiliate mit Ihren Marken wirbt. In der Konstellation, in der Sie als Advertiser keinen Vertrag mit dem Affiliate eingehen, sondern nur das Netzwerk, müssen Sie dem Netzwerk die Erlaubnis zur Nutzung der Inhalte oder der Marke erteilen und dieses wiederum erteilt dem Affiliate die Erlaubnis. Jedoch sollten Sie beachten, dass diese Lizenzen nur für die im Vertrag festgelegte Dauer der Zusammenarbeit gelten.

Achtung!

Haben Dritte Schutzrechte an dem Material, so müssen Sie zunächst abklären, ob Sie die Inhalte an den Affiliate zu kommerziellen Zwecken unterlizenzieren dürfen!

Abbildung 12.12 Im »Amazon PartnerNet« besteht die Möglichkeit, Widgets mit Bildern Ihrer Produkte zu erstellen.

12.2.2   Vergütung und Abrechnungsmethoden

Ein weiterer wichtiger Aspekt ist die Vergütung. Das umfasst die Frage, wie hoch die Vergütung sein soll und nach welcher Methode diese abgerechnet werden soll.

> **Hinweis**
>
> Grundsätzlich sollte das Vergütungsmodell auf den Einzelfall zugeschnitten sein. Dabei sollten einerseits Interesse und Bedürfnisse des Advertisers und andererseits die Möglichkeiten des Affiliates in Einklang gebracht werden.

Um das richtige Vergütungsmodell zu finden, können Sie sich an folgenden Fragen orientieren:

▶ In welchem Preissegment befinden sich Ihre Angebote?

▶ Welche Art von Werbung soll geschaltet werden?

▶ Welche Zielgruppe erreicht der Affiliate?

▶ Wie stark wächst die Plattform des Affiliates?

Es gibt verschiedene Modelle, nach denen eine Abrechnung erfolgen kann (siehe Abbildung 12.13). Je nach Netzwerk können diese variieren. Aber auch eine Kombination verschiedener Modelle ist denkbar und ermöglicht eine Risikoverteilung auf beide Seiten.

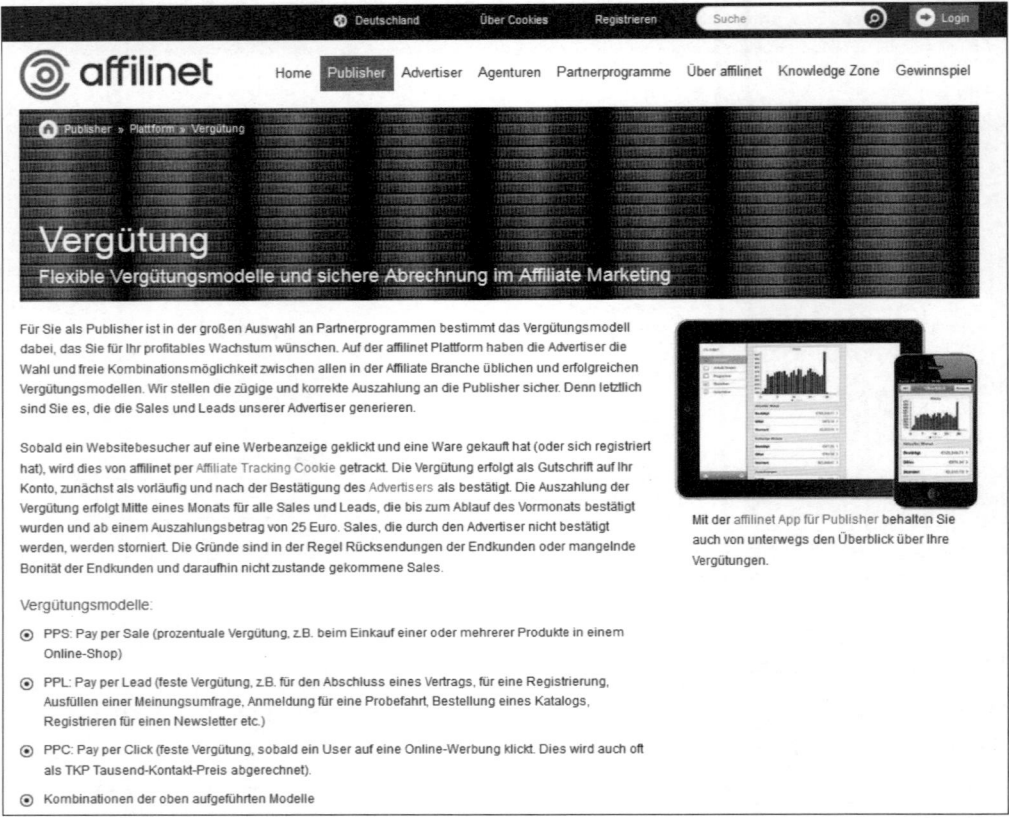

Abbildung 12.13 Vergütungsmodelle bei »affilinet«

Die häufigsten Vergütungsmodelle sind folgende:

▶ Pay per Click

▶ Pay per Sale

▶ Pay per Lead

Bei dem Vergütungsmodell *Pay per Click* ist die Vergütung abhängig von jedem einzelnen Klick auf die Werbemittel, wie zum Beispiel auf ein Werbebanner, wodurch es dann zur Weiterleitung auf Ihre Website kommt. Bezahlt wird also für jeden einzelnen Aufruf der Seite des Advertisers, an dem der Affiliate beteiligt ist. Bei diesem Modell ist es insbesondere wichtig, darauf zu achten, dass Missbrauchsmöglichkeiten technisch eingeschränkt werden.

Bei dem Modell *Pay per Lead* soll eine Vergütung immer dann gezahlt werden, wenn es zur Vermittlung gekommen ist. Was diese Vermittlung genau beinhaltet, muss im Einzelfall vertraglich geregelt werden. Es kann sich dabei beispielsweise um eine Anmeldung zu Ihrem Newsletter handeln oder auch um die Bestellung Ihres Katalogs.

Dann bekommt der Affiliate für jede einzelne Anmeldung bzw. Bestellung in Folge seiner Vermittlung eine Vergütung. Kommt es also nicht zur Vermittlung, erhält er allein für das Schalten der Werbung kein Geld.

Bei dem Vergütungsmodell *Pay per Sale* wird pro verkauftem Produkt oder verkaufter Dienstleistung abgerechnet. Auch hier ist es wichtig, vertraglich zu regeln, was und wie viel infolge der Vermittlung verkauft werden muss, um die Vergütung zu verdienen. Ebenfalls sollte geregelt werden, was passiert, wenn der Kauf später vom Kunden widerrufen oder anderweitig rückgängig gemacht wird.

Klauselmuster

Um diese Situation vertraglich zu regeln, können Sie folgende Formulierung wählen: »*Der Affiliate hat einen Provisionsanspruch für jeden von ihm an den Advertiser über die Werbeeinblendung weitergeleiteten Kunden, sobald dieser durch Abschluss eines entgeltlichen Geschäftes mit einem Vertragspartner des Advertisers einen eigenen Zahlungsanspruch des Advertisers auslöst.*«

12

12.2.3   Kündigungsrechte

Ein Vertrag sollte Kündigungsmöglichkeiten für beide Seiten beinhalten. Dabei ist zwischen regelmäßigen Kündigungen unter Einhaltung einer Frist und fristlosen Kündigungen aus wichtigem Grund zu unterscheiden.

Ordentliche Kündigungen unter Einhaltung einer Frist sollten immer vereinbart werden. Sie sind schließlich im Interesse beider Parteien, um sich auch vom Vertrag lösen zu können.

Klauselmuster

Die folgende Formulierung können Sie für die Kündigungsrechte verwenden: »*Der Vertrag kann jederzeit durch beide Vertragspartner unter Einhaltung einer Frist von drei Monaten zum Monatsende gekündigt werden. Die Kündigung bedarf der Schriftform.*«

Um Ihre Einflussmöglichkeiten sicherzustellen und die Kontrolle zu behalten, sollten Sie sich darüber hinaus auch außerordentliche Kündigungsrechte einräumen. Dabei empfehlen wir Ihnen, sich im Voraus genau zu überlegen, unter welchen Umständen Sie mit dem Affiliate nicht mehr zusammenarbeiten möchten. Diese Situationen sollten Sie dann klar und eindeutig als Kündigungsgründe niederschreiben. Dies kann zum Beispiel den Verstoß gegen geltendes Recht oder auch die nicht abgesprochene Änderung der Werbung durch den Affiliate umfassen. Dem Vertragspartner des Affiliates sollten Möglichkeiten der Einflussnahme vorbehalten bleiben.

> **Praxisbeispiel**
>
> Verstöße gegen geltendes Recht oder Ihre Vorgaben im Hinblick auf Werbegebote und -verbote können ein Grund für fristlose Kündigungen sein.

12.2.4   Vertragsstrafenklauseln

Neben dem außerordentlichen Kündigungsrecht können Sie auch Vertragsstrafen für Vertragsverletzungen vereinbaren. Denn mehr noch als Kündigungsrechte sind Vertragsstrafen ein effektives Mittel, den Affiliate dazu anzuhalten, sich an die vertraglichen Vereinbarungen zu halten. Kommt es dann zu einem Verstoß, können Sie auf Basis des Vertrags die Strafsumme direkt einfordern.

Zur Höhe der Vertragsstrafe lassen sich nur schwer konkrete Aussagen treffen. Auf jeden Fall muss die Vertragsstrafe aber in einem angemessenen Verhältnis zum Gewicht der Vertragsverletzung stehen. Dabei wird der zulässige Rahmen der Vertragsstrafe von juristischen Laien regelmäßig überschätzt. In der Praxis werden Vertragsstrafen häufig nach einem Teilbetrag der Auftragssumme bemessen. Erforderlich ist daher eine Einzelfallbetrachtung.

> **Achtung!**
>
> Vertragsstrafen sollten Sie nicht selbst formulieren. Denn haben Sie mit der Vertragsstrafe in Ihren AGB eine unverhältnismäßige Regelung getroffen, kann es passieren, dass die gesamte Vertragsstrafenklausel als unwirksam eingeordnet wird. Dies hätte dann zur Folge, dass das gesetzlich Geregelte gilt. Da das Gesetz aber keine Vertragsstrafen vorsieht, hätten Sie auch keinen Anspruch auf Zahlung einer solchen.

12.2.5   Klauseln zur Freistellung von der Haftung

Ein weiterer wichtiger Aspekt der Vertragsgestaltung ist gerade für Sie als Advertiser die Regelung zur Haftung. Dazu gehören auch Vereinbarungen zur Haftungsfreistellung, sogenannte Freistellungsklauseln. Die Haftung des Advertisers erfolgt grundsätzlich nach den allgemeinen gesetzlichen Regelungen.

> **Praxisbeispiel**
>
> Bei einem Verstoß gegen das Wettbewerbsrecht haftet der Advertiser verschuldensunabhängig für Rechtsverstöße des Affiliates, da es für die Haftung unerheblich ist, wie die Vertragsbeziehungen ausgestaltet sind. Entscheidend ist allein das Ergebnis, und das besteht in diesem Fall in einer rechtsverletzenden Werbemaßnahme des

> Advertisers. Dabei ist auch unerheblich, ob der Advertiser überhaupt Kenntnis von dem Handeln des Affiliates hatte.

In Betracht kommen gerade beim Affiliate-Marketing neben Verstößen gegen das Wettbewerbsrecht auch Konflikte mit telemedienrechtlichen Vorgaben wie dem Gebot der Trennung von Werbung und redaktionellem Inhalt. Durch die Regelungen zu Haftungsbeschränkungen oder gar zum Haftungsausschluss kann der Advertiser sein Haftungsrisiko minimieren bzw. ganz ausschalten.

In erster Linie können Haftungsfälle dadurch verhindert werden, dass Sie dem Affiliate genaue Handlungsanweisungen geben und diese regelmäßig kontrollieren. Wie weit Ihre Kontrollpflicht dabei geht, muss im Einzelfall beurteilt werden.

Darüber hinaus helfen Ihnen Klauseln im Vertrag, die festlegen, in welchen Fällen der Affiliate Sie von der Haftung gegenüber Dritten freistellen muss. Denn die Haftung gegenüber Dritten können Sie im Verhältnis zum Affiliate nicht ausschließen – Sie bleiben damit der Verantwortliche für die Rechtsverletzungen durch Ihre Werbung. Sie können jedoch vereinbaren, dass der Affiliate Ihnen die Kosten ersetzen muss, die Ihnen durch Ihre Haftung gegenüber Dritten entstehen.

Praxisbeispiel

Hält der Affiliate sich nicht an die vertragliche Vereinbarung des Verbots von Werbe-E-Mails und versendet diese dennoch, können Sie in der Folge entstandene Kosten durch Abmahnungen oder Schadensersatzklagen sowie die Kosten Ihres Rechtsanwalts vom Affiliate zurückverlangen.

12.3   Manipulationen durch den Affiliate: Drohen Konsequenzen?

Sobald es im Internet Geld zu verdienen gibt – und das auch noch relativ einfach –, werden auch Betrüger und Kriminelle auf das Thema aufmerksam. *Eigenbuchungen*, *Cookie-Dropping* oder *Klickbetrug* sind dabei Begriffe, die immer wieder in Verbindung mit dem Affiliate-Marketing fallen. Was es damit auf sich hat und welche Konsequenzen solche Methoden haben, möchten wir Ihnen in diesem Abschnitt erläutern.

12.3.1   Eigenbuchungen

Nachdem wir im Rahmen der Vertragsgestaltung bereits die Abrechnungsmodelle näher unter die Lupe genommen haben, möchten wir an dieser Stelle auf ein Problem des Missbrauchs zweier dieser Modelle kommen. Betroffen ist die Vergütung nach den Modellen *Pay per Sale* und dem *Pay per Lead*.

> **Hinweis**
>
> Noch einmal zur Erinnerung: Bei dem Modell *Pay per Sale* erhält der Affiliate eine Provision für jeden durch ihn vermittelten Einkauf bzw. für jede durch ihn vermittelte Inanspruchnahme einer Dienstleistung auf Seiten des Advertisers. Beim Modell *Pay per Lead* muss es zu einer Vermittlung gekommen sein, die beispielsweise in der Anmeldung zu einem Newsletter bestehen kann

Dieses System kann durch Eigenbuchungen des Affiliates manipuliert werden. Das bedeutet, dass der Affiliate selbst eine geschäftliche Handlung beim Advertiser vornimmt.

> **Praxisbeispiel**
>
> Im Rahmen der Vergütung *per Leads* nimmt der Affiliate Anmeldungen zu Newslettern mit Fake-Accounts vor. Für jede Neuregistrierung erhält der Affiliate dann eine Provision, obwohl der Advertiser durch den Versand des Newsletters an einen inaktiven Fake-Account keinen Vorteil hat.
>
> Im Rahmen der Vergütung *per Sale* nimmt der Affiliate Bestellungen unter Angabe falscher Daten vor und gibt als Zahlungsart die Versandart »Nachnahme« an. Aufgrund der falschen Adresse kann die Ware in der Folge nicht ausgeliefert werden und wird letztlich storniert. Für die Vermittlung erhält der Affiliate jedoch dennoch seine Provision.

Wie Sie sich sicher denken können, ist ein solches Verhalten rechtlich bedenklich, denn einerseits verstößt diese Vorgehensweise gegen die vertraglichen Vereinbarungen und ist andererseits auch strafrechtlich relevant. Denn durch die Eigenbuchungen täuscht der Affiliate den Advertiser und verursacht bei diesem einen finanziellen Schaden, wenn der Advertiser Provisionszahlungen für Eigenbuchungen leistet. Dieses Verhalten des Affiliates erfüllt unter Umständen den Straftatbestand des Betrugs.

Indem der Affiliate Eigenbuchungen vornimmt, täuscht er den Advertiser darüber, dass es sich bei den von dem Affiliate vermittelten Buchungen sämtlich um solche außenstehender Dritter gehandelt hat und hält diesen Irrtum auch zumindest bewusst aufrecht. Durch die Zahlung für die gefälschten Vermittlungen entsteht zudem ein Vermögensschaden beim Advertiser.

> **Praxisbeispiel**
>
> In einem Verfahren vor dem Landgericht Berlin (Urteil vom 23.10.2008, Az. 32 O 501/08) hatte sich das Gericht mit einem Fall auseinanderzusetzen, in dem der Affiliate von April bis Ende August 2008 durch seine Mitarbeiter Eigenbuchungen hat vornehmen lassen, ohne dass die gebuchte Leistung auch tatsächlich in Anspruch genommen worden ist. Auf diese Weise wollte der Affiliate entsprechend höhere Provisions-

ansprüche gegenüber dem Advertiser erlangen. Das Gericht entschied, dass diese Vorgehensweise des Affiliates sowohl vertragswidrig sei als auch den Straftatbestand des Betrugs erfülle.

12.3.2   Cookie-Dropping

Ein weiteres Manipulationsverfahren ist das sogenannte Cookie-Dropping. Dabei handelt es sich um eine Betrugsmasche, die beim Cookie-Tracking ansetzt und für den normalen Internetnutzer gar nicht erkennbar ist: Gezielt und automatisch werden für das Tracking relevante Cookies von Affiliate-Netzwerken gesetzt. Doch wie muss man sich das genau vorstellen?

Affiliate-Netzwerke verwenden sogenannte Tracker, um die Höhe der Klicks, Views und Transaktionen auf der Seite des Affiliates zu messen und auf dieser Grundlage letztlich die Provision zu berechnen. Diese Tracker wiederum arbeiten mit Cookies.

Eigentlich sind Cookies so konzipiert, dass der Internetnutzer beim erstmaligen Besuch einer Website gefragt wird, ob er damit einverstanden ist, dass Cookies verwendet werden. Somit kommt im Rahmen des Affiliate-Marketings ein Cookie erst dann zum Einsatz, wenn der Nutzer den Affiliate-Link und damit die beworbene Webseite aufgerufen hat. Zuvor sollte es – zumindest von dieser Webseite – keine Cookies geben (siehe Abbildung 12.14).

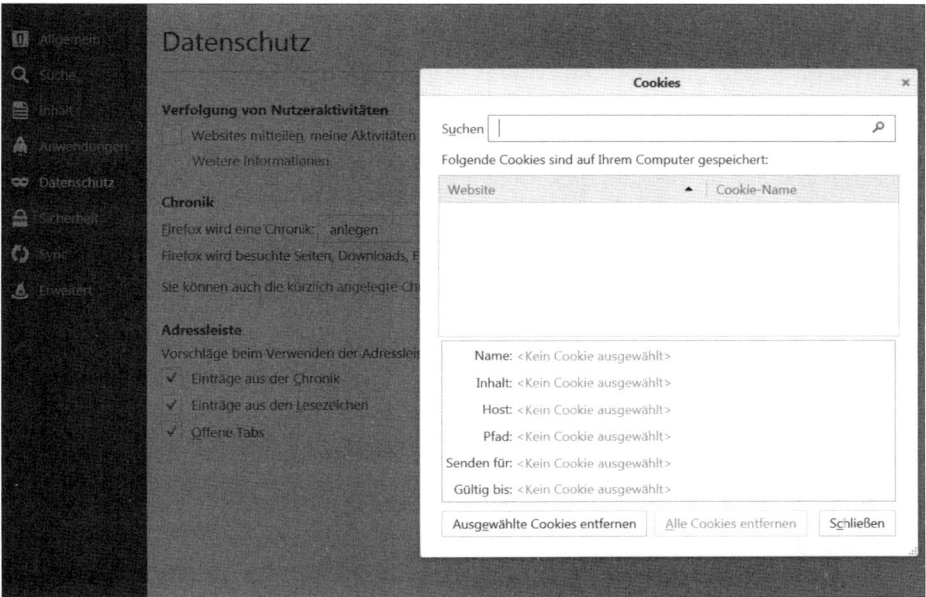

Abbildung 12.14 Vor dem Besuch der Webseite sollten auf Ihrem Browser keine Cookies von dieser Webseite gespeichert sein.

Klickt der Nutzer dann beispielsweise auf der Website des Affiliates auf ein Werbe-banner des Advertisers, wird im Browser des Nutzers ein Cookie hinterlegt (siehe Abbildung 12.15).

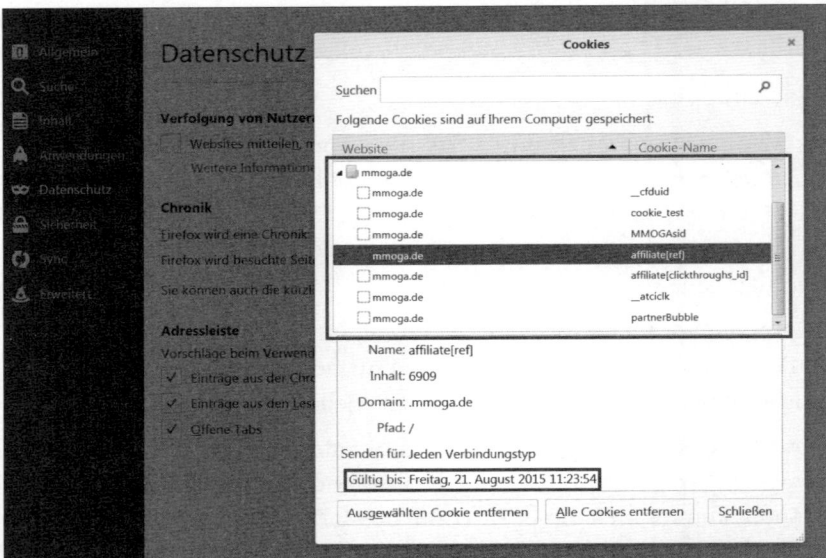

Abbildung 12.15 Nach dem Besuch der Website »www.mmoga.de« und der Zustimmung zur Verwendung von Cookies werden diese auch sichtbar aufgelistet.

Anders hingegen ist es beim Cookie-Dropping: Der Affiliate bindet den Link als ver-stecktes *iFrame* oder als verstecktes Bild in eine Webseite ein, indem er die Größenan-gaben des iFrames oder des Bildes so einstellt, dass sie für den Nutzer nicht sichtbar sind. In der Folge wird der Affiliate-Link vom Browser des Nutzers im Hintergrund au-tomatisch geladen, ohne dass dieser davon etwas mitbekommt. Nimmt der Nutzer dann in der Folge eine für den Affiliate relevante Aktion wie den Kauf eines Produkts vor, wird diese Handlung durch den Cookie dem Affiliate zugeschrieben. Dem Nutzer wird also ein Affiliate-Cookie »untergeschoben«, ohne dass er tatsächlich auf das Wer-bebanner geklickt hat. Das Ergebnis ist dann, dass dem Affiliate eine Provision bezahlt wird, obwohl tatsächlich keine Vermittlung stattgefunden hat. Schließlich hatte die Werbung keinen Einfluss auf das Verhalten des Nutzers.

> **Hinweis**
>
> Cookie-Dropping kann auch vertraglich erlaubt sein. Dies betrifft den Fall des Vergü-tungsmodells *Pay per View*, bei dem die Advertiser explizit erlaubt haben, dass die Cookies durch reine Views und nicht durch Klicks erzeugt werden dürfen. Es emp-fiehlt sich daher insbesondere bei kombinierten Vergütungsmodellen das Verfahren des Cookie-Droppings im Vertrag klar zu regeln.

Unzulässiges Cookie-Dropping kann – wenn es aufgedeckt wird – Konsequenzen auf verschiedenen Ebenen nach sich ziehen. Der Affiliate muss mit der zivilrechtlichen Geltendmachung von Ansprüchen durch den Advertiser oder Dritte und zudem mit der strafrechtlichen Verfolgung dieses Vorgehens rechnen.

Auf der zivilrechtlichen Ebene stellt das nicht vereinbarte Cookie-Dropping einen Vertragsbruch dar, da die Vereinbarung in der Vergütung von Vermittlungen besteht. Indem er Provisionen für nicht erfolgte Vermittlungen berechnet, verstößt der Affiliate gegen die Vereinbarung mit Ihnen als Advertiser. Daher können Sie diese zu Unrecht gezahlte Vergütung in jedem Fall zurückverlangen.

Darüber hinaus können sich aber auch Konkurrenten an dem Verhalten Ihres Affiliates stören und Sie in der Folge abmahnen sowie Beseitigungs- oder Unterlassungsansprüche geltend machen. Cookie-Dropping kann nämlich als wettbewerbswidrige gezielte Behinderung der Mitbewerber bewertet werden, da dieses Verfahren die Affiliate-Cookies anderer Affiliates behindern kann. Denn auf diese Weise können Cookies anderer Affiliates überschrieben oder ganz verhindert werden, da immer nur ein Affiliate-Cookie auf einer Webseite aktiv sein kann. Streut ein Affiliate seine Cookies durch Cookie-Dropping, werden seine ehrlichen Mitbewerber benachteiligt.

In dem Moment, in dem der Affiliate Cookies ohne ein Einverständnis des Nutzers setzt, kann dies zudem einen Verstoß gegen die Regelungen des Datenschutzrechts darstellen, wenn keine gesetzliche Ausnahmevorschrift greift. Bei den gesetzlichen Ausnahmevorschriften sollten Sie sich lieber nicht auf die Wahrnehmung berechtigter Interessen nach Art. 6 Abs. 1 lit. f DSGVO verlassen, da die in diesem Zusammenhang durchzuführende Interessenabwägung durchaus zu Ihren Lasten ausfallen kann, insbesondere wenn man das Cookie-Dropping als Wettbewerbsverstoß einstuft.

> **Achtung!**
> Die grundsätzliche Rechtmäßigkeit des Setzens von Cookies kann sich nach Erlass der noch verhandelten e-Privacy-Verordnung ergeben. Denn dort sind Neuregelungen geplant, die Sie im Auge behalten sollten!

Während der Verstoß gegen das Wettbewerbsrecht und das Datenschutzrecht grundsätzlich zunächst Sie als Advertiser und damit als Verantwortlichen trifft, ist der Affiliate im Hinblick auf die strafrechtliche Qualität seines Handelns allein verantwortlich. Denn ebenso wie Eigenbuchungen erfüllt auch das Cookie-Dropping den Tatbestand des Betrugs. Schließlich zielt auch dieses Verfahren allein darauf ab, sich durch die Täuschung des Advertisers über eine Vermittlungstätigkeit Provisionszahlungen zu erschleichen.

Praxisbeispiel

Das FBI ermittelte im Jahr 2009 gegen die »eBay«-Affiliates Shawn Hogan und Brian Dunning. Dunning war seinerzeit für die Fertigstellung von »WhoLinked« verantwortlich. Hogan, CEO der Online-Marketing-Firma »Digital Point Solutions«, entwickelte »Geo Visitors«. Beides sind Erweiterungen, die es ermöglichen, eBay-Besucher zu lokalisieren. Mithilfe dieser Anwendungen wurde der eBay-Traffic aufgezeichnet, und etwaige Kaufabschlüsse wurden mit Provisionen vergütet.

Der Vorwurf lautete, dass zugunsten von Dunning und Hogan Provisionen ausgeschüttet wurden, obwohl es keinerlei Zusammenhang zwischen ihrem Tätigwerden und späteren Besucheraktionen gab.

Dunning und Hogan waren schon seit Anfang 2000 am eBay-Affiliate-Programm beteiligt; erste wirkliche Erfolge verbuchten sie seit 2006. Die beiden sollen in diesem Zeitraum mit dem Affiliate-Programm von »eBay« zusammen rund 35.000.000 USD kassiert haben. Zum Vergleich: Der normale Affiliate nimmt durchschnittlich lediglich 2.700 USD pro Jahr ein.

Aufgrund der immensen Diskrepanz versuchte »eBay« schon seit Längerem – insbesondere seit dem Anstieg des Traffics 2006 – zu ergründen, warum die beiden Vermarkter so ungemein erfolgreich waren. Das Unternehmen vermutete, dass Hogan Cookie-Dropping vorgenommen habe, und schaltete im Jahr 2009 das FBI ein.

Mithilfe eines Filters (»Trip-Wire«) konnte das FBI die Machenschaften der beiden aufdecken: Der Filter analysierte die Seitennutzer, die im Affiliate-Programm Hogan und Dunning zugeordnet wurden. Schließlich konnte aufgedeckt werden, dass 99 % des aufgezeichneten Traffics eigentlich ohne Zutun von Hogan und Dunning zustande kam – es handelte sich also um Manipulationen!

In der Folge wurde Shawn Hogan wegen Betrugs in Höhe von 28.000.000 USD zu einer Haftstrafe von fünf Monaten verurteilt. Zusätzlich musste er 25.000 USD Strafe zahlen und blieb drei Jahre nach der Haft auf Bewährung.

12.3.3   Klickbetrug

Eine Form des Klickbetrugs ist das *Affiliate Hopping*. Dies ist nur dann möglich, wenn Sie das Abrechnungssystem *Pay per Click* ausgewählt haben. Denn bei dieser Betrugsmasche erschleichen sich sogenannte Affiliate-Hopper Provisionen, indem sie für denselben Advertiser auf mehreren Affiliate-Plattformen als Affiliate registriert sind.

Praxisbeispiel

Sie als Advertiser schalten im Rahmen Ihrer Marketingkampagne ein bestimmtes Werbebanner. Der Affiliate veröffentlicht dieses zwar auf seiner Website, er verlinkt das Banner jedoch auch mit den drei anderen Affiliate-Programmen, bei denen Sie registriert sind. In der Folge erhalten alle vier Netzwerke Rückmeldungen, wenn es zur Vermittlung kommt. Dadurch erhält der Affiliate die vierfache Provision für lediglich eine Vermittlung. Damit hat der Affiliate die Provision in einem Fall redlich verdient und in den drei anderen Fällen durch Täuschung erschlichen.

Da jedes Netzwerk für sich arbeitet und die Netzwerke untereinander nicht vernetzt sind, fallen solche Betrügereien dem Advertiser nur schwer auf. Aus diesem Grund ist das Vergütungsmodell Pay per Click für Sie als Advertiser wenig attraktiv. Denn abgesehen von Affiliate Hopping kann der Affiliate seine Provision auch unrechtmäßig in die Höhe treiben, indem er selbst massenhaft auf das Werbemittel, also den Link oder das Banner, klickt.

Um solchen Klickbetrügereien auf die Spur zu kommen, nehmen die Netzwerke sogenannte *Conversion-Überprüfungen* vor. Das bedeutet, dass das Verhältnis zwischen Anzahl der Klicks und Anzahl der getätigten Transaktionen überprüft wird. Je nach Ergebnis lassen sich Klickbetrügereien sehr genau feststellen. Um dies zu verhindern, setzen betrügerische Affiliates wiederum sogenannte *Clicking-Agents* ein, mit deren Hilfe Conversion-Prüfungen umgangen werden.

Sowohl das Affiliate Hopping selbst auch der Einsatz von Clicking-Agents stellt eine Vertragsverletzung im Verhältnis zum Advertiser dar. Dazu ist es nicht erforderlich, dass im Vertrag ausdrücklich ein Verbot reglementiert wird. Denn dass solche Methoden nicht erlaubt sind, ergibt sich bereits aus der Auslegung des Vertragszwecks: Wer Geld für Vermittlungen bezahlt, ist nicht bereit, Geld für gefälschte Vermittlungen zu zahlen, und auch nicht damit einverstanden, dass der Affiliate Methoden einsetzt, die seine Betrügereien verschleiern. Daraus folgen zivilrechtliche Schadensersatzansprüche und die Rückforderung zu Unrecht gezahlter Provisionen.

Darüber hinaus treffen den Affiliate auch strafrechtliche Konsequenzen. Denn in jedem Fall erfüllt ein solches Verhalten einen Straftatbestand. Ob dies letztlich der Tatbestand des Betrugs ist oder des Computerbetrugs, hängt davon ab, wer der Getäuschte ist. Beim Betrug wird ein Mensch getäuscht, beim Computerbetrug ein Computer. Ob Klickbetrug nun einen klassischen Betrug oder einen Computerbetrug darstellt, ist in der Praxis irrelevant. Denn einer der Tatbestände ist in jedem Fall erfüllt, und in beiden Fällen sieht der Gesetzgeber als Strafe eine Freiheitsstrafe von bis zu fünf Jahren oder eine Geldstrafe vor.

12.3.4   Konsequenzen vonseiten des Netzwerks

Nachdem wir uns im vorigen Abschnitt mit den Manipulationsmöglichkeiten und deren rechtlichen Konsequenzen von Gesetzes wegen beschäftigt haben, möchten wir uns an dieser Stelle mit der Frage befassen, welche Konsequenzen Manipulationen vonseiten der Affiliate-Netzwerke nach sich ziehen können.

Grundsätzlich kann diese Frage nicht einheitlich für alle Netzwerke beantwortet werden. Vielmehr ist im Einzelfall ein Blick in die Allgemeinen Geschäftsbedingungen der Affiliate-Netzwerke zu werfen. Diesen hat der Affiliate ebenso wie Sie mit der Registrierung zugestimmt. Dabei hat sich der Affiliate auch damit einverstanden erklärt, nicht gegen die Missbrauchsregelungen der Netzwerke zu verstoßen (siehe Abbildung 12.16).

---

3. **MANIPULATION OF THE NETWORK**

3.1 You will not cause or attempt to:

3.1.1 manipulate or subvert the operation of Network, the Intranet, any of our websites or any Merchant's websites;

3.1.2 interfere with any system for tracking Visitors or Transactions, or for paying commissions;

3.1.3 cause any commissions to be paid to you other than in respect of bona fide and validated Transactions;

3.1.4 earn commissions other than in respect of Visitors which actually and intentionally access a Merchant's website via a Merchant Link.

3.2 Your website will not make any use of any:

3.2.1 computer hacking;

3.2.2 „spam" or use unsolicited marketing;

3.2.3 computer viruses, spyware, adware, malware or malicious software code;

3.2.4 methods of influencing a search engine's operation in breach of that search engine's terms of use;

3.2.5 metatags to manipulate search engine results;

3.2.6 software emulation;

3.2.7 robots (other than hyperlink checkers), forced clicks, automatic openings of websites, automatic Cookie dropping or „Cookie stuffing".

3.3 You will not place or use any software on an internet user"s computer or phone (or other device used to access the internet) which can disable, remove or place

Cookies, or which promotes or displays Merchant Links. This includes as part of a 'shopping assistant', 'price comparison', or 'reminder' service.

Abbildung 12.16 Der »Code of Conduct« des Netzwerks »Awin«

Verstößt der Affiliate gegen diese Vereinbarungen, indem er beispielsweise Cookie-Dropping gegen Ihren ausdrücklichen Willen betreibt, drohen ihm einerseits Sanktionen und andererseits weitere rechtliche Schritte (siehe Abbildung 12.17). So behalten sich die Netzwerke in aller Regel vor, die Nutzerkonten zu sperren oder gar ganz zu löschen sowie Vertragsstrafen einzufordern.

Auch hat sich der Affiliate mit dem Einverständnis zu den AGB in der Regel dazu bereit erklärt, das Netzwerk von sämtlichen Ansprüchen Dritter freizustellen, wenn solche gegenüber dem Netzwerk aufgrund einer Vertragsverletzung des Affiliates geltend gemacht werden (siehe Abbildung 12.18). Manipulationen durch Eigenbuchungen oder Cookie-Dropping stellen in der Regel solche Vertragsverletzungen dar.

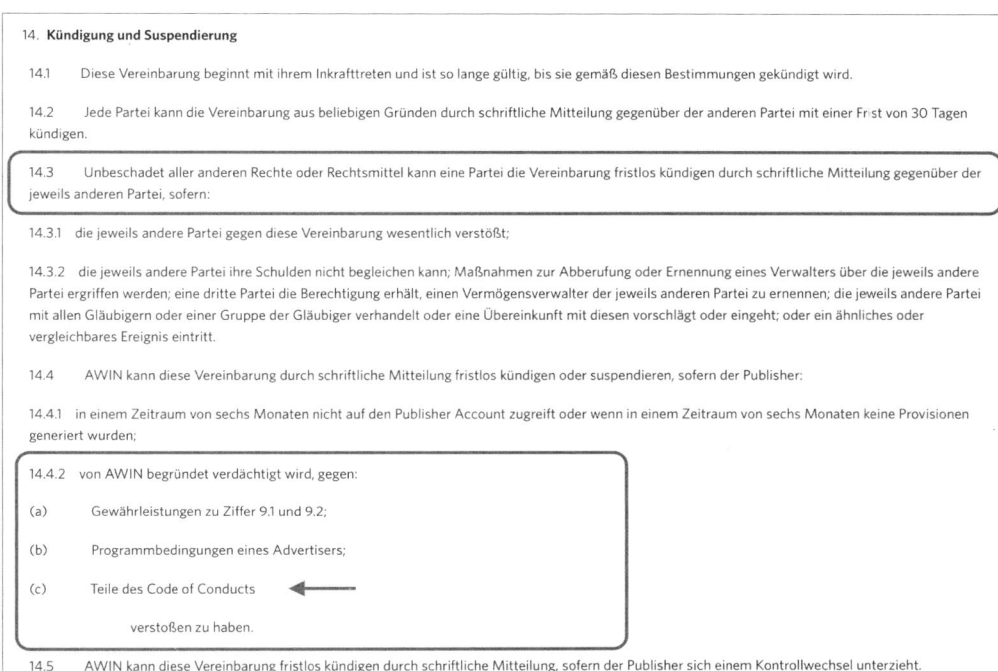

Abbildung 12.17 Umrandet sehen Sie die Regelungen zu den Konsequenzen bei einem Verstoß gegen den »Code of Conduct« des Netzwerks »Awin«.

Dabei ist der *Code of Conduct* als Erläuterung der AGB und Auflistung von Verhaltenskodizes ebenso verbindlich wie die AGB selbst, da Sie mit Zustimmung zu den AGB auch deren Einhaltung erklären. Der Code of Conduct wird beispielsweise von dem Netzwerk »Awin« (bis 2017 unter dem Namen »Zanox« bekannt) genutzt, um Handlungsempfehlungen herauszugeben und so die Zusammenarbeit zwischen Advertiser und Affiliate fair und transparent zu machen.

12.4   Haftung: Ist der Advertiser für Rechtsverstöße des Affiliates verantwortlich?

Ganz grundsätzlich muss man die Frage in der Überschrift wohl mit einem klaren »Ja« beantworten. Das Haftungsrisiko des Advertisers für seine Affiliates ist grundsätzlich sehr hoch. Wie die Haftung aussieht und welche besonderen Fälle der Haftung bereits Gegenstand von Gerichtsverfahren waren, möchten wir nachfolgend erläutern.

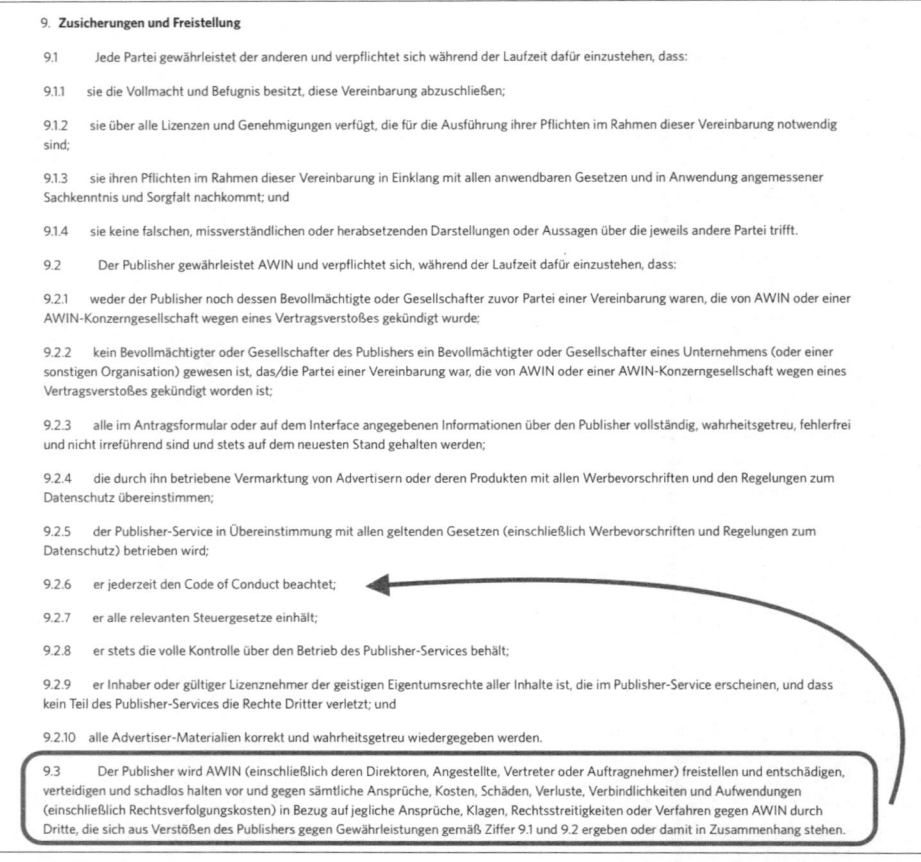

Abbildung 12.18 Vereinbarung zur Haftungsfreistellung in den AGB des Netzwerks »Awin«

12.4.1   Grundsätzliche Regelung der Haftung

Bereits im Jahr 2009 entschied der Bundesgerichtshof (Urteil vom 07.10.2009, Az. I ZR 109/06), dass Rechtsverstöße des Affiliates zum beherrschbaren Risiko des Advertisers gehören würden und ihm daher zurechenbar seien. Denn auch wer die Bewerbung seiner Internetseiten auslagere, sei für diese weiterhin verantwortlich. Der Grund dafür ist, dass es sich bei dem Affiliate um einen Beauftragten im Sinne des Wettbewerbs-, Marken- und Urheberrechtsgesetzes handele, für den der Advertiser als Unternehmer haftet. Ein Beauftragter im Sinne dieser Regelungen ist, wer, ohne Mitarbeiter zu sein, im oder für das Unternehmen eines anderen aufgrund eines vertraglichen oder anderen Verhältnisses tätig ist. Dies ist bei einem Affiliate eindeutig der Fall.

Praxisbeispiel

In dem oben genannten Verfahren vor dem Bundesgerichtshof stritten die Parteien um die Frage, ob der Advertiser für den Affiliate haftet. Der Streit entfachte sich dadurch, dass der Affiliate durch die Verwendung eines fremden Markenzeichens als Meta-Tag rechtswidrige Werbung für den Advertiser auf einer Domain geschaltet hatte, die zudem nicht bei dem Netzwerk angemeldet war. Der Inhaber des Markenzeichens verlangte daraufhin von dem Advertiser die Unterlassung der Zeichenbenutzung.

Dabei ist es unerheblich, ein unmittelbares Vertragsverhältnis zwischen Affiliate und Merchant besteht oder ob ein Affiliate-Netzwerk Verträge mit beiden Parteien abschließt. Denn eine Haftung besteht grundsätzlich auch dann, wenn ein Netzwerk zwischengeschaltet wird, das letztlich den Vertrag mit dem Affiliate abschließt.

Der Umstand, dass der Advertiser durch die Anmeldung in einem Netzwerk keinen unmittelbaren vertraglichen Einfluss mehr auf den Affiliate hat, kann nicht dazu führen, dass er besser gestellt wird als jener, der in einem direkten Vertragsverhältnis zum Affiliate steht. Schließlich hat der Advertiser sich diese Situation selbst ausgesucht, da er beispielsweise aus organisatorischen Gründen Vorteile aus der Zwischenschaltung eines Netzwerks hat.

Eine umgekehrte rechtliche Beurteilung hätte zudem nur die Konsequenz, dass alle Advertiser den Vertrag mit dem Affiliate durch das Netzwerk abschließen lassen würden, um sich der Haftung zu entziehen. Dies ist natürlich nicht im Sinne des Gesetzgebers.

Hinweis

Die Haftung des Advertisers erstreckt sich allerdings nur auf solche Affiliates, die bei ihm bzw. bei dem Netzwerk offiziell angemeldet sind. Der Advertiser haftet folglich nicht, wenn ein Affiliate rechtswidrige Werbung auf einer Domain schaltet, ohne beim Netzwerk angemeldet gewesen zu sein. In einem solchen Fall fehlt es am Element der *gewissen Risikobeherrschung*, sodass eine Verantwortlichkeit des Advertisers ausscheidet.

12.4.2   Haftung für verbotene Werbemaßnahmen

Nun stellt sich die Frage, ob Sie als Advertiser auch dann haften, wenn der Affiliate Werbemaßnahmen vornimmt, die Sie ihm ausdrücklich vertraglich untersagt haben, und Sie zudem keine Kenntnis davon haben, dass der Affiliate diese dennoch vornimmt. Zu denken ist da beispielsweise an irreführende Werbeaussagen durch den Affiliate.

> **Praxisbeispiel**
>
> Das Landgericht Karlsruhe (Urteil vom 30.01.2014, Az. 15 O 101/13) entschied über einen Fall, in dem der Affiliate eine irreführende Werbeaussage verwendet hatte, die nach dem Vertrag der beiden Parteien ausdrücklich verboten war. Die Produktwerbung an sich war vertraglich vereinbart. Im Innenverhältnis durfte allerdings nur mit Aussagen geworben werden, die der Advertiser freigegeben hatte. Daran hatte sich der Affiliate jedoch nicht gehalten, weshalb der Advertiser aufgrund eines Verstoßes gegen das Gesetz gegen den unlauteren Wettbewerb auf Unterlassung in Anspruch genommen wurde.
>
> Das Gericht hat in diesem Verfahren noch einmal bestätigt, dass ein Advertiser für die Handlungen seiner Affiliates in Anspruch genommen werden kann. Denn Innen- und Außenverhältnis seien rechtlich getrennt voneinander zu betrachten. Im Außenverhältnis sei der Advertiser voll verantwortlich, könne sich aber seinerseits beim Affiliate wegen Vertragsbruches schadlos halten.

Dies sehen jedoch nicht alle Gerichte so eindeutig. Dies zeigt sich zum Beispiel bei dem in der Praxis sehr relevanten Thema des unautorisierten Versands von Spam durch den Affiliate. Denn auch dies kann Ansprüche Dritter gegen den Advertiser auslösen, mit denen er sich dann auseinandersetzen muss.

Dass ein Affiliate ohne vertragliche Grundlage, gegen ein ausdrückliches Verbot und vor allem ohne jede Gegenleistung eine Werbung für ein Unternehmen betreibt, ist zwar auf den ersten Blick verblüffend, jedoch können die Gründe dafür vielfältig sein. Eine solche Vorgehensweise bedeutet nicht zwingend, dass sie vom Advertiser gewollt oder zumindest geduldet wird. Es stellt sich daher auch in diesen Fällen die Frage nach der Haftung des Advertisers.

> **Praxisbeispiel**
>
> Das Landgericht Stuttgart (Urteil vom 29.05.2013, Az. 13 S 200/12) entschied über einen Fall, in dem sich ein Advertiser an einem Affiliate-Netzwerk beteiligte. In Bezug auf die damit durchgeführte Online-Werbung untersagte er dem Affiliate ausdrücklich das Versenden von Spam-Mails. Doch dieser hielt sich nicht daran. Im Folgenden ging einer der Empfänger des Spams gegen den Advertiser vor und nahm ihn auf Unterlassung in Anspruch. Darüber hinaus verlangte er Ersatz der vorgerichtlichen Anwaltskosten – zu Unrecht, so das Gericht!
>
> Sowohl das Amtsgericht Stuttgart als auch das Landgericht Stuttgart verneinten eine Heranziehung des Advertisers, da ihm der rechtswidrige Versand von Spam nicht zugerechnet werden könne und er zudem seine Prüfungspflicht in Bezug auf rechtswidrige E-Mail-Werbung nicht verletzt habe. Er habe schließlich nicht gewusst, dass der Affiliate Spam verschickt habe. Zu berücksichtigen sei, dass er im Grunde seriöse Online-Werbung betrieben habe und Spam ausdrücklich untersagt habe. Eine

> Haftung scheide selbst dann aus, wenn er gewusst hätte, dass der Affiliate E-Mail-Werbung betrieben habe. Der Empfänger der Spam-Mail müsse daher direkt gegen den Versender der Spam-Mails vorgehen.

Wie Sie sehen, ist sich die Rechtsprechung bei diesem wichtigen Thema der Haftung noch nicht einig. Daher kann mangels höchstrichterlicher Urteile nicht genau gesagt werden, wie künftig andere Gerichte urteilen werden. Die Tendenz geht jedoch zu einer Haftung des Advertisers.

Hinweis

Bei einer Abmahnung sollten Sie sich daher gerade aufgrund der unklaren rechtlichen Situation durch einen Rechtsanwalt beraten lassen.

12.4.3   Prüfpflichten des Advertisers

Bedienen Sie sich als Advertiser eines Affiliates, so sind Sie nach Ansicht der Rechtsprechung zudem verpflichtet, den Affiliate stichprobenartig zu überwachen.

Praxisbeispiel

Der Advertiser kann die Website des Affiliates öffnen und regelmäßig kontrollieren, ob die dort sichtbare Werbung seinem Auftrag und den gesetzlichen Vorgaben entspricht.

Bei einer nicht vereinbarten Werbung im Internet besteht diese Kontrollmöglichkeit jedoch nur sehr eingeschränkt. Schließlich muss der Advertiser dann mit Suchprogrammen versuchen, die Werbung zu finden. Gibt es keine Anhaltspunkte dafür, dass der Affiliate nicht vereinbarte Werbung schaltet, wird von dem Advertiser auch kaum zu verlangen sein, dass er regelmäßig derartige Suchen durchführt.

12.4.4   Grenzen der Haftung

Die Regelungen zur Haftung gelten jedoch nicht unbegrenzt. So hat der Bundesgerichtshof (Urteil vom 07.10.2009, Az. I ZR 109/06) bereits entschieden, dass die Haftung des Advertisers dort ende, wo das Handeln des Affiliates nicht mehr seiner Geschäftsorganisation, sondern der des Affiliates selbst zuzurechnen ist. Denn der Advertiser hafte nur für diejenigen geschäftlichen Handlungen des Affiliates, die dieser im Zusammenhang mit dem Geschäftsbereich vornimmt, der dem Auftragsverhältnis zugrunde liegt. Dies gelte jedoch nur dann, wenn der Advertiser nicht damit rechnen muss, dass der Affiliate auch anderweitig für ihn tätig wird.

Damit haben Sie als Advertiser die Möglichkeit, der strengen Haftung zu entgehen, wenn Sie gut organisiert sind. Voraussetzung dafür ist jedoch, dass Sie den Geschäftsbereich des Affiliates bereits bei der Vertragsgestaltung begrenzen.

12.5   Checkliste Affiliate-Marketing: Alles beachtet?

Checkliste

▶ Haben Sie die unterschiedlichen Vertragskonstellationen im Hinblick auf die Rolle des Netzwerks verstanden?

▶ Haben Sie bei der Wahl des Netzwerks darauf geachtet, wie die Vertragskonstellation dort ist?

▶ Haben Sie die inhaltlichen Vorgaben zur Schaltung der Werbung möglichst genau festgelegt?

▶ Haben Sie sich Gedanken darüber gemacht, welches Abrechnungsmodell für Sie sinnvoll ist und wie Sie Missbrauch technisch verhindern können?

▶ Haben Sie ordentliche und außerordentliche Kündigungsrechte vereinbart?

▶ Haben Sie Regelungen zur Ihrer Haftungsfreistellung getroffen?

▶ Haben Sie Vertragsstrafen für Vertragsverletzungen des Affiliates vereinbart?

▶ Haben Sie sich mit den Grundsätzen Ihrer Haftung und den Möglichkeiten der Haftungsbeschränkung auseinandergesetzt?

Wenn Sie alle Fragen mit »Ja« beantworten können, dann kann es losgehen ...
Viel Erfolg!

Kapitel 13
Webanalyse

Wer macht was, wann und wo im Internet? Das ist die Mutter aller Fragen, wenn es um Webanalyse geht. Die Antworten darauf sind die Basis aller erfolgreichen Online-Marketing-Kampagnen. Denn wenn Sie beispielsweise wissen, woher die Besucher Ihrer Website oder Ihres Onlineshops kommen, wissen Sie auch, wo Sie in Zukunft gezielt werben müssen, um noch mehr Besucher zu erreichen. Webanalyse funktioniert aber umso besser, je mehr Daten Sie über das Nutzerverhalten Ihrer Website-Besucher haben. Doch die Erstellung solcher Nutzerprofile birgt rechtliche Gefahren, auf die wir in diesem Kapitel eingehen.

Nicht nur die Frage, woher die Besucher kommen, ist für Sie besonders interessant. Auch ist es für Sie sehr hilfreich zu wissen, wie lange die Besucher auf Ihrer Website verweilen, was sie sich dort wie lange anschauen und wo sie den Besuch abbrechen. Gerade wenn Sie einen Onlineshop betreiben, können Sie dieses Wissen nutzen, um zu sehen, wo eventuell in der Gestaltung des Shops Unklarheiten bestehen, die zum Kaufabbruch führen. Sie erkennen so, an welcher Stelle Sie die Besucher dazu animieren müssen, weiterhin auf Ihrer Website zu bleiben. Wenn Sie dann solche Informationen haben, können Sie Nutzerprofile zusammenstellen und so das maximale Potenzial aus Ihrer Website oder Ihrem Onlineshop herausholen (siehe Abbildung 13.1).

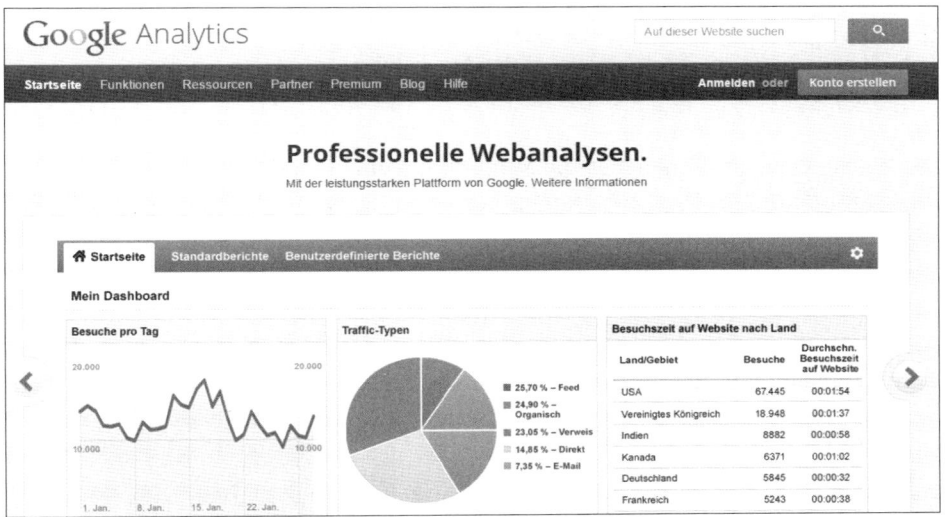

Abbildung 13.1 Webanalyse mithilfe von »Google Analytics«

Um an solche Daten zu gelangen, mussten Sie früher auf Umfragen zurückgreifen oder die Käufer mit Bewertungs-E-Mails belästigen. Heute gibt es jedoch verschiedene professionelle Anbieter von Webanalysesystemen, die das Nutzerverhalten systematisch beobachten und analysieren: *Google Analytics*, *Matomo* (ehemals *Piwik*) oder *etracker* sind dabei bekannte Webanalysetools, wobei das Angebot von Google mit Abstand am häufigsten genutzt wird (siehe Abbildung 13.2).

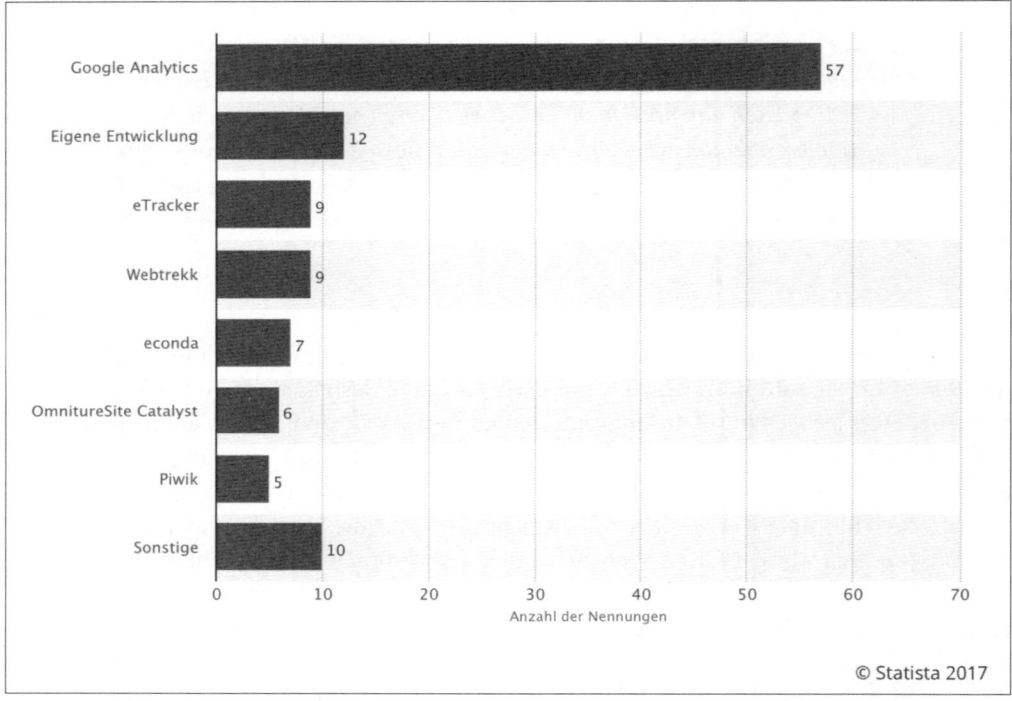

Abbildung 13.2 Welche Analysetools verwenden die führenden Unternehmen der Online-Welt?

Die Webanalyse gibt Ihnen also die Möglichkeit, eine Einschätzung und Bewertung Ihrer Produkte oder Dienstleistungen aus erster Hand zu erlangen, nämlich vom Kunden selbst – und das ganz ohne lästige Umfragen. Denn die zur Analyse eingesetzten Programme, sogenannte Tracking-Programme, erfassen das Verhalten der Nutzer auf unterschiedliche Art und Weise. Die technischen Möglichkeiten dieser Analysetools reichen weiter als die Protokollierung des Surfverhaltens allein: Die IP-Adresse und damit auch das Land, aus dem sich der Besucher einwählt, das verwendete Betriebssystem, der verwendete Browser oder die Bildschirmauflösung können ebenfalls festgestellt werden.

Diese Datenerfassung durch Analysetools ist datenschutzrechtlich jedoch bedenklich: Das bayerische Landesamt für Datenschutzrecht hat bei einer Überprüfung von mehreren Tausend Webseiten festgestellt, dass das Tracking-Tool oft nicht datenschutzkonform eingesetzt wird. So gab es zum Beispiel nur bei 3 % der Anbieter, die Google-Analytics eingesetzt haben, keine Beanstandungen. Damit haben 97 % der Nutzer das Programm rechtswidrig angewandt. Erneute Probleme könnten nun noch mit Inkrafttreten der europäischen Datenschutz-Grundverordnung entstehen. An dieser Stelle möchten wir in diesem Kapitel ansetzen und Ihnen Hilfestellungen dabei geben, die Webanalyse rechtskonform umzusetzen.

13.1   Wie lassen sich Webanalysetools rechtskonform einsetzen?

Webanalysetools gibt es viele: *Google Analytics*, *etracker* (siehe Abbildung 13.3), *econda*, *Webtrekk* und *Matomo* (ehemals *Piwik*) sind wohl die bekanntesten Beispiele. Teils kostenlos, teils gegen ein Entgelt analysieren die Anbieter das Online-Verhalten Ihrer Nutzer.

Damit Sie von der Webanalyse profitieren können, ist rein praktisch nur die Anmeldung beim Webanalyse-Anbieter nötig und gegebenenfalls noch die Zahlung eines Entgelts. Doch damit ist es für Sie noch nicht getan. Denn da die Webanalyse unter anderem auch personenbezogene Daten – insbesondere die IP-Adresse – Ihrer Nutzer speichert und analysiert, hat die Frage eines rechtskonformen Einsatzes lange Zeit für Streit gesorgt. Bevor wir nun auf die Rechtmäßigkeit des Einsatzes von Webanalyse-Tools im Detail eingehen, möchten wir Ihnen zunächst einmal die Grundsätze des rechtskonformen Umgangs mit IP-Adressen erläutern. Denn diese sind als personenbezogene Daten Dreh- und Angelpunkt der rechtlichen Auseinandersetzung.

Abbildung 13.3 Website des Webanalyse-Anbieters »etracker«

13.1.1   Der rechtskonforme Umgang mit den IP-Adressen der Website-Besucher

Eine IP-Adresse dient den verschiedenen Nutzern bzw. Geräten in einem Netzwerk wie dem Internet als eine Adresse, über die sie für andere Nutzer bzw. Geräte erreichbar sind. Sie ähnelt also einer Postanschrift. Die IP-Adresse wird den meisten Internetnutzern dabei von ihren jeweiligen Zugangsanbietern zugewiesen. Dabei ist zwischen sogenannten dynamischen und statischen IP-Adressen zu unterscheiden.

Dynamische IP-Adressen werden vom Provider zumeist bei jedem neuen Einwahlvorgang ins Internet neu vergeben. Ein Internetnutzer surft also häufig unter wechselnden IP-Adressen. Dies ist die Regel bei Privatkunden. Insbesondere Geschäftskunden haben jedoch in einigen Fällen mit ihren Providern vertraglich eine *statische IP-Adresse* vereinbart. Sie erhalten also jedes Mal dieselbe IP-Adresse.

Gerade im Hinblick darauf, dass IP-Adressen bei Privatnutzern in der Regel dynamisch sind und ohnehin nur wie eine anonyme Aneinanderreihung von Zahlen aussehen, ist vielen nicht bewusst, wie viele Daten sich tatsächlich hinter dieser Zahlenreihe verbergen. So können Sie über die IP-Adresse beispielsweise erfahren, von welchem Ort aus sich der Besucher einwählt (siehe Abbildung 13.4).

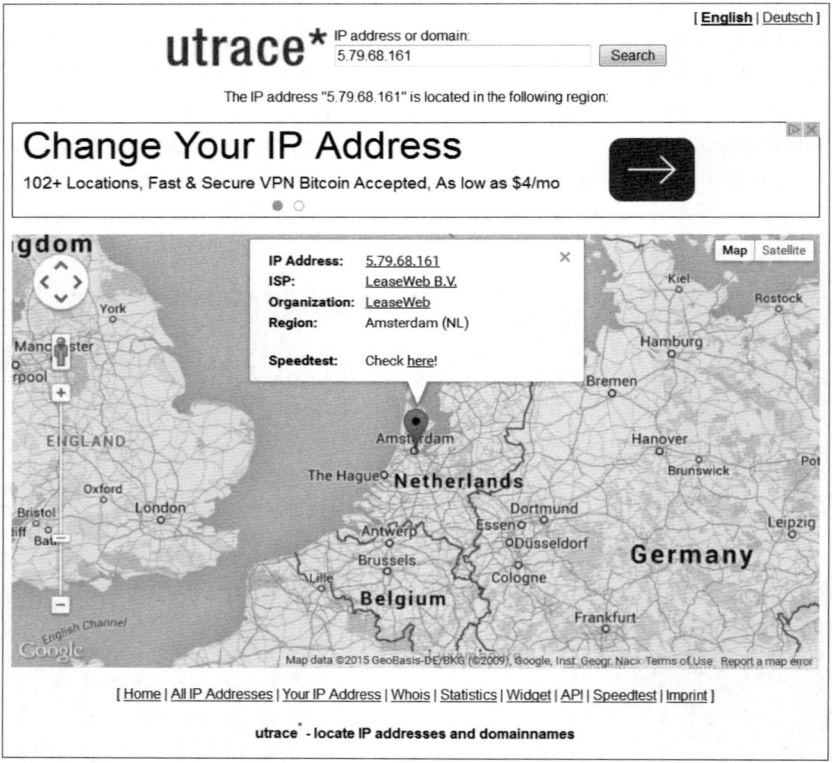

Abbildung 13.4 Die IP-Adresse dieses Website-Besuchers zeigt, dass er sich in Amsterdam befindet und von dort aus auf die Webseite zugreift.

Zu wissen, wo Ihre Website-Besucher geografisch herkommen, ist für Sie gerade dann wertvoll, wenn Sie lokal Werbung schalten möchten.

Praxisbeispiel

Schalten Sie als deutsches Unternehmen beispielsweise seit längerer Zeit Werbung auf Schweizer Webseiten, haben aber keine Zugriffe aus der Schweiz, so ist dies ein Zeichen dafür, dass Ihre Werbung die gewünschte Zielgruppe entweder nicht erreicht oder sie zwar erreicht, sie aber nicht zum Besuch Ihrer Website animieren kann. Mit dieser Information können Sie auf das Problem reagieren und beispielsweise zunächst die Strategie ändern. Gibt es dann noch immer keine Zugriffe, ist Ihr Produkt oder Ihre Dienstleistung auf dem Schweizer Markt eventuell nicht gefragt und Sie können sich die Kosten für weitere Werbemaßnahmen sparen.

Nun stellt sich die Frage, ob Sie die IP-Adressen so ohne Weiteres speichern und auswerten dürfen. Die Antwort darauf hängt primär davon ab, ob IP-Adressen personenbezogene Daten sind oder nicht. Ist dies der Fall, unterliegt der Umgang mit diesen Daten den strengen Regeln des Datenschutzrechts. Andernfalls bestehen keinerlei Bedenken.

Hinweis

Art. 4 DSGVO versteht unter dem Begriff »personenbezogene Daten« alle Informationen, die sich auf eine identifizierte oder identifizierbare natürliche Person (im Folgenden »betroffene Person«) beziehen. Eine Identifizierbarkeit sei danach dann gegeben, wenn eine natürliche Person *»direkt oder indirekt, insbesondere mittels Zuordnung zu einer Kennung wie einem Namen, zu einer Kennnummer, zu Standortdaten, zu einer Online-Kennung oder zu einem oder mehreren besonderen Merkmalen identifiziert werden kann, die Ausdruck der physischen, physiologischen, genetischen, psychischen, wirtschaftlichen, kulturellen oder sozialen Identität dieser natürlichen Person sind.«* Dazu zählen beispielsweise der Name, die Kreditkartennummer oder das Kfz-Kennzeichen.

Ob bzw. wann dynamische IP-Adressen zu den personenbezogenen Daten gezählt werden, war unter Juristen lange Zeit umstritten. Während eine Ansicht davon ausgeht, dass ein Datum immer dann personenbezogen sei, wenn irgendein Dritter das Datum einer Person zuordnen könne, vertrat eine andere Ansicht die Auffassung, dass ein Personenbezug nur dann bestehe, wenn die verarbeitende Stelle – in diesem Fall also das Webanalyse-Unternehmen – selbst in der Lage sei, mit üblichen Mitteln und unter vernünftigem Aufwand eine Zuordnung zu einer einzelnen Person vorzunehmen.

Diesen Streit hat der Europäische Gerichtshof (Urteil vom 19.10.2016, Az. C-582/14) inzwischen entschieden. Er hat festgelegt, dass die IP-Adresse immer dann ein personenbezogenes Datum darstellt, wenn rechtliche Möglichkeiten bestehen, um Seiten-nutzer anhand ihrer IP-Adresse identifizieren zu können. Aufgrund bestehender gesetzlicher Auskunftsansprüche, die gerichtlich gegenüber einem Internet-Provider durchgesetzt werden können, sieht der EuGH dies in Deutschland für möglich an. Damit sind IP-Adressen nach deutschem Recht personenbezogene Daten.

In der Praxis bedeutet dies nun, dass Sie grundsätzlich vor der Erhebung, Speiche-rung und Verarbeitung von IP-Adressen eine Einwilligung der Nutzer einholen soll-ten, wenn Sie sich nicht auf die gesetzliche Erlaubnis der Wahrnehmung berechtigter Interessen berufen können. Dass sich die Einholung einer Einwilligung in der Praxis nur schwierig und aufwendig umsetzen lässt, weiß auch der Gesetzgeber und gibt Ihnen die Möglichkeit, diese Pflicht zu umgehen, wenn Sie die IP-Adresse anonymi-sieren. Denn dann kann kein Personenbezug mehr hergestellt werden (siehe Abbil-dung 13.5).

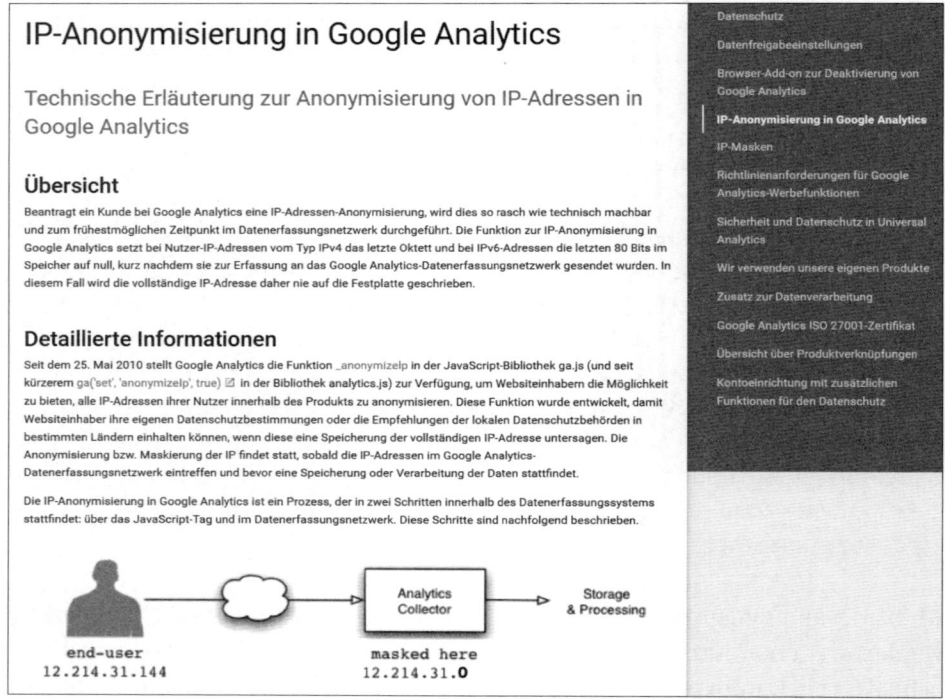

Abbildung 13.5 Information von Google Analytics zur Anonymisierung der IP-Adresse

Sie brauchen jedoch keine Sorge zu haben, dass die Verkürzung der IP-Adresse diese für Sie nutzlos macht. Denn Anonymisierungswerkzeuge verhindern eine Geolokali-sierung nicht, da dazu nicht die komplette IP-Adresse benötigt wird. Die IP-Adressen können also datenschutzkonform vor der Geolokalisierung verkürzt werden (siehe Abbildung 13.6).

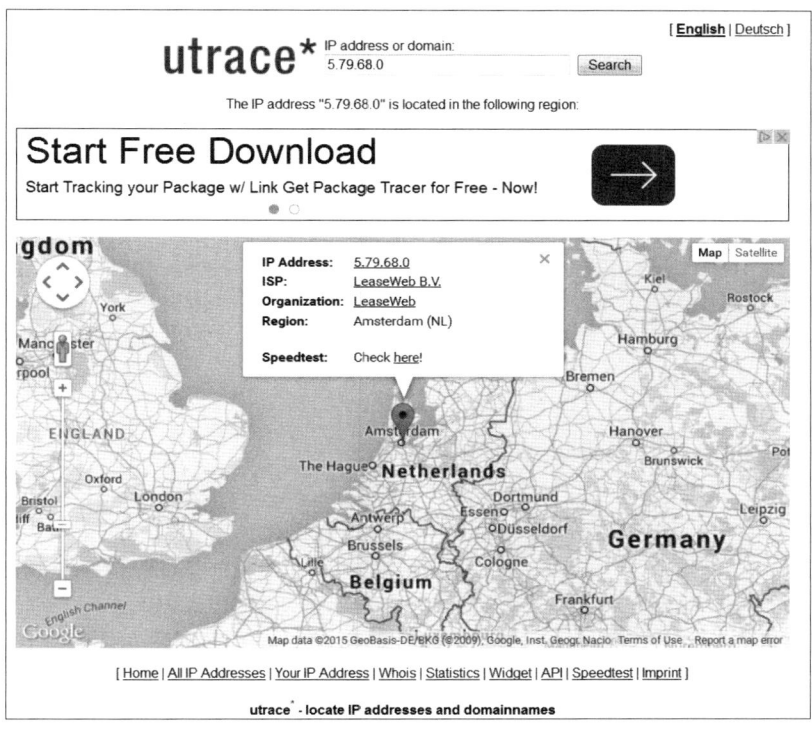

Abbildung 13.6 Obwohl die letzten drei Ziffern der IP-Adresse auf 0 gesetzt werden, ist noch zu erkennen, dass der Nutzer von Amsterdam aus auf die Webseite zugreift.

Die Anonymisierung der IP-Adressen der Nutzer erreichen Sie, indem Sie den Google-Analytics-Code durch `anonymizeIP` von Hand erweitern (siehe Abbildung 13.7). Auf diese Weise werden die letzten 8 Bit der IP-Adressen gelöscht und somit anonymisiert.

```
<script type="text/javascript">

var _gaq = _gaq || [];
_gaq.push(['_setAccount', 'UA-XXXXXXX-X']);
_gaq.push(['_gat._anonymizeIp']);
_gaq.push(['_trackPageview']);

(function() {
var ga = document.createElement('script'); ga.type = 'text/javascript';
ga.async = true;
ga.src = ('https:' == document.location.protocol ? 'https://ssl' :
'http://www') + '.google-analytics.com/ga.js';
var s = document.getElementsByTagName('script')[0];
s.parentNode.insertBefore(ga, s);
})();

</script>
```

Abbildung 13.7 Beispiel für einen datenschutzkonformen Tracking-Code

Nutzen Sie IP-Adressen ohne Einwilligung des Nutzers und ohne diese zu anonymisieren, so begehen Sie eine Ordnungswidrigkeit und riskieren ein Bußgeld.

Praxisbeispiel

Im Jahr 2009 speicherte der Medienjournalist Stefan Niggemeier auf seiner Website *www.stefan-niggemeier.de* IP-Adressen seiner Nutzer, ohne deren Einwilligung einzuholen, und erstellte damit Nutzungsprofile. Der Berliner Datenschutzbeauftragte untersagte ihm dies und rügte unter Bußgeldandrohung eine fehlende Unterrichtung über die Erhebung, Verwendung und Verarbeitung von Nutzerdaten auf Niggemeiers Website – zu Recht!

13.1.2   Die Zulässigkeit von Webanalyse-Tools

Im November 2009 hatte sich der *Düsseldorfer Kreis*, das bundesweite Gremium der Aufsichtsbehörden für den Datenschutz im nichtöffentlichen Bereich, zu den Voraussetzungen für eine datenschutzkonforme Ausgestaltung von Analyseverfahren zur Reichweitenmessung bei Internetangeboten geäußert (siehe *http://wbs.is/rom69* – Beschluss vom 26./27.11.2009).

Auf dieser Grundlage hat der hamburgische Beauftragte für Datenschutz und Informationsfreiheit federführend für die Aufsichtsbehörden in Deutschland Verhandlungen mit der Firma Google geführt und sich darüber verständigt, wie das Produkt angepasst werden muss, damit es die deutschen Nutzer datenschutzkonform einsetzen können (siehe *http://wbs.is/rom113* – Hinweise zur Onlineprüfung »Google Analytics«, Stand: April 2012). Als Ergebnis dieser Gespräche hat Google das Verfahren im Jahr 2011 dahingehend geändert, dass

- ▸ Google ein Deaktivierungs-Addon zur Verfügung gestellt hat, auf das die Website-Betreiber die Nutzer hinzuweisen haben und das die Nutzer auf ihrem Rechner installieren können, um von ihrem Recht auf Widerspruch gegen die Erfassung von Nutzungsdaten Gebrauch zu machen,

- ▸ auf Anforderung des Website-Betreibers die letzten acht Ziffern der IP-Adresse des Nutzers vor jeglicher Speicherung schon innerhalb von Europa gelöscht werden, sodass diese Daten nicht in die USA fließen und keine Identifizierung des Nutzers mehr möglich ist,

- ▸ Google mit den Website-Betreibern, die Google Analytics einsetzen wollen, zur Sicherstellung des ordnungsgemäßen Umgangs mit den Daten der Nutzer einen Vertrag zur Auftragsdatenverarbeitung nach den Vorschriften der Datenschutzgesetze abschließt.

Darüber hinaus erfordert ein rechtskonformer Umgang, dass Sie Ihre Datenschutzerklärung im Hinblick auf verwendete Analysetools erweitern. Was diese Anforderungen im Detail bedeuten und wie Sie diese umsetzen können, möchten wir Ihnen in diesem Abschnitt erläutern.

Achtung!

Wenn Sie sich nicht an die datenschutzrechtlichen Anforderungen halten, riskieren Sie hohe Bußgelder! Zudem kann darin auch ein Verstoß gegen das Wettbewerbsrecht gesehen werden. In der Folge könnten Verbraucherschutzverbände und auch Konkurrenten mit Abmahnungen und Unterlassungsklagen gegen Sie vorgehen.

Mit so einem Fall beschäftigte sich das Landgericht Hamburg im Jahr 2016 gleich zweimal (Beschluss vom 10.03.2016, Az. 312 O 127/16 sowie Beschluss vom 09.08.2016, Az. 406 HKO 120/16) und entschied, dass die Einbindung von Google Analytics ohne eine dahingehende Datenschutzbelehrung rechtswidrig ist. Daraufhin erließ das Gericht auf Antrag der Konkurrenz eine einstweilige Verfügung gegen die Webseiten-Betreiber.

Übrigens: Die Datenschutzbehörden des Bundes und der Länder halten – entgegen der Meinung vieler Juristen – sämtliche Formen des Trackings für einwilligungsbedürftig. Neben Google Analytics betrifft das auch den Facebook-Pixel. Was es damit genau auf sich hat, werden wir Ihnen noch im Rahmen der rechtlichen Beurteilung von Cookies erläutern (siehe Abschnitt 13.2).

13.1.3   Der Vertrag mit Google Analytics und Co.

Möchten Sie ein Webanalyseprogramm wie zum Beispiel Google Analytics rechtskonform nutzen, so müssen Sie als Auftraggeber mit Ihrem Webanalyse-Anbieter (also zum Beispiel Google) einen schriftlichen Vertrag zur Auftragsdatenverarbeitung abschließen.

Der Grund dafür steht im Gesetz: Da bei der Webanalyse in Ihrem Auftrag personenbezogene Daten, wie beispielsweise die IP-Adressen der Website-Besucher, erhoben werden, sieht das Datenschutzrecht vor, dass auch Sie es sind, der für die Einhaltung der Datenschutzvorschriften verantwortlich ist.

Das bedeutet, dass es zwar der Webanalyse-Anbieter ist, der die Daten erhebt, verarbeitet oder nutzt, dass Sie aber haften, wenn dieser sich nicht an die Vorschriften hält, da er nur in Ihrem Auftrag handelt. Aus diesem Grund sollten Sie als Website-Betreiber mit dem Webanalyse-Unternehmen einen schriftlichen Vertrag abschließen, der bestimmte gesetzlich vorgesehene Punkte der Auftragsdurchführung regelt. Auf diese Weise haben Sie die Möglichkeit, die Tätigkeit des Webanalyse-Unternehmens genau zu bestimmen und auch zu begrenzen, um so Verstöße gegen die Datenschutzvorschriften zu vermeiden.

Praxistipp

Für die Verwendung von Google Analytics fanden Sie bisher einen Entwurf eines solchen Vertrags auf der Webseite von Google – er gehört jedoch seit Inkrafttreten der Datenschutz-Grundverordnung der Vergangenheit an. Wenn Sie Google Analytics nun DSGVO-konform verwenden wollen, finden Sie auf der Website von Google den »Zusatz zur Datenverarbeitung« (siehe Abbildung 13.8), der den neuen Anforderungen der Datenschutz-Grundverordnung angepasst wurde und den Sie grundsätzlich auch elektronisch abschließen können (abrufbar unter *https://support.google.com/analytics/answer/3379636?hl=de*).

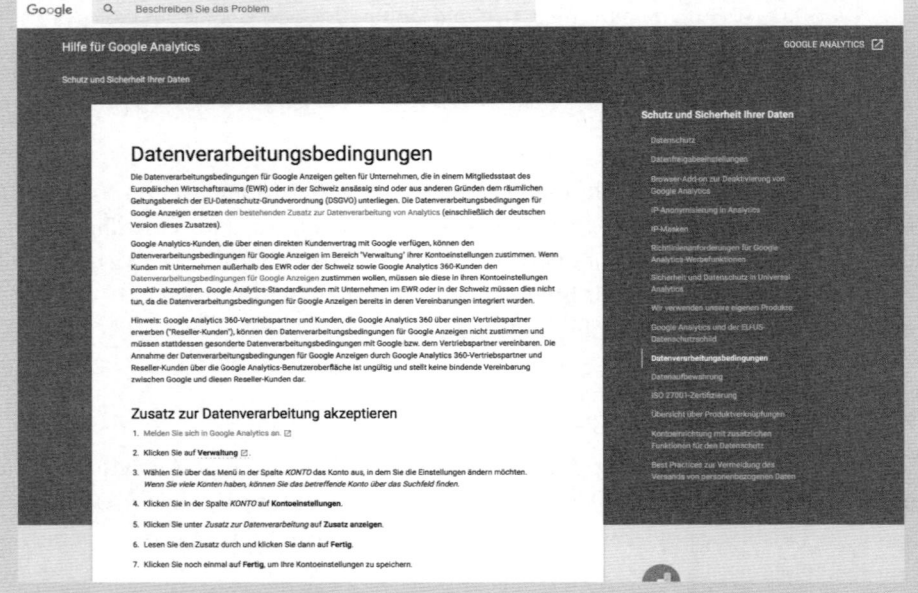

Abbildung 13.8 Datenverarbeitungsbedingungen für den Einsatz von Google Analytics

Der Gesetzgeber hat dabei klare Vorstellungen darüber, was der Vertrag zwischen Ihnen und dem Webanalyse-Unternehmen im Detail zu regeln hat, und hat diese in der Folge in der neuen Datenschutz-Grundverordnung in Art. 28 Abs. 3 normiert.

Achtung!

Für die Einhaltung der Datenschutzstandards sind Sie ebenso verantwortlich wie der Auftragsverarbeiter. Das bedeutet, dass Sie und der Auftragsverarbeiter gegenüber dem Betroffenen gemeinsam haften, wenn es zu Rechtsverstößen kommt. Sie haben jedoch die Möglichkeit, sich von der Haftung zu befreien, wenn es Ihnen gelingt, nachzuweisen, dass Sie in keinerlei Hinsicht für den Umstand verantwortlich sind, durch den der Schaden eingetreten ist.

Aus diesem Grund sollten Sie mit dem Webanalyse-Unternehmen einen schriftlichen Vertrag abschließen, der bestimmte gesetzlich vorgesehene Punkte der Auftragsdurchführung regelt. Auf diese Weise haben Sie die Möglichkeit, die Tätigkeit des Webanalyse-Unternehmens genau zu bestimmen und auch zu begrenzen, um so Verstöße gegen die Datenschutzvorschriften zu vermeiden und Zuwiderhandlungen nachzuweisen.

Nach Art. 28 Abs. 3 DSGVO, der in weiten Teilen dem bis dato geltenden § 11 Bundesdatenschutzgesetz ähnelt, muss der Vertrag folgende Inhalte umfassen:

- Gegenstand und Dauer des Auftrags
- Umfang, Art und Zweck der vorgesehenen Erhebung, Verarbeitung oder Nutzung von Daten, Art der Daten und Kreis der Betroffenen
- zu treffende technische und organisatorische Maßnahmen
- Berichtigung, Löschung und Sperrung von Daten
- bestehende Pflichten des Auftragnehmers (Vertraulichkeit, Kontrollen, Unterstützung bei Anfragen und Ansprüchen Betroffener)
- etwaige Berechtigung zur Begründung von Unterauftragsverhältnissen
- Ihre Kontrollrechte und die entsprechenden Duldungs- und Mitwirkungspflichten des Auftragnehmers
- mitzuteilende Verstöße des Auftragnehmers oder der bei ihm beschäftigten Personen gegen Vorschriften zum Schutz personenbezogener Daten oder gegen die im Auftrag getroffenen Festlegungen
- Umfang der Weisungsbefugnisse, die Sie sich gegenüber dem Auftragnehmer vorbehalten
- Rückgabe überlassener Datenträger und die Löschung beim Auftragnehmer gespeicherter Daten nach Beendigung des Auftrags

Hinweis

Generell sollten Sie beachten, dass Sie alle Bestandteile des Vertrags genau daraufhin überprüfen sollten, ob diese Ihren Interessen gerecht werden. Denn die Bedürfnisse einzelner Website- oder Webshop-Betreiber können stark variieren. Daher sollten Sie die Grenzen der Datenerhebung individuell festlegen. Vermeiden Sie dabei abstrakte Formulierungen, und übernehmen Sie keine fremden Vertragsmuster.

Von besonderer Bedeutung für Sie ist dabei die Vereinbarung zur Datenerhebung. Dieser Teil des Vertrags beschäftigt sich damit, welche Art von Daten bei der Analyse erhoben werden, in welchem Umfang dies erfolgt sowie in welcher Art und zu welchem Zweck die Daten verwendet werden. Darüber hinaus wird auch geregelt, wer von der Datenerhebung betroffen ist.

Dieser Aspekt ist für Sie deshalb von besonderer Bedeutung, weil Sie hier die Möglichkeit haben, die Tätigkeit des Webanalyse-Unternehmens genau zu bestimmen und vor allen Dingen auch zu begrenzen. Gerade die Begrenzung der Datenerhebung ist wichtig, damit Sie Ihren datenschutzrechtlichen Pflichten gerecht werden. Denn als Betreiber der Website oder des Onlineshops sind Sie für den Umgang mit den Daten Ihrer Besucher auch dann verantwortlich, wenn Sie Dritte mit der Analyse beauftragen.

> **Hinweis**
>
> Die Datenschutz-Grundverordnung führt jedoch dahingehend eine neue Regelung ein, dass der Auftragsverarbeiter gemäß Art. 28 Abs. 10 DSGVO selbst zum Verantwortlichen wird, wenn er gegen Ihre Weisungen bezüglich des Zwecks und der Mittel der Datenverarbeitung verstoßen hat.

Da Sie jedoch grundsätzlich der Hauptverantwortliche bleiben, sollten Sie den beauftragten Webanalyse-Unternehmen keine unbegrenzte Befugnis zum Datensammeln einräumen. Andernfalls müssen Sie mit Konsequenzen rechnen, zum Beispiel mit hohen Geldbußen.

> **Achtung!**
>
> Bei der Datenerhebung müssen Sie insbesondere beachten, dass das Webanalyse-Unternehmen nicht das Recht erhält, die erhobenen Daten mit weiteren Daten wie Klarnamen oder Bankinformationen zusammenzuführen!

Da Sie praktisch keine Möglichkeit haben, die erforderlichen datenschutzrechtlichen Vorgaben einzuhalten, sollten Sie diese vertraglich Ihrem Webanalyse-Unternehmen auferlegen. Denn dies allein kann die Anforderungen umsetzen.

Zu Ihren Pflichten gehört zum Beispiel,

- dafür zu sorgen, dass die Mitarbeiter zur Einhaltung des Datengeheimnisses angehalten werden,
- ordnungsgemäß einen Datenschutzbeauftragten zu bestellen, sofern dies gesetzlich erforderlich ist,
- mit den Aufsichtsbehörden zu kooperieren und
- die Erteilung eines Hinweises auf die strafrechtliche Haftung bei einer vorsätzlichen Schädigungshandlung.

Zudem sollten Sie schriftlich vereinbaren, dass das Webanalyse-Unternehmen die Daten nach Beendigung der Auftragsdatenverarbeitung wieder löschen muss. Werden jedoch etwaige Aufbewahrungspflichten gewünscht, so müssen Sie diese auch individuell aushandeln.

> **Achtung!**
>
> Beachten Sie, dass Sie sich nach Abschluss des Vertrags nicht entspannt zurücklehnen können. Denn als Auftraggeber obliegen Ihnen auch weiterhin Kontrollpflichten zum Schutz der personenbezogenen Daten.

Jedoch können Sie Ihren Kontrollpflichten nur dann nachkommen, wenn der Auftragsverarbeiter Sie auch über Probleme informiert. Sobald Sie von Rechtsverstößen Kenntnis erlangen, müssen Sie die Aufsichtsbehörden und die Betroffenen informieren – so sieht es der Gesetzgeber vor. Aus diesem Grund sollten Sie vertraglich vereinbaren, dass der Auftragnehmer Ihnen Verstöße gegen geltendes Recht mitzuteilen hat, damit Sie Ihrerseits Ihrer Meldepflicht nachkommen können. Denn andernfalls droht Ihnen der erhöhte Geldbußenrahmen des Art. 83 Abs. 4 lit. a DSGVO mit einer Höhe von bis zu 10.000.000 € oder 2 % Ihres gesamten weltweit erzielten Jahresumsatzes!

13.1.4 Datenschutzerklärung

Wie Sie bereits feststellen konnten, dreht sich bei der Webanalyse alles um Daten. Aus diesem Grund spielt rechtlich an dieser Stelle die Datenschutzerklärung auf Ihrer Website eine besonders wichtige Rolle. Was dies im Hinblick auf Analysetools bedeutet, möchten wir Ihnen in diesem Abschnitt erläutern.

> **Hinweis**
>
> Als Betreiber von Internetseiten oder Onlineshops sind Sie aufgrund der datenschutzrechtlichen Bestimmungen bei der Verarbeitung und Nutzung von personenbezogenen Daten verpflichtet, den Kunden über jede Art, den Umfang und Zweck der Erhebung, Verarbeitung und Nutzung personenbezogener Daten sowie über sein Widerspruchsrecht zu unterrichten.

Nutzen Sie Webanalysesysteme wie Google Analytics, so müssen Sie die Besucher Ihrer Website bzw. Ihres Onlineshops darüber informieren.

Denn der Besucher muss selbst entscheiden können, ob er mit der Erhebung und Verwendung seiner Daten einverstanden ist, und ihr unter Umständen widersprechen können. Dies kann er aber nur, wenn er darüber auch informiert wird. Aus diesem Grund müssen Sie den Besucher detailliert auf die Verwendung von Webanalysesystemen hinweisen. Dazu bietet sich die Datenschutzerklärung an (siehe Abbildung 13.9).

8) Google Analytics

Wir nutzen auf unserer Webseite Google Analytics, einen Webanalysedienst der Google Inc. („Google"), 1600 Amphitheatre Parkway, Mountain View, CA 94043, USA.

Google Analytics verwendet sogenannte „Cookies", Textdateien, die auf Ihrem Gerät gespeichert werden und die eine Analyse der Benutzung der durch Sie besuchten Webseiten ermöglichen. Google Analytics kann auch sogenannte Web Beacons (nicht sichtbare Grafiken) verwenden. Durch diese Web Beacons können Informationen wie der Besucherverkehr auf Webseiten ausgewertet werden. Die durch Cookies und Web Beacons erzeugten Informationen über die Benutzung unserer Webseite (einschließlich der IP-Adresse der Nutzer) werden an einen Server von Google, möglicherweise in den USA oder anderen Drittstaaten, übertragen und dort gespeichert. Diese Informationen können von Google an Vertragspartner von Google weiter gegeben werden.

Informationen zur vorhandenen Privacy-Shield-Zertifizierung von Google und weiteren relevanten Daten zur Datenverarbeitung durch Google im Rahmen der Nutzung der Google Dienste finden Sie in dieser Datenschutzerklärung unter dem Abschnitt „6) Informationen zu Google-Diensten".

Folgende Datenarten werden von Google verarbeitet:

- Online-Kennzeichnungen (einschließlich Cookie-Kennungen)
- IP-Adresse
- Gerätekennungen

Darüber hinaus finden Sie weitere detaillierte Informationen zu den verarbeiteten Informationen unter https://www.google.com/intl/de/policies/privacy/#infocollect unter „Daten, die wir aufgrund Ihrer Nutzung unserer Dienste erhalten", sowie unter https://privacy.google.com/businesses/adsservices/.

Wir setzen Google Analytics nur mit aktivierter IP-Anonymisierung („anonymize IP") ein. Hierdurch wird Ihre IP-Adresse von Google innerhalb von Mitgliedstaaten der Europäischen Union oder in anderen Vertragsstaaten des Abkommens über den Europäischen Wirtschaftsraum gekürzt. Nur in Ausnahmefällen wird die volle IP-Adresse an einen Server von Google in den USA übertragen und dort gekürzt.

Weiterhin haben wir für den Einsatz von Google Analytics mit Google einen Vertrag zur Auftragsverarbeitung geschlossen (Art. 28 DSGVO). Google verarbeitet die Daten in unserem Auftrag, um Ihre Nutzung der Webseite auszuwerten, um Reports über die Webseitenaktivitäten für uns zusammenzustellen und weitere mit der Webseitennutzung und der Internetnutzung verbundene Dienstleistungen uns gegenüber zu erbringen. Google kann diese Informationen gegebenenfalls an Dritte übertragen, sofern dies gesetzlich vorgeschrieben ist oder soweit Dritte diese Daten im Auftrag von Google verarbeiten.

Durch die Einbindung von Google Analytics verfolgen wir den Zweck, das Nutzerverhalten auf unserer Webseite zu analysieren und hierauf reagieren zu können. Dadurch können wir unser Angebot kontinuierlich verbessern.

Rechtsgrundlage für die hier beschriebene Verarbeitung personenbezogener Daten ist Art. 6 Abs. 1 lit. f) DSGVO. Unser hierfür erforderliches berechtigtes Interesse liegt dabei in dem großen Nutzen, den die oben beschriebenen Funktionen für unser Angebot haben. Die statistische Auswertung des Nutzerverhaltens ermöglicht uns insbesondere eine interessengerechte Reaktion und Optimierung unseres Angebots.

Im Rahmen der Auftragsverarbeitung ist Google berechtigt, Subunternehmer zu beauftragen. Eine Liste dieser Subunternehmer können Sie unter https://privacy.google.com/businesses/subprocessors/ finden.

Widerspruchsrecht

Ihnen steht ein Widerspruchsrecht zu. Hierzu können Sie die Verarbeitung Ihrer Daten durch Google verhindern, indem Sie das unter dem folgenden Link verfügbare Browser-Plug-In herunterladen und installieren: https://tools.google.com/dlpage/gaoptout?hl=de

Auch können Sie die Erfassung durch Google Analytics verhindern, indem Sie auf folgenden Link klicken. Es wird ein Opt-Out-Cookie gesetzt, das die zukünftige Erfassung Ihrer Daten beim Besuch dieser Webseite verhindert: Google Analytics deaktivieren.

Darüber hinaus können Sie die Erfassung der Daten durch Web Beacons verhindern, indem Sie das unter folgendem Link verfügbare Add-On für den jeweiligen Browser herunterladen und installieren: https://adblockplus.org/

Weiterhin können Sie Ihre Cookie-Einstellungen ändern (z.B. Cookies löschen, blockieren u.a.). Weitere Informationen hierzu finden Sie unter „5) Cookies".

Abbildung 13.9 Beispiel für eine Datenschutzerklärung mit Hinweis auf die Verwendung des Webanalysesystems »Google Analytics«

Sie müssen jedoch beachten, dass Sie den Nutzer über alle Analysesysteme informieren müssen, die Sie verwenden. Nutzen Sie mehrere Systeme, müssen Sie Angaben zu jedem einzelnen Webanalysetool in Ihrer Datenschutzerklärung bereithalten (siehe Abbildung 13.10). Andernfalls ist Ihre Datenschutzerklärung nicht rechtskonform.

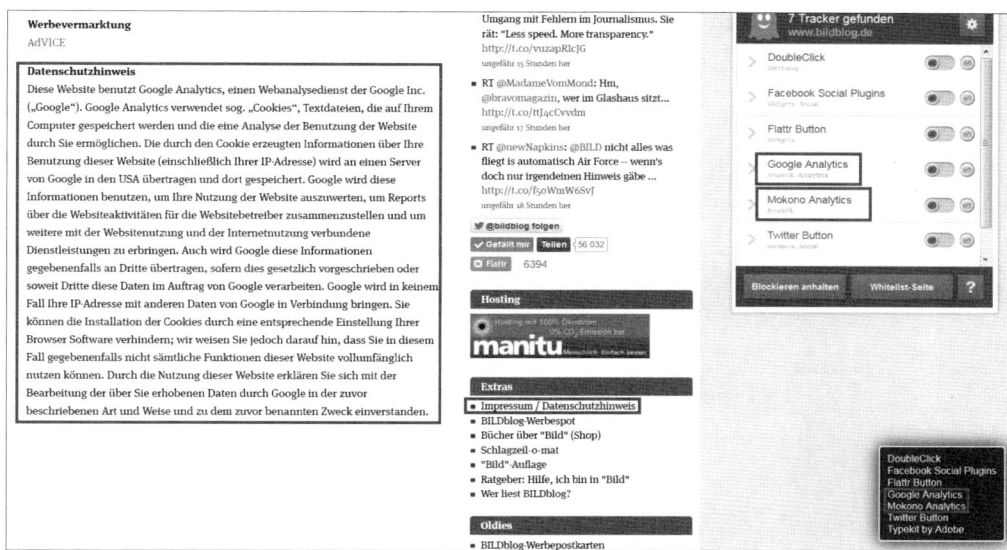

Abbildung 13.10 Diese Website beschränkt ihre Datenschutzerklärung auf die Verwendung von »Google Analytics«; Angaben zu dem Webanalyse-Tool »Mokono Analytics« fehlen dagegen trotz Verwendung.

Eine ausführliche Datenschutzerklärung ist nicht nur aus rechtlicher Sicht erforderlich, sondern auch zu empfehlen, um Transparenz zu schaffen. Schließlich reagieren Website-Besucher zunehmend empfindlich, wenn es um ihre Daten geht. Durch einen offenen Umgang können Sie Vertrauen zu Ihren Besuchern aufbauen. Dazu bietet es sich an, auch über die Gründe der Datenerhebung aufzuklären.

> **Hinweis: Rechtstexter**
>
> Der von der Rechtsanwaltskanzlei »Wilde Beuger Solmecke« in Kooperation mit »Trusted Shops« entwickelte »Rechtstexter« hilft Ihnen dabei, Ihre Datenschutzerklärung auch um den Hinweis zu erweitern, dass Sie »Google Analytics« verwenden. Der Rechtstexter wird Ihnen auf der Webseite *http://wbs.is/romrechtstexter* kostenlos zur Verfügung gestellt. Auf diese Weise können Sie sich günstig, einfach und sicher vor Abmahnungen schützen.

In der praktischen Umsetzung müssen Sie beachten, dass Sie die Besucher über die Verwendung der Daten zu Beginn der Nutzung des Online-Angebots umfassend informieren. Dabei kann die Unterrichtung zentral in einer von jeder Seite aus erreichbaren Datenschutzerklärung erfolgen. Der entsprechende Link sollte mit DATENSCHUTZ, DATENSCHUTZERKLÄRUNG oder DATENSCHUTZINFORMATIONEN bezeichnet werden.

Alternativ kann auch eine Kundeninformationsseite eingerichtet werden. In diesem Fall sollte dann der Link DATENSCHUTZ auf den Abschnitt mit den entsprechenden Angaben verweisen. In jedem Fall muss die Datenschutzerklärung aber mit einem Klick erreichbar sein (siehe Abbildung 13.11).

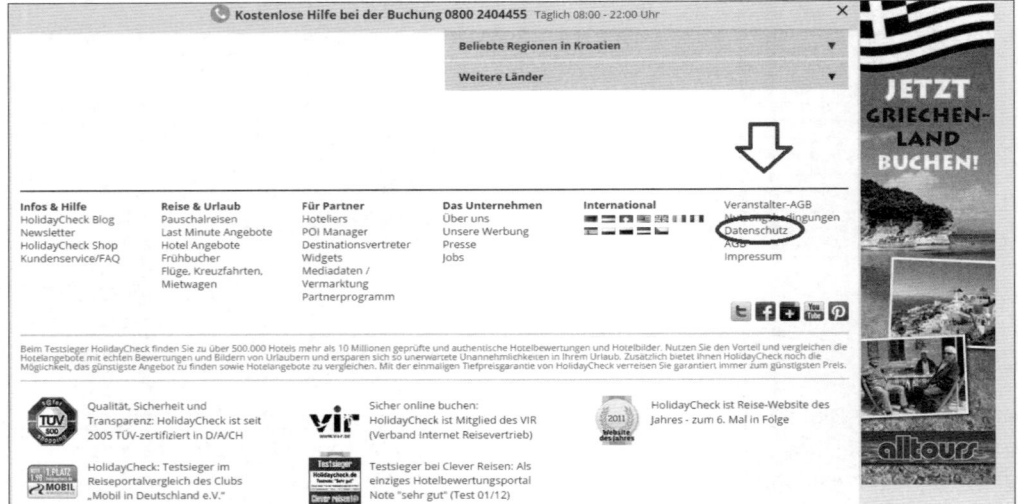

Abbildung 13.11 Beispiel für einen rechtskonformen Datenschutzhinweis auf der Website »holidaycheck.de«

Achtung!

Die Datenschutzerklärung darf nicht im Impressum oder in den Allgemeinen Geschäftsbedingungen versteckt sein! Wir empfehlen Ihnen eine separate Seite, auf die Sie am Kopf oder am Fuß der Webseite hinweisen.

13.1.5   Widerspruch gegen die Verwendung von Analysetools

Weiterhin müssen die Besucher Ihrer Webseite auch die Möglichkeit haben, der Erhebung und Verwendung ihrer Daten zu widersprechen. Denn grundsätzlich kann jeder selbst entscheiden, ob Daten über ihn erhoben werden oder nicht. Dieses Recht ist sogar in der Verfassung verankert. Aus diesem Grund sieht der Gesetzgeber vor, dass Sie als Website-Betreiber grundsätzlich die Einwilligung der Nutzer einholen müssen, bevor Sie deren Daten erheben und nutzen.

Eine Ausnahme davon ist nur dann vorgesehen, wenn die erhobenen Daten pseudonymisiert werden. Wenn Sie, wie empfohlen, den Programmcode so eingestellt haben, dass das Webanalyse-Unternehmen den Auftrag zur Kürzung der IP-Adressen erhält, so liegt eine Pseudonymisierung der Daten vor (siehe Abschnitt 13.1.1). Dies hat den Vorteil, dass die Besucher Ihrer Website in die Anwendung von Webanalysesystemen nicht mehr einwilligen müssen, sondern nur noch darauf hingewiesen werden müssen.

Da die Besucher aber dennoch selbst entscheiden können sollen, ob sie analysiert werden möchten, müssen Sie ihnen auch die Möglichkeit des Widerspruchs geben. Denn die Anonymisierung entbindet Sie nicht von der Pflicht, dem Nutzer eine Möglichkeit des Widerspruchs einzuräumen!

Praxisbeispiel

Gegenstand eines Verfahrens vor dem Landgericht Frankfurt (Urteil vom 18.02.2014, Az. 3-10 O 86/12) war die Website »Phraseexpress«, ein Anbieter für Textbausteinverwaltung. Ihm wurde von einem Konkurrenten vorgeworfen, er nutze das heute unter dem Namen »Matomo« bekannte Analysetool »Piwik«, ohne die Besucher auf eine Widerspruchsmöglichkeit hinzuweisen.

Das Gericht entschied, dass diese Praxis rechtswidrig sei, da trotz Kürzung auf die letzten beiden Ziffernblöcke technisch die Möglichkeit bestehe, die mit der Software *»erstellten Nutzerprofile mit einer Nutzer- oder Abrufstatistik bezogen auf die jeweilige Homepage zu vergleichen und so – mit einer hohen Wahrscheinlichkeit – eine Zuordnung zu den IP-Adressen vorzunehmen«.*

Die Widerspruchsmöglichkeit muss für den Nutzer einfach zu erreichen sein. Wir empfehlen Ihnen daher, diese in der Datenschutzerklärung unterzubringen. Dies gelingt durch einen Link zum Deaktivierungs-Addon (siehe Abbildung 13.12).

Abbildung 13.12 Browser-Addon zur Deaktivierung von »Google Analytics«

Sie müssen jedoch beachten, dass Browser-Addons nicht bei jedem Browser bzw. jedem Endgerät funktionieren. Daher sollten Sie Ihre Datenschutzerklärung zusätzlich mit einem Opt-out-Cookie versehen. Dieser sollte für den Nutzer deutlich erkennbar und leicht zugänglich sein (siehe Abbildung 13.13).

Sie haben die Möglichkeit, den von Ihnen verwendeten Internetbrowser so einzustellen, dass eine Speicherung von Cookies nicht erfolgt. M
lassen bereits in der Grundeinstellung Cookies zu. Sollten Sie die nicht wünschen, können Sie diese Einstellung Ihres Browsers ändern. Wie di
entnehmen Sie bitte den Angaben des Herstellers Ihres Browsers. Sofern Sie sich gegen Cookies entscheiden, kann es vorkommen, dass Teile
Internetangebotes nicht genutzt werden können.

c. Eingabe von Daten / Online-Formulare

Auf einigen Seiten können Sie in Eingabefelder personenbezogene Daten wie zum Beispiel Ihren Namen und Ihre Adresse eingeben. Diese D
nur zur Korrespondenz mit Ihnen und zu dem Zweck verarbeitet, zu dem Sie uns die Daten überlassen haben. Eine darüber hinausgehende
Verarbeitung oder Nutzung Ihrer personenbezogenen Daten erfolgt - außer in den Fällen, wo wir durch gesetzliche Vorschriften dazu verpf
nur, wenn Sie uns hierzu eine Einwilligung erteilt haben. Auf einigen Webseiten haben Sie die Möglichkeit, eine solche Einwilligung zu erteile
Ihnen von uns jeweils der Zweck angegeben, zu dem die Daten im Falle Ihrer Einwilligung erhoben und verarbeitet werden. Ihre Einwilligun
selbstverständlich freiwillig. Und Sie können jede erteilte Einwilligung jederzeit mit Wirkung für die Zukunft widerrufen.

3. Webanalysetools

Wir setzen im Zusammenhang mit unseren Internetseiten Technologien ein, um Informationen zu Art und Umfang der Nutzung unserer Seit
zu können (sog. Tracking-Tools).

Zur Webanalyse verwenden wir die nachfolgend genannten Dienste. Wenn Sie mit der Datennutzung durch den jeweiligen Dienstleister nich
einverstanden sind, können Sie die Webanalyse deaktivieren. Wie eine solche Deaktivierung erfolgen kann, ist bei dem einzelnen Dienst beschrieben.

a. etracker WebAnalytics und Campaign Control

Auf dieser Website werden mit Technologien der etracker GmbH (www.etracker.com) Daten zu Marketing- und Optimierungszwecken gesammelt und
gespeichert. Aus diesen Daten können unter einem Pseudonym Nutzungsprofile erstellt werden. Hierzu können Cookies eingesetzt werden. Bei Cookies
handelt es sich um kleine Textdateien, die lokal im Zwischenspeicher des Internetbrowsers des Seitenbesuchers gespeichert werden. Die Cookies
ermöglichen die Wiedererkennung des Internetbrowsers.
Die mit der etracker-Technologien erhobenen Daten werden ohne die gesondert erteilte Zustimmung des Betroffenen nicht dazu benutzt, den Besucher
dieser Website persönlich zu identifizieren und nicht mit personenbezogenen Daten über den Träger des Pseudonyms zusammengeführt. Der
Datenerhebung und -speicherung kann jederzeit mit Wirkung für die Zukunft widersprochen werden.

Abbildung 13.13 Einbindung der Widerspruchsmöglichkeit in die Datenschutzerklärung

> **Hinweis**
>
> Erläuterungen zur Einrichtung des Browser-Addons gibt Google Ihnen auf seiner Webseite für Entwickler (*http://wbs.is/rom71*).

Bieten Sie diese Widerspruchsmöglichkeit nicht oder an der falschen Stelle, gehen Sie das Risiko einer Abmahnung ein, zum Beispiel durch Mitbewerber. Denn wenn sie die Widerspruchsmöglichkeit nicht sehen, können unwissende Besucher nicht von ihrem Widerspruchsrecht Gebrauch machen. Dies hat für Sie den Vorteil, dass Sie mehr Besucherverhalten analysieren können und so bessere Optimierungsmaßnahmen auf Ihrer Website vornehmen können, die Ihnen letztlich bessere Absatzchancen ermöglichen. Dies wäre allerdings ein unlauterer Wettbewerbsvorteil gegenüber Konkurrenten, die das Analysetool rechtskonform nutzen und daher unter Umständen auf weniger Besucherdaten zugreifen können.

> **Achtung!**
>
> Auch nach dem Wirksamwerden der Datenschutz-Grundverordnung könnten sich im Hinblick auf die praktische Umsetzung des Widerspruchsrechts noch Änderungen aus der derzeit noch verhandelten EU-e-Privacy-Verordnung ergeben, die aufgrund speziellerer Regelungen Vorrang vor der Datenschutz-Grundverordnung haben. Hier sind Änderungen geplant, die Sie im Blick behalten sollten! Abonnieren Sie dazu unseren Newsletter (*www.wbs-law.de*): Auf unserer Kanzlei-Website finden Sie täglich neue Artikel und Meldungen aus der Welt des Datenschutzrechts. Dort können Sie

auch unseren wöchentlichen Newsletter abonnieren. Sie bekommen so alle aktuellen Themen per E-Mail geliefert – auch zur e-Privacy-Verordnung!

13.1.6   Löschen von Altdaten

Haben Sie auch vor der rechtskonformen Einbindung des Analysetools Profile verwendet, so sollten Sie diese löschen. Denn dies fordert die Datenschutzbehörde. Verwenden Sie also beispielsweise Google Analytics, so bedeutet dies konkret, dass Sie ein neues Konto anlegen und das alte Konto löschen müssen.

Hinweis

Wir empfehlen Ihnen, die dargestellte Vorgehensweise einzuhalten. Andernfalls müssen Sie mit Konsequenzen wie Abmahnungen oder Bußgeldern rechnen. Sollte hinsichtlich der rechtlichen Details Unsicherheit bestehen, so lohnt es sich, den Rat eines Datenschutzexperten einzuholen.

13

13.2   Online-Targeting, Retargeting und Remarketing: Ist es erlaubt, die Zielgruppe mittels Tracking-Technologien (wieder) zu finden?

Während die Zielgruppe bei den klassischen Medien nur sehr schwer bestimmt werden kann, ist dies im Internet deutlich einfacher. Der Grund dafür sind die Daten, die Internetnutzer – anders als die Nutzer klassischer Medien – bereitwillig von sich preisgeben. So bieten beispielsweise Profile auf sozialen Netzwerken allerhand Informationen, die Sie sich als Werbender zunutze machen können, um mit Ihrer Werbung genau Ihre Zielgruppe anzusprechen. Die Informationen reichen dabei von persönlichen Daten (Alter oder Geschlecht) über geografische Angaben (Wohnort) bis hin zu Informationen aus dem Nutzerverhalten (die besuchten Seiten).

Schalten Sie nun beispielsweise Werbung in sozialen Netzwerken, bieten diese Daten Ihnen die Möglichkeit, Ihre Werbung nur relevanten Personengruppen anzuzeigen und so Streuverluste zu minimieren. Das heißt, dass Kosten für Werbung vermieden werden, die sich an die »falsche« Zielgruppe richtet.

Diese gezielte Auslieferung von Werbung im Netz wird als *Online-Targeting* bezeichnet und ist nur auf Grundlage der Nutzerdaten möglich, die beim sogenannten *Tracking* erfasst werden. Dazu müssen Sie zuvor eine klare Zielgruppendefinition vornehmen. Im Anschluss daran wird das Surfverhalten der Nutzer verfolgt, gespeichert und analysiert (siehe Abbildung 13.14).

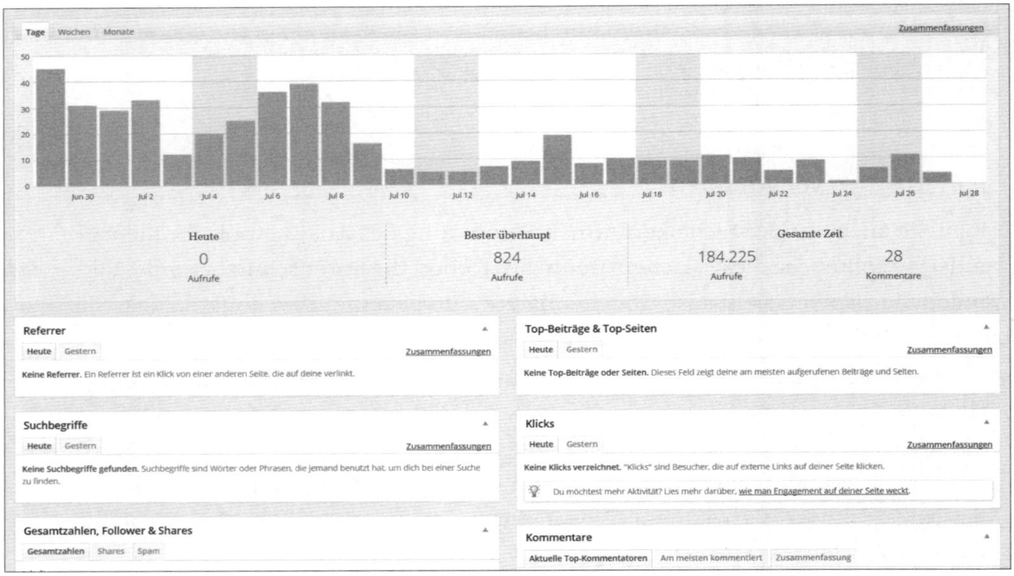

Abbildung 13.14 Auswertung der Besucherzahlen des WordPress-Blogs

Die Webanalyse ermöglicht es Ihnen nicht nur, die Zielgruppe zu finden, sondern auch, die »verloren gegangene« Zielgruppe wiederzufinden. Dabei versuchen Anbieter wie »Criteo«, »ValueClick« oder »mediascale«, die Besucher Ihres Onlineshops, die sich dort zwar Produkte angesehen haben, die Seite jedoch ohne einen Kauf wieder verlassen haben, im Netz wiederzufinden und ihnen die Produkte noch einmal in Erinnerung zu rufen (beispielsweise durch gezielte Bannerwerbung), um sie so zum Kauf zu motivieren (siehe Abbildung 13.15).

Abbildung 13.15 Website des Retargeting-Anbieters »Criteo«

638

Retargeting ist also die gezielte Ansprache eines Webseitenbesuchers, um ihn zurück auf die Website zu holen und doch noch zum Kauf zu bewegen.

Praxisbeispiel

Schauen Sie sich beispielsweise in dem Onlineshop von »baby-walz« ein Kinderdirndl an, verlassen den Shop aber, ohne das Produkt zu kaufen, um auf »GMX« Ihre E-Mails zu checken, so erscheint auf der Webseite von »GMX« eine Bannerwerbung von »baby-walz«, die Ihnen genau das Dirndl noch einmal zeigt (siehe Abbildung 13.16).

Abbildung 13.16 Onlineshop von »babywalz«

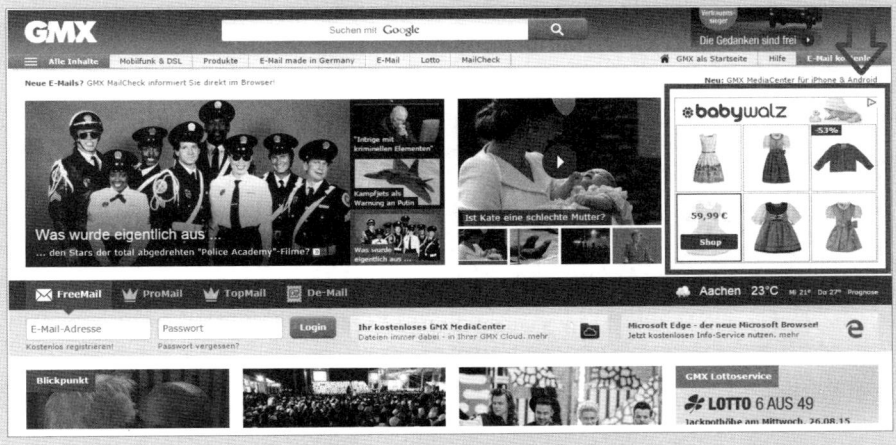

Abbildung 13.17 Einblendung der Bannerwerbung beim E-Mail-Dienst »GMX«

Dieses Vorgehen wird nicht nur direkt im Anschluss an den Besuch durchgeführt, sondern teilweise über Wochen hinweg auf den verschiedensten Webseiten. Dies ist für den Besucher besonders dann nervig, wenn er das Produkt gar nicht mehr benötigt, da er es beispielsweise schon bei einem anderen Anbieter gekauft hat. Und völlig sinnlos ist die werbende Ansprache, wenn der Besucher das Produkt schon längst bei dem Werbenden gekauft hat und trotzdem noch mit dessen Werbeschaltungen bombardiert wird.

Hinweis

Empfinden Besucher Ihre Werbung als nervig, dann ist dies für Sie unter Marketinggesichtspunkten nicht förderlich. Daher empfehlen wir Ihnen, die Anzahl der Werbeschaltungen gering zu halten. Bei dem Anbieter »Criteo« zum Beispiel können Sie dazu Kappungsgrenzen einrichten, die vorsehen, dass der Nutzer maximal drei-, fünf- oder zehnmal Retargeting-Werbung zu sehen bekommt und danach nicht mehr.

Wer diese Marketing-Instrumente noch nicht verwendet hat, fragt sich an dieser Stelle womöglich, wie das überhaupt geht. Targeting gelingt, indem verschiedenste Tracking-Technologien eingesetzt werden. Doch wie funktioniert Tracking eigentlich? Das Zauberwort lautet dabei: Cookies! Rechtlich sind Cookies nicht ganz unproblematisch, und das führt derzeit aufgrund der noch in Abstimmung befindlichen e-Privacy-Verordnung bei ihren Anwendern vielfach zu Verunsicherung. Was Cookies überhaupt sind, wie sie im Rahmen des Trackings technisch sowie (im Hinblick auf die neue Datenschutz-Grundverordnung) rechtlich sicher eingesetzt werden können und was sich daran mit der e-Privacy-Verordnung ändern könnte, erläutern wir Ihnen in diesem Abschnitt.

Hinweis

Internetnutzer haben die Möglichkeit, den Wunsch nach anonymem Surfen zu äußern, indem sie im Browser die Do-not-track-Funktion aktivieren (siehe Abbildung 13.18). Damit übermitteln sie den besuchten Webseiten, dass sie nicht getrackt werden möchten. Das funktioniert bei Google Chrome genauso wie bei Firefox, Opera, Internet Explorer oder Safari. Dieser Wunsch ist jedoch nicht verbindlich. Deutlich effektiver sind da Tracking-Blocker wie »Privacy Badger« oder »Ghostery«. Aber auch Werbeblocker wie »AdBlock Plus« verhindern, dass Sie die Nutzer tracken können.

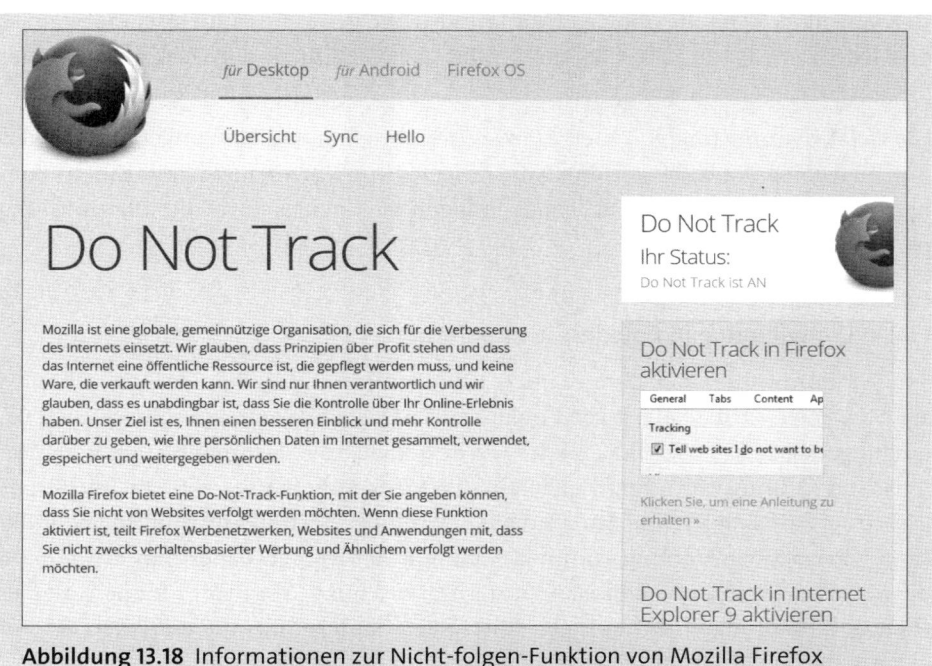

Abbildung 13.18 Informationen zur Nicht-folgen-Funktion von Mozilla Firefox

13.2.1   Der Einsatz von Cookies zu Tracking-Zwecken

Cookies stehen im Zentrum der rechtlichen Auseinandersetzung um die Zulässigkeit von Online-Targeting-Maßnahmen. *Cookies* sind kleine Datenpakete, die auf dem Rechner eines Nutzers installiert werden, wenn dieser eine bestimmte Website besucht. Beim nächsten Besuch derselben Seite übermittelt die Datei dem Anbieter der Website ungefragt die Daten, die mit dem Cookie gespeichert wurden. Dies können Anmeldedaten einer verschlüsselten Seite sein oder aber auch Informationen über das bisherige Nutzerverhalten.

Diese Datenpakete können entweder personenbezogen (also unter Angabe individueller Daten des Nutzers) sein oder aber anonym, wobei ein Nutzerprofil ohne identifizierende Angaben gebildet wird. Da Cookies regelmäßig Online-Kennungen enthalten, benötigen diejenigen, die Cookies einsetzen möchten, auch nach dem Inkrafttreten der Datenschutz-Grundverordnung entweder eine Einwilligung des Betroffenen oder eine andere gesetzliche Ausnahmevorschrift, die ihnen den Einsatz von Cookies auch ohne Betroffenen-Einwilligung erlaubt. Schließlich soll mit Cookies ja gerade eine Wiedererkennbarkeit hergestellt werden – auf diese Weise werden personenbezogene Daten verarbeitet. Dass es sich dabei um Pseudonyme handelt, spielt im Rahmen der Datenschutz-Grundverordnung zunächst keine Rolle.

Der Anwender kann die Cookies zwar grundsätzlich einsehen und löschen, wenn er dies jedoch nicht tut, hat er keinen Einfluss auf den Inhalt der Cookie-Daten oder ihren späteren Empfänger.

Die Gefahr von nicht gelöschten Cookies besteht eben in dieser ungefragten Übermittlung von privaten Daten, durch die Anbieter ihre Nutzer quasi »ausspähen« können. Datenschutzrechtliche Relevanz erlangen die Cookies durch die Übermittlung personenbezogener Daten.

13.2.2   Einwilligung in Cookies: Ja oder Nein?

Seit Wirksamwerden der Datenschutz-Grundverordnung stellen Sie sich sicherlich auch die Frage, ob das Setzen von Cookies zulässig ist und wenn ja, unter welchen Bedingungen. Denn das Thema Cookies wurde gerade im Zusammenhang mit der Datenschutz-Grundverordnung vielfach in den Medien thematisiert. Tatsächlich ist es jedoch so, dass gravierende Änderungen erst mit der noch in Abstimmung befindlichen e-Privacy-Verordnung kommen könnten. Wir werden daher nun erst einmal die aktuelle Rechtslage gemessen an der Datenschutz-Grundverordnung untersuchen und Ihnen dann im nächsten Abschnitt erläutern, was die e-Privacy-Verordnung in diesem Zusammenhang verändern könnte.

Hinweis: Alte Rechtslage

Der europäische Gesetzgeber sah in der unter dem Namen »Cookie-Richtlinie« bekannt gewordenen Richtlinie 2009/136/EG seit dem Jahr 2011 eine einheitliche Regelung vor, die noch im gleichen Jahr in nationales Recht umgesetzt werden sollte. Nach dieser Richtlinie muss der Nutzer bei den meisten Cookies vorher seine Einwilligung geben. Dies gilt nicht nur für solche Cookies, die personenbezogene Daten sammeln, sondern auch für anonymisierte Daten.

Während viele EU-Staaten die Cookie-Richtlinie bereits in ihr nationales Gesetz übernommen hatten, ist dies in Deutschland trotz Kritik vonseiten der Datenschutzbeauftragten des Bundes und der Länder nie geschehen. Nun ist eine Umsetzung auch nicht mehr erforderlich: Seit Inkrafttreten der Datenschutz-Grundverordnung entscheidet das europäische Gesetz über die Rechtmäßigkeit des Einsatzes von Cookies.

Cookies unter der Datenschutz-Grundverordnung

Cookies fallen grundsätzlich unter den weiten Anwendungsbereich der Datenschutz-Grundverordnung. Denn Art. 4 Nr. 1 DSGVO greift ausdrücklich die »Kennnummer« und die »Online-Kennung« als personenbeziehbare Daten auf. Somit sind davon auch Cookies umfasst, die eine Identifizierung des Gerätes des Nutzers ermöglichen. Dies kann bereits ausreichen, um eine Zuordnung zu ermöglichen.

Dazu führte die *Artikel-29-Datenschutzgruppe* aus: »*Die Person kann also ohne Kenntnis ihres Namens und ihrer Adresse anhand sozioökonomischer, psychologischer, philosophischer oder sonstiger Kriterien kategorisiert und mit bestimmten Entscheidungen in Zusammenhang gebracht werden, da der Kontaktpunkt der Person (Computer) die Offenlegung ihrer Identität im engeren Sinn nicht mehr zwingend erfordert. Mit anderen Worten setzt die Identifizierbarkeit einer Person nicht mehr die Kenntnis ihres Namens voraus.*« (Art. 29 Datenschutzgruppe – Stellungnahme 4/2007 zum Begriff »personenbezogene Daten«, 01248/07/DE, WP 136, S. 16).

Hinweis

Die Artikel-29-Datenschutzgruppe (engl. Article 29 Data Protection Working Party) ist das unabhängige Beratungsgremium der EU-Kommission in datenschutzrechtlichen Fragestellungen. Die rechtliche Grundlage dieser Gruppe geht auf die europäische Datenschutzrichtlinie (95/46/EG) zurück, die inzwischen durch die Datenschutz-Grundverordnung ersetzt wurde. Diese neue Gesetzeslage hat zudem zur Folge, dass seit dem 25. Mai 2018 die Art. 29-Datenschutzgruppe durch ihren Rechtsnachfolger, den Europäischen Datenschutzausschuss, abgelöst wurde. Dieser besteht jedoch derzeit noch nur auf dem Papier. Hier sollten Sie weitere Entwicklungen mitverfolgen – auch im Hinblick auf die Frage, ob der Europäische Datenschutzausschuss der bisherigen Rechtsauffassung der Artikel 29-Datenschutzgruppe folgen wird.

Zum rechtskonformen Einsatz von Cookies enthält die Datenschutz-Grundverordnung keinerlei spezielle Regelung. Als Rechtmäßigkeitsgrundlage für die Nutzung von Cookies kommen daher das berechtigte Interesse gemäß Art. 6 Abs. 1 lit. f DSGVO und die (freiwillige) Einwilligung gemäß Art. 6 Abs. 1 lit. a DSGVO in Betracht.

Im Rahmen des berechtigten Interesses ist eine Interessenabwägung gemäß Art. 6 Abs. 1 lit. f DSGVO durchzuführen. Ob Ihre berechtigten Interessen gegenüber denen der Betroffenen überwiegen, hängt maßgeblich von der Art des Cookies ab. Zu unterscheiden ist dabei zwischen *nutzerfreundlichen Cookies* und *webanalysierenden Cookies*, die zu Werbezwecken in Form des Targetings bzw. Retargetings eingesetzt werden.

Nutzerfreundliche Cookies dienen primär dem Zweck, die Website beispielsweise mit einem Warenkorb-Cookie anwendungsfreundlich zu gestalten, weshalb in diesem Fall die Interessen des Werbetreibenden die Schutzinteressen des Website-Besuchers regelmäßig überwiegen werden. Anders kann dies hingegen bei einem Cookie zur Website-Analyse aussehen. Hierbei hängt die Interessenabwägung von der konkreten Ausgestaltung des Cookies ab und davon, ob der Betroffene diese Art der Datenverarbeitung erwarten konnte.

Achtung!

Eine Interessenabwägung wird bei aggressiven Cookies wie dem *Evercookie* nicht zu-gunsten des Werbetreibenden ausfallen. Denn ein Evercookie nutzt alle Speicher-möglichkeiten und wird daher nicht bloß einfach, sondern mehrfach und in verschie-denen Formen abgespeichert. Löscht der Nutzer eine Form des Evercookies, erstellen die übrigen eine neue Kopie. Nur wenn alle Formen des spezifischen Evercookies gleichzeitig gelöscht werden, wird eine Reproduktion unterbunden. Damit muss der Besucher einer Website oder eines Online-Shops jedenfalls sicher nicht rechnen!

Auch bedarf es weiterhin keiner Einwilligung, wenn der Cookie technisch erforder-lich ist, um den jeweiligen Dienst zu erbringen, und der Nutzer den Dienst ausdrück-lich gewünscht hat (*Session-Cookie*, zum Beispiel bei einem Warenkorb) oder wenn der Betreiber der Website den Cookie nur benötigt, um eine Nachricht über ein elek-tronisches Kommunikationsnetz zu übertragen. In diesen Fällen reicht auch in Zu-kunft ein einfacher Datenschutzhinweis.

Hinweis

Diese differenzierte Betrachtungsweise hat kürzlich auch die Konferenz der unab-hängigen Datenschutzbehörden des Bundes und der Länder (DSK) in einem am 26. April 2018 veröffentlichten Positionspapier zur Grundlage der rechtlichen Beurtei-lung von Cookies zugrunde gelegt (*http://wbs.is/dsk-cookie*).

Nach Auffassung der DSK komme es für die Beurteilung der Rechtmäßigkeit des Ein-satzes von Cookies maßgeblich darauf an, ob die Verarbeitung unbedingt erforder-lich ist, um den Dienst zur Verfügung zu stellen. Ist dies der Fall, können sich Web-site-Betreiber auf die Erlaubnisnormen des Art. 6 Abs. 1 lit. b DSGVO (z. B. zur Erfüllung eines Vertrages) und Art. 6 Abs. 1 lit. f DSGVO (berechtigtes Interesse an der Verarbeitung) stützen. Da Tracking-Cookies oder Nutzerprofile jedoch nicht unter diese Erlaubnisnormen gefasst werden könnten, bedürfe es stets einer vollinformier-ten vorherigen Einwilligung entsprechend den Anforderungen der Datenschutz-Grundverordnung. Dabei sollen einzelne Einwilligungen eingeholt werden. Eine um-fassende Einwilligung für alle Zwecke dürfte damit nicht ausreichen.

Manche Website-Betreiber nehmen daher nun schon eine Unterteilung der Cookie-Arten im Cookie-Banner vor. Dies ist jedoch lediglich die Auffassung der DSK und hat keinerlei bindende Wirkung für die Rechtsprechung. Gerichte können also durchaus eine andere Auffassung vertreten. Ob dies passieren wird, bleibt abzuwarten.

Diese Rechtsauffassung führt in der Praxis zu Problemen. Denn letztlich bedeutet dies, dass Cookies in der Regel nur noch gesetzt werden dürfen, wenn der Nutzer vor-her umfassend über die Funktionsweise des Cookies informiert worden ist und sich damit einverstanden erklärt hat. Im Umkehrschluss darf natürlich kein Cookie gesetzt werden, sofern der Nutzer sich nicht damit einverstanden erklärt hat.

> **Hinweis**
>
> Die Annahme, dass ein Nutzer schon dadurch konkludent in die Verwendung von Cookies einwilligt, dass er in den Browser-Einstellungen Cookies zulässt, wird in Deutschland als nicht ausreichend erachtet, da die Browser zumeist so voreingestellt sind, dass Cookies standardmäßig zugelassen werden.

Wie genau dies in der Praxis erfolgen soll, dazu schweigt die Datenschutz-Grundverordnung. Denkbar sind letztlich verschiedene Varianten. Sie alle kennen die bisher im Einsatz gewesenen Cookie-Banner, die einem in den verschiedensten Ausgestaltungen begegnet sind. Wir möchten an dieser Stelle einmal die Gelegenheit nutzen und diese – gerade im Hinblick auf die Anforderungen der Datenschutz-Grundverordnung – auf ihre Rechtssicherheit hin überprüfen.

Bisher am häufigsten angetroffen haben auch Sie sicherlich die Websites, die ein Cookie-Banner mit einer Hinweisfunktion enthalten, auf dem man die Schaltfläche mit der Beschriftung »OK« anklicken musste (siehe Abbildung 13.19).

Abbildung 13.19 Wer mit der Verwendung von Cookies auf dieser Website einverstanden ist, klickt auf »OK«.

Andere Websites zeigen ein bloßes Hinweis-Banner an, das man lediglich durch Klick auf die Schaltfläche »X« schließen konnte. Der weitere Besuch der Website war dann als konkludente Einwilligung zu verstehen (siehe Abbildung 13.20).

Ein solcher Hinweis auf Cookies ist jedoch nur dann rechtskonform, wenn es sich um solche Cookies handelt, die zwangsläufig für den Betrieb der Seite notwendig sind oder für die es möglicherweise ein berechtigtes Interesse geben kann – nicht hingegen für webanalysierende Cookies.

Abbildung 13.20 Wer auf der Website der Bekleidungsmarke »Esprit« weitersurft, akzeptiert die Verwendung von Cookies.

Ein Cookie-Banner mit einem Opt-out-Verfahren für Webanalysen (siehe Abbildung 13.21) ist nur dann ausreichend, wenn Sie pseudonymisierte Nutzerprofile zu Werbezwecken, aus Gründen der Marktforschung oder der bedarfsgerechten Gestaltung der Seite gespeichert haben und zu Nutzungsprofilen zusammenführen. Es stellt sich jedoch die Frage, inwieweit eine Pseudonymisierung oder Anonymisierung der Daten sinnvoll ist, wenn das Ziel des Trackings doch gerade die Identifizierung des Nutzers ist.

Das rechtssicherste Vorgehen, um eine vollinformierte freiwillige Einwilligung einzuholen, ist die Variante, bei der der Betroffene weiterhin beim erstmaligen Aufrufen einer Seite auf die Nutzung von Cookies hingewiesen wird. Zudem muss ein Hinweis auf die Datenschutzerklärung erfolgen, in der die Nutzung von Cookies und der damit verbundene Sinn und Zweck der Datenspeicherung und Datennutzung ausführlich beschrieben wird. Im Sinne der Transparenz können auch noch weitere Informationen zu den genutzten Cookies erfolgen. Zu guter Letzt darf der Hinweis auf das Widerspruchsrecht nicht vergessen werden (siehe Abbildung 13.22).

Abbildung 13.21 Hier sehen Sie ein Beispiel für ein Opt-out-Verfahren auf der Website des Unternehmens »activeMind«.

Abbildung 13.22 Der »EXPRESS« weist den Besucher auf die zahlreichen Zwecke zur Verwendung von Cookies hin, ebenso wie auf sein Widerspruchsrecht.

Die Einholung einer Einwilligung stellt jedoch auch das (technisch) aufwendigste Vorgehen dar, da sichergestellt sein muss, dass die betroffene Person vor dem Setzen eines Cookies einwilligt und dass dies protokolliert wird. Dies dürfte in der Regel nur durch eine vorgeschaltete Website möglich sein (siehe Abbildung 13.23).

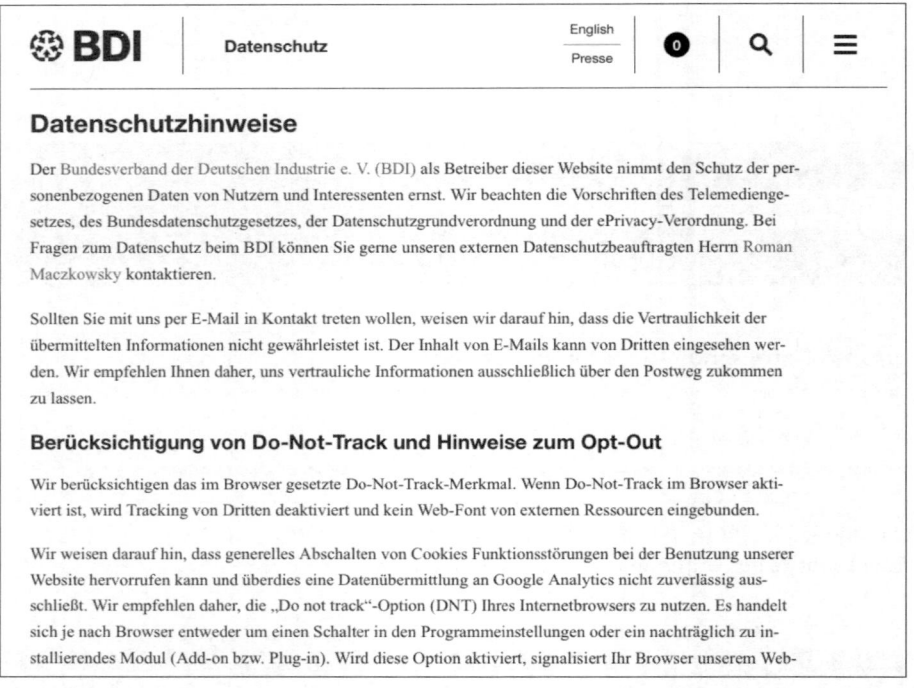

Abbildung 13.23 Wer die Website des »Bundesverbandes der Deutschen Industrie e. V.« besuchen möchte, dem wird als Erstes der Datenschutzhinweis angezeigt.

Hinweis

Ein weiteres maßgebliches Problem ist, dass es gerade bei Analysediensten wie *Google Analytics* nicht möglich ist, eine vollinformierte transparente Einwilligung einzuholen, da nicht abschließend bekannt ist, welche personenbezogenen Daten von diesen Diensten genau verarbeitet werden.

Dies ist insbesondere im Hinblick auf das neue Urteil des Europäischen Gerichtshofs (Urteil vom 05.06.2018, Az. C-210/16) problematisch. In diesem hatten die europäischen Richter entschieden, dass Betreiber von Facebook-Fanpages und die Plattform Facebook selbst gemeinsam für Datenschutzverstöße haften (siehe Abschnitt 7.5.4). Dieses Urteil hat Konsequenzen für Facebook und die gesamte Internetlandschaft, da es zeigt, dass die Nutzer von Plattformen oder Diensten sich keinesfalls damit entschuldigen können, dass ihnen die erforderlichen Informationen gar nicht zu Verfügung stehen.

Die Rechtsprechung bezieht sich zwar nur auf Facebook, sie lässt sich jedoch auf sämtliche Konstellationen übertragen, in denen nutzergenerierte Inhalte genutzt werden, um Daten zu sammeln und zu verarbeiten. Dies könnte also ebenso Google Analytics sowie Seiten bei Twitter oder YouTube betreffen. Es bleibt abzuwarten, wie sich die Situation hier langfristig entwickelt. Denkbar ist, dass die großen Plattformbetreiber sich schützend vor ihre Nutzer stellen. Ebenso kann es auch sein, dass die Datenschutzbehörden sich in erster Linie an die Plattformbetreiber halten. Jedoch bleibt das Schreckensszenario, dass auch die Nutzer in die Haftung genommen werden. Diese Konstellation hat der Europäische Gerichtshof mit seinem Urteil ermöglicht.

Möglicher Einfluss der europäischen e-Privacy-Verordnung

Ursprünglich sollte die e-Privacy-Verordnung im Mai 2018 in Kraft treten – rechtzeitig mit Wirksamwerden der Datenschutz-Grundverordnung. Doch dieser Termin konnte nicht eingehalten werden. Angesichts der noch ausstehenden sogenannten *Trilog-Verhandlungen* zwischen EU-Kommission, EU-Parlament und dem Rat der europäischen Union wird er sich wahrscheinlich auf das Jahr 2019 verschieben. Erst im Rahmen dieser Verhandlungen wird die endgültige Fassung gefunden werden. Danach haben die Mitgliedstaaten auch die Möglichkeit, die einzelnen Regelungen der finalen Version der e-Privacy-Verordnung weiter zu präzisieren, um eine effektive Anwendung und Auslegung der Regelungen dieser Verordnung in ihrer eigenen Rechtsordnung zu gewährleisten.

Dennoch ist schon jetzt klar, dass die e-Privacy-Verordnung den Einsatz von Cookies beeinflussen wird. Denn das Setzen von Cookies zu Werbezwecken fällt in den Regelungsbereich der europäischen Verordnung, deren äußerst nutzerfreundlicher Entwurf im Oktober 2017 vom EU-Parlament verabschiedet wurde. Sollten die derzeit geplanten Regelungen tatsächlich in dieser Gestalt auch in Kraft treten, dann steht das Setzen von Cookies künftig generell unter einem Verbot mit Erlaubnisvorbehalt. Das bedeutet, dass Sie als Betreiber von Websites Cookies in Zukunft nur noch dann rechtskonform einsetzen können, wenn das Gesetz dies erlaubt oder der Nutzer ausdrücklich eingewilligt hat.

Hinweis

Die e-Privacy-Verordnung hat im Hinblick auf eine Einwilligungspflicht nur die Cookies im Blick, die zu Werbezwecken gesetzt werden. Von diesen möglichen Neuerungen nicht betroffen sind daher die in Unternehmen besonders relevanten *Session-Cookies*, mit denen beispielsweise die Online-Shop-Bestellungen des Kunden in einem Warenkorb zusammengestellt werden. Denn Cookies, die für den ausdrücklich gewünschten Dienst eindeutig erforderlich sind, sollen dem Entwurf entsprechend einwilligungsfrei sein.

Damit überlässt der Gesetzgeber diese Entscheidung dem Nutzer und macht seine Einwilligung zum Dreh- und Angelpunkt der Rechtskonformität von Werbemaßnahmen. Praktisch hat dies zur Folge, dass Sie dann bereits beim ersten Aufrufen der Seite eine Einwilligung des Betroffenen per Opt-in-Verfahren einholen und ihn über seine jederzeitige Widerspruchsmöglichkeit informieren müssen – das bisher teilweise gängige Opt-out-Verfahren ist dann nicht mehr zulässig. Bevor diese Einwilligung nicht erteilt wird, dürfen keine Cookies gesetzt und keine personenbezogenen Daten verarbeitet werden.

Einwilligen bedeutet dabei jedoch, eine ernsthafte Alternative haben zu müssen. Das klingt banal, hat aber einen ernsthaften Hintergrund. Denn der bisher in Cookie-Bannern verwendete Hinweis, wonach die Seite nur funktioniert, wenn der Nutzung von Cookies zugestimmt wird, gehört demnach dann der Vergangenheit an. Der Betroffene muss darüber aufgeklärt werden, dass er die Möglichkeit hat, die Browsereinstellungen derart zu verändern, dass keine Cookies mehr gespeichert werden. Diese Anforderungen werden bereits seit Wirksamwerden der Datenschutz-Grundverordnung von manchen Website-Betreibern beherzigt, indem diese neben dem »Zustimmen«-Button auch einen »Ablehnen«-Button bereithalten (siehe Abbildung 13.24).

Abbildung 13.24 Hier wird dem Besucher nicht nur eine Schaltfläche zum »Akzeptieren«, sondern auch zum »Ablehnen« der Cookies angezeigt.

> **Achtung!**
>
> Beachten Sie dabei, dass die Website vor der Erklärung der Zustimmung zur Cookie-Nutzung frei von Cookies sein muss, um den Anforderungen der Datenschutz-Grundverordnung zu genügen – *Privacy by Default* heißt das Stichwort, über das wir im Rahmen des App-Marketings bereits berichtet haben (siehe Abschnitt 5.4.7). Hier müssen Sie gegebenenfalls nachbessern!

Betreiber von Websites fürchten, dass Nutzer künftig keine Einwilligung mehr erteilen werden, wenn sie die Seite auch so vollständig nutzen können. Daher fällt die Kritik an dem Verordnungsentwurf gerade von Branchen- und Wirtschaftsverbänden aus Deutschland sehr scharf aus.

> **Praxistipp**
>
> Bis die e-Privacy-Verordnung in Kraft tritt, sollten Sie unbedingt die Entwicklungen mitverfolgen und auch die Reaktionen der Aufsichtsbehörden auf diese Änderung im Blick behalten, um entsprechend reagieren zu können.
>
> Wir helfen Ihnen dabei, indem wir stets aktuelle Informationen auf unserer Kanzlei-Website zusammenstellen und über den Link *http://wbs.is/eprivacy* abrufbar halten.
>
> Die Übergangszeit sollten Sie dazu nutzen, die erforderlichen neuen Prozesse rechtzeitig zu etablieren. Sobald dann auch die Übergangsfrist abgelaufen ist, muss Ihre Website in Einklang mit der e-Privacy-Verordnung stehen, wenn Sie rechtliche Konsequenzen vermeiden möchten. Denn auch bei Verstößen gegen die e-Privacy-Verordnung findet der erhöhte Bußgeldrahmen der Datenschutz-Grundverordnung Anwendung!

13.2.3   Agressive Tracking-Technologien

Evercookies und Fingerprinting-Technologien sind für Website- und Onlineshop-Anbieter ein sehr interessantes und profitables Werkzeug. Die Möglichkeiten sind offensichtlich: Jeder Schritt des Nutzers im Internet kann nachverfolgt werden. Doch so vorteilhaft, wie dieses Werkzeug für Sie sein mag, so lästig und nachteilig ist es für den Nutzer. Denn aggressive Tracking-Technologien gehen über den offenkundigen Einsatz von einfachen Cookies hinaus und spielen sich im Verborgenen ab, damit sie möglichst nicht entdeckt werden und dadurch besonders effektiv eingesetzt werden können.

Im Folgenden möchten wir Ihnen erklären, wie diese Techniken genau funktionieren. In Abschnitt 13.2.4 werden wir anschließend ihre Rechtskonformität erläutern.

Evercookies

Wie wir bereits umfassend erläutert haben, basiert Tracking meist auf dem Einsatz von Cookies. Doch Cookies sind nur so lange nützlich, wie sie auf dem Computer des Nutzers gespeichert sind. Folglich ist es nicht verwunderlich, dass schon seit einiger Zeit versucht wird, die Lebensdauer von Cookies zu verlängern. Eine mögliche Lösung stellen sogenannte *Evercookies* dar.

Cookies können auf unterschiedliche Arten abgespeichert werden. So gibt es zum Beispiel HTTP-Cookies oder Flash-Cookies. Ein Evercookie hingegen nutzt alle Speichermöglichkeiten. Er wird also nicht bloß einfach, sondern mehrfach und in verschiedenen Formen abgespeichert. Löscht der Nutzer eine Form des Evercookies, erstellen die übrigen eine neue Kopie. Nur wenn alle Formen des spezifischen Evercookies gleichzeitig gelöscht werden, wird eine Reproduktion unterbunden. Aufgrund dieser Fähigkeit zur stetigen Vervielfältigung werden Evercookies mitunter auch *Zombie-Cookies* genannt.

Fingerprinting-Technologien

Weil Cookies jedoch gespeichert werden müssen, besteht immer die Gefahr, dass der Nutzer sie entdeckt und löscht. Sogenannte *Fingerprinting-Technologien* gehen einen anderen Weg. Wie der Name bereits andeutet, versucht man, eine Art Fingerabdruck des Nutzers zu erstellen. Das erfolgt bei erstmaligem Aufruf einer Webseite und soll dann bestenfalls eine Unterscheidung der verschiedenen Nutzer voneinander ermöglichen. Die Grundlage dafür ist das *Browser-Fingerprinting*, das auch *Device Fingerprinting* genannt wird. Wer schon einmal über Sites wie *www.wieistmeineip.de* die eigene IP-Adresse erfragt hat, wird bemerkt haben, dass die Website auch Angaben über den eigenen Internetanbieter, den genutzten Browser und das Betriebssystem machen konnte (siehe Abbildung 13.25). Wie viel der Browser wirklich über den Nutzer verrät, offenbart die Website *www.browserspy.dk*.

Mit ausreichend Informationen über Browser, Betriebssystem, Internetanbieter, Browsereinstellungen, Plugins, installierte Software und vorgenommene Einstellungen lässt sich bereits ein grobes Bild des Nutzers zeichnen.

In den vergangenen Jahren wurde die Fingerprinting-Methode stetig weiterentwickelt. Die Werbetreibenden schenkten diesem Verfahren zunächst wenig Beachtung: Eine im Jahr 2014 veröffentlichte Studie der Universitäten Princeton und Leuven offenbarte den Einsatz des sogenannten *Canvas-Fingerprintings* auf 5,5 % der 100.000 meistbesuchten Webseiten. Die darauffolgende Studie aus dem Jahr 2016 ergab, dass sich der Einsatz mehr als verdoppelt hat.

Ein Canvas-Element ist ein in HTML geschriebener Bereich, der die Darstellung von Grafiken durch JavaScript ermöglicht. Das Element wird von allen aktuellen Browsern unterstützt und kann ohne Probleme in jede Webseite implementiert werden.

Abbildung 13.25 Über die Website »www.wieistmeineip.de«
können Sie Ihre IP-Adresse erfragen.

Was Canvas so besonders macht, ist die Tatsache, dass jeder Browser den Quellcode des Elements anders ausgibt. Während also die Darstellung der Grafik für jeden Nutzer identisch scheint, variiert die Darstellung des Quellcodes durch den Browser. Die Zahl der Einfluss nehmenden Faktoren ist viel größer als beim normalen Browser-Fingerprinting und umfasst Hard- und Software sowie sämtliche vorgenommenen Einstellungen gleichermaßen.

Durch Canvas-Fingerprinting wird der Browser beim Aufruf einer Webseite zur Darstellung eines Canvas-Elements aufgefordert – es wird also ein Fingerabdruck genommen. Das Ergebnis ist ein stark individualisiertes Profil des Nutzers (siehe Abbildung 13.26).

Abbildung 13.26 Beispiel für einen Fingerprint

13.2.4   Rechtskonformität agressiver Tracking-Methoden

So attraktiv, wie aggressive Tracking-Methoden zu sein scheinen, so problematisch sind sie im Hinblick auf das Datenschutzrecht. Die datenschutzrechtlichen Regelungen – und das gilt auch für die Datenschutz-Grundverordnung – finden jedoch immer nur dann Anwendung, wenn personenbezogene Daten Gegenstand der Datenverarbeitung sind, also Daten, die einer bestimmten oder bestimmbaren Person zugeordnet werden können. Die Verarbeitung von Daten ist also nicht generell reglementiert, sondern nur die Verarbeitung von *personenbezogenen* Daten. Daher stellt sich zunächst die Frage, ob beim Tracking überhaupt personenbezogene Daten betroffen sind.

Im Fall des Browser-Fingerprintings muss differenziert werden: Informationen über Hard- und Software lassen sich nicht dem konkreten Internetnutzer zuordnen und sind somit keine personenbezogenen Daten. Allerdings sind die ermittelten IP-Adressen, die ebenfalls vom Fingerprinting erfasst werden, klar als personenbezogene Daten anerkannt, da sie einem konkreten Internetanschluss und damit einer konkreten Person zugeordnet werden können. Somit sind durchaus personenbezogene Daten vom Browser-Fingerprinting betroffen.

Ob der Einsatz dieser Fingerprinting-Methode auch ohne die Einwilligung des Betroffenen rechtmäßig ist, richtet sich nach der Datenschutz-Grundverordnung. Diese trifft jedoch keine ausdrückliche Regelung zu Tracking-Methoden, womit sich die Rechtmäßigkeit nach den allgemeinen Grundsätzen des Art. 6 DSGVO richtet. In diesem Fall kommt erneut die Wahrnehmung berechtigter Interessen nach Art. 6 Abs. 1 lit. f DSGVO in Betracht, auch wenn das Tracking selbst keine Form des Direktmarketings, sondern nur eine Vorstufe dazu darstellt.

Voraussetzung für eine solche Erlaubnis ist jedoch, dass Sie die Interessenabwägung zu Ihren Gunsten entscheiden können. Dies ist zumindest dann wahrscheinlich, wenn nur die für den konkreten Trecking-Zweck erforderlichen Daten erhoben werden und es sich um ein teilanonymes Tracking handelt. Beim Canvas-Fingerprinting wie auch durch Evercookies werden aber regelmäßig mehr Daten als nötig erhoben. Das Tracking an sich geht weit über die übliche Diensterbringung hinaus. Zudem werden Tracking-Technologien in nahezu allen Fällen von Dritten eingesetzt. Diese Tatsachen sprechen klar gegen eine Erlaubnis auf Grundlage berechtigter Interessen. Weiterhin ist gerade im Fall der Evercookies problematisch, dass der Nutzer keinesfalls damit rechnet, dass das Löschen völlig zwecklos ist, wenn nicht alle Formen des spezifischen Evercookies gleichzeitig gelöscht werden. Denn in der Praxis werden Nutzer über den Einsatz von Evercookies ebenso wenig informiert wie über den Einsatz des Canvas-Fingerprintings und über das damit verbundene jederzeitige Widerspruchsrecht.

Im Gegenteil: Tracking-Werkzeuge erfüllen ihren Zweck schließlich am besten, wenn der Nutzer nichts von ihnen weiß. Dies stellt einen klaren Verstoß gegen das Datenschutzrecht dar und kann die Verhängung hoher Geldbußen zur Folge haben.

Die Artikel-29-Datenschutzgruppe der Europäischen Kommission warnte schon vor einiger Zeit davor, dass das Device-Fingerprinting wesentlich gefährlicher sei als die Verwendung bloßer Cookies, da das Fingerprinting eine versteckte Datensammlung ermögliche. Mit den gesammelten Daten sei dann eine eindeutige Identifizierung und Ermittlung eines Bewegungsprofils des Nutzers möglich.

Daher schlug die Artikel-29-Datenschutzgruppe schon nach altem Recht in Anlehnung an die (nun durch die Datenschutz-Grundverordnung ersetzte) EU-Cookie-Richtlinie vor, dass Nutzer über Device-Fingerprinting durch Online-Dienste informiert werden und mit dem Opt-in-Verfahren explizit nach ihrer Zustimmung gefragt werden müssen – dies gilt jetzt erst recht seit Wirksamwerden der Datenschutz-Grundverordnung.

Verwenden Sie Tracking-Methoden und ist der Nutzer damit auch einverstanden, dann müssen Sie ihm zudem die Möglichkeit geben, jederzeit dem Tracking widersprechen zu können. Dazu bietet sich auch an dieser Stelle die Datenschutzerklärung an (siehe Abbildung 13.27). Verzichten Sie auf einen Hinweis zur Widerspruchsmöglichkeit, so dürfen Sie die Tracking-Tools nicht weiter nutzen und riskieren Abmahnungen und Bußgelder.

13

Widerspruchsrecht

Ihnen steht ein Widerspruchsrecht zu. Hierzu können Sie die Verarbeitung Ihrer Daten durch Google verhindern, indem Sie das unter dem folgenden Link verfügbare Browser-Plug-In herunterladen und installieren: https://tools.google.com/dlpage/gaoptout?hl=de

Auch können Sie die Erfassung durch Google Analytics verhindern, indem Sie auf folgenden Link klicken. Es wird ein Opt-Out-Cookie gesetzt, das die zukünftige Erfassung Ihrer Daten beim Besuch dieser Webseite verhindert: Google Analytics deaktivieren.

Darüber hinaus können Sie die Erfassung der Daten durch Web Beacons verhindern, indem Sie das unter folgendem Link verfügbare Add-On für den jeweiligen Browser herunterladen und installieren: https://adblockplus.org/

Weiterhin können Sie Ihre Cookie-Einstellungen ändern (z.B. Cookies löschen, blockieren u.a.). Weitere Informationen hierzu finden Sie unter „*5) Cookies*".

Abbildung 13.27 Widerspruchsmöglichkeit gegen den Einsatz des Webanalyse-Dienstes »Google Analytics« auf der Website der Rechtsanwaltskanzlei »Wilde Beuger Solmecke«

13.3   Big Data: Dürfen die ermittelten Datenmengen analysiert und verwendet werden?

Das Schlagwort *Big Data* ist sicher auch Ihnen schon an der einen oder anderen Stelle begegnet. Denn im Zuge der immer schneller fortschreitenden Digitalisierung unserer Gesellschaft gewinnt die Auswertung der in riesigen Mengen vorhandenen Daten in nahezu allen Lebensbereichen stetig an Bedeutung. Nach Berechnungen des Forbes Magazine werden bis zum Jahr 2020 pro Nutzer und pro Sekunde 1,7 Megabyte an Daten anfallen – eine Masse, die man sich kaum vorstellen kann.

Nicht nur im Zusammenhang mit polizeilicher bzw. geheimdienstlicher Arbeit und wissenschaftlicher Forschung, sondern insbesondere im Bereich der Wirtschaft wird die Analyse und Auswertung aller verfügbaren Daten sowie die Umsetzung von Big-Data-basierten Erkenntnissen in unternehmerische Entscheidungen künftig zu einem der wichtigsten Erfolgsfaktoren werden (siehe Abbildung 13.28).

Abbildung 13.28 Zur umfassenden Analyse der Nutzer wird auf alle verfügbaren Quellen im Internet zugegriffen.

13.3.1   Vorteile von Big Data

In Zeiten von E-Commerce, Cloud Computing, Social Media, Smartphones, Mobile Devices und dem sogenannten Internet der Dinge lassen sich die rasant ansteigend anfallenden Datenmengen auf vielfältige Weise miteinander verknüpfen und durch spezielle Analyseanwendungen bzw. -algorithmen für verschiedenste Zwecke fruchtbar machen.

So kann Big Data etwa der Fahndung nach Auffälligkeiten dienen, wie zum Beispiel Fraud-Detection bei Finanztransaktionen, der Erforschung von Krankheiten, der Steuerung des Energieverbrauchs durch Smart-Metering – insbesondere aber der Untersuchung des Kundenverhaltens für Marktforschung, Werbemaßnahmen oder andere unternehmensrelevante Erkenntnisse, wie zum Beispiel Cross-Selling und Up-Selling. In Anbetracht dessen erstaunt es kaum, dass im Zusammenhang mit Big Data oftmals sogar von dem »neuen Öl« die Rede ist.

Praxisbeispiel

Wissenschaftler des inzwischen eingestellten Dienstes »Google Flu Trend« verglichen über einen fünfjährigen Zeitraum die 50 Millionen am häufigsten von US-Bürgern eingegebenen Suchbegriffe mit den realen Krankheitsdaten, wie sie von der Seuchenschutzbehörde gesammelt wurden. Die These war: Je öfter in einem bestimmten Zeitraum nach Begriffen gesucht wird, die mit Grippe zu tun haben, desto eher steht ein Krankheitsausbruch bevor (siehe Abbildung 13.29). Auf diese Weise wollten die Wissenschaftler in Echtzeit registrieren, wann und wo eine Grippe ausbricht, und so der Seuchenschutzbehörde, die ihre Analysen mit zwei Wochen Verspätung veröffentlicht, einen Schritt voraus sein. Während das in manchen Jahren gelungen ist, haben sie sich bei so mancher Prognose auch überschätzt.

Abbildung 13.29 Grippevorhersage des inzwischen eingestellten »Google Flu Trends«

13.3.2   Datenschutzrechtliche Problematik

Trotz dieses unbestreitbar positiven Potenzials von Big Data stellt sich mit Schärfe aber auch die Frage nach den diesbezüglichen Risiken, insbesondere datenschutzrechtlicher Art. Denn die zumindest latent bestehende Gefahr der Erstellung von personenbezogenen Profilen hinsichtlich Interessen, Kaufverhalten, Bewegungsdaten, finanziellen Verhältnissen oder anderen relevanten Faktoren und eine damit einhergehende mögliche Beeinträchtigung der Privatsphäre von betroffenen Personen ist so real wie offensichtlich.

Praxisbeispiel

Der spanische Mobilfunkkonzern »Telefonica« ist in der Vergangenheit bereits mit dem Vorhaben gescheitert, anonymisierte Bewegungsdaten an Dritte zu verkaufen. Im Rahmen des Projekts »Smart Steps« plante der Konzern, die Bewegungsdaten seiner Kunden zu Zwecken der Werbung an Unternehmen zu verkaufen – oder wie das Unternehmen es ausdrückte: »*die potenziellen Möglichkeiten identifizieren, aus ›Big Data‹ finanziellen Nutzen zu ziehen*« (siehe Abbildung 13.30).

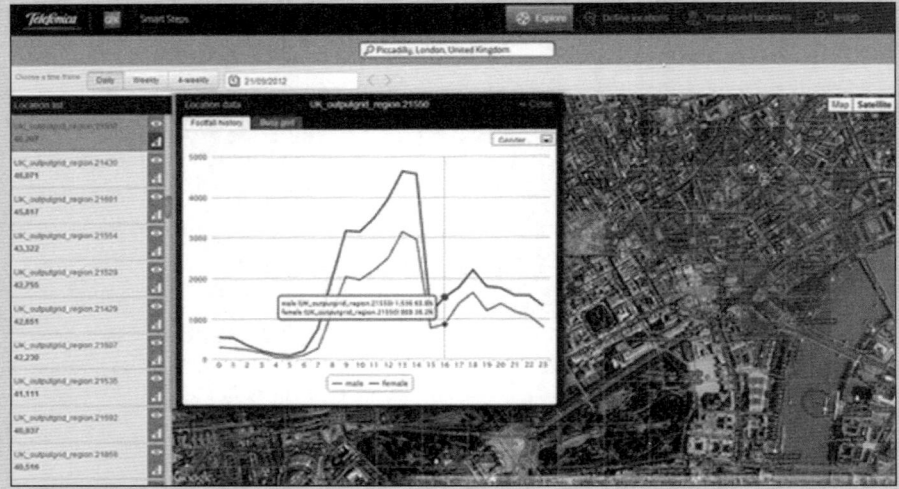

Abbildung 13.30 Beispiel für ein Bewegungsprofil mit »Smart Steps«

Nachdem es dafür heftige Kritik hagelte, hat der Konzern davon Abstand genommen – zumindest vorübergehend. Denn nur wenige Jahre später präsentierte sich der Konzern in einem zweiten Anlauf mit der Tochtergesellschaft »Telefonica Next« als Dienstleister für Unternehmen zur besseren Nutzung der Wachstumschancen der Digitalisierung. Mit »Advanced Data Analytics« soll zudem der Blick auf den gesellschaftlichen und wirtschaftlichen Nutzen gerichtet werden, der sich aus der Analyse großer Datenmengen ziehen lässt.

Zwar ist eine rechtskonforme Gestaltung von Big-Data-Projekten auf dem Boden der derzeitigen Rechtslage durchaus möglich, jedoch ist eine rechtssichere Umsetzung unter verschiedenen Aspekten problematisch. Daher möchten wir Ihnen an dieser Stelle die datenschutzrechtliche Problematik von Big Data bzw. diesbezüglicher Projekte kurz skizzieren.

Wie bereits erläutert, besteht als Grundregel im Bereich des Datenschutzrechts das sogenannte *Verbot mit Erlaubnisvorbehalt* als Ausgangspunkt für eine rechtliche Bewertung. Nach diesem dürfen Sie personenbezogene Daten nur dann ausnahmsweise erheben, speichern und nutzen, soweit dies durch einen gesetzlichen Erlaubnistatbestand oder eine entsprechende Einwilligung des Betroffenen gedeckt ist.

Sie müssen jedoch vorab bedenken, dass das Datenschutzgesetz nur dann Anwendung findet, wenn eine Personenbeziehbarkeit der betreffenden Daten besteht. Sofern also die Informationen einer bestimmten oder zumindest bestimmbaren Person nicht zugeordnet werden können, greifen datenschutzrechtliche Regelungen gar nicht ein, und die Verwendung von Ihnen erhobener Daten in Big-Data-Projekten ist rechtlich unbedenklich.

Rechtlich betrachtet, mangelt es an einem solchen Personenbezug etwa in Fällen der sogenannten Anonymisierung, wie Sie es bereits im Rahmen der IP-Adressen-Verkürzung gesehen haben. Denn dann werden die Daten auf eine Weise verändert oder unter Umständen bereits derart erhoben, dass sie einer bestimmten Person überhaupt nicht mehr oder nur unter unverhältnismäßigem Aufwand zuzuordnen sind. Und auch eine Pseudonymisierung, bei der die identifizierenden Merkmale des Betroffenen durch ein anderes Kennzeichen ersetzt werden, kann die Anwendung des Datenschutzrechts ausschließen.

Ob im Zusammenhang mit Big Data faktisch aber eine effektive Anonymisierung bzw. ausreichend starke Pseudonymisierung überhaupt herstellbar ist, scheint pauschal zumindest zweifelhaft und ist für den Einzelfall sorgfältig zu prüfen. Denn aufgrund der Vielfalt der Daten und ihrer möglichen Verknüpfungen lässt es sich kaum mit hinreichender Sicherheit ausschließen, dass durch die Kombination einzelner Informationen nicht doch Rückschlüsse auf die Identität einzelner Personen gezogen werden und diese damit *re-identifizierbar* gemacht werden können.

13

Praxisbeispiel

In den Neunziger Jahren konnte die amerikanische Forscherin Latanya Sweeney die Anonymisierung auflösen, indem sie nicht anonymisierte, scheinbar harmlose Informationen des Datenbergs mit weiteren Datensätzen verknüpfte (vgl. *http://wbs.is/ rom108*). So war sie in der Lage, die persönliche Krankenakte des Gouverneurs von Massachusetts herauszufinden und ihm zuzuschicken. Dieser hatte nämlich zuvor behauptet, dass die veröffentlichten Krankendaten seines Staates datenschutzrechtlich unbedenklich seien, da die personenbezogenen Informationen entfernt worden seien. Den Erkenntnissen der Forscherin nach können aber 90 % aller Personen anhand von drei Informationen – Geburtsdatum, Postleitzahl und Geschlecht – eindeutig identifiziert werden.

Nur wenn sich also eine Re-Identifizierung der betroffenen Personen praktisch mit Sicherheit ausschließen lässt, ist von einer zulässigen Verwendung der entsprechenden Information im Rahmen von Big Data auszugehen.

Hinweis

Sie sollten möglichst frühzeitig das Datenschutzrecht und dessen Anforderungen berücksichtigen und in die Planung integrieren. Denn die einst proaktiven Ansätze *Privacy by Design* und *Privacy by Default* sind inzwischen ausdrücklicher Bestandteil der europäischen Datenschutz-Verordnung geworden und daneben in der Praxis auf Dauer auch deutlich ressourcengünstiger.

13.3.3   Öffentlich zugängliche Informationen

Als Grundlage einer zulässigen Realisierung von Big-Data-Vorhaben kommen aber auch gesetzliche Erlaubnistatbestände in Betracht. So ist ein solches Vorhaben trotz einer Personenbeziehbarkeit nach dem bisher geltenden Bundesdatenschutzgesetz grundsätzlich zulässig gewesen, wenn es sich um die Erhebung von öffentlich zugänglichen Daten handelte. Sofern also frei im Web verfügbare Informationen die Grundlage von Big Data bildeten, bestanden per se keine datenschutzrechtlichen Bedenken. Die neue europäische Datenschutz-Grundverordnung enthält jedoch keine entsprechende Regelung. Es stellt sich daher die Frage, ob dennoch Raum für eine Verarbeitung von Daten ohne die Einwilligung des Betroffenen ist.

In Betracht kommt an dieser Stelle nur die die Erlaubnis aufgrund berechtigter Interessen gemäß Art. 6 Abs. 1 lit. f DSGVO. In diesen Fällen muss dann ein Gericht im Wege der Interessenabwägung entscheiden, ob die Datenverarbeitung auch ohne die Einwilligung des Betroffenen zulässig ist.

Dabei kann dann die freie Zugänglichkeit der Informationen im Internet als Argument angeführt und darauf verwiesen werden, dass sich aus der Tatsache, dass die Datenschutz-Grundverordnung kein Gebot der Direkterhebung mehr normiert, ableiten lässt, dass die Verarbeitung öffentlicher Daten nicht ausgeschlossen ist.

Unterstützend könnte auch auf Art. 9 Abs. 2 lit. e DSGVO hingewiesen werden, wonach eine Verarbeitung sogar sensibler Daten wie rassischer und ethnischer Herkunft, politischer Meinung, religiöser Überzeugung, Gesundheit oder Sexualität erlaubt ist, wenn der Betroffene sie selbst öffentlich gemacht hat. Dies muss dann erst recht für nichtsensible Daten gelten.

Indes können Daten, die nur mit bestimmten Einschränkungen verfügbar sind (etwa unter der Voraussetzung einer Registrierung auf Plattformen oder sozialen Netzwerken), nicht als aus öffentlich zugänglichen Quellen stammend eingeordnet werden, sodass der Anwendungsbereich dieser Erlaubnisnorm beschränkt bleibt.

Hinweis

Sie dürfen jedoch Inhalte aus sozialen Netzwerken beispielsweise für Ihre Facebook-Seite auswerten. Hier befinden wir uns dann im Bereich des *Social Media Monitorings*. Social Media Monitoring gibt Ihnen einen permanenten Überblick über aktuelle Themen, Meinungen, Meinungsbildner oder Kritiken in Bezug auf Ihr Unternehmen im Social-Media-Bereich. Diese Vorgehensweise ist mit einigen datenschutz- und urheberrechtlichen Anforderungen verbunden.

13.3.4   Einwilligung der Betroffenen

Zuletzt kann eine Nutzung von Informationen im Rahmen von Big Data zulässig sein, sofern der Betroffene eine entsprechende Einwilligung erteilt hat. Eine solche Einwilligung ist aber nur wirksam, wenn sie freiwillig und unter Hinweis der betroffenen Person auf den Zweck der jeweiligen Datenerhebung, -verarbeitung oder -nutzung sowie auf das Widerspruchsrecht erfolgt. Sollen besonders sensible Daten erhoben werden, so muss sich die Einwilligungserklärung zudem explizit auch auf diese Datenkategorien beziehen.

Achtung!

Grundsätzlich wird von der Rechtsprechung eine aktive Abgabe der Erklärung gefordert, sodass sich in der Praxis Opt-in-Lösungen durchgesetzt haben. Auf diese Weise können Sie Ihre Big-Data-Projekte auf eine rechtssichere Grundlage stellen.

Ob diese Anforderungen durch die in der heutigen Praxis oftmals gängigen ellenlangen Geschäftsbedingungen, die eine Vielzahl möglicher Verwendungszwecke und Nutzungsmöglichkeiten in Bezug auf erhobene Daten aufzählen, tatsächlich erfüllt werden, darf bezweifelt werden. Eine solche Vorgehensweise können wir Ihnen daher nicht empfehlen.

Hinweis

Insbesondere aber sollten Sie, wenn Sie Big Data nutzen und gewinnbringend einsetzen möchten, die von Ihnen geplanten Projekte im Hinblick auf etwaige erforderliche Einwilligungen nach Möglichkeit transparent gestalten und kommunizieren sowie eine hinreichende Kontrolle durch die Betroffenen sicherstellen. Dann sind Big Data und Datenschutz durchaus miteinander in Einklang zu bringen. Auch können Sie den Besuchern die Möglichkeit eines Opt-out-Services bieten, damit deren Daten auch nicht anonymisiert übertragen werden (siehe Abbildung 13.31).

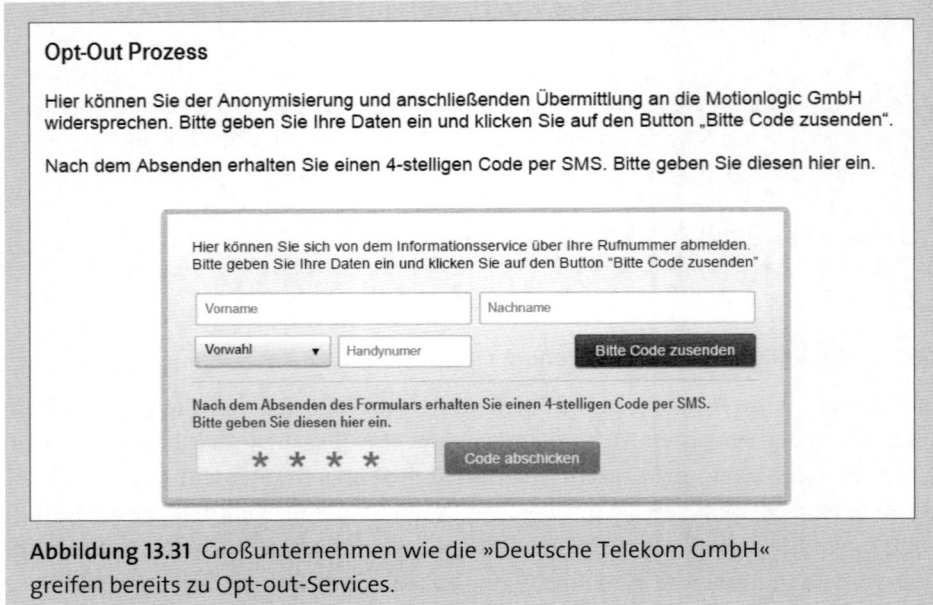

Abbildung 13.31 Großunternehmen wie die »Deutsche Telekom GmbH«
greifen bereits zu Opt-out-Services.

13.4   Ort der Datenspeicherung: Wo können Daten rechtmäßig gesichert werden?

Nachdem Sie nun zahlreiche und umfassende Daten Ihrer Nutzer gesammelt haben, stellt sich praktisch die Frage, wo diese Datenmengen gespeichert werden sollen. Dabei gibt es verschiedene Möglichkeiten:

▶ Sie speichern die Daten auf dem Server des Webanalyse-Unternehmens.

▶ Sie speichern die Daten in einer Cloud – sogenanntes *Cloud Computing*.

▶ Sie speichern die Daten in Ihrem eigenen Unternehmen. Das ist die sogenannte *Inhouse-Variante*.

Wie diese Möglichkeiten im Detail aussehen und welche rechtlichen Gefahren mit ihnen verbunden sind, möchten wir Ihnen in diesem Abschnitt erläutern.

13.4.1   Speicherung beim Webanalyse-Unternehmen

In der Praxis wird wohl am häufigsten die Möglichkeit gewählt, die Daten auf den Servern der Webanalyse-Unternehmen zu speichern. Dies zeigt auch die Popularität des Webanalyse-Tools »Google Analytics«.

Wenn Sie sich nun fragen, ob dies datenschutzrechtlich auch zulässig ist, dann lautet die Antwort darauf ganz juristisch: »Es kommt darauf an!« Von wesentlicher Relevanz ist die Frage, ob die Daten an ein Webanalyse-Unternehmen innerhalb oder außerhalb der Europäischen Union transferiert werden.

Datentransfer innerhalb der Europäischen Union

Mit der europäischen Datenschutz-Grundverordnung wird auch im Bereich Big Data die Rechtslage innerhalb der Mitgliedstaaten der Europäischen Union harmonisiert. Auf diese Weise wird der Grundstandard des Datenschutzes einheitlich festgelegt und muss auch einheitlich umgesetzt werden. Denn bis zum Inkrafttreten der Datenschutz-Grundverordnung bestanden im Rahmen des Datentransfers sogar innerhalb der Europäischen Union Schwierigkeiten.

Wurden die Daten beispielsweise auf einem Server in Irland gespeichert, fand früher grundsätzlich irisches Datenschutzrecht Anwendung. Zwar galt auch in Irland die europäische Datenschutzrichtlinie, jedoch war dies wenig hilfreich, weil diese Richtlinie nicht unmittelbar bindend und der nationale Spielraum bei ihrer Umsetzung groß war. Dieses Problem hat sich nun mit der direkt wirkenden Datenschutz-Grundverordnung, die einheitliche Maßstäbe und Konsequenzen in der gesamten Europäischen Union regelt, in den Grundsätzen erledigt. Auch das bisher unterschiedliche Niveau bei der Kontrolle der Einhaltung der Datenschutzvorschriften wird sich in Zukunft wohl ändern.

Praxisbeispiel

Besonders deutlich wurden die Unterschiede aufgrund des Umsetzungsspielraums unter anderem bei der Sanktionierung von Datenschutzverstößen: Während dem Delinquenten in Irland früher nur vergleichsweise niedrige Bußgelder drohten, musste er in Deutschland hingegen mit einem Bußgeld von bis zu 300.000 € rechnen – eine empfindliche Strafe, die erfahrungsgemäß dazu führte, dass Anbieter mit einem Hosting in Deutschland sorgfältiger auf die Einhaltung des Datenschutzes achteten. Dies hat sich nun jedoch erledigt: Nun gelten bei Datenschutzverstößen für die Europäische Union einheitlich Geldbußen in Höhe von bis zu 20.000.000 € oder 4 % des weltweit erwirtschafteten Jahresumsatzes – je nachdem, welcher Wert höher ist.

Legen Sie also Wert auf den bestmöglichen Schutz Ihrer abgelegten Daten, dann sollten Sie darauf achten, dass der Server sich am besten in Deutschland bzw. in der Europäischen Union befindet. Zudem sollten Sie sich schriftlich ein formales Sicherheitskonzept für die Server vorlegen lassen, das insbesondere Maßnahmen für Zutritts-, Zugangs- und Zugriffskontrollen enthält.

Hinweis

Wenn Sie den Anbieter »Amazon Web Services« nutzen, müssen Sie beachten, dass dieser die Daten grundsätzlich auf mehreren Servern weltweit hostet. Bei der Einrichtung eines Service kann sich der Nutzer für eine Region entscheiden, in der seine Inhalte ausschließlich gehostet werden sollen. Diese Region kann nachträglich geändert werden. Bei einer Entscheidung für ein von Amazon gehostetes Tool empfehlen wir Ihnen, vertraglich festzulegen, wo genau Software und Daten liegen und dass eine nachträgliche Änderung nur mit Ihrer Zustimmung erfolgen darf.

Datentransfer in Drittstaaten

Werden die Daten auf den Servern von Webanalyse-Unternehmen gespeichert, dann müssen Sie besondere Vorkehrungen treffen, wenn die erhobenen Daten auf einem Server außerhalb der Europäischen Union gespeichert werden. Denn ein Großteil der Software ist nicht mit deutschem Recht kompatibel und weist große Defizite auf.

Achtung: Brexit!

Ein Gedanke, an den viele sich noch gewöhnen müssen, ist der, dass Großbritannien bald nicht mehr zur Europäischen Union gehört – dies hat auch Konsequenzen für den Datenschutz. Gemäß einer Mitteilung der Europäischen Kommission vom 09.01.2018 ist das Vereinigte Königreich ab dem 30.03.2019 als Drittland im Sinne der Datenschutz-Grundverordnung zu behandeln, für das dann erst einmal noch kein Angemessenheitsbeschluss besteht. Bis ein solcher Beschluss ergeht, steht Großbritannien auf einer Stufe mit Ländern wie China oder Russland. Von einem Datentransfer nach Großbritannien sollten Sie daher in der Zwischenzeit besser Abstand nehmen, wenn Sie nicht die andernfalls erforderlichen Garantien vorweisen können, die wir Ihnen im Folgenden erläutern werden.

Aus diesem Grund sieht Art. 45 Abs. 1 DSGVO vor, dass personenbezogene Daten grundsätzlich nur dann an ein Drittland übertragen werden dürfen, wenn die Europäische Kommission beschlossen hat, dass dieses Land ein angemessenes Schutzniveau bietet. Welche Länder dies sind, veröffentlicht die Kommission im Amtsblatt der Europäischen Union und auf ihrer Webseite (*http://wbs.is/rom72*). Dazu gehören derzeit beispielsweise die Schweiz, Kanada, Argentinien, Israel, Australien oder Neuseeland – die USA gehörten zwischenzeitlich nicht dazu.

Denn der Europäische Gerichtshof (Urteil vom 06.10.2015, Az. C-362/14) hat entschieden, dass das sogenannte *Safe-Harbor-Abkommen* ungültig sei, weil es nicht den geltenden gesetzlichen Voraussetzungen entspreche. Insbesondere seien die Daten durch das Abkommen nicht genügend vor den US-amerikanischen Geheimdiensten geschützt.

> **Hinweis**
>
> Das Safe-Harbor-Abkommen entstand im Jahre 2000, als das US-Handelsministerium die sieben »Grundsätze des ›sicheren Hafens‹ zum Datenschutz« veröffentlichte. Die EU-Kommission entschied daraufhin, dass diese Grundsätze ein angemessenes Schutzniveau für die Übertragung von Daten aus der EU gewährleisten würden, und legte damit die Basis für die rechtmäßige Übertragung personenbezogener Daten von EU-Bürgern auf die Server von US-Unternehmen.
>
> Das Abkommen ermöglichte es US-Unternehmen, sich zu den sogenannten »Safe Harbor Principles« (Informationspflicht, Wahlmöglichkeit, Weitergabe, Sicherheit, Datenintegrität, Auskunftsrecht und Durchsetzung) zu bekennen, die bestimmte Schutzvorschriften bei der Übertragung personenbezogener Daten vorsehen. Auf diese Weise sollte eine Rechtssicherheit bei der Übertragung der personenbezogenen Daten mit diesen Unternehmen gewährleistet werden. Im Jahre 2015 hatten sich 4.410 Unternehmen zu den Safe-Harbor-Grundsätzen bekannt, darunter auch Facebook, Google, Twitter und Yahoo.

Zu einem neuen Datenschutzabkommen zwischen Europa und den USA kam es dann mit dem *Privacy-Shield-Abkommen* im Juli 2016. Dabei handelt es sich ebenso wie beim Vorgänger nicht um ein rechtsverbindliches Abkommen, sondern eher um einen rechtlichen Rahmen, zu dessen Einhaltung sich Unternehmen in den USA seit dem 01.08.2016 durch Eintragung in die sogenannte Privacy-Shield-Liste verpflichten können.

Im Oktober 2017 erfolgte die erste jährliche Überprüfung durch die EU-Kommission, die grundsätzlich auch für Datenschützer eine gute Möglichkeit bietet, einen Einblick in die Umsetzungen des Abkommens auf US-Seite zu bekommen und so die Sicherheit des Datentransfers besser einschätzen zu können. Die Kommission kam zu dem Ergebnis, dass das EU-US-Privacy-Shield einwandfrei funktioniere, auch wenn Raum für Verbesserungen bei der Umsetzung des Abkommens bestünde.

> **Achtung!**
>
> Als unsichere Drittländer gelten beispielsweise Japan, Indien und China, da dort aus europäischer Sicht kein angemessenes Datenschutzniveau herrscht.

Wenn Sie Daten in Drittländer übertragen möchten, für die kein Angemessenheitsbeschluss der Europäischen Kommission vorliegt, können Sie dies gemäß Art. 46 Abs. 1 DSGVO tun, wenn Sie mit geeigneten Garantien die Einhaltung des europäischen Datenschutzniveaus vorsehen und den betroffenen Personen durchsetzbare Rechte und wirksame Rechtsbehelfe zur Verfügung stehen.

Welche Garantien dies sein können, hat der Gesetzgeber in Art. 46 Abs. 2 DSGVO geregelt. Danach sind beispielsweise sogenannte *Binding Corporate Rules* oder Verträge zwischen Auftraggeber und Auftragsverarbeiter unter Verwendung der bestehenden Standarddatenschutzklauseln der Europäischen Kommission ebenso effektive Garantien wie nun auch europäische Zertifizierungen.

Ausnahmen von dem Erfordernis eines Kommissionsbeschlusses oder geeigneter Garantien hat der europäische Gesetzgeber ebenfalls vorgesehen und diese in Art. 49 DSGVO normiert. Danach ist ein solcher Datentransfer zum Beispiel dann zulässig, wenn die von der Datenverarbeitung betroffene Person in die Datenübermittlung ausdrücklich eingewilligt hat, nachdem sie umfassend und transparent über die damit verbundenen Risiken – insbesondere im Hinblick auf die Durchsetzung von Betroffenenrechten – und über ihr jederzeitiges Widerrufsrecht belehrt wurde. Dies ist in der Praxis wohl der bedeutendste Ausnahmefall innerhalb des eng auszulegenden Ausnahmekatalogs.

Darüber hinaus ist eine Datenübermittlung unter anderem auch dann unter bestimmten Voraussetzungen zulässig, wenn die Datenübermittlung zur Vertragserfüllung im Interesse der betroffenen Person erforderlich ist oder wichtigen öffentlichen Interessen, lebenswichtigen Interessen des Betroffenen oder berechtigten Interessen des Verantwortlichen dient.

> **Hinweis**
>
> Unabhängig davon, ob es sich um einen sicheren oder um einen unsicheren Drittstaat handelt, müssen Sie diverse Informationspflichten erfüllen: So müssen Sie die Nutzer darauf hinweisen, dass das deutsche bzw. europäische Datenschutzrecht nicht ohne Weiteres anwendbar ist. Auch müssen die Besucher wissen, dass sich die Daten im Verantwortungsbereich ausländischer Strafverfolgungsbehörden befinden, die unter Umständen strenger sind als die deutschen, was daher besonders beachtet werden sollte. Hierzu bietet sich Ihr Datenschutzhinweis an (siehe Abbildung 13.32).

> **Hinweis**
>
> Unternehmen aus Drittstaaten müssen nach dem Marktortprinzip der Datenschutz-Grundverordnung die europäischen Datenschutzregelungen einhalten, wenn sie Personen in der EU entgeltlich oder unentgeltlich Waren oder Dienstleistungen anbieten oder deren Verhalten beobachten. Dies gilt unabhängig davon, ob diese Unternehmen einen Sitz oder eine Niederlassung in der EU haben.

Externe Inhalte und/oder Verarbeitung von Daten außerhalb der EU

Auf unserer Internetseite verwenden wir aktive Java-Script-Inhalte von externen Anbietern. Durch Aufruf unserer Internetseite erhalten diese externen Anbieter ggf. personenbezogene Informationen über Ihren Besuch auf unserer Internetseite. Hierbei ist eine Verarbeitung von Daten außerhalb der EU möglich. Sie können dies verhindern, indem Sie einen Java-Script-Blocker wie z.B. das Browser-Plugin 'NoScript' installieren (www.noscript.net) oder java-Script in Ihrem Browser deaktivieren. Hierdurch kann es zu Funktionseinschränkungen auf Internetseiten kommen, die Sie besuchen.

Wir verwenden im Einzelnen:

Google

Auf unseren Seiten wird Java-Script Code des Unternehmens Google Inc., 1600 Amphitheatre Parkway, Mountain View, CA 94043, USA (nachfolgend: Google) nachgeladen. Wenn Sie in Ihrem Browser Java-Script aktiviert und keinen Java-Script-Blocker installiert haben, wird Ihr Browser ggf. personenbezogene Daten an Google übermitteln. Uns ist nicht bekannt, welche Daten Google mit den erhaltenen Daten verknüpft und zu welchen Zwecken Google diese Daten verwendet. Um die Ausführung von Java-Script Code von Google insgesamt zu verhindern, können Sie einen Java-Script-Blocker installieren. Weitere Informationen finden Sie in der Datenschutzerklärung von Google (http://www.google.de/intl/de/policies/privacy).

Youtube

Auf unseren Seiten wird Java-Script Code des Unternehmens YouTube, LLC 901 Cherry Ave., 94066 San Bruno, CA, USA (Youtube) nachgeladen. Wir nutzen den Anbieter Youtube zum Einbinden von Videos auf unserem Internetauftritt. Wenn Sie in Ihrem Browser Java-Script aktiviert und keinen Java-Script-Blocker installiert haben, wird Ihr Browser ggf. personenbezogene Daten an Youtube übermitteln. Uns ist nicht bekannt, welche Daten Youtube mit den erhaltenen Daten verknüpft und zu welchen Zwecken Youtube diese Daten verwendet. Weitere Informationen hierzu finden Sie in der Datenschutzerklärung von Youtube (http://www.google.de/intl/de/policies/privacy).

Abbildung 13.32 Die Datenschutzerklärung auf der Website der »Bartels Media« enthält einen Hinweis auf die Datenverarbeitung außerhalb der Europäischen Union.

13.4.2   Cloud Computing

Cloud Computing ist einer der am stärksten wachsenden Wirtschaftszweige und bereits heute allgegenwärtig. Die Zahl der betrieblichen Cloud-Nutzungen steigt stetig an, und das Cloud Computing erfreut sich auch unter Sicherheitsaspekten zunehmender Beliebtheit. Einer Bitkom-Umfrage aus dem Jahr 2017 zufolge sind 57 % der IT-Entscheider der Überzeugung, dass Unternehmensdaten in der Public Cloud »*sehr sicher*« oder »*eher sicher*« sind – nur 4 % haben Bedenken und halten ihre Daten für »*sehr unsicher*« oder »*eher unsicher*«.

Doch was genau verbirgt sich überhaupt dahinter? Cloud Computing beschreibt ein Modell zur Speicherung, Nutzung und Verarbeitung von Daten über ein Netzwerk. Das Hauptmerkmal von Cloud Computing ist, dass sich die betreffenden Daten nicht mehr an einem lokalen Ort befinden, zum Beispiel auf dem eigenen Rechner, sondern ausgelagert werden. Der Zugriff auf die Daten erfolgt dann über das Internet oder ein anderes, beispielsweise firmeninternes Netzwerk. Durch diese Möglichkeit der Auslagerung von Ressourcen eröffnet sich eine Vielzahl von praktischen Möglichkeiten. Auf der anderen Seite ist Cloud Computing ein Beispiel dafür, wie unser Rechtssystem der rasanten Entwicklung der Technologie hinterherhinkt. Vor allem für Unternehmen ist eine Auseinandersetzung mit elementaren Rechtsfragen unabdingbar. Denn mit den Möglichkeiten gehen auch rechtliche Probleme und Fragestellungen einher, auf die wir an dieser Stelle eingehen möchten.

13

Beim Cloud Computing unterscheidet man private und öffentliche Clouds. Standardmäßig versteht man unter einer Cloud die sogenannte *Public Cloud*. Der Zugriff erfolgt dann über das Internet. An dem Merkmal der Öffentlichkeit wird auch ein Charakteristikum von Cloud Computing deutlich: Eine Cloud ist nicht an einen konkreten Nutzer angepasst. Vielmehr kann ein und dieselbe Cloud von vielen verschiedenen Nutzern gleichzeitig beansprucht werden.

Die *Private Cloud* kommt vorwiegend in Großkonzernen zum Einsatz. Der Zugriff erfolgt nicht über das Internet, sondern über ein internes Netzwerk, das sogenannte Intranet.

Für Unternehmen bedeutet die Auslagerung von Daten zunächst eine deutliche Einsparung von Kapazitäten auf mehreren Ebenen. Große unternehmensinterne Rechen- und IT-Zentren können eingespart werden. Somit entfallen auch die Wartung der Hardware und die Sicherung sowie das regelmäßige Updaten der Software. Diese Aufgaben werden zusammen mit den betreffenden Daten an den Cloud-Anbieter ausgelagert.

Hinweis

Sind Sie auf der Suche nach einem Cloud-Anbieter, so könnten Sie bei den bekanntesten Anbietern »Amazon«, »IBM«, »Google« oder »Salesforce« fündig werden (siehe Abbildung 13.33).

Abbildung 13.33 Website des Cloud-Anbieters »Salesforce«

Ein großer Vorteil des Cloud Computings ist, dass die Bereitstellung ebenso wie die anschließende Abrechnung bedarfsabhängig erfolgt. Somit entstehen Ihnen lediglich laufende Kosten – große Investitionen in umfangreiche IT-Zentren entfallen komplett. Das bedeutet gleichzeitig bessere Organisationsmöglichkeiten und mehr Flexibilität.

Dieser Umgang mit Daten wirft allerdings einige rechtliche Fragen auf. Schließlich verlassen die Daten Ihr Unternehmen und werden an Dritte weitergeleitet. Cloud-Dienste sorgen regelmäßig mit Datenverlusten und als lukrative Ziele von Hacker-Angriffen für Schlagzeilen.

Praxisbeispiel

Im Frühjahr 2017 wurde die Apple iCloud Ziel der Hackergruppe »Turkish Crime Family«, die damit drohte, mehr als 300 Millionen Accounts von Apple-Nutzern zu löschen, wenn nicht ein Lösegeld von 75.000 USD bezahlt werde. Den Betrag wollten die Hacker in Bitcoin oder Ether oder in Form von iTunes-Gutscheinen erhalten. Der Angriff wurde letztlich nicht durchgeführt – ob das Lösegeld gezahlt wurde, ist noch immer unklar.

Im Jahr 2014 war Apples iCloud schon einmal zum Opfer eines Hacker-Angriffs geworden: Damals hatte der Hacker Nacktbilder von mehr als 100 Prominenten im Internet veröffentlicht. Auf der Liste standen vor allem Schauspielerinnen und Sängerinnen aus Amerika, darunter Jennifer Lawrence, Rihanna und Kim Kardashian, die ihre Bilder über ihr iPad oder iPhone in die iCloud geladen hatten.

Die Frage nach dem Datenschutz ist gerade bei der massenhaften Verarbeitung von fremden Daten durch Unternehmen relevant. Schließlich erfolgt diese Verarbeitung beim Cloud Computing nicht durch Sie selbst, sondern durch Dritte. In den meisten dieser Fälle werden personenbezogene Daten verarbeitet, also Daten, die einer bestimmten Person zugeordnet werden können. Darunter fallen neben Daten über die eigenen Mitarbeiter natürlich auch die Daten der Kunden.

Für die Auslagerung solcher Daten normiert die Datenschutz-Grundverordnung strenge Voraussetzungen. Insbesondere die Inanspruchnahme ausländischer Cloud-Dienste wird durch das europäische Gesetz weitestgehend eingeschränkt. Personenbezogene Daten dürfen nämlich nur ausnahmsweise in das außereuropäische Ausland gelangen. Dazu muss das Schutzniveau am Zielort dem deutschen Schutzniveau entsprechen. Hier gelten die eingangs im Rahmen der Datenspeicherung bei Webanalyse-Unternehmen erläuterten Grundsätze entsprechend.

Hinweis

Daten können unproblematisch im außereuropäischen Ausland gelagert werden, wenn eine Verschlüsselung der Daten vorgenommen wird, wodurch diese ihren personenbezogenen Charakter verlieren.

Ein weiteres großes Problem ist die *Haftung im Fall eines Datenverlusts*. Ein vollständiger Haftungsausschluss in den AGB des Cloud-Anbieters ist nach der Datenschutz-Grundverordnung ausgeschlossen: Denn gemäß Art. 28 DSGVO haftet der auftragsverarbeitende Cloud-Anbieter als Verantwortlicher, wenn er entgegen seinem Auftrag gegen die Datenschutz-Grundverordnung verstößt. Das bedeutet konkret, dass er für die Verarbeitung der Daten und deren Sicherheit die Verantwortung trägt und somit von den Betroffenen auch in Anspruch genommen werden kann.

Auch wenn diese neue Regelung zum Vorteil der Betroffenen ist, stellt sich regelmäßig die Frage, wie ein durch Datenverlust entstandener Schaden zu beziffern ist, ob ein möglicher Anspruch überhaupt praktisch durchsetzbar wäre und wenn, ja ob eine Klage dann in dem Land, in dem der Cloud-Anbieter seinen Sitz hat – und damit in einem fremden Land mit einem anderen Rechtssystem – geführt werden muss. Diese praktische Problematik hat der europäische Gesetzgeber erkannt und in der Neuregelung des Datenschutzrechts berücksichtigt. Seit dem 25. Mai 2018 haben Betroffene nun gemäß Art. 77 Abs. 1 DSGVO das Recht, entweder Beschwerde bei der Aufsichtsbehörde ihres Mitgliedstaates, ihres Aufenthaltsortes, ihres Arbeitsplatzes oder des Ortes des Verstoßes zu erheben, wenn sie der Ansicht sind, dass die Verarbeitung ihrer personenbezogenen Daten unzulässig sei.

Hinweis

Zu Recht stellen Sie sich womöglich die Frage, wer genau eigentlich »die Aufsichtsbehörde« ist. Die Datenschutz-Grundverordnung gibt darauf keine Antwort. Sie schreibt nur vor, dass es in den Mitgliedstaaten Aufsichtsbehörden geben muss.

Unser nächster Blick geht daher ins Bundesdatenschutzgesetz. Gemäß Art. 40 Abs. 1 BDSG überwachen die nach Landesrecht zuständigen Behörden, dass nichtöffentliche Stellen (wie Unternehmen) die Datenschutz-Grundverordnung einhalten. Welche Datenschutzbehörde für Sie zuständig ist, hängt demnach von dem Bundesland ab, in dem Sie wohnen bzw. Ihren Unternehmenssitz haben. Die zuständigen Datenschutzbehörden sind:

- Baden-Württemberg – Landesbeauftragter für den Datenschutz: *https://www.baden-wuerttemberg.datenschutz.de*
- Bayern – Bayerisches Landesamt für Datenschutzaufsicht: *https://www.lda.bayern.de*
- Berlin – Berliner Beauftragter für Datenschutz und Informationsfreiheit: *https://www.datenschutz-berlin.de*
- Brandenburg – Die Landesbeauftragte für den Datenschutz und das Recht auf Akteneinsicht Brandenburg: *http://www.lda.brandenburg.de*
- Bremen – Die Landesbeauftragte für Datenschutz und Informationsfreiheit Bremen: *https://www.datenschutz.bremen.de*

- Hamburg – Der Hamburgische Beauftragte für Datenschutz und Informationsfreiheit: *https://www.datenschutz-hamburg.de*
- Hessen – Der Hessische Datenschutzbeauftragte: *https://www.datenschutz.hessen.de*
- Mecklenburg-Vorpommern – Der Landesbeauftragte für Datenschutz und Informationsfreiheit Mecklenburg-Vorpommern: *https://www.lfd.m-v.de*
- Niedersachsen – Der Landesbeauftragte für den Datenschutz Niedersachsen: *https://www.lfd.niedersachsen.de*
- Nordrhein-Westfalen – Der Landesbeauftragte für Datenschutz und Informationsfreiheit Nordrhein-Westfalen: *https://www.ldi.nrw.de*
- Rheinland-Pfalz – Der Landesbeauftragte für den Datenschutz Rheinland-Pfalz: *https://www.datenschutz.rlp.de*
- Saarland – Die Landesbeauftragte für Datenschutz und Informationsfreiheit Saarland: *https://datenschutz.saarland.de*
- Sachsen – Der Sächsische Datenschutzbeauftragte: *https://www.saechsdsb.de*
- Sachsen-Anhalt – Der Landesbeauftragte für den Datenschutz Sachsen-Anhalt: *https://datenschutz.sachsen-anhalt.de*
- Schleswig-Holstein – Unabhängiges Landeszentrum für Datenschutz Schleswig-Holstein: *https://www.datenschutzzentrum.de*
- Thüringen – Der Landesbeauftragte für den Datenschutz Thüringen: *https://www.tlfdi.de*

13

Darüber hinaus haben Betroffene im Falle von Datenschutzverstößen gemäß Art. 79 DSGVO auch das Recht, gerichtlich – insbesondere im Wege einer Klage – gegen Verantwortliche und Auftragsverarbeiter vorzugehen. Der gerichtliche Rechtsbehelf ist dann wahlweise am Ort der Niederlassung des Verantwortlichen bzw. des Auftragsverarbeiters oder an dem Aufenthaltsort des Betroffenen zu erheben.

Viele rechtliche Probleme können Sie jedoch bereits durch eine ausführliche und sorgfältige Vertragsgestaltung ausräumen. Hier sollten Sie Haftungsfragen eindeutig klären. Bei internationalen Verträgen sollten Sie zudem eine Schiedsklausel in Betracht ziehen. Wir empfehlen Ihnen darüber hinaus die vertragliche Festlegung des anwendbaren Rechts. Auch den Einsatz von möglichen Subunternehmern, vor allem auf der Seite des Cloud-Anbieters, sollten Sie bei der Vertragsgestaltung im Blick haben.

Von großer Wichtigkeit ist zudem die Regelung des Vertragsendes. Hier müssen auf beiden Seiten Vorkehrungen getroffen werden, um eine sichere Rückübertragung der Daten zu gewährleisten. Für große Diskussionen sorgt daher auch regelmäßig die Frage nach den Folgen einer Insolvenz des Cloud-Anbieters.

13.4.3   Die Speicherung auf dem internen Server

Neben der externen Speichermöglichkeit besteht auch die Möglichkeit, die Daten intern im eigenen Unternehmen zu speichern. Auch diese Möglichkeit haben Dienstleister wie »Matomo« oder »etracker« im Programm (siehe Abbildung 13.34).

Insbesondere dann, wenn Sie ein größeres Unternehmen führen, ist die Inhouse-Variante interessant für Sie. Deren Vorteile bestehen darin, dass Sie die Daten nicht an Dritte weitergeben und so die volle Kontrolle über sie behalten. Da Sie als Betreiber der Website die Verantwortung für den rechtskonformen Umgang mit den Daten Ihrer Nutzer tragen, haben Sie so die Möglichkeit, datenschutzrechtliche Vorgaben sicherzustellen, und müssen nicht fürchten, für Rechtsverstöße Dritter in Anspruch genommen zu werden.

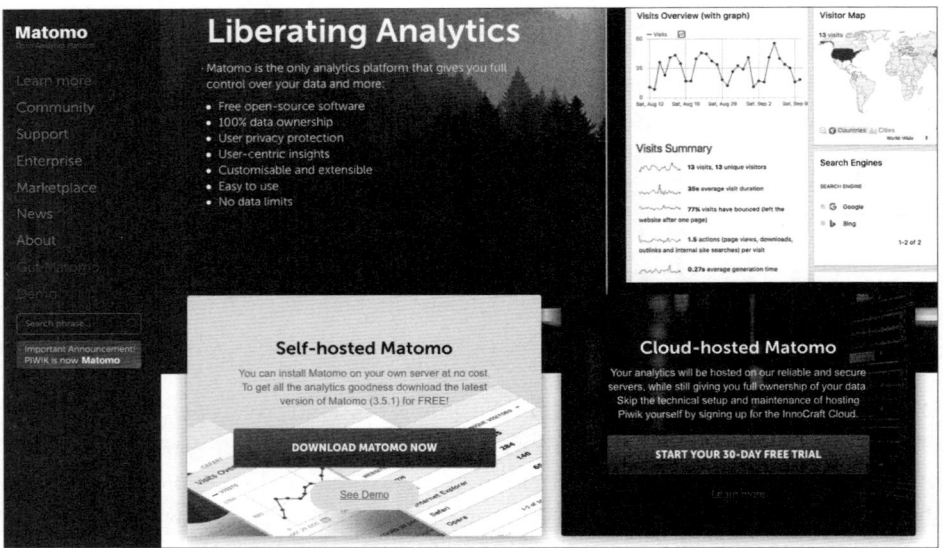

Abbildung 13.34 Self-Hosting-Dienst des Anbieters »Matomo«

Die Inhouse-Variante ist für Sie dann das Richtige, wenn Sie besonders vertrauenswürdige Daten verarbeiten, zum Beispiel Zahlungsinformationen. In diesen Fällen machen Inhouse-Lösungen auch einen positiven Eindruck auf die Nutzer.

Praxisbeispiel

Die »Hamburger Sparkasse« nutzt die Inhouse-Lösung von »etracker«. Dies ergibt sich auch aus ihrer Datenschutzerklärung, in der die Hamburger Sparkasse darauf hinweist, dass sie auf ihrer Website mit Technologien der »etracker GmbH« Daten zu Marketing- und Optimierungszwecken sammelt und speichert (siehe Abbildung 13.35.

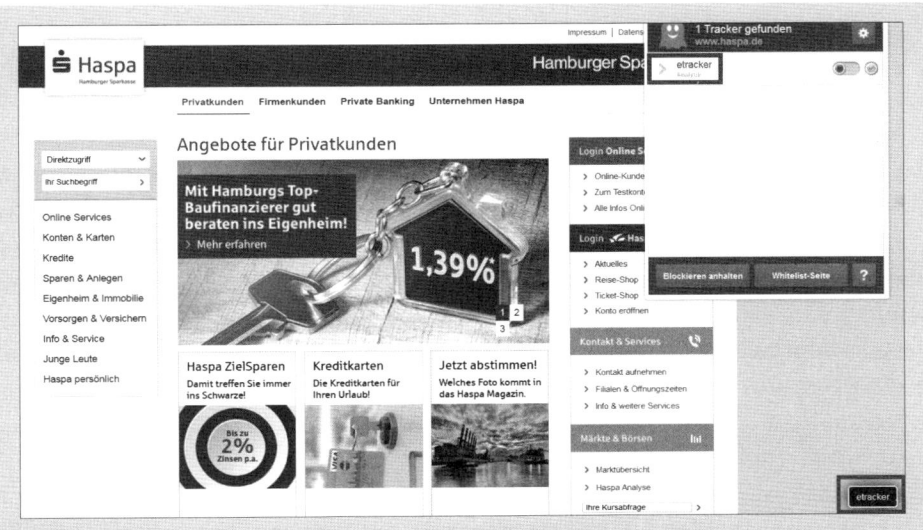

Abbildung 13.35 Website der »Hamburger Sparkasse«

Rechtlich müssen Sie neben den bereits erläuterten grundsätzlichen datenschutz-rechtlichen Prinzipien auch beachten, dass Sie Mitarbeiter, die mit den Daten in Berüh-rung kommen, im Hinblick auf einen rechtskonformen Umgang mit Daten schulen.

Dabei müssen Sie jedoch beachten, dass Sie dann gegebenenfalls einen Datenschutz-beauftragten bestellen müssen. Gemäß Art. 37 Abs. 1 lit. b DSGVO müssen Sie als nicht-öffentliche Stelle unbedingt einen Datenschutzbeauftragten bestellen, wenn Ihre Kerntätigkeit in der regelmäßigen und systematischen Überwachung von Per-sonen besteht oder wenn Sie primär besondere Kategorien von Daten im Sinne der Art. 9 und 10 DSGVO verarbeiten.

Achtung: Weite Definition der Voraussetzungen!

Mit »automatisierte Datenverarbeitung« ist die heute gängige Datenverarbeitung mittels Informationstechnik gemeint – unabhängig davon, auf welcher Art von End-gerät (Computer, Laptop, Smartphone) sie erfolgt.

Damit »beschäftigt« ist jeder Mitarbeiter, der bei der Arbeit an diesen Endgeräten mit personenbezogenen Daten in Kontakt kommt.

»Ständig« mit der Datenverarbeitung beschäftigt zu sein bedeutet nicht, dass das Aufgabenfeld dieser Mitarbeiter allein im Umgang mit personenbezogenen Daten bestehen muss. Die Datenverarbeitung muss lediglich ein »ständiger« Begleiter der normalen Arbeit sein. Das trifft beispielsweise auf Mitarbeiter der IT-Abteilung, aber auch auf das Sekretariat und jeden anderen zu, der E-Mail-Kontakt mit Kunden hat.

> Unberücksichtigt bleiben dagegen Mitarbeiter, die nur gelegentlich mit personenbezogenen Daten in Kontakt kommen oder diese Tätigkeiten nur für einen kurzen Zeitraum ausüben – so zum Beispiel Ferienarbeiter.

Falls Sie an dieser Stelle vielleicht aufatmen, weil diese beiden Konstellationen nicht auf Sie zutreffen, müssen wir Sie leider enttäuschen. Denn neben der Datenschutz-Grundverordnung enthält auch das Bundesdatenschutzgesetz in § 38 Abs. 1 BDSG eine Regelung, die Ihnen darüber hinaus die Pflicht zur Bestellung eines Datenschutzbeauftragten auferlegt, wenn Sie in Ihrem Unternehmen in der Regel »mindestens zehn Personen ständig mit der automatisierten Verarbeitung personenbezogener Daten« beschäftigen.

> **Hinweis**
>
> Eine Erleichterung sieht die Datenschutz-Grundverordnung dagegen für größere Unternehmen in Art. 37 Abs. 2 DSGVO vor, wonach die Bestellung eines einzigen Datenschutzbeauftragten für mehrere Niederlassungen erlaubt ist. Voraussetzung dafür ist allein, dass der sogenannte »gemeinsame Datenschutzbeauftragte« oder »Konzerndatenschutzbeauftragte« von jeder Niederlassung aus »leicht erreichbar« ist.
>
> Diese Anforderung ist aber nicht bloß räumlich zu verstehen, sondern kann unproblematisch durch den Einsatz von Fernkommunikationsmitteln erfüllt werden.

13.5   Checkliste Webanalyse: Alles beachtet?

> **Checkliste**
>
> ▶ Haben Sie sich mit den Anforderungen an einen rechtskonformen Umgang mit Analysetools befasst?
>
> ▶ Beinhaltet der Vertrag zur Auftragsdatenverarbeitung alle wesentlichen Regelungen im Sinne des Bundesdatenschutzgesetzes, insbesondere zur Datenerhebung?
>
> ▶ Haben Sie die IP-Adressen Ihrer Besucher anonymisiert?
>
> ▶ Haben Sie die Verwendung von Analysetools und die Widerspruchsmöglichkeit in die Datenschutzerklärung eingebunden?
>
> ▶ Haben Sie gegebenenfalls vorhandene Altdaten bzw. Altprofile gelöscht?
>
> ▶ Haben Sie sichergestellt, dass keine Zusammenführung mit eventuell vorhandenen personenbezogenen Daten erfolgt?
>
> ▶ Haben Sie eine Einwilligung für Tracking-Technologien eingeholt?
>
> ▶ Haben Sie die Besonderheiten bei der Speicherung der Daten beachtet?

▶ Haben Sie die rechtlichen Anforderungen beachtet, die an den Datentransfer an Webanalyse-Unternehmen in Drittstaaten gestellt werden?

▶ Haben Sie geprüft, ob Sie einen Datenschutzbeauftragten bestellen müssen?

Wenn Sie alle Fragen mit »Ja« beantworten können, dann kann es losgehen ...
Viel Erfolg!

13

Kapitel 14
Suchmaschinenwerbung (SEA)

Neben der Suchmaschinenoptimierung bietet Ihnen das Search Engine Advertising (SEA), auf Deutsch Suchmaschinenwerbung, eine weitere Möglichkeit, auf Ihre Website oder Ihren Onlineshop aufmerksam zu machen. Auch im Rahmen des SEA machen Sie sich Suchmaschinen wie Google oder Bing zunutze, indem Sie dort gezielt Anzeigen schalten. Auf diese Weise können Sie einen Großteil der Internetnutzer ansprechen. Doch auch bei dieser Marketingmaßnahme gibt es einige rechtliche Aspekte, die Sie beachten müssen.

SEA ist neben der Suchmaschinenoptimierung (SEO), die wir im nächsten Kapitel behandeln, ein Bereich des Suchmaschinenmarketings. Unter SEA versteht man das Schalten von bezahlten Suchanzeigen, die in der Regel neben und über den natürlichen Suchergebnissen erscheinen (siehe Abbildung 14.1). Dort erscheinen sie auch nur deshalb, weil sie zu den ausgewählten Suchbegriffen der Nutzer passen.

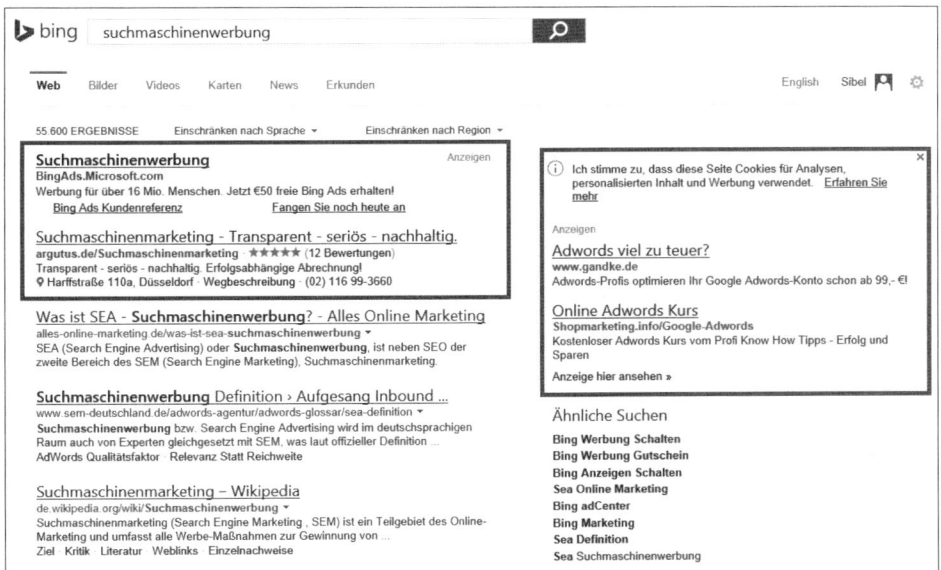

Abbildung 14.1 Die umrandeten Kästen beinhalten die geschalteten Anzeigen in der Suchmaschine »Bing«.

Auf diese Weise haben Sie die Möglichkeit, Ihre Links gezielt in den Suchmaschinenergebnissen zu platzieren und so die Effizienz Ihrer Werbung zu steigern. Abgerechnet wird dann pro Klick zu einem vorher festgelegten Preis. Bekannte Beispiele sind
dabei »Google Ads«, »Bing Ads« und »Yahoo Search Marketing«.

Der Aspekt der zielgruppenspezifischen Werbung ist wohl der Grund dafür, dass SEA
für Unternehmen immer attraktiver wird. So schätzen Fachleute, dass die Ausgaben
für SEA bis zum Jahr 2019 auf 130,58 Mrd. USD weltweit steigen werden. Im Vergleich
zum Jahr 2013 würden sich die Ausgaben dann in nur sechs Jahren mehr als verdoppelt haben (siehe Abbildung 14.2).

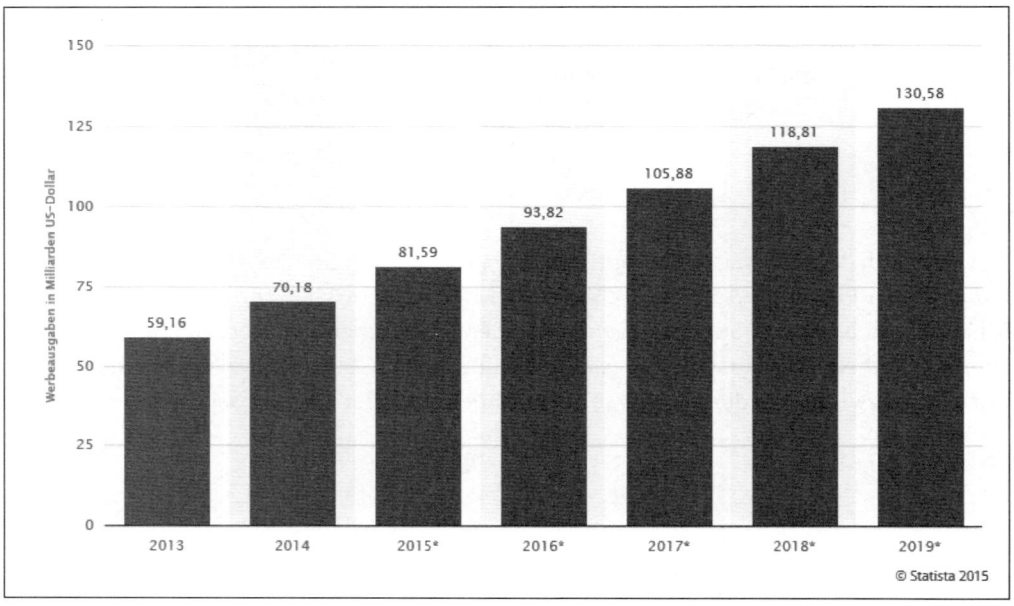

Abbildung 14.2 Höhe der Ausgaben für Suchmaschinenwerbung
weltweit in den Jahren 2013 bis 2019

Den Stellenwert von SEA haben bereits zahlreiche Unternehmen erkannt: Besonders
Online-Händler setzen auf SEA – recht weit vorne sind dabei Online-Versandhäuser
wie »Otto«, Auktionsplattformen wie »eBay« oder Online-Händler wie »Amazon«.
Auch in Deutschland erfreut sich diese Marketingstrategie zunehmender Beliebtheit: Einer Umfrage des Portals »Statista« zufolge gaben mehr als zwei Drittel der befragten Unternehmen im Jahr 2016 an, SEA häufig bis sehr häufig zu nutzen (siehe
Abbildung 14.3).

In diesem Kapitel möchten wir die relevantesten Rechtsgebiete des SEA beleuchten,
Ihnen kritische Probleme aufzeigen sowie erste Lösungsansätze bieten.

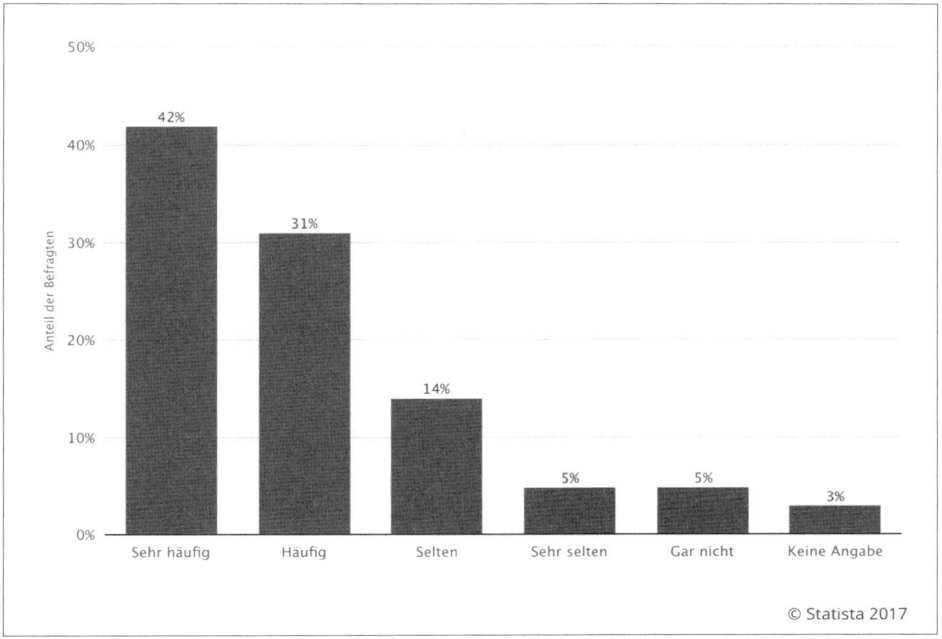

Abbildung 14.3 Umfrage zur Verwendung von SEA in Unternehmen in Deutschland im Jahre 2016

14.1   Wie sollte die Vertragsgestaltung erfolgen?

Möchten Sie SEA für Ihre Marketingzwecke nutzen, so sollten Sie auch speziell für diese Kategorie auf bestimmte Punkte im Vertragswerk achten. Im Übrigen verweisen wir auf die Erläuterungen zur Vertragsgestaltung in Abschnitt 15.3.

Darüber hinaus sollten Sie beispielsweise beachten, dass Sie in beiderseitigem Interesse die Eckdaten der gewünschten Anzeige klar benennen:

► Welchen Inhalt soll die Anzeige haben?

► Wie soll die Anzeige selbst im Hinblick auf Überschrift und Anzeigentext gestaltet werden?

► Zu welchem Keyword soll die Anzeige geschaltet werden?

► Welche Keyword-Optionen sollen gebucht werden?

► Wie hoch wird das Budget für die Anzeigenschaltung angesetzt?

Bei der Erstellung und Pflege der Anzeigen können vielfältige Probleme auftreten: So kann es passieren, dass sich der zuständige SEA-Spezialist bei der Höhe des Budgets vertippt, das Budgetkonto aus den Augen verliert und nicht regelmäßig kontrolliert, wodurch die Anzeige nicht mehr geschaltet wird, oder gar falsche Keywords bucht.

All diese Sorgfaltspflichtverletzungen verursachen in der Regel bei Ihnen einen Schaden und lösen eine Haftung des Verantwortlichen aus.

Unter Umständen wird derjenige, der die SEA-Maßnahmen für Sie vornimmt, eine vertragliche Vereinbarung vorschlagen, mit der Sie ihn von einer Haftung Ihnen gegenüber freistellen. Wir empfehlen Ihnen aber, einer solchen Haftungsfreistellung nicht zuzustimmen.

> **Achtung!**
>
> An dieser Stelle empfehlen wir Ihnen erneut, alle vertraglichen Vereinbarungen schriftlich zu fixieren. Denn tun Sie dies nicht, müssen Sie im Streitfall beweisen, dass eine solche Vereinbarung zwischen Ihnen und Ihrem Dienstleister bestand. Ohne schriftliche Fixierung wird Ihnen dies in der Regel jedoch nur schwer gelingen.

14.2   Dürfen fremde Marken beim Keyword-Advertising verwendet werden?

Neben der reinen Suchmaschinenoptimierung existiert für Sie auch die Möglichkeit, Ihr Angebot in Suchmaschinen an prominenter Stelle zu platzieren. Nicht selten möchten Unternehmen ihr eigenes Produkt in den Fokus der Aufmerksamkeit rücken, indem sie bekannte Markennamen als Keywords benutzen. Dabei handelt es sich jedoch nicht immer um die eigenen Marken – oftmals zum Leidwesen der Markeninhaber.

Denn ein Markeninhaber hat natürlich ein Interesse daran, dass Kunden, die über eine Suchmaschine auf seine Website gelangen wollen, nicht vorher von »Trittbrettfahrern« abgefangen werden. Andererseits kann er aber auch nicht davor geschützt werden, dass neben seinem Angebot auch als solche gekennzeichnete Werbung anderer Unternehmen eingeblendet wird. Schließlich hat der Internetnutzer die Wahl, welches Angebot er auswählt. Vor diesem Hintergrund wird über die markenrechtliche Zulässigkeit des sogenannten Keyword-Advertisings bereits seit Jahren lebhaft gestritten.

14.2.1   Grundsätzliches zum Keyword-Advertising

Im Bereich der »Google Ads«-Anzeigengestaltung hat der EuGH vorläufig für Rechtsklarheit gesorgt. Er stellte in seinem Grundsatzurteil vom 08.07.2010 (Az. C-558/08) fest, dass die Verwendung fremder Markennamen als Keywords für Ads-Anzeigen dann unzulässig ist, wenn nicht ersichtlich ist, von wem die angebotenen Leistungen stammen. Generell sei eine Verwendung jedoch zulässig.

Praxisbeispiel

Der EuGH entschied in einem Verfahren (Urteil vom 22.09.2011, Az. C-323/09) über den Streit des bekannten britischen Einzelhandelsunternehmens »Marks & Spencer« und seines Konkurrenten »Interflora« über eine Google-Werbeanzeige. Zum Bewerben seines Blumenlieferservices hatte Marks & Spencer als Ad unter anderem den Markennamen des Konkurrenten Interflora angegeben. Damit war Interflora nicht einverstanden und klagte.

Der daraufhin vom zuständigen britischen Gericht angerufene EuGH entschied dann, dass keine Markenrechtsverletzung vorliege, weil beim Nutzer der Suchmaschine keine Fehlvorstellung oder Verwirrung ausgelöst werde und auch der Ruf der Marke »Interflora« nicht beeinträchtigt werde. Im Ergebnis sprach sich der EuGH also für eine Zulässigkeit der Verwendung fremder Markennamen als Schlüsselbegriff in Google Ads aus.

Genau in dieser Unterscheidung liegt nach Ansicht des EuGH auch der Unterschied zur Verwendung von fremden Markennamen in Meta-Tags: Denn über Ads werden die Suchergebnisse in der Rubrik ANZEIGEN veröffentlicht. Dort erwartet der Nutzer nicht ausschließlich Angebote des Markeninhabers, da ihm bewusst ist, dass es sich hier um bezahlte Anzeigen handelt. Der Nutzer kann also bei Ads zwischen den bezahlten und den unbezahlten Suchergebnissen differenzieren. Die Meta-Tags hingegen beeinflussen die Suchergebnisse als solche, ohne dass dies für den Nutzer erkennbar wäre. Der Nutzer denkt, dass er auf den von der Suchmaschine als Treffer angezeigten Seiten Angebote des Markeninhabers findet. Dies ist gleichzeitig eine irreführende Werbung und damit auch wettbewerbsrechtlich nicht unproblematisch.

Da die erläuterte Unterscheidungsmöglichkeit des Nutzers und die unterschiedliche Beeinflussung des Suchvorgangs nach Ansicht des EuGH über die rechtliche Zulässigkeit entscheiden, überschreiten Sie die Grenze zur Rechtswidrigkeit dann, wenn sich Ihre Werbeanzeige nicht erkennbar von dem fremden Markennamen distanziert. Dies liegt nämlich genau dann vor, wenn Sie dem Nutzer mit Ihrer Anzeige suggerieren, dass zwischen Ihnen und dem Markenrechtsinhaber eine wirtschaftliche Verbindung beispielsweise in Form eines Vertriebs der Markenprodukte besteht. Es reicht aber auch schon aus, wenn der Nutzer gar nicht erkennen kann, ob eine solche Verbindung besteht.

Praxisbeispiel: Marke als Meta-Tag

Das Oberlandesgericht Frankfurt a.M. (Urteil vom 06.10.2016, Az. 6 U 17/14) entschied über eine Klage einer Entwicklerin und Vertreiberin von Großformatscannern, die Inhaberin der deutschen Wortmarke »Scan2Net« war. Diese wehrte sich gegen die Verwendung ihres Markennamens durch einen Konkurrenten, der Buchscanner auf

14

einer Internetseite vertreibt und das rechtlich geschützte Kennzeichen »Scan2Net« in seinen Meta-Tags verwendete. Der HTML-Quellcode der Internetseite beinhaltet nämlich in Zeile 8 folgende Angaben:

```
<meta name="keywords content="Buchscanne Software für Buchkopierer, eigene
Entwicklung, scant to net, scan to usb, scan2net, scant2usb, scan to mail, " />
```

Die Richter nahmen hier eine markenmäßige Verwendung durch den Beklagten an und bejahten damit eine Markenverletzung. Dies begründete das Gericht damit, dass in der Verwendung gerade keine erlaubte rein beschreibende Benutzung eines Begriffs vorliege. Denn der Verkehr würde dem Begriff »scan2net« zwar beschreibenden Inhalt beimessen, jedoch lasse dies nicht darauf schließen, dass dieser Begriff bei der Suche nach Informationen über die Technik des Scannens in Netzwerke oder die dazu benötigten Produkte verwendet werde. Dafür sei die Schreibweise der Zahl 2 als Synonym für das Wort »to« noch nicht derart im deutschen Sprachraum verbreitet.

Ob im konkreten Fall eine Beeinträchtigung der Marke vorliegt, ist eine Einzelfallentscheidung. Eine Beeinträchtigung wird in jedem Fall dann anzunehmen sein, wenn der Werbende Nachahmungen von Waren des Markeninhabers anbietet.

Achtung!

Wer Werbung für Imitate oder Fälschungen macht, der verstößt damit auch gegen die Google-Ads-Fälschungsrichtlinie (*http://wbs.is/rom73*). Wer dies dennoch versucht, der muss damit rechnen, dass seine Anzeige abgelehnt wird und sogar sein Ads-Konto gesperrt wird.

Von den Fälschungen betroffene Unternehmen können bei Google auch eine Beschwerde einreichen. Ein Formular für die Markenbeschwerde finden Sie auf der Webseite *http://wbs.is/rom74*.

Eine Beeinträchtigung liegt in der Regel nicht vor, wenn mit dem Schlüsselwort eine Werbung gezeigt wird, die für alternative Waren wirbt und diese Waren weder eine Nachahmung des Markenprodukts darstellen noch die Marke verunglimpfen oder ihre Funktion beeinträchtigen. Eine solche Benutzung fällt grundsätzlich in den wettbewerbsrechtlich erlaubten Rahmen.

Ob die rechtliche Tragweite der Entscheidung bereits vollends in der Praxis angekommen ist, bleibt jedoch fraglich. Denn immer noch gestalten viele SEA-Dienstleister die Anzeigen für ihre Auftraggeber so, dass sie zwar möglichst viele potenzielle Interessenten von Wettbewerbern abfangen, dabei aber vergessen, die Herkunft des Angebots deutlich darzustellen. Gerade der Anzeigentitel enthält in vielen Fällen nur den Namen der Wettbewerber – was im Einzelfall bereits einen Verstoß bedeuten kann (siehe Abbildung 14.4).

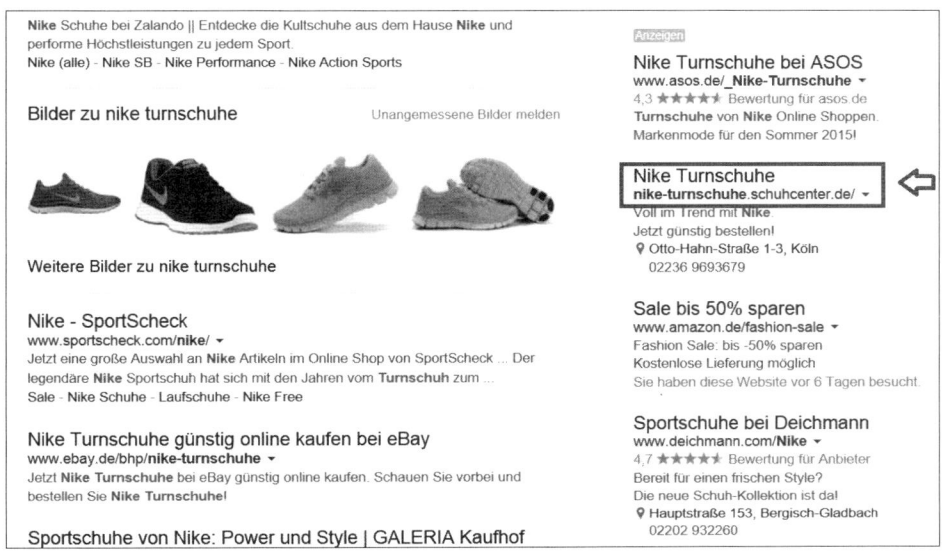

Abbildung 14.4 In der eingerahmten Google-Ads-Anzeige enthält der Titel allein die Angabe »Nike Turnschuhe«, obwohl es sich nicht um die Website des Sportprodukteherstellers selbst handelt.

Spätestens aus dem Beschreibungstext muss dann jedoch eindeutig hervorgehen, dass hier nicht der angesprochene Wettbewerber, sondern das eigene Unternehmen hinter der Anzeige steckt (siehe Abbildung 14.5). Dennoch sind auch hier die SEA-Dienstleister oft nachlässig und verwenden sogar gleichlautende Texte für Anzeigentitel und -beschreibung.

Abbildung 14.5 Aus der Beschreibung wird klar, dass es sich um die Anzeige eines lokalen Schuhgeschäfts handelt. Markenrechte der Firma Nike werden damit nicht verletzt.

Eine Ausnahme von diesen Grundsätzen besteht jedoch nach Ansicht der Rechtsprechung dort, wo es sich um bekannte Marken handelt: Werden auf der durch die Anzeige beworbenen Website Nachahmungen der Marke vertrieben oder zielt die Anzeige darauf ab, die Marke zu verunglimpfen, so ist dies rechtswidrig. Dies gilt auch dann, wenn in der Anzeige das Angebot des Markeninhabers als stark überteuert dargestellt wird, da es so in ein negatives Licht gerückt wird.

Praxisbeispiel

In einem konkreten Fall ging es um den Onlineshop »*eis.de*«, der unter anderem Erotikartikel online zum Verkauf anbot. Der Betreiber des Shops schaltete dabei eine Ads-Anzeige wie folgt:

»Erotik Shop & Erotik Shop
Ersparnis bis 94% garantiert.
Shop TÜV geprüft! Seriös & diskret.
Eis.de/_Erotik-Shop_&_Erotik-Shop«

Als Keyword verwendete der Online-Händler den Begriff »Beate Uhse«. Bei der Eingabe der Marke »Beate Uhse« in die Suchmaschine erschien daher in der Folge in einem Anzeigenbereich ein Link zu dem Onlineshop »*eis.de*«. Das Erotikunternehmen »Beate Uhse« sah seine Markenrechte dadurch verletzt, klagte und bekam Recht (OLG Frankfurt, Urteil vom 10.04.2014, Az. 6 U 272/10).

Dabei ist natürlich stets zu klären, wann überhaupt eine bekannte Marke vorliegt, was der Markeninhaber nachweisen muss. Bei der Entscheidung über die Bekanntheit ist durch das Gericht eine Gesamtwürdigung aller Umstände vorzunehmen. Relevante Aspekte sind dabei der Marktanteil, die geografische Ausdehnung oder die Dauer der Benutzung der betroffenen Marke.

Im Fall des Erotikunternehmens »Beate Uhse« bejahte das Gericht die erforderliche Bekanntheit damit, dass ein bedeutender Teil des Publikums das in Flensburg ansässige Unternehmen mit bestimmten Waren in Verbindung bringe.

Achtung!

Sollte Ihre Anzeige Verstöße gegen das Markenrecht beinhalten, so müssen Sie unter anderem mit Abmahnungen und der Aufforderung zur Abgabe einer Unterlassungserklärung rechnen. Geschah diese Vorgehensweise jedoch durch Ihren SEA-Dienstleister ohne Ihre Einwilligung bzw. gegen Ihren ausdrücklichen Willen, so müssen zunächst Sie den Forderungen der Gegenseite nachkommen, können diese aber gegenüber Ihrem Dienstleister geltend machen!

Rechtskonform ist eine Werbung mit Markennamen Dritter jedenfalls dann, wenn Sie eine dahingehende vertragliche Vereinbarung mit dem Inhaber des Markenrechts haben oder beispielsweise ein Betreiber eines Onlineshops sind, der die Produkte der

Marke in seinem Sortiment führt. Ein Markeninhaber kann bei Google eine Marken-beschwerde einlegen, wenn er der Ansicht ist, dass seine Rechte verletzt werden. Ver-letzt die Ads-Werbung jedoch nicht das Markenrecht, muss der Markeninhaber zwin-gend seine Zustimmung zur Werbung des Mitbewerbers erteilen. Andernfalls liegt nach Ansicht der Rechtsprechung eine gezielte Behinderung der Mitbewerber vor.

Praxisbeispiel

Ein Händler, der mit Juwelierware und unter anderem auch mit der Marke »Rolex« handelt, wollte im Internet über Google Ads folgende Werbeanzeige schalten:

»Ankauf: Rolex Armbanduhren
Ankauf: einfach, schnell, kompetent
Ankauf: Rolex-Uhr dringend gesucht
www.(...)«

Die Schaltung der Anzeige wurde von Google abgelehnt. Der Grund hierfür war eine sogenannte *allgemeine Markenbeschwerde* vom Unternehmen »Rolex«. Rolex ist In-haber der eingetragenen Gemeinschaftsmarke »Rolex«. Google ermöglicht es allen Markeninhabern, sich mit einer Markenbeschwerde gegen die Nutzung ihrer Kenn-zeichen im Text von Ads-Anzeigen zu wenden. Von dieser Möglichkeit machte Rolex erfolgreich Gebrauch. Dies wollte der Schmuckhändler jedoch nicht auf sich sitzen lassen und verklagte das Unternehmen Rolex auf Zustimmung zur Schaltung der An-zeige bei Google Ads — zu Recht, wie der Bundesgerichtshof entschied (Urteil vom 12.03.2015, Az. I ZR 188/13).

Zwar ist die Verwendung fremder Markennamen grundsätzlich markenrechtlich zu-lässig, sie könnte aber wettbewerbsrechtlich unzulässig sein. Denn es gibt Stimmen, die die Verwendung fremder Kennzeichen als Keywords als unlauteres Abfangen von Kunden werten. Ein Teil der Rechtsprechung sieht dies jedoch anders und begründet dies damit, dass der Nutzer bei Eingabe der Marke als Suchwort keineswegs schon zum Kauf entschlossen wäre. Daher werde dieser nicht zu einer Änderung eines schon ge-fassten Kaufentschlusses gedrängt, sondern nur zusätzlich zur Werbung des Inseren-ten hingelenkt. Dies sei aber lauterkeitsrechtlich nicht zu beanstanden. Auch eine ge-zielte Behinderung eines Mitbewerbers könne darin nicht gesehen werden, da sich der Werbende durch die Anzeige nicht zwischen den Mitbewerber und dessen Kunden schiebe. Vielmehr liege hier allein ein Hinlenken auf die eigene Werbung vor.

14.2.2   Keyword-Optionen

Als Anzeigenersteller haben Sie durch Markierung des gewünschten Keywords die Möglichkeit, den Umfang der Sucheingaben festzulegen, die schließlich zu der von Ihnen geschalteten Anzeige führen sollen (siehe Abbildung 14.6 und Abbildung 14.7). Dabei stehen Ihnen folgende Optionen zur Verfügung:

- **Genau passende Worte (Exact Match):** Werden die gewünschten Keywords, zum Beispiel *Computer Reparatur*, mit eckigen Klammern versehen, also *[Computer Reparatur]*, so stoßen auch nur Nutzer, die lediglich die Worte »Computer Reparatur« eingeben, auf Ihre Anzeige. Nutzern, die beispielweise die Begriffe »Computer Köln« eingeben, wird Ihre Anzeige nicht angezeigt.

- **Passende Wortgruppen (Phrase Match):** Versehen Sie die Keywords dagegen mit Anführungszeichen, also *»Computer Reparatur«*, können auch sogenannte passende Wortgruppen in der Suchanfrage enthalten sein. Das wären dann im Beispiel der Keywords *Computer Reparatur,* Suchanfragen nach Begriffen wie »schnelle Computerreparatur« oder »Computer Reparatur Köln«.

- **Weitgehend passende Wortgruppen (Broad Match):** Werden die Keywords ohne Markierung gebucht, kann der User schließlich auch sogenannte weitgehend passende Wortgruppen eingeben. Bei Eingabe der Begriffe *Computer Reparatur* als Keyword würde die Anzeige demnach auch den Nutzern angezeigt werden, die in die Suchleiste Begriffe wie »PC Reparatur« oder »Computer Werkstatt« eingegeben haben.

- **Modifiziert weitgehend passende Wortgruppen (Modified Broad Match):** Wird das Keyword mit einem Plus davor versehen, also beispielsweise *+Computer Reparatur*, so hat dies zur Folge, dass der Wortstamm *Computer* unbedingt in der Suchanfrage enthalten sein muss. Dies gilt auch dann, wenn es sich um Falschschreibweisen, Singular und Plural des Begriffs, Abkürzungen, Akronyme sowie Wortstammvariationen des Keywords handelt. Damit wird die Anzeige auch dem Nutzer angezeigt, der beispielsweise den Suchbegriff »Comuter Reparatur« eingibt.

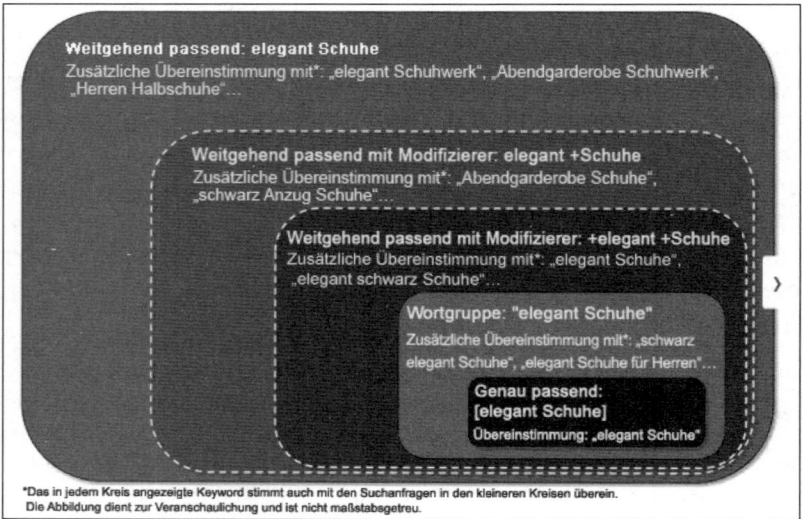

Abbildung 14.6 Erläuterung der Funktionsweise von Keyword-Optionen bei »Google Ads«

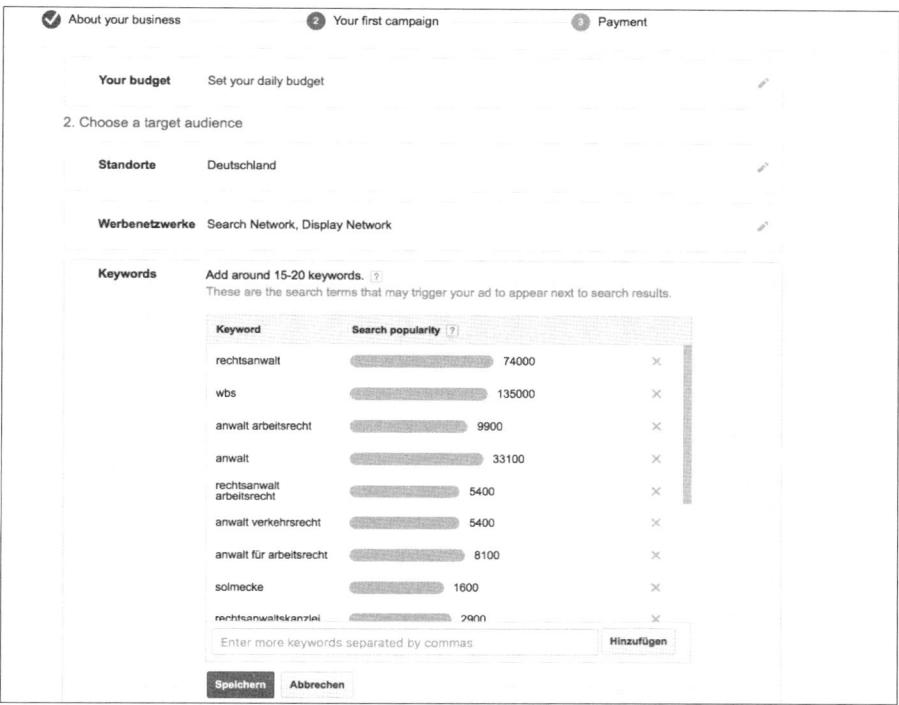

Abbildung 14.7 Keywords hinzufügen bei »Google Ads«

Es stellt sich die Frage, ob es markenrechtlich zulässig ist, wenn die Optionen BROAD MATCH und MODIFIED BROAD MATCH auch geschützte Wortgruppen abfangen. Dazu möchten wir zunächst einen Blick auf die Option BROAD MATCH werfen.

Praxisbeispiel

Der Inhaber der unter anderem für Pralinen und Schokolade eingetragenen deutschen Marke »MOST« klagte gegen einen Pralinenhändler (BGH, Urteil vom 13.12.2012, Az. I ZR 217/10). Denn der Pralinenhändler betrieb einen Onlineshop für Schokolade und Pralinen und schaltete diesbezüglich Google-Ads-Anzeigen, bei denen als Keyword das Wort *Pralinen* verwendet wurde. Darüber hinaus buchte er die Ads-Option BROAD MATCH, was zur Folge hatte, dass Nutzer, die nach »MOST Pralinen« suchten, auf seiner Seite landeten, obwohl in seinem Shop gar keine MOST-Produkte verkauft wurden. Dagegen wollte sich der Inhaber der Marke MOST zur Wehr setzen – Recht bekam er jedoch nicht!

Denn ebenso, wie die grundsätzliche Nutzung von Markennamen als Keyword zulässig ist, ist dies nach Ansicht des BGH auch bei weitgehend passenden Suchwörtern der Fall. Konsequent bleiben die Richter bei der Auffassung, dass beim Keyword-Advertising keine Markenverletzung vorliegt, wenn

- die Anzeige so aufgeführt wird, dass sie für den Nutzer erkennbar kein organisches Suchergebnis, sondern offensichtlich eine Anzeige darstellt, und

- die Anzeige weder die Marke noch sonst einen Hinweis auf den Markeninhaber oder die unter der Marke angebotenen Produkte enthält.

Auch stellte der BGH klar, dass kein Hinweis zum Fehlen einer wirtschaftlichen Verbindung zwischen dem Werbenden und dem Markeninhaber erforderlich ist.

Neben der Möglichkeit, die Marke selbst als Keyword aufzunehmen, greifen manche SEA-Dienstleister noch zu einem weiteren Trick mit der Option MODIFIED BROAD MATCH: Dabei wird nicht der Markenname direkt gebucht, sondern Veränderungen im Wortstamm, wie zum Beispiel Tippfehler. Jedoch ist auch hier die markenrechtliche Lage keine andere als bei der direkten Buchung der Markennamen: Unter Einhaltung der von der Rechtsprechung benannten Voraussetzungen ist eine solche Vorgehensweise – zumindest markenrechtlich – zulässig!

> **Hinweis**
>
> Im Zweifel sollten Sie auch an dieser Stelle die rechtliche Zulässigkeit einem erhöhten Traffic vorziehen. Auch wenn die Keyword-Optionen an sich ein legitimes Instrument darstellen, das dem SEA-Dienstleister eine einfache Handhabe zur Maximierung des Empfängerkreises bietet, so sollten sie nicht unbedacht verwendet werden.

14.3   Welche Pflichtangaben bestehen in Werbeanzeigen?

Auch bei der Gestaltung der Google-Ads-Anzeige selbst sind einige rechtliche Besonderheiten zu beachten. So müssen Sie bedenken, dass Sie die vorgeschriebenen Pflichtangaben bei Werbung auch über Ads platzieren. Ansonsten handeln Sie wettbewerbswidrig und müssen etwa mit einer Abmahnung rechnen. Von besonderer Relevanz sind dabei einerseits die *gesetzlichen Informationspflichten* und andererseits die *Preisangaben*.

14.3.1   Gesetzliche Informationspflichten in Anzeigen

Sie sollten beachten, dass Sie nicht nur bei Webseiten, sondern auch im Rahmen von Werbeanzeigen in Suchmaschinen Ihre umfangreichen Informationspflichten einhalten müssen. Dazu gehören beispielsweise neben der schon mehrfach angesprochenen Impressumspflicht auch Informationspflichten beim Vertrieb bestimmter Produkte.

Praxisbeispiel

In einem Verfahren vor dem BGH (Urteil vom 06.06.2013, Az. I ZR 2/12) stritten die Parteien um zwei Werbeanzeigen für Medikamente, die ein Unternehmen über Google Ads geschaltet hatte. Diese hatten den folgenden Inhalt:

»Bei entzündeten Atemwegen
Kleine Kapsel – große Wirkung.
S. bekämpft die Entzündung
www.xy.de/Pflichttext_hier«

Die jeweils erste Zeile der beiden Anzeigen war mit einem Link versehen. Wenn Internetnutzer auf ihn klickten, gelangten sie auf die Startseite des Unternehmens. Dort erfuhren sie dann nach mehrfachem Scrollen die Bezeichnung des Medikaments, die Anwendungsgebiete und fanden den Zusatz: *»Zu Risiken und Nebenwirkungen lesen Sie die Packungsbeilage und fragen Sie Ihren Arzt oder Apotheker!«* Diese Angaben sind bei Werbung für Arzneien nach dem Heilmittelwerbegesetz vorgeschrieben. Der BGH stufte beide Ads-Anzeigen als wettbewerbswidrig ein.

Nun stellt sich die Frage, wie diese Pflichtangaben in der Praxis umgesetzt werden müssen. Hierzu stellte der Bundesgerichtshof zunächst einmal grundsätzlich fest, dass die Pflichtangaben nicht im Text der Ads-Anzeige aufgeführt werden müssen.

Vielmehr haben Sie auch die Möglichkeit der Verlinkung. Diese sei aber nur dann rechtskonform, wenn sie mit dem ausdrücklichen Hinweis versehen werde, dass man über diesen Link auf eine Webseite gelangt, die die Pflichtinformationen enthält. Dazu sei es erforderlich, den Begriff »Pflichtangaben« oder eine entsprechend eindeutige Formulierung zu wählen. Denn dem Nutzer könne zum Finden der Hinweise kein Herumscrollen zugemutet werden. Dies ist nur auf der verlinkten Landingpage, auf der die Pflichtangaben platziert sind, unschädlich.

Achtung!

Wenn Sie keinen Link setzen, sondern die Webseite, die die Pflichtinformationen enthält, als URL nur textlich angeben, dann steht Ihre Anzeige im Einklang mit den Anforderungen der Rechtsprechung!

Schließlich müssen die Angaben auch gut lesbar sein.

Hinweis

Diese Entscheidung ist nicht nur für den Bereich des Heilmittelwerberechts bedeutsam. Ein Anbieter muss auch zahlreichen anderen Informationspflichten nachkommen, zum Beispiel der Impressumspflicht. Auch hier ist es als ausreichend anzusehen, wenn auf der Website die Pflichtangaben vorhanden sind. In der Anzeige braucht nicht zusätzlich noch der Link mit IMPRESSUM, ANBIETERKENNZEICHNUNG aufgenommen zu werden.

14.3.2 Preisangaben in Anzeigen

Zwar besteht grundsätzlich keine Pflicht, in den Anzeigen Preise für die beworbenen Produkte oder Dienstleistungen zu nennen, aber wenn Sie sich dennoch dafür entscheiden, dann müssen Sie es auch richtig machen! Doch was so einfach klingt, führt in der Praxis immer wieder zu Problemen. Aus diesem Grund hat der Gesetzgeber mit der *Preisangabenverordnung* ein Regelwerk geschaffen, das Einheitlichkeit bei der Preisdarstellung erreichen und die Verbraucher vor Irreführungen schützen soll.

Von besonderer Relevanz ist dabei die Pflicht zur Angabe des Endpreises (also inklusive Mehrwertsteuer und sonstiger Preisbestandteile) und der Verkaufs- oder Leistungseinheit sowie der Gütebezeichnung. Darüber hinaus sind speziell im Online-Handel diese Angaben zusätzlich mit dem Hinweis zu versehen, dass die für die Produkte geforderten Preise die Umsatzsteuer und sonstige Preisbestandteile wie Nachnahmegebühren, Zölle oder weitere Steuern enthalten. Weiterhin muss die Preisangabe noch mit dem Zusatz über gegebenenfalls anfallende Liefer- und Versandkosten versehen werden.

Bei der praktischen Umsetzung stellt sich jedoch dann die Frage, welche Bestandteile alle in den doch recht kurzen Anzeigentext aufzunehmen sind und bei welchen Angaben es unter Umständen reicht, wenn sie nur auf der Landingpage genannt werden (siehe Abbildung 14.8).

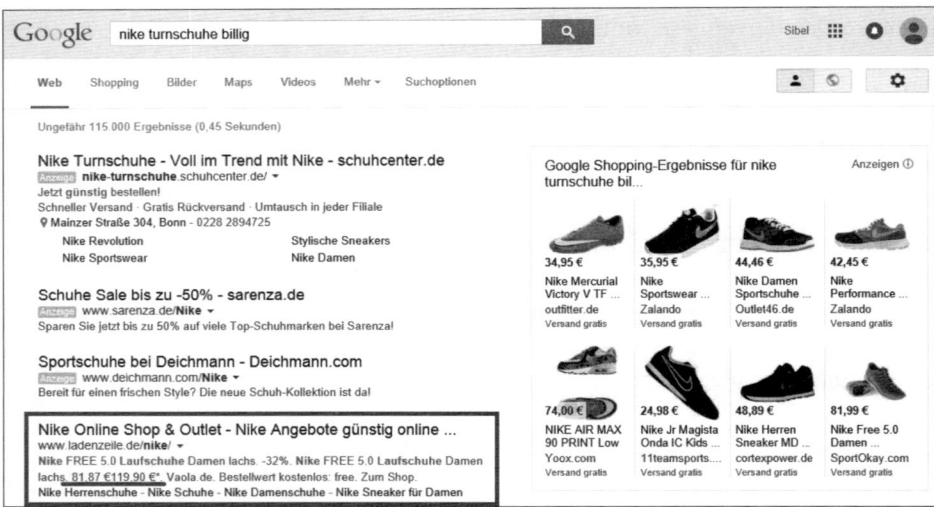

Abbildung 14.8 Beispiel einer Anzeige über Google Ads, die auch Produktpreise im Anzeigentext enthält

Während Google Ads dieses Problem in der Praxis so gelöst hatte, dass in der Anzeige selbst der Endpreis des Produkts und die Versandkosten angegeben wurden und der Suchende über einen Klick auf ein Infokästchen darüber informiert wurde, dass der ausgewiesene Preis bereits die gesetzliche Umsatzsteuer und alle Preisbestandteile beinhaltet (siehe Abbildung 14.9), wurde dieser Hinweis nun durch Informationen zu »Warum sehe ich diese Werbung?« ersetzt.

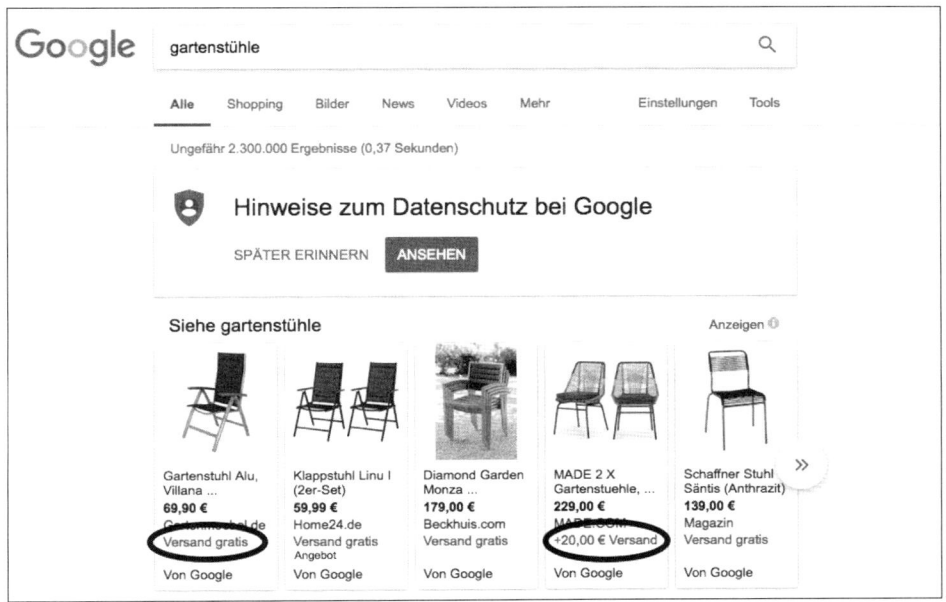

Abbildung 14.9 Hinweis des Suchmaschinenbetreibers Google zu den Preisen in den Anzeigen

Bei dieser Vorgehensweise ist vor allem zweifelhaft, ob die Angabe zur Umsatzsteuer ausreichend ist. Der Bundesgerichtshof (Urteil vom 04.10.2007, Az. I ZR 143/04) hat dahingehend entschieden, dass ein unmittelbar räumlicher Bezug gerade nicht erforderlich ist.

Die notwendigen Hinweise können dabei nicht nur jeweils unmittelbar neben den Preisen der einzelnen Waren stehen (siehe Abbildung 14.10), sondern zum Beispiel auch in einem hervorgehobenen Vermerk auf derselben Seite, beispielsweise mit einer Sternchen-Fußnote. Daneben ist auch denkbar, dass die Angaben auf einer nachgeordneten Seite platziert werden, auf die ein eindeutiger Link verweist und die erscheint, bevor der Bestellvorgang eingeleitet wird. Wichtig ist dabei jedoch, dass der Hinweis leicht zu erkennen und gut wahrzunehmen ist.

Der Grund dafür, dass diese Angaben nicht direkt neben dem Endpreis stehen müssen, besteht nach Ansicht des Gerichts darin, dass dem Verbraucher bekannt sei, dass im Versandhandel neben dem Endpreis üblicherweise auch Liefer- und Versandkosten anfallen. Ebenso gehen die Verbraucher auch als selbstverständlich davon aus, dass die angegebenen Preise die Umsatzsteuer enthalten.

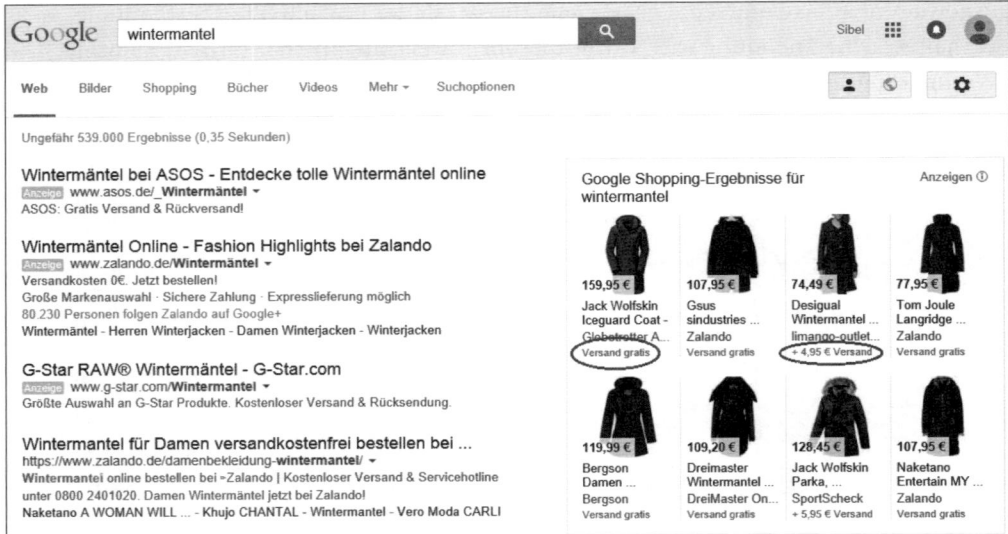

Abbildung 14.10 Beispiel für die Platzierung der Versandkostenangabe bei dem Produkt in der Google-Ads-Anzeige

> **Achtung!**
>
> Verstößt Ihre Anzeige gegen geltendes Recht, so können Sie dies nicht damit rechtfertigen, dass Ihnen nur eine begrenzte Anzahl an Zeichen zur Verfügung steht. Denn Sie sind auch nicht verpflichtet, mit Preisen Ihrer Produkte zu werben.

14.4   Wie kann man irreführende Werbeanzeigen vermeiden?

Grundsätzlich dürfen Anzeigen nicht irreführend gestaltet werden, um so mehr Interessenten anzulocken. Das bedeutet, dass die Werbeanzeige keine objektiv falschen oder subjektiv falsch interpretierbaren Werbeaussagen enthalten darf. Andernfalls stellt dies einen Verstoß gegen das Irreführungsverbot dar, das eine der zentralen Säulen des Wettbewerbsrechts darstellt. Welche Angaben genau dazu geeignet sind, den Adressaten in die Irre zu führen, hat der Gesetzgeber in § 5 UWG detailliert geregelt (siehe Abbildung 14.11).

Ob eine Anzeige irreführend ist, bemisst sich nach dem Empfinden eines durchschnittlichen Adressaten. Ob der Adressat in der Werbebotschaft auch tatsächlich getäuscht wird, ist dabei unerheblich. Damit kann eine irreführende Werbung in der Praxis schnell zu bejahen sein.

Abbildung 14.11 Das Irreführungsverbot aus § 5 UWG

14

Praxisbeispiel

Das Oberlandesgericht Dresden hatte über einen Rechtsstreit zu entscheiden (Urteil vom 19.02.2013, Az. 14 U 1810/12), in dem ein Unternehmen in einer Google-Ads-Anzeige den Text »VorratsGmbH ab 1450 EUR« wählte. Auf der Website der Firma stand die folgende Aussage: »*Der Weg zu Ihrer neu gegründeten GmbH ›Vorrats-GmbH‹ mit einem voll eingezahlten Stammkapital von 25.000,– €. Zusätzlich ist ein Agio von 1.450,– € (...) zu entrichten, das dem Aufwand für die Übertragung der Gesellschaft an Sie entspricht.*«

Im Folgenden schickte eine Konkurrentin der Firma wegen Irreführung der beiden Aussagen eine Abmahnung und forderte die Abgabe einer strafbewehrten Unterlassungserklärung. Nachdem das Unternehmen sich weigerte, wurde es verklagt – zu Recht! Denn der Anzeigentext »VorratsGmbH ab 1450 EUR« suggeriert, dass man eine mit vollem Stammkapital ausgestattete und damit eintragungsfähige GmbH zum Preis von lediglich 1.450 € erwerben könne. Für Existenzgründer bzw. Unternehmer als Zielgruppe ist hier nicht ersichtlich, dass vom Käufer zusätzlich noch ein Stammkapital in Höhe von 25.000 € aufgebracht werden muss.

Gerade in Fällen der Anzeigenschaltung über Suchmaschinen stellt sich die Frage, wie viele Informationen Sie überhaupt in den Anzeigentext packen müssen, um später nicht mit dem Vorwurf der Irreführung konfrontiert zu werden. Denn oftmals führen unzureichende Informationen zwar zu einer Fehlvorstellung beim Adressaten; dies ist aber nicht immer so beabsichtigt, sondern beruht vielmehr darauf, dass die Werbenden bei diesen Anzeigen nur eine sehr begrenzte Zeichenanzahl zur Verfügung haben.

Im Hinblick auf diese Problematik entschied das Oberlandesgericht Hamm (Urteil vom 04.06.2009, Az. 4 U 19/09), dass eine Werbeaussage, die im Rahmen von Google Ads getroffen wird und zu einer Fehlvorstellung des Adressaten führt, dann nicht rechtswidrig ist, wenn ein Hinweis direkt auf der Startseite des Anbieters erscheint, die über die Anzeige zwangsläufig zur Bestellung aufgerufen werden muss, und dort die erforderlichen Angaben enthält. Diese Rechtsprechung gilt jedoch nur für die besonderen Gegebenheiten des Internets, da dieses im Vergleich zu anderen Vertriebswegen besonders schnelllebig ist – in Sekundenschnelle ist man auf einer Webseite und verlässt sie ebenso schnell wieder, wenn sie einem nicht gefällt.

Achtung!

Beinhaltet Ihre Anzeige eine Irreführung, so müssen Sie mit einer Abmahnung rechnen. Darüber hinaus besteht auch die Möglichkeit, dass Sie – unter Umständen sogar im Eilverfahren – auf Beseitigung und Unterlassung in Anspruch genommen werden. Auch können Sie mit Schadensersatzforderungen konfrontiert werden. Zudem sieht das Wettbewerbsrecht die Besonderheit der Gewinnabschöpfung vor: Das bedeutet, dass Sie den Gewinn, den Sie aus dieser Irreführung erzielt haben, an den Staat herausgeben müssen.

14.5   Welche Haftungsaspekte sind zu beachten?

Auch im Rahmen der SEA spielt der Aspekt der Haftung eine nicht zu unterschätzende Rolle. Dabei gibt es verschiedene Szenarien, die sich ereignen können und dann die Frage nach der Haftung bzw. nach Regressansprüchen auslösen. Welche dies sind und wer alles von einer Inanspruchnahme betroffen sein könnte, möchten wir Ihnen in diesem Abschnitt erläutern.

14.5.1   Die Haftung des SEA-Dienstleisters

Wie wir Ihnen bereits in den Abschnitten zuvor erläutert haben, kann die falsche Gestaltung der Anzeige schnell einen Marken- oder Wettbewerbsrechtsverstoß darstellen und zur Folge haben, dass Sie mit Abmahnungen sowie diversen Ansprüchen – und damit auch Kosten – konfrontiert werden. Haben Sie die Anzeige selbst erstellt und selbst gestaltet, so tragen selbstverständlich auch Sie die alleinige Verantwortung dafür. Doch wie sieht es aus, wenn Sie einen SEA-Dienstleister wie eine Agentur oder einen Suchmaschinenoptimierer beauftragt haben? Auf diese Frage möchten wir Ihnen im Folgenden eine Antwort geben.

Grundsätzlich ist in einem solchen Fall zunächst ein Blick in den Vertrag zu werfen. Denn wurde nichts Anderweitiges vereinbart, so ist der mit der SEA Beauftragte grundsätzlich dafür verantwortlich, dass die von ihm geschaltete Werbeanzeige auch rechtmäßig ist. Der BGH (Urteil vom 25.05.1972, Az. VII ZR 49/71) geht davon aus, dass es die Pflicht des Beauftragten ist, Sie auf rechtliche Bedenken bezüglich der geplanten Werbemaßnahmen hinzuweisen, und zwar auch dann, wenn Sie rechtlich bedenkliche Wünsche geäußert haben. Die Rechtsprechung mutet es Werbeagenturen dabei regelmäßig zu, die eigenen Maßnahmen zumindest im Hinblick auf Rechte Dritter wie das Markenrecht und das Wettbewerbsrecht zu überprüfen. Natürlich gilt diese Pflicht nicht uneingeschränkt, sondern ist anhand des konkreten Einzelfalles zu beurteilen. Wesentliche Aspekte bei der Beurteilung sind dabei der mit der rechtlichen Prüfung verbundene Aufwand sowie das Verhältnis der avisierten Werbung zur Höhe der geschuldeten Vergütung.

> **Praxisbeispiel**
>
> Das Kammergericht Berlin urteilte in einem Verfahren, dass bei einer vereinbarten Vergütung von lediglich 770 € für die Erstellung eines Werbelogos nicht ohne ausdrückliche Vereinbarung davon ausgegangen werden kann, dass die Werbeagentur neben der Erstellung des Logos selbst auch noch eine umfangreiche und kostenintensive Markenrecherche schuldet (KG Berlin, Beschluss vom 04.02.2011, Az. 19 U 109/10).

14

In der Regel wird der SEA-Dienstleister derartige rechtliche Verpflichtungen nicht übernehmen wollen und daher darauf hinwirken, von Ihnen vertraglich von der Haftung für Marken- und Wettbewerbsrechtsverletzungen freigestellt zu werden. Zu denken ist da beispielsweise an die Verwendung von Markennamen Dritter in der Anzeige.

Stimmen Sie dem zu, müssen Sie die Konsequenzen für Verletzungen an Rechten Dritter auch dann tragen, wenn Sie diese Art des Advertisings gar nicht wollten. Das bedeutet, dass der Rechteinhaber Sie auf Schadensersatz, Unterlassung und Beseitigung in Anspruch nehmen kann.

Stimmen Sie einer solchen Haftungsfreistellung nicht zu und haben Sie im Idealfall auch noch vertraglich vereinbart, dass bestimmte Handlungsweisen, die einen Verstoß gegen Rechte Dritter bedeuten, nicht von dem SEA-Dienstleister vorgenommen werden dürfen, dann können Sie sich all das, was der Rechteinhaber Ihnen gegenüber geltend macht, bei dem SEA-Dienstleister zurückholen. Sollten Sie darüber hinaus vom Suchmaschinenbetreiber mit Abstrafungen überzogen worden sein, so können Sie daraus resultierende Schäden ebenfalls gegenüber Ihrem SEA-Dienstleister geltend machen.

14.5.2 Die Haftung des Suchmaschinenbetreibers für seine Anzeigen

Daneben stellt sich insbesondere für die Inhaber von Schutzrechten die Frage, ob sie nicht auch die Betreiber der Suchmaschinen dafür in Anspruch nehmen können, dass diese die Anzeigen mit rechtsverletzendem Inhalt überhaupt freigeschaltet haben.

> **Praxisbeispiel**
>
> In einem Verfahren vor dem Landgericht München I (Beschluss vom 02.12.2003, Az. 33 O 21461/03) klagte ein Unternehmen, das vornehmlich CAD-Software für Architekten und Bauingenieure entwickelt, gegen den Suchmaschinenbetreiber Google. Denn das Unternehmen störte sich daran, dass Google über Ads Anzeigen schaltete, die als Keyword seinen markenrechtlich geschützten Begriff verwendeten.
>
> Nachdem der Kläger zunächst gegen das werbende Unternehmen eine einstweilige Verfügung erwirkte, wollte er nun auch den Beklagten in Anspruch nehmen, da dieser mittelbar am wettbewerbswidrigen Verhalten des werbenden Unternehmens mitgewirkt habe. Schließlich habe der Suchmaschinenbetreiber ihm überhaupt erst die Möglichkeit gegeben, durch Verwendung der Keywords gezielt Nutzer auf die Website des werbenden Konkurrenzunternehmens umzuleiten.
>
> Der Kläger verlangte von Google die Einstellung dieser Möglichkeit, aber unterlag in dem Verfahren. Denn eine Pflicht zur vorherigen Untersuchung bestehe nach Ansicht des Gerichts gerade nicht, da dies schon aus Aufwandsaspekten nicht realistisch sei und dem Betreiber der Suchmaschine eventuelle Lizenzvereinbarungen auch nicht bekannt seien. Schließlich sei gerade nicht offenkundig, dass keine Berechtigung zur Nutzung des Markennamens bestehe.

Auch andere Gerichte (so zum Beispiel LG Hamburg, Beschluss vom 14.11.2003, Az. 312 O 887/03) vertraten eine ähnliche Ansicht und orientierten sich dabei an den allgemeinen medien- und presserechtlichen Grundsätzen. Danach kommt eine Haftung des Betreibers der Suchmaschine erst dann in Betracht, wenn er von der Rechtsverletzung Kenntnis erlangt und trotz positiver Prüfung der Sachlage keine Maßnahmen ergreift.

Wird dem Suchmaschinenbetreiber also eine Rechtsverletzung gemeldet und kommt er nach einer Prüfung beispielsweise durch Kontaktaufnahme mit dem werbenden Unternehmen zu dem Ergebnis, dass die Beschwerde zu Recht erhoben wurde, beseitigt er diese aber dennoch nicht, obwohl ihm das technisch möglich und zumutbar ist, so kann auch er vom Rechteinhaber beispielsweise auf Schadensersatz in Anspruch genommen werden. Dabei ist dem Betreiber der Suchmaschine jedoch ein gewisser Zeitraum zur Überprüfung und Beseitigung der Rechtsverletzung zu gewähren.

14.5.3   Die Haftung der Plattformbetreiber für Anzeigen ihrer Kunden

Anzeigen in Suchmaschinen werden nicht nur von den Unternehmen selbst geschaltet. Vielmehr nutzen auch Verkaufsplattformen wie »eBay« diese Möglichkeit, um den Absatz ihrer Nutzer zu fördern (siehe Abbildung 14.12).

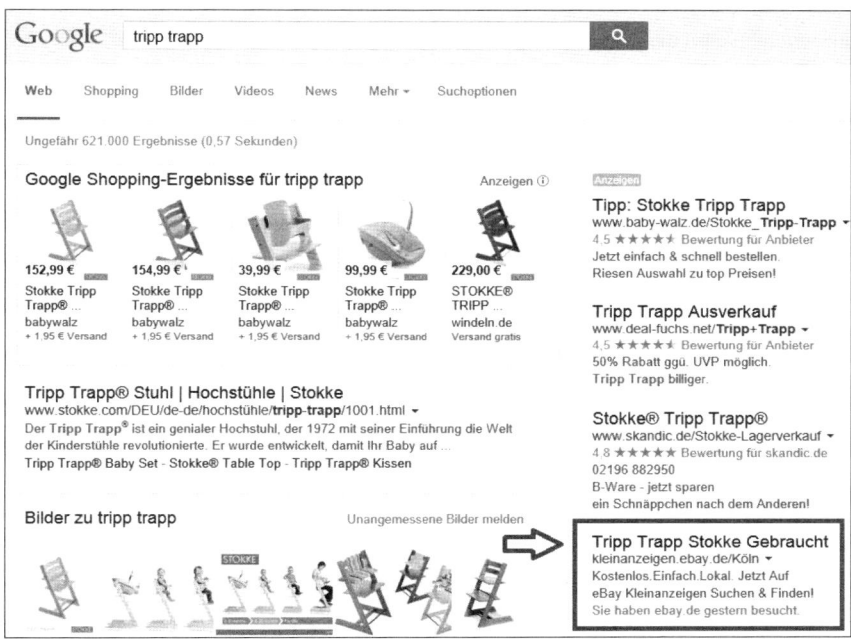

Abbildung 14.12 Bei Eingabe der Worte »tripp trapp« erscheint auch die Anzeige der Anzeigenplattform »eBay Kleinanzeigen«.

Nun stellt sich jedoch die Frage, was passiert, wenn die Plattform über Ads Produkte gewerblicher Händler bewirbt, die beispielsweise Markenrechte Dritter verletzen, indem dort gefälschte Markenwaren vertrieben oder Markennamen in der Angebotsbeschreibung verwendet werden.

Praxisbeispiel

Geklagt hatte vor dem Oberlandesgericht Hamburg (Urteil vom 04.11.2011, Az. 5 U 45/ 07) das Unternehmen »Stokke«, der norwegische Produzent des bekannten Kinderstuhls »Tripp Trapp«. Plagiate des Stuhls waren auf der Plattform »eBay« verkauft worden. Wenn man auf der Plattform Google den Suchbegriff »Tripp Trapp« eingab, wurden dort auch Werbeanzeigen von eBay angezeigt, die unter anderem zu genau solche Auktionen mit Plagiaten führten. Diese Ads-Anzeigen tauchten auch dann noch auf, nachdem mehrere entsprechende rechtsverletzende Auktionen auf Betreiben des Herstellers gelöscht worden waren. Hiermit wollte sich der norwegische Hersteller nicht abfinden und klagte gegen eBay.

> Das OLG Hamburg entschied zugunsten des Herstellers. Dies begründete das Gericht damit, dass die Auktionsplattform eBay gesteigerte Prüfpflichten für Auktionen habe, die von ihr beispielsweise in Google Ads besonders beworben werden. Denn mit der Schaltung von Werbung für die entsprechenden Auktionen gebe die Auktionsplattform die Rolle eines passiven Vermittlers auf und übernehme eine aktive Rolle. Daher sei sie auch in der Verantwortung, die beworbenen Inhalte verstärkt auf Rechtsverletzungen hin zu überprüfen.

Für den konkreten Fall bedeutet dies, dass Verkaufsplattformen wie »eBay« künftig alle entsprechenden Angebote, die mittels Wortfilter gefunden werden, einer Sichtprüfung unterziehen müssen. Tun sie dies nicht, können sie dafür haftbar gemacht werden. Damit gilt der Grundsatz, dass eine Haftung erst ab Kenntniserlangung von der Rechtsverletzung greift, im Fall der Verkaufsplattformen nicht.

Dass dies den Plattformbetreibern nicht gefällt, liegt nahe. »eBay« beispielsweise entgegnet dieser Entscheidung, dass sein Geschäftsmodell darauf angelegt sei, vollautomatisch abzulaufen, und dieses so gefährdet werde. Das ist nach Ansicht der Gerichte jedoch unerheblich. Denn durch das Schalten von Anzeigen verlassen Verkaufsplattformen den Bereich der bloßen Bereitstellung technischer Strukturen und fördern gezielt das Auffinden bestimmter Angebote durch Kaufinteressenten. Sollte es bei dem Geschäftsmodell darum gehen, einen größtmöglichen Gewinn mit dem geringsten Aufwand und der Inkaufnahme einer erheblichen Gefahr für Rechtsgüter Dritter zu erzielen, dann sei ein solches Modell nicht von der Rechtsordnung geschützt, so das OLG Hamburg.

Auch wenn den Verkaufsplattformen diese erhöhte Prüfpflicht nicht ganz recht ist, so bedeutet dies nicht, dass sie sich generell nicht für Rechtsverstöße gegenüber Dritten interessieren – im Gegenteil.

Praxisbeispiel

»eBay« duldet nach eigenen Angaben die Verletzung von Rechten Dritter auf seinem Online-Marktplatz nicht. Um Inhabern gewerblicher Schutzrechte, zum Beispiel Markenrechtsinhabern, die Möglichkeit zu geben, solche problematischen Angebote zu melden, hat eBay »Das Verifizierte Rechteinhaber-Programm« (VeRI) entwickelt (siehe Abbildung 14.13).

Wird ein Angebot gemeldet, wird es nach einer Prüfung vom eBay-Marktplatz entfernt. Darüber hinaus kann auch eine vorübergehenden Sperrung des Verkäufers oder sogar dessen endgültiger Ausschluss vom Handel bei eBay die Folge sein. Natürlich dient ein solches Programm letztlich auch eBay selbst, um das Risiko der eigenen Inanspruchnahme zu verringern.

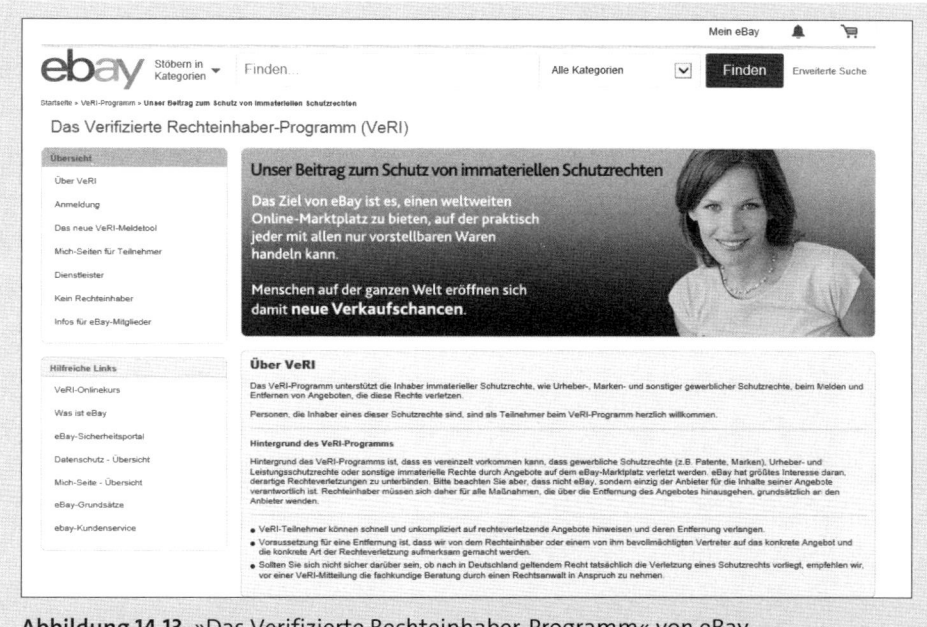

Abbildung 14.13 »Das Verifizierte Rechteinhaber-Programm« von eBay

14.6   Checkliste SEA: Alles beachtet?

Checkliste

▸ Haben Sie die wesentlichen Eckpunkte der gewünschten Anzeige vertraglich festgehalten?

▸ Enthält Ihre Anzeige keinen Hinweis auf eine fremde Marke, weder in der Überschrift noch im Text oder im Link?

▸ Erscheint die Anzeige in einem getrennten und entsprechend gekennzeichneten Werbeblock?

▸ Haben Sie die gesetzlichen Informationspflichten und gegebenenfalls die produktspezifischen Informationspflichten bedacht?

▸ Enthält Ihre Anzeige keine objektiv falschen oder subjektiv falsch interpretierbaren Werbeaussagen?

Wenn Sie alle Fragen mit »Ja« beantworten können, dann kann es losgehen ...
Viel Erfolg!

Kapitel 15
Suchmaschinenoptimierung (SEO)

*Die Search Engine Optimization (auf Deutsch »Suchmaschinenopti-
mierung«) ist für den Unternehmer in der digitalen Welt ein Kern-
element seiner Marketingstrategien. Internetnutzer – und damit Verbraucher wie Unternehmer – steuern nur selten bewusst bestimmte
Adressen an; vielmehr leisten Suchmaschinenbetreiber wie Google
oder Yahoo die erforderliche Recherchearbeit für den Interessenten.
Doch gefunden wird nur, wer in den Suchmaschinen unter den ersten
Treffern landet. Dass dies auch passiert, überlassen viele nicht mehr
dem bloßen Zufall: Suchmaschinenoptimierung heißt das Zauberwort. Doch bei der praktischen Umsetzung lassen sich die rechtlichen
Regelungen für die SEO-Arbeiten nicht immer leicht und eindeutig in-
terpretieren. Daher möchten wir Sie in diesem Kapitel auf einige rechtliche Fallstricke hinweisen.*

Suchmaschinen sind für die moderne Informationsgesellschaft Wegweiser und
Branchenbuch zugleich: Verzichten Sie auf eine gezielte Partizipation, ist es für Ihre
Kunden wesentlich schwerer, auf Ihre Website oder Ihren Onlineshop zu stoßen –
vielmehr wird Ihr Kunde so sogar zu Wettbewerbern geführt. Entschließen Sie sich jedoch, Ihre Webpräsenz suchmaschinenoptimiert ins Netz zu stellen, erwarten Sie
deutlich verbesserte Umsatzprognosen. Dies gelingt, indem Ihre Website auf ihre
Suchmaschinentauglichkeit hin überprüft wird und die für ein gutes Ranking aus-
schlaggebenden Kriterien überarbeitet werden. Im Anschluss daran soll Ihre Website
bei Angabe eines Schlagwortes, das in Verbindung mit Ihrem Produkt oder Ihrer
Dienstleistung steht, in einer Suchmaschine erscheinen, im Idealfall gleich an erster
Stelle (siehe Abbildung 15.1).

Abbildung 15.1 Beispiel eines Rankings in der Suchmaschine Google

Ganz oben im Ranking zu erscheinen, ist für Sie von nicht zu unterschätzender Bedeutung. Denn der überwiegende Teil der Besucher einer Website wird über Suchmaschinen generiert. Dabei suchen die Interessenten oftmals sehr differenziert und
gezielt nach bestimmten Produkten oder Dienstleistungen, häufig auch in Kombination mit der Ortsangabe. Wer also nicht unter den Top-Platzierungen erscheint, wird
weniger bis hin zu gar nicht wahrgenommen und generiert so auch weniger Umsatz
in seinem Online-Geschäft. Dies empfinden auch viele Online-Händler so und bewerten SEO-Maßnahmen zu 84 % als rentabel (siehe Abbildung 15.2).

Aus diesem Grund gaben bereits im Jahr 2013 knapp 70 % der befragten Unternehmen an, dass sie für SEO ein monatliches Budget von 0 bis 5.000 € zur Verfügung
haben (siehe Abbildung 15.3). Diese Werte sind mittlerweile sicherlich weiter gestiegen.

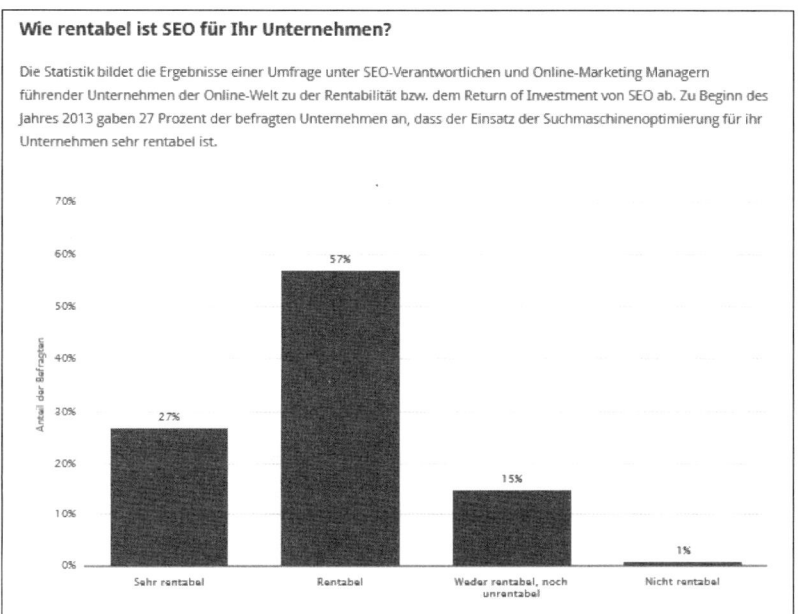

Abbildung 15.2 Umfrageergebnisse des Statistikportals »Statista«
zur Rentabilität von SEO für Unternehmen

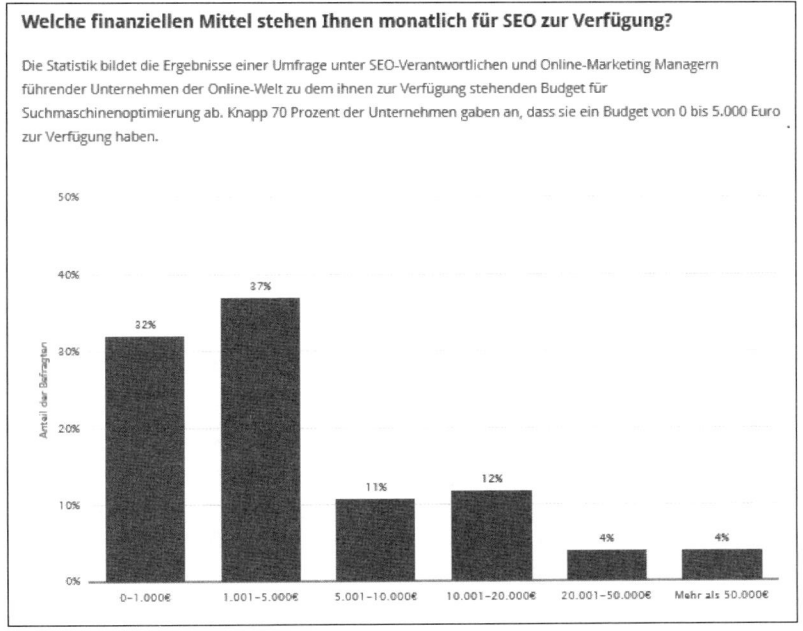

Abbildung 15.3 Umfrageergebnisse des Statistikportals »Statista«
zu monatlichen Ausgaben für SEO

Doch ebenso wichtig wie die SEO selbst ist auch die Einhaltung ihrer rechtlichen Vorgaben. Denn bei der praktischen Umsetzung stellen sich zahlreiche Fragen: Was müssen Sie beim Abschluss eines SEO-Vertrags mit einem Suchmaschinenoptimierer oder einer Agentur beachten? Dürfen Sie Namen von Wettbewerbern mit in den Metainformationen Ihres Internetauftritts nennen? Sind von Google verbotene Optimierungsmethoden auch juristisch relevant?

Lassen Sie Ihre Seite ganz unbedarft allein mit dem Ziel der Top-Platzierung gestalten, so können sich vielfältige juristische Probleme ergeben. Welche dies sind und wie Sie diese rechtskonform vermeiden können, möchten wir Ihnen in diesem Kapitel aufzeigen.

15.1   Wie erfolgt die vertragliche Gestaltung der SEO?

Bereits die vertragliche Beziehung zwischen Ihnen und dem Suchmaschinenoptimierer oder der SEO-Agentur birgt eine Fülle von möglichen rechtlichen Problemen. Fehlt es beispielsweise an einer schriftlichen Fixierung des Vertragsinhalts oder sind die einzelnen Pflichten bzw. Erfolge nicht klar und bestimmt geregelt, kommt es häufig bei der Abwicklung zu Streitigkeiten über die konkreten Vereinbarungen. Aus diesem Grund ist die saubere und detaillierte Gestaltung des SEO-Vertrags auch für Sie unerlässlich. Ein Vertrag ist schließlich die Basis der Zusammenarbeit und regelt im Optimalfall jeden relevanten Punkt der Kooperation. Bei der Gestaltung des Vertrags sollten Sie daher alle möglichen Szenarien, die sich bei der Suchmaschinenoptimierung ereignen könnten, gedanklich durchspielen und verklausulieren. Auf diese Weise können Sie für jede Situation die Modalitäten und die Konsequenzen schon im Voraus vertraglich regeln.

15.2   Ist der SEO-Vertrag ein Werkvertrag oder ein Dienstvertrag?

Zunächst einmal stellt sich die Frage, welche Art von Vertrag eigentlich bei einer Vereinbarung zwischen Ihnen als Betreiber des Internetauftritts und dem Suchmaschinenoptimierer geschlossen wird. In Betracht kommen dabei ein Dienstvertrag und ein Werkvertrag. Damit Sie verstehen, warum diese Unterscheidung überhaupt eine Rolle spielt, werfen wir zunächst einen Blick auf die Grundprinzipien dieser Vertragsarten.

Ein Dienstvertrag liegt vor, wenn sich eine Vertragspartei zur Leistung einer Tätigkeit verpflichtet hat. Ein Werkvertrag hingegen zeichnet sich dadurch aus, dass sich eine Vertragspartei zur Leistung einer Tätigkeit und zusätzlich zum Erfolg dieser Leistung verpflichtet hat. Während beim Dienstvertrag der Dienstleister gerade keine Garantie für das Ergebnis übernimmt, ist bei einem Werkvertrag gerade das Eintreten des gewollten Ergebnisses entscheidend für die ordnungsgemäße Erfüllung des Vertrags. Tritt das Ergebnis nicht ein, stehen dem Auftraggeber umfassende Gewährleistungsrechte zu.

Praxisbeispiel

Ein typischer *Werkvertrag* ist die Beauftragung des Schreiners mit der Herstellung eines Möbelstücks. Dabei schuldet der Schreiner die Fertigstellung des Möbelstücks und nicht nur die Vornahme von Arbeiten.

Ein typischer *Dienstvertrag* ist der Behandlungsvertrag beim Arzt. Dabei schuldet der Arzt nur die Behandlung, nicht hingegen das Gesundwerden des Patienten.

Doch was schuldet der Suchmaschinenoptimierer eigentlich? Einen Dienst oder ein Werk? Muss er also nur Suchmaschinenoptimierungsmaßnahmen ergreifen oder muss er tatsächlich erreichen, dass sich Ihr Ranking verbessert?

Für den Suchmaschinenoptimierer günstiger wäre die Annahme, dass er nur einen Dienst schuldet, da er dann allein die SEO-Maßnahmen durchführen muss, für den Erfolg in Form eines höheren Rankings aber nicht verantwortlich ist. Dies bedeutet im Umkehrschluss, dass Sie ihn nicht in Anspruch nehmen können, wenn sich Ihr Ranking nicht verbessert. Auch haben Sie keine Gewährleistungsrechte wie Nacherfüllung, Minderung oder Rücktritt, da der Gesetzgeber diese für den Dienstvertrag nicht vorsieht.

Spiegelbildlich dazu ist es daher in Ihrem Interesse als Auftraggeber, eine Einordnung als Werkvertrag zu erreichen, da Sie den Suchmaschinenoptimierer dann in Anspruch nehmen können, wenn Ihr Internetauftritt in Suchmaschinen keine bessere Platzierung aufweist. Denn dann handelt es sich um eine Schlechtleistung des Optimierers, die die Gewährleistungsrechte auslöst, die Ihnen das Dienstvertragsrecht gerade nicht bietet.

Um nun beurteilen zu können, ob der SEO-Vertrag ein Werkvertrag oder ein Dienstvertrag ist, muss man einen Blick auf den Inhalt und das Ziel dieses Vertrags werfen: Die Suchmaschinenoptimierung ist eine Maßnahme, durch die Suchmaschinenergebnisse im Internet so verbessert werden, dass bestimmte Webseiten im Suchmaschinenranking auf höheren Plätzen erscheinen. Dabei gibt es viele Möglichkeiten und Ansätze, die Suchergebnisse zu optimieren. Der Vertrag mit einem Suchmaschinenoptimierer bzw. einer solchen Agentur kann zahlreiche unterschiedliche Leistungen beinhalten. Dazu gehören beispielsweise:

▶ Beratung
▶ Konkurrenzanalyse
▶ Keyword-Analyse
▶ Linkbuilding

- Setzen konkreter Backlinks
- On-Site-Optimierung
- Content-Erstellung
- konkretes Platzierungsversprechen

Die rechtliche Einordnung eines SEO-Vertrags zu einem bestimmten Vertragstyp hängt immer von der Art der vereinbarten Leistung ab. Eine generelle Einordnung als Werk- oder Dienstvertrag ist nicht möglich. Man wird immer die konkret vereinbarten Leistungen unter die Lupe nehmen müssen und diese dann einem bestimmten Vertragstypen zuordnen.

Werden beispielsweise im Rahmen eines SEO-Vertrags konkrete SEO-Maßnahmen wie Content-Erstellung oder das Setzen einer bestimmten Anzahl oder Qualität von Links versprochen, wird man einen Werkvertrag annehmen müssen. In diesem Fall besteht eine Erfolgspflicht der Agentur.

Wird hingegen lediglich auf der Grundlage von Budgets ohne konkrete Verpflichtungen gearbeitet, wird man einen Dienstvertrag annehmen müssen. Wer demnach keine konkreten Platzierungserfolge verspricht, kann nicht für das Verfehlen eines bestimmten Rankings in Anspruch genommen werden.

> ### Praxisbeispiel: Werkvertrag oder Dienstvertrag?
>
> Über genau diese Problematik hatte das Landgericht Amberg 2012 in einem Verfahren zu entscheiden (Urteil vom 22.08.2012, Az. 140417/12). Gegenstand dieses Verfahrens war der Streit über einen Linkbuilding-Service-Vertrag zwischen einem Suchmaschinenoptimierer und einem Internetdienstleister. Danach sollte der Optimierer eine bestimmte Anzahl von Backlinks bis zu einer bestimmten Zeit zu einem bestimmten Betrag setzen. Eine genaue Tätigkeitsbeschreibung erfolgte jedoch nicht. Nach Ansicht des LG Amberg stellt dies einen Werkvertrag dar, da die geschuldete Leistung ein Erfolg und nicht nur ein ernstliches Bemühen ist. Daher war die Leistung durch den Auftragnehmer nicht schon dadurch erfüllt, dass er das Platzieren beantragt, sondern erst mit dem Platzieren durch die Betreiber selbst.
>
> Anders hingegen ging ein Verfahren vor dem LG Köln (Urteil vom 20.02.2015, Az. 12 O 186/13) aus: Das Gericht entschied, dass entsprechende SEO-, SEM- und SEA-Verträge als Dienstverträge zu qualifizieren seien. Schließen Vertragspartner entsprechende Verträge mit dem Ziel, die Sichtbarkeit und Relevanz im Internet zu erhöhen, sei davon auszugehen, dass eine entsprechende Tätigkeit geschuldet werde, die planmäßig zu positiven Ergebnissen führen sollte. Regelmäßig sei jedoch kein spezieller Erfolg geschuldet, der sich zum Beispiel in einem bestimmten erreichten Suchmaschinenranking widerspiegeln würde.
>
> Doch nicht in allen Fällen handelt es sich eindeutig um einen Werkvertrag oder einen Dienstvertrag. So hatte das OLG Köln (Beschluss vom 16.01.2014, Az. 19 U 149/13) zu-

letzt darüber zu entscheiden, welche Vertragsart bei dem Auftrag der Suchmaschinenoptimierung vorliegt, bei dem es sich um ein Gemisch von Beratung, Google-AdWords-Dienstleistungen und Webcontrolling handelte. Entscheidend sei hier, dass viele verschiedene Elemente geschuldet waren, nicht nur die SEO. Die Elemente Beratung, Marketing und Controlling bildeten hier laut Gericht einen Schwerpunkt, sodass lediglich ein Bemühen des beauftragten Unternehmens geschuldet war und damit ein Dienstvertrag vorlag.

An diesen unterschiedlichen Verfahrensausgängen zeigt sich, dass ein Pauschalisieren nicht möglich ist. Vielmehr ist immer eine konkrete Abwägung im Einzelfall erforderlich. Es spricht jedoch vieles dafür, den SEO-Vertrag grundsätzlich als Dienstvertrag einzuordnen, wobei es natürlich jeweils auf die individuelle Vertragsgestaltung ankommt.

Um Missverständnissen vorzubeugen und spätere Streitigkeiten über die Auslegung eines SEO-Vertrags zu vermeiden, raten wir Ihnen zu einer ausführlichen, schriftlichen Vereinbarung. Ein guter SEO-Vertrag sollte verständlich und präzise die einzelnen vereinbarten Leistungen aufzählen. Bei der Benutzung des Wortes »Erfolg« sollte man vorsichtig sein. Aus dem Vertrag sollte klar hervorgehen, ob man lediglich bestimmte Leistungen umsetzen möchte, die grundsätzlich geeignet sind, einen Erfolg herbeizuführen, oder ob man den Eintritt dieses Erfolgs garantieren möchte. In der Regel wird eine SEO-Agentur keine Garantie für den Erfolg geben können: Aufgrund der ständigen Weiterentwicklung der Suchmaschinen, der Änderung ihrer Algorithmen und der Löschung von Links durch Webmaster bzw. aufgrund des Wegfalls wichtiger Link-Partner sind SEO-Dienstleistungen mit vielen Risiken verbunden. Die meisten Agenturen sind somit an der Ausgestaltung des SEO-Vertrags als Dienstvertrag interessiert.

Achtung: Bezeichnung des Vertrags irrelevant
Die bloße Bezeichnung des Vertrags als Dienstvertrag ist allerdings rechtlich wertlos. Der Vertrag muss inhaltlich darauf ausgelegt werden können.

15.3   Woraus besteht ein SEO-Vertrag?

Die wichtigsten Bestandteile eines SEO-Vertrags bilden die Regelungen zum Leistungsumfang. Präzise und professionell formuliert, regelt der Leistungsumfang im Detail, welche Verpflichtungen sowohl den Suchmaschinenoptimierer als auch Sie als Betreiber der Seite zu welchem Zeitpunkt treffen.

Je detaillierter Sie den Leistungsumfang formulieren, desto geringer ist die Wahrscheinlichkeit, dass die Leistung im Nachhinein nicht oder nicht vollständig erbracht wird. Über den Leistungsumfang kann dann auch ermittelt werden, ob Sie mit dem Suchmaschinenoptimierer einen Werk- oder einen Dienstvertrag vereinbart haben, was für das Bestehen bzw. Nichtbestehen Ihrer Gewährleistungsrechte von ganz entscheidender Bedeutung ist.

Welche Aspekte Sie in jedem Fall in Ihrem Vertrag regeln und was Sie dabei beachten sollten, möchten wir Ihnen in den folgenden Abschnitten näher erläutern.

15.3.1   Die Hauptleistungspflichten

Zunächst sollten Sie Regelungen zu den Kernpflichten innerhalb des Vertragsverhältnisses treffen. Dazu gehört einerseits natürlich die Suchmaschinenoptimierung, andererseits aber auch die Vergütung des Optimierers bzw. der Agentur.

Bei einem SEO-Vertrag verpflichtet sich der Auftragnehmer dazu, Ihren Internetauftritt dergestalt zu optimieren, dass dieser in den Suchergebnissen der vereinbarten Suchmaschinen eine verbesserte Positionierung erreicht. Dazu ist eine Steigerung des Traffics erforderlich, dessen Umfang jedoch oftmals nicht garantiert werden kann, da er von zu vielen Faktoren abhängt. Suchmaschinenoptimierer werden sich daher in der Regel vertraglich absichern wollen, indem sie lediglich eine Verbesserung des Suchergebnisses zusagen, nicht jedoch eine führende Top-10-Platzierung (siehe Abbildung 15.4). Die Suchmaschinenoptimierer möchten also gerade keinen Erfolg schulden, sondern nur einen Dienst.

> **Achtung: Schriftliche Vereinbarung erforderlich!**
>
> Hat Ihnen der Suchmaschinenoptimierer beispielsweise in einem Gespräch eine Top-10-Platzierung zugesichert, so müssen Sie dies unbedingt in den Vertrag aufnehmen. Tun Sie dies nicht, müssen Sie im Streitfall beweisen, dass Ihr Optimierer eine solche Zusicherung gegeben hat – dies wird Ihnen jedoch in der Regel nur schwer gelingen.

Weiterhin sollte geregelt werden, was die On-Page- und Off-Page-Optimierung umfassen soll. Die dafür erforderlichen Suchbegriffe und Suchbegriffskombinationen, sogenannte Keywords, sollten mit Ihnen abgestimmt werden. Überlassen Sie es nicht dem Optimierer, Begriffe für Ihre Website zu finden, da dieser je nach Produkt oder Dienstleistung keine Vorstellung davon hat, welche Begriffe von Kunden bei der Suche Ihres Produkts bzw. Ihrer Dienstleistung eingegeben werden könnten. Diese Keywords sind aber gerade maßgeblich für den Erfolg!

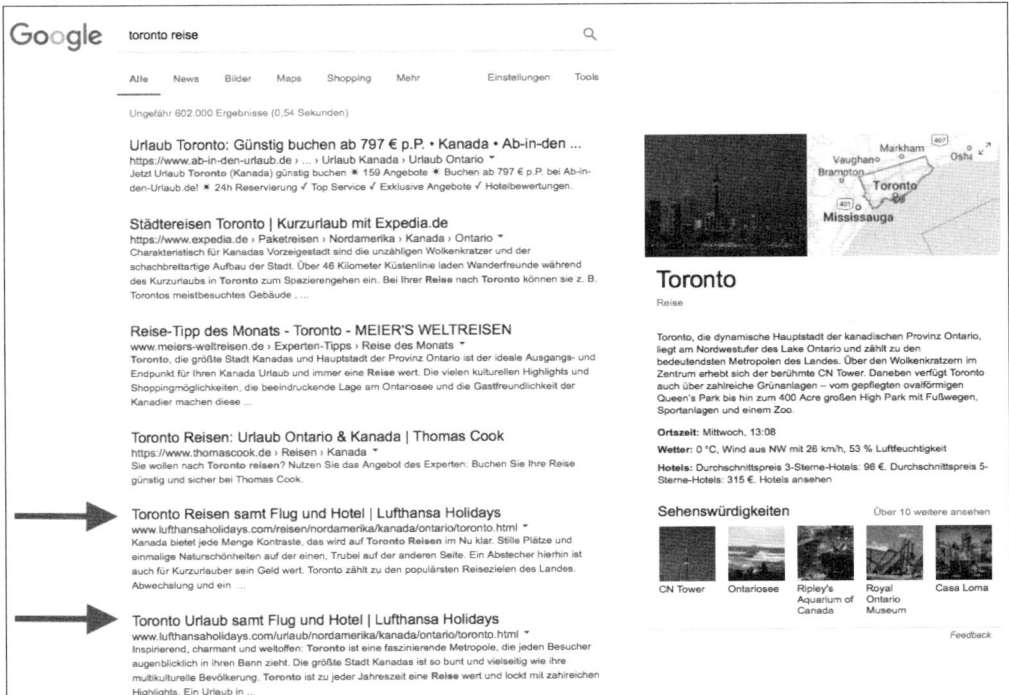

Abbildung 15.4 Gibt man in der Suchmaschine Google die Keywords »Toronto« und »Reise« ein, so erscheint innerhalb der ersten sechs Treffer zweimal die Website »www.lufthansaholidays.com«.

Als weiterer Punkt ist an die Vereinbarung der Vergütung des Optimierers zu denken. Auf welcher Basis und in welcher Höhe die Bezahlung erfolgen soll, hängt von der Vereinbarung ab, die Sie mit dem Optimierer getroffen haben. In der Regel gibt der Optimierer die Bezahlung in einem Angebot an. Zu denken ist dabei an ein Stundenhonorar, an eine monatliche Pauschale in Kombination mit einer Einrichtungsgebühr oder an ein Erfolgshonorar auf Basis eines vorher fixierten Rankings oder einer Umsatzsteigerung.

Darüber hinaus empfiehlt es sich auch zu regeln, ob die vereinbarten Preise brutto oder netto gelten, wie die Rechnungsstellung zu erfolgen hat und welche Konsequenzen ein Zahlungsverzug hat.

15.3.2 Ausschluss von Spam-Methoden und Einhaltung der Google-Richtlinien

Neben den Regelungen dazu, welche Handlungen der Optimierer vornehmen soll, können Sie auch vereinbaren, was er gerade nicht tun soll. Zu denken ist dabei an einen Ausschluss der sogenannten Spam-Maßnahmen. Dabei handelt es sich um

Maßnahmen und Mittel, die den Google-Richtlinien gemäß nicht erlaubt sind. Dazu zählen beispielsweise die Verwendung von verborgenem Text (*Hidden Text*), der Einsatz von Doorway Pages, das Cloaking sowie die Teilnahme an Link-Tauschprogrammen.

Was diese Methoden im Einzelnen bedeuten, werden wir Ihnen an späterer Stelle noch im Rahmen des Wettbewerbsrechts erläutern. An dieser Stelle möchten wir Sie jedoch schon einmal darauf hinweisen, dass Sie Ihren Optimierer vertraglich dazu anhalten sollten, auf diese Maßnahmen zu verzichten und die Google-Richtlinien für Webmaster einzuhalten (siehe Abbildung 15.5).

Qualitätsrichtlinien – Grundprinzipien

- Erstellen Sie Seiten in erster Linie für Nutzer, nicht für Suchmaschinen.
- Täuschen Sie die Nutzer nicht.
- Vermeiden Sie Tricks, die das Suchmaschinen-Ranking verbessern sollen. Ein guter Anhaltspunkt ist, ob es Ihnen angenehm wäre, Ihre Vorgehensweise einem konkurrierenden Website-Betreiber oder einem Google-Mitarbeiter zu erläutern. Ein weiterer hilfreicher Test besteht darin, sich folgende Fragen zu stellen: "Ist dies für meine Nutzer von Vorteil? Würde ich das auch tun, wenn es keine Suchmaschinen gäbe?"
- Überlegen Sie, was Ihre Website einzigartig, wertvoll oder einnehmend macht. Gestalten Sie Ihre Website so, dass sie sich von anderen in Ihrem Bereich abhebt.

Qualitätsrichtlinien – Konkrete Empfehlungen

Vermeiden Sie den Einsatz folgender Techniken:

- Automatisch generierte Inhalte
- Teilnahme an Linktauschprogrammen
- Erstellen von Seiten ohne oder mit nur wenigen eigenen Inhalten
- Cloaking
- Irreführende Weiterleitungen
- Verborgener Text/verborgene Links
- Brückenseiten
- Kopierte Inhalte
- Teilnahme an Affiliate-Programmen ohne ausreichenden Mehrwert
- Laden von Seiten mit irrelevanten Keywords
- Erstellen von Seiten mit schädlichen Funktionen, durch die beispielsweise Phishingversuche unternommen oder Viren, Trojaner oder andere Badware installiert werden
- Missbrauch von Rich Snippet-Markup
- Senden von automatisierten Anfragen an Google

Abbildung 15.5 Auszug aus den Google-Qualitätsrichtlinien

> **Hinweis**
>
> Die Richtlinien für Webmaster der Suchmaschine »Google« können Sie über die Webseite *http://wbs.is/rom75* abrufen. Für die Suchmaschine »Bing« sollten Sie einen Blick in die Webmaster Guidelines auf der Webseite *http://wbs.is/rom76* werfen.

Halten Sie sich nicht an diese Richtlinien, müssen Sie nicht nur mit möglichen wettbewerbsrechtlichen Konsequenzen, sondern auch mit empfindlichen Strafen der Suchmaschinenbetreiber rechnen. Diese reichen von Ranking-Abstrafungen bis hin zur Deindexierung. Aus diesem Grund sollten Sie sich nicht zu schnellen Erfolgen durch Spam-Methoden hinreißen lassen, um nachhaltig und langfristig Erfolge bei der Suchmaschinenoptimierung verzeichnen zu können und das Risiko von Schadensersatzforderungen durch Dritte zu reduzieren. Denn als Betreiber der Seite sind Sie auch grundsätzlich für deren Inhalte verantwortlich.

Hinweis

Vereinbaren Sie mit dem Optimierer, dass er sich an die Richtlinien der Suchmaschine halten muss. So können Sie in Fällen, in denen er sich den Richtlinien widersetzt und Sie deshalb vom Betreiber der Suchmaschine abgestraft werden, Ihren Optimierer in Regress nehmen.

15.3.3 Vertragsdauer

Einen weiteren Vertragsbestandteil sollte auch die Vereinbarung zur Vertragsdauer bilden. Dabei müssen Sie sich mit dem Suchmaschinenoptimierer darüber einigen, ob der Vertrag entweder eine in Tagen, Wochen, Monaten oder Jahren klar vereinbarte Dauer haben soll oder ob er nur so lange andauern soll, bis die im Leistungsumfang genannten Ziele erreicht sind.

Praxisbeispiel

Sie können entweder vereinbaren, dass der Suchmaschinenoptimierer regelmäßig innerhalb von drei Tagen / fünf Wochen / sechs Monaten / drei Jahren Optimierungsstrategien für Ihre Internetpräsenz anwendet, oder auch, dass er diese vornimmt, bis Sie beispielsweise unter die Top-10-Suchergebnisse einer bestimmten Suchmaschine gelangt sind.

Letztere Variante können wir Ihnen jedoch nicht empfehlen, da es nicht kalkulierbar ist, wann dieser Erfolg tatsächlich eintritt. Sie gehen damit also das Risiko ein, sich unnötig lange zu binden.

In aller Regel wird die Vereinbarung aber auf eine langfristige Dauer angelegt sein, weshalb oftmals Verträge über ein Jahr geschlossen werden, die sich dann automatisch verlängern, wenn keine der Parteien kündigt.

15.3.4 Haftungsbeschränkungen

Weiterhin wird oftmals vertraglich geregelt, in welchen Fällen Sie den Suchmaschinenoptimierer in Anspruch nehmen können, zum Beispiel wegen der Verletzung vertraglicher Pflichten oder aus unerlaubter Handlung.

An diesen Regelungen hat nur der Suchmaschinenoptimierer ein Interesse, da er ohne eine vertragliche Regelung Ihnen gegenüber grundsätzlich in Höhe und Umfang unbeschränkt haftet. Dieses Risiko möchte der Suchmaschinenoptimierer jedoch verständlicherweise begrenzen. Dazu wird er Regelungen vorschlagen, in denen er die *Haftung dem Grunde nach* und/oder *der Höhe nach* begrenzt. Dies ist innerhalb bestimmter Grenzen auch rechtlich zulässig. Welche Grenzen dies sind, wird im Folgenden erläutert.

Haftung dem Grunde nach

Schränkt man die Haftung dem Grunde nach ein, so hat dies zur Folge, dass bestimmte Umstände erst gar nicht zu einem Haftungsfall führen. Die Haftung wird also ganz grundsätzlich ausgeschlossen. Dies kann durch individualvertragliche Regelungen erfolgen, aber auch durch Klauseln in Allgemeinen Geschäftsbedingungen.

Zu einer individualvertraglichen Vereinbarung wird der Suchmaschinenoptimierer dann greifen, wenn es um den Ausschluss ganz konkreter Modalitäten geht, die genau diesen Fall der Suchmaschinenoptimierung betreffen. In Betracht kommt eine solche Vereinbarung beispielsweise für die Haftung des Suchmaschinenoptimierers für von Ihnen selbst gelieferte Drittinhalte wie Bilder oder Texte. Denn dabei sind Sie dafür verantwortlich, erforderliche Rechte einzuholen (zum Beispiel Lizenzen). Der Suchmaschinenoptimierer kann nämlich nur schwer nachvollziehen, ob Sie dies auch getan haben, und er wird sich daher durch eine Haftungsfreistellung gegen Ansprüche der Rechteinhaber absichern wollen.

Praxisbeispiel: Haftungsfreistellung für Ansprüche Dritter

Nennen Sie dem Suchmaschinenoptimierer beispielsweise als Keyword den beliebten Markennamen eines Konkurrenzunternehmens, so sind Sie dafür verantwortlich, die Zustimmung zur Verwendung der Marke einzuholen.

Der Suchmaschinenoptimierer möchte verhindern, dass der Markenrechtsinhaber ihn wegen der Verletzung von Schutzrechten beispielsweise auf Schadensersatz in Anspruch nimmt, und wird daher eine Haftungsfreistellungsklausel in den Vertrag aufnehmen. Danach stellen Sie den Suchmaschinenoptimierer von sämtlichen Ansprüchen des Rechteinhabers frei.

Haftungsausschlüsse können sehr facettenreich ausgestaltet werden. Ob sie wirksam sind, muss immer im Einzelfall beurteilt werden. Denn die Grenze zur Unwirksamkeit ist unter anderem immer dann überschritten, wenn die Haftung auch für solches Handeln ausgeschlossen wird, das vorsätzlich oder arglistig erfolgt ist.

Haftung der Höhe nach

Neben Klauseln zu grundsätzlichen Haftungsausschlüssen greifen Suchmaschinenoptimierer auch gelegentlich zu Klauseln, mit denen sie zwar grundsätzlich eine Haftung für bestimmte Umstände anerkennen, die Höhe der Haftungssumme aber

auf einen summenmäßigen Maximalbetrag oder auf einen Prozentsatz des Auftragswertes beschränken.

Praxisbeispiel: Haftungsbeschränkung

Bei einer *Haftungsbeschränkung dem Grunde nach* formuliert der Suchmaschinenoptimierer beispielsweise, dass er für Schäden an Ihrem Eigentum keine Haftung
übernimmt.

Bei einer *Haftungsbeschränkung der Höhe nach* hingegen formuliert der Suchmaschinenoptimierer beispielsweise, dass er für Schäden an Ihrem Eigentum nur bis zu
einem Betrag von 20.000 € oder 30 % des Auftragswertes pro Schadensereignis
haftet.

Sind Sie ein Verbraucher gemäß §13 BGB, hat der Suchmaschinenoptimierer zumindest in seinen AGB nur begrenzte bis hin zu gar keinen Möglichkeiten der Haftungsbeschränkung. Denn unter Verbraucherschutzgesichtspunkten ist beispielsweise ein
Haftungsausschluss für eine fahrlässige Pflichtverletzung, die eine Verletzung von
Leben, Körper oder Gesundheit einer anderen Person zur Folge hat, unzulässig. Darüber hinaus ist eine Haftungshöchstgrenze gegenüber einem Verbraucher auch
dann nicht wirksam, wenn die Klausel die Haftung für grobes Verschulden für sonstige Schäden begrenzen soll.

In allen anderen Fällen darf die Haftungsbegrenzung in den AGB nur in einem solchen Maß erfolgen, wie sie den möglichen Schaden auch umfassen würde, womit
eine Haftungsbegrenzung jedoch faktisch sinnlos wird.

15.3.5   Kündigungsrechte

Regelmäßig enthält ein SEO-Vertrag auch Regelungen dazu, wie das Vertragsverhältnis von Ihnen oder dem Optimierer vorzeitig beendet werden kann, beispielsweise
durch eine Kündigung. Eine Kündigung ist nur dann möglich, wenn auch ein Kündigungsrecht besteht. Bei den Kündigungsrechten ist zwischen *vertraglichen* und
gesetzlichen Kündigungsrechten zu unterscheiden.

Vertragliche Kündigungsrechte

Vertragliche Kündigungsrechte werden von Ihnen und dem Suchmaschinenoptimierer selbst individuell ausgestaltet. Wünschen Sie also eine solche Regelung, so
müssen Sie diese selbst formulieren. Dabei sollten Sie sich überlegen, in welchen Fall-
konstellationen Sie ein Kündigungsrecht ausüben möchten und ob dabei noch eine
Fristsetzung erfolgen soll oder nicht. Dazu bietet es sich an, konkrete Beispiele und
Fallgestaltungen in den Vertrag aufzunehmen. Darüber hinaus sollten Sie sich überlegen, welche Konsequenzen Ihre Kündigung für den Vergütungsanspruch des Such-

maschinenoptimierers haben soll. Denn dieser kann je nach Fallgestaltung dann ge-kürzt oder sogar ganz ausgeschlossen werden.

Aber auch der Suchmaschinenoptimierer selbst kann die Einräumung vertraglicher Kündigungsrechte verlangen. Sind Sie und der Suchmaschinenoptimierer sich über Ihre gegenseitigen oder auch nur einseitigen vertraglichen Kündigungsrechte einig, dann sollten diese Bestandteil des schriftlichen Vertrags werden.

Falls Sie und Ihr Vertragspartner keine vertraglichen Kündigungsrechte vereinbaren möchten, so bedeutet dies nicht, dass Sie dann gar keine Kündigungsmöglichkeit mehr haben. Es bleiben die gesetzlichen Kündigungsrechte.

Gesetzliche Kündigungsrechte

Welche gesetzlichen Kündigungsrechte bestehen, hängt primär von der Vertragsart ab. Bereits in Abschnitt 15.2 haben wir Ihnen erläutert, dass ein SEO-Vertrag je nach Auftrag ein Werkvertrag oder ein Dienstvertrag sein kann. Je nach Vertragsart ändern sich aber auch die gesetzlichen Kündigungsrechte! Damit wird an dieser Stelle erneut klar, dass die Einstufung der Vertragsart von enormer Bedeutung für die Abwicklung des Vertrags ist.

Beginnen wir mit dem *Dienstvertrag*: Dieser endet grundsätzlich erst mit Ablauf der Zeit, für die er eingegangen worden ist. Darüber hinaus endet das Vertragsverhältnis nur im Fall einer Kündigung durch eine Partei. Liegt kein Grund für die Kündigung vor, so gestattet der Gesetzgeber eine Kündigung nur unter Einhaltung gesetzlich vorgeschriebener Fristen. Die Frist hängt dabei von der Art der Vergütungsvereinba-rung ab (siehe Abbildung 15.6).

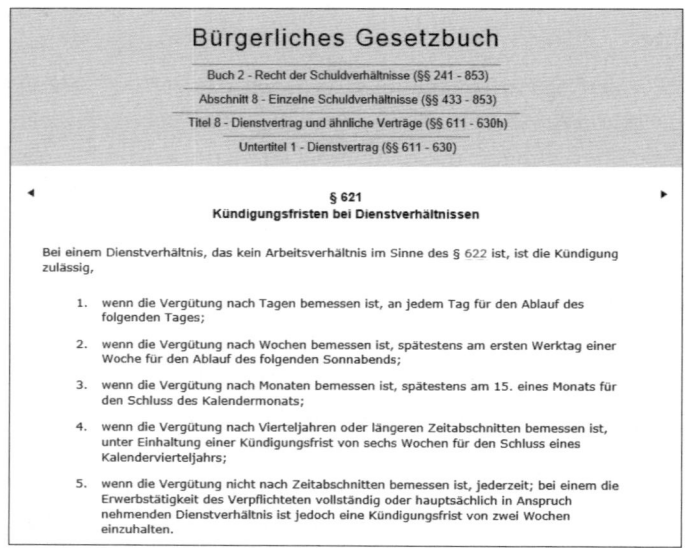

Abbildung 15.6 Regelung des § 621 BGB zu den Kündigungsfristen bei Dienstverhältnissen

Möchten Sie oder möchte der Suchmaschinenoptimierer jedoch fristlos kündigen, so ist dies zum Schutz Ihrer gegenseitigen Interessen nur aus wichtigem Grund möglich. Das Gesetz sieht in § 626 Abs. 1 BGB einen solchen wichtigen Grund dort, wo *»Tatsachen vorliegen, auf Grund derer dem Kündigenden unter Berücksichtigung aller Umstände des Einzelfalles und unter Abwägung der Interessen beider Vertragsteile die Fortsetzung des Dienstverhältnisses bis zum Ablauf der Kündigungsfrist oder bis zu der vereinbarten Beendigung des Dienstverhältnisses nicht zugemutet werden kann«.*

Nun stellt sich die Frage, wann ein solcher wichtiger Grund vorliegt. Dies muss im konkreten Einzelfall beurteilt werden. Möchten Sie also auch fristlose Kündigungsrechte vereinbaren, so empfehlen wir Ihnen, diese vertraglich zu sichern. Denn ob ein Zustand unzumutbar ist oder nicht, kann je nach Perspektive durchaus unterschiedlich bewertet werden.

Berufen Sie sich doch auf Ihr gesetzliches Kündigungsrecht, so müssen Sie dieses binnen zwei Wochen ab dem Zeitpunkt erklären, in dem Sie von dem unzumutbaren Zustand Kenntnis erlangen, der Sie zur Kündigung berechtigt.

Anders sieht es hingegen aus, wenn der SEO-Vertrag einen *Werkvertrag* darstellt. Ebenso wie bei einem Dienstvertrag räumt der Gesetzgeber zwar auch den Parteien eines Werkvertrags Kündigungsrechte ein, deren Ausübung ist jedoch nur so lange möglich, wie noch keine Abnahme, also Akzeptanz des Werkes, erfolgt ist. Nach der Abnahme ist daher keine Kündigung mehr möglich.

Der Suchmaschinenoptimierer kann den Vertrag kündigen, wenn Sie Ihren vertraglich vereinbarten Mitwirkungspflichten nicht oder nicht ausreichend nachkommen und so die Fertigstellung vereiteln. Dabei kann es sich beispielsweise um die Lieferung von Keywords handeln, die zur Optimierung erforderlich sind. Zuvor muss der Suchmaschinenoptimierer Ihnen aber noch eine Frist zur Nachholung der Mitwirkungshandlung setzen und Ihnen gegenüber erklären, dass er den Vertrag kündigt, wenn Sie Ihren Pflichten nicht innerhalb der Frist nachkommen. Kommt es dann zu solch einer Kündigung, wird das Vertragsverhältnis beendet.

Achtung: Die Vergütungspflicht bleibt!

Wenn der Suchmaschinenoptimierer wegen fehlender Mitwirkung Ihrerseits den Vertrag kündigt, bedeutet das aber nicht, dass Sie seine Vergütung dann nicht mehr bezahlen müssen – im Gegenteil: Der Vergütungsanspruch des Suchmaschinenoptimierers bleibt von der Kündigung unberührt, da ihn kein Verschulden an der Nichtvollendung der Optimierung trifft.

Ein deutlich weiter gefasstes Kündigungsrecht steht Ihnen – soweit nicht anders vereinbart – als Auftraggeber zu: Vom Zeitpunkt des Vertragsschlusses an bis zur Abnahme können Sie den Vertrag jederzeit fristlos und ohne Angabe von Gründen kündigen.

Die Vergütung des Suchmaschinenoptimierers berechnet sich dann aus der Differenz zwischen dem vertraglich Vereinbarten und dem, was er durch die Nichtvollendung des Werkes erspart hat oder anderweitig erzielt oder auch absichtlich nicht erzielt hat.

Hinweis: Beweislast

Da nur der Suchmaschinenoptimierer selbst darlegen kann, welchen Vergütungsanspruch er hat, trägt auch er die Beweislast für den von ihm berechneten Vergütungsanspruch. Dies bedeutet, dass er für den Einzelfall detailliert darlegen und beziffern muss, was er an Aufwendungen erspart hat.

15.3.6   Datenschutzerklärung

Ein weiterer besonders wichtiger Aspekt der Vertragsgestaltung ist die Datenschutzerklärung. Damit vereinbaren Sie und der Optimierer, wie mit den gegenseitig ausgetauschten Daten umzugehen ist. Dies betrifft insbesondere Ihre Daten, da Sie doch deutlich mehr Daten preisgeben müssen, als Sie selber erhalten. Dies betrifft neben Ihren persönlichen Daten wie Ihrem Namen und Ihren Adressdaten auch solche, die für die Anmeldung bzw. Änderung einer Domain in Suchmaschinen, Katalogen und Listen notwendig sind.

Was diese Daten betrifft, wird sich der Suchmaschinenoptimierer vertraglich Ihr Einverständnis dazu einholen, diese im Rahmen des Vertragsverhältnisses zu speichern, zu ändern oder zu löschen sowie an Dritte zu übermitteln, sofern dies notwendig ist. Sie sollten jedoch darauf achten, dass Ihre persönlichen Kundendaten, die nicht für die Vertragsabwicklung benötigt werden, auch nicht an Dritte weitergegeben werden.

Auch ist nicht unwesentlich, was mit Ihren Daten nach Beendigung des Vertrags passiert. Dahingehend sollten Sie sich zusichern lassen, dass Ihre Daten auch über das Ende des Vertragsverhältnisses hinaus nicht weitergegeben und gegebenenfalls gelöscht werden.

15.3.7   Exklusivitäts- und Geheimhaltungsvereinbarungen

Exklusivitätsvereinbarungen spielen dann eine Rolle, wenn Sie beispielsweise einer der Branchenführer sind und verhindern möchten, dass Ihr Suchmaschinenoptimierer auch für Ihre Konkurrenz tätig wird. Denn auf diese Weise laufen Sie Gefahr, auch innerhalb der Suchmaschinen noch mehr in direktem Wettbewerb zu stehen. Um dies zu verhindern, bietet sich eine Regelung an, die es ausschließt, dass der Suchmaschinenoptimierer für Ihre Mitbewerber tätig wird, während sein Vertrag mit Ihnen noch läuft – Sie schreiben also fest, dass er exklusiv nur für Sie arbeiten darf.

Umgekehrt kann eine Exklusivitätsvereinbarung auch von dem Suchmaschinenoptimierer gewünscht werden, etwa wenn es darum geht, dass Sie nicht berechtigt sein sollen, für dieselbe Domain weitere SEO-Dienstleister zu beauftragen.

Ferner spielt des Öfteren die Geheimhaltung von Geschäftsdaten eine wichtige Rolle. Denn für viele Auftraggeber ist es von besonderer Bedeutung, dass ihre gesamten Daten garantiert geheim gehalten werden, auch über die Vertragsauflösung hinaus.

Praxisbeispiel: Geheimhaltungsvereinbarung

Für eine Geheimhaltungsvereinbarung können Sie folgenden Text verwenden:

»1. Die Parteien verpflichten sich, sämtliche im Zusammenhang mit der vertraglichen Zusammenarbeit erlangten vertraulichen Informationen strikt geheim zu halten und diese ohne ausdrückliche schriftliche Zustimmung weder über die zur Erfüllung ihrer vertraglichen Verpflichtungen hinausgehenden Zwecke zu verwenden oder zu verwerten noch an Dritte weiterzugeben. Dies gilt insbesondere für Informationen über Suchgewohnheiten und Technologien der Suchdienste, soweit diese nicht allgemein bekannt sind.

2. Als vertrauliche Informationen im Sinne dieser Regelung gelten alle mitgeteilten Informationen sowie ausgehändigten Daten, Unterlagen und Materialien, die im Rahmen des Vertrags direkt oder indirekt zur Verfügung gestellt werden und als vertraulich bezeichnet werden.«

Trotz des in der Regel untergeordneten Charakters dieser Pflichten können daraus bei ihrer Verletzung sehr kostenintensive Ansprüche geltend gemacht werden.

15.3.8   Die Form des Vertrags

Bei der Fixierung des Vertrags empfehlen wir Ihnen die Schriftform insofern, als sie es Ihnen und Ihrem Vertragspartner ermöglicht, sich während Ihrer Zusammenarbeit bei Unklarheiten immer wieder an dem schriftlich Vereinbarten zu orientieren und so Missverständnisse in den Absprachen zu vermeiden. Denn die Suchmaschinenoptimierung umfasst zahlreiche Einzelaspekte, die im Laufe der Zeit in Vergessenheit geraten können, wenn diese nur mündlich besprochen wurden. Auch besteht das Risiko, dass Sie innerhalb einer Agentur die Absprachen mit Personen treffen, die dann nicht mehr für die Agentur tätig sind, wenn eines Tages Unstimmigkeiten entstehen.

Zudem ist zu bedenken, dass zwar ein mündlicher Vertrag genauso wirksam ist wie ein schriftlicher Vertrag, jedoch besteht das Problem, dass mündliche Absprachen im Streitfall schwerer nachzuweisen sind. Die Schriftform ist die einfachste und sicherste Variante, sich im Streitfall auf Absprachen zu berufen, um so eigene Ansprüche durchzusetzen bzw. Gegenansprüche abzuwehren. Dazu genügt bereits eine E-Mail mit der gegnerischen Bestätigung des Erhalts.

15.4   Was gilt im Hinblick auf das Urheberrecht an suchmaschinenoptimierten Inhalten?

Im Zusammenhang mit der Suchmaschinenoptimierung spielen Urheberrechte an zwei Stellen eine wichtige Rolle: zum einen bei der Suchmaschinenoptimierung an sich (zum Beispiel bei der Konzeption der Seitenstruktur) und zum anderen bei den für die Suchmaschinenoptimierung verwendeten Inhalten Dritter, wie zum Beispiel bei Texten oder Bildern, also beim Content.

15.4.1   Der Schutz des Urheberrechts

Einen urheberrechtlichen Schutz genießen grundsätzlich nur Werke mit einer persönlichen geistigen Schöpfung. »Persönlich« bedeutet dabei, dass das Werk auf einer menschlich-gestalterischen Tätigkeit des Urhebers beruht und damit nicht bloß Ergebnis eines Softwarevorgangs ist. Einen »geistigen« Gehalt weist es darüber hinaus dann auf, wenn der menschliche Geist beispielsweise durch die Mitteilung eines Gedanken- oder Gefühlsinhalts durch das Werk zum Ausdruck kommt.

Auch ist zu beachten, dass das Urheberrecht nach deutschem Recht nicht übertragbar ist, allenfalls ist es vererbbar. Dies hat zur Folge, dass die alleinigen und ausschließlichen Verwertungsrechte an dem Werk beim Urheber liegen und Dritte das urheberrechtlich geschützte Werk nur dann rechtmäßig gebrauchen können, wenn der Urheber ihnen die Nutzungsrechte daran eingeräumt hat.

15.4.2   Urheberrecht an suchmaschinenoptimierten Inhalten

Im Rahmen der Suchmaschinenoptimierung stellt sich jedoch zunächst ganz grundsätzlich die Frage, ob die suchmaschinenoptimierten Inhalte überhaupt urheberrechtlichen Schutz genießen, da sie oft belanglos und nicht sonderlich kreativ wirken. Die Antwort auf diese Frage haben bereits das OLG Rostock (Beschluss vom 27.06.2007, Az. 2 W 12/07) und das LG Köln (Beschluss vom 02.05.2011, Az. 33 O 267/11) gegeben, indem sie entschieden, dass der im Rahmen der Suchmaschinenoptimierung getroffenen Auswahl und Anordnung von Begriffen bei der Gestaltung der Texte ein urheberrechtlicher Schutz jedenfalls dann zukommt, wenn die Suchmaschinenoptimierung erfolgreich erfolgt ist, da in einem solchen Fall die verwendete Sprache für eine gewisse Schöpfungshöhe des Werks spreche. Schließlich führe die sprachliche Gestaltung durch den Optimierer dazu, dass die Internetseite des Auftraggebers bei Eingabe plakativer Suchwörter in die Suchmaschine Google unter den ersten Suchergebnissen erscheint. Weiter führte das OLG Rostock aus: »*Die Gestaltung mit Mitteln der Sprache erreicht die für die Urheberrechtsschutzfähigkeit hinreichende Gestaltungshöhe, denn sie übersteigt deutlich das Schaffen eines durchschnittlichen Webdesigners, das auf einer routinemäßigen, handwerksmäßigen und mechanisch-*

technischen Zusammenfügung des Materials beruht. Die durch geschickte Auswahl und Anordnung der Schlüsselwörter erzielte Spitzenposition in der Suchmaschine beruht auf der eigenen geistigen Schöpfung des Kl. Die auf diese Weise vorgenommene Gestaltung verschafft den Webseiten eine individuelle Prägung und hebt sie deutlich aus der Vielzahl durchschnittlicher Internetauftritte anderer Anbieter [...] heraus.«

Das OLG Rostock sieht einen Text also schon deswegen als kreativ an, da er bei Google gut gefunden wird. Ob andere Gerichte dieser weiten Auslegung des Begriffs »Schöpfungshöhe« folgen werden, bleibt abzuwarten.

Das LG Köln nahm bei seinem Beschluss jedenfalls gerade keine Prüfung des Rankings vor. Entscheidend sei allein, dass es sich um Werbetexte handele, die die Eigenschaften und Beschaffenheit verschiedener Produktarten beschreiben und dabei einem bestimmten Stil folgen, der ersichtlich in seiner Ausdrucksart eine bestimmte Käuferschicht ansprechen soll und keine alltägliche Umgangssprache enthält. Dafür reiche auch schon ein Text aus, der aus drei Sätzen besteht.

Damit ist zwar auch dieser rechtliche Aspekt der Suchmaschinenoptimierung noch nicht einheitlich geklärt, jedoch kann festgehalten werden, dass zumindest derjenige Suchmaschinenoptimierer urheberrechtlich auf der sicheren Seite ist, der einen individuellen und hochwertigen Inhalt verwendet.

15.4.3   Urheberrecht an Dritt-Content

Eine weitere wichtige Rolle spielt das Urheberrecht im Hinblick auf die verwendeten Inhalte Dritter, also die Rechte an Texten oder Bildern, die nicht von dem Suchmaschinenoptimierer oder Ihnen selbst geschaffen wurden, aber dennoch zu Optimierungszwecken auf Ihrer Seite Platz finden sollen. Zwar erfolgt die Optimierung umso besser, je hochwertiger der Content ist, doch wer sich dabei ungefragt an Inhalten Dritter bedient, muss mit rechtlichen Konsequenzen rechnen. Denn nur weil Inhalte im Internet frei zugänglich sind, bedeutet dies nicht, dass sie auch nach Belieben benutzt werden dürfen. Dies gilt zum Beispiel auch für Bilder, die Sie über die Google-Bildersuche finden (siehe Abbildung 15.7).

Der Grund dafür liegt im Urheberrecht: Das Urheberrecht sichert dem Urheber das alleinige und ausschließliche Verwertungsrecht an seinem Werk. Während im Gesetz verschiedene Arten geregelt sind, auf die der Urheber seine Rechte ausüben kann, sind im Internet drei Verwertungsarten von besonderer Relevanz: die Vervielfältigung, die öffentliche Zugänglichmachung und die Bearbeitung eines Werkes.

Dies bedeutet, dass ohne die Einwilligung des Urhebers – mit wenigen Ausnahmen – seine Werke weder vervielfältigt noch öffentlich zugänglich gemacht oder bearbeitet werden dürfen. Diese drei Verwertungsarten sind im Internet aber gerade relevant. Denn der Sinn einer Internetseite ist es, öffentlich zugänglich gemacht zu werden, also von einem unbestimmten Personenkreis betrachtet zu werden. In dem Moment, in dem Sie auf dieser Internetseite Inhalte Dritter einstellen, fertigen Sie technische Kopien an und tangieren damit das Recht des Urhebers zur Vervielfältigung. Dies gilt grundsätzlich auch dann, wenn Sie die Inhalte bereits bearbeitet oder umgestaltet haben. Nehmen Sie diese Verwertungsarten ohne die Einwilligung des Urhebers vor, so stellt dies eine Verletzung seiner Rechte dar, die zivilrechtliche Ansprüche nach sich ziehen kann!

Abbildung 15.7 Ergebnis der Google-Bildersuche bei Eingabe des Begriffs »Suchmaschinenoptimierung«

Achtung: Die Qualität des Werkes entscheidet nicht über den Urheberrechtsschutz!

Bei der Verwendung von Inhalten Dritter sollten Sie immer im Blick behalten, dass an jedem Bild, Text oder Video Urheberrechte bestehen. Dabei ist es unerheblich, wie aufwendig die Erstellung war – ein Schnappschuss eines Hobbyfotografen ist genauso schutzwürdig wie die Aufnahme eines Profis. Letztendlich sollten Sie bei jeder Verwendung eines Inhalts überprüfen, ob das Recht besteht, diesen Inhalt für den beabsichtigten Zweck zu verwenden. Besondere Beachtung sollte dabei der Zulässigkeit der kommerziellen Nutzung zukommen!

An dieser Stelle sollten Sie auch noch einmal an die bereits erläuterten Haftungsfreistellungsvereinbarungen des Suchmaschinenoptimierers denken. Denn liefern Sie ihm diese Inhalte, so sind auch Sie für die Einholung der erforderlichen Rechte verantwortlich.

15.4.4   Die rechtssichere Verwendung fremder Inhalte

Um geschützte Inhalte rechtssicher nutzen zu können, müssen Sie sich vom Rechteinhaber Nutzungsrechte einräumen lassen. Nutzungsrechte sind im allgemeinen

Sprachgebrauch als »Lizenzen« bekannt und stellen Rechte am geistigen Eigentum anderer dar. Diese Nutzungsrechte an urheberrechtlich geschützten Werken kann der Urheber als Rechteinhaber (Lizenzgeber) mit einem Lizenzvertrag auf den späteren Werknutzer (Lizenznehmer) für bestimmte Nutzungsarten übertragen und ihm so die wirtschaftliche Nutzung des Werkes gestatten. Der Rechteinhaber eines Fotos beispielsweise entscheidet also, wer das Foto wo, wie und in welchem Umfang benutzen darf und wer nicht.

Dies bedeutet letztlich, dass Sie oder der Suchmaschinenoptimierer beim Urheber anfragen müssen, ob Sie den gewünschten Inhalt für die Internetseite nutzen dürfen. Diese Nutzungserlaubnis müssen Sie sich dann gegebenenfalls vertraglich und oftmals gegen ein Entgelt einräumen lassen. Hier empfiehlt sich erneut aus Gründen der Beweislast eine schriftliche Fixierung der Vereinbarung.

Hinweis: Kommerzielle Bildportale

Mittlerweile hat sich eine große Zahl an kommerziellen Bildportalen etabliert, die unter bestimmten Bedingungen die Nutzung von Bildern ermöglichen. Dazu zählen beispielsweise »Pixelio«, »Fotolia« (siehe Abbildung 15.8), »iStock« und »Getty Images«.

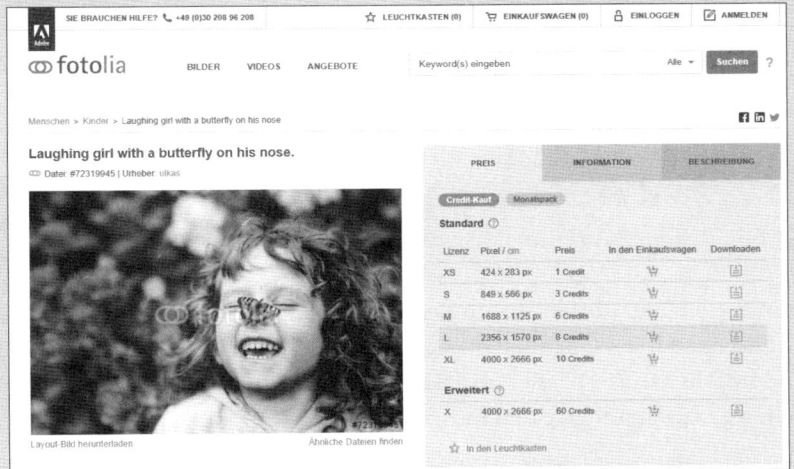

Abbildung 15.8 Der Anbieter »Fotolia« bietet Ihnen gegen ein Entgelt Bilder zur kommerziellen Verwendung an.

Möchten Sie für die Nutzung von Werken Dritter kein Entgelt zahlen, so können Sie auch auf kostenlose Alternativen zurückgreifen. Zu denken ist dabei an die sogenannten Creative-Commons-Inhalte (CC, kostenfreie Lizenz). Diese Jedermannlizenzen richten sich als schöpferisches Gemeingut an alle Betrachter gleichermaßen und erlauben, dass jeder mit einem CC-lizenzierten Inhalt machen darf, was sich aus dem jeweiligen CC-Lizenztext ergibt.

> **Hinweis: CC-lizenzierte Bilder**
>
> Eine gute Internetseite, auf der ausschließlich CC-lizenzierte Bilder zu finden sind, ist »*piqs.de*« (siehe Abbildung 15.9). Doch auch bei »Google« und »Flickr« können Sie die Bildersuchen auf Werke beschränken, die unter diesen Lizenzen stehen.

Abbildung 15.9 CC-lizenzierte Bilder erhalten Sie auf »www.piqs.de«.

Doch CC-lizenzierte Bilder dürfen Sie nur den Lizenzbedingungen entsprechend verwenden. Somit ist auch bei CC-Inhalten ein Blick in die Lizenzbedingungen unumgänglich. Andernfalls kann es passieren, dass Sie sich im Nachhinein mit Ansprüchen der Rechteinhaber auseinandersetzen müssen.

Bedingungen der Nutzung solcher CC-lizenzierten Werke sind zum Beispiel:

- die Nennung des Namens des Urhebers und die Verlinkung
- das Verbot der Bearbeitung des Bildes
- die Nennung der jeweiligen Lizenz und die Verlinkung dazu
- die nichtkommerzielle Nutzung

Der Aspekt der Namensnennung sollte keineswegs unterschätzt werden. Portale wie »*piqs.de*« geben auch Anleitungen zur Umsetzung ihrer Anforderungen (siehe Abbildung 15.10), die Sie unbedingt einhalten sollten. Doch auch wenn der Lizenzgeber dazu keine Anforderungen stellt, sind Sie gesetzlich zur dauerhaften Nennung des Urhebers verpflichtet.

> **Hinweis: Kommerzielle Nutzung erlaubt!**
>
> Das Portal »*piqs.de*« erlaubt Ihnen auch die kommerzielle Nutzung der CC-lizenzierten Bilder, solange Sie sich an die übrigen Regelungen wie die Namensnennung halten (siehe Abbildung 15.10).

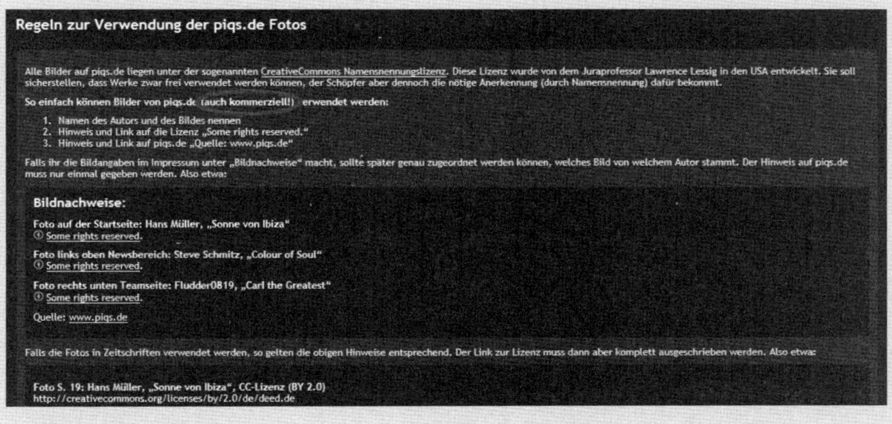

Abbildung 15.10 Regeln zur Verwendung CC-lizenzierter Fotos auf »piqs.de«

Nach jüngerer Rechtsprechung (AG Düsseldorf, Urteil vom 03.09.2014, Az. 57 C 5593/14) reicht beispielsweise eine Benennung, die nur angezeigt wird, wenn man mit dem Mauszeiger über das Bild streift (ein sogenannter Mouseover-Effekt) nicht aus: Schließlich wird der Mouseover-Effekt insbesondere bei einem mauslosen Tablet-PC nicht angezeigt. Von daher liegt eine Urheberrechtsverletzung vor, was teure Abmahnungen und Schadensersatzklagen zur Folge haben kann.

15.5   Wann ist die Verwendung fremder Kennzeichen und Marken markenrechtlich zulässig – und wann nicht?

Durch die Suchmaschinenoptimierung soll erreicht werden, dass bestimmte unbezahlte Suchergebnisse ganz oben in der Rangliste erscheinen. Wird die Suchmaschine jedoch unter Vortäuschung unzutreffender Sachverhalte manipuliert, gerät man schnell mit dem geltenden Recht in Konflikt.

Unzulässige SEO-Maßnahmen können zu teuren Abmahnungen führen. Werden fremde Markennamen zur Optimierung der Suchergebnisse benutzt, ist die markenrechtliche Grenze schnell erreicht. Schließlich haben markenrechtliche Streitigkeiten bereits zu zahlreichen gerichtlichen Auseinandersetzungen geführt. Wir klären im Folgenden darüber auf, was erlaubt ist und was nicht.

15.5.1 Der Schutz des Markenrechts

Es ist nicht generell verboten, einen fremden Markennamen auf seiner Website zu erwähnen. Doch damit Sie verstehen, welche Aspekte der Suchmaschinenoptimierung von einem Verbot betroffen sein können, gehen wir zunächst einmal auf die erforderlichen Grundsätze des Markenrechts ein.

Grundsätzlich schützt das Markenrecht unter anderem *Marken*, worunter Folgendes verstanden wird: *»alle Zeichen, insbesondere Wörter einschließlich Personennamen, Abbildungen, Buchstaben, Zahlen, Hörzeichen, dreidimensionalen Gestaltungen einschließlich der Form einer Ware oder ihrer Verpackung sowie sonstige Aufmachungen einschließlich Farben und Farbzusammenstellungen [...], die geeignet sind, Waren oder Dienstleistungen eines Unternehmens von denjenigen anderer Unternehmen zu unterscheiden«* (§ 3 Abs. 1 MarkenG). In der Regel entsteht dieser Markenschutz mit der Eintragung der Marke in das *Markenregister*, das beim Deutschen Marken- und Patentamt geführt wird (siehe Abbildung 15.11).

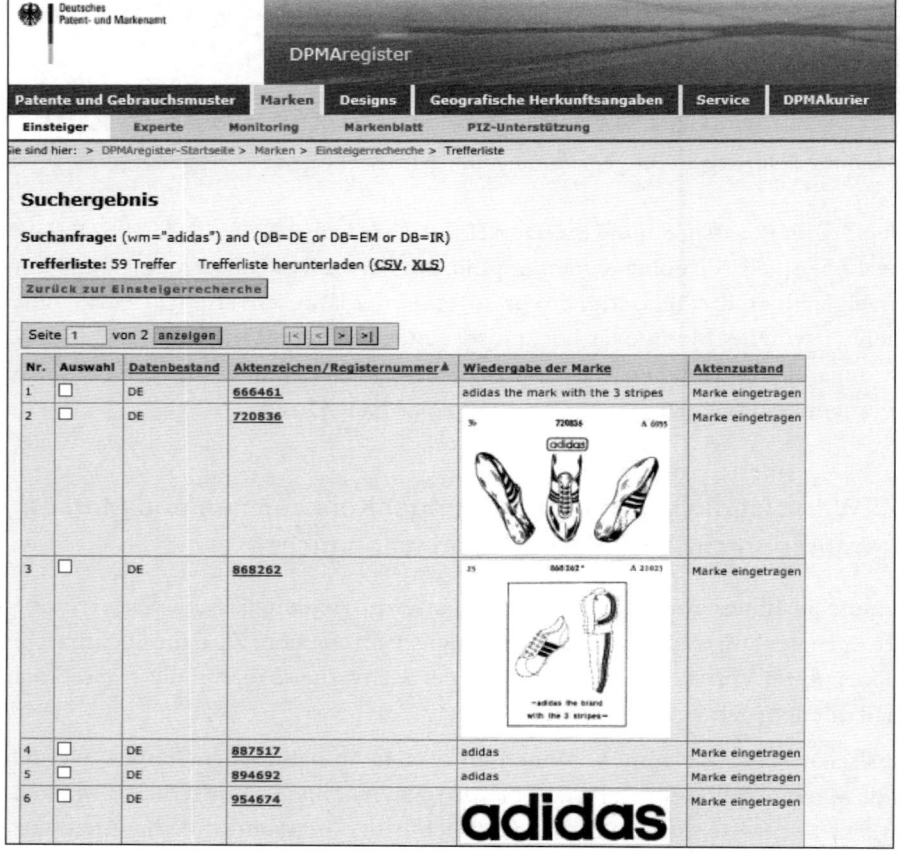

Abbildung 15.11 Der Sportwarenhersteller »Adidas« hat sich zahlreiche Variationen in Logo und Schreibweise des Namens »adidas« schützen lassen.

Dies hat zur Folge, dass zugunsten des Eintragenden ein ausschließliches Recht entsteht. Dies bedeutet, dass nur er die Marke im geschäftlichen Verkehr benutzen darf, Dritte hingegen dazu seiner Zustimmung bedürfen.

Ausgehend von diesem Grundsatz hat sich der Bundesgerichtshof in zahlreichen markenrechtlichen Streitigkeiten zu den verschiedenen Maßnahmen von Suchmaschinenoptimierern geäußert.

15.5.2   Die On-Page-Optimierung

Die On-Page-Optimierung umfasst alle Maßnahmen, die zur inhaltlichen Verbesserung der eigenen Website dienen. Gemeint ist damit die Platzierung von Keywords in dem Textinhalt und den Überschriften. Auch die Formatierung der Seite und technische Details, wie das Einsetzen von Tags, beeinflussen die Auffindbarkeit der Website durch die Suchmaschine.

Ein rechtliches Problem kann entstehen, wenn das platzierte Schlagwort identisch mit dem Markennamen eines anderen ist und eine Verwechslungsgefahr besteht. Die Nutzung eines fremden Markennamens pusht die Platzierung der eigenen Website. Wird der fremde Markenname ausschließlich zu diesem Zweck genutzt, liegt ein Verstoß gegen das Markenrecht vor.

> **Praxisbeispiel: On-Page-Optimierung mit fremden Marken**
>
> Im »Power-Ball-Urteil« entschied der BGH (Urteil vom 04.02.2010, Az. I ZR 51/08), dass ein Unternehmen, das zur Beeinflussung von Suchmaschinenergebnissen auf seiner Internetseite in einer bestimmten Zeile zusammen mit seiner Produktkennzeichnung eine Bezeichnung angibt, die mit der Marke eines Dritten verwechselbar ist, die Verantwortung dafür trägt, dass die Suchmaschine die Kennzeichen zusammen als Treffer anführt. Damit ist die Verwendung fremder Markennamen im Einzelfall auch in den Fällen unzulässig, in denen diese in einer für den Nutzer erkennbaren Weise erfolgt.

Fremde Markennamen dürfen Sie auf Ihrer eigenen Website verwenden, wenn dies nicht ausschließlich zum eigenen Vorteil geschieht. Sie dürfen selbstverständlich den Markennamen erwähnen, wenn der Inhalt Ihrer Website einen Bezug zu der Marke herstellt, indem über das Produkt oder das Unternehmen berichtet wird. Es muss demnach ein Sinn für die Erwähnung des Markennamens erkennbar sein.

Erlaubt ist die Nutzung fremder Markennamen daher beispielsweise, wenn über die Website Produkte der Marke vertrieben werden. So darf beispielsweise der Online-Händler »Zalando«, damit sein Shop schneller gefunden wird, das Keyword »Adidas« benutzen, da er die Artikel dieser Marke auch in seinem Shop verkauft (siehe Abbildung 15.12).

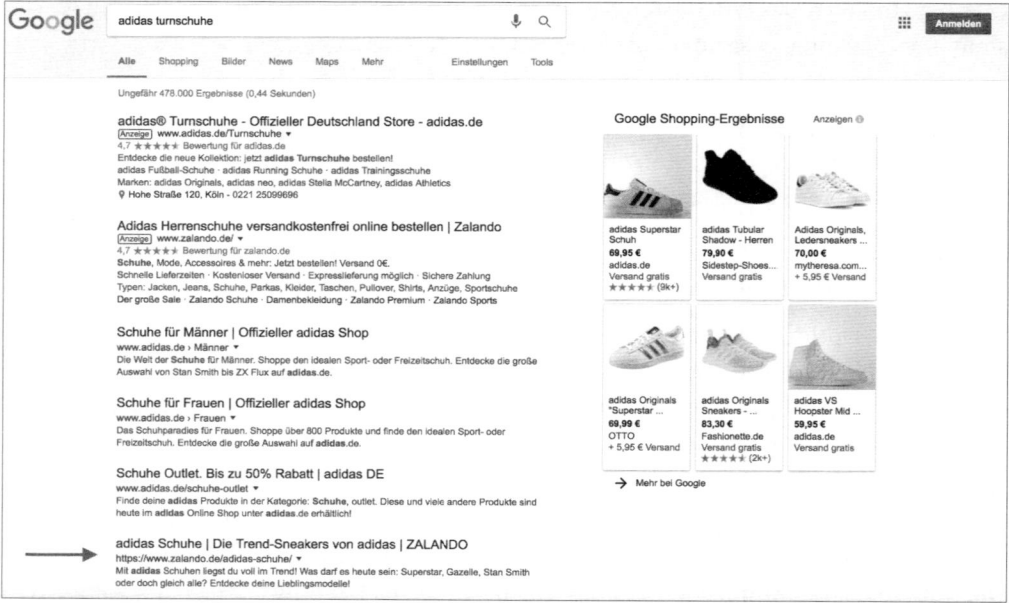

Abbildung 15.12 Bei Eingabe der Keywords »adidas« und »turnschuhe« erscheint der Online-Händler »Zalando« gleich als vierter Treffer.

15.5.3   Versteckte Nutzung des Markennamens

Einen fremden Markennamen können Sie auch verdeckt benutzen, indem Sie ihn unsichtbar in den HTML-Code der Seitenprogrammierung aufnehmen. Der Markenname erscheint auf diese Weise überhaupt nicht auf Ihrer Webseite, dennoch wird sie schneller gefunden, weil der Markenname im HTML-Code der Webseite steckt.

Der Grund dafür sind ganz bestimmte Meta-Tags. Das sind HTML-Elemente im `<head>`-Bereich einer Webseite, die Informationen über eine Webseite enthalten, aber für den durchschnittlichen User in der Regel nicht sichtbar sind. Meta-Tags werden von Crawlern einer Suchmaschine ausgelesen und für das Ranking herangezogen.

Suchmaschinenoptimierer nutzen dieses System nicht nur auf die gedachte Art und Weise, sondern setzen auch irrelevante Keywords ein, wie zum Beispiel Markennamen bekannter Unternehmen, die allein den Zweck haben, die Ergebnisse in den Suchmaschinen zu beeinflussen. Dadurch werden die Nutzer auf die Seite geleitet, obwohl das Keyword tatsächlich gar nicht mit der Anfrage übereinstimmt.

In solch einem Fall ist die Rechtslage für den BGH eindeutig: Da kein Bezug des Textes zum Markennamen vorliegt, der bekannte Name ausschließlich zur Beeinflussung der Suchmaschine zum eigenen Vorteil genutzt wird und die Marke »kennzeichenmäßig« genutzt wird, verstößt die Verwendung gegen das Markenrecht. Denn es geht dabei nur darum, die eigene Trefferhäufigkeit bei Suchmaschinenanfragen zu erhöhen, den Nutzer auf die eigene Seite zu führen und eigene Angebote zu präsentieren. Eine solche versteckte Nutzung eines Markennamens kann abgemahnt werden und gegebenenfalls Schadensersatzforderungen nach sich ziehen.

Praxisbeispiel: Markenname im HTML-Code

In dem »AIDOL-Urteil« des BGH (Urteil vom 08.02.2007, Az. I ZR 77/04) stritten die Inhaberin der eingetragenen Marke »AIDOL« als Herstellerin und Vertreiberin von Holzschutzmitteln und Lacken sowie eine Konkurrentin, die früher ebenfalls dieses Produkt vertrieb, nun aber nur noch ähnliche Lacke im Sortiment hat. Gleichwohl verwendete sie auf mehreren ihrer Internetseiten als Meta-Tag und in Weiß-auf-Weiß-Schrift das Kennzeichen »AIDOL« – sehr zum Ärger der Herstellerin.

Der BGH bejahte vorliegend eine Markenrechtsverletzung unter dem Aspekt, dass die Konkurrentin die Marke »AIDOL« nicht nur im Rahmen der Bewerbung des Produkts, sondern auch auf Internetseiten verwendete, die mit den AIDOL-Produkten nichts zu tun hatten. Dies stelle aber eine unternehmensbezogene Verwendung der Marke dar und sei daher unzulässig.

Ebenfalls unzulässig ist die Verwendung des als Suchwort verwendeten verwechslungsfähigen Zeichens als Hidden Text auf der Internetseite, die dazu dient, das Ergebnis einer Internetsuchmaschine zu beeinflussen und den Nutzer dadurch zu der Internetseite des Verwenders zu leiten.

15

15.5.4   Nutzung eines fremden Markennamens bei Google Ads

Ein wenig anders sieht die rechtliche Lage bei der Nutzung eines fremden Markennamens im Rahmen von »Google Ads« aus. An dieser Stelle möchten wir auf die ausführliche Darstellung in Abschnitt 14.2 verweisen und Ihnen an dieser Stelle nur einen groben Überblick geben.

Google Ads ist ein Werbesystem, in dem man Schlüsselwörter buchen kann, bei deren Eingabe die Webseite automatisch über den »normalen« Suchergebnissen bzw. rechts davon erscheint (siehe Abbildung 15.13). Dabei können Sie im Voraus festlegen, dass Ihre Anzeige nur in den Ergebnissen der Suchanfragen erscheint, die Ihre Keywords enthalten. Auf diese Weise können Sie ganz gezielt Werbung schalten. Gebühren fallen erst dann an, wenn ein Nutzer infolge der Anzeige auf Ihre Seite klickt.

Bei diesem bezahlten Suchergebnis darf man nach Ansicht des Europäischen Gerichtshofs vom Grundsatz her einen fremden Markennamen als Schlüsselwort nutzen. Der Grund dafür ist, dass es sich hier um eine bezahlte Anzeige handelt und der Nutzer nach Ansicht der europäischen und auch der deutschen höchstrichterlichen Rechtsprechung zwischen einer Werbeanzeige und den eigentlichen Ergebnissen der Suchmaschine unterscheiden kann. Schließlich wird bei Ads die Anzeige auch als solche klar gekennzeichnet (siehe Abbildung 15.13).

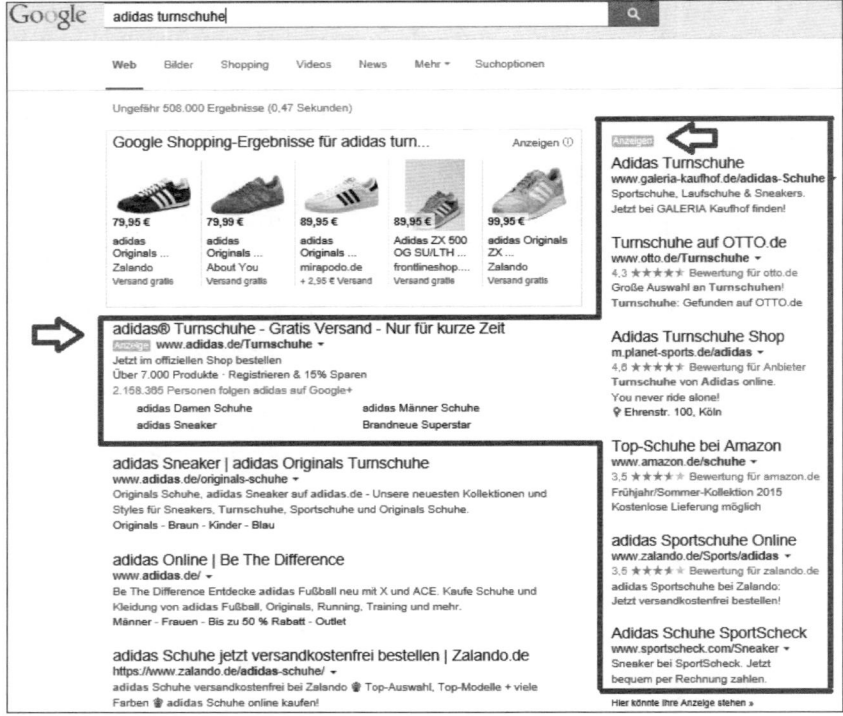

Abbildung 15.13 Eingerahmt sind die Anzeigen über »Google Ads«.

Durch die Kennzeichnung wird beim Nutzer der Suchmaschine keine Fehlvorstellung oder Verwirrung ausgelöst und auch der Ruf der als Keyword verwendeten Marke nicht beeinträchtigt.

Genau in dieser Unterscheidungskraft des Nutzers liegt nach Ansicht des EuGH auch der Unterschied zur Verwendung von fremden Markennamen in Meta-Tags: Denn über Ads werden die Suchergebnisse in der Rubrik ANZEIGEN veröffentlicht. Dort erwartet der Nutzer nicht ausschließlich Angebote des Markeninhabers, da ihm bewusst ist, dass es sich hier um bezahlte Anzeigen handelt. Der Nutzer kann also bei Ads zwischen den bezahlten und den unbezahlten Suchergebnissen differenzieren.

Die Meta-Tags hingegen beeinflussen die Suchergebnisse als solche, ohne dass dies für den Nutzer erkennbar wäre. Der Nutzer denkt, dass er auf den Seiten, die die Suchmaschine als Treffer anzeigt, Angebote des Markeninhabers findet. Dies ist gleichzeitig eine irreführende Werbung und damit auch wettbewerbsrechtlich nicht unproblematisch.

Da die erläuterte Unterscheidungsmöglichkeit des Nutzers und die unterschiedliche Beeinflussung des Suchvorgangs nach Ansicht des EuGH über die rechtliche Zulässigkeit entscheiden, überschreiten Sie die Grenze zur Rechtswidrigkeit dann, wenn sich

Ihre Werbeanzeige nicht erkennbar von dem fremden Markennamen distanziert. Eine fehlende Distanzierung liegt nämlich genau dann vor, wenn Sie dem Nutzer mit Ihrer Anzeige suggerieren, dass zwischen Ihnen und dem Markenrechtsinhaber eine wirtschaftliche Verbindung besteht, beispielsweise in Form eines Vertriebs der Markenprodukte. Es reicht aber auch schon aus, wenn der Nutzer gar nicht erkennen kann, ob eine solche Verbindung besteht.

Ob im konkreten Fall eine Beeinträchtigung der Marke vorliegt, ist also eine Einzelfallentscheidung. Eine Beeinträchtigung wird in jedem Fall dann anzunehmen sein, wenn der Werbende Nachahmungen von Waren des Markeninhabers anbietet.

Eine Beeinträchtigung liegt in der Regel nicht vor, wenn mit dem Schlüsselwort eine Werbung gezeigt wird, die für alternative Waren wirbt und diese Waren weder eine Nachahmung des Markenprodukts darstellen noch die Marke verunglimpfen oder ihre Funktion beeinträchtigen. Eine solche Benutzung fällt grundsätzlich in den wettbewerbsrechtlich erlaubten Rahmen.

Achtung: Konsequenzen bei Markenrechtsverstößen

Wenn Sie mit Ihrer Suchmaschinenoptimierung die Grenzen des geltenden Rechts überschreiten, um so Ihr Produkt vermeintlich besser zu vermarkten, dann müssen Sie mit teuren Abmahnungen und Ersatzansprüchen der Markenrechtsinhaber rechnen. Darüber hinaus drohen Ihnen auch eine Ranking-Abstrafung in den Suchmaschinenergebnissen oder gar die Löschung aus dem Google-Index.

Möchten Sie diese Risiken nicht eingehen, so empfehlen wir Ihnen, dies Ihrem Suchmaschinenoptimierer klar mitzuteilen und vertraglich zu vereinbaren, welche Maßnahmen er nicht anwenden darf. Vereinbaren Sie auch eine Haftung des Suchmaschinenoptimierers, und machen Sie von ihr Gebrauch, wenn der Suchmaschinenoptimierer gegen Ihre Vorgaben verstößt!

15.6   Spam-Links, Cloaking, Doorway-Pages, Backlinks und Co.: Was ist wettbewerbsrechtlich unlauter?

Auch im Wettbewerbsrecht lauern bei der SEO rechtliche Probleme. Besonders relevant sind dabei die manipulativen Mittel der SEO. Denn mit SEO versucht man letztlich eine bessere Suchmaschinenindizierung zu erreichen als die Konkurrenz. Dass dabei auch Missbrauch betrieben wird, ist naheliegend. Mit steigender Beliebtheit von SEO-Maßnahmen steigt auch die Häufigkeit wettbewerbsrechtlicher Abmahnungen auf diesem Gebiet.

Um dies zu vermeiden, möchten wir Sie in diesem Abschnitt auf jene Maßnahmen der Suchmaschinenoptimierung hinweisen, die für Sie Unterlassungs- oder Schadensersatzforderungen nach sich ziehen können.

> **Achtung: Vertragliche Regelung mit dem Suchmaschinenoptimierer!**
>
> Da Sie als Betreiber einer Internetseite auch für diese verantwortlich sind, die Such-
> maschinenoptimierung aber regelmäßig von Dritten vorgenommen wird, sollten Sie
> mit dem Suchmaschinenoptimierer vertraglich regeln, welche Handlungen er nicht
> vornehmen darf. Dabei können Sie sich selbst an dem Gedanken orientieren, dass Sie
> SEO in erster Linie für potenzielle Nutzer vornehmen – ohne diese in die Irre zu füh-
> ren – und nicht gegen Ihre Konkurrenten. Andernfalls müssen Sie mit Imageverlus-
> ten oder einem Downranking der Suchmaschinenbetreiber rechnen.

Um negative Konsequenzen der SEO zu vermeiden, möchten wir Ihnen zunächst
kurz einen Überblick über den Schutzzweck des Wettbewerbsrechts geben und Sie
dann auf einige wettbewerbsrechtlich relevante Stolpersteine bei der Suchmaschinenoptimierung hinweisen.

15.6.1   Der Schutz des Wettbewerbsrechts

Das Wettbewerbsrecht zielt darauf ab, den Wettbewerb im Interesse der Betroffenen,
also der Wettbewerber, der Verbraucher und sonstigen Marktteilnehmer, vor Verfäl-
schungen und damit vor Einschränkungen des Wettbewerbs zu schützen. Das in
Deutschland vornehmlich im *Gesetz gegen den unlauteren Wettbewerb* geregelte
Recht enthält sogenannte *Marktverhaltensregeln* für die Marktteilnehmer. Von besonderer Relevanz ist dabei das Verbot unlauterer geschäftlicher Handlungen. Das
sind solche Handlungen, die geeignet sind, den Wettbewerb zum Nachteil der Mitbewerber, der Verbraucher oder der sonstigen Marktteilnehmer nicht nur unerheblich
zu beeinträchtigen. Besonders relevant sind Wettbewerbsregeln im Rahmen des
Marketings und damit auch bei der Suchmaschinenoptimierung.

> **Achtung: Folgen von Wettbewerbsverstößen**
>
> Werden über Ihre Website im Rahmen der SEO Wettbewerbsverstöße begangen, so
> müssen Sie mit folgenden Konsequenzen rechnen:
>
> ▶ Abmahnungen
> ▶ Unterlassungs- und Beseitigungsforderungen
> ▶ Schadensersatzansprüche
> ▶ Abschöpfung des Gewinns aus der unzulässigen Handlung
> ▶ Bußgelder von bis zu 300.000 €
>
> Daneben müssen Sie bei besonders schweren Wettbewerbsverstößen wie einer irre-
> führenden Werbung auch mit strafrechtlichen Konsequenzen einer Freiheitsstrafe
> von bis zu fünf Jahren oder einer Geldstrafe rechnen.

15.6.2   Verletzung gesetzlicher Informationspflichten

Wettbewerbsrechtlich relevant kann beispielsweise der Verstoß gegen Informationspflichten sein, die der Gesetzgeber Ihnen als Betreiber der Seite auferlegt. Dazu gehört unter anderem ein nicht vorhandenes, falsches oder unvollständiges Impressum. Denn die Impressumspflicht ist eine Vorschrift, die auch dazu dient, im Interesse der Marktteilnehmer das Marktverhalten zu regeln. Verstoßen Sie gegen eine solche Marktverhaltensregel, ist dies unlauter und damit unzulässig.

Im Rahmen der Suchmaschinenoptimierung wird die Impressumspflicht regelmäßig dort verletzt, wo beispielsweise Blogs, Tumblr- oder Facebook-Seiten nur zu Optimierungszwecken aufgesetzt worden sind und daher eher stiefmütterlich behandelt werden. Dabei gilt die Impressumspflicht grundsätzlich für jeden, der mit seiner Website ein finanzielles Interesse verfolgt. Dies beginnt bereits mit einer Werbekampagne. Nur wenn Ihre Website ausschließlich persönlichen Zwecken dient, sind Sie von der Impressumspflicht befreit.

Hinweis: Rechtstexter

Als Website-Betreiber haften Sie für die Vollständigkeit, Richtigkeit und Einsehbarkeit des Impressums. Wenn Sie sich nicht sicher sind, was alles in Ihr Impressum gehört, dann können Sie auch den »Rechtstexter« nutzen, den die Rechtsanwaltskanzlei »Wilde Beuger Solmecke« in Kooperation mit »Trusted Shops« entwickelt und auf der Webseite *http://wbs.is/romrechtstexter* online gestellt hat. Dieses kostenlose Tool hilft Ihnen dabei, das Impressum schnell und einfach immer auf dem neuesten Stand zu generieren. Auf diese Weise können Sie sich günstig, einfach und sicher vor Abmahnungen schützen (siehe Abbildung 15.14).

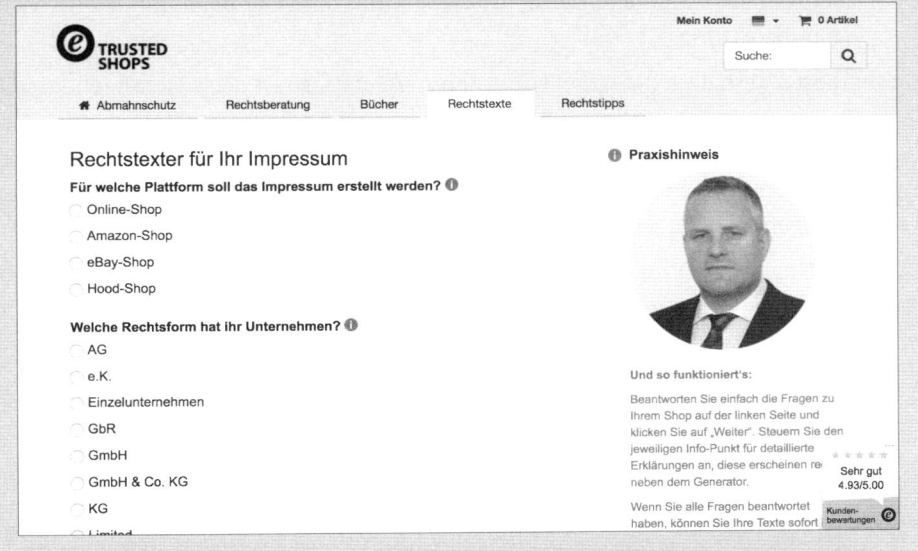

Abbildung 15.14 Der »Rechtstexter« hilft Ihnen bei der Erstellung Ihres Impressums.

15.6.3   Wettbewerbernamen im Hidden Text

> **Hinweis**
>
> Als *Hidden Text*, also »versteckter Text«, werden Textinhalte und Links einer Web-
> seite bezeichnet, die zwar im Quelltext vorhanden sind, jedoch für den Besucher
> unsichtbar bleiben.

Verwenden Sie konkret die Namen Ihrer Konkurrenten im Hidden Text Ihrer Website, um so eine Umleitung von der fremden Seite auf die eigene Seite zu erreichen,
handeln Sie unlauter und verstoßen damit gegen das Wettbewerbsrecht. Denn dieser
Versuch der Suchmaschinenoptimierung hat allein den Zweck, die Kunden der Konkurrenz abzufangen, und behindert damit gezielt den Konkurrenten. Dies gilt aber
nur dann, wenn Sie zudem den Ruf des Konkurrenzunternehmens ausnutzen oder
die Nutzer in die Irre führen (vgl. dazu auch Abschnitt 15.5.3). Denn dann handelt es
sich ganz klar um eine unzulässige Suchmaschinenmanipulation.

15.6.4   Negativ-SEO

Das recht neue Phänomen der Negativ-SEO zielt darauf ab, die Seiten von Mitbewerbern abzuwerten, um so der eigenen Seite einen mittelbaren Vorteil zu verschaffen.
Das Prinzip ist simpel: Es gibt bekanntermaßen einige Links, die von Google als
»minderwertig« eingestuft werden. Genannt seien hier beispielweise solche aus der
Erotik- oder Glücksspielbranche. Von derartig eingestuften Seiten werden Links auf
die Seite, die abgewertet werden soll, beispielsweise in das Gästebuch gesetzt. Im Ergebnis sollte diese Vorgehensweise ausreichen, um die Seite des Konkurrenten bei
Google herabzustufen.

Findet dieses Verhalten zwischen Unternehmern statt, so ist diese Herangehenswei-
se im Rahmen einer rechtlichen Beurteilung als unlauteres Verhalten einzustufen.
Denn die Handlung zielt offenbar auf die Besserstellung der eigenen Unternehmung
gegenüber dem Mitbewerber ab und bezweckt somit zumindest mittelbar die Förderung des eigenen Absatzes.

Da durch Negativ-SEO für die Betreiber von Onlineshops massive Umsatzeinbußen
drohen, verwundert es nicht, dass auch die Cyber-Kriminalität auf den Plan gerufen
wurde.

> **Praxisbeispiel: SEO-Erpressung**
>
> Wie das Online-Portal »Golem« berichtete, wurde der Betreiber eines Shops für Holz-
> spielzeug damit erpresst, den Absturz seiner Website im Google-Ranking nur durch
> die Zahlung von 5.000 € verhindern zu können. Nachdem der Händler nicht zahlen
> wollte, sorgte der Erpresser durch das Setzen von sogenannten *Badlinks* in überwie-

gend osteuropäischen, asiatischen und arabischen Foren dafür, dass der Shop im Google-Ranking deutlich nach unten rutschte. Der Erpresser erstellte mit technischen Hilfsmitteln mehr als 500 Nutzerprofile, mit denen er durch mehrfache Verlinkung aus einzelnen Domains Tausende Badlinks generierte – mit wirtschaftlich katastrophalen Folgen: Nach Angaben des Holzspielzeughändlers sackte sein Umsatz dadurch um 75 % ab.

So gravierend die wirtschaftlichen Konsequenzen für die Betreiber sind, so massiv sind auch die straf- und zivilrechtlichen Konsequenzen für den Erpresser: Erpressung ist strafrechtlich nicht das, was man als Kavaliersdelikt bezeichnen würde, steht für den Täter doch eine Freiheitsstrafe von bis zu fünf Jahren oder Geldstrafe in Aussicht. Handelt der Täter dabei gewerbsmäßig, so sieht das Gesetz sogar eine Freiheitsstrafe von nicht unter einem Jahr vor.

Unabhängig von diesen strafrechtlichen Konsequenzen muss sich der Erpresser auch darauf einstellen, zivilrechtlich auf Schadensersatz in Anspruch genommen zu werden: Negativ-SEO stellt einen Eingriff in den Gewerbebetrieb des Händlers dar. Die daraus resultierenden Schäden wie Umsatzeinbußen muss der Erpresser dem Betreiber der Website dann ersetzen. Bei gut laufenden Shops können so durch massive Umsatzeinbußen hohe Schadenssummen entstehen, da der zu ersetzende Schaden auch den entgangenen Gewinn umfasst. Problematisch ist natürlich auch die Wiederherstellung des Status quo im Google-Ranking: Eine direkte Schnittstelle für diese Probleme hält Google nicht bereit. Den Betroffenen bleibt nur der Umweg über Googles Webmaster-Tools, womit jeder negativ besetzte Link einzeln erkannt und als Spam gemeldet werden müsste.

Bedient sich der Händler für diesen zeitaufwendigen Akt eines IT-Spezialisten, muss der Erpresser auch dessen Rechnung zahlen, da auch dieser Posten allein auf der Negativ-SEO basiert. Zu guter Letzt wird sich der Händler bei derart massiven Rechtsverletzungen anwaltlich beraten lassen. Der Händler kann verlangen, dass der Erpresser auch diese Kosten und gegebenenfalls die Kosten eines nachfolgenden Gerichtsverfahrens ersetzt. Daneben steht dem Händler ein Unterlassungsanspruch gegen den Erpresser zu, der ihn vor zukünftigen Eingriffen in seinen Gewerbebetrieb schützt.

Achtung: Durchsetzbarkeit der Ansprüche
Fraglich bleibt aber, ob der Geschädigte seine zivilrechtlichen Ansprüche auch durchsetzen kann. Im Fall des Holzspielzeughändlers konnte der Täter nicht ermittelt werden. Selbst wenn der Erpresser identifiziert werden würde, müsste der Händler vor Gericht beweisen, dass der Erpresser hinter den mit unterschiedlichen Namen, E-Mail-Adressen, ICQ-Nummern und Herkunftsangaben erstellten Forenprofilen steckt, auf denen die Badlinks gesetzt wurden.

15.6.5   Cloaking

Beim Cloaking handelt es sich um eine Technik zur Suchmaschinenoptimierung, bei der dem Webcrawler der Suchmaschine eine andere Seite (eine sogenannte *Brücken-seite* oder *Doorway Page*, siehe Abschnitt 15.6.6) präsentiert wird als dem Besucher, obwohl die gleiche Quellenanzeige verwendet wird. Das Ziel dieser Vorgehensweise ist ein höheres Ranking in der Suchmaschine.

Hinweis

Antworten auf die häufigsten Fragen zum Cloaking gibt Google Ihnen in einem Video, das Sie auf *http://wbs.is/rom77* abrufen können.

Ob dieses Verhalten auch wettbewerbsrechtlich relevant ist, wird unterschiedlich be-urteilt. Die einen gehen von einer rechtlichen Zulässigkeit des Cloakings aus, da le-diglich der Suchmaschine etwas vorgespielt werde, um das Ranking zu erhöhen. Sie argumentieren, ein unlauteres Verhalten gegenüber Mitbewerbern oder Verbrau-chern sei nicht erkennbar. Denn im Gegensatz zur Verwendung fremder Kennzei-chen als Meta-Tags sei die Erwartungshaltung des durchschnittlichen Nutzers eine andere, da diesem bewusst sei, dass in der Trefferliste einer Suchmaschine auch zu-gleich Webseiten aufgeführt werden, deren Inhalt mit dem Suchbegriff nichts oder nur sehr wenig zu tun hat. Andere hingegen sehen im Cloaking einen Wettbewerbs-verstoß, da die Brückenseiten irreführend und damit unlauter seien.

Achtung!

Dass das Cloaking keinen Wettbewerbsverstoß darstellt, bedeutet nicht, dass es des-halb unproblematisch zulässig ist. Denn sehr wohl kann das Cloaking unter marken-rechtlichen Aspekten unzulässig sein, wenn beispielsweise fremde Marken auf Door-way Pages eingesetzt und dann über das Cloaking versteckt werden (LG Hamburg, Beschluss vom 22.04.2005, Az. 315 O 260/05). Auch verstößt ein solches Verhalten meist gegen die Regeln der Suchmaschinenbetreiber und kann zu Abstrafungen führen!

Qualitätsrichtlinien – Konkrete Empfehlungen

Vermeiden Sie den Einsatz folgender Techniken:

- Automatisch generierte Inhalte
- Teilnahme an Linktauschprogrammen
- Erstellen von Seiten ohne oder mit nur wenigen eigenen Inhalten
- Cloaking
- Irreführende Weiterleitungen
- Verborgener Text/verborgene Links
- Brückenseiten
- Kopierte Inhalte
- Teilnahme an Affiliate-Programmen ohne ausreichenden Mehrwert
- Laden von Seiten mit irrelevanten Keywords
- Erstellen von Seiten mit schädlichen Funktionen, durch die beispielsweise Phishingversuche unternommen oder Viren, Trojaner oder andere Badware installiert werden
- Missbrauch von Rich Snippet-Markup
- Senden von automatisierten Anfragen an Google

Abbildung 15.15 Regeln des Suchmaschinendienstes Google für Webmaster

15.6.6   Doorway Pages

Bei Doorway Pages handelt es sich um HTML-Seiten, die als speziell für Suchmaschinen aufbereitete Seiten vor die eigentliche Webseite geschaltet werden. Diese vorgeschaltete Seite bemerkt der Besucher jedoch in der Regel nicht, da er automatisch auf die eigentlich gewünschte Webseite weitergeleitet wird (siehe Abbildung 15.16). Dadurch wird dem Besucher der Webseite ein anderer Inhalt geboten als der Suchmaschine, wodurch aber das Ranking der Seite erhöht wird.

Praxisbeispiel

Google nennt in seinen Webmaster-Richtlinien folgende Beispiele für Brückenseiten:

▶ mehrere Domainnamen oder Seiten, die auf bestimmte Regionen oder Städte ausgerichtet sind, die Nutzer jedoch alle zur selben Seite weiterleiten

▶ Seiten, die erstellt wurden, um Besucher auf den tatsächlich nutzbaren oder relevanten Teil Ihrer Webseite zu leiten

▶ im Wesentlichen ähnliche Seiten, die eher Suchergebnissen ähneln als einer klar definierten, durchsuchbaren Hierarchie

---

Abbildung 15.16 Beispiel für Doorway Pages aus dem Google-Video zu den Webmaster-Richtlinien

Jedoch stellen solche Brückenseiten keinen Verstoß gegen das Wettbewerbsrecht dar, da der Besucher nach Meinung der Gerichte nicht auf die Richtigkeit der Suchmaschinenergebnisse vertrauen kann und somit auch nicht schutzwürdig ist. Dies wäre aber gerade Voraussetzung einer Unlauterkeit.

Achtung: Brückenseiten sind Google ein Dorn im Auge!

Google hat seine Qualitätsrichtlinien für Brückenseiten im März 2015 aktualisiert (einsehbar unter *http://wbs.is/rom78*). In diesen Richtlinien wird darauf hingewie-

---

sen, dass in Zukunft eine Rankinganpassung im Hinblick auf Brückenseiten vorgenommen werden soll und dass diese Änderung weitreichende Folgen für Webseiten mit einem groß angelegten und etablierten Einsatz von Brückenseiten haben wird. Auf diese Weise soll Webspam bekämpft und die Qualität des Suchergebnisses verbessert werden.

15.6.7   Link-Tauschprogramme

Ferner könnten der Kauf, der Tausch und die Miete von Backlinks wettbewerbsrechtlich bedenklich sein. Diese sind für die Suchmaschinenoptimierung deshalb von besonderer Bedeutung, da die Anzahl der Backlinks letztlich eine große Rolle beim Ranking in den Suchmaschinentreffern spielt.

Weil der natürliche Aufbau von Links jedoch seine Zeit braucht, greifen manche Suchmaschinenoptimierer immer häufiger zum Kauf, Tausch oder zur Miete von Backlinks. Gerade bei Seiten, die auf das Internet angewiesen sind, wie zum Beispiel Onlineshops, ist die Verlockung groß. So gibt es im Internet sogar Link-Tauschbörsen, in denen man thematisch nach der eigenen Produkt- und Dienstleistungspalette Link-Tauschpartner finden kann (siehe Abbildung 15.17).

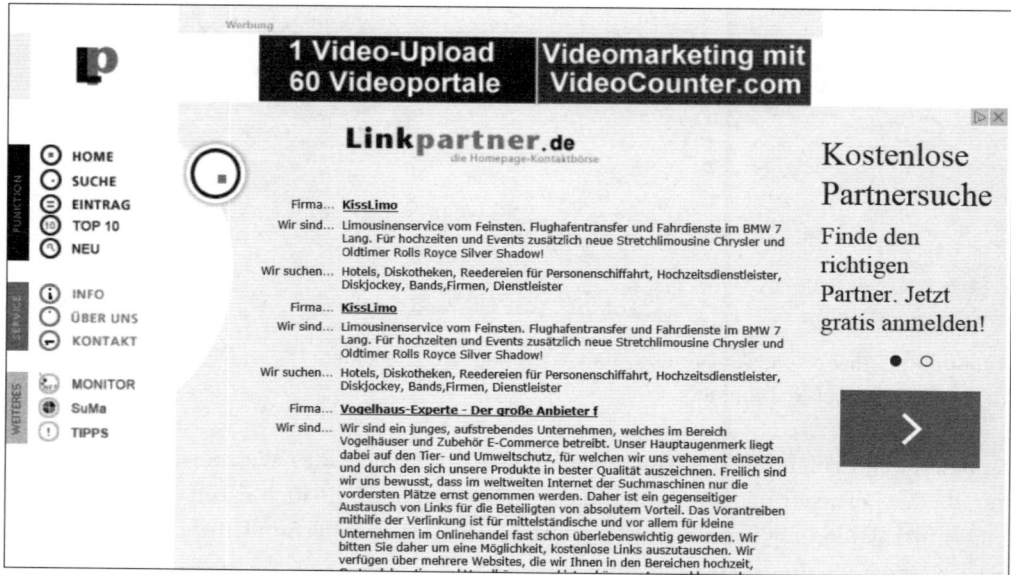

Abbildung 15.17 Ergebnis des Portals »Link-Partner.de« bei der Suche nach Link-Partnern zum Thema »Hochzeit«

Auch diesem Verhalten kommt ebenso wie den Doorway Pages und dem Cloaking grundsätzlich keine wettbewerbsrechtliche Relevanz zu, da auch hierbei allein die Suchmaschine getäuscht wird und nicht der Nutzer.

Ein Link-Tausch ist jedoch dann nicht zulässig, wenn solche Backlinks aus redaktionellen Inhalten heraus erfolgen. Etliche Suchmaschinenoptimierer sind dazu übergegangen, gezielt Texte in Online-Publikationen mit darin eingebetteten Backlinks zu positionieren. Die Zeitungsverlage veröffentlichen also gekaufte Texte, die für den Leser wie redaktionelle Inhalte aussehen.

Ein solches Vorgehen verstößt gegen das strikte Gebot der Trennung von Werbung und redaktionellen Inhalten. Solche Texte und Backlinks müssen klar als Werbung gekennzeichnet werden. Zwar sind besagte Kooperationen für Wettbewerber oder Verbraucherschützer nicht immer leicht aufzudecken, kommen die geheimen Verträge allerdings erst einmal ans Licht, haben Suchmaschinenoptimierer, Verlag und Sie selbst mit kostspieligen Abmahnungen zu rechnen.

> **Hinweis**
>
> Alle Links, die den PageRank oder das Ranking einer Website in den Google-Such-ergebnissen beeinflussen sollen, wertet der Suchmaschinenbetreiber Google als Teil eines Link-Tauschprogramms und als Verstoß gegen die unternehmenseigenen Richtlinien für Webmaster. Darin erläutert Google auch Beispiele für solche unnatür-lichen und gleichzeitig unzulässigen Links (siehe Abbildung 15.18). 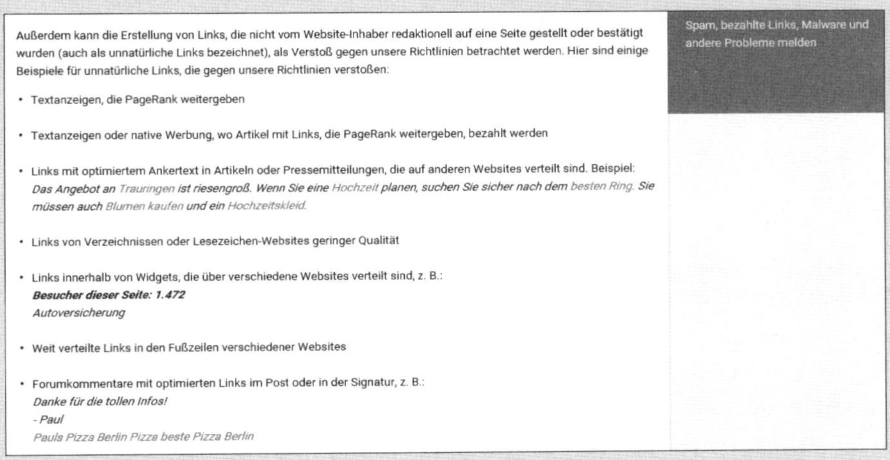
>
> Außerdem kann die Erstellung von Links, die nicht vom Website-Inhaber redaktionell auf eine Seite gestellt oder bestätigt wurden (auch als unnatürliche Links bezeichnet), als Verstoß gegen unsere Richtlinien betrachtet werden. Hier sind einige Beispiele für unnatürliche Links, die gegen unsere Richtlinien verstoßen:
>
> Spam, bezahlte Links, Malware und andere Probleme melden
>
> • Textanzeigen, die PageRank weitergeben
>
> • Textanzeigen oder native Werbung, wo Artikel mit Links, die PageRank weitergeben, bezahlt werden
>
> • Links mit optimiertem Ankertext in Artikeln oder Pressemitteilungen, die auf anderen Websites verteilt sind. Beispiel: *Das Angebot an* Trauringen *ist riesengroß. Wenn Sie eine Hochzeit planen, suchen Sie sicher nach dem* besten Ring. *Sie müssen auch* Blumen kaufen *und ein* Hochzeitskleid.
>
> • Links von Verzeichnissen oder Lesezeichen-Websites geringer Qualität
>
> • Links innerhalb von Widgets, die über verschiedene Websites verteilt sind, z. B.: **Besucher dieser Seite: 1.472** *Autoversicherung*
>
> • Weit verteilte Links in den Fußzeilen verschiedener Websites
>
> • Forumkommentare mit optimierten Links im Post oder in der Signatur, z. B.: *Danke für die tollen Infos!* *- Paul* *Pauls Pizza Berlin Pizza beste Pizza Berlin*

Abbildung 15.18 Auszug aus den Webmaster-Richtlinien von Google zu Link-Tauschprogrammen

15.7 Wie funktioniert eine datenschutzkonforme Webanalyse mit »Google Analytics«?

Der Datenschutz ist im Rahmen der Suchmaschinenoptimierung besonders im Hinblick auf die professionellen Webanalysen durch Google Analytics, Matomo (ehemals Piwik) und Co. brisant (siehe Abbildung 15.19). Denn nach Angaben des Unternehmens Google werden bei der Webanalyse IP-Adressen der Besucher erfasst, damit Sie als Inhaber der Website untersuchen können, aus welchen Teilen der Erde Ihre Besucher stammen.

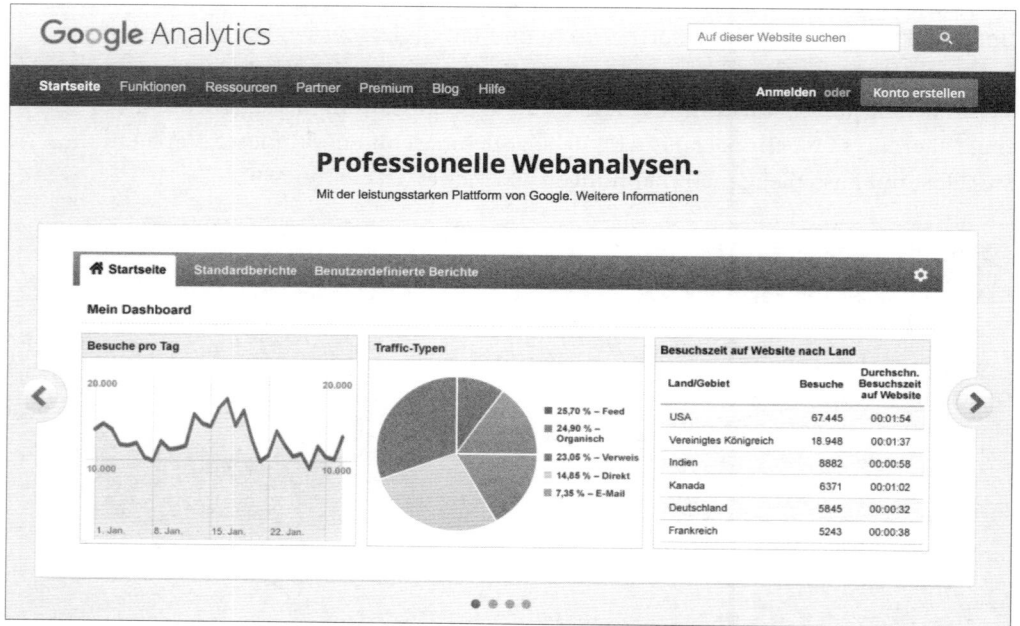

Abbildung 15.19 Startseite des Webanalyse-Tools »Google Analytics«

Praxisbeispiel: Geo-Targeting

Beim sogenannten Geo-Targeting werden Angebote der Werbetreibenden regional begrenzt. Die Werbung wird daher auch nur bestimmten Benutzern abhängig von ihrem Standort präsentiert. Entscheiden Sie sich für diese spezielle Form des Online-Targetings, so müssen Sie darauf achten, kenntlich zu machen, dass Ihre Ware oder Dienstleistung nur regional angeboten wird. Andernfalls könnten Sie die Nutzer in die Irre führen und dies würde einen Wettbewerbsverstoß darstellen.

Von einer Irreführung ist nach Ansicht des Bundesgerichtshofs (Urteil vom 28.04.2016, Az.: I ZR 23/15) schon dann auszugehen, wenn nur 5 % der Nutzer außerhalb der begrenzten Region durch die Werbebanner dazu veranlasst werden, sich mit dem Angebot genauer zu befassen. Dabei ist es unerheblich, ob auf der Website des Unternehmens erkennbar ist, dass das Angebot regional begrenzt ist, wenn Sie die Werbung beispielsweise durch Werbebanner auf fremden Webseiten schalten.

Obwohl keine Weitergabe der Daten an den jeweiligen Website-Betreiber erfolgt, wurde die Google-Webanalyse lange Zeit von Datenschutzbeauftragten in Deutschland als nicht mit den Datenschutzregelungen konform angesehen.

Achtung!

Für die Einhaltung der Datenschutzstandards sind Sie ebenso verantwortlich wie der Auftragsverarbeiter. Das bedeutet, dass Sie und der Auftragsverarbeiter gegenüber dem Betroffenen gemeinsam haften, wenn es zu Rechtsverstößen kommt. Sie haben jedoch die Möglichkeit, sich von der Haftung zu befreien, wenn es Ihnen gelingt, nachzuweisen, dass Sie in keinerlei Hinsicht für den Umstand verantwortlich sind, durch den der Schaden eingetreten ist.

Aus diesem Grund sollten Sie mit dem Webanalyse-Unternehmen einen schriftlichen Vertrag abschließen, der bestimmte gesetzlich vorgesehene Punkte der Auftragsdurchführung regelt. Auf diese Weise haben Sie die Möglichkeit, die Tätigkeit des Webanalyse-Unternehmens genau zu bestimmen und auch zu begrenzen, um so Verstöße gegen die Datenschutzvorschriften zu vermeiden und Zuwiderhandlungen nachzuweisen!

In der Folge wurde vor ein paar Jahren eine Vorgehensweise festgelegt, nach der die Nutzung in Einklang mit dem Datenschutzrecht steht. Damit gibt es nun Möglichkeiten, auch Google Analytics datenschutzkonform in die Suchmaschinenoptimierung einzubinden. Dazu sind folgende Maßnahmen nötig:

1. **Abschluss eines Vertrags zur Auftragsdatenverarbeitung:** Da Sie beim Einsatz von »Google Analytics« als Auftraggeber agieren und Google als Auftragnehmer agiert, müssen Sie mit Google einen schriftlichen Vertrag zur Auftragsdatenverarbeitung abschließen.

Praxistipp

Einen Entwurf eines solchen Vertrags können Sie auf *http://wbs.is/rom70* herunterladen und auch verwenden.

2. **Anonymisierung der IP-Adressen:** Nehmen Sie eine Anonymisierung der IP-Adressen der Nutzer vor, indem Sie den Google-Analytics-Code durch `anonymizeIP` von Hand erweitern (siehe Abbildung 15.20). Auf diese Weise erreichen Sie, dass die letzten 8 Bit der IP-Adressen gelöscht und somit anonymisiert werden.

```
</>
    <script type="text/javascript">

    var _gaq = _gaq || [];
    _gaq.push(['_setAccount', 'UA-XXXXXXX-X']);
    _gaq.push(['_gat._anonymizeIp']);
    _gaq.push(['_trackPageview']);

    (function() {
    var ga = document.createElement('script'); ga.type = 'text/javascript';
    ga.async = true;
    ga.src = ('https:' == document.location.protocol ? 'https://ssl' :
    'http://www') + '.google-analytics.com/ga.js';
    var s = document.getElementsByTagName('script')[0];
    s.parentNode.insertBefore(ga, s);
    })();

    </script>
```

Abbildung 15.20 Beispiel für einen datenschutzkonformen Tracking-Code

3. **Widerspruchsrecht und Aufklärung:** Sie müssen den Besucher der Website darüber aufklären, welche Daten in welchem Umfang und zu welchem Zweck erhoben werden, und Sie müssen ihm zudem die Möglichkeit geben, der Erfassung von Nutzungsdaten zu widersprechen. Dies gelingt durch einen Link zum Deaktivierungs-Addon und das Setzen eines Opt-out-Cookies in Ihrer Datenschutzerklärung, wobei beides vorhanden sein muss.

Hinweis

Erläuterungen zur Einrichtung gibt Ihnen Google auf seiner Webseite für Entwickler (*http://wbs.is/rom71*).

---

4. **Anpassung des Datenschutzhinweises:** Ihre bisherige Datenschutzerklärung muss um die Angaben zur Verwendung von Google Analytics erweitert werden (siehe Abbildung 15.21).

Hinweis

Der von der Rechtsanwaltskanzlei »Wilde Beuger Solmecke« in Kooperation mit »Trusted Shops« entwickelte »Rechtstexter« hilft Ihnen dabei, Ihre Datenschutzerklärung auch um den Hinweis zur Verwendung von Google Analytics zu erweitern.

Der Rechtstexter wird Ihnen auf der Webseite *http://wbs.is/romrechtstexter* kostenlos zur Verfügung gestellt. Auf diese Weise können Sie sich günstig, einfach und sicher vor Abmahnungen schützen.

Durch die Einbindung von Google Analytics verfolgen wir den Zweck, das Nutzerverhalten auf unserer Webseite zu analysieren und hierauf reagieren zu können. Dadurch können wir unser Angebot kontinuierlich verbessern.

Rechtsgrundlage für die hier beschriebene Verarbeitung personenbezogener Daten ist Art. 6 Abs. 1 lit. f) DSGVO. Unser hierfür erforderliches berechtigtes Interesse liegt dabei in dem großen Nutzen, den die oben beschriebenen Funktionen für unser Angebot haben. Die statistische Auswertung des Nutzerverhaltens ermöglicht uns insbesondere eine interessengerechte Reaktion und Optimierung unseres Angebots.

Im Rahmen der Auftragsverarbeitung ist Google berechtigt, Subunternehmer zu beauftragen. Eine Liste dieser Subunternehmer können Sie unter https://privacy.google.com/businesses/subprocessors/ finden.

> **Widerspruchsrecht**
>
> **Ihnen steht ein Widerspruchsrecht zu.** Hierzu können Sie die Verarbeitung Ihrer Daten durch Google verhindern, indem Sie das unter dem folgenden Link verfügbare Browser-Plug-In herunterladen und installieren: https://tools.google.com/dlpage/gaoptout?hl=de
>
> Auch können Sie die Erfassung durch Google Analytics verhindern, indem Sie auf folgenden Link klicken. Es wird ein Opt-Out-Cookie gesetzt, das die zukünftige Erfassung Ihrer Daten beim Besuch dieser Webseite verhindert: Google Analytics deaktivieren.
>
> Darüber hinaus können Sie die Erfassung der Daten durch Web Beacons verhindern, indem Sie das unter folgendem Link verfügbare Add-On für den jeweiligen Browser herunterladen und installieren: https://adblockplus.org/
>
> Weiterhin können Sie Ihre Cookie-Einstellungen ändern (z.B. Cookies löschen, blockieren u.a.). Weitere Informationen hierzu finden Sie unter *„5) Cookies"*.

Die verarbeiteten Informationen werden nur so lange gespeichert, wie dies für den vorgesehenen Zweck notwendig oder gesetzlich vorgeschrieben ist.

Weitere Informationen zum Datenumgang im Zusammenhang mit Google Analytics entnehmen Sie bitte der Datenschutzerklärung von Google:

Abbildung 15.21 Beispiel für die Einbindung der Widerspruchsmöglichkeit in die Datenschutzerklärung der Rechtsanwaltskanzlei »Wilde Beuger Solmecke«

5. **Löschung von alten Google-Analytics-Profilen:** Wurden auch vor der rechtskonformen Einbindung Google-Analytics-Profile verwendet, so sollten Sie diese löschen.

Hinweis

Wir empfehlen Ihnen, die erläuterte Vorgehensweise einzuhalten bzw. Ihren Optimierer vertraglich dazu anzuhalten. Sollte hinsichtlich der rechtlichen Details Unsicherheit bestehen, so lohnt es sich, den Rat eines Datenschutzexperten einzuholen. Denn seit Wirksamwerden der Datenschutz-Grundverordnung stehen Tracking-Technologien vermehrt im Fokus der Datenschützer. Dies zeigt auch ein am 26. April 2018 veröffentlichtes Positionspapier der Konferenz der unabhängigen Datenschutzbehörden des Bundes und der Länder zur Grundlage der rechtlichen Beurteilung von Cookies (*http://wbs.is/dsk-cookie*).

Der DSK zufolge komme es für die Beurteilung der Rechtmäßigkeit des Einsatzes von Cookies maßgeblich darauf an, ob die Verarbeitung unbedingt erforderlich ist, um den Dienst zur Verfügung zu stellen. Ist dies der Fall, ist das Setzen von Cookies gemäß Art. 6 Abs. 1 lit. b DSGVO zur Erfüllung eines Vertrages oder gemäß Art. 6 Abs. 1 lit. f DSGVO aufgrund eines berechtigten Interesses an der Verarbeitung erlaubt. Da ein Tracking-Cookie oder die Erstellung von Nutzerprofilen jedoch nicht darunter gefasst werden könne, bedürfe es stets einer vollinformierten vorherigen Einwilligung entsprechend den Anforderungen der Datenschutz-Grundverordnung. Dabei sollen einzelne Einwilligungen eingeholt werden.

Eine umfassende Einwilligung für alle Zwecke dürfte damit nicht ausreichen. Manche Website-Betreiber nehmen daher nun schon eine Unterteilung der Cookie-Arten im Cookie-Banner vor. Eine finale Bewertung ist das hingegen noch nicht. Denn in Zukunft wird die derzeit noch in Abstimmung befindliche europäische e-Privacy-Verordnung den Umgang mit Cookies regeln – wir rechnen frühestens Ende 2019 damit.

15.8   Welche rechtliche Relevanz haben die Google-Richtlinien?

Auf seiner Website hat der Suchmaschinenbetreiber Google unter *http://wbs.is/rom75* ausführliche Richtlinien für Webmaster zur Verfügung gestellt, denen Sie entnehmen können, nach welchen Regeln eine Suchmaschinenoptimierung bei Google zu erfolgen hat.

Zusätzlich erläutert ein YouTube-Video die wichtigsten Regeln (siehe Abbildung 15.22). Darin wird erklärt, welche Aspekte der Inhaltsgestaltung wichtig sind. Dabei spielen die Regeln zur Qualität eine besondere Rolle, wonach gewisse unerlaubte Vorgehensweisen, wie zum Beispiel die Verwendung von Spam-Methoden, unterlassen werden sollen.

Abbildung 15.22 YouTube-Video zu den Google-Richtlinien für Webmaster

Nun stellt sich jedoch die Frage, welche Konsequenzen ein Verstoß gegen diese Richt-linien hat. Zunächst einmal ist festzuhalten, dass die Google-Richtlinien nicht mit dem deutschen Recht vergleichbar sind, da sie nur Richtlinien eines privaten Unter-nehmens darstellen und keine Gesetzesqualität haben. Hier darf keine Verwechslung mit der Richtlinie erfolgen, wie wir sie aus dem europäischen Recht kennen. Google-Richtlinien sind eher Nutzungsbedingungen. Daraus folgt, dass ein Verstoß gegen diese Richtlinien im Verhältnis zu Mitbewerbern rechtlich keine unmittelbare Kon-sequenz hat.

Wer nun denkt, er könne beherzt die Google-Richtlinien außer Acht lassen, der irrt. Denn die Konsequenzen, mit denen Google droht, treffen gerade die auf das Internet angewiesenen Unternehmen (beispielsweise Onlineshop-Betreiber) deutlich emp-findlicher! Denn während Google selbst hinsichtlich der Richtlinien zu Gestaltung, Inhalt und Technik von einer rein beratenden Funktion ausgeht (diese Richtlinien also befolgt werden können, jedoch nicht befolgt werden müssen), sieht es die Quali-tätsrichtlinien als zwingend an. Ein Verstoß gegen sie wird daher abgestraft. Als Stra-fe wird eine Website dauerhaft aus dem Google-Index entfernt oder es kommt zu einer sonstigen Beeinträchtigung durch algorithmische oder manuelle Maßnahmen!

Hinweis

Sind Sie von solch einer Abstrafung betroffen, können Sie Ihre Seite bereinigen und dann unter *http://wbs.is/rom79* bei Google einen Antrag auf erneute Überprüfung stellen (siehe Abbildung 15.23).

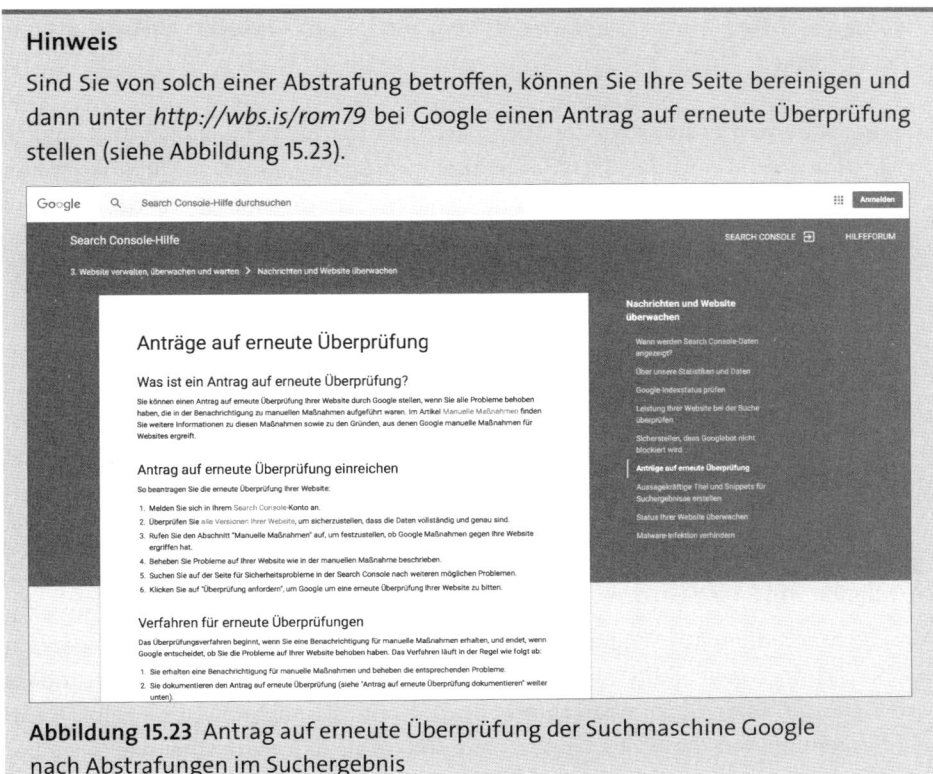

Abbildung 15.23 Antrag auf erneute Überprüfung der Suchmaschine Google nach Abstrafungen im Suchergebnis

15.9   Haftung: Wer haftet wann und wofür?

Auch im Rahmen der Suchmaschinenoptimierung spielt der Aspekt der Haftung eine nicht zu unterschätzende Rolle. Dabei kann grundsätzlich festgehalten werden, dass die bereits im Rahmen des Social-Media-Marketings erläuterten Grundsätze zur Haftung im Internet auch im Rahmen der Suchmaschinenoptimierung Anwendung finden, sofern sie der Sache nach übertragbar sind. Insofern möchten wir für die allgemeinen rechtlichen Aspekte auf die ausführlichen Erläuterungen in Abschnitt 7.10 verweisen.

> **Hinweis**
>
> Falls Sie die Erläuterungen zur Haftung in sozialen Netzwerken noch nicht gelesen haben, dann möchten wir Sie an dieser Stelle darauf hinweisen, dass das Haftungsrisiko im Internet nach dem medienwirksamen Urteil des Europäischen Gerichtshofs (Urteil vom 05.06.2018, Az. C-210/16) zu Facebook-Fanpages deutlich gestiegen ist.
>
> Nach dem Urteil der Richter haften der Betreiber einer Facebook-Fanseite und Facebook selbst gemeinsam im Falle von Verstößen gegen das Datenschutzrecht (siehe Abschnitt 7.5.4). Dies betrifft zwar im konkreten Fall ein Profil eines sozialen Netzwerks, lässt aber klar eine allgemeine Tendenz zur Haftung für Rechtsverstöße im Internet erkennen.

Eine Besonderheit besteht bei der Suchmaschinenoptimierung jedoch im Hinblick auf die Haftung für negative SEO-Maßnahmen wie Spam-Links. Den Suchmaschinen sind diese ein Dorn im Auge. Aus diesem Grund investieren Google, Yahoo, Bing und Co. einen hohen Aufwand für die Bekämpfung und automatische Erkennung von Spam. Erscheint über Nacht eine ungeheure Vielzahl neuer Webseiten zu einer bestimmten Internetsite im Google-Index, die bei Suchanfragen in der Ergebnisliste angezeigt werden können, so schlagen Spam-Filter Alarm. Denn dann geht die Suchmaschine davon aus, dass eine solche Entwicklung nicht natürlich sein kann. Daraufhin zieht Google Konsequenzen und straft die Webseiten entweder in den Suchergebnissen ab oder schließt sie sogar ganz aus dem Index aus. Das Vorkommen im Index ist aber gerade die Grundvoraussetzung für eine Auffindbarkeit in der Suchmaschine. Darüber hinaus sind mit einem schlechten bis nicht vorhandenen Ranking Umsatzeinbußen und ein Reputationsverlust für das Unternehmen verbunden, dessen Seite Zielscheibe von Spam-Links wurde.

Diese verheerenden Konsequenzen werden auch gezielt im Rahmen von negativen SEO-Kampagnen gegen Mitbewerber eingesetzt, die ein hohes Ranking haben, indem ihre Seite mit Spam-Links überschüttet wird. Denn die Suchmaschine selbst kann nicht erkennen, wer diese Links gesetzt hat, sodass sie dafür zunächst den Betreiber der Seite in Anspruch nimmt. Doch was können Sie tun, wenn Sie Opfer einer solchen Attacke werden?

Zunächst einmal können Sie beim Betreiber der Suchmaschine Google in den Web-master-Tools überprüfen, ob sogenannte »manuelle Maßnahmen« gegen Ihre Seite eingeleitet wurden (siehe Abbildung 15.24).

Grundsätzlich können Sie zunächst die negativen Auswirkungen von Spam-Links neutralisieren. Dabei ist beispielsweise eine Kontaktaufnahme mit dem Suchmaschinenbetreiber über das Diashow-Tool üblich sowie das Ergreifen eigener manueller Gegenmaßnahmen zum Link-Abbau. Doch die Umsetzung ist zum einen sehr zeitaufwendig und zum anderen kostenaufwendig.

Abbildung 15.24 Überprüfung auf manuelle Maßnahmen in den Webmaster-Tools der Suchmaschine »Google«

Möchten Sie nun den Schädiger für die entstandenen Schäden auf Schadensersatz und Unterlassung in Anspruch nehmen, so werden Sie – sofern man von dem Vorliegen der Voraussetzungen dieser Ansprüche ausgeht – bei der prozessualen Durchsetzung mit zahlreichen rechtlichen Problemen konfrontiert.

Zunächst einmal müssen Sie als Geschädigter die Tatsachen, die Ihren Anspruch begründen, auch beweisen. Die dafür erforderlichen Beweismittel liegen aber regelmäßig in der Sphäre des Schädigers, auf die Sie nur schwer Zugriff haben oder auch gar nicht. Denn Spam-Links stellen Aktivitäten auf Seiten Dritter dar, die mit dem Schädiger nicht verbunden sein müssen, wodurch dieser zunächst anonym bleibt. Ein Zivilverfahren gibt Ihnen aber nicht die Möglichkeit, Ermittlungsmaßnahmen einleiten zu lassen, um an die Daten des Schädigers zu gelangen. Eine solche Möglichkeit besteht nur dann, wenn ein Strafverfahren gegen den Schädiger eingeleitet wird.

Um jedoch eine solche Vorgehensweise auch auf Spam-Links anwenden zu können, müsste dieses Verhalten auch einen Straftatbestand erfüllen. Zu denken ist dabei beispielsweise an eine Kreditgefährdung. Danach ist derjenige zu bestrafen, der wider besseren Wissens in Beziehung auf einen anderen eine unwahre Tatsache behauptet oder verbreitet, die geeignet ist, dessen Kredit zu gefährden.

Hinweis

Der Begriff *Kredit* ist nicht wörtlich im Sinne eines Darlehens zu verstehen, sondern beschreibt vielmehr das Vertrauen, das jemand hinsichtlich der Erfüllung seiner vermögensrechtlichen Verbindlichkeiten genießt.

Erforderlich wäre dafür unter anderem, dass eine Dreierkonstellation vorliegt: Es muss für einen Dritten erkennbar und offensichtlich sein, dass hinter der Äußerung ein anderer als der Betroffene selbst steht. Dies ist zwar tatsächlich der Fall und eine Strafbarkeit demnach vollkommen gegeben, jedoch fällt der Nachweis schwer, da der Angriff so gestaltet wird, dass es so scheint, als hätten Sie selbst gehandelt. Eine Verfolgbarkeit der Straftat ist daher eher unwahrscheinlich. Damit gelangt man auf diese Weise auch nicht an die Daten des Schädigers.

Achtung: Beweislast!

Würde es Ihnen dennoch gelingen, den Schädiger ausfindig zu machen, müssten Sie zur Geltendmachung von Umsatzeinbußen auch diese darlegen und beweisen. Das heißt, Sie müssen begründen und beweisen, dass der von dem Schädiger vorgenommene Angriff direkt Ihre Umsatzeinbuße verursacht hat, die Sie genau beziffern müssen. Dieser Beweis ist jedoch nur sehr schwer zu führen, da sich ein direkter Zusammenhang zwischen beispielsweise rückläufigen Aufträgen und einer fehlenden Auffindbarkeit in Suchmaschinen nur schwer nachweisen lässt.

Damit kann festgehalten werden, dass Ihnen im Fall einer Negativ-SEO zwar materiell Ansprüche gegen den Schädiger zustehen, dass Sie aber derzeit vor nahezu unüberwindlichen Problemen stehen werden, wenn Sie versuchen, diese Ansprüche vor Gericht geltend zu machen. Es bleibt abzuwarten, wie Gerichte mit dieser Problematik umgehen werden.

15.10   Checkliste SEO: Alles beachtet?

Checkliste

► Haben Sie den SEO-Vertrag schriftlich fixiert?

► Haben Sie eine Einigung über den Gegenstand des Vertrags erzielt: Werk oder Dienst?

► Haben Sie Black-Hat-Methoden ausgeschlossen?

► Haben Sie alle erforderlichen Lizenzen von Drittinhalten eingeholt?

► Haben Sie geprüft, dass die Markennamen Dritter rechtskonform verwendet werden?

► Stehen keine Namen von Wettbewerbern im Hidden Text Ihrer Website?

► Ist Ihr Impressum rechtskonform?

► Haben Sie Ihre Datenschutzerklärung an Google Ads angepasst?

► Halten Sie das datenschutzrechtliche Verfahren bei Google Analytics ein?

► Halten Sie die Google-Richtlinien ein?

Wenn Sie alle Fragen mit »Ja« beantworten können, dann kann es losgehen ...
Viel Erfolg!

15

Kapitel 16
Der Onlineshop

Während anfangs vorwiegend Bücher und CDs über das Internet vertrieben wurden, kennt der Online-Handel in seiner Produktpalette heute keine Grenzen mehr: Von Alltagsgegenständen über Luxusprodukte bis hin zu Urlaubsreisen können Sie alles im Internet bestellen. Dadurch hat sich der Onlineshop mittlerweile zu einem absatzstarken und fast standardmäßig eingesetzten Marketinginstrument entwickelt. Doch ebenso facettenreich wie die Möglichkeiten sind auch die rechtlichen Stolpersteine im Onlineshop: Vertragsschluss im Internet, Widerrufsrechte oder Datenschutzerklärung sind dabei Schlagwörter, die so manchen Online-Händler ins Schwitzen bringen. In diesem Kapitel zeigen wir, wie Sie beim Einsatz eines Onlineshops solche rechtlichen Schwierigkeiten und Risiken bewältigen können.

Auch wenn ein Onlineshop mittlerweile zum Standardprogramm von Unternehmen gehört, so sollte dessen Bedeutung nicht unterschätzt werden: Nach der Studie »*Die deutsche Internetwirtschaft 2015–2019*« von »eco – Verband der Internetwirtschaft e.V.« und der Unternehmensberatung Arthur D. Little wird für das Jahr 2018 sogar ein Umsatz von 62,3 Milliarden Euro und eine weitere Steigerung um 8 % im Jahr 2019 erwartet (siehe Abbildung 16.1).

Diese enormen Absatzmöglichkeiten im Internet und das stetige Wachstum besonders auf dem deutschen Markt zeigen ganz klar, warum der Onlineshop weiterhin als Marketinginstrument unverzichtbar ist. Denn dort können Sie Ihre Produkte und Dienstleistungen rund um die Uhr einer unbegrenzten Anzahl von Personen vorstellen.

Doch der Onlineshop stellt Sie als Online-Händler vor enorme Herausforderungen. Denn zum Schutz der Verbraucher haben Gesetzgeber und Rechtsprechung ganz klare Vorstellungen darüber, wie Verträge in Onlineshops abzuwickeln sind, ja sogar dazu, wie Sie den Onlineshop zu gestalten haben – hier werden Ihnen teilweise sogar Begrifflichkeiten vorgegeben.

Halten Sie sich nicht an die rechtlichen Vorgaben, so erleiden Sie oftmals nicht nur Nachteile im Verhältnis zum Kunden, sondern müssen auch mit wettbewerbsrechtlichen Konsequenzen rechnen, zum Beispiel mit einer Abmahnung. Um derartige

Folgen zu verhindern, möchten wir Ihnen in diesem Kapitel einen kleinen Leitfaden zu den wichtigsten Aspekten beim Handel im Internet mitgeben. Dabei werden wir auch eingehend auf wichtige gesetzliche Veränderungen eingehen, die in den vergangenen Jahren in Kraft getreten sind.

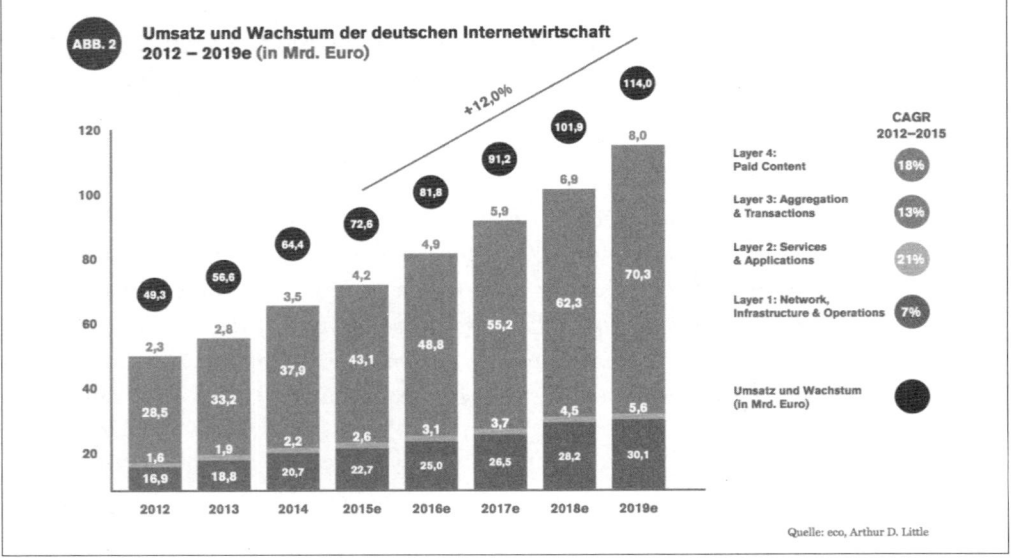

Abbildung 16.1 Umsatz und Wachstum der deutschen Internetwirtschaft

Denn nachdem bereits im Jahre 2014 neue Verbrauchervorschriften eingeführt wurden, die unter anderem Ihre Informationspflichten und das Widerrufsrecht Ihrer Kunden betreffen, gelten seit dem 9. Januar 2016 bzw. seit dem 1. Februar 2017 weitere neue Informationspflichten für Online-Händler im Hinblick auf eine europäische Onlinestreitbeilegungs-Plattform bzw. auf Streitbeilegungsverfahren vor einer Verbraucherschlichtungsstelle.

Aber auch das Datenschutzrecht stand im Visier der Gesetzgeber und brachte mit Wirksamwerden der europäischen Datenschutz-Grundverordnung am 25. Mai 2016 zahlreiche Änderungen im Online-Handel mit sich, die Sie nun zwingend umsetzen müssen.

Ebenfalls zu beachten ist eine Neuerung bezüglich des bargeldlosen Bezahlens für Verbraucher, die am 13. Januar 2018 in Kraft getreten ist.

Was es nun genau mit diesen vielen Neuerungen auf sich hat und wie Sie diese rechtskonform umsetzen können, werden wir Ihnen in diesem Kapitel ebenso erläutern, wie die allgemeinen rechtlichen Grundlagen des Online-Handels.

16.1   Die Basis des Online-Handels: Was ist beim Vertragsschluss im Internet zu beachten?

Das A und O eines erfolgreichen Onlineshops ist die Vertragsgestaltung. Denn nur, wenn der Handel im Netz reibungslos abläuft, können Sie Ihren Onlineshop erfolgreich als Marketingkanal nutzen. Gerade im Internet erscheint der Verkaufsprozess jedoch oft undurchsichtig und rechtlich für beide Parteien nur schwer zu durchschauen. Bevor der Handel im Netz beginnt, sollten daher die folgenden Eckpunkte des Vertrags für Sie und auch für Ihre Kunden klar sein:

▶ die Art des geschlossenen Vertrags
▶ die Art und Weise des Vertragsschlusses
▶ die Konsequenzen aus dem Vertragsschluss

Nur wenn Sie diese Punkte verstanden und verinnerlicht haben, ist der Betrieb eines rechtssicheren Onlineshops möglich und sind Sie vor späteren Problemen bei der Abwicklung des Vertrags geschützt. Gleichzeitig steigern Sie die Zufriedenheit Ihrer Kunden, wenn diese ein Gefühl von Transparenz bei den Details der Geschäftsabwicklung haben.

In diesem Abschnitt möchten wir Ihnen daher einen Überblick über die verschiedenen Etappen der Vertragsgestaltung bieten und Ihnen dabei die Gelegenheit geben, die rechtlichen Fallstricke des Vertragsschlusses beim Online-Handel zu verstehen.

16

16.1.1   Die Vertragsart: Ein Kaufvertrag

In der Regel nutzen Sie den Onlineshop, um Kaufinteressenten Ihre Ware zum Kauf anzubieten. Folglich handelt es sich bei der Vertragsart um einen Kaufvertrag. Dieser Vertrag verpflichtet Sie als Verkäufer, dem Käufer den Kaufgegenstand zu übergeben und ihm das Eigentum daran zu übertragen. Der Käufer wiederum ist zur Zahlung des Kaufpreises und zur Annahme des Kaufgegenstandes verpflichtet.

16.1.2   Die Trennung des Kundenkreises

Ein Blick auf die gesetzlichen Regelungen zum Kaufvertrag zeigt, dass sich die anzuwendenden Normen danach richten, wer Ihr Kundenkreis ist. Denn Sie als Unternehmer können entweder ebenfalls mit Unternehmern Verträge schließen (B2B) oder auch mit Verbrauchern (B2C). Je nachdem, mit wem der Vertrag geschlossen wird, ändern sich die anzuwendenden Vorschriften. Denn angesichts bestehender zahlreicher Verbraucherschutzvorschriften hat dieser Umstand bedeutende Auswirkungen auf den Vertrieb über das Internet.

Praxistipp: Trennung je nach Kundenkreis

Da der Kundenkreis letztlich über die Anwendbarkeit der gesetzlichen Normierungen entscheidet, ist es empfehlenswert, die Kundenkreise »Verbraucher« und »Unternehmer« klar zu trennen und separate Onlineshops zu gestalten, wenn Sie auf beiden Seiten Geschäfte abschließen möchten.

Eine Beschränkung auf den Kundenkreis »Unternehmer« ist klar zu kennzeichnen und der Vertrieb an Verbraucher ist dann auszuschließen. Ob es sich bei dem Käufer tatsächlich um einen Unternehmer handelt, müssen Sie auch überprüfen, da Sie andernfalls gegen zahlreiche Verbraucherschutzvorschriften verstoßen. Dies lässt sich beispielsweise dadurch umsetzen, dass ein geschlossener Bereich für Unternehmer eingerichtet und dieser Bereich auch klar als B2B-Bereich gekennzeichnet wird (siehe Abbildung 16.2).

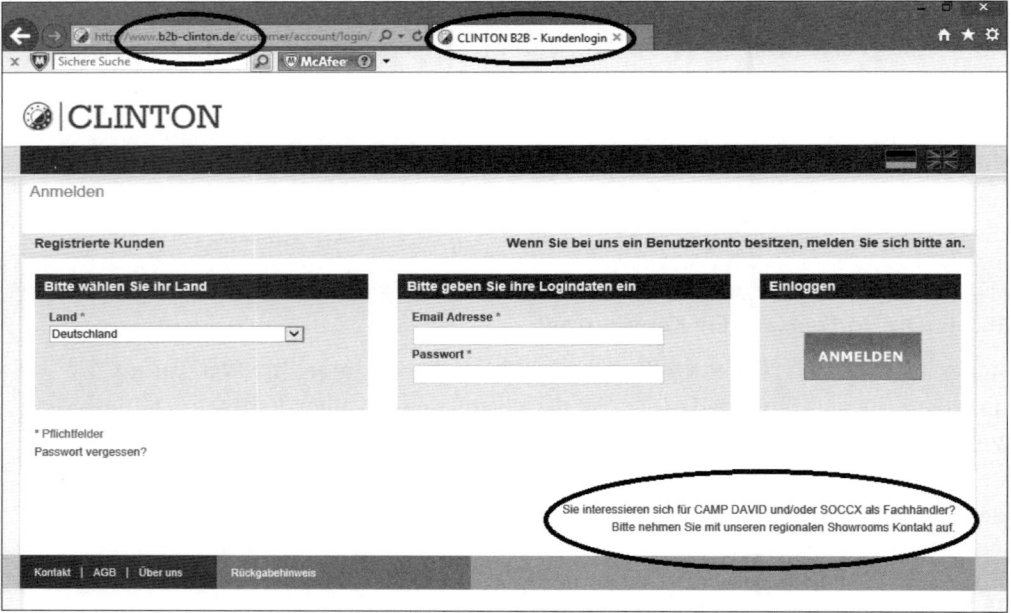

Abbildung 16.2 Beispiel für einen B2B-Shop, der an verschiedenen Stellen auch als solcher gekennzeichnet wird

Durch eine Trennung können Sie bei Geschäften mit Verbrauchern sicherstellen, dass Sie den zahlreichen Verbraucherschutzvorschriften gerecht werden. Denn der Gesetzgeber geht davon aus, dass der Verbraucher im Vergleich zu einem Unternehmer im Geschäftsleben unerfahrener ist und auch die wirtschaftlich schwächere Position innehat. Vor sich daraus ergebenden Benachteiligungen soll der Verbraucher daher geschützt werden. Ist die Trennung nicht klar genug, so kann dies zur Verletzung von Verbraucherschutzvorschriften führen und teure Abmahnungen bzw. Klageverfahren nach sich ziehen.

> **Praxisbeispiel: B2B-Plattform**
>
> Der Betreiber einer Webseite bot in seinem Onlineshop Kochrezepte an. Diese konnten dort über einen kostenpflichtigen Zugang zum Preis von monatlich 19,90 € abgerufen werden. Im rechten Bereich der Webseite befand sich ein Textfeld. Unter der Überschrift »*Informationen*« stand der folgende Hinweis: »*Die Nutzung des Angebots ist ausschließlich für Firmen, Gewerbetreibende, Vereine, Handwerksbetriebe, Behörden oder selbständige Freiberufler im Sinne des § 14 BGB zulässig.*«
>
> Die AGB enthielten ferner die folgende Klausel: »*Die Anbieterin schließt Verträge ausschließlich mit Vertragspartnern, die die von der Anbieterin angebotenen Leistungen zum Zwecke ihrer selbständigen beruflichen oder gewerblichen Tätigkeit oder im Rahmen ihrer behördlichen oder dienstlichen Tätigkeit bestellen und/oder verwenden. Verbraucher im Sinne von § 13 BGB sind von der Nutzung der angebotenen Leistung ausgeschlossen.*«
>
> Bei der Anmeldung wurden die Nutzer dann nach ihren persönlichen Daten gefragt, wozu auch der Name ihrer Firma gehörte. Eine Anmeldung wurde allerdings auch dann akzeptiert, wenn die Nutzer im Feld »*Firma*« keine Angabe gemacht hatten. Diese Anmeldepraxis führte dazu, dass der Betreiber der Webseite von Verbraucherschützern verklagt wurde und unterlag.
>
> Das Oberlandesgericht Hamm (Urteil vom 16.11.2016, Az. 12 U 52/16) begründete seine Entscheidung damit, dass der Betreiber des Onlineshops unter anderem nicht auf das Widerrufsrecht seiner Kunden hingewiesen hatte, wozu er jedoch verpflichtet gewesen wäre, da er seinen Kundenkreis nicht ausschließlich auf Geschäftskunden beschränkt hatte. Denn dazu hätte er klipp und klar darauf hinweisen müssen, dass er nur mit diesem Kundenkreis zu tun haben möchte. Ferner hätte er möglichst sicherstellen müssen, dass Verbraucher wirklich ausgeschlossen sind, was beispielsweise der Fall gewesen wäre, wenn er das Feld »*Firma*« bei der Anmeldung als Pflichteintrag gestaltet hätte.

Um solche Konsequenzen zu vermeiden, sollten Sie als Online-Händler Ihre Beschränkung auf Geschäftskunden hinreichend deutlich zum Ausdruck bringen. Hierzu sollten Sie etwa den folgenden Text verwenden: »*Dieses Angebot ist ausschließlich für Industrie, Handwerk, Handel und die freien Berufe bestimmt.*«

Diesen Hinweis sollten Sie dann an zentraler Stelle auf jeder Seite dergestalt anbringen, dass ein Herunterscrollen nicht erforderlich ist. Darüber hinaus sollte eine Registrierung in Ihrem Shop am besten nur dann möglich sein, wenn der Nutzer Ihnen einen Nachweis zuschickt, z. B. einen Gewerbeschein bei Gewerbetreibenden. Ein Hinweis im Kleingedruckten reicht in jedem Falle nicht aus.

16.1.3   Der Vertragsschluss in der rechtlichen Theorie

Während des Bestellvorgangs muss sich der Käufer durch zahlreiche Seiten im Onlineshop klicken. Dabei stellt sich vielen eine ganz entscheidende Frage: In welchem Moment genau wird der Vertrag geschlossen? Etwa schon dann, wenn ein Produkt in den virtuellen Warenkorb gelegt wurde? Diese Frage ist für Sie ebenso entscheidend wie für Ihre Kunden. Denn während Sie wissen wollen, ab wann Sie liefern müssen und die Zahlung des Kaufpreises verlangen können, möchte der Käufer wissen, ab wann er an die Bestellung gebunden ist und die Ware bezahlen muss. Aus diesem Grund müssen Sie bei der Gestaltung Ihres Onlineshops im Voraus entscheiden, auf welche Art und Weise der Vertrag geschlossen werden soll.

> **Achtung: Informationspflicht!**
>
> Ihren Kunden Klarheit über den Vertragsschlussmechanismus zu verschaffen ist für Sie auch deshalb relevant, weil es zu Ihrer gesetzlichen Informationspflicht gehört: Bei Geschäften mit Verbrauchern müssen Sie diesen die Details des Vertragsschlusses nämlich klar erläutern!

Grundsätzlich kommt ein Kaufvertrag durch die rechtsverbindliche Abgabe von Angebot und Annahme zustande. Eine Partei macht einen Vorschlag und die andere Partei erklärt ihre Zustimmung dazu – es herrscht also Einigkeit über die wesentlichen Merkmale Kaufgegenstand und Kaufpreis.

Die Angebots- und die Annahmeerklärung müssen von Ihnen bzw. dem Käufer abgegeben werden und dem jeweils anderen auch zugehen. Die Abgabe einer Erklärung bedarf im Online-Handel aus Gründen der Rechtssicherheit einer ausdrücklichen Erklärung in elektronischer Form, beispielsweise durch den Klick auf einen Button JETZT KAUFEN (siehe Abbildung 16.3).

Von einem Zugang kann bei Online-Geschäften ausgegangen werden, wenn der Empfänger nach gewöhnlichem Verlauf Kenntnis von der Erklärung erhält. Der Zeitpunkt des Zugangs ist für die Einhaltung von Fristen, wie beispielsweise der Widerrufsfrist, besonders relevant.

> **Praxisbeispiel: Zugang von Erklärungen**
>
> Schickt ein Käufer Ihnen eine E-Mail abends um 23 Uhr, so erfolgt der Zugang nicht mehr um 23 Uhr, sondern erst am nächsten Tag um die Uhrzeit, zu der Sie für gewöhnlich Ihre E-Mails kontrollieren. Bei Unternehmen können Sie daher von einem Zugang innerhalb der üblichen Geschäftszeiten ausgehen; bei Privatpersonen gelten da jedoch großzügigere Zeitspannen.

Liegen nun ein Angebot sowie eine Annahme vor und stimmen Käufer und Verkäufer in allen wesentlichen Details des Geschäfts (wie Kaufgegenstand und Kaufpreis) überein, dann liegt ein wirksamer Vertragsschluss vor.

Abbildung 16.3 Beispiel für die Verwendung des Buttons »Jetzt kaufen« beim Online-Versandhändler »Amazon«

Dieser Vertragsschlussmechanismus klingt zwar recht einfach, bereitet in seinen rechtlichen Details jedoch dann Schwierigkeiten, wenn der Vertrag über das Internet abgeschlossen werden soll. Welche Besonderheiten Sie dabei kennen und beachten müssen, soll im Folgenden erläutert werden.

Der Vertragsschlussmechanismus

In einer Vielzahl von Fällen erfolgt die Vertragsanbahnung auf Initiative des Käufers, indem er den Onlineshop aufruft: Der Kunde schaut sich die dort präsentierten Produkte an und legt die für ihn interessanten Waren zum späteren Erwerb in seinen virtuellen Warenkorb (siehe Abbildung 16.4). Nach Abschluss des Auswahlvorgangs bestätigt der Käufer die Liste, gibt seine persönlichen Daten an und nimmt dann den verbindlichen Kauf vor, indem er auf Buttons wie JETZT KAUFEN oder KOSTEN-PFLICHTIG BESTELLEN klickt.

Im Anschluss daran erhält der Käufer meist per E-Mail eine automatische Bestellbestätigung und kurze Zeit darauf eine weitere E-Mail mit den Angaben zu Rechnung und Versand – so der tatsächliche Vorgang, wie ihn wohl jeder schon einmal erlebt hat.

16

Doch was in der Praxis so einfach ist, ist rechtlich durchaus diskutabel. Denn es stellt sich die Frage, wer nun nach dem bereits erläuterten Vertragsschlussmodell hier die Angebots- und wer die Annahmeerklärung abgegeben hat – der Käufer oder der Verkäufer? Dabei gibt es verschiedene Möglichkeiten, die wir im Folgenden darstellen werden.

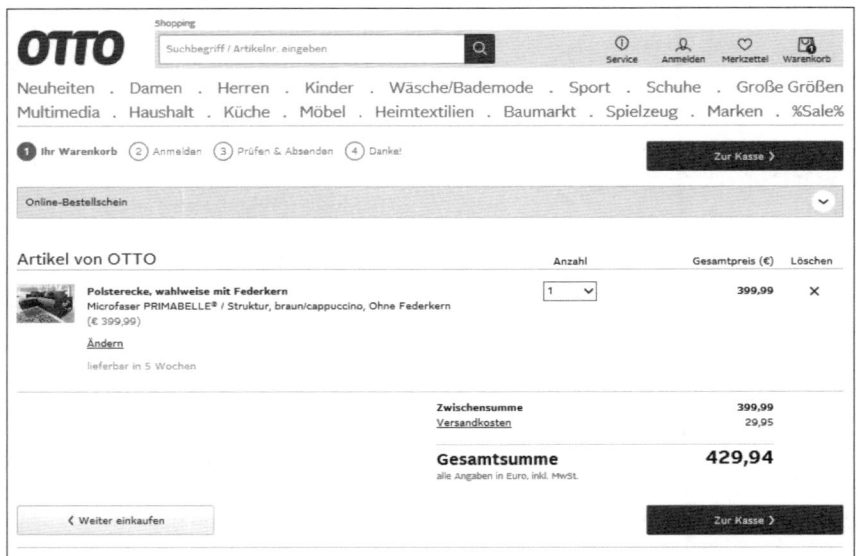

Abbildung 16.4 Beispiel für einen Warenkorb beim Versandhaus »Otto«

Achtung: Relevanz der Zuordnung!

Zu Recht stellen Sie sich an dieser Stelle vielleicht die Frage, ob es nicht völlig irrelevant ist, wer nun welche Erklärung abgibt – schließlich führt beides gemeinsam letztlich zum Vertragsschluss. Dies ist zwar richtig, jedoch hat die Zuordnung rechtlich eine ganz entscheidende Folge: Derjenige, der die Annahmeerklärung abgibt, entscheidet darüber, ob überhaupt ein Vertrag geschlossen wird – er hat sprichwörtlich das letzte Wort!

Das Angebot erfolgt durch den Verkäufer, die Annahme durch den Käufer

Zunächst könnte in dem Einstellen der Ware in den Onlineshop ein verbindliches Angebot des Verkäufers bestehen, das der Käufer dann durch die Durchführung des Bestellvorgangs verbindlich annimmt. Ein Vertragsschluss läge dann vor und würde die bereits erläuterten Verpflichtungen der Parteien nach sich ziehen: Kaufpreiszahlung sowie Übergabe und Eigentumsübertragung. Voraussetzung dafür ist jedoch, dass der Verkäufer sich mit dem Einstellen der Ware auch tatsächlich rechtlich binden möchte. Man spricht hier vom sogenannten *Rechtsbindungswillen*.

Eine berechtigte Frage wäre, warum daran überhaupt Zweifel bestehen können, schließlich hat der Verkäufer die Ware selbst in seinen Shop gestellt. Nun sind Zweifel dann berechtigt, wenn unter Umständen das Risiko besteht, dass mehr Verträge geschlossen werden, als der Verkäufer erfüllen kann.

Praxisbeispiel: Der Rechtsbindungswille

Der Versandhändler »Otto« verkauft in seinem Onlineshop die Polsterecke »Primabelle« zum Preis von 399 €. Der reguläre Preis betrug jedoch 799 €. Da es sich um ein Auslaufmodell handelt, hat »Otto« nur noch drei Stück der Polsterecke »Primabelle« in seinem Warenlager und möchte diese nun schnell zum reduzierten Preis loswerden.

Da es sich um eine sehr im Trend liegende Polsterecke handelt, bestellen an einem Abend zehn Kunden genau dieses Sofa. Stellt nun das Einstellen des Produkts ein verbindliches Angebot dar, dann liegen zehn Annahmeerklärungen, also zehn Vertragsschlüsse vor. »Otto« kann jedoch nur drei Kunden beliefern und damit auch nur drei Verträge erfüllen. Gegenüber den anderen sieben Kunden macht sich »Otto« schadensersatzpflichtig. Handelt es sich also um Produkte, deren Verfügbarkeit begrenzt ist, so ist dieses Modell nicht im Interesse des Händlers.

Nun gibt es aber Fälle, in denen es doch in Ihrem Interesse sein kann, möglichst viele Vertragsschlüsse zu erzielen. Dies ist beispielsweise bei Produkten der Fall, die beliebig oft verkauft werden können, wie zum Beispiel eine downloadbare Software. Denn dann ist Ihnen die Erfüllung problemlos möglich und Sie müssen nicht fürchten, mit Schadensersatzforderungen konfrontiert zu werden.

Das Angebot erfolgt durch den Käufer, die Annahme durch den Verkäufer

Der soeben erläuterte Aspekt der mangelnden Erfüllbarkeit einer Vielzahl von Verträgen macht Sie besonders schutzwürdig. Denn gerade im Internethandel kann es passieren, dass im gleichen Moment mehrere Personen gleichzeitig die Ware bestellen, ohne dass Sie dies sofort überblicken können. Dieses Problem hat die Rechtsprechung erkannt und beurteilt die Vertragsschlusssituation im gängigen Fall des Online-Handels folgendermaßen:

1. Das Einstellen der Ware in den Onlineshop stellt ähnlich wie das Ausstellen der Ware in einem realen Verkaufsraum oder in einem Versandhandelskatalog kein verbindliches Angebot Ihrerseits dar, sondern Sie fordern damit eine unbestimmte Vielzahl von Kaufinteressenten auf, ein Angebot abzugeben.

2. Die Kaufinteressenten geben dann mit Durchführung des Bestellvorgangs ein Angebot zum Vertragsschluss an Sie ab.

3. Sie müssen dieses Angebot annehmen, damit ein verbindlicher Vertragsschluss vorliegt.

16

Damit ist der Käufer der Antragende, und Sie sind der Annehmende – Sie entscheiden also, ob ein Vertrag über den eingestellten Gegenstand zustande kommt. Dieses rechtliche Konstrukt hat den Vorteil, dass Sie zudem vor dem Absenden der Annahmeerklärung noch einmal die tatsächlichen Daten abgleichen (wie beispielsweise den Preis mit dem Angebotspreis), Ihren Warenbestand überprüfen oder Bonitätsprüfungen durchführen können.

> **Achtung!**
> Auch wenn Sie Ihr Produkt mit Schriftzügen wie »Angebot des Tages«, »Heute im Angebot« oder auch »Sonderangebot« versehen, so stellt dies kein zum Vertragsschluss führendes Angebot dar, sondern lediglich eine Werbemaßnahme.

Sonderkonstellation im Online-Handel: eBay

Nun gibt es aber auch Konstellationen, in denen von dem bereits erläuterten System der Einladung zur Abgabe eines Antrags abgewichen werden kann. Denn der Vertragsschlussmechanismus kann von der Plattform selbst bestimmt werden. Für Regelungen dazu bieten sich die Allgemeinen Geschäftsbedingungen an – wer hier keine Regelung trifft, für den gelten die bereits erläuterten gesetzlichen Vorschriften.

Von der Möglichkeit eines abweichenden Vertragsschlusses hat beispielsweise die Auktionsplattform »eBay« Gebrauch gemacht und zwei andere Arten des Vertragsschlusses geregelt: die »Auktion« (siehe Abbildung 16.5) und den »Sofort-Kauf« (siehe Abbildung 16.7).

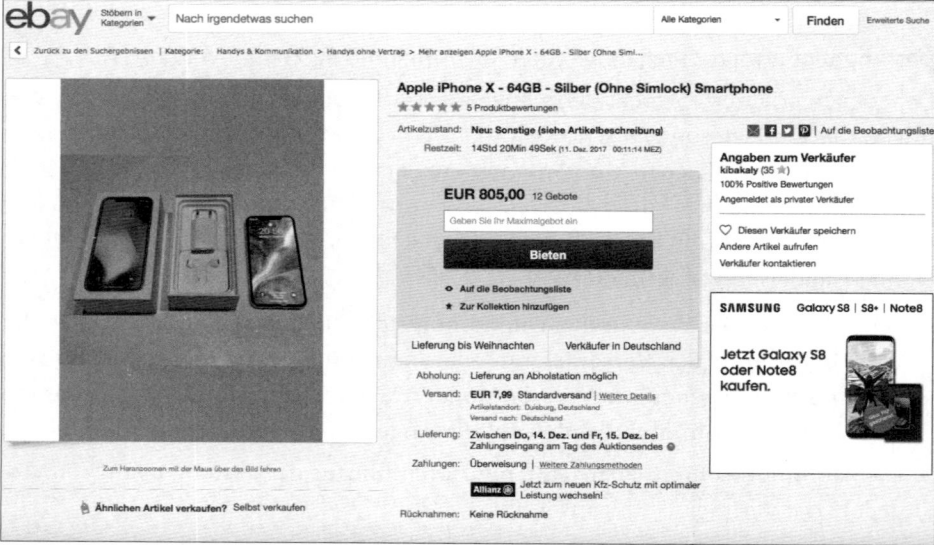

Abbildung 16.5 Beispiel für eine Auktion auf »eBay«

Bei der Auktion auf »eBay« gibt der Käufer zwar ein Gebot ab, es handelt sich aber nicht um eine Versteigerung im klassischen Sinne. Vielmehr zeigt ein Blick in die Allgemeinen Geschäftsbedingungen von »eBay«, dass das Einstellen der Ware als verbindliches Angebot des Verkäufers zu werten ist (siehe Abbildung 16.6). Die Annahme wiederum erfolgt jedes Mal, wenn jemand ein Gebot abgibt. Jedoch besteht eine Besonderheit darin, dass jede Annahme nur unter der Bedingung abgegeben wird, dass es auch das Höchstgebot zum Ende des Angebotszeitraums ist. Dadurch kommt letztlich am Ende nur ein Vertrag zustande, nämlich zwischen dem Verkäufer und dem Käufer mit dem Höchstgebot.

§6 Angebotsformate und Vertragsschluss

1. eBay stellt den Nutzern eine Vielzahl von Angebotsformaten und Funktionen zur Verfügung, um mittels der eBay-Dienste Verträge anzubahnen bzw. abzuschließen. Verkäufer haben die Möglichkeit ihre Artikel über die eBay-Dienste auch international anzubieten. Hierzu kann der Verkäufer einen Artikel direkt auf einer anderen eBay-Website einstellen. Ferner gibt es die Möglichkeit, für eingestellte Artikel internationalen Versand anzubieten.

2. Stellt ein Verkäufer mittels der eBay-Dienste einen Artikel im Auktions- oder Festpreisformat ein, so gibt er ein verbindliches Angebot zum Abschluss eines Vertrags über diesen Artikel ab. Dabei bestimmt er einen Start- bzw. Festpreis und eine Frist, binnen derer das Angebot angenommen werden kann (Angebotsdauer). Legt der Verkäufer beim Auktionsformat einen **Mindestpreis** fest, so steht das Angebot unter der aufschiebenden Bedingung, dass der Mindestpreis erreicht wird.

3. Der Verkäufer kann Angebote im Auktionsformat zusätzlich mit einer Sofort-Kaufen-Funktion versehen. Diese kann von einem Käufer ausgeübt werden, solange noch kein Gebot auf den Artikel abgegeben oder ein Mindestpreis noch nicht erreicht wurde. eBay behält sich vor, diese Funktion in der Zukunft zu ändern. **Weitere Informationen zur Sofort-Kaufen-Option.**

4. Bei Festpreisartikeln nimmt der Käufer das Angebot an, indem er den Button „Sofort-Kaufen" anklickt und anschließend bestätigt. Bei Festpreisartikeln, bei denen der Verkäufer die Option „sofortige Bezahlung" ausgewählt hat, nimmt der Käufer das Angebot an, indem er den Button „Sofort-Kaufen" anklickt und den unmittelbar nachfolgenden Zahlungsvorgang abschließt. Der Käufer kann Angebote für mehrere Artikel auch dadurch annehmen, dass er die Artikel in den Warenkorb (sofern verfügbar) legt und den unmittelbar nachfolgenden Zahlungsvorgang abschließt.

5. Bei Auktionen nimmt der Käufer das Angebot durch Abgabe eines Gebots an. Die Annahme erfolgt unter der aufschiebenden Bedingung, dass der Käufer nach Ablauf der Angebotsdauer Höchstbietender ist. Ein Gebot erlischt, wenn ein anderer Käufer während der Angebotsdauer ein höheres Gebot abgibt. **Weitere Informationen zum Bieten.**

6. Bei vorzeitiger Beendigung des Angebots durch den Verkäufer kommt zwischen diesem und dem Höchstbietenden ein Vertrag zustande, es sei denn der Verkäufer war dazu berechtigt, das Angebot zurückzunehmen und die vorliegenden Gebote zu streichen.

Abbildung 16.6 Die Allgemeinen Geschäftsbedingungen zum Vertragsschluss auf »eBay«

Praxisbeispiel: Vertragsschluss bei »eBay«

Ein Verkäufer stellt ein Buch bei »eBay« in Form einer Auktion mit dem Startpreis von 1 € und für eine Dauer von drei Tagen ein. Am ersten Tag bietet Käufer A einen Betrag von 5 €. Am zweiten Tag bietet Käufer B einen Betrag von 6 € und Käufer C von 9 €, danach werden keine Angebote mehr abgegeben, und die Auktion endet regulär an Tag 3. Demnach liegt in dem Einstellen des Buches durch den Verkäufer ein verbindliches Angebot vor. Auf der Annahmeseite haben wir hingegen drei Annahmen, die alle unter der Bedingung stehen, das Höchstgebot zu sein. Diese Bedingung erfüllt sich jedoch nur bei Käufer C, weshalb der Vertrag auch nur mit diesem zustande kommt.

Anders sieht es hingegen beim sogenannten »Sofort-Kauf« auf »eBay« aus: Das Einstellen des Artikels stellt ein Angebot des Verkäufers dar. Klickt ein Käufer auf den Button SOFORT-KAUFEN (siehe Abbildung 16.7), dann besteht darin eine Annahme dieses Angebots. Demnach ist der Kaufvertrag mit der Betätigigung des Buttons abgeschlossen und bedarf keiner weiteren Bestätigung des Verkäufers mehr. Hier entscheidet also der Käufer über das Ob des Vertragsschlusses.

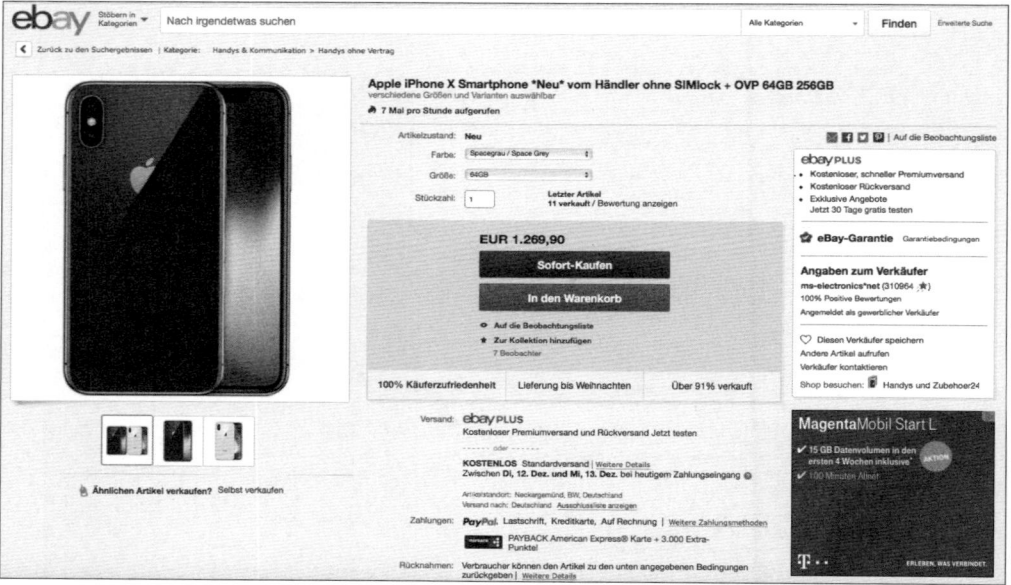

Abbildung 16.7 Beispiel für einen Sofort-Kauf auf »eBay«

16.1.4   Der Vertragsschlussmechanismus in der Praxis des Internets

Nachdem nun klar ist, wer die antragende und wer die annehmende Partei ist, sehen wir uns im Folgenden an, wie die Einigung der Parteien im Detail technisch und zeitlich erfolgt.

Wann liegt ein verbindliches Angebot vor?

Im Hinblick auf das Angebot könnten Sie auf die Idee kommen, dass schon ein Klick auf Buttons wie IN DEN EINKAUFSWAGEN oder IN DEN WARENKORB (siehe Abbildung 16.8) eine verbindliche Bestellung bedeutet.

Doch dem ist nicht so: Denn wie das Einkaufswagensymbol in Abbildung 16.8 zeigt, ist der virtuelle Warenkorb vergleichbar mit einem Einkaufswagen im Supermarkt. Ebenso wie Sie im Supermarkt Dinge in den Einkaufswagen legen und auch wieder herausnehmen können, können die Käufer auch den virtuellen Warenkorb jederzeit wieder verändern oder auch ganz leeren. Daher stellt das Legen der Produkte in den Warenkorb allein noch nicht die Abgabe eines Angebots dar.

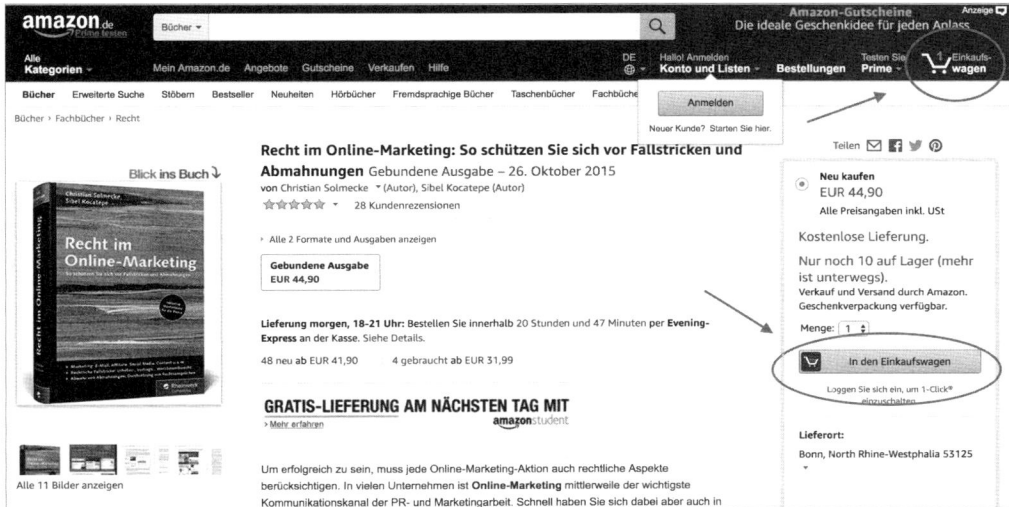

Abbildung 16.8 Beispiel für den Button »In den Einkaufswagen«
im Onlineshop von »Amazon«

Vielmehr ist erforderlich, dass der Käufer, nachdem er das Produkt in den Warenkorb gelegt hat, noch die Bestellmaske ausfüllt und dann im letzten Schritt auf den Button JETZT KAUFEN oder KAUFEN klickt (siehe Abbildung 16.3). Erst dann liegt ein für den Käufer verbindliches Angebot vor.

Wann liegt eine verbindliche Annahme vor?

Deutlich schwieriger gestaltet sich die Frage, in welchem Moment Sie als Verkäufer das Angebot des Käufers annehmen: bereits mit der Bestellbestätigung per E-Mail oder erst mit elektronischer Zusendung einer Versandbestätigung oder doch erst mit der Auslieferung der Ware?

Diese Frage kann so pauschal nicht beantwortet werden und ist im Einzelfall zu beurteilen. Denn wie in vielen Fällen entscheiden wenige Worte über die Verbindlichkeit der Kommunikation. Aus diesem Grund wollen wir im Folgenden einige in der Praxis sehr häufig verwendete E-Mail-Nachrichten von Online-Händlern an ihre Kunden genauer auf ihre juristischen Konsequenzen hin untersuchen.

> **Praxisbeispiel: Einfache Eingangsbestätigung**
>
> »Vielen Dank für Ihre Bestellung, die wir erhalten haben.«

Diese Formulierung stellt noch keine verbindliche Annahmeerklärung Ihrerseits dar, da es sich erkennbar um eine automatisch generierte und für alle Bestellungen auf dem Onlineshop programmierte Nachricht handelt. Sie soll allein vermitteln, dass der Bestellvorgang technisch einwandfrei abgelaufen ist und das Angebot des Käufers Sie erreicht hat. Eine Verbindlichkeit kann dem jedoch nicht entnommen werden, weshalb auch kein Kaufvertrag zustande kommt.

Eine solche einfache Eingangsbestätigung empfehlen wir Ihnen daher dann, wenn Sie erst einmal nur den Empfang der Bestellung bestätigen, sich aber noch nicht binden möchten, da Sie beispielsweise erst noch den Warenbestand prüfen müssen.

> **Praxisbeispiel: Ausführliche Eingangsbestätigung**
>
> »Vielen Dank für Ihre Bestellung, die wir erhalten haben. Wir werden diese in Kürze durch einen unserer Mitarbeiter überprüfen lassen und nach dessen Freigabe zum Versand vorbereiten. In diesem Fall erhalten Sie eine separate Versandbestätigung.«

Diese Formulierung zeigt klar, dass Sie zunächst nur den Eingang der Bestellung bestätigen möchten und sich die Annahme aber noch bis zur Überprüfung und Freigabe vorbehalten. Erst wenn diese positiv erfolgt ist, erhält der Käufer eine Versandbestätigung, die dann als verbindliche Annahmeerklärung zu qualifizieren ist. Bis dahin fehlt es jedoch an einer verbindlichen Annahme und damit auch an einem Kaufvertrag. Auch diese Formulierung empfehlen wir Ihnen nur dann, wenn Sie sich noch nicht festlegen möchten.

> **Praxisbeispiel: Bestellbestätigung mit Versandhinweis**
>
> »Wir bedanken uns für Ihre Bestellung, die nun unter der Kundennummer 12345XYZ zum Versand vorbereitet wird, und wünschen Ihnen viel Freude mit der Lieferung, die Sie in Kürze erreichen wird.«

Anders als bisher stellt eine solche Formulierung ganz klar die Bestätigung der Bestellung und nicht nur deren Empfang dar, da Sie hier dem Kunden suggerieren, dass Sie die Ware vorrätig haben, das Angebot annehmen möchten und daher alles Erforderliche für die Auslieferung in die Wege leiten. Eine solche Formulierung empfehlen wir Ihnen erst im zweiten Schritt, also nach tatsächlicher Prüfung der Bestellung.

Praxisbeispiel: Bestellbestätigung mit Zahlungsaufforderung

»Vielen Dank für Ihre Bestellung, die wir erhalten haben. Zur Abwicklung der Bestellung überweisen Sie bitte den unten ausgewiesenen Rechnungsbetrag auf die ebenfalls unten ausgewiesene Bankverbindung.«

Auch dieses Beispiel lässt einen verbindlichen Charakter erkennen, da die Aufforderung zur Bezahlung als Gegenleistung zur Lieferung auf Ihren Annahmewillen schließen lässt. Dies ist besonders bei der Zahlungsart der Vorkasse, Sofortüberweisungen und Zahlungen über Dienste wie PayPal zu beachten. Daher sollten Sie auch diese Formulierung nur dann wählen, wenn auch tatsächlich eine Auslieferung erfolgen soll. Andernfalls gilt der Vertrag nämlich trotzdem als geschlossen und Sie machen sich schadensersatzpflichtig, wenn Sie ihn, beispielsweise aufgrund von Lieferschwierigkeiten, nicht erfüllen können.

Praxisbeispiel: Versand der Ware

Nach der Versendung der einfachen Bestellbestätigung versenden Sie die Ware ohne weitere Kommunikation an den Besteller.

Die Versendung der Bestellung stellt Ihre Annahme des Vertragsangebots durch schlüssiges Verhalten dar und führt ebenfalls zum Vertragsschluss. Zu dieser Vorgehensweise raten wir Ihnen daher nur dann, wenn keinerlei Überprüfungen mehr nötig sind. Der Nachteil ist jedoch, dass manche Kunden bereits nach Erhalt der Versandbestätigung von ihrem Widerrufsrecht Gebrauch machen. Wenn Sie die Ware jedoch ohne Versandbestätigung rausschicken, müssen Sie damit rechnen, Aufwand und Kosten für den Versand umsonst aufzuwenden.

16.1.5   Die Bestandteile des Vertrags

Um von einem wirksamen Abschluss eines Kaufvertrags ausgehen zu können, ist es erforderlich, dass sich die Parteien über alle wesentlichen Punkte des Geschäfts geeinigt haben. Diese bestehen bei einem Kaufvertrag in folgenden Punkten:

- Einigung über den Kaufgegenstand
- Einigung über den Preis der Kaufsache
- Modalitäten der Übergabe und Übereignung des Gegenstandes
- Modalitäten zur Zahlung des Kaufpreises

Um sicherzustellen, dass eine Einigung über den Vertragsgegenstand erfolgt ist, ist eine ausführliche und richtige Produktbeschreibung unerlässlich. Für die Klärung der Aspekte der Übergabe und Übereignung der Kaufsache ist die Vereinbarung der

Lieferbedingungen maßgeblich, für die Zahlung des Kaufpreises die Absprache zur Zahlungsabwicklung. Wie diese im Einzelnen aussehen und was sie beinhalten müssen, wird im Folgenden näher dargestellt.

Produktbeschreibung

Wenn Sie einen einerseits rechtssicheren und andererseits kundenfreundlichen Onlineshop auf die Beine stellen möchten, sollten Sie auf eine Sache besonderen Wert legen: die Gestaltung des Warenangebots. Denn hieran sind hohe Anforderungen geknüpft.

Zunächst einmal müssen Sie Ihre Ware mit einer ausführlichen Produktbeschreibung vollständig und korrekt darstellen. In diesem Rahmen sollten Sie einen individuellen Text verfassen, der die wesentlichen Merkmale des Produkts wie Hersteller, Typ, Qualität, Mängel, Zustand, Verwendungszweck, Maße, Gewicht, Material, Farbe etc. wiedergibt. Dieser Produkttext sollte dann, mit Bildern des Produkts gepaart, dem Kunden eine möglichst genaue Vorstellung von der Ware vermitteln, um diesem eine geeignete Entscheidungsgrundlage beim Kauf zu bieten (siehe Abbildung 16.9).

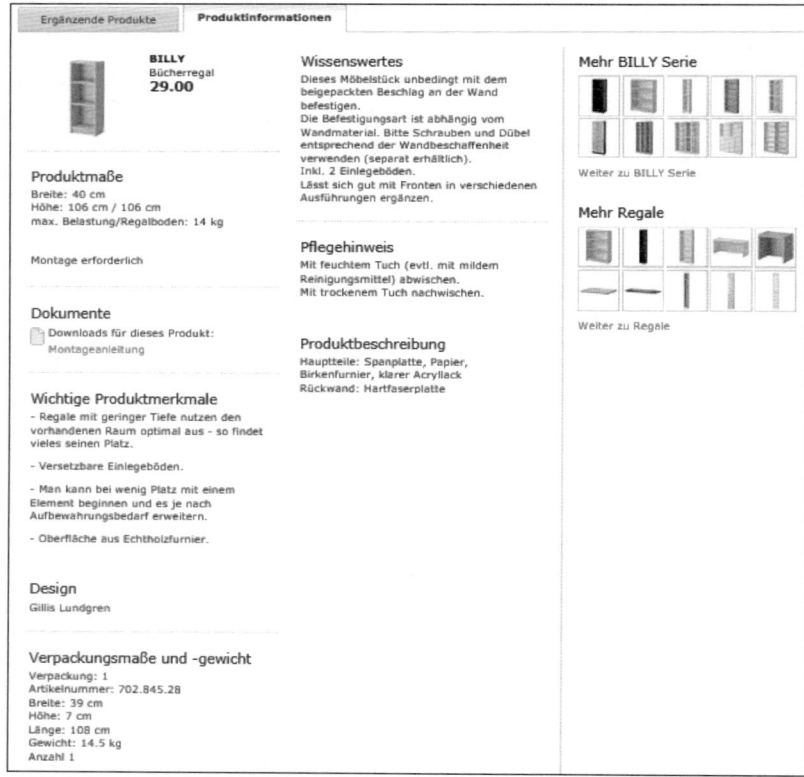

Abbildung 16.9 Beispiel für eine ausführliche Produktbeschreibung des »Billy«-Regals bei »IKEA«

Achtung: Urheberrechte beachten!

Bei der Verwendung von Bildern müssen Sie an das Urheberrecht denken: Abbildungen des Herstellers oder von Dritten dürfen Sie nicht ohne Weiteres benutzen!

Handelt es sich um gebrauchte oder fehlerhafte Waren, so müssen Sie darauf achten, diese dementsprechend kenntlich zu machen, um eine Irreführung der Kunden zu vermeiden. Dabei sollten Sie auch auf die richtigen Termini achten: So sind beispielsweise Bezeichnungen wie »B-Ware« oder »2. Wahl« gängige Ausdrücke, die kenntlich machen, dass es sich zwar um Neuware handelt, dass diese aber bereits Schäden, beispielsweise Lagerschäden oder Produktionsfehler, aufweist und aus diesem Grund zu einem vergünstigten Preis angeboten wird (siehe Abbildung 16.10).

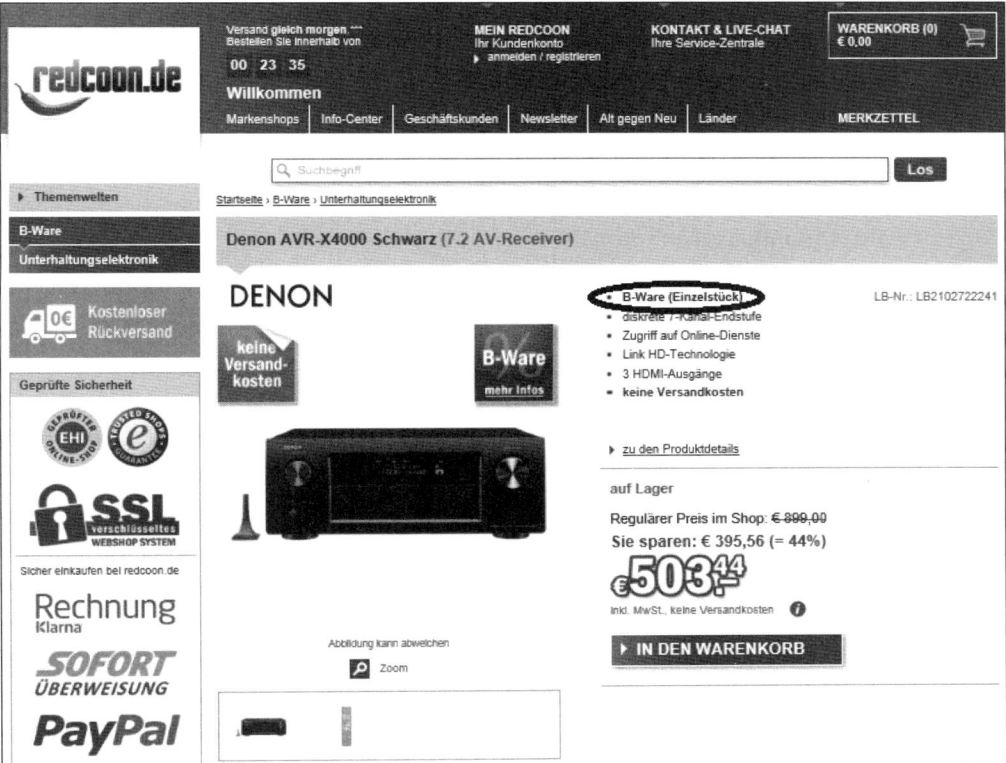

Abbildung 16.10 Beispiel für die Kennzeichnung eines Produkts als »B-Ware«

Wenn Sie mit solchen gängigen Bezeichnungen arbeiten, sorgen Sie für mehr Transparenz und verhindern Missverständnisse. Die Begrifflichkeiten müssen Sie jedoch auch richtig verwenden!

Preisangaben

Ebenfalls nicht vernachlässigen dürfen Sie Angaben zum Preis des Produkts, über die Sie den Käufer vor Abschluss des Bestellvorgangs informieren müssen. Wer jetzt denkt, dass es doch nicht so schwer ist, einfach den Produktpreis aufzuschreiben, der irrt. Denn was so einfach klingt, führt in der Praxis immer wieder zu Problemen. Aus diesem Grund hat der Gesetzgeber mit der *Preisangabenverordnung* ein Regelwerk geschaffen, das Einheitlichkeit bei der Preisdarstellung erreichen und die Verbraucher vor Irreführungen schützen soll.

> **Hinweis**
>
> Da die Preisangabenverordnung dem Verbraucherschutz dient, müssen Sie sie nicht beachten, wenn Sie nur an Unternehmer verkaufen. Dann dürfen Sie sich beispielsweise auch auf Listen- oder Netto-Preise beschränken.

Bei der Preisangabe müssen Sie nun folgende Kriterien erfüllen (siehe Abbildung 16.11):

▶ Verkaufen Sie Waren an Endverbraucher, so müssen Sie stets die Endpreise (inklusive Mehrwertsteuer, Nachnahmegebühren, Zöllen etc.) und die Verkaufs- oder Leistungseinheit sowie die Gütebezeichnung nennen.

▶ Sie müssen angeben, ob zusätzlich Liefer- und Versandkosten anfallen.

▶ Bei Produkten, deren Preis beispielsweise nach Gewicht, Volumen, Länge oder Fläche berechnet wird, müssen Sie in unmittelbarer Nähe des Endpreises den Grundpreis einschließlich der Umsatzsteuer und sonstiger Preisbestandteile angeben. Dies gilt nur dann nicht, wenn der Endpreis mit dem Grundpreis identisch ist.

Daneben kann jedoch auch einfach ein technischer oder menschlicher Fehler zu einer falschen Preisangabe führen. Nicht nur Sie als Händler können sich bei der Eingabe vertippen. Auch ist es möglich, dass infolge eines Computerfehlers ein Produkt mit einer falschen Preisangabe in Ihrem Shop steht. Fällt der Fehler niedriger aus, als ursprünglich gedacht, wird der Käufer auf dem ausgezeichneten Preis bestehen wollen. Rechtlich hat dies jedoch nicht immer eine Grundlage, wie das Oberlandesgericht Düsseldorf (Urteil vom 19.05.2016, Az. I-16 U 72/15) entschieden hat.

Der Grund dafür ist, dass ein Vertrag auch im Internet durch zwei übereinstimmende Willenserklärungen zustande kommt. Es muss ein Angebot vorliegen, das die wesentlichen vertraglichen Informationen wie Gegenstand des Vertrages oder Preis enthält, und eine Annahme, die sich auf dieses Angebot bezieht. Im Online-Handel gibt in der Regel erst der Käufer ein verbindliches Angebot zum Kauf ab. Die Angebote der Händler im Netz stellen nur eine sogenannte »invitatio ad offerendum«, also eine Aufforderung zur Abgabe eines Angebots dar. Durch dieses rechtliche Konstrukt möchte der Gesetzgeber dem Händler die Möglichkeit geben, zu überprüfen, ob noch ausreichend Ware zur Erfüllung des Vertrages vorliegt.

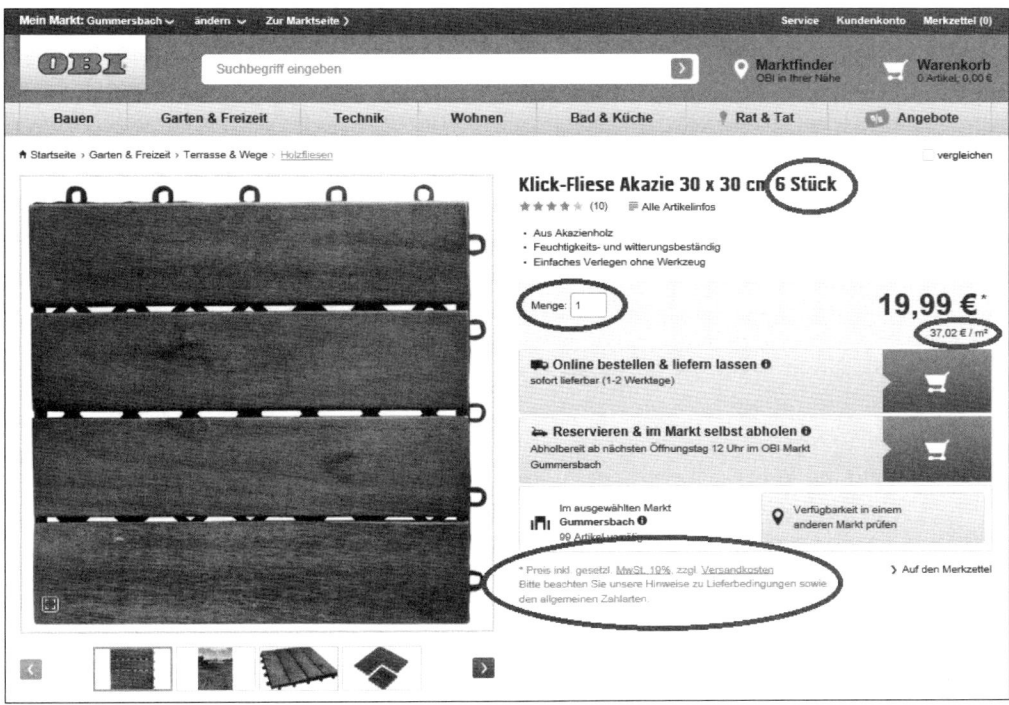

Abbildung 16.11 Beispiel für eine rechtskonforme Preisangabe im Onlineshop des Bauhauses »OBI«

Die Annahme des Angebots kommt meist dergestalt zustande, dass der Verkäufer dem Käufer nach Abgabe des Angebots eine Bestätigungs-E-Mail zuschickt. Ob die Bestätigung dann tatsächlich als Annahme gewertet werden kann, hängt von dem Inhalt der Nachricht ab: Bedankt sich der Verkäufer lediglich für die Bestellung, kann darin in der Regel noch keine Annahme gesehen werden. Die Mail dient dann lediglich dazu, den Käufer darüber zu informieren, dass sein Angebot eingegangen ist.

Schreibt der Verkäufer hingegen beispielsweise: »*Wir bedanken uns für Ihre Bestellung, die nun unter der Kundennummer 12345 zum Versand vorbereitet wird, und wünschen Ihnen viel Freude mit der Lieferung, die Sie in Kürze erreichen wird*«, dann ist von einer Annahme auszugehen. Ist die Bestätigungs-E-Mail nicht als Annahme des Angebots zu sehen, kommt der Vertrag erst durch die Zusendung einer Versandbestätigung oder spätestens mit der Auslieferung der Ware zustande.

> **Hinweis**
>
> Etwas anderes gilt jedoch dann, wenn es sich um einen Kauf über eine Internetauktion oder um einen sogenannten *Sofortkauf* handelt. In den Fällen der Internetauktionsplattformen ist das Einstellen der Ware durch den Verkäufer bereits als rechtlich bindende Willenserklärung zu sehen. Er erklärt sich durch das Freischalten des Angebotes im Vornhinein bereits damit einverstanden, mit dem Höchstbietenden einen Vertrag zu schließen.
>
> Daneben ist das Angebot »Sofortkauf« ebenfalls in den meisten Fällen als verbindliche Willenserklärung zu werten. Denn durch die Betätigung des Bestell-Buttons nimmt der Käufer das Angebot verbindlich an. Zumindest ist dies dann der Fall, wenn anhand des technischen Aufbaus der Webseite erkennbar ist, dass nur eine begrenzte Anzahl der angebotenen Ware vorliegt und eine Betätigung des Bestell-Buttons nach Erreichen der maximal verfügbaren Anzahl nicht mehr möglich ist. Eine weitere Prüfung durch den Verkäufer ist hier nicht mehr notwendig.

Bei einer *irrtümlichen Preisangabe* haben die Parteien grundsätzlich das Recht, gemäß § 119 Abs. 1 Satz 2 BGB den Vertrag anzufechten, wenn die Erklärung über den Irrtum unverzüglich, d. h. ohne schuldhaftes Zögern gegenüber dem Vertragspartner erfolgt. Dabei ist die Bezeichnung »Anfechtung« nicht erforderlich. Bei einer wirksamen Anfechtung erlischt der Vertrag dann rückwirkend. Das heißt, es wird so getan, als hätte es den Vertragsabschluss nie gegeben.

Kompliziert wird es in den Fällen, in denen der Preis bereits bei der Abgabe der *invitatio ad offerendum* falsch angegeben wurde und dann eine Annahmeerklärung erfolgt, die mit einer Auto-Reply-Funktion abgegeben wird, sodass sich der Fehler in der Annahmeerklärung fortsetzt. Das Landgericht Köln (Urteil vom 16.04.2003, Az. 9 S 289/02) hat sich in einem Urteil klar dazu geäußert: »*Es wurden, wie bei der Programmierung vorgesehen, diejenigen Daten mit in die Erklärung übernommen, die die Bekl. zuvor [...] eingestellt hatte. Dass diese Daten – wie geschehen – unzutreffend waren, [...] führt allenfalls zur Annahme eines unbeachtlichen Motivirrtums des Inhalts, dass [...] eingegebenen Preise auch die zutreffenden seien.*«

Das heißt, dass der Verkäufer in so einem Fall nicht wirksam anfechten kann. Eine Anfechtung kann nur erfolgen, wenn der Verkäufer sich bei seiner Annahmeerklärung vertippt oder verschreibt oder der Preisfehler durch die fehlerhafte Übermittlung des Computersystems erfolgte, so der Bundesgerichtshof (Urteil vom 26.01.2005, Az. VIII ZR 79/04). Diese für den Kunden günstige Rechtslage besteht jedoch nur dann, wenn es sich nicht um offensichtliche Preisfehler handelt und der Kunde so ein besonderes »Schnäppchen« ergattern will. Denn wenn der Fehler derart offensichtlich ist, dass die Ausnutzung gegen Treu und Glauben verstößt, dann hat der Kunde keinen Anspruch auf Lieferung.

Praxisbeispiel

In einem vor dem Amtsgericht Dortmund (Urteil vom 21.02.2017, Az. 425 C 9322/16) verhandelten Fall hatte ein Händler Markisen zu einem Preis von 29,99 € in einem Online-Shop angeboten. Der eigentliche Preis lag jedoch bei 2.999 €. Bei der Angebotserstellung war dem Händler ein Kommafehler unterlaufen. Ein findiger Internetnutzer bestellte daraufhin vier Markisen zu dem vermeintlichen Schnäppchenpreis. Der Händler verweigerte die Lieferung mit Hinweis auf die fehlerhafte Preisangabe.

Der Käufer klagte daraufhin, jedoch ohne Erfolg: Das Amtsgericht Dortmund hat die Klage des Käufers auf Lieferung der Markisen abgewiesen, da der Käufer nach Ansicht des Gerichts den Preisfehler im Online-Shop nicht hätte ausnutzen und Waren zu günstigen Preisen bestellen dürfen. Dieses Vorgehen sei zwar nicht generell als treuwidrig zu bewerten, sehr wohl jedoch, wenn der Preis eines fehlerhaften Angebotes erheblich niedriger ist als der vergleichbare Marktpreis. Besteht eine enorme Preisdifferenz, müsse einem Käufer klar sein, dass es sich um ein fehlerhaftes Angebot des Händlers handelt. In solch offensichtlichen Fällen könne ein Käufer seinen vertraglichen Anspruch auf Lieferung nicht durchsetzen, da dies gegen den Grundsatz von Treu und Glauben verstoße und insgesamt rechtsmissbräuchlich sei.

Um diese Art rechtlicher Streitigkeiten einfach zu vermeiden, empfehlen wir Ihnen als Online-Händler, die Allgemeinen Geschäftsbedingungen so zu gestalten, dass ein Kaufvertrag erst durch eine Bestätigung zustande kommt und nicht schon durch die Bestellung. Auf diese Weise können Sie vor Vertragsschluss noch einmal den Preis überprüfen und gegebenenfalls die Annahme verweigern.

Versandkosten

Versandkosten umfassen grundsätzlich die Kosten der Versendung sowie die Kosten der Verpackung, wobei die Mehrwertsteuer bereits enthalten ist und nicht gesondert ausgewiesen werden muss. Aber auch diese Kosten können Sie dem Käufer nicht ohne Weiteres in Rechnung stellen – Sie müssen dem Verbraucher im Voraus mitteilen, ob Liefer- und Versandkosten anfallen. Andernfalls bleiben Sie darauf sitzen!

Damit tatsächlich von einer Einigung über die Versandkosten ausgegangen werden kann, müssen die Versandkosten noch vor Einleitung des Bestellvorgangs und nicht erst im Warenkorb notwendig aufgerufen werden, da andernfalls ein Verstoß gegen das Transparenzgebot vorliegt. Daher ist zu empfehlen, die Versandkosten direkt neben dem Produktangebot zu platzieren. Bieten Sie nur eine Versandart an, so können Sie den zahlenmäßigen Betrag direkt neben den Endpreis schreiben (siehe Abbildung 16.12).

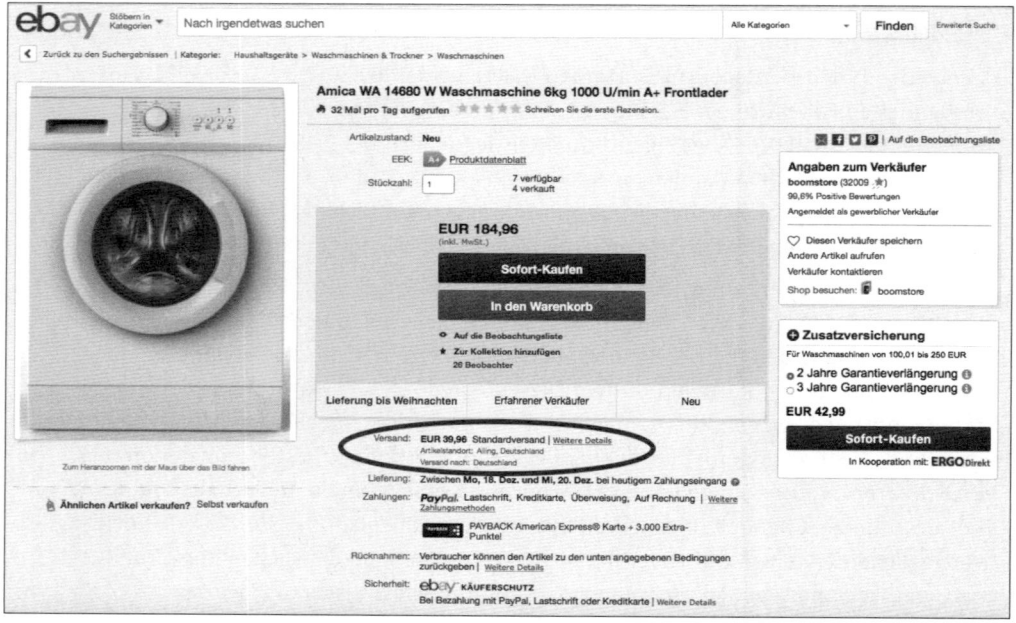

Abbildung 16.12 Beispiel für die zahlenmäßige Ausweisung des Versandkostenbetrags

Bieten Sie hingegen verschiedene Artikel mit uneinheitlichen Versandgebühren oder eine Lieferung ins Ausland an, so ist die Verlinkung des Begriffs »Versand« mit einer Seite zu den Versandinformationen empfehlenswert (siehe Abbildung 16.13). Dabei müssen Sie insbesondere beachten, dass Sie bei einem Versand ins Ausland auch die Auslandsversandkosten nachvollziehbar und transparent mit anzugeben haben. Gerade bei einem weltweiten Versand von Produkten, die ein sehr unterschiedliches Gewicht oder unterschiedliche Versandarten haben, ist dies zwar sehr aufwendig, muss aber erfolgen, da Sie andernfalls abgemahnt werden können.

Darüber hinaus steht es Ihnen frei, die Ware versichert oder unversichert zu versenden und die Mehrkosten durch den versicherten Versand ebenfalls dem Käufer in Rechnung zu stellen. Dabei ist jedoch bei Geschäften mit Verbrauchern ein versicherter Versand zu empfehlen, da Sie das Risiko der Beschädigung bzw. des Verlusts während des Transports tragen.

> **Praxistipp**
>
> Klären Sie Ihre Kunden früh über Versandkosten auf. Wenn Versandkosten in unterschiedlicher Höhe anfallen können, schaffen Sie mit einer Informationsseite die nötige Transparenz.

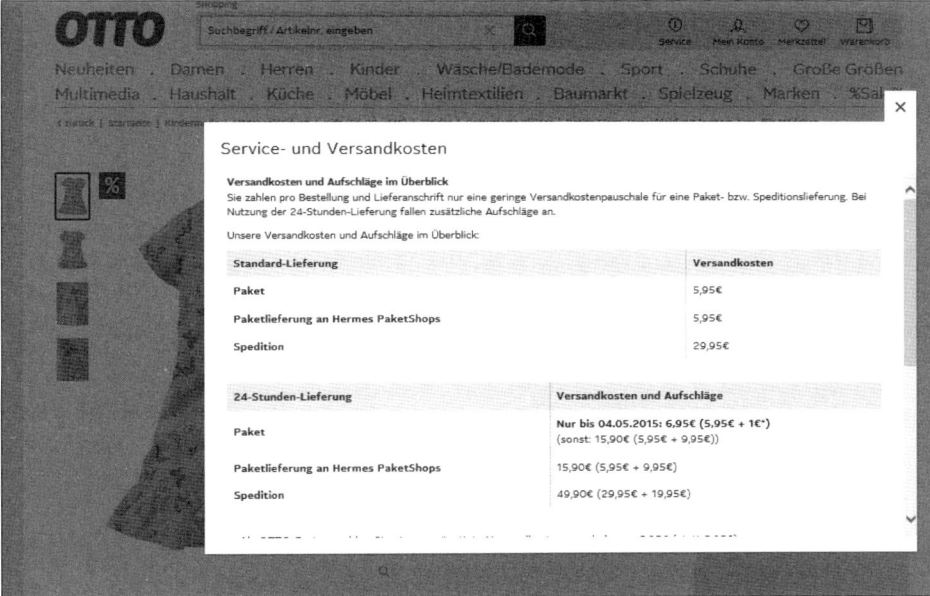

Abbildung 16.13 Beispiel für die separate Ausweisung der Versandkosten

Zahlungsabwicklung

Ein für den Online-Händler besonders wichtiger Aspekt ist der der Bezahlung der Ware. Dabei gibt es verschiedene Möglichkeiten, die sich im Laufe der Zeit verändert haben. Während früher nur klassische Zahlungsmethoden wie die Zahlung per Rechnung oder Nachnahme genutzt werden konnten, spielen heute moderne Bezahlmöglichkeiten wie Kreditkarten, Giro-Pay oder PayPal eine große Rolle im Online-Handel (siehe Abbildung 16.14).

Abbildung 16.14 Beispiel für die Auszeichnung der Zahlungsmöglichkeiten im Bestellformular des Versandhändlers »Baur«

Praxistipp

Je mehr Zahlungsmöglichkeiten Sie Ihrem Kunden zur Verfügung stellen, desto einfacher fällt es ihm, die für ihn angenehmste Variante auszusuchen. Der Aspekt der Zahlungsmöglichkeiten trägt also auch einen wesentlichen Teil zur Kundenzufriedenheit bei.

Neben den Möglichkeiten der Zahlungsweise müssen Sie auch die Bedingungen der Zahlung festlegen. Dabei sind verschiedene Aspekte zu berücksichtigen.

Zunächst einmal sollte der Käufer darüber in Kenntnis gesetzt werden, wann der zu zahlende Betrag fällig ist. Dies ist besonders wichtig, wenn eine Zahlungsanweisung durch den Käufer zu erfolgen hat. Erfolgt ein Einzug durch Sie, ist es kundenfreundlich, dem Käufer mitzuteilen, wann dieser voraussichtlich erfolgt.

Praxisbeispiel: Mitteilung des Einzugsdatums

»Der Rechnungsbetrag in Höhe von 12,30 € wird voraussichtlich am 23.12.2017 per Lastschrift von Ihrem Konto (Konto-Nr. 12345678, BLZ 98765432) eingezogen.«

Eine Neuerung sieht das Gesetz an dieser Stelle ab dem 13. Januar 2018 vor: Bisher durften Sie die Kosten der Nutzung bargeldloser Zahlungsmittel auf ihre Kunden umlegen, wenn Sie mindestens eine kostenlose Zahlungsmethode angeboten haben (siehe Abbildung 16.15) – dies ist künftig nicht mehr möglich. Denn nach dem neuen *Zahlungsdiensteaufsichtsgesetz* werden unter anderem zusätzliche Entgelte für die Nutzung gängiger bargeldloser Zahlungsverfahren für Verbraucher entfallen. Diese Reform erfolgte im Rahmen der Umsetzung der *Zweiten Zahlungsdiensterichtlinie* (EU) 2015/2366.

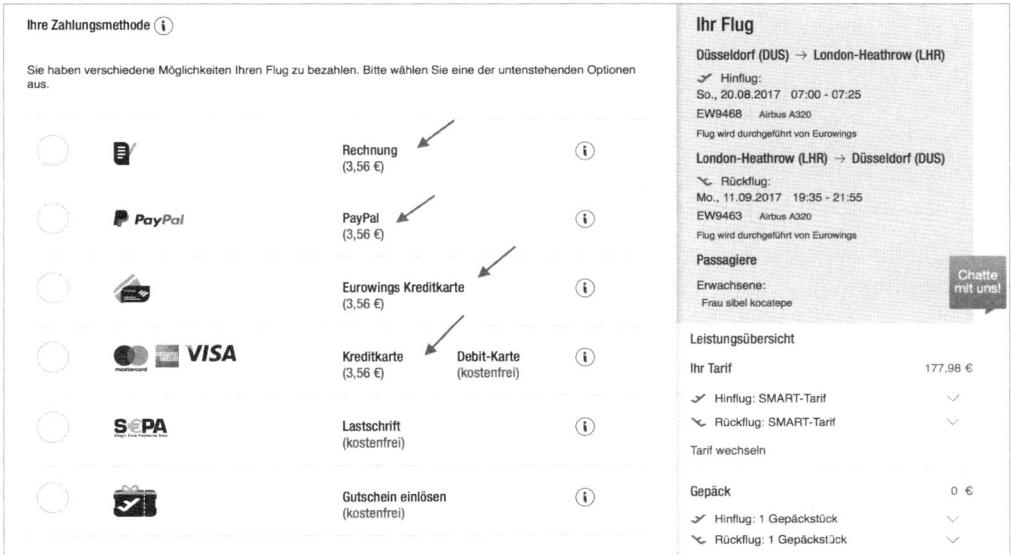

Abbildung 16.15 Die Fluglinie »Eurowings« erhob bisher Gebühren für bestimmte Zahlungsmittel.

Achtung! Neue Rechtslage

Mit dem Umsetzungsgesetz wurde mit § 270a BGB eine neue Regelung eingeführt, die folgenden Inhalt hat:

»§ 270a: Vereinbarungen über Entgelte für die Nutzung bargeldloser Zahlungsmittel Eine Vereinbarung, durch die der Schuldner verpflichtet wird, ein Entgelt für die Nutzung einer SEPA-Basislastschrift, einer SEPA-Firmenlastschrift, einer SEPA-Überweisung oder einer Zahlungskarte zu entrichten, ist unwirksam. Satz 1 gilt für die Nutzung von Zahlungskarten nur bei Zahlungsvorgängen mit Verbrauchern, wenn auf diese Kapitel II der Verordnung (EU) 2015/751 des Europäischen Parlaments und des Rates vom 29. April 2015 über Interbankenentgelte für kartengebundene Zahlungsvorgänge (ABl. L 123 vom 19.5.2015, S. 1) anwendbar ist.«

> Der neue § 270a BGB wird demnach Abreden, nach denen der Nutzer bestimmter bargeldloser Zahlungsmittel zusätzlich Entgelte zu entrichten habe, unwirksam werden lassen – unabhängig davon, ob es sich um Individualabreden oder AGB handelt. Damit werden Händler entsprechende Mehrkosten weder individuell noch im Rahmen von AGB auf den Kunden abwälzen können.
>
> Im Hinblick auf Kartenzahlungen gilt dies nur für das Verhältnis zwischen Unternehmer und Verbraucher. Hierzu zählen zunächst alle sogenannten Vier-Parteien-Kartenzahlverfahren, also die Debit- und Kreditkarten wie Giro-, VISA- und Masterkarten. Die sogenannten Drei-Parteien-Kartenzahlverfahren (z. B. American Express) müssen nicht immer zwingend kostenlos werden. Doch auch hier gibt es Ausnahmen aufgrund der EU-Verordnung 2015/751: So wird etwa der Aufschlag bei europäischen »Diners Club«-Privatkarten ebenfalls verboten sein. Eine Besonderheit gilt auch für den Zahlungsverkehr unter Unternehmern: Künftig werden auch das SEPA-Lastschriftverfahren sowie Überweisungen zwischen Unternehmern kostenlos.

Sollte eines der bereits im Rahmen der Zahlungsmöglichkeiten genannten Bezahlsysteme bei seiner Nutzung eine Gebühr für den Käufer erzeugen, so müssen Sie dies extra ausweisen und im Endpreis sichtbar machen.

Praxishinweis: Anpassung an neue Rechtslage

Haben Sie bisher davon Gebrauch gemacht, Kosten für elektronische Zahlungsmittel dem Verbraucher aufzuerlegen und dies in Ihren AGB so formuliert, dann müssen Sie diese ändern und auch technisch den Bestellvorgang in Ihrem Online-Shop dahingehend an die neue Rechtslage anpassen!

Umgekehrt sollte auch ein Preisnachlass für die Wahl eines bestimmten Zahlungsmittels oder bei der Zahlung bis zu einem bestimmten Termin genau dargestellt werden. Der Käufer kann dann selbst entscheiden, ob er diese Möglichkeit in Anspruch nimmt oder doch ein anderes Zahlungsmittel wählt bzw. das Zahlungsziel voll ausnutzt.

Liefervereinbarungen

Um eine reibungslose Auslieferung der Ware sicherstellen zu können, müssen Sie im Voraus bereits an die Angabe folgender Punkte denken:

- detaillierte und korrekte Lieferanschrift des Kunden
- Ansprechpartner mit Kontaktadresse
- Dauer der Lieferung
- Lieferbeschränkungen
- Mindestbestellmengen

Achtung: Vorsicht bei der Angabe von Lieferzeiten!

Bei der Benennung von Lieferzeiten sind Sie nach dem neuen Verbraucherrecht verpflichtet, den Verbraucher über den Termin zu informieren, bis zu dem Sie die Waren liefern oder die Dienstleistung erbringen werden.

Da die Lieferung in der Regel außerhalb Ihres Geschäftsbereichs erfolgt, können Sie zwar keinen konkreten Liefertermin benennen, wohl aber eine eindeutig bestimmte Lieferfrist, also beispielsweise »2–4 Werktage«.

Auf zusätzliche Angaben wie »ca.«, »ungefähr« oder »voraussichtlich« sollten Sie dabei jedoch verzichten, da über deren Zulässigkeit angesichts des Erfordernisses der Bestimmtheit der Angabe keine Einigkeit in der Rechtsprechung besteht! So hat beispielsweise Ende 2017 das Landgericht München I (Urteil vom 17.10.2017, Az. 33 O 20488/16) entschieden, dass eine Zeitangabe mit »Artikel bald verfügbar« keine ausreichende Lieferzeitangabe sei, da »der Verbraucher vertraglich gebunden wird, ohne über vertragswesentliche Informationen zu verfügen«. Sie sollten daher mindestens konkret das Datum der Zeitspanne benennen können (siehe Abbildung 16.16). Können Sie bei einem Produkt noch keine Aussage über die Lieferzeit machen, dann dürfen Sie es auch nicht im Shop zum Kauf anbieten. Wir empfehlen Ihnen, in diesen Fällen den Warenkorb-Button in einen »Informieren-Button« umzuwandeln. Mit dieser Funktion wird der Interessent informiert, wenn das Produkt wieder verfügbar ist, und kann es dann bestellen.

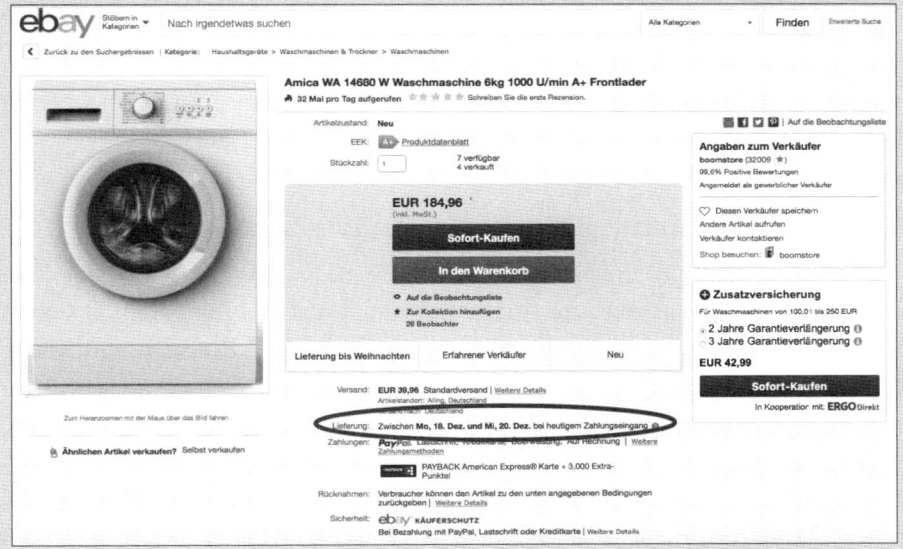

Abbildung 16.16 Beispiel für die konkrete Angabe einer Lieferzeit bei »eBay«

16.2   Wie formuliert man Allgemeine Geschäftsbedingungen richtig?

Die Verwendung von Allgemeinen Geschäftsbedingungen (AGB) ist insbesondere dann sinnvoll, wenn Sie eine Vielzahl gleichartiger Geschäfte abschließen, zum Beispiel Kaufverträge. Denn auf diese Weise können Sie Einheitlichkeit und Transparenz für den Kunden schaffen und selbst unter Umständen eigene Risiken in der Vertragsabwicklung minimieren oder sogar ganz ausschalten.

Doch nicht selten erweist sich das, was Sie mit Ihren AGB einmal für alle Kunden geregelt zu haben glauben, als rechtlicher Stolperstein. Denn in Ihren AGB können Sie zwar die von Ihnen gewünschten Bedingungen zur Geschäftsabwicklung festlegen, dies bedeutet jedoch noch lange nicht, dass diese auch wirksam sind. Neben Ihren Kunden können sich auch Ihre Mitbewerber an unwirksamen AGB stören und Ihnen einen Strick daraus drehen.

> **Achtung!**
>
> Insbesondere Regelungen zu Preisen, Gewährleistungsrechten, Lieferzeiten, zur Rücksendung von Waren oder zur Haftung sowie zu Gutschriften oder Strafporto sind besonders sorgfältig zu prüfen, da es bei diesen Aspekten schnell zu einer unangemessenen Benachteiligung der Verbraucher kommen kann, was die Unwirksamkeit der Klausel zur Folge hätte. Daher sollten Sie in keinem Fall ungeprüft AGB von anderen Onlineshops übernehmen!

Damit die Gestaltung rechtswirksam gelingt, gibt dieser Abschnitt einen Überblick über einige fehlerträchtige Aspekte des AGB-Rechts.

16.2.1   Grundvoraussetzung: Klausel ist Vertragsbestandteil

Der Frage nach der Wirksamkeit einer Klausel geht die Frage voraus, ob sie überhaupt Bestandteil des Vertrags geworden ist. Denn es gibt Umstände, unter denen Klauseln zwar in den AGB stehen, der Gesetzgeber sie aber nicht als Vertragsbestandteil anerkennt.

Von besonderer praktischer Relevanz ist dabei die sogenannte *überraschende Klausel*. Diese Klausel hat ihren Namen daher, dass die Platzierung der Regelung in den AGB so ungewöhnlich ist, dass der Vertragspartner mit ihr dort nicht zu rechnen braucht. Typisch ist dafür beispielsweise die Vereinbarung eines Entgelts. So geriet die Website *www.outlets.de* dadurch in Verruf, dass die Betreiber damit warben, den Nutzern »Kostenlose Schnäppchen-Adressen« zur Verfügung zu stellen (siehe Abbildung 16.17).

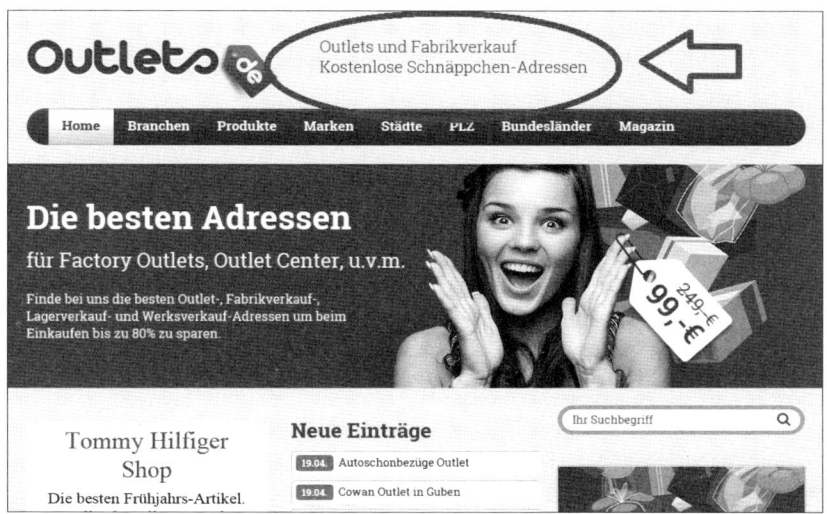

Abbildung 16.17 Website eines Anbieters von Outlet-Adressen

Auf die Registrierung folgte dann aber die böse Überraschung: eine Rechnung über insgesamt 192 €! Wer sich daraufhin bei den Betreibern beschwerte und äußerte, dass er von der Kostenpflichtigkeit nichts gewusst habe, den verwiesen die Betreiber auf ihre AGB (siehe Abbildung 16.18). Darin hatten sie nämlich vermerkt, dass die Registrierung eine Entgeltpflicht von 96 € pro Jahr bei einer Mindestlaufzeit von zwei Jahren zur Folge habe – insgesamt also 192 €.

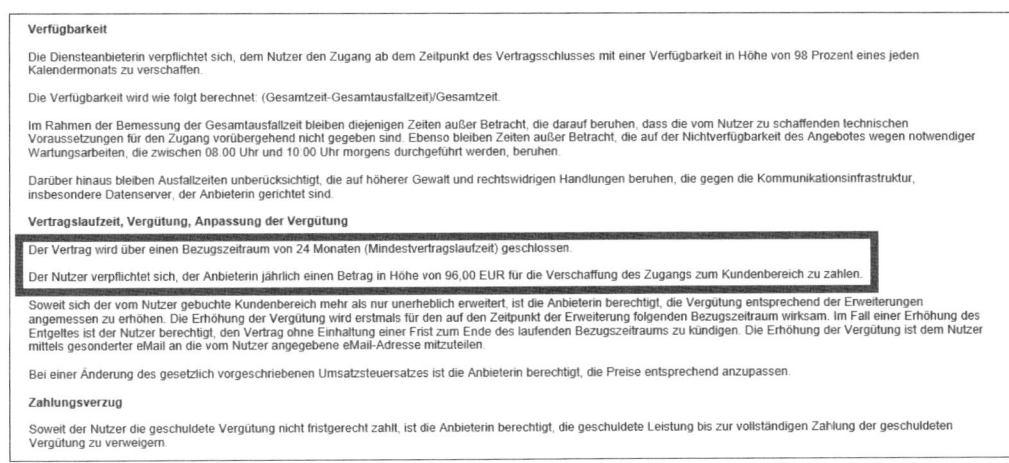

Abbildung 16.18 Früher enthielten die AGB der Webseite »www.outlets.de« eine überraschende Klausel; sie werden heute jedoch nicht mehr verwendet.

Doch dabei machten die Betreiber einen entscheidenden Fehler: Klauseln zu Preisangaben, die nur in den kleingedruckten AGB enthalten sind, werden in der Regel nicht

Vertragsbestandteil, da es sich um sogenannte *überraschende Klauseln* handelt. Der Käufer fühlt sich schlichtweg überrumpelt und muss daher in diesen Fällen auch nicht zahlen.

Dass diese Strategie rechtswidrig ist, haben die Betreiber der Seite inzwischen wohl feststellen müssen, und sie haben ihr Geschäftsmodell umgestellt: Eine Registrierung der Nutzer ist nun nicht mehr erforderlich, um die Outlet-Adressen zu sehen – die Eingabe der Postleitzahl reicht völlig aus. Dadurch fällt auch die Zustimmung zu den AGB weg, die die Betreiber inzwischen gänzlich von ihrer Seite entfernt haben, ebenso wie die böse Überraschung der Zahlungsaufforderung.

> **Hinweis**
>
> Wesentliche Aspekte des Vertragsinhalts dürfen nicht allein in den AGB geregelt werden. Was dabei wesentlich ist, können Sie grob selbst kontrollieren: Versetzen Sie sich in die Lage Ihres Vertragspartners, und fragen Sie sich, ob Sie den von Ihnen geregelten Umstand im Voraus hätten wissen wollen. Gerade bei Angaben wie Entgeltpflichten wird dies wohl jeder mit »Ja« beantworten. Sind Sie sich einmal nicht sicher, nehmen Sie Abstand davon, die Regelung in die AGB aufzunehmen, oder holen Sie sich rechtlichen Beistand.

16.2.2   Unwirksame Klauseln

Sind nun alle Klauseln Bestandteil Ihres Vertrags geworden, so ist es damit noch nicht geschafft: Die Klauseln dürfen zudem nicht unwirksam sein. Der Gesetzgeber hat einen ganzen Katalog an Tatbeständen zusammengefasst, die zur Unwirksamkeit der Klausel führen. An dieser Stelle können wir natürlich nicht auf alle Aspekte eingehen. Die wichtigsten und häufigsten Unwirksamkeitsgründe möchten wir Ihnen aber dennoch erläutern.

Grundsätzlich liegt eine Unwirksamkeit dann vor, wenn die Klausel entweder gegen gesetzlich normierte Klauselverbote verstößt oder eine unangemessene Benachteiligung des Vertragspartners darstellt.

> **Praxishinweis: Unangemessene Benachteiligung**
>
> Erinnern Sie sich daran, dass das Gesetz den Verbraucher schützen soll. Daher dürfen Sie die gesetzlichen Regelungen nicht zum Nachteil des Verbrauchers verändern.

Widmen wir uns zunächst den Klauselverboten. Im Fall des Online-Handels sind vor allem die Regelungen relevant, die die Vertragsstrafen und den Haftungsausschluss hinsichtlich der Mängelrechte des Käufers betreffen.

So ist beispielsweise eine Bestimmung unwirksam, die den Käufer zu einer Vertragsstrafe verpflichtet, wenn er die bestellte Ware verspätet oder überhaupt nicht abnimmt. Auch die verzögerte Kaufpreiszahlung berechtigt den Verkäufer nicht, eine Vertragsstrafe zu verlangen, da er in diesen Fällen ausreichend über die Regelungen des Schadensersatzes geschützt wird. Er hat daher kein schützenswertes Interesse daran, darüber hinaus zusätzlich Finanzmittel zu erhalten.

Ein in der Praxis weiterhin sehr häufig streitgegenständliches Klauselverbot ist das zur Beschränkung oder zum Ausschluss der Gewährleistungsrechte. Dabei ist eine Klausel unwirksam, mit der

▶ Ihre Haftung für Mängel an der Neuware ganz oder teilweise ausgeschlossen werden soll,

▶ die Gewährleistungsansprüche des Kunden ganz oder teilweise auf den Anspruch auf Nachlieferung oder Nachbesserung begrenzt werden sollen,

▶ die Kosten der Nachlieferung oder Nachbesserung auf den Käufer abgewälzt werden sollen,

▶ die Vornahme der Nacherfüllung von der Kaufpreiszahlung abhängig gemacht werden soll,

▶ eine Ausschlussfrist für die Mängelanzeige vereinbart werden soll, die kürzer ist als die Verjährungsfrist oder

▶ die gesetzliche Verjährungsfrist von zwei Jahren ab Übergabe der Sache verkürzt werden soll.

Achtung: Auch Konkurrenten können Sie wegen solcher Regelungen abmahnen!

Die Beschränkung bzw. der Ausschluss des Gewährleistungsrechts benachteiligt auch Konkurrenten. Denn nach Ansicht der Rechtsprechung ist ein solches Vorgehen dazu geeignet, den Wettbewerb nicht nur unerheblich zu beeinträchtigen. Denn verwenden Sie solche AGB, dann können Ihre Kunden davon abgehalten werden, ihre berechtigten Ansprüche geltend zu machen. Dies wiederum führe dazu, dass Sie durch die Abschreckungswirkung in Ihrer Kalkulation niedrigere Kosten für berechtigte Reklamationen berücksichtigen können und sich dies letztlich im Endpreis zu Ihren Gunsten niederschlage. Dies wirke sich im Umkehrschluss zum Nachteil der Mitbewerber aus.

Ebenso gerne nutzen Händler die AGB, um ihre Haftung einzugrenzen oder ganz auszuschließen. Zum Schutz der Vertragspartner hat der Gesetzgeber jedoch auch hier bestimmte Konstellationen verboten. So ist eine Haftungsbegrenzung unter anderem dann unwirksam, wenn eine Begrenzung auf jene Schäden erfolgen soll, die auf

Ihrer fahrlässigen Pflichtverletzung beruhen und eine Verletzung von Leben, Körper oder Gesundheit einer anderen Person zur Folge haben.

Besonders beliebt und ebenso fehlerträchtig ist die Pauschalierung von Schadensersatz auf festgesetzte Beträge. Darunter fällt beispielsweise die Beschränkung Ihrer Haftung auf die Höhe des Kaufpreises.

> **Praxistipp**
>
> Angesichts der hohen Haftungsrisiken, die sich aus nicht vorhandenen oder unwirksamen Haftungsbegrenzungen ergeben, empfehlen wir Ihnen, Haftungsklauseln von einem auf E-Commerce spezialisierten Rechtsanwalt formulieren zu lassen.

Es ist auch unzulässig, Versand- und Lieferzeiten nicht anzugeben. Denn Sie als Händler haben die Ware innerhalb der im Geschäftsbetrieb und Postbetrieb üblichen Zeit auszuliefern und den Käufer über die Dauer zu informieren. Um diesen Pflichten nachzukommen, können Sie in Ihre AGB auch eine Lieferzeitentabelle aufnehmen, in der je nach gewünschter Versandart die konkrete Lieferzeit aufgelistet wird (siehe Abbildung 16.19), oder auf eine solche Tabelle verweisen.

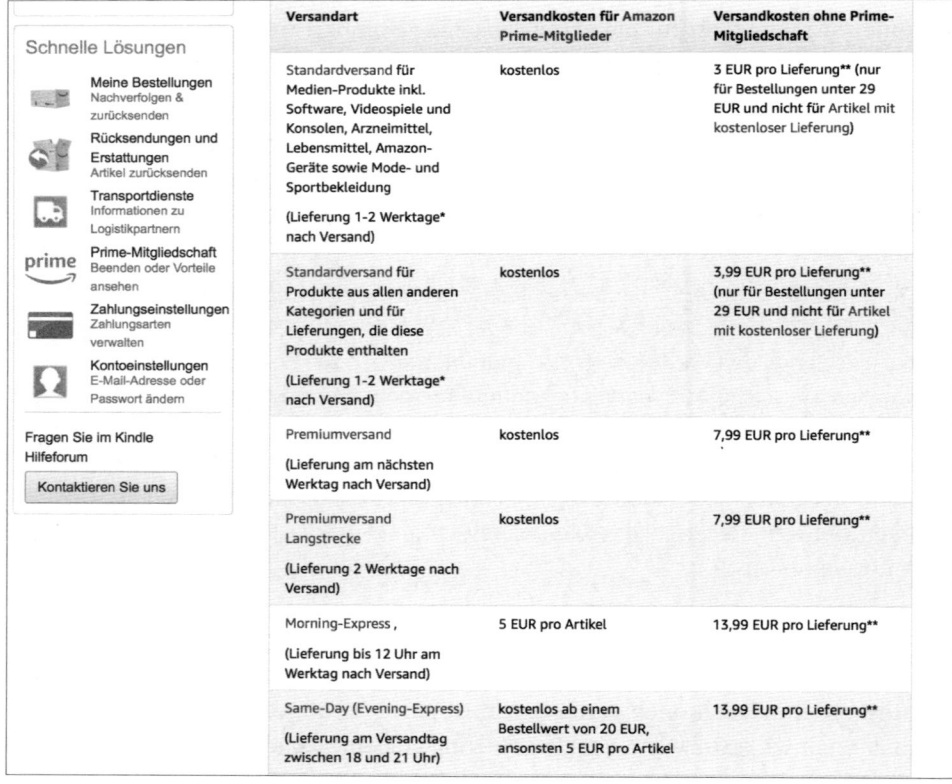

Abbildung 16.19 Lieferzeitentabelle des Online-Händlers »Amazon«

Neben diesen Klauselverboten führt auch eine sogenannte *unangemessene Benachteiligung* des Verbrauchers zur Unwirksamkeit der Vereinbarung. Diese Benachteiligung kann sich zum Beispiel aus einer nicht klar und verständlich formulierten Vereinbarung ergeben.

> **Praxisbeispiel: Unzulässige AGB-Darstellung**
>
> Im Rahmen der Darstellung der AGB ist es zum Beispiel unzulässig, die AGB in einem zu kleinen Scrollkasten aufzuführen.

Von besonderer Relevanz ist zudem die Benachteiligung aufgrund der Abweichung von gesetzlichen Regelungen wie denen des Verbraucherschutzes. Denn gerade an dieser Stelle hat der Gesetzgeber bewusst Schutzvorschriften für Verbraucher geschaffen, die nicht durch AGB unterlaufen werden sollen. Dies betrifft insbesondere Änderungen der Mängelrechte zulasten des Verbrauchers.

Aber auch Haftungsbeschränkungen können eine unangemessene Benachteiligung darstellen und daher unwirksam sein, nämlich dann, wenn der Ausschluss die Erfüllung sogenannter Kardinalpflichten betrifft. Als *Kardinalpflichten* werden all die wesentlichen Pflichten der Parteien eines Vertrags bezeichnet, die erfüllt werden müssen, um das vereinbarte Vertragsziel zu erreichen. Im Fall des Kaufvertrags stellt beispielsweise die Freiheit von Sach- und Rechtsmängeln der Kaufsache eine Kardinalpflicht dar.

16

> **Achtung!**
>
> Wenn Sie sich nicht sicher sind, was in Ihrem Fall zu den Kardinalpflichten gehört, können Sie das Problem nicht dadurch lösen, dass Sie statt der Benennung der Pflichten einfach den Begriff »Kardinalpflichten« wörtlich in Ihre AGB aufnehmen. Denn auch das verstößt nach Ansicht des BGH gegen das Transparenzgebot, da dem durchschnittlichen Kunden als juristischem Laien nicht klar ist, welche Pflichten darunter fallen.

Stellt sich nun heraus, dass die AGB nicht wirksam einbezogen wurden, dass ein Fall eines Klauselverbots vorliegt oder dass die Regelung eine unangemessene Benachteiligung darstellt, so ist zwar die betreffende Klausel unwirksam, nicht aber der restliche Vertrag. Dadurch soll der Käufer bei einem im Übrigen für ihn günstigen Vertrag geschützt werden.

Die unwirksame Klausel wird dann grundsätzlich durch die gesetzlichen Normierungen ersetzt. Eine Reduzierung der unwirksamen Klausel auf das gerade noch zulässige Maß ist dagegen nicht zulässig, da andernfalls der Verkäufer immer überzogene

AGB verwenden könnte – schließlich würde er im schlimmsten Fall ohnehin nur auf seine Pflicht reduziert werden.

16.2.3   Praktische Details der AGB-Gestaltung

Nachdem Sie im ersten Schritt nun mühsam wirksame AGB formuliert haben, müssen Sie diese in einem zweiten Schritt auch richtig an den Mann bzw. die Frau bringen. Dabei hat der Gesetzgeber ebenfalls genau seine Vorstellungen normiert:

1. Der Käufer muss ausdrücklich auf die AGB hingewiesen werden und die Möglichkeit haben, diese zur Kenntnis zu nehmen sowie mit deren Geltung einverstanden sein.

Praxistipp

Um das Erfordernis des Hinweises, der Einsichtsmöglichkeit und des Einverständnisses sicherzustellen, wird in der Praxis vielfach die Möglichkeit gewählt, sich vom Käufer bestätigen zu lassen, dass diese Voraussetzungen gegeben sind. Der Käufer muss dazu vor Abschluss des Bestellvorgangs ein Kästchen anklicken (siehe Abbildung 16.20).

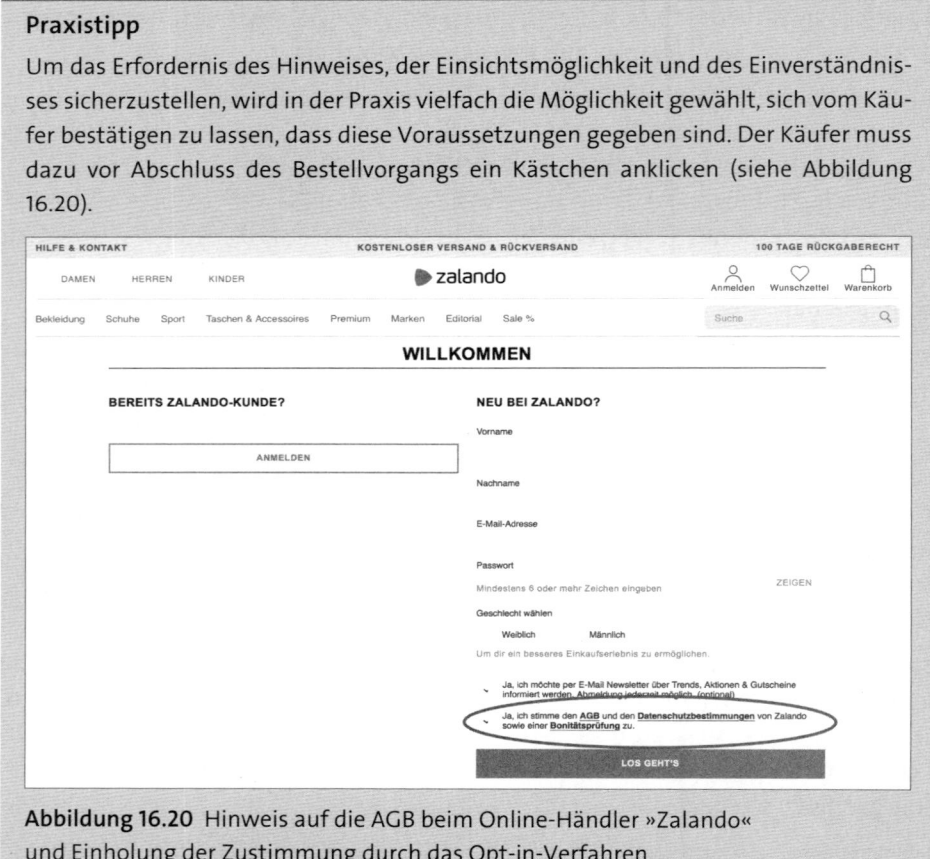

Abbildung 16.20 Hinweis auf die AGB beim Online-Händler »Zalando« und Einholung der Zustimmung durch das Opt-in-Verfahren

2. Bei der Übermittlung der AGB müssen Sie grundsätzlich beachten, dass die AGB dem Verbraucher zusammen mit den Vertragsbestimmungen so zugehen, dass er sie bei Vertragsschluss abrufen und in wiedergabefähiger Form speichern kann. Zeitlich hat dies innerhalb einer angemessenen Frist nach Vertragsschluss zu erfolgen, spätestens jedoch mit Lieferung der Ware.

Praxistipp

Viele Online-Händler nutzen die Möglichkeit, dem Käufer die AGB gemeinsam mit der Bestellbestätigung per E-Mail zuzuschicken. Da der Händler für den Erhalt die Beweislast trägt, sollte er ein technisches Protokoll darüber anfertigen, dass der Kunde die AGB zur Kenntnis genommen hat. Denkbar und beliebt ist es dabei, gleich mit der Zusendung der AGB per E-Mail auch eine elektronische Empfangsbestätigung zu generieren.

Übermittelt der Händler grundsätzlich keine AGB an seine Kunden, so kann er von Mitbewerbern ebenso abgemahnt werden wie der Händler, der unwirksame AGB versendet. Es reicht nicht, dass Sie Ihre AGB bloß irgendwo zur Verfügung stellen, beispielsweise auf Ihrer Website.

16.3   Welche Anforderungen werden an die Datenschutzerklärung gestellt?

Als Betreiber von Onlineshops sind Sie aufgrund der datenschutzrechtlichen Bestimmungen bei der Verarbeitung und Nutzung von personenbezogenen Daten dazu verpflichtet, Ihren Kunden über die Verwendung seiner Daten zu unterrichten. Oft befassen sich Online-Händler allerdings nicht mit diesem Thema und gehen damit das Risiko hoher Bußgelder ein. Um dies zu verhindern, gibt Ihnen dieser Abschnitt einen Überblick über die Anforderungen, die der Gesetzgeber an eine Datenschutzerklärung stellt.

Aber auch, wenn Sie bereits eine Datenschutzerklärung in Ihrem Online-Shop abrufbereit haben, sollten Sie beachten, dass es wesentliche Änderungen gab. Das entscheidende Stichwort lautet: Europäische Datenschutz-Grundverordnung. Was sich hinter dem – seit dem 25. Mai 2018 zwingend umzusetzenden – europäischen Gesetz verbirgt, haben wir Ihnen bereits in Abschnitt 3.2.3 erläutert. Daher möchten wir an dieser Stelle nur noch auf die Details der Datenschutzerklärung eingehen.

16

> **Achtung!**
>
> Sofern Sie Ihre Datenschutzerklärung noch nicht DSGVO-konform gestaltet haben, sollten Sie keine Zeit mehr verlieren. Denn Ihre Datenschutzerklärung ist öffentlich und bietet damit die einfachste Grundlage für aufsichtsbehördliche Überprüfungen und wettbewerbsrechtliche Abmahnungen. Denn obwohl die Datenschutz-Grundverordnung noch relativ jung ist, ist es bereits zu Abmahnungen gekommen! Ein Muster einer erweiterten Datenschutzerklärung für Online-Shops finden Sie in diesem Buch in Abschnitt 19.7.6. Die können es gern verwenden!

16.3.1   Sinn und Zweck

Der Zweck der Datenschutzerklärung ist es, den Kunden darüber aufzuklären, in welchem Umfang und zu welchen Zwecken Sie seine personenbezogenen Daten verwenden. Personenbezogene Daten sind dabei Einzelangaben über persönliche und sachliche Verhältnisse einer bestimmten oder bestimmbaren Person.

Entscheidend ist, dass die Daten mit der Person verbunden sind oder dass sich eine Verbindung aus dem Inhalt unmittelbar herstellen lässt. Darunter fallen beispielsweise Name, Alter, Familienstand oder Geburtsdatum. Personenbezogene Daten können aber auch IP-Adresse, Kontonummer oder die Telefonnummer sein.

Gleichzeitig ist die Datenschutzerklärung ein Instrument für Sie, um Ihren gesetzlichen Informationspflichten nachzukommen, indem Sie dort den Betroffenen zum Beispiel über seine Rechte informieren können. Denn gerade im Internet hinterlässt man zwangsläufig eine Datenspur. Viele dieser Daten ermöglichen Rückschlüsse auf die Person vor dem Bildschirm oder hinter der Akte zu einer Person, was zu einem Interessenkonflikt führt.

> **Hinweis**
>
> In Ihrem unternehmerischen Alltag benötigen Sie Datenschutzerklärungen sowohl innerbetrieblich für die Verarbeitung personenbezogener Daten der Mitarbeiter als auch gegenüber Außenstehenden – insbesondere auf Ihrer Website für die Besucher der Website oder für (potenzielle) Kunden oder Geschäftspartner Ihres Online-Shops. Verschiedene Muster zu den jeweiligen Betroffenenkreisen haben wir Ihnen in Abschnitt 19.7 bereitgestellt.

Bitte beachten Sie, dass die Datenschutzerklärung über die bloße Information hinaus keine rechtliche Wirkung entfaltet! Insbesondere kann eine Datenschutzerklärung nicht als Rechtsgrundlage für eine Datenerhebung herangezogen werden. Eine Datenverarbeitung ist nur mit Einwilligung des Betroffenen oder in den übrigen gesetzlich geregelten Fällen zulässig. Sofern Sie eine Einwilligung einholen möchten, muss dies separat erfolgen. Die Datenschutzerklärung kann lediglich über die Umstände dieser Datennutzung aufklären, aber keine Einwilligung ersetzen!

16.3.2   Erfordernis einer Datenschutzerklärung

Eine Datenschutzerklärung ist grundsätzlich immer dann erforderlich, wenn Ihre Website personenbezogene Daten der Kunden oder der Besucher erhebt. Nur dann, wenn allein anonyme, systembezogene oder statistische Daten ohne Personenbezug verarbeitet werden (zum Beispiel Browsertyp, verwendetes Betriebssystem oder Uhrzeit der Serveranfrage), bedarf es keiner Datenschutzerklärung.

Im Rahmen Ihres Onlineshops können an verschiedenen Stellen personenbezogene Daten anfallen. Zunächst einmal ist dabei an solche Daten zu denken, die Sie im Zusammenhang mit dem Besuch des Kunden in Ihrem Onlineshop beispielsweise über personenbezogene Cookies sammeln. Aber auch wenn Sie Webanalyse-Instrumente wie »Google Analytics« verwenden, mit denen Sie das Nutzerverhalten analysieren können, müssen Sie dies in Ihrer Datenschutzerklärung angegeben, wenn diese Statistiken nicht anonym sind bzw. Aufschluss darüber geben können, dass eine bestimmte Person auf den Server zugegriffen hat.

Darüber hinaus müssen Sie zur Durchführung der Bestellung Daten wie Name, Adresse, Geburtsdatum oder E-Mail-Adresse Ihrer Kunden erheben. Auch müssen diese oftmals sogar an Dritte, wie zum Beispiel Lieferunternehmen oder Banken, weitergegeben werden – auch darüber muss der Kunde aufgeklärt werden und damit einverstanden sein.

Binden Sie in Ihren Onlineshop Social-Media-Plugins ein, so fallen auch dabei Daten an, über die Sie Ihre Kunden unterrichten müssen.

16.3.3   Inhalt der Datenschutzerklärung

In die Datenschutzerklärung selbst sollten Sie dann den Zweck, die Art und den Umfang der Erhebung, Verarbeitung und Nutzung der Daten aufnehmen. Dies umfasst jede Variante der Datenverwendung.

Eine Datenschutzerklärung muss Antwort auf Fragen geben können, die Betroffene sich berechtigterweise im Zusammenhang mit der Verarbeitung ihrer personenbezogenen Daten stellen könnten, unter anderem:

▶ Welche personenbezogenen Daten werden erhoben?

▶ Was passiert mit den erhobenen Daten?

▶ Warum werden überhaupt Daten erhoben?

- ▶ Werden die erhobenen Daten an Dritte weitergegeben?
- ▶ Findet ein grenzüberschreitender Datenverkehr statt?
- ▶ Welche Maßnahmen werden ergriffen, um die Sicherheit der Daten zu gewährleisten?

Welche Informationen der Gesetzgeber dabei zwingend vorsieht und was sich dahinter genau verbirgt, möchten wir Ihnen in diesem Abschnitt erläutern.

Überblick: Inhalt der Datenschutzerklärung

In Art. 13 DSGVO findet sich eine Liste der Informationen, die nach der neuen Verordnung in einer Datenschutzerklärung stehen müssen und an der Sie sich orientieren können. Zwingend sind demnach Informationen zu:

- ▶ Name und Kontaktdaten des Verantwortlichen (ggf. auch des Vertreters)
- ▶ Zweck und Rechtsgrundlage der Verarbeitung
- ▶ Falls die Rechtsgrundlage der Datenverarbeitung Art. 6 Abs. 1 lit. f DSGVO ist: Angabe der berechtigten Interessen des Verantwortlichen oder Dritten
- ▶ Aufklärung über Rechte des Betroffenen: Auskunft, Berichtigung, Löschung, Einschränkung, Widerspruch, Datenübertragung
- ▶ Hinweis auf das Beschwerderecht bei einer Aufsichtsbehörde
- ▶ Speicherdauer der Daten
- ▶ Falls eine Einwilligung die Rechtsgrundlage der Datenverarbeitung ist: Hinweis auf die Möglichkeit, die Einwilligung jederzeit widerrufen zu können
- ▶ Sofern vorhanden: Kontaktdaten des Datenschutzbeauftragten
- ▶ Bei gesetzlicher oder vertraglicher Pflicht zur Datenerhebung: Aufklärung des Betroffenen über diese Pflicht und die möglichen Folgen einer Nichtbereitstellung
- ▶ Beim Einsatz automatisierter Entscheidungsfindungen, einschließlich Profiling: Aufklärung hierüber, insbesondere über die zugrunde liegende Logik, die Tragweite und die angestrebten Auswirkungen für den Betroffenen
- ▶ Bei einer Weitergabe an Dritte: Angabe der Empfänger bzw. der Kategorie von Empfängern
- ▶ Angabe der Absicht zur Datenübermittlung in ein Drittland und Angabe des von der Kommission festgelegten Datenschutzniveaus des Drittlandes
- ▶ Im Falle von Übermittlungen nach Art. 46, 47 oder 49 DSGVO: Verweis auf die geeigneten oder angemessenen Garantien, die verbindlichen internen Datenschutzvorschriften und das Vorliegen der jeweiligen Voraussetzungen sowie auf die Möglichkeit und die Modalitäten des Erhalts einer Kopie

Nach den Regelungen der Datenschutz-Grundverordnung hat der Kunde ein Recht auf unentgeltliche Auskunft über seine gespeicherten Daten – neuerdings auch in elektronischer Form – sowie gegebenenfalls ein Recht auf Berichtigung, Sperrung oder Löschung dieser Daten. Daher müssen Sie ihn zudem über seine Widerspruchs- und Widerrufsmöglichkeit gegen die Datenerhebung belehren.

Hinweis

Wenn Sie sich nicht sicher sind, was alles in Ihre Datenschutzerklärung gehört, so können wir Ihnen zwei Datenschutzerklärung-Generatoren empfehlen, die beide von der Rechtsanwaltskanzlei »Wilde Beuger Solmecke« (mit-)gestaltet wurden. Es handelt sich dabei um den Rechtstexter der »Trusted Experts« (abrufbar unter *http://wbs.is/romrechtstexter*) und um den Datenschutzerklärung-Generator (abrufbar unter *http://wbs.is/dsgvo-generator*).

Diese kostenlosen Tools helfen Ihnen dabei, die Datenschutzerklärung für Ihren Onlineshop schnell und einfach immer auf dem neuesten Stand zu generieren. Auf diese Weise können Sie sich günstig, einfach und sicher vor Abmahnungen schützen. Beachten Sie jedoch bitte, dass Generatoren nur grundlegende oder gängige Aspekte Ihrer Onlineshops in der Datenschutzerklärung berücksichtigen können, jedoch keine Hilfe für spezielle Konstellationen bieten. Dies betrifft insbesondere die Plugins. Fast jeder Website-Betreiber hat noch besondere Plug-ins, die von den Generatoren nicht erfasst werden. Die dafür erforderlichen Erläuterungen müssen dann noch individuell erstellt werden – im Idealfall von einem Datenschutzanwalt.

Ein Muster für eine Datenschutzerklärung, die den Anforderungen der europäischen Datenschutz-Grundverordnung gerecht wird, stellen wir Ihnen in Kapitel 19, »Mustertexte«, bereit.

16

16.3.4   Platzierung und Übermittlung der Datenschutzerklärung

Zunächst einmal müssen Sie die Informationen leicht verständlich formulieren und für den Kunden jederzeit verfügbar halten. Dabei kann die Unterrichtung zentral in einer Datenschutzerklärung erfolgen, die von jeder Seite aus erreichbar ist.

In Onlineshops findet sich die Datenschutzerklärung meist am Fuß der Seite in der Nähe des Impressums oder der Allgemeinen Geschäftsbedingungen. Der entsprechende Link sollte dann mit den Begriffen DATENSCHUTZ, DATENSCHUTZERKLÄRUNG oder DATENSCHUTZINFORMATIONEN bezeichnet werden (siehe Abbildung 16.21).

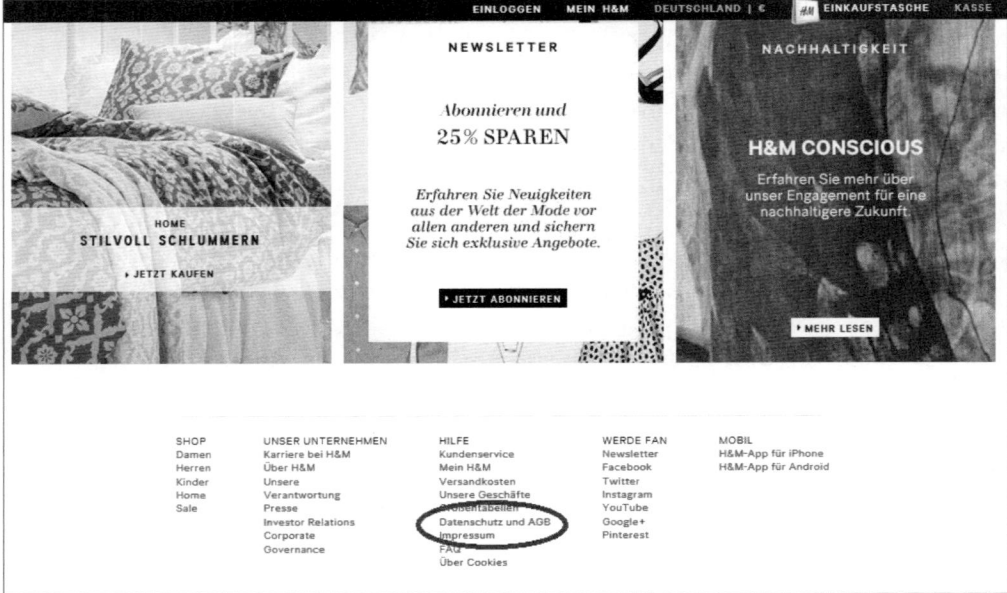

Abbildung 16.21 Beispiel für einen Datenschutz-Link im Onlineshop des Modehauses »H&M«

Alternativ können Sie auch eine Kundeninformationsseite einrichten. In diesem Fall sollte dann der Link DATENSCHUTZ auf den Abschnitt mit den entsprechenden Angaben verweisen.

> **Achtung: Eine Datenschutzerklärung in den AGB ist unzulässig!**
>
> Nicht zulässig ist die bloße Einbindung der Datenschutzerklärung in die Allgemeinen Geschäftsbedingungen des Unternehmens! Denn oftmals reicht nicht nur die Erklärung Ihrerseits, sondern Sie benötigen auch das Einverständnis Ihrer Kunden.

Was die Übermittlung von Datenschutzerklärungen angeht, so gilt Folgendes: Bei Registrierungsverfahren im Internet sollten Sie bereits im Vorfeld auf die Datenschutzerklärung und auf die mit der Registrierung verbundene nötige Einwilligung zur Datennutzung hinweisen. Da jede Einwilligung des Nutzers bewusst und eindeutig zu erfolgen hat, empfehlen wir Ihnen eine Ausgestaltung als Opt-in mit einer nicht vorangekreuzten Checkbox (siehe Abbildung 16.22).

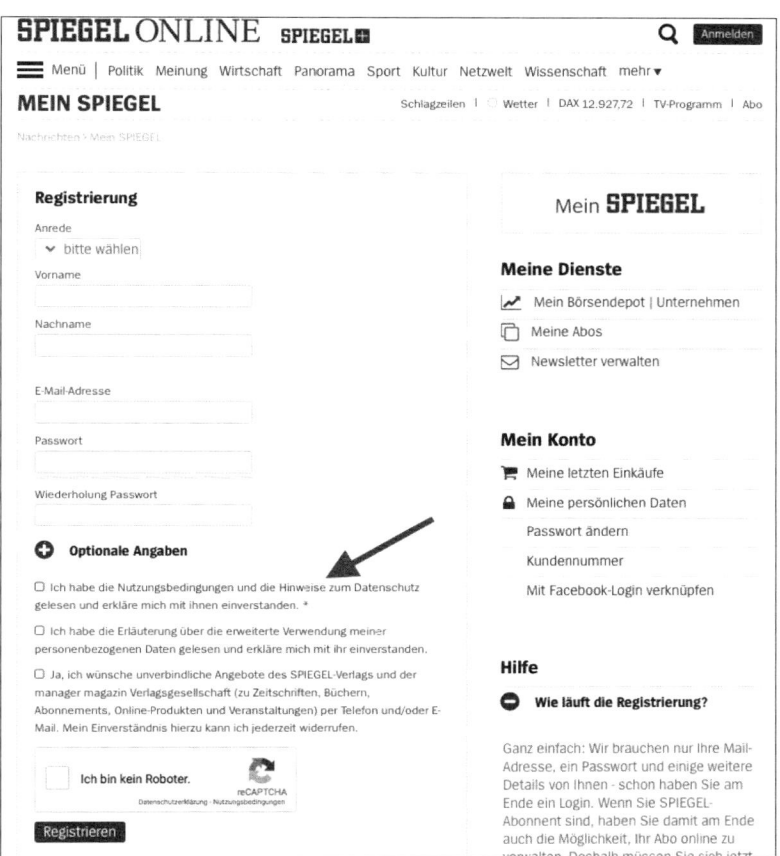

Abbildung 16.22 Bei der Registrierung auf der Website von »Spiegel Online« wird ein Opt-in-Kästchen verwendet, mit dem Sie auch den Hinweis auf die Datenschutzerklärung bestätigen, sobald Sie sich registrieren.

16.4   Müssen Online-Händler ein Verarbeitungsverzeichnis führen?

Online-Händler verarbeiten eine Vielzahl von Daten in verschiedenen Bereichen: von Kundendaten aus dem Onlineshop über Daten von Geschäftspartnern bis hin zu Daten der eigenen Mitarbeiter – da kann man schnell einmal den Überblick verlieren. Doch wer den Überblick verliert, der kann einen angemessenen und den Standards der Datenschutzgesetze entsprechenden Schutz der personenbezogenen Daten der Betroffenen nicht gewährleisten.

Um genau dies zu verhindern, hatte bereits der deutsche Gesetzgeber in der alten Fassung des Bundesdatenschutzgesetzes die Führung eines Verfahrensverzeichnisses vorgeschrieben. Daran hat sich auch nach Inkrafttreten der europäischen Datenschutz-Grundverordnung grundsätzlich nicht viel geändert.

Die Datenschutz-Grundverordnung hat diese Pflicht nun in Art. 30 DSGVO normiert, der den Titel »Verzeichnis von Verarbeitungstätigkeiten« (kurz: »Verarbeitungsverzeichnis«) trägt. Wie schon zuvor muss eine Dokumentation und Übersicht aller Verfahren, bei denen personenbezogene Daten verarbeitet werden, erstellt und ständig aktuell gehalten werden. Dies muss gemäß Art. 30 Abs. 3 DSGVO schriftlich erfolgen, was auch bei Verwendung eines elektronischen Formats gegeben ist.

> **Hinweis**
>
> Da Sie auch Rechenschaft über die von Ihnen vorgenommenen Verarbeitungstätigkeiten ablegen müssen, sollte das Erstellen eines solchen Verzeichnisses oberste Priorität in Ihrem Unternehmen haben. Auch kann Ihnen das Verzeichnis dabei helfen, sich einen Überblick über alle Datenverarbeitungsprozesse in Ihrem Unternehmen zu verschaffen und besser zu planen, was noch zu tun ist.

16.4.1   Sind sie zur Erstellung eines Verarbeitungsverzeichnisses verpflichtet?

Der Gesetzgeber schreibt in Art. 30 Abs. 1 DSGVO vor, dass »jeder Verantwortliche und gegebenenfalls sein Vertreter« ein Verzeichnis aller Verarbeitungstätigkeiten führen muss, die in ihrem Zuständigkeitsbereich liegen. Diese Pflicht trifft gemäß Art. 30 Abs. 2 DSGVO aber auch die Auftragsverarbeiter, die ein Verzeichnis zu allen Kategorien von Tätigkeiten der Verarbeitung führen müssen, die sie im Auftrag eines Verantwortlichen durchführen. Das bedeutet nun praktisch, dass sowohl Sie als Verantwortlicher als auch von Ihnen möglicherweise beauftragte Auftragsverarbeiter ein Verarbeitungsverzeichnis führen müssen.

Eine Ausnahme von dieser Pflicht hat der Gesetzgeber gemäß Art. 30 Abs. 5 DSGVO nur in den Fällen vorgesehen, in denen das datenverarbeitende Unternehmen weniger als 250 Mitarbeiter beschäftigt. Diese Ausnahme findet jedoch dann wiederum keine Anwendung, wenn eine der folgenden Bedingungen zutrifft:

▶ Die vorgenommene Verarbeitung birgt ein Risiko für die Rechte und Freiheiten der betroffenen Personen.

▶ Die Verarbeitung erfolgt nicht nur gelegentlich.

▶ Es erfolgt eine Verarbeitung besonderer Datenkategorien gemäß Art. 9 Abs. 1 bzw. die Verarbeitung von personenbezogenen Daten über strafrechtliche Verurteilungen und Straftaten im Sinne des Art. 10.

Während sich einfach ermitteln lässt, ob 250 Mitarbeiter in einem Unternehmen beschäftigt sind, stellen auch wir uns die Frage, welche Fälle der Gesetzgeber bei der Erstellung der Ausnahmen von der Ausnahme im Sinn hatte. Denn die erste Variante verlangt, dass die Datenverarbeitung risikofrei ist. Doch welche Konstellation soll das in der Praxis sein? Wir gehen also davon aus, dass es sich um ein gesteigertes Risiko handeln muss, da andernfalls dieser Ausschlussgrund immer zum Tragen kommen würde und die Ausnahmeregelung damit leerlaufen würde. Ein solches gesteigertes Risiko kann zum Beispiel bei Standortdaten angenommen werden.

Auch die zweite Variante einer nur gelegentlichen Datenverarbeitung ist in der Datenschutz-Grundverordnung nicht näher bestimmt worden. Es ist aber davon auszugehen, dass der Gesetzgeber die Unternehmen von einer Privilegierung ausschließen wollte, deren Kerntätigkeit die Datenverarbeitung ist. »Kerntätigkeit« mag für den einen oder anderen vielleicht nun so klingen, als ob das nur auf wenige Personen im Unternehmen zutrifft, aber dem ist nicht so. Datenschutzrechtler gehen davon aus, dass schon eine tägliche Datenverarbeitung durch Abrufen der E-Mails ausreicht, damit ein Verarbeitungsverzeichnis erstellt werden muss.

Achtung!

In welchen Fällen nun eine Befreiung von der Pflicht zur Erstellung eines Verarbeitungsverzeichnisses vorliegt, wird in Zukunft die Rechtsprechung anhand konkreter Fälle entscheiden müssen. Bis dahin können auch wir nur vermuten, was der Wille des europäischen Gesetzgebers bei der Normierung dieser Ausnahmen von den Ausnahmen war. Wenn Sie sich also nicht sicher sind, ob Sie ein Verarbeitungsverzeichnis führen müssen, sollten Sie rechtliche Beratung in Anspruch nehmen oder einfach zur Sicherheit ein Verarbeitungsverzeichnis erstellen. Denn die Ausnahmevorschriften sind sehr eng auszulegen. Sie können daher grundsätzlich davon ausgehen, dass Sie eine Pflicht zur Erstellung eines Verarbeitungsverzeichnisses trifft.

16.4.2   Inhalt des Verarbeitungsverzeichnisses

Welchen Inhalt das Verarbeitungsverzeichnis haben muss, hat der europäische Gesetzgeber klar und einfach verständlich in Art. 30 DSGVO normiert. Online-Händler müssen als Verantwortliche die Anforderungen des Art. 30 Abs. 1 DSGVO (siehe Abbildung 16.23) erfüllen.

So müssen Sie etwa angeben, woher die Daten in den jeweiligen Prozessen stammen, zu welchem Zweck sie verarbeitet werden, wer Zugriff hat und an wen sie weitergegeben werden. Zudem müssen Sie hier auch Folgendes eintragen:

▶ Name und Kontaktdaten des Verantwortlichen sowie eines gegebenenfalls bestellten Datenschutzbeauftragten

▶ Löschfristen für gespeicherte Daten

▶ die technisch-organisatorischen Maßnahmen, die Sie ergreifen

▶ eine etwaige Risikobewertung

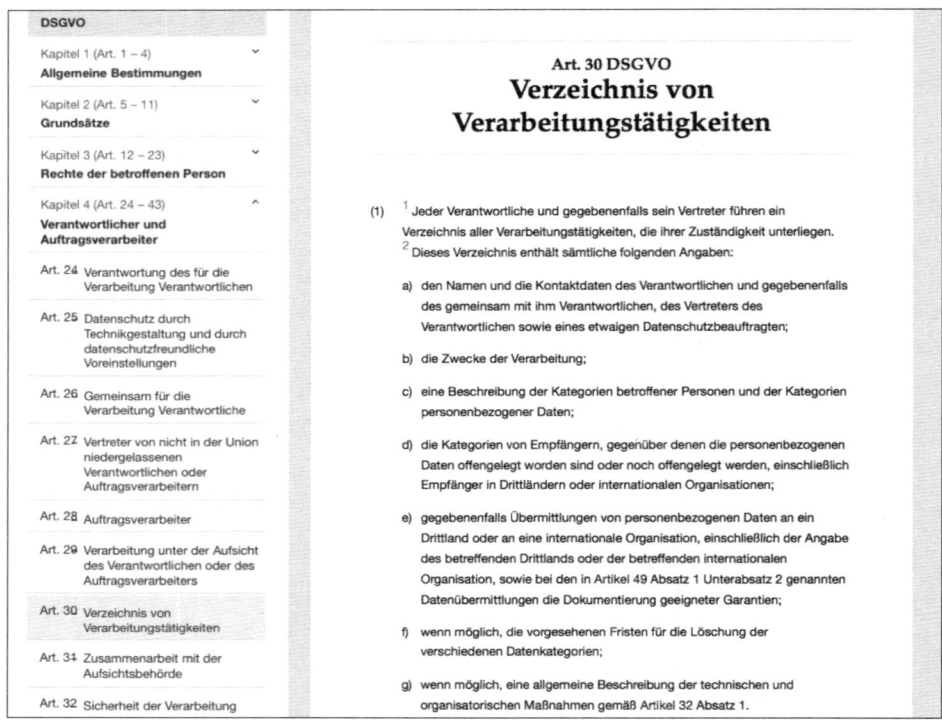

Abbildung 16.23 Art. 30 Abs. 1 DSGVO stellt dar, welche Verarbeitungstätigkeiten der Verantwortliche aufführen muss.

Außerdem sollten Sie hier für alle Verarbeitungen der Daten Ihrer Mandanten, Mitarbeiter, Lieferanten etc. die rechtlichen Erlaubnisnormen dokumentieren.

16.4.3   Erstellung eines Verarbeitungsverzeichnisses

In Abschnitt 19.8 haben wir für Sie ein Muster eines Verarbeitungsverzeichnisses für Verantwortliche abgedruckt, das Ihnen zur Veranschaulichung dienen soll. Sie können es verwenden und an Ihre Bedürfnisse anpassen. Die Ausführungen im Folgenden stellen letztlich eine Erläuterung dieses Verzeichnisses dar.

Verfügen Sie bereits über ein Verarbeitungsverzeichnis, das Sie nach den Maßstäben des ehemals geltenden Bundesdatenschutzgesetzes erstellt haben, dann können Sie dieses Verarbeitungsverzeichnis auch als Grundlage heranziehen und es aktualisieren.

Inzwischen gibt es jedoch auch professionelle Systeme, die Ihnen dabei helfen, ein genau auf Ihr Unternehmen abgestimmtes Verarbeitungsverzeichnis zu erstellen.

Wir haben den »DSGVO-Manager« von den »Trusted Experts« (*https://shop.trustedshops.com/dsgvo*) selbst getestet und können Ihnen dieses Tool nur empfehlen. Es zeigt alle relevanten Datenverarbeitungsprozesse aufgelistet an, die im Einzelnen dann mit anklickbaren Antwortmöglichkeiten versehen werden (siehe Abbildung 16.24).

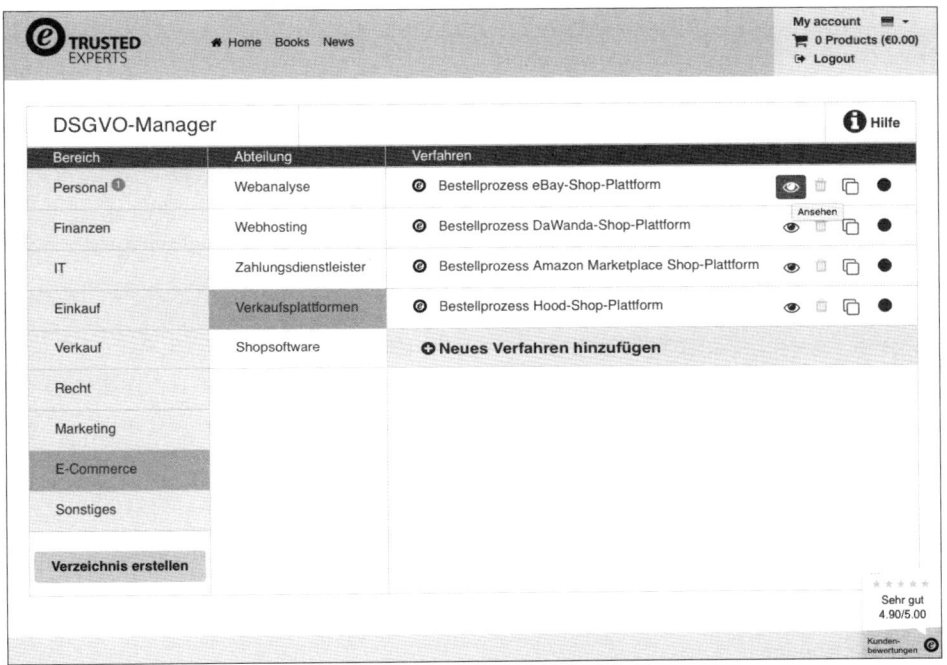

Abbildung 16.24 Im »DSGVO-Manager« können Sie zunächst den Bereich der Datenverarbeitung wählen und erhalten dann eine Anleitung zu dessen Ausgestaltung.

Sie klicken also alle Verarbeitungsprozesse und deren einzelne Details an und das System erstellt Ihnen daraufhin Ihr individuelles Verarbeitungsverzeichnis (siehe Abbildung 16.25) – eine enorme Arbeitserleichterung!

Der Aufbau des Verarbeitungsverzeichnisses folgt dem gesetzlichen Katalog des Art. 30 Abs. 1 DSGVO:

1. Stammdatenblatt mit allgemeinen Angaben zum Verantwortlichen
2. Datenverarbeitungen und Datenverarbeitungszwecke
3. Detaillierte Angabe der einzelnen Datenverarbeitungszwecke
4. Technische und organisatorische Maßnahmen

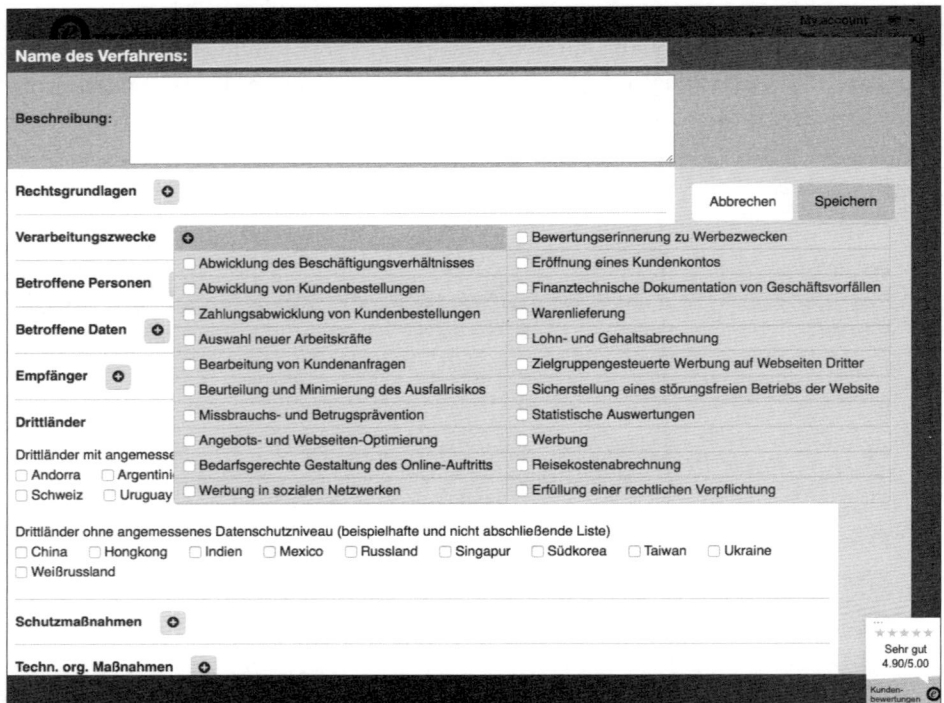

Abbildung 16.25 Innerhalb der einzelnen Verarbeitungsbereiche bietet Ihnen der »DSGVO-Manager« dann eine Vielzahl von Antworten, die Sie Ihrem Einzelfall entsprechend anklicken können.

Konkret bedeutet dies, dass Sie innerhalb dieser einzelnen Punkte angeben müssen, woher die Daten in den jeweiligen Prozessen stammen, zu welchem Zweck sie verarbeitet werden, wer Zugriff darauf hat und an wen sie weitergegeben werden. Zudem müssen Sie hier auch den Namen und die Kontaktdaten des Verantwortlichen sowie eines gegebenenfalls bestellten Datenschutzbeauftragten ebenso aufführen wie die Löschfristen der gespeicherten Daten, die von Ihnen ergriffenen technisch-organisatorischen Maßnahmen sowie eine etwaige Risikobewertung. Außerdem sollten an dieser Stelle auch die rechtlichen Erlaubnisnormen für alle Verarbeitungen von Daten Ihrer Mitarbeiter, Kunden, Bewerber, Geschäftspartner etc. dokumentiert werden.

Praxistipp

Die Unternehmensleitung des Onlineshops sollte sich zunächst auf die Prozessübersicht selbst konzentrieren, da diese von essenzieller Bedeutung ist und sie sich in allen anderen Punkten des Verzeichnisses auch durch einen Datenschutzbeauftragten oder eine Datenschutzkanzlei unterstützen lassen kann.

Beginnen sollten Sie, indem Sie alle Geschäftsprozesse, in denen personenbezogene Daten verarbeitet werden, in einer Excel-Tabelle auflisten.

Hinweis: Definition des Begriffs »Verarbeitung«

Verarbeitung bezeichnet kurzgefasst jeden Vorgang im Zusammenhang mit personenbezogenen Daten – wie das Erheben, das Erfassen, die Organisation, das Ordnen, die Speicherung, die Anpassung oder Veränderung, das Auslesen, das Abfragen, die Verwendung, die Offenlegung durch Übermittlung, Verbreitung oder eine andere Form der Bereitstellung, den Abgleich oder die Verknüpfung, die Einschränkung, das Löschen oder die Vernichtung (Art. 4 Nr. 2 DSGVO). Dabei ist nicht von Bedeutung, ob die Daten auf Papier oder elektronisch gespeichert werden.

Soweit Ihnen eine feingliedrige Darstellung Ihrer Geschäftsprozesse möglich ist, empfehlen wir Ihnen diese. Denn bei einem zu großzügigen Clustern der Geschäftsprozesse ist zu erwarten, dass dies nicht den Anforderungen der Datenschutzbehörden genügt.

Bei der Auswahl dieser Prozesse sollten Sie sich immer in die Lage eines Kontrolleurs der Datenschutzbehörde versetzen. Diesem muss es möglich sein, anhand des Verarbeitungsverzeichnisses einen vollständigen Einblick in die Prozesse Ihres Unternehmens zu erhalten. Neben offensichtlichen Prozessen wie etwa »Neue Kunden elektronisch erfassen« und »Kundendaten an Buchhaltung übermitteln« können dies etwa sein: Daten der Mitarbeiter und Bewerber speichern, Reisekostenabrechnung, Besucherverwaltung, E-Mail-Marketing, Papier- und Aktenvernichtung, Telefonsupport, Videoüberwachung etc. Letztlich werden in fast allen internen wie externen Prozessen Daten verarbeitet. Daher empfehlen wir Ihnen, Ihr Geschäft möglichst umfangreich abzubilden.

Anschließend müssen Sie die in Art. 30 Abs. 1 DSGVO genannten Angaben in das Verzeichnis mit aufnehmen (siehe Abbildung 16.23).

Praxistipp

Verarbeitungsverzeichnisse sind sehr individuell zu gestalten. Es gibt jedoch bestimmte Aspekte, die sich je nach Unternehmenszweig oder Berufsgruppe unter Umständen vereinheitlichen lassen. Wenn Sie Ihr Verarbeitungsverzeichnis selbst erstellen möchten, empfehlen wir Ihnen daher, zusätzlich Literatur heranzuziehen, die praxistaugliche Muster speziell für Ihren Unternehmenszweig oder Ihre Berufsgruppe enthält.

16.5   Wie stellt man eine rechtskonforme Abwicklung des Online-Geschäfts sicher?

Ein Onlineshop ist nur dann ein erfolgreiches Marketinginstrument, wenn es Ihnen gelingt, das Geschäft zur Zufriedenheit Ihrer Kunden abzuwickeln. Denn nur dann können Sie mit weiteren Bestellungen und guten Bewertungen rechnen. Auf der sicheren Seite sind Sie dabei auf jeden Fall dann, wenn die Abwicklung rechtskonform erfolgt – insbesondere ist dabei an die zahlreichen Informationspflichten in den verschiedenen Stadien der Bestellung zu denken. Welche Stolpersteine Sie dabei erwarten und wie Sie diese umgehen können, möchten wir Ihnen in diesem Abschnitt erläutern.

16.5.1   Der Bestellvorgang

Während der Kunde sich Kaufentscheidungen im Geschäft in der Regel gut überlegt, verlockt gerade der Online-Handel zu übereilten Entscheidungen, die so mancher Kunde im Nachhinein bereut. Die Schuld dafür ist dann schnell beim Online-Händler gefunden, wenn der Kunde das Gefühl hat, dass ihm wesentliche Aspekte nicht transparent genug dargestellt wurden. Die Konsequenz daraus ist ein – wenn auch nicht immer berechtigter – Vertrauensverlust. Um dies zu verhindern, sind Sie zunächst einmal im Vorfeld der Bestellung gefragt. Eine Hilfe dabei ist beispielsweise die Einhaltung der gesetzlichen Verpflichtungen für Online-Händler. Danach sollten die folgenden Punkte unbedingt beachtet werden:

▶ **Informationspflichten:** Der Käufer muss bereits vor Abgabe der Bestellung über bestimmte Aspekte des Geschäfts in klarer und verständlicher Art und Weise aufgeklärt werden. Dazu gehören insbesondere:
  – Ihre Identität (zum Beispiel Handelsname, Anschrift der Niederlassung, Telefonnummer, E-Mail-Adresse)
  – wesentliche Merkmale der Ware, so zum Beispiel Maße, Material, Eigenschaften etc.
  – Endpreise der Ware einschließlich aller Preisbestandteile, wie zum Beispiel Steuern
  – Zahlungs-, Liefer- und Leistungsbedingungen sowie der Termin, bis zu dem Sie die Waren an den Kunden liefern müssen
  – Hinweis, ob Lieferbeschränkungen bestehen
  – Hinweis, welche Zahlungsmittel Sie akzeptieren
  – das Bestehen bzw. Nichtbestehen, die Bedingungen, die Fristen und das Verfahren für die Ausübung des Widerrufsrechts

- die einzelnen technischen Schritte, die zu einem Vertragsschluss führen, und die für den Vertragsschluss zur Verfügung stehenden Sprachen
- Hinweise zu bestimmten Waren, die Spezialvorschriften unterliegen, wie zum Beispiel Arzneimittel, Elektrogeräte oder Bücher
- der Hinweis auf die Möglichkeit der *europäischen Online-Streitbeilegung*

Achtung!

Der Pflicht zum Hinweis auf die europäische *Online-Streitbeilegungs-Plattform* (EU-OS-Plattform) besteht seit dem 09.01.2016 und stammt aus Art. 14 Abs. 1 der europäischen *Verordnung über Online-Streitbeilegung in Verbraucherangelegenheiten Nr. 524/2013*.

Diese Plattform dient zur außergerichtlichen Regelung von Streitigkeiten ausschließlich zwischen Verbrauchern und Unternehmen und nur bei Online-Käufen, sodass Streitigkeiten bei Online-Käufen vollständig online abgewickelt und beigelegt werden können (siehe Abbildung 16.26). Auf diese Weise sollen Verbraucher und Unternehmer schneller und effektiver Probleme lösen können, ohne langwierige und kostenintensive Gerichtsverfahren anstrengen zu müssen.

Der zentrale Aspekt der neuen Informationspflicht ist also die zwingende Nennung des Links zur OS-Plattform (*https://ec.europa.eu/consumers/odr*) und die Angabe der E-Mail-Adresse. Dabei sollte sich der Link an zugänglicher Stelle befinden, was nach aktuellem Stand der Fall ist, wenn eine Verlinkung im Impressum (siehe Abbildung 16.27) oder in den AGB erfolgt. Wir empfehlen Ihnen, beide Stellen zu nutzen! Auch sollten Sie prüfen, ob der Link tatsächlich funktioniert.

16

Abbildung 16.26 Startseite des Portals für die EU-Online-Streitbeilegung

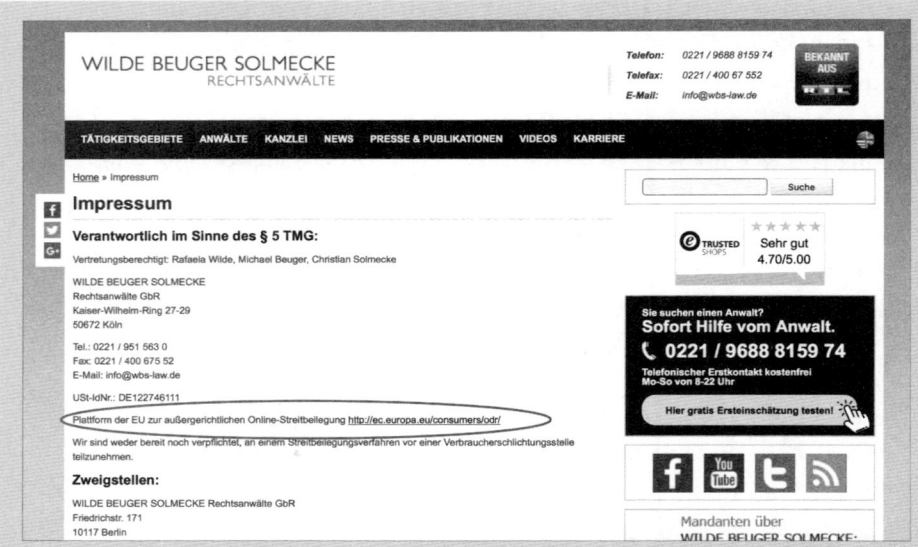

Abbildung 16.27 Beispiel für den Hinweis auf die EU-OS-Plattform im Impressum

Die Pflicht, diesen Hinweis zu geben, gilt dabei nicht nur für Ihren eigenen Online-Shop, sondern auch dann, wenn Sie Verkaufsplattformen wie »eBay« oder »Amazon« verwenden, so das Oberlandesgericht München (Urteil vom 22.09.2016, Az. 29 U 2498/16). Fehlt der Link, drohen Abmahnungen!

▶ der Hinweis auf die *Teilnahme am Streitbeilegungsverfahren vor einer Verbraucherschlichtungsstelle*

Achtung!

Der Hinweis auf die Teilnahme am Streitbeilegungsverfahren vor einer Verbraucherschlichtungsstelle ist ebenfalls neu und gilt seit dem 01.02.2017. Die Normierung betrifft Unternehmen, die zum 31.12.2016 mehr als 10 Mitarbeiter beschäftigt haben, und beinhaltet, dass Verbraucher darüber in Kenntnis gesetzt werden müssen, inwieweit Sie bereit sind, an einem Streitbeilegungsverfahren teilzunehmen.

Gemäß § 36 des *Gesetzes über die alternative Streitbeilegung in Verbrauchersachen* (VSBG) hat ein Unternehmer, der eine Webseite unterhält oder Allgemeine Geschäftsbedingungen verwendet, den Verbraucher leicht zugänglich, klar und verständlich

»1. in Kenntnis zu setzen davon, inwieweit er bereit ist oder verpflichtet ist, an Streitbeilegungsverfahren vor einer Verbraucherschlichtungsstelle teilzunehmen, und

2. auf die zuständige Verbraucherschlichtungsstelle hinzuweisen, wenn sich der Unternehmer zur Teilnahme an einem Streitbeilegungsverfahren vor einer Verbrau-

cherschlichtunysstelle verpflichtet hat oder wenn er auf Grund von Rechtsvorschriften zur Teilnahme verpflichtet ist [...]«.

Sofern Sie keine gesetzliche oder vertragliche Pflicht trifft, so ist die Teilnahme an einem solche Verfahren grundsätzlich freiwillig. Das Gesetz sieht jedoch vor, dass der Verbraucher über Ihre Teilnahme ebenso informiert werden muss wie über Ihre Nichtteilnahme. Dafür bietet es sich an, einen entsprechenden Hinweis sowohl in den AGB als auch im Impressum nach dem Hinweis zur OS-Plattform zu platzieren (siehe Abbildung 16.28).

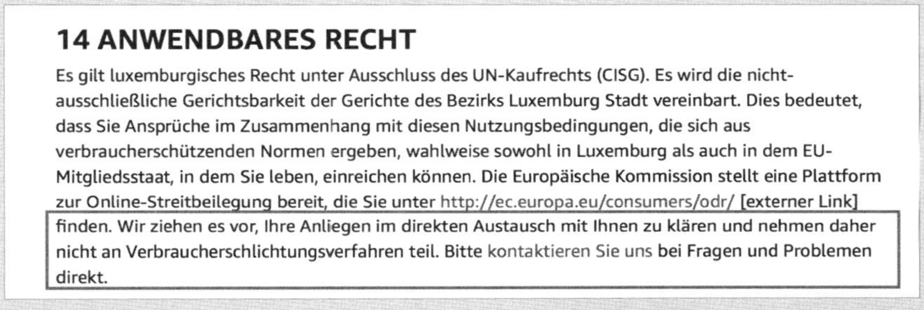

---

14 ANWENDBARES RECHT

Es gilt luxemburgisches Recht unter Ausschluss des UN-Kaufrechts (CISG). Es wird die nicht-ausschließliche Gerichtsbarkeit der Gerichte des Bezirks Luxemburg Stadt vereinbart. Dies bedeutet, dass Sie Ansprüche im Zusammenhang mit diesen Nutzungsbedingungen, die sich aus verbraucherschützenden Normen ergeben, wahlweise sowohl in Luxemburg als auch in dem EU-Mitgliedsstaat, in dem Sie leben, einreichen können. Die Europäische Kommission stellt eine Plattform zur Online-Streitbeilegung bereit, die Sie unter http://ec.europa.eu/consumers/odr/ [externer Link] finden. Wir ziehen es vor, Ihre Anliegen im direkten Austausch mit Ihnen zu klären und nehmen daher nicht an Verbraucherschlichtungsverfahren teil. Bitte kontaktieren Sie uns bei Fragen und Problemen direkt.

Abbildung 16.28 Beispiel für den Hinweis auf die (Nicht-)Teilnahme an Verbraucherschlichtungsverfahren in den AGB

Hinweis

Die gesetzlichen Informationspflichten sind sehr umfassend und sollten von Ihnen nicht vernachlässigt werden. Aus diesem Grund empfehlen wir Ihnen auch die Lektüre des Buches »Handel im Netz: Rechtsfragen und rechtliche Rahmenbedingungen des e-Commerce« von Christian Solmecke, das 2014 im De Gruyter Verlag erschienen ist. Für aktuelle gesetzliche Änderungen der Informationspflichten empfehlen wir Ihnen die Beiträge auf unserer Webseite *www.wbs-law.de*.

▶ **Korrektur von Eingabefehlern:** Auch von der konkreten Bestellsituation hat der Gesetzgeber klare Vorstellungen. So müssen Sie dem Käufer im Rahmen des Bestellvorgangs die Möglichkeit geben, fehlerhafte Eingaben (zum Beispiel eine falsche Stückzahlangabe) zu erkennen und ohne Weiteres zu korrigieren. Wie dies technisch umsetzbar ist, darüber müssen Sie den Käufer aufklären.

Praxistipp

Zur Umsetzung dieser Pflicht eignet sich die Nutzung einer Bestätigungsanzeige, in der die Bestellung des Kunden noch einmal zusammengefasst wird. Über den Button BEARBEITEN am Kopf oder Fuß der Anzeige kann der Kunde wieder zu einer überarbeitungsfähigen Version seiner Eingaben gelangen und die Unstimmigkeiten korrigieren (siehe Abbildung 16.29).

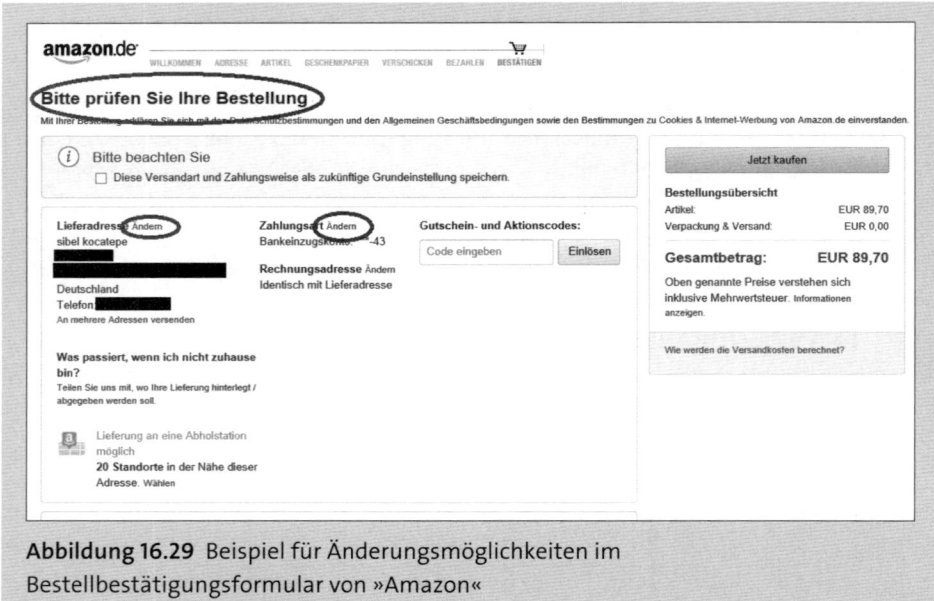

Abbildung 16.29 Beispiel für Änderungsmöglichkeiten im Bestellbestätigungsformular von »Amazon«

▶ **Bestätigung der Zahlungspflicht (sogenannte Button-Lösung):** Befindet sich der Kunde dann im Bestellformular, haben Sie die Bestellsituation so zu gestalten, dass der Kunde nach dem Ausfüllen des Bestellformulars ausdrücklich bestätigt, dass er sich zu einer Zahlung verpflichtet. Der Bestätigungs-Button sollte die Aufschrift ZAHLUNGSPFLICHTIG BESTELLEN, KOSTENPFLICHTIG BESTELLEN, KAUFEN oder eine ähnlich eindeutige Formulierung haben (siehe Abbildung 16.30). Darüber hinaus sollte die Schaltfläche gut lesbar in ausreichender Schriftgröße und mit farblichem Kontrast gestaltet werden. Auch grafische Elemente dürfen nicht vom Text ablenken.

Praxistipp

Wählen Sie unmissverständliche Aufschriften für den Bestätigungs-Button. Dem Kunden muss bewusst sein, dass er nach dem Klick auf den Button tatsächlich Geld bezahlen muss. Nicht erlaubt sind daher Aufschriften wie WEITER, ABSCHICKEN oder ZUR KAUFÜBERSICHT.

▶ **Bestellbestätigung:** Im Anschluss an die Absendung der Bestellung sollten Sie dem Kunden elektronisch eine unverbindliche Bestellbestätigung zukommen lassen, damit er erst einmal sichergehen kann, dass sein Auftrag Sie auch erreicht hat. Wie eine solche Bestellbestätigung aussehen kann und welche Konsequenzen für den Vertragsschluss eine ungenaue Formulierung haben kann, haben wir bereits in Abschnitt 16.1.4 eingehend erörtert.

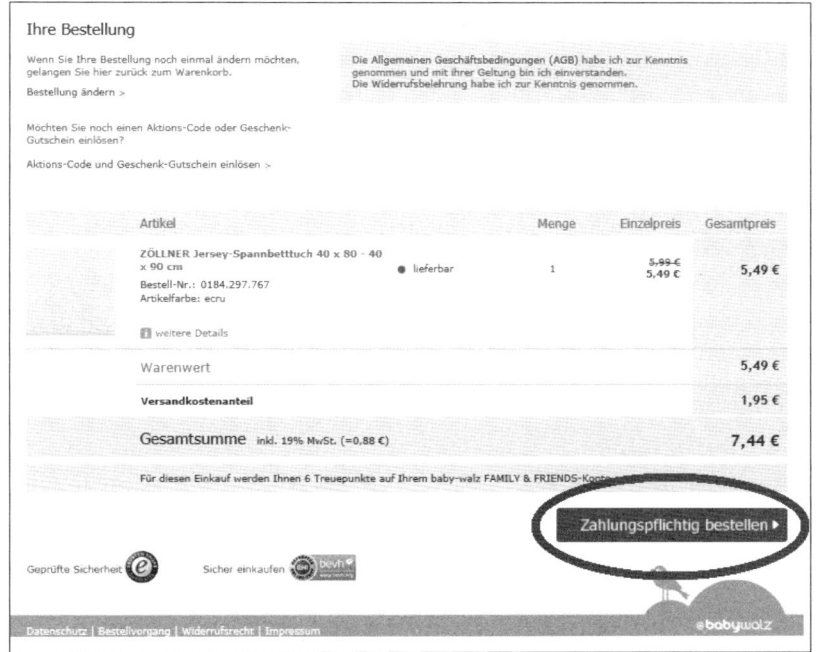

Abbildung 16.30 Beispiel für die vorbildliche Einhaltung der Button-Lösung

▶ **Auftragsbestätigung:** Wenn Sie das Kaufangebot dann annehmen, sollten Sie Ihrem Kunden weiterhin eine verbindliche elektronische Auftragsbestätigung zukommen lassen. Gleichzeitig sollten Sie auch daran denken, dem Kunden neben den AGB und den Pflichtinformationen im Fernabsatzgeschäft auch die Widerrufsbelehrung zukommen lassen, um eine Verlängerung der Widerrufsfrist zu vermeiden.

▶ **Versand von Informationen:** Nachdem Sie Ihren Kunden bereits im Voraus über die gesetzlich vorgesehenen Informationen aufgeklärt haben, müssen Sie ihm diese im Anschluss an die Bestellung auch per E-Mail oder auf Papier übermitteln. Dies muss spätestens mit Versand der Ware erfolgen.

Achtung: Folgen eines Pflichtverstoßes!

Wenn Sie sich nicht an Ihre gesetzlichen Pflichten halten, so hat dies zwar nicht die Unwirksamkeit des Vertrags zur Folge, kann Sie aber gegenüber Ihren Kunden schadensersatzpflichtig machen.

Eine Besonderheit gilt jedoch bei einem Verstoß gegen die Button-Anforderungen: Werden die Anforderungen nicht eingehalten, so liegt erst gar kein Vertragsschluss vor. Das bedeutet, dass Sie den Kunden nicht zur Kaufpreiszahlung verpflichten können, wenngleich er dann auch die Ware nicht behalten darf.

16.5.2   Die Abwicklung der Bestellung

Einen wesentlichen Aspekt der Bestellungsabwicklung stellt die Lieferung der Kaufsache dar, die in aller Regel durch ein Transportunternehmen erfolgt. Daher sollten Sie Ihrer Ware gegebenenfalls folgende Dinge beifügen:

▶ alle in der Produktbeschreibung aufgeführten Zubehörteile wie Kabel, Ladegeräte, Aufbewahrungshüllen etc.

▶ bei technischen Produkten eine Bedienungsanleitung in der jeweiligen Landessprache

▶ eine Garantieerklärung in Textform, wenn Sie eine Garantie für ein Produkt übernehmen

▶ rechtliche Informationen wie die Vertragsbestimmungen, AGB oder die Widerrufsbelehrung

▶ die Rechnung in Papierform

Ein weiterer wesentlicher Aspekt der Bestellabwicklung ist die Kaufpreiszahlung. Dabei ist zu beachten, dass der säumige Käufer Ihnen entstandene Schäden, beispielsweise Mahngebühren oder darauf folgende Rechtsanwalts- oder Gerichtskosten, ersetzen muss.

Kommt der Käufer seiner Abnahmepflicht nicht nach, indem er beispielsweise das Paket nicht annimmt oder zurückweist, obwohl ihm die Sache ordnungsgemäß angeboten wurde, so gerät er dadurch in *Verzug*. Dies hat zur Folge, dass der Käufer weiterhin zur Abnahme verpflichtet bleibt, in der Zwischenzeit eingetretene Schäden an der Sache vom Verkäufer jedoch nur bei Vorsatz und grober Fahrlässigkeit vertreten werden müssen.

Praxisbeispiel: Annahmeverzug

Der Käufer erwirbt im Onlineshop eines Möbelhauses einen Schrank und vereinbart einen festen Termin für die Lieferung. Zum vereinbarten Zeitpunkt öffnet der Käufer den Mitarbeitern des Möbelhauses jedoch nicht die Tür, woraufhin sie den Schrank wieder mitnehmen müssen. Auf der Rückfahrt gerät der Möbeltransporter ohne Verschulden seines Fahrers in einen Unfall, in dessen Folge der Schrank zerstört wird. Der Käufer muss den Kaufpreis für den Schrank dennoch zahlen.

16.5.3   Konsequenzen bei Mängeln an der Ware

Kommt es nach dem Kauf zu Problemen, so haben Sie einige rechtliche Aspekte zu beachten. Denn Schäden am Produkt können nicht nur beim Transport passieren.

Vielmehr ist der weitaus häufigere Fall der, dass die Mängel bereits während der Produktion oder Lagerung der Ware entstanden sind. Dies löst verschiedene Gewährleistungsrechte des Kunden aus. Sie umfassen das Recht

▸ zur Nacherfüllung in Form der Neulieferung der Sache (*Nachlieferung*) oder Reparatur des Mangels (*Nachbesserung*),

▸ bei Unmöglichkeit bzw. wiederholtem Fehlschlag der Nacherfüllung den Rücktritt vom Kaufvertrag,

▸ zur Minderung des Kaufpreises oder

▸ zum Schadensersatz bzw. Aufwendungsersatz.

Die Grundvoraussetzungen eines Gewährleistungsanspruchs sind dabei:

▸ ein wirksamer Kaufvertrag

▸ ein erheblicher Mangel an der Sache

Hinweis: Was bedeutet »Mangel«?

Ein Mangel liegt vor, wenn

▸ eine Abweichung der tatsächlichen Beschaffenheit von der erwarteten Beschaffenheit vorliegt,

▸ die Sache nicht die vereinbarte Beschaffenheit aufweist,

▸ zwar keine Beschaffenheitsvereinbarung vorliegt, die Sache sich jedoch nicht für die nach dem Vertrag vorausgesetzte Verwendung oder die gewöhnliche Verwendung eignet oder nicht eine Beschaffenheit aufweist, die bei Sachen der gleichen Art üblich ist und die der Käufer nach der Art der Sache erwarten kann,

▸ Sie die Montage fehlerhaft vorgenommen haben oder eine mangelhafte Montageanleitung herausgegeben haben,

▸ Sie eine andere als die vereinbarte Sache geliefert haben oder

▸ Dritte nicht vertraglich vereinbarte Rechte an der Sache haben.

▸ ein Vorliegen des Mangels zum Zeitpunkt des sogenannten Gefahrübergangs

---

Hinweis: Was bedeutet »Mangel zum Zeitpunkt des Gefahrübergangs«?

Dass der Mangel schon zum Zeitpunkt des Gefahrübergangs vorhanden war, bedeutet bei Geschäften mit Verbrauchern konkret, dass der Mangel schon vorlag, als Sie oder das von Ihnen beauftragte Transportunternehmen die Sache dem Käufer übergeben haben.

▶ kein Gewährleistungsausschluss

Hinweis: Wie kann ein Ausschluss erfolgen?

Ein Gewährleistungsausschluss kann in engen Grenzen auf vertraglicher Basis erfolgen und führt dazu, dass die Geltendmachung von Gewährleistungsansprüchen gänzlich oder unter bestimmten Voraussetzungen nicht mehr möglich ist, obwohl das Gesetz dem Käufer diese Ansprüche einräumt. Daneben ist auch ein gesetzlicher Ausschluss möglich, beispielsweise dann, wenn der Käufer den Mangel bei Vertragsschluss kennt.

Auch wenn die bereits erläuterten Voraussetzungen vorliegen, so kann der Anspruch nicht auf unbestimmte Zeit geltend gemacht werden. Vielmehr sieht der Gesetzgeber die Geltendmachung innerhalb von zwei Jahren ab Ablieferung der Kaufsache vor. Danach kann der Käufer den Anspruch nicht mehr durchsetzen, da er danach verjährt ist.

Praxishinweis: Beweislast

Kommt es zum Streit zwischen Ihnen und dem Käufer, so muss der Käufer beweisen, dass die Voraussetzungen für einen Gewährleistungsanspruch vorliegen.

Dass diese Beweisführung nicht immer einfach ist und mit viel Aufwand verbunden sein kann, weiß auch der Gesetzgeber. Er hat daher für den Verbraucher eine Erleichterung vorgenommen: Danach wird ein Vorliegen des Mangels bei Gefahrübergang vermutet, wenn der Mangel innerhalb von sechs Monaten nach dem Kauf auftritt. Es handelt sich dabei um eine gesetzliche Vermutung, die aber vom Verkäufer durch einen Gegenbeweis widerlegt werden kann. Diese Vermutung bezieht sich jedoch nur auf den Zeitpunkt der Mangelhaftigkeit, nicht hingegen auf das Vorliegen des Mangels selbst.

Sind Sie der Ansicht, dass der Anspruch bereits verjährt ist, so müssen Sie dies geltend machen und den Beweis dafür liefern, beispielsweise durch einen Übergabebeleg.

16.6   Rechtskonforme Rückabwicklung des Online-Geschäfts: Rücktritt oder Widerruf?

Ein einmal geschlossener Vertrag bleibt nicht immer bestehen: Unter bestimmten Voraussetzungen kann der Käufer durch einen *Rücktritt* oder *Widerruf* die Lösung vom Vertrag erreichen. Zunächst einmal muss klargestellt werden, dass das Widerrufsrecht und das Gewährleistungsrecht völlig eigenständige Rechte darstellen, die unter unterschiedlichen Voraussetzungen Anwendung finden. Doch worin besteht der Unterschied zwischen diesen beiden Rechten genau und wann kann der Käufer welches Recht geltend machen? Antworten auf diese Fragen soll dieser Abschnitt liefern.

16.6.1   Der Rücktritt

Ein Rücktrittsrecht hat der Käufer nur dann, wenn ihm das Gesetz ein solches einräumt oder Sie mit dem Käufer ein solches Recht vertraglich vereinbart haben. Da die zweite Alternative in der Praxis des Online-Handels nahezu keine Anwendung findet, sind in der Regel nur die gesetzlichen Rücktrittsrechte zu beachten. Von entscheidender Bedeutung ist dabei das bereits erläuterte Rücktrittsrecht im Fall der Lieferung einer mangelhaften Sache. Doch unter welchen Voraussetzungen kann Ihr Kunde überhaupt einen Rücktritt geltend machen?

Die Voraussetzung für die wirksame Geltendmachung eines Rücktrittsrechts ist zunächst einmal, dass der Kunde Ihnen den Mangel angezeigt und Ihnen eine angemessene Frist zur Nachlieferung oder Nachbesserung gesetzt hat, die Sie aber erfolglos haben verstreichen lassen. Eine Frist ist dann angemessen, wenn der Zeitraum zur Erfüllung der Forderung realistisch ist. Demnach ist hier eine Einzelfallentscheidung erforderlich: Müssen Sie selbst ein Ersatzteil bei einem Händler bestellen oder ist die Reparatur sehr aufwendig, so muss der Kunde dies in seiner Fristsetzung beachten und großzügiger sein als in Fällen, in denen nur ein kleiner Mangel vorliegt, der von Ihnen selbst auch schnell behoben werden kann.

Nun kann das Erfordernis der Nachfristsetzung in gesetzlich aufgezählten Ausnahmefällen aber auch entfallen. Den in der Praxis wohl bedeutendsten Ausnahmefall stellt die Konstellation dar, in der Sie als Verkäufer die Nacherfüllung ernsthaft und endgültig verweigern, weil Sie beispielsweise der Ansicht sind, dass das Produkt nicht mangelhaft ist. Dabei kann jedoch nicht jede Ablehnung als eine Verweigerung gewertet werden, vielmehr muss es sich um Ihr letztes Wort in dieser Sache handeln. Nicht jede Diskussion mit dem Käufer stellt demnach eine Ablehnung dar.

> **Praxishinweis: Ernsthafte und endgültige Verweigerung**
>
> Es handelt sich noch nicht um eine Verweigerung, wenn Sie den Sachverhalt zunächst Ihrem Anwalt zur Überprüfung vorlegen wollen oder Zweifel an einer pünktlichen Nachlieferung äußern. Das sollten Sie allerdings mit Ihrem Vertragspartner besprechen, da dieser nicht hinnehmen muss, dass Sie die Nachfrist verstreichen lassen.

Ein Rücktritt ist unter anderem auch nur dann möglich, wenn der Mangel nicht nur unerheblich ist. Der Gesetzgeber räumt also nicht für jegliche Mängel ein Rücktrittsrecht ein, wohl aber die übrigen Gewährleistungsrechte, wie beispielsweise die Nacherfüllung.

Praxisbeispiel: Erheblichkeit des Mangels

Käufer und Verkäufer stritten vor dem Bundesgerichtshof (Urteil vom 28.05.2014, Az. VIII ZR 94/13VIII ZR 94/13) über eine defekte Einparkhilfe und die Frage, ab wie viel Prozent Anteil am Gesamtkaufpreis des Autos ein Mangel als nicht mehr unerheblicher Mangel einzustufen ist.

Der Bundesgerichtshof entschied dabei, dass bei behebbaren Mängeln zunächst eine an den Einzelfallumständen vorzunehmende Interessenabwägung erforderlich sei und eine Erheblichkeit in der Regel bereits dann erreicht ist, wenn der Aufwand zur Mängelbeseitigung einen Betrag von 5 % des Kaufpreises überschreitet.

Nicht zurücktreten kann der Käufer jedoch dann, wenn er selbst für den Mangel verantwortlich ist, weil er beispielsweise die Kaufsache falsch gelagert hat und diese nun von Schimmel befallen ist.

Um sein Rücktrittsrecht geltend zu machen, muss der Käufer Ihnen gegenüber dann auch eine Rücktrittserklärung abgeben.

Sind all diese Voraussetzungen erfüllt, so verwandelt sich der Kaufvertrag in ein sogenanntes *Rückgewährschuldverhältnis*. Das bedeutet, dass das Verhältnis zwischen Ihnen und dem Käufer nicht mehr auf dem Kaufvertrag basiert, sondern auf einem neuen Schuldverhältnis aus dem Rücktritt. Dieses beinhaltet dann nur die Pflicht, gegenseitig die empfangenen Leistungen zurückzugewähren und die gezogenen Nutzungen herauszugeben. Dies bedeutet konkret, dass Sie den gezahlten Kaufpreis an den Käufer erstatten und der Käufer die erhaltene Ware in einem ordnungsgemäßen Zustand an Sie zurückgeben muss. Ist dies dem Käufer gar nicht oder nur in einem beschädigten Zustand möglich, hat er grundsätzlich Wertersatz zu leisten.

Praxisbeispiel: Rückgewährschuldverhältnis

Der Käufer erwirbt in einem Onlineshop ein Paar Schuhe für 50 €. Aufgrund eines Mangels tritt er vom Kaufvertrag zurück. Den Käufer trifft nun die Pflicht, die Schuhe an den Verkäufer zurückzuschicken. Der Verkäufer hingegen muss dem Käufer die 50 € erstatten.

16.6.2   Widerruf

Während die Gewährleistungsrechte dem Kunden unabhängig vom Widerrufsrecht für den Fall zustehen, dass die Ware mangelhaft ist, ist das Widerrufsrecht hingegen ein Recht, das der Gesetzgeber dem Verbraucher aufgrund der Besonderheiten des Internethandels zur Verfügung stellt.

Sein Widerrufsrecht kann der Käufer ohne Angabe von Gründen innerhalb der Widerrufsfrist geltend machen. Während das Gewährleistungsrecht darauf abzielt, einen Ausgleich für die Lieferung mangelhafter Waren zu bieten, bezweckt das Widerrufsrecht den Ausgleich dafür, dass der Kunde die Ware anders als in einem Warenhaus nicht anfassen und mit eigenen Augen ansehen kann, sondern sich mit Fotos und Artikelbeschreibungen zufriedengeben muss.

Fotos können jedoch je nach Lichteinfall und Nachbearbeitung von der Realität abweichen. Daher reicht es aus, dass einem Kunden ein Produkt aus persönlichen Gründen nicht gefällt, um den Vertragsschluss zu widerrufen. Danach ist der Kunde ebenso wie Sie an die zum Vertragsschluss führende Erklärung nicht mehr gebunden. Im Fall der deutlichen Abweichung der Abbildung von dem Produkt kann der Kunde Sie darüber hinaus auch noch auf Schadensersatz in Anspruch nehmen.

Achtung: Reform des Widerrufsrechts 2014!
Hinsichtlich der Details des Widerrufsrechts müssen Sie besonders beachten, dass vor einiger Zeit eine Reform des Widerrufsrechts erfolgt ist, um so eine Vereinheitlichung innerhalb der Europäischen Union zu erreichen und den grenzüberschreitenden Vertrieb zu erleichtern. Wer bereits länger einen Online-Shop betreibt, diese Änderungen aber noch nicht umgesetzt hat, sollte dies schleunigst tun, um Abmahnungen zu vermeiden!

16

Die Reform führte beispielsweise dazu, dass die Widerrufsfrist innerhalb der Europäischen Union nun einheitlich 14 Tage beträgt. Der Fristbeginn erfolgt grundsätzlich mit Vertragsschluss, jedoch nicht, bevor Sie den Kunden über sein Widerrufsrecht belehrt und ihm das Muster-Widerrufsformular zugesandt haben oder Sie Ihren übrigen Informationspflichten nachgekommen sind.

Um Ihnen die ordnungsgemäße Erfüllung Ihrer Belehrungspflichten zu erleichtern, hat der Gesetzgeber im Gesetz eine Muster-Widerrufsbelehrung eingeführt. Nutzen Sie dieses Muster, so können Sie sicher sein, dass Sie die gesetzlichen Anforderungen erfüllen. Beachten Sie dabei jedoch die amtlichen Gestaltungshinweise, die es Ihnen ermöglichen, die Belehrung Ihrem konkreten Geschäft entsprechend zusammenzustellen. Das Muster kann daher keinesfalls unverändert übernommen werden!

Achtung!
Sie können das Muster von der Webseite des Bundesministeriums der Justiz und für Verbraucherschutz herunterladen (*http://wbs.is/rom81*). Sie sind zwar nicht verpflichtet, dieses Muster zu verwenden, jedoch empfehlen wir Ihnen dies grundsätzlich. Denn eine falsche Widerrufsbelehrung kann einen Wettbewerbsverstoß darstellen und dadurch zu Abmahnungen führen. Gleichzeitig hat sie die Folge, dass die Widerrufsfrist nicht zu laufen beginnt.

> Für eine Unterstützung bei der individuellen Gestaltung empfehlen wir Ihnen den »Rechtstexter« von der Rechtsanwaltskanzlei »Wilde Beuger Solmecke« und »Trusted Shops«, den Sie kostenlos und einfach über die Webseite *http://wbs.is/rom-rechtstexter* erreichen können.

Während vor der Novellierung die Ausübung des Widerrufsrechts auch einfach durch Rücksendung der Ware oder deren Nichtannahme erfolgen konnte, muss der Käufer seinen Widerruf seit 2014 Ihnen gegenüber ausdrücklich erklären. Die Nichtannahme eines Pakets stellt also keine stillschweigend erklärte Widerrufserklärung dar!

Praxisbeispiel: So nicht!

Ein »eBay«-Nutzer hatte bei einem Online-Händler 480 Dosen eines Erfrischungsgetränks zum Preis von insgesamt etwa 80 € bestellt. Nachdem er per Vorkasse bezahlt hatte, wurden die Dosen in fünf Paketen geliefert. Der Kunde nahm jedoch nur drei dieser Pakete an und verweigerte die Annahme der übrigen Sendungen, ohne diesbezüglich gegenüber dem Händler den Widerruf zu erklären. Etwa zwei Monate später erhielt der Onlinehändler von ihm eine Nachricht, in der er zur Rückzahlung von 32,50 € aufgefordert wurde. Der Kunde verwies darauf, dass er durch die Verweigerung der Annahme der beiden restlichen Pakete den Vertrag zum Teil widerrufen habe. Aus diesem Grunde verklagte er schließlich den Onlinehändler auf Rückzahlung – zu Unrecht, wie das Amtsgericht Dieburg (Urteil vom 04.11.2015, Az. 20 C 218/15) entschied. Denn nach Ansicht der Richter hätte der Kunde den Widerruf ausdrücklich durch Abgabe einer Widerrufserklärung mitteilen müssen. Allein die Nichtannahme des Paketes reiche dafür nicht aus.

Dabei gilt hinsichtlich der Form der Erklärung eine Erleichterung: Die Textform ist nicht mehr zwingend – vielmehr ist nun auch eine Widerrufserklärung über das Telefon möglich. Dies bedeutet für Sie gleichzeitig, dass Sie dem Kunden im Impressum bzw. der Muster-Widerrufserklärung auch eine Telefonnummer mitteilen müssen.

Achtung!

Die Telefonnummer zur Ausübung des Widerrufsrechts darf keine Mehrwertdienstenummer wie beispielsweise die 0180-Nummer sein! Andernfalls müssen Sie mit Abmahnungen rechnen, da Sie die Verbraucher so mittelbar davon abhalten, von ihrem Widerrufsrecht Gebrauch zu machen. Dies bedeutet aber nicht, dass ein Anruf grundsätzlich kostenlos sein muss.

Damit der Verbraucher den Widerruf so einfach wie möglich erklären kann, müssen Sie ihm eine Muster-Widerrufserklärung zukommen lassen. Dadurch soll es ihm möglich sein, seinen Widerruf ganz einfach zu erklären, indem er das Formular nur ausfüllen und zurückschicken muss. Hinsichtlich der Ausgestaltung des Formulars hat der Gesetzgeber auch hier ein Muster formuliert, das Sie verwenden können, jedoch nicht verwenden müssen. Das Widerrufsformular ergibt sich aus der amtlichen Information zu Art. 246 a § 1 Abs. 2 S. 1 Nr. 1 EGBGB (Einführungsgesetz zum Bürgerlichen Gesetzbuch).

Praxisbeispiel

Widerrufsformular

Wenn Sie den Vertrag widerrufen wollen, dann füllen Sie bitte dieses Formular aus und senden Sie es zurück an

Muster-Onlineshop
Musterstraße 13
53458 Musterstadt
Telefon: 0123/ 456123
Telefax: 0123/ 456125
E-Mail: info@mustershop.de

– Hiermit widerrufe(n) ich/wir (*) den von mir/uns (*) abgeschlossenen Vertrag über den Kauf der folgenden Waren (*) / die Erbringung der folgenden Dienstleistung (*) _

_____

– Bestellt am (*) / erhalten am (*) _____

– Name des/der Verbraucher(s) _____

– Anschrift des/der Verbraucher(s) _____

_____   _____
Ort, Datum   Unterschrift des/der Verbraucher(s)
(*) Unzutreffendes bitte streichen

Möchten Sie nicht auf das gesetzliche Muster zurückgreifen, so sollten Sie Abweichungen davon nur dann vornehmen, wenn Sie dies vorher rechtlich abgesichert haben.

Hinweis: Es gibt kein gesetzliches Rückgaberecht mehr!

Neben dem Widerrufsrecht räumte der Gesetzgeber dem Verbraucher nach der bis zum 13.06.2014 geltenden Rechtslage auch ein Rückgaberecht ein. Dieses wurde jedoch mit der Novellierung abgeschafft. Demnach kann der Käufer sich nun nur noch über den Rücktritt oder den Widerruf vom Vertrag lösen.

16.6.3   Die Rückabwicklung in der Praxis

Nun möchten wir einen Blick auf die Frage werfen, was Sie bei der Rückabwicklung in der Praxis beachten müssen, nachdem Sie die Ware geliefert haben und der Kaufpreis bezahlt wurde. Grundsätzlich sieht der Gesetzgeber vor, dass die empfangenen Leistungen im Fall des Widerrufs von den Parteien des Kaufvertrags spätestens nach 14 Tagen zurückzugewähren sind. Diese Frist beginnt für Sie dann, wenn Ihnen die Widerrufserklärung zugeht, und für den Käufer ab dem Zeitpunkt, ab dem er die Widerrufserklärung abgegeben hat.

Praxisbeispiel: Widerrufsfrist

Der Käufer bestellt am 01.06.2018 im Internet einen Anzug, der aus Sakko und Hose besteht. Am darauffolgenden Tag erhält er eine Bestellbestätigung und die Widerrufsbelehrung per E-Mail. Beim Versand gibt es Probleme, sodass die Hose am 05.06.2018 und das Sakko erst am 08.06.2018 geliefert wird. Die Widerrufsfrist beginnt mit Lieferung des letzten Teils der zusammengehörigen Bestellung und endet damit erst am 22.06.2018.

Rückzahlung des Kaufpreises

Bei der Rückzahlung des Kaufpreises müssen Sie beachten, dass Sie grundsätzlich dasselbe Zahlungsmittel verwenden müssen, das der Käufer bei der Zahlung verwendet hat.

Konkret bedeutet das in der Praxis beispielsweise, dass Sie den Kaufpreis per Überweisung zurückerstatten, wenn der Kunde auf Rechnung oder per Lastschrift gezahlt hat. Hat er hingegen per Kreditkarte gezahlt, so muss der Betrag auch wieder dem Kreditkartenkonto gutgeschrieben werden und nicht dem Girokonto des Kunden. Sie können die Rückzahlung aber bis zum Rückerhalt der Ware oder der Erbringung eines Nachweises über die Rücksendung zurückbehalten.

Kosten der Rücksendung

Die Kosten der Rücksendung nach einem Widerruf trägt nach der gesetzlichen Regelung der Verbraucher. Voraussetzung ist allein, dass Sie den Käufer über seine Kostentragungspflicht im Widerrufsfall informiert haben. Zahlreiche Onlineshops möchten jedoch mit kostenlosen Rücksendungen ihre Kunden zu einem Kauf animieren (siehe Abbildung 16.31). Dies ist auch gerade als Kundenservice unter Marketinggesichtspunkten zu empfehlen.

Damit ist auch die bis zum 13.06.2014 geltende sogenannte 40-€-Klausel nun hinfällig. Danach regelten die Online-Händler vertraglich, dass beim Widerruf einer Bestellung von Waren mit einem Wert von unter 40 € die Rücksendekosten vom Käufer zu tragen waren. Dies ist nun nicht mehr nötig! Zur Übernahme der Kosten der Hinsendung bleiben Sie jedoch auch im Widerrufsfall weiterhin verpflichtet.

Anders ist dies hingegen in den Fällen, in denen eine Rücksendung erfolgt, da die Kaufsache mangelhaft ist. Denn dann stellen die Kosten der Rücksendung einen

Schaden dar, den Sie durch die Lieferung einer mangelhaften Sache zu vertreten haben. Daher müssen auch Sie in diesen Fällen die Kosten der Hin- und Rücksendung tragen.

Abbildung 16.31 Beispiel für die Übernahme der Rücksendekosten durch den Online-Händler »Zalando«

Rücksendung beschädigter oder gebrauchter Sachen

Macht der Käufer von seinem Widerrufsrecht Gebrauch, sendet Ihnen aber eine gebrauchte oder beschädigte Sache zurück, die Sie deshalb nicht weiterverkaufen können, so ist er Ihnen nicht zum Wertersatz verpflichtet, wenn er die Ware nur ordnungsgemäß getestet hat. Dies gilt auch dann, wenn die Ware bereits durch die Prüfung der Eigenschaften wertlos wird – dieses Risiko müssen Sie leider tragen!

Praxisbeispiel: Testbetrieb

In dem sogenannten »Wasserbetten-Urteil« (BGH, Urteil vom 03.11.2010, Az. VIII ZR 337/09) verurteilte der Bundesgerichtshof einen Wasserbettenhändler zur Erstattung des vollständigen Kaufpreises, nachdem der Verbraucher ein Wasserbett befüllt hatte und anschließend von seinem Widerrufsrecht Gebrauch machte. Der Bundesgerichtshof wies die Wertersatzforderung des Händlers mit der Begründung ab, dass es sich nur um eine Prüfung der Ware handele, die kostenlos möglich sein müsse.

Der Sinn dieser Regelung ist, dass der Online-Käufer anders als im Geschäft kein Vorführmodell hat, das er testen kann, und dass dieser Nachteil durch eine fehlende Wertersatzpflicht beim Testbetrieb ausgeglichen werden soll.

Auch im Rücktrittsfall entfällt eine Wertersatzpflicht des Käufers unter anderem dann, wenn die Verschlechterung auf der bestimmungsgemäßen Ingebrauchnahme beruht. Gemeint ist damit schlichtweg der Verlust, der durch die erstmalige Benutzung eintritt. Dies ist beispielsweise bei fabrikneuen Pkw der Fall, wenn diese durch die Erstzulassung des Käufers an Wert verlieren.

16.7   Bedeutet ein grenzüberschreitender Onlineshop grenzüberschreitende rechtliche Probleme?

In unserer globalisierten Welt gehört der grenzüberschreitende Vertrieb mittlerweile zum Alltag des Internethandels. Was so einfach erscheint, ist rechtlich jedoch in manchen Fällen kompliziert. Denn während der Nutzung des grenzenlosen Internets wird schnell vergessen, dass die Rechtssysteme sehr wohl ihre Grenzen haben. Sie müssen daher untersuchen, ob Ihr Vertragswerk auch auf Verträge mit Auslandsbezug anwendbar bleibt. Andernfalls können beispielsweise einzelne AGB-Klauseln ihre Gültigkeit verlieren und somit sogar zu Ihrem Nachteil werden. Da das internationale Recht sehr komplex ist, soll dieser Abschnitt nur einige wichtige Punkte anschneiden, die für Sie besonders wichtig sind.

16.7.1   Absatzmarkt

Beim grenzüberschreitenden Handel ist zunächst zwischen dem Handel mit Käufern in EU-Ländern und in Nicht-EU-Ländern zu unterscheiden. Denn während innerhalb der EU Harmonisierungsbestrebungen zur stetigen Angleichung der Rechtssysteme und damit zur Vereinfachung des Handels führen, sieht sich der Händler beim Rechtsverkehr mit Käufern aus Nicht-EU-Ländern immer wieder mit anderen Rechtsordnungen konfrontiert. Das sollten Sie bei der Wahl Ihrer Absatzmärkte ebenso beachten wie die Untersuchung der wirtschaftlichen Marktchancen.

16.7.2   Anpassung an den Absatzmarkt

Entscheiden Sie sich für einen Verkauf im Ausland, so müssen Sie den gesamten Handel an die ausländischen Gegebenheiten anpassen. Dazu gehört zum einen selbstverständlich eine in der Landessprache oder auf Englisch gestaltete Shop-Seite (siehe Abbildung 16.32).

Darüber hinaus müssen Sie auch beachten, dass zudem die AGB in der jeweiligen Landessprache verfügbar sein müssen. Der russische Onlineshop sollte daher auch AGB auf Russisch bereithalten (siehe Abbildung 16.33).

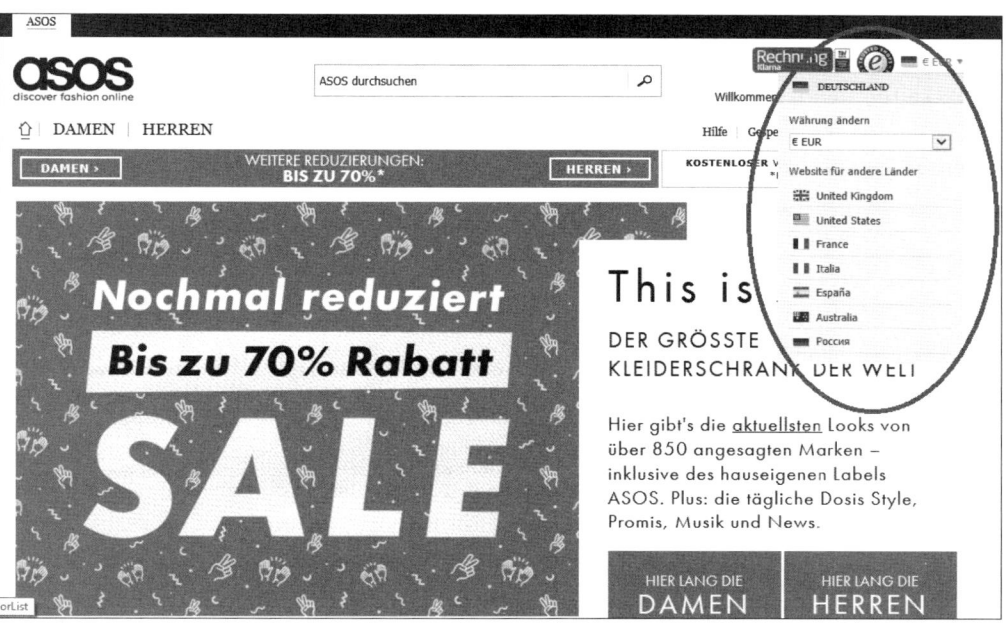

Abbildung 16.32 Beispiel des international aufgestellten Onlineshops »ASOS« mit Webseiten in verschiedenen Sprachen

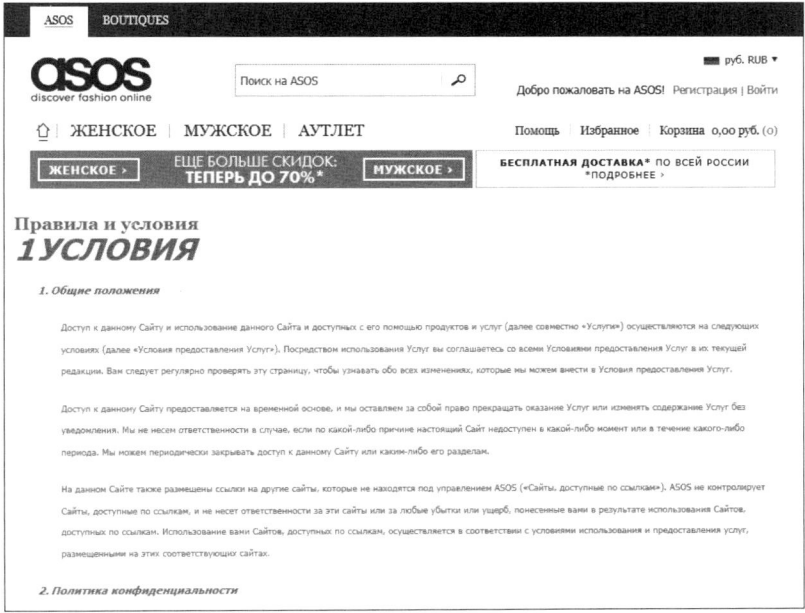

Abbildung 16.33 Der Onlineshop »ASOS« bietet seinen russischen Kunden auch die AGB auf Russisch an.

Auch müssen Sie in den AGB eine Klausel über das anzuwendende Recht und den Gerichtsstand hinzufügen. Da sich aus dem internationalen Privatrecht bei Streitigkeiten häufig unterschiedliche Lösungen ergeben, sollten sich die Parteien darüber einigen, welches nationale Recht auf den Vertrag Anwendung findet; das ist die sogenannte *Rechtswahl*.

Praxistipp: Nicht immer gilt der Heimvorteil!

Welches Recht bei der Rechtswahl für Sie vorteilhafter ist, muss im Einzelfall durch Gegenüberstellung der Rechtsordnungen geklärt werden – denn dies muss nicht immer das eigene nationale Recht sein. Hier ist eine Rechtsberatung unerlässlich.

Neben der Rechtswahl ist auch die Gerichtsstandswahl erheblich. Dabei ist zu bedenken, dass es auf eine Vollstreckbarkeit des erstrittenen Urteils ankommt. Da deutsche Urteile aber nicht weltweit vollstreckbar sind, sondern von zwischenstaatlichen Abkommen abhängen, ist auch hier eine Einzelfallentscheidung notwendig.

Ein weiterer wesentlicher Aspekt, der beim Verkauf ins Ausland beachtet werden sollte, ist die richtige Auswahl der Zahlungsmöglichkeiten. So ist als Zahlungsmethode insbesondere die Zahlung per Vorkasse, Kreditkarte oder über einen Treuhandservice wie PayPal sinnvoll.

Achtung: Nehmen Sie Abstand vom Verkauf auf Rechnung!

Der Verkauf auf Rechnung ins Ausland ist dagegen in der Regel nicht die beste Alternative. Denn neben erheblich längeren Zahlungszielen von 60 Tagen oder 90 Tagen ist auch der Einzug nicht beglichener Kaufpreisforderungen besonders in Nicht-EU-Staaten sehr schwierig und kostenaufwendig.

Darüber hinaus sind Angaben hinsichtlich der Versandkosten für eine Auslandslieferung notwendig. Hinsichtlich der Lieferzeiten sollten Sie sich zuvor bei einem Transportunternehmen erkundigen, um dem Käufer so realistische Angaben bezüglich der Lieferzeit machen zu können.

Innerhalb der EU fallen für die Ein- oder Ausfuhr von Waren keine Zölle an. Jedoch sollten Sie sich beim Versand in Drittländer zuvor erkundigen, ob auf die vertriebenen Produkte Zollgebühren erhoben werden.

Eine weitere Besonderheit sollte im Impressum beachtet werden: Um eine Erreichbarkeit für den Kunden aus dem Ausland zu gewährleisten, müssen die Telefon- und Faxnummern mit der eigenen Ländervorwahl versehen werden (siehe Abbildung 16.34).

Sollte der Handel in Ländern mit erheblichen Zeitunterschieden vorgenommen werden, wie beispielsweise in Amerika, Asien oder Australien, so sollten Sie angeben, wann Sie nach der Zeit des Absatzlandes erreichbar sind.

Praxistipp

Der Handel mit Kunden im Ausland ist rechtlich und praktisch ein nicht zu unterschätzendes Unterfangen. Aus diesem Grund ist es gerade hier sehr zu empfehlen, einen Rechtsanwalt hinzuzuziehen. Zwar generiert dies erst einmal Kosten, es macht sich bei einem anschließend reibungslosen Vertrieb jedoch mehr als bezahlt.

Unter Marketinggesichtspunkten sollten Sie auch bedenken, dass Sie Ihre SEO-Strategie an das Zielland anpassen und die Suchbegriffe optimieren müssen.

In jedem Fall aber sollten Sie sich vor dem Beginn eines grenzüberschreitenden Handels mit den gesetzlichen Regelungen Ihres Zielmarktes auseinandersetzen. So kann es in anderen Ländern beispielsweise andere Informationspflichten geben, die Sie einhalten müssen, um keine Konsequenzen zu riskieren.

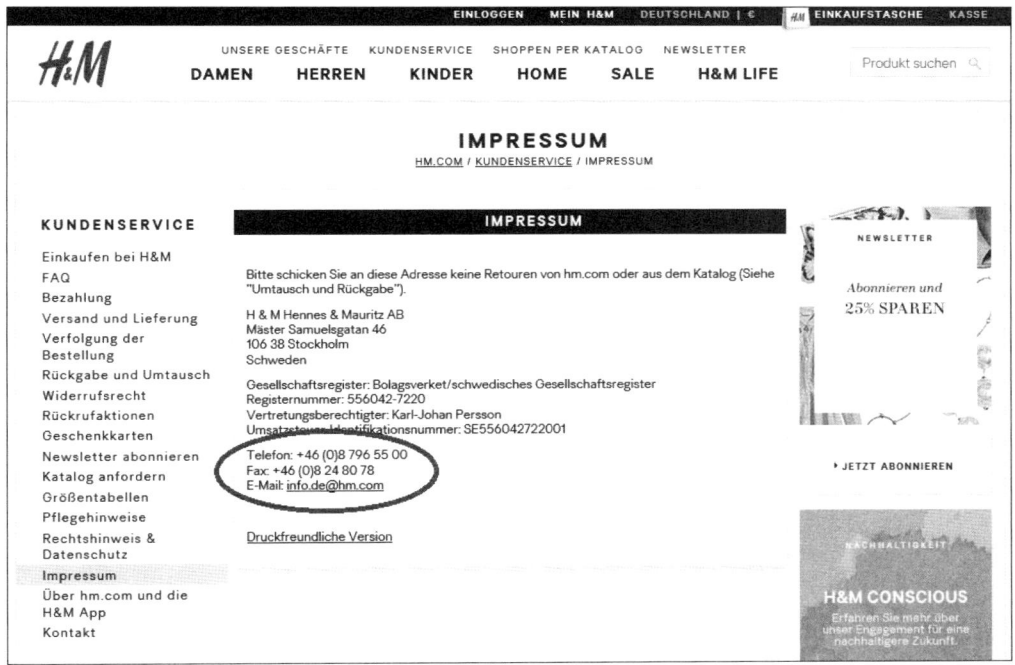

Abbildung 16.34 Impressum des Bekleidungshauses »H&M« mit Angabe der eigenen schwedischen Ländervorwahl

16.8   Checkliste Onlineshop: Alles beachtet?

Checkliste

▶ Haben Sie den Vertragsschlussmechanismus im Internet verinnerlicht?

▶ Haben Sie die gesetzlichen Vorgaben zu Produktbeschreibungen, Preisangaben und zu Versandkosten beachtet?

▶ Sind Ihre AGB rechtssicher?

▶ Haben Sie Ihre AGB an den Kunden übermittelt?

▶ Haben Sie eine rechtssichere Datenschutzerklärung?

▶ Sind Sie Ihren Informationspflichten nachgekommen?

▶ Entspricht Ihre Widerrufsbelehrung dem Muster des Gesetzgebers?

▶ Haben Sie die Button-Lösung beachtet?

▶ Haben Sie beim grenzüberschreitenden Handel die Besonderheiten wie die Anpassung der AGB im Blick?

Wenn Sie alle Fragen mit »Ja« beantworten können, dann kann es losgehen ...
Viel Erfolg!

Kapitel 17
Die Website

Eine Website ist marketingtechnisch schon ein Klassiker. Ebenso klassisch sind aber noch immer die zahlreichen Abmahnfallen. Denn wer eine Website betreiben will, hat mit der technischen, inhaltlichen und grafischen Gestaltung oftmals genug zu tun. Dabei bleibt nicht selten unbeachtet, dass auch für Websites viele rechtliche Regelungen gelten. Dies ist besonders dann relevant, wenn die Website zu kommerziellen Zwecken genutzt wird. Wie Sie eine rechtssichere Website zur Grundlage Ihrer Firmenpräsentation im Internet machen können, möchten wir Ihnen in diesem Kapitel erläutern.

Auch wenn wir uns mittlerweile daran gewöhnt haben, dass nahezu jedes Unternehmen über eine Website verfügt, so sollten Sie sich darüber im Klaren sein, dass es die Website ist, die eine ganz zentrale Rolle im gesamten Online-Marketing spielt. Denn sie ist die erste Anlaufstelle für alle Informationssuchenden und gleichzeitig Ihre Visitenkarte im Internet. Wer keine Website hat, existiert in der Online-Welt nicht. Nur mit einer eigenen Webpräsenz können Sie von Ihren potenziellen Kunden im Internet gefunden werden.

Aus diesem Grund verfügen schon seit einigen Jahren durchschnittlich zwei Drittel der Unternehmen über eine eigene Website – Tendenz steigend (siehe Abbildung 17.1).

Rechtliche Verstöße durch Betreiber von Websites gehören zu den häufigsten Gründen für Abmahnungen. Dabei erfordert die Anpassung einer Website an den rechtlichen Standard keinen großen Aufwand. Problematisch ist nur, dass viele Betreiber von Websites zu wenig über die rechtlichen Anforderungen wissen. Besonders gefährlich ist dabei das Halbwissen: Begriffe wie »Impressum« oder »Datenschutzerklärung« sind den meisten zwar nicht unbekannt, doch bei der Gestaltung im Detail steht eine Vielzahl der Betreiber vor einer großen Herausforderung. Aus diesem Grund möchten wir Ihnen in diesem Kapitel die rechtlichen Aspekte erläutern, die Sie bei der Erstellung und beim Betrieb einer Website beachten müssen.

17

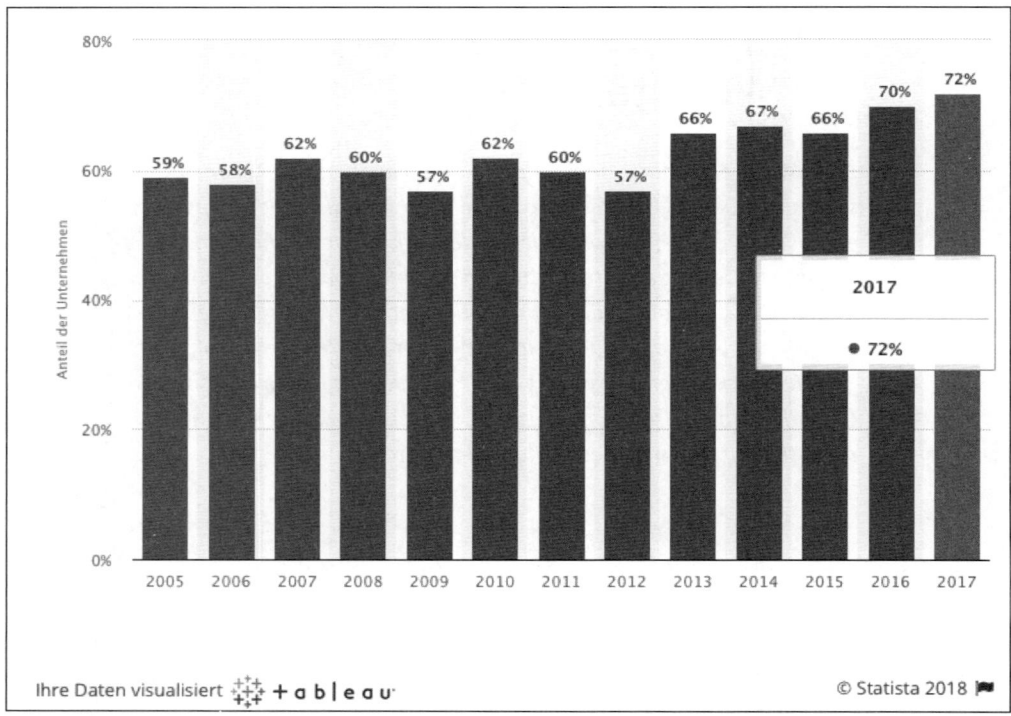

Abbildung 17.1 Die Zeitreihe veranschaulicht den Anteil der Unternehmen mit einer eigenen Website im Zeitraum von 2005 bis 2017 in Deutschland.

17.1   Wie erfolgt die Vergabe und Registrierung der Domain?

Die ersten rechtlichen Stolpersteine lauern gleich bei den ersten Schritten auf dem Weg zur Website, nämlich bei der Vergabe und Registrierung der gewünschten Domain. Worum es sich dabei genau handelt, erfahren Sie in diesem Abschnitt.

17.1.1   Die Vergabe der Domain

Möchten Sie eine Website für Ihr Unternehmen erstellen, so sollten Sie sich als Erstes um die Registrierung Ihrer Internetadresse kümmern. Dabei stellt sich zunächst einmal die Frage, wer überhaupt für die Vergabe der Domainnamen zuständig ist. Grundsätzlich gibt es dazu keine gesetzlichen Regelungen. Die Domainnamen werden weltweit von der Non-Profit-Organisation ICANN (*Internet Corporation for Assigned Names and Numbers*) mit Sitz in Kalifornien koordiniert und verwaltet.

Für die Vergabe der Domains sind dann grundsätzlich sogenannte Registrare zuständig, die die neuen Domains vergeben und verwalten. Wenn Sie beispielsweise eine

.de-Domain möchten, dann müssen Sie sich an die »DENIC eG« wenden, bei der es sich um ein in jedem Land vorhandenes *Network Information Center* handelt. Auf der Homepage der »DENIC eG« können Sie dann schnell und unkompliziert abfragen, ob der von Ihnen gewünschte Domainname noch verfügbar ist (siehe Abbildung 17.2).

Abbildung 17.2 Homepage der zentralen Registrierungsstelle für alle Domains unterhalb der Top-Level-Domain ».de«

Bei der Vergabe der Domainnamen gilt dann das First-come-first-served-Prinzip. Dies bedeutet, dass der, der als Erster eine freie Domain registrieren lässt, diese auch bekommt. Dabei nimmt die DENIC keine rechtliche Prüfung im Hinblick auf Marken- oder Namensrechte Dritter vor. Das bedeutet, dass sie nicht überprüft, ob es Dritte gibt, die sich den von Ihnen gewünschten Domainnamen beispielsweise bereits markenrechtlich geschützt haben. Der Antragsteller muss jedoch versichern, durch die Registrierung keine Rechte Dritter zu verletzen und etwaige kennzeichenrechtliche Streitigkeiten zu regeln sowie die Registrierungsstelle von Rechtsverfolgungskosten freizustellen.

Achtung!

Sofern Sie eine bestimmte Domain möchten, sollten Sie diese umgehend registrieren. Nach der Registrierung ist die Domain dann für Sie blockiert und nur für Sie verfügbar. Dabei sind Sie allerdings nicht verpflichtet, unter dieser Domain auch tatsächlich eine Website zu betreiben.

Dass die Registrierungsstelle keine Prüfung vornimmt, sollte Sie jedoch nicht dazu verleiten, etwaige Schutzrechte Dritter außer Acht zu lassen. Vielmehr empfehlen wir Ihnen, eine umfassende On- und Offline-Recherche zu der gewünschten Domain durchzuführen, um so zukünftigen Rechtsstreitigkeiten vorzubeugen. Denn auch wenn die Domain noch nicht von einem Dritten registriert wurde, kann ein Dritter Sie wegen der Verletzung älterer Kennzeichen- oder Namensrechte in Anspruch nehmen.

Hinweis

In jedem Fall sollten Sie als ersten Schritt eine einfache Google-Suche nach dem gewünschten Domainnamen durchführen. Ergibt sich dort kein Hinweis auf Schutzrechte Dritter, so sollten Sie auch im Handelsregister und im Markenregister nach eventuellen Hinweisen recherchieren.

Sobald Sie sich dann für einen Domainnamen entschieden haben, sollten Sie diesen zeitnah bei der zuständigen Registrierungsstelle anmelden. Mit der Domainregistrierung kommt der Domainvertrag unmittelbar zwischen der »DENIC eG« und Ihnen als Domaininhaber zustande. Dies gilt selbst dann, wenn die Registrierung über einen Provider erfolgt ist.

Der Inhalt des Domainvertrags ergibt sich aus den Domainbedingungen (*http://wbs.is/rom82*) und den Domainrichtlinien (*http://wbs.is/rom83*). Dabei ist von besonderer Relevanz, dass die DENIC die Verbindung der Domain herstellen und die Domain in das Domainabfrageverzeichnis *Whois* aufnehmen muss. Dort kann dann jeder sehen, ob ein Name schon vergeben ist. Ist die Domain bereits registriert, können Sie feststellen, an wen sie vergeben wurde, und sich gegebenenfalls mit dieser Person in Verbindung setzen (siehe Abbildung 17.3).

Hinweis

Wir empfehlen Ihnen, nicht nur die gewünschte Domain registrieren zu lassen, sondern sich gerade bei komplizierteren Unternehmensnamen auch typische Tippfehler und bei Mehrwortdomains die zusammengeschriebene sowie die Bindestrichvariante zu sichern. Planen Sie auch eine internationale Internetpräsenz, so sollten Sie auch eine Registrierung in den jeweiligen Staaten vornehmen sowie sich die generische Top-Level-Domain *.com* sichern.

Domainabfrage-Ergebnis

Domaindaten

Domain wbs-law.de
Letzte Aktualisierung 15.01.2014

Domaininhaber
Der Domaininhaber ist der Vertragspartner der DENIC und damit der an der
Domain materiell Berechtigte.

Domaininhaber: Wilde Beuger und Solmecke
Rechtsanwaelte GbR
Adresse: Kaiser-Wilhelm-Ring 27-29
PLZ: 50672
Ort: Koeln
Land: DE

Administrativer Ansprechpartner
Der administrative Ansprechpartner (admin-c) ist die vom Domaininhaber
benannte natürliche Person, die als sein Bevollmächtigter berechtigt und
gegenüber DENIC auch verpflichtet ist, sämtliche die Domain wbs-law.de
betreffenden Angelegenheiten verbindlich zu entscheiden.

Name: Christian Solmecke
Organisation: Wilde Beuger und Solmecke
Rechtsanwaelte GbR
Adresse: Kaiser-Wilhelm-Ring 27-29
PLZ: 50672
Ort: Koeln
Land: DE

Technischer Ansprechpartner
Der technische Ansprechpartner (tech-c) betreut die Domain wbs-law.de in
technischer Hinsicht.

Name: Alexander Hohrein
Organisation: bluenetdata GmbH
Adresse: Am Getreidespeicher 9
PLZ: 53359
Ort: Rheinbach
Land: DE

Abbildung 17.3 Beispiel für eine Domainabfrage bei der »DENIC« über »Whois«

17.1.2   Die Registrierung der Domain

Nachdem Sie sich für einen Domainanbieter entschieden haben, muss noch die Registrierung vorgenommen werden. Dies können Sie selbst vornehmen, wenn Sie
über die erforderliche technische Infrastruktur für Internetzugang und Webspace
verfügen (siehe Abbildung 17.4).

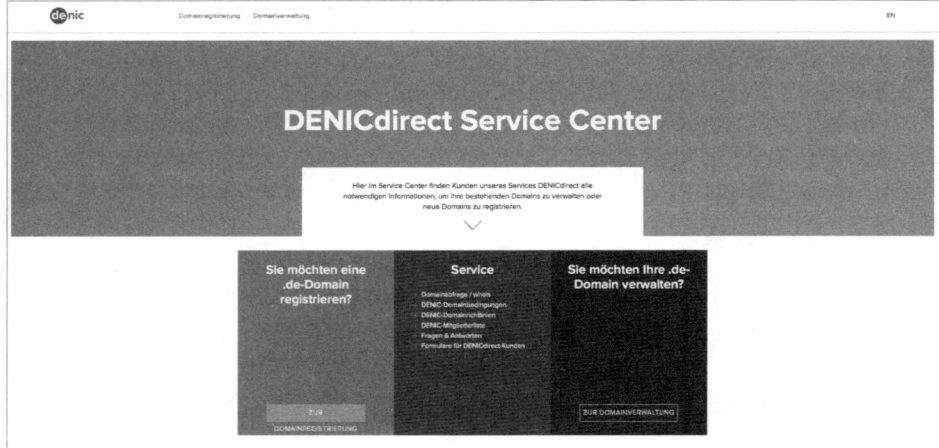

Abbildung 17.4 Über »DENICdirect« können Domain-Inhaber ihre Domain selbst registrieren.

Andernfalls sollten Sie einen Serviceprovider damit beauftragen. Dies ist auch deshalb sinnvoll, weil ein Serviceprovider zusätzlich weitere Dienste anbietet, wie die Bereitstellung von Webservern oder Mailservern aus einer Hand (siehe Abbildung 17.5).

Dazu schließen Sie mit Ihrem Serviceprovider ebenfalls einen Vertrag. Dieser hat die Durchführung der Registrierung zum Gegenstand. Ansprechpartner für die Domain und damit zusammenhängende technische Probleme ist dann der Serviceprovider.

Abbildung 17.5 »STRATO« ist zum Beispiel ein bekannter Serviceprovider.

Bei der vertraglichen Gestaltung sollten Sie darauf achten, dass Sie als administrativer Ansprechpartner, als sogenannter *Admin-C*, eingetragen werden. Denn nur auf diese Weise können Sie sicherstellen, dass Sie von allen Änderungen in Bezug auf den Domainnamen auch in Kenntnis gesetzt werden. Sollte sich der Provider als Inhaber der Domain eintragen, so drohen nach Beendigung des Vertragsverhältnisses lange Streitigkeiten über die Inhaberschaft an der Domain.

Praxisbeispiel

Der Bundesgerichtshof (Beschluss vom 04.03.2004, Az. I ZR 50/03) entschied über einen Rechtsstreit in Bezug auf die Domain *www.ritter.de*. Der Provider hatte zwar im Auftrag seines Kunden die Registrierung der Domain bei der »DENIC eG« vorgenommen, jedoch sich selbst als Admin-C eintragen lassen. Nach Ende des Vertragsverhältnisses verweigerte der Provider die Herausgabe der Domain an den Kunden – zu Unrecht! Denn nach Ansicht des Gerichts ist der Provider dazu verpflichtet, die Domain auf den Kunden zu übertragen und der Umschreibung auf ihn gegenüber der DENIC zuzustimmen.

Besonders bei längerfristigen Domainserviceverträgen sollten Sie darüber hinaus darauf achten, dass der Anbieter vertraglich verpflichtet ist, die Registrierung nicht nur durchzuführen, sondern auch aufrechtzuerhalten.

Ferner sollten Sie den tatsächlichen Termin der Registrierung vertraglich fixieren. Dies ist besonders wichtig, da es passieren kann, dass bei Verzögerungen in der Zwischenzeit eine Registrierung durch einen Dritten erfolgt. Dagegen können Sie dann grundsätzlich nichts mehr tun, da in der Regel das Prioritätsprinzip gilt: Wer zuerst kommt, mahlt zuerst (siehe Abbildung 17.6).

17

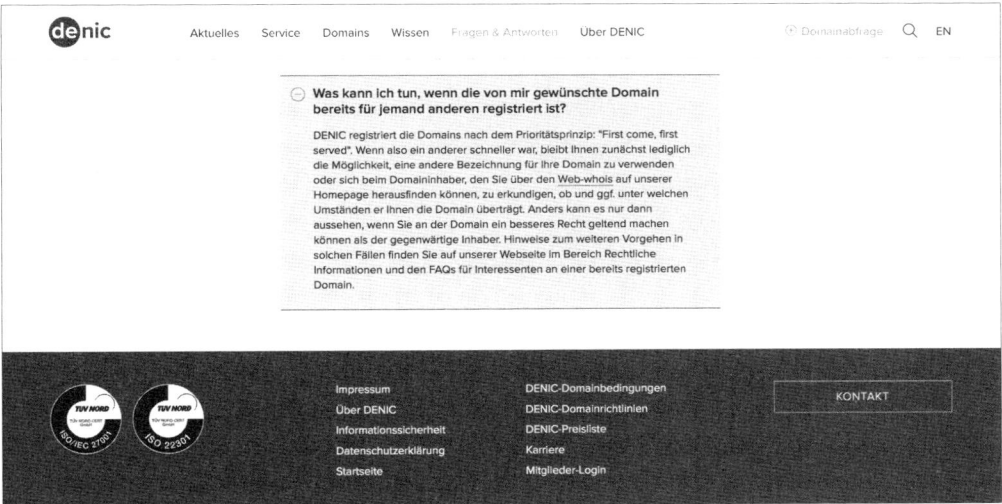

Abbildung 17.6 Informationen der »DENIC eG« zur Registrierung

Was Sie dann aber sehr wohl noch tun können, ist den Provider wegen Verletzung seiner Vertragspflichten auf Schadensersatz in Anspruch zu nehmen!

> **Achtung!**
> Sie können sich keine Domainnamen vorsorglich sichern oder diese für die Zeit bis zur Registrierung zu Ihren Gunsten sperren. Denn der Domainname ist erst dann sicher, wenn er registriert ist – eine Art Reservierung gibt es nicht. Dies gilt selbst dann nicht, wenn der von Ihnen gewünschte Name aufgrund von Namens- oder Kennzeichenrechten nur von Ihnen benutzt werden darf.

Darüber hinaus sollten Sie mit Ihrem Provider vereinbaren, dass es zu seinen Leistungspflichten gehört, etwaige Gebühren an den Registrar zu bezahlen. Sofern der Provider die Zahlung der Gebühren beispielsweise an die »DENIC eG« versäumt und die Domain daraufhin verloren geht, ist er Ihnen gegenüber zum Schadensersatz verpflichtet.

17.2 Die Wahl des Domainnamens – ein juristisches Schlachtfeld?

Der Domainname ist das A und O der Auffindbarkeit im Netz. Denn mit einem treffenden, präzisen und der angestrebten Zielgruppe angepassten Domainnamen lässt sich der zukünftige Erfolg der Website bereits erheblich beeinflussen. Daher hätte wohl jedes Unternehmen am liebsten den Domainnamen, der mit dem Unternehmensnamen identisch ist.

Da verwundert es nicht, dass der Streit um den gewünschten, aber bereits vergebenen Domainnamen regelmäßig vor Gericht endet. Denn es ist nicht immer so einfach, den gewünschten Namen zu erhalten. Möglicherweise ist der gewünschte Name schon vergeben oder kollidiert mit einer Marke oder dem Unternehmenskennzeichen eines Dritten. Was Sie in solchen Fällen tun können und worauf Sie noch bei der Wahl des Domainnamens achten müssen, möchten wir Ihnen in diesem Abschnitt erläutern.

17.2.1 Der Domainname und das Markenrecht

Vor der Registrierung sollten Sie unbedingt überprüfen, ob der Domainname einen Markennamen oder den Namen eines Unternehmens enthält. Der Domainname ist dabei nicht mit der Endung gleichzusetzen. Man unterscheidet zwischen der Domainendung, die bei den Top-Level-Domains beispielsweise *.com* oder *.de* lautet, und dem Domainnamen an sich, der sogenannten Second-Level-Domain. Bei der Recherche müssen Sie also nur den Domainnamen überprüfen, ohne die Domainendung.

Praxisbeispiel

Bei der Website *www.rheinwerk-verlag.de* handelt es sich bei *rheinwerk-verlag* um den Domainnamen und bei der Endung *.de* um die Domainendung.

Registrieren Sie Ihre Domain, so gibt Ihnen das noch kein Recht zur alleinigen Nutzung des Domainnamens, wie es Ihnen unter Umständen bei Markennamen bekannt ist. Denn *ein Schutz nach dem Markenrecht* entsteht bei benutzten Domainnamen zum Beispiel dann, wenn es sich um einen Werktitel im Sinne des Markengesetzes handelt. Dafür muss der Domainname bezeichnend für das Unternehmen sein, das ihn verwendet, und ausreichend Unterscheidungskraft zu anderen Unternehmen besitzen.

Ein Schutz nach dem Markenrecht entsteht aber auch dann, wenn Sie den Domainnamen beim *Deutschen Patent- und Markenamt* (DPMA) registriert haben. Ist der Domainname mit Ihrem Unternehmensnamen identisch, so empfiehlt sich eine solche Vorgehensweise in jedem Fall.

Vor der Registrierung des Domainnamens sollten Sie eine Recherche auf der Website des DPMA durchführen. Nur so können Sie herausfinden, ob Dritte den von Ihnen gewünschten Domainnamen bereits als Marke haben registrieren lassen. Dazu können Sie die Online-Suchmaske auf der Website *www.dpma.de* nutzen (siehe Abbildung 17.7).

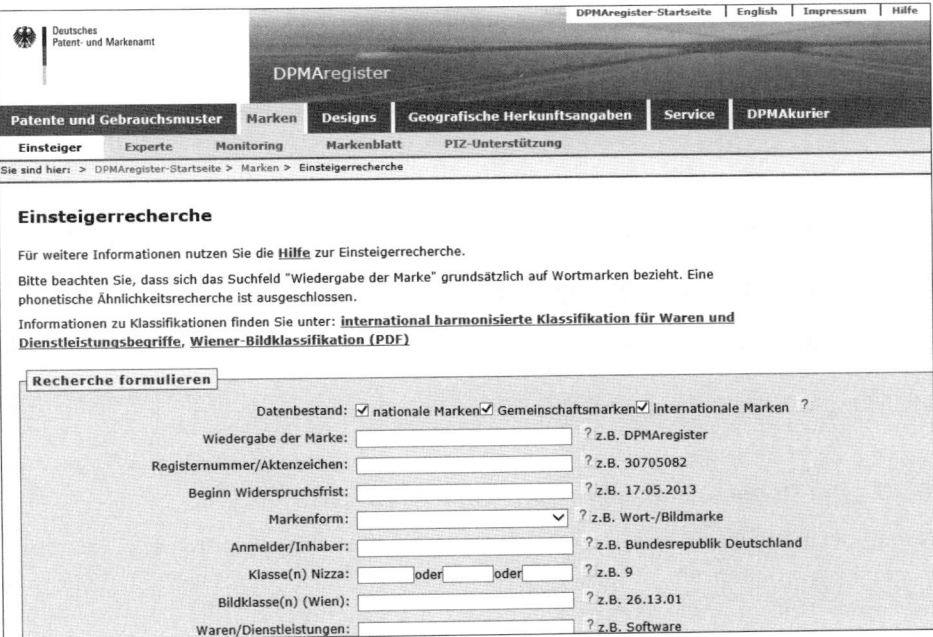

Abbildung 17.7 Online-Markenrecherche beim »DPMA«

Ist der von Ihnen gewünschte Name für Ihre Produkt- oder Dienstleistungspalette markenrechtlich geschützt, so dürfen Sie ihn nur dann für Ihre Domain verwenden, wenn der Rechteinhaber in die Nutzung des Namens einwilligt. Andernfalls müssen Sie mit einer kostspieligen Abmahnung und einem gerichtlichen Verfahren rechnen.

Um herauszufinden, wer der Rechteinhaber ist, können Sie eine Markenrecherche auf der Website des DPMA durchführen. Durch einen Klick auf die Nummer in der Zeile REGISTERNUMMER/AKTENZEICHEN werden Ihnen die erforderlichen Daten des Rechteinhabers angezeigt (siehe Abbildung 17.8).

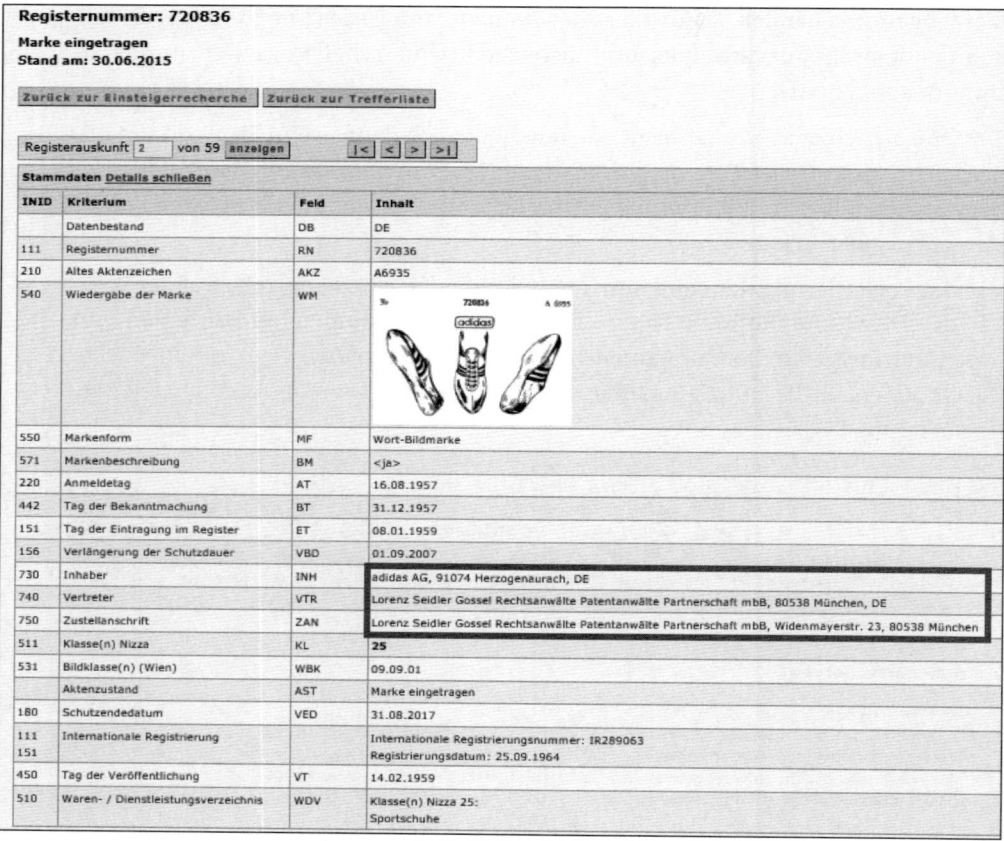

Abbildung 17.8 Registerauskunft beim »DPMA« zur Marke »adidas«

17.2.2 Der Domainname und Unternehmenskennzeichen

Neben der Kennzeichnung von Waren oder Dienstleistungen durch eine Marke ist es genauso möglich, ein Unternehmen selbst zu kennzeichnen. Dies geschieht mittels eines Unternehmenskennzeichens. Ein Unternehmenskennzeichen kann sowohl mit als auch ohne Namensfunktion unter den Schutzbereich des Markenrechts fallen.

Im Rahmen der Unternehmenskennzeichnung mit Namensfunktion werden sowohl Namen als auch besondere Geschäftsbezeichnungen erfasst:

▶ Namen natürlicher Personen (oder deren Pseudonym)

▶ Firmennamen

▶ Name der GbR

▶ Vereinsnamen

Unternehmenskennzeichen ohne Namensfunktion umfassen alles, was als Hinweis auf ein bestimmtes Unternehmen verstanden werden kann. Darunter fallen beispielsweise:

▶ Logos

▶ Werbeslogans

▶ einheitliche Kleidung der Unternehmensangestellten

Für die Schutzfähigkeit eines Unternehmenskennzeichens wird vorausgesetzt, dass es eine gewisse Unterscheidungskraft aufweist. Denn nur dann besteht eine Verwechslungsgefahr, vor der das Unternehmen geschützt werden soll. Ob eine Verwechslungsgefahr vorliegt, muss nach den Umständen des Einzelfalls beurteilt werden. Als Kriterien für eine Verwechslungsgefahr werden insbesondere die Zeichenähnlichkeit, die Nähe der Unternehmensbereiche, also die Branchenähnlichkeit, und die Kennzeichnungskraft der Zeichen herangezogen.

17

Praxisbeispiel

In einem Verfahren vor dem Oberlandesgericht Hamm (Beschluss vom 25.07.2013, Az. 4 W 33/12) klagte die Firma »U Gesellschaft für Trockenbausysteme GmbH«, die auf den Vertrieb von Trockenbausystemen und Zubehör spezialisiert ist, gegen die Beklagte, die den Domainnamen »U-trockenbausysteme.de« benutzte. Die Klägerin machte einen Unterlassungsanspruch geltend, da sie den Firmenbestandteil »U Trockenbausysteme« als Schlagwort für Werbemaßnahmen benutzte.

Das OLG Hamm gab der Klägerin nun Recht. Denn das Firmenschlagwort »U Trockenbausysteme« genieße als eigenes Objekt in der Gesamtfirma »U Gesellschaft für Trockenbausysteme GmbH« einen eigenen kennzeichnungsrechtlichen Schutz. Denn der Bestandteil »U-Trockenbausysteme« sei nicht bloß ein rein beschreibendes Element. Insbesondere der Bestandteil »U« sei als Abkürzung ein Schlagwort. Buchstabenkombinationen weisen immer kennzeichnungsrechtliche Unterscheidungskraft auf, da sie vom Verkehr als namensmäßiger Hinweis auf ein bestimmtes Unternehmen verstanden werden können. Hierbei reiche es aus, dass eine bestimmte beschreibende Verwendung nicht festzustellen sei.

Die Bezeichnung »U« sei ein prägender Bestandteil und weise deshalb hinreichend Unterscheidungskraft auf. Ob die Kurzbezeichnung »U Trockenbausysteme« tatsächlich als Firmenschlagwort in Alleinstellung, zum Beispiel in der Werbung, verwendet wird oder nicht, sei daher unerheblich.

Eine Unterscheidungskraft liegt nicht vor, wenn es sich bei dem Kennzeichen – egal, ob Name oder geschäftliche Bezeichnung – um einen rein beschreibenden Inhalt handelt. Nur im Ausnahmefall können beschreibende Angaben Markenschutz genießen bzw. diesen durchsetzen, nämlich dann, wenn eine überragende Bekanntheit vorliegt. Dies ist jedoch nur selten der Fall.

Praxisbeispiel

Die »Unister GmbH«, die hinter der Domain »*fluege.de*« steht, machte Markenrechte im Sinne eines Unternehmenszeichens gegen den Inhaber der Domain »flüge.de« geltend, da sie eine erhebliche Verwechslungsgefahr mit dem eigenen Internetauftritt sah (siehe Abbildung 17.9).

Zu diesem Verfahren äußerte sich zuletzt der Bundesgerichtshof (Beschluss vom 08.01.2015, Az. I ZR 96/14). Kernfrage des Verfahrens war dabei, ob der Begriff »Flüge« überhaupt ein geschütztes Unternehmenskennzeichen ist. Denn unter Umständen besitzt er keine Unterscheidungskraft für den Bereich der Flugreisen und hat allein beschreibende Wirkung. Nach Ansicht des Gerichts ändere die Tatsache, dass das Portal mit »ue« geschrieben werde, nichts an der rechtlichen Einordnung, da der Verkehr daran gewöhnt sei, dass der Umlaut »ü« mit »ue« geschrieben wird. Dies gelte gerade in anderen Sprachen, die das »ü« nicht kennen.

Die »Unister GmbH« hingegen argumentierte für einen Schutz damit, dass die fehlende Unterscheidungskraft mit einer erheblichen Bekanntheit des Portals ausgeglichen werden könne. So seien seit 2010 umfangreiche Werbemaßnahmen aufgewendet worden, unter anderem werbe auch der ehemalige Fußballmanager Reiner Calmund für das Unternehmen. Mit mehr als 2,5 Millionen Einzelnutzern im Monat sei man zudem eines der meistbesuchten online tätigen Reisebüros landesweit. Dies reichte dem Gericht jedoch nicht, und es entschied zugunsten der Inhaber der Domain »flüge.de«. Inzwischen scheinen sich die Parteien aber außergerichtlich geeinigt zu haben. Denn egal, welche Schreibweise man nun verwendet, man landet immer auf der Website *www.fluege.de*.

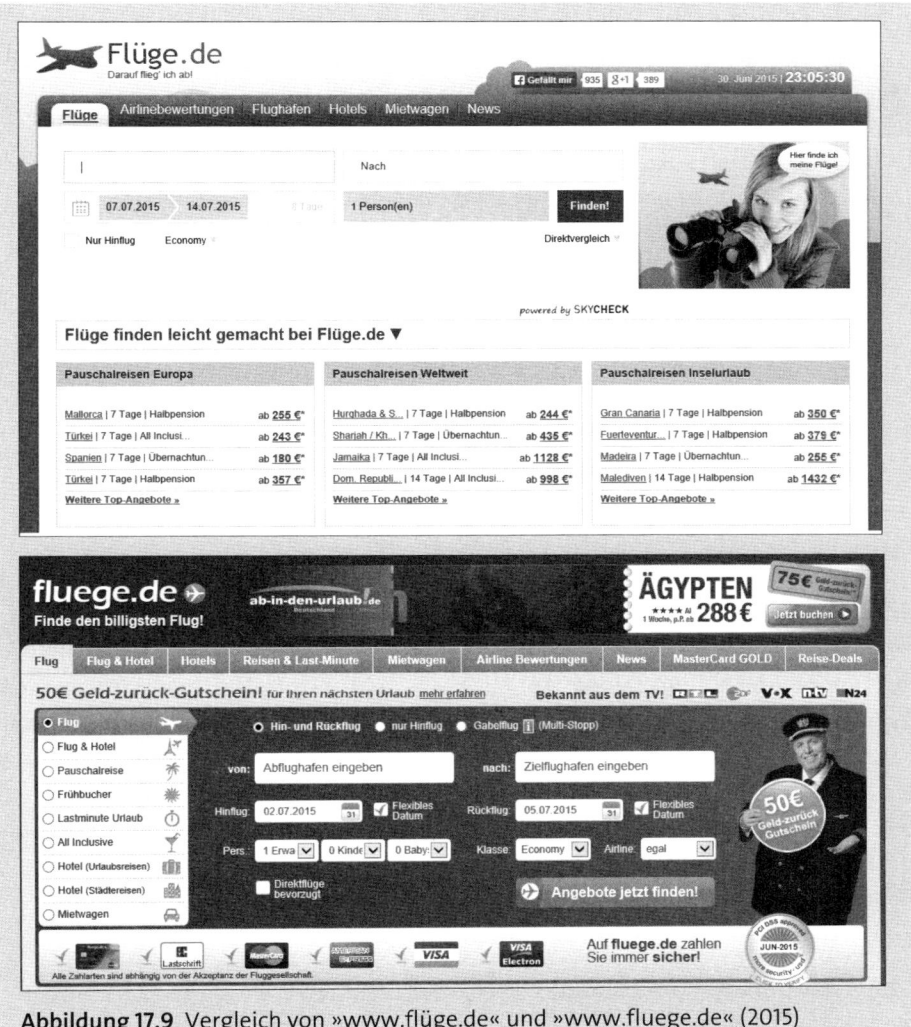

Abbildung 17.9 Vergleich von »www.flüge.de« und »www.fluege.de« (2015)

Eine rein beschreibende Funktion kann auch nicht immer durch Zusätze aufgehoben werden. Denn auch die Zusätze müssen geeignet sein, der Bezeichnung eine Namensqualität zu geben.

Praxisbeispiel

Das Landgericht Hamburg (Urteil vom 25.10.2011, Az. 312 O 118/11) hat entschieden, dass die Zeichen »fliesen24« und »*fliesen24.com*« keine geschützten Unternehmenskennzeichen sind, da sie für den Online-Fliesenhandel rein beschreibend seien.

Der Kläger, der das Zeichen »Fliesen24« national sowohl als Wortmarke als auch als Gemeinschaftsmarke hat eintragen lassen, betreibt unter der Internetadresse

---

> *www.fliesen24.com* ein Versandhandelsgeschäft, insbesondere für Fliesen, und bietet dort auch Produkte unter seiner Eigenmarke »Fliesen24« an. Zudem hält er auf der Website unter den Rubriken Fliesenlexikon und Fliesen A–Z allgemeine Informationen zum Thema Fliesen vor. In dem Verfahren wendete er sich gegen die Verwendung des Zeichens »Fliesen24« durch die Beklagte, die unter der Internetseite *www.fliesen24.de* Fliesen vertreibt und dort ebenfalls Informationsmaterial zu Fliesen bereithält.
>
> Das Landgericht Hamburg wies die Klage ab. Ein Anspruch aufgrund einer Verletzung eines Unternehmenskennzeichens bestehe nicht, da es sich bei den Bezeichnungen »Fliesen24« bzw. »Fliesen24.com« nicht um Unternehmenskennzeichen im Sinne des Markengesetzes handele. Dem Schutz als Unternehmenskennzeichen stehe entgegen, dass die vorgenannten Bezeichnungen keine Namensfunktion hätten, sondern lediglich den Tätigkeitsbereich des Unternehmens beschreiben würden. Die Zusätze »24« bzw. ».com« würden daran nichts ändern, da sie vom Verkehr als Hinweis auf die 24-stündige Erreichbarkeit bzw. die Angabe der Top-Level-Domain verstanden würden.

Anders als bei Marken gibt es bei den Unternehmenskennzeichen nicht die Möglichkeit der Eintragung. Der Schutz entsteht hier durch die Benutzung im Geschäftsverkehr. Ein weiterer Unterschied zur Marke besteht darin, dass der Schutzbereich räumlich begrenzt ist, soweit eine ortsgebundene Tätigkeit durch das Unternehmen vorliegt. Dabei kann der Schutzbereich ausgeweitet werden, wenn zugleich der Tätigkeitsbereich überörtlich ausgedehnt wird. Er endet, sobald er nicht mehr benutzt wird, oder durch wesentliche Änderungen. Auch besteht kein Schutz mehr, wenn die Kennzeichnungskraft verloren geht. Das genaue Abstecken des Schutzbereichs ist in jedem Fall eine Einzelfallabwägung.

17.2.3   Der Domainname und das Namensrecht

Neben dem Markenrecht müssen Sie auch das Namensrecht beachten. Das Namensrecht schützt einerseits den bürgerlichen Namen natürlicher Personen und andererseits Namen von Personenvereinigungen wie Firmen, Vereinen, Parteien, Städten oder Gemeinden. Ein Namensschutz entsteht jedoch nur, wenn der Name dazu geeignet ist, eine bestimmte Person zu kennzeichnen und zu identifizieren.

Praxisbeispiel

Im Jahre 2016 befassten sich die Richter des Bundesgerichtshofs (Urteil vom 24.03.2016, Az. I ZR 185/14) mit der Frage, ob eine natürliche Person einen Anspruch auf Löschung einer Domain mit dem eigenen Namen hat. Der Klägerin namens Grit Lehmann gehörten bereits die Domains *gritlehmann.de* sowie *gritlehmann.com*. Die

Domain *grit-lehmann.de* hatte sich jedoch der Beklagte bereits 2007 sichern lassen – zum Unmut der Klägerin. Der Inhaber der Domain *grit-lehmann.de* machte geltend, dass seine ehemalige Lebensgefährtin ebenfalls Grit Lehmann hieße und er für diese lediglich die Seite halte. Nach Ansicht des Bundesgerichtshofs ist dies dennoch nicht zulässig. Denn in Fällen, in denen der eigene Name durch einen Nichtberechtigten als Domainname unter der in Deutschland üblichen TopLevel-Domain ».de« registriert wird, wird dadurch über die Zuordnungsverwirrung hinaus ein besonders schutzwürdiges Interesse des Namensträgers beeinträchtigt, da die mit dieser Bezeichnung gebildete Internetadresse nur einmal vergeben werden kann. Der berechtigte Namensinhaber wird so von der eigenen Nutzung des Namens als Domainname unter dieser Top-Level-Domain ausgeschlossen.

Nach Ansicht des Gerichts komme der Registrierung eines aus einem bürgerlichen Namen bestehenden Domainnamens durch den Beklagten als Treuhänder nur dann die Priorität zu, wenn alle Gleichnamigen einfach und zuverlässig überprüfen können, dass es sich bei dem Inhaber der Domain auch um einen Gleichnamigen handelt.

Praxisbeispiel

Das Bundesland Berlin betreibt seine offizielle Internetseite unter der Domain *berlin.de*. Die gewerbliche Nutzung der Domain *berlin.com* durch eine internationale Mediengruppe kann das Land nicht verhindern. Dies gilt zumindest dann, wenn die Seitenbesucher durch einen Disclaimer darauf aufmerksam gemacht werden, dass es sich bei dem Internetauftritt *berlin.com* nicht um die offizielle Internetseite des Bundeslandes handelt, so das Kammergericht Berlin (Urteil vom 27.02.2017, Az. 3 O 19/15).

Dies begründete das Gericht damit, dass Nutzer heutzutage auf eine Vielzahl verschiedener Internetseiten zugreifen können, von denen die meisten kommerziell betrieben werden. Ein Nutzer könne daher nicht mehr davon ausgehen, dass die Domain auf einen konkreten Namen verweise.

Praxisbeispiel

Seit dem Jahr 2007 betrieb ein im Rheingau ansässiger Zweckverband die Domain *www.kulturland-rheingau.de*. Vor dem Landgericht Frankfurt am Main (Urteil vom 29.09.2010, Az. 2-06 O 167/10) stritten der Zweckverband und ein Unternehmen aus der IT-Branche darüber, ob Letzteres die Domain *www.rheingau.de* verwenden darf.

Im Vorfeld ließ der Zweckverband das Unternehmen abmahnen. Damit war das betroffene Unternehmen aber nicht einverstanden. Es verwies unter anderem darauf, dass es schon sehr viele Jahre auf dem Markt sei und seine Domain bereits seit dem Jahr 1998 betreibe. Das IT-Unternehmen begehrte daher vom Gericht die Feststellung, dass es seine Domain nicht an den Zweckverband herauszugeben braucht.

Die Richter des Landgerichts Frankfurt am Main stellten sich auf die Seite des IT-Unternehmens. Dies begründeten sie damit, dass zwar auch ein Zweckverband als Gebietskörperschaft Inhaber einer Domain sein könne, Voraussetzung dafür im konkreten Fall sei aber, dass es sich überhaupt um einen geschützten Namen handele. Dieser müsse zur Kennzeichnung und Identifikation einer bestimmten natürlichen oder juristischen Person geeignet sein. Die Bezeichnung »Rheingau« könne aber nach Ansicht des Gerichts keiner bestimmten Organisation zugeordnet werden. Es handele sich lediglich um die Eingrenzung für ein bestimmtes geografisches Gebiet. Daher müsse das IT-Unternehmen seine Domain nicht an den Zweckverband herausgeben.

Diesen Schutz (den Namensschutz) können Sie auch nicht umgehen, indem Sie eine ausländische Top-Level-Domain wählen.

Praxisbeispiel

Das OLG Köln (Urteil vom 30.04.2010, Az. 6 U 208/09) entschied, dass die spanische Domain *www.fc-bayern.es* die Namensrechte des »FC Bayern München« verletze. In der Tat ist die Abkürzung »FC Bayern« für den Bundesligisten »FC Bayern München AG« namensrechtlich geschützt.

Dabei ist seit Langem anerkannt, dass auch aus einem Namen abgeleitete Abkürzungen und Schlagworte Namensschutz genießen können. Der Unterschied, dass im vorliegenden Fall der Beklagte den geschützten Namen unter einer ausländischen Top-Level-Domain hat registrieren lassen, rechtfertige nach Ansicht des OLG Köln keine abweichende Beurteilung. Insbesondere bestehe auch in diesem Fall die erforderliche Zuordnungsverwirrung.

Das OLG führt hierzu aus: »*Üblicherweise wird der Verkehr bei einer rein namensmäßigen Verwendung eines fremden Namens im Rahmen einer Internetadresse in der Internetadresse einen Hinweis auf den Namen des Betreibers des Internetauftritts sehen. Diese Erwartung des Verkehrs gründet sich auf der Verwendung des Namens und besteht daher unabhängig davon, welche Top Level Domain folgt. [...] Es genügt jedenfalls, dass das Unternehmen auch im Inland hinreichend bekannt und / oder geschäftlich tätig ist.*«

Dem steht auch nicht der Umstand entgegen, dass der Fußball-Club in Spanien nicht als »FC Bayern«, sondern unter dem Namen »Bayern de Munich« oder einfach nur unter »Bayern« bekannt sei. Ausschlaggebend sei nämlich nicht, ob ein spanischer Fußballfan »FC Bayern« kenne, sondern ob derjenige, der auf die Webseite stoße, annehme, diese werde von der »FC Bayern München AG« selbst betrieben. Demzufolge habe die Klägerin ein berechtigtes Interesse daran, dass derjenige, der eine Internetseite aufrufe, bei der er davon ausgehe, sie stamme von der Klägerin, dort nicht auf einen Internetauftritt des Beklagten stößt.

Voraussetzung für den Beseitigungs- bzw. Unterlassungsanspruch ist eine unbefugte Verwendung eines fremden Namens in Form der Namensleugnung oder eine *Namensanmaßung*; eine tatsächliche Nutzung der Domain ist nicht erforderlich. Im Rahmen domainrechtlicher Streitigkeiten spielt dabei überwiegend die Fallgruppe der Namensanmaßung eine Rolle.

Eine weitere Voraussetzung für eine Namensrechtsverletzung ist darüber hinaus das Bestehen einer Verwechslungsgefahr, die im Rahmen des Namensrechts bezüglich Domains dann zu bejahen ist, wenn der angesprochene Internetnutzer hinter der registrierten Domain eine andere Person erwartet, als diejenige, die er tatsächlich vorfindet. Dabei handelt es sich um die sogenannte *Zuordnungsverwirrung*. Da es sich in den meisten Fällen des *Domain-Grabbings* (siehe Abschnitt 17.2.5) jedoch um reine Gattungsbegriffe handelt, scheidet meist eine Zuordnungsverwirrung aus. Handelt es sich hingegen nicht um bloße Gattungsbegriffe, dann muss zudem noch eine Interessenverletzung des Namensinhabers vorliegen. Diese besteht in der Regel in der mit der Registrierung einhergehenden Sperrwirkung des Domainnamens.

Ein Problem, das sich im Rahmen von namensrechtlichen Domainstreitigkeiten regelmäßig stellt, ist die Frage der *Gleichnamigkeit*, etwa wenn Domaininhaber und Anspruchsteller also jeweils – berechtigterweise – den gleichen Namen tragen. Grundsätzlich kann in diesem Zusammenhang keiner an einem redlichen Namensgebrauch gehindert werden, sodass hier in Bezug auf Domains das Prinzip *first come, first served* zur Geltung kommt, da jede Internetdomain technisch nur ein einziges Mal vergeben werden kann.

Dieses Prinzip gilt allerdings nicht bei einer überragenden Bekanntheit eines Namensinhabers, wie es bei den unter Juristen umstrittenen Entscheidungen zu den Domains *www.shell.de* und *www.krupp.de* der Fall war. Insoweit hat im »Recht der Gleichnamigen« stets eine Abwägung der sich gegenüberstehenden Interessen stattzufinden.

17.2.4   Der Domainname und das Wettbewerbsrecht: Tippfehler-Domain

Unter einer Tippfehler-Domain versteht man eine Domain, die sich an einen bekannten Domainnamen anlehnt und dadurch User anlockt, die sich bei der Suche nach diesen bekannten Webseiten vertippen. Die Nutzer werden auf eine Webseite weitergeleitet, die mit der gewünschten Website in der Regel nicht in Verbindung steht.

> **Praxisbeispiel**
>
> In einem Verfahren vor dem Bundesgerichtshof (Urteil vom 22.01.2014, Az. I ZR 164/12) ging es um den Streit zwischen der Betreiberin eines Wetterdienstes unter dem Domainnamen *www.wetteronline.de* und dem Inhaber verschiedener sogenannter

Tippfehler-Domains, darunter zum Beispiel *www.wetteronlin.de*. Die User wurden über die Tippfehler-Domains auf eine Internetseite weitergeleitet, die für private Krankenversicherungen warb. Hierfür erhielt der Inhaber der Tippfehler-Domain dann ein Entgelt.

Dies ist nach Ansicht des Gerichts zwar keine Markenrechtsverletzung, da die Bezeichnung »wetteronline« ein rein beschreibender Begriff sei, wohl aber ein Verstoß gegen das Wettbewerbsrecht. Denn die konkrete Benutzung solcher Tippfehler-Domains verstoße unter dem Gesichtspunkt des Abfangens von Kunden grundsätzlich gegen das wettbewerbsrechtliche Verbot unlauterer Behinderung. Dies gelte nur dann nicht, wenn der Nutzer auf der sich öffnenden Internetseite nicht unmittelbar und auf deutliche Art und Weise darauf hingewiesen wird, dass er sich nicht auf der Seite »*wetteronline.de*« befindet. Zur Löschung der Tippfehler-Domain wurde der Beklagte nicht verpflichtet, da eine rechtlich zulässige Nutzung der Website denkbar ist und die bloße Registrierung des Domainnamens die Klägerin nicht unlauter behindert.

Inzwischen hat der Betreiber der Domain *www.wetteronlin.de* den Inhalt der Website geändert und hält neuerdings sogar einen Hinweis sowie einen Link zur Seite *www.wetteronline.de* bereit (siehe Abbildung 17.10).

Abbildung 17.10 Oben im Bild enthält die Tippfehler-Domain »www.wetteronlin.de« einen Hinweis sowie einen Link zu »www.wetteronline.de« bereit.

17.2.5   Schutz vor virtuellem Diebstahl: Domain-Grabbing

Häufig entstehen Rechtskollisionen auch ohne eine unmittelbare Verwechslungsgefahr schon allein dadurch, dass Sie eine bestimmte Domain nicht nutzen können, weil diese zuvor von jemand anderem registriert wurde.

Insbesondere in den Fällen, in denen unter dem fraglichen Domainnamen keinerlei Inhalt hinterlegt ist und somit weder eine geschäftliche Nutzung noch eine Verwechslungsgefahr begründet werden kann, liegt ein rechtlich relevantes Verhalten dann vor, wenn der Erwerb der Domain lediglich darauf gerichtet war, sich diese vom betreffenden Kennzeicheninhaber abkaufen oder lizenzieren zu lassen (sogenanntes *Domain-Grabbing*).

Weiter ist für das Domain-Grabbing kennzeichnend, dass der Domainerwerber keinerlei eigenes Interesse an der Domain hat, sondern sich vielmehr an dem Kennzeicheninhaber, der auf die Nutzung der Domain angewiesen ist, bereichern will. Da ein Domainname nämlich nur einmalig vergeben werden kann, sichern sich Domain-Grabber zukünftig begehrte Domainnamen vorsorglich, um diese später Interessenten zu hohen Preisen zum Kauf anzubieten. Dabei sollte man die Höhe der Domainpreise nicht unterschätzen (siehe Abbildung 17.11).

```
Top 5 Domainverkäufe

Domain              Preis

1.) broker.com      375.000 USD

2.) mikihouse.com   224.224 USD

3.) ada.com         200.000 USD

4.) circa.com       150.000 USD

5.) hotbot.com      155.000 USD

Top 5 Domainverkäufe für .de

Domain              Preis

1.) itjobs.de        58.000 EUR

2.) 90min.de         53.550 EUR

3.) sparstrumpf.de   47.600 EUR

4.) luxus.de         25.500 EUR

5.) antalya.de       20.000 EUR
```

Abbildung 17.11 Die Top 5 der teuersten Domainverkäufe im Jahr 2016, zusammengestellt vom »presseportal.de«

Ein solches Vorgehen ist rechtlich nicht ganz unbedenklich: Namensrechte, Markenrechte oder das Wettbewerbsrecht können durch das Domain-Grabbing verletzt werden. Zwar stellt das Registrieren vieler Domains auf Vorrat mit dem Ziel, sie später gewinnbringend zu verkaufen, grundsätzlich keine rechtlich untersagbare Handlung dar, jedoch gibt es davon Ausnahmen: Wenn dem Domain-Grabber nachgewiesen werden kann, dass die Registrierung keinen eigenen ernsthaften Benutzungswillen hat und in Kenntnis anderer bzw. besserer Rechte Dritter ausschließlich zu dem

Zweck erfolgte, die Domain später an den Inhaber des entsprechenden Kennzeichen- oder Namensrechts zu verkaufen, liegt ein rechtlich relevantes unlauteres Verhalten vor.

In der gerichtlichen Praxis ist die Durchsetzung der Ansprüche jedoch nicht ganz unproblematisch. Denn behaupten Sie, dass es an einem eigenen Benutzungswillen des Domain-Grabbers fehlt, dann tragen auch Sie die Beweislast dafür. Ihm eine solche Intention nachzuweisen, ist jedoch gar nicht so einfach. Dies gilt besonders dann, wenn es sich bei dem Domainnamen um einen Gattungs- oder Sachbegriff handelt, der auch auf andere Art und Weise sinnvoll durch den Inhaber genutzt werden kann.

Praxisbeispiel

Das LG Hamburg (Urteil vom 12.08.2008, Az. 312 O 64/08) entschied über einen Rechtsstreit, in dem ein Konkurrent der Klägerin das Kennzeichen, unter dem die Klägerin im geschäftlichen Verkehr auftrat, zunächst als *.com*-Domain hat registrieren lassen. Nachdem die Klägerin dies feststellte, mahnte sie den Domaininhaber ab und meldete das Kennzeichen als Marke an. Wenige Tage nach der Abmahnung registrierte der Konkurrent das Kennzeichen unter weiteren Top-Level-Domains. Die Klägerin war der Ansicht, ein solches Vorgehen verletze sie in ihren Markenrechten und verlangte die Löschung der Domain.

Das Gericht gab ihr zum Teil Recht! Zwar bestehe kein genereller Löschungsanspruch aufgrund der Eintragung als Marke, hier sei die Lage jedoch anders, da der Beklagte die betreffenden Domains im Wege des Domain-Grabbings erlangt habe. Die Richter erkannten in diesem Fall einen Löschungsanspruch des Kennzeicheninhabers bezüglich der Domains *.eu* und *.mobi* an. Für die ausländischen Domains *.es* und *.nl* lehnte das LG Hamburg einen Löschungsanspruch mit der Begründung ab, dass die Klägerin nicht ausreichend dargelegt habe, auf den entsprechenden Märkten tätig zu sein bzw. ihr Interesse anderweitig zu begründen.

Um Domainstreitigkeiten unkompliziert klären zu können, bietet die ICANN ein außergerichtliches Schiedsverfahren an, die *Uniform Domain-Name Dispute-Resolution Policy* (UDRP; siehe Abbildung 17.12). Sofern der Rechtsverletzer seinen Sitz im Ausland hat, ist die Rechtsdurchsetzung oft mit hohen Kosten verbunden und auch die Zustellung einer Klage kann zum Problem werden. Eine rasche Konfliktlösung ist daher oft nicht möglich. Durch die standardisierte UDRP-Streitregelungsrichtlinie bekommen Inhaber eines geschützten Kennzeichens ein wertvolles Instrument zur Verfügung gestellt, um gegen rechtsverletzende Domains vorzugehen.

Hinweis

Weitere Informationen zu diesem Verfahren erhalten Sie auf der Website der ICANN unter *www.icann.org*.

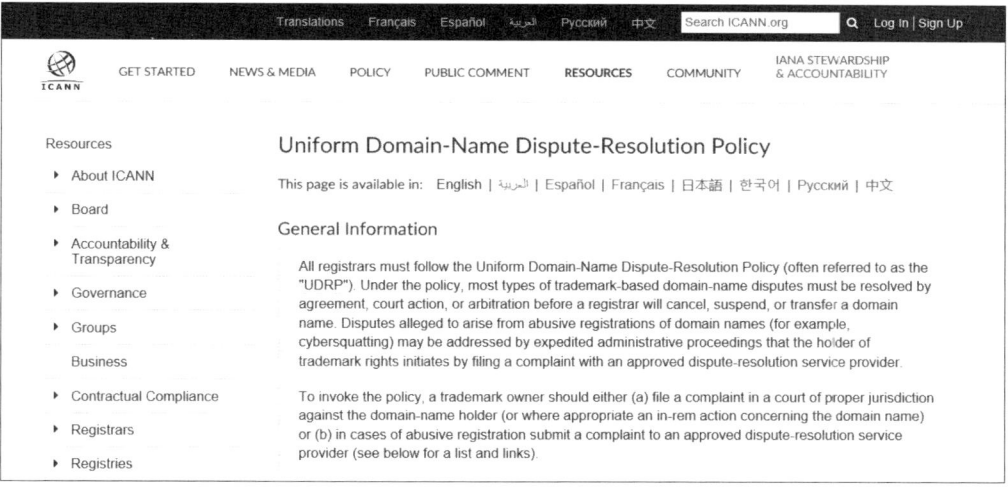

Abbildung 17.12 Website der ICANN

17.3 Was ist bei der Verwendung von Bildern, Tönen, Texten und dergleichen auf der Website zu beachten?

Eine Webseite, die Ihr Unternehmen im Netz adäquat repräsentieren soll, bedarf einer ansprechenden Gestaltung und eines hochwertigen Inhalts. Aus diesem Grund setzen Unternehmen auf ihrer Website zunehmend auf die Verwendung von Bildern, Zitaten, Videos oder einer klangvollen Hintergrundmusik.

Doch wenn Sie Inhalte einsetzen, die Sie nicht selbst hergestellt haben, können Sie dabei schnell in Konflikt mit dem Gesetz geraten. Denn dann besteht das Risiko, dass Sie Urheberrechte Dritter verletzen. Schließlich handelt es sich beim Urheberrecht um fremdes geistiges Eigentum, in das andere viel Zeit, Mühe, Kreativität und Geld investiert haben.

> **Praxisbeispiel**
>
> Unter urheberrechtlich geschützte Werke fallen beispielsweise Fotos, Texte, Videos, Musik, Software oder auch das Design einer Website (Layout, Buttons oder Grafiken). Das Design ist aber nur dann geschützt, wenn es nicht dem zahlloser anderer Websites gleicht.

Die Person, die das Werk geschaffen hat, ist ihr Urheber. Dies hat zur Folge, dass diese Person das alleinige und ausschließliche Recht hat, ihr Werk zu verwerten. Der Urheber kann also beispielsweise entscheiden, wer das Werk vervielfältigen oder veröffentlichen darf – Dritte brauchen hingegen grundsätzlich seine Einwilligung.

17

Letztlich sollten Sie bei der Verwendung von Bildern, Videos oder Texten Dritter auf Ihrer Website immer im Hinterkopf behalten, dass an jedem Werk Urheberrechte bestehen können.

Achtung!

Für den urheberrechtlichen Schutz ist es völlig unerheblich, ob es sich um das Werk eines Laien oder eines Profis handelt. Bei Fotos beispielsweise genießt ein einfacher Schnappschuss ebenso urheberrechtlichen Schutz wie ein aufwendig produziertes Marketingfoto. Auch der Umstand, dass ein Werk im Internet frei zugänglich ist, bedeutet grundsätzlich nicht, dass es ohne die Einwilligung des Urhebers genutzt werden darf.

Möchten Sie nun Werke Dritter nutzen, so müssen Sie beim Urheber anfragen, ob Sie das gewünschte Werk für Ihre Website nutzen dürfen. Ist er damit einverstanden, so räumt er Ihnen die Nutzungserlaubnis, auch Lizenz genannt, vertraglich und oftmals gegen ein Entgelt ein. Der Urheber entscheidet also, wer sein Werk wo, wie und in welchem Umfang benutzen darf – und wer nicht. Er entscheidet auch, ob dies entgeltlich oder unentgeltlich geschieht.

Sicher ist sicher: Schriftform

Auch hier empfiehlt sich aus Gründen der Beweislast eine schriftliche Fixierung der Vereinbarung, da Sie als Betreiber der Website die Beweislast dafür tragen, dass Ihnen eine solche Nutzungserlaubnis erteilt wurde.

Beauftragen Sie einen Webdesigner mit dem Aufbau und der Gestaltung der Website, so sollten Sie ihm die Einholung der Nutzungserlaubnis auferlegen und sich die Lizenzvereinbarungen zwischen dem Designer und dem Urheber der benutzten Elemente (Fotos etc.) zumindest in Kopie aushändigen lassen. Zudem sollten Sie sich vertraglich von einer Haftung gegenüber dem Urheber freistellen lassen.

Daneben gibt es aber auch Werke, die vom Urheber ohne die Zahlung eines Entgelts zur freien Verwendung jedem zur Verfügung gestellt werden. Dabei handelt es sich um sogenannte Creative-Commons-Inhalte (CC = kostenfreie Lizenz). Für die Details dazu verweisen wir auf unsere Ausführungen in Abschnitt 5.3.1, da sich an der rechtlichen Lage auch bei Websites nichts ändert.

Im Folgenden untersuchen wir die einzelnen möglichen Inhalte, mit denen Sie Ihre Website gestalten können, im Hinblick auf die urheberrechtliche Situation und geben Ihnen bei der rechtskonformen Nutzung Hilfestellung.

17.3.1   Fotos von Privatpersonen und Prominenten

Besonders gern werden Webseiten mit Fotos visuell gestaltet (siehe Abbildung 17.13). Dabei kann es sich um Fotos von Privatpersonen oder von Prominenten handeln. Was die rechtliche Bewertung angeht, so muss zwischen der Anfertigung und der Veröffentlichung des Bildes unterschieden werden. Bei der *Anfertigung* des Bildes spielen datenschutzrechtliche Interessen des Abgebildeten eine Rolle, bei der *Veröffentlichung* hingegen dessen persönlichkeitsrechtliche Interessen. Regelungen zur Veröffentlichung von Fotos mit Personen finden sich daher in der Datenschutz-Grundverordnung und im Kunsturhebergesetz.

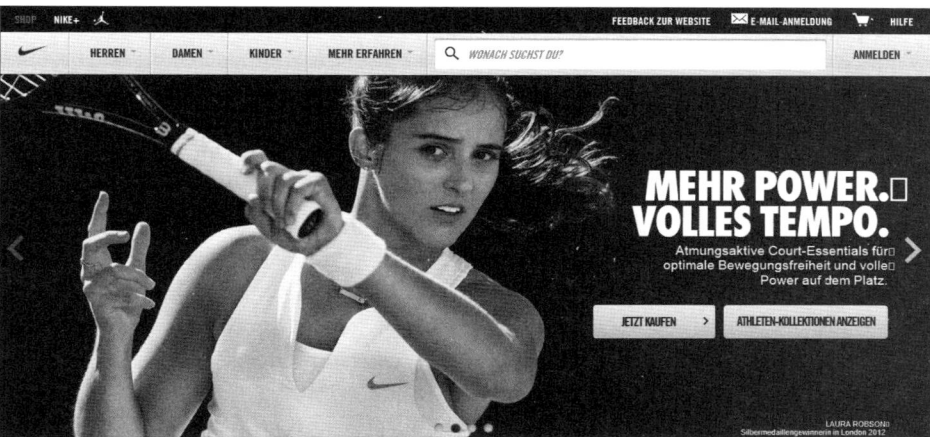

Abbildung 17.13 Der Sportartikelhersteller »Nike« verwendet auf seiner Website ein Foto der Tennisspielerin Laura Robson.

> **Hinweis**
>
> Das Wirksamwerden der Datenschutz-Grundverordnung hat die viel diskutierte Frage aufgeworfen, in welchem Verhältnis die Regelungen der Datenschutz-Grundverordnung zu denen des Kunsturhebergesetzes stehen, also ob sie als unionsrechtliche Regelung höheren Rangs das Kunsturhebergesetz verdrängen oder ob dessen Regelungen aufgrund des spezielleren Charakters bestehen bleiben.
>
> Anfang Mai 2018 hat sich zu dieser Frage das Bundesministeriums des Innern, für Bau und Heimat wie folgt geäußert (abrufbar unter *https://www.bmi.bund.de/ SharedDocs/faqs/DE/themen/it-digitalpolitik/datenschutz/datenschutzgrundvo- liste.html*): »*Für die Veröffentlichung von Fotografien bleibt das Kunsturhebergesetz auch unter der ab dem 25. Mai 2018 anwendbaren Datenschutz-Grundverordnung erhalten. Es sind (...) keine Änderungen oder gar eine Aufhebung mit Blick auf die Datenschutz-Grundverordnung vorgesehen. Die Ansicht, das Kunsturhebergesetz werde durch die DS-GVO ab dem 25. Mai 2018 verdrängt, ist falsch. Das Kunsturhebergesetz stützt sich auf Artikel 85 Abs. 1 DSGVO, der den Mitgliedstaaten nationale Gestal-*

17

tungsspielräume bei dem Ausgleich zwischen Datenschutz und der Meinungs- und In- formationsfreiheit eröffnet. Das Kunsturhebergesetz steht daher nicht im Wider- spruch zur DS-GVO, sondern fügt sich als Teil der deutschen Anpassungsgesetzgebung in das System der DS-GVO ein.«

Somit können Sie sich bei der Veröffentlichung von Fotografien weiterhin auf das Kunsturhebergesetz stützen. Inzwischen gibt es auch ein Gerichtsurteil des Oberlan- desgerichts Köln (Beschluss vom 18.06.2018, Az. 15 W 27/18), das eine Anwendbarkeit des Kunsturhebergesetzes neben der Datenschutz-Grundverordnung – zumindest in dem in der Sache relevanten journalistischen Bereich – ebenfalls bestätigt. Das Ge- richt begründete dies damit, dass das Kunsturhebergesetz die erforderliche umfas- sende Abwägung der betroffenen Grundrechte erlaube.

Im Folgenden möchten wir Ihnen daher zunächst erläutern, welche rechtlichen An- forderungen an die Veröffentlichung gestellt werden, und dann darauf eingehen, was Sie datenschutzrechtlich – insbesondere seit Wirksamwerden der Datenschutz- Grundverordnung – im Hinblick auf die Anfertigung des Bildes beachten müssen.

Achtung!

So viel schon einmal vorab: Eine Differenzierung zwischen Veröffentlichung und An- fertigung bzw. zwischen Kunsturhebergesetz und Datenschutzrecht ist für Sie von ganz entscheidender Bedeutung. Denn wie wir Ihnen im Folgenden noch detailliert erläutern werden, sieht das Datenschutzrecht die jederzeitige und freie Widerrufbar- keit der Einwilligung vor. Wer jedoch nach dem Kunsturhebergesetz in die Veröffent- lichung einwilligt, der ist daran auch grundsätzlich gebunden.

Die Veröffentlichung von Bildern

Fotos und auch Videoaufnahmen von Personen sind derzeit vor allem »Bildnisse« im Sinne des *Kunsturhebergesetzes* (KUG), das in §§ 22, 23 KUG besondere Regeln für das sogenannte »Recht am eigenen Bild« als Teil des Allgemeinen Persönlichkeitsrechts enthält. Danach gilt gemäß § 22 KUG: »Die Verbreitung bzw. öffentliche Zurschau- stellung von Personenfotos ist grundsätzlich nur mit Einwilligung erlaubt.« Dabei kann die Erteilung der Einwilligung ausdrücklich oder durch schlüssiges Verhalten erfolgen.

Achtung!

Eine Einwilligung in die Veröffentlichung von Bildnissen kann nur unter besonderen Umständen widerrufen werden. Zwar können sich die Lebensumstände wesentlich verändert haben und eine Veröffentlichung von Bildern nicht mehr erwünscht sein, jedoch ist dies nach Ansicht des Gesetzgebers grundsätzlich irrelevant, da der Verwerter der Aufnahmen nach einer einmal erteilten Einwilligung an einer gewissen Rechtssicherheit interessiert ist. Daher kann eine Einwilligung grundsätzlich nicht widerrufen werden.

Nur unter besonderen Umständen ist ein Widerruf der Einwilligung möglich. Allerdings sind sich Rechtsprechung und Literatur nicht einig, wann ein wichtiger Grund vorliegt, der den Widerruf einer Einwilligung rechtfertigt. So wird als wichtiger Grund teilweise ein Wandel der persönlichen Einstellung oder der Lebensumstände angesehen, in deren Folge z. B. die erneute Veröffentlichung von Nacktaufnahmen unverhältnismäßig in das Persönlichkeitsrecht des Abgebildeten eingreifen würde.

Ist der Abgebildete mit den Aufnahmen hingegen nur nicht zufrieden, obwohl diese im Rahmen des Herstellungszwecks liegen, ist ein wichtiger Grund zum Widerruf der Einwilligung nicht gegeben.

Liegt ein wichtiger Grund für den Widerruf der Einwilligung vor, kann der Betroffene zur Zahlung eines Aufwendungs- oder Schadensersatzes herangezogen werden.

Es gibt nur einige wenige Ausnahmen von diesem Einwilligungserfordernis. Welche das sind, ist ausdrücklich und abschließend gesetzlich in § 23 Abs. 1 KUG geregelt. In Betracht kommt eine Veröffentlichung auch ohne Einwilligung in folgenden Fällen:

▶ Bildnisse aus dem Bereich der Zeitgeschichte

▶ Bilder, auf denen die Personen nur als Beiwerk neben einer Landschaft oder sonstigen Örtlichkeit erscheinen

▶ Bilder von Versammlungen, Aufzügen und ähnlichen Vorgängen, an denen die dargestellten Personen teilgenommen haben

▶ Bildnisse, die nicht auf Bestellung angefertigt sind, sofern die Verbreitung oder Schaustellung einem höheren Interesse der Kunst dient

Diese Ausnahmen von dem Einwilligungserfordernis gelten dann wiederum nicht, wenn eine Verletzung berechtigter Interessen vorliegt. Um dies beurteilen zu können, ist eine einzelfallgerechte, umfassende Abwägung der widerstreitenden Interessen vorzunehmen. Im Laufe der Jahre sind hierzu viele Urteile ergangen. Dabei wurde stets eine einzelfallgerechte Abwägung zwischen den widerstreitenden Grundrechten der Meinungs-, Informations- und Pressefreiheit und den Interessen des Fotografen an der Verwertung und Veröffentlichung seiner Werke auf der einen Seite und dem Persönlichkeitsrecht der Abgebildeten auf der anderen Seite vorgenommen.

Achtung: Verwendung von Bildern zu Werbezwecken nur mit Einwilligung!
Wenn Sie Bilder zu Marketing-Zwecken auf Ihrer Website verwenden, greift keine der oben genannten Ausnahmen. Damit brauchen Sie für die Veröffentlichung der Bilder immer die Einwilligung des Abgebildeten.

Wenn Sie die Bilder ohne Einwilligung des Abgebildeten veröffentlichen, müssen Sie mit Konsequenzen rechnen. Besonders teuer wird, wenn das Bild auch noch zu gewerblichen Zwecken verwendet wird und kein Hinweis auf den Urheber des Fotos erfolgt (siehe Abbildung 17.14, Pfeil links unten).

Abbildung 17.14 Beispiel für die Urheberkennzeichnung an einem Bild auf einer Webseite

Nutzen Sie Bilder von Prominenten auf Ihrer Website, so kann dies als Verwendung zu Werbezwecken ausgelegt werden. Denn der Werbebegriff wird sehr weit verstanden. Dies kann zur Folge haben, dass Sie dem abgebildeten Prominenten den Betrag zahlen müssen, den er üblicherweise für ein solches Foto erhalten hätte.

Denn es ist allgemein anerkannt, dass die Werbung mit Bildern Prominenter ohne deren Einwilligung einen Rechtsverstoß darstellt und dass die Prominenten dann gegen den Werbenden einen Anspruch auf Zahlung der sogenannten *fiktiven Lizenzgebühr* haben. Darunter versteht man die Gebühr, die der Werbende zu zahlen hätte, wenn der abgebildete Prominente der Werbung mit seinem Bild zugestimmt hätte. Dies kann unter Umständen – je nach Prominenz des Abgebildeten – für den Werbenden sehr teuer werden!

Beispiel: Schadensersatz in Millionenhöhe

Das Landgericht München I verurteilte die Tageszeitung »Frankfurter Allgemeine Zeitung« zu einer Zahlung von 1,2 Mio. € fiktiver Lizenzgebühr, weil diese ohne Einwilligung Werbung mit dem Bild des ehemaligen Tennisspielers Boris Becker gemacht hat (Urteil vom 22.02.2006, Az. 21 O 17267/03).

Unter bestimmten Voraussetzungen kann ein Unternehmen auch ohne Erlaubnis eine prominente Person für Werbezwecke nutzen, nämlich dann, wenn es sich um eine satirische Auseinandersetzung handelt. Denn dann wird die Werbeanzeige als Teil der öffentlichen Diskussion betrachtet. Dieser Teil ist von der grundrechtlich geschützten Meinungsfreiheit umfasst und daher zulässig. Es muss allerdings immer eine Abwägung stattfinden zwischen der Freiheit, sich politisch-satirisch auszudrücken, und dem Persönlichkeitsrecht der betroffenen Person. Entscheidend ist vor allem, ob die Ehre der betroffenen Person durch die Werbung verletzt wird. Ist dies der Fall, ist die Werbemaßnahme nicht mehr zulässig. Das Image der Person darf zudem nicht derart benutzt werden, dass der Eindruck erweckt wird, die abgebildete Person identifiziere sich mit dem beworbenen Produkt.

> **Praxisbeispiel**
>
> Der Europäische Gerichtshof für Menschenrechte (Urteil vom 19.02.2015, Az. 53495/09 und 53649/09) hat in der Vergangenheit bereits zu zwei Fällen Urteile gesprochen und unfreiwillige Werbemaßnahmen mit Prinz Ernst August von Hannover und Dieter Bohlen zugelassen. Beide waren gegen eine Werbekampagne für die Zigarettenmarke »Lucky Strike« vor Gericht gezogen.
>
> Konkret ging es im Fall von Dieter Bohlen um eine Anspielung aus seinem Buch »Hinter den Kulissen«, das damals für Aufsehen sorgte und nur mit geschwärzten Passagen nach diversen Rechtsstreiten vertrieben werden durfte. Die Werbung zeigte zwei Zigarettenschachteln, an denen ein schwarzer Filzstift angelehnt war. In der darüber befindlichen Textzeile »Schau mal, lieber Dieter, so einfach schreibt man super Bücher« waren einzelne Wörter geschwärzt, ohne dadurch unleserlich zu werden.
>
> Bei Ernst August von Hannover spielte die Werbung auf die tätlichen Auseinandersetzungen an, in die dieser 1998 und 2000 verwickelt war. Auf der eingedrückten Zigarettenschachtel war folgender Spruch abgebildet: »War das Ernst? Oder August?«.
>
> Der Bundesgerichtshof verneinte damals das Vorliegen einer Persönlichkeitsrechtsverletzung mit dem Argument, dass auch Unternehmen das Recht auf freie Meinungsäußerung zustehe und aktuelle gesellschaftliche Ereignisse grundsätzlich auch Thema einer Werbekampagne sein dürfen. Dies gelte zumindest, solange nicht der Eindruck entstehe, dass sich die abgebildeten Prominenten mit dem beworbenen Produkt identifizieren und tatsächlich Werbung dafür machen. Der satirische Kontext müsse erkennbar sein. Schließlich dürfe die Werbekampagne auch nicht beleidigend sein. Diese Voraussetzungen hielt der BGH in beiden Fällen für gegeben.
>
> Auch der Europäische Gerichtshof für Menschenrechte gab hier ebenfalls der Meinungsfreiheit den Vorrang. Aus Sicht der Richter habe »ein verbindliches Gleichgewicht zwischen Meinungsfreiheit und Achtung des Privatlebens« stattgefunden.

17

Damit kann festgehalten werden, dass die Ausnahmen vom Einwilligungserfordernis bei der Nutzung zu Werbezwecken grundsätzlich nicht greifen und es daher immer erforderlich ist, die Einwilligung einzuholen.

Sicher ist sicher: Die Beweislast trägt der Unternehmer

Aus Gründen der Beweislast ist es empfehlenswert, eine schriftliche Einwilligung einzuholen oder die Einwilligung zumindest in Gegenwart eines Zeugen abgeben zu lassen. Denn die Beweislast für das Vorliegen der Einwilligung trägt letztlich der, der sich darauf beruft – in diesem Fall also Sie als Betreiber der Website.

Vom Recht am eigenen Bild der abgebildeten Person ist das Urheberrecht der Person zu unterscheiden, die das Bild angefertigt hat. Wenn Sie also fremde Aufnahmen verwenden und veröffentlichen, verletzen Sie unter Umständen nicht nur die bereits erläuterten persönlichkeitsrechtlichen Interessen der abgebildeten Person, sondern auch die Urheberrechte des Fotografen und müssen auch von dessen Seite mit Konsequenzen rechnen!

Achtung!

Wer eine Urheberrechtsverletzung begeht, der muss gewöhnlich nicht nur für die Abmahnkosten aufkommen, sondern auch Schadensersatz entrichten!

Die Anfertigung von Bildern

Die Anfertigung von Bildern betrifft dagegen einen anderen Rechtsbereich. Denn mit ihr beschäftigt sich zwar das Kunsturhebergesetz nicht, wohl aber das Datenschutzrecht. Denn jede Anfertigung eines Fotos oder Videos, auf dem Personen erkennbar abgebildet sind, ist erst einmal eine Verarbeitung personenbezogener Daten im Sinne der seit dem 25. Mai 2018 gültigen Datenschutz-Grundverordnung.

Hinweis

Das hat auch die EU-Kommission im Frühjahr 2018 auf die Anfrage des Fotografen Thomas Blasche bestätigt (*https://natur-photocamp.de/dsgvo-fuer-fotografen/*) und sich folgendermaßen geäußert: »*Fotos, die Personen abbilden, enthalten personenbezogene Daten. Selbst, wenn das Foto der Person ohne den Namen der abgebildeten Person veröffentlicht wird, ist diese Person bei einer Zuordnung des Namens identifizierbar. Dafür genügt es, wenn einzelne Betrachter den Namen zuordnen können, wenn sie das Bild sehen. Damit unterliegt auch die Weiterleitung an einen Dienstleister und dessen Verarbeitung den Vorschriften der Datenschutz-Grundverordnung (DS-GVO) auch dann, wenn mit den Fotos nicht die Namen der abgebildeten Person weitergeleitet werden. (...) Die datenschutzrechtlichen Anforderungen gelten ebenso für Foto-Aufnahmen, die bei Veranstaltungen gemacht werden.*« (siehe Abbildung 17.15).

Abbildung 17.15 Die Abbildung zeigt die Antwort der EU-Kommission auf die Anfrage des Fotografen Thomas Blasche.

Fotos von erkennbaren Personen sind also generell personenbezogene Daten und unterliegen damit immer den Anforderungen der Datenschutz-Grundverordnung. Wie die Erläuterung der EU-Kommission zeigt, sind Fotos also (entgegen zum Teil verbreiteter Ansicht) nicht nur dann personenbezogen, wenn zusätzliche Metadaten wie etwa Ort, Zeitpunkt der Aufnahme in den EXIF- und/oder den IPTC-Dateien gespeichert werden, da es sich dabei bloß um zusätzliche personenbezogene Daten handelt – zum einen in Bezug auf die abgebildete Person, zum anderen im Hinblick auf den Fotografen selbst. Auch jede nach der Anfertigung eines Fotos vorgenommene Speicherung, Vermarktung und Veröffentlichung, z. B. durch den Auftraggeber, ist nur eine weitere Verarbeitung personenbezogener Daten.

Geht man noch einen Schritt weiter, dann enthalten Fotos unter Umständen nicht nur personenbezogene Daten, sondern auch sensible Daten i. S. d. Art. 9 DSGVO, an die erhöhte Anforderungen gestellt werden. Dies ist immer dann der Fall, wenn auf dem Foto Merkmale der abgebildeten Person wie die Hautfarbe oder die Religionszugehörigkeit erkennbar sind (beispielsweise durch das Tragen einer Kette mit einem Kruzifix). Diese Daten unterliegen gem. Art. 9 Abs. 2 DSGVO eigentlich einem noch strengeren Schutz als »normale« personenbezogene Daten, wodurch eine Veröffentlichung von Fotos praktisch nur noch mit Einwilligung möglich wäre.

Allerdings sieht der europäische Gesetzgeber in Erwägungsgrund 51 zur Datenschutz-Grundverordnung vor, dass die Verarbeitung von Lichtbildern »*nicht grundsätzlich als Verarbeitung besonderer Kategorien von personenbezogenen Daten*« angesehen werden sollte, »*da Lichtbilder nur dann von der Definition des Begriffs ›biometrische Daten‹ erfasst werden, wenn sie mit speziellen technischen Mitteln verarbeitet werden, die die eindeutige Identifizierung oder Authentifizierung einer natürlichen Person ermöglichen.*« Somit gelten für Fotos mit Personenbezug »nur« die grundsätzlichen Anforderungen des Art. 6 DSGVO und nicht der strengere Maßstab des Art. 9 DSGVO.

Dies bedeutet letztlich, dass das Anfertigen von Fotos als Datenverarbeitungsvorgang nur dann erlaubt ist, wenn eine jederzeit freiwiderrufbare Einwilligung der abgebildeten Person vorliegt oder sonst eine gesetzliche Erlaubnisnorm.

Bei den weiteren gesetzlichen Erlaubnisnormen spielt insbesondere die Datenverarbeitung zur Wahrung berechtigter Interessen gemäß Art. 6 Abs. 1 lit. f DSGVO eine wichtige Rolle. Diese greift zum Beispiel, wenn es sich um Bilder handelt, die auf Unternehmensfeierlichkeiten wie Firmenjubiläen oder Festen aufgenommen werden.

Hinweis

Bei der Darstellung der Rechtslage orientieren wir uns an den Erläuterungen des Bundesministeriums des Inneren, für Bau und Heimat (abrufbar unter *https://www.bmi.bund.de/SharedDocs/faqs/DE/themen/it-digitalpolitik/datenschutz/datenschutzgrundvo-liste.html*). Auch wenn wir diese Rechtsauffassung nicht immer teilen, ist es sehr wahrscheinlich, dass für die Anfertigung und auch für die Speicherung und Vermarktung einer Fotografie zukünftig grundsätzlich die Regeln der Datenschutz-Grundverordnung gelten werden.

Auch der Hamburgische Datenschutzbeauftragte Prof. Dr. Caspar vertritt diese Auffassung in seinem Vermerk (abrufbar unter *https://www.filmverband-suedwest.de/wp-content/uploads/2018/05/Vermerk_DSGVO.pdf*): »*Da nunmehr eine spezielle Regelung für diese Abwägung in Form des Art. 6 DSGVO besteht, die zudem als europarechtliche Verordnung grundsätzlich auch gegenüber dem deutschen Verfassungsrecht Anwendungsvorrang genießt, ist die Rechtmäßigkeit der Ablichtung ausschließlich hiernach zu beurteilen.*«

Ob das von Ihnen für Ihre Website angefertigte Bild erlaubt ist oder nicht, ist letztlich eine Einzelfallentscheidung: Es kommt konkret auf die Art und Weise der Abbildung einer Person und den Zweck des Fotos an.

17

Hinweis

Es bleibt abzuwarten, wie sich nun zukünftig die Diskrepanz zwischen der Aufnahme einer Fotografie mit einer frei widerruflichen Einwilligung nach den Regeln der Datenschutz-Grundverordnung und der Veröffentlichung der Bildnisse mit einer nicht frei widerruflichen Einwilligung nach den Regeln des Kunsturhebergesetzes in der Praxis auswirken wird. Es wird Aufgabe der Rechtsprechung werden, die daraus erwachsenden Wertungswidersprüche auszutarieren. Sie sollten diese Entwicklungen stets mitverfolgen.

17.3.2   Bilder aus Suchmaschinen

Die Suchmaschinen liefern mit einer speziellen Bildersuche zu jedem erdenklichen Suchbegriff innerhalb von Sekunden eine Vielzahl von Bildern. Das könnte Sie dazu verleiten, die Bilder auch für Ihre Website zu benutzen. Doch hier ist Vorsicht geboten. Schließlich besteht das Suchergebnis aus Bildern, die die Suchmaschine auf Webseiten anderer gefunden hat. Die Betreiber jener Websites sind aber möglicherweise nicht damit einverstanden, dass ihre Bilder kostenlos von jedem benutzt werden. Auch hier spielen Urheberrechte eine wichtige Rolle und sollten von Ihnen beachtet werden.

Achtung!

Wenn Sie denken, der Urheber müsste erst einmal auf Ihre Website stoßen, um dort dann sein Bild zu sehen, dann irren Sie sich! Denn Bildersuchdienste wie TinEye (*www. tineye.com*) speichern das Pixelmuster von Bildern in einer Datenbank und suchen dann im Internet nach diesem und ähnlichen Bildern. Dadurch können sie sowohl das identische Bild finden als auch Bearbeitungen und Ausschnitte des Bildes erkennen (siehe Abbildung 17.16).

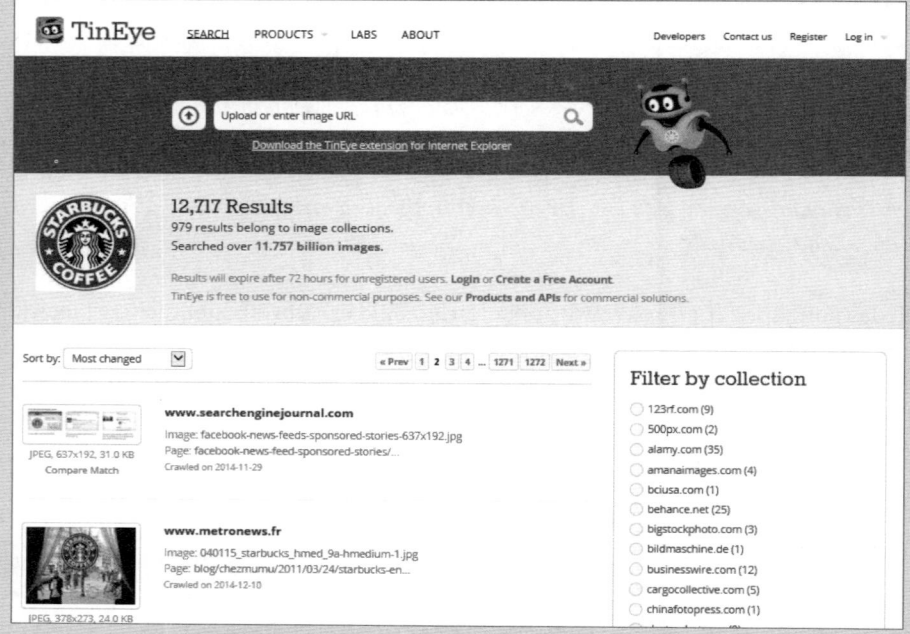

Abbildung 17.16 Ergebnis der Bildersuche auf »TinEye«
zum Logo des Kaffeehauses »Starbucks«

Nicht selten überprüfen Urheber das Netz auf unrechtmäßige Nutzungen ihrer Bilder. Dies kann dann teuer für Sie werden, wenn Sie nicht zuvor die entsprechenden Lizenzen erworben haben!

Doch nicht jedes Bild dürfen Sie nur mit Zustimmung des Urhebers verwenden. Es gibt auch durchaus Bilder, die frei verfügbar sind oder deren private Nutzung erlaubt ist. Bei der Suche nach diesen Bildern können Sie ebenfalls Suchmaschinen wie Google zu Hilfe nehmen.

Bei der Google-Bildersuche durchsucht die Suchmaschine mithilfe sogenannter *Crawler* alle zugänglichen Webseiten im Netz und speist die gefundenen Grafiken in die Bildersuche ein. Dort werden den Internetnutzern zu jedem beliebigen Suchbegriff mehr oder weniger passende Ergebnisse in Form verkleinerter Vorschaubilder, sogenannter »Thumbnails«, angezeigt. Während bis Anfang 2017 ein Klick auf ein solches Vorschaubild den Internetnutzer auf die Ursprungsseite weitergeleitet hat, wo das Bild in voller Größe betrachtet werden konnte, vergrößert nun der Klick auf ein Vorschaubild das Bild. Erst mit einem weiteren Klick wird die Ursprungswebseite geöffnet (siehe Abbildung 17.17).

Abbildung 17.17 Thumbnails und Vergrößerung bei einer Google-Bildersuche nach »Wilde Beuger Solmecke«

Da Google jedoch nicht Urheber der Bilder ist, müssen Sie weiterhin Nutzungsrechte beachten. Dies vereinfacht Google Ihnen allerdings über die Filterfunktion NUTZUNGSRECHTE, über die Sie die Möglichkeit haben, Ihre Bilderauswahl anhand verschiedener Lizenzfilter zu selektieren (siehe Abbildung 17.18). Die Nutzung eines solchen Filters ist hilfreich; blind vertrauen sollten Sie dem Ergebnis der Auswahl dennoch nicht.

Nutzer der Google-Bildersuche wussten bis dato häufig nicht, inwieweit das von der Suchmaschine gefundene Bild verwendet werden durfte. Einige der hochgeladenen Bilder dürfen beispielsweise für kommerzielle Zwecke verwendet werden und andere wiederum nicht. Die Suche nach Fotos mit einer bestimmten Lizenz ist bei Google zwar bereits seit dem Jahr 2009 möglich, jedoch kannte sie kaum jemand, da sie nur schwer aufzufinden war. Inzwischen ist die Filterfunktion in die Bildersuche integriert. Mit einem Klick können Nutzer ihre Bildersuche auf bestimmte Lizenztypen einschränken.

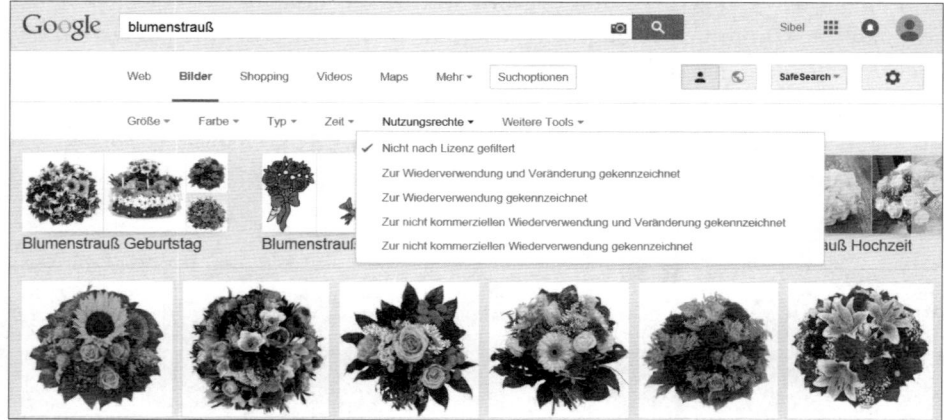

Abbildung 17.18 Bei der Suche nach Bildern können Sie die Art des Nutzungsrechts berücksichtigen.

Die verschiedenen Lizenztypen können unter der Rubrik SUCHOPTIONEN angeklickt werden. Zur Auswahl stehen folgende Kategorien:

- ► Nicht nach Lizenz gefiltert
- ► Zur Wiederverwendung und Veränderung gekennzeichnet
- ► Zur Wiederverwendung gekennzeichnet
- ► Zur nicht kommerziellen Wiederverwendung und Veränderung gekennzeichnet
- ► Zur nicht kommerziellen Wiederverwendung gekennzeichnet

Zunächst fällt auf, dass die Bezeichnung der verschiedenen Lizenzkategorien nicht mit der üblicherweise genutzten Bezeichnung von bereits existierenden Standardlizenzmodellen übereinstimmt. Das liegt daran, dass Google selbst nur Überbegriffe gebildet hat, unter denen verschiedene Lizenzen des vermeintlich gleichen Typs sortiert werden. Dadurch werden in den Suchergebnissen verschiedene Lizenzen (CC-Lizenzen, Pixabay) vermischt. Dies kann leicht für Verwirrung sorgen, denn die Überschrift sagt somit nicht viel über den tatsächlichen Inhalt der Lizenz aus.

Diese Tatsache ist insofern wichtig, als dass Google als Suchmaschine nicht dafür einsteht, dass die angezeigten Bilder verwertet werden dürfen. Google steht somit auch nicht für die Richtigkeit der Lizenzangaben ein, die beim Hochladen der Bilder gemacht wurden und als Ergebnis der Filtersuche angezeigt werden. Die Suchmaschine garantiert nicht, dass die gefilterten Bilder tatsächlich unter der angegebenen Lizenz vom Fotografen, also vom eigentlichen Urheber, eingestellt wurden.

Praxisbeispiel

In den berühmten Vorschaubilder-Urteilen des BGH entschied dieser gleich dreimal über die Rolle der Suchmaschinenbetreiber bei der Frage der Haftung für Urheberrechtsverletzungen.

Bereits im Jahr 2010 hatte das Gericht über einen Fall zu entscheiden, in dem sich eine Künstlerin, die Bilder im Internet veröffentlicht hatte, dagegen gewehrt hatte, dass diese Bilder in der Google-Bildersuche als Vorschaubilder zu finden waren.

Der BGH wies in dieser Entscheidung »Vorschaubilder I« (Urteil vom 29.04.2010, Az. I ZR 69/08) die Klage mit der Begründung zurück, dass die Klägerin keine technischen Vorkehrungen auf ihrer Internetseite getroffen habe, um zu verhindern, dass dort eingestellte Bilder von Suchmaschinen aufgefunden und angezeigt werden können. Der Verzicht auf entsprechende Schutzvorkehrungen sei als Einwilligung in eine Wiedergabe als Vorschaubild zu werten; eine solche Einwilligung schließe die Rechtswidrigkeit eines Eingriffs in das Urheberrecht aus.

Ein Jahr später entschied der BGH dann über »Vorschaubilder II«: In diesem Verfahren (Urteil vom 19.10.2011, Az. I ZR 140/10) war das streitgegenständliche Bildmaterial nicht vom Urheber selbst, sondern auf den Internetseiten Dritter online gestellt worden. Dennoch nahm der BGH auch in diesem Fall eine entsprechende Einwilligung an, obgleich der Kläger geltend gemacht hatte, den Betreibern jener Internetseiten, auf denen die Vorschaubilder zu sehen waren, keine entsprechenden Rechte zur Veröffentlichung des Bildmaterials eingeräumt zu haben.

Entscheidend sei nämlich nach Ansicht des BGH, dass der Kläger überhaupt Dritten das Recht eingeräumt habe, das Bild im Internet zu veröffentlichen. Die Richter unterstellten als bekannt, dass Suchmaschinen automatisch Webseiten nach Bildmaterial durchsuchen, ohne unterscheiden zu können, ob ein Bild vom Berechtigten ins Internet eingestellt wurde oder nicht. Der Suchmaschinenbetreiber dürfe ein so veröffentlichtes Bild so verstehen, dass auch die Anzeige eines entsprechenden Vorschaubildes von einer entsprechenden Einwilligung umfasst sei.

Der BGH stellte jedoch ausdrücklich fest, dass es dem Urheber unbenommen bleibe, diejenigen in Anspruch zu nehmen, die das Bildmaterial unberechtigt ins Internet gestellt haben.

Kürzlich entschied der Bundesgerichtshof dann zum dritten Mal zu diesem Thema in der sogenannten »Vorschaubilder III«-Entscheidung (Urteil vom 21.09.2017, Az. I ZR 11/16). Das Gericht setzte sich mit der außerordentlich spannenden wie auch wichtigen Fragestellung auseinander, unter welchen Voraussetzungen es überhaupt möglich ist, eigene urheberrechtlich geschützte Fotos davor zu schützen, dass Suchmaschinen sie als Vorschaubilder legal anzeigen dürfen. Der BGH hat mit diesem Urteil seine bisherigen Entscheidungen »Vorschaubilder I und II« zum Teil abgelöst, bleibt inhaltlich jedoch bei der bisherigen Linie. In »Vorschaubilder III« stellt der BGH nun nicht mehr auf die Einwilligung ab, weil das Anzeigen der Vorschaubilder durch die Suchmaschine schon keine urheberrechtlich relevante Handlung sei.

Der BGH stützt sich dabei auf eine neue Entscheidung des Europäischen Gerichtshofs zu Verlinkungen (Urteil vom 08.09.2016, Az. C-160/15 – GS Media/Sanoma), in dem der Gerichtshof das Recht der öffentlichen Wiedergabe in Fällen, in denen die verlinkte Quelle rechtswidrig im Internet war, neu definierte: So nehme jeder eine öffentliche Wiedergabe eines urheberrechtlich geschützten Werkes vor, der Kenntnis von der Rechtswidrigkeit der verlinkten Inhalte habe. Und wer einen Link auf dieses Werk mit Gewinnerzielungsabsicht setze, bei dem werde sogar vermutet, dass er in Kenntnis der Rechtswidrigkeit der Veröffentlichung auf der anderen Website handelte. Von ihm könne erwartet werden, dass er erforderliche Nachprüfungen vornimmt und sich vergewissert, dass die verlinkten Werke nicht unbefugt veröffentlicht wurden. Verlinkten hingegen Einzelpersonen auf Websites, sei es für sie quasi unmöglich, zu wissen, ob diese legal im Internet seien oder nicht – sie haften daher nicht. Dabei betonte schon der EuGH die Wichtigkeit, die dem Internet mit Blick auf die Meinungsäußerung und die Informationsfreiheit zukomme.

Der BGH berücksichtigte diese Rechtsprechung in seiner Entscheidung, legte den Suchmaschinen jedoch gerade keine Prüfpflicht auf, obwohl Google sehr eindeutig ein Unternehmen ist, das mit Gewinnerzielungsabsicht handelt. Das begründete das Gericht damit, dass es darauf wegen der besonderen Bedeutung von Internetsuchdiensten bei Suchmaschinen – anders als bei anderen kommerziellen Unternehmen – gerade nicht ankomme. Die Internetsuchdienste müssten nicht damit rechnen, dass die im Internet angezeigten Werke unerlaubt eingestellt wurden. Außerdem könne von einer Suchmaschine, die mit einem automatisierten Verfahren arbeitet, nicht erwartet werden, dass sie sich vor der öffentlichen Wiedergabe vergewissert, ob die angezeigten Treffer legal im Internet stehen.

Damit kommt es jetzt nur noch darauf an, ob Google & Co positive Kenntnis von der Rechtswidrigkeit der angezeigten Vorschaubilder hatten. Sobald ein Suchmaschinenbetreiber Kenntnis von einer Rechtsverletzung erlangt und diesen Zustand nicht beseitigt, indem er das Bild entfernt, haftet er ebenfalls! Vorher ist seine Haftung wegen Urheberrechtsverletzungen ausgeschlossen. Ansonsten erhalten Google und alle anderen Suchmaschinen nun einen Freifahrtschein für das Urheberrecht. Spannend an der Entscheidung ist auch, dass nicht nur der Suchmaschinenbetreiber selbst aus der Haftung genommen wird, sondern auch jeder, der auf entsprechende Suchergebnisse verlinkt.

Hinweis

Unternehmen ist daher anzuraten, lieber auf einen Google-Suchtreffer zu verlinken als auf ein möglicherweise urheberrechtlich geschütztes Werk selbst. Auch können Sie sich bei einer Urheberrechtsverletzung nicht darauf berufen, dass Sie sich auf die Lizenzangabe verlassen haben, denn das Verschulden spielt bei einer Urheberrechtsverletzung keine Rolle. Sie können lediglich versuchen, beim Uploader Regress zu nehmen. Dies wird aber häufig dadurch erschwert, dass die Bilder anonym hochgeladen werden.

Das könnte im Übrigen bedeuten, dass auch die neue Google-Bildersuche, bei der nicht mehr sogenannte Thumbnails, sondern große Vorschaubilder angezeigt werden, gleich mit für rechtmäßig erklärt wurde. Denn die Rechtsgedanken, die der BGH hierzu anstellte, müssten unabhängig von der Größe der Bilderanzeige gelten. Hierzu spekulieren Juristen schon lange, zudem gab es viel Kritik von Urhebern. Abschließend geklärt wurde diese Frage jedoch noch nicht.

Hinweis

Wenn Sie auf Nummer sicher gehen wollen, sollten Sie auf professionelle Stockfotos zurückgreifen, auf die wir im folgenden Abschnitt noch zu sprechen kommen.

Unabhängig von der Lizenzproblematik dürfen Sie nicht vergessen, dass bei der Nutzung eines Bildes, das eine Person darstellt, auch eine etwaige Verletzung des Persönlichkeitsrechts der abgebildeten Personen beachtet werden muss. Eine Persönlichkeitsrechtsverletzung kann auch bei Vorliegen einer Lizenz bestehen. Daher sollte vor der Verwertung eines Bildes immer zusätzlich das Einverständnis der abgebildeten Person eingeholt werden.

17.3.3   Stockfotos

Im Internet gibt es immer mehr Fotoagenturen, bei denen man Lizenzen für Tausende von Bildern erwerben kann. Bekannte Beispiele sind dabei *Fotolia*, *Pixelio* oder *Getty Images* (siehe Abbildung 17.19).

Das Prinzip der Stockfotos klingt einfach, schnell und rechtssicher – ist es aber leider nicht immer. Denn auch wenn Sie hier gegebenenfalls für die Nutzung des Bildes zahlen, bedeutet das nicht, dass Sie mit dem Bild gewissermaßen »tun und lassen kann, was Sie möchten«. Vielmehr müssen Sie die Lizenzbedingungen im Einzelnen sehr genau studieren. Wir zeigen Ihnen in diesem Abschnitt, wo die Fallstricke bei der rechtskonformen Nutzung von Stockfotos liegen.

17

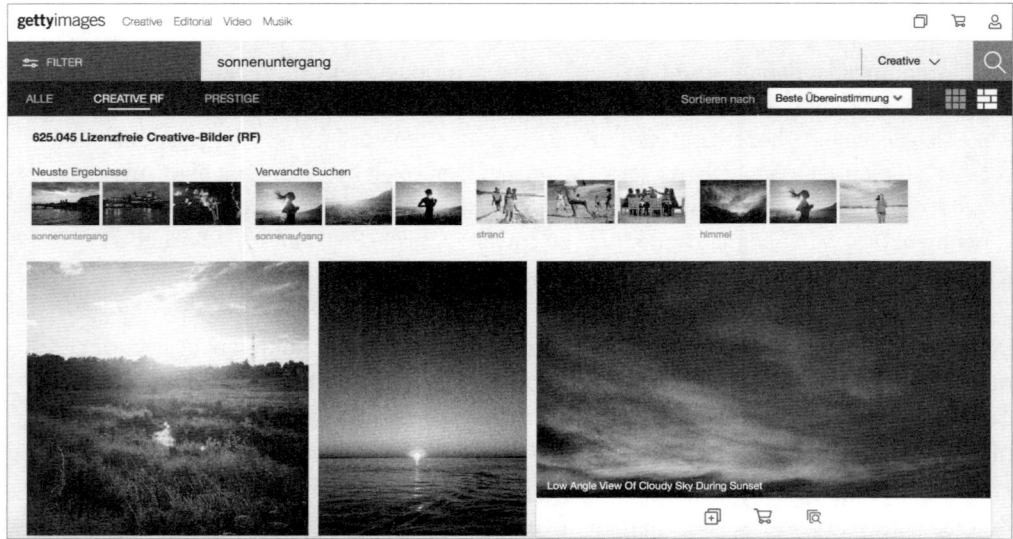

Abbildung 17.19 »Getty Images« bietet zahlreiche Fotos für Ihre Website.

Der Urheber hat ein gesetzlich verankertes Recht auf Anerkennung seiner Urheberschaft. Aus diesem Grund sehen die Lizenzbedingungen der Fotoagenturen in der Regel vor, dass bei Nutzung des Fotos ein Urhebervermerk beigefügt werden muss. Oftmals wird zusätzlich auch die Nennung der Agentur verlangt (siehe Abbildung 17.20).

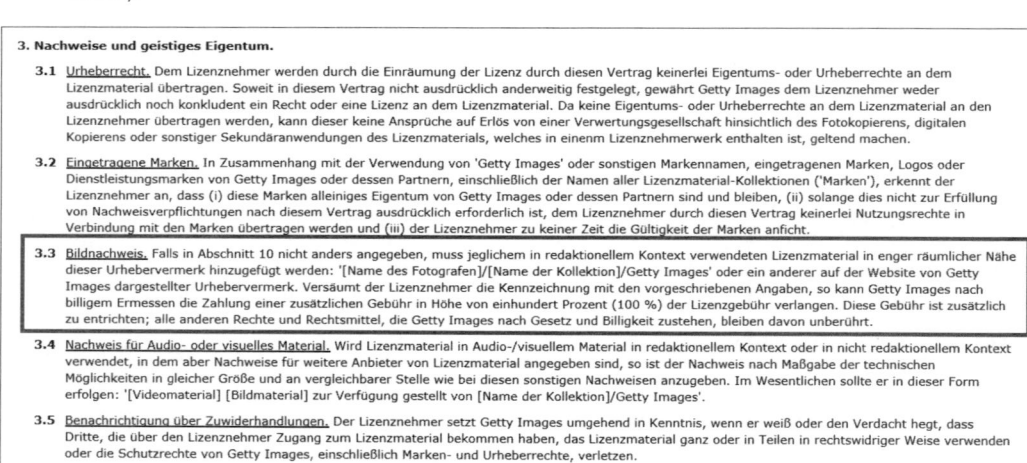

Abbildung 17.20 Auszug aus den Lizenzvereinbarungen für Produkte von »Getty Images«

Hinweis

Sie sollten sich die Lizenzvereinbarung genau anschauen und die Vorgaben zum Urhebervermerk auch einhalten. Gibt es keine genauen Vorgaben, so können Sie beispielsweise die Formulierung »© Fotograf/Fotoagentur« wählen (siehe Abbildung 17.21) oder »Urheber: Fotograf/Fotoagentur«. Das Symbol © ist nämlich ebenso wie der Begriff »Copyright« von deutschen Gerichten als Synonym für den Urheberrechtshinweis anerkannt.

The law on social media marketing – fan "likes"© kbuntu
– Fotolia

Abbildung 17.21 Beispiel für einen Urhebervermerk nach den Regeln der Plattform »Fotolia«

Auch der Ort, an dem dieser Vermerk eingefügt werden muss, ist meist in den Lizenzbedingungen angegeben. Teilweise verlangen die Agenturen einen Hinweis direkt unter dem Bild oder in unmittelbarem Zusammenhang, teils ist eine Urhebernennung am Seitenende oder sogar im Impressum ausreichend. Bei der Verwendung im Internet wird von manchen Plattformen auch ein Hinweis auf die Website der Agentur gefordert (siehe Abbildung 17.22).

7. Keine Rechteeinräumung durch PIXELIO

PIXELIO stellt als Diensteanbieter nach § 12 TMG nur die multimediale Plattform als solches zur Nutzung durch die Mitglieder zur Verfügung.

PIXELIO räumt somit keine Nutzungsrechte oder Lizenzen an den von den Urhebern in die Datenbank eingestellten Bilder ein.

Sämtliche Rechte an den Bildern werden direkt vom Urheber an den Nutzer aufgrund der Lizenzvereinbarung unter Nr. 5 übertragen.

8. Urheberbenennung und Quellenangabe

Der Nutzer hat in für die jeweilige Verwendung üblichen Weise und soweit technisch möglich am Bild selbst oder am Seitenende PIXELIO und den Urheber mit seinem beim Upload des Bildes genannten Fotografennamen bei PIXELIO in folgender Form zu nennen: ‚© Fotografenname / PIXELIO'

Bei Nutzung im Internet oder digitalen Medien muß zudem der Hinweis auf PIXELIO in Form eines Links zu www.pixelio.de erfolgen.

Bei der isolierten Darstellung des Bildes durch direkten Aufruf der Bild-URL ist eine Urheberbenennung nicht erforderlich.
Bitte beachten: Häufige Fragen und Antworten zur Bildquellenangabe

Abbildung 17.22 Auszug aus den Nutzungsbedingungen der Bilddatenbank »Pixelio«

Die Möglichkeiten der Verwendung der erworbenen Fotos sind jedoch nicht grenzenlos: Alle seriösen Fotoagenturen untersagen eine Nutzung der Fotos in anstößigem oder beleidigendem Zusammenhang. Dazu gehört vor allem eine Verwendung

- in pornografischem oder erotischem Kontext,
- in Verbindung mit Herrenclubs, Escort-Services oder erotischer Partnervermittlung,
- in Bezug auf Tabakwerbung,
- in politischem Zusammenhang,
- zu verleumderischen oder beleidigenden Zwecken.

Die Lizenzbedingungen sehen in aller Regel darüber hinaus auch vor, dass das Nutzungsrecht, das Sie durch Zahlung der Lizenzgebühr erwerben, nicht unterlizenziert werden darf. Wer jedoch ein Foto beispielsweise bei Facebook oder einem anderen sozialen Netzwerk hochlädt, räumt diesem automatisch bestimmte Rechte ein. Eine solche Unterlizenzierung verstößt gegen die Lizenzbedingungen. Teilweise schließen die Lizenzbedingungen die Nutzung von Bildern in sozialen Netzwerken auch explizit aus. Bilder aus Fotoagenturen dürfen daher in aller Regel nicht in sozialen Netzwerken verbreitet werden. Darüber hinaus stellt sich Ihnen sicher auch die Frage, ob Sie die Bilder denn bearbeiten dürfen. Bilder von Internetfotoagenturen dürfen Sie in der Regel bearbeiten. Manchmal sind jedoch nur bestimmte Bearbeitungen zulässig, wie zum Beispiel das Ändern der Größe eines Bildes oder das Beschneiden der Ränder (siehe Abbildung 17.23). Detaillierten Aufschluss über Ihre Rechte geben Ihnen auch hier wieder die Lizenzbestimmungen oder der Lizenzvertrag.

> - Das eingeschränkte Bearbeitungsrecht, d.h. das Recht, das Bildmaterial unter Verwendung analoger, digitaler oder sonstiger Bildbearbeitungsmethoden wie folgt zu bearbeiten: Änderung der Bildgröße (Vergrößerung, Verkleinerung, Beschneidung), Umwandlung der Farbinformationen, Änderung der Far-, Kontrast- und Helligkeitswerte.
>   Das Recht zu anderweitigen Änderungen am Bildmaterial verbleibt beim Urheber.
>
> Sämtliche weiteren Rechte an den Bildern, einschließlich sämtlicher Urheberrechte und sonstiger gewerblicher Schutzrechte, die sich auf das Bildmaterial beziehen, verbleiben beim Urheber.
>
> **Nicht** übertragen werden insbesondere:
>
> - das Merchandisingrecht, d.h. das Recht zur kommerziellen Auswertung des Bildmaterials durch den Verkauf des Bildmaterials oder die Herstellung und Verbreitung von Waren aller Art, welche durch die Darstellung des Bildmaterials geprägt werden (z.B. Poster, Postkarten, Kleidungsstücke, Druckschriften einschließlich Comics, Tonträger, Kopfbedeckungen, Mousepads, Buttons etc.).

Abbildung 17.23 Auszug aus dem Lizenzvertrag zur redaktionellen und kommerziellen Nutzung der Bilderdatenbank »Pixelio«

Achtung!

Besonders wichtig für Sie ist, dass Sie nur Bilder verwenden, deren kommerzielle Verwendung gestattet ist. Manche Bilderdatenbanken sehen dafür eigene Lizenzverträge vor und räumen Ihnen darin ein solches Recht ein (siehe Abbildung 17.24).

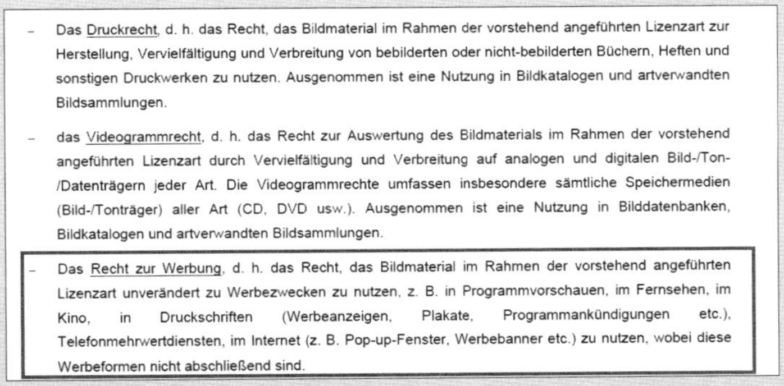

> - Das Druckrecht, d. h. das Recht, das Bildmaterial im Rahmen der vorstehend angeführten Lizenzart zur Herstellung, Vervielfältigung und Verbreitung von bebilderten oder nicht-bebilderten Büchern, Heften und sonstigen Druckwerken zu nutzen. Ausgenommen ist eine Nutzung in Bildkatalogen und artverwandten Bildsammlungen.
>
> - das Videogrammrecht, d. h. das Recht zur Auswertung des Bildmaterials im Rahmen der vorstehend angeführten Lizenzart durch Vervielfältigung und Verbreitung auf analogen und digitalen Bild-/Ton-/Datenträgern jeder Art. Die Videogrammrechte umfassen insbesondere sämtliche Speichermedien (Bild-/Tonträger) aller Art (CD, DVD usw.). Ausgenommen ist eine Nutzung in Bilddatenbanken, Bildkatalogen und artverwandten Bildsammlungen.
>
> - Das Recht zur Werbung, d. h. das Recht, das Bildmaterial im Rahmen der vorstehend angeführten Lizenzart unverändert zu Werbezwecken zu nutzen, z. B. in Programmvorschauen, im Fernsehen, im Kino, in Druckschriften (Werbeanzeigen, Plakate, Programmankündigungen etc.), Telefonmehrwertdiensten, im Internet (z. B. Pop-up-Fenster, Werbebanner etc.) zu nutzen, wobei diese Werbeformen nicht abschließend sind.

Abbildung 17.24 Auszug aus dem Lizenzvertrag zur redaktionellen und kommerziellen Nutzung der Bilderdatenbank »Pixelio«

Hinweis

Verstöße gegen die Lizenzbedingungen können teure Abmahnungen sowie Schadensersatz- und Unterlassungsansprüche zur Folge haben. Minimieren Sie dieses Risiko, indem Sie sich die Lizenzbedingungen sehr genau anschauen. Wenn Sie sich unsicher sind, ob die geplante Verwendung mit den Lizenzbestimmungen konform ist, sollten Sie sich vor der Veröffentlichung von einem Rechtsanwalt beraten lassen.

17.3.4   Gemälde, Kunstwerke, Grafiken

Weite Hügel, traumhafte Strände oder saftige Blumenwiesen sind Bilder, die viele gern als Hintergrundbild für ihre Website benutzen. Dabei sind nicht nur Fotos besonders beliebt, sondern auch Gemälde namhafter Künstler, wie zum Beispiel von Claude Monet (siehe Abbildung 17.25).

Doch nachdem wir nun schon mehrfach über Urheberrechte gesprochen haben, stellt sich Ihnen sicherlich auch hier die entscheidende Frage: Darf man das überhaupt? Bei der Antwort auf diese Frage muss zunächst einmal festgehalten werden, dass auch bei Gemälden, Kunstwerken und Grafiken grundsätzlich Urheberrechte bestehen. Sie dürfen also nicht einfach ein solches Werk zum Hintergrundbild Ihrer Website machen. Insbesondere bei aktueller und unbekannter Kunst ist Vorsicht geboten: Es darf auf gar keinen Fall der Eindruck entstehen, dass Sie sich das Werk zu eigen machen.

Urheberrechte können aber auch erlöschen. Dies ist dann der Fall, wenn 70 Jahre nach dem Tod des Urhebers vergangen sind. Danach können Sie die Werke frei verwenden.

Abbildung 17.25 Ein besonders beliebtes Hintergrundbild ist das Gemälde des französischen Malers Claude Monet mit dem Titel »Les coquelicots à Argenteuil«.

> **Hinweis**
>
> Vergleichbare Zeitspannen für das Erlöschen von Urheberrechten sind übrigens auch in den meisten anderen europäischen sowie in der amerikanischen Rechtsordnung vorgesehen.

Ist die Schutzdauer noch nicht abgelaufen, ist eine Veröffentlichung eigener Fotos nur mit Zustimmung des Urhebers, seiner Erben oder der zuständigen Verwertungsgesellschaft zulässig. Die *Verwertungsgesellschaften* bilden eine Brücke zwischen den Urhebern und den Nutzern des urheberrechtlich geschützten Werkes. Sie nehmen die Urheberrechte und Leistungsrechte wahr und verfolgen etwaige Rechtsverletzungen.

Diese Regeln zur Einwilligung gelten aber nicht nur dann, wenn Sie ein Gemälde oder ein Kunstwerk als solches auf Ihrer Website abbilden, sondern auch dann, wenn es in irgendeiner Art und Weise auf Ihrer Website erscheint.

Praxisbeispiel

In einem Verfahren vor dem Bundesgerichtshof (Urteil vom 17.11.2014, Az. I ZR 177/13) stritten die Parteien über die Zulässigkeit der Abbildung eines Kunstwerkes in einem Möbelkatalog.

Der Kläger ist Urheber des Gemäldes »ohne Titel 2002/08«; der Beklagte vertreibt Büromöbel. Im Jahr 2008 einigten sich der Künstler und das Büromöbelunternehmen darauf, mehrere Werke des Künstlers auszustellen. Zu diesem Zweck wurden die Gemälde dem Unternehmen zur Verfügung gestellt. Nach Rückgabe der Gemälde bemerkte der Künstler, dass im Katalog des Möbelunternehmens ein Foto enthalten war, auf dem neben den zum Verkauf angebotenen Möbeln auch sein Gemälde zu sehen war. Das Foto war zudem auf der Internetpräsenz des Möbelunternehmens abrufbar. Ein Hinweis auf den Künstler als Urheber des Gemäldes fehlte. Hierin sah der Künstler eine Verletzung seines Urheberrechts.

Die Vorinstanzen verneinten eine Urheberrechtsverletzung, da das im Katalog und im Internetauftritt des Möbelunternehmens abgebildete Gemälde des Künstlers ein *unwesentliches Beiwerk* in Katalog und Internetauftritt sei. Daher sei eine Vervielfältigung und öffentliche Wiedergabe in diesem Rahmen ohne Weiteres zulässig gewesen. Der BGH folgte dieser Ansicht jedoch nicht. Denn dem Gemälde komme eine nicht unwesentliche ästhetische Bedeutung zu, indem es einen Kontrast zu den Möbeln biete und deren Wirkung auf den Betrachter beeinflusse. Es sei daher kein unwesentliches Beiwerk und bedürfe bei Abbildung daher der Zustimmung des Urhebers.

Nach Ablauf der Schutzdauer, also 70 Jahre nach dem Tod des Künstlers, werden die Werke gemeinfrei und können dann von Ihnen verwendet werden. Sie müssen diese dann entweder selbst fotografieren oder gemeinfreie Fotografien des Werkes verwenden. Denn auch Fotografien von gemeinfreien Werken können urheberrechtlich geschützt sein, wenn es sich bei den Bildern nicht um eine bloße Reproduktion handelt (LG Berlin, Urteil vom 31.05.2016, Az. 15 O 428/15).

17.3.5   ClipArts und sonstige Bilder

Oft findet man in Software-Bundles sogenannte *ClipArt*-Sammlungen (siehe Abbildung 17.26). Auch hier gilt: ClipArts und Grafiken sind regelmäßig urheberrechtlich geschützt, selbst wenn nicht ausdrücklich auf die Urheberrechte hingewiesen wird. Solche geschützten Bilder dürfen Sie grundsätzlich nur zum privaten Gebrauch verwenden. Eine Veröffentlichung auf der eigenen Homepage deckt diese Erlaubnis häufig nicht ab. Werfen Sie also vorher einen Blick in die Lizenzbedingungen, bevor Sie die Bilder auf Ihrer Website verwenden.

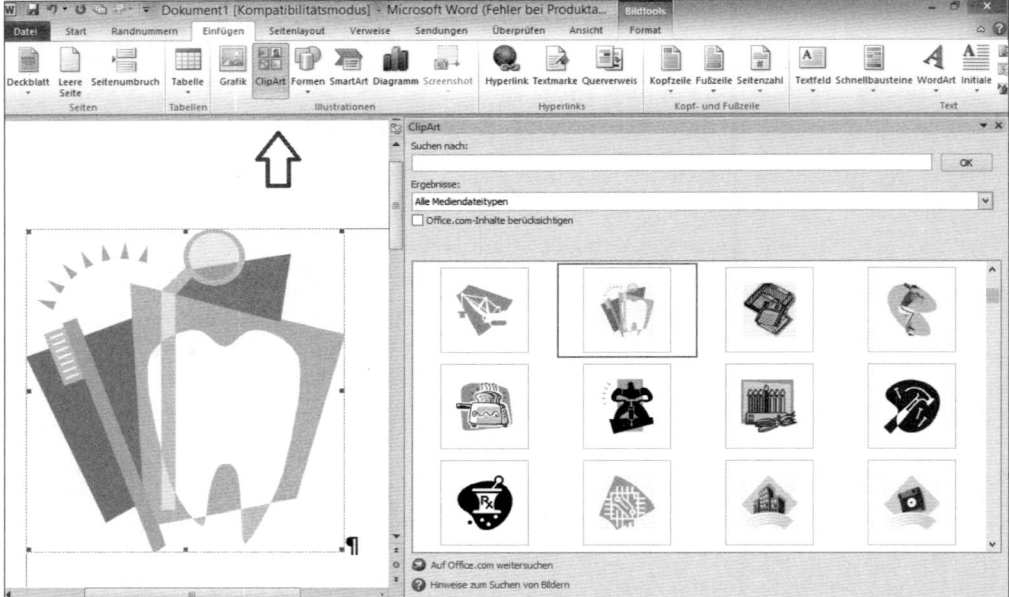

Abbildung 17.26 ClipArt in »Microsoft Word«

17.3.6   Musik

Ebenso beliebt wie Bilder ist eine ansprechende Hintergrundmusik auf der Website. Doch auch Musik ist urheberrechtlich geschützt und kann grundsätzlich nicht ohne Weiteres eingebunden werden.

Dies gilt nicht nur für Hintergrundmusik, sondern für jegliche Musik auf Ihrer Website: also auch für Musik, die beispielsweise in einem Produktvideo im Hintergrund abgespielt wird und dann auf der Website veröffentlicht wird. Dabei reicht es auch aus, wenn Sie nur ein paar Takte aus dem Musikstück entnehmen. Unproblematisch ist es hingegen, wenn Sie nur nicht melodietragende Komponenten, wie zum Beispiel Bässe, entnehmen. Beachten Sie dabei jedoch, dass Sie keine Originalsequenzen von dem Tonträger übernehmen dürfen, sondern alle Sequenzen nachspielen müssen.

Jedoch gilt auch dieses Urheberrecht nicht unbegrenzt: Was den Beginn der Gemeinfreiheit angeht, so sind hier zwei Fristen zu beachten: Die Frist von 50 Jahren für die Leistungsschutzrechte an der Darbietung und die Frist von 70 Jahren für das Urheberrecht der Autoren an Text und Komposition. Handelt es sich um mehrere Urheber, so erlischt das Recht erst 70 Jahre nach dem Tod des letzten lebenden Urhebers. Ein Song ist damit grundsätzlich erst dann frei, wenn sowohl das Urheberrecht als auch das Leistungsschutzrecht erloschen sind – also in jedem Fall nach 70 Jahren.

Die Vergütung beträgt:

Einsatz der Internetseite mit Musik	Kategorie	Vergütung in EURO je angefangene 120.000 Zugriffe im Jahr
Verkauf von Waren und Dienstleistungenan Wiederverkäufer und/oder Endverbraucher – e-commerce und e-business -	1	451,70
Produktpräsentation und Information, Verkaufsförderung, Angebots- oder Leistungspräsentation; der Kauf von Waren und Dienstleistungen über diese Internetseite ist nicht möglich	2	406,70
Darstellungen jedweder Art, die weder der Kategorie 1 oder 2 entsprechen und bei denen die Musik integraler Bestandteil der Darstellung ist	3	169,60
Darstellungen jedweder Art, die weder der Kategorie 1 oder 2 entsprechen und bei denen die Musik integraler Bestandteil der Darstellung ist und es sich beim Betreiber der Internetseite um einen nicht kommerziell auftretenden bzw. gemeinnützigen musiktreibenden Verein handelt. (Chor, Instrumentalkapelle u. Ä.) ohne Vorschaltbanner Dritter	3a	103,60
Darstellung jedweder Art, die weder der Kategorie 1 oder 2 entsprechen und bei denen die Musik nicht integraler Bestandteil der Darstellung ist, sondern unterlegt wurde	4	78,40
Private Websites	5	39,60
Musik auf Intranetseiten von Unternehmen	6	406,70

Die vorstehenden Vergütungssätze gelten für den Abschluss einer Jahreslizenz.

Bei Abschluss einer Vierteljahreslizenz erhöhen sich die Vergütungssätze um 10%,

bei Abschluss einer Monatslizenz erhöhen sich die Vergütungssätze um 20%.

Abbildung 17.27 Die Vergütungssätze der GEMA für die Nutzung von Hintergrundmusik auf Internet- und Intranetseiten

Hinweis

Etwas anderes gilt allerdings in den Fällen, in denen Sie das Stück so verfremden, dass ein neues, eigenes Werk entsteht: Dann müssen Sie gar keine Fristen beachten und können es sofort verwerten.

Wenn Sie Musikstücke vor Ablauf ihrer Schutzfrist auf Ihrer Website einbinden möchten, so brauchen Sie dazu die Einwilligung des Rechteinhabers. In einer Vielzahl von Fällen ist dies die *Gesellschaft für musikalische Aufführungs- und mechanische Vervielfältigungsrechte* (GEMA), die die Lizenzen vergibt. Die Urheber schließen mit der Verwertungsgesellschaft einen Berechtigungsvertrag. Die Verwertungsgesellschaften schließen wiederum verschiedene Nutzungsverträge mit den Nutzern des Werks.

Sie sind verpflichtet, diese Nutzungsverträge einzugehen, wenn Sie das entsprechende Werk nutzen möchten. Zudem müssen Sie für die Nutzung auch eine Vergütung bezahlen. Die Höhe der Vergütung richtet sich einerseits nach der gewünschten Nutzung und andererseits nach der Popularität des Werkes. Die Höhe der Mindestvergütung berechnet sich dabei nach der nachgewiesenen Anzahl der Zugriffe auf dieses Musikstück (siehe Abbildung 17.27).

> **Hinweis**
>
> Möchten Sie Musik als Hintergrund auf Ihrer Website nutzen, so gelten für Sie die »Vergütungssätze VR-W I für die Nutzung von Werken des GEMA-Repertoires als Hintergrundmusik, Funktionsmusik oder Streaming von Musik auf Internetseiten und Intranetseiten«. Diese können Sie über die Seite *http://wbs.is/rom84* einsehen.

17.3.7 Texte und Zitate

Viele Betreiber von Websites schmücken ihren Internetauftritt mit bekannten Zitaten von berühmten Persönlichkeiten (siehe Abbildung 17.28). Sie ahnen dabei jedoch meist nicht, dass sie damit in einer Vielzahl von Fällen eine Urheberrechtsverletzung begehen, die eine teure Abmahnung zur Folge haben kann. Im Folgenden möchten wir Ihnen erläutern, wann Zitate frei benutzt werden dürfen und wann nicht.

Abbildung 17.28 Die Website der Agentur »marmalade« enthält ein Zitat von Erich Kästner.

Der Begriff der *Zitierfreiheit* täuscht: Es bestehen strenge Voraussetzungen für die freie Nutzung von Zitaten. Grundsätzlich ist eine Einwilligung des Urhebers notwendig, bevor Sie ein Zitat auf Ihrer Website veröffentlichen dürfen.

Davon macht der Gesetzgeber jedoch auch eine Ausnahme: Die Vervielfältigung, Verbreitung und öffentliche Wiedergabe eines veröffentlichten Werkes zum Zweck des Zitats ist auch ohne Einwilligung des Urhebers zulässig, sofern die Nutzung in ihrem Umfang durch den besonderen Zweck gerechtfertigt ist. Ein solcher rechtfertigender Zweck liegt insbesondere in drei Konstellationen vor:

► zur Erläuterung des Inhalts wissenschaftlicher Werke

► innerhalb selbstständiger Sprachwerke, also Texten jeder Art

► innerhalb selbstständiger Werke der Musik

Alle drei Konstellationen haben eins gemeinsam: Zitiert werden darf nur, wenn das Zitat als Beleg oder zur Erläuterung dient. Sie müssen sich also mit dem Inhalt des Zitats auseinandergesetzt haben. Dazu muss ein inhaltlicher Zusammenhang zwischen dem Zitat und dem Werk des Nutzers bestehen. In allen anderen Fällen brauchen Sie grundsätzlich eine Einwilligung der Person, die Sie zitieren. Andernfalls liegt eine Urheberrechtsverletzung vor, die eine teure Abmahnung nach sich ziehen kann.

Achtung!
Wer einfach ein Zitat auf seiner Website veröffentlicht, weil er es schön findet, erfüllt diese Kriterien nicht. In diesem Fall liegt grundsätzlich eine Urheberrechtsverletzung vor, wenn Sie nicht zuvor eine Einwilligung eingeholt haben.

Wie lang ein Zitat sein darf, bestimmt sich im Verhältnis zum Zweck des Zitats. In einem wissenschaftlichen Werk sind größere Zitate erlaubt als beispielsweise in einem kurzen Blogartikel. Es darf jedoch immer nur das zitiert werden, was als Beleg für die eigenen Gedanken erforderlich ist.

Es gibt jedoch einige Ausnahmefälle, in denen die freie Nutzung auch ohne inhaltliche Auseinandersetzung erlaubt ist. Dabei ist zum einen auch bei Texten und Zitaten an das Erlöschen des Urheberrechts 70 Jahre nach dem Tod des Urhebers zu denken. Andererseits dürfen beispielsweise Gesetze und Gerichtsurteile ohne Einschränkung zitiert werden.

Liegen die oben genannten Voraussetzungen für die Zitierfreiheit vor, müssen Sie noch zwei weitere Kriterien beachten:

► Sie dürfen das Zitat nicht verändern. Nur das Originalzitat ist von der Zitierfreiheit gedeckt.

► Sie müssen die korrekte Quelle für das Zitat angeben. Dabei müssen Sie in jedem Fall den Namen des Urhebers nennen.

17

> **Hinweis**
>
> Wenn Sie fremde Texte legal in Ihre Website einbauen wollen, sollten Sie entweder auf Berühmtheiten zurückgreifen, die schon länger als 70 Jahre tot sind. Alternativ übernehmen Sie nicht den exakten Wortlaut und auch nicht das Layout, sondern geben den Sinn mit Ihren eigenen Worten wieder und überlegen sich eine eigene Gestaltung.

17.4   Die Datenschutzerklärung: Was gilt es zu beachten?

Als Betreiber einer Website sind Sie aufgrund der datenschutzrechtlichen Bestimmungen bei der Verarbeitung und Nutzung von personenbezogenen Daten verpflichtet, die Besucher Ihrer Website über die Verwendung Ihrer Daten zu unterrichten. Oft befassen sich Betreiber allerdings nicht mit diesem Thema und gehen damit ein Risiko ein.

Im Folgenden geben wir Ihnen einen kurzen Überblick über die Anforderungen, die an eine Datenschutzerklärung für eine Website gestellt werden. Hinsichtlich der grundsätzlichen Gestaltung einer Datenschutzerklärung möchten wir Sie auf die Ausführungen in Abschnitt 16.3 verweisen, da diese im Wesentlichen übertragbar sind.

> **Hinweis**
>
> Auch wenn Sie bereits eine Datenschutzerklärung auf Ihrer Website bereithalten, sollten Sie beachten, dass es mit Inkrafttreten der europäischen Datenschutz-Grundverordnung eine neue rechtliche Ausgangslage gibt, mit der zwar vieles gleich bleibt, sich ein paar Dinge aber auch ändern. Sofern Sie noch keine Anpassung an die neue Rechtslage vorgenommen haben, ist es jetzt höchste Zeit!

Wie wir bereits im Rahmen der Datenschutzerklärung für den Onlineshop erläutert haben, hat die Datenschutzerklärung den Zweck, den Besucher darüber aufzuklären, in welchem Umfang und zu welchem Zweck seine personenbezogenen Daten verwendet werden. Im Folgenden möchten wir detailliert auf einige besondere Angaben eingehen und Sie auch darauf aufmerksam machen, welche Bestandteile nun mit Wirksamwerden der Datenschutz-Grundverordnung Einzug in die Datenschutzerklärung gefunden haben.

IP-Adresse

IP-Adressen sind im Internet zur Kommunikation unerlässlich und werden beim Aufruf einer Website an deren Server gesendet. Für den Betrieb der meisten Dienste stellt die IP-Adresse die Grundvoraussetzung dar. Das betrifft beispielsweise auch die bei vielen Websites im Hintergrund laufenden Nutzerstatistiken. Da die IP-Adresse ein personenbezogenes Datum ist, müssen Sie den Nutzer in Ihrer Datenschutzerklärung darüber informieren, wozu Sie seine IP-Adresse verwenden.

Praxisbeispiel

IP-Adressen spielen beispielsweise beim Einsatz von Google Analytics eine Rolle, worüber dann auch in der Datenschutzerklärung informiert werden muss (siehe Abbildung 17.29).

Einsatz von Google Analytics

Diese Website nutzt Funktionen des Webanalysedienstes Google Analytics. Hierbei handelt es sich um einen Webanalysedienst der Google LLC, 1600 Amphitheatre Parkway, Mountain View, CA 94043 USAGoogle Analytics verwendet so genannte "Cookies". Das sind Textdateien, die auf Ihrem Computer gespeichert werden und die eine Analyse der Benutzung der Website durch Sie ermöglichen. Die durch den Cookie erzeugten Informationen über Ihre Benutzung dieser Website werden in der Regel an einen Server von Google in den USA übertragen und dort gespeichert.

Die Speicherung von Google-Analytics-Cookies erfolgt auf Grundlage von Art. 6 Abs. 1 lit. f DSGVO. Der Websitebetreiber hat ein berechtigtes Interesse an der Analyse des Nutzerverhaltens, um sowohl sein Webangebot als auch seine Werbung zu optimieren.

Wir haben auf dieser Website die Funktion IP-Anonymisierung aktiviert. Dadurch wird Ihre IP-Adresse von Google innerhalb von Mitgliedstaaten der Europäischen Union oder in anderen Vertragsstaaten des Abkommens über den Europäischen Wirtschaftsraum vor der Übermittlung in die USA gekürzt. Nur in Ausnahmefällen wird die volle IP-Adresse an einen Server von Google in den USA übertragen und dort gekürzt. Im Auftrag des Betreibers dieser Website wird Google diese Informationen benutzen, um Ihre Nutzung der Website auszuwerten, um Reports über die Websiteaktivitäten zusammenzustellen und um weitere mit der Websitenutzung und der Internetnutzung verbundene Dienstleistungen gegenüber dem Websitebetreiber zu erbringen. Die im Rahmen von Google Analytics von Ihrem Browser übermittelte IP-Adresse wird nicht mit anderen Daten von Google zusammengeführt.

Sie können die Speicherung der Cookies durch eine entsprechende Einstellung Ihrer Browser-Software verhindern; wir weisen Sie jedoch darauf hin, dass Sie in diesem Fall gegebenenfalls nicht sämtliche Funktionen dieser Website vollumfänglich werden nutzen können. Sie können darüber hinaus die Erfassung der durch den Cookie erzeugten und auf Ihre Nutzung der Website bezogenen Daten (inkl. Ihrer IP-Adresse) an Google sowie die Verarbeitung dieser Daten durch Google verhindern, indem Sie das unter dem folgenden Link verfügbare Browser-Plugin herunterladen und installieren: https://tools.google.com/dlpage/gaoptout?hl=de.Mehr Informationen zum Umgang mit Nutzerdaten bei Google Analytics finden Sie in der Datenschutzerklärung von Google: **https://support.google.com/analytics/answer/6004245?hl=de**.

Demografische Merkmale bei Google Analytics

Diese Website nutzt die Funktion "demografische Merkmale" von Google Analytics. Dadurch können Berichte erstellt werden, die Aussagen zu Alter, Geschlecht und Interessen der Seitenbesucher enthalten. Diese Daten stammen aus interessenbezogener Werbung von Google sowie aus Besucherdaten von Drittanbietern. Diese Daten können keiner bestimmten Person zugeordnet werden. Sie können diese Funktion jederzeit über die Anzeigeneinstellungen in Ihrem Google-Konto deaktivieren oder die Erfassung Ihrer Daten durch Google Analytics wie im Punkt "Widerspruch gegen Datenerfassung" dargestellt generell untersagen.

Abbildung 17.29 Der Reiseveranstalter »Thomas Cook« informiert in seiner Datenschutzerklärung über die Verwendung von IP-Adressen in Zusammenhang mit Google Analytics.

Browser-Daten

Der eigene Browser verrät eine Vielzahl von Dingen über seinen Nutzer. Wer zum Beispiel seine derzeitige IP-Adresse herausfinden möchte, besucht die Seite *www.wieistmeineip.de* und erhält zudem noch Informationen über Betriebssystem und Browser-Version. Das ist aber nur ein Bruchteil der Informationen, die manche Websites mit den entsprechenden Tools über ihre Besucher herausfinden können. Was in diesem Bereich alles möglich ist, zeigt die Website *www.browserspy.dk* (siehe Abbildung 17.30) sehr anschaulich.

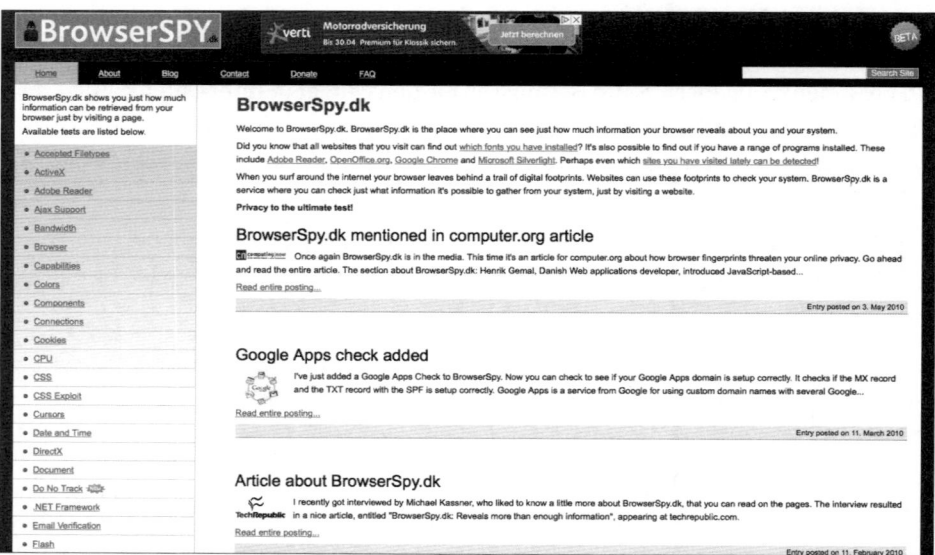

Abbildung 17.30 Auf welche Weise dem Browser Informationen entlockt werden, wird auf »www.browserspy.dk« erklärt.

Werden Daten über den Browser der Website-Besucher gesammelt – etwa durch das sogenannte *Canvas-Fingerprinting* –, so sollten Sie die Nutzer hierüber dringend in der Datenschutzerklärung aufklären. Während Informationen über das Betriebssystem oder den Browser-Typ allein keinen Personenbezug aufweisen, lassen sich aus Informationen zu Hardware-Komponenten, installierten Patches, Treibern und Software detaillierte Nutzerprofile erstellen, die zumindest später den Nutzer bestimmbar machen.

Cookies

Cookies sind kleine Datenpakete, die auf dem Endgerät des Website-Besuchers gespeichert werden und von der Website bzw. ihrem Server beim erneuten Aufruf abgerufen werden können. Das ermöglicht es beispielsweise, Login-Informationen, Suchanfragen oder den Inhalt des Warenkorbs über einen längeren Zeitraum hinweg zu speichern. Da es möglich ist, über Cookies einzelne Nutzer zu identifizieren, müssen Sie Ihre Website-Nutzer über den Einsatz von Cookies in der Datenschutzerklärung informieren (siehe Abbildung 17.31).

Nicht ausreichend ist jedoch der bloß pauschale Hinweis auf Cookies. Vielmehr sollte der datenschutzrelevante Vorgang beim Einsatz von Cookies kurz skizziert werden. Des Weiteren ist zwischen den verschiedenen Arten von Cookies zu unterscheiden. Die Speicherdauer und -kapazität von Cookies unterscheiden sich teils sehr stark, weshalb die Datenschutzerklärung in diesem Bereich durchaus detaillierter sein sollte.

3.4. Onlineauftritt und Webseitenoptimierung

3.4.1. Cookies – Allgemeine Informationen

Auf verschiedenen Seiten verwenden wir Cookies, um den Besuch unserer Website attraktiv zu gestalten und die Nutzung bestimmter Funktionen zu ermöglichen sowie die Nutzung unserer Website statistisch zu erfassen. Bei Cookies handelt es sich um kleine Textdateien, die Ihr Browser automatisch erstellt und die auf Ihrem Endgerät (Laptop, Tablet, Smartphone o.ä.) gespeichert werden, wenn Sie unsere Seite besuchen. Cookies richten auf Ihrem Endgerät keinen Schaden an, enthalten keine Viren, Trojaner oder sonstige Schadsoftware. In dem Cookie werden Informationen abgelegt, die sich jeweils im Zusammenhang mit dem spezifisch eingesetzten Endgerät ergeben. Dies bedeutet jedoch nicht, dass wir dadurch unmittelbar Kenntnis von Ihrer Identität erhalten.

Die meisten der von uns verwendeten Cookies werden nach Ende der Browser-Sitzung wieder gelöscht (sog. Sitzungs- bzw. Sessioncookies). Durch diese können wir Ihnen z.B. die seitenübergreifende Warenkorbanzeige anbieten, in der Sie ablesen können, wie viele Artikel sich gerade in Ihrem Warenkorb befinden und wie hoch Ihr aktueller Einkaufswert ist. Andere Cookies verbleiben auf Ihrem Rechner und ermöglichen es uns, Ihren Rechner beim nächsten Besuch wieder zu erkennen (sog. dauerhafte bzw. sessionübergreifende Cookies). Insbesondere diese Cookies dienen dazu unser Angebot nutzerfreundlich, effektiver und sicherer zu machen. Dank dieser Dateien ist es beispielsweise möglich, dass Sie speziell auf Ihre Interessen abgestimmte Informationen auf der Seite angezeigt bekommen.

Selbstverständlich können Sie Ihren Browser so einrichten, dass er unsere Cookies nicht auf Ihrem Endgerät ablegt. Die Hilfe-Funktion in der Menüleiste der meisten Webbrowser erklärt Ihnen, wie Sie Ihren Browser davon abhalten, neue Cookies zu akzeptieren, wie Sie Ihren Browser darauf hinweisen lassen, wenn Sie ein neues Cookie erhalten oder auch wie Sie sämtliche bereits erhaltenen Cookies löschen und für alle weiteren sperren können.

Gehen Sie dafür bitte wie folgt vor:

Im Internet Explorer:
1. Wählen Sie im Menü "Extras" den Punkt "Internet Optionen".
2. Klicken Sie auf den Reiter "Datenschutz".
3. Nun können Sie die Sicherheitseinstellungen für die Internetzone vornehmen. Hier stellen Sie ein, ob und welche Cookies angenommen oder abgelehnt werden sollen.
4. Mit "OK" bestätigen Sie Ihre Einstellung.

Im Firefox:
1. Wählen Sie im Menü "Extras" den Punkt Einstellungen.
2. Klicken Sie auf "Datenschutz".
3. Wählen Sie in dem Drop-Down Menü den Eintrag "nach benutzerdefinierten Einstellungen anlegen" aus.
4. Nun können Sie einstellen, ob Cookies akzeptiert werden sollen, wie lange Sie diese Cookies behalten wollen und Ausnahmen hinzufügen, welchen Websites Sie immer bzw. niemals erlauben möchten Cookies zu benutzen.
5. Mit "OK" bestätigen Sie Ihre Einstellung.

Im Google Chrome:
1. Klicken Sie auf das Chrome-Menü in der Symbolleiste des Browsers.
2. Wählen Sie nun "Einstellungen" aus.
3. Klicken Sie auf "Erweiterte Einstellungen anzeigen".
4. Klicken Sie unter "Datenschutz" auf "Inhaltseinstellungen".
5. Unter "Cookies" können Sie die folgenden Einstellungen für Cookies vornehmen:

Abbildung 17.31 Der Versandhändler »Otto« klärt in seiner Datenschutzerklärung über den Einsatz von Cookies auf.

Achtung!

Die Informationen, die Sie in Ihrer Datenschutzerklärung im Hinblick auf den Einsatz von Cookies nun auch nach der neuen Datenschutz-Grundverordnung bereithalten müssen, könnten sich schon bald nach Inkrafttreten der e-Privacy-Verordnung ändern. Denn das Setzen von Cookies fällt in bestimmten Fällen in den Regelungsbereich der europäischen Verordnung. Hier sollten Sie künftige Entwicklungen im Blick behalten!

Webanalyse-Tools

Website-Betreiber haben ein nachvollziehbares Interesse an der Erstellung von Nutzerstatistiken. Hierzu werden meist spezielle Tools von Drittanbietern eingesetzt, wie

Google Analytics oder *Matomo* (ehemals *Piwik*). Dem Einsatz dieser Tools sollten Sie einen eigenen Bereich in Ihrer Datenschutzerklärung widmen (siehe Abbildung 17.32).

8)   Google Analytics

Wir nutzen auf unserer Webseite Google Analytics, einen Webanalysedienst der Google Inc. („Google"), 1600 Amphitheatre Parkway, Mountain View, CA 94043, USA.

Google Analytics verwendet sogenannte „Cookies", Textdateien, die auf Ihrem Gerät gespeichert werden und die eine Analyse der Benutzung der durch Sie besuchten Webseiten ermöglichen. Google Analytics kann auch sogenannte Web Beacons (nicht sichtbare Grafiken) verwenden. Durch diese Web Beacons können Informationen wie der Besucherverkehr auf Webseiten ausgewertet werden. Die durch Cookies und Web Beacons erzeugten Informationen über die Benutzung unserer Webseite (einschließlich der IP-Adresse der Nutzer) werden an einen Server von Google, möglicherweise in den USA oder anderen Drittstaaten, übertragen und dort gespeichert. Diese Informationen können von Google an Vertragspartner von Google weiter gegeben werden.

Informationen zur vorhandenen Privacy-Shield-Zertifizierung von Google und weiteren relevanten Daten zur Datenverarbeitung durch Google im Rahmen der Nutzung der Google Dienste finden Sie in dieser Datenschutzerklärung unter dem Abschnitt „6) Informationen zu Google-Diensten".

Folgende Datenarten werden von Google verarbeitet:

- Online-Kennzeichnungen (einschließlich Cookie-Kennungen)
- IP-Adresse
- Gerätekennungen

Darüber hinaus finden Sie weitere detaillierte Informationen zu den verarbeiteten Informationen unter https://www.google.com/intl/de/policies/privacy/#infocollect unter „Daten, die wir aufgrund Ihrer Nutzung unserer Dienste erhalten", sowie unter https://privacy.google.com/businesses/adsservices/.

Wir setzen Google Analytics nur mit aktivierter IP-Anonymisierung („anonymize IP") ein. Hierdurch wird Ihre IP-Adresse von Google innerhalb von Mitgliedstaaten der Europäischen Union oder in anderen Vertragsstaaten des Abkommens über den Europäischen Wirtschaftsraum gekürzt. Nur in Ausnahmefällen wird die volle IP-Adresse an einen Server von Google in den USA übertragen und dort gekürzt.

Weiterhin haben wir für den Einsatz von Google Analytics mit Google einen Vertrag zur Auftragsverarbeitung geschlossen (Art. 28 DSGVO). Google verarbeitet die Daten in unserem Auftrag, um Ihre Nutzung der Webseite auszuwerten, um Reports über die Webseitenaktivitäten für uns zusammenzustellen und um weitere mit der Webseitennutzung und der Internetnutzung verbundene Dienstleistungen uns gegenüber zu erbringen. Google kann diese Informationen gegebenenfalls an Dritte übertragen, sofern dies gesetzlich vorgeschrieben ist oder soweit Dritte diese Daten im Auftrag von Google verarbeiten.

Durch die Einbindung von Google Analytics verfolgen wir den Zweck, das Nutzerverhalten auf unserer Webseite zu analysieren und hierauf reagieren zu können. Dadurch können wir unser Angebot kontinuierlich verbessern.

Rechtsgrundlage für die hier beschriebene Verarbeitung personenbezogener Daten ist Art. 6 Abs. 1 lit. f) DSGVO. Unser hierfür erforderliches berechtigtes Interesse liegt dabei in dem großen Nutzen, den die oben beschriebenen Funktionen für unser Angebot haben. Die statistische Auswertung des Nutzerverhaltens ermöglicht uns insbesondere eine interessengerechte Reaktion und Optimierung unseres Angebots.

Im Rahmen der Auftragsverarbeitung ist Google berechtigt, Subunternehmer zu beauftragen. Eine Liste dieser Subunternehmer können Sie unter https://privacy.google.com/businesses/subprocessors/ finden.

Widerspruchsrecht

Ihnen steht ein Widerspruchsrecht zu. Hierzu können Sie die Verarbeitung Ihrer Daten durch Google verhindern, indem Sie das unter dem folgenden Link verfügbare Browser-Plug-In herunterladen und installieren: https://tools.google.com/dlpage/gaoptout?hl=de

Auch können Sie die Erfassung durch Google Analytics verhindern, indem Sie auf folgenden Link klicken. Es wird ein Opt-Out-Cookie gesetzt, das die zukünftige Erfassung Ihrer Daten beim Besuch dieser Webseite verhindert: Google Analytics deaktivieren.

Darüber hinaus können Sie die Erfassung der Daten durch Web Beacons verhindern, indem Sie das unter folgendem Link verfügbare Add-On für den jeweiligen Browser herunterladen und installieren: https://adblockplus.org/

Weiterhin können Sie Ihre Cookie-Einstellungen ändern (z.B. Cookies löschen, blockieren u.a.). Weitere Informationen hierzu finden Sie unter „5) Cookies".

Abbildung 17.32 Beispiel für eine Datenschutzerklärung im Hinblick auf die Verwendung von »Google Analytics«

Mitunter stellen die Anbieter der Tools Textbausteine zur Verfügung, die ihre Kunden in der eigenen Datenschutzerklärung verwenden können. Diese Textbausteine können genutzt werden, bedürfen aber teils einer Anpassung.

Informiert werden muss über den konkreten Datenerhebungsvorgang durch das Analyse-Tool und über die anschließende Verarbeitung der Daten. Danach müssen Sie den Website-Besucher darüber aufklären, wie er eine Datenerhebung durch das Tool verhindern kann, und müssen ihn insbesondere über sein Widerspruchsrecht informieren.

> **Hinweis**
>
> Im Falle von Google Analytics beispielsweise müssen Sie einen Link auf ein entsprechendes Browser-Plug-in setzen. Darüber hinaus kann ein JavaScript-Snippet eingebunden werden, das dem Website-Besucher mit nur einem Klick ein sogenanntes *Opt-out-Cookie* liefert, wodurch eine Datenerfassung verhindert wird. Schließlich sollten Sie zu den Nutzungsbedingungen sowie zur Datenschutzerklärung des eingesetzten Analyse-Dienstes verlinken, sodass sich der Nutzer unmittelbar beim Anbieter informieren kann.

Social Plug-ins

Auf der Website eingebaute Elemente von sozialen Netzwerken wie der »Gefällt mir«-Button von Facebook, der »Tweet«-Button von Twitter und ähnliche »Share«-Buttons werden als *Social Plug-ins* bezeichnet.

Sie ermöglichen dem Website-Besucher eine Verknüpfung von Website-Inhalten mit seinen Online-Profilen. Diese Verknüpfung erfordert bestimmte personenbezogene Daten des Website-Besuchers, worüber in der Datenschutzerklärung aufgeklärt werden muss. Darüber hinaus müssen Sie auch auf die jeweiligen Datenschutzerklärungen der Anbieter der von Ihnen eingesetzten Plug-ins verlinken, damit sich die Nutzer auch hierüber informieren können (siehe Abbildung 17.33).

> **Hinweis**
>
> Der Einsatz von Social Plug-ins war schon nach alter Rechtslage problematisch. Eine mögliche Lösung konnte die 2-Klick-Lösung darstellen, wonach die Plug-ins so lange deaktiviert blieben, bis sie vom Website-Besucher selbst per Klick aktiviert wurden. Erst dann erfolgte die Datenübermittlung. Es stellt sich nun jedoch die Frage, ob diese Methode auch den Anforderungen der Datenschutz-Grundverordnung gerecht wird. Dies haben wir Ihnen bereits in Abschnitt 7.5.4 näher erläutert und möchten darauf an dieser Stelle verweisen.

17

4. Soziale Medien

Social-Media-Plugins mit Shariff

Auf unseren Seiten werden Plugins von sozialen Medien verwendet (z.B. Facebook, Twitter, Google+, Instagram, Pinterest, XING, LinkedIn, Tumblr).

Die Plugins können Sie in der Regel anhand der jeweiligen Social-Media-Logos erkennen. Um den Datenschutz auf unserer Website zu gewährleisten, verwenden wir diese Plugins nur zusammen mit der sogenannten „Shariff"-Lösung. Diese Anwendung verhindert, dass die auf unserer Website integrierten Plugins Daten schon beim ersten Betreten der Seite an den jeweiligen Anbieter übertragen.

Erst wenn Sie das jeweilige Plugin durch Anklicken der zugehörigen Schaltfläche aktivieren, wird eine direkte Verbindung zum Server des Anbieters hergestellt (Einwilligung). Sobald Sie das Plugin aktivieren, erhält der jeweilige Anbieter die Information, dass Sie mit Ihrer IP-Adresse unsere Seite besucht haben. Wenn Sie gleichzeitig in Ihrem jeweiligen Social-Media-Account (z.B. Facebook) eingeloggt sind, kann der jeweilige Anbieter den Besuch unserer Seiten Ihrem Benutzerkonto zuordnen.

Das Aktivieren des Plugins stellt eine Einwilligung im Sinne des Art. 6 Abs. 1 lit. a DSGVO dar. Diese Einwilligung können Sie jederzeit mit Wirkung für die Zukunft widerrufen.

Facebook-Plugins (Like & Share-Button)

Auf unseren Seiten sind Plugins des sozialen Netzwerks Facebook, Anbieter Facebook Inc., 1 Hacker Way, Menlo Park, California 94025, USA, integriert. Die Facebook-Plugins erkennen Sie an dem Facebook-Logo oder dem "Like-Button" ("Gefällt mir") auf unserer Seite. Eine Übersicht über die Facebook-Plugins finden Sie hier: https://developers.facebook.com/docs/plugins/.

Wenn Sie unsere Seiten besuchen, wird über das Plugin eine direkte Verbindung zwischen Ihrem Browser und dem Facebook-Server hergestellt. Facebook erhält dadurch die Information, dass Sie mit Ihrer IP-Adresse unsere Seite besucht haben. Wenn Sie den Facebook "Like-Button" anklicken während Sie in Ihrem Facebook-Account eingeloggt sind, können Sie die Inhalte unserer Seiten auf Ihrem Facebook-Profil verlinken. Dadurch kann Facebook den Besuch unserer Seiten Ihrem Benutzerkonto zuordnen. Wir weisen darauf hin, dass wir als Anbieter der Seiten keine Kenntnis vom Inhalt der übermittelten Daten sowie deren Nutzung durch Facebook erhalten. Weitere Informationen hierzu finden Sie in der Datenschutzerklärung von Facebook unter: https://www.facebook.com/privacy/explanation.

Abbildung 17.33 Die Agentur »Rebelko« informiert auf ihrer Website über den Einsatz des Facebook-Plug-ins.

Sonstige Daten

Weitere hinweisbedürftige Datennutzungen können beispielsweise die Profilbildung oder die Erforderlichkeit für bestimmte Dienstleistungen sein. Generell kann als Faustregel dienen, dass in der Datenschutzerklärung über jede Erhebung, Verarbeitung und Nutzung personenbezogener Daten aufgeklärt werden soll. Wie wir bereits gesagt haben, wird dadurch die Einwilligung an sich nicht ersetzt. Jedoch soll der Website-Besucher auch über den konkreten Vorgang hinter der Datennutzung aufgeklärt werden, um sich ein besseres Bild davon machen zu können.

Hinweis

Welche Plug-ins Ihre Webseite verwendet, können Sie über *http://builtwith.com* ermitteln. In der Regel müssen alle Plug-ins in Ihrer Datenschutzerklärung erwähnt werden!

Rechtsgrundlage der Datenerhebung

Die Datenschutz-Grundverordnung verlangt in Art. 13 Abs. 1 lit. c DSGVO neben der Angabe des Zwecks der Datennutzung auch die genaue Benennung der Rechtsgrundlage (siehe Abbildung 17.34).

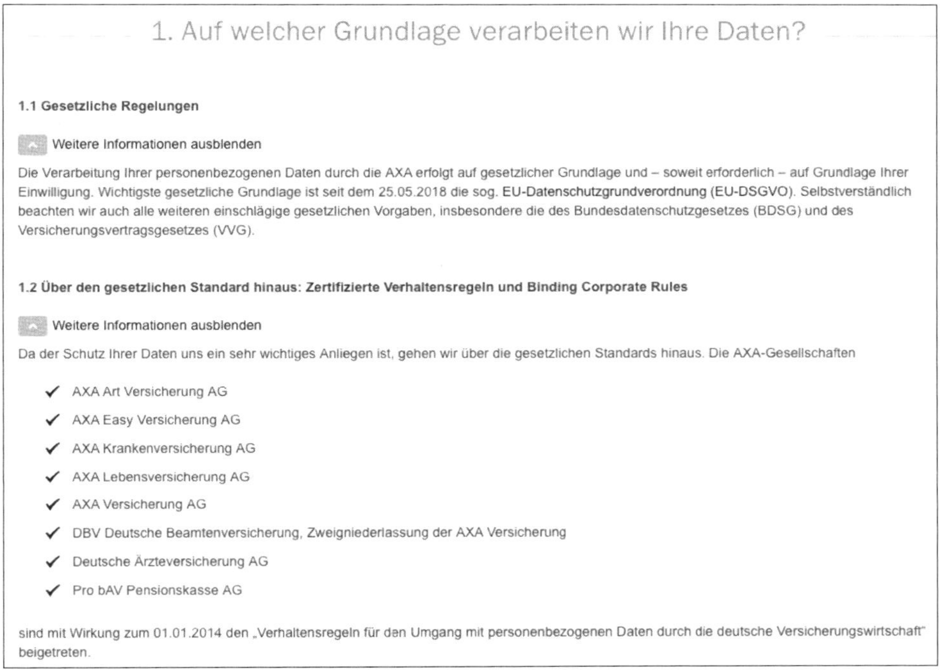

1. Auf welcher Grundlage verarbeiten wir Ihre Daten?

1.1 Gesetzliche Regelungen

Weitere Informationen ausblenden

Die Verarbeitung Ihrer personenbezogenen Daten durch die AXA erfolgt auf gesetzlicher Grundlage und – soweit erforderlich – auf Grundlage Ihrer Einwilligung. Wichtigste gesetzliche Grundlage ist seit dem 25.05.2018 die sog. EU-Datenschutzgrundverordnung (EU-DSGVO). Selbstverständlich beachten wir auch alle weiteren einschlägige gesetzlichen Vorgaben, insbesondere die des Bundesdatenschutzgesetzes (BDSG) und des Versicherungsvertragsgesetzes (VVG).

1.2 Über den gesetzlichen Standard hinaus: Zertifizierte Verhaltensregeln und Binding Corporate Rules

Weitere Informationen ausblenden

Da der Schutz Ihrer Daten uns ein sehr wichtiges Anliegen ist, gehen wir über die gesetzlichen Standards hinaus. Die AXA-Gesellschaften

- ✓ AXA Art Versicherung AG
- ✓ AXA Easy Versicherung AG
- ✓ AXA Krankenversicherung AG
- ✓ AXA Lebensversicherung AG
- ✓ AXA Versicherung AG
- ✓ DBV Deutsche Beamtenversicherung, Zweigniederlassung der AXA Versicherung
- ✓ Deutsche Ärzteversicherung AG
- ✓ Pro bAV Pensionskasse AG

sind mit Wirkung zum 01.01.2014 den „Verhaltensregeln für den Umgang mit personenbezogenen Daten durch die deutsche Versicherungswirtschaft" beigetreten.

Abbildung 17.34 Die »AXA Deutschland« erklärt Betroffenen genau, auf welcher rechtlichen Grundlage sie Daten verarbeitet.

In Betracht kommende Rechtsgrundlagen finden Sie in Art. 6 Abs. 1 DSGVO. Die besonders relevanten Fälle der Datenverarbeitung auf Basis einer Einwilligung sowie zur Vertragserfüllung und in Wahrung berechtigter Interessen haben wir Ihnen bereits zu Anfang dieses Buches in Abschnitt 3.2.3 erläutert.

Rechte des Betroffenen

Damit jeder die bestmögliche Kontrolle über seine eigenen personenbezogenen Daten behält, sieht das Gesetz verschiedene Ansprüche gegen Sie als für die Datenverarbeitung Verantwortlichen vor (siehe Abschnitt 1.3.5). Welche dies sind, was sie beinhalten und wie der Betroffene diese geltend machen kann, darüber müssen Sie den Website-Besucher aufklären.

Separater Hinweis auf das Widerspruchsrecht des Nutzers

In Abschnitt 1.3.5 haben wir Ihnen bereits das in Art. 21 DSGVO verankerte Widerspruchsrecht näher erläutert. Danach kann der Betroffene jederzeit gegen die Verarbeitung ihn betreffender personenbezogener Daten Widerspruch einlegen. Dies betrifft insbesondere die Fälle, in denen die Datenverarbeitung ohne die Einwilligung des Betroffenen in Wahrung berechtigter Interessen im Sinne des Art. 7 Abs. 1 lit. f

DSGVO erfolgt ist, gegen die er dann besondere Gründe vorbringen kann. Ebenfalls relevant ist das Widerspruchsrecht gegen Direktwerbung, was auch ohne die Nennung von Gründen zum Tragen kommt.

Praxistipp

Inwiefern die Information über dieses Recht Teil der Datenschutzerklärung sein muss, ist zweifelhaft. Denn in Art. 21 Abs. 4 DSGVO verlangt die Verordnung, dass dieser Hinweis »in einer verständlichen und von anderen Informationen getrennten Form zu erfolgen« hat. Um jedoch sicherzugehen, empfehlen wir Ihnen, in einem separaten Absatz der Datenschutzerklärung durch hervorgehobene Schrift auf das Widerrufsrecht und Art. 21 DSGVO hinzuweisen.

Hinweis

»Trusted Shops« hat in Kooperation mit der Kanzlei »Wilde Beuger Solmecke« eine Initiative gestartet, damit Sie sich günstig, einfach und sicher vor Abmahnungen schützen können. Mit einem dauerhaft kostenlosen Tool können Sie Ihre Datenschutzerklärung schnell und einfach immer auf dem neuesten Stand generieren. Den kostenlosen »Rechtstexter« finden Sie unter *http://wbs.is/romrechtstexter*. Auch können Sie den DSGVO-konformen »Datenschutzerklärung-Generator« verwenden, den Sie über den Link *http://wbs.is/dsgvo-generator* erreichen. Diese kostenlosen Tools helfen Ihnen dabei, rechtlich schnell und einfach immer auf dem neuesten Stand zu sein. Auf diese Weise können Sie sich günstig, einfach und sicher vor Abmahnungen schützen.

17.5 Die Datenschutz-Folgenabschätzung: Auch für Websites?

Gänzlich neu trifft Sie unter Umständen die in Art. 35 DSGVO geregelte Datenschutz-Folgenabschätzung. Datenschutz-Folgenabschätzung bedeutet konkret, dass Sie in manchen Fällen im Voraus eine Abschätzung vornehmen müssen, welche Folgen die vorgesehenen Verarbeitungsvorgänge für den Schutz personenbezogener Daten haben könnten. Wann dies der Fall ist, ob Sie davon betroffen sind und wie eine solche Schätzung abzulaufen hat, erläutern wir Ihnen im Folgenden.

17.5.1 Pflicht zur Durchführung einer Datenschutz-Folgenabschätzung

Eine Datenschutz-Folgenabschätzung ist nach Art. 35 Abs. 1 DSGVO immer dann durchzuführen, wenn ein Datenverarbeitungsverfahren aufgrund der Art, des Umfangs, der Umstände und der Zwecke der Verarbeitung voraussichtlich ein hohes Risiko für die Rechte und Freiheiten der Betroffenen birgt. Dies ist insbesondere bei der

Verwendung neuer Technologien der Fall. Daher soll gemäß Art. 35 Abs. 3 DSGVO eine Datenschutz-Folgenabschätzung insbesondere dann erfolgen, wenn

▶ es sich um Technologien handelt, die automatisiert, systematisch und umfassend Daten erfassen, verarbeiten und bewerten oder

▶ eine umfangreiche Verarbeitung besonderer Kategorien von personenbezogenen Daten erfolgt.

Hinweis

Da die zuvor erläuterten Fälle einer notwendigen Folgenabschätzung nur Regelbeispiele damit keinesfalls abschließend sind, soll die Aufsichtsbehörde den Verantwortlichen darin unterstützen, abschätzungsbedürftige Datenverarbeitungsvorgänge zu ermitteln. Der europäische Gesetzgeber erlegt den Aufsichtsbehörden in Art. 35 Abs. 4 und 5 DSGVO daher die Pflicht auf, eigene Listen der Verarbeitungsvorgänge zu erstellen, für die eine Datenschutz-Folgenabschätzung durchzuführen ist (sogenannte *Blacklists* oder Negativlisten) bzw. für die gerade keine Datenschutz-Folgenabschätzung erforderlich ist (sogenannte *Whitelists* oder Positivlisten).

Dieser Pflicht zur Erstellung von Black- und Whitelists ist die *Artikel-29-Datenschutzgruppe*, ein Zusammenschluss der europäischen Aufsichtsbehörden, nachgekommen. Sie hat am 4. April 2017 die »Guidelines on Data Protection Impact Assessment (DPIA) and determining whether processing is ›likely to result in a high risk‹ for the purposes of Regulation 2016/679« (WP 248 17/EN) veröffentlicht, an denen Sie sich orientieren können.

Hinweis

Die Artikel-29-Datenschutzgruppe, (engl. Article 29 Data Protection Working Party) ist das unabhängige Beratungsgremium der EU-Kommission in datenschutzrechtlichen Fragestellungen. Die rechtliche Grundlage dieser Gruppe geht auf die europäische Datenschutzrichtlinie (95/46/EG) zurück, die inzwischen durch die Datenschutz-Grundverordnung ersetzt wurde. Diese neue Gesetzeslage hat zudem zur Folge, dass seit dem 25. Mai 2018 die Art. 29-Datenschutzgruppe durch ihren Rechtsnachfolger, den Europäischen Datenschutzausschuss, abgelöst wurde. Dieser besteht jedoch derzeit noch nur auf dem Papier. Hier sollten Sie weitere Entwicklungen mitverfolgen — auch im Hinblick auf die Frage, ob der Europäische Datenschutzausschuss der bisherigen Rechtsauffassung der Artikel 29-Datenschutzgruppe folgen wird.

Die Empfehlungen beinhalten sowohl Beispiele für Verfahren, bei denen eine Datenschutz-Folgenabschätzung erforderlich sein soll, als auch Vorschläge zur Dokumentation der erforderlichen Prüfung.

17

Die Arbeitsgruppe sieht beispielsweise eine Datenschutz-Folgenabschätzung für die automatische Analyse von Nutzerverhalten auf Social-Media-Kanälen als grundsätzlich erforderlich an. Weiterhin soll eine Folgenabschätzung auch dann vorgenommen werden, wenn Mitarbeiter im Hinblick auf ihr Nutzungsverhalten von IT-Systemen überwacht werden sollen. Nicht abschätzungsbedürftig seien dagegen beispielsweise Datenverarbeitungen beim bloßen Versand von Newslettern.

Aber auch die einzelnen nationalen Aufsichtsbehörden haben inzwischen die ersten Whitelists für die Datenschutz-Folgenabschätzung auf ihren Internet-Plattformen veröffentlicht. Diese Listen sind als Orientierung geeignet, lassen aber noch viel Raum für Unsicherheiten, da sie weder einheitlich noch vollständig sind. Nach Angaben der Aufsichtsbehörden soll vielmehr der Verantwortliche – also Sie – im Wege einer Vorabprüfung bewerten, ob eine Verarbeitungstätigkeit einer Datenschutz-Folgenabschätzung bedarf oder nicht. Für diese Prüfung wird in den Dokumenten eine weitere Liste bereitgestellt, die aufführt, welche Kriterien bei der Prüfung heranzuziehen sind.

Ein Beispiel einer solchen Whitelist können Sie der Liste nach Art. 35 Abs. 4 DSGVO aus Baden-Württemberg entnehmen (zu finden unter *https://www.baden-wuerttemberg.datenschutz.de/wp-content/uploads/2018/05/Liste-von-Verarbeitungsvorgängen-nach-Art.-35-Abs.-4-DS-GVO-LfDI-BW.pdf*):

1. Bewerten oder Einstufen (Scoring)

   (»Evaluation or scoring«)

2. Automatisierte Entscheidungsfindung mit Rechtswirkung oder ähnlich bedeutsamer Wirkung

   (»Automated decision making with legal or similar significant effect«)

3. Systematische Überwachung

   (»Systematic monitoring«)

4. Vertrauliche oder höchst persönliche Daten

   (»Sensitive data or data of a highly personal nature«)

5. Datenverarbeitung in großem Umfang

   (»Data processed on a large scale«)

6. Abgleichen oder Zusammenführen von Datensätzen

   (»Matching or combining datasets«)

7. Daten zu schutzbedürftigen Betroffenen

   (»Data concerning vulnerable data subjects«)

8. Innovative Nutzung oder Anwendung neuer technologischer oder organisatorischer Lösungen

   (»Innovative use or applying new technological or organisational solutions«)

9. Betroffene werden an der Ausübung eines Rechts oder der Nutzung einer Dienstleistung bzw. Durchführung eines Vertrags gehindert

(»When the processing in itself prevents data subjects from exercising a right or using a service or a contract«)

Hinweis

Sie sollten sich an der Whitelist der für Sie zuständigen Behörde orientieren. Bisher wurden folgende Listen veröffentlicht:

- Bundesdatenschutzbeauftragte – abrufbar unter *https://www.bfdi.bund.de/ SharedDocs/Downloads/DE/Datenschutz/Liste_Verarbeitungsvorgaenge.pdf? __blob=publicationFile&v=2*

- Baden-Württemberg – abrufbar unter *https://www.baden-wuerttemberg.daten- schutz.de/wp-content/uploads/2018/05/Liste-von-Verarbeitungsvorgängen-nach- Art.-35-Abs.-4-DS-GVO-LfDI-BW.pdf*

- Berlin – abrufbar unter *https://www.datenschutz-berlin.de/pdf/ datenschutzfolgeabschaetzung/dsfolge-nicht-oeffentlich.pdf*

- Brandenburg – abrufbar unter *http://www.lda.brandenburg.de/sixcms/ detail.php/bb1.c.596771.de*

- Hamburg – abrufbar unter *https://datenschutz-hamburg.de/assets/pdf/DS- FA%20Muss-Liste%20für%20den%20nicht-öffentlicher%20Bereich-HmbBf- DI%20Version%201.0%20(Entwurf).pdf*

- Niedersachsen – abrufbar unter *http://www.lfd.niedersachsen.de/download/ 131098/Liste_von_Verarbeitungsvorgaengen_nach_Art._35_Abs._4_DS-GVO.pdf*

- Rheinland-Pfalz – abrufbar unter *https://www.datenschutz.rlp.de/fileadmin/lfdi/ Dokumente/Orientierungshilfen/DSFA_-_Muss-Liste_RLP_OE.pdf*

- Saarland – abrufbar unter *https://datenschutz.saarland.de/fileadmin/daten- schutz/ds-gvo/ds-folgenabschaetzung/Muss-Liste_SL.pdf*

- Schleswig-Holstein – abrufbar unter *https://datenschutzzentrum.de/uploads/ datenschutzfolgenabschaetzung/20180525_LfD-SH_DSFA_Muss-Liste_V1.0.pdf*

- Thüringen – abrufbar unter *https://tlfdi.de/mam/tlfdi/datenschutz/ liste_der_verarbeitungstatigkeiten.pdf*

Beachten Sie dabei jedoch, dass es sich keinesfalls um abschließende Listen handelt und dass diese ständig aktualisiert werden. Dies bedeutet für Sie, dass Sie auch an dieser Stelle ständig die neusten Entwicklungen mitverfolgen müssen.

Sofern die für Sie zuständige Behörde noch keine Liste veröffentlicht hat, sollten Sie auch dies im Blick behalten. Denn es ist zu erwarten, dass sich das kurzfristig noch ändern wird.

17

17.5.2   Inhalt und Durchführung der Datenschutz-Folgenabschätzung

In der Praxis erfolgt die Folgenabschätzung in einem dreistufigen Verfahren, in das Sie gemäß Art. 35 Abs. 2 DSGVO den Datenschutzbeauftragten einbeziehen müssen, sofern Sie einen haben. Dieses Verfahren, das sich maßgeblich an Art. 35 Abs. 7 DSGVO orientiert, möchten wir Ihnen im Folgenden erläutern.

Auf der ersten Stufe ist zunächst eine systematische Beschreibung der geplanten Verarbeitungsvorgänge und ihrer Verarbeitungszwecke vorzunehmen. Sofern Sie sich bei der Datenverarbeitung auf ein berechtigtes Interesse zur Datenverarbeitung ohne Einwilligung stützen, dann muss auch dieses berücksichtigt werden. Weiterhin müssen Sie eine Bewertung der Notwendigkeit und Verhältnismäßigkeit der Verarbeitungsvorgänge in Bezug auf den genannten Zweck durchführen, um im Ergebnis zu entscheiden, ob ein hohes Risiko für die Rechte und Freiheiten der Betroffenen besteht.

Wenn ein solches Risiko besteht, müssen Sie auf der zweiten Stufe eine Bewertung dahingehend vornehmen, ob die von Ihnen im konkreten Fall geplanten Abhilfemaßnahmen, Garantien, Sicherheitsvorkehrungen und Verfahren ausreichen, um den Schutz der Daten zu gewährleisten. Sie müssen auch nachweisen, dass durch Ihre Maßnahmen und Vorkehrungen die Regelungen der europäischen Datenschutz-Grundverordnung eingehalten werden und dass Sie den Interessen der Betroffenen Rechnung tragen.

Kommen Sie dabei zu dem Ergebnis, dass die Datenverarbeitung ein hohes Risiko zur Folge hätte, müssen Sie gemäß Art. 36 DSGVO auf der dritten Stufe die Aufsichtsbehörde konsultieren, wenn Sie keine Maßnahmen zur Eindämmung des Risikos treffen. Die Aufsichtsbehörde kann dann grundsätzlich innerhalb von acht Wochen eine schriftliche Empfehlung an Sie aussprechen, wenn sie der Ansicht ist, dass die geplanten Verfahren nicht in Einklang mit den Datenschutzgesetzen stehen.

Hinweis

Das Konsultationsverfahren schützt Sie nicht vor anderen aufsichtsrechtlichen Befugnissen der Behörde. Diese kann weiterhin Datenschutzüberprüfungen in Ihrem Unternehmen durchführen, auf vermeintliche Datenschutzverstöße hinweisen und ein Verbot des Verarbeitungsvorgangs erlassen!

Die einzelnen Schritte der Datenschutz-Folgenabschätzung, ihren Inhalt und ihr Ergebnis sollten Sie schriftlich dokumentieren, um im Streitfall oder im Rahmen aufsichtsbehördlicher Untersuchungen nachweisen zu können, dass Sie das Verfahren dem Gesetz entsprechend durchgeführt und gegebenenfalls erforderliche Konsequenzen daraus gezogen haben.

> **Hinweis**
>
> Es kann unter Umständen zweckmäßig sein, die Dokumentation der Datenschutz-Folgenabschätzung mit dem Verzeichnis über die Verarbeitungstätigkeiten zu verknüpfen.

17.6   Hackerangriffe und Datenpannen: Was muss man melden und wer muss informiert werden?

Wenn Ihr IT-System Opfer eines Hacker-Angriffs geworden ist oder wenn Sie ein Gerät mit personenbezogenen Daten wie einen Laptop, ein Tablet oder einen mobilen Datenträger verloren haben oder wenn Ihnen ein solches Gerät gestohlen wurde, dann haben Sie das, was Datenschützer eine Datenpanne nennen.

Eine Datenpanne liegt immer dann vor, wenn Datenschutzvorschriften verletzt werden, weil zum Beispiel unbefugte Dritte Zugang zu Daten erhalten haben und der Umgang damit ungewiss ist. Eine Datenpanne kann je nach Art des Unternehmens weitreichende Folgen haben, wenn sie öffentlich wird. Es muss mit einem Imageschaden gerechnet werden, der abhängig von der Sensibilität der Daten beträchtlich ausfallen kann. Wurde das Datenleck durch einen fahrlässigen Umgang mit den Daten verursacht, ist es schwer, das Vertrauen der Kunden in die eigenen Dienste wiederherzustellen.

17.6.1   Was müssen Sie im Falle einer Datenpanne veranlassen?

Während Sie eigentlich ein Interesse daran haben, eine Datenpanne so wenig wie möglich publik zu machen, hat der europäische Gesetzgeber im Interesse der Betroffenen genau das Gegenteil im Sinn: Gemäß Art. 33 Abs. 1 S. 1 DSGVO ist der Verantwortliche verpflichtet, sofern möglich binnen 72 Stunden die Datenschutzaufsichtsbehörde zu benachrichtigen. Dies gilt nur dann nicht, wenn ein Risiko für persönliche Rechte und Freiheiten der Betroffenen unwahrscheinlich ist.

> **Hinweis: Begründung der Verzögerung**
>
> Nehmen Sie diese Mitteilung nicht binnen 72 Stunden vor, so sind Sie gesetzlich dazu verpflichtet, der Meldung eine Begründung für die Verzögerung beizufügen.

Damit die Aufsichtsbehörde dann den Fall und die damit verbundenen Risiken richtig einschätzen kann, sind Sie verpflichtet, die Verletzung des Schutzes personenbezogener Daten zu beschreiben – einschließlich aller Fakten, die mit der Datenpanne im Zusammenhang stehen, sowie deren Auswirkungen und die ergriffenen Abhilfemaßnahmen.

Darüber hinaus muss gemäß Art. 34 Abs. 1 DSGVO auch der von der Datenpanne Betroffene informiert werden. Diese Benachrichtigungspflicht entfällt aber in den Fällen,

▶ in denen der Verantwortliche Vorkehrungen getroffen hat, um die Daten Unbefugten unzugänglich zumachen, etwa durch Verschlüsselung.

▶ in denen der Verantwortliche nachträglich Maßnahmen ergriffen hat, durch die das hohe Risiko für die Rechte und Freiheiten der Betroffenen aller Wahrscheinlichkeit nach nicht mehr besteht.

▶ in denen sie einen unverhältnismäßig hohen Aufwand erfordern würde – dann muss allerdings eine öffentliche Bekanntmachung oder eine ähnliche Maßnahme erfolgen.

17.6.2 Welchen Inhalt muss die Meldung haben?

Da eine Datenpanne ein nicht zu unterschätzendes Risiko für die Betroffenen bergen kann und darauf korrekt reagiert werden muss, enthält Art. 33 Abs. 3 DSGVO einen Katalog von Informationen, die der Verantwortliche der Aufsichtsbehörde übermitteln muss. Dabei handelt es sich um:

▶ eine Beschreibung der Art der Verletzung des Schutzes personenbezogener Daten, soweit möglich mit Angabe der Kategorien und der ungefähren Zahl der betroffenen Personen, der betroffenen Kategorien und der ungefähren Zahl der betroffenen personenbezogenen Datensätze

▶ den Namen und die Kontaktdaten des Datenschutzbeauftragten oder einer sonstigen Anlaufstelle für weitere Informationen

▶ eine Beschreibung der wahrscheinlichen Folgen der Verletzung des Schutzes personenbezogener Daten

▶ eine Beschreibung der von dem Verantwortlichen ergriffenen oder vorgeschlagenen Maßnahmen, um die Verletzung des Schutzes personenbezogener Daten zu beheben, und gegebenenfalls von Maßnahmen zur Abmilderung ihrer möglichen nachteiligen Auswirkungen

Sofern es Ihnen nicht möglich ist, diese Informationen zur gleichen Zeit bereitzustellen, können Sie sie ohne unangemessene weitere Verzögerung der Aufsichtsbehörde auch schrittweise zur Verfügung stellen.

Achtung!

Die unterlassene, verspätete oder unvollständige Meldung von Datenpannen und die unterlassene, verspätete oder unvollständige Übermittlung der Informationen können die Verhängung eines Bußgeldes zur Folge haben. Dabei sieht der Gesetzgeber in Art. 83 Abs. 4 lit. a DSGVO einen Bußgeldrahmen von bis zu 10.000.000 € oder im Fall eines Unternehmens von bis zu 2 % seines gesamten weltweit erzielten Jahresumsatzes des vorangegangenen Geschäftsjahrs vor – je nachdem, welcher der Beträge höher ist.

Haben Sie zwar die Aufsichtsbehörde informiert, nicht aber den Betroffenen, dann kann Ihnen die Aufsichtsbehörde zudem die Pflicht auferlegen, dies nachzuholen. Daneben müssen Sie unabhängig von einer rechtzeitigen Meldung auch mit Schadensersatzansprüchen der Personen rechnen, die von der Datenpanne betroffen sind. Die Schadenshöhe hängt dabei vom Grad des Verschuldens, einem etwaigen Verschulden von Mitarbeitern, den konkreten Umständen und der Art der Daten ab. Eine konkrete Höhe lässt sich somit im Voraus nicht abschätzen.

17.7   Die Impressumspflicht: Was gehört alles rein?

Die Impressumspflicht im Internet ist Ihnen sicherlich schon bekannt. Schließlich hört man doch regelmäßig davon, dass fehlende oder fehlerhafte Anbieterkennzeichnungen schnell zu Abmahnungen führen und schon vielfach Gerichte beschäftigt haben. In einem Impressum werden die verantwortlichen Site-Betreiber veröffentlicht und nötige Informationen und Kontaktinformationen vorgehalten. Der Besucher Ihrer Website soll dort also erfahren, wie er Sie erreichen kann.

Was im Impressum stehen muss und welche weiteren Vorgaben eingehalten werden müssen, um sich nicht der Gefahr einer Abmahnung auszusetzen, haben wir bereits in Abschnitt 3.4.6 erläutert und möchten an dieser Stelle darauf verweisen.

Im Wesentlichen gelten für Betreiber von Onlineshops und Websites dieselben Anforderungen. In diesem Abschnitt möchten wir daher nur noch auf Besonderheiten des Impressums bei Websites eingehen.

Achtung!

Als Betreiber einer Website sollten Sie unbedingt beachten, dass Sie seit dem 01.02.2017 eine neue Informationspflicht trifft, die Sie im Impressum rechtskonform umsetzen können: Der Hinweis zur (Nicht-)Teilnahme an Streitbeilegungsverfahren vor einer Verbraucherschlichtungsstelle.

Sofern Sie auf Ihrer Website zudem direkt den Erwerb von Produkten oder Dienstleitungen anbieten, so müssen Sie auch der seit dem 09.01.2016 geltenden Pflicht zum Hinweis auf die EU-Online-Streitbeilegungs-Plattform nachkommen (siehe Abschnitt 16.5.1).

Hinweis

Ein fehlendes oder falsches Impressum ist ein Wettbewerbsverstoß, der eine kost-spielige Abmahnung nach sich ziehen kann – dies sieht auch das Landgericht Köln (Urteil vom 26.11.2015, Az. 33 O 230/15) so. Abmahnfähig sind darüber hinaus aber auch fehlerhafte oder veraltete Angaben in einem Impressum.

Keinen Verstoß gegen das Wettbewerbsrecht stellt es nach Ansicht des Landgerichts Berlin (Urteil vom 04.02.2016, Az. 52 O 394/15) hingegen dar, wenn bei einem Online-Kontakt-Formular eine Datenschutzerklärung fehlt, da die Datenerhebung nicht zu Werbezwecken stattfinde, sondern bei der Angabe des Namens und der E-Mail-Adresse die Möglichkeit der Kontaktaufnahme im Vordergrund stehe.

17.7.1   Impressum bei journalistisch-redaktionell gestalteten Websites

Eine Impressumspflicht ist sowohl im *Telemediengesetz* als auch im *Rundfunkstaats-vertrag* vorgesehen. Im Rahmen von Abschnitt 3.4.6 haben wir Ihnen die Anforderun-gen an ein rechtskonformes Impressum im Sinne des Telemediengesetzes bereits er-läutert. Die Angaben müssen Sie machen, wenn Sie Anbieter geschäftsmäßiger, in der Regel gegen Entgelt angebotener Telemedien sind.

Daneben besteht aber auch eine Impressumspflicht für Websites, die zwar nicht ge-schäftsmäßig auftreten, die aber auch nicht ausschließlich persönlichen oder famili-ären Zwecken dienen. Betreiber solcher Websites trifft nach den Regelungen des Rundfunkstaatsvertrags nur eine eingeschränkte Impressumspflicht, auf die wir an dieser Stelle eingehen möchten.

Hinweis

Sobald Sie auf Ihrer Website Werbeanzeigen schalten oder Ihre eigenen Produkte und Dienstleistungen anpreisen, handeln Sie geschäftsmäßig und müssen die Anfor-derungen des Telemediengesetzes an ein Impressum erfüllen.

Die Voraussetzung für eine eingeschränkte Impressumspflicht ist das Vorliegen eines journalistisch-redaktionell gestalteten Angebots. Davon kann ausgegangen werden, wenn eine Presseähnlichkeit angenommen werden kann, weil die Website das Ziel hat, einen Beitrag zur öffentlichen Meinungsbildung und Information zu leisten. Um zu beurteilen, ob eine Presseähnlichkeit vorliegt, ist die Gestaltung der Website zu untersuchen.

Sind Sie Betreiber von journalistisch-redaktionell gestalteten Websites, so sind Sie verpflichtet, einen Verantwortlichen zu benennen – mit Angabe des Namens und der Anschrift (siehe Abbildung 17.35).

Dabei müssen Sie beachten, dass als Verantwortlicher nur benannt werden darf, wer

▶ seinen ständigen Aufenthalt im Inland hat,

▶ nicht infolge Richterspruchs die Fähigkeit zur Bekleidung öffentlicher Ämter verloren hat,

▶ voll geschäftsfähig ist und

▶ unbeschränkt strafrechtlich verfolgt werden kann.

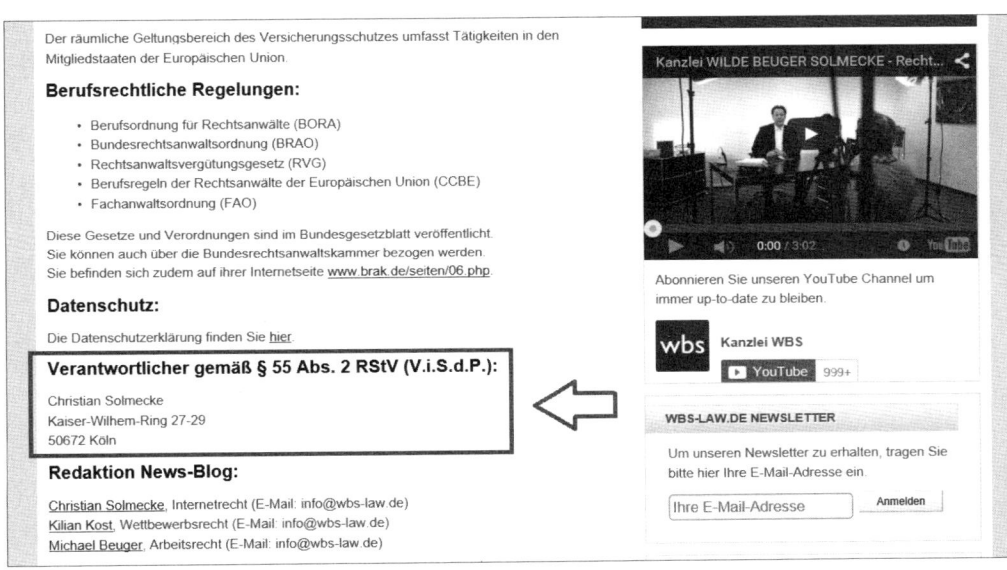

Abbildung 17.35 Beispiel für die rechtskonforme Angabe eines Verantwortlichen

Je nach Art und Weise der Gestaltung der Website können Sie sowohl zur Einhaltung der Angaben nach dem Telemediengesetz als auch nach dem Rundfunkstaatsvertrag verpflichtet sein. Um beurteilen zu können, ob dieser Fall vorliegt, muss die Website im Einzelfall untersucht werden.

Hinweis

Wenn Sie sich nicht sicher sind, ob Sie neben der »normalen« Impressumspflicht auch die Impressumspflicht für journalistisch-redaktionell gestaltete Webseiten trifft, so ergänzen Sie einfach Ihr Impressum um die Angabe eines Verantwortlichen. Denn ein Verstoß gegen die Impressumspflicht kann als Ordnungswidrigkeit mit einer Geldbuße von bis zu 50.000 € geahndet werden und Abmahnungen von Konkurrenten zur Folge haben.

17.7.2   Baustellenseiten

»Diese Seite wird zurzeit neu gestaltet und steht Ihnen in Kürze zur Verfügung.« Nicht selten liest man im Web diesen oder ähnliche Sätze. Gründe dafür gibt es viele: In den meisten Fällen wurde eine Domain zwar registriert, kann aber noch nicht genutzt werden, weil die Programmierung noch nicht beendet ist, die Texte noch ausstehen, rechtliche Fragen noch nicht geklärt sind usw. Eine solche Seite nennt man dann Baustellenseite. Diese Webseiten weisen keinen Inhalt auf und dienen lediglich als Platzhalter. Wir empfehlen Ihnen, darauf auch deutlich hinzuweisen. Viele Betreiber von Websites nutzen dazu ein Baustellenzeichen, wie Sie es aus dem Straßenverkehr kennen (siehe Abbildung 17.36).

Abbildung 17.36 Baustellenseite des Unternehmens »Topgas Lippstadt«

Nun stellt sich die Frage, wie es mit der Impressumspflicht auf solchen Baustellenseiten aussieht: Muss ein Impressum auch dann vorhanden sein, wenn die Website noch gar nicht »fertig« ist? Nein, sagt die Rechtsprechung, Baustellenseiten sind grundsätzlich von der Impressumspflicht befreit. Voraussetzung dafür ist allerdings, dass die Website nicht nur oberflächlich als Baustellenseite bezeichnet wird, sondern dass auch tatsächlich keine Produkte oder Leistungen angeboten werden oder Werbung für die künftige Website gemacht wird. Je mehr Inhalt die Baustellenseite bereits enthält, desto eher benötigen Sie ein Impressum. Nur wenn ausschließlich der

Hinweis besteht, dass an der Website noch gebaut wird, können Sie davon ausgehen, dass Sie keine Impressumspflicht trifft.

Praxisbeispiel

Das Landgericht Aschaffenburg (Urteil vom 03.04.2012, Az. 2 HK O 14/12) hatte über einen Fall zu entscheiden, in dem der Inhaber einer Internetdomain von seinem Konkurrenten wegen seiner Baustellenseite abgemahnt wurde. Denn nach Ansicht des Mitbewerbers stellte die Webseite, die lediglich den Schriftzug »Hier entsteht in Kürze unsere Internetpräsenz«, das Logo des Betreibers der Internetseite, die Aufforderung zum späteren Besuch der Seite und einen Link zur PDF-Ausgabe des Anzeigenblattes zum Download enthielt, einen Verstoß gegen das Wettbewerbsrecht dar, sodass er klagte. Dies begründete er damit, dass der Betreiber ein Impressum hätte bereitstellen müssen, da aufgrund der Werbung für sich und die eigene Website eine geschäftliche Tätigkeit vorliege – zu Recht!

Obwohl es sich um eine Baustellenseite handelt, entschied das Gericht, dass allein die Bezeichnung als solche nicht ausreiche. Vielmehr sei entscheidend, was auf der Baustellenseite inhaltlich tatsächlich angeboten wird. Durch den Verweis auf die spätere Internetseite, die Aufforderung zum späteren Besuch der Seite und das Angebot des Download-Links handelte der Betreiber der Seite geschäftlich. Daher habe er auch ein Impressum bereitstellen müssen.

17.7.3   Fälschlicherweise veröffentlichte Webseiten

Anders stellt sich die Situation dann dar, wenn Sie als Seitenbetreiber eine Internetseite veröffentlichen und sich dann beispielsweise im Fall einer Abmahnung darauf berufen, dass die Veröffentlichung nicht absichtlich bzw. versehentlich erfolgt sei. Denn auch dann besteht eine Impressumspflicht!

Praxisbeispiel

Vor dem Landgericht Essen (Urteil vom 13.11.2014, Az. 4 O 97/14) wurde ein Fall verhandelt, in dem der Betreiber einer Internetseite diese unabsichtlich veröffentlichte und kein Impressum bereitstellte. Vor Gericht berief er sich darauf, dass es ein Versehen gewesen sei und die Internetseite nur wenig Inhalt aufgewiesen habe. Daher sei eine Anbieterkennzeichnung noch nicht nötig gewesen. Diese Argumentation überzeugte das Gericht jedoch nicht. Denn da die Internetseite nicht als Baustellenseite gekennzeichnet war, sondern schon Inhalt aufgewiesen habe, bestehe eine Impressumspflicht. Denn auch wenn die Internetseite noch nicht vollständig programmiert worden war, konnten doch schon Fotos und Texte aufgerufen werden. Daher sei ein ordnungsgemäßes Impressum Pflicht.

Sie sollten also bei der Veröffentlichung von noch nicht gänzlich fertigen Internetseiten entsprechend vorsichtig sein und in jedem Fall vorsorglich rechtssichere Anbieterkennzeichnungen einbauen, um sich vor Abmahnungen und Klagen zu schützen.

17.8 Haftungsfallen: Wer haftet wann und wofür?

Werden Sie von Konkurrenten abgemahnt oder gar verklagt, stellt sich immer wieder eine ganz entscheidende Frage: Wer haftet eigentlich wofür? Dabei kann man ganz grundsätzlich sagen, dass bei Rechtsverletzungen immer derjenige haftet, der als Inhaber der Domain eingetragen ist. Insofern möchten wir an dieser Stelle auf die ausführliche Erläuterung im Rahmen von Abschnitt 14.5 verweisen.

In diesem Abschnitt möchten wir Ihnen jedoch darüber hinaus noch besondere Haftungskonstellationen für Inhaber von Websites erläutern und auch auf die Frage eingehen, ob nicht auch andere Personen außer dem Inhaber der Domain in Anspruch genommen werden können. Zu denken ist da beispielsweise an den Registrar der Seite oder den sogenannten Admin-C, der als Verwalter der Seite von der Registrierungsstelle beauftragt wird.

17.8.1 Haftung des Inhabers der Domain

Zunächst einmal möchten wir Ihnen jedoch erläutern, mit welchen Haftungsfallen Sie als Betreiber der Website rechnen müssen. Zu denken ist dabei einerseits an Risiken, die in Bezug auf die Einbindung von externen RSS-Feeds bestehen, und andererseits an Haftungsaspekte in Bezug auf Inhalte, die Dritte auf Ihrer Website hinterlassen. Sind Sie Anbieter eines File-Hosting-Dienstes, so treffen Sie zusätzliche Pflichten, um einer Haftung zu entgehen.

Einbindung eines externen RSS-Feeds

Viele Websites, wie zum Beispiel Online-Zeitungen und Internetpräsenzen von Nachrichtensendern, halten RSS-Feeds für ihre Nutzer bereit. Erkennbar ist dies an dem meist orangefarbenen Symbol (siehe Abbildung 17.37).

Der RSS-Feed erlaubt es den Besuchern, sozusagen »aus der Ferne« mitzuverfolgen, was sich auf der Webpräsenz tut. Werden interessante Artikel veröffentlicht, so reicht ein Klick im Feed aus, um die entsprechende Seite aufzurufen. Der Nutzer muss also nicht immer wieder auf die Webseite, sondern bekommt die Meldungen individualisiert auf seinem Rechner angezeigt (siehe Abbildung 17.38).

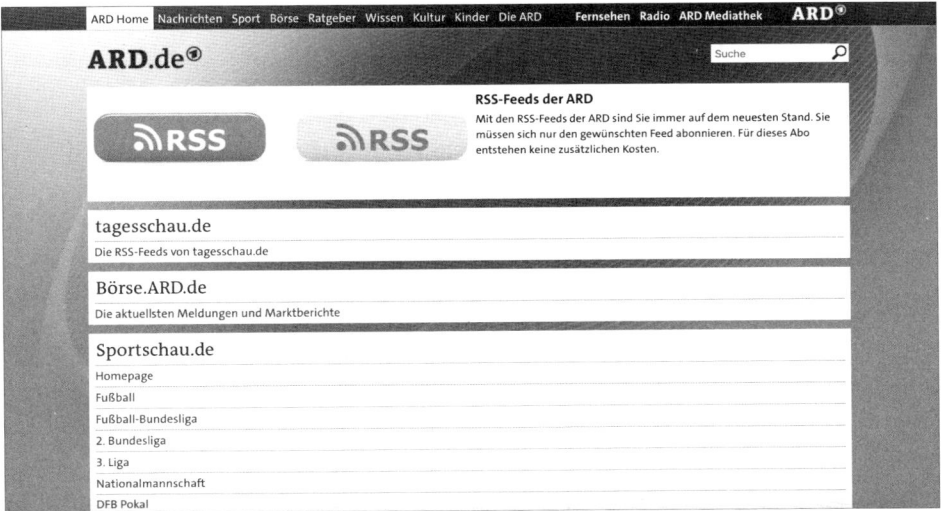

Abbildung 17.37 RSS-Feed-Symbole auf der Website der »ARD«

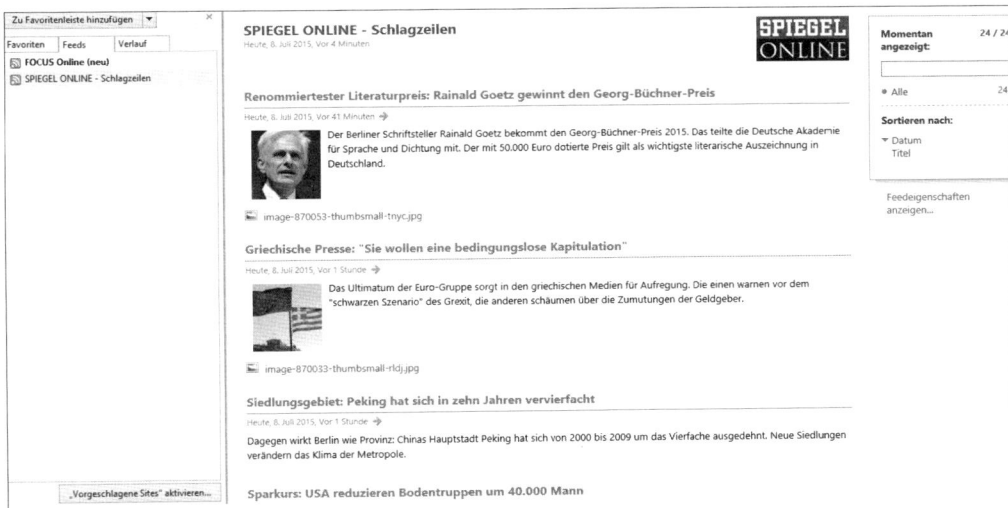

Abbildung 17.38 RSS-Feed der Schlagzeilen von »Spiegel Online«

Nun kommen Website-Betreiber immer häufiger auf die Idee, Feeds Dritter in vollem Umfang in den eigenen Online-Auftritt einzubinden. Auf diese Weise gewinnen sie vollautomatisch neuen Content hinzu, ohne ihn selbst aufwendig erstellen und einpflegen zu müssen (siehe Abbildung 17.39).

Das ist allerdings rechtlich nicht ganz ungefährlich. Denn wenn Sie externe RSS-Feeds auf Ihrer Website einbauen, wissen Sie nicht, ob die Urheber der darin befindlichen Inhalte auch damit einverstanden sind. Nicht selten führt die ungenehmigte

Übernahme von fremden Texten, Bildern und anderen vom Urheberrecht geschützten Inhalten in die eigene Online-Präsenz vor Gericht.

Abbildung 17.39 Die Website »motorrad.net« hat einen externen Newsfeed eingebaut.

Praxisbeispiel

In einem Fall, der vor dem Landgericht Berlin (Urteil vom 15.03.2011, Az. 15 O 103/11)
verhandelt wurde, stritten die Parteien darüber, dass ein Website-Betreiber einen externen RSS-Feed mit Texten und Fotos in die eigene Online-Präsenz übernommen
hatte. Daraufhin wurde er vom Fotografen eines der via RSS übermittelten Bilder auf
Unterlassung verklagt.

Während bis zum Jahr 2014 manche Gerichte wie auch das Landgericht Berlin dem
Rechteinhaber mit der Begründung Recht gab, dass Inhalte nicht ohne die Erlaubnis
des Urhebers auf die eigene Internetpräsenz übernommen werden dürfen, wird
diese Rechtsprechung sich künftig ändern. Denn seit dem Urteil des Europäischen
Gerichtshofs (Urteil vom 21.10.2014, Az. C-348/13) zum *Framing*, also zum Einbinden
fremder Inhalte, gibt es eine Kehrtwende: Danach stellt das Einbinden von Inhalten
auf einer anderen Webseite grundsätzlich keine Urheberrechtsverletzung dar. Zwar
betrifft das bereits angesprochene Urteil die Einbindung eines YouTube-Videos auf
einer Webseite, jedoch ist die Rechtsprechung auch auf die Einbindung eines externen RSS-Feeds übertragbar.

Haftung für Inhalte der Nutzer

Mit Konsequenzen müssen Sie nicht nur dann rechnen, wenn Sie selbst fremde Inhalte wie Fotos oder Texte auf Ihre Website hochladen, sondern auch dann, wenn Sie

eine Website betreiben, auf der Ihre Nutzer urheberrechtlich geschützte Materialien veröffentlichen und anbieten.

Praxisbeispiel

Der Bundesgerichtshof (Urteil vom 12.11.2009, Az. I ZR 166/07) entschied über einen Rechtsstreit in Bezug auf eine Rezeptsammlung auf der Website *www.chefkoch.de*.

Zum Ärger des Klägers veröffentlichte der Beklagte auf der oben genannten Website Kochrezepte des Klägers samt von diesem angefertigten Fotos, die seine Nutzer hochgeladen und zum Download zur Verfügung gestellt hatten. Diese Fotos konnten zusammen mit entsprechenden Rezepten kostenlos auf der vom Kläger betriebenen Website *www.marions-kochbuch.de* abgerufen werden (siehe Abbildung 17.40).

Abbildung 17.40 Die Websites der im Verfahren vor dem BGH streitenden Parteien

Der Bundesgerichtshof entschied, dass zwar Privatleute und nicht der Beklagte selbst die Fotos des Klägers auf die streitgegenständliche Internetseite *www.chef-koch.de* gestellt hatten, der Beklagte sich dies aber vollumfänglich zurechnen lassen müsse. Denn wer die Inhalte seiner Internetseite kontrolliert und die eingeschickten Fotos mit einem eigenen Emblem kennzeichnet, mache sich die Handlungen der Internetnutzer zu eigen und trage dafür auch die Verantwortung wie für eigene Inhalte. Schließlich verletze ein solches Verhalten den Kläger in dessen ausschließlichem Recht auf öffentliche Zugänglichmachung. Der Rechtsverletzung stehe nicht entgegen, dass die Fotos bereits zuvor auf der Internetseite des Klägers allgemein abrufbar gewesen seien.

Achtung!

Auch ein Hinweis in den Allgemeinen Geschäftsbedingungen, der anordnen soll, dass keine urheberrechtsverletzenden Inhalte auf Ihre Plattform geladen werden dürften, reicht nicht aus!

17.8.2   Die Haftung des Admin-C

Neben dem Inhaber der Website spielt eine weitere Person eine wichtige Rolle: der administrative Ansprechpartner einer Domain (Admin-C), der als Verwalter beauftragt wird. Da dieser befugt ist, sämtliche die Domain betreffenden Angelegenheiten verbindlich zu entscheiden, und zentraler Ansprechpartner für den Registrar ist, nimmt er wesentlichen Einfluss auf die Website. Daher stellt sich die Frage, für welche Rechtsverletzungen er gegebenenfalls in Anspruch genommen werden kann, wenn er nicht zugleich auch der Inhaber der Domain ist. Zu denken ist dabei sowohl an Rechtsverstöße im Domainnamen als auch im Inhalt der Website.

Haftung für den Domainnamen

Geht es um die Verletzung von Rechten beim Domainnamen, wie zum Beispiel Marken- oder Namensrechte, so muss der Admin-C nicht ohne Weiteres dafür geradestehen.

Praxisbeispiel

In einem Verfahren hatte der Bundesgerichtshof (Urteil vom 13.12.2012, Az. I ZR 150/11) über die Haftung eines Admin-C wegen der Verletzung von Namens- und Markenrechten zu entscheiden.

In diesem Fall wurden bei der DENIC etwa 193 Registrierungen von Kurzdomains vorgenommen. Diese Kurzdomains bestanden aus bis zu drei Buchstaben. Hiergegen ging die Namensinhaberin der Wortmarke DLG vor. Sie sah darin eine Verletzung ihrer Marken- und Namensrechte und verklagte den für die betreffende Domain genannten administrativen Ansprechpartner auf Löschung des Domainnamens *www.dlg.de* sowie auf Erstattung der Abmahnkosten. Die Rechtsverletzung müsse sich der Admin-C bereits aufgrund seiner Stellung als Verwalter zurechnen lassen.

Der Bundesgerichtshof sah dies hingegen anders: Er verwies darauf, dass die Stellung als Admin-C hier nicht für die Zurechnung von Rechtsverletzungen Dritter ausreiche. Es müssten vielmehr besondere gefahrerhöhende Umstände hinzutreten, die seine Haftung für Dritte rechtfertigen. Dies sei beispielsweise dann der Fall, wenn der Admin-C bei der Anmeldung die Kollision mit Namensrechten nicht geprüft habe. Solche Umstände seien hier nicht hinreichend dargelegt worden.

Der Admin-C muss also nur dann in Bezug auf den registrierten Namen haften, wenn er selbst seine Pflichten bei der Anmeldung verletzt hat. Aus diesem Grund sollten Sie vertraglich vereinbaren, was zu seinen Pflichten gehört. Was Namensrechte betrifft, so sollte es grundsätzlich Aufgabe des Admin-C sein, eine Kollision mit Namensrechten Dritter vor der Registrierung der Website umfassend zu prüfen.

Haftung für Inhalte der Website

Die Haftung des Admin-C für Rechtsverletzungen, die sich auf den Inhalt der Domain beziehen, ist in der Rechtsprechung umstritten. Nicht wenige Gerichte nehmen eine Haftung zumindest dann an, wenn der Admin-C Kenntnis vom rechtswidrigen Inhalt erlangt.

Praxisbeispiel

Das Landgericht Potsdam entschied über einen Fall (Urteil vom 31.07.2013, Az. 2 O 4/13), in dem der Admin-C eine Website verwaltete, auf der die Daten der Klägerin unerlaubt veröffentlicht worden seien. Die Klägerin wies ihn auf diese Datenschutzverletzung hin, jedoch erfolgte keine Löschung, woraufhin sie vor Gericht zog und Recht bekam. Denn nach Ansicht der Potsdamer Richter hafte er in seiner Funktion als Admin-C, da er trotz Kenntnis des Rechtsverstoßes nichts unternommen habe. Er wäre vielmehr verpflichtet gewesen, auf die Beseitigung der Rechtsverletzung hinzuwirken – notfalls auch durch Löschung der Domain.

Andere Gerichte verneinen jegliche Haftung, da der Admin-C nur im Innenverhältnis zur Registrierungsstelle auftrete und gerade nicht für den Inhalt verantwortlich sei. Zu denken ist da beispielsweise an den häufigen Abmahngrund eines fehlerhaften Impressums.

Praxisbeispiel

In einem Verfahren vor dem OLG Köln (Urteil vom 17.01.2012, Az. 3 W 54/10) stritten die Parteien um die Inanspruchnahme des Admin-C wegen eines schlecht erkennbaren Impressums auf einer Webseite. Dieses enthielt zwar alle vorgeschriebenen Angaben, gerügt wurde aber die Erkennbarkeit aufgrund der Gestaltung. Stein des Anstoßes war, dass der betreffende Link in der Farbe Grau dargestellt war und dadurch dem Betrachter der Webseite nicht direkt ins Auge fiel.

Neben der Tatsache, dass der Link zum Impressum leicht genug erkennbar gewesen sei, stellte das Gericht fest, dass der Admin-C nach Ansicht der Richter normalerweise nicht für eine Rechtsverletzung hafte, die durch das Betreiben der Domain verwirklicht wurde. Für ihn sei es nämlich nicht zumutbar, die Webseite im Hinblick auf ihre Inhalte zu überprüfen. Anders sei dies nur dann, wenn er als Täter oder Teilnehmer gehandelt habe.

17.8.3   Haftung des Registrars

Ein Unternehmen, das die Registrierung von Internetdomains durchführt, der sogenannte Registrar, kann im Wege der sogenannten Störerhaftung unter Umständen als Mitverantwortlicher für eine Rechtsverletzung in Anspruch genommen werden. Grundsätzlich ist der Registrar neutral und haftet nicht für rechtsverletzende Handlungen der eigenen Kunden. Denn anders als Host-Provider sind Domain-Registrare lediglich dafür zuständig, die technischen und administrativen Voraussetzungen zur Nutzung einer bestimmten Domain zu schaffen, und haben regelmäßig keinerlei Einfluss auf die unter einer Internetadresse sichtbaren und gespeicherten Inhalte.

Während es Host-Providern üblicherweise möglich ist, konkret bestimmte rechtswidrige Inhalte effektiv von einem Server zu entfernen und Rechtsverletzungen so zu beenden, hat der Domain-Registrar dagegen nur die Möglichkeit, die Domain komplett zu deaktivieren. Aus diesem Grund hat das Oberlandesgericht Frankfurt am Main (Beschluss vom 16.09.2015, Az. 16 W 47/15) bereits die Inanspruchnahme der Registrare entsprechend den Regelungen der Haftung von Host-Providern ausgeschlossen.

Diese Neutralität des Registrars bleibt aber nur so lange bestehen, wie er keine Kenntnis von einer Rechtsverletzung hat, so das Landgericht Frankfurt am Main (Beschluss vom 05.08.2015, Az. 2-03 O 306/15). Denn durch die Registrierung leiste er einen erheblichen Beitrag dazu, dass der Inhaber der Website oder die Besucher dieser Domain Rechtsverletzungen begehen können. Damit wird dem Registrar eine Prüfungs- und gegebenenfalls Sperrpflicht auferlegt, wenn er auf eine eindeutige Rechtsverletzung hingewiesen wird. Sperrt er die Seite nicht, obwohl er Kenntnis von der Rechtswidrigkeit erlangt, so haftet er dafür.

Praxisbeispiel

Vor dem Landgericht Saarbrücken (Urteil vom 15.01.2014, Az. 7 O 82/13) erhob ein Rechteinhaber wegen Urheberrechtsverletzungen Klage gegen den Registrar der Website. In dem zu entscheidenden Fall ging es um die Domain *www.h33t.com*. Über diese Domain wurde das Album eines deutschen Tonträgerherstellers zum Download bereitgestellt. Dieser wandte sich sodann an den Registrar und verlangte die Unterbindung der rechtswidrigen Nutzung seines Albums. Der Registrar fühlte sich jedoch nicht zuständig und verwies den Rechteinhaber an den Eigentümer der Domain.

Als Eigentümer und Administrator der Domain war jedoch eine Adresse auf den Seychellen eingetragen. Wie unschwer zu erwarten war, konnte der Eigentümer nicht zur Unterbindung der Rechtsverletzung veranlasst werden, sodass der Rechteinhaber sodann versuchte, vor Gericht den Registrar dazu zu verpflichten – mit Erfolg!

Nach Ansicht der Richter treffen den Registrar Prüfungs- und Sicherungspflichten, die er vorliegend verletzt habe und wofür er somit ab Kenntniserlangung als Störer hafte. Diese Ansicht bestätigten sodann auch das Oberlandesgericht Saarbrücken (Urteil vom 22.10.2014, Az. 1 U 25/14) und das Landgericht Köln (Urteil vom 13.05.2014, Az. 28 O 11/15).

17.9   Checkliste Website: Alles beachtet?

Checkliste

▶ Haben Sie den Domainnamen im Hinblick auf Kollisionen mit Rechten Dritter überprüft?

▶ Haben Sie die erforderlichen Lizenzen für Inhalte Dritter eingeholt?

▶ Haben Sie bei der Anfertigung und Veröffentlichung von Bildern Einwilligungen der abgebildeten Personen eingeholt?

▶ Haben Sie bei von Dritten angefertigten Bildern an die Urheberkennzeichnung gedacht?

▶ Haben Sie eine rechtssichere Datenschutzerklärung?

▶ Haben Sie geprüft, ob Sie eine Datenschutz-Folgenabschätzung vornehmen müssen?

▶ Haben Sie verinnerlicht, was im Fall einer Datenpanne zu tun ist?

▶ Haben Sie ein rechtssicheres Impressum?

▶ Haben Sie sich mit Fragen der Haftung auseinandergesetzt?

Wenn Sie alle Fragen mit »Ja« beantworten können, dann kann es losgehen ...
Viel Erfolg!

Kapitel 18

Der Rechtsweg: Abwehr und Durchsetzung von Ansprüchen bei Rechtsverletzungen

Die Begriffe »Abmahnung«, »Unterlassungsklage« oder »Schadensersatzforderung« sind nun mehr als häufig in diesem Buch gefallen. An der einen oder anderen Stelle kamen Ihnen die beschriebenen Situationen vielleicht aus der Praxis bekannt vor, entweder weil Marketingmaßnahmen anderer Ihre Rechte verletzt haben und Sie sich gefragt haben, was Sie denn dagegen tun könnten, oder weil Ihnen unter Umständen bei der Lektüre des Buches bewusst geworden ist, dass Ihre Marketingstrategie nicht ganz rechtskonform ist. In diesem Kapitel möchten wir Ihnen nun erläutern, wie Sie mit diesen Situationen und den Konsequenzen daraus optimal umgehen können.

Einen Anspruch auf Unterlassung oder Schadensersatz zu haben ist das eine, das andere ist es, diesen auch durchsetzen zu können. Wenn eine einfache schriftliche Aufforderung an den Rechtsverletzer nicht reicht, kann ein auf Internetrecht spezialisierter Anwalt helfen. Dieser kann Ihnen jedoch nur dann effektiv zur Seite stehen, wenn Sie bereits vor und während der Anwendung von Marketingstrategien auf einige Dinge achten – zum Beispiel auf Möglichkeiten, Beweise für Ihre Ansprüche für den Streitfall zu sichern. Dazu gehören nicht nur Verträge!

Dabei muss der Streit nicht immer vor Gericht landen: Auch außergerichtlich bestehen effektive Möglichkeiten, die eigenen Ansprüche durchzusetzen – mit einer Abmahnung zum Beispiel. Kostenpflichtige Abmahnungen können jedoch in der Regel nur Rechtsanwälte versenden.

Auf der anderen Seite stellt sich Ihnen vielleicht die Frage, was zu tun ist, wenn eine Abmahnung, Unterlassungserklärung, einstweilige Verfügung oder gar Klage in Ihr Büro flattert, weil jemand behauptet, dass Ihre neue Marketingstrategie seine Rechte verletzt. Was sollen Sie tun? Unterschreiben, bezahlen oder einfach ignorieren?

Eine Antwort auf diese und viele andere Fragen möchten wir Ihnen in diesem Kapitel geben, sodass Sie mit jeder Situation optimal umgehen können bzw. wissen, was auf Sie zukommt. Da jedoch jeder Fall anders ist, können wir Ihnen in diesem Kapitel nur einen allgemeinen Überblick geben. Für die rechtlichen Details empfehlen wir Ihnen, rechtzeitig einen Rechtsbeistand hinzuzuziehen.

18.1   Die Zuziehung eines Rechtsbeistands – unverzichtbar?

Die meisten Menschen versuchen, den Kontakt mit einem Rechtsanwalt stets zu vermeiden. Das ist auch verständlich, wird ein Rechtsanwalt doch immer mit rechtlichen Problemen assoziiert. Trotzdem kann man einer Rechtsberatung oft nicht aus dem Weg gehen. An verschiedenen Stellen dieses Buches haben wir bereits empfohlen, bei bestimmten Vorhaben einen Anwalt zu konsultieren. Im Folgenden zeigen wir Ihnen noch einmal die verschiedenen Vorteile einer Rechtsberatung auf.

18.1.1   Der Rechtsbeistand zu Beratungszwecken

Machen Sie sich bewusst, dass der Großteil der Arbeit von Rechtsanwälten außerhalb des Gerichtssaals stattfindet. Eine Klage ist oftmals der letzte Ausweg, um eine rechtliche Streitigkeit zu lösen. Der Fokus der Arbeit liegt zu einem großen Teil auf der Prävention: Bereits die Entstehung rechtlicher Probleme soll verhindert werden.

Sind Ihre AGB rechtskonform? Gibt es Lücken im Vertrag? Ist die Datenschutzerklärung richtig und vollständig? Gibt es ein Impressum und wenn ja, befindet es sich überhaupt an der richtigen Stelle? Im Internet finden sich zahlreiche gute Hilfestellungen, Anleitungen und Musterverträge, mit denen sich diese Fragen bis zu einem gewissen Grad beantworten lassen. Ganz verlassen sollten Sie sich darauf jedoch nicht. Schließlich ist die Quelle oftmals unbekannt, und für den juristischen Laien ist es schwer zu erkennen, ob die Empfehlungen für seinen speziellen Fall richtig sind und auch der aktuellen Rechtslage entsprechen.

Praxistipp

Auf der Website *www.wbs-law.de* steht Ihnen neben aktuellen Nachrichten eine Fülle von Leitfäden, FAQs und Erklärungen kostenfrei zur Verfügung.

Individuelle Wünsche und Bedürfnisse lassen sich durch das Internet jedoch nicht erfüllen. Wenn Sie einen eigenen Onlineshop betreiben, sollten Sie nicht auf Muster-AGB aus dem Internet zurückgreifen. Hier lohnt sich der Gang zum Rechtsanwalt: Lassen Sie Mustertexte rechtlich überprüfen und für Ihre Situation modifizieren oder sogar komplett neu verfassen.

Der für Sie wichtigste Punkt bei der Frage, ob ein Rechtsbeistand hinzugezogen werden soll, sind wohl die Kosten. Diese berechnen sich entweder nach den gesetzlichen *Rechtsanwaltsgebühren* oder basieren auf einer *Honorarvereinbarung* mit Ihrem Rechtsanwalt.

Hinweis

Wie hoch die Kosten sind und wie die Abrechnung erfolgt, können Sie Ihren Rechtsanwalt bereits im Voraus fragen. Gerade Honorarvereinbarungen können ganz unterschiedlich ausfallen. Rechnet Ihr Anwalt nach dem gesetzlichen Vergütungssystem (RVG) ab, so können Sie die Kosten eines Prozesses bzw. einer anwaltlichen Tätigkeit leicht mit der kostenfreien Smartphone App »Pocket Anwalt« ausrechnen.

Um die Kosten gering zu halten, sollten Sie sich bereits im Vorfeld der Beratung eine Vorstellung davon machen, was Sie erreichen wollen. Sammeln Sie die erforderlichen Unterlagen, und versorgen Sie den Rechtsanwalt mit allen nötigen Informationen.

Praxistipp

Wenn Sie zum Beispiel Hilfe bei der Erstellung einer Datenschutzerklärung brauchen, verschaffen Sie Ihrem Anwalt umfangreiche Informationen über die auf Ihrer Website eingesetzten Analyseprogramme und Social Plugins.

Ausführliche Informationen über den Sachverhalt erleichtern dem Rechtsanwalt die Arbeit. Dies kann zudem für Sie einen Vorteil im Hinblick auf die Kosten haben: Haben Sie eine Honorarvereinbarung auf Stundenbasis abgeschlossen, sparen Sie so bares Geld.

Rechnet Ihr Rechtsanwalt nach der gesetzlichen Gebührentabelle ab, dann spielt nicht der Zeitfaktor eine Rolle, sondern der Wert Ihres Anliegens. Geht es beispielsweise um eine Schadensersatzforderung, dann ist die Höhe der Schadensersatzforderung der Wert Ihres Anliegens, auf dessen Basis die Berechnung der Rechtsanwaltsgebühr erfolgt. Dennoch ist es natürlich in Ihrem Interesse, ein Verfahren so schnell wie möglich zu beenden.

Abhängig davon, wie speziell Ihre Fragen und Bedürfnisse sind, ist Ihnen außerdem zu empfehlen, den beratenden Rechtsanwalt nach seiner Spezialisierung auszuwählen.

Praxistipp

Wenn Sie komplexe, selbst programmierte Software auf ihre Vereinbarkeit mit dem deutschen Recht überprüfen lassen wollen, dann sollten Sie sich einen Anwalt mit entsprechendem technischen Wissen suchen. Je schneller und besser ein Anwalt Ihr Anlegen versteht, desto effizienter kann er es bearbeiten.

Darüber hinaus können Sie einen Rechtsanwalt auch wegen abstrakter Fragen aufsuchen. Viele Kanzleien bieten, insbesondere für Webseiten, eine umfangreiche »Rund-

18

umberatung« an. Dabei wird Ihre gesamte Homepage oder eine große Marketing-kampagne vollständig rechtlich geprüft. Natürlich kann die Beratung auch schon zum Aufbau einer Website oder bei der Entwicklung einer Marketingkampagne in Anspruch genommen werden.

Darüber hinaus kann Ihnen der Rechtsanwalt einen Durchblick bei komplexen Rechtsverhältnissen oder Mehrpersonensystemen verschaffen und praktische Abläufe aus rechtlicher Sicht erklären. Auch das sogenannte *Rechteclearing* kann vom Rechtsanwalt übernommen werden. Darunter fällt der Kontakt mit Rechteinhabern an Fotos, Videos und anderen Medieninhalten. Lizenzen werden beschafft und Einwilligungen eingeholt. Während Sie sich beruhigt auf die tatsächliche Umsetzung Ihres Projekts konzentrieren können, kümmert der Rechtsanwalt sich dann um die rechtlichen Aspekte.

18.1.2 Der Rechtsbeistand im außergerichtlichen Verfahren

Die meisten Menschen werden einen Rechtsanwalt wegen eines konkreten rechtlichen Problems aufsuchen. Dabei geht es entweder um die Durchsetzung eigener Rechte oder um die Verteidigung gegen einen Dritten. Aber auch dann treffen sich die Parteien nicht direkt vor Gericht. Jeder Gerichtsverhandlung gehen umfangreiche und oft wochen- oder monatelange Recherchen, Prüfungen und Verhandlungen voraus, die in vielen Fällen mit einer Einigung der Parteien enden. Meist kommt es nämlich gar nicht zu einem Gerichtsverfahren.

Die Anzahl außergerichtlicher Streitbeilegungen steigt immer weiter an. Studien zufolge sind Mandanten eher an einem außergerichtlichen Vergleich als an einem Gerichtsprozess interessiert. Das ist nachvollziehbar, denn Prozesse ziehen sich oft über eine lange Zeit und haben einen ungewissen Ausgang. Außerdem werden die wenigsten Mandanten die Zeit, Lust und Ressourcen haben, um einen Rechtsstreit möglicherweise über mehrere Instanzen zu führen. Schließlich steigen mit den Instanzen auch die Kosten – und übersteigen dann schnell die eigentliche Forderung. Ein Vergleich ist zwar weniger, im Ergebnis dann jedoch mehr!

Praxisbeispiel

Bei einer Forderung von 1.000 € entstehen in einem Gerichtsverfahren, bei dem beide Seiten anwaltlich vertreten sind, in der ersten Instanz Kosten in Höhe von 620,72 €, in der zweiten Instanz weitere 792,72 €.

Verliert der Kläger, bekommt er die 1.000 € nicht und muss zudem nach der zweiten Instanz Kosten in Höhe von insgesamt 1.413,44 € tragen. Ist der Beklagte dann zu einem Vergleich bereit, kann dies für den Kläger der sprichwörtliche Spatz in der Hand sein. Dies gilt umgekehrt natürlich auch für den Beklagten.

Wenn Sie international tätig sind, besteht zudem die Gefahr von Rechtsstreitigkeiten mit Auslandsberührung. Das wirft weitere Probleme wie die Frage nach dem anwendbaren Recht und dem zuständigen Gericht auf. Nicht nur deswegen ist auf internationaler Ebene die außergerichtliche Einigung sehr weit verbreitet.

Sie sollten daher die Bedeutung des Rechtsbeistands im außergerichtlichen Verfahren nicht unterschätzen und durchaus in Betracht ziehen. In diesem Stadium einen Rechtsanwalt einzuschalten, kann somit durchaus sinnvoll sein. Was der Rechtsanwalt dann für Sie tun kann, möchten wir Ihnen im Folgenden erklären.

Kontakt mit der Gegenseite

Eine Hauptaufgabe des Rechtsanwalts ist der Kontakt mit der Gegenseite. Das könnte natürlich auch von Ihnen selbst übernommen werden. Davon raten wir Ihnen jedoch dringend ab, insbesondere wenn die Gegenseite selbst einen Anwalt eingeschaltet hat! Ein Anwalt vermittelt nicht nur Seriosität und Respekt, sondern verringert auch das Risiko »über den Tisch gezogen« zu werden.

> **Praxistipp**
>
> Das bedeutet nicht, dass der Anwalt der Gegenseite versucht, Sie zu betrügen. Allerdings müssen Sie sich darüber im Klaren sein, dass ein Rechtsanwalt dazu verpflichtet ist, seinen Mandanten bestmöglich zu vertreten. Er kann daher keine Rücksicht auf unerfahrene Verhandlungspartner nehmen! So mancher Rechtsanwalt wird zudem im Interesse seines Mandanten die rechtliche Unerfahrenheit der Gegenseite zu seinen Gunsten ausnutzen.

18

Der Grund für den Kontakt mit der Gegenseite ist zum einen der Versuch, eine außergerichtliche Lösung zu finden. Zum anderen dient diese Kommunikation auch der Vorbereitung auf einen möglichen Prozess. Ein eingearbeiteter Anwalt kann eine effizientere Verteidigung gewährleisten und die Verhandlungen in eine für den Mandanten günstige Richtung lenken. Das ist allerdings nur mit dem entsprechenden Sachverstand und Hintergrundwissen möglich.

Verzichten Sie an dieser Stelle auf einen Rechtsberater, laufen Sie Gefahr, prozessuale Fehler zu begehen. Laien wird es schwerfallen, das Wichtige vom Unwichtigen zu trennen. Schalten Sie erst später einen Anwalt ein, erschweren Sie diesem seine Arbeit nur, ohne Zeit und Kosten gespart zu haben. Zudem haben Sie dann meist schon selbst viel Zeit und auch Nerven in das Verfahren gesteckt.

> **Praxistipp**
>
> Das kann besonders dann problematisch sein, wenn Ihre Fehler erst im Prozess auftauchen, weil Ihnen beispielsweise deren Bedeutung nicht bewusst war. Schalten Sie also erst später einen Anwalt ein oder wechseln Sie unter Umständen Ihren Anwalt,

so sollten Sie ihn umfassend über die bisherigen Verhandlungen informieren. Übergeben Sie ihm zum Beispiel sämtliche E-Mails, Briefe und Schriftsätze sortiert zur Durchsicht. Nur so kann er sich umfassend ein Bild von der Lage machen und Sie bestmöglich beraten sowie vertreten.

Rechtliches Vorgehen

Neben der bloßen Kommunikation zwischen den Parteien prüft der Rechtsanwalt das rechtliche Vorgehen. Dazu gehört beispielsweise bei Urheberrechtsverletzungen zunächst das Verschicken einer Abmahnung sowie einer strafbewehrten Unterlassungserklärung. In Kanzleien, die auf Medien- und Wettbewerbsrecht spezialisiert sind, sind Abmahnungen Routine. Das bedeutet für Sie eine große Zeitersparnis und natürlich Rechtssicherheit.

Zwar finden sich auch Muster von Abmahnungen im Internet, allerdings müssen die Verletzungshandlungen konkret bezeichnet und die daraus resultierenden Abmahnkosten und Vertragsstrafen bemessen werden. Dafür bedarf es juristischen Fachwissens. Darüber hinaus können kostenpflichtige Abmahnungen ohnehin nur von Rechtsanwälten versendet werden.

Praxistipp

Abmahnungen können auch unzulässig oder sogar rechtsmissbräuchlich sein. Wann das genau der Fall ist, wird von den Gerichten allerdings unterschiedlich bewertet. Ein guter Rechtsanwalt sollte hier Bescheid wissen!

Dasselbe gilt, wenn Sie selbst eine Abmahnung erhalten und darauf reagieren müssen. Ohne rechtliche Unterstützung reagieren hier leider viele Menschen falsch, was fast immer zu hohen Kosten führt. Nicht jede Abmahnung ist berechtigt, und zahlreiche Unterlassungserklärungen können Anwälte noch nachträglich zu Ihren Gunsten modifizieren.

Führen weder Verhandlungen noch eine Abmahnung zum Erfolg, muss das Problem gerichtlich gelöst werden. Vor Gericht wird es ernst – hier zählen eine gute Vorbereitung und detaillierte Kenntnisse der Rechtslage. Wieder einmal hängt also alles von der richtigen Vorbereitung ab. Die vielen in Betracht kommenden (Gegen-)Ansprüche müssen in ihren Voraussetzungen und Erfolgsaussichten geprüft werden. Hier ist dann eine einzelfallgerechte Prüfung Ihres Falles erforderlich.

18.1.3   Der Rechtsbeistand im gerichtlichen Verfahren

Können Sie und die Gegenseite sich nicht außergerichtlich einigen, soll meist der Richter entscheiden. Spätestens zu diesem Zeitpunkt werden Sie um einen Rechtsanwalt fast nicht mehr herumkommen. Ab dem Landgericht besteht ohnehin die Rechtsanwaltspflicht.

Ob ein Rechtsstreit vor dem Amts- oder Landgericht landet, hängt von dem Streitwert ab. Alle Rechtsstreitigkeiten ab einem Streitwert von 5.001 € gehen an das Landgericht und verpflichten Sie damit zur Vertretung durch einen Rechtsanwalt.

Praxistipp

Findige Rechtsanwälte setzen in Verträgen die Höhe der Vertragsstrafe auf mindestens 5.001 € fest, da dadurch der Rechtsstreit vor dem Landgericht ausgetragen werden muss.

Schalten Sie jedoch erst jetzt einen Rechtsanwalt ein, muss er sich in den bestehenden Sachverhalt nachträglich einarbeiten. Das kostet unnötig Zeit und ist wenig effizient. Überlegen Sie sich daher früh, wann Sie einen Rechtsanwalt konsultieren wollen. Warten Sie damit nicht bis zum Prozess, sondern wählen Sie ein rechtssicheres und präventives Vorgehen.

18.2   Welche Ansprüche kann ich geltend machen, wenn das Online-Marketing eines Dritten meine Rechte verletzt?

Welche Ansprüche Sie bzw. Ihr Rechtsanwalt außergerichtlich oder gerichtlich geltend machen kann, richtet sich primär nach dem verletzten Rechtsgut. Geht es beispielsweise um das geistige Eigentum an einem Werk, so greift das Urheberrecht. Ist die Rechtsverletzung an Ihrer Marke Gegenstand des Verfahrens, dann müssen Sie schauen, welche Möglichkeiten Ihnen das Markenrecht gibt. Geht es hingegen um Daten der Internetnutzer, so ist das Datenschutzrecht betroffen. Je nach Art und Weise der rechtsverletzenden Handlung kann auch ein Verstoß gegen das Wettbewerbsrecht vorliegen.

Zwar klingt dies nun nach einem Haufen diverser Ansprüche, doch dem ist nicht so: Diese Rechtsgebiete bieten Betroffenen eine Vielzahl gleicher und ähnlicher Anspruchsarten. Zwar haben die einzelnen Rechtsgebiete zusätzlich so manch eigenen Anspruch, an dieser Stelle möchten wir uns jedoch auf die Darstellung der Kapitel beschränken, die die hier relevanten Rechtsgebiete im Wesentlichen alle bieten: den Auskunfts-, den Unterlassungs-, den Beseitigungs- und den Schadensersatzanspruch.

An dieser Stelle werden wir nur auf gesetzliche Ansprüche eingehen. Selbstverständlich haben Sie die Möglichkeit, mit Ihrem Vertragspartner alle hier dargestellten Ansprüche auch vertraglich zu vereinbaren, zu erweitern oder auszuschließen. Diese Vereinbarung gilt dann unabhängig davon, was der Gesetzgeber vorsieht. Insoweit

18

hat der Vertrag Vorrang vor dem Gesetz. Achten Sie bei der Formulierung jedoch darauf, klar und verständlich bestimmte Situationen zu beschreiben, die die Ansprüche entstehen lassen, verkürzen oder ausschließen! Nur so können Sie diese in der Praxis auch schnell und einfach durchsetzen.

> **Achtung!**
>
> Die Details Ihres Anspruchs müssen im Einzelfall beurteilt werden. Dazu werden Sie in vielen Fällen einen Rechtsanwalt brauchen. Denn Sie müssen wissen, dass Sie im Zivilverfahren nur das bekommen, was Sie auch beantragen. Beantragen Sie also in der Summe weniger, als Ihnen eigentlich zusteht, so bekommen Sie auch dann nicht mehr, wenn dem Gericht durchaus klar ist, dass Ihr Anspruch eigentlich höher ist. An dieser Stelle ist Rechtsexpertise gefragt!

18.2.1   Auskunftsansprüche

Auskunftsansprüche spielen immer dort eine Rolle, wo Sie von jemand anderem Auskunft über bestimmte Informationen, Daten, Umstände oder Ereignisse erhalten möchten. Zwar können Sie Ihren Vertragspartner auch einfach nach diesen Angaben fragen; ist er jedoch nicht bereit, Ihnen die gewünschten Informationen zur Verfügung zu stellen, dann können Sie ein solches Verlangen nur dann durchsetzen, wenn Sie einen Anspruch darauf haben. Ihr Verlangen muss dazu eine Verankerung im Gesetz haben. Der Gesetzgeber bietet Ihnen einen Auskunftsanspruch für Urheberrechtsverletzungen, Markenrechtsverletzungen und Wettbewerbsverstöße.

Ein Auskunftsanspruch macht immer dort Sinn, wo Sie als Geschädigter das Ausmaß einer Rechtsverletzung nicht kennen und dazu Informationen des Schädigers brauchen, um Ihren Anspruch später vor Gericht geltend machen zu können, so zum Beispiel, wenn Ihnen die Bezifferung eines Schadens in Folge einer Rechtsverletzung Probleme bereitet. Denn vor Gericht können Sie keinen vagen Sachverhalt beschreiben und vom Gericht die Klärung verlangen. Vielmehr müssen Sie einen bestimmten Antrag stellen und den von Ihnen geltend gemachten Anspruch klar und eindeutig darlegen. Andernfalls werden Sie vor Gericht auch dann scheitern, wenn Sie grundsätzlich recht haben. An dieser Stelle wird auch noch einmal die enorme Bedeutung einer ordentlichen Rechtsberatung im Voraus deutlich. Denn Gerichte ersetzen nicht die Rechtsberatung!

> **Achtung!**
>
> Verlangt dagegen jemand von Ihnen berechtigterweise Auskunft und machen Sie absichtlich falsche oder unvollständige Angaben, dann kann der Geschädigte Sie in der Folge auch noch auf Schadensersatz in Anspruch nehmen.

18.2.2 Beseitigungsansprüche

Der Beseitigungsanspruch richtet sich gegen Beeinträchtigungen des Schutzrechts, die durch ein reines Unterlassen nicht beseitigt werden können. Der Rechteinhaber hat somit durch den Beseitigungsanspruch die Möglichkeit, den Rechtsverletzer zu bestimmten Handlungen anzuhalten. Voraussetzung dafür ist eine Verletzung Ihres Urheberrechts.

Mit Ihrer Aufforderung zur Beseitigung einer Rechtsverletzung ist häufig ein erheblicher Aufwand für den Verletzer verbunden. Dieser hat grundsätzlich die Kosten für die Beseitigung selbst zu tragen. Werden Sie als Rechteinhaber selbst tätig und beseitigen Sie die Beeinträchtigung Ihrer Rechte, so können Sie die dafür angefallenen Kosten vom Verletzer im Wege eines Schadensersatzanspruchs ersetzt verlangen. Allerdings muss die Beseitigung dem Verletzer zumutbar und auch zur Wahrung Ihrer Rechte erforderlich sein.

Beachten Sie, dass der Beseitigungsanspruch unabhängig von einem Verschulden des Täters besteht. Dass dieser also beispielsweise nicht wusste, dass sein Verhalten rechtswidrig ist, ist irrelevant.

18.2.3 Unterlassungsansprüche

Der Unterlassungsanspruch wird Ihnen ebenso vom Urheberrecht wie vom Marken- und Wettbewerbsrecht eingeräumt. Voraussetzung dafür ist, dass ein Rechtsgut verletzt wurde und die Gefahr der Wiederholung besteht. Ebenso wie für den Beseitigungsanspruch ist es auch für den Unterlassungsanspruch nicht notwendig, dass den Verletzer ein Verschulden trifft. Vielmehr liegt eine Rechtsverletzung auch dann vor, wenn dem Betreffenden gar nicht bewusst ist, dass er fremde Rechte verletzt.

Praxisbeispiel

Eine verschuldensunabhängige Haftung besteht beispielsweise dann, wenn der Betreffende das Recht an einem Foto für die Verwendung auf einem Flyer von einer Bildagentur erworben hat, die die entsprechenden Rechte selbst jedoch nicht vom Rechteinhaber erworben hatte. Dann liegt ein Verstoß gegen das Urheberrecht vor.

Zudem ist grundsätzlich für einen Unterlassungsanspruch eine Wiederholungsgefahr erforderlich. Sie müssen sich also der Gefahr ausgesetzt sehen, dass der Betreffende Ihre Rechte erneut verletzen wird und es nicht bei einer einmaligen Verletzung bleibt. Die Gerichte gehen jedoch in der Regel bereits bei einmaliger Rechtsverletzung von einer Wiederholungsgefahr aus, da nach begangener Rechtsverletzung weitere vermutet werden können.

> **Hinweis**
>
> Die Wiederholungsgefahr kann der Rechtsverletzer jedoch in den meisten Fällen durch die Abgabe einer strafbewehrten Unterlassungserklärung Ihnen gegenüber ausräumen. Die strafbewehrte Unterlassungserklärung enthält eine Vertragsstrafe für den Fall der Zuwiderhandlung.

Eine Besonderheit bietet beispielsweise das Urheberrecht mit der Möglichkeit eines *vorbeugenden Unterlassungsanspruchs*. Ihnen als Rechteinhaber wird also ein Anspruch zur Verfügung gestellt, der bereits vor der ersten Rechtsverletzung besteht. Voraussetzung ist, dass die Gefahr einer Urheberrechtsverletzung besteht, die sogenannte Erstbegehungsgefahr. Eine Wiederholungsgefahr, wie ihn der klassische Unterlassungsanspruch erfordert, ist hier nicht nötig.

Eine solche Erstbegehungsgefahr wird von den Gerichten in der Regel dann angenommen, wenn der Betreffende bereits Handlungen vorgenommen hat, die die tatsächliche Rechtsverletzung schon vorbereiten.

> **Praxisbeispiel**
>
> Ein Unternehmen kündigt die Veröffentlichung einer App an und bewirbt diese bereits. Allerdings hat nicht das Unternehmen die Rechte an der App, sondern Sie. Hier müssen Sie nicht abwarten, bis die App tatsächlich auf dem Markt ist.

18.2.4   Schadensersatzansprüche

Neben einem Unterlassungs- und Beseitigungsanspruch haben Sie auch die Möglichkeit, einen Schadensersatzanspruch gegenüber dem Verletzer geltend zu machen. Anders als bei der Geltendmachung eines Unterlassungs- oder Beseitigungsanspruchs ist für einen Schadensersatzanspruch ein Verschulden des Verletzers erforderlich. Das Gesetz verlangt hierfür eine vorsätzliche oder fahrlässige Rechtsverletzung. Insofern gilt ein relativ strenger Sorgfaltsmaßstab, der den Betreffenden eine umfassende Prüfungs- und Erkundigungspflicht auferlegt. Dies ist zum Schutz der Rechteinhaber aber auch erforderlich!

> **Hinweis**
>
> Eine *fahrlässige Rechtsverletzung* liegt vor, wenn der Täter die im Verkehr erforderliche Sorgfalt außer Acht gelassen hat. So ist es beispielsweise erforderlich, sich vor der Kopie von Bildern oder der Verwendung von Markennamen Dritter mit der Rechteeinräumung zu beschäftigen. Wer dies vergisst, handelt fahrlässig.

Vorsätzlich handelt, wer die Rechtsverletzung bewusst begeht oder die Rechtsverletzung als Konsequenz seines Handelns zumindest billigend in Kauf nimmt. Weiß also der Täter, dass die Kopie von Bildern oder die Verwendung von Markennamen Dritter ohne Erlaubnis rechtswidrig ist, ignoriert dies aber bewusst oder vertraut darauf, dass es niemand bemerkt, dann handelt er vorsätzlich.

Das Urheberrecht sieht noch eine Besonderheit vor: Es ermöglicht dem Urheber ausdrücklich auch die Geltendmachung eines *immateriellen Schadens*. Die Voraussetzung dafür ist jedoch hoch: Es muss eine besonders schwere Urheberrechtsverletzung vorliegen, die einer Persönlichkeitsrechtsverletzung gleichkommt. Ein solcher Verstoß kann zum Beispiel bei einer besonders verletzenden Entstellung eines Werkes vorliegen.

Zur *Schadensberechnung* können verschiedene Methoden herangezogen werden. Welche Methode Sie wählen, hängt von der Art der Rechtsverletzung ab. Stehen Ihnen im Ergebnis mehrere Möglichkeiten zur Verfügung, so bleibt die Wahl Ihnen überlassen. Möglich ist die Schadensberechnung

▶ nach dem entgangenen Gewinn,

▶ nach dem Gewinn, den der Täter durch die Rechtsverletzung erzielt hat, und

▶ gegebenenfalls anhand einer fiktiven Lizenzgebühr.

Was diese Arten der Schadensberechnung genau beinhalten und wie sie erfolgen, möchten wir Ihnen im Folgenden erklären.

Kommt ein Anspruch auf entgangenen Gewinn infrage, beispielsweise bei der unberechtigten Nutzung von Werken, so können Sie neben dem konkret durch die Rechtsverletzung entstandenen *Schaden auch den entgangenen Gewinn* vom Schädiger ersetzt verlangen. Hierzu benötigen Sie allerdings konkrete Nachweise, die belegen, welcher Gewinn Ihnen durch die Rechtsverletzung entgangen ist. Vermutungen oder Schätzungen reichen nicht aus, um einen entgangenen Gewinn nachzuweisen. In der Praxis ist der Nachweis eines konkret durch eine Urheberrechts- oder Markenrechtsverletzung entgangenen Gewinns nur schwer möglich.

Hinweis

Sinnvoll kann diese Art der Schadensberechnung allerdings sein, wenn Sie zum Beispiel mit einer Agentur einen Exklusivvertrag über einen Werbeslogan abgeschlossen haben, in dem die genaue Vergütungshöhe geregelt ist. Bei einer unberechtigten Kopie dieses Werbeslogans durch einen Dritten platzt regelmäßig der Exklusivvertrag. In einem solchen Fall kann die Agentur die Höhe des entgangenen Gewinns relativ leicht nachweisen und vom Schädiger ersetzt verlangen.

Bei der *Schadensberechnung nach dem Verletzergewinn* wird nicht Ihr entgangener Gewinn berechnet, sondern es wird der Gewinn zur Schadensberechnung herangezogen, den der Schädiger durch die rechtswidrige Tat erzielt hat. Auch diese Form der Schadensberechnung hat ihre Tücken im Nachweis des beim Verletzer angefallenen Gewinns.

> **Praxisbeispiel**
>
> Wird zum Beispiel ein Foto ohne Ihre Erlaubnis einzeln verwertet, ist der entstandene Verletzergewinn relativ leicht zu ermitteln. Schwieriger ist der Nachweis, wenn das Foto mit mehreren anderen Fotos in einem Bildband etc. vermarktet wird. In einem solchen Fall ist der Gewinn, der durch die Aufnahme des besagten Fotos in den Bildband angefallen ist, praktisch kaum nachzuweisen.

Allerdings muss der Verletzer nicht den gesamten Erlös, der durch die rechtswidrige Handlung angefallen ist, an Sie herausgeben. Vielmehr gestattet es der Gesetzgeber, dass der Schädiger die Kosten, die ihm bei Erzielung des Gewinns entstanden sind, vom Gewinn abzieht. Jedoch dürfen nur solche Kosten in Abzug gebracht werden, die in unmittelbarem Zusammenhang mit der Gewinnerzielung stehen. Alles andere stünde in Widerspruch zu dem Sinn und Zweck des Schadensausgleichs in der Form der Herausgabe des Verletzergewinns und insbesondere in Widerspruch zu dem Gedanken, dass der Verletzte durch die Herausgabe des Verletzergewinns so zu stellen ist, als hätte er ohne die Rechtsverletzung den gleichen Gewinn wie der Rechtsverletzer erzielt.

> **Praxisbeispiel**
>
> So hat der Bundesgerichtshof in seinem Urteil vom 02.11.2000 (Az. I ZR 246/98) entschieden, dass bei der Ermittlung des Verletzergewinns keine Fixkosten wie Miete oder Abschreibungen berücksichtigt werden dürfen. Denn der Verletzergewinn sei von dem Gewinn eines Unternehmens zu unterscheiden, das auch seine Gemeinkosten erwirtschaften muss, um lebensfähig zu bleiben. Nach Sinn und Zweck des Anspruchs auf Herausgabe des Verletzergewinns sei es grundsätzlich nur gerechtfertigt, bei der Ermittlung des Verletzergewinns von den erzielten Erlösen nur die Kosten für die Herstellung und den Vertrieb der schutzrechtsverletzenden Gegenstände abzuziehen. Andernfalls verbliebe dem Verletzer vielmehr ein Deckungsbeitrag zu seinen Fixkosten.

Bei der Berechnung des *Schadens nach der Lizenzanalogie* wird von der Lizenzgebühr ausgegangen, auf die sich die Vertragsparteien bei der vertraglichen Einräumung der entsprechenden Nutzungsrechte geeinigt hätten. Gemeint ist damit die Gebühr, die der Verwender hätte zahlen müssen, wenn Sie ihm die Verwendung Ihrer Marke oder Ihres Werkes gestattet hätten.

Der BGH hat in einem Urteil vom 22.03.1990 (Az. 1 ZR 59/88) zur Lizenzanalogie ausgeführt, dass bei der Berechnung der angemessenen Lizenzanalogie rein objektiv darauf abzustellen sei, was bei vertraglicher Einräumung ein vernünftiger Lizenzgeber gefordert und ein vernünftiger Lizenznehmer gewährt hätte, wenn beide die zum Zeitpunkt der Entscheidung gegebene Sachlage gekannt hätten. Denn diese Art der Schadensberechnung beruhe auf der Erwägung, dass derjenige, der ausschließliche Rechte anderer verletzt, nicht besser dastehen solle als er im Fall einer ordnungsgemäß erteilten Erlaubnis durch den Rechtsinhaber dagestanden hätte.

> **Hinweis**
>
> Bei der Schadensberechnung nach der Lizenzanalogie kommt es nicht darauf an, ob der Verletzer mit der unberechtigten Verwertung einen Gewinn erzielt hat. Ebenso kann er nicht einwenden, dass er zu keinem Zeitpunkt dazu bereit gewesen wäre, einen solchen Lizenzvertrag zu schließen. Wer nutzt, der muss auch zahlen!

Bei der Ermittlung der Schadenshöhe stützen sich die Gerichte häufig auf allgemeine *Honorarübersichten*, sofern es solche gibt. Bei Bildrechtsverletzungen beispielsweise wird die Liste der »Mittelstandsgemeinschaft Foto-Marketing« herangezogen, bei der unrechtmäßigen Kopie von Texten hingegen wird die Vergütungstabelle des »Deutschen Journalisten-Verbandes« als branchenübliche Vergütung zugrunde gelegt.

> **Hinweis**
>
> Verlangen Sie eine höhere Lizenzgebühr, so müssen Sie dafür Gründe anführen, die der gerichtlichen Nachprüfung standhalten. Das könnten zum Beispiel Ihre Lizenzvereinbarungen mit anderen Lizenznehmern sein, die belegen, dass Ihre Nutzungsrechte auf dem Markt weitaus mehr wert sind.

18

Vielfach wird von Rechteinhabern zu dem Schadensersatzanspruch noch ein *Verletzerzuschlag* gefordert. Demnach soll der Verletzer einen Zuschlag aufgrund der Rechtsverletzung zahlen. Die Forderung eines solchen Zuschlags wird zum einen mit der abschreckenden Wirkung begründet. Zum anderen wird angeführt, dass der Verletzer sonst nur den Betrag zahlen müsse, der auch bei rechtmäßiger Nutzung angefallen wäre. Er würde also keinerlei Risiko eingehen und müsste maximal immer nur die normale Gebühr bezahlen. Bleibt sein rechtswidriges Verhalten dagegen verborgen, spart er sich die Gebühr. Dies wäre jedoch das falsche Signal an Rechtsverletzer.

> **Praxisbeispiel**
>
> Der Bundesgerichtshof hat in seinem Urteil vom 15.01.2015 (Az. I ZR 148/13) entschieden, dass es rechtmäßig ist, dem Rechteinhaber einen Zuschlag von 100 % zuzusprechen, wenn er nicht als Urheber benannt wurde. Denn die Urhebernennung ist für einen Urheber von wesentlicher Bedeutung, da dieser durch die Namensnennung

auf seine Leistungen hinweist und damit einen nicht unerheblichen Werbeeffekt erzielen kann.

18.3   Wie kann ich diese Ansprüche in der Praxis geltend machen?

Nachdem Sie in der Theorie festgestellt haben, dass Sie Ansprüche gegen Dritte geltend machen könnten, stellt sich Ihnen sicherlich die Frage, wie Sie diese Ansprüche in der Praxis auch durchsetzen können. Dabei bieten sich Ihnen verschiedene außergerichtliche und gerichtliche Möglichkeiten, die es allesamt ordentlich vorzubereiten gilt. Welche dies sind und worauf Sie achten müssen, möchten wir Ihnen im Folgenden erläutern.

18.3.1   Vorbereitung des Verfahrens

Um optimale Ergebnisse zu erzielen und keine bösen sowie kostspieligen Überraschungen zu erleben, sollten Sie sich im Voraus einige Fragen stellen. Nur wenn Sie diese beantworten können, macht es Sinn, die rechtliche Durchsetzung Ihrer Ansprüche anzustreben. Zu den relevanten Fragen gehören unter anderem:

► Wer hat die Rechtsverletzung begangen?

Hinweis

Wenn Sie nicht wissen, wer Ihre Rechte verletzt hat, können Sie auch keine Ansprüche verfolgen. Sie können also keine pauschale Behauptung bei Gericht aufstellen und hoffen, dass das Gericht für Sie ermittelt, gegen wen Sie Ihre Ansprüche konkret geltend machen müssen.

Denn anders als im Strafverfahren gilt im Zivilverfahren der Grundsatz, dass grundsätzlich die Parteien die zur Urteilsfindung erforderlichen Informationen beibringen müssen. Eigene Ermittlungen durch Gericht und Staatsanwaltschaft werden nur in Strafverfahren angestellt. Je nach Art der Handlung kann es sich jedoch anbieten, zunächst ein Strafverfahren einzuleiten, um die darin ermittelten Personendaten dann im Anschluss im Zivilverfahren zu verwerten. Dies ist gerade im Bereich des Internets gar nicht so unklug, sofern die Handlung überhaupt strafrechtliche Relevanz hat.

► Worin besteht die Verletzungshandlung genau?

Hinweis

Sie müssen alle Details der Rechtsverletzung genau darlegen und beweisen können. Dazu gehören beispielsweise die Beschreibung der rechtsverletzenden Handlung sowie deren Ort und Zeit.

▸ Welche Ansprüche möchten Sie geltend machen?

Hinweis

Im Zivilverfahren bestimmt der Kläger, worüber gestritten wird. Daher kommt es maßgeblich auf Ihren Klageantrag und auf Ihren Vortrag an. Was Sie nicht beantragen, bekommen Sie auch nicht – auch wenn es Ihnen theoretisch zusteht.

▸ Können Sie Ihre Ansprüche auch beweisen?

Hinweis

Dass Sie theoretisch einen Anspruch haben, hilft Ihnen in der Praxis nicht, wenn Sie ihn nicht beweisen können. Zur Beweissicherung bietet es sich an, Screenshots anzufertigen und jegliche relevante Korrespondenz mit dem Schädiger zu speichern.

▸ Dürfen Sie Ihre Ansprüche selbst vor Gericht vortragen?

Hinweis

Vor Gericht selbst auftreten dürfen Sie nur dann, wenn das Verfahren vor dem Amtsgericht stattfindet. Findet das Verfahren jedoch vor dem Landgericht statt, so benötigen Sie einen Rechtsanwalt. Denn dort herrscht Anwaltszwang. Grundsätzlich entscheidet der Streitwert über die Zuständigkeit: Verfahren bis zu einem Streitwert von einschließlich 5.000 € gehen an das Amtsgericht, ab 5.001 € ist das Landgericht zuständig.

18

18.3.2   Das außergerichtliche Verfahren: Die Abmahnung

Während in Rechtsgebieten wie dem Arbeits- oder dem Mietrecht eine Abmahnung unter Umständen Voraussetzung für eine Kündigung ist, hat die Abmahnung im Urheber-, Datenschutz-, Marken- und Wettbewerbsrecht die Funktion, Streitigkeiten auf direktem Weg kostengünstig und ohne Einschaltung eines Gerichts beizulegen.

Gerade bei Urheber- und Datenschutzrechtsverletzungen, die im Internet begangen werden, ist die Zahl der Abmahnungen in den letzten Jahren kontinuierlich gestiegen. Da es im Internet zu zahlreichen Rechtsverstößen kommt, gehen die Rechteinhaber und Konkurrenten inzwischen konsequent dagegen vor. Wie die Abmahnungen im Wesentlichen aufgebaut sind, möchten wir Ihnen im Folgenden erklären.

Praxisbeispiel: Abmahnung wegen Urheberrechtsverletzung

Sehr geehrter Herr Mustermann,

in vorbezeichneter Angelegenheit zeigen wir unter Vorlage der anwaltlichen Vollmacht an, dass wir die rechtlichen Interessen von Maximiliane Musterfrau, Musterweg 12, 56897 Musterstadt, vertreten.

I.

Unser Mandant ist Inhaber der Rechte an einem Lichtbild(-werk), welches von Ihnen ohne Einwilligung unseres Mandanten verwendet wurde. Es handelt sich dabei um die nachfolgende Ablichtung von [Beschreibung Bild]:

[Abbildung]

Das Originalbild ist auf der Website unseres Mandanten unter dem Link *www.mustermann.de* abrufbar. Das Lichtbild ist mit einem Wasserzeichen, bestehend aus dem Namen unseres Mandanten sowie einem Copyrightvermerk versehen.

Die Urheberschaft kann durch Vorlage der hochauflösenden Bilddatei nachgewiesen werden.

Unser Mandant hat das Lichtbild selbst angefertigt. Es ist als Lichtbildwerk nach § 2 UrhG, zumindest als Lichtbild gem. § 72 UrhG geschützt.

II.

Sie haben das streitgegenständliche Lichtbild(-werk) seit dem 12.03.2017 ohne die Einwilligung unseres Mandanten auf Ihrer Website *www.12345.de* genutzt. Entsprechende Beweissicherungsmaßnahmen haben wir bereits vorgenommen. Das streitgegenständliche Lichtbild(-werk) ist auf der Startseite Ihres Onlineshops verwendet worden. Es enthält keinen Hinweis auf die Rechteinhaberschaft unseres Mandanten.

III.

Sie haben durch die Nutzung des Lichtbild(-werkes) auf Ihrer Website *www.12345.de* das ausschließliche Recht unseres Mandanten, das Lichtbild(-werk) zu vervielfältigen und es öffentlich zugänglich zu machen verletzt (§§ 16, 19a UrhG). Darüber hinaus wird durch das Unterlassen der Nennung als Urheber auch in das Urheberpersönlichkeitsrecht unseres Mandanten aus § 13 UrhG eingegriffen. Unserem Mandanten steht somit gem. § 97 UrhG ein Unterlassungsanspruch, ein Schadensersatzanspruch sowie ein Anspruch auf Erstattung der durch unsere Beauftragung entstandenen Anwaltskosten zu.

Unser Mandant hat gem. § 97 Abs. 1 UrhG einen Anspruch auf Unterlassung. Wir fordern Sie daher dazu auf, es in Zukunft zu unterlassen, das streitgegenständliche Lichtbild unseres Mandanten zu vervielfältigen und/oder öffentlich zugänglich zu machen, ohne über die dazu erforderlichen Nutzungsrechte zu verfügen. Zudem fordern wir Sie dazu auf, die als Anlage 1 beigefügte strafbewehrte Unterlassungserklärung zu unterzeichnen.

Für den Eingang der unterzeichneten Unterlassungserklärung haben wir eine Frist bis zum

15.11.2017

vorgemerkt.

Des Weiteren steht unserem Mandanten gem. § 97 Abs. 2 UrhG ein Schadensersatzanspruch zu. Dieser kann gem. § 97 Abs. 2 S. 3 UrhG auch auf der Grundlage des Betrags berechnet werden, den der Verletzer als angemessene Vergütung hätte entrichten müssen, wenn er die Erlaubnis zur Nutzung des verletzten Rechts eingeholt hätte (sogenannte Lizenzanalogie). Angemessen ist eine Lizenzgebühr, die »bei vertraglicher Einräumung ein vernünftiger Lizenzgeber gefordert und ein vernünftiger Lizenznehmer gewährt hätte, wenn beide die im Zeitpunkt der Entscheidung gegebene Sachlage gekannt hätten« (st. Rspr. vgl. BGH GRUR 1975, 323, 324; BGH GRUR 1990, 1008, 1009).

Nach diesen Maßstäben beträgt die Höhe des Schadensersatzanspruchs 300 €. Diesen Betrag verlangt unser Mandant regelmäßig für die Einräumung eines Rechts zur Nutzung eines von ihm angefertigten Lichtbild(-werkes) auf einer Webseite.

Gem. § 97a Abs. 3 S. 1 UrhG hat unser Mandant zudem Anspruch auf Erstattung der durch unsere Beauftragung entstandenen Rechtsanwaltskosten, die sich wie folgt berechnen:

Gegenstandswert: 6.000,00 €

1,3 Geschäftsgebühr §§ 13, 14 RVG, Nr. 2300 VV RVG	460,20 €
Pauschale für Post und Telekommunikation Nr. 7002 VV RVG	20,00 €
Zwischensumme netto	480,20 €
19 % Umsatzsteuer Nr. 7008 VV RVG	91,24 €
Gesamtbetrag	571,44 €

18

Die Zahlung unserer Rechtsanwaltskosten und des geltend gemachten Schadensersatzes, insgesamt also eines Betrags in Höhe von 871,44 €, erwarten wir namens und in Vollmacht unseres Mandanten bis zum

20.11.2017

eingehend auf unserer Bankverbindung 12345.

Für den Fall, dass diese Frist fruchtlos verstreicht, werden wir unserem Mandanten empfehlen, seine Forderungen gerichtlich geltend zu machen. Die Geltendmachung weiterer Ansprüche aufgrund Ihres rechtswidrigen Verhaltens behalten wir uns ausdrücklich vor.

Mit freundlichen Grüßen

Rechtsanwalt

Zunächst erläutert die Kanzlei, für welchen Mandanten sie die Rechte vertritt. Im Anschluss wird die zur Last gelegte Rechtsverletzung erläutert, indem zum Beispiel die Webseite benannt wird, auf der sie stattgefunden haben soll. Zu Beweiszwecken werden häufig Screenshots der betreffenden Webseite abgebildet, auf der die Rechtsverletzung zu sehen ist.

Nach der Beschreibung der Rechtsverletzung legt die abmahnende Kanzlei ausführlich dar, dass der von ihr vertretene Mandant der Inhaber des streitgegenständlichen Schutzrechts sei.

Als Ergebnis wird die angeblich begangene Rechtsverletzung festgestellt.

Aufgrund der vorgeworfenen Rechtsverletzung macht die abmahnende Kanzlei unter anderem einen Unterlassungsanspruch geltend, der bei Abmahnungen in der Regel im Vordergrund steht. Hierzu fordert die Kanzlei die Abgabe einer strafbewehrten Unterlassungserklärung innerhalb einer meist kurz bemessenen Frist. Dem Schreiben wird regelmäßig eine vorformulierte Unterlassungs- und Verpflichtungserklärung beigelegt, die vom Abgemahnten unterschrieben zurückverlangt wird.

Darüber hinaus wird meist ein Auskunftsanspruch geltend gemacht. Mit dem Auskunftsanspruch wird insbesondere die Information darüber verlangt, woher das Bild stammt und wie lange die Rechtsverletzung angedauert hat, beispielsweise also wie lange das Bild illegal auf der Webseite online war. Diese Informationen dienen der Kanzlei dann im Weiteren zur Berechnung des Schadensersatzes.

In einem zweiten Schritt, nachdem die Auskunft über die Dauer der Rechtsverletzung erteilt ist, fordert die Kanzlei normalerweise Schadensersatz für die rechtswidrige Verwendung sowie die Kosten für die Abmahnung. Dabei wird in der Regel der Betrag zugrunde gelegt, der angeblich üblicherweise für die Lizenzierung des Bildes oder des Musikstücks berechnet wird.

Nach der Abgabe einer Unterlassungs- und Verpflichtungserklärung ist das Kostenrisiko für den Abgemahnten weitaus geringer. Denn Sie können danach lediglich die ebenfalls in der Abmahnung geforderten Kosten für Ihre Anwaltskosten und gegebenenfalls weitergehende Schäden ersetzt verlangen. Diese müssten allerdings im Wege eines gerichtlichen Verfahrens eingeklagt werden, wobei der Streitwert hier von vorneherein auf die geltend gemachten Gebühren beschränkt ist.

18.3.3 Das gerichtliche Eilverfahren: Einstweilige Verfügung

Die Abmahnung dient der außergerichtlichen Beilegung einer Rechtsstreitigkeit und wird häufig mit der Forderung verbunden, eine strafbewehrte Unterlassungserklärung abzugeben. Kommt der Abgemahnte dieser Forderung nicht nach und gibt er keine bzw. nur eine unzureichende Unterlassungserklärung ab, können Sie als Rechteinhaber bei Gericht eine einstweilige Verfügung beantragen. Durch die Beantragung einer einstweiligen Verfügung wird ein gerichtliches Eilverfahren angestrebt, das Ihnen schnellstmöglichen Rechtsschutz gewähren soll. Demnach ist es für Sie häufig effektiver, zunächst eine einstweilige Verfügung zu beantragen, bevor Sie Klage erheben.

18

Praxisbeispiel: Antrag auf Erlass einer einstweiligen Verfügung

Antrag auf Erlass einer einstweiligen Verfügung

der Frau Maximiliane Musterfrau, Musterweg 12, 12345 Musterstadt

– Antragstellerin –

Verfahrensbevollmächtigte: Schmitz Rechtsanwälte, Kaiser-Wilhelm-Ring 123, 50672 Köln

gegen

den Herrn Max Mustermann, Musterstraße 22, 85697 Musterhausen

– Antragsgegner –

wegen: Urheberrechtsverletzung

vorläufiger Streitwert: 6.000,00 €

Namens und im Auftrag der Antragstellerin beantragen wir – wegen Dringlichkeit ohne mündliche Verhandlung – den Erlass folgender einstweiliger Verfügung:

1. Dem Antragsgegner wird bei Meidung eines vom Gericht für jeden Fall der Zuwiderhandlung festzusetzenden Ordnungsgeldes von bis zu 250.000,00 Euro und für den Fall, dass dieses nicht beigetrieben werden kann, einer Ordnungshaft oder Ordnungshaft von bis zu sechs Monaten untersagt, das urheberrechtlich geschützte Musikwerk »Sunshine« ohne Einwilligung der Antragstellerin zu vervielfältigen und/oder öffentlich zugänglich zu machen.

2. Der Antragsgegner trägt die Kosten des Verfahrens.

Begründung:

1. Sachverhalt

(...)

2. Rechtliche Würdigung

(...)

Der Erlass der beantragten einstweiligen Verfügung ist dringend geboten, um der Antragsgegner die fortdauernde Begehung der im Antrag 1.) bezeichneten Handlung zu untersagen.

(...)

Es zeigt sich also, dass der Antragstellerin neben dem Verfügungsanspruch auch ein Verfügungsgrund zur Seite steht und der Erlass der beantragten einstweiligen Verfügung gegen den Antragsgegner dringend geboten ist.

3. Zuständigkeit des Landgerichts Köln

Das Landgericht Köln ist gemäß § 32 ZPO für den Rechtsstreit örtlich zuständig. Die über den Dienst des Antragsgegners begangenen Urheberrechtsverletzungen stellen eine unerlaubte Handlung i.S.d. § 32 ZPO dar. Der Internetdienst »www.musterseite.de« ist auch im Bezirk des Landgerichts Köln abrufbar, unerlaubte Handlungen werden folglich auch hier begangen. Da streitentscheidende Normen vorliegend solche des Urheberrechtsgesetzes sind, ist die funktionelle Zuständigkeit der Kammer für Urheberrechtssachen ebenfalls gegeben.

4. Zusammenfassung

Die Antragstellerin hat sowohl den Verfügungsanspruch als auch den Verfügungsgrund hinreichend glaubhaft gemacht. Das Rechtsschutzbedürfnis der Antragstellerin gebietet es daher insgesamt, die beantragte einstweilige Verfügung – wegen der besonderen Dringlichkeit ohne mündliche Verhandlung – zu erlassen.

Sollte das Gericht weiteren Vortrag oder die Beibringung weiterer Glaubhaftmachungen für erforderlich halten, wird um einen entsprechenden richterlichen, gegebenenfalls telefonischen, Hinweis gebeten.

Rechtsanwalt

Voraussetzung für eine einstweilige Verfügung ist die Eilbedürftigkeit des Verfahrens, die der Rechteinhaber glaubhaft darlegen muss, sonst lehnt das Gericht die einstweilige Verfügung ab. In diesem Zusammenhang ist insbesondere die Zeitspanne relevant, die zwischen der Kenntniserlangung von der Rechtsverletzung und der Antragstellung vergangen ist. Die Rechtsprechung urteilt in diesem Bereich sehr unterschiedlich. Teilweise werden Zeitspannen von einem bis zwei Monaten als zulässig angesehen und eine Eilbedürftigkeit noch bejaht. Wartet der Rechteinhaber aber zu lange, dann ist sein Verlangen offensichtlich nicht eilbedürftig und er muss das Ende eines Klageverfahrens abwarten.

Im Rahmen eines einstweiligen Verfügungsverfahrens kann das entscheidende Gericht nach seinem Ermessen vor einer Entscheidung zunächst die Anhörung des Rechtsverletzers anordnen oder auf eine solche Anhörung verzichten und ohne mündliche Verhandlung über Ihren Antrag entscheiden.

Wie jedes andere gerichtliche Verfahren ist auch das einstweilige Verfügungsverfahren mit Kosten verbunden. Auch hier gilt zunächst der Grundsatz, dass derjenige die Kosten zu tragen hat, der das Verfahren verliert. Die Kosten werden hierbei anhand von Streitwerten berechnet.

Praxisbeispiel

Bei einstweiligen Verfügungsverfahren aufgrund von Urheberrechtsverletzungen wird der Streitwert durch die abmahnenden Kanzleien in der Regel auf einen Betrag zwischen 10.000 € und 30.000 € pro betroffenem geschützten Rechtsgut, also beispielsweise pro Foto, festgesetzt.

Diese Summe erscheint sehr hoch, entspricht aber gerichtlicher Praxis. Bei einer Abmahnung bezüglich eines Streitwertes von 30.000 € beläuft sich das Prozesskostenrisiko schon auf über 5.500 €. Die Antragsgegner sind daher in diesen Fällen einem erheblichen Kostenrisiko ausgesetzt.

18.3.4 Das gerichtliche Verfahren: Klage

Wenn Sie Ihre Ansprüche beweisen können, die Gegenseite Ihren Forderungen jedoch nicht nachkommt, dann sollten Sie die Erhebung einer Klage in Erwägung ziehen. Das von Ihnen eingeleitete Klageverfahren läuft dann so ab, wie im Folgenden dargestellt.

Zunächst einmal müssen Sie eine *Klageschrift* verfassen, in der Sie Ihren Anspruch darlegen und beweisen. Diesen Schriftsatz müssen Sie dann in dreifacher Ausfertigung bei dem dafür zuständigen Gericht einreichen.

> **Hinweis**
>
> Die Zuständigkeit beurteilt sich einmal nach dem Ort und einmal nach der Sache. Die Variationen sind dabei je nach Einzelfall unterschiedlich. Grundsätzlich können Sie sich jedoch merken, dass für Streitigkeiten bis 5.000 € das Amtsgericht sachlich zuständig ist und darüber das Landgericht. Örtlich ist grundsätzlich das Gericht anzurufen, an dem der Beklagte, also der Rechtsverletzer, seinen Wohnort oder Unternehmenssitz hat.

Das Gericht schickt dem Beklagten dann eine Ausfertigung der Klageschrift zu und setzt ihm eine in der Regel zweiwöchige Frist, in der er eine sogenannte *Verteidigungsanzeige* abgeben kann. Dabei handelt es sich um die Erklärung, dass er sich gegen die Klage verteidigen möchte. Das Ob und Wie ist dann Teil der Klageerwiderung. Lässt der Beklagte die vom Gericht gesetzte Frist zur Verteidigungsanzeige erfolglos verstreichen, erlässt das Gericht ein *Versäumnisurteil*, in dem es ihn entsprechend Ihres Antrags verurteilt, ohne beispielsweise Zeugen zu hören. Das Gericht prüft allein, ob der im Klageantrag geltend gemachte Anspruch bei Zugrundelegung des dargestellten Sachverhalts besteht. Tut er das, bekommt der Kläger, was er beantragt hat.

> **Praxisbeispiel**
>
> Beantragt der Kläger die Zahlung eines Kaufpreises aus einem Kaufvertrag, wird der Beklagte auf Antrag des Klägers zur Zahlung verurteilt, wenn er nicht auf die Klage reagiert.

Beantragt der Kläger hingegen Schmerzensgeld in Folge einer Urheberrechtsverletzung, dann wird der Beklagte nicht zur Zahlung verurteilt, da es diesen Anspruch im Urheberrecht nicht gibt. Vielmehr ergeht dann ein Versäumnisurteil gegen den Kläger. Hier spricht man von einem *unechten Versäumnisurteil*, da der Kläger anwesend war und das Gericht das Versäumnisurteil nur wegen der Unschlüssigkeit der Klage erlassen hat.

Allerdings hat der Beklagte dann noch die Möglichkeit, gegen das Versäumnisurteil Einspruch einzulegen. Dann geht das Verfahren an der Stelle vor dem Erlass des Versäumnisurteils weiter.

Lässt der Beklagte dem Gericht eine Verteidigungsanzeige zukommen, hat er anschließend noch die Möglichkeit, innerhalb einer meist zweiwöchigen Frist zu dem Klageantrag inhaltlich Stellung zu nehmen. Darin erläutert er beispielsweise, dass der geltend gemachte Anspruch nicht oder nur zum Teil besteht.

Anschließend setzt das Gericht einen Termin für die *mündliche Verhandlung* fest, in der die Sachvorträge der Parteien wiederholt und gegebenenfalls Vergleichsverhandlungen geführt werden, die zu einer vorzeitigen Beendigung des Klageverfahrens führen können. Reichen die Informationen aus den Sachvorträgen der Parteien dem Gericht zur Urteilsfindung nicht aus, so wird es einen zweiten Termin ansetzen, in dem es zur Beweisaufnahme kommt. Im Anschluss fällt das Gericht das Urteil in der Sache und über die Kosten. Die Kosten des Gerichtsverfahrens hat grundsätzlich die unterlegene Partei zu zahlen.

Achtung!

Das *Kostenrisiko eines Klageverfahrens* sollten Sie nicht unterschätzen. Haben Sie mit Ihrem Klageantrag keinen Erfolg, so müssen Sie Ihre gesamten Anwaltskosten, die Anwaltskosten der Gegenseite und die Gerichtsgebühren selbst tragen. Auch ein Vergleich vor Gericht erzeugt Kosten – hier sollten Sie daher im Rahmen des Vergleichs auch Regelungen zur Kostenlast zu Ihren Gunsten anregen!

Wurde eine Kostenentscheidung in Ihrem Sinne getroffen, so können Sie einen *Antrag auf Kostenfestsetzung bzw. Kostenausgleich* stellen. Ein entsprechendes Formular finden Sie auf der Webseite des Justizportals NRW: *http://wbs.is/rom85*.

18

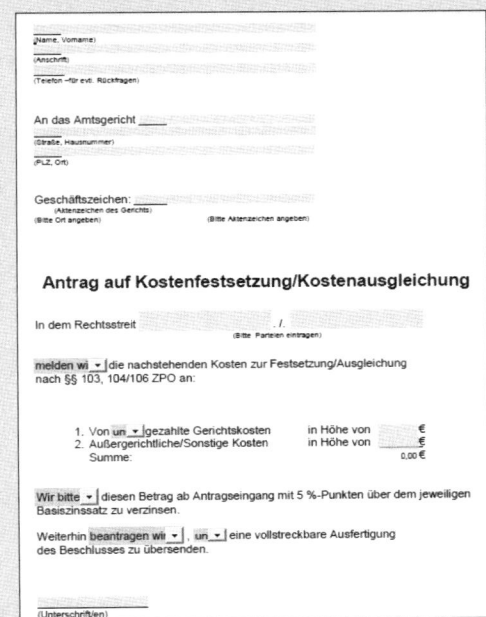

Abbildung 18.1 Antrag auf Kostenfestsetzung bzw. Kostenausgleich

18.4   Wie kann ich mich verteidigen, wenn ein Dritter mir vorwirft, mein Online-Marketing verletze ihn in seinen Rechten?

Nachdem Sie aufwendig Online-Marketingstrategien entwickelt und diese auch in die Tat umgesetzt haben, erhalten Sie unliebsame Post: Abmahnung, einstweilige Verfügung und Klage heißen die Stichworte, bei denen es vielen von Ihnen eiskalt über den Rücken läuft. Denn zwei Dinge sind vorprogrammiert: Mühe und Kosten. In der Regel müssen Sie irgendwie darauf reagieren – fragt sich nur wie. Eine Antwort auf diese Frage möchten wir Ihnen in diesem Abschnitt geben, indem wir verschiedene Reaktionsmöglichkeiten darstellen und die möglichen Konsequenzen durchspielen.

Hinweis

Besteht tatsächlich ein Rechtsverstoß, dann sollten Sie grundsätzlich umgehend etwaige offensichtliche und anhaltende Rechtsverstöße beenden. Zudem sollten Sie Beweise sichern, die für Sie günstige Umstände belegen, und etwaige Gegenansprüche sowie Chancen möglicher Vorgehensweisen prüfen. Vor Gericht können Sie jedoch nur dann selbst Schriftsätze einreichen und allein zur mündlichen Verhandlung erscheinen, wenn das Verfahren vor dem Amtsgericht stattfindet. Vor dem Landgericht herrscht Anwaltszwang!

18.4.1   Reaktionsmöglichkeiten auf eine Abmahnung

Bei Erhalt einer Abmahnung ist die richtige Vorgehensweise das A und O. Im Rahmen unserer Arbeit stellen wir täglich fest, dass die falsche Reaktion auf eine Abmahnung sogar schlimmere Folgen auslösen kann als die ursprüngliche Rechtsverletzung. Denn was für den Laien oftmals unbedenklich aussieht, kann erhebliche rechtliche und finanzielle Konsequenzen nach sich ziehen. Die richtige Reaktion auf eine Abmahnung ist daher besonders wichtig für das weitere Verfahren. Im Folgenden werden wir Ihnen die einzelnen Reaktionsmöglichkeiten vorstellen und aus rechtlicher Sicht bewerten.

Keine Reaktion

Diese Empfehlung liest man manchmal in Internetforen. Auch wenn dies gelegentlich gut ausgehen kann, weil die Rechteinhaber ihre Forderung letztlich nicht vor Gericht geltend machen, wird der Ernst der Lage damit verkannt: Eine offensichtlich unbegründete Abmahnung liegt nämlich selten vor, ein Unterlassungsanspruch besteht in den meisten Fällen. Wird keine Unterlassungserklärung innerhalb der bestimmten Frist abgegeben, so besteht das Risiko eines gerichtlichen Verfahrens. Dieses sollten Sie aufgrund des damit verbundenen Kostenrisikos vermeiden, zumal in vielen Bereichen keine einheitliche Rechtsprechung besteht.

Geben Sie die Unterlassungserklärung nicht oder nicht fristgemäß ab, so kann der Abmahnende seinen Anspruch auch im Wege der einstweiligen Verfügung vor Gericht durchsetzen. Gerade im Urheber- und Wettbewerbsrecht sind solche Eilverfahren üblich. Dies ist für Sie oft nachteilig, denn in der Regel werden Sie wegen der Eilbedürftigkeit vom Gericht nicht angehört. Ein solches Verfahren können Sie jedoch durch die Hinterlegung einer sogenannten Schutzschrift verhindern.

Oft verfolgen die abmahnenden Kanzleien den Unterlassungs- und Schadensersatzanspruch außergerichtlich weiter, wenn eine Erklärung nicht oder nicht in ausreichender Weise abgegeben wird. Dabei steigen die Forderungen deutlich, teilweise sogar um das Doppelte; zudem ist zu befürchten, dass Inkasso-Büros eingeschaltet werden, die Ihnen in der Folgezeit das Leben schwer machen.

Dass Sie reagieren sollten, wenn die Abmahnung zu Recht erfolgt, ist naheliegend. Doch wie sieht es aus, wenn Sie zu Unrecht abgemahnt worden sind? Müssen Sie sich mit Abmahnungen beschäftigen, die weder Hand noch Fuß haben? Die Rechtsprechung verneint diese Frage grundsätzlich. Das gilt allerdings nicht immer.

Praxisbeispiel

In einem Verfahren vor dem Landgericht Münster (Urteil vom 26.06.2013, Az. 26 O 76/12) stritten die Parteien um die Rechtmäßigkeit einer Abmahnung, die der Beklagte erhielt, weil er auf 13 Internetplattformen gebrauchte Pkws anbot und dabei nur seine Handynummer angab. Der ihn abmahnende Wettbewerbsverband war der Ansicht, dass er als Kfz-Händler nicht seiner Impressumspflicht nachgekommen sei. Dabei wusste er nicht, dass der beklagte Verkäufer bereits seit einiger Zeit sein Gewerbe abgemeldet hatte und er daher als Privatmann gehandelt hatte.

Der Verkäufer wies den Gewerbeverein hierauf zunächst auch nicht hin, sondern ignorierte die Abmahnung einfach. Ebenso wenig reagierte er auf ein Erinnerungsschreiben. Erst als der Abmahner vor Gericht gezogen und gegen ihn ein Versäumnisurteil erwirkt hatte, legte er gegen dieses Einspruch ein. Der Abmahner verklagte ihn nunmehr auf Schadensersatz für die umsonst entstandenen Prozesskosten – zu Unrecht.

Wie die Richter erläuterten, bestehe zwar grundsätzlich keine Aufklärungspflicht des Abgemahnten, jedoch gelte dies dann nicht, wenn der Abgemahnte den Anschein eines Verstoßes erweckt hat und dadurch die Voraussetzungen für eine vorsätzliche sittenwidrige Schädigung erfüllt werden. Derartige besondere Umstände seien hier jedoch nach den Feststellungen des Gerichts nicht ersichtlich. Denn dafür reiche es nicht aus, dass der Verkäufer früher als Kfz-Händler tätig war und der Abmahner in einem weiteren Schreiben erneut nachgefragt hatte.

Abgabe einer Unterlassungserklärung

In den meisten Fällen hat der Rechteinhaber einen grundsätzlichen Anspruch auf Abgabe einer Unterlassungserklärung innerhalb einer angemessenen Frist. Damit kann die Wiederholungsgefahr einer Verletzung rechtswirksam beseitigt werden.

Eine feste Frist, an die Abmahnungen gebunden sind, gibt es jedoch nicht. Der Abmahnende darf die Frist selbst bestimmen. Allerdings muss diese Frist »angemessen« sein. Das heißt, dass Ihnen genug Zeit zur Prüfung der Abmahnung und einer entsprechenden Reaktion eingeräumt werden muss. Das kann natürlich je nach Einzelfall variieren. Für eine normale Abmahnung per Fax oder Post ist eine Frist von zwei bis sieben Tagen nicht ungewöhnlich. Schließlich hat der Rechteinhaber ein Interesse daran, den rechtswidrigen Zustand so schnell wie möglich zu unterbinden.

Geben Sie eine Unterlassungserklärung ab, so raten wir Ihnen davon ab, sie in der Form abzugeben, die der Abmahnende Ihnen vorschreiben will. Sie sollten zwar Ihrer Unterlassungserklärungspflicht nachkommen, sich die Bedingungen aber nicht vom Abmahner diktieren lassen. Denn das mit der Unterlassungserklärung verbundene Strafversprechen ist eine vertragliche Vereinbarung, deren Wirksamkeit nicht von der Berechtigung der ursprünglichen Abmahnung abhängt. Es ist daher sehr schwierig, eine einmal abgegebene Erklärung wieder rückgängig zu machen.

Die gestellten Erklärungen gehen oft zu weit und sind daher für Sie von Nachteil. Zum einen erkennen Sie durch die uneingeschränkte Abgabe der Unterlassungserklärung auch die Kosten der Gegenseite an und müssen diese übernehmen. Zum anderen ist die bestimmte Vertragsstrafe in den meisten Fällen zu hoch. Außerdem beinhaltet das Erklärungsformular häufig ein Schuldanerkenntnis. Hat der Abgemahnte selbst oder durch seinen Anwalt eine Unterlassungserklärung abgegeben, hat er einen unbegrenzt gültigen Vertrag abgeschlossen.

Auch wenn viele im Internet Tätige das nicht wissen, bindet die Unterlassungserklärung den Abgemahnten nicht »nur« für 30 Jahre, sondern grundsätzlich lebenslang, so der Bundesgerichtshof. Der so zustande gekommene Unterlassungsvertrag zwischen dem Abgemahnten und dem Rechteinhaber ist nämlich ein Dauerschuldverhältnis, wie z. B. ein Mietvertrag und unterliegt daher keinerlei Verjährung oder zeitlichen Beschränkung. Oder haben Sie schon einmal gehört, dass jemand nach 30 Jahren aus seiner Wohnung ausziehen musste, weil der Mietvertrag verjährt war?

Dieses Beispiel macht deutlich, wie unsinnig die These mit der 30-jährigen Verjährung ist. Der Abgemahnte hat sich daher mit Abgabe der Unterlassungserklärung lebenslang gebunden und bleibt der Gefahr von Vertragsstrafen ausgesetzt. Dringend zu empfehlen ist daher die fristgerechte Abgabe einer modifizierten Unterlassungserklärung, die dem Unterlassungsanspruch einerseits Rechnung trägt, andererseits nicht mehr erklärt, als von Ihnen gefordert werden kann.

Falls Sie eine Unterlassungserklärung abgeben, so raten wir Ihnen jedoch davon ab, sie in der Form abzugeben, die der Abmahnende Ihnen vorschreiben will. Sie sollten zwar Ihrer Unterlassungserklärungspflicht nachkommen, sich die Bedingungen vom Abmahner aber nicht diktieren lassen.

> **Achtung!**
> Das mit der Unterlassungserklärung verbundene Strafversprechen ist eine vertragliche Vereinbarung, deren Wirksamkeit nicht von der Berechtigung der ursprünglichen Abmahnung abhängt. Es ist daher sehr schwierig, eine einmal abgegebene Erklärung wieder rückgängig zu machen. Die gestellten Erklärungen gehen oft zu weit und sind daher für Sie von Nachteil.

Zum einen erkennen Sie durch die uneingeschränkte Abgabe der Unterlassungserklärung auch die Kosten der Gegenseite an und müssen diese übernehmen. Zum anderen ist die bestimmte Vertragsstrafe in den meisten Fällen zu hoch. Außerdem beinhaltet das Erklärungsformular häufig ein Schuldanerkenntnis, das bei eventuellen späteren Rechtsstreitigkeiten als Beweismittel gegen Sie verwandt werden kann. Darüber hinaus unterliegt eine solche Unterlassungserklärung der Regelverjährungszeit von 30 Jahren und bindet Sie viel zu lange, selbst bei etwaiger Änderung der Gesetzeslage oder Rechtsprechung.

> **Achtung!**
> Daher Wir empfehlen empfehlen wir Ihnen daher dringend, fristgerecht eine modifizierte Unterlassungserklärung abzugeben, die dem Unterlassungsanspruch einerseits Rechnung trägt, andererseits nicht mehr erklärt, als von Ihnen gefordert werden kann.

Solche veränderten Unterlassungserklärungen werden von Rechtsanwälten formuliert, die auf Internet- und Urheberrecht spezialisiert sind. Dabei sollten Sie darauf Wert legen, dass lediglich eine Vertragsstrafe vereinbart wird, die vom Abmahnenden nach Billigkeit zu bestimmen ist, und gerade keine feste Summe. Diese Vertragsstrafe wäre in einem späteren Prozess gerichtlich voll überprüfbar. Auch ist die zeitliche Geltung der Unterlassungserklärung mit Blick auf zukünftige Änderungen der Rechtslage zu beschränken.

> **Praxisbeispiel: Modifizierte Unterlassungs- und Verpflichtungserklärung**
> Hiermit verpflichtet sich
>
> Herr Max Mustermann, Musterstraße 12, 34567 Musterstadt
> – Unterlassungsschuldner –

gegenüber

Frau Alexandra Musterfrau, Musterstraße 34, 98745 Musterhausen
– Unterlassungsgläubigerin –

es künftig bei Meidung einer für jeden Fall der Zuwiderhandlung von der Unterlassungsgläubigerin zu bestimmenden angemessenen Vertragsstrafe, deren Höhe im Streitfall von dem zuständigen Gericht zu überprüfen ist, zu unterlassen, das nachfolgend dargestellte Lichtbild(-werk) ohne die Zustimmung des Unterlassungsgläubigers zu vervielfältigen und/oder öffentlich zugänglich zu machen bzw. vervielfältigen und/oder öffentlich zugänglich machen zu lassen:

[Abbildung]

Ort, den _____

Unterschrift Unterlassungsschuldner _____

Um das Problem aber wirklich zu lösen, ist zusätzlich an eine vorbeugende Unterlassungserklärung zu denken. Beispielsweise bezieht sich die von einer Abmahnkanzlei vorformulierte Erklärung wegen der unberechtigten Verwendung einer Fotografie nur auf dieses eine Bild. Haben Sie aber mehrere Rechtsverletzungen begangen, so ist die rechtzeitige Abgabe von vorbeugenden Unterlassungserklärungen gegenüber den jeweiligen Rechteinhabern zu empfehlen. Hierdurch können Sie die Kosten für weitere Abmahnungen für bereits begangene Urheberrechtsverletzungen sparen.

Beharrt die Gegenseite außer auf den Unterlassungsanspruch auch auf einen Schadensersatzanspruch, so kann diese Streitigkeit auch außergerichtlich beigelegt werden. Die Vereinbarung eines solchen Vergleichs sollten Sie einem Anwalt überlassen, der mit der Abmahnungsproblematik vertraut ist.

Die Zahlungsverweigerung

Auch wenn Sie vielleicht im ersten Moment erschrecken, wenn Sie Post vom gegnerischen Rechtsanwalt erhalten und dieser Sie unter Setzung einer kurzen Frist zur Zahlung auffordert, sollten Sie nicht vorschnell reagieren und einfach bezahlen.

Vielmehr sollten Sie sich in einem ersten Schritt zunächst selbst fragen, ob Sie die Ihnen vorgeworfene Rechtsverletzung begangen haben. Falls dem so ist, sollten Sie in einem weiteren Schritt prüfen, ob die Abmahnkanzlei Dokumente vorlegen kann, die geeignet sind, um Ihre Rechtsverletzung nachzuweisen. Denn die Gegenseite muss nachweisen, dass Sie eine Rechtsverletzung begangen haben. Gelingt ihr dies nicht, hat sie vor Gericht keinen Erfolg.

Aber auch wenn man davon ausgine, dass sich Ihre Rechtsverletzung beweisen ließe, bliebe immer noch die Frage nach der Rechtmäßigkeit der Höhe des Anspruchs. Das betrifft einerseits die für die Berechnung der Anwaltsgebühr zugrunde gelegten *Streitwerte*, die regelmäßig mit Beträgen in Höhe von mehreren Tausend Euro beziffert werden, und zum anderen den *Schadensersatzanspruch*.

> **Hinweis**
> Ob die Ihnen gegenüber geltend gemachte Zahlungsforderung berechtigt oder völlig aus der Luft gegriffen ist, kann ein spezialisierter Rechtsanwalt für Sie prüfen.

Bestehen berechtigte Zweifel daran, dass Sie überhaupt eine Rechtsverletzung begangen haben, oder an der Höhe der Zahlungsforderung, dann können Sie die Zahlung verweigern und die Feststellung in einem Gerichtsverfahren abwarten. Was dann jedoch noch bleibt, ist das Prozessrisiko – also das Risiko, die Kosten des gerichtlichen Verfahrens tragen zu müssen, wenn dem Rechteinhaber der Beweis gelingt. Ob Sie dieses Risiko eingehen oder sich doch lieber außergerichtlich mit der Gegenseite einigen möchten, müssen Sie selbst entscheiden.

> **Hinweis**
> Bis zum Ablauf der gesetzlichen regelmäßigen Verjährungsfrist von drei Jahren, die mit Ablauf des Jahres beginnt, in dem die Rechtsverletzung liegt, kann der Rechteinhaber seine Forderung erneut – auch gerichtlich – geltend machen.
>
> Hat der Rechteinhaber bis zum Ablauf der Verjährungsfrist keinen rechtskräftigen Titel wie einen Vollstreckungsbescheid oder ein gerichtliches Urteil gegen Sie erwirkt, kann er seine Forderung auch nicht mehr durchsetzen.

Wenn Sie jedoch wissen, dass ein tatsächlich Anspruch gegen Sie besteht, dann sollten Sie spätestens mit Erhalt eines Mahnbescheides einlenken und neue Vergleichsverhandlungen einleiten, um ein kostenintensives Klageverfahren zu vermeiden.

Neue Vergleichsverhandlungen

Wenn Sie kein Prozessrisiko tragen möchten, weil Sie zum Beispiel selbst wissen, dass ein Anspruch gegen Sie besteht, oder weil Sie sich durch die Situation belastet fühlen und das Verfahren schnellstmöglich beenden möchten, dann haben Sie auch die Möglichkeit, gleich zu Anfang neue Vergleichsverhandlungen mit der Gegenseite in die Wege zu leiten. Selbst dann, wenn Sie zunächst die Zahlung verweigert haben,

18

können Sie im Wege des Vergleichs noch davon Abstand nehmen und sich anderweitig einigen.

Denn Vergleichsverhandlungen sind in jedem Stadium des Verfahrens möglich – vom Erhalt des ersten Schreibens bis zum gerichtlichen Verfahren. Wenn Sie also zunächst die Zahlung verweigert haben, können Sie auch zu einem späteren Zeitpunkt noch einen Vergleich anbieten, um einen möglicherweise drohenden Prozess doch noch abzuwenden. Dabei müssen Sie sich nur im Klaren darüber sein, dass ein Vergleich im Klageverfahren teurer ist als im außergerichtlichen Verfahren.

> **Hinweis**
>
> Haben Sie sich schließlich auf einen Vergleich geeinigt und ist die Zahlung erfolgt, ist das Verfahren für beide Seiten aufgrund des Vertragscharakters des Vergleichs verbindlich beendet. Das heißt, ein Klageverfahren kann danach hinsichtlich der ursprünglichen Forderung nicht mehr erfolgen.

18.4.2   Reaktionsmöglichkeiten auf eine einstweilige Verfügung

Bei einer einstweiligen Verfügung gibt es zwei Reaktionsmöglichkeiten: Ahnen Sie bereits, dass ein Dritter eine einstweilige Verfügung gegen Sie beantragen möchte oder bereits beantragt hat, so kann Ihnen eine sogenannte *Schutzschrift* dabei helfen, sich dagegen zu verteidigen. Die zweite Möglichkeit, nämlich der *Widerspruch* gegen die einstweilige Verfügung, ist erst dann möglich, wenn eine solche bereits erlassen wurde.

Vorbeugen: Hinterlegung einer Schutzschrift

Rechnen Sie mit einem einstweiligen Verfügungsverfahren zu Ihren Lasten, dann haben Sie die Möglichkeit, bei Gericht eine sogenannte Schutzschrift zu hinterlegen, um den Erlass eines Verfügungsbeschlusses ohne mündliche Verhandlung zu verhindern.

> **Praxisbeispiel: Schutzschrift**
>
> **In dem vermutlichen einstweiligen Verfügungsverfahren**
>
> der XY GmbH, Adresse, vertreten durch ihren Geschäftsführer Max Mustermann,
>
> – vermutliche Antragstellerin –
>
> gegen
>
> die AB GmbH, Adresse, vertreten durch ihre Geschäftsführerin Petra Mustermann,

– vermutliche Antragsgegnerin –

Verfahrensbevollmächtigte: Rechtsanwälte Meier & Schmitz, Adresse

wegen: Unlauteren Wettbewerbs/Unterlassung/Abwehr einer einstweiligen Verfügung

Es ist zu erwarten, dass die vermutliche Antragstellerin (nachfolgend Antragstellerin) wegen des nachstehend wiedergegebenen Sachverhalts einen Antrag auf Erlass einer einstweiligen Verfügung gegen die vermutliche Antragsgegnerin (nachfolgend Antragsgegnerin) stellt, um der Antragsgegnerin zukünftig zu untersagen,

[vermutlicher Unterlassungsantrag]

Es wird für diesen Fall beantragt,

1. den Antrag auf Erlass einer einstweiligen Verfügung zurückzuweisen; hilfsweise über einen solchen Antrag auf Erlass einer einstweiligen Verfügung nach vorheriger mündlicher Verhandlung zu entscheiden;

2. für den Fall der Zurückweisung des Verfügungsantrags oder seiner Zurücknahme, der Antragstellerin die Kosten des Verfügungsverfahrens einschließlich der durch die Hinterlegung der Schutzschrift entstandenen Kosten aufzuerlegen.

Wir beantragen weiter,

diese Schutzschrift der Antragstellerin nur dann zugänglich zu machen, wenn diese einen Antrag auf Erlass einer einstweiligen Verfügung stellen sollte.

I.

[Sachverhalt]

Glaubhaftmachung: eidesstattliche Versicherung des ...

Die Antragstellerin wirft der Antragsgegnerin in dem Abmahnschreiben vom 13.12.2017 vor,

[Inhalt der Abmahnung].

Glaubhaftmachung: Abmahnschreiben der Antragstellerin vom ... in Kopie als Anlage ASt 1

II.

Die Antragstellerin hat keinen Anspruch auf Erlass einer einstweiligen Verfügung.

18

[rechtliche Ausführungen]

Nach alledem ist hier, wie eingangs beantragt, zu entscheiden und der Antrag auf Erlass einer einstweiligen Verfügung zurückzuweisen bzw. eine solche nicht ohne vorherige mündliche Verhandlung zu erlassen.

Für Rückfragen steht der Unterzeichner dem Gericht gerne und unmittelbar unter der Rufnummer 0125-122345 sowie per E-Mail unter schmitz@meier-schmitz.de zur Verfügung.

Schmitz

Rechtsanwalt

Mit der Hinterlegung einer solchen Schutzschrift ist der behauptete Unterlassungs- und Verpflichtungsanspruch des betroffenen Rechteinhabers jedoch nicht erfüllt. Die Hinterlegung stellt vielmehr lediglich einen Versuch dar, sich vor dem Erlass einer einstweiligen Verfügung gegen diese zu verteidigen. Besteht der Unterlassungsanspruch jedoch Ihnen gegenüber, so hindert die Hinterlegung einer Schutzschrift nicht die Durchsetzbarkeit des Anspruchs im Wege eines einstweiligen Verfahrens.

Im Gegensatz dazu erfüllt die *Abgabe einer strafbewehrten Unterlassungs- und Verpflichtungserklärung* den Anspruch des Betroffenen. Ein weiteres Vorgehen gegen Sie ist dem Betroffenen dann nicht mehr möglich, insbesondere kann es nicht mehr zu einem einstweiligen Verfügungsverfahren kommen.

Darüber hinaus hat die Verwendung von Schutzschriften erhebliche Nachteile gegenüber der Abgabe einer Unterlassungs- und Verpflichtungserklärung. Zunächst führt die Hinterlegung einer Schutzschrift nicht automatisch zu Ihrer Anhörung vor dem Erlass einer einstweiligen Verfügung. Gelangt der entscheidende Richter zu der Überzeugung, dass die Argumente aus der Schutzschrift nicht greifen, so kann er auch hier – nach seinem Ermessen – auf Ihre Anhörung verzichten und eine einstweilige Verfügung erlassen. Die Hinterlegung der Schutzschrift läuft dann ins Leere.

Hinweis

Schließlich müssen Sie als Unternehmer bei Urheberrechtsstreitigkeiten und teilweise bei Wettbewerbsverstößen beachten, dass dort – anders als bei Urheberrechtsstreitigkeiten gegen Privatpersonen – in vielen Fällen der sogenannte *fliegende Gerichtsstand* gilt. Das bedeutet, dass der Abmahnende den Antrag innerhalb Deutschlands bei einem Gericht seiner Wahl stellen kann, da überall eine Zuständigkeit angenommen wird.

Während Sie in diesem Zusammenhang bis zur Reform im Jahre 2016 vor dem Problem standen, theoretisch bei jedem Gericht in Deutschland eine Schutzschrift bezüglich des Einzelfalles hinterlegen zu müssen, da Sie nicht wissen konnten, wo der Rechteinhaber seinen Antrag stellen wird, hat sich dies seitdem mit Einrichtung eines zentralen Schutzschriftenregisters erledigt, das von der Landesjustizverwaltung Hessen länderübergreifend geführt wird. Seit dem 01.01.2016 gilt eine Schutzschrift als bei allen ordentlichen Gerichten und den Arbeitsgerichten eingereicht, sobald die Schutzschrift elektronisch beim Schutzschriftenregister eingereicht und sodann eingestellt wurde. Damit bietet Ihnen das Schutzschriftenregister deutlich verbesserte Möglichkeiten, sich vorbeugend gegen einstweilige gerichtliche Maßnahmen zu schützen.

Keine Reaktion

Wurde eine einstweilige Verfügung erlassen, dann muss diese auch innerhalb von einem Monat vollzogen werden. Bei einer Unterlassungsverfügung erfolgt dies üblicherweise, indem ein Gerichtsvollzieher Ihnen die einstweilige Verfügung im Auftrag des Antragsstellers zustellt.

Halten Sie sich nicht an die Verfügung, dann kann gegen Sie ein Ordnungsgeld von bis zu 250.000 € oder eine Haftstrafe von bis zu zwei Jahren verhängt werden. Sind Sie bereit, die einstweilige Verfügung als abschließend zu akzeptieren, dann sollten Sie oder Ihr Anwalt innerhalb von zwei Wochen eine sogenannte *Abschlusserklärung* abgeben. Damit stellen Sie unmissverständlich klar, dass Sie mit dem Beschluss des Gerichts einverstanden sind und ein Hauptsacheverfahren nicht mehr durchgeführt werden muss.

Verzichten Sie in dieser Situation auf eine Abschlusserklärung, droht eine weitere Abmahnung, mit der Sie aufgefordert werden, entweder Widerspruch einzulegen oder den Abschluss des Verfahrens zu erklären. In diesem Fall kann der gegnerische Rechtsanwalt erneut Gebühren geltend machen.

Widerspruch gegen die einstweilige Verfügung

Wenn die einstweilige Verfügung Ihrer Ansicht nach zu Unrecht gegen Sie erlassen wurde, dann sollten Sie über die Möglichkeit des Widerspruchs nachdenken. Der Widerspruch bewirkt, dass das bis dahin ohne mündliche Verhandlung erfolgte Verfahren nun mit einer mündlichen Verhandlung fortgeführt wird.

Das bedeutet, dass Sie nun vor dem Richter darlegen und beweisen müssen, warum die einstweilige Verfügung zu Unrecht ergangen ist. Gibt der Richter Ihnen recht, hebt er die einstweilige Verfügung in einem Endurteil auf und erlegt der Gegenseite die Kosten des Verfahrens auf. Andernfalls bleibt die Verfügung bestehen und Sie

18

müssen für die Kosten aufkommen. Es kann aber auch zu einem Vergleich kommen, wenn Sie und die Gegenseite dies möchten.

Achtung!

Solange kein Endurteil vorliegt, wird die Verfügung aber trotz Ihres Widerspruchs vollzogen. Das bedeutet, dass die Verfügung für Sie so lange verbindlich ist, wie sie nicht durch das Gericht aufgehoben wird.

Bei Einlegung des Widerspruchs müssen Sie beantragen, die einstweilige Verfügung aufzuheben und den Antrag auf Erlass der einstweiligen Verfügung der Gegenseite zurückzuweisen. Wird der Widerspruch beim Landgericht eingelegt, so muss dies ein Rechtsanwalt für Sie machen, da dort Anwaltszwang besteht.

Praxisbeispiel

Az.: 402 O 896

In Sachen

Mustermann ./. Musterfrau

bestellen wir uns zu Verfahrensbevollmächtigten des Antragsgegners. Namens und im Auftrag des Antragsgegners legen wir gegen die einstweilige Verfügung des Landgerichts Köln vom 13.08.2017, zugestellt am 16.08.2017

Widerspruch

ein. Im Termin zur mündlichen Verhandlung werden wir beantragen,

1. die einstweilige Verfügung des Landgerichts vom 13.08.2017, Az. 402 O 135, aufzuheben und den Antrag auf Erlass einer einstweiligen Verfügung zurückzuweisen;

2. dem Antragsteller die Kosten des Verfahrens aufzuerlegen.

Gründe

[...]

Die einstweilige Verfügung ist daher aufzuheben und der Antrag auf Erlass derselben zurückzuweisen.

Schmitz

Rechtsanwalt

Eine bestimmte Frist zur Einlegung des Widerspruchs gibt es nicht. Jedoch dürfen Sie sich auch nicht zu viel Zeit lassen. Lassen Sie grundlos mehrere Monate verstreichen, könnte das Gericht Ihr Widerspruchsrecht als verwirkt ansehen. Denn wer sich so lange Zeit lässt, der kann dann auch das Ende des Klageverfahrens abwarten.

Stellt sich heraus, dass die einstweilige Verfügung von Beginn an nicht gerechtfertigt war, können Sie unter Umständen auch Schadensersatz von dem Antragsteller verlangen.

Hinweis

Je nach Situation gibt es noch weitere Möglichkeiten, wie Sie auf eine einstweilige Verfügung reagieren sollten. Die obige Darstellung beschränkt sich daher nur auf die relevantesten Varianten. Da aber jede Reaktion auf eine einstweilige Verfügung weitreichende Konsequenzen haben kann, empfehlen wir Ihnen, sich vorher anwaltlich beraten zu lassen.

18.4.3   Reaktionsmöglichkeiten auf eine Klage

Seine Ansprüche auf Unterlassung, Beseitigung oder Schadensersatz kann der Rechteinhaber auch im Rahmen eines Klageverfahrens durchsetzen. Sind Sie nun verklagt worden, so gibt es verschiedene Möglichkeiten, damit umzugehen. Am relevantesten sind dabei folgende:

- keine Reaktion
- die Verteidigung gegen die Klage
- Anerkenntnis der Forderung
- Flucht in die Säumnis
- Begleichen der Forderung vor der mündlichen Verhandlung

Zunächst einmal müssen Sie sich fragen, ob Sie sich überhaupt gegen die Klage verteidigen möchten. Maßgeblich zur Beantwortung dieser Frage ist die Tatsache, ob Sie die Rechtsverletzung, die Ihnen vorgeworfen wird, begangen haben oder nicht.

Achtung!

Zwar sind die Gesichtspunkte, unter denen Sie Ihre Reaktion auf eine Klageerhebung abwägen sollten, ähnlich wie nach einer Abmahnung, allerdings müssen Sie beachten, dass Sie nun durch den begonnenen Prozess ein höheres finanzielles Risiko tragen!

Zur Ermittlung der Kosten, die Ihnen in einem Klageverfahren entstehen, bietet der »Deutsche Anwaltverein« auf seiner Website (*http://wbs.is/rom86*) einen Kosten-

---

rechner an. Dort geben Sie die Höhe der Forderung als Streitwert an, und der Rechner ermittelt die gesamten Kosten aller drei Instanzen für Sie (siehe Abbildung 18.2)

DeutscherAnwaltVerein

juris
Das Rechtsportal

Folgen Sie uns auch auf Facebook

Auf facebook.de/deutscheranwaltverein können Sie alle Neuigkeiten aus dem Verband schnell und bequem beziehen.

> Benutzungshinweise

Grunddaten   ○ Rechtsstand bis 31.7.2013   ● Rechtsstand ab 1.8.2013

Streitwert:	5.000,00
Anzahl Mandanten:	1
Anzahl Gegner:	1

☑ Außergerichtliche Vertretung   ☑ Gerichtliche Vertretung   ☑ 2. Instanz   ☑ 3. Instanz

Kostenübersicht: Gesamt

Eigene Anwaltskosten:	3.610,76
Fremde Anwaltskosten:	3.352,60
Gerichtskosten:	1.752,00
Summe:	8.715,36

Außergerichtliche Kosten

Geschäftsgebühr Nr. 2300, 1008 VV RVG:	1,3	393,90
Einigungsgebühr Nr. 1000 VV RVG:	☐	0,00
Auslagen Nr. 7001 u. 7002 VV RVG:		20,00
MwSt.:		78,64
Summe außergerichtliche Kosten:		492,54

Prozesskosten	1. Instanz		2. Instanz		3. Instanz	
Eigene Anwaltskosten						
Verfahrensgebühr Nr. 3100, 1008 VV RVG:	1,3	393,90	1,6	484,80	2,3	696,90
Anrechnung:		-196,95				
Terminsgebühr Nr. 3104 VV RVG:	1,2	363,60	1,2	363,60	1,5	454,50
Einigungsgebühr Nr. 1003 f. VV RVG:	☐	0,00	☐	0,00	☐	0,00
Auslagen Nr. 7001 u. 7002 VV RVG:		20,00		20,00		20,00
Sonstige Kosten Nr. 7000 u. 7003 ff. VV RVG:		0,00		0,00		0,00
MwSt.:		110,30		165,00		222,57
Zwischensumme eigene Anwaltskosten:		690,85		1.033,40		1.393,97

Abbildung 18.2 Der Kostenrechner ermittelt Ihnen die Kosten des Rechtsstreits in allen drei Instanzen.

Alternativ suchen Sie im Apple App Store oder im Google Play Store nach der App der Kanzlei »Wilde Beuger Solmecke« namens »Pocket Anwalt«. Diese App enthält – neben anderen nützlichen Informationen – ebenfalls einen entsprechenden Prozesskostenrechner.

Wie die Möglichkeiten der Reaktion auf eine Klage nun im Detail aussehen und wann welche Reaktion strategisch die beste ist, möchten wir Ihnen im Folgenden erläutern.

Vorbereitung: Prüfung der Beweislast

Sollte es zu einem Klageverfahren kommen, sollten Sie grundsätzlich im Voraus genau beachten, welche Partei wofür beweisbelastet ist, also den Beweis für die von ihr angeführte Tatsache erbringen muss. Grundsätzlich gilt, dass der Kläger, also der Rechteinhaber, die Tatsachen beweisen muss, die seinen Anspruch begründen.

Sie hingegen müssen als Beklagter beweisen, dass der Anspruch nicht entstanden ist, nicht mehr besteht oder nicht durchgesetzt werden kann, weil er beispielsweise schon verjährt ist. Denn ein Anspruch der Gegenseite ist nur dann vor Gericht etwas wert, wenn diese ihn auch beweisen kann. Ebenso können auch Sie sich nur effektiv gegen die Forderung wehren, wenn Sie die von Ihnen entgegneten Tatsachen auch beweisen können.

Praxisbeispiel

Haben Sie auf Ihrer Website Bilder verwendet, an denen Sie keine Rechte hatten, und hat dies der Rechteinhaber bemerkt, so kann er daraus folgende Ansprüche wie Schadensersatz nur effektiv geltend machen, wenn er die Verwendung zum Beispiel durch Screenshots auch beweisen kann.

Stellen Sie sich dagegen auf den Standpunkt, dass Sie die Bilder zwar veröffentlicht haben, dies aber mit Einwilligung des Rechteinhabers erfolgte, so müssen Sie die erteilte Einwilligung beweisen. Dies kann zum Beispiel aus einer E-Mail-Korrespondenz hervorgehen, die Sie dann dem Gericht vorlegen müssten.

Keine Reaktion: Versäumnisurteil

Lassen Sie die vom Gericht gesetzte Frist zur Verteidigungsanzeige oder zur Klageerwiderung erfolglos verstreichen oder erscheinen Sie unentschuldigt nicht zur mündlichen Verhandlung, erlässt das Gericht auf Antrag des Klägers ein Versäumnisurteil, in dem Sie entsprechend des Antrags des Klägers verurteilt werden.

Allerdings haben Sie dann noch die Möglichkeit, binnen einer Frist von zwei Wochen ab Zustellung des Versäumnisurteils dagegen Einspruch einzulegen. In der Einspruchsschrift müssen Sie dann die Bezeichnung des Urteils niederschreiben, gegen das der Einspruch gerichtet wird, sowie die Erklärung abgeben, dass Sie gegen dieses Urteil Einspruch einlegen.

Verteidigungsanzeige

Entscheiden Sie sich nun dafür, auf die Klage zu reagieren, so müssen Sie als Erstes dem Gericht in einem Schriftsatz mitteilen, dass Sie sich gegen die Vorwürfe oder Forderungen in der Klageschrift verteidigen wollen. Das ist die sogenannte Verteidigungsanzeige. Außerdem sollten Sie beantragen, dass die Klage abgewiesen und die Kosten des Rechtsstreits dem Kläger auferlegt werden.

Praxisbeispiel

Geschäftszeichen: 402 F 135

In dem Rechtsstreit

Max Mustermann

gegen

Maximiliane Musterfrau

zeige ich an, dass ich mich gegen die mir am 15.09.2017 zugestellte Klage verteidigen werde.

Eine Begründung wird fristgerecht zu den Akten gereicht.

Unterschrift

Diesen Schriftsatz müssen Sie dann in dreifacher Ausfertigung, also als ein Original und zwei Kopien, beim Amtsgericht innerhalb einer Frist von zwei Wochen einreichen. Die Frist beginnt an dem Tag, an dem Sie die Klageschrift erhalten haben. Dieses Datum können Sie auch dem gelben Briefumschlag entnehmen, in dem sich die Klageschrift befand. Die Frist endet dann genau zwei Wochen danach.

Um sicherzugehen, dass Ihr Schriftsatz auch rechtzeitig bei Gericht eingeht, sollten Sie ihn entweder persönlich abgeben und sich den Eingang bestätigen lassen oder den Brief als Einschreiben mit Rückschein verschicken. Sie sollten nämlich nachweisen können, dass Sie sich fristgerecht zurückgemeldet haben und Ihr Schreiben bei Gericht eingegangen ist.

Hinweis

Ein Formular für die Anzeige der Verteidigungsbereitschaft bietet Ihnen das »Justizportal NRW« unter *http://wbs.is/rom109* (siehe Abbildung 18.3).

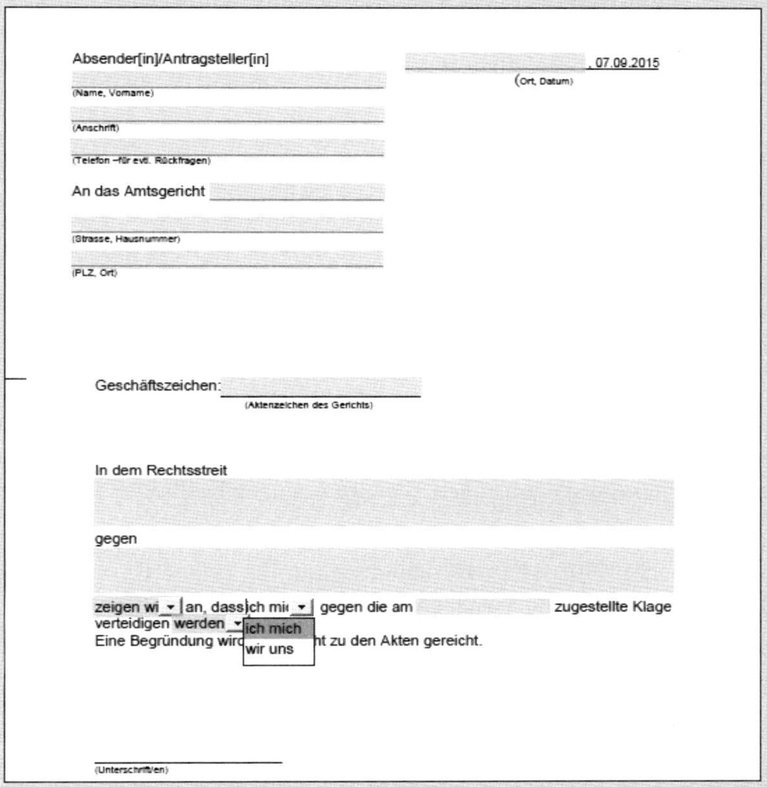

Absender[in]/Antragsteller[in]

(Name, Vorname)

(Anschrift)

(Telefon –für evtl. Rückfragen)

, 07.09.2015

(Ort, Datum)

An das Amtsgericht

(Strasse, Hausnummer)

(PLZ, Ort)

Geschäftszeichen:

(Aktenzeichen des Gerichts)

In dem Rechtsstreit

gegen

zeigen wi ▾ an, dass ich mi ▾ gegen die am zugestellte Klage verteidigen werden ▾

ich mich

wir uns

Eine Begründung wird ... t zu den Akten gereicht.

(Unterschrift/en)

Abbildung 18.3 Formular des »Justizportals NRW« zur Verteidigungsbereitschaft

Klageerwiderung

Haben Sie Ihre Verteidigungsbereitschaft fristgemäß angezeigt, dann müssen Sie als Nächstes konkret Stellung zu dem in der Klageschrift geltend gemachten Anspruch nehmen. Sie müssen also begründen, warum der Anspruch nicht oder nicht vollständig besteht und das Gericht daher die Klage abweisen soll. Dabei müssen Sie Ihre Darstellung ausführlich und präzise halten sowie sich auf das für die Entscheidung Wesentliche beschränken.

Hinweis

Im Zivilprozess gilt der Beibringungsgrundsatz. Das bedeutet, dass es den Parteien, also dem Kläger und dem Beklagten, obliegt, alle relevanten Tatsachen vorzubringen, auf deren Grundlage das Gericht dann eine Entscheidung fällt. Denn das Gericht berücksichtigt lediglich die Sachverhalte, die ihm der Kläger und der Beklagte nennen. Es stellt selbst grundsätzlich weder eigene Ermittlungen noch Nachforschungen an!

Am einfachsten ist es daher, wenn Sie die Klageschrift Schritt für Schritt durchgehen und sich zu jedem Punkt äußern. Ist der Inhalt falsch dargestellt, sollten Sie das bestreiten, was die Gegenseite vorgebracht hat, und im Anschluss daran schildern, wie Sie den Sachverhalt sehen.

Praxisbespiel

»Sofern der Kläger seinen Anspruch auf Schadensersatz darauf stützt, dass ich das streitgegenständliche Bild ohne seine Einwilligung genutzt habe, so bestreite ich dies. Tatsächlich war es nämlich so, dass der Kläger mir in seiner E-Mail vom 13.03.2017 ausdrücklich die Verwendung in der von mir vorgenommenen Art und Weise gestattet hat.«

Zu Ihren Ausführungen sollten Sie zudem einen Beweis nennen. Dieser kann aus einem Brief, einer ausgedruckten E-Mail, einem Kontoauszug oder einem Screenshot bestehen. Auch die Benennung von Zeugen, die Ihre Angaben bestätigen können, ist möglich.

Die Klageerwiderungsschrift muss dem Gericht dann binnen einer Frist von vier Wochen ab dem Datum der Zustellung der Klageschrift vorliegen, ebenfalls in dreifacher Ausfertigung.

Sie können die Klageerwiderung allerdings auch schon gemeinsam mit der Verteidigungsanzeige einreichen. Beachten Sie dann jedoch, dass wiederum die zweiwöchige Frist der Verteidigungsanzeige gilt. Eine Trennung der Schriftsätze macht daher insbesondere dann Sinn, wenn Sie noch etwas Zeit für die Begründung der Klageerwiderung benötigen.

Praxisbeispiel: Einheitliche Verteidigungsanzeige und Klageerwiderung

In dem Rechtsstreit

Klägerin ./. Beklagter

zeigen wir hiermit an, dass der Beklagte sich gegen die Klage verteidigen will.

Demgemäß werden wir beantragen,

1. die Klage abzuweisen,

2. dem Kläger die Kosten des Rechtsstreits aufzuerlegen.

Begründung:

A. Zulässigkeit

Die Klage ist bereits unzulässig.

Das Landgericht Düsseldorf ist unzuständig. (Amtsgericht Frankfurt, Urteil vom 13.02.2009, Az. 32 C 2323/08 – 72, MMR 06/2009) Sowohl der allgemeine Gerichtsstand, §§ 12, 13 ZPO, als auch der besondere Gerichtsstand der unerlaubten Handlung, § 32 ZPO, sind danach nicht eröffnet. In Anwendung dieser Rechtsprechung kommen nur die Landgerichte Hamm (§§ 12, 13, 32 ZPO) oder Berlin (§ 32 ZPO) als zuständige Gerichte in Betracht [...].

B. Begründetheit

Der geltend gemachte Anspruch steht dem Rechteinhaber nicht zu:

Dem Beklagten ist die streitgegenständliche Datei nicht bekannt. Sie ist auf seinem Rechner nicht vorhanden und hat sich weder nach seiner Kenntnis noch nach Kenntnis seiner Ehefrau, die den Rechner ebenfalls genutzt hat, auf seinem Rechner oder anderen in seinem Haushalt existierenden Rechnern befunden.

Beweis: Zeugnis Maximiliane Musterfrau, Musterweg 3, 89546 Musterstadt

[...]

Es wird bestritten, dass die streitgegenständliche Datei von dem Anschluss heruntergeladen wurde, dem zum streitgegenständlichen Zeitpunkt die streitgegenständliche IP-Adresse zugeordnet gewesen sein soll.

Beweis: Sachverständigengutachten

Wer die Urheberrechtsverletzung letztlich begangen hat, entzieht sich der Kenntnis des Beklagten. Jedenfalls hat er aber dargetan, dass eine eigenhändige Rechtsverletzung von seinem PC aus nicht stattgefunden haben kann.

Schon aus diesem Grund ist die in dem Abmahnschreiben der Klägerin verlangte Unterlassungserklärung unbegründet. Da nach dem oben Dargestellten feststeht, dass der Beklagte keine eigenhändige Urheberrechtsverletzung über seinen Internetanschluss begangen haben kann, könnte eine derartige Verletzung allenfalls durch einen Dritten begangen worden sein. Die von der Klägerin verlangte Unterlassungserklärung ist jedoch darauf gerichtet, dass sich der Beklagte verpflichtet, es zukünftig zu unterlassen, in eigener Person ein urheberrechtlich geschütztes Musikstück der Klägerin im Internet der Öffentlichkeit zugänglich zu machen. Das Unterlassungsverlangen ist damit nicht auf die konkrete Verletzungsform ausgerichtet. Dies führt dazu, dass die Unterlassungserklärung insgesamt als unbegründet anzusehen ist.

Schließlich sind auch die geltend gemachten Rechtsanwaltskosten dem vorliegenden Sachverhalt nicht angemessen. Diese sind gem. § 97 a II UrhG auf € 100,00 begrenzt. Die Norm ist hier anwendbar, da sie am 1. September 2008 in Kraft getreten und die Abmahnung der Klägerin erst danach an den Beklagten zugestellt wurde.

Bei dem vorgeworfenen Tatbestand handelt es sich um einen *einfach gelagerten Fall einer nur unerheblichen Rechtsverletzung außerhalb des geschäftlichen Verkehrs.*

Nach alldem ist die Klage insgesamt als unzulässig, jedenfalls als unbegründet abzuweisen.

Schmitz

Rechtsanwalt

Anerkennung der Forderung und Versäumnisurteil

Haben Sie die Rechtsverletzung tatsächlich in dem Ihnen vorgeworfenen Umfang begangen und kann die Gegenseite dies auch beweisen, dann wird es in Ihrem Interesse sein, den Rechtsstreit so schnell und kostengünstig wie möglich zu beenden. Dabei haben Sie zwei Möglichkeiten: Entweder Sie erkennen die Forderung an, und es ergeht ein *Anerkenntnisurteil*, oder Sie reagieren gar nicht auf die Klage und kassieren ein *Versäumnisurteil*.

Beim Versäumnisurteil werden Sie entsprechend des Antrags des Klägers verurteilt, ohne dass das Gericht eine Prüfung des Sachverhalts vornimmt. Das Gericht prüft lediglich, ob die Klage schlüssig ist, also ob der geltend gemachte Anspruch bestünde, wenn man den dargelegten Sachverhalt zugrunde legt.

Das Ergebnis ist damit scheinbar dasselbe, der Unterschied besteht jedoch in den anfallenden Kosten. Grundsätzlich ist das Anerkenntnisurteil gegenüber dem Versäumnisurteil die teurere Alternative. Daher sollten Sie in den Fällen, in denen es wahrscheinlich ist, dass Sie den Rechtsstreit verlieren und dann die gesamten Kosten tragen müssen, durchaus die Prozessstrategie in Betracht ziehen, bewusst ein Versäumnisurteil gegen Sie selbst zu forcieren – die sogenannte *Flucht in die Säumnis.*

Begleichen der Forderung

Noch günstiger kann es sein, wenn Sie die Klageforderung tatsächlich noch vor Beginn der mündlichen Verhandlung bezahlen. Denn dann muss der Kläger die Hauptsache für erledigt erklären. Dies hat zur Folge, dass sich die Rechtsanwaltskosten reduzieren. Zwar bleibt es grundsätzlich bei der vollen Gerichtsgebühr, da das Gericht dann noch über die Kosten entscheiden muss und dafür mittelbar wieder prüfen muss, wer den Rechtsstreit gewonnen oder verloren hätte, jedoch können Sie dies vermeiden, wenn Sie dem Gericht mitteilen, dass Sie die vollen Kosten übernehmen. Denn dann reduziert sich auch die Gerichtsgebühr. Sind Sie also hinreichend liquide, ist diese Möglichkeit die schnellste und kostengünstigste Variante, das Verfahren zu beenden.

Kapitel 19
Mustertexte

Auf den folgenden Seiten finden Sie Mustertexte, die Ihnen dabei helfen sollen, Ihre Marketinginstrumente rechtssicher einzusetzen. Sie können diese Mustertexte frei verwenden. Beachten Sie dabei, dass Sie den Text an bestimmten Stellen durch die Angabe Ihrer Daten oder anderer wesentlicher Informationen ergänzen müssen.

Grundsätzlich gilt für solche Mustertexte, dass sie lediglich eine Hilfestellung geben sollen. Eine absolut rechtssichere Verwendung von Impressum, Teilnahmebedingungen und Einwilligungen erfordert natürlich eine einzelfallbezogene Herstellung des entsprechenden Textes.

Hinweis

Vorab möchten wir Sie darauf hinweisen, dass Sie für die Gestaltung des Impressums, der AGB, der Datenschutzerklärung und der Widerrufsbelehrung den »Rechtstexter« nutzen können. Diesen hat die Rechtsanwaltskanzlei »Wilde Beuger Solmecke« in Kooperation mit »Trusted Shops« entwickelt und auf der Webseite *http://wbs.is/romrechtstexter* online gestellt.

Gerade im Hinblick auf die neue Datenschutz-Grundverordnung empfehlen wir Ihnen zudem unseren »Datenschutzerklärung-Generator«, den Sie über den Link *http://wbs.is/dsgvo-generator* erreichen können.

Diese kostenlosen Tools helfen Ihnen dabei, rechtlich schnell und einfach immer auf dem neuesten Stand zu sein. Auf diese Weise können Sie sich günstig, einfach und sicher vor Abmahnungen schützen.

19.1 Impressum

Hinweis

Als ausführliches Beispiel möchten wir auf unser Impressum auf unserer Homepage hinweisen, das Sie über den Link *http://www.wbs-law.de/impressum* erreichen. Einen Leitfaden zur Impressumspflicht finden Sie zudem auf der Homepage des Bundesministeriums für Justiz unter dem Link *http://wbs.is/rom87*.

> Ebenfalls empfehlen können wir die Anwendung des bereits angesprochenen »Rechts-texters«, den Sie über den Link *http://wbs.is/romrechtstexter* aufrufen können.

Impressum

Angaben gemäß § 5 TMG:

Max Mustermann GmbH
Musterstr. 10
12345 Musterstadt
Tel. + 49 1234/567890
Fax. + 49 1234/567890
E-Mail: info@maxmustermann.de
Geschäftsführer der Max Mustermann GmbH:
Max Mustermann, Peter Mustermann

Hinweis

Wenn es mehrere Vertretungsberechtigte gibt, müssen diese auch alle genannt werden.

Registergericht: Amtsgericht Musterstadt
Registernummer: HRB 12345
Stammkapital: 25.000 €

Hinweis

Die Angabe zum Stammkapital ist keine Pflichtangabe. Wenn eine Angabe gemacht wird, muss diese aber richtig sein!

Umsatzsteuer-Identifikationsnummer gemäß § 27a Umsatzsteuergesetz:
DE-123456789
Redaktionelle Verantwortung:
Max Mustermann
Musterstr. 1
12345 Musterstadt

Hinweis

Der obige Abschnitt zur redaktionellen Verantwortung ist nur erforderlich, wenn Sie journalistisch oder redaktionell gestaltete Texte auf Ihrem Angebot veröffentlichen.

Die Europäische Kommission stellt eine Plattform zur Online-Streitbeilegung (OS) bereit, die Sie unter *https://ec.europa.eu/consumers/odr* finden.

Zur Teilnahme an einem Streitbeilegungsverfahren vor einer Verbraucherschlichtungsstelle sind wir nicht verpflichtet und nicht bereit.

19.2   Muster-Einwilligungserklärung in die Zusendung von Werbung per E-Mail

19.2.1   Einwilligung in den Erhalt eines Newsletters

Wenn Sie die Einwilligung für das Zusenden eines Newsletters abfragen möchten,
empfiehlt sich die nachfolgende Formulierung: *»Bitte senden Sie mir künftig Ihren
kostenlosen Newsletter per E-Mail zu. Diesen kann ich jederzeit, zum Beispiel durch eine
E-Mail an [Ihre E-Mail-Adresse], wieder abbestellen.«*

Hinweis

Um nachzuweisen, dass der Nutzer tatsächlich seine Einwilligung erteilt hat, sollten
Sie auf das sogenannte Double-Opt-in-Verfahren setzen. Zudem müssen Sie auf die
Möglichkeit zur Abbestellung des Newsletters hinweisen.

19.2.2   Einwilligung in Erhalt eines Newsletters mittels eines Newsletter-Dienstleisters

Hinweis

Wenn Sie für den Versand Ihres Newsletters entsprechende Dienstleister wie
MailChimp nutzen, dann müssen Sie auch die Einwilligungserklärung dazu auf Ihrer
Website anpassen.

Für eine solche Einwilligung eignet sich beispielsweise folgende Formulierung:

»Hiermit erteile ich gegenüber der [Mustermann GmbH] meine Einwilligung in die
Verarbeitung folgender Daten:

- E-Mail-Adresse
- IP-Adresse

Hinweis

Soweit im Rahmen des Newsletter-Trackings weitere personenbezogene Daten verarbeitet werden, müssen diese hier angegeben werden.

19

Ich willige ein, dass mir künftig der Newsletter der [Mustermann GmbH] zugeschickt wird. Ich bin ebenfalls damit einverstanden, dass mir im Rahmen des Double-Opt-in-Verfahrens eine Bestätigungs-E-Mail zugeschickt wird.

Mir ist bewusst, dass eine Messung der verschickten und von mir empfangenen bzw. genutzten Newsletter erfolgt und diese statistischen Daten ausgewertet werden.

Die Verarbeitung verfolgt den Zweck, mir den Newsletter zuschicken zu können. Darüber hinaus erfolgt die Verarbeitung, um das Nutzerverhalten der Newsletter-Abonnenten nachverfolgen zu können und die Reichweite bzw. den Erfolg des Newsletters einschätzen zu können.

Ich habe das Recht, diese Einwilligung jederzeit ohne Angabe von Gründen zu widerrufen (z. B. per E-Mail an [datenschutz@muster.de] oder durch das Anklicken des dafür vorgesehenen Links in dem Newsletter), ohne dass die Rechtmäßigkeit der aufgrund meiner Einwilligung bis zum Widerruf erfolgten Verarbeitung davon berührt wird.«

19.2.3   Einwilligung für weitere werbliche E-Mails

Eine Einwilligung in den Erhalt von Werbung via E-Mail können Sie mit dieser Formulierung einholen: *»Ich bin mit der Zusendung von Informationen über Ihre neuen Produkte und Dienstleistungen einverstanden. Diese Einwilligung kann ich jederzeit, zum Beispiel per Brief oder per E-Mail an [Ihre E-Mail-Adresse], mit Wirkung für die Zukunft widerrufen.«*

Hinweis
Sie müssen zwingend darauf hinweisen, dass die Einwilligung widerrufen werden kann und wie der Widerruf zu erfolgen hat.

19.2.4   Einwilligung zu Bonitätsprüfungen

»Ich willige ein, dass von (DemoShop) zum Zweck der eigenen Kreditprüfung ggf. Bonitätsauskünfte auf der Basis mathematisch-statistischer Verfahren von der (XYZ-Auskunftei, Bonitätsstraße, 12345 Score-Stadt) abgerufen werden. Meine Einwilligung kann ich jederzeit mit Wirkung für die Zukunft widerrufen. Detaillierte Informationen zur Arbeitsweise der (XYZ-Auskunftei) finde ich unter *http://www.xyz-auskunftei.*«

Hinweis
Sofern Sie diese Einwilligung des Kunden im Rahmen des Bestellprozesses einholen wollen, müssen Sie noch folgenden Hinweis in die Datenschutzerklärung aufnehmen.

»Soweit Sie uns hierzu Ihre ausdrückliche Einwilligung erteilt haben, behalten wir uns vor, eine Identitäts- und Bonitätsauskunft von hierauf spezialisierten Dienstleistungsunternehmen (Wirtschaftsauskunfteien) einzuholen. Wir übermitteln hierzu Ihre für eine Bonitätsprüfung benötigten personenbezogenen Daten an folgende(s) Unternehmen:

> XYZ-Auskunftei
> Bonitätsstraße 1
> 12345 Score-Stadt

Angemessene Maßnahmen zur Wahrung Ihrer Rechte, Freiheiten und berechtigten Interessen werden hierbei berücksichtigt. Sie haben die Möglichkeit, mittels Kontaktaufnahme an unten beschriebene Kontaktmöglichkeit Ihren Standpunkt darzulegen und die Entscheidung anzufechten. Ihre Einwilligung können Sie jederzeit durch eine Nachricht an die unten stehenden Kontaktdaten widerrufen. Dies kann zur Folge haben, dass wir Ihnen bestimmte Zahlungsoptionen nicht mehr anbieten können.«

19.3   Social Media Guidelines

Die folgenden Richtlinien sollen als Anleitung für die Mitarbeiter des Unternehmens zur privaten wie beruflichen Nutzung von Social-Media-Kanälen wie Facebook, Twitter, Blogs, Foren, YouTube, Flickr etc. dienen. Ihr Ziel ist es insbesondere, sowohl das Unternehmen als auch Mitarbeiter vor den Folgen unbedachter und möglicherweise geschäftsschädigender Aktivitäten zu schützen.

19

1. Einleitung

[…]

Hinweis

Einleitend sollten Sie kurz definieren, welche Ziele mit den folgenden Richtlinien verfolgt werden sollen. Abhängig davon, ob und in welchem Umfang Ihr Unternehmen selbst im Social-Media-Bereich aktiv ist, kann eine solche Einleitung durchaus ausführlicher gestaltet werden. Insbesondere können Sie an dieser Stelle auch die positiven Erwartungen im Hinblick auf die Darstellung des Unternehmens im Web 2.0 formulieren.

---

2. Nutzungsumfang von Social Media

Die aktive Teilnahme an Social Computing in all seinen Facetten kann sehr zeitaufwendig sein. Achten Sie daher darauf, dass Ihre eigentlichen Aufgaben innerhalb des Unternehmens nicht unter Ihren Social-Media-Aktivitäten leiden.

> **Hinweis**
>
> Der Abschnitt zum Umfang der Social-Media-Nutzung ist an dieser Stelle bewusst kurz gehalten, da die diesbezügliche Gestaltung ganz besonders von den Vorgaben des jeweiligen Unternehmens abhängt. Außerdem bestehen oftmals bereits Vereinbarungen über die private Internetnutzung der Mitarbeiter, sodass eine entsprechende Regelung in den Social Media Guidelines entbehrlich ist. Wichtig ist, dass der obige Passus keinesfalls verwendet wird, wenn die private Internetnutzung zum Beispiel in einer Betriebsvereinbarung oder im Arbeitsvertrag gänzlich ausgeschlossen worden ist.

3. Eigenverantwortlichkeit

Grundsätzlich sind Sie für jegliche Äußerungen privater oder beruflicher Natur selbst verantwortlich. Einmal eingestellte Inhalte sind gerade im Internet oftmals sehr lange verfügbar. Wägen Sie daher vor der Veröffentlichung von Beiträgen sorgfältig deren Inhalt ab.

> **Hinweis**
>
> Die Eigenverantwortlichkeit hinsichtlich der Online-Aktivitäten ist eigentlich ebenso selbstverständlich wie die Achtung von gesetzlichen Vorschriften und allgemeinen Verhaltensregeln. Dennoch sollten Sie auf die entsprechenden Hinweise keinesfalls verzichten, da sie in der scheinbaren Anonymität des Netzes oftmals verdrängt werden. Hieran knüpft dann auch der nächste Punkt an.

4. Gesetzliche Vorgaben

Beachten Sie auch bei der Nutzung von Social Media geltende gesetzliche Vorgaben, wie beispielsweise des Datenschutz-, Urheber- und Markenrechts.

5. Nettikette

Auch im Internet sind die allgemeinen Regeln des Anstands zu beachten. Verhalten Sie sich also respektvoll etwa gegenüber anderen Diskussionsteilnehmern oder Wettbewerbern. Informieren Sie sich darüber hinaus über die jeweiligen Verhaltenskodizes der von Ihnen genutzten Plattformen.

6. Transparenz

Transparenz und Offenheit sind sowohl im privaten als auch im geschäftlichen Bereich unerlässlich für den Aufbau vertrauensvoller Beziehungen. Verstecken Sie sich daher nicht hinter einem Pseudonym oder gar vollkommener Anonymität. Transparentes Auftreten umfasst neben der Nennung des richtigen Namens sowie der Unternehmenszugehörigkeit auch einen entsprechenden Umgang mit Fehlern. Gestehen

Sie diese offen ein, indem Sie beispielsweise bereits veröffentlichte Beiträge offen korrigieren und nicht einfach kommentarlos löschen.

> **Hinweis**
>
> Ein transparentes Auftreten ist eng mit den inhaltlichen Richtlinien verknüpft, da es mehr Bewusstsein für das eigene Handeln schafft. Darüber hinaus wird das Unternehmen so in die Lage versetzt, Vorfälle im Zusammenhang mit Internetveröffentlichungen besser aufklären zu können.

7. Kenntlichmachung privater Meinungen

Wenn Sie öffentlich einen Kommentar im Zusammenhang mit unserem Unternehmen abgeben, tun Sie dies in der ersten Person Singular (»ich« statt »wir«). Kennzeichnen Sie darüber hinaus, dass es sich um die Äußerung einer privaten Meinung handelt, indem Sie an geeigneter Stelle einen entsprechenden Hinweis hinterlegen. Dies gilt ebenfalls für die Abgrenzung von Meinungsäußerungen gegenüber geäußerten Tatsachen.

> **Hinweis**
>
> An dieser Stelle können Sie auch Vorschläge bzw. Vorgaben dahingehend machen, wie der entsprechende Hinweis zu gestalten bzw. zu platzieren ist, etwa im Impressum eines privaten Blogs.

8. Unternehmensschädigende Äußerungen

Denken Sie auch bei Ihren Social-Media-Aktivitäten an Ihre Verantwortung gegenüber dem Unternehmen. Kritische und gegebenenfalls geschäftsschädigende Äußerungen sind insbesondere im beruflichen Bereich zu unterlassen. Aber auch privat geäußerte Kritik kann negative Folgen für den geschäftlichen Erfolg des Unternehmens und damit auch für seine Mitarbeiter haben. Gleiches gilt für Aussagen über Partner oder Kunden.

> **Hinweis**
>
> Soweit es sich um bewusste Geschäfts- oder Rufschädigungen, Drohungen und Beleidigungen, falsche Tatsachenbehauptungen oder Äußerungen handelt, die den Betriebsfrieden ernstlich gefährden, sind diese auch durch den Arbeitgeber sanktionierbar. Durch das Aufzeigen entsprechender Konsequenzen (Abmahnung, Kündigung) kann diesem Abschnitt daher noch mehr Nachdruck verliehen werden. Der Hinweis, dass auch eine in aller Regel zulässige, da von der Meinungsfreiheit gedeckte kritische Auseinandersetzung im privaten Bereich negative Folgen für Unternehmen und Mitarbeiter haben kann, schärft das Bewusstsein der Belegschaft.

19

9. Verschwiegenheitspflicht

Vertrauliche Informationen des Unternehmens sowie von Kunden sind vertraulich zu behandeln. Achten Sie daher auch und insbesondere bei der Nutzung von Social Media auf die Wahrung von Betriebs- und Geschäftsgeheimnissen.

> **Hinweis**
>
> Auch bezüglich der Verschwiegenheitspflicht kann sich ein Aufzeigen der gegebenenfalls gravierenden Folgen einer Zuwiderhandlung anbieten. So berechtigt das Verraten von Betriebs- oder Geschäftsgeheimnissen den Arbeitgeber im Einzelfall zur fristlosen Kündigung.
>
> Die Verschwiegenheitspflicht ergibt sich aus dem Arbeitsvertrag und ist immer dann anzunehmen, wenn ein berechtigtes betriebliches Interesse des Arbeitgebers an der Geheimhaltung vorliegt. Insofern kann es aber im Einzelfall sinnvoll sein, den Umfang der Verschwiegenheitsverpflichtung näher zu konkretisieren.

10. Ansprechpartner

Sollten Sie im Rahmen des Web 2.0 auf positive oder negative Beiträge oder Reaktionen stoßen, die das Unternehmen und/oder seine Produkte betreffen, teilen Sie dies bitte [Kontaktdaten des Ansprechpartners] mit. An die gleiche Stelle können Sie sich auch wenden, wenn Unsicherheiten oder Fragen bezüglich der Umsetzung dieser Richtlinien bestehen.

19.4   Gewinnspielbedingungen

Teilnahmebedingungen
»Quiz Spiel 2018«

1. Gewinnspiel und Veranstalter

Veranstalter des Online-Gewinnspiels »Quiz Spiel 2018« (nachfolgend Gewinnspiel) ist die Quiz-Onlinegesellschaft mbH, ABC-Str. 1, 12345 Musterhausen (nachfolgend Veranstalter). Die Teilnahme an dem Gewinnspiel richtet sich ausschließlich nach den nachfolgenden Teilnahmebedingungen.

2. Teilnahme

2.1 Teilnahmeberechtigt ist jede Person ab 18 Jahren mit Wohnsitz in Deutschland. Mitarbeiter des Veranstalters sowie deren Angehörige sind von der Teilnahme ausgeschlossen.

2.2 Die Teilnahme an dem Gewinnspiel ist ausschließlich in dem Zeitraum 1. bis 31. Juli 2018 möglich. Die Teilnahme am Gewinnspiel ist kostenlos.

2.3 Die Teilnahme an dem Gewinnspiel erfolgt über die Seite *www.quiz-online.de* (nachfolgend Webseite). Das Gewinnspiel ist dort unter dem Reiter »Gewinnspiel« verfügbar.

2.4 Jede Person, die an dem Gewinnspiel teilnehmen möchte, muss zwei auf der Webseite vorgehaltene Online-Games absolvieren. Die jeweils gültige Spielanleitung wird auf der Webseite zum Abruf bereitgehalten.

2.5 Nach Abschluss der beiden Online-Games muss sich der Teilnehmer online registrieren. Für die Registrierung ist die vollständige und wahrheitsgemäße Angabe sämtlicher abgefragten Daten (Vor- und Nachname, E-Mail-Adresse, Geburtsdatum) erforderlich.

2.6 Nur vollständig ausgefüllte Registrierungen nehmen an dem Gewinnspiel teil. Unzutreffende Angaben oder unvollständig ausgefüllte Registrierungen führen zum Ausschluss von der Gewinnvergabe. Für verspätete und/oder unvollständige Eingänge kann der Veranstalter nicht verantwortlich gemacht werden.

2.7 Die Teilnahme und die Gewinnchancen hängen in keiner Weise von der Anzahl der Absolvierungen der Online-Games oder den im Rahmen der Online-Games erzielten Punkte ab.

Hinweis

In diesem Abschnitt sollten Sie Aufbau und Ablauf des Gewinnspiels so genau wie möglich beschreiben.

---

3. Durchführung und Abwicklung

3.1 Unter allen vollständig durchgeführten Registrierungen werden folgende Preise verlost:

▶ eine 7-tägige Reise für 2 Personen nach New York inklusive Flug und Übernachtung in einem 4-Sterne-Hotel im Wert von 4.000,00 €

▶ ein Apple iPad der aktuellen Generation mit 32 GB Speicher im Wert von 500,00 €

▶ 20 Amazon-Gutscheine im Wert von je 100,00 €

3.2 Der Gewinner wird bis zum 31.08.2018 per E-Mail benachrichtigt und hat den Erhalt der Benachrichtigung und die Inanspruchnahme des Gewinns bis zum 15.09.2018 an die in der Benachrichtigung genannten Kontaktwege zu bestätigen, andernfalls wird der Gewinn an einen anderen Gewinnspielteilnehmer vergeben.

3.3 Der Anspruch auf den Gewinn verfällt ebenfalls, wenn die Übermittlung des Gewinns nicht innerhalb von vier Wochen nach der ersten Benachrichtigung über den Gewinn aus Gründen, die in der Person des Gewinners liegen, erfolgen kann. Die Übermittlung des Reisegutscheins bzw. der Reiseunterlagen erfolgt nur innerhalb Deutschlands kostenfrei für einen einmaligen Zustellversuch. Ansonsten hat der Ge-

19

winner Transportkosten zum Flughafen, sonstige Abgaben (Zollgebühren, Steuern etc.) sowie Kosten der Verpflegung selbst zu tragen. Die zu verlosende Reise wird durch die Schönerreisen GmbH ausgerichtet und durchgeführt. Der Veranstalter des Gewinnspiels ist für die Organisation und die Durchführung der Reisen nicht verantwortlich.

3.4 Der Anspruch auf den Gewinn kann nicht abgetreten oder übertragen werden. Der Gewinn ist weder auszahlbar noch ergänzbar oder änderbar. Sollte der Gewinn, gleich aus welchem Grund, nicht zur Verfügung gestellt werden können, behält sich der Veranstalter das Recht vor, einen gleichwertigen Ersatzpreis zu vergeben.

4. Ausschluss von der Teilnahme

4.1 Bei einem Verstoß gegen diese Teilnahmebedingungen behält sich der Veranstalter das Recht vor, Teilnehmer vom Gewinnspiel auszuschließen.

4.2 Weiterhin behält sich der Veranstalter das Recht vor, Teilnehmer auszuschließen, die sich unerlaubter Hilfsmittel bedienen oder sich anderweitig durch Manipulation Vorteile verschaffen (insbesondere Sammel- oder Mehrfachteilnahmen). Dies liegt vor, wenn zum Beispiel automatische Skripte, Hackertools, Trojaner oder Viren eingesetzt werden oder wenn ein Teilnehmer sich durch andere unerlaubte Mittel einen Vorteil verschafft. Des Weiteren können unwahre Personenangaben sowie der Einsatz von »Fake-Profilen« zum Ausschluss führen. Gegebenenfalls können in diesen Fällen auch nachträglich Gewinne aberkannt und/oder zurückgefordert werden.

5. Vorzeitige Beendigung bzw. Abbruch des Gewinnspiels

Der Veranstalter ist berechtigt, das Gewinnspiel vorzeitig abzubrechen, auszusetzen oder zu verändern, wenn unvorhergesehene, außerhalb des Einflussbereichs des Veranstalters liegende Umstände eintreten, die die ursprüngliche Durchführung erschweren oder für den Veranstalter unzumutbar machen. Hierzu gehören insbesondere, jedoch nicht abschließend, das nicht gestattete Eingreifen Dritter, technische Probleme mit Hard- oder Software, die außerhalb des Machtbereichs des Veranstalters liegen, sowie Rechtsverletzungen, die im unmittelbaren Zusammenhang mit der Durchführung des Gewinnspiels stehen, hier insbesondere das manipulative Eingreifen in den Ablauf des Gewinnspiels.

6. Datenschutz

Der Veranstalter erhebt und nutzt die personenbezogenen Daten der Teilnehmer ausschließlich im gesetzlich zulässigen Rahmen. Einzelheiten zur Art und zum Umfang der Datenverarbeitung ergeben sich aus der Datenschutzerklärung, die Sie unter *www.quiz-online.de/gewinnspiel* abrufen können.

7. Haftung des Veranstalters

Für eine Haftung des Veranstalters auf Schadensersatz gelten unbeschadet der sonstigen gesetzlichen Anspruchsvoraussetzungen die nachfolgenden Haftungsausschlüsse und -begrenzungen:

7.1 Der Veranstalter haftet unbeschränkt, soweit die Schadensursache auf Vorsatz oder grober Fahrlässigkeit beruht.

7.2 Weiter tritt eine Veranstalterhaftung für leicht fahrlässig verursachte Verletzungen von wesentlichen Pflichten, deren Verletzung die Erreichung des Vertragszwecks gefährdet, oder für die Verletzung von Pflichten, deren Erfüllung die ordnungsgemäße Durchführung des Gewinnspiels überhaupt erst ermöglichen und auf deren Einhaltung die Vertragspartner regelmäßig vertrauen, ein. Der Haftungsumfang beschränkt sich für den Veranstalter in einem solchen Fall jedoch bloß auf den vorhersehbaren, vertragstypischen Schaden.

7.3 Der Veranstalter haftet nicht für die leicht fahrlässige Verletzung anderer als den vorstehend benannten Pflichten.

7.4 Die bezeichneten Haftungsbeschränkungen gelten nicht bei Verletzungen von Leben, Körper und Gesundheit, für einen Mangel nach Übernahme von Beschaffenheitsgarantien für die Beschaffenheit eines Produkts und bei arglistig verschwiegenen Mängeln. Die Haftung nach dem Produkthaftungsgesetz bleibt unberührt.

7.5 Der Haftungsausschluss bzw. die Haftungsbeschränkung des Veranstalters gilt ebenso für die persönliche Haftung von Vertretern und Erfüllungsgehilfen des Veranstalters oder dessen Arbeitnehmern.

8. Hinweise und Bedingungen von Facebook

8.1 Das Gewinnspiel steht in keiner Verbindung zu Facebook und wird in keiner Weise von Facebook gesponsert, unterstützt oder organisiert.

8.2 Den Teilnehmern entstehen gegenüber Facebook keinerlei Ansprüche aus der Teilnahme am Gewinnspiel oder durch einen Gewinn bei dem Gewinnspiel.

8.3 Anfragen und Hinweise durch die Teilnehmer sind ausschließlich an den Veranstalter und nicht an Facebook zu richten.

19

9. Schlussbestimmungen

9.1 Der Rechtsweg ist ausgeschlossen.

9.2 Es gilt das Recht der Bundesrepublik Deutschland unter Ausschluss des Internationalen Privatrechts und des ins Deutsche Recht übernommenen UN-Kaufrechts (CISG).

9.3 Sollten einzelne dieser Bestimmungen ungültig sein oder werden, bleibt die Gültigkeit der übrigen Bedingungen hiervon unberührt.

Hinweis

Bei Gewinnspielen müssen die Teilnahmebedingungen genau angegeben werden. Bei Gewinnspielen auf Facebook müssen zusätzlich die unter Ziffer 8 dargestellten Hinweise angegeben werden.

19.5   Widerrufsbelehrung für einen Onlineshop

Der Gesetzgeber hat in Anlage 1 zu Art. 246a § 1 Abs. 2 S. 2 EGBGB ein Muster für die Widerrufsbelehrung bereitgestellt. Wir empfehlen Ihnen, sich an diesem Muster zu orientieren. Zusätzlich können Sie sich des »Rechtstexters« bedienen, der auch Ihren individuellen Bedürfnissen gerecht wird.

Widerrufsbelehrung

1. Widerrufsrecht

Sie haben das Recht, binnen vierzehn Tagen ohne Angabe von Gründen diesen Vertrag zu widerrufen.

Die Widerrufsfrist beträgt vierzehn Tage ab dem Tag, an dem Sie oder ein von Ihnen benannter Dritter, der nicht der Beförderer ist, die Waren in Besitz genommen haben bzw. hat.

Um Ihr Widerrufsrecht auszuüben, müssen Sie uns *(Max Mustermann, Musterstraße 123, 54321 Musterstadt, info@musterfirma.de, Telefon: 0123-456789, Fax: 0123-4567890)* mittels einer eindeutigen Erklärung (z. B. ein mit der Post versandter Brief, Telefax oder E-Mail) über Ihren Entschluss, diesen Vertrag zu widerrufen, informieren. Sie können dafür das beigefügte Muster-Widerrufsformular verwenden, das jedoch nicht vorgeschrieben ist.

Sie können das Muster-Widerrufsformular oder eine andere eindeutige Erklärung auch auf unserer Webseite *www.maxmustermann.de* elektronisch ausfüllen und übermitteln. Machen Sie von dieser Möglichkeit Gebrauch, so werden wir Ihnen unverzüg-

lich (z. B. per E-Mail) eine Bestätigung über den Eingang eines solchen Widerrufs übermitteln.

Zur Wahrung der Widerrufsfrist reicht es aus, dass Sie die Mitteilung über die Ausübung des Widerrufsrechts vor Ablauf der Widerrufsfrist absenden.

2. Folgen des Widerrufs

Wenn Sie diesen Vertrag widerrufen, haben wir Ihnen alle Zahlungen, die wir von
Ihnen erhalten haben, einschließlich der Lieferkosten (mit Ausnahme der zusätzlichen Kosten, die sich daraus ergeben, dass Sie eine andere Art der Lieferung als die
von uns angebotene, günstigste Standardlieferung gewählt haben), unverzüglich
und spätestens binnen vierzehn Tagen ab dem Tag zurückzuzahlen, an dem die Mitteilung über Ihren Widerruf dieses Vertrags bei uns eingegangen ist. Für diese Rückzahlung verwenden wir dasselbe Zahlungsmittel, das Sie bei der ursprünglichen
Transaktion eingesetzt haben, es sei denn, mit Ihnen wurde ausdrücklich etwas anderes vereinbart; in keinem Fall werden Ihnen wegen dieser Rückzahlung Entgelte berechnet. Wir können die Rückzahlung verweigern, bis wir die Waren wieder zurück-
erhalten haben oder bis Sie den Nachweis erbracht haben, dass Sie die Waren
zurückgesandt haben, je nachdem, welches der frühere Zeitpunkt ist.

Sie haben die Waren unverzüglich und in jedem Fall spätestens binnen vierzehn
Tagen ab dem Tag, an dem Sie uns über den Widerruf dieses Vertrags unterrichten, an
uns zurückzusenden oder zu übergeben. Die Frist ist gewahrt, wenn Sie die Waren
vor Ablauf der Frist von vierzehn Tagen absenden. Sie tragen die unmittelbaren Kosten der Rücksendung der Waren in Höhe von 5,00 EUR. Sie müssen für einen etwaigen Wertverlust der Waren nur aufkommen, wenn dieser Wertverlust auf einen zur
Prüfung der Beschaffenheit, Eigenschaften und Funktionsweise der Waren nicht notwendigen Umgang mit ihnen zurückzuführen ist.

> **Hinweis**
>
> Wenn Sie die Kosten der Rücksendung tragen möchten, können Sie an dieser Stelle
> die Formulierung »*Wir tragen die Kosten der Rücksendung der Waren*« oder »*Sie tra-
> gen die unmittelbaren Kosten der Rücksendung der Waren*« einfügen.

3. Muster-Widerrufsformular

Wenn Sie den Vertrag widerrufen wollen, dann füllen Sie bitte dieses Formular aus
und senden Sie es zurück.

– An Max Mustermann, Musterstraße 123, 54321 Musterstadt, info@musterfirma.de,
Fax: 0123-4567890

– Hiermit widerrufe(n) ich/wir (*) den von mir/uns (*) abgeschlossenen Vertrag über
den Kauf der folgenden Waren (*) / die Erbringung der folgenden Dienstleistung (*)

– Bestellt am (*) / erhalten am (*)

– Name des/der Verbraucher(s)

– Anschrift des/der Verbraucher(s)

– Unterschrift des/der Verbraucher(s) (nur bei Mitteilung auf Papier)

– Datum

(*) Unzutreffendes streichen.

19.6   Allgemeine Geschäftsbedingungen für einen Onlineshop

Allgemeine Geschäftsbedingungen

1. Geltungsbereich

Für alle Bestellungen über unseren Onlineshop durch Verbraucher und Unternehmer gelten die nachfolgenden AGB.

Verbraucher ist jede natürliche Person, die ein Rechtsgeschäft zu Zwecken abschließt, die überwiegend weder ihrer gewerblichen noch ihrer selbständigen beruflichen Tätigkeit zugerechnet werden können. Unternehmer ist eine natürliche oder juristische Person oder eine rechtsfähige Personengesellschaft, die bei Abschluss eines Rechtsgeschäfts in Ausübung ihrer gewerblichen oder selbständigen beruflichen Tätigkeit handelt.

Gegenüber Unternehmern gelten diese AGB auch für künftige Geschäftsbeziehungen, ohne dass wir nochmals auf sie hinweisen müssten. Verwendet der Unternehmer entgegenstehende oder ergänzende Allgemeine Geschäftsbedingungen, wird deren Geltung hiermit widersprochen; sie werden nur dann Vertragsbestandteil, wenn wir dem ausdrücklich zugestimmt haben.

2. Vertragspartner, Vertragsschluss

Der Kaufvertrag kommt zustande mit der Firma *Mustermann*.

Die Darstellung der Produkte im Onlineshop stellt kein rechtlich bindendes Angebot, sondern einen unverbindlichen Online-Katalog dar. Sie können unsere Produkte zunächst unverbindlich in den Warenkorb legen und Ihre Eingaben vor Absenden Ihrer verbindlichen Bestellung jederzeit korrigieren, indem Sie die hierfür im Bestellablauf vorgesehenen und erläuterten Korrekturhilfen nutzen. Durch Anklicken des Bestellbuttons geben Sie eine verbindliche Bestellung der im Warenkorb enthaltenen Waren ab. Die Bestätigung des Zugangs Ihrer Bestellung erfolgt per E-Mail unmittelbar nach dem Absenden der Bestellung.

Wann der Vertrag mit uns zustande kommt, richtet sich nach der von Ihnen gewählten Zahlungsart:

Vorkasse

Wir nehmen Ihre Bestellung durch Versand einer Annahmeerklärung in separater E-Mail innerhalb von zwei Tagen an, in welcher wir Ihnen unsere Bankverbindung nennen.

Kreditkarte

Mit Abgabe der Bestellung übermitteln Sie uns gleichzeitig Ihre Kreditkartendaten. Nach Ihrer Legitimation als rechtmäßiger Karteninhaber fordern wir Ihr Kreditkartenunternehmen zur Einleitung der Zahlungstransaktion auf und nehmen dadurch Ihr Angebot an.

PayPal

Im Bestellprozess werden Sie auf die Webseite des Online-Anbieters PayPal weitergeleitet. Dort können Sie Ihre Zahlungsdaten angeben und die Zahlungsanweisung an PayPal bestätigen. Nach Abgabe der Bestellung im Shop fordern wir PayPal zur Einleitung der Zahlungstransaktion auf und nehmen dadurch Ihr Angebot an.

SOFORT Direktüberweisungsverfahren

Nach Abgabe der Bestellung werden Sie auf die Webseite des Online-Anbieters SOFORT GmbH weitergeleitet, wo Sie die Zahlungsanweisung an die SOFORT GmbH bestätigen. Dadurch kommt der Vertrag mit uns zustande.

Barzahlung bei Abholung

Wir nehmen Ihre Bestellung durch Versand einer Annahmeerklärung in separater E-Mail innerhalb von zwei Tagen an.

3. Vertragssprache, Vertragstextspeicherung

Die für den Vertragsschluss zur Verfügung stehende Sprache ist Deutsch.

Wir speichern den Vertragstext und senden Ihnen die Bestelldaten und unsere AGB per E-Mail zu. Den Vertragstext können Sie in unserem Kunden-Login einsehen.

4. Lieferbedingungen

Zuzüglich zu den angegebenen Produktpreisen kommen noch Versandkosten hinzu. Näheres zur Höhe der Versandkosten erfahren Sie bei den Angeboten.

Wir liefern nur im Versandweg. Eine Selbstabholung der Ware ist leider nicht möglich.

Wir liefern nicht an Packstationen.

19

5. Bezahlung

Vorkasse

Bei Auswahl der Zahlungsart Vorkasse nennen wir Ihnen unsere Bankverbindung in separater E-Mail und liefern die Ware nach Zahlungseingang.

Kreditkarte

Mit Abgabe der Bestellung übermitteln Sie uns gleichzeitig Ihre Kreditkartendaten.

Nach Ihrer Legitimation als rechtmäßiger Karteninhaber fordern wir unmittelbar nach der Bestellung Ihr Kreditkartenunternehmen zur Einleitung der Zahlungstransaktion auf. Die Zahlungstransaktion wird durch das Kreditkartenunternehmen automatisch durchgeführt und Ihre Karte wird belastet.

PayPal

Im Bestellprozess werden Sie auf die Webseite des Online-Anbieters PayPal weitergeleitet. Um den Rechnungsbetrag über PayPal bezahlen zu können, müssen Sie dort registriert sein bzw. sich erst registrieren, mit Ihren Zugangsdaten legitimieren und die Zahlungsanweisung an uns bestätigen. Nach Abgabe der Bestellung im Shop fordern wir PayPal zur Einleitung der Zahlungstransaktion auf.

Die Zahlungstransaktion wird durch PayPal unmittelbar danach automatisch durchgeführt. Weitere Hinweise erhalten Sie beim Bestellvorgang.

SOFORT Direktüberweisungsverfahren

Nach Abgabe der Bestellung werden Sie auf die Webseite des Online-Anbieters SOFORT Überweisung weitergeleitet. Um den Rechnungsbetrag über SOFORT Überweisung bezahlen zu können, müssen Sie über ein für die Teilnahme an SOFORT Überweisung freigeschaltetes Online-Banking-Konto mit PIN/TAN-Verfahren verfügen, sich entsprechend legitimieren und die Zahlungsanweisung an uns bestätigen. Weitere Hinweise erhalten Sie beim Bestellvorgang. Die Zahlungstransaktion wird unmittelbar danach von SOFORT Überweisung durchgeführt und Ihr Konto wird belastet.

6. Eigentumsvorbehalt

Die Ware bleibt bis zur vollständigen Bezahlung unser Eigentum.

Für Unternehmer gilt ergänzend: Wir behalten uns das Eigentum an der Ware bis zur vollständigen Begleichung aller Forderungen aus einer laufenden Geschäftsbeziehung vor. Sie dürfen die Vorbehaltsware im ordentlichen Geschäftsbetrieb weiterveräußern; sämtliche aus diesem Weiterverkauf entstehenden Forderungen treten Sie – unabhängig von einer Verbindung oder Vermischung der Vorbehaltsware mit einer neuen Sache – in Höhe des Rechnungsbetrages an uns im Voraus ab, und wir nehmen diese Abtretung an. Sie bleiben zur Einziehung der Forderungen ermächtigt, wir dürfen Forderungen jedoch auch selbst einziehen, soweit Sie Ihren Zahlungsverpflichtungen nicht nachkommen.

7. Transportschäden

Für Verbraucher gilt:

Werden Waren mit offensichtlichen Transportschäden angeliefert, so reklamieren Sie solche Fehler bitte möglichst sofort beim Zusteller und nehmen Sie bitte unverzüglich Kontakt zu uns auf. Die Versäumung einer Reklamation oder Kontaktaufnahme hat für Ihre gesetzlichen Ansprüche und deren Durchsetzung, insbesondere Ihre Gewährleistungsrechte, keinerlei Konsequenzen. Sie helfen uns aber, unsere eigenen Ansprüche gegenüber dem Frachtführer bzw. der Transportversicherung geltend machen zu können.

Für Unternehmer gilt:

Die Gefahr des zufälligen Untergangs und der zufälligen Verschlechterung geht auf Sie über, sobald wir die Sache dem Spediteur, dem Frachtführer oder der sonst zur Ausführung der Versendung bestimmten Person oder Anstalt ausgeliefert haben. Unter Kaufleuten gilt die in § 377 HGB geregelte Untersuchungs- und Rügepflicht. Unterlassen Sie die dort geregelte Anzeige, so gilt die Ware als genehmigt, es sei denn, dass es sich um einen Mangel handelt, der bei der Untersuchung nicht erkennbar war. Dies gilt nicht, falls wir einen Mangel arglistig verschwiegen haben.

8. Gewährleistung und Garantien

Es gilt das gesetzliche Mängelhaftungsrecht. Informationen zu gegebenenfalls geltenden zusätzlichen Garantien und deren genaue Bedingungen finden Sie jeweils beim Produkt und auf besonderen Informationsseiten im Onlineshop.

9. Haftung

Für Ansprüche aufgrund von Schäden, die durch uns, unsere gesetzlichen Vertreter oder Erfüllungsgehilfen verursacht wurden, haften wir stets unbeschränkt

▶ bei Verletzung des Lebens, des Körpers oder der Gesundheit,

▶ bei vorsätzlicher oder grob fahrlässiger Pflichtverletzung,

▶ bei Garantieversprechen, soweit vereinbart, oder

▶ soweit der Anwendungsbereich des Produkthaftungsgesetzes eröffnet ist.

Bei Verletzung wesentlicher Vertragspflichten, deren Erfüllung die ordnungsgemäße Durchführung des Vertrages überhaupt erst ermöglicht und auf deren Einhaltung der Vertragspartner regelmäßig vertrauen darf (Kardinalpflichten), durch leichte Fahrlässigkeit von uns, unseren gesetzlichen Vertretern oder Erfüllungsgehilfen ist die Haftung der Höhe nach auf den bei Vertragsschluss vorhersehbaren Schaden begrenzt, mit dessen Entstehung typischerweise gerechnet werden muss. Im Übrigen sind Ansprüche auf Schadensersatz ausgeschlossen.

19

10. Streitbeilegung

Die Europäische Kommission stellt eine Plattform zur Online-Streitbeilegung (OS) bereit, die Sie unter *https://ec.europa.eu/consumers/odr* finden.

Zur Teilnahme an einem Streitbeilegungsverfahren vor einer Verbraucherschlichtungsstelle sind wir nicht verpflichtet und nicht bereit.

11. Schlussbestimmungen

Sind Sie Unternehmer, dann gilt deutsches Recht unter Ausschluss des UN-Kaufrechts.

Sind Sie Kaufmann im Sinne des Handelsgesetzbuches, juristische Person des öffentlichen Rechts oder öffentlich-rechtliches Sondervermögen, ist ausschließlicher Gerichtsstand für alle Streitigkeiten aus Vertragsverhältnissen zwischen uns und Ihnen unser Geschäftssitz.

19.7   Muster für Datenschutzerklärungen

Hinweis

Vorab möchten wir Sie darauf hinweisen, dass Sie für die Gestaltung der Datenschutzerklärung zwei »Rechtstexter« nutzen können, die von der Rechtsanwaltskanzlei »Wilde Beuger Solmecke« mitgestaltet wurden. Es handelt sich dabei einerseits um den Rechtstexter der »Trusted Experts« (siehe Abbildung 19.1), der über die Website *http://wbs.is/romrechtstexter* abrufbar ist.

Abbildung 19.1 Website des Rechtstexters der »Trusted Experts«

Auch empfehlen können wir Ihnen unseren »Datenschutzerklärung-Generator«, (siehe Abbildung 19.2), den Sie über den Link *http://wbs.is/dsgvo-generator* erreichen können.

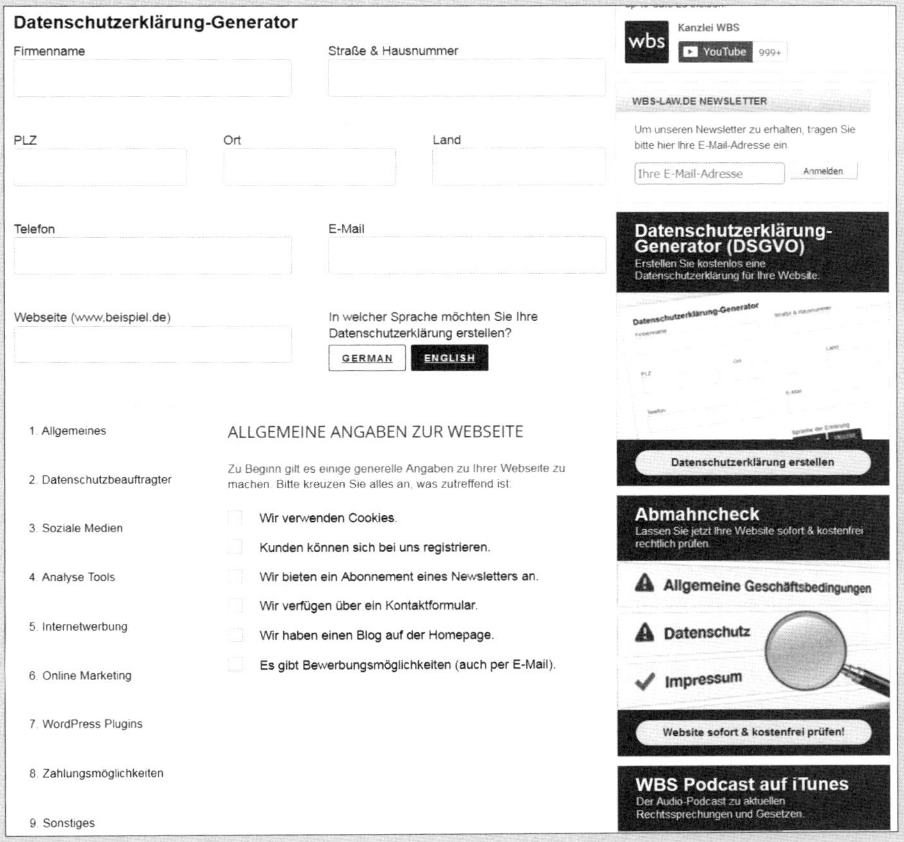

Abbildung 19.2 Datenschutzerklärung-Generator auf der Website der Rechtsanwaltskanzlei »Wilde Beuger Solmecke«

Diese kostenlosen Tools helfen Ihnen dabei, rechtlich schnell und einfach immer auf dem neuesten Stand zu sein. Auf diese Weise können Sie sich günstig, einfach und sicher vor Abmahnungen schützen.

Beachten Sie jedoch bitte, dass eine Datenschutzerklärung in besonderem Maße von Ihrer individuellen Situation abhängig ist und dass Sie daher bereits bei kleinsten Unsicherheiten einen Rechtsanwalt einschalten sollten, der sich auf das Datenschutzrecht spezialisiert hat. Er kann Sie dabei unterstützen, eine Datenschutzerklärung zu verfassen, die auf Ihre individuellen Bedürfnisse abgestimmt ist!

19.7.1 Checkliste zur Datenschutzerklärung für Website und Onlineshop

Hinweis

Die folgende Checkliste wurde uns von »Trusted Experts« (*www.abmahnschutz.com*) zur Verfügung gestellt – vielen Dank dafür! Diese Liste sollten Sie ausfüllen, bevor Sie eine Datenschutzerklärung für Ihr Unternehmen erstellen. Erst wenn Sie alle Fragen richtig und vollständig beantworten können, ist die Erstellung einer rechtssicheren Datenschutzerklärung möglich!

1. Für welche Plattform soll die Datenschutzerklärung erstellt werden?
2. Für welche Internetadresse(n) soll die Datenschutzerklärung erstellt werden?
3. Auf welchen Servern werden die Kundendaten Ihres Onlineshops gespeichert und verarbeitet?
4. In welchem Land stehen die Server des Dienstleisters?
5. Werden Zugriffsdaten aus Server-Logfiles gespeichert? Falls ja, zu welchem Zweck und wie lange werden sie aufbewahrt?
6. Wird auf Ihrer Website Geolocation verwendet (z. B. durch eine Filialsuche)?
7. Können Kunden in Ihrem Shop ein Kundenkonto eröffnen?
8. Wird im Rahmen von Formularen zwischen optionalen Eingabefeldern und Pflichtfeldern unterschieden?
9. Gibt es weitere Formulare in Ihrem Onlineshop, in denen personenbezogene Daten eingetragen werden können? Wenn ja, welche?
10. Geben Sie Daten an Zahlungs- oder Versanddienstleister weiter, die ihren Sitz in einem Staat außerhalb der Europäischen Union haben und bei denen eine Dateneingabe nicht erst nach einer Weiterleitung auf Seiten des Anbieters erfolgt?

Hinweis

Sofern Sie Anbieter nutzen, bei denen der Nutzer während des Bestellprozesses auf eine Seite des Anbieters weitergeleitet wird und dort seine Daten eingibt (wie z. B. bei Paypal oder Amazon Pay), stellt dies keine Datenweitergabe durch Sie dar. In diesem Fall beantworten Sie die Frage mit »Nein«.

11. Bitte geben Sie an, ob Sie einen Zahlungsdienstleister und/oder Versanddienstleister mit Sitz außerhalb der Europäischen Union einsetzen!

Hinweis

Ein Zahlungs- oder Versanddienstleister mit Sitz in einem Staat außerhalb der Europäischen Union (oder des Europäischen Wirtschaftsraums) kann zum Beispiel ein

Speditionsunternehmen wie UPS sein. Wenn Sie sich unsicher sein sollten, ob Ihr eingesetzter Zahlungs- oder Versanddienstleister seinen Sitz in einem Staat außerhalb der Europäischen Union hat, wenden Sie sich bitte direkt an den jeweiligen Anbieter.

12. Geben Sie personenbezogene Daten an Versanddienstleister weiter, damit diese vor Zustellung zum Zwecke der Lieferungsankündigung Kontakt mit dem Käufer aufnehmen können (z. B. Telefonnummer, E-Mail-Adresse)? Falls ja, an welche Dienstleister werden Daten weitergegeben?

13. Können Kunden sich in Ihrem Shop zu einem E-Mail-Newsletter anmelden?

14. Versenden Sie Werbung per Mail an Bestandskunden, ohne dass sich der Kunde hierfür separat anmelden muss?

15. Wie werden die Newsletter versendet? Wird ein Dienstleister eingesetzt oder versenden Sie die Newsletter selbst? Falls ein Newsletter-Dienstleister eingesetzt wird: Welcher?

16. Bitten Sie den Kunden per E-Mail nach der Bestellung um die Abgabe einer Bewertung? Wenn ja, wer versendet die Bitten um Abgabe einer Bewertung?

17. Möchten Sie sich die Möglichkeit vorbehalten, die Anschriftendaten Ihrer Kunden zur Zusendung von Werbung per Briefpost zu verwenden? Falls ja, setzen Sie zum Druck und Versand von Postwerbung einen Dienstleister (Letter-Shop) ein? Welcher Dienstleister wird eingesetzt?

18. Gibt es auf Ihrer Website weitere Formulare, in denen personenbezogene Daten eingetragen werden können (z. B. Kommentarfunktion eines Blogs)?

19. Holen Sie von Auskunfteien Bonitätsauskünfte über Ihre Kunden ein? Wenn ja, in welchen Fällen holen Sie Bonitätsauskünfte ein (z. B. nur bei Kauf auf Rechnung), und zu welchem Zeitpunkt wird die Bonitätsauskunft angestoßen (z. B. vor oder nach Auswahl der Zahlungsart, nach Bestellung etc.)? Welche Auskunfteien setzen Sie hierfür ein? Bitte geben Sie Namen und Anschrift vollständig an!

20. Bieten Sie Zahlungsmethoden an, bei denen automatisierte Echtzeit-Bonitätsprüfungen noch während des Bestellvorgangs in der Shop-Umgebung stattfinden, d. h., ohne dass eine Weiterleitung auf die Seiten des Dienstleisters erfolgt? Welche?

21. Bieten Sie Rechnungskauf über PayPal an?

22. Bieten Sie den Kunden Ihres Shops eine Ratenzahlungsmöglichkeit über einen Drittanbieter an, bei der Sie die Forderung an den Drittanbieter abtreten? Falls ja, an welchen Drittanbieter? Vermerken Sie den Link zur Datenschutzerklärung des Finanzierungsanbieters!

23. Setzen Sie auf der Website Ihres Shops ein Webanalyse-Tool zur Erstellung von Besucherstatistiken ein? Wenn ja, welches (z. B. *Google Analytics*, *eTracker* etc.)?

19

24. Werden in Ihrem Onlineshop Cookies gesetzt? Wenn ja, fügen Sie bitte eine Aufstellung aller eigenen Cookies und der eingesetzten Drittanbieter an, die auf Ihren Seiten Cookies setzen!

25. Verwenden Sie das *DoubleClick*-Cookie? Falls ja, zu welchen Zwecken, bzw. welche Funktionen nutzen Sie?

26. Nutzen Sie *Google Ads* bzw. *Ads Remarketing*?

27. Vermarkten Sie auf Ihrer Website Platz für Anzeigen von Drittanbietern und Werbenetzwerken über *Google AdSense*?

28. Setzen Sie zu Werbezwecken Remarketing-Dienste ein? Wenn ja, welche?

29. Setzen Sie in Ihrem Onlineshop Social Plug-ins ein (z. B. den Facebook-Like-Button, Twitter, Google+, Instagram)? Falls ja, werden diese Social Plug-ins gegebenenfalls in über *2-Klick* oder *Shariff* eingeschränkter Form eingesetzt?

30. Setzen Sie das Facebook-Pixel ein? Falls ja, welche Funktionen nutzen Sie?

31. Setzen Sie in Ihrem Onlineshop das *Trustbadge* von *Trusted Shops* ein? Falls ja: für Gütesiegel, Bewertungen oder beides?

32. Nutzen Sie die Funktionen *AutoCollection* oder *Review Collector* von Trusted Shops oder übermitteln Sie auf anderem Wege (z. B. per API) E-Mail-Adressen an Trusted Shops zum Versand einer Bewertungsaufforderung?

33. Auf welchem Wege sollen Kunden Anfragen zum Datenschutz stellen? Bitte tragen Sie die Kontaktdaten des Ansprechpartners ein:
Nennen Sie den Namen, die Anschrift und weitere zur Verfügung stehende Kontaktdaten des Ansprechpartners!

34. Bitte tragen Sie die Kontaktdaten des betrieblichen Datenschutzbeauftragten ein!

35. Planen Sie den Einsatz weiterer Angebote bzw. Funktionen auf Ihrer Website, die in der Datenschutzerklärung aufgeführt werden sollten? Falls ja, welche?

19.7.2 Datenschutzerklärung für die Website

Hinweis

Dieses Muster gilt für eine Unternehmens-Website mit den üblichen Basisfunktionen (Cookies, Google Analytics, YouTube, Facebook Social Plug-in, Newsletter, Registrierungsfunktion, Kontaktformular). Es wurde mit dem »Datenschutzgenerator«, den die Kanzlei »Wilde Beuger Solmecke« zusammen mit der »Deutschen Gesellschaft für Datenschutz« erstellt hat, automatisch verfasst. Sie finden den Generator über den Link *http://wbs.is/dsgvo-generator*. Hier können Sie auch Änderungen für Ihren Einzelfall vornehmen!

Datenschutzerklärung

Wir, die Firma *Mustermann*, bedanken uns für Ihren Besuch auf unserer Homepage. Als Firma *Mustermann* ist uns der sichere Umgang mit Ihren Daten besonders wichtig. Wir möchten Sie daher hiermit ausführlich über die Verwendung Ihrer Daten bei dem Besuch unseres Webauftritts informieren.

1. Begriffsbestimmungen

Die Datenschutzerklärung der Firma *Mustermann* beruht auf den Begrifflichkeiten, die durch den Europäischen Richtlinien- und Verordnungsgeber beim Erlass der Datenschutz-Grundverordnung (DSGVO) verwendet wurden. Unsere Datenschutzerklärung soll sowohl für die Öffentlichkeit als auch für unsere Kunden und Geschäftspartner einfach lesbar und verständlich sein. Um dies zu gewährleisten, möchten wir vorab die verwendeten Begrifflichkeiten erläutern.

Wir verwenden in dieser Datenschutzerklärung unter anderem die folgenden Begriffe:

▶ *personenbezogene Daten*
Personenbezogene Daten sind alle Informationen, die sich auf eine identifizierte oder identifizierbare natürliche Person (im Folgenden »betroffene Person«) beziehen. Als identifizierbar wird eine natürliche Person angesehen, die direkt oder indirekt, insbesondere mittels Zuordnung zu einer Kennung wie einem Namen, zu einer Kennnummer, zu Standortdaten, zu einer Online-Kennung oder zu einem oder mehreren besonderen Merkmalen, die Ausdruck der physischen, physiologischen, genetischen, psychischen, wirtschaftlichen, kulturellen oder sozialen Identität dieser natürlichen Person sind, identifiziert werden kann.

▶ *betroffene Person*
Betroffene Person ist jede identifizierte oder identifizierbare natürliche Person, deren personenbezogene Daten von dem für die Verarbeitung Verantwortlichen verarbeitet werden.

▶ *Verarbeitung*
Verarbeitung ist jeder mit oder ohne Hilfe automatisierter Verfahren ausgeführte Vorgang oder jede solche Vorgangsreihe im Zusammenhang mit personenbezogenen Daten wie das Erheben, das Erfassen, die Organisation, das Ordnen, die Speicherung, die Anpassung oder Veränderung, das Auslesen, das Abfragen, die Verwendung, die Offenlegung durch Übermittlung, Verbreitung oder eine andere Form der Bereitstellung, der Abgleich oder die Verknüpfung, die Einschränkung, das Löschen oder die Vernichtung.

▶ *Einschränkung der Verarbeitung*
Einschränkung der Verarbeitung ist die Markierung gespeicherter personenbezogener Daten mit dem Ziel, ihre künftige Verarbeitung einzuschränken.

19

▶ *Profiling*

Profiling ist jede Art der automatisierten Verarbeitung personenbezogener Daten, die darin besteht, dass diese personenbezogenen Daten verwendet werden, um bestimmte persönliche Aspekte, die sich auf eine natürliche Person beziehen, zu bewerten, insbesondere, um Aspekte bezüglich Arbeitsleistung, wirtschaftlicher Lage, Gesundheit, persönlicher Vorlieben, Interessen, Zuverlässigkeit, Verhalten, Aufenthaltsort oder Ortswechsel dieser natürlichen Person zu analysieren oder vorherzusagen.

▶ *Pseudonymisierung*

Pseudonymisierung ist die Verarbeitung personenbezogener Daten in einer Weise, auf welche die personenbezogenen Daten ohne Hinzuziehung zusätzlicher Informationen nicht mehr einer spezifischen betroffenen Person zugeordnet werden können, sofern diese zusätzlichen Informationen gesondert aufbewahrt werden und technischen und organisatorischen Maßnahmen unterliegen, die gewährleisten, dass die personenbezogenen Daten nicht einer identifizierten oder identifizierbaren natürlichen Person zugewiesen werden.

▶ *Verantwortlicher oder für die Verarbeitung Verantwortlicher*

Verantwortlicher oder für die Verarbeitung Verantwortlicher ist die natürliche oder juristische Person, Behörde, Einrichtung oder andere Stelle, die allein oder gemeinsam mit anderen über die Zwecke und Mittel der Verarbeitung von personenbezogenen Daten entscheidet. Sind die Zwecke und Mittel dieser Verarbeitung durch das Unionsrecht oder das Recht der Mitgliedstaaten vorgegeben, so kann der Verantwortliche beziehungsweise können die bestimmten Kriterien seiner Benennung nach dem Unionsrecht oder dem Recht der Mitgliedstaaten vorgesehen werden.

▶ *Auftragsverarbeiter*

Auftragsverarbeiter ist eine natürliche oder juristische Person, Behörde, Einrichtung oder andere Stelle, die personenbezogene Daten im Auftrag des Verantwortlichen verarbeitet.

▶ *Empfänger*

Empfänger ist eine natürliche oder juristische Person, Behörde, Einrichtung oder andere Stelle, der personenbezogene Daten offengelegt werden, unabhängig davon, ob es sich bei ihr um einen Dritten handelt oder nicht. Behörden, die im Rahmen eines bestimmten Untersuchungsauftrags nach dem Unionsrecht oder dem Recht der Mitgliedstaaten möglicherweise personenbezogene Daten erhalten, gelten jedoch nicht als Empfänger.

▶ *Dritter*

Dritter ist eine natürliche oder juristische Person, Behörde, Einrichtung oder andere Stelle außer der betroffenen Person, dem Verantwortlichen, dem Auftragsverarbeiter und den Personen, die unter der unmittelbaren Verantwortung des

Verantwortlichen oder des Auftragsverarbeiters befugt sind, die personenbezogenen Daten zu verarbeiten.

▶ Einwilligung
Einwilligung ist jede von der betroffenen Person freiwillig für den bestimmten Fall in informierter Weise und unmissverständlich abgegebene Willensbekundung in Form einer Erklärung oder einer sonstigen eindeutigen bestätigenden Handlung, mit der die betroffene Person zu verstehen gibt, dass sie mit der Verarbeitung der sie betreffenden personenbezogenen Daten einverstanden ist.

2. Erfassung von Daten

Die Internetseite der Firma *Mustermann* erfasst mit jedem Aufruf der Internetseite durch eine betroffene Person oder ein automatisiertes System eine Reihe von allgemeinen Daten und Informationen. Diese allgemeinen Daten und Informationen werden in den Logfiles des Servers gespeichert. Erfasst werden können die

(1) verwendeten Browsertypen und Versionen,

(2) das vom zugreifenden System verwendete Betriebssystem,

(3) die Internetseite, von welcher ein zugreifendes System auf unsere Internetseite gelangt (sogenannte Referrer),

(4) die Unterwebseiten, welche über ein zugreifendes System auf unserer Internetseite angesteuert werden,

(5) das Datum und die Uhrzeit eines Zugriffs auf die Internetseite,

(6) eine Internet-Protokoll-Adresse (IP-Adresse),

(7) der Internet-Service-Provider des zugreifenden Systems und

(8) sonstige ähnliche Daten und Informationen, die der Gefahrenabwehr im Falle von Angriffen auf unsere informationstechnologischen Systeme dienen.

Bei der Nutzung dieser allgemeinen Daten und Informationen zieht die Firma *Mustermann* keine Rückschlüsse auf die betroffene Person. Diese Informationen werden vielmehr benötigt, um

(1) die Inhalte unserer Internetseite korrekt auszuliefern,

(2) die Inhalte unserer Internetseite sowie die Werbung für diese zu optimieren,

(3) die dauerhafte Funktionsfähigkeit unserer informationstechnologischen Systeme und der Technik unserer Internetseite zu gewährleisten sowie

(4) um Strafverfolgungsbehörden im Falle eines Cyberangriffes die zur Strafverfolgung notwendigen Informationen bereitzustellen.

Diese anonym erhobenen Daten und Informationen werden durch die Firma *Mustermann* daher einerseits statistisch und ferner mit dem Ziel ausgewertet, den Datenschutz und die Datensicherheit in unserem Unternehmen zu erhöhen, um letztlich ein optimales Schutzniveau für die von uns verarbeiteten personenbezogenen Daten sicherzustellen. Die anonymen Daten der Server-Logfiles werden getrennt von allen durch eine betroffene Person angegebenen personenbezogenen Daten gespeichert.

3. Gesetzliche oder vertragliche Vorschriften zur Bereitstellung der personenbezogenen Daten; Erforderlichkeit für den Vertragsabschluss; Verpflichtung der betroffenen Person, die personenbezogenen Daten bereitzustellen; mögliche Folgen der Nichtbereitstellung

Wir klären Sie darüber auf, dass die Bereitstellung personenbezogener Daten zum Teil gesetzlich vorgeschrieben ist (z. B. Steuervorschriften) oder sich auch aus vertraglichen Regelungen (z. B. Angaben zum Vertragspartner) ergeben kann. Mitunter kann es zu einem Vertragsschluss erforderlich sein, dass eine betroffene Person uns personenbezogene Daten zur Verfügung stellt, die in der Folge durch uns verarbeitet werden müssen. Die betroffene Person ist beispielsweise verpflichtet, uns personenbezogene Daten bereitzustellen, wenn unser Unternehmen mit ihr einen Vertrag abschließt. Eine Nichtbereitstellung der personenbezogenen Daten hätte zur Folge, dass der Vertrag mit dem Betroffenen nicht geschlossen werden könnte. Vor einer Bereitstellung personenbezogener Daten durch den Betroffenen muss sich der Betroffene an unseren Datenschutzbeauftragten wenden. Unser Datenschutzbeauftragter klärt den Betroffenen einzelfallbezogen darüber auf, ob die Bereitstellung der personenbezogenen Daten gesetzlich oder vertraglich vorgeschrieben oder für den Vertragsabschluss erforderlich ist, ob eine Verpflichtung besteht, die personenbezogenen Daten bereitzustellen, und welche Folgen die Nichtbereitstellung der personenbezogenen Daten hätte.

4. Datenverwendung bei Anmeldung zum E-Mail-Newsletter

Auf der Internetseite der Firma *Mustermann* wird den Benutzern die Möglichkeit eingeräumt, den Newsletter unseres Unternehmens zu abonnieren. Welche personenbezogenen Daten bei der Bestellung des Newsletters an den für die Verarbeitung Verantwortlichen übermittelt werden, ergibt sich aus der hierzu verwendeten Eingabemaske.

Die Firma *Mustermann* informiert ihre Kunden und Geschäftspartner in regelmäßigen Abständen im Wege eines Newsletters über Angebote des Unternehmens. Der Newsletter unseres Unternehmens kann von der betroffenen Person grundsätzlich nur dann empfangen werden, wenn (1) die betroffene Person über eine gültige E-Mail-Adresse verfügt und (2) die betroffene Person sich für den Newsletterversand registriert. An die von einer betroffenen Person erstmalig für den Newsletterversand eingetragene E-Mail-Adresse wird aus rechtlichen Gründen eine Bestätigungsmail im Double-Opt-in-Verfahren versendet. Diese Bestätigungsmail dient der Überprüfung, ob der Inhaber der E-Mail-Adresse als betroffene Person den Empfang des Newsletters autorisiert hat.

Bei der Anmeldung zum Newsletter speichern wir ferner die vom Internet-Service-Provider (ISP) vergebene IP-Adresse des von der betroffenen Person zum Zeitpunkt der Anmeldung verwendeten Computersystems sowie das Datum und die Uhrzeit der Anmeldung. Die Erhebung dieser Daten ist erforderlich, um den (möglichen) Missbrauch der E-Mail-Adresse einer betroffenen Person zu einem späteren Zeitpunkt nachvollziehen zu können, und dient deshalb der rechtlichen Absicherung des für die Verarbeitung Verantwortlichen.

Die im Rahmen einer Anmeldung zum Newsletter erhobenen personenbezogenen Daten werden ausschließlich zum Versand unseres Newsletters verwendet. Ferner könnten Abonnenten des Newsletters per E-Mail informiert werden, sofern dies für den Betrieb des Newsletter-Dienstes oder eine diesbezügliche Registrierung erforderlich ist, wie dies im Falle von Änderungen am Newsletterangebot oder bei der Veränderung der technischen Gegebenheiten der Fall sein könnte. Es erfolgt keine Weitergabe der im Rahmen des Newsletter-Dienstes erhobenen personenbezogenen Daten an Dritte. Das Abonnement unseres Newsletters kann durch die betroffene Person jederzeit gekündigt werden. Die Einwilligung in die Speicherung personenbezogener Daten, die die betroffene Person uns für den Newsletterversand erteilt hat, kann jederzeit widerrufen werden. Zum Zwecke des Widerrufs der Einwilligung findet sich in jedem Newsletter ein entsprechender Link. Ferner besteht die Möglichkeit, sich jederzeit auch direkt auf der Internetseite des für die Verarbeitung Verantwortlichen vom Newsletterversand abzumelden oder dies dem für die Verarbeitung Verantwortlichen auf andere Weise mitzuteilen.

Hinweis

Sofern Sie keinen Newsletter anbieten, benötigen Sie den obigen Abschnitt nicht.

19

5. Newsletter-Tracking

Die Newsletter der Firma *Mustermann* enthalten sogenannte Zählpixel. Ein Zählpixel ist eine Miniaturgrafik, die in solche E-Mails eingebettet wird, welche im HTML-Format versendet werden, um eine Logdatei-Aufzeichnung und eine Logdatei-Analyse zu ermöglichen. Dadurch kann eine statistische Auswertung des Erfolges oder Misserfolges von Online-Marketing-Kampagnen durchgeführt werden. Anhand des eingebetteten Zählpixels kann die Firma *Mustermann* erkennen, ob und wann eine E-Mail von einer betroffenen Person geöffnet wurde und welche in der E-Mail befindlichen Links von der betroffenen Person aufgerufen wurden.

Solche über die in den Newslettern enthaltenen Zählpixel erhobenen personenbezogenen Daten werden von dem für die Verarbeitung Verantwortlichen gespeichert und ausgewertet, um den Newsletterversand zu optimieren und den Inhalt zukünftiger Newsletter noch besser den Interessen der betroffenen Person anzupassen. Diese personenbezogenen Daten werden nicht an Dritte weitergegeben. Betroffene Personen sind jederzeit berechtigt, die diesbezügliche gesonderte, über das Double-Opt-in-Verfahren abgegebene Einwilligungserklärung zu widerrufen. Nach einem Widerruf werden diese personenbezogenen Daten von dem für die Verarbeitung Verantwortlichen gelöscht. Eine Abmeldung vom Erhalt des Newsletters deutet die Firma *Mustermann* automatisch als Widerruf.

6. Kontaktmöglichkeit über die Internetseite

Die Internetseite der Firma *Mustermann* enthält aufgrund von gesetzlichen Vorschriften Angaben, die eine schnelle elektronische Kontaktaufnahme zu unserem Unternehmen sowie eine unmittelbare Kommunikation mit uns ermöglichen, was ebenfalls eine allgemeine Adresse der sogenannten elektronischen Post (E-Mail-Adresse) umfasst. Sofern eine betroffene Person per E-Mail oder über ein Kontaktformular den Kontakt mit dem für die Verarbeitung Verantwortlichen aufnimmt, werden die von der betroffenen Person übermittelten personenbezogenen Daten automatisch gespeichert. Solche auf freiwilliger Basis von einer betroffenen Person an den für die Verarbeitung Verantwortlichen übermittelten personenbezogenen Daten werden für Zwecke der Bearbeitung oder der Kontaktaufnahme zur betroffenen Person gespeichert. Es erfolgt keine Weitergabe dieser personenbezogenen Daten an Dritte.

7. Verwendung von Cookies

Um den Besuch unserer Website attraktiv zu gestalten und die Nutzung bestimmter Funktionen zu ermöglichen, verwenden wir auf verschiedenen Seiten sogenannte Cookies. Hierbei handelt es sich um kleine Textdateien, die auf Ihrem Endgerät gespeichert werden. Einige der von uns verwendeten Cookies werden nach Ende der Browser-Sitzung, also nach Schließen Ihres Browsers, wieder gelöscht (sogenannte Sitzungs-Cookies). Andere Cookies verbleiben auf Ihrem Endgerät und ermöglichen uns, Ihren Browser beim nächsten Besuch wiederzuerkennen (persistente Cookies). Sie können Ihren Browser so einstellen, dass Sie über das Setzen von Cookies informiert werden und einzeln über deren Annahme entscheiden oder die Annahme von Cookies für bestimmte Fälle oder generell ausschließen. Bei der Nichtannahme von Cookies kann die Funktionalität unserer Website eingeschränkt sein.

Hinweis

Wenn Sie Cookies verwenden, sollten Sie die Entwicklung der europäischen e-Privacy-Verordnung beachten! Da sich diese bei Redaktionsschluss noch in Verhandlung befand, können wir an dieser Stelle die Datenschutzerklärung nur an das derzeit geltende Recht anpassen.

8. Einsatz von Google (Universal) Analytics zur Webanalyse

Diese Website benutzt Google (Universal) Analytics, einen Webanalysedienst der Google Inc. (*www.google.de*). Google (Universal) Analytics verwendet Methoden, die eine Analyse der Benutzung der Website durch Sie ermöglichen, wie zum Beispiel sogenannte »Cookies«, Textdateien, die auf Ihrem Computer gespeichert werden. Die erzeugten Informationen über Ihre Benutzung dieser Website werden in der Regel an einen Server von Google in den USA übertragen und dort gespeichert. Durch die Aktivierung der IP-Anonymisierung auf dieser Webseite wird dabei die IP-Adresse vor der Übermittlung innerhalb der Mitgliedstaaten der Europäischen Union oder in andere Vertragsstaaten des Abkommens über den Europäischen Wirtschaftsraum gekürzt. Nur in Ausnahmefällen wird die volle IP-Adresse an einen Server von Google in den USA übertragen und dort gekürzt. Die im Rahmen von Google Analytics von Ihrem Browser übermittelte anonymisierte IP-Adresse wird nicht mit anderen Daten von Google zusammengeführt.

Sie können die Erfassung der durch das Cookie erzeugten und auf Ihre Nutzung der Website bezogenen Daten (inkl. Ihrer IP-Adresse) an Google sowie die Verarbeitung dieser Daten durch Google verhindern, indem Sie das unter dem folgenden Link verfügbare Browser-Plug-in herunterladen und installieren: *http://wbs.is/rom89*

> **Hinweis**
>
> Wenn Sie Cookies verwenden, sollten Sie die Entwicklung der europäischen e-Privacy-Verordnung beachten! Da sich diese bei Redaktionsschluss noch in Verhandlung befand, können wir an dieser Stelle die Datenschutzerklärung nur an das derzeit geltende Recht anpassen.

Alternativ zum Browser-Plug-in können Sie DIESEN LINK klicken, um die Erfassung durch Google Analytics auf dieser Website zukünftig zu verhindern. Dabei wird ein Opt-out-Cookie auf Ihrem Endgerät abgelegt. Löschen Sie Ihre Cookies, müssen Sie den Link erneut klicken.

> **Hinweis**
>
> Der Nutzer hat die Möglichkeit, durch Klick auf DIESEN LINK in der Datenschutzerklärung ein Opt-out-Cookie zu setzen. Für das Opt-out-Cookie muss ein Script immer vor dem eigentlichen Google-Analytics-Script im Quelltext eingefügt werden. Wie Sie dies umsetzen können, erfahren Sie auf der Google-Analytics-Website unter *http://wbs.is/rom71.*

9. Verwendung von Social Plug-ins von Facebook unter Verwendung der »2-Klick-Lösung«

Auf unserer Website werden sogenannte Social Plug-ins (»Plug-ins«) des sozialen Netzwerks Facebook verwendet. Dieser Dienst wird von dem Unternehmen Facebook Inc. angeboten (»Anbieter«).

Facebook wird betrieben von der Facebook Inc., 1601 S. California Ave, Palo Alto, CA 94304, USA (»Facebook«). Eine Übersicht über die Plug-ins von Facebook und deren Aussehen finden Sie hier: *http://wbs.is/rom90*

Um den Schutz Ihrer Daten beim Besuch unserer Website zu erhöhen, sind die Plug-ins mithilfe der sogenannten »2-Klick-Lösung« in die Seite eingebunden. Diese Einbindung gewährleistet, dass beim Aufruf einer Seite unseres Webauftritts, die solche Plug-ins enthält, noch keine Verbindung mit den Servern von Facebook hergestellt wird. Erst wenn Sie die Plug-ins aktivieren und damit Ihre Zustimmung zur Datenübermittlung erteilen, stellt Ihr Browser eine direkte Verbindung zu den Servern von Facebook her. Der Inhalt des jeweiligen Plug-ins wird direkt an Ihren Browser übermittelt und in die Seite eingebunden. Durch die Einbindung der Plug-ins erhält Facebook die Information, dass Ihr Browser die entsprechende Seite unseres Webauftritts aufgerufen hat, auch wenn Sie kein Profil bei Facebook besitzen oder gerade nicht eingeloggt sind. Diese Information (einschließlich Ihrer IP-Adresse) wird von Ihrem Browser direkt an einen Server von Facebook in die USA übermittelt und dort gespeichert. Wenn Sie mit den Plug-ins interagieren, zum Beispiel den »Gefällt mir«-Button betätigen, wird die entsprechende Information ebenfalls direkt an einen Server von Facebook übermittelt und dort gespeichert. Die Informationen werden außerdem bei Facebook veröffentlicht und dort Ihren Kontakten angezeigt.

Zweck und Umfang der Datenerhebung und die weitere Verarbeitung und Nutzung der Daten durch Facebook sowie Ihre diesbezüglichen Rechte und Einstellungsmöglichkeiten zum Schutz Ihrer Privatsphäre entnehmen Sie bitte den Datenschutzhinweisen von Facebook unter *http://wbs.is/rom91*.

Hinweis

Sofern Sie keine Social Plug-ins verwenden, benötigen Sie den obigen Abschnitt nicht.

10. Eingebettete Videos und Bilder von externen Internetseiten

Einige unserer Seiten enthalten eingebettete Inhalte von YouTube oder Instagram. Beim alleinigen Aufrufen einer Seite aus unserem Internetangebot mit eingebundenen Videos oder Bildern aus unserem YouTube- und/oder Instagram-Kanal werden keine personenbezogenen Daten, mit Ausnahme der IP-Adresse, übermittelt. Die IP-Adresse wird im Fall von YouTube an die Google Inc., 600 Amphitheatre Parkway, Mountain View, CA 94043, USA (»Google«) und im Fall von Instagram an die Instagram Inc., 181 SouthPark Street Suite 2 San Francisco, California 94107, USA (»Instagram«) übermittelt.

> **Hinweis**
>
> Hier sollten Sie diejenigen Drittanbieter aufführen, von denen Sie Content in Ihre Website einbinden.

11. Bekanntmachung von Veränderungen

Gesetzesänderungen oder Änderungen unserer internen Prozesse können eine Anpassung dieser Datenschutzerklärung erforderlich machen.

Für den Fall einer solchen Änderung werden wir Ihnen dies spätestens sechs Wochen vor Inkrafttreten mitteilen. Ihnen steht generell ein Widerrufsrecht hinsichtlich Ihrer erteilten Einwilligungen zu.

Bitte beachten Sie, dass (sofern Sie keinen Gebrauch von Ihrem Widerrufsrecht machen) die jeweils aktuelle Version der Datenschutzerklärung die gültige ist.

12. Aktualisierung/Löschung Ihrer persönlichen Daten

Sie haben jederzeit die Möglichkeit, die uns zur Verfügung gestellten persönlichen Daten zu überprüfen, zu ändern oder zu löschen, indem Sie uns eine E-Mail an *info@ maxmustermann.de* schicken. Wenn Sie Mitglied bei uns sind, können Sie dort auch den Empfang weiterer Informationen für die Zukunft ausschließen.

Ebenso haben Sie das Recht, einmal erteilte Einwilligungen mit Wirkung für die Zukunft jederzeit zu widerrufen.

Die Löschung der gespeicherten personenbezogenen Daten erfolgt, wenn Sie Ihre Einwilligung zur Speicherung widerrufen.

Der für die Verarbeitung Verantwortliche verarbeitet und speichert personenbezogene Daten der betroffenen Person nur für den Zeitraum, der zur Erreichung des Speicherungszwecks erforderlich ist, oder sofern dies durch den Europäischen Richtlinien- und Verordnungsgeber oder einen anderen Gesetzgeber in Gesetzen oder Vorschriften, welchen der für die Verarbeitung Verantwortliche unterliegt, vorgesehen wurde.

Entfällt der Speicherungszweck oder läuft eine vom Europäischen Richtlinien- und Verordnungsgeber oder einem anderen zuständigen Gesetzgeber vorgeschriebene Speicherfrist ab, werden die personenbezogenen Daten routinemäßig und entsprechend den gesetzlichen Vorschriften gesperrt oder gelöscht.

13. Rechte der betroffenen Personen

Jede betroffene Person hat das vom Europäischen Richtlinien- und Verordnungsgeber eingeräumte Recht, von dem für die Verarbeitung Verantwortlichen eine Bestätigung darüber zu verlangen, ob sie betreffende personenbezogene Daten verarbeitet werden. Möchte eine betroffene Person dieses Bestätigungsrecht in Anspruch nehmen, kann sie sich hierzu jederzeit an unseren Datenschutzbeauftragten oder einen anderen Mitarbeiter des für die Verarbeitung Verantwortlichen wenden.

Jede von der Verarbeitung personenbezogener Daten betroffene Person hat das vom Europäischen Richtlinien- und Verordnungsgeber gewährte Recht, jederzeit von dem für die Verarbeitung Verantwortlichen unentgeltliche Auskunft über die zu ihr gespeicherten personenbezogenen Daten und eine Kopie dieser Auskunft zu erhalten. Ferner hat der Europäische Richtlinien- und Verordnungsgeber der betroffenen Person Auskunft über folgende Informationen zugestanden:

▶ die Verarbeitungszwecke

▶ die Kategorien personenbezogener Daten, die verarbeitet werden

▶ die Empfänger oder Kategorien von Empfängern, gegenüber denen die personenbezogenen Daten offengelegt worden sind oder noch offengelegt werden, insbesondere bei Empfängern in Drittländern oder bei internationalen Organisationen

▶ falls möglich die geplante Dauer, für die die personenbezogenen Daten gespeichert werden, oder, falls dies nicht möglich ist, die Kriterien für die Festlegung dieser Dauer

▶ das Bestehen eines Rechts auf Berichtigung oder Löschung der sie betreffenden personenbezogenen Daten oder auf Einschränkung der Verarbeitung durch den Verantwortlichen oder das Bestehen eines Widerspruchsrechts gegen diese Verarbeitung

▶ das Bestehen eines Beschwerderechts bei einer Aufsichtsbehörde

▶ wenn die personenbezogenen Daten nicht bei der betroffenen Person erhoben werden: alle verfügbaren Informationen über die Herkunft der Daten

▶ das Bestehen einer automatisierten Entscheidungsfindung einschließlich Profiling gemäß Art. 22 Abs. 1 und 4 DSGVO und – zumindest in diesen Fällen – aussagekräftige Informationen über die involvierte Logik sowie die Tragweite und die angestrebten Auswirkungen einer derartigen Verarbeitung für die betroffene Person

Ferner steht der betroffenen Person ein Auskunftsrecht darüber zu, ob personenbezogene Daten an ein Drittland oder an eine internationale Organisation übermittelt wurden. Sofern dies der Fall ist, so steht der betroffenen Person im Übrigen das Recht zu, Auskunft über die geeigneten Garantien im Zusammenhang mit der Übermittlung zu erhalten.

Möchte eine betroffene Person dieses Auskunftsrecht in Anspruch nehmen, kann sie sich hierzu jederzeit an unseren Datenschutzbeauftragten oder einen anderen Mitarbeiter des für die Verarbeitung Verantwortlichen wenden.

Jede von der Verarbeitung personenbezogener Daten betroffene Person hat das vom Europäischen Richtlinien- und Verordnungsgeber gewährte Recht, die unverzügliche Berichtigung sie betreffender unrichtiger personenbezogener Daten zu verlangen.

Ferner steht der betroffen Person das Recht zu, unter Berücksichtigung der Zwecke der Verarbeitung, die Vervollständigung unvollständiger personenbezogener Daten – auch mittels einer ergänzenden Erklärung – zu verlangen.

Möchte eine betroffene Person dieses Berichtigungsrecht in Anspruch nehmen, kann sie sich hierzu jederzeit an unseren Datenschutzbeauftragten oder einen anderen Mitarbeiter des für die Verarbeitung Verantwortlichen wenden.

Jede von der Verarbeitung personenbezogener Daten betroffene Person hat das vom Europäischen Richtlinien- und Verordnungsgeber gewährte Recht, von dem Verantwortlichen zu verlangen, dass die sie betreffenden personenbezogenen Daten unverzüglich gelöscht werden, sofern einer der folgenden Gründe zutrifft und soweit die Verarbeitung nicht erforderlich ist:

▶ Die personenbezogenen Daten wurden für solche Zwecke erhoben oder auf sonstige Weise verarbeitet, für welche sie nicht mehr notwendig sind.

▶ Die betroffene Person widerruft ihre Einwilligung, auf die sich die Verarbeitung gemäß Art. 6 Abs. 1 lit. a DSGVO oder Art. 9 Abs. 2 lit. a DSGVO stützte, und es fehlt an einer anderweitigen Rechtsgrundlage für die Verarbeitung.

▶ Die betroffene Person legt gemäß Art. 21 Abs. 1 DSGVO Widerspruch gegen die Verarbeitung ein und es liegen keine vorrangigen berechtigten Gründe für die Verarbeitung vor, oder die betroffene Person legt gemäß Art. 21 Abs. 2 DSGVO Widerspruch gegen die Verarbeitung ein.

▶ Die personenbezogenen Daten wurden unrechtmäßig verarbeitet.

▶ Die Löschung der personenbezogenen Daten ist zur Erfüllung einer rechtlichen Verpflichtung nach dem Unionsrecht oder dem Recht der Mitgliedstaaten erforderlich, dem der Verantwortliche unterliegt.

▶ Die personenbezogenen Daten wurden in Bezug auf angebotene Dienste der Informationsgesellschaft gemäß Art. 8 Abs. 1 DSGVO erhoben.

Sofern einer der oben genannten Gründe zutrifft und eine betroffene Person die Löschung von personenbezogenen Daten, die bei der Firma *Mustermann* gespeichert sind, veranlassen möchte, kann sie sich hierzu jederzeit an unseren Datenschutzbeauftragten oder einen anderen Mitarbeiter des für die Verarbeitung Verantwortlichen wenden. Der Datenschutzbeauftragte der Firma *Mustermann* oder ein anderer Mitarbeiter wird veranlassen, dass dem Löschverlangen unverzüglich nachgekommen wird.

Wurden die personenbezogenen Daten von der Firma *Mustermann* öffentlich gemacht und ist unser Unternehmen als Verantwortlicher gemäß Art. 17 Abs. 1 DSGVO zur Löschung der personenbezogenen Daten verpflichtet, so trifft die Firma *Mustermann* unter Berücksichtigung der verfügbaren Technologie und der Implementierungskosten angemessene Maßnahmen, auch technischer Art, um andere für die Da-

19

tenverarbeitung Verantwortliche, welche die veröffentlichten personenbezogenen Daten verarbeiten, darüber in Kenntnis zu setzen, dass die betroffene Person von diesen anderen für die Datenverarbeitung Verantwortlichen die Löschung sämtlicher Links zu diesen personenbezogenen Daten oder von Kopien oder Replikationen dieser personenbezogenen Daten verlangt hat, soweit die Verarbeitung nicht erforderlich ist. Der Datenschutzbeauftragte der Firma *Mustermann* oder ein anderer Mitarbeiter wird im Einzelfall das Notwendige veranlassen.

Jede von der Verarbeitung personenbezogener Daten betroffene Person hat das vom Europäischen Richtlinien- und Verordnungsgeber gewährte Recht, von dem Verantwortlichen die Einschränkung der Verarbeitung zu verlangen, wenn eine der folgenden Voraussetzungen gegeben ist:

▶ Die Richtigkeit der personenbezogenen Daten wird von der betroffenen Person bestritten, und zwar für eine Dauer, die es dem Verantwortlichen ermöglicht, die Richtigkeit der personenbezogenen Daten zu überprüfen.

▶ Die Verarbeitung ist unrechtmäßig, die betroffene Person lehnt die Löschung der personenbezogenen Daten ab und verlangt stattdessen die Einschränkung der Nutzung der personenbezogenen Daten.

▶ Der Verantwortliche benötigt die personenbezogenen Daten für die Zwecke der Verarbeitung nicht länger, die betroffene Person benötigt sie jedoch zur Geltendmachung, Ausübung oder Verteidigung von Rechtsansprüchen.

▶ Die betroffene Person hat Widerspruch gegen die Verarbeitung gemäß Art. 21 Abs. 1 DSGVO eingelegt und es steht noch nicht fest, ob die berechtigten Gründe des Verantwortlichen gegenüber denen der betroffenen Person überwiegen.

Sofern eine der oben genannten Voraussetzungen gegeben ist und eine betroffene Person die Einschränkung von personenbezogenen Daten, die bei der Firma *Mustermann* gespeichert sind, verlangen möchte, kann sie sich hierzu jederzeit an unseren Datenschutzbeauftragten oder einen anderen Mitarbeiter des für die Verarbeitung Verantwortlichen wenden. Der Datenschutzbeauftragte der Firma *Mustermann* oder ein anderer Mitarbeiter wird die Einschränkung der Verarbeitung veranlassen.

Jede von der Verarbeitung personenbezogener Daten betroffene Person hat das vom Europäischen Richtlinien- und Verordnungsgeber gewährte Recht, die sie betreffenden personenbezogenen Daten, welche durch die betroffene Person einem Verantwortlichen bereitgestellt wurden, in einem strukturierten, gängigen und maschinenlesbaren Format zu erhalten. Sie hat außerdem das Recht, diese Daten einem anderen Verantwortlichen ohne Behinderung durch den Verantwortlichen, dem die personenbezogenen Daten bereitgestellt wurden, zu übermitteln, sofern die Verarbeitung auf der Einwilligung gemäß Art. 6 Abs. 1 lit. a DSGVO oder Art. 9 Abs. 2 lit. a DSGVO oder auf einem Vertrag gemäß Art. 6 Abs. 1 lit. b DSGVO beruht und die Verarbeitung mithilfe automatisierter Verfahren erfolgt, sofern die Verarbeitung nicht für die Wahrnehmung einer Aufgabe erforderlich ist, die im öffentlichen Interesse liegt oder in Ausübung öffentlicher Gewalt erfolgt, welche dem Verantwortlichen übertragen wurde.

Ferner hat die betroffene Person bei der Ausübung ihres Rechts auf Datenübertragbarkeit gemäß Art. 20 Abs. 1 DSGVO das Recht, zu erwirken, dass die personenbezogenen Daten direkt von einem Verantwortlichen an einen anderen Verantwortlichen übermittelt werden, soweit dies technisch machbar ist und sofern hiervon nicht die Rechte und Freiheiten anderer Personen beeinträchtigt werden.

Zur Geltendmachung des Rechts auf Datenübertragbarkeit kann sich die betroffene Person jederzeit an den von der Firma *Mustermann* bestellten Datenschutzbeauftragten oder einen anderen Mitarbeiter wenden.

Jede von der Verarbeitung personenbezogener Daten betroffene Person hat das vom Europäischen Richtlinien- und Verordnungsgeber gewährte Recht, aus Gründen, die sich aus ihrer besonderen Situation ergeben, jederzeit gegen die Verarbeitung sie betreffender personenbezogener Daten, die aufgrund von Art. 6 Abs. 1 lit. e oder f DSGVO erfolgt, Widerspruch einzulegen. Dies gilt auch für ein auf diese Bestimmungen gestütztes Profiling.

Die Firma *Mustermann* verarbeitet die personenbezogenen Daten im Falle des Widerspruchs nicht mehr, es sei denn, wir können zwingende schutzwürdige Gründe für die Verarbeitung nachweisen, die die Interessen, Rechte und Freiheiten der betroffenen Person überwiegen, oder die Verarbeitung dient der Geltendmachung, Ausübung oder Verteidigung von Rechtsansprüchen.

Verarbeitet die Firma *Mustermann* personenbezogene Daten, um Direktwerbung zu betreiben, so hat die betroffene Person das Recht, jederzeit Widerspruch gegen die Verarbeitung der personenbezogenen Daten zum Zwecke derartiger Werbung einzulegen. Dies gilt auch für das Profiling, soweit es mit solcher Direktwerbung in Verbindung steht. Widerspricht die betroffene Person gegenüber der Firma *Mustermann* der Verarbeitung für Zwecke der Direktwerbung, so wird die Firma *Mustermann* die personenbezogenen Daten nicht mehr für diese Zwecke verarbeiten.

Zudem hat die betroffene Person das Recht, aus Gründen, die sich aus ihrer besonderen Situation ergeben, gegen die sie betreffende Verarbeitung personenbezogener Daten, die bei der Firma *Mustermann* zu wissenschaftlichen oder historischen Forschungszwecken oder zu statistischen Zwecken gemäß Art. 89 Abs. 1 DSGVO erfolgt, Widerspruch einzulegen, es sei denn, eine solche Verarbeitung ist zur Erfüllung einer im öffentlichen Interesse liegenden Aufgabe erforderlich.

Zur Ausübung des Rechts auf Widerspruch kann sich die betroffene Person direkt an den Datenschutzbeauftragten der Firma *Mustermann* oder einen anderen Mitarbeiter wenden. Der betroffenen Person steht es ferner frei, im Zusammenhang mit der Nutzung von Diensten der Informationsgesellschaft, ungeachtet der Richtlinie

19

2002/58/EG, ihr Widerspruchsrecht mittels automatisierter Verfahren auszuüben, bei denen technische Spezifikationen verwendet werden.

Jede von der Verarbeitung personenbezogener Daten betroffene Person hat das vom Europäischen Richtlinien- und Verordnungsgeber gewährte Recht, nicht einer ausschließlich auf einer automatisierten Verarbeitung – einschließlich Profiling – beruhenden Entscheidung unterworfen zu werden, die ihr gegenüber rechtliche Wirkung entfaltet oder sie in ähnlicher Weise erheblich beeinträchtigt, sofern die Entscheidung

(1) nicht für den Abschluss oder die Erfüllung eines Vertrags zwischen der betroffenen Person und dem Verantwortlichen erforderlich ist, oder

(2) aufgrund von Rechtsvorschriften der Union oder der Mitgliedstaaten, denen der Verantwortliche unterliegt, zulässig ist und diese Rechtsvorschriften angemessene Maßnahmen zur Wahrung der Rechte und Freiheiten sowie der berechtigten Interessen der betroffenen Person enthalten oder

(3) mit ausdrücklicher Einwilligung der betroffenen Person erfolgt.

Ist die Entscheidung

(1) für den Abschluss oder die Erfüllung eines Vertrags zwischen der betroffenen Person und dem Verantwortlichen erforderlich oder

(2) erfolgt sie mit ausdrücklicher Einwilligung der betroffenen Person,

trifft die Firma *Mustermann* angemessene Maßnahmen, um die Rechte und Freiheiten sowie die berechtigten Interessen der betroffenen Person zu wahren, wozu mindestens das Recht gehört, zu erwirken, dass eine Person aus dem Kreis des Verantwortlichen eingreift, seinen eigenen Standpunkt darzulegen und die Entscheidung anzufechten.

Möchte die betroffene Person Rechte mit Bezug auf automatisierte Entscheidungen geltend machen, kann sie sich hierzu jederzeit an unseren Datenschutzbeauftragten oder einen anderen Mitarbeiter des für die Verarbeitung Verantwortlichen wenden.

Jede von der Verarbeitung personenbezogener Daten betroffene Person hat das vom Europäischen Richtlinien- und Verordnungsgeber gewährte Recht, eine Einwilligung zur Verarbeitung personenbezogener Daten jederzeit zu widerrufen.

Möchte die betroffene Person ihr Recht auf Widerruf einer Einwilligung geltend machen, kann sie sich hierzu jederzeit an unseren Datenschutzbeauftragten oder einen anderen Mitarbeiter des für die Verarbeitung Verantwortlichen wenden.

14. Rechtsgrundlage der Verarbeitung

Art. 6 Abs. 1 lit. a DSGVO dient unserem Unternehmen als Rechtsgrundlage für Verarbeitungsvorgänge, bei denen wir eine Einwilligung für einen bestimmten Verarbeitungszweck einholen. Ist die Verarbeitung personenbezogener Daten zur Erfüllung eines Vertrags, dessen Vertragspartei die betroffene Person ist, erforderlich, wie dies beispielsweise bei Verarbeitungsvorgängen der Fall ist, die für eine Lieferung von Waren oder die Erbringung einer sonstigen Leistung oder Gegenleistung notwendig sind, so beruht die Verarbeitung auf Art. 6 Abs. 1 lit. b DSGVO. Gleiches gilt für solche Verarbeitungsvorgänge, die zur Durchführung vorvertraglicher Maßnahmen erforderlich sind, etwa in Fällen von Anfragen zur unseren Produkten oder Leistungen. Unterliegt unser Unternehmen einer rechtlichen Verpflichtung, durch welche eine Verarbeitung von personenbezogenen Daten erforderlich wird, wie beispielsweise zur Erfüllung steuerlicher Pflichten, so basiert die Verarbeitung auf Art. 6 Abs. 1 lit. c DSGVO. In seltenen Fällen könnte die Verarbeitung von personenbezogenen Daten erforderlich werden, um lebenswichtige Interessen der betroffenen Person oder einer anderen natürlichen Person zu schützen. Dies wäre beispielsweise der Fall, wenn ein Besucher in unserem Betrieb verletzt werden würde und daraufhin sein Name, sein Alter, seine Krankenkassendaten oder sonstige lebenswichtige Informationen an einen Arzt, ein Krankenhaus oder sonstige Dritte weitergegeben werden müssten. Dann würde die Verarbeitung auf Art. 6 Abs. 1 lit. d DSGVO beruhen. Letztlich könnten Verarbeitungsvorgänge auf Art. 6 Abs. 1 lit. f DSGVO beruhen. Auf dieser Rechtsgrundlage basieren Verarbeitungsvorgänge, die von keiner der vorgenannten Rechtsgrundlagen erfasst werden, wenn die Verarbeitung zur Wahrung eines berechtigten Interesses unseres Unternehmens oder eines Dritten erforderlich ist, sofern die Interessen, Grundrechte und Grundfreiheiten des Betroffenen nicht überwiegen. Solche Verarbeitungsvorgänge sind uns insbesondere deshalb gestattet, weil sie durch den Europäischen Gesetzgeber besonders erwähnt wurden. Er vertrat insoweit die Auffassung, dass ein berechtigtes Interesse anzunehmen sein könnte, wenn die betroffene Person ein Kunde des Verantwortlichen ist (Erwägungsgrund 47 Satz 2 DSGVO).

19

15. Berechtigte Interessen an der Verarbeitung, die von dem Verantwortlichen oder einem Dritten verfolgt werden

Basiert die Verarbeitung personenbezogener Daten auf Art. 6 Abs. 1 lit. f DSGVO, ist unser berechtigtes Interesse die Durchführung unserer Geschäftstätigkeit zugunsten des Wohlergehens all unserer Mitarbeiter und unserer Anteilseigner.

16. Der Verantwortliche bzw. Ihr Ansprechpartner

Bei Fragen zur Erhebung, Verarbeitung oder Nutzung Ihrer personenbezogenen Daten, bei Auskünften, Berichtigung, Sperrung oder Löschung von Daten sowie Widerruf erteilter Einwilligungen oder Widerspruch gegen eine bestimmte Datenverwendung wenden Sie sich bitte direkt an:

> Max Mustermann GmbH
> Musterstr. 10
> 12345 Musterstadt
> Tel. + 49 1234/567890

Fax. + 49 1234/567890

E-Mail: *info@maxmustermann.de*

19.7.3   Erweiterte Datenschutzerklärung für den Einsatz von »Google Web Fonts«

Hinweis

Diese Datenschutzerklärung ist nur eine Ergänzung zur allgemeinen Datenschutzerklärung für Websites und kann nicht für sich allein verwendet werden. Der folgende Passus betrifft nur die Betreiber von Websites, die »Google Web Fonts« verwenden. Diese müssen den folgenden Passus in Ihre Datenschutzerklärung mit aufnehmen.

Wir nutzen auf unserer Webseite externe Schriftarten, sog. Google Fonts. Google Fonts ist ein Dienst der Google Inc. ("Google"), 1600 Amphitheatre Parkway, Mountain View, CA 94043, USA.

Die Einbindung der Web Fonts erfolgt über eine Schnittstelle (»API«) zu den Google-Diensten. Durch die Einbindung der Web Fonts erhebt Google unter Umständen Informationen (auch personenbezogene Daten) und verarbeitet diese. Dabei kann nicht ausgeschlossen werden, dass Google die Informationen auch an einen Server in einem Drittland übermittelt.

Informationen zur vorhandenen Privacy-Shield-Zertifizierung von Google und weiteren relevanten Daten zur Datenverarbeitung durch Google im Rahmen der Nutzung der Google Dienste finden Sie in dieser Datenschutzerklärung unter dem Abschnitt »x) Informationen zu Google-Diensten«.

Wir selbst erheben keine Daten, im Rahmen der Bereitstellung der Google Fonts.

Durch die Einbindung von Google Fonts verfolgen wir den Zweck, einheitliche Schrifttypen auf Ihrem Gerät anzeigen lassen zu können.

Rechtsgrundlage für die hier beschriebene Verarbeitung personenbezogener Daten ist Art. 6 Abs. 1 lit. f DSGVO. Unser hierfür erforderliches berechtigtes Interesse liegt dabei in dem großen Nutzen, den eine einheitliche Darstellung der Schrifttypen bietet. Durch die Möglichkeit einer einheitlichen Darstellung halten wir den Gestaltungsaufwand geringer, als wenn wir auf Schriftarten-Standards verschiedener Betriebssysteme bzw. Browser mit eigenen grafisch angepassten Webseiten reagieren müssten. Google hat darüber hinaus u. a. ein berechtigtes Interesse an den erhobenen (personenbezogenen) Daten um die eigenen Dienste zu verbessern.

Widerspruchsrecht

Ihnen steht ein Widerspruchsrecht zu. Ihren Widerspruch können Sie uns jederzeit zusenden bzw. mitteilen (z. B. per E-Mail an datenschutz@).

> **Hinweis**
>
> Das Widerspruchsrecht können Sie visuell noch besser herausstellen, indem Sie es beispielsweise fett drucken oder mit einem Rahmen versehen. Denn das Widerspruchsrecht ist von essenzieller Bedeutung bei der Verwendung dieses Dienstes.

Die Bereitstellung der personenbezogenen Daten ist weder gesetzlich noch vertraglich vorgeschrieben und auch nicht für einen Vertragsabschluss erforderlich. Sie sind auch nicht verpflichtet, die personenbezogenen Daten bereitzustellen. Die Nichtbereitstellung hätte jedoch unter Umständen zur Folge, dass Sie unsere Webseite nicht bzw. nicht vollumfänglich nutzen können und sich die Darstellung der Webseite verändert.

Nähere Informationen finden Sie in den Datenschutzhinweisen von Google, die Sie hier abrufen können:

▶ *www.google.com/fonts#AboutPlace:about*

▶ *https://developers.google.com/terms/*

▶ *www.google.com/policies/privacy/*

Hinweise zu den Privatsphäreeinstellungen von Google finden Sie unter *https://privacy.google.com/take-control.html?categories_activeEl=sign-in*

19.7.4   Erweiterte Datenschutzerklärung für den Einsatz von »Google Tag Manager«

> **Hinweis**
>
> Diese Datenschutzerklärung ist nur eine Ergänzung zur allgemeinen Datenschutzerklärung für Websites und kann nicht für sich allein verwendet werden. Der folgende Passus betrifft nur die Betreiber von Websites, die den *Google Tag Manager* einsetzen. Diese müssen den folgenden Passus in Ihre Datenschutzerklärung mit aufnehmen.
>
> Beachten Sie jedoch bitte ganz grundsätzlich beim Einsatz des Google Tag Managers, dass nicht genau bekannt ist, wie der Google Tag Manager im Detail arbeitet. Es besteht grundsätzlich die Möglichkeit, dass Google Daten verarbeitet, die eingebundene Tags des Google Tag Managers beziehen.
>
> Wenn Sie Google Analytics über den Google Tag Manager einbinden, besteht zusätzlich die Möglichkeit, dass die IP-Adresse ungekürzt durch Google verarbeitet wird, da eine Anonymisierung erst nach dem Auslösen des hinterlegten Tags vorgenommen wird.
>
> Wir empfehlen daher, auf eine Einbindung des Google Tag Managers zu verzichten und die Dienste eigenständig einzubinden. Insbesondere unter Berücksichtigung des

19

> Grundsatzes der Datenminimierung dürfte der Rückgriff auf dieses Tool problematisch sein.
>
> Für die Verwendung des Google Tag Managers müssen Sie zudem einen Vertrag zur Auftragsverarbeitung mit Google schließen. Dies können Sie in Ihrem Benutzerinterface bei Google durchführen:
>
> *https://support.google.com/analytics/answer/3379636?hl=de&ref_topic=2919631*

Wir nutzen auf unserer Webseite den Google Tag Manager. Der Google Tag Manager ist ein Dienst der Google Inc. (»Google«), 1600 Amphitheatre Parkway, Mountain View, CA 94043, USA.

Durch den Google Tag Manager können wir verschiedene Codes und Dienste geordnet und vereinfacht auf unserer Webseite einbinden. Der Google Tag Manager implementiert dabei die Tags bzw. »löst« die eingebundenen Tags aus. Beim Auslösen eines Tags verarbeitet Google unter Umständen Informationen (auch personenbezogene Daten) und verarbeitet diese. Dabei kann nicht ausgeschlossen werden, dass Google die Informationen auch an einen Server in einem Drittland übermittelt.

Informationen zur vorhandenen Privacy-Shield-Zertifizierung von Google und weiteren relevanten Daten zur Datenverarbeitung durch Google im Rahmen der Nutzung der Google-Dienste finden Sie in dieser Datenschutzerklärung unter dem Abschnitt »xx.xxx«.

Hinweis

Tragen Sie an der mit »xx.xxx« gekennzeichneten Stelle bitte die Stelle Ihrer Datenschutzerklärung ein, die Informationen zu Google-Diensten enthält.

Insbesondere werden folgende personenbezogenen Daten durch den Google Tag Manager verarbeitet:

► Online-Kennzeichnungen (einschließlich Cookie-Kennungen)

► IP-Adresse

Darüber hinaus finden Sie weitere detaillierte Informationen zu dem Google Tag Manager auf der Webseite *https://www.google.de/tagmanager/use-policy.html* sowie unter *https://www.google.com/intl/de/policies/privacy/index.html* im Abschnitt »Daten, die wir aufgrund Ihrer Nutzung unserer Dienste erhalten«.

Weiterhin haben wir für den Einsatz des Google Tag Managers mit Google einen Vertrag zur Auftragsverarbeitung geschlossen (Art. 28 DSGVO). Google verarbeitet die Daten in unserem Auftrag, um die hinterlegten Tags auszulösen und die Dienste auf unserer Webseite darzustellen. Google kann diese Informationen gegebenenfalls an

Dritte übertragen, sofern dies gesetzlich vorgeschrieben ist oder soweit Dritte diese Daten im Auftrag von Google verarbeiten.

Sofern Sie einzelne Trackingdienste deaktiviert haben (z. B. durch das Setzenlassen eines Opt-out-Cookies), bleibt die Deaktivierung für alle betroffenen Tracking-Tags bestehen, die durch den Google Tag Manager eingebunden werden.

Durch die Einbindung des Google Tag Managers verfolgen wir den Zweck, eine vereinfachte und übersichtliche Einbindung verschiedener Dienste vornehmen zu können. Darüber hinaus optimiert die Einbindung des Google Tag Managers die Ladezeiten der verschiedenen Dienste.

> **Hinweis**
>
> An dieser Stelle muss der tatsächliche Zweck von Ihnen angegeben werden. Der hier von uns bezeichnete Zweck dient nur der Veranschaulichung. Bitte prüfen Sie daher, ob dies auch bei Ihnen so zutrifft, und ändern bzw. ergänzen Sie dies entsprechend.

Rechtsgrundlage für die hier beschriebene Verarbeitung personenbezogener Daten ist Art. 6 Abs. 1 lit. f DSGVO. Unser hierfür erforderliches berechtigtes Interesse liegt dabei in dem großen Nutzen, den eine Einbindung verschiedener Dienste über den Google Tag Manager bringt. Durch die Einbindung des Google Tag Managers verringern wir unseren Wartungsaufwand sowie den Ladeaufwand der Webseite und der Server sowie die Traffic-Belastung.

> **Hinweis**
>
> Hier müssen Sie das tatsächliche berechtigte Interesse darlegen. Das von uns bezeichnete berechtigte Interesse dient nur der Veranschaulichung. Bitte prüfen Sie daher, ob dies auch bei Ihnen so zutrifft, und ändern bzw. ergänzen Sie dies entsprechend.

Google hat darüber hinaus ein berechtigtes Interesse an den erhobenen (personenbezogenen) Daten, um die eigenen Dienste zu verbessern.

> **Hinweis**
>
> Ein eigenes berechtigtes Interesse an der Verarbeitung der meisten Daten durch Google selbst ist hierbei nicht erkennbar und kann daher auch nicht angeführt werden. Art. 6 Abs. 1 lit. f sieht jedoch auch berechtigte Interessen Dritter vor. Da Google lediglich pauschal ausführt, dass die Verarbeitung zur Verbesserung der Dienste genutzt wird, dürfte dies ein sehr schwaches berechtigtes Interesse sein, sollte jedoch auch angeführt werden.

19

Widerspruchsrecht

Ihnen steht ein Widerspruchsrecht zu. Sie haben die Möglichkeit, das Senden sämtlicher Tags des Google Tag Managers zu unterbinden. Hierfür müssen Sie nur diesen OPT-OUT-LINK anklicken, um den Google-Tag-Manager-Deaktivierungs-Cookie in Ihrem Browser abzulegen.

Hinweis

Hier muss der Code `javascript:gtmOptOut();` eingebunden werden, damit der Link bei einem Klick auf den Begriff OPT-OUT-LINK auch funktioniert. Bitte informieren Sie sich, wie Sie diesen Code funktionsfähig einbauen können.

Wir weisen jedoch darauf hin, dass die Deaktivierung zur Folge haben kann, dass Sie unsere Webseite nicht bzw. nicht vollumfänglich nutzen können.

Die verarbeiteten Informationen werden nur so lange gespeichert, wie dies für den vorgesehenen Zweck notwendig oder gesetzlich vorgeschrieben ist.

Hinweis

In Ziffer 6.2 der Auftragsverarbeitungsbedingungen (*https://privacy.google.com/businesses/processorterms/*) ist geregelt, dass Sie Google nach Ablauf der Laufzeit ausdrücklich anweisen müssen, die Daten zu löschen. Aktuell fällt der Google Tag Manager noch unter diejenigen Dienste von Google, bei denen Sie die Daten nicht eigenständig löschen können. Sobald sich dies ändert, muss dies hier angepasst werden.

Die Bereitstellung der personenbezogenen Daten ist weder gesetzlich noch vertraglich vorgeschrieben und auch nicht für einen Vertragsabschluss erforderlich. Sie sind auch nicht verpflichtet, die personenbezogenen Daten bereitzustellen. Die Nichtbereitstellung hätte jedoch unter Umständen zur Folge, dass Sie unsere Webseite nicht bzw. nicht vollumfänglich nutzen können.

19.7.5   Erweiterte Datenschutzerklärung für den Einsatz des Newsletter-Dienstleisters MailChimp

---

Hinweis

Diese Datenschutzerklärung ist nur eine Ergänzung zur allgemeinen Datenschutzerklärung für Websites und kann nicht für sich allein verwendet werden. Der folgende Passus betrifft nur die Betreiber von Websites, die zum Versand ihres Newsletters den Dienst MailChimp in Anspruch nehmen. Diese müssen den folgenden Passus in Ihre Datenschutzerklärung mit aufnehmen.

Sie haben die Möglichkeit, sich auf unserer Website für unseren Newsletter anzumelden.

Für den Versand des Newsletters nutzen wir den Newsletter-Dienst von MailChimp. Anbieter ist die Rocket Science Group LLC, 675 Ponce De Leon Ave NE, Suite 5000, Atlanta, GA 30308, USA. MailChimp ist ein Dienst, mit dem u. a. der Versand von Newslettern organisiert und analysiert werden kann.

Wie aus der Privacy-Shield-Zertifizierung von »The Rocket Science Group LLC« (MailChimp) hervorgeht (unter *https://www.privacyshield.gov/list* unter dem Suchbegriff »MailChimp« zu finden), hat MailChimp sich zur Einhaltung des vom US-Handelsministerium veröffentlichten EU-US Privacy Shield Framework und des Swiss-US Privacy Shield Framework über die Erhebung, Nutzung und Speicherung von personenbezogenen Daten aus den Mitgliedsstaaten der EU bzw. der Schweiz verpflichtet. Die Rocket Science Group LLC (MailChimp) hat durch Zertifizierung erklärt, dass sie die Privacy-Shield-Prinzipien einhält.

Des Weiteren haben wir mit MailChimp ein »Data Processing Agreement« abgeschlossen. Dabei handelt es sich um einen Vertrag, in dem sich MailChimp dazu verpflichtet, die Daten unserer Nutzer zu schützen und die Daten ausschließlich entsprechend der Datenschutzbestimmungen in unserem Auftrag weisungsgebunden zu verarbeiten. Weitere Informationen dazu finden Sie unter: *https://mailchimp.com/legal/privacy/*

Wenn Sie sich für unseren Newsletter anmelden, verarbeiten wir folgende Informationen (auch personenbezogene Daten) von Ihnen:

▶ Objekt- und Profilreferenz

▶ E-Mail-Adresse

▶ Datum und Uhrzeit

▶ IP-Adresse

▶ Aktionstyp (Eintragung, Aktualisierung, Änderung der Erlaubnis)

▶ Metadaten der Aktion

Um den Einwilligungs- und Austragungsnachweis rechtskonform abbilden zu können, halten wir zu jedem Benutzerprofil, welches mit per Double-Opt-in-Verfahren bestätigter E-Mail-Adresse erzeugt wird, nachstehende Daten zu den Ereignissen Eintragung, Änderung, Bestätigung, Austragung des Newsletters vor:

▶ Datum und Uhrzeit

▶ IP-Adresse

19

Der Einsatz des Newsletter-Dienstleisters MailChimp basiert auf der Rechtsgrundlage der Wahrnehmung berechtigter Interessen gemäß Art. 6 Abs. 1 lit. f DSGVO und bedarf keiner Einwilligung.

Hinweis

Grundsätzlich benötigen Sie für den Versand des Newsletters keine datenschutzrechtliche Einwilligung – wohlgemerkt nur aus *datenschutzrechtlicher* Sicht, eine Einwilligung benötigen Sie ansonsten aus *wettbewerbsrechtlicher* Sicht! Die datenschutzrechtliche Rechtsgrundlage für den Versand des Newsletters ist Ihr berechtigtes Interesse in Form des Werbezwecks. Anders ist die Rechtslage nur, wenn der Newsletter noch gewisse Trackingmechanismen beinhaltet. Das kann in MailChimp je nach Einstellung des Dienstes so sein. Dann benötigen Sie eine Einwilligung des Betroffenen in die Nutzung dieser Mechanismen und müssen auch in den Datenschutzhinweisen darauf aufmerksam machen.

Darüber hinaus verarbeiten wir im Rahmen Ihrer Nutzung unseres Newsletters folgende Informationen (auch personenbezogenen Daten) von Ihnen:

- Objekt- und Profilreferenz
- E-Mail-Adresse
- Datum und Uhrzeit
- IP-Adresse
- Aktionstyp (Eintragung, Aktualisierung)
- Änderung der Erlaubnis
- Metadaten der Aktion

Die Verarbeitung der Daten erfolgt durch uns, MailChimp und – soweit vorhanden – Unterauftragnehmer von MailChimp im Rahmen der Datenverarbeitung. Unterauftragnehmer verarbeiten die Daten dabei ebenso weisungsgebunden und in unserem Auftrag wie MailChimp selbst.

Mithilfe des Dienstes MailChimp analysieren wir den Erfolg und die Reichweite unserer Newsletter(-Kampagnen). Dabei werten wir z. B. insbesondere aus, ob Sie einen Newsletter öffnen oder wie Sie sonst mit dem Newsletter verfahren.

Hinweis

Je nachdem, wie Sie MailChimp eingestellt haben, müssen Sie an dieser Stelle noch Anpassungen im Hinblick auf die Frage vornehmen, was genau getrackt wird.

Zu diesem Zweck setzt und speichert MailChimp z. B. Cookies, um statistische Erhebungen zu ermöglichen und um Interessenprofile aufbauen zu können.

> **Hinweis**
>
> Bitte prüfen Sie, ob auch *Web Beacons* von MailChimp genutzt werden. Dies ergibt sich aus den uns vorliegenden Unterlagen nicht. Falls auch Web Beacons genutzt werden, müsste dies angepasst werden!

Uns ist es dabei möglich, nachzuvollziehen, wie Sie auf einzelne Newsletter von uns reagieren (z. B. ob Sie den Newsletter geöffnet haben).

> **Hinweis**
>
> Wenn Sie über den Newsletter-Anbieter MailChimp Analysen durchführen, benötigen Sie dafür die Einwilligung des Newsletter-Empfängers. Diese ist dann die Rechtsgrundlage für den Einsatz von Tracking-Maßnahmen und muss daher auch in die Datenschutzerklärung aufgenommen werden. Weiterhin müssen Sie dann auch protokollieren, wann eine Belehrung mit welchem Text zu welcher Uhrzeit erfolgt ist, um dies im Streitfall nachweisen zu können.

Die Rechtsgrundlage für die Analyse ist Ihre Einwilligung gemäß Art. 6 Abs. 1 lit. a DSGVO.

Im Rahmen der Anmeldung für den Newsletter willigen Sie gemäß Art. 6 Abs. 1 lit. a DSGVO in die Verarbeitung Ihrer personenbezogenen Daten ein, wobei wir die Anmeldung durch ein Double-Opt-in-Verfahren absichern:

> **Hinweis**
>
> Gegebenenfalls muss an dieser Stelle der technische Ablauf geprüft und der Text der Datenschutzerklärung angepasst werden.

In einem ersten Schritt geben Sie die Pflichtangaben (z. B. E-Mail-Adresse) ein und willigen in die Verarbeitung Ihrer personenbezogenen Daten durch Aktivierung des dafür vorgesehenen Kästchens ein. In einem zweiten Schritt erhalten Sie anschließend automatisch eine E-Mail mit einem Bestätigungs- bzw. Aktivierungslink, den Sie bitte ebenfalls bestätigen bzw. aktivieren. Dadurch stellen wir sicher, dass die auf unserer Webseite eingegebene E-Mail-Adresse auch Ihnen gehört.

Die Erhebung und Verarbeitung der E-Mail-Adresse des Nutzers verfolgt den Zweck, den Newsletter zustellen zu können. Die Erhebung und Verarbeitung weiterer personenbezogener Daten im Rahmen des Anmeldevorgangs verfolgt den Zweck, einen Missbrauch unseres Newsletters oder der verwendeten E-Mail-Adresse zu verhindern. Darüber hinaus dient die vorstehend beschriebene Verarbeitung dazu, dass wir eine von Ihnen erteilte Einwilligung nachweisen können.

19

Die Verarbeitung der Cookie- und Messdaten verfolgt den Zweck, den Erfolg und die Reichweite unserer Newsletter nachverfolgen zu können.

Rechtsgrundlage für die Verarbeitung personenbezogener Daten, die für die technische Bereitstellung des Newsletters an Sie erforderlich ist, sowie für die Verarbeitung der Cookie- und Messdaten ist Ihre Einwilligung gemäß Art. 6 Abs. 1 lit. a DSGVO.

Rechtsgrundlage der Verarbeitung der weiteren personenbezogenen Daten ist unser berechtigtes Interesse gem. Art. 6 Abs. 1 lit. f DSGVO. Wir haben ein berechtigtes Interesse daran, die von Ihnen erteilte Einwilligung nachweisen zu können. Darüber hinaus haben wir ein berechtigtes Interesse, einen Missbrauch unseres Newsletters zu verhindern bzw. nachweisen zu können.

MailChimp bietet wie andere Dienstleister statistische Auswertungsmöglichkeiten von Nutzungsdaten etc. Die Auswertungsmöglichkeiten sind jedoch grundsätzlich gruppenbezogen. So kann man beispielsweise sehen, an wie viele Nutzer eine E-Mail versendet wurde, ob E-Mails zurückgewiesen wurden und ob sich Nutzer nach Erhalt einer E-Mail von der Liste abgemeldet haben.

Widerrufsrecht

Sie haben das Recht, Ihre Einwilligung jederzeit zu widerrufen, ohne dass die Rechtmäßigkeit der aufgrund der Einwilligung bis zum Widerruf erfolgten Verarbeitung davon berührt wird. Ihren Widerruf der Einwilligung können Sie uns jederzeit zusenden bzw. mitteilen (z. B. per E-Mail an *datenschutz@muster.de*).

Sie können Ihre Einwilligung auch einfach durch das Anklicken des dafür vorgesehenen Links in unserem Newsletter ausüben.

Widerspruchsrecht

Soweit die Verarbeitung Ihrer Daten nicht von der Einwilligung umfasst ist (insb. Protokolldateien), steht Ihnen ein Widerspruchsrecht zu.

Ihren Widerspruch können Sie uns jederzeit zusenden bzw. mitteilen (z. B. per E-Mail an *datenschutz@muster.de*).

Die Daten werden gelöscht, sobald sie für die Erreichung des Zweckes ihrer Erhebung nicht mehr erforderlich sind. Ihre Anmeldedaten werden demnach nur so lange gespeichert, wie das Abonnement des Newsletters aktiv ist. Die Tracking- und Cookiedaten werden nach [XX] gelöscht. Sollten Sie die E-Mail im Rahmen des Double-Opt-in-Verfahrens nicht bestätigen, wird Ihre Anmeldung nach [XX] Stunden automatisch gelöscht.

Hinweis

Die mit »XX« gefüllten Stellen müssen Sie noch ergänzen.

Die Bereitstellung der personenbezogenen Daten ist weder gesetzlich noch vertraglich vorgeschrieben und auch nicht für einen Vertragsabschluss erforderlich. Sie sind auch nicht verpflichtet, die personenbezogenen Daten bereitzustellen. Die Nichtbereitstellung hätte jedoch zur Folge, dass wir Ihnen keinen Newsletter zur Verfügung stellen können.

19.7.6 Erweiterte Datenschutzerklärung für den Onlineshop

Hinweis

Dieses Muster gilt für einen Onlineshop mit den klassischen Funktionen (Speicherung der Zugriffsdaten in Server-Logfiles, Kundenkonto, Newsletter, Bonitätsprüfung, Cookies, Google Analytics, Facebook Social Plug-in, Kontaktformular). Es wurde mit dem »Datenschutzgenerator« verfasst, den die Kanzlei »Wilde Beuger Solmecke« zusammen mit den »Trusted Experts« entwickelt hat. Diesen Generator können Sie über die Website *http://wbs.is/romrechtstexter* abrufen. Hier können Sie auch Änderungen für Ihren Einzelfall vornehmen.

Beachten Sie jedoch bitte, dass dieses Muster nur auf die Aspekte eingeht, die speziell den Onlineshop betreffen. Diese Datenschutzerklärung ist demnach als Ergänzung zur allgemeinen Datenschutzerklärung für Websites zu verstehen und kann nicht für sich allein verwendet werden, da hier noch zahlreiche essenzielle Aspekte einer Datenschutzerklärung fehlen.

Datenschutzerklärung

Wir freuen uns über Ihr Interesse an unserer Website. Der Schutz Ihrer Privatsphäre ist für uns sehr wichtig. Nachstehend informieren wir Sie ausführlich über den Umgang mit Ihren Daten.

1. Speicherung von Zugriffsdaten in Server-Logfiles

Sie können unsere Webseiten besuchen, ohne Angaben zu Ihrer Person zu machen. Wir speichern lediglich Zugriffsdaten in sogenannten Server-Logfiles, wie z. B. den Namen der angeforderten Datei, Datum und Uhrzeit des Abrufs, die übertragene Datenmenge und den anfragenden Provider. Diese Daten werden ausschließlich zur Sicherstellung eines störungsfreien Betriebs der Seite und zur Verbesserung unseres Angebots ausgewertet und erlauben uns keinen Rückschluss auf Ihre Person.

2. Datenerhebung und -verwendung zur Vertragsabwicklung und bei Eröffnung eines Kundenkontos

Wir erheben personenbezogene Daten, wenn Sie uns diese im Rahmen Ihrer Bestellung, bei einer Kontaktaufnahme mit uns (z. B. per Kontaktformular oder E-Mail) oder bei Eröffnung eines Kundenkontos freiwillig mitteilen. Welche Daten erhoben werden, ist aus den jeweiligen Eingabeformularen ersichtlich. Wir verwenden die von Ihnen mitgeteilten Daten zur Vertragsabwicklung und Bearbeitung Ihrer Anfragen. Nach vollständiger Abwicklung des Vertrages oder Löschung Ihres Kundenkontos werden Ihre Daten für die weitere Verwendung gesperrt und nach Ablauf der steuer- und handelsrechtlichen Aufbewahrungsfristen gelöscht, sofern Sie nicht ausdrücklich in eine weitere Nutzung Ihrer Daten eingewilligt haben oder wir uns eine darüber hinausgehende Datenverwendung vorbehalten, die gesetzlich erlaubt ist und über die wir Sie nachstehend informieren. Die Löschung Ihres Kundenkontos ist jederzeit möglich und kann entweder durch eine Nachricht an die unten beschriebene Kontaktmöglichkeit oder über eine dafür vorgesehene Funktion im Kundenkonto erfolgen.

3. Datenweitergabe zur Vertragserfüllung

Zur Vertragserfüllung geben wir Ihre Daten an das mit der Lieferung beauftragte Versandunternehmen weiter, soweit dies zur Lieferung bestellter Waren erforderlich ist. Je nachdem, welchen Zahlungsdienstleister Sie im Bestellprozess auswählen, geben wir zur Abwicklung von Zahlungen die hierfür erhobenen Zahlungsdaten an das mit der Zahlung beauftragte Kreditinstitut und ggf. von uns beauftragte Zahlungsdienstleister weiter bzw. an den ausgewählten Zahlungsdienst. Zum Teil erheben die ausgewählten Zahlungsdienstleister diese Daten auch selbst, soweit Sie dort ein Konto anlegen. In diesem Fall müssen Sie sich im Bestellprozess mit Ihren Zugangsdaten bei dem Zahlungsdienstleister anmelden. Es gilt insoweit die Datenschutzerklärung des jeweiligen Zahlungsdienstleisters.

4. Datenverwendung bei Anmeldung zum E-Mail-Newsletter

Wenn Sie sich zu unserem Newsletter anmelden, verwenden wir die hierfür erforderlichen oder gesondert von Ihnen mitgeteilten Daten, um Ihnen regelmäßig unseren E-Mail-Newsletter entsprechend Ihrer Einwilligung zuzusenden. Die Abmeldung vom Newsletter ist jederzeit möglich und kann entweder durch eine Nachricht an die unten beschriebene Kontaktmöglichkeit oder über einen dafür vorgesehenen Link im Newsletter erfolgen.

5. Bonitätsprüfung und Scoring

Sofern wir in Vorleistung treten, z. B. beim Kauf auf Rechnung, behalten wir uns vor, zur Wahrung unserer berechtigten Interessen eine Identitäts- und Bonitätsauskunft von hierauf spezialisierten Dienstleistungsunternehmen (Wirtschaftsauskunfteien) einzuholen. Wir übermitteln hierzu Ihre für eine Bonitätsprüfung benötigten personenbezogenen Daten an folgende(s) Unternehmen:

> SCHUFA Holding AG
> Kormoranweg 5
> 65201 Wiesbaden

> Creditreform Boniversum GmbH
> Hellersbergstraße 11
> 41460 Neuss

Die Bonitätsauskunft kann Wahrscheinlichkeitswerte (Score-Werte) beinhalten, die auf Basis wissenschaftlich anerkannter mathematisch-statistischer Verfahren berechnet werden und in deren Berechnung unter anderem Anschriftendaten einfließen. Die erhaltenen Informationen über die statistische Wahrscheinlichkeit eines Zahlungsausfalls verwenden wir für eine abgewogene Entscheidung über die Begründung, Durchführung oder Beendigung des Vertragsverhältnisses. Ihre schutzwürdigen Interessen werden gemäß den gesetzlichen Bestimmungen berücksichtigt.

6. Verwendung von Cookies

Um den Besuch unserer Website attraktiv zu gestalten und die Nutzung bestimmter Funktionen zu ermöglichen, verwenden wir auf verschiedenen Seiten sogenannte Cookies. Hierbei handelt es sich um kleine Textdateien, die auf Ihrem Endgerät gespeichert werden. Einige der von uns verwendeten Cookies werden nach Ende der Browser-Sitzung, also nach Schließen Ihres Browsers, wieder gelöscht (sogenannte Sitzungs-Cookies). Andere Cookies verbleiben auf Ihrem Endgerät und ermöglichen uns, Ihren Browser beim nächsten Besuch wiederzuerkennen (persistente Cookies). Sie können Ihren Browser so einstellen, dass Sie über das Setzen von Cookies informiert werden und einzeln über deren Annahme entscheiden oder die Annahme von Cookies für bestimmte Fälle oder generell ausschließen. Bei der Nichtannahme von Cookies kann die Funktionalität unserer Website eingeschränkt sein.

7. Einsatz von Webtrekk zur Webanalyse

Auf dieser Website werden mit Technologien der Webtrekk GmbH (*www.webtrekk.com*) Daten erhoben und gespeichert, aus denen unter Verwendung von Pseudonymen Nutzungsprofile erstellt werden. Diese Nutzungsprofile dienen der Analyse des Besucherverhaltens und werden zur Verbesserung und bedarfsgerechten Gestaltung unseres Angebots ausgewertet. Hierzu können Cookies eingesetzt werden. Dies sind kleine Textdateien, die lokal auf dem Endgerät des Seitenbesuchers gespeichert werden und so eine Wiedererkennung beim erneuten Besuch unserer Website ermöglichen. Die pseudonymisierten Nutzungsprofile werden ohne eine gesondert zu erteilende, ausdrückliche Einwilligung nicht mit personenbezogenen Daten über den Träger des Pseudonyms zusammengeführt. Der Datenerhebung und -speicherung können Sie jederzeit mit Wirkung für die Zukunft widersprechen, indem Sie diesen Link klicken *http://www.webtrekk.com/index/datenschutzerklaerung/opt-out.html*.

Nach Ihrem Widerspruch wird ein Opt-Out-Cookie auf Ihrem Endgerät abgelegt. Löschen Sie Ihre Cookies, müssen Sie den Link erneut klicken.

8. Verwendung des Social Plug-ins von Facebook unter Verwendung der »2-Klick-Lösung«

Auf unserer Website werden sogenannte Social Plug-ins (»Plug-ins«) des sozialen Netzwerks Facebook verwendet. Dieser Dienst wird von dem Unternehmen Facebook Inc. angeboten (»Anbieter«).

19

Facebook wird betrieben von der Facebook Inc., 1601 S. California Ave, Palo Alto, CA 94304, USA (»Facebook«).

Um den Schutz Ihrer Daten beim Besuch unserer Website zu erhöhen, sind die Plug-ins mithilfe der sogenannten »2-Klick-Lösung« in die Seite eingebunden. Diese Einbindung gewährleistet, dass beim Aufruf einer Seite unseres Webauftritts, die solche Plug-ins enthält, noch keine Verbindung mit den Servern von Facebook hergestellt wird. Erst wenn Sie die Plug-ins aktivieren und damit Ihre Zustimmung zur Datenübermittlung erteilen, stellt Ihr Browser eine direkte Verbindung zu den Servern von Facebook her. Der Inhalt des jeweiligen Plug-ins wird direkt an Ihren Browser übermittelt und in die Seite eingebunden. Durch die Einbindung der Plug-ins erhält Facebook die Information, dass Ihr Browser die entsprechende Seite unseres Webauftritts aufgerufen hat, auch wenn Sie kein Profil bei Facebook besitzen oder gerade nicht eingeloggt sind. Diese Information (einschließlich Ihrer IP-Adresse) wird von Ihrem Browser direkt an einen Server von Facebook in die USA übermittelt und dort gespeichert. Wenn Sie mit den Plug-ins interagieren, zum Beispiel den »Gefällt mir«-Button betätigen, wird die entsprechende Information ebenfalls direkt an einen Server von Facebook übermittelt und dort gespeichert. Die Informationen werden außerdem bei Facebook veröffentlicht und dort Ihren Kontakten angezeigt.

Zweck und Umfang der Datenerhebung und die weitere Verarbeitung und Nutzung der Daten durch Facebook sowie Ihre diesbezüglichen Rechte und Einstellungsmöglichkeiten zum Schutz Ihrer Privatsphäre entnehmen Sie bitte den Datenschutzhinweisen von Facebook unter *http://www.facebook.com/policy.php*.

9. Verwendung von YouTube

Wir nutzen auf unserer Webseite Videos von YouTube und YouTube Plug-Ins. YouTube ist ein Dienst der YouTube LLC (»YouTube«), 901 Cherry Ave., San Bruno, CA 94066, USA und wird von dieser bereitgestellt. Die YouTube LLC ist eine Tochtergesellschaft der Google Inc. ("Google"), 1600 Amphitheatre Parkway, Mountain View, CA 94043, USA.

Die Einbindung von YouTube erfolgt durch das Einbetten des Service auf unserer Webseite mittels eines sog. »iFrames«. Beim Laden dieses iFrames erheben YouTube bzw. Google unter Umständen Informationen (auch personenbezogene Daten) und verarbeiten diese. Dabei kann nicht ausgeschlossen werden, dass YouTube bzw. Google die Informationen auch an einen Server in einem Drittland übermittelt. Informationen zur vorhandenen Privacy-Shield-Zertifizierung von Google und weiteren relevanten Daten zur Datenverarbeitung durch Google im Rahmen der Nutzung der Google Dienste finden Sie in dieser Datenschutzerklärung unter dem Abschnitt »x«. Wir selbst erheben keine Daten, wenn Sie sich ein YouTube-Video bei uns anschauen. Durch die Einbindung von YouTube verfolgen wir den Zweck, Ihnen verschiedene Videos auf unserer Webseite präsentieren zu können, damit Sie diese unmittelbar auf unserer Webseite anschauen können. Rechtsgrundlage für die hier beschriebene Verarbeitung personenbezogener Daten ist Art. 6 Abs. 1 lit. f DSGVO. Unser hierfür erforderliches berechtigtes Interesse liegt dabei in dem großen Nutzen, den YouTube bietet. Durch die Einbindung von externen Videos entlasten wir unsere Server und können entsprechende Ressourcen anderweitig nutzen. Dies kann u. a. Stabilität unserer Server erhöhen. YouTube bzw. Google hat darüber hinaus ein berechtigtes Interesse an den erhobenen (personenbezogenen) Daten um die eigenen Dienste zu verbessern.

Ihnen steht ein Widerspruchsrecht zu. Ihren Widerspruch können Sie uns jederzeit zusenden bzw. mitteilen (z. B. per E-Mail an *datenschutz@muster.de*). Die Bereitstellung der personenbezogenen Daten ist weder gesetzlich noch vertraglich vorgeschrieben und auch nicht für einen Vertragsabschluss erforderlich. Sie sind auch nicht verpflichtet, die personenbezogenen Daten bereitzustellen. Die Nichtbereitstellung hätte jedoch unter Umständen zur Folge, dass Sie unsere Webseite nicht bzw. nicht vollumfänglich nutzen können. Nähere Informationen finden Sie in den Datenschutzhinweisen von YouTube bzw. Google, die Sie hier abrufen können: *www.google.com/policies/privacy/*. Hinweise zu den Privatsphäreeinstellungen von Google finden Sie unter *https://privacy.google.com/take-control.html?categories_activeEl=sign-in*

10. Auskunftsrecht und Kontaktmöglichkeit

Sie haben ein Recht auf unentgeltliche Auskunft über die bei uns zu Ihrer Person gespeicherten Daten sowie ggf. ein Recht auf Berichtigung, Sperrung oder Löschung dieser Daten. Bei Fragen zur Erhebung, Verarbeitung oder Nutzung Ihrer personenbezogenen Daten, bei Auskünften, Berichtigung, Sperrung oder Löschung von Daten sowie Widerruf ggf. erteilter Einwilligungen oder Widerspruch gegen eine bestimmte Datenverwendung wenden Sie sich bitte an unseren betrieblichen Datenschutzbeauftragten:

> Muster Beauftragter
> Musterstraße 1
> 12345 Musterstadt
> Telefon: 01234567889
> muster@datenschutz.de

19.7.7   Datenschutzerklärung für Beschäftigte

Hinweis

Das folgende Muster ist für Ihre Mitarbeiter bestimmt, deren Daten Sie auch verarbeiten und die Sie auch umfassend darüber informieren müssen. Beachten Sie jedoch bitte, dass das Muster nur die Mindestangaben innerhalb einer Datenschutzerklärung für Beschäftigte enthält und dass Sie diese erweitern müssen, wenn Sie darüber hinausgehende Datenverarbeitungsprozesse vornehmen. Auch können Modifikationen für Ihren konkreten Einzelfall erforderlich sein. Wenn Sie sich nicht sicher sind, welche Informationen noch in eine Datenschutzerklärung gehören, empfehlen wir Ihnen, sich durch einen Rechtsbeistand unterstützen zu lassen.

Datenschutzerklärung

Als *Mustermann GmbH* ist uns der sichere Umgang mit den Daten unserer Beschäftigten besonders wichtig. Wir möchten Sie daher hiermit ausführlich über die Verwendung Ihrer Daten im Rahmen des Arbeitsverhältnisses informieren.

1. Begriffsbestimmungen

Die Datenschutzerklärung für Beschäftigte der *Mustermann GmbH* beruht auf den Begrifflichkeiten, die durch den Europäischen Richtlinien- und Verordnungsgeber beim Erlass der Datenschutz-Grundverordnung (DSGVO) und durch den deutschen Gesetzgeber beim Erlass des Bundesdatenschutzgesetzes verwendet wurden. Um die Verständlichkeit der Datenschutzerklärung für unsere Beschäftigten zu vereinfachen, möchten wir vorab die verwendeten Begrifflichkeiten erläutern:

▶ *Personenbezogene Daten*
Personenbezogene Daten sind alle Informationen, die sich auf eine identifizierte oder identifizierbare natürliche Person (im Folgenden »betroffene Person«) beziehen. Als identifizierbar wird eine natürliche Person angesehen, die direkt oder indirekt, insbesondere mittels Zuordnung zu einer Kennung wie einem Namen, zu einer Kennnummer, zu Standortdaten, zu einer Online-Kennung oder zu einem oder mehreren besonderen Merkmalen, die Ausdruck der physischen, physiologischen, genetischen, psychischen, wirtschaftlichen, kulturellen oder sozialen Identität dieser natürlichen Person sind, identifiziert werden kann.

▶ *Betroffene Person*
Betroffene Person ist jede identifizierte oder identifizierbare natürliche Person, deren personenbezogene Daten von dem für die Verarbeitung Verantwortlichen verarbeitet werden.

▶ *Beschäftigte*
Beschäftigte sind Arbeitnehmerinnen und Arbeitnehmer, einschließlich der Leiharbeitnehmerinnen und Leiharbeitnehmer im Verhältnis zum Entleiher, Auszubildende, Rehabilitandinnen und Rehabilitanden, in anerkannten Werkstätten für behinderte Menschen Beschäftigte, Freiwillige i. S. d. Jugendfreiwilligendienstgesetzes oder des Bundesfreiwilligendienstgesetzes, arbeitnehmerähnliche Personen, Heimarbeiter und diesen Gleichgestellte, Beamtinnen und Beamte des Bundes, Richterinnen und Richter des Bundes, Soldatinnen und Soldaten sowie Zivildienstleistende, Bewerberinnen und Bewerber für ein Beschäftigungsverhältnis sowie Personen, deren Beschäftigungsverhältnis beendet ist.

- *Verarbeitung*
  Verarbeitung ist jeder mit oder ohne Hilfe automatisierter Verfahren ausgeführte Vorgang oder jede solche Vorgangsreihe im Zusammenhang mit personenbezogenen Daten wie das Erheben, das Erfassen, die Organisation, das Ordnen, die Speicherung, die Anpassung oder Veränderung, das Auslesen, das Abfragen, die Verwendung, die Offenlegung durch Übermittlung, Verbreitung oder eine andere Form der Bereitstellung, der Abgleich oder die Verknüpfung, die Einschränkung, das Löschen oder die Vernichtung.

- *Einschränkung der Verarbeitung*
  Einschränkung der Verarbeitung ist die Markierung gespeicherter personenbezogener Daten mit dem Ziel, ihre künftige Verarbeitung einzuschränken.

- *Profiling*
  Profiling ist jede Art der automatisierten Verarbeitung personenbezogener Daten, die darin besteht, dass diese personenbezogenen Daten verwendet werden, um bestimmte persönliche Aspekte, die sich auf eine natürliche Person beziehen, zu bewerten, insbesondere, um Aspekte bezüglich Arbeitsleistung, wirtschaftlicher Lage, Gesundheit, persönlicher Vorlieben, Interessen, Zuverlässigkeit, Verhalten, Aufenthaltsort oder Ortswechsel dieser natürlichen Person zu analysieren oder vorherzusagen.

- *Pseudonymisierung*
  Pseudonymisierung ist die Verarbeitung personenbezogener Daten in einer Weise, auf welche die personenbezogenen Daten ohne Hinzuziehung zusätzlicher Informationen nicht mehr einer spezifischen betroffenen Person zugeordnet werden können, sofern diese zusätzlichen Informationen gesondert aufbewahrt werden und technischen und organisatorischen Maßnahmen unterliegen, die gewährleisten, dass die personenbezogenen Daten nicht einer identifizierten oder identifizierbaren natürlichen Person zugewiesen werden.

- *Verantwortlicher oder für die Verarbeitung Verantwortlicher*
  Verantwortlicher oder für die Verarbeitung Verantwortlicher ist die natürliche oder juristische Person, Behörde, Einrichtung oder andere Stelle, die allein oder gemeinsam mit anderen über die Zwecke und Mittel der Verarbeitung von personenbezogenen Daten entscheidet. Sind die Zwecke und Mittel dieser Verarbeitung durch das Unionsrecht oder das Recht der Mitgliedstaaten vorgegeben, so kann der Verantwortliche beziehungsweise können die bestimmten Kriterien seiner Benennung nach dem Unionsrecht oder dem Recht der Mitgliedstaaten vorgesehen werden.

- *Auftragsverarbeiter*
  Auftragsverarbeiter ist eine natürliche oder juristische Person, Behörde, Einrichtung oder andere Stelle, die personenbezogene Daten im Auftrag des Verantwortlichen verarbeitet.

19

► *Empfänger*

Empfänger ist eine natürliche oder juristische Person, Behörde, Einrichtung oder andere Stelle, der personenbezogene Daten offengelegt werden, unabhängig davon, ob es sich bei ihr um einen Dritten handelt oder nicht. Behörden, die im Rahmen eines bestimmten Untersuchungsauftrags nach dem Unionsrecht oder dem Recht der Mitgliedstaaten möglicherweise personenbezogene Daten erhalten, gelten jedoch nicht als Empfänger.

► *Dritter*

Dritter ist eine natürliche oder juristische Person, Behörde, Einrichtung oder andere Stelle außer der betroffenen Person, dem Verantwortlichen, dem Auftragsverarbeiter und den Personen, die unter der unmittelbaren Verantwortung des Verantwortlichen oder des Auftragsverarbeiters befugt sind, die personenbezogenen Daten zu verarbeiten.

► *Einwilligung*

Einwilligung ist jede von der betroffenen Person freiwillig für den bestimmten Fall in informierter Weise und unmissverständlich abgegebene Willensbekundung in Form einer Erklärung oder einer sonstigen eindeutigen bestätigenden Handlung, mit der die betroffene Person zu verstehen gibt, dass sie mit der Verarbeitung der sie betreffenden personenbezogenen Daten einverstanden ist.

► *Biometrische Daten*

Biometrische Daten sind mit speziellen technischen Verfahren gewonnene personenbezogene Daten zu den physischen, physiologischen oder verhaltenstypischen Merkmalen einer natürlichen Person, die die eindeutige Identifizierung dieser natürlichen Person ermöglichen oder bestätigen, wie Gesichtsbilder oder daktyloskopische Daten.

► *Gesundheitsdaten*

Gesundheitsdaten sind personenbezogene Daten, die sich auf die körperliche oder geistige Gesundheit einer natürlichen Person, einschließlich der Erbringung von Gesundheitsdienstleistungen, beziehen und aus denen Informationen über deren Gesundheitszustand hervorgehen.

2. Rechtsgrundlage der Datenverarbeitung

Die Verarbeitung der Beschäftigtendaten erfolgt auf Basis der Grundsätze der europäischen Datenschutz-Grundverordnung (DSGVO) und des Bundesdatenschutzgesetzes (BDSG), insbesondere § 26 BDSG. Eine Datenverarbeitung zum Zwecke des Beschäftigungsverhältnisses ist insbesondere gemäß § 26 Abs. 1 BDSG zulässig, wenn dies für die Entscheidung über die Begründung eines Beschäftigungsverhältnisses oder nach Begründung des Beschäftigungsverhältnisses für dessen Durchführung oder Beendigung oder zur Ausübung oder Erfüllung der sich aus einem Gesetz oder einem Tarifvertrag, einer Betriebs- oder Dienstvereinbarung (Kollektivvereinbarung) ergebenden Rechte und Pflichten der Interessenvertretung der Beschäftigten erforderlich ist. Des Weiteren ist eine Datenverarbeitung gemäß Art. 6 Abs. 1 lit. a DSGVO auch dann zulässig, wenn der Beschäftigte dazu eine rechtskonforme Einwilligung erteilt hat.

3. Notwendige Datenverarbeitungen

In Beschäftigungsverhältnissen werden die von den Beschäftigten überlassenen Daten wie Name, Anschrift, Geburtsdatum, Steuerklasse, Lebenslauf, Zeugnisse, Notfallkontakte oder Telefonnummer sowie im Rahmen des Beschäftigungsverhältnisses anfallende Daten wie Arbeitszeiten, Gehaltsdaten, Krankenzeiten oder Urlaubszeiten verarbeitet, sofern dies aufgrund von Gesetzen, Normen kollektiver Rechtsgestaltung oder arbeitsvertraglicher Verpflichtungen zulässig erforderlich ist.

Die Datenverarbeitung und Datenübermittlung verfolgt dabei insbesondere den Zweck, die Lohnbuchhaltung abzuwickeln und Entgelte auszuzahlen, Aufzeichnungs-, Auskunfts- und Meldepflichten einzuhalten sowie Korrespondenzen durchzuführen und zu archivieren. Dabei handelt es sich um solche Datenverarbeitungsvorgänge, die zur Begründung, zur Durchführung und zur Beendigung des Beschäftigungsverhältnisses erforderlich sind.

Weiterhin erfolgt eine Datenverarbeitung von Beschäftigtendaten zum Zwecke der Verwaltung und Sicherheit des Systems, wovon auch automationsunterstützt erstellte und archivierte Textdokumente wie Nachrichtenkorrespondenzen in diesen Angelegenheiten mit eingeschlossen sind. Dabei handelt es sich um solche Datenverarbeitungsvorgänge, ohne die ein sicherer Betrieb des Systems und damit auch eine Beschäftigung in unserem Unternehmen nicht möglich ist.

Die jeweils im Einzelfall erforderlichen Daten der Beschäftigten werden auf Basis der gesetzlichen Bestimmungen beziehungsweise auf Grundlage vertraglicher Vereinbarungen an folgende Stellen übermittelt:

- …
- …
- …

> **Hinweis**
>
> Tragen Sie an diesem Punkt bitte alle die Stellen ein, an die die Datenübermittlung erfolgt. Dabei handelt es sich zum Beispiel um Sozialversicherungsträger, das Finanzamt, Betriebsärzte, gesetzlich vorgesehene Vertrauenspersonen, Pensionskassen etc. Die Angaben an dieser Stelle sollten auch mit Ihren Angaben zu Mitarbeiterdaten im Verarbeitungsverzeichnis übereinstimmen!

Sofern es während des Beschäftigungsverhältnisses oder nach dessen Beendigung zu einer rechtlichen Streitigkeit kommt, ist die *Mustermann GmbH* berechtigt, die zur

Rechtsverfolgung erforderlichen Daten an den Rechtsbeistand und Gerichte zu übermitteln.

Berufliche Kontaktdaten des Beschäftigten werden im Intranet zur Kontaktaufnahme durch andere Unternehmensangehörige veröffentlicht. Dabei handelt es sich um einen Datenverarbeitungsvorgang, der auf einem berechtigten Interesse der *Mustermann GmbH* an einem ungestörten Betriebsablauf innerhalb des Unternehmens beruht.

> **Hinweis**
>
> Sofern die zuvor geregelte Veröffentlichung im Intranet auf Ihren Fall nicht zutrifft, können Sie diesen Passus streichen.

Berufliche Kontaktdaten von Beschäftigten, die Außenkontakt mit Kunden und Lieferanten haben, werden weiterhin zum Zwecke der Kontaktaufnahme im Internet auf der Unternehmens-Website veröffentlicht. Dabei handelt es sich um einen Datenverarbeitungsvorgang, der auf einem berechtigten Interesse der *Mustermann GmbH* an einem ungestörten Betriebsablauf innerhalb des Unternehmens beruht.

> **Hinweis**
>
> Sofern der Beschäftigte typischerweise Außenkontakt hat, kann die Veröffentlichung seiner Kontaktdaten notwendig sein, um seine arbeitsvertraglichen Pflichten zu erfüllen. Ist dies nicht der Fall und soll eine Veröffentlichung dennoch erfolgen, so ist dies nur mit Einwilligung des Beschäftigten zulässig. In diesem Fall gehört diese Regelung in den nächsten Teil »4. Freiwillige Datenverarbeitungen«.
>
> Möchten Sie keine Beschäftigtendaten im Internet veröffentlichen, dann können Sie diesen Passus streichen.

4. Freiwillige Datenverarbeitungen

> **Hinweis**
>
> Sofern die folgenden Verarbeitungsprozesse in Ihrem Unternehmen gar nicht oder nur in modifizierter Form stattfinden, können Sie den entsprechenden Passus streichen bzw. an Ihre individuellen Bedürfnisse anpassen.

Die Verarbeitung besonderer Kategorien von Daten i. S. d. Art. 9 Abs. 2 lit. b DSGVO, wie Religionszugehörigkeit, Gewerkschaftszugehörigkeit oder Gesundheitsdaten, erfolgt auf Grundlage einer freiwilligen Übermittlung dieser Daten durch den Beschäftigten und seiner für jede Datenkategorie separat erteilten schriftlichen Einwilligung.

Hinweis

Sofern die Datenverarbeitung besonderer Kategorien personenbezogener Daten der Beschäftigten nicht auf freiwilliger Basis erfolgt, sondern für den Betriebsablauf erforderlich ist, gehört diese Regelung in Abschnitt »3. Notwendige Datenverarbeitungen«. Die Verortung der Regelung ist von besonderer Bedeutung, da in den Fällen unter »3.« mangels Freiwilligkeit keine Einwilligung des Beschäftigten erforderlich ist und er demnach auch kein Widerrufsrecht hat. In diesem Fall müssen Sie genau angeben, um welche Kategorie besonderer personenbezogener Daten es sich handelt und zu welchem Zweck diese in Ihrem Unternehmen verarbeitet werden müssen. In Betracht kommt dabei zum Beispiel eine Verarbeitung biometrischer Daten für Zutrittskontrollen, elektronische Personalakten oder elektronische Bewerbungsverfahren.

Die Verarbeitung von Daten zu Notfallkontakten erfolgt auf Grundlage einer freiwilligen Übermittlung dieser Daten durch den Beschäftigten und der von ihm erteilten schriftlichen Einwilligung.

Die Verarbeitung eines Fotos eines Beschäftigten im Intranet und/oder im Internet auf der Unternehmens-Website erfolgt auf Grundlage einer freiwilligen Übermittlung dieser Daten durch den Beschäftigten und der von ihm erteilten schriftlichen Einwilligung zu dessen Veröffentlichung.

Alle im Rahmen der freiwilligen Datenübermittlung erteilten schriftlichen Einwilligungen können jederzeit einzeln für sich widerrufen werden. Nach erfolgtem Widerruf ist es der *Mustermann GmbH* untersagt, Daten des Beschäftigten in Bezug auf den widerrufenen Verarbeitungsprozess weiterhin zu verarbeiten. Ein Widerruf ist schriftlich durch den Beschäftigten gegenüber der folgenden Stelle zu erklären:

> Max Mustermann
> Abteilung Muster
> Mustermann GmbH
> Musterstr. 10
> 12345 Musterstadt
> Telefon: 0123456789
> muster@datenschutz.de

19

Hinweis

Geben Sie an dieser Stelle bitte den Namen und die Kontaktdaten der Person innerhalb Ihres Unternehmens an, an die die Beschäftigten ihren Widerruf adressieren sollen.

---

5. Auftragsverarbeitung

> **Hinweis**
>
> Sofern Sie in Ihrem Unternehmen Datenverarbeitungsprozesse auslagern, benötigt Ihre Datenschutzerklärung für Beschäftigte auch einen Hinweis darauf. Dessen Inhalt orientiert sich maßgeblich daran, ob die Datenverarbeitung innerhalb oder außerhalb der Europäischen Union erfolgt. Erfolgen Verarbeitungen der Daten Ihrer Beschäftigten ausschließlich intern, so können Sie diesen Absatz ganz aus der Datenschutzerklärung streichen.

[Variante 1: Datenverarbeitung innerhalb der Europäischen Union]

Die *Mustermann GmbH* beauftragt Auftragsverarbeiter mit der Verarbeitung der Beschäftigtendaten. Die Datenverarbeitung findet dabei ausschließlich innerhalb der Europäischen Union statt.

[Variante 2: Datenverarbeitung ganz oder teilweise außerhalb der Europäischen Union]

Die *Mustermann GmbH* beauftragt Auftragsverarbeiter mit der Verarbeitung der Beschäftigtendaten. Die Datenverarbeitung findet dabei ganz bzw. teilweise außerhalb der Europäischen Union statt, und zwar in den folgenden Staaten:

- ...
- ...
- ...

Das für die Datenverarbeitung außerhalb der Europäischen Union erforderliche angemessene Datenschutzniveau ergibt sich aus:

> **Hinweis**
>
> Im Folgenden Zutreffendes bitte in den Vertrag aufnehmen, nicht Zutreffendes bitte streichen.

- einem Angemessenheitsbeschluss der Europäischen Kommission gemäß Art. 45 DSGVO.
- einer verbindlichen internen Datenschutzvorschrift gemäß Art. 47 in Verbindung mit Art. 46 Abs. 2 lit. b DSGVO.
- europäischen Standarddatenschutzklauseln gemäß Art. 46 Abs. 2 lit. c und d DSGVO.
- genehmigten Verhaltensregeln gemäß Art. 46 Abs. 2 lit. e in Verbindung mit Art. 40 DSGVO.

- einem genehmigten Zertifizierungsmechanismus gemäß Art. 46 Abs. 2 lit. f in Verbindung mit Art. 42 DSGVO.

- einer von der Datenschutzbehörde bewilligten Vertragsklausel gemäß Art. 46 Abs. 3 lit. a DSGVO.

- einer Ausnahme für den bestimmten Fall gemäß Art. 49 Abs. 1 DSGVO.

- einer Ausnahme für den Einzelfall gemäß Art. 49 Abs. 1 S. 2 DSGVO.

6. Dauer der Datenspeicherung

Die *Mustermann GmbH* speichert die Daten ihrer Beschäftigten im Rahmen der gesetzlichen Aufbewahrungspflichten.

7. Betroffenenrechte der Beschäftigten

Der Europäische Richtlinien- und Verordnungsgeber räumt jedem von der Verarbeitung personenbezogener Daten betroffenen Beschäftigten das Recht ein,

- von dem für die Verarbeitung Verantwortlichen eine Bestätigung darüber zu verlangen, ob den Beschäftigten betreffende personenbezogene Daten verarbeitet werden. Möchte ein betroffener Beschäftigter dieses Recht in Anspruch nehmen, kann er sich hierzu jederzeit an die am Ende dieses Abschnitts genannten Personen bzw. Stellen wenden.

- jederzeit von dem für die Verarbeitung Verantwortlichen unentgeltliche Auskunft über die zu seiner Person gespeicherten personenbezogenen Daten und eine Kopie dieser Auskunft zu erhalten.

- Auskunft über folgende Informationen zu verlangen:
  - die Verarbeitungszwecke;
  - die Kategorien personenbezogener Daten, die verarbeitet werden;
  - die Empfänger oder Kategorien von Empfängern, gegenüber denen die personenbezogenen Daten offengelegt worden sind oder noch offengelegt werden, insbesondere bei Empfängern in Drittländern oder bei internationalen Organisationen;
  - falls möglich die geplante Dauer, für die die personenbezogenen Daten gespeichert werden, oder, falls dies nicht möglich ist, die Kriterien für die Festlegung dieser Dauer;
  - das Bestehen eines Rechts auf Berichtigung oder Löschung der sie betreffenden personenbezogenen Daten oder auf Einschränkung der Verarbeitung durch den Verantwortlichen oder eines Widerspruchsrechts gegen diese Verarbeitung;
  - das Bestehen eines Beschwerderechts bei einer Aufsichtsbehörde;
  - wenn die personenbezogenen Daten nicht bei der betroffenen Person erhoben werden: alle verfügbaren Informationen über die Herkunft der Daten;

19

- das Bestehen einer automatisierten Entscheidungsfindung einschließlich Profiling gemäß Art. 22 Abs. 1 und 4 DSGVO und – zumindest in diesen Fällen – aussagekräftige Informationen über die involvierte Logik sowie die Tragweite und die angestrebten Auswirkungen einer derartigen Verarbeitung für die betroffene Person.

▶ Auskunft darüber zu verlangen, ob personenbezogene Daten an ein Drittland oder an eine internationale Organisation übermittelt wurden. Sofern dies der Fall ist, so steht der betroffenen Person im Übrigen das Recht zu, Auskunft über die geeigneten Garantien im Zusammenhang mit der Übermittlung zu erhalten. Möchte ein betroffener Beschäftigter dieses Recht in Anspruch nehmen, kann er sich hierzu jederzeit an die am Ende dieses Abschnitts genannten Personen bzw. Stellen wenden.

▶ die unverzügliche Berichtigung ihn betreffender unrichtiger personenbezogener Daten zu verlangen. Ferner steht der betroffenen Person das Recht zu, unter Berücksichtigung der Zwecke der Verarbeitung, die Vervollständigung unvollständiger personenbezogener Daten – auch mittels einer ergänzenden Erklärung – zu verlangen. Möchte ein betroffener Beschäftigter dieses Recht in Anspruch nehmen, kann er sich hierzu jederzeit an die am Ende dieses Abschnitts genannten Personen bzw. Stellen wenden.

▶ von dem Verantwortlichen zu verlangen, dass die ihn betreffenden personenbezogenen Daten unverzüglich gelöscht werden, sofern einer der folgenden Gründe zutrifft und soweit die Verarbeitung nicht erforderlich ist:

- Die personenbezogenen Daten wurden für solche Zwecke erhoben oder auf sonstige Weise verarbeitet, für welche sie nicht mehr notwendig sind.
- Der betroffene Beschäftigte widerruft die für die Datenverarbeitung erforderliche Einwilligung und es fehlt an einer anderweitigen Rechtsgrundlage für die Verarbeitung.
- Der betroffene Beschäftigte legt rechtskonform Widerspruch gegen die Verarbeitung ein und es liegen keine vorrangigen berechtigten Gründe für die Verarbeitung vor.
- Die personenbezogenen Daten wurden unrechtmäßig verarbeitet.
- Die Löschung der personenbezogenen Daten ist zur Erfüllung einer rechtlichen Verpflichtung nach dem Unionsrecht oder dem Recht der Mitgliedstaaten erforderlich, dem der Verantwortliche unterliegt.

Sofern einer der oben genannten Gründe zutrifft und eine betroffene Person die Löschung von personenbezogenen Daten, die bei der *Mustermann GmbH* gespeichert sind, veranlassen möchte, kann sie sich direkt an die am Ende dieses Abschnitts genannten Personen bzw. Stellen wenden.

- von dem Verantwortlichen die Einschränkung der Verarbeitung zu verlangen, wenn eine der folgenden Voraussetzungen gegeben ist:

  - Die Richtigkeit der personenbezogenen Daten wird von der betroffenen Person bestritten, und zwar für eine Dauer, die es dem Verantwortlichen ermöglicht, die Richtigkeit der personenbezogenen Daten zu überprüfen.

  - Die Verarbeitung ist unrechtmäßig, die betroffene Person lehnt die Löschung der personenbezogenen Daten ab und verlangt stattdessen die Einschränkung der Nutzung der personenbezogenen Daten.

  - Der Verantwortliche benötigt die personenbezogenen Daten für die Zwecke der Verarbeitung nicht länger, die betroffene Person benötigt sie jedoch zur Geltendmachung, Ausübung oder Verteidigung von Rechtsansprüchen.

  - Die betroffene Person hat Widerspruch gegen die Verarbeitung gemäß Art. 21 Abs. 1 DSGVO eingelegt und es steht noch nicht fest, ob die berechtigten Gründe des Verantwortlichen gegenüber denen der betroffenen Person überwiegen.

Sofern eine der oben genannten Voraussetzungen gegeben ist und eine betroffene Person die Einschränkung von personenbezogenen Daten, die bei der *Mustermann GmbH* gespeichert sind, verlangen möchte, kann sie sich hierzu jederzeit an die am Ende dieses Abschnitts genannten Personen bzw. Stellen wenden, die dann das Notwendige veranlassen werden.

- die ihn betreffenden personenbezogenen Daten, welche durch die betroffene Person einem Verantwortlichen bereitgestellt wurden, in einem strukturierten, gängigen und maschinenlesbaren Format zu erhalten. Er hat außerdem das Recht, diese Daten einem anderen Verantwortlichen ohne Behinderung durch den Verantwortlichen, dem die personenbezogenen Daten bereitgestellt wurden, zu übermitteln, sofern die Verarbeitung auf der Einwilligung gemäß Art. 6 Abs. 1 lit. a DSGVO oder Art. 9 Abs. 2 lit. a DSGVO oder auf einem Vertrag gemäß Art. 6 Abs. 1 lit. b DSGVO beruht und die Verarbeitung mithilfe automatisierter Verfahren erfolgt, sofern die Verarbeitung nicht für die Wahrnehmung einer Aufgabe erforderlich ist, die im öffentlichen Interesse liegt oder in Ausübung öffentlicher Gewalt erfolgt, welche dem Verantwortlichen übertragen wurde.

- bei der Ausübung seines Rechts auf Datenübertragbarkeit gemäß Art. 20 Abs. 1 DSGVO zu erwirken, dass die personenbezogenen Daten direkt von einem Verantwortlichen an einen anderen Verantwortlichen übermittelt werden, soweit dies technisch machbar ist und sofern hiervon nicht die Rechte und Freiheiten anderer Personen beeinträchtigt werden. Möchte ein betroffener Beschäftigter dieses Recht in Anspruch nehmen, kann er sich hierzu jederzeit an die am Ende dieses Abschnitts genannten Personen bzw. Stellen wenden.

- aus Gründen, die sich aus seiner besonderen Situation ergeben, jederzeit gegen die Verarbeitung ihn betreffender personenbezogener Daten, die aufgrund von

19

Art. 6 Abs. 1 lit. e oder f DSGVO erfolgt, Widerspruch einzulegen. Dies gilt auch für ein auf diese Bestimmungen gestütztes Profiling. Die *Mustermann GmbH* verarbeitet die personenbezogenen Daten im Falle des Widerspruchs nicht mehr, es sei denn, wir können zwingende schutzwürdige Gründe für die Verarbeitung nachweisen, die die Interessen, Rechte und Freiheiten der betroffenen Person überwiegen, oder die Verarbeitung dient der Geltendmachung, Ausübung oder Verteidigung von Rechtsansprüchen. Zur Ausübung des Rechts auf Widerspruch kann sich die betroffene Person direkt an den Datenschutzbeauftragten der *Mustermann GmbH* oder die am Ende dieses Abschnitts genannten Verantwortlichen wenden. Der betroffenen Person steht es ferner frei, im Zusammenhang mit der Nutzung von Diensten der Informationsgesellschaft, ungeachtet der Richtlinie 2002/58/EG, ihr Widerspruchsrecht mittels automatisierter Verfahren auszuüben, bei denen technische Spezifikationen verwendet werden.

▶ nicht einer ausschließlich auf einer automatisierten Verarbeitung – einschließlich Profiling – beruhenden Entscheidung unterworfen zu werden, die ihm gegenüber rechtliche Wirkung entfaltet oder ihn in ähnlicher Weise erheblich beeinträchtigt, sofern die Entscheidung (1) nicht für den Abschluss oder die Erfüllung eines Vertrags zwischen der betroffenen Person und dem Verantwortlichen erforderlich ist oder (2) aufgrund von Rechtsvorschriften der Union oder der Mitgliedstaaten, denen der Verantwortliche unterliegt, zulässig ist und diese Rechtsvorschriften angemessene Maßnahmen zur Wahrung der Rechte und Freiheiten sowie der berechtigten Interessen der betroffenen Person enthalten oder (3) mit ausdrücklicher Einwilligung der betroffenen Person erfolgt. Ist die Entscheidung (1) für den Abschluss oder die Erfüllung eines Vertrags zwischen der betroffenen Person und dem Verantwortlichen erforderlich oder (2) erfolgt sie mit ausdrücklicher Einwilligung der betroffenen Person, trifft die *Mustermann GmbH* angemessene Maßnahmen, um die Rechte und Freiheiten sowie die berechtigten Interessen der betroffenen Person zu wahren, wozu mindestens das Recht auf Erwirkung des Eingreifens einer Person seitens des Verantwortlichen, auf Darlegung des eigenen Standpunkts und auf Anfechtung der Entscheidung gehört. Möchte die betroffene Person Rechte mit Bezug auf automatisierte Entscheidungen geltend machen, kann sie sich hierzu jederzeit an unseren Datenschutzbeauftragten oder an die am Ende dieses Abschnitts genannten Verantwortlichen wenden.

▶ eine Einwilligung zur Verarbeitung personenbezogener Daten jederzeit zu widerrufen. Möchte die betroffene Person ihr Recht auf Widerruf einer Einwilligung geltend machen, kann sie sich hierzu jederzeit an die am Ende dieses Abschnitts genannten Personen bzw. Stellen wenden.

▶ sich über Verstöße gegen das Datenschutzrecht bei der Aufsichtsbehörde zu beschweren.

Wurden die personenbezogenen Daten des Beschäftigten von der *Mustermann GmbH* öffentlich gemacht und ist unser Unternehmen als Verantwortlicher gemäß Art. 17 Abs. 1 DSGVO zur Löschung der personenbezogenen Daten verpflichtet, so trifft die *Mustermann GmbH* unter Berücksichtigung der verfügbaren Technologie und der Implementierungskosten angemessene Maßnahmen, auch technischer Art, um andere für die Datenverarbeitung Verantwortliche, welche die veröffentlichten personenbezogenen Daten verarbeiten, darüber in Kenntnis zu setzen, dass die betroffene Person von diesen anderen für die Datenverarbeitung Verantwortlichen die Löschung sämtlicher Links zu diesen personenbezogenen Daten oder von Kopien oder Replikationen dieser personenbezogenen Daten verlangt hat, soweit die Verarbeitung nicht erforderlich ist. Der Datenschutzbeauftragte der *Mustermann GmbH* oder der am Ende dieses Abschnitts genannte Verantwortliche wird im Einzelfall das Notwendige veranlassen.

Möchte ein betroffener Beschäftigter die in diesem Abschnitt erläuterten Rechte gegenüber der *Mustermann GmbH* geltend machen, so hat er sein Anliegen an die im Folgenden genannte Person bzw. Stelle zu adressieren:

▶ Unternehmensintern verantwortliche Person bzw. Stelle:

> **Hinweis**
>
> Tragen Sie an dieser Stelle bitte den Namen, die Abteilung und die Kontaktdaten der Person ein, die in Ihrem Unternehmen für die Umsetzung der Betroffenenrechte verantwortlich ist.

▶ Datenschutzbeauftragter der *Mustermann GmbH*:

> **Hinweis**
>
> Tragen Sie an dieser Stelle bitte den Namen, die Abteilung und die Kontaktdaten des internen Datenschutzbeauftragten ein, sofern Sie einen solchen haben. Handelt es sich um einen externen Datenschutzbeauftragten, dann ergänzen Sie bitte zusätzlich die Anschrift. Verfügen Sie über keinen Datenschutzbeauftragten, können Sie die Angabe zum Datenschutzbeauftragten löschen.

Stand: xx.xx.xxxx

> **Hinweis**
>
> Tragen Sie anstelle von xx.xx.xxxx bitte das Datum ein, an dem die Datenschutzerklärung erstellt wurde.

19.8 Muster eines Verarbeitungsverzeichnisses für Verantwortliche

Achtung: Kein Anspruch auf Vollständigkeit!

In diesem Muster haben wir Ihnen die gängigen Dokumentationsinhalte dargestellt, jedoch kann die Liste je nach Einzelfall zum Beispiel um die Dokumentation der Einhaltung der Informationspflichten nach Art. 13 und 14 DSGVO oder um eine Vereinbarung zur gemeinsamen Verantwortung gemäß Art. 26 DSGVO erweitert werden. Dieses Muster ist somit nicht abschließend und bedarf der Anpassung bzw. Erweiterung im konkreten Einzelfall.

Inzwischen gibt es professionelle Systeme, die Ihnen dabei helfen, ein genau auf Ihr Unternehmen abgestimmtes Verarbeitungsverzeichnis zu erstellen. Wir haben den »DSGVO-Manager« von den »Trusted Experts« (*https://shop.trustedshops.com/dsgvo*) selbst getestet und können Ihnen dieses Tool nur empfehlen!

1. Stammdatenblatt

Beginnen Sie das Verzeichnis mit allgemeinen Informationen wie dem Namen und den Kontaktdaten (E-Mail-Adresse, Telefonnummer) der für die Datenverarbeitung Verantwortlichen und ergänzen Sie je nach Gesellschaftsform auch den gesetzlichen Vertreter. Besteht die Pflicht zur Bestellung eines Datenschutzbeauftragten, so muss auch dieser im Verzeichnis aufgeführt werden. Dies gilt auch dann, wenn ein solcher freiwillig ernannt wird. In den Fällen, in denen der Verantwortliche nicht in der Europäischen Union niedergelassen ist, ist gemäß Art. 27 Abs. 1 DSGVO ein Vertreter innerhalb der Europäischen Union zu benennen.

Wer keinen Datenschutzbeauftragten hat und/oder seinen Sitz in der Europäischen Union hat, der muss an dieser Stelle nur die Daten zum Verantwortlichen in das Verzeichnis eintragen.

- Name, Anschrift und Kontaktdaten des Verantwortlichen und ggf. des gesetzlichen Vertreters
- Name, Anschrift und Kontaktdaten des Datenschutzbeauftragten
- Name, Anschrift und Kontaktdaten des Vertreters des Verantwortlichen

2. Datenverarbeitungen und Datenverarbeitungszwecke

An dieser Stelle sollten Sie allgemein beschreiben, welche Art der Datenverarbeitung in Ihrem Unternehmen erfolgt und zu welchem Zweck diese stattfindet. Der Begriff *Verarbeitung* bezeichnet gemäß Art. 4 Nr. 2 DSGVO »jeden mit oder ohne Hilfe automatisierter Verfahren ausgeführten Vorgang oder jede solche Vorgangsreihe im Zusammenhang mit personenbezogenen Daten wie das Erheben, das Erfassen, die Organisation, das Ordnen, die Speicherung, die Anpassung oder Veränderung, das

Auslesen, das Abfragen, die Verwendung, die Offenlegung durch Übermittlung, Verbreitung oder eine andere Form der Bereitstellung, den Abgleich oder die Verknüpfung, die Einschränkung, das Löschen oder die Vernichtung«.

Dieser Definition entsprechend sollten Sie Ihre verschiedenen Verarbeitungsprozesse an dieser Stelle beschreiben. Gehen Sie dabei jedoch nicht zu kleinschrittig vor. So gibt es zum Beispiel rechtliche Diskussionen darüber, ob die E-Mail-Verarbeitung als solche ein Verarbeitungsvorgang ist oder ob dieser in den Empfang und den Versand von E-Mails als getrennte Verarbeitungsvorgänge zu splitten ist. An dieser Stelle muss die künftige Rechtsprechungspraxis beachtet werden. Sofern Sie Daten auch an externe Dritte oder an Auftragsverarbeiter übermitteln, muss auch dies im Verarbeitungsverzeichnis dokumentiert werden.

▶ **Beschreibung der Datenverarbeitung**

– z. B. E-Mail-Verarbeitung oder allgemeine Kundenverwaltung

– Benennung des verantwortlichen Ansprechpartners und Angaben, wie man ihn kontaktieren kann

– interner Status des Datenverarbeitungsvorhabens

– Art der Datenverarbeitung

– Ort der Datenverarbeitung

▶ **Zweck der Datenverarbeitung**

Weiterhin sollten Sie den Zweck der einzelnen Datenverarbeitungsvorgänge erläutern. In manchen Fällen verfolgt ein Prozess jedoch auch mehrere Zwecke, weshalb dann mehrere Zweckbestimmungen anzugeben sind. Auch haben Sie die Möglichkeit, an dieser Stelle die Fälle zu dokumentieren, in denen es zu einem Wechsel des Zwecks gekommen ist; Sie müssen dann aber auch die Begründung dafür aufführen. Im Folgenden zeigen wir Ihnen zwei Beispiele für die Erläuterung von Datenverarbeitungszwecken.

– Die E-Mail-Verarbeitung verfolgt den Zweck, elektronische Kommunikation innerhalb des Unternehmens und mit Dritten durchführen zu können.

– Die allgemeine Kundenverwaltung verfolgt den Zweck, Aufträge von Kunden bearbeiten, die Buchhaltung durchführen und gegebenenfalls Inkasso-Maßnahmen treffen zu können.

▶ **Durchführung einer Datenschutz-Folgenabschätzung**

In manchen Fällen sieht das Gesetz in Art. 35 DSGVO die Durchführung einer Datenschutz-Folgenabschätzung vor. Dies ist dann der Fall, wenn voraussichtlich ein hohes Risiko für die Rechte und Freiheiten natürlicher Personen besteht und daher eine Bewertung der möglichen Folgen bei Realisierung der Risiken Ihrer Verarbeitungstätigkeit erforderlich ist.

19

Trifft Sie eine solche Pflicht, so können Sie Angaben zur Datenschutz-Folgenabschätzung auch im Verzeichnis vermerken. Zwar sind Sie dazu nicht verpflichtet, dies bietet sich zu Nachweiszwecken jedoch durchaus an.

– Datum der Datenschutz-Folgenabschätzung
– Ergebnis

3. Detaillierte Angaben zu den einzelnen Datenverarbeitungen

Bei der Auswahl der aufgelisteten Prozesse sollten Sie sich immer in die Lage einer Aufsichtsperson der Datenschutzbehörde versetzen. Dieser Person muss es möglich sein, anhand Ihres Verarbeitungsverzeichnisses einen vollständigen Einblick in die Prozesse Ihres Unternehmens zu erhalten. Letztlich werden in fast allen internen wie externen Prozessen Daten verarbeitet. Daher empfehlen wir, in diesem Teil des Verarbeitungsverzeichnisses Ihre unternehmerische Tätigkeit möglichst umfangreich abzubilden. Sie können dabei die folgenden Angaben für alle Datenverarbeitungszwecke separat verwenden, die Sie unter dem Gliederungspunkt »Datenverarbeitungen und Datenverarbeitungszwecke« verzeichnet haben.

▶ **Kategorien der betroffenen Personen**

An dieser Stelle listen Sie bitte auf, welche Personengruppen von Ihren Datenverarbeitungsprozessen betroffen sind. Beispiele für betroffene Personenkategorien sind Mitarbeiter, Interessenten, Kunden, Geschäftspartner, Bewerber etc.

▶ **Rechtliche Grundlage der Datenverarbeitung**

Da im Datenschutzrecht der Grundsatz des Verbotes mit Erlaubnisvorbehalt besteht, benötigen Sie für Datenverarbeitung entweder die Einwilligung des Betroffenen oder eine gesetzliche Norm, die Ihnen die Datenverarbeitung auch ohne die Einwilligung des Betroffenen erlaubt. Zwar muss die Rechtsgrundlage nicht zwingend in das Verarbeitungsverzeichnis aufgenommen werden, jedoch bietet es sich auch an dieser Stelle an, das Verzeichnis zu Nachweiszwecken zu nutzen und so zu belegen, dass die Datenverarbeitung den gesetzlichen Vorgaben entsprechend erfolgt ist. Die gesetzlichen Grundlagen ergeben sich nicht nur aus der europäischen Datenschutz-Grundverordnung, sondern auch je nach Art der Datenverarbeitung aus anderen Gesetzen. Im Folgenden listen wir Ihnen Beispiele für gesetzliche Grundlagen einer Datenverarbeitung nach der Datenschutz-Grundverordnung auf.

– Einwilligung des Betroffenen gemäß Art. 6 Abs. 1 lit. a, Art. 7 DSGVO
– Einwilligung eines Kindes gemäß Art. 6 Abs. 1 lit. a, Art. 8 DSGVO
– Verarbeitung zur Erfüllung eines Vertrags oder zur Durchführung vorvertraglicher Maßnahmen gemäß Art. 6 Abs. 1 lit. b DSGVO

- Erforderlichkeit der Verarbeitung von Daten zur Wahrung berechtigter Interessen des Verantwortlichen oder des Dritten gemäß Art. 6 Abs. 1 lit. f DSGVO
- Verarbeitung besonderer Kategorien personenbezogener Daten gemäß Art. 9 DSGVO
- Verarbeitung personenbezogener Daten über strafrechtliche Verurteilungen und Straftaten gemäß Art. 10 DSGVO

▶ **Einwilligungserklärungen**

Erfolgt die Datenverarbeitung auf Basis einer Einwilligungserklärung, haben Sie an dieser Stelle die Möglichkeit, auch diese Vorgänge zu dokumentieren. Dies betrifft insbesondere Mitarbeiter, aber möglicherweise auch Kunden oder Geschäftspartner, die im Rahmen vertraglicher Vereinbarungen ihre Zustimmung in die Datenverarbeitung erteilt haben. Liegt eine solche Einwilligung vor, sollte hier niedergelegt werden, wer wann wie in welche Datenverarbeitung eingewilligt hat und ob die betroffene Person über ihr Widerrufsrecht belehrt wurde.

▶ **Kategorien der verarbeiteten Daten**

An dieser ganz entscheidenden Stelle sollten Sie damit beginnen, alle Geschäftsprozesse, in denen personenbezogene Daten verarbeitet werden, in einer Excel-Tabelle aufzulisten (siehe Abbildung 19.3).

Soweit Ihnen eine feingliedrige Darstellung Ihrer Geschäftsprozesse möglich ist, empfehlen wir diese. Bei einem zu großzügigen Clustern der Geschäftsprozesse ist zu erwarten, dass dies nicht den Anforderungen der Datenschutzbehörden genügt.

In der Tabelle sollten Sie dann zunächst ganz links die unter Gliederungspunkt »Kategorien der betroffenen Personen« genannten Personen wie Mitarbeiter, Kunden etc. vermerken. Links daneben notieren Sie die laufende Nummer dieser Personenkategorie. In der dritten Spalte tragen Sie dann die Kategorie der verarbeiteten Daten ein. Sofern Sie besondere Kategorien personenbezogener Daten im Sinne des Art. 9 DSGVO verarbeiten, also sensible Daten wie zum Beispiel rassische und ethnische Herkunft, politische Meinungen, genetische und biometrische Daten zur Identifizierung einer natürlichen Person, Gesundheitsdaten oder Daten mit einem Bezug zum Sexualleben oder zur sexuellen Orientierung, dann sollten Sie dies in Ihrer Tabelle gesondert vermerken. Gleiches gilt für Daten in Bezug auf strafrechtliche Verurteilungen und Straftaten im Sinne des Art. 10 DSGVO. Entscheidend ist auch, woher die Daten stammen – von dem Betroffenen selbst oder von einem Dritten. Zuletzt können Sie dann vermerken, ob die Daten an weitere Personen übermittelt wurden. In Betracht kommt dabei einerseits eine interne Weitergabe an Personalabteilungen oder IT-Abteilungen und andererseits an Externe wie Banken, das Finanzamt oder Sozialversicherungsträger.

19

Kategorie der betroffenen Personen	Nr.	Kategorie der verarbeiteten Daten	Besondere Kategorie der verarbeiteten Daten i.S.d. Art. 9 DSGVO	Strafrechtlich relevante Daten i.S.d. Art. 10 DSGVO	Herkunft der Daten	Empfänger
Mitarbeiter	1.					
	2.					
	3.					
	4.					
Interessenten	1.					
	2.					
	3.					
	4.					
Kunden	1.					
	2.					
	3.					
	4.					
Geschäftspartner	1.					
	2.					
	3.					
	4.					

Abbildung 19.3 Excel-Tabelle für personenbezogene Daten

Hinweis: Beispiele für Kategorien der verarbeiteten Daten

▶ Anrede, Titel

▶ Name, Vorname

▶ Adressdaten

▶ Geburtsdatum

▶ Kontaktdaten

▶ Lohn- und Gehaltsdaten

▶ Sozialversicherungsdaten

▶ Bankverbindungsdaten/Kreditkartendaten

▶ Lebenslauf

▶ Qualifikationsdaten

▶ Vertragsdaten

▶ **Einsatz von Auftragsverarbeitern**

Setzen Sie bei der Verarbeitung der Daten einen Auftragsverarbeiter im Sinne des Art. 28 DSGVO ein, so sind daran Rechenschaftspflichten geknüpft. Diese betreffen vor allem den Abschluss eines Auftragsverarbeitungsvertrages. Von besonderer Bedeutung ist auch der Standort der Datenverarbeitung, insbesondere im Hinblick auf eine Lokalisierung innerhalb der Europäischen Union oder in einem Drittstaat. Arbeiten Sie mit mehreren Auftragsverarbeitern zusammen, so können Sie die Liste beliebig verlängern.

Auftrags-verarbeiter	Abschluss des Auftragsverar-beitungsvertrags	Geeignetheit des Auftragsverarbeiters	Standort der Verarbeitung

▶ **Übertragung von Daten an Externe in Drittstaaten und an internationale Organisationen**

Eine Übermittlung von Daten an Dritte in Staaten außerhalb der Europäischen Union wird durch den Gesetzgeber nur unter bestimmten Voraussetzungen gestattet, da das Risiko eines Schadensfalls außerhalb der EU als deutlich erhöht angesehen wird. Aus diesem Grund hat der europäische Gesetzgeber in Art. 44 DSGVO die Bedingungen normiert, unter denen ein Datentransfer dennoch zulässig ist. Daher sollten Sie an dieser Stelle des Verzeichnisses die Einhaltung der gesetzlich vorgesehenen Vorkehrungsmaßnahmen zur Sicherstellung eines angemessenen Datenschutzniveaus dokumentieren.

Kategorie der betroffenen Personen	Nr.	Kategorie der verarbeiteten Daten	Besondere Kategorie der verarbeiteten Daten	Datenübermittlung in Drittstaat	Datenübermittlung an internationale Organisationen	Art der Sicherstellung eines angemessenen Datenschutzniveaus

Hinweis

Im Folgenden listen wir Ihnen Beispiele für die Sicherstellung eines angemessenen Datenschutzniveaus auf:

▶ Angemessenheitsbeschluss der Europäischen Kommission gemäß Art. 45 Abs. 3 DSGVO

▶ Datenübermittlung vorbehaltlich geeigneter Garantien gemäß Art. 46 DSGVO: Verbindliche interne Datenschutzvorschriften (sogenannte *Binding Corporate Rules*) gemäß Art. 46 Abs. 2 lit. b in Verbindung mit Art. 47 DSGVO oder EU-Standardvertrag gemäß Art. 46 Abs. 2 lit. c DSGVO

▶ Vorliegen der Voraussetzungen für eine Ausnahme in bestimmten Fällen gemäß Art. 49 Abs. 1 und Abs. 2 DSGVO

▶ **Löschfristen**

In diesem Unterpunkt müssen Sie angeben, zu welchem Zeitpunkt die Daten zu löschen sind bzw. bis zu welchem Zeitpunkt sie noch aufzubewahren sind, wenn ein konkretes Löschdatum noch nicht absehbar ist. Ist eine Löschung bereits erfolgt, so kann auch dies in der Liste dokumentiert werden.

Kategorie der betroffenen Personen	Nr.	Aufbewahrungs-frist	Löschfrist	Datum der erfolgten Löschung
Mitarbeiter				
Bewerber				
Kunden				

4. Technische und organisatorische Maßnahmen

In diesem Teil des Verarbeitungsverzeichnisses erfolgt eine allgemeine Beschreibung der technischen und organisatorischen Maßnahmen, zu denen Sie – wenn möglich – gemäß Art. 30 Abs. 1 lit. g DSGVO verpflichtet sind.

Gemäß Art. 32 Abs. 1 DSGVO erwartet der europäische Gesetzgeber an dieser Stelle eine Darstellung der Maßnahmen, die Sie ergriffen haben oder zu ergreifen planen, um ein Schutzniveau zu gewährleisten, das dem Risiko eines Datenschutzvorfalls angemessen ist. Dabei hat der Gesetzgeber normiert, welche Maßnahmen davon insbesondere umfasst sind. Diese Vorgaben können daher von Ihnen zu Orientierungszwecken verwendet werden.

Sofern sich die von Ihnen getroffenen Maßnahmen aus Datenschutzkonzepten bzw. Zertifizierungen ergeben, so können Sie darauf an dieser Stelle auch verweisen und müssen nur Abweichungen davon dokumentieren.

Weiterhin müssen Sie auch bewerten, welches Restrisiko unter Berücksichtigung des Stands der Technik, der Implementierungskosten und der Art des Umfangs, der Umstände und des Zwecks der Datenverarbeitung auch nach den getroffenen technischen und organisatorischen Maßnahmen noch für die Rechte und Freiheiten natürlicher Personen besteht.

▶ **Beschreibung der technischen und organisatorischen Maßnahmen**

- – Dauerhafte Sicherstellung der Vertraulichkeit der Systeme und Dienste im Zusammenhang mit der Verarbeitung
- – Dauerhafte Sicherstellung der Integrität der Systeme und Dienste im Zusammenhang mit der Verarbeitung

- Dauerhafte Sicherstellung der Verfügbarkeit und Belastbarkeit der Systeme und Dienste im Zusammenhang mit der Verarbeitung
- Pseudonymisierung und Verschlüsselung personenbezogener Daten
- Wiederherstellung der Verfügbarkeit der personenbezogenen Daten und des Zugangs zu diesen im Fall eines physischen oder technischen Zwischenfalls
- Maßnahmen zur regelmäßigen Überprüfung, Bewertung und Evaluierung der Wirksamkeit der technischen und organisatorischen Maßnahmen zur Gewährleistung der Sicherheit der Verarbeitung

▶ Dokumentation des Restrisikos unter Berücksichtigung der getroffenen technischen und organisatorischen Maßnahmen

5. Prüfung durch den Datenschutzbeauftragten

Sofern Sie einen Datenschutzbeauftragten haben, sollten Sie auch dokumentieren, ob eine Prüfung der Rechtmäßigkeit der Datenverarbeitungsvorgänge durch den Datenschutzbeauftragten erfolgt ist, ob sich daraus gegebenenfalls Handlungsbedarf ergeben hat und, wenn ja, wie dieser konkret aussieht. Auch sollte das Datum der Prüfung durch den Datenschutzbeauftragten genannt werden. Hat eine solche Prüfung noch nicht stattgefunden, so können Sie an dieser Stelle auch vermerken, für wann eine solche geplant ist.

6. Kontrolle durch die Geschäftsführung des Unternehmens

An dieser Stelle sollten Sie nun vermerken, ob eine Prüfung durch die Geschäftsführung des Unternehmens erfolgt ist. Auch sollte das Verzeichnis mit Datum und Unterschrift versehen werden.

---------------------------------   ---

Ort, Datum   Unterschrift der Geschäftsführung

19.9 Muster eines Vertrags zur Auftragsverarbeitung

> **Hinweis**
> Das folgende Muster hilft Ihnen dabei, die Auftragsverarbeitung mit einem Vertrag rechtskonform abzusichern.

Vertrag zur Auftragsverarbeitung

Vertrag

zwischen

Max Mustermann GmbH
Musterstr. 10
12345 Musterstadt

– im Folgenden Auftraggeber –

und

Marlene Musterfrau AG
Musterstr. 20
12345 Musterstadt

– im Folgenden Auftragnehmer –

1. Gegenstand der Vereinbarung

Hinweis

An dieser Stelle des Vertrages erläutern Sie, was im Detail der Inhalt Ihrer Vereinbarung mit dem Auftragsverarbeiter ist. Dabei ist es erforderlich, dass Sie eine möglichst genaue Beschreibung der Aufgaben des Auftragnehmers vornehmen, wozu insbesondere auch die Kategorien betroffener Personen, die Datenkategorien sowie Art und Zweck der Datenverarbeitung gehören. Diese Beschreibung können Sie entweder an dieser Stelle des Vertrages vornehmen oder Sie können auch auf andere Dokumente wie Leistungsvereinbarungen, Rahmenverträge, Werkverträge etc. verweisen, sofern diese bereits abgeschlossen wurden und die Beschreibung des Leistungsgegenstandes beinhalten. Sofern ein solcher Verweis erfolgen soll, muss die vorherige Vereinbarung in diesen Vertrag einbezogen werden, indem konkret darauf Bezug genommen wird. Dazu sollte eine genaue Bezeichnung des Vertrages und des Vertragsschlusses erfolgen. Im Folgenden bieten wir Ihnen für beide Varianten einen Formulierungsvorschlag.

[Variante 1: Beschreibung des Vertragsgegenstandes in dieser Vereinbarung]

Gegenstand dieses Vertrages ist die Durchführung der folgenden Aufgaben durch den Auftragnehmer:

▶ …

▶ …

▶ …

▶ …

Die Datenverarbeitung verfolgt den Zweck, [...].

- ...

- ...

- ...

Die Datenverarbeitung bezieht sich auf die Daten folgender Kategorien betroffener Personen:

- ...

- ...

- ...

[Variante 2: Bezugnahme auf weitere Dokumente]

Der Gegenstand dieses Vertrages ergibt sich aus [...], welche/welcher am [...] geschlossen wurde. Dieser Vertrag ist als Ergänzung zu der/dem zuvor genannten [...] zu verstehen.

2. Dauer der Vereinbarung

Hinweis

Welche Dauer Ihre Vertragsvereinbarung haben soll, ist individuell. Die Vertragsvereinbarung kann entweder mit Ausführung der in diesem Vertrag genannten Aufgaben oder zu einem von Ihnen bestimmten Zeitpunkt enden. Ein Ende ist jedoch nicht zwangsläufig zu bestimmen. Vielmehr können Verträge grundsätzlich auch auf unbestimmte Zeit geschlossen werden, und ein Ende kann herbeigeführt werden, indem eine der Parteien den Vertrag unter Einhaltung einer Kündigungsfrist kündigt. Aus diesem Grund bieten wir Ihnen im Folgenden für alle drei Varianten eine Formulierungshilfe.

[Variante 1: Der Vertrag endet mit Erfüllung vertraglich vereinbarter Aufgaben]

Diese Vereinbarung endet mit der einmaligen Durchführung des in Punkt 1. dieses Vertrages vereinbarten Auftrags.

[Variante 2: Befristeter Vertrag]

Dieser Vertrag ist auf befristete Zeit geschlossen und endet zum xx.xx.xxxx.

Hinweis

Tragen Sie bitte im Feld xx.xx.xxxx das Datum ein, an dem das Vertragsverhältnis enden soll.

[Variante 3: Unbefristeter Vertrag mit Kündigungsoption]

Dieser Vertrag ist auf unbefristete Zeit geschlossen, kann aber von beiden Parteien unter Einhaltung einer Frist von [XX] Monaten zum Ende des Monats gekündigt werden. Davon unberührt bleibt die außerordentliche Kündigung aus wichtigem Grund.

> **Hinweis**
>
> Tragen Sie bitte im Feld XX die Anzahl der Monate der Kündigungsfrist ein.

3. Pflichten des Auftragnehmers während der Vertragslaufzeit

> **Hinweis**
>
> Die Pflichten des Auftragnehmers sollten Sie besonders sorgfältig regeln. Im Folgenden bieten wir Ihnen Formulierungsvorschläge für unbedingt notwendige Pflichten. Diese können Sie jedoch um weitere Pflichten für den konkreten Einzelfall ergänzen.

Der Auftragnehmer nimmt die Datenverarbeitung für den Auftraggeber ausschließlich im Rahmen der Vorgaben dieser Vereinbarung vor. Dies betrifft insbesondere den Gegenstand und die Dauer der Verarbeitung, den Zweck der Verarbeitung, die Art der personenbezogenen Daten, die Kategorien betroffener Personen sowie die Pflichten und Rechte des Auftraggebers.

Sofern der Auftragnehmer eine behördliche Aufforderung erhält, die ihm vom Auftraggeber überlassenen Daten herauszugeben, so hat er den Auftraggeber unverzüglich darüber in Kenntnis zu setzen. Weiterhin ist es ihm untersagt, eine Herausgabe der Daten an eine Behörde vorzunehmen. Der Auftragnehmer hat die anfragende Behörde an den Auftraggeber zu verweisen.

Der Auftragnehmer darf die Daten des Auftraggebers nur dann für eigene Zwecke verarbeiten, wenn dies zuvor schriftlich zwischen den Parteien vereinbart wurde.

Der Auftragnehmer, der Personen mit der Datenverarbeitung beauftragt, ist verpflichtet, die Vertraulichkeit der Daten durch vorherige Verpflichtungserklärungen dieser Personen sicherzustellen, sofern sie nicht ohnehin einer angemessenen gesetzlichen Verschwiegenheitspflicht unterliegen. Diese Verschwiegenheitspflicht muss sich insbesondere auch auf den Zeitraum nach Beendigung der Tätigkeit beim Auftragnehmer erstrecken.

Der Auftragnehmer hat seiner gesetzlichen Pflicht zur Erstellung eines Verarbeitungsverzeichnisses nach Art. 30 DSGVO nachzukommen.

Der Auftragnehmer ist verpflichtet, die in Art. 32 DSGVO normierten Maßnahmen zur Sicherheit der Verarbeitung zu treffen.

19

Der Auftragnehmer hat technische und organisatorische Maßnahmen in einer Art und Weise zu treffen, die es dem Auftraggeber ermöglichen, die gesetzlich in Kapitel III, Art. 12 bis Art. 23 der europäischen Datenschutz-Grundverordnung geregelten Betroffenenrechte – wie das Recht auf Information, Auskunft, Berichtigung, Löschung, Einschränkung der Verarbeitung, Datenübertragbarkeit und Widerspruch – innerhalb der ihm gesetzlich vorgeschriebenen Fristen zu erfüllen. Weiterhin hat der Auftragnehmer dem Auftraggeber die dafür erforderlichen Informationen zu überlassen.

Sofern der Auftragnehmer eine Anfrage von einem Betroffenen erhält, so hat er den Auftraggeber unverzüglich darüber in Kenntnis zu setzen und den Betroffenen über die Weiterleitung an den Auftraggeber als Verantwortlichen in Kenntnis zu setzen. Eine Bearbeitung der Anfrage des Betroffenen ist dem Auftragnehmer untersagt.

Der Auftragnehmer ist verpflichtet, den Auftraggeber bei der Erfüllung der ihm gesetzlich in den Art. 32 bis Art. 36 DSGVO auferlegten Pflichten zu unterstützen. Diese betreffen die Sicherheit der Datenverarbeitung, die Meldung von Verletzungen des Schutzes personenbezogener Daten an die Aufsichtsbehörde, die Benachrichtigung der von einer Verletzung des Schutzes personenbezogener Daten betroffenen Person, die Datenschutz-Folgenabschätzung und die Pflicht zur vorherigen Konsultation.

Der Auftragnehmer räumt dem Auftraggeber ein jederzeitiges Einsichtnahme- und Kontrollrecht im Hinblick auf die von ihm beauftragte Datenverarbeitung ein. Dabei ist der Auftragnehmer verpflichtet, dem Auftraggeber all jene Informationen zu überlassen, die zur Wahrnehmung seines Kontrollrechts nötig sind.

Sofern eine Weisung zur Datenverarbeitung des Auftraggebers nach Ansicht des Auftragnehmers nicht in Einklang mit den geltenden Datenschutzvorschriften steht, so hat der Auftragnehmer den Auftraggeber darüber unverzüglich in Kenntnis zu setzen.

4. Pflichten des Auftragnehmers nach Vertragsbeendigung

Nach Beendigung des Vertragsverhältnisses ist der Auftragnehmer verpflichtet, dem Auftraggeber alle Verarbeitungsergebnisse und Dokumente, die Daten beinhalten, herauszugeben. Hat der Auftraggeber statt der Herausgabe eine Vernichtung angewiesen, so hat der Auftragnehmer dieser Weisung nachzukommen.

Erfolgt die Datenverarbeitung beim Auftragnehmer in einem speziellen technischen Format, so hat der Auftragnehmer die Daten in diesem speziellen Format, sonst in dem ursprünglich vom Auftraggeber vorgesehenen Format oder in einem anderen üblichen Format herauszugeben.

5. Ort der Durchführung der Datenverarbeitung

Hinweis

In diesem Punkt der Vereinbarung sollten Sie regeln, an welchem Ort die Auftragsverarbeitung durchgeführt werden soll. Dieser Punkt ist von besonderer Bedeutung, da der Gesetzgeber bei Auftragsverarbeitungen außerhalb der Europäischen Union erhöhte Anforderungen stellt und dann bestimmte Voraussetzungen zur Sicherstellung eines angemessenen Datenschutzniveaus erfüllt werden müssen. Dass diese Voraussetzungen vorliegen, sollten Sie dann auch in Ihren Vertrag aufnehmen. Die erhöhten Anforderungen gelten auch dann, wenn die Datenverarbeitung nur teilweise außerhalb der Europäischen Union erfolgt. Für beide Varianten erhalten Sie im Folgenden einen Formulierungsvorschlag.

[Variante 1: Datenverarbeitung innerhalb der Europäischen Union]

Der Auftragnehmer verpflichtet sich, die für den Auftraggeber vorgenommenen Datenverarbeitungen ausschließlich innerhalb der Europäischen Union vorzunehmen.

[Variante 2: Datenverarbeitung ganz oder teilweise außerhalb der Europäischen Union]

Der Auftragnehmer nimmt die vereinbarten Datenverarbeitungen für den Auftraggeber ganz/teilweise außerhalb der Europäischen Union vor, und zwar in den folgenden Staaten:

► ...

► ...

► ...

Das für die Datenverarbeitung außerhalb der Europäischen Union erforderliche angemessene Datenschutzniveau ergibt sich aus:

Hinweis

Im Folgenden Zutreffendes bitte in den Vertrag aufnehmen, nicht Zutreffendes bitte streichen.

► einem Angemessenheitsbeschluss der Europäischen Kommission gemäß Art. 45 DSGVO.

► einer verbindlichen internen Datenschutzvorschrift gemäß Art. 47 in Verbindung mit Art. 46 Abs. 2 lit. b DSGVO.

► europäischen Standarddatenschutzklauseln gemäß Art. 46 Abs. 2 lit. c und d DSGVO.

19

- genehmigten Verhaltensregeln gemäß Art. 46 Abs. 2 lit. e in Verbindung mit Art. 40 DSGVO.
- einem genehmigten Zertifizierungsmechanismus gemäß Art. 46 Abs. 2 lit. f in Verbindung mit Art. 42 DSGVO.
- einer von der Datenschutzbehörde bewilligten Vertragsklausel gemäß Art. 46 Abs. 3 lit. a DSGVO.
- einer Ausnahme für den bestimmten Fall gemäß Art. 49 Abs. 1 DSGVO.
- einer Ausnahme für den Einzelfall gemäß Art. 49 Abs. 1 S. 2 DSGVO.

6. Subauftragsverarbeiter

> **Hinweis**
>
> Bei der Beauftragung eines Auftragsverarbeiters müssen Sie bedenken, dass Ihr Auftragnehmer für die mit Ihnen vereinbarte Auftragsarbeit gegebenenfalls weitere Auftragsverarbeiter, sogenannte Subauftragsverarbeiter, einsetzen könnte. Sie müssen sich überlegen, ob Sie dies erlauben möchten oder nicht, und dementsprechend eine der folgenden Passagen in Ihren Vertrag aufnehmen. Sofern Sie sich für eine Zulässigkeit entscheiden, sollten Sie vertraglich vereinbaren, um welchen Dienstleister es sich dabei genau handeln soll.

[Variante 1: Sie verbieten die Beauftragung eines Subauftragsverarbeiters]

Dem Auftragnehmer ist es nicht gestattet, für die vom Auftraggeber beauftragten Datenverarbeitungstätigkeiten einen Subauftragsverarbeiter einzusetzen.

[Variante 2: Sie erlauben die Beauftragung eines Subauftragsverarbeiters]

Dem Auftragnehmer ist es gestattet, für die vom Auftraggeber beauftragten Datenverarbeitungstätigkeiten den folgenden Subauftragsverarbeiter einzusetzen:

> Max Mustermann GmbH
> Musterstr. 10
> 12345 Musterstadt
> Tel. + 49 1234/567890
> Fax. + 49 1234/567890
> E-Mail: info@maxmustermann.de

Sofern der Auftragnehmer eine Änderung in der Person des Subauftragsverarbeiters vornehmen möchte, so ist dies nur zulässig, wenn dafür ein wichtiger Grund vorliegt, der Auftragnehmer dies dem Auftraggeber zuvor rechtzeitig schriftlich unter Angabe des wichtigen Grundes anzeigt und der Auftraggeber dieser Änderung zustimmt.

Die für die Unterbeauftragung erforderlichen Vereinbarungen im Sinne des Art. 28 Abs. 4 DSGVO schließt der Auftragnehmer mit dem Subauftragsverarbeiter ab. Da-

nach ist sicherzustellen, dass der Subauftragsverarbeiter gegenüber dem Auftragnehmer dieselben Verpflichtungen eingeht wie der Auftragnehmer gegenüber dem
Auftraggeber. Dies betrifft insbesondere eine Datenverarbeitung, die konform mit
den Anforderungen der nationalen und europäischen Datenschutzgesetze ist.

Kommt der Subauftragsverarbeiter seinen vertraglichen Datenschutzpflichten nicht
nach, so haftet der Auftragnehmer gegenüber dem Auftraggeber für die Einhaltung
der Pflichten seines Subauftragsverarbeiters.

-----------------------------------   --------------------------------

Ort, Datum und Unterschrift   Ort, Datum und Unterschrift
des Auftraggebers   des Auftragnehmers

19.10   Aufbau eines Datenschutzkonzepts

> **Hinweis**
>
> Das Datenschutzkonzept ist eine zentrale Dokumentationsstelle für eine Vielzahl von
> Rechenschaftspflichten, die das Datenschutzrecht vorsieht. Es hat demnach eine nicht
> zu unterschätzende Funktion – auch im Hinblick auf seine Komplexität. Da das Daten-
> schutzkonzept im höchsten Maße individuell ist, bietet sich an dieser Stelle kein Mus-
> terformular mit Formulierungsvorschlägen an. Vielmehr möchten wir Ihnen an dieser
> Stelle ein Aufbau-Muster an die Hand geben und innerhalb der einzelnen Punkte er-
> läutern, welche Inhalte an dieser Stelle erwartet werden.

1. Präambel

Die Präambel Ihres Datenschutzkonzepts übernimmt die Funktion eines Vorwortes
und dient dazu, Ihr Unternehmen kurz zu beschreiben und den Sinn und Zweck Ihres
Datenschutzkonzeptes zu verschriftlichen. Sie erläutern in diesem Teil also, was Ihr
Unternehmen dazu motiviert, die Regelungen des Datenschutzrechts einzuhalten,
und versichern, dass sich das Unternehmen sowie dessen Mitarbeiter dazu verpflichten, den Vorgaben der europäischen Datenschutz-Grundverordnung entsprechend
besonders sensibel und sparsam mit den personenbezogenen Daten der Betroffenen
umzugehen. Auch sollte die Präambel einen Hinweis zum zeitlichen Stand des
Datenschutzkonzepts enthalten.

2. Geltungsbereich

Innerhalb des Datenschutzkonzepts sollte eine Angabe dazu erfolgen, für wen die
festgelegten Grundsätze gelten. Das bedeutet, dass die Personengruppen zu identifizieren sind, die von dem Datenschutzkonzept betroffen sind. Zwar sind dies in erster

19

Linie die eigenen Beschäftigten des Unternehmens, es ist aber auch möglich, den Geltungsbereich auf von der Datenverarbeitung betroffene Personengruppen zu erweitern, z. B. auf Kunden oder externe Auftragnehmer.

3. Datenschutzpolitik

Ein wichtiger Aspekt Ihres Datenschutzkonzepts ist Ihre allgemeine Datenschutzpolitik. Daher sollten Sie an dieser Stelle darlegen, auf welche Art und Weise Sie die Datenverarbeitung vornehmen. Dabei bietet es sich an, sich an der europäischen Datenschutz-Grundverordnung zu orientieren, die in Art. 5 DSGVO die Grundsätze für die Verarbeitung personenbezogener Daten normiert. Dazu gehören beispielsweise das Transparenzgebot oder das Prinzip der Datensparsamkeit. Dabei sollten auch gegebenenfalls vorhandene branchenspezifische datenschutzrechtliche Regelungen miteinbezogen werden.

Auch können an dieser Stelle für das Datenschutzkonzept wichtige Begrifflichkeiten – wie zum Beispiel »personenbezogene Daten« oder »Verantwortlicher« – definiert werden. Zurückgreifen können Sie dabei auf die für Ihr Datenschutzvorhaben relevanten gesetzlichen Definitionen des Art. 4 DSGVO. Von besonderer Bedeutung sind dabei die folgenden Begriffe:

► »Personenbezogene Daten« sind gemäß Art. 4 Nr. 1 DSGVO »alle Informationen, die sich auf eine identifizierte oder identifizierbare natürliche Person (im Folgenden »betroffene Person«) beziehen; als identifizierbar wird eine natürliche Person angesehen, die direkt oder indirekt, insbesondere mittels Zuordnung zu einer Kennung wie einem Namen, zu einer Kennnummer, zu Standortdaten, zu einer Online-Kennung oder zu einem oder mehreren besonderen Merkmalen identifiziert werden kann, die Ausdruck der physischen, physiologischen, genetischen, psychischen, wirtschaftlichen, kulturellen oder sozialen Identität dieser natürlichen Person sind«.

► Unter einer »Verarbeitung« von Daten versteht der europäische Gesetzgeber gemäß Art. 4 Nr. 2 DSGVO »jeden mit oder ohne Hilfe automatisierter Verfahren ausgeführten Vorgang oder jede solche Vorgangsreihe im Zusammenhang mit personenbezogenen Daten wie das Erheben, das Erfassen, die Organisation, das Ordnen, die Speicherung, die Anpassung oder Veränderung, das Auslesen, das Abfragen, die Verwendung, die Offenlegung durch Übermittlung, Verbreitung oder eine andere Form der Bereitstellung, den Abgleich oder die Verknüpfung, die Einschränkung, das Löschen oder die Vernichtung«.

► Ein »Verantwortlicher« ist gemäß Art. 4 Nr. 7 DSGVO »die natürliche oder juristische Person, Behörde, Einrichtung oder andere Stelle, die allein oder gemeinsam mit anderen über die Zwecke und Mittel der Verarbeitung von personenbezogenen Daten entscheidet; sind die Zwecke und Mittel dieser Verarbeitung durch das

Unionsrecht oder das Recht der Mitgliedstaaten vorgegeben, so können der Verantwortliche beziehungsweise die bestimmten Kriterien seiner Benennung nach dem Unionsrecht oder dem Recht der Mitgliedstaaten vorgesehen werden«.

Weiterhin sollte Teil Ihrer Datenschutzpolitik sein, Ihr Datenschutzmanagementsystem kontinuierlich zu verbessern und einen hohen Datenschutzstandard durch Mitarbeiterschulungen auf der einen Seite sowie durch die Sensibilisierung und Verpflichtung Ihrer Mitarbeiter zu rechtskonformem Handeln auf der anderen Seite zu garantieren. Sie sollten daher in diesem Gliederungspunkt erläutern, welche Schulungen Sie für welche Mitarbeiter in welchen zeitlichen Abständen vorsehen und welche Themen darin behandelt werden. Auch sollten Sie transparent darlegen, auf welche Art und Weise im Detail die Sensibilisierung der Mitarbeiter erfolgt und zu welchen Verhaltensregeln sich diese verpflichten. In Betracht kommt dabei beispielsweise die Unterzeichnung einer entsprechenden Erklärung zum Datengeheimnis und zur Einhaltung dieses Datenschutzkonzepts.

4. Verantwortlichkeit innerhalb des Unternehmens

Damit die Betroffenen wissen, wer für die Einhaltung der datenschutzrechtlichen Vorgaben in Ihrem Unternehmen verantwortlich ist, sollten Sie an dieser Stelle den Namen des Unternehmens, gegebenenfalls dessen Gesellschaftsform und den gesetzlichen Vertreter, die Anschrift sowie die Kontaktdaten benennen.

Wenn ein betrieblicher Datenschutzbeauftragter bestellt ist, sollte er an dieser Stelle mit Kontaktmöglichkeit aufgezeigt werden und es sollte sein konkreter Aufgabenbereich beschrieben werden – Gleiches gilt auch für Informationen zu einem externen Datenschutzbeauftragten.

Auch müssen Sie Angaben zu der Person bereithalten, die im operativen Geschäft für die Einhaltung des Datenschutzes zuständig ist. Denn regelmäßig ist der Datenschutzbeauftragte nicht auch die operativ verantwortliche Person.

Maßgeblich ist in allen Fällen der Zeitpunkt der Erstellung und Veröffentlichung des Datenschutzkonzepts.

5. Der Umgang mit personenbezogenen Daten

In diesem Punkt sollten Sie zunächst Ihr Datenverarbeitungsvorhaben detailliert erläutern. Dabei sollten Sie klar herausstellen,

▶ welches Ziel Sie mit der Verarbeitung von

▶ welchen Daten

▶ durch wen erreichen wollen,

▶ wer Zugriff auf diese Daten hat und

▶ wann die Daten wieder gelöscht werden.

19

Auch sollten Sie darlegen, auf welcher gesetzlichen Grundlage die von Ihnen geplante Datenverarbeitung erfolgt. Dazu müssen Sie sich auf die für Ihr Unternehmen geltenden datenschutzrechtlichen Normen beziehen. Neben der europäischen Datenschutz-Grundverordnung und dem deutschen Bundesdatenschutzgesetz können für Sie durchaus auch andere gesetzliche Regelungen des Handelsgesetzbuchs, Sozialgesetzbuches, des Telemediengesetzes oder des Telekommunikationsgesetzes die Datenerhebung und Datenverarbeitung regeln.

Weiterhin sollten Sie bestimmen, welches Schutzniveau für die von Ihnen verarbeiteten personenbezogenen Daten im Hinblick auf Vertraulichkeit, Integrität und Verfügbarkeit nötig ist. Dabei können Sie sich an den Kategorien des Bundesamtes für Sicherheit in der Informationstechnik (BSI) orientieren, das in seinem Paper »BSI-Standard 100-2« die IT-Grundschutz-Vorgehensweise dargelegt und eine Differenzierung zwischen »sehr hoch«, »hoch« und »normal« vorgenommen hat. Darin erläutert das BSI auch, wann die jeweilige Kategorie zutreffend ist. Sie müssen also anhand der Kriterien des BSI prüfen, welche der drei Kategorien zu Ihrer Art der Datenverarbeitung passt und dementsprechend die Kategorisierung vornehmen. Daneben finden sich auch bei den Datenschutzbeauftragten der verschiedenen Bundesländer Schutzstufenkonzepte, die Sie ebenfalls verwenden können.

Im Anschluss daran sollten Sie darlegen, welche fachlichen datenschutzbezogenen Anforderungen sich daraus für das Erheben, Verarbeiten und Nutzen personenbezogener Daten in Ihrem Unternehmen ergeben und wie diese Tätigkeiten auszugestalten sind, um die rechtlichen Anforderungen einzuhalten.

6. Bestehende technische und organisatorische Maßnahmen

Ausgehend von dem ermittelten Datenschutzbedarf, müssen Sie geeignete technische und organisatorische Maßnahmen zum Schutz der Daten treffen und diese auch dokumentieren, um so Ihrer Rechenschaftspflicht nachzukommen. Während unter technischen Maßnahmen all jene zu verstehen sind, die sich physisch umsetzen lassen und sich auf den Datenverarbeitungsvorgang selbst beziehen, betreffen organisatorische Maßnahmen die äußeren Rahmenbedingungen eines rechtskonformen Datenverarbeitungsvorgangs. Sie müssen also im Detail erläutern, welche Maßnahmen Sie getroffen haben.

Um festzustellen, ob die getroffenen Maßnahmen ausreichend sind, muss der bestehende Datenschutzbedarf dem Datenverarbeitungsrisiko gegenübergestellt werden. Zu berücksichtigen sind dabei gemäß Art. 32 DSGVO verschiedene Kriterien: Art, Umfang, Umstände und Zwecke der Datenverarbeitung, der Stand der Technik, Implementierungskosten sowie Eintrittswahrscheinlichkeit und Schwere des Risikos für Rechte und Freiheiten natürlicher Personen.

Dabei können Unternehmen sich an den internationalen Standards der DIN ISO/IEC 27002:2016-11 »Informationstechnologie – IT-Sicherheitsverfahren – Leitfaden für Informationssicherheits-Maßnahmen« unter Berücksichtigung der ISO/IEC DIS 29151: 2016-07 »Informationstechnik – Sicherheitsverfahren – Leitfaden für den Schutz personenbezogener Daten« orientieren.

7. Dokumentationsverzeichnis

An dieser Stelle des Datenschutzkonzepts kommen die umfangreichen Dokumentationen zum Tragen, die die europäische Datenschutz-Grundverordnung vorsieht. Insbesondere handelt es sich dabei um

► das Verzeichnis von Verarbeitungstätigkeiten,

► die Risikoanalyse,

► Verträge zur Auftragsverarbeitung und

► das Verzeichnis über bestehende technische und organisatorische Maßnahmen sowie

► über durchgeführte interne und externe Überprüfungen.

Diese Übersichten sind nicht nur für den Datenschutzbeauftragten von Vorteil, da er auf dieser Grundlage die geplanten Datenverarbeitungsvorhaben besser einschätzen und vorab kontrollieren kann, sondern sie schaffen auch Transparenz gegenüber Betroffenen.

Im Rahmen der jeweiligen Dokumentationen sollten Sie auch festhalten, wann die Dokumentation erfolgt ist und an welchem Ort das Dokument analog oder digital abgelegt wurde.

8. Risikomanagement

Ebenfalls von besonderer Bedeutung für ein Datenschutzkonzept sind die Identifizierung sowie die Bewertung datenschutzrechtlicher Risiken und die damit verbundene Einführung eines angemessenen Risikomanagementsystems. Auf diese Art und Weise können zielgerichtet Maßnahmen zur Minimierung der Risiken eingesetzt und im Anschluss daran auch überwacht werden. An dieser Stelle sollten Sie daher erläutern, welche Risiken im Rahmen Ihres Datenverarbeitungsvorgangs bestehen und wie Sie darauf reagieren wollen. Zu jedem Risiko sind zudem die mögliche Eintrittswahrscheinlichkeit ebenso wie das Schadenspotenzial und das Schadensausmaß zu ermitteln und die Maßnahmen zur Behandlung des Risikos sowie das voraussichtliche Restrisiko nach Behandlung in einem Risikoregister zu benennen.

Sollten Sie die Risiken in Ihrem Unternehmen noch nicht ermittelt haben, können Sie an dieser Stelle auch erläutern, zu welchem Zeitpunkt Sie die erste Risikoanalyse planen und wie Sie diese genau durchzuführen beabsichtigen.

19

9. Datenschutzvorfälle

Datenschutzvorfälle lassen sich nicht verhindern – trotz aller Maßnahmen, um sie zu vermeiden. Aus diesem Grund sollten Sie an dieser Stelle erläutern, was Sie beabsichtigen, in einer solchen Situation zu tun. Dabei sollten Sie die einzelnen Schritte darlegen, die in Ihrem Unternehmen nach einem Datenschutzvorfall durch den Datenschutzbeauftragten angestoßen werden. So müssen beispielsweise zunächst die Ursachen des Vorfalls ermittelt und beseitigt sowie die negativen Folgen des Vorfalls eingedämmt werden. Im Anschluss daran sollten Sie Risiken neu bewerten. Unter Umständen ist es zudem erforderlich, die von dem Datenschutzvorfall Betroffenen zu informieren und auf Verlangen der Aufsichtsbehörde Auskunft zu erteilen. Zudem sollte langfristig eine stärkere Sensibilisierung der Mitarbeiter erfolgen, damit Datenschutzvorfälle einerseits verhindert und andererseits im Fall des Falles als solche identifiziert werden können.

10. Betroffenenanfragen

Die europäische Datenschutz-Grundverordnung hat die Rechte der Betroffenen weiter gestärkt, weshalb Unternehmen jederzeit mit internen wie externen Datenschutzanfragen rechnen müssen. Aus diesem Grund ist es sinnvoll, innerhalb des Datenschutzkonzepts zu regeln, welche Schritte nach einer Betroffenenanfrage an den Datenschutzbeauftragten einzuleiten sind, um diese einheitlich und auch innerhalb des geforderten angemessenen Zeitraumes bearbeiten zu können. Sie sollten daher an dieser Stelle darlegen, über welche Kommunikationskanäle der Datenschutzbeauftragte kontaktiert werden kann und wie diese Anfragen jeweils im Detail erfasst, bearbeitet und überwacht werden.

19.11 Leitfaden zur Erstellung eines Datensicherheitskonzepts

Hinweis

Die Formulierung eines Datensicherheitskonzepts erfordert ein hohes Maß an technischem, wirtschaftlichem und juristischem Wissen. Eine große Zahl von Details muss beachtet werden, um ein Maximum an Sicherheit zu gewährleisten. Die Erstellung eines solchen Konzepts ist folglich sehr komplex und bedarf einer ordentlichen Strukturierung und Detailgenauigkeit, um seinen Zweck als Sicherheitsleitlinie erfüllen zu können.

Im Folgenden möchten wir Ihnen einen Leitfaden zur Erstellung eines Sicherheitskonzepts an die Hand geben. Dieser Leitfaden beschränkt sich ebenso wie das Muster zum Datenschutzkonzept lediglich auf den Aufbau eines solchen Konzepts und enthält keine Formulierungsvorschläge, da Konzepte grundsätzlich sehr individuell auf die jeweiligen Datenverarbeitungsprozesse in jedem einzelnen Unternehmen abgestimmt werden müssen und daher inhaltlich nicht verallgemeinert werden können.

1. Definitionen

Damit beim Lesen und Umsetzen des Sicherheitskonzepts alle Beteiligten von derselben Basis ausgehen, bietet es sich an, das Konzept mit einem Katalog von Definitionen der fachlichen Begriffe zu beginnen, die in dem Konzept eine besondere Bedeutung haben und einheitlich verwendet werden müssen. Beispiele für wichtige Begriffe, die Sie – auch unter Hinzuziehung gesetzlicher Definitionen – näher bestimmen sollten, sind:

▶ Daten

▶ Personenbezogene Daten

▶ Anwendungsdaten

▶ Systemdaten

▶ Protokolldaten

▶ Software

▶ Verarbeitung

▶ Datenschutz

▶ Datensicherheit

▶ Datensicherung

▶ Katastrophenschutz

▶ Vollsicherung

▶ inkrementelle Sicherung

▶ differenzielle Sicherung

▶ Verlässlichkeit

▶ (sowie bei Bedarf weitere Begriffe)

2. Zweck des Sicherheitskonzepts

Das eigentliche Konzept sollte dann mit einer Beschreibung des Zwecks bzw. des Ziels und der Motivationslage des Leitfadens beginnen, da dies die Basis der folgenden Sicherungsmaßnahmen ist. Allgemein beschrieben ist der Zweck eines solchen Konzepts die Dokumentation der Sicherheitsleitlinien in einem Unternehmen und der in Bezug darauf ergriffenen technischen und organisatorischen Maßnahmen. Weiterhin kann das Konzept im Rahmen einer aufsichtsbehördlichen Prüfung als Anhaltspunkt für den Datensicherheitsstandard in einem Unternehmen herangezogen werden. Dieser Punkt sollte eher allgemein und nicht zu detailliert formuliert werden. Er bleibt in der Regel auch dann bestehen, wenn sich Änderungen bei den Regelungen zu den einzelnen Verfahren ergeben.

Typische Motivationslagen sind zum Beispiel die Abhängigkeit der unternehmerischen Tätigkeit vom Datenbestand sowie der Schutz vor Risiken wie Anwenderfehlern, Hackerangriffen, Hardwarefehlern oder Schadensfällen im eigenen Haus, die zur Beschädigung oder gar zum Verlust der Daten führen können.

3. Darstellung der Einflussfaktoren

An dieser Stelle Ihres Konzepts sollten Sie darstellen, von welchen Faktoren die Sicherheit in Ihrem IT-System beeinflusst wird. Dabei kommen verschiedene Parameter in Betracht, die im Folgenden beispielartig aufgelistet werden:

- Datenspezifikation
- Rekonstruktionsaufwand ohne Datensicherung
- Vertraulichkeitsbedarf
- Integritätsbedarf
- Datenvolumen
- Änderungsvolumen und Änderungszeitpunkte
- Kenntnisse und Fähigkeiten der IT-Anwender
- (sowie bei Bedarf weitere Faktoren)

4. Beschreibung der Risikolage

Ein Sicherheitskonzept sollte auch immer einen Passus enthalten, der allgemeine Sicherheitsrisiken ebenso beschreibt wie konkrete Gefährdungslagen in dem jeweiligen Unternehmen.

Allgemeine Sicherheitsrisiken sind dabei zum Beispiel Gefahren durch:

- unbewusstes menschliches Fehlverhalten wie falsche Bedienungen aufgrund fehlender IT-Anwenderkenntnisse oder Versehen
- bewusstes menschliches Fehlverhalten wie Cyberangriffe oder Sabotage
- technische Komplikationen wie Hardwareprobleme
- höhere Gewalt wie Feuer, Überschwemmungen oder Erdbeben
- (sowie eventuell weitere Risiken)

5. Datensicherungsplan

Dieser Punkt des Konzepts sollte eine Erläuterung der Verfahren enthalten, die die Geschäftsführung des Unternehmens zur Datensicherheit plant. Dabei wird allgemein zwischen drei Varianten unterschieden:

- der Volldatensicherung, bei der alle Daten zu einem bestimmten Zeitpunkt auf einem Datenträger gespeichert werden und bei der auch bei erneuten Datensicherungen eine vollständige Sicherung der Daten erfolgt

- der inkrementellen Datensicherung, die im Anschluss an die vorhergehende Voll-datensicherung erfolgt und bei der nur die Daten gesichert werden, die sich seit der letzten Sicherung verändert haben

- der differenziellen Datensicherung, bei der zwar ebenfalls als Erstes eine Volldatensicherung erfolgt, jedoch die veränderten Daten immer nur in Bezug zur Vollsicherung gespeichert werden

Dabei müssen Sie zunächst die Datenart festlegen und danach einen Plan aufstellen, der verschiedene Aspekte berücksichtigt, wie die Art der Datensicherung, die Häufigkeit und den Zeitpunkt der Datensicherung, das Datensicherungsmedium oder den Aufbewahrungsort für das Speichermedium.

Weiterhin sollte der Datensicherungsplan auch Informationen zur Vorgehensweise bei Datenrestaurierungen und zu Restaurierungsübungen sowie zu den Randbedingungen für die Archivierung der Daten enthalten. Weiterhin sollten Sie auch einplanen, dass Ihr Unternehmen ein arbeitsfähiges Lesegerät für die gespeicherten Daten bereithält und Mitarbeiter zur Datensicherung verpflichtet sowie erforderliche Schulungen vornimmt.

6. Technische, organisatorische und personelle Sicherheitsregelungen

Der letzte Punkt des Sicherheitskonzepts stellt letztlich die geplante Reaktion auf die zuvor im Konzept dargestellten Aspekte in Form von technischen, organisatorischen und personellen Maßnahmen dar. Er ist damit eine Spiegelung des theoretischen Konzepts in die Praxis. Dieser Teil des Sicherheitskonzepts enthält einerseits eine allgemeine Beschreibung der Regelungen zur Datensicherung und andererseits eine Darstellung der technischen Umsetzung dieser allgemeinen Regelungen. Der Aufwand, den Sie für technische, organisatorische und personelle Maßnahmen betreiben, muss in einem angemessenen Verhältnis zum Schutzzweck stehen.

Zu den zahlreichen möglichen technischen Maßnahmen gehören zum Beispiel neben der Erstellung eines Datenbestandsverzeichnisses und der Regelung der Vorgehensweise zur Wiederherstellung der Daten auch die folgenden technischen Kontrollmechanismen:

- Zutrittskontrollen (z. B. Sicherung des Gebäudes bzw. der Räume)

- Zugangskontrollen (z. B. Authentifizierungsverfahren)

- Zugriffskontrollen (z. B. Benutzerkennung mit Passwort)

- Weitergabekontrollen (z. B. Verschlüsselungen)

- Eingabekontrollen (z. B. Benutzeridentifikation)

- Auftragskontrollen (z. B. Stichprobenprüfungen)

- Verfügbarkeitskontrollen (z. B. Brandschutzmaßnahmen)

- Trennung der Verarbeitungsprozesse (z. B. getrennte Datenbanken)

19

Organisatorisch erforderlich ist zum Beispiel die Benennung von Verantwortlichen für jeden Aufgabenbereich und die Ermittlung des Bedarfs an Vertraulichkeit, Integrität und Verfügbarkeit.

Personell sinnvolle Sicherheitsmaßnahmen sind beispielsweise Schulungen der Mitarbeiter zur Durchführung einer zuverlässigen und kompetenten Datensicherung sowie datenschutzbezogene Geheimhaltungs- und Verpflichtungserklärungen.

Dieser Teil des Konzepts bezieht sich letztlich auf die einzelnen Verfahren innerhalb eines Unternehmens, weshalb es nötig sein kann, diesen gegebenenfalls von Zeit zu Zeit anzupassen.

Kapitel 20
Fazit und Ausblick

Wenn Sie an dieser Stelle angelangt sind, haben Sie in jedem Fall eines bewiesen: Sie sind mit der Zeit gegangen und haben sich umfassend mit den neuen Strategien beschäftigt, die Ihnen das Online-Marketing bietet. Damit ist es an der Zeit, ein Fazit zu ziehen und einen kurzen Blick in die Zukunft zu werfen.

Von der abmahnsicheren Website über umfangreiche Affiliate-Netzwerke bis hin zum Influencer-Marketing haben wir uns mit allen Bereichen des Online-Marketings beschäftigt. Damit wären wir nun am Ende des Buches angelangt. Egal, ob Sie alle Kapitel ausführlich durchgearbeitet oder das Buch gezielt als Nachschlagewerk genutzt haben – wir hoffen, dass Sie einiges lernen und auch umsetzen konnten.

Nach der Lektüre sollte Ihnen auf jeden Fall klar sein, dass sich Ihnen im Online-Marketing zahlreiche Möglichkeiten bieten. Wir haben uns mit den allgemeinen Voraussetzungen für eine erfolgreiche Internetpräsenz beschäftigt. Dabei haben wir uns insbesondere der obligatorischen Website, aber auch den interaktiven sozialen Netzwerken gewidmet. Auch haben wir Ihnen in dieser zweiten Auflage einen Überblick über gesetzliche Neuerungen – insbesondere im Hinblick auf die europäische Datenschutz-Grundverordnung – gegeben und Sie mit Handlungsempfehlungen versorgt.

Hinweis

Gerade das Thema Datenschutz-Grundverordnung wirft zahlreiche Fragen auf, die wir in diesem Buch gar nicht alle beantworten können – wir beschränken uns in diesem Buch auf die marketingrelevanten Aspekte des Datenschutzes. Wenn Sie eine umfassende Darstellung der allgemeinen Grundsätze des neuen Datenschutzrechts benötigen, dann empfehlen wir Ihnen das von uns verfasste Praktiker-Handbuch »DSGVO für Website-Betreiber: Ihr Leitfaden für die sichere Umsetzung der EU-Datenschutz-Grundverordnung«, das 2018 ebenfalls im Rheinwerk Verlag erschienen ist (*http://wbs.is/dsgvo-buch*).

Wie viel Wert Sie auf den Kontakt mit Ihren Kunden oder Followern legen, bleibt natürlich Ihnen überlassen und richtet sich ganz nach Ihrem individuellen Vorhaben. Je stärker die Interaktion mit den Kunden oder Followern im Mittelpunkt Ihrer Tätigkeit steht, desto sorgsamer müssen Sie im Umgang mit urheberrechtlich geschützten Werken und wettbewerbsrechtlich relevanten Äußerungen sein. Die von uns gelieferten Praxisbeispiele sollten Ihnen ein Gefühl dafür vermittelt haben, was erlaubt ist und was nicht.

> **Praxistipp**
>
> Lesen Sie sich die Praxis-Kästen in den für Sie interessantesten Kapiteln in regelmäßigen Abständen erneut durch. Versuchen Sie auch, eigene Beispiele zu bilden oder die Ausführungen mit Ihren Erfahrungen aus der Praxis zu verbinden. Auf diese Weise behalten Sie auch kompliziertere Probleme im Kopf und können reale Situationen mit dem Gelernten assoziieren.

In diesem Zusammenhang weisen wir noch ein weiteres Mal auf die große Bedeutung des Datenschutzes hin – gerade im Hinblick auf die neue Datenschutz-Grundverordnung. Persönliche Daten nehmen in der heutigen Zeit einen hohen Stellenwert ein. Bei Verfehlungen im Umgang mit den Daten Ihrer Nutzer gilt der Spruch »Auch schlechte Werbung ist gute Werbung« ausnahmsweise nicht. Abgesehen von den rechtlichen Konsequenzen Ihres Handelns, die mit dem hohen Bußgeldrahmen der Datenschutz-Grundverordnung ohnehin deutlich gravierender sind als bisher, sollten Sie sich auch immer die Reaktion Ihrer Nutzerbasis vor Augen führen.

Das alles sollte Sie nicht davon abhalten, ausführliche Besucherstatistiken Ihrer Webpräsenzen anzulegen. Behalten Sie diese Statistiken stets im Blick, um Ihre Zielgruppen und deren Verhalten sowie Bedürfnisse kennenzulernen. Dafür haben wir Ihnen verschiedene Instrumente vorgestellt.

Darüber hinaus haben wir Ihnen eine Übersicht unterschiedlichster Marketingpraktiken gegeben, die sich in Zeitaufwand, Kosten und technischen wie rechtlichen Voraussetzungen unterscheiden.

> **Praxistipp**
>
> Wenn Sie sich bisher nur über die für Sie persönlich infrage kommenden Handlungsinstrumente informiert haben, sollten Sie auch den übrigen Maßnahmen eine Chance geben. Selbst wenn Sie zum Beispiel Content- oder App-Marketing nie in Betracht ziehen würden, hilft Ihnen die Lektüre, besser zu verstehen, was Ihre Konkurrenten so treiben, und sie hilft Ihnen auch dabei, neue Ideen zu entwickeln.

Sie werden bemerkt haben, dass viele Dinge überhaupt nicht so kompliziert sind, wie sie am Anfang zu sein schienen. Viele der Grundlagen, die Sie in diesem Buch gelernt haben, werden Sie auch in anderen Lebensbereichen gebrauchen können. Ein allgemeines Rechtsempfinden hilft in vielen Fällen weiter, und wir hoffen, wir konnten Ihr Gefühl für rechtlich relevante Handlungen noch weiter verstärken.

Insgesamt sollten Sie jetzt genug Selbstvertrauen besitzen, um auch neue Formen des Online-Marketings auszuprobieren. Falls Sie dennoch einmal vor größeren Problemen stehen, zögern Sie nicht, rechtliche Hilfe in Anspruch zu nehmen. Hier ist Vorsorge oftmals besser und kostengünstiger als Nachsorge!

Online-Marketing ist aus rechtlicher und technischer Sicht kein einfaches Thema. Gehen Sie mit Bedacht vor, und schätzen Sie Ihre Kunden und Follower. Wahren Sie stets einen fairen Umgang mit Ihren Konkurrenten. Mit intelligenten und kreativen Marketingkampagnen sind Sie Ihren Mitbewerbern immer einen Schritt voraus, ohne auf unlautere Mittel zurückgreifen zu müssen. Das Internet bietet dazu eine Fülle an Möglichkeiten.

Zum Abschluss des Buches wollen wir noch einmal einen Blick in die Zukunft werfen. Ein guter Marketer denkt im Voraus, geht mit der Zeit und versucht, die angesagten Trends zur richtigen Zeit abzupassen.

In den nächsten Jahren werden Politik und Wirtschaft weiterhin einen großen Einfluss auf die Praxis des Online-Marketings und dessen rechtliche Grundlagen haben. Der Fokus liegt dabei zunächst auf dem Zusammenwachsen der Europäischen Gemeinschaft. Wenn Sie die erste Auflage unseres Buches gelesen haben, wissen Sie, dass wir das schon im vergangenen Fazit gesagt haben.

Dies war jedoch keineswegs eine Floskel, wie die nun geltende europäische Datenschutz-Grundverordnung zeigt. Denn die bisher sehr unterschiedlichen nationalen Rechtsordnungen sorgen häufig für Missverständnisse, widersprüchliche Urteile und angespannte Geschäftsbeziehungen. Dass eine Vereinheitlichung angestrebt wird, zeigt die *Datenschutz-Grundverordnung* ebenso wie die *europäische Verordnung über die Achtung des Privatlebens und den Schutz personenbezogener Daten in der elektronischen Kommunikation und zur Aufhebung der Richtlinie 2002/58/EG* (e-Privacy-Verordnung). Neben einer einheitlichen Marschroute wird die Verordnung zahlreiche Änderungen für das Online-Marketing mit sich bringen, die Sie beachten müssen.

Die Vereinheitlichung der verschiedenen nationalen Rechtssysteme schreitet also stetig voran und ist noch nicht am Ziel angelangt. Hier werden uns noch zahlreiche weitere Neuerungen erwarten, die Sie mitverfolgen sollten.

20

Praxistipp

Um die ständigen gesetzlichen Neuerungen im Blick zu behalten, ist Ihnen bereits mit gelegentlicher Zeitungslektüre geholfen. Denn die Einführung neuer Gesetze oder die Änderung bestehender Regelungen erfolgt keineswegs über Nacht. Vielmehr vergeht eine lange Vorlaufzeit, bis Gesetzesvorhaben tatsächlich in Kraft treten. In manchen Fällen gelten auch nach Inkrafttreten des Gesetzes noch Übergangsfristen, innerhalb derer Sie sich an die neue Rechtslage anpassen können.

Während dieses Prozesses informieren die Medien die Bürger regelmäßig über den Stand der Dinge. Damit einher gehen auch immer vermehrt Ratschläge und Debattenbeiträge von Rechtsanwälten oder Richtern in einschlägigen Medien. Ein aktuelles Beispiel dafür ist die oben erwähnte e-Privacy-Verordnung, die Sie auf jeden Fall weiter im Blick behalten sollten, um rechtzeitig auf die gesetzlichen Anforderungen reagieren zu können.

Eine Vereinheitlichung auf europäischer Ebene bringt zwar zahlreiche Änderungen mit sich, die Sie umsetzen müssen, jedoch sind diese im Ergebnis für Sie positiv. Denn Geschäftshandlungen im Internet und vor allem im Online-Marketing gehen häufig über die nationalen Grenzen hinaus – Grenzüberschreitungen sind im World Wide Web ohnehin nicht zu vermeiden. Ein einheitliches europäisches Rechtssystem schafft Transparenz, weshalb Sie weniger Sorge vor möglichen Rechtsverletzungen im europäischen Ausland haben müssen.

Gerade im Bereich des Datenschutzes bietet sich für Sie künftig mehr denn je die Zusammenarbeit mit anderen europäischen Unternehmen oder die Nutzung anderer europäischer Online-Dienste an. Denn bisher wurde es nicht immer gerne gesehen, wenn zum Beispiel zur Speicherung von Kundendaten Cloud-Dienste aus dem Ausland in Anspruch genommen wurden. Ein einheitliches Datenschutzniveau innerhalb der Europäischen Union wird künftig das Misstrauen Ihrer Kunden verringern und gibt Ihnen somit neue Möglichkeiten.

Immer noch unklar ist jedoch, welche konkreten Anforderungen die bereits angesprochene e-Privacy-Verordnung an das Online-Marketing stellen wird. Die Verordnung soll an die Datenschutz-Grundverordnung anknüpfen und diese spezifisch ergänzen. Als Verordnung wird sie keiner weiteren Umsetzung in nationales Recht bedürfen und in naher Zukunft Kommunikationsvorgänge regeln sowie für Sie insbesondere im Rahmen des Direkt-Marketings eine besondere Bedeutung haben. Auch Betreiber von Webseiten und Online-Shops sollten die mit der Verordnung einhergehenden Änderungen verfolgen, da diese insbesondere auch das Verfahren zur Einholung der Einwilligung in Cookies einheitlich und vor allem nutzerfreundlich regeln wird. Viel Konkreteres lässt sich allerdings zu diesem Zeitpunkt noch nicht sagen, da der Entwurf der EU-Kommission zur e-Privacy-Verordnung derzeit noch sehr kontrovers diskutiert wird und sich (bei Redaktionsschluss dieses Buches) noch in Abstimmung befand – ein Inkrafttreten erwarten wir frühestens Ende 2019.

Schließlich ist auf die europäische Rechtsprechung zu verweisen. In den letzten Jahren wurden dem Europäischen Gerichtshof immer mehr Rechtsstreite von den nationalen Gerichten zur Entscheidung vorgelegt. Auch die deutschen Gerichte haben mehrmals den Europäischen Gerichtshof angerufen. Dieser Trend wird sich noch weiter verschärfen und ist eine logische Folge davon, dass in vielen Bereichen Unklarheiten zwischen nationalem und europäischem Recht bestehen.

Von besonderer Bedeutung ist dabei zum Beispiel das Urteil des Europäischen Gerichtshofs zur Frage, ob IP-Adressen immer personenbezogene Daten sind, zur Ungültigkeit des Safe-Harbor-Abkommens zwischen Europa und den USA oder zur gemeinsamen Verantwortlichkeit von Betreibern einer Facebook-Fanpage und Facebook selbst für Datenschutzverstöße.

> **Praxishinweis**
>
> Auch hier gilt, dass Sie von relevanten Entscheidungen aus der Tagespresse erfahren werden. Es ist nicht erforderlich, dass Sie die rechtlichen Entwicklungen aufmerksam mitverfolgen. Sie sollten sich lediglich bewusst machen, dass rechtliche Entscheidungen auf europäischer Ebene auch das deutsche Rechtssystem beeinflussen können.

Auf internationaler Ebene verhält es sich aus rechtlicher Sicht vergleichsweise ruhig. Das ist allerdings nicht unbedingt positiv. Zwar bedeutet Konstanz weniger Aufwand, um auf Veränderungen zu reagieren. Gleichwohl ist der derzeitige Zustand für Sie nicht sehr vorteilhaft.

Probleme aufgrund der unterschiedlichen Rechtssysteme auf internationaler Ebene werden vor allem im Hinblick auf die USA deutlich. Dort sitzt ein Großteil der erfolgreichsten und einflussreichsten Internetkonzerne. Trotzdem gelten für diese Konzerne teilweise vollkommen andere Regeln als für Sie. Das schlägt sich zum Beispiel in den Nutzungsbedingungen von Facebook oder Google nieder. Urheberrecht und Datenschutzrecht haben nur nachrangige Bedeutung, was regelmäßig Unstimmigkeiten hinsichtlich der Nutzung dieser Online-Dienste verursacht.

Dies ist dem deutschen und europäischen Gesetzgeber schon lange ein Dorn im Auge, weshalb in den vergangenen Jahren Regelungssysteme geschaffen wurden, mittels derer auch ausländische Unternehmen dazu angehalten werden, unsere Schutzstandards einzuhalten. Ein Beispiel dafür ist einerseits die Datenschutz-Grundverordnung, die auch für Unternehmen mit Sitz außerhalb der Europäischen Union wie zum Beispiel Facebook oder Google gilt, wenn sich deren Angebote an EU-Bürger wenden.

Mit Bußgeldrahmen bei Verstößen von bis zu 4 % des weltweiten Jahresumsatzes eines Unternehmens hat die Datenschutz-Grundverordnung empfindliche Sanktionsmöglichkeiten, die auch große Unternehmen zur Einhaltung europäischer Standards anhalten werden. Die Zeiten, in denen US-amerikanische Großkonzerne Bußgelder aus Europa aus der Portokasse gezahlt haben, gehören damit der Vergangenheit an, denn nun sind Bußgelder in Milliardenhöhe möglich.

Ein anderes Beispiel, das in dieselbe Richtung geht, ist das am 1. Oktober 2017 in Deutschland in Kraft getretene Gesetz zur Verbesserung der Rechtsdurchsetzung in sozialen Netzwerken – das sogenannte *Netzwerkdurchsetzungsgesetz*. Mit diesem

20

Regelkatalog soll Hasskommentaren und Hetze im Netz der Riegel vorgeschoben werden. Dabei will der deutsche Gesetzgeber Netzwerke wie Facebook, YouTube oder Twitter in die Pflicht nehmen. Diese sind bisher nur sehr unzureichend ihrer Löschpflicht nachgekommen, weshalb sie künftig einen inländischen Zustellungsbevollmächtigten nennen und bei Verstößen mit Bußgeldern von bis zu 5.000.000 € rechnen müssen.

Trotz dieser deutlichen Verbesserungen im Vergleich zu der Lage noch vor ein paar Jahren unterscheiden sich die Rechtssysteme in vielen Aspekten dennoch weiterhin stark voneinander. Aus diesem Grund raten wir Ihnen, vor der Inanspruchnahme eines ausländischen Dienstes dessen Nutzungsbedingungen aufmerksam zu lesen und sich der möglichen Konsequenzen bewusst zu werden, ohne sich per se davon abschrecken zu lassen.

Wenn Sie sich weiterhin informieren und auf dem Laufenden halten wollen, besuchen Sie unsere Kanzlei-Website *www.wbs-law.de*, den zugehörigen YouTube-Kanal *www.wbs-law.tv*, die Facebook-Seite *www.facebook.com/die.aufklaerer* oder das Instagram-Profil *https://www.instagram.com/solmecke/*. Scheuen Sie sich nicht, noch offene Fragen als Nutzerfragen einzureichen oder die Kanzlei über *info@wbs-law.de* direkt zu kontaktieren.

Wir wünschen Ihnen viel Erfolg bei Ihren – möglichst rechtsfehlerfreien – Vorhaben!

Index

ONLINE-MARKETING
DIE BIBLIOTHEK FÜR IHRE WEITERBILDUNG

Content-Marketing, Social Media, SEO, Monitoring, E-Commerce – wir bieten zu allen Marketing-Disziplinen fundiertes Know-how, das Sie wirklich weiterbringt.

- **Nehmen Sie Ihre Weiterbildung in die Hand!**
  Mit unseren Büchern können Sie sich teure Kurse sparen. Oder nutzen sie als wertvolle Ergänzung zum Seminar.

- **Hochwertiges Marketing-Wissen**
  Unsere Autoren zählen zu den führenden Digitalmarketing-Experten und zeigen Ihnen, wie Sie Kampagnen und Projekte erfolgreich umsetzen.

- **Offline und online weiterbilden**
  Unsere Bücher gibt es in der Druckausgabe, als E-Book oder als Online-Buch. Lernen Sie jederzeit und überall im Webbrowser.

rheinwerk-verlag.de/marketing

560 Seiten, gebunden, 49,90 Euro
ISBN 978-3-8362-4264-6
www.rheinwerk-verlag.de/4199

»Rechte und Pflichten im E-Commerce auf den Punkt erklärt«

Das Verkaufen im Internet ist ein wahres Minenfeld, dem sich jeder Onlineshop-Betreiber ausliefert. Sichern Sie sich gegen alle Risiken rundum ab! Dieses umfassende Handbuch gibt kompetente Hilfe bei allen juristischen Fragen, denen Sie sich beim Betreiben Ihres Webshops stellen müssen, z. B. zu Datenschutz, Haftung, Urheberrecht und AGB.

275 Seiten, gebunden, 39,90 Euro
ISBN 978-3-8362-6712-0
www.rheinwerk-verlag.de/4801

»Der unverzichtbare Leitfaden für alle Website-Betreiber«

Die Datenschutz-Grundverordnung gilt seit dem 25. Mai 2018 in der EU. Viele Website-Betreiber sind von den Neuerungen in der Rechtsprechung betroffen. Rechtsanwalt Christian Solmecke und die Volljuristin Sibel Kocatepe erklären Ihnen, wie Sie Ihren Webauftritt vollständig rechtskonform gestalten, auch für Nichtjuristen gut verständlich. Mit Muster-Datenschutzerklärungen und aktuell zum Facebook-EuGH-Urteil.

604 Seiten, gebunden, 49,90 Euro
ISBN 978-3-8362-4451-0
www.rheinwerk-verlag.de/4301

»So machen Sie Online-Marketing, das Ihre Kunden lieben!«

Mit Inbound-Marketing steigern Sie Ihre Reichweite, Ihre Bekanntheit und Ihren Umsatz nachhaltig. Unser Buch begleitet Sie von der ersten Planung bis zur Erfolgsmessung Ihrer Inbound-Marketing-Kampagnen. Dabei erfahren Sie, wie Sie Ihre Maßnahmen zielgenau ausspielen und Online-Kampagnen erfolgreich planen und messen.

390 Seiten, broschiert, in Farbe, 34,90 Euro
ISBN 978-3-8362-5935-4
www.rheinwerk-verlag.de/4502

»Nutzen Sie die Methoden der Growth Hacker!«

Stellen Sie die Weichen auf exponentielles Wachstum! Dieser Leitfaden bietet Ihnen alle Methoden und Strategien, um Ihr digitales Produkt oder Ihre Website mit dem geringstmöglichen Aufwand ganz nach vorne zu bringen. Erfahren Sie, wie Sie Ziele präzise formulieren, Erfolge messen, Kampagnen testen und sich in der Welt der Growth Hacks zurechtfinden.

»Das erste große Handbuch für Amazon-Seller«

Ob Hersteller oder Händler – hier finden Sie alle technischen und strategischen Finessen, um auf dem Amazon Marketplace erfolgreich zu sein. Machen Sie von Anfang an alles richtig, vom Verkäuferkonto bis zur individuellen Produktstrategie. Sorgen Sie für hohe Conversions und maximale Sichtbarkeit und entdecken Sie alle Möglichkeiten, um mit Ihren Kampagnen noch mehr Kunden zu begeistern.

427 Seiten, gebunden, 49,90 Euro
ISBN 978-3-8362-4490-9
www.rheinwerk-verlag.de/4350

»Der eigene Magento-Shop – so machen Sie von Anfang an alles richtig«

Dieses Buch zeigt Ihnen, wie Sie Ihr Magento-Shopsystem einrichten – von der Installation über den Produktkatalog bis zum Erfolgsmonitoring. Der Autor lässt kein Thema aus: Kundenverwaltung, Bezahlsysteme, Mobile Commerce, Rabatt und Sonderaktionen, Newsletter, Preisgruppen und Steuersätze und vieles mehr.

979 Seiten, gebunden, 49,90 Euro
ISBN 978-3-8362-4231-8
www.rheinwerk-verlag.de/4180

Immer auf dem Laufenden: Bestellen Sie unseren Newsletter!

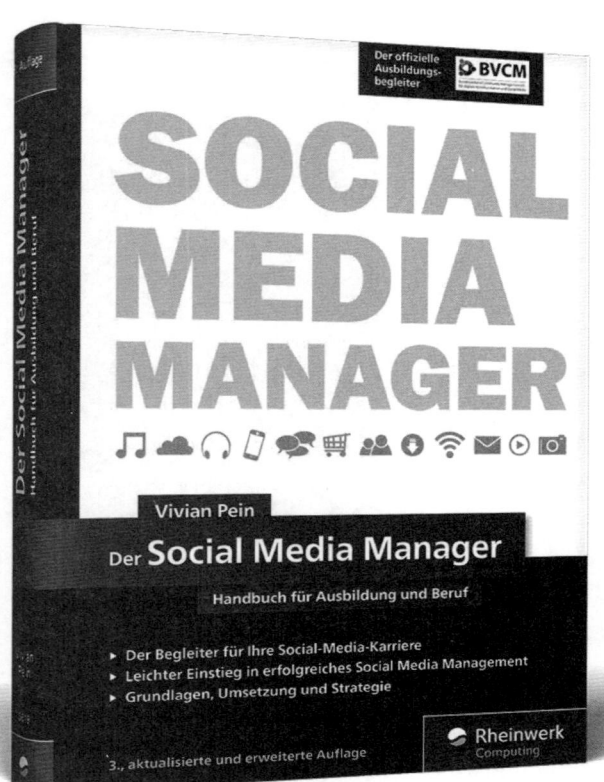